中华人民共和国现行审计法规与审计准则及政策解读

《中华人民共和国现行审计法规与审计准则及政策解读》编委会 编

2024年版

图书在版编目（CIP）数据

中华人民共和国现行审计法规与审计准则及政策解读：2024年版／《中华人民共和国现行审计法规与审计准则及政策解读》编委会编 .-- 上海：立信会计出版社，2024.4

ISBN 978-7-5429-7611-6

Ⅰ．①中… Ⅱ．①中… Ⅲ．①审计法—汇编—中国②审计标准—汇编—中国 Ⅳ．① D922.279 ② F239.221

中国国家版本馆CIP数据核字（2024）第051448号

责任编辑　蔡伟莉

中华人民共和国现行审计法规与审计准则及政策解读（2024年版）
ZHONGHUA RENMIN GONGHEGUO XIANXING SHENJI FAGUI YU SHENJI ZHUNZE JI ZHENGCE JIEDU

出版发行	立信会计出版社			
地　　址	上海市中山西路2230号	邮政编码	200235	
电　　话	（021）64411389	传　　真	（021）64411325	
网　　址	www.lixinaph.com	电子邮箱	lixinaph2019@126.com	
网上书店	http://lixin.jd.com		http://lxkjcbs.tmall.com	
经　　销	各地新华书店			
印　　刷	三河市中晟雅豪印务有限公司			
开　　本	787毫米×1092毫米　1/16			
印　　张	65.5			
字　　数	1802千字			
版　　次	2024年4月第1版			
印　　次	2024年4月第1次			
书　　号	ISBN 978-7-5429-7611-6/D			
定　　价	398.00元			

如有印订差错，请与本社联系调换

编写说明

　　本书是由权威审计法规与审计准则专家组织具有丰富实践经验的专业人员编写而成，是由国家权威部门组织审定的审计法律法规专业工具书。该书收集了截至 2023 年 12 月 31 日国家出台的最新、最权威的审计法规、审计准则与政策解读，分为六个部分，共收录现行有效的审计法规、审计准则与政策解读 200 余部。

　　第一部分为审计基本法律法规，收录规范审计事项的基本法律法规以及审计相关事项的法律法规；第二部分为国家审计准则与政策解读，收录审计署发布的国家审计准则与相关政策解读；第三部分为经济责任及自然资源资产离任审计法律法规与政策解读，收录审计署及其他部门、地方政府发布的经济责任及自然资源资产离任审计法律法规与相关政策解读；第四部分为内部审计准则与政策解读，收录内部审计准则与相关政策解读；第五部分为外部审计准则与政策解读，收录中国注册会计师审计准则与相关政策解读；第六部分为其他审计制度与政策解读，收录其他审计制度与相关政策解读。另外，由于篇幅所限，部分法律、法规、规范性文件未收录在本书中，编者将此部分法律、法规、规范性文件制作成电子附录，读者可通过扫描书后二维码阅读。

　　本书适合审计机关、企事业单位审计部门开展审计工作使用，也适合广大企事业单位学习和参考审计法律法规和相关政策使用。同时，本书也可以作为广大高等院校审计专业学生学习审计制度以及审计教学科研人员研究审计制度的参考书。

　　本书由陕西省审计厅何英法、罗胜强博士（注册会计师、国际特许会计师、北京国家会计学院校外硕士生导师）统筹、定稿，由于时间仓促和编者水平所限，书中难免有不足之处，恳请读者不吝指正。如有相关意见或建议，请与我们联系，邮箱为 wengao6@126.com。

编　　者

目 录

第一部分　审计基本法律法规

中华人民共和国审计法 ……………………………………………………………… 003

中华人民共和国审计法实施条例 …………………………………………………… 008

中华人民共和国注册会计师法 ……………………………………………………… 015

中华人民共和国预算法 ……………………………………………………………… 019

中华人民共和国预算法实施条例 …………………………………………………… 031

中共中央关于全面推进依法治国若干重大问题的决定 …………………………… 041

国务院关于加强审计工作的意见 …………………………………………………… 053

中共中央办公厅　国务院办公厅关于完善审计制度若干重大问题的框架意见 …… 056

中央预算执行情况审计监督暂行办法 ……………………………………………… 062

全国人民代表大会常务委员会关于加强中央预算审查监督的决定 ……………… 064

国务院关于贯彻落实《全国人民代表大会常务委员会关于加强中央预算审查
　监督的决定》的通知 ……………………………………………………………… 068

国务院关于加强预算外资金管理的决定 …………………………………………… 070

中华人民共和国会计法 ……………………………………………………………… 073

中华人民共和国行政复议法 ………………………………………………………… 079

中华人民共和国行政复议法实施条例 ……………………………………………… 091

中华人民共和国行政诉讼法 ………………………………………………………… 098

最高人民法院关于适用《中华人民共和国行政诉讼法》的解释 ………………… 109

中华人民共和国行政处罚法 ………………………………………………………… 131

审计署审计结果公告办法……………………………………………………………140

国务院办公厅关于印发审计署主要职责内设机构和人员编制规定的通知…………141

2024年全国审计工作会议在北京召开……………………………………………143

第二部分　国家审计准则与政策解读

中华人民共和国国家审计准则……………………………………………………153

解读《中华人民共和国国家审计准则》…………………………………………175

审计署办公厅关于印发《审计署审计现场管理办法》的通知……………………180

审计机关审计档案管理规定………………………………………………………190

审计机关封存资料资产规定………………………………………………………192

国务院办公厅关于利用计算机信息系统开展审计工作有关问题的通知…………194

国务院办公厅关于印发《关于稳增长促改革调结构惠民生政策措施落实情况跟踪
　　审计工作方案》的通知…………………………………………………………195

审计署办公厅关于印发《国家重大政策措施和宏观调控部署落实情况跟踪审计
　　实施意见（试行）》的通知………………………………………………………201

审计署关于印发《关于切实发挥审计监督作用促进经济平稳健康运行若干
　　意见》的通知……………………………………………………………………204

审计署关于提升社会保障审计监督效能的指导意见……………………………206

审计署办公厅关于印发审计机关统计工作管理规定的通知……………………211

关于印发《审计署聘请外部人员参与审计工作管理办法》的通知………………214

审计机关审计听证规定……………………………………………………………218

审计署关于严禁通过社会审计组织获取非法收入的通知………………………223

审计署办公厅关于国家工商总局同意将审计机关列为查询企业档案不交费
　　单位的通知………………………………………………………………………223

国务院法制办公室关于审计机关是否有权要求国有商业银行提供存款电子
　　数据的意见………………………………………………………………………224

财政违法行为处罚处分条例………………………………………………………224

国外贷援款项目公证审计工作管理办法（暂行）…………………………………229

审计署审计报告审核审定暂行办法……230

审计署　中国人民银行　银保监会　证监会关于审计机关查询单位和个人在金融机构账户和存款有关问题的通知……232

审计署关于进一步规范审计移送工作的意见……233

行政执法机关移送涉嫌犯罪案件的规定……235

审计署　公安部关于建立案件移送制度和加强工作协作配合的通知……237

审计署　公安部关于进一步加强协作配合的通知……239

审计署办公厅关于加强聘请外部人员参与审计工作经费预算管理和支付管理的通知……240

审计署关于进一步完善和规范投资审计工作的意见……241

审计署办公厅关于印发《政府财务报告审计办法（试行）》的通知……242

教育部　国家发展改革委　审计署关于印发《治理义务教育阶段择校乱收费的八条措施》的通知……244

审计署关于努力建设高素质专业化审计干部队伍的意见……246

审计署关于印发《审计署管辖范围内审计事项授权地方审计机关审计的管理办法》的通知……250

国务院办公厅关于加强和改进企业国有资产监督防止国有资产流失的意见……252

国务院关于2022年度中央预算执行和其他财政收支的审计工作报告……255

国务院关于2022年度中央预算执行和其他财政收支审计查出问题整改情况的报告……264

第三部分　经济责任及自然资源资产离任审计法律法规与政策解读

习近平主持召开深改组会议：开展领导干部自然资源资产离任审计的试点……277

习近平主持召开深改组会议：审议通过了《领导干部自然资源资产离任审计规定（试行）》……278

建立经常性审计制度　规范开展领导干部自然资源资产离任审计　推进生态文明建设……279

中共中央办公厅　国务院办公厅关于印发《领导干部自然资源资产离任审计规定（试行）》的通知……280

自然资源部　审计署关于印发《自然资源督察执法与领导干部自然资源资产离任审计工作协作机制》的通知……285

中央审计委员会办公室　审计署关于进一步规范经济责任审计工作有关事项的通知……287

党政主要领导干部和国有企事业单位主要领导人员经济责任审计规定……288

党政主要领导干部和国有企业领导人员经济责任审计规定实施细则……295

中央审计委员会办公室　审计署印发《关于贯彻落实〈党政主要领导干部和国有企事业单位主要领导人员经济责任审计规定〉指导意见》的通知……303

中央企业经济责任审计实施细则……306

国资委直属单位领导干部任期经济责任审计办法（试行）……318

民政部领导干部任期经济责任审计办法……320

国防科工委委属事业单位领导人员任期经济责任审计实施办法……322

教育部关于做好教育系统经济责任审计工作的通知……328

卫生部办公厅关于印发《卫生部经济责任审计联席会议工作规则》和联席会议成员名单的通知……330

基金行业人员离任审计及审查报告内容准则……333

第四部分　内部审计准则与政策解读

第 1101 号——内部审计基本准则……339

第 1201 号内部审计具体准则——内部审计人员职业道德规范……341

第 2101 号内部审计具体准则——审计计划……342

第 2102 号内部审计具体准则——审计通知书……344

第 2103 号内部审计具体准则——审计证据……345

第 2104 号内部审计具体准则——审计工作底稿……346

第 2105 号内部审计具体准则——结果沟通……348

第 2106 号内部审计具体准则——审计报告……349

第 2107 号内部审计具体准则——后续审计……350

第 2108 号内部审计具体准则——审计抽样……351

第 2109 号内部审计具体准则——分析程序……353

第 2201 号内部审计具体准则——内部控制审计 …… 355

第 2202 号内部审计具体准则——绩效审计 …… 358

第 2203 号内部审计具体准则——信息系统审计 …… 360

第 2204 号内部审计具体准则——对舞弊行为进行检查和报告 …… 364

第 2205 号内部审计具体准则——经济责任审计 …… 366

第 2301 号内部审计具体准则——内部审计机构的管理 …… 371

第 2302 号内部审计具体准则——与董事会或者最高管理层的关系 …… 373

第 2303 号内部审计具体准则——内部审计与外部审计的协调 …… 375

第 2304 号内部审计具体准则——利用外部专家服务 …… 376

第 2305 号内部审计具体准则——人际关系 …… 378

第 2306 号内部审计具体准则——内部审计质量控制 …… 380

第 2307 号内部审计具体准则——评价外部审计工作质量 …… 381

第 2308 号内部审计具体准则——审计档案工作 …… 389

第 2309 号内部审计具体准则——内部审计业务外包管理 …… 393

第 3201 号内部审计实务指南——建设项目审计 …… 395

内部审计实务指南第 2 号——物资采购审计 …… 444

第 3101 号内部审计实务指南——审计报告 …… 454

第 3204 号内部审计实务指南——经济责任审计 …… 463

第 3205 号内部审计实务指南——信息系统审计 …… 503

内部审计实务指南第 4 号——高校内部审计 …… 626

审计署关于内部审计工作的规定 …… 671

内部审计人员岗位资格证书实施办法 …… 675

内部审计人员后续教育办法（试行） …… 676

内部审计质量评估办法 …… 678

内部审计质量评估机构管理暂行办法 …… 679

教育系统内部审计工作规定 …… 681

中央企业内部审计管理暂行办法 …… 685

中央企业财务决算审计工作规则 …… 689

公路水路行业内部审计工作规定 …… 694

民政部内部审计工作规定 …… 699

中国保监会关于印发《保险公司董事及高级管理人员审计管理办法》的通知………701

保监会就《保险公司董事及高级管理人员审计管理办法》答记者问……… 704

国家卫生健康委办公厅关于印发卫生健康行业内部审计基本指引（试行）等 7 个工作指引的通知…………………………………………………………707

第五部分　外部审计准则与政策解读

中国注册会计师执业准则指南简介……………………………………………729

中国注册会计师协会关于修订印发《中国注册会计师行业人才胜任能力指南》的通知…………………………………………………………………………731

中国注册会计师鉴证业务基本准则……………………………………………758

中国注册会计师审计准则第 1101 号——注册会计师的总体目标和审计工作的基本要求……………………………………………………………………766

中国注册会计师审计准则第 1111 号——就审计业务约定条款达成一致意见………770

中国注册会计师审计准则第 1121 号——对财务报表审计实施的质量控制…………773

中国注册会计师审计准则第 1131 号——审计工作底稿…………………………778

中国注册会计师审计准则第 1141 号——财务报表审计中与舞弊相关的责任………781

中国注册会计师审计准则第 1142 号——财务报表审计中对法律法规的考虑………788

中国注册会计师审计准则第 1151 号——与治理层的沟通………………………791

中国注册会计师审计准则第 1152 号——向治理层和管理层通报内部控制缺陷……795

中国注册会计师审计准则第 1153 号——前任注册会计师和后任注册会计师的沟通…………………………………………………………………………796

中国注册会计师审计准则第 1201 号——计划审计工作…………………………798

中国注册会计师审计准则第 1211 号——重大错报风险的识别和评估……………800

中国注册会计师审计准则第 1221 号——计划和执行审计工作时的重要性…………806

中国注册会计师审计准则第 1231 号——针对评估的重大错报风险采取的应对措施…………………………………………………………………………808

中国注册会计师审计准则第 1241 号——对被审计单位使用服务机构的考虑………811

中国注册会计师审计准则第 1251 号——评价审计过程中识别出的错报……………815

中国注册会计师审计准则第 1301 号——审计证据………………………………817

中国注册会计师审计准则第1311号——对存货、诉讼和索赔、分部信息等特定
　项目获取审计证据的具体考虑 ……………………………………………………… 819
中国注册会计师审计准则第1312号——函证 ………………………………………… 821
中国注册会计师审计准则第1313号——分析程序 …………………………………… 824
中国注册会计师审计准则第1314号——审计抽样 …………………………………… 825
中国注册会计师审计准则第1321号——会计估计和相关披露的审计 ……………… 827
中国注册会计师审计准则第1323号——关联方 ……………………………………… 832
中国注册会计师审计准则第1324号——持续经营 …………………………………… 836
中国注册会计师审计准则第1331号——首次审计业务涉及的期初余额 …………… 840
中国注册会计师审计准则第1332号——期后事项 …………………………………… 841
中国注册会计师审计准则第1341号——书面声明 …………………………………… 844
中国注册会计师审计准则第1401号——对集团财务报表审计的特殊考虑 ………… 847
中国注册会计师审计准则第1411号——利用内部审计人员的工作 ………………… 854
中国注册会计师审计准则第1421号——利用专家的工作 …………………………… 860
中国注册会计师审计准则第1501号——对财务报表形成审计意见和出具
　审计报告 ………………………………………………………………………………… 862
中国注册会计师审计准则第1502号——在审计报告中发表非无保留意见 ………… 868
中国注册会计师审计准则第1503号——在审计报告中增加强调事项段和其他
　事项段 …………………………………………………………………………………… 871
中国注册会计师审计准则第1504号——在审计报告中沟通关键审计事项 ………… 874
中国注册会计师审计准则第1511号——比较信息：对应数据和比较财务报表 …… 876
中国注册会计师审计准则第1521号——含有注册会计师对含有已审计财务报表的
　文件中的其他信息的责任 ……………………………………………………………… 879
中国注册会计师审计准则第1601号——审计特殊目的财务报表的特殊考虑 ……… 882
中国注册会计师审计准则第1602号——验资 ………………………………………… 884
中国注册会计师审计准则第1603号——审计单一财务报表和财务报表特定
　要素的特殊考虑 ………………………………………………………………………… 887
中国注册会计师审计准则第1604号——对简要财务报表出具报告的业务 ………… 889
中国注册会计师审计准则第1611号——商业银行财务报表审计 …………………… 894
中国注册会计师审计准则第1612号——银行间函证程序 …………………………… 901

中国注册会计师审计准则第1613号——与银行监管机构的关系 …………………… 902

中国注册会计师审计准则第1631号——财务报表审计中对环境事项的考虑 ……… 907

中国注册会计师审计准则第1632号——衍生金融工具的审计 …………………… 912

中国注册会计师审计准则第1633号——电子商务对财务报表审计的影响 ………… 921

中国注册会计师审阅准则第2101号——财务报表审阅 …………………………… 925

中国注册会计师其他鉴证业务准则第3101号——历史财务信息审计或审阅以外的

  鉴证业务 ……………………………………………………………………… 930

中国注册会计师其他鉴证业务准则第3111号——预测性财务信息的审核 ………… 939

中国注册会计师相关服务准则第4101号——对财务信息执行商定程序 …………… 944

中国注册会计师相关服务准则第4111号——代编财务信息 ……………………… 946

会计师事务所质量管理准则第5101号——业务质量管理 ………………………… 949

会计师事务所质量管理准则第5102号——项目质量复核 ………………………… 965

关于进一步规范财务审计秩序促进注册会计师行业健康发展的意见………………… 969

财政部 国务院国有资产监督管理委员会关于会计师事务所承担中央企业财务

  决算审计有关问题的通知 ……………………………………………………… 972

财政部 民政部关于加强和完善基金会注册会计师审计制度的通知 …………… 973

最高人民法院关于会计师事务所、审计事务所脱钩改制前民事责任承担

  问题的通知 ……………………………………………………………………… 976

水利部委托社会审计业务管理办法 ………………………………………………… 976

外汇收支情况表审核指导意见 ……………………………………………………… 978

委托会计师事务所审计招标规范 …………………………………………………… 982

财政部关于取消外国会计师事务所在中国境内临时执行审计业务行政许可

  收费的通知 ……………………………………………………………………… 984

中国注册会计师协会关于印发《会计师事务所综合评价排名办法》的通知 ………… 985

财政部关于印发《会计师事务所职业责任保险暂行办法》的通知 ………………… 988

财政部关于做好会计师事务所工商登记后置审批改革政策衔接工作的通知 ……… 991

最高人民法院关于审理涉及会计师事务所在审计业务活动中民事侵权赔偿

  案件的若干规定 ………………………………………………………………… 992

注册会计师转所规定 ………………………………………………………………… 994

注册会计师考试制度改革方案 …………………………………………………… 1000

关于《注册会计师考试制度改革方案》的说明 ………………………………… 1001

关于印发《境外会计师事务所在中国内地临时执行审计业务暂行规定》的通知 …… 1005

关于印发《会计师事务所从事中国内地企业境外上市审计业务暂行规定》的

   通知 ……………………………………………………………………………… 1007

财政部关于适当简化港澳会计师事务所来内地临时执行审计业务申请材料的通知 … 1009

第六部分　其他审计制度与政策解读

水利部直属预算单位政府采购审计办法 ………………………………………… 1013

涉外企业联合税务审计工作规程 ………………………………………………… 1018

水利工程建设项目招标投标审计办法 …………………………………………… 1022

农村集体经济组织审计规定 ……………………………………………………… 1024

救捞系统建设项目委托审计管理办法（试行） ………………………………… 1027

电子附录目录

国务院关于推进中央与地方财政事权和支出责任划分改革的指导意见……………001
习近平总书记在二十届中央审计委员会第一次会议上的讲话………………………006
习近平主持召开中央审计委员会第一次会议强调加强党对审计工作的领导　更好
　　发挥审计在党和国家监督体系中的重要作用………………………………………009
国务院办公厅关于建立国有企业违规经营投资责任追究制度的意见…………………010
中央审计委员会办公室　审计署关于印发《"十四五"国家审计工作发展
　　规划》的通知……………………………………………………………………………016
审计署办公厅关于加强审计监督进一步推动财政资金统筹使用的意见………………025
审计署关于印发进一步加大审计力度促进稳增长等政策措施落实意见的通知………027
审计署关于进一步深化财政审计工作的意见……………………………………………030
审计署办公厅关于加强对奢华浪费建设审计的通知……………………………………032
审计署关于内蒙古自治区审计厅明确有关法律法规是否可以作为审计机关
　　处理（处罚）依据请示的批复…………………………………………………………033
审计署办公厅关于进一步加强扶贫审计促进精准扶贫精准脱贫政策落实的意见……033
审计署关于审计工作更好地服务于创新型国家和世界科技强国建设的意见…………037
最高人民法院关于建设工程承包合同案件中双方当事人已确认的工程决算价款与
　　审计部门审计的工程决算价款不一致时如何适用法律问题的电话答复意见……039
最高人民法院关于对《审计署关于咨询虚开增值税专用发票罪问题的函》的复函…039
最高人民检察院　审计署关于进一步加强检察机关与审计机关在反腐败工作中
　　协作配合的通知…………………………………………………………………………040
关于进一步加强内部管理领导干部经济责任审计工作指导意见………………………041
陕西省党政主要领导干部和国有企业领导人员经济责任审计实施办法………………043
江苏省部门和单位内部管理领导干部经济责任审计办法………………………………049
广东省经济责任审计工作联席会议办公室关于转发《广东省地厅级以下党政主要
　　领导干部和国有企业领导人员经济责任审计实施办法》的通知…………………055
山东省党政主要领导干部和国有企业领导人员经济责任审计实施办法………………060

教育部关于进一步加强省属高校领导干部经济责任审计工作的意见……………065
教育部关于加强和规范建设工程项目全过程审计的意见………………………067
水利部关于加强水利工程移民资金审计工作的通知……………………………067
中国保险监督管理委员会关于实施《保险稽查审计指引》有关事项的通知…………069
中国证券监督管理委员会关于发行境内上市外资股的公司审计有关问题的通知……069
中国保险监督管理委员会关于进一步做好保险专业中介机构外部审计工作的通知…070
中国保险监督管理委员会关于贯彻实施《保险公司董事及高级管理人员审计管理
　办法》有关事项的通知………………………………………………………071
审计署　国家发展和改革委员会关于废止基本建设项目竣工决算审计试行
　办法的通知……………………………………………………………………119
工业和信息化部内部审计工作规定（试行）……………………………………119
商业银行内部审计指引……………………………………………………………123
卫生计生系统内部审计工作规定…………………………………………………128
保险公司内部审计工作规范………………………………………………………132
国家测绘局内部审计工作管理（暂行）办法……………………………………137
安徽省内部审计条例………………………………………………………………139
四川省内部审计条例………………………………………………………………143
黑龙江省内部审计条例……………………………………………………………148
会计师事务所以投标方式承接审计业务指导意见………………………………152
高新技术企业认定专项审计指引…………………………………………………154
内部控制审核指导意见……………………………………………………………204
中国注册会计师职业道德规范指导意见…………………………………………210
企业集团会计报表审计指导意见…………………………………………………214
审计署关于印发修订后商业银行审计指南的通知………………………………218
中国注册会计师协会关于印发《〈中国注册会计师审计准则第1211号——重大
　错报风险的识别和评估〉应用指南》等两项应用指南的通知………………379
中国注册会计师协会关于印发《〈中国注册会计师审计准则第1101号——注册
　会计师的总体目标和审计工作的基本要求〉应用指南》等34项应用指南的
　通知……………………………………………………………………………437

第一部分

审计基本法律法规

中华人民共和国审计法

（1994年8月31日第八届全国人民代表大会常务委员会第九次会议通过 根据2006年2月28日第十届全国人民代表大会常务委员会第二十次会议《关于修改〈中华人民共和国审计法〉的决定》第一次修正 根据2021年10月23日第十三届全国人民代表大会常务委员会第三十一次会议通过《关于修改〈中华人民共和国审计法〉的决定》第二次修正）

目 录

第一章 总则
第二章 审计机关和审计人员
第三章 审计机关职责
第四章 审计机关权限
第五章 审计程序
第六章 法律责任
第七章 附则

第一章 总 则

第一条 为了加强国家的审计监督，维护国家财政经济秩序，提高财政资金使用效益，促进廉政建设，保障国民经济和社会健康发展，根据宪法，制定本法。

第二条 国家实行审计监督制度。坚持中国共产党对审计工作的领导，构建集中统一、全面覆盖、权威高效的审计监督体系。

国务院和县级以上地方人民政府设立审计机关。

国务院各部门和地方各级人民政府及其各部门的财政收支，国有的金融机构和企业事业组织的财务收支，以及其他依照本法规定应当接受审计的财政收支、财务收支，依照本法规定接受审计监督。

审计机关对前款所列财政收支或者财务收支的真实、合法和效益，依法进行审计监督。

第三条 审计机关依照法律规定的职权和程序，进行审计监督。

审计机关依据有关财政收支、财务收支的法律、法规和国家其他有关规定进行审计评价，在法定职权范围内作出审计决定。

第四条 国务院和县级以上地方人民政府应当每年向本级人民代表大会常务委员会提出审计工作报告。审计工作报告应当报告审计机关对预算执行、决算草案以及其他财政收支的审计情况，重点报告对预算执行及其绩效的审计情况，按照有关法律、行政法规的规定报告对国有资源、国有资产的审计情况。必要时，人民代表大会常务委员会可以对审计工作报告作出决议。

国务院和县级以上地方人民政府应当将审计工作报告中指出的问题的整改情况和处理结果向本级人民代表大会常务委员会报告。

第五条 审计机关依照法律规定独立行使审计监督权，不受其他行政机关、社会团体和个人的干涉。

第六条 审计机关和审计人员办理审计事项，应当客观公正，实事求是，廉洁奉公，保守秘密。

第二章　审计机关和审计人员

第七条 国务院设立审计署，在国务院总理领导下，主管全国的审计工作。审计长是审计署的行政首长。

第八条 省、自治区、直辖市、设区的市、自治州、县、自治县、不设区的市、市辖区的人民政府的审计机关，分别在省长、自治区主席、市长、州长、县长、区长和上一级审计机关的领导下，负责本行政区域内的审计工作。

第九条 地方各级审计机关对本级人民政府和上一级审计机关负责并报告工作，审计业务以上级审计机关领导为主。

第十条 审计机关根据工作需要，经本级人民政府批准，可以在其审计管辖范围内设立派出机构。

派出机构根据审计机关的授权，依法进行审计工作。

第十一条 审计机关履行职责所必需的经费，应当列入预算予以保证。

第十二条 审计机关应当建设信念坚定、为民服务、业务精通、作风务实、敢于担当、清正廉洁的高素质专业化审计队伍。

审计机关应当加强对审计人员遵守法律和执行职务情况的监督，督促审计人员依法履职尽责。

审计机关和审计人员应当依法接受监督。

第十三条 审计人员应当具备与其从事的审计工作相适应的专业知识和业务能力。

审计机关根据工作需要，可以聘请具有与审计事项相关专业知识的人员参加审计工作。

第十四条 审计机关和审计人员不得参加可能影响其依法独立履行审计监督职责的活动，不得干预、插手被审计单位及其相关单位的正常生产经营和管理活动。

第十五条 审计人员办理审计事项，与被审计单位或者审计事项有利害关系的，应当回避。

第十六条 审计机关和审计人员对在执行职务中知悉的国家秘密、工作秘密、商业秘密、个人隐私和个人信息，应当予以保密，不得泄露或者向他人非法提供。

第十七条 审计人员依法执行职务，受法律保护。

任何组织和个人不得拒绝、阻碍审计人员依法执行职务，不得打击报复审计人员。

审计机关负责人依照法定程序任免。审计机关负责人没有违法失职或者其他不符合任职条件的情况的，不得随意撤换。

地方各级审计机关负责人的任免，应当事先征求上一级审计机关的意见。

第三章　审计机关职责

第十八条 审计机关对本级各部门（含直属单位）和下级政府预算的执行情况和决算以及其他财政收支情况，进行审计监督。

第十九条 审计署在国务院总理领导下，对中央预算执行情况、决算草案以及其他财政收支情况进行审计监督，向国务院总理提出审计结果报告。

地方各级审计机关分别在省长、自治区主席、市长、州长、县长、区长和上一级审计机关的领导下，对本级预算执行情况、决算草案以及其他财政收支情况进行审计监督，向本级人民政府和上一级审计机关提出审计结果报告。

第二十条 审计署对中央银行的财务收支，进行审计监督。

第二十一条 审计机关对国家的事业组织和使用财政资金的其他事业组织的财务收支，

进行审计监督。

第二十二条　审计机关对国有企业、国有金融机构和国有资本占控股地位或者主导地位的企业、金融机构的资产、负债、损益以及其他财务收支情况，进行审计监督。

遇有涉及国家财政金融重大利益情形，为维护国家经济安全，经国务院批准，审计署可以对前款规定以外的金融机构进行专项审计调查或者审计。

第二十三条　审计机关对政府投资和以政府投资为主的建设项目的预算执行情况和决算，对其他关系国家利益和公共利益的重大公共工程项目的资金管理使用和建设运营情况，进行审计监督。

第二十四条　审计机关对国有资源、国有资产，进行审计监督。

审计机关对政府部门管理的和其他单位受政府委托管理的社会保险基金、全国社会保障基金、社会捐赠资金以及其他公共资金的财务收支，进行审计监督。

第二十五条　审计机关对国际组织和外国政府援助、贷款项目的财务收支，进行审计监督。

第二十六条　根据经批准的审计项目计划安排，审计机关可以对被审计单位贯彻落实国家重大经济社会政策措施情况进行审计监督。

第二十七条　除本法规定的审计事项外，审计机关对其他法律、行政法规规定应当由审计机关进行审计的事项，依照本法和有关法律、行政法规的规定进行审计监督。

第二十八条　审计机关可以对被审计单位依法应当接受审计的事项进行全面审计，也可以对其中的特定事项进行专项审计。

第二十九条　审计机关有权对与国家财政收支有关的特定事项，向有关地方、部门、单位进行专项审计调查，并向本级人民政府和上一级审计机关报告审计调查结果。

第三十条　审计机关履行审计监督职责，发现经济社会运行中存在风险隐患的，应当及时向本级人民政府报告或者向有关主管机关、单位通报。

第三十一条　审计机关根据被审计单位的财政、财务隶属关系或者国有资源、国有资产监督管理关系，确定审计管辖范围。

审计机关之间对审计管辖范围有争议的，由其共同的上级审计机关确定。

上级审计机关对其审计管辖范围内的审计事项，可以授权下级审计机关进行审计，但本法第十八条至第二十条规定的审计事项不得进行授权；上级审计机关对下级审计机关审计管辖范围内的重大审计事项，可以直接进行审计，但是应当防止不必要的重复审计。

第三十二条　被审计单位应当加强对内部审计工作的领导，按照国家有关规定建立健全内部审计制度。

审计机关应当对被审计单位的内部审计工作进行业务指导和监督。

第三十三条　社会审计机构审计的单位依法属于被审计单位的，审计机关按照国务院的规定，有权对该社会审计机构出具的相关审计报告进行核查。

第四章　审计机关权限

第三十四条　审计机关有权要求被审计单位按照审计机关的规定提供财务、会计资料以及与财政收支、财务收支有关的业务、管理等资料，包括电子数据和有关文档。被审计单位不得拒绝、拖延、谎报。

被审计单位负责人应当对本单位提供资料的及时性、真实性和完整性负责。

审计机关对取得的电子数据等资料进行综合分析，需要向被审计单位核实有关情况的，被审计单位应当予以配合。

第三十五条　国家政务信息系统和数据共享平台应当按照规定向审计机关开放。

审计机关通过政务信息系统和数据共享平台取得的电子数据等资料能够满足需要的，

不得要求被审计单位重复提供。

第三十六条 审计机关进行审计时，有权检查被审计单位的财务、会计资料以及与财政收支、财务收支有关的业务、管理等资料和资产，有权检查被审计单位信息系统的安全性、可靠性、经济性，被审计单位不得拒绝。

第三十七条 审计机关进行审计时，有权就审计事项的有关问题向有关单位和个人进行调查，并取得有关证明材料。有关单位和个人应当支持、协助审计机关工作，如实向审计机关反映情况，提供有关证明材料。

审计机关经县级以上人民政府审计机关负责人批准，有权查询被审计单位在金融机构的账户。

审计机关有证据证明被审计单位违反国家规定将公款转入其他单位、个人在金融机构账户的，经县级以上人民政府审计机关主要负责人批准，有权查询有关单位、个人在金融机构与审计事项相关的存款。

第三十八条 审计机关进行审计时，被审计单位不得转移、隐匿、篡改、毁弃财务、会计资料以及与财政收支、财务收支有关的业务、管理等资料，不得转移、隐匿、故意毁损所持有的违反国家规定取得的资产。

审计机关对被审计单位违反前款规定的行为，有权予以制止；必要时，经县级以上人民政府审计机关负责人批准，有权封存有关资料和违反国家规定取得的资产；对其中在金融机构的有关存款需要予以冻结的，应当向人民法院提出申请。

审计机关对被审计单位正在进行的违反国家规定的财政收支、财务收支行为，有权予以制止；制止无效的，经县级以上人民政府审计机关负责人批准，通知财政部门和有关主管机关、单位暂停拨付与违反国家规定的财政收支、财务收支行为直接有关的款项，已经拨付的，暂停使用。

审计机关采取前两款规定的措施不得影响被审计单位合法的业务活动和生产经营活动。

第三十九条 审计机关认为被审计单位所执行的上级主管机关、单位有关财政收支、财务收支的规定与法律、行政法规相抵触的，应当建议有关主管机关、单位纠正；有关主管机关、单位不予纠正的，审计机关应当提请有权处理的机关、单位依法处理。

第四十条 审计机关可以向政府有关部门通报或者向社会公布审计结果。

审计机关通报或者公布审计结果，应当保守国家秘密、工作秘密、商业秘密、个人隐私和个人信息，遵守法律、行政法规和国务院的有关规定。

第四十一条 审计机关履行审计监督职责，可以提请公安、财政、自然资源、生态环境、海关、税务、市场监督管理等机关予以协助。有关机关应当依法予以配合。

第五章 审计程序

第四十二条 审计机关根据经批准的审计项目计划确定的审计事项组成审计组，并应当在实施审计三日前，向被审计单位送达审计通知书；遇有特殊情况，经县级以上人民政府审计机关负责人批准，可以直接持审计通知书实施审计。

被审计单位应当配合审计机关的工作，并提供必要的工作条件。

审计机关应当提高审计工作效率。

第四十三条 审计人员通过审查财务、会计资料，查阅与审计事项有关的文件、资料，检查现金、实物、有价证券和信息系统，向有关单位和个人调查等方式进行审计，并取得证明材料。

向有关单位和个人进行调查时，审计人员应当不少于二人，并出示其工作证件和审计通知书副本。

第四十四条 审计组对审计事项实施审计后，应当向审计机关提出审计组的审计报告。

审计组的审计报告报送审计机关前，应当征求被审计单位的意见。被审计单位应当自接到审计组的审计报告之日起十日内，将其书面意见送交审计组。审计组应当将被审计单位的书面意见一并报送审计机关。

第四十五条 审计机关按照审计署规定的程序对审计组的审计报告进行审议，并对被审计单位对审计组的审计报告提出的意见一并研究后，出具审计机关的审计报告。对违反国家规定的财政收支、财务收支行为，依法应当给予处理、处罚的，审计机关在法定职权范围内作出审计决定；需要移送有关主管机关、单位处理、处罚的，审计机关应当依法移送。

审计机关应当将审计机关的审计报告和审计决定送达被审计单位和有关主管机关、单位，并报上一级审计机关。审计决定自送达之日起生效。

第四十六条 上级审计机关认为下级审计机关作出的审计决定违反国家有关规定的，可以责成下级审计机关予以变更或者撤销，必要时也可以直接作出变更或者撤销的决定。

第六章　法律责任

第四十七条 被审计单位违反本法规定，拒绝、拖延提供与审计事项有关的资料的，或者提供的资料不真实、不完整的，或者拒绝、阻碍检查、调查、核实有关情况的，由审计机关责令改正，可以通报批评，给予警告；拒不改正的，依法追究法律责任。

第四十八条 被审计单位违反本法规定，转移、隐匿、篡改、毁弃财务、会计资料以及与财政收支、财务收支有关的业务、管理等资料，或者转移、隐匿、故意毁损所持有的违反国家规定取得的资产，审计机关认为对直接负责的主管人员和其他直接责任人员依法应当给予处分的，应当向被审计单位提出处理建议，或者移送监察机关和有关主管机关、单位处理，有关机关、单位应当将处理结果书面告知审计机关；构成犯罪的，依法追究刑事责任。

第四十九条 对本级各部门（含直属单位）和下级政府违反预算的行为或者其他违反国家规定的财政收支行为，审计机关、人民政府或者有关主管机关、单位在法定职权范围内，依照法律、行政法规的规定，区别情况采取下列处理措施：

（一）责令限期缴纳应当上缴的款项；

（二）责令限期退还被侵占的国有资产；

（三）责令限期退还违法所得；

（四）责令按照国家统一的财务、会计制度的有关规定进行处理；

（五）其他处理措施。

第五十条 对被审计单位违反国家规定的财务收支行为，审计机关、人民政府或者有关主管机关、单位在法定职权范围内，依照法律、行政法规的规定，区别情况采取前条规定的处理措施，并可以依法给予处罚。

第五十一条 审计机关在法定职权范围内作出的审计决定，被审计单位应当执行。

审计机关依法责令被审计单位缴纳应当上缴的款项，被审计单位拒不执行的，审计机关应当通报有关主管机关、单位，有关主管机关、单位应当依照有关法律、行政法规的规定予以扣缴或者采取其他处理措施，并将处理结果书面告知审计机关。

第五十二条 被审计单位应当按照规定时间整改审计查出的问题，将整改情况报告审计机关，同时向本级人民政府或者有关主管机关、单位报告，并按照规定向社会公布。

各级人民政府和有关主管机关、单位应当督促被审计单位整改审计查出的问题。审计机关应当对被审计单位整改情况进行跟踪检查。

审计结果以及整改情况应当作为考核、任免、奖惩领导干部和制定政策、完善制度的重要参考；拒不整改或者整改时弄虚作假的，依法追究法律责任。

第五十三条 被审计单位对审计机关作出的有关财务收支的审计决定不服的，可以依法申请行政复议或者提起行政诉讼。

被审计单位对审计机关作出的有关财政收支的审计决定不服的，可以提请审计机关的本级人民政府裁决，本级人民政府的裁决为最终决定。

第五十四条 被审计单位的财政收支、财务收支违反国家规定，审计机关认为对直接负责的主管人员和其他直接责任人员依法应当给予处分的，应当向被审计单位提出处理建议，或者移送监察机关和有关主管机关、单位处理，有关机关、单位应当将处理结果书面告知审计机关。

第五十五条 被审计单位的财政收支、财务收支违反法律、行政法规的规定，构成犯罪的，依法追究刑事责任。

第五十六条 报复陷害审计人员的，依法给予处分；构成犯罪的，依法追究刑事责任。

第五十七条 审计人员滥用职权、徇私舞弊、玩忽职守或者泄露、向他人非法提供所知悉的国家秘密、工作秘密、商业秘密、个人隐私和个人信息的，依法给予处分；构成犯罪的，依法追究刑事责任。

第七章 附 则

第五十八条 领导干部经济责任审计和自然资源资产离任审计，依照本法和国家有关规定执行。

第五十九条 中国人民解放军和中国人民武装警察部队审计工作的规定，由中央军事委员会根据本法制定。

审计机关和军队审计机构应当建立健全协作配合机制，按照国家有关规定对涉及军地经济事项实施联合审计。

第六十条 本法自1995年1月1日起施行。1988年11月30日国务院发布的《中华人民共和国审计条例》同时废止。

中华人民共和国审计法实施条例

（1997年10月21日中华人民共和国国务院令第231号公布　2010年2月2日国务院第100次常务会议修订通过　2010年2月11日中华人民共和国国务院令第571号公布）

第一章 总 则

第一条 根据《中华人民共和国审计法》（以下简称审计法）的规定，制定本条例。

第二条 审计法所称审计，是指审计机关依法独立检查被审计单位的会计凭证、会计账簿、财务会计报告以及其他与财政收支、财务收支有关的资料和资产，监督财政收支、财务收支真实、合法和效益的行为。

第三条 审计法所称财政收支，是指依照《中华人民共和国预算法》和国家其他有关规定，纳入预算管理的收入和支出，以及下列财政资金中未纳入预算管理的收入和支出：

（一）行政事业性收费；

（二）国有资源、国有资产收入；

（三）应当上缴的国有资本经营收益；

（四）政府举借债务筹措的资金；

（五）其他未纳入预算管理的财政资金。

第四条 审计法所称财务收支,是指国有的金融机构、企业事业组织以及依法应当接受审计机关审计监督的其他单位,按照国家财务会计制度的规定,实行会计核算的各项收入和支出。

第五条 审计机关依照审计法和本条例以及其他有关法律、法规规定的职责、权限和程序进行审计监督。

审计机关依照有关财政收支、财务收支的法律、法规,以及国家有关政策、标准、项目目标等方面的规定进行审计评价,对被审计单位违反国家规定的财政收支、财务收支行为,在法定职权范围内作出处理、处罚的决定。

第六条 任何单位和个人对依法应当接受审计机关审计监督的单位违反国家规定的财政收支、财务收支行为,有权向审计机关举报。审计机关接到举报,应当依法及时处理。

第二章 审计机关和审计人员

第七条 审计署在国务院总理领导下,主管全国的审计工作,履行审计法和国务院规定的职责。

地方各级审计机关在本级人民政府行政首长和上一级审计机关的领导下,负责本行政区域的审计工作,履行法律、法规和本级人民政府规定的职责。

第八条 省、自治区人民政府设有派出机关的,派出机关的审计机关对派出机关和省、自治区人民政府审计机关负责并报告工作,审计业务以省、自治区人民政府审计机关领导为主。

第九条 审计机关派出机构依照法律、法规和审计机关的规定,在审计机关的授权范围内开展审计工作,不受其他行政机关、社会团体和个人的干涉。

第十条 审计机关编制年度经费预算草案的依据主要包括:

(一)法律、法规;

(二)本级人民政府的决定和要求;

(三)审计机关的年度审计工作计划;

(四)定员定额标准;

(五)上一年度经费预算执行情况和本年度的变化因素。

第十一条 审计人员实行审计专业技术资格制度,具体按照国家有关规定执行。

审计机关根据工作需要,可以聘请具有与审计事项相关专业知识的人员参加审计工作。

第十二条 审计人员办理审计事项,有下列情形之一的,应当申请回避,被审计单位也有权申请审计人员回避:

(一)与被审计单位负责人或者有关主管人员有夫妻关系、直系血亲关系、三代以内旁系血亲或者近姻亲关系的;

(二)与被审计单位或者审计事项有经济利益关系的;

(三)与被审计单位、审计事项、被审计单位负责人或者有关主管人员有其他利害关系,可能影响公正执行公务的。

审计人员的回避,由审计机关负责人决定;审计机关负责人办理审计事项时的回避,由本级人民政府或者上一级审计机关负责人决定。

第十三条 地方各级审计机关正职和副职负责人的任免,应当事先征求上一级审计机关的意见。

第十四条 审计机关负责人在任职期间没有下列情形之一的,不得随意撤换:

(一)因犯罪被追究刑事责任的;

(二)因严重违法、失职受到处分,不适宜继续担任审计机关负责人的;

（三）因健康原因不能履行职责1年以上的；
（四）不符合国家规定的其他任职条件的。

第三章　审计机关职责

第十五条　审计机关对本级人民政府财政部门具体组织本级预算执行的情况，本级预算收入征收部门征收预算收入的情况，与本级人民政府财政部门直接发生预算缴款、拨款关系的部门、单位的预算执行情况和决算，下级人民政府的预算执行情况和决算，以及其他财政收支情况，依法进行审计监督。经本级人民政府批准，审计机关对其他取得财政资金的单位和项目接受、运用财政资金的真实、合法和效益情况，依法进行审计监督。

第十六条　审计机关对本级预算收入和支出的执行情况进行审计监督的内容包括：

（一）财政部门按照本级人民代表大会批准的本级预算向本级各部门（含直属单位）批复预算的情况、本级预算执行中调整情况和预算收支变化情况；

（二）预算收入征收部门依照法律、行政法规的规定和国家其他有关规定征收预算收入情况；

（三）财政部门按照批准的年度预算、用款计划，以及规定的预算级次和程序，拨付本级预算支出资金情况；

（四）财政部门依照法律、行政法规的规定和财政管理体制，拨付和管理政府间财政转移支付资金情况以及办理结算、结转情况；

（五）国库按照国家有关规定办理预算收入的收纳、划分、留解情况和预算支出资金的拨付情况；

（六）本级各部门（含直属单位）执行年度预算情况；

（七）依照国家有关规定实行专项管理的预算资金收支情况；

（八）法律、法规规定的其他预算执行情况。

第十七条　审计法第十七条所称审计结果报告，应当包括下列内容：

（一）本级预算执行和其他财政收支的基本情况；

（二）审计机关对本级预算执行和其他财政收支情况作出的审计评价；

（三）本级预算执行和其他财政收支中存在的问题以及审计机关依法采取的措施；

（四）审计机关提出的改进本级预算执行和其他财政收支管理工作的建议；

（五）本级人民政府要求报告的其他情况。

第十八条　审计署对中央银行及其分支机构履行职责所发生的各项财务收支，依法进行审计监督。

审计署向国务院总理提出的中央预算执行和其他财政收支情况审计结果报告，应当包括对中央银行的财务收支的审计情况。

第十九条　审计法第二十一条所称国有资本占控股地位或者主导地位的企业、金融机构，包括：

（一）国有资本占企业、金融机构资本（股本）总额的比例超过50%的；

（二）国有资本占企业、金融机构资本（股本）总额的比例在50%以下，但国有资本投资主体拥有实际控制权的。

审计机关对前款规定的企业、金融机构，除国务院另有规定外，比照审计法第十八条第二款、第二十条规定进行审计监督。

第二十条　审计法第二十二条所称政府投资和以政府投资为主的建设项目，包括：

（一）全部使用预算内投资资金、专项建设基金、政府举借债务筹措的资金等财政资金的；

（二）未全部使用财政资金，财政资金占项目总投资的比例超过50%，或者占项目总投资的比例在50%以下，但政府拥有项目建设、运营实际控制权的。

审计机关对前款规定的建设项目的总预算或者概算的执行情况、年度预算的执行情况和年度决算、单项工程结算、项目竣工决算，依法进行审计监督；对前款规定的建设项目进行审计时，可以对直接有关的设计、施工、供货等单位取得建设项目资金的真实性、合法性进行调查。

第二十一条 审计法第二十三条所称社会保障基金，包括社会保险、社会救助、社会福利基金以及发展社会保障事业的其他专项基金；所称社会捐赠资金，包括来源于境内外的货币、有价证券和实物等各种形式的捐赠。

第二十二条 审计法第二十四条所称国际组织和外国政府援助、贷款项目，包括：

（一）国际组织、外国政府及其机构向中国政府及其机构提供的贷款项目；

（二）国际组织、外国政府及其机构向中国企业事业组织以及其他组织提供的由中国政府及其机构担保的贷款项目；

（三）国际组织、外国政府及其机构向中国政府及其机构提供的援助和赠款项目；

（四）国际组织、外国政府及其机构向受中国政府委托管理有关基金、资金的单位提供的援助和赠款项目；

（五）国际组织、外国政府及其机构提供援助、贷款的其他项目。

第二十三条 审计机关可以依照审计法和本条例规定的审计程序、方法以及国家其他有关规定，对预算管理或者国有资产管理使用等与国家财政收支有关的特定事项，向有关地方、部门、单位进行专项审计调查。

第二十四条 审计机关根据被审计单位的财政、财务隶属关系，确定审计管辖范围；不能根据财政、财务隶属关系确定审计管辖范围的，根据国有资产监督管理关系，确定审计管辖范围。

两个以上国有资本投资主体投资的金融机构、企业事业组织和建设项目，由对主要投资主体有审计管辖权的审计机关进行审计监督。

第二十五条 各级审计机关应当按照确定的审计管辖范围进行审计监督。

第二十六条 依法属于审计机关审计监督对象的单位的内部审计工作，应当接受审计机关的业务指导和监督。

依法属于审计机关审计监督对象的单位，可以根据内部审计工作的需要，参加依法成立的内部审计自律组织。审计机关可以通过内部审计自律组织，加强对内部审计工作的业务指导和监督。

第二十七条 审计机关进行审计或者专项审计调查时，有权对社会审计机构出具的相关审计报告进行核查。

审计机关核查社会审计机构出具的相关审计报告时，发现社会审计机构存在违反法律、法规或者执业准则等情况的，应当移送有关主管机关依法追究责任。

第四章　审计机关权限

第二十八条 审计机关依法进行审计监督时，被审计单位应当依照审计法第三十一条规定，向审计机关提供与财政收支、财务收支有关的资料。被审计单位负责人应当对本单位提供资料的真实性和完整性作出书面承诺。

第二十九条 各级人民政府财政、税务以及其他部门（含直属单位）应当向本级审计机关报送下列资料：

（一）本级人民代表大会批准的本级预算和本级人民政府财政部门向本级各部门（含直属单位）批复的预算，预算收入征收部门的年度收入计划，以及本级各部门（含直属单位）向所属各单位批复的预算；

（二）本级预算收支执行和预算收入征收部门的收入计划完成情况月报、年报，以及决算情况；

（三）综合性财政税务工作统计年报、情况简报，财政、预算、税务、财务和会计等规章制度；

（四）本级各部门（含直属单位）汇总编制的本部门决算草案。

第三十条 审计机关依照审计法第三十三条规定查询被审计单位在金融机构的账户的，应当持县级以上人民政府审计机关负责人签发的协助查询单位账户通知书；查询被审计单位以个人名义在金融机构的存款的，应当持县级以上人民政府审计机关主要负责人签发的协助查询个人存款通知书。有关金融机构应当予以协助，并提供证明材料，审计机关和审计人员负有保密义务。

第三十一条 审计法第三十四条所称违反国家规定取得的资产，包括：

（一）弄虚作假骗取的财政拨款、实物以及金融机构贷款；

（二）违反国家规定享受国家补贴、补助、贴息、免息、减税、免税、退税等优惠政策取得的资产；

（三）违反国家规定向他人收取的款项、有价证券、实物；

（四）违反国家规定处分国有资产取得的收益；

（五）违反国家规定取得的其他资产。

第三十二条 审计机关依照审计法第三十四条规定封存被审计单位有关资料和违反国家规定取得的资产的，应当持县级以上人民政府审计机关负责人签发的封存通知书，并在依法收集与审计事项相关的证明材料或者采取其他措施后解除封存。封存的期限为7日以内；有特殊情况需要延长的，经县级以上人民政府审计机关负责人批准，可以适当延长，但延长的期限不得超过7日。

对封存的资料、资产，审计机关可以指定被审计单位负责保管，被审计单位不得损毁或者擅自转移。

第三十三条 审计机关依照审计法第三十六条规定，可以就有关审计事项向政府有关部门通报或者向社会公布对被审计单位的审计、专项审计调查结果。

审计机关经与有关主管机关协商，可以在向社会公布的审计、专项审计调查结果中，一并公布对社会审计机构相关审计报告核查的结果。

审计机关拟向社会公布对上市公司的审计、专项审计调查结果的，应当在5日前将拟公布的内容告知上市公司。

第五章 审 计 程 序

第三十四条 审计机关应当根据法律、法规和国家其他有关规定，按照本级人民政府和上级审计机关的要求，确定年度审计工作重点，编制年度审计项目计划。

审计机关在年度审计项目计划中确定对国有资本占控股地位或者主导地位的企业、金融机构进行审计的，应当自确定之日起7日内告知列入年度审计项目计划的企业、金融机构。

第三十五条 审计机关应当根据年度审计项目计划，组成审计组，调查了解被审计单位的有关情况，编制审计方案，并在实施审计3日前，向被审计单位送达审计通知书。

第三十六条 审计法第三十八条所称特殊情况，包括：

（一）办理紧急事项的；

（二）被审计单位涉嫌严重违法违规的；

（三）其他特殊情况。

第三十七条 审计人员实施审计时，应当按照下列规定办理：

（一）通过检查、查询、监督盘点、发函询证等方法实施审计；

（二）通过收集原件、原物或者复制、拍照等方法取得证明材料；

（三）对与审计事项有关的会议和谈话内容作出记录，或者要求被审计单位提供会议记录材料；

（四）记录审计实施过程和查证结果。

第三十八条　审计人员向有关单位和个人调查取得的证明材料，应当有提供者的签名或者盖章；不能取得提供者签名或者盖章的，审计人员应当注明原因。

第三十九条　审计组向审计机关提出审计报告前，应当书面征求被审计单位意见。被审计单位应当自接到审计组的审计报告之日起10日内，提出书面意见；10日内未提出书面意见的，视同无异议。

审计组应当针对被审计单位提出的书面意见，进一步核实情况，对审计组的审计报告作必要修改，连同被审计单位的书面意见一并报送审计机关。

第四十条　审计机关有关业务机构和专门机构或者人员对审计组的审计报告以及相关审计事项进行复核、审理后，由审计机关按照下列规定办理：

（一）提出审计机关的审计报告，内容包括：对审计事项的审计评价，对违反国家规定的财政收支、财务收支行为提出的处理、处罚意见，移送有关主管机关、单位的意见，改进财政收支、财务收支管理工作的意见；

（二）对违反国家规定的财政收支、财务收支行为，依法应当给予处理、处罚的，在法定职权范围内作出处理、处罚的审计决定；

（三）对依法应当追究有关人员责任的，向有关主管机关、单位提出给予处分的建议；对依法应当由有关主管机关处理、处罚的，移送有关主管机关；涉嫌犯罪的，移送司法机关。

第四十一条　审计机关在审计中发现损害国家利益和社会公共利益的事项，但处理、处罚依据又不明确的，应当向本级人民政府和上一级审计机关报告。

第四十二条　被审计单位应当按照审计机关规定的期限和要求执行审计决定。对应当上缴的款项，被审计单位应当按照财政管理体制和国家有关规定缴入国库或者财政专户。审计决定需要有关主管机关、单位协助执行的，审计机关应当书面提请协助执行。

第四十三条　上级审计机关应当对下级审计机关的审计业务依法进行监督。

下级审计机关作出的审计决定违反国家有关规定的，上级审计机关可以责成下级审计机关予以变更或者撤销，也可以直接作出变更或者撤销的决定；审计决定被撤销后需要重新作出审计决定的，上级审计机关可以责成下级审计机关在规定的期限内重新作出审计决定，也可以直接作出审计决定。

下级审计机关应当作出而没有作出审计决定的，上级审计机关可以责成下级审计机关在规定的期限内作出审计决定，也可以直接作出审计决定。

第四十四条　审计机关进行专项审计调查时，应当向被调查的地方、部门、单位出示专项审计调查的书面通知，并说明有关情况；有关地方、部门、单位应当接受调查，如实反映情况，提供有关资料。

在专项审计调查中，依法属于审计机关审计监督对象的部门、单位有违反国家规定的财政收支、财务收支行为或者其他违法违规行为的，专项审计调查人员和审计机关可以依照审计法和本条例的规定提出审计报告，作出审计决定，或者移送有关主管机关、单位依法追究责任。

第四十五条　审计机关应当按照国家有关规定建立、健全审计档案制度。

第四十六条　审计机关送达审计文书，可以直接送达，也可以邮寄送达或者以其他方式送达。直接送达的，以被审计单位在送达回证上注明的签收日期或者见证人证明的收件日期为送达日期；邮寄送达的，以邮政回执上注明的收件日期为送达日期；以其他方式送达的，以签收或者收件日期为送达日期。

审计机关的审计文书的种类、内容和格式，由审计署规定。

第六章 法 律 责 任

第四十七条 被审计单位违反审计法和本条例的规定，拒绝、拖延提供与审计事项有关的资料，或者提供的资料不真实、不完整，或者拒绝、阻碍检查的，由审计机关责令改正，可以通报批评，给予警告；拒不改正的，对被审计单位可以处5万元以下的罚款，对直接负责的主管人员和其他直接责任人员，可以处2万元以下的罚款，审计机关认为应当给予处分的，向有关主管机关、单位提出给予处分的建议；构成犯罪的，依法追究刑事责任。

第四十八条 对本级各部门（含直属单位）和下级人民政府违反预算的行为或者其他违反国家规定的财政收支行为，审计机关在法定职权范围内，依照法律、行政法规的规定，区别情况采取审计法第四十五条规定的处理措施。

第四十九条 对被审计单位违反国家规定的财务收支行为，审计机关在法定职权范围内，区别情况采取审计法第四十五条规定的处理措施，可以通报批评，给予警告；有违法所得的，没收违法所得，并处违法所得1倍以上5倍以下的罚款；没有违法所得的，可以处5万元以下的罚款；对直接负责的主管人员和其他直接责任人员，可以处2万元以下的罚款，审计机关认为应当给予处分的，向有关主管机关、单位提出给予处分的建议；构成犯罪的，依法追究刑事责任。

法律、行政法规对被审计单位违反国家规定的财务收支行为处理、处罚另有规定的，从其规定。

第五十条 审计机关在作出较大数额罚款的处罚决定前，应当告知被审计单位和有关人员有要求举行听证的权利。较大数额罚款的具体标准由审计署规定。

第五十一条 审计机关提出的对被审计单位给予处理、处罚的建议以及对直接负责的主管人员和其他直接责任人员给予处分的建议，有关主管机关、单位应当依法及时作出决定，并将结果书面通知审计机关。

第五十二条 被审计单位对审计机关依照审计法第十六条、第十七条和本条例第十五条规定进行审计监督作出的审计决定不服的，可以自审计决定送达之日起60日内，提请审计机关的本级人民政府裁决，本级人民政府的裁决为最终决定。

审计机关应当在审计决定中告知被审计单位提请裁决的途径和期限。

裁决期间，审计决定不停止执行。但是，有下列情形之一的，可以停止执行：

（一）审计机关认为需要停止执行的；

（二）受理裁决的人民政府认为需要停止执行的；

（三）被审计单位申请停止执行，受理裁决的人民政府认为其要求合理，决定停止执行的。

裁决由本级人民政府法制机构办理。裁决决定应当自接到提请之日起60日内作出；有特殊情况需要延长的，经法制机构负责人批准，可以适当延长，并告知审计机关和提请裁决的被审计单位，但延长的期限不得超过30日。

第五十三条 除本条例第五十二条规定的可以提请裁决的审计决定外，被审计单位对审计机关作出的其他审计决定不服的，可以依法申请行政复议或者提起行政诉讼。

审计机关应当在审计决定中告知被审计单位申请行政复议或者提起行政诉讼的途径和期限。

第五十四条 被审计单位应当将审计决定执行情况书面报告审计机关。审计机关应当检查审计决定的执行情况。

被审计单位不执行审计决定的，审计机关应当责令限期执行；逾期仍不执行的，审计机关可以申请人民法院强制执行，建议有关主管机关、单位对直接负责的主管人员和其他直接责任人员给予处分。

第五十五条 审计人员滥用职权、徇私舞弊、玩忽职守，或者泄露所知悉的国家秘密、商业秘密的，依法给予处分；构成犯罪的，依法追究刑事责任。

审计人员违法违纪取得的财物，依法予以追缴、没收或者责令退赔。

第七章 附 则

第五十六条 本条例所称以上、以下，包括本数。

本条例第五十二条规定的期间的最后一日是法定节假日的，以节假日后的第一个工作日为期间届满日。审计法和本条例规定的其他期间以工作日计算，不含法定节假日。

第五十七条 实施经济责任审计的规定，另行制定。

第五十八条 本条例自2010年5月1日起施行。

中华人民共和国注册会计师法

（1993年10月31日第八届全国人民代表大会常务委员会第四次会议通过 根据2014年8月31日第十二届全国人民代表大会常务委员会第十次会议《关于修改〈中华人民共和国保险法〉等五部法律的决定》修正）

第一章 总 则

第一条 为了发挥注册会计师在社会经济活动中的鉴证和服务作用，加强对注册会计师的管理，维护社会公共利益和投资者的合法权益，促进社会主义市场经济的健康发展，制定本法。

第二条 注册会计师是依法取得注册会计师证书并接受委托从事审计和会计咨询、会计服务业务的执业人员。

第三条 会计师事务所是依法设立并承办注册会计师业务的机构。

注册会计师执行业务，应当加入会计师事务所。

第四条 注册会计师协会是由注册会计师组成的社会团体。中国注册会计师协会是注册会计师的全国组织，省、自治区、直辖市注册会计师协会是注册会计师的地方组织。

第五条 国务院财政部门和省、自治区、直辖市人民政府财政部门，依法对注册会计师、会计师事务所和注册会计师协会进行监督、指导。

第六条 注册会计师和会计师事务所执行业务，必须遵守法律、行政法规。

注册会计师和会计师事务所依法独立、公正执行业务，受法律保护。

第二章 考试和注册

第七条 国家实行注册会计师全国统一考试制度。注册会计师全国统一考试办法，由国务院财政部门制定，由中国注册会计师协会组织实施。

第八条 具有高等专科以上学校毕业的学历，或者具有会计或者相关专业中级以上技术职称的中国公民，可以申请参加注册会计师全国统一考试；具有会计或者相关专业高级技术职称的人员，可以免于部分科目的考试。

第九条 参加注册会计师全国统一考试成绩合格，并从事审计业务工作二年以上的，可以向省、自治区、直辖市注册会计师协会申请注册。

除有本法第十条所列情形外，受理申请的注册会计师协会应当准予注册。

第十条 有下列情形之一的，受理申请的注册会计师协会不予注册：

（一）不具有完全民事行为能力的；

（二）因受刑事处罚，自刑罚执行完毕之日起至申请注册之日止不满五年的；

（三）因在财务、会计、审计、企业管理或者其他经济管理工作中犯有严重错误受行政处罚、撤职以上处分，自处罚、处分决定之日起至申请注册之日止不满二年的；

（四）受吊销注册会计师证书的处罚，自处罚决定之日起至申请注册之日止不满五年的；

（五）国务院财政部门规定的其他不予注册的情形的。

第十一条 注册会计师协会应当将准予注册的人员名单报国务院财政部门备案。国务院财政部门发现注册会计师协会的注册不符合本法规定的，应当通知有关的注册会计师协会撤销注册。

注册会计师协会依照本法第十条的规定不予注册的，应当自决定之日起十五日内书面通知申请人。申请人有异议的，可以自收到通知之日起十五日内向国务院财政部门或者省、自治区、直辖市人民政府财政部门申请复议。

第十二条 准予注册的申请人，由注册会计师协会发给国务院财政部门统一制定的注册会计师证书。

第十三条 已取得注册会计师证书的人员，除本法第十一条第一款规定的情形外，注册后有下列情形之一的，由准予注册的注册会计师协会撤销注册，收回注册会计师证书：

（一）完全丧失民事行为能力的；

（二）受刑事处罚的；

（三）因在财务、会计、审计、企业管理或者其他经济管理工作中犯有严重错误受行政处罚、撤职以上的处分的；

（四）自行停止执行注册会计师业务满一年的。

被撤销注册的当事人有异议的，可以自接到撤销注册、收回注册会计师证书的通知之日起十五日内向国务院财政部门或者省、自治区、直辖市人民政府财政部门申请复议。

依照第一款规定被撤销注册的人员可以重新申请注册，但必须符合本法第九条、第十条的规定。

第三章 业务范围和规则

第十四条 注册会计师承办下列审计业务：

（一）审查企业会计报表，出具审计报告；

（二）验证企业资本，出具验资报告；

（三）办理企业合并、分立、清算事宜中的审计业务，出具有关的报告；

（四）法律、行政法规规定的其他审计业务。

注册会计师依法执行审计业务出具的报告，具有证明效力。

第十五条 注册会计师可以承办会计咨询、会计服务业务。

第十六条 注册会计师承办业务，由其所在的会计师事务所统一受理并与委托人签订委托合同。

会计师事务所对本所注册会计师依照前款规定承办的业务，承担民事责任。

第十七条 注册会计师执行业务，可以根据需要查阅委托人的有关会计资料和文件，查看委托人的业务现场和设施，要求委托人提供其他必要的协助。

第十八条 注册会计师与委托人有利害关系的，应当回避；委托人有权要求其回避。

第十九条 注册会计师对在执行业务中知悉的商业秘密，负有保密义务。

第二十条 注册会计师执行审计业务，遇有下列情形之一的，应当拒绝出具有关报告：

（一）委托人示意其作不实或者不当证明的；

（二）委托人故意不提供有关会计资料和文件的；

（三）因委托人有其他不合理要求，致使注册会计师出具的报告不能对财务会计的重要事项作出正确表述的。

第二十一条 注册会计师执行审计业务，必须按照执业准则、规则确定的工作程序出具报告。

注册会计师执行审计业务出具报告时，不得有下列行为：

（一）明知委托人对重要事项的财务会计处理与国家有关规定相抵触，而不予指明；

（二）明知委托人的财务会计处理会直接损害报告使用人或者其他利害关系人的利益，而予以隐瞒或者作不实的报告；

（三）明知委托人的财务会计处理会导致报告使用人或者其他利害关系人产生重大误解，而不予指明；

（四）明知委托人的会计报表的重要事项有其他不实的内容，而不予指明。

对委托人有前款所列行为，注册会计师按照执业准则、规则应当知道的，适用前款规定。

第二十二条 注册会计师不得有下列行为：

（一）在执行审计业务期间，在法律、行政法规规定不得买卖被审计单位的股票、债券或者不得购买被审计单位或者个人的其他财产的期限内，买卖被审计的单位的股票、债券或者购买被审计单位或者个人所拥有的其他财产；

（二）索取、收受委托合同约定以外的酬金或者其他财物，或者利用执行业务之便，谋取其他不正当的利益；

（三）接受委托催收债款；

（四）允许他人以本人名义执行业务；

（五）同时在两个或者两个以上的会计师事务所执行业务；

（六）对其能力进行广告宣传以招揽业务；

（七）违反法律、行政法规的其他行为。

第四章　会计师事务所

第二十三条 会计师事务所可以由注册会计师合伙设立。

合伙设立的会计师事务所的债务，由合伙人按照出资比例或者协议的约定，以各自的财产承担责任。合伙人对会计师事务所的债务承担连带责任。

第二十四条 会计师事务所符合下列条件的，可以是负有限责任的法人：

（一）不少于三十万元的注册资本；

（二）有一定数量的专职从业人员，其中至少有五名注册会计师；

（三）国务院财政部门规定的业务范围和其他条件。

负有限责任的会计师事务所以其全部资产对其债务承担责任。

第二十五条 设立会计师事务所，由省、自治区、直辖市人民政府财政部门批准。

申请设立会计师事务所，申请者应当向审批机关报送下列文件：

（一）申请书；

（二）会计师事务所的名称、组织机构和业务场所；

（三）会计师事务所章程，有合伙协议的并应报送合伙协议；

（四）注册会计师名单、简历及有关证明文件；

（五）会计师事务所主要负责人、合伙人的姓名、简历及有关证明文件；

（六）负有限责任的会计师事务所的出资证明；

（七）审批机关要求的其他文件。

第二十六条 审批机关应当自收到申请文件之日起三十日内决定批准或不批准。

省、自治区、直辖市人民政府财政部门批准的会计师事务所，应当报国务院财政部门备案。国务院财政部门发现批准不当的，应当自收到备案报告之日起三十日内通知原审批机关重新审查。

第二十七条　会计师事务所设立分支机构，须经分支机构所在地的省、自治区、直辖市人民政府部门批准。

第二十八条　会计师事务所依法纳税。

会计师事务所按照国务院财政部门的规定建立职业风险基金，办理职业保险。

第二十九条　会计师事务所受理业务，不受行政区域、行业的限制；但是，法律、行政法规另有规定的除外。

第三十条　委托人委托会计师事务所办理业务，任何单位和个人不得干预。

第三十一条　本法第十八条至第二十一条的规定，适用于会计师事务所。

第三十二条　会计师事务所不得有本法第二十二条第（一）项至第（四）项、第（六）项、第（七）项所列的行为。

第五章　注册会计师协会

第三十三条　注册会计师应当加入注册会计师协会。

第三十四条　中国注册会计师协会的章程由全国会员代表大会制定，并报国务院财政部门备案；省、自治区、直辖市注册会计师协会的章程由省、自治区、直辖市会员代表大会制定，并报省、自治区、直辖市人民政府财政部门备案。

第三十五条　中国注册会计师协会依法拟订注册会计师执业准则、规则，报国务院财政部门批准后施行。

第三十六条　注册会计师协会应当支持注册会计师依法执行业务，维护其合法权益，向有关方面反映其意见和建议。

第三十七条　注册会计师协会应当对注册会计师的任职资格和执业情况进行年度检查。

第三十八条　注册会计师协会依法取得社会团体法人资格。

第六章　法律责任

第三十九条　会计师事务所违反本法第二十条、第二十一条规定的，由省级以上人民政府财政部门给予警告，没收违法所得，可以并处违法所得一倍以上五倍以下的罚款；情节严重的，并可以由省级以上人民政府财政部门暂停其经营业务或者予以撤销。

注册会计师违反本法第二十条、第二十一条规定的，由省级以上人民政府财政部门给予警告；情节严重的，可以由省级以上人民政府财政部门暂停其执行业务或者吊销注册会计师证书。

会计师事务所、注册会计师违反本法第二十条、第二十一条的规定，故意出具虚假的审计报告、验资报告，构成犯罪的，依法追究刑事责任。

第四十条　对未经批准承办本法第十四条规定的注册会计师业务的单位，由省级以上人民政府财政部门责令其停止违法活动，没收违法所得，可以并处违法所得一倍以上五倍以下的罚款。

第四十一条　当事人对行政处罚决定不服的，可以在接到处罚通知之日起十五日内向作出处罚决定的机关的上一级机关申请复议；当事人也可以在接到处罚决定通知之日起十五日内直接向人民法院起诉。

复议机关应当在接到复议申请之日起六十日内作出复议决定。当事人对复议决定不服的，可以在接到复议决定之日起十五日内向人民法院起诉。复议机关逾期不作出复议决定的，当事人可以在复议期满之日起十五日内向人民法院起诉。

当事人逾期不申请复议，也不向人民法院起诉，又不履行处罚决定的，作出处罚决定的机关可以申请人民法院强制执行。

第四十二条 会计师事务所违反本法规定，给委托人、其他利害关系人造成损失的，应当依法承担赔偿责任。

第七章 附 则

第四十三条 在审计事务所工作的注册审计师，经认定为具有注册会计师资格的，可以执行本法规定的业务，其资格认定和对其监督、指导、管理的办法由国务院另行规定。

第四十四条 外国人申请参加中国注册会计师全国统一考试和注册，按照互惠原则办理。外国会计师事务所需要在中国境内临时办理有关业务的，须经有关的省、自治区、直辖市人民政府财政部门批准。外国会计师事务所与中国的会计师事务所共同举办中外合作会计师事务所，须经国务院对外经济贸易主管部门或者国务院授权的部门和省级人民政府审查同意后报国务院财政部门批准。

除前款规定的情形外，外国会计师事务所需要在中国境内临时办理有关业务的，须经有关的省、自治区、直辖市人民政府财政部门批准。

第四十五条 国务院可以根据本法制定实施条例。

第四十六条 本法自1994年1月1日起施行。1986年7月3日国务院发布的《中华人民共和国注册会计师条例》同时废止。

中华人民共和国预算法

（1994年3月22日第八届全国人民代表大会第二次会议通过 根据2014年8月31日第十二届全国人民代表大会常务委员会第十次会议《关于修改〈中华人民共和国预算法〉的决定》第一次修正 根据2018年12月29日第十三届全国人民代表大会常务委员会第七次会议《关于修改〈中华人民共和国产品质量法〉等五部法律的决定》第二次修正）

第一章 总 则

第一条 为了规范政府收支行为，强化预算约束，加强对预算的管理和监督，建立健全全面规范、公开透明的预算制度，保障经济社会的健康发展，根据宪法，制定本法。

第二条 预算、决算的编制、审查、批准、监督，以及预算的执行和调整，依照本法规定执行。

第三条 国家实行一级政府一级预算，设立中央，省、自治区、直辖市，设区的市、自治州，县、自治县、不设区的市、市辖区，乡、民族乡、镇五级预算。

全国预算由中央预算和地方预算组成。地方预算由各省、自治区、直辖市总预算组成。

地方各级总预算由本级预算和汇总的下一级总预算组成；下一级只有本级预算的，下一级总预算即指下一级的本级预算。没有下一级预算的，总预算即指本级预算。

第四条 预算由预算收入和预算支出组成。

政府的全部收入和支出都应当纳入预算。

第五条 预算包括一般公共预算、政府性基金预算、国有资本经营预算、社会保险基金预算。

一般公共预算、政府性基金预算、国有资本经营预算、社会保险基金预算应当保持完整、独立。政府性基金预算、国有资本经营预算、社会保险基金预算应当与一般公共预算相衔接。

第六条 一般公共预算是对以税收为主体的财政收入,安排用于保障和改善民生、推动经济社会发展、维护国家安全、维持国家机构正常运转等方面的收支预算。

中央一般公共预算包括中央各部门(含直属单位,下同)的预算和中央对地方的税收返还、转移支付预算。

中央一般公共预算收入包括中央本级收入和地方向中央的上解收入。中央一般公共预算支出包括中央本级支出、中央对地方的税收返还和转移支付。

第七条 地方各级一般公共预算包括本级各部门(含直属单位,下同)的预算和税收返还、转移支付预算。

地方各级一般公共预算收入包括地方本级收入、上级政府对本级政府的税收返还和转移支付、下级政府的上解收入。地方各级一般公共预算支出包括地方本级支出、对上级政府的上解支出、对下级政府的税收返还和转移支付。

第八条 各部门预算由本部门及其所属各单位预算组成。

第九条 政府性基金预算是对依照法律、行政法规的规定在一定期限内向特定对象征收、收取或者以其他方式筹集的资金,专项用于特定公共事业发展的收支预算。

政府性基金预算应当根据基金项目收入情况和实际支出需要,按基金项目编制,做到以收定支。

第十条 国有资本经营预算是对国有资本收益作出支出安排的收支预算。

国有资本经营预算应当按照收支平衡的原则编制,不列赤字,并安排资金调入一般公共预算。

第十一条 社会保险基金预算是对社会保险缴款、一般公共预算安排和其他方式筹集的资金,专项用于社会保险的收支预算。

社会保险基金预算应当按照统筹层次和社会保险项目分别编制,做到收支平衡。

第十二条 各级预算应当遵循统筹兼顾、勤俭节约、量力而行、讲求绩效和收支平衡的原则。

各级政府应当建立跨年度预算平衡机制。

第十三条 经人民代表大会批准的预算,非经法定程序,不得调整。各级政府、各部门、各单位的支出必须以经批准的预算为依据,未列入预算的不得支出。

第十四条 经本级人民代表大会或者本级人民代表大会常务委员会批准的预算、预算调整、决算、预算执行情况的报告及报表,应当在批准后二十日内由本级政府财政部门向社会公开,并对本级政府财政转移支付安排、执行的情况以及举借债务的情况等重要事项作出说明。

经本级政府财政部门批复的部门预算、决算及报表,应当在批复后二十日内由各部门向社会公开,并对部门预算、决算中机关运行经费的安排、使用情况等重要事项作出说明。

各级政府、各部门、各单位应当将政府采购的情况及时向社会公开。

本条前三款规定的公开事项,涉及国家秘密的除外。

第十五条 国家实行中央和地方分税制。

第十六条 国家实行财政转移支付制度。财政转移支付应当规范、公平、公开,以推进地区间基本公共服务均等化为主要目标。

财政转移支付包括中央对地方的转移支付和地方上级政府对下级政府的转移支付,以为均衡地区间基本财力、由下级政府统筹安排使用的一般性转移支付为主体。

按照法律、行政法规和国务院的规定可以设立专项转移支付,用于办理特定事项。建立健全专项转移支付定期评估和退出机制。市场竞争机制能够有效调节的事项不得设立专项转移支付。

上级政府在安排专项转移支付时,不得要求下级政府承担配套资金。但是,按照国务院的规定应当由上下级政府共同承担的事项除外。

第十七条　各级预算的编制、执行应当建立健全相互制约、相互协调的机制。

第十八条　预算年度自公历1月1日起，至12月31日止。

第十九条　预算收入和预算支出以人民币元为计算单位。

第二章　预算管理职权

第二十条　全国人民代表大会审查中央和地方预算草案及中央和地方预算执行情况的报告；批准中央预算和中央预算执行情况的报告；改变或者撤销全国人民代表大会常务委员会关于预算、决算的不适当的决议。

全国人民代表大会常务委员会监督中央和地方预算的执行；审查和批准中央预算的调整方案；审查和批准中央决算；撤销国务院制定的同宪法、法律相抵触的关于预算、决算的行政法规、决定和命令；撤销省、自治区、直辖市人民代表大会及其常务委员会制定的同宪法、法律和行政法规相抵触的关于预算、决算的地方性法规和决议。

第二十一条　县级以上地方各级人民代表大会审查本级总预算草案及本级总预算执行情况的报告；批准本级预算和本级预算执行情况的报告；改变或者撤销本级人民代表大会常务委员会关于预算、决算的不适当的决议；撤销本级政府关于预算、决算的不适当的决定和命令。

县级以上地方各级人民代表大会常务委员会监督本级总预算的执行；审查和批准本级预算的调整方案；审查和批准本级决算；撤销本级政府和下一级人民代表大会及其常务委员会关于预算、决算的不适当的决定、命令和决议。

乡、民族乡、镇的人民代表大会审查和批准本级预算和本级预算执行情况的报告；监督本级预算的执行；审查和批准本级预算的调整方案；审查和批准本级决算；撤销本级政府关于预算、决算的不适当的决定和命令。

第二十二条　全国人民代表大会财政经济委员会对中央预算草案初步方案及上一年预算执行情况、中央预算调整初步方案和中央决算草案进行初步审查，提出初步审查意见。

省、自治区、直辖市人民代表大会有关专门委员会对本级预算草案初步方案及上一年预算执行情况、本级预算调整初步方案和本级决算草案进行初步审查，提出初步审查意见。

设区的市、自治州人民代表大会有关专门委员会对本级预算草案初步方案及上一年预算执行情况、本级预算调整初步方案和本级决算草案进行初步审查，提出初步审查意见，未设立专门委员会的，由本级人民代表大会常务委员会有关工作机构研究提出意见。

县、自治县、不设区的市、市辖区人民代表大会常务委员会对本级预算草案初步方案及上一年预算执行情况进行初步审查，提出初步审查意见。县、自治县、不设区的市、市辖区人民代表大会常务委员会有关工作机构对本级预算调整初步方案和本级决算草案研究提出意见。

设区的市、自治州以上各级人民代表大会有关专门委员会进行初步审查、常务委员会有关工作机构研究提出意见时，应当邀请本级人民代表大会代表参加。

对依照本条第一款至第四款规定提出的意见，本级政府财政部门应当将处理情况及时反馈。

依照本条第一款至第四款规定提出的意见以及本级政府财政部门反馈的处理情况报告，应当印发本级人民代表大会代表。

全国人民代表大会常务委员会和省、自治区、直辖市、设区的市、自治州人民代表大会常务委员会有关工作机构，依照本级人民代表大会常务委员会的决定，协助本级人民代表大会财政经济委员会或者有关专门委员会承担审查预算草案、预算调整方案、决算草案和监督预算执行等方面的具体工作。

第二十三条 国务院编制中央预算、决算草案；向全国人民代表大会作关于中央和地方预算草案的报告；将省、自治区、直辖市政府报送备案的预算汇总后报全国人民代表大会常务委员会备案；组织中央和地方预算的执行；决定中央预算预备费的动用；编制中央预算调整方案；监督中央各部门和地方政府的预算执行；改变或者撤销中央各部门和地方政府关于预算、决算的不适当的决定、命令；向全国人民代表大会、全国人民代表大会常务委员会报告中央和地方预算的执行情况。

第二十四条 县级以上地方各级政府编制本级预算、决算草案；向本级人民代表大会作关于本级总预算草案的报告；将下一级政府报送备案的预算汇总后报本级人民代表大会常务委员会备案；组织本级总预算的执行；决定本级预算预备费的动用；编制本级预算的调整方案；监督本级各部门和下级政府的预算执行；改变或者撤销本级各部门和下级政府关于预算、决算的不适当的决定、命令；向本级人民代表大会、本级人民代表大会常务委员会报告本级总预算的执行情况。

乡、民族乡、镇政府编制本级预算、决算草案；向本级人民代表大会作关于本级预算草案的报告；组织本级预算的执行；决定本级预算预备费的动用；编制本级预算的调整方案；向本级人民代表大会报告本级预算的执行情况。

经省、自治区、直辖市政府批准，乡、民族乡、镇本级预算草案、预算调整方案、决算草案，可以由上一级政府代编，并依照本法第二十一条的规定报乡、民族乡、镇的人民代表大会审查和批准。

第二十五条 国务院财政部门具体编制中央预算、决算草案；具体组织中央和地方预算的执行；提出中央预算预备费动用方案；具体编制中央预算的调整方案；定期向国务院报告中央和地方预算的执行情况。

地方各级政府财政部门具体编制本级预算、决算草案；具体组织本级总预算的执行；提出本级预算预备费动用方案；具体编制本级预算的调整方案；定期向本级政府和上一级政府财政部门报告本级总预算的执行情况。

第二十六条 各部门编制本部门预算、决算草案；组织和监督本部门预算的执行；定期向本级政府财政部门报告预算的执行情况。

各单位编制本单位预算、决算草案；按照国家规定上缴预算收入，安排预算支出，并接受国家有关部门的监督。

第三章 预算收支范围

第二十七条 一般公共预算收入包括各项税收收入、行政事业性收费收入、国有资源（资产）有偿使用收入、转移性收入和其他收入。

一般公共预算支出按照其功能分类，包括一般公共服务支出，外交、公共安全、国防支出，农业、环境保护支出，教育、科技、文化、卫生、体育支出，社会保障及就业支出和其他支出。

一般公共预算支出按照其经济性质分类，包括工资福利支出、商品和服务支出、资本性支出和其他支出。

第二十八条 政府性基金预算、国有资本经营预算和社会保险基金预算的收支范围，按照法律、行政法规和国务院的规定执行。

第二十九条 中央预算与地方预算有关收入和支出项目的划分、地方向中央上解收入、中央对地方税收返还或者转移支付的具体办法，由国务院规定，报全国人民代表大会常务委员会备案。

第三十条 上级政府不得在预算之外调用下级政府预算的资金。下级政府不得挤占或者截留属于上级政府预算的资金。

第四章 预算编制

第三十一条 国务院应当及时下达关于编制下一年预算草案的通知。编制预算草案的具体事项由国务院财政部门部署。

各级政府、各部门、各单位应当按照国务院规定的时间编制预算草案。

第三十二条 各级预算应当根据年度经济社会发展目标、国家宏观调控总体要求和跨年度预算平衡的需要，参考上一年预算执行情况、有关支出绩效评价结果和本年度收支预测，按照规定程序征求各方面意见后，进行编制。

各级政府依据法定权限作出决定或者制定行政措施，凡涉及增加或者减少财政收入或者支出的，应当在预算批准前提出并在预算草案中作出相应安排。

各部门、各单位应当按照国务院财政部门制定的政府收支分类科目、预算支出标准和要求，以及绩效目标管理等预算编制规定，根据其依法履行职能和事业发展的需要以及存量资产情况，编制本部门、本单位预算草案。

前款所称政府收支分类科目，收入分为类、款、项、目；支出按其功能分类分为类、款、项，按其经济性质分类分为类、款。

第三十三条 省、自治区、直辖市政府应当按照国务院规定的时间，将本级总预算草案报国务院审核汇总。

第三十四条 中央一般公共预算中必需的部分资金，可以通过举借国内和国外债务等方式筹措，举借债务应当控制适当的规模，保持合理的结构。

对中央一般公共预算中举借的债务实行余额管理，余额的规模不得超过全国人民代表大会批准的限额。

国务院财政部门具体负责对中央政府债务的统一管理。

第三十五条 地方各级预算按照量入为出、收支平衡的原则编制，除本法另有规定外，不列赤字。

经国务院批准的省、自治区、直辖市的预算中必需的建设投资的部分资金，可以在国务院确定的限额内，通过发行地方政府债券举借债务的方式筹措。举借债务的规模，由国务院报全国人民代表大会或者全国人民代表大会常务委员会批准。省、自治区、直辖市依照国务院下达的限额举借的债务，列入本级预算调整方案，报本级人民代表大会常务委员会批准。举借的债务应当有偿还计划和稳定的偿还资金来源，只能用于公益性资本支出，不得用于经常性支出。

除前款规定外，地方政府及其所属部门不得以任何方式举借债务。

除法律另有规定外，地方政府及其所属部门不得为任何单位和个人的债务以任何方式提供担保。

国务院建立地方政府债务风险评估和预警机制、应急处置机制以及责任追究制度。国务院财政部门对地方政府债务实施监督。

第三十六条 各级预算收入的编制，应当与经济社会发展水平相适应，与财政政策相衔接。

各级政府、各部门、各单位应当依照本法规定，将所有政府收入全部列入预算，不得隐瞒、少列。

第三十七条 各级预算支出应当依照本法规定，按其功能和经济性质分类编制。

各级预算支出的编制，应当贯彻勤俭节约的原则，严格控制各部门、各单位的机关运行经费和楼堂馆所等基本建设支出。

各级一般公共预算支出的编制，应当统筹兼顾，在保证基本公共服务合理需要的前提下，优先安排国家确定的重点支出。

第三十八条 一般性转移支付应当按照国务院规定的基本标准和计算方法编制。专项转移支付应当分地区、分项目编制。

县级以上各级政府应当将对下级政府的转移支付预计数提前下达下级政府。

地方各级政府应当将上级政府提前下达的转移支付预计数编入本级预算。

第三十九条 中央预算和有关地方预算中应当安排必要的资金，用于扶助革命老区、民族地区、边疆地区、贫困地区发展经济社会建设事业。

第四十条 各级一般公共预算应当按照本级一般公共预算支出额的百分之一至百分之三设置预备费，用于当年预算执行中的自然灾害等突发事件处理增加的支出及其他难以预见的开支。

第四十一条 各级一般公共预算按照国务院的规定可以设置预算周转金，用于本级政府调剂预算年度内季节性收支差额。

各级一般公共预算按照国务院的规定可以设置预算稳定调节基金，用于弥补以后年度预算资金的不足。

第四十二条 各级政府上一年预算的结转资金，应当在下一年用于结转项目的支出；连续两年未用完的结转资金，应当作为结余资金管理。

各部门、各单位上一年预算的结转、结余资金按照国务院财政部门的规定办理。

第五章 预算审查和批准

第四十三条 中央预算由全国人民代表大会审查和批准。

地方各级预算由本级人民代表大会审查和批准。

第四十四条 国务院财政部门应当在每年全国人民代表大会会议举行的四十五日前，将中央预算草案的初步方案提交全国人民代表大会财政经济委员会进行初步审查。

省、自治区、直辖市政府财政部门应当在本级人民代表大会会议举行的三十日前，将本级预算草案的初步方案提交本级人民代表大会有关专门委员会进行初步审查。

设区的市、自治州政府财政部门应当在本级人民代表大会会议举行的三十日前，将本级预算草案的初步方案提交本级人民代表大会有关专门委员会进行初步审查，或者送交本级人民代表大会常务委员会有关工作机构征求意见。

县、自治县、不设区的市、市辖区政府应当在本级人民代表大会会议举行的三十日前，将本级预算草案的初步方案提交本级人民代表大会常务委员会进行初步审查。

第四十五条 县、自治县、不设区的市、市辖区、乡、民族乡、镇的人民代表大会举行会议审查预算草案前，应当采用多种形式，组织本级人民代表大会代表，听取选民和社会各界的意见。

第四十六条 报送各级人民代表大会审查和批准的预算草案应当细化。本级一般公共预算支出，按其功能分类应当编列到项；按其经济性质分类，基本支出应当编列到款。本级政府性基金预算、国有资本经营预算、社会保险基金预算支出，按其功能分类应当编列到项。

第四十七条 国务院在全国人民代表大会举行会议时，向大会作关于中央和地方预算草案以及中央和地方预算执行情况的报告。

地方各级政府在本级人民代表大会举行会议时，向大会作关于总预算草案和总预算执行情况的报告。

第四十八条 全国人民代表大会和地方各级人民代表大会对预算草案及其报告、预算执行情况的报告重点审查下列内容：

（一）上一年预算执行情况是否符合本级人民代表大会预算决议的要求；

（二）预算安排是否符合本法的规定；

（三）预算安排是否贯彻国民经济和社会发展的方针政策，收支政策是否切实可行；

（四）重点支出和重大投资项目的预算安排是否适当；

（五）预算的编制是否完整，是否符合本法第四十六条的规定；

（六）对下级政府的转移性支出预算是否规范、适当；

（七）预算安排举借的债务是否合法、合理，是否有偿还计划和稳定的偿还资金来源；

（八）与预算有关重要事项的说明是否清晰。

第四十九条　全国人民代表大会财政经济委员会向全国人民代表大会主席团提出关于中央和地方预算草案及中央和地方预算执行情况的审查结果报告。

省、自治区、直辖市、设区的市、自治州人民代表大会有关专门委员会，县、自治县、不设区的市、市辖区人民代表大会常务委员会，向本级人民代表大会主席团提出关于总预算草案及上一年总预算执行情况的审查结果报告。

审查结果报告应当包括下列内容：

（一）对上一年预算执行和落实本级人民代表大会预算决议的情况作出评价；

（二）对本年度预算草案是否符合本法的规定，是否可行作出评价；

（三）对本级人民代表大会批准预算草案和预算报告提出建议；

（四）对执行年度预算、改进预算管理、提高预算绩效、加强预算监督等提出意见和建议。

第五十条　乡、民族乡、镇政府应当及时将经本级人民代表大会批准的本级预算报上一级政府备案。县级以上地方各级政府应当及时将经本级人民代表大会批准的本级预算及下一级政府报送备案的预算汇总，报上一级政府备案。

县级以上地方各级政府将下一级政府依照前款规定报送备案的预算汇总后，报本级人民代表大会常务委员会备案。国务院将省、自治区、直辖市政府依照前款规定报送备案的预算汇总后，报全国人民代表大会常务委员会备案。

第五十一条　国务院和县级以上地方各级政府对下一级政府依照本法第五十条规定报送备案的预算，认为有同法律、行政法规相抵触或者有其他不适当之处，需要撤销批准预算的决议的，应当提请本级人民代表大会常务委员会审议决定。

第五十二条　各级预算经本级人民代表大会批准后，本级政府财政部门应当在二十日内向本级各部门批复预算。各部门应当在接到本级政府财政部门批复的本部门预算后十五日内向所属各单位批复预算。

中央对地方的一般性转移支付应当在全国人民代表大会批准预算后三十日内正式下达。中央对地方的专项转移支付应当在全国人民代表大会批准预算后九十日内正式下达。

省、自治区、直辖市政府接到中央一般性转移支付和专项转移支付后，应当在三十日内正式下达到本行政区域县级以上各级政府。

县级以上地方各级预算安排对下级政府的一般性转移支付和专项转移支付，应当分别在本级人民代表大会批准预算后的三十日和六十日内正式下达。

对自然灾害等突发事件处理的转移支付，应当及时下达预算；对据实结算等特殊项目的转移支付，可以分期下达预算，或者先预付后结算。

县级以上各级政府财政部门应当将批复本级各部门的预算和批复下级政府的转移支付预算，抄送本级人民代表大会财政经济委员会、有关专门委员会和常务委员会有关工作机构。

第六章　预算执行

第五十三条　各级预算由本级政府组织执行，具体工作由本级政府财政部门负责。

各部门、各单位是本部门、本单位的预算执行主体，负责本部门、本单位的预算执行，并对执行结果负责。

第五十四条 预算年度开始后,各级预算草案在本级人民代表大会批准前,可以安排下列支出:

(一)上一年度结转的支出;

(二)参照上一年同期的预算支出数额安排必须支付的本年度部门基本支出、项目支出,以及对下级政府的转移性支出;

(三)法律规定必须履行支付义务的支出,以及用于自然灾害等突发事件处理的支出。

根据前款规定安排支出的情况,应当在预算草案的报告中作出说明。

预算经本级人民代表大会批准后,按照批准的预算执行。

第五十五条 预算收入征收部门和单位,必须依照法律、行政法规的规定,及时、足额征收应征的预算收入。不得违反法律、行政法规规定,多征、提前征收或者减征、免征、缓征应征的预算收入,不得截留、占用或者挪用预算收入。

各级政府不得向预算收入征收部门和单位下达收入指标。

第五十六条 政府的全部收入应当上缴国家金库(以下简称国库),任何部门、单位和个人不得截留、占用、挪用或者拖欠。

对于法律有明确规定或者经国务院批准的特定专用资金,可以依照国务院的规定设立财政专户。

第五十七条 各级政府财政部门必须依照法律、行政法规和国务院财政部门的规定,及时、足额地拨付预算支出资金,加强对预算支出的管理和监督。

各级政府、各部门、各单位的支出必须按照预算执行,不得虚假列支。

各级政府、各部门、各单位应当对预算支出情况开展绩效评价。

第五十八条 各级预算的收入和支出实行收付实现制。

特定事项按照国务院的规定实行权责发生制的有关情况,应当向本级人民代表大会常务委员会报告。

第五十九条 县级以上各级预算必须设立国库;具备条件的乡、民族乡、镇也应当设立国库。

中央国库业务由中国人民银行经理,地方国库业务依照国务院的有关规定办理。

各级国库应当按照国家有关规定,及时准确地办理预算收入的收纳、划分、留解、退付和预算支出的拨付。

各级国库库款的支配权属于本级政府财政部门。除法律、行政法规另有规定外,未经本级政府财政部门同意,任何部门、单位和个人都无权冻结、动用国库库款或者以其他方式支配已入国库的库款。

各级政府应当加强对本级国库的管理和监督,按照国务院的规定完善国库现金管理,合理调节国库资金余额。

第六十条 已经缴入国库的资金,依照法律、行政法规的规定或者国务院的决定需要退付的,各级政府财政部门或者其授权的机构应当及时办理退付。按照规定应当由财政支出安排的事项,不得用退库处理。

第六十一条 国家实行国库集中收缴和集中支付制度,对政府全部收入和支出实行国库集中收付管理。

第六十二条 各级政府应当加强对预算执行的领导,支持政府财政、税务、海关等预算收入的征收部门依法组织预算收入,支持政府财政部门严格管理预算支出。

财政、税务、海关等部门在预算执行中,应当加强对预算执行的分析;发现问题时应当及时建议本级政府采取措施予以解决。

第六十三条 各部门、各单位应当加强对预算收入和支出的管理,不得截留或者动用应当上缴的预算收入,不得擅自改变预算支出的用途。

第六十四条 各级预算预备费的动用方案，由本级政府财政部门提出，报本级政府决定。

第六十五条 各级预算周转金由本级政府财政部门管理，不得挪作他用。

第六十六条 各级一般公共预算年度执行中有超收收入的，只能用于冲减赤字或者补充预算稳定调节基金。

各级一般公共预算的结余资金，应当补充预算稳定调节基金。

省、自治区、直辖市一般公共预算年度执行中出现短收，通过调入预算稳定调节基金、减少支出等方式仍不能实现收支平衡的，省、自治区、直辖市政府报本级人民代表大会或者其常务委员会批准，可以增列赤字，报国务院财政部门备案，并应当在下一年度预算中予以弥补。

第七章 预算调整

第六十七条 经全国人民代表大会批准的中央预算和经地方各级人民代表大会批准的地方各级预算，在执行中出现下列情况之一的，应当进行预算调整：

（一）需要增加或者减少预算总支出的；

（二）需要调入预算稳定调节基金的；

（三）需要调减预算安排的重点支出数额的；

（四）需要增加举借债务数额的。

第六十八条 在预算执行中，各级政府一般不制定新的增加财政收入或者支出的政策和措施，也不制定减少财政收入的政策和措施；必须作出并需要进行预算调整的，应当在预算调整方案中作出安排。

第六十九条 在预算执行中，各级政府对于必须进行的预算调整，应当编制预算调整方案。预算调整方案应当说明预算调整的理由、项目和数额。

在预算执行中，由于发生自然灾害等突发事件，必须及时增加预算支出的，应当先动支预备费；预备费不足支出的，各级政府可以先安排支出，属于预算调整的，列入预算调整方案。

国务院财政部门应当在全国人民代表大会常务委员会举行会议审查和批准预算调整方案的三十日前，将预算调整初步方案送交全国人民代表大会财政经济委员会进行初步审查。

省、自治区、直辖市政府财政部门应当在本级人民代表大会常务委员会举行会议审查和批准预算调整方案的三十日前，将预算调整初步方案送交本级人民代表大会有关专门委员会进行初步审查。

设区的市、自治州政府财政部门应当在本级人民代表大会常务委员会举行会议审查和批准预算调整方案的三十日前，将预算调整初步方案送交本级人民代表大会有关专门委员会进行初步审查，或者送交本级人民代表大会常务委员会有关工作机构征求意见。

县、自治县、不设区的市、市辖区政府财政部门应当在本级人民代表大会常务委员会举行会议审查和批准预算调整方案的三十日前，将预算调整初步方案送交本级人民代表大会常务委员会有关工作机构征求意见。

中央预算的调整方案应当提请全国人民代表大会常务委员会审查和批准。县级以上地方各级预算的调整方案应当提请本级人民代表大会常务委员会审查和批准；乡、民族乡、镇预算的调整方案应当提请本级人民代表大会审查和批准。未经批准，不得调整预算。

第七十条 经批准的预算调整方案，各级政府应当严格执行。未经本法第六十九条规定的程序，各级政府不得作出预算调整的决定。

对违反前款规定作出的决定，本级人民代表大会、本级人民代表大会常务委员会或者上级政府应当责令其改变或者撤销。

第七十一条 在预算执行中，地方各级政府因上级政府增加不需要本级政府提供配套资金的专项转移支付而引起的预算支出变化，不属于预算调整。

接受增加专项转移支付的县级以上地方各级政府应当向本级人民代表大会常务委员会报告有关情况；接受增加专项转移支付的乡、民族乡、镇政府应当向本级人民代表大会报告有关情况。

第七十二条 各部门、各单位的预算支出应当按照预算科目执行。严格控制不同预算科目、预算级次或者项目间的预算资金的调剂，确需调剂使用的，按照国务院财政部门的规定办理。

第七十三条 地方各级预算的调整方案经批准后，由本级政府报上一级政府备案。

第八章 决 算

第七十四条 决算草案由各级政府、各部门、各单位，在每一预算年度终了后按照国务院规定的时间编制。

编制决算草案的具体事项，由国务院财政部门部署。

第七十五条 编制决算草案，必须符合法律、行政法规，做到收支真实、数额准确、内容完整、报送及时。

决算草案应当与预算相对应，按预算数、调整预算数、决算数分别列出。一般公共预算支出应当按其功能分类编列到项，按其经济性质分类编列到款。

第七十六条 各部门对所属各单位的决算草案，应当审核并汇总编制本部门的决算草案，在规定的期限内报本级政府财政部门审核。

各级政府财政部门对本级各部门决算草案审核后发现有不符合法律、行政法规规定的，有权予以纠正。

第七十七条 国务院财政部门编制中央决算草案，经国务院审计部门审计后，报国务院审定，由国务院提请全国人民代表大会常务委员会审查和批准。

县级以上地方各级政府财政部门编制本级决算草案，经本级政府审计部门审计后，报本级政府审定，由本级政府提请本级人民代表大会常务委员会审查和批准。

乡、民族乡、镇政府编制本级决算草案，提请本级人民代表大会审查和批准。

第七十八条 国务院财政部门应当在全国人民代表大会常务委员会举行会议审查和批准中央决算草案的三十日前，将上一年度中央决算草案提交全国人民代表大会财政经济委员会进行初步审查。

省、自治区、直辖市政府财政部门应当在本级人民代表大会常务委员会举行会议审查和批准本级决算草案的三十日前，将上一年度本级决算草案提交本级人民代表大会有关专门委员会进行初步审查。

设区的市、自治州政府财政部门应当在本级人民代表大会常务委员会举行会议审查和批准本级决算草案的三十日前，将上一年度本级决算草案提交本级人民代表大会有关专门委员会进行初步审查，或者送交本级人民代表大会常务委员会有关工作机构征求意见。

县、自治县、不设区的市、市辖区政府财政部门应当在本级人民代表大会常务委员会举行会议审查和批准本级决算草案的三十日前，将上一年度本级决算草案送交本级人民代表大会常务委员会有关工作机构征求意见。

全国人民代表大会财政经济委员会和省、自治区、直辖市、设区的市、自治州人民代表大会有关专门委员会，向本级人民代表大会常务委员会提出关于本级决算草案的审查结果报告。

第七十九条 县级以上各级人民代表大会常务委员会和乡、民族乡、镇人民代表大会对本级决算草案，重点审查下列内容：

（一）预算收入情况；

（二）支出政策实施情况和重点支出、重大投资项目资金的使用及绩效情况；

（三）结转资金的使用情况；

（四）资金结余情况；

（五）本级预算调整及执行情况；

（六）财政转移支付安排执行情况；

（七）经批准举借债务的规模、结构、使用、偿还等情况；

（八）本级预算周转金规模和使用情况；

（九）本级预备费使用情况；

（十）超收收入安排情况，预算稳定调节基金的规模和使用情况；

（十一）本级人民代表大会批准的预算决议落实情况；

（十二）其他与决算有关的重要情况。

县级以上各级人民代表大会常务委员会应当结合本级政府提出的上一年度预算执行和其他财政收支的审计工作报告，对本级决算草案进行审查。

第八十条 各级决算经批准后，财政部门应当在二十日内向本级各部门批复决算。各部门应当在接到本级政府财政部门批复的本部门决算后十五日内向所属单位批复决算。

第八十一条 地方各级政府应当将经批准的决算及下一级政府上报备案的决算汇总，报上一级政府备案。

县级以上各级政府应当将下一级政府报送备案的决算汇总后，报本级人民代表大会常务委员会备案。

第八十二条 国务院和县级以上地方各级政府对下一级政府依照本法第八十一条规定报送备案的决算，认为有同法律、行政法规相抵触或者有其他不适当之处，需要撤销批准该项决算的决议的，应当提请本级人民代表大会常务委员会审议决定；经审议决定撤销的，该下级人民代表大会常务委员会应当责成本级政府依照本法规定重新编制决算草案，提请本级人民代表大会常务委员会审查和批准。

第九章 监 督

第八十三条 全国人民代表大会及其常务委员会对中央和地方预算、决算进行监督。

县级以上地方各级人民代表大会及其常务委员会对本级和下级预算、决算进行监督。

乡、民族乡、镇人民代表大会对本级预算、决算进行监督。

第八十四条 各级人民代表大会和县级以上各级人民代表大会常务委员会有权就预算、决算中的重大事项或者特定问题组织调查，有关的政府、部门、单位和个人应当如实反映情况和提供必要的材料。

第八十五条 各级人民代表大会和县级以上各级人民代表大会常务委员会举行会议时，人民代表大会代表或者常务委员会组成人员，依照法律规定程序就预算、决算中的有关问题提出询问或者质询，受询问或者受质询的有关的政府或者财政部门必须及时给予答复。

第八十六条 国务院和县级以上地方各级政府应当在每年六月至九月期间向本级人民代表大会常务委员会报告预算执行情况。

第八十七条 各级政府监督下级政府的预算执行；下级政府应当定期向上一级政府报告预算执行情况。

第八十八条 各级政府财政部门负责监督本级各部门及其所属各单位预算管理有关工作，并向本级政府和上一级政府财政部门报告预算执行情况。

第八十九条 县级以上政府审计部门依法对预算执行、决算实行审计监督。

对预算执行和其他财政收支的审计工作报告应当向社会公开。

第九十条 政府各部门负责监督检查所属各单位的预算执行，及时向本级政府财政部门反映本部门预算执行情况，依法纠正违反预算的行为。

第九十一条 公民、法人或者其他组织发现有违反本法的行为，可以依法向有关国家机关进行检举、控告。

接受检举、控告的国家机关应当依法进行处理，并为检举人、控告人保密。任何单位或者个人不得压制和打击报复检举人、控告人。

第十章 法律责任

第九十二条 各级政府及有关部门有下列行为之一的，责令改正，对负有直接责任的主管人员和其他直接责任人员追究行政责任：

（一）未依照本法规定，编制、报送预算草案、预算调整方案、决算草案和部门预算、决算以及批复预算、决算的；

（二）违反本法规定，进行预算调整的；

（三）未依照本法规定对有关预算事项进行公开和说明的；

（四）违反规定设立政府性基金项目和其他财政收入项目的；

（五）违反法律、法规规定使用预算预备费、预算周转金、预算稳定调节基金、超收收入的；

（六）违反本法规定开设财政专户的。

第九十三条 各级政府及有关部门、单位有下列行为之一的，责令改正，对负有直接责任的主管人员和其他直接责任人员依法给予降级、撤职、开除的处分：

（一）未将所有政府收入和支出列入预算或者虚列收入和支出的；

（二）违反法律、行政法规的规定，多征、提前征收或者减征、免征、缓征应征预算收入的；

（三）截留、占用、挪用或者拖欠应当上缴国库的预算收入的；

（四）违反本法规定，改变预算支出用途的；

（五）擅自改变上级政府专项转移支付资金用途的；

（六）违反本法规定拨付预算支出资金，办理预算收入收纳、划分、留解、退付，或者违反本法规定冻结、动用国库库款或者以其他方式支配已入国库库款的。

第九十四条 各级政府、各部门、各单位违反本法规定举借债务或者为他人债务提供担保，或者挪用重点支出资金，或者在预算之外及超预算标准建设楼堂馆所的，责令改正，对负有直接责任的主管人员和其他直接责任人员给予撤职、开除的处分。

第九十五条 各级政府有关部门、单位及其工作人员有下列行为之一的，责令改正，追回骗取、使用的资金，有违法所得的没收违法所得，对单位给予警告或者通报批评；对负有直接责任的主管人员和其他直接责任人员依法给予处分：

（一）违反法律、法规的规定，改变预算收入上缴方式的；

（二）以虚报、冒领等手段骗取预算资金的；

（三）违反规定扩大开支范围、提高开支标准的；

（四）其他违反财政管理规定的行为。

第九十六条 本法第九十二条、第九十三条、第九十四条、第九十五条所列违法行为，其他法律对其处理、处罚另有规定的，依照其规定。

违反本法规定，构成犯罪的，依法追究刑事责任。

第十一章 附　则

第九十七条 各级政府财政部门应当按年度编制以权责发生制为基础的政府综合财务报告，报告政府整体财务状况、运行情况和财政中长期可持续性，报本级人民代表大会常务委员会备案。

第九十八条 国务院根据本法制定实施条例。

第九十九条 民族自治地方的预算管理，依照民族区域自治法的有关规定执行；民族区域自治法没有规定的，依照本法和国务院的有关规定执行。

第一百条 省、自治区、直辖市人民代表大会或者其常务委员会根据本法，可以制定有关预算审查监督的决定或者地方性法规。

第一百零一条 本法自1995年1月1日起施行。1991年10月21日国务院发布的《国家预算管理条例》同时废止。

中华人民共和国预算法实施条例

（1995年11月22日中华人民共和国国务院令第186号发布 根据2020年8月3日中华人民共和国国务院令第729号修订）

第一章 总　则

第一条 根据《中华人民共和国预算法》（以下简称预算法），制定本条例。

第二条 县级以上地方政府的派出机关根据本级政府授权进行预算管理活动，不作为一级预算，其收支纳入本级预算。

第三条 社会保险基金预算应当在精算平衡的基础上实现可持续运行，一般公共预算可以根据需要和财力适当安排资金补充社会保险基金预算。

第四条 预算法第六条第二款所称各部门，是指与本级政府财政部门直接发生预算缴拨款关系的国家机关、军队、政党组织、事业单位、社会团体和其他单位。

第五条 各部门预算应当反映一般公共预算、政府性基金预算、国有资本经营预算安排给本部门及其所属各单位的所有预算资金。

各部门预算收入包括本级财政安排给本部门及其所属各单位的预算拨款收入和其他收入。各部门预算支出为与部门预算收入相对应的支出，包括基本支出和项目支出。

本条第二款所称基本支出，是指各部门、各单位为保障其机构正常运转、完成日常工作任务所发生的支出，包括人员经费和公用经费；所称项目支出，是指各部门、各单位为完成其特定的工作任务和事业发展目标所发生的支出。

各部门及其所属各单位的本级预算拨款收入和其相对应的支出，应当在部门预算中单独反映。

部门预算编制、执行的具体办法，由本级政府财政部门依法作出规定。

第六条 一般性转移支付向社会公开应当细化到地区。专项转移支付向社会公开应当细化到地区和项目。

政府债务、机关运行经费、政府采购、财政专户资金等情况，按照有关规定向社会公开。

部门预算、决算应当公开基本支出和项目支出。部门预算、决算支出按其功能分类应当公开到项；按其经济性质分类，基本支出应当公开到款。

各部门所属单位的预算、决算及报表，应当在部门批复后20日内由单位向社会公开。单位预算、决算应当公开基本支出和项目支出。单位预算、决算支出按其功能分类应当公开到项；按其经济性质分类，基本支出应当公开到款。

第七条 预算法第十五条所称中央和地方分税制，是指在划分中央与地方事权的基础上，确定中央与地方财政支出范围，并按税种划分中央与地方预算收入的财政管理体制。

分税制财政管理体制的具体内容和实施办法，按照国务院的有关规定执行。

第八条 县级以上地方各级政府应当根据中央和地方分税制的原则和上级政府的有关规定，确定本级政府对下级政府的财政管理体制。

第九条 预算法第十六条第二款所称一般性转移支付，包括：

（一）均衡性转移支付；

（二）对革命老区、民族地区、边疆地区、贫困地区的财力补助；

（三）其他一般性转移支付。

第十条 预算法第十六条第三款所称专项转移支付，是指上级政府为了实现特定的经济和社会发展目标给予下级政府，并由下级政府按照上级政府规定的用途安排使用的预算资金。

县级以上各级政府财政部门应当会同有关部门建立健全专项转移支付定期评估和退出机制。对评估后的专项转移支付，按照下列情形分别予以处理：

（一）符合法律、行政法规和国务院规定，有必要继续执行的，可以继续执行；

（二）设立的有关要求变更，或者实际绩效与目标差距较大、管理不够完善的，应当予以调整；

（三）设立依据失效或者废止的，应当予以取消。

第十一条 预算收入和预算支出以人民币元为计算单位。预算收支以人民币以外的货币收纳和支付的，应当折合成人民币计算。

第二章 预算收支范围

第十二条 预算法第二十七条第一款所称行政事业性收费收入，是指国家机关、事业单位等依照法律法规规定，按照国务院规定的程序批准，在实施社会公共管理以及在向公民、法人和其他组织提供特定公共服务过程中，按照规定标准向特定对象收取费用形成的收入。

预算法第二十七条第一款所称国有资源（资产）有偿使用收入，是指矿藏、水流、海域、无居民海岛以及法律规定属于国家所有的森林、草原等国有资源有偿使用收入，按照规定纳入一般公共预算管理的国有资产收入等。

预算法第二十七条第一款所称转移性收入，是指上级税收返还和转移支付、下级上解收入、调入资金以及按照财政部规定列入转移性收入的无隶属关系政府的无偿援助。

第十三条 转移性支出包括上解上级支出、对下级的税收返还和转移支付、调出资金以及按照财政部规定列入转移性支出的给予无隶属关系政府的无偿援助。

第十四条 政府性基金预算收入包括政府性基金各项目收入和转移性收入。

政府性基金预算支出包括与政府性基金预算收入相对应的各项目支出和转移性支出。

第十五条 国有资本经营预算收入包括依照法律、行政法规和国务院规定应当纳入国有资本经营预算的国有独资企业和国有独资公司按照规定上缴国家的利润收入、从国有资本控股和参股公司获得的股息红利收入、国有产权转让收入、清算收入和其他收入。

国有资本经营预算支出包括资本性支出、费用性支出、向一般公共预算调出资金等转移性支出和其他支出。

第十六条 社会保险基金预算收入包括各项社会保险费收入、利息收入、投资收益、一般公共预算补助收入、集体补助收入、转移收入、上级补助收入、下级上解收入和其他收入。

社会保险基金预算支出包括各项社会保险待遇支出、转移支出、补助下级支出、上解上级支出和其他支出。

第十七条 地方各级预算上下级之间有关收入和支出项目的划分以及上解、返还或者转移支付的具体办法，由上级地方政府规定，报本级人民代表大会常务委员会备案。

第十八条 地方各级社会保险基金预算上下级之间有关收入和支出项目的划分以及上解、补助的具体办法，按照统筹层次由上级地方政府规定，报本级人民代表大会常务委员会备案。

第三章 预算编制

第十九条 预算法第三十一条所称预算草案，是指各级政府、各部门、各单位编制的未经法定程序审查和批准的预算。

第二十条 预算法第三十二条第一款所称绩效评价，是指根据设定的绩效目标，依据规范的程序，对预算资金的投入、使用过程、产出与效果进行系统和客观的评价。

绩效评价结果应当按照规定作为改进管理和编制以后年度预算的依据。

第二十一条 预算法第三十二条第三款所称预算支出标准，是指对预算事项合理分类并分别规定的支出预算编制标准，包括基本支出标准和项目支出标准。

地方各级政府财政部门应当根据财政部制定的预算支出标准，结合本地区经济社会发展水平、财力状况等，制定本地区或者本级的预算支出标准。

第二十二条 财政部于每年6月15日前部署编制下一年度预算草案的具体事项，规定报表格式、编报方法、报送期限等。

第二十三条 中央各部门应当按照国务院的要求和财政部的部署，结合本部门的具体情况，组织编制本部门及其所属各单位的预算草案。

中央各部门负责本部门所属各单位预算草案的审核，并汇总编制本部门的预算草案，按照规定报财政部审核。

第二十四条 财政部审核中央各部门的预算草案，具体编制中央预算草案；汇总地方预算草案或者地方预算，汇编中央和地方预算草案。

第二十五条 省、自治区、直辖市政府按照国务院的要求和财政部的部署，结合本地区的具体情况，提出本行政区域编制预算草案的要求。

县级以上地方各级政府财政部门应当于每年6月30日前部署本行政区域编制下一年度预算草案的具体事项，规定有关报表格式、编报方法、报送期限等。

第二十六条 县级以上地方各级政府各部门应当根据本级政府的要求和本级政府财政部门的部署，结合本部门的具体情况，组织编制本部门及其所属各单位的预算草案，按照规定报本级政府财政部门审核。

第二十七条 县级以上地方各级政府财政部门审核本级各部门的预算草案，具体编制本级预算草案，汇编本级总预算草案，经本级政府审定后，按照规定期限报上一级政府财政部门。

省、自治区、直辖市政府财政部门汇总的本级总预算草案或者本级总预算，应当于下一年度1月10日前报财政部。

第二十八条 县级以上各级政府财政部门审核本级各部门的预算草案时，发现不符合编制预算要求的，应当予以纠正；汇编本级总预算草案时，发现下级预算草案不符合上级政府或者本级政府编制预算要求的，应当及时向本级政府报告，由本级政府予以纠正。

第二十九条 各级政府财政部门编制收入预算草案时，应当征求税务、海关等预算收入征收部门和单位的意见。

预算收入征收部门和单位应当按照财政部门的要求提供下一年度预算收入征收预测情况。

第三十条 财政部门会同社会保险行政部门部署编制下一年度社会保险基金预算草案的具体事项。

社会保险经办机构具体编制下一年度社会保险基金预算草案，报本级社会保险行政部门审核汇总。社会保险基金收入预算草案由社会保险经办机构会同社会保险费征收机构具体编制。财政部门负责审核并汇总编制社会保险基金预算草案。

第三十一条 各级政府财政部门应当依照预算法和本条例规定，制定本级预算草案编制规程。

第三十二条 各部门、各单位在编制预算草案时，应当根据资产配置标准，结合存量资产情况编制相关支出预算。

第三十三条 中央一般公共预算收入编制内容包括本级一般公共预算收入、从国有资本经营预算调入资金、地方上解收入、从预算稳定调节基金调入资金、其他调入资金。

中央一般公共预算支出编制内容包括本级一般公共预算支出、对地方的税收返还和转移支付、补充预算稳定调节基金。

中央政府债务余额的限额应当在本级预算中单独列示。

第三十四条 地方各级一般公共预算收入编制内容包括本级一般公共预算收入、从国有资本经营预算调入资金、上级税收返还和转移支付、下级上解收入、从预算稳定调节基金调入资金、其他调入资金。

地方各级一般公共预算支出编制内容包括本级一般公共预算支出、上解上级支出、对下级的税收返还和转移支付、补充预算稳定调节基金。

第三十五条 中央政府性基金预算收入编制内容包括本级政府性基金各项目收入、上一年度结余、地方上解收入。

中央政府性基金预算支出编制内容包括本级政府性基金各项目支出、对地方的转移支付、调出资金。

第三十六条 地方政府性基金预算收入编制内容包括本级政府性基金各项目收入、上一年度结余、下级上解收入、上级转移支付。

地方政府性基金预算支出编制内容包括本级政府性基金各项目支出、上解上级支出、对下级的转移支付、调出资金。

第三十七条 中央国有资本经营预算收入编制内容包括本级收入、上一年度结余、地方上解收入。

中央国有资本经营预算支出编制内容包括本级支出、向一般公共预算调出资金、对地方特定事项的转移支付。

第三十八条 地方国有资本经营预算收入编制内容包括本级收入、上一年度结余、上级对特定事项的转移支付、下级上解收入。

地方国有资本经营预算支出编制内容包括本级支出、向一般公共预算调出资金、对下级特定事项的转移支付、上解上级支出。

第三十九条 中央和地方社会保险基金预算收入、支出编制内容包括本条例第十六条规定的各项收入和支出。

第四十条 各部门、各单位预算收入编制内容包括本级预算拨款收入、预算拨款结转和其他收入。

各部门、各单位预算支出编制内容包括基本支出和项目支出。

各部门、各单位的预算支出，按其功能分类应当编列到项，按其经济性质分类应当编列到款。

第四十一条 各级政府应当加强项目支出管理。各级政府财政部门应当建立和完善项目支出预算评审制度。各部门、各单位应当按照本级政府财政部门的规定开展预算评审。

项目支出实行项目库管理，并建立健全项目入库评审机制和项目滚动管理机制。

第四十二条 预算法第三十四条第二款所称余额管理，是指国务院在全国人民代表大会批准的中央一般公共预算债务的余额限额内，决定发债规模、品种、期限和时点的管理方式；所称余额，是指中央一般公共预算中举借债务未偿还的本金。

第四十三条 地方政府债务余额实行限额管理。各省、自治区、直辖市的政府债务限额，由财政部在全国人民代表大会或者其常务委员会批准的总限额内，根据各地区债务风险、财力状况等因素，并考虑国家宏观调控政策等需要，提出方案报国务院批准。

各省、自治区、直辖市的政府债务余额不得突破国务院批准的限额。

第四十四条 预算法第三十五条第二款所称举借债务的规模，是指各地方政府债务余额限额的总和，包括一般债务限额和专项债务限额。一般债务是指列入一般公共预算用于公益性事业发展的一般债券、地方政府负有偿还责任的外国政府和国际经济组织贷款转贷债务；专项债务是指列入政府性基金预算用于有收益的公益性事业发展的专项债券。

第四十五条 省、自治区、直辖市政府财政部门依照国务院下达的本地区地方政府债务限额，提出本级和转贷给下级政府的债务限额安排方案，报本级政府批准后，将增加举借的债务列入本级预算调整方案，报本级人民代表大会常务委员会批准。

接受转贷并向下级政府转贷的政府应当将转贷债务纳入本级预算管理。使用转贷并负有直接偿还责任的政府，应当将转贷债务列入本级预算调整方案，报本级人民代表大会常务委员会批准。

地方各级政府财政部门负责统一管理本地区政府债务。

第四十六条 国务院可以将举借的外国政府和国际经济组织贷款转贷给省、自治区、直辖市政府。

国务院向省、自治区、直辖市政府转贷的外国政府和国际经济组织贷款，省、自治区、直辖市政府负有直接偿还责任的，应当纳入本级预算管理。省、自治区、直辖市政府未能按时履行还款义务的，国务院可以相应抵扣对该地区的税收返还等资金。

省、自治区、直辖市政府可以将国务院转贷的外国政府和国际经济组织贷款再转贷给下级政府。

第四十七条 财政部和省、自治区、直辖市政府财政部门应当建立健全地方政府债务风险评估指标体系，组织评估地方政府债务风险状况，对债务高风险地区提出预警，并监督化解债务风险。

第四十八条 县级以上各级政府应当按照本年度转移支付预计执行数的一定比例将下一年度转移支付预计数提前下达至下一级政府，具体下达事宜由本级政府财政部门办理。

除据实结算等特殊项目的转移支付外，提前下达的一般性转移支付预计数的比例一般不低于90%；提前下达的专项转移支付预计数的比例一般不低于70%。其中，按照项目法管理分配的专项转移支付，应当一并明确下一年度组织实施的项目。

第四十九条 经本级政府批准，各级政府财政部门可以设置预算周转金，额度不得超过本级一般公共预算支出总额的1%。年度终了时，各级政府财政部门可以将预算周转金收回并用于补充预算稳定调节基金。

第五十条 预算法第四十二条第一款所称结转资金，是指预算安排项目的支出年度终了时尚未执行完毕，或者因故未执行但下一年度需要按原用途继续使用的资金；连续两年未用完的结转资金，是指预算安排项目的支出在下一年度终了时仍未用完的资金。

预算法第四十二条第一款所称结余资金，是指年度预算执行终了时，预算收入实际完成数扣除预算支出实际完成数和结转资金后剩余的资金。

第四章 预算执行

第五十一条 预算执行中，政府财政部门的主要职责：

（一）研究和落实财政税收政策措施，支持经济社会健康发展；

（二）制定组织预算收入、管理预算支出以及相关财务、会计、内部控制、监督等制

度和办法;

（三）督促各预算收入征收部门和单位依法履行职责，征缴预算收入；

（四）根据年度支出预算和用款计划，合理调度、拨付预算资金，监督各部门、各单位预算资金使用管理情况；

（五）统一管理政府债务的举借、支出与偿还，监督债务资金使用情况；

（六）指导和监督各部门、各单位建立健全财务制度和会计核算体系，规范账户管理，健全内部控制机制，按照规定使用预算资金；

（七）汇总、编报分期的预算执行数据，分析预算执行情况，按照本级人民代表大会常务委员会、本级政府和上一级政府财政部门的要求定期报告预算执行情况，并提出相关政策建议；

（八）组织和指导预算资金绩效监控、绩效评价；

（九）协调预算收入征收部门和单位、国库以及其他有关部门的业务工作。

第五十二条　预算法第五十六条第二款所称财政专户，是指财政部门为履行财政管理职能，根据法律规定或者经国务院批准开设的用于管理核算特定专用资金的银行结算账户；所称特定专用资金，包括法律规定可以设立财政专户的资金，外国政府和国际经济组织的贷款、赠款，按照规定存储的人民币以外的货币，财政部会同有关部门报国务院批准的其他特定专用资金。

开设、变更财政专户应当经财政部核准，撤销财政专户应当报财政部备案，中国人民银行应当加强对银行业金融机构开户的核准、管理和监督工作。

财政专户资金由本级政府财政部门管理。除法律另有规定外，未经本级政府财政部门同意，任何部门、单位和个人都无权冻结、动用财政专户资金。

财政专户资金应当由本级政府财政部门纳入统一的会计核算，并在预算执行情况、决算和政府综合财务报告中单独反映。

第五十三条　预算执行中，各部门、各单位的主要职责：

（一）制定本部门、本单位预算执行制度，建立健全内部控制机制；

（二）依法组织收入，严格支出管理，实施绩效监控，开展绩效评价，提高资金使用效益；

（三）对单位的各项经济业务进行会计核算；

（四）汇总本部门、本单位的预算执行情况，定期向本级政府财政部门报送预算执行情况报告和绩效评价报告。

第五十四条　财政部门会同社会保险行政部门、社会保险费征收机构制定社会保险基金预算的收入、支出以及财务管理的具体办法。

社会保险基金预算由社会保险费征收机构和社会保险经办机构具体执行，并按照规定向本级政府财政部门和社会保险行政部门报告执行情况。

第五十五条　各级政府财政部门和税务、海关等预算收入征收部门和单位必须依法组织预算收入，按照财政管理体制、征收管理制度和国库集中收缴制度的规定征收预算收入，除依法缴入财政专户的社会保险基金等预算收入外，应当及时将预算收入缴入国库。

第五十六条　除依法缴入财政专户的社会保险基金等预算收入外，一切有预算收入上缴义务的部门和单位，必须将应当上缴的预算收入，按照规定的预算级次、政府收支分类科目、缴库方式和期限缴入国库，任何部门、单位和个人不得截留、占用、挪用或者拖欠。

第五十七条　各级政府财政部门应当加强对预算资金拨付的管理，并遵循下列原则：

（一）按照预算拨付，即按照批准的年度预算和用款计划拨付资金。除预算法第五十四条规定的在预算草案批准前可以安排支出的情形外，不得办理无预算、无用款计划、超预算或者超计划的资金拨付，不得擅自改变支出用途；

（二）按照规定的预算级次和程序拨付，即根据用款单位的申请，按照用款单位的预算级次、审定的用款计划和财政部门规定的预算资金拨付程序拨付资金；

（三）按照进度拨付，即根据用款单位的实际用款进度拨付资金。

第五十八条 财政部应当根据全国人民代表大会批准的中央政府债务余额限额，合理安排发行国债的品种、结构、期限和时点。

省、自治区、直辖市政府财政部门应当根据国务院批准的本地区政府债务限额，合理安排发行本地区政府债券的结构、期限和时点。

第五十九条 转移支付预算下达和资金拨付应当由财政部门办理，其他部门和单位不得对下级政府部门和单位下达转移支付预算或者拨付转移支付资金。

第六十条 各级政府、各部门、各单位应当加强对预算支出的管理，严格执行预算，遵守财政制度，强化预算约束，不得擅自扩大支出范围、提高开支标准；严格按照预算规定的支出用途使用资金，合理安排支出进度。

第六十一条 财政部负责制定与预算执行有关的财务规则、会计准则和会计制度。各部门、各单位应当按照本级政府财政部门的要求建立健全财务制度，加强会计核算。

第六十二条 国库是办理预算收入的收纳、划分、留解、退付和库款支拨的专门机构。国库分为中央国库和地方国库。

中央国库业务由中国人民银行经理。未设中国人民银行分支机构的地区，由中国人民银行商财政部后，委托有关银行业金融机构办理。

地方国库业务由中国人民银行分支机构经理。未设中国人民银行分支机构的地区，由上级中国人民银行分支机构商有关地方政府财政部门后，委托有关银行业金融机构办理。

具备条件的乡、民族乡、镇，应当设立国库。具体条件和标准由省、自治区、直辖市政府财政部门确定。

第六十三条 中央国库业务应当接受财政部的指导和监督，对中央财政负责。

地方国库业务应当接受本级政府财政部门的指导和监督，对地方财政负责。

省、自治区、直辖市制定的地方国库业务规程应当报财政部和中国人民银行备案。

第六十四条 各级国库应当及时向本级政府财政部门编报预算收入入库、解库、库款拨付以及库款余额情况的日报、旬报、月报和年报。

第六十五条 各级国库应当依照有关法律、行政法规、国务院以及财政部、中国人民银行的有关规定，加强对国库业务的管理，及时准确地办理预算收入的收纳、划分、留解、退付和预算支出的拨付。

各级国库和有关银行业金融机构必须遵守国家有关预算收入缴库的规定，不得延解、占压应当缴入国库的预算收入和国库库款。

第六十六条 各级国库必须凭本级政府财政部门签发的拨款凭证或者支付清算指令于当日办理资金拨付，并及时将款项转入收款单位的账户或者清算资金。

各级国库和有关银行业金融机构不得占压财政部门拨付的预算资金。

第六十七条 各级政府财政部门、预算收入征收部门和单位、国库应当建立健全相互之间的预算收入对账制度，在预算执行中按月、按年核对预算收入的收纳以及库款拨付情况，保证预算收入的征收入库、库款拨付和库存金额准确无误。

第六十八条 中央预算收入、中央和地方预算共享收入退库的办法，由财政部制定。地方预算收入退库的办法，由省、自治区、直辖市政府财政部门制定。

各级预算收入退库的审批权属于本级政府财政部门。中央预算收入、中央和地方预算共享收入的退库，由财政部或者财政部授权的机构批准。地方预算收入的退库，由地方政府财政部门或者其授权的机构批准。具体退库程序按照财政部的有关规定办理。

办理预算收入退库,应当直接退给申请单位或者申请个人,按照国家规定用途使用。任何部门、单位和个人不得截留、挪用退库款项。

第六十九条 各级政府应当加强对本级国库的管理和监督,各级政府财政部门负责协调本级预算收入征收部门和单位与国库的业务工作。

第七十条 国务院各部门制定的规章、文件,凡涉及减免应缴预算收入、设立和改变收入项目和标准、罚没财物处理、经费开支标准和范围、国有资产处置和收益分配以及会计核算等事项的,应当符合国家统一的规定;凡涉及增加或者减少财政收入或者支出的,应当征求财政部意见。

第七十一条 地方政府依据法定权限制定的规章和规定的行政措施,不得涉及减免中央预算收入、中央和地方预算共享收入,不得影响中央预算收入、中央和地方预算共享收入的征收;违反规定的,有关预算收入征收部门和单位有权拒绝执行,并应当向上级预算收入征收部门和单位以及财政部报告。

第七十二条 各级政府应当加强对预算执行工作的领导,定期听取财政部门有关预算执行情况的汇报,研究解决预算执行中出现的问题。

第七十三条 各级政府财政部门有权监督本级各部门及其所属各单位的预算管理有关工作,对各部门的预算执行情况和绩效进行评价、考核。

各级政府财政部门有权对与本级各预算收入相关的征收部门和单位征收本级预算收入的情况进行监督,对违反法律、行政法规规定多征、提前征收、减征、免征、缓征或者退还预算收入的,责令改正。

第七十四条 各级政府财政部门应当每月向本级政府报告预算执行情况,具体报告内容、方式和期限由本级政府规定。

第七十五条 地方各级政府财政部门应当定期向上一级政府财政部门报送本行政区域预算执行情况,包括预算执行旬报、月报、季报,政府债务余额统计报告,国库库款报告以及相关文字说明材料。具体报送内容、方式和期限由上一级政府财政部门规定。

第七十六条 各级税务、海关等预算收入征收部门和单位应当按照财政部门规定的期限和要求,向财政部门和上级主管部门报送有关预算收入征收情况,并附文字说明材料。

各级税务、海关等预算收入征收部门和单位应当与相关财政部门建立收入征管信息共享机制。

第七十七条 各部门应当按照本级政府财政部门规定的期限和要求,向本级政府财政部门报送本部门及其所属各单位的预算收支情况等报表和文字说明材料。

第七十八条 预算法第六十六条第一款所称超收收入,是指年度本级一般公共预算收入的实际完成数超过经本级人民代表大会或者其常务委员会批准的预算收入数的部分。

预算法第六十六条第三款所称短收,是指年度本级一般公共预算收入的实际完成数小于经本级人民代表大会或者其常务委员会批准的预算收入数的情形。

前两款所称实际完成数和预算收入数,不包括转移性收入和政府债务收入。

省、自治区、直辖市政府依照预算法第六十六条第三款规定增列的赤字,可以通过在国务院下达的本地区政府债务限额内发行地方政府一般债券予以平衡。

设区的市、自治州以下各级一般公共预算年度执行中出现短收的,应当通过调入预算稳定调节基金或者其他预算资金、减少支出等方式实现收支平衡;采取上述措施仍不能实现收支平衡的,可以通过申请上级政府临时救助平衡当年预算,并在下一年度预算中安排资金归还。

各级一般公共预算年度执行中厉行节约、节约开支,造成本级预算支出实际执行数小于预算总支出的,不属于预算调整的情形。

各级政府性基金预算年度执行中有超收收入的,应当在下一年度安排使用并优先用于偿还相应的专项债务；出现短收的，应当通过减少支出实现收支平衡。国务院另有规定的除外。

各级国有资本经营预算年度执行中有超收收入的，应当在下一年度安排使用；出现短收的，应当通过减少支出实现收支平衡。国务院另有规定的除外。

第七十九条 年度预算确定后，部门、单位改变隶属关系引起预算级次或者预算关系变化的，应当在改变财务关系的同时，相应办理预算、资产划转。

第五章 决 算

第八十条 预算法第七十四条所称决算草案，是指各级政府、各部门、各单位编制的未经法定程序审查和批准的预算收支和结余的年度执行结果。

第八十一条 财政部应当在每年第四季度部署编制决算草案的原则、要求、方法和报送期限，制发中央各部门决算、地方决算以及其他有关决算的报表格式。

省、自治区、直辖市政府按照国务院的要求和财政部的部署，结合本地区的具体情况，提出本行政区域编制决算草案的要求。

县级以上地方政府财政部门根据财政部的部署和省、自治区、直辖市政府的要求，部署编制本级政府各部门和下级政府决算草案的原则、要求、方法和报送期限，制发本级政府各部门决算、下级政府决算以及其他有关决算的报表格式。

第八十二条 地方政府财政部门根据上级政府财政部门的部署，制定本行政区域决算草案和本级各部门决算草案的具体编制办法。

各部门根据本级政府财政部门的部署，制定所属各单位决算草案的具体编制办法。

第八十三条 各级政府财政部门、各部门、各单位在每一预算年度终了时，应当清理核实全年预算收入、支出数据和往来款项，做好决算数据对账工作。

决算各项数据应当以经核实的各级政府、各部门、各单位会计数据为准，不得以估计数据替代，不得弄虚作假。

各部门、各单位决算应当列示结转、结余资金。

第八十四条 各单位应当按照主管部门的布置，认真编制本单位决算草案，在规定期限内上报。

各部门在审核汇总所属各单位决算草案基础上，连同本部门自身的决算收入和支出数据，汇编成本部门决算草案并附详细说明，经部门负责人签章后，在规定期限内报本级政府财政部门审核。

第八十五条 各级预算收入征收部门和单位应当按照财政部门的要求，及时编制收入年报以及有关资料并报送财政部门。

第八十六条 各级政府财政部门应当根据本级预算、预算会计核算数据等相关资料编制本级决算草案。

第八十七条 年度预算执行终了，对于上下级财政之间按照规定需要清算的事项，应当在决算时办理结算。

县级以上各级政府财政部门编制的决算草案应当及时报送本级政府审计部门审计。

第八十八条 县级以上地方各级政府应当自本级决算经批准之日起30日内，将本级决算以及下一级政府上报备案的决算汇总，报上一级政府备案；将下级政府报送备案的决算汇总，报本级人民代表大会常务委员会备案。

乡、民族乡、镇政府应当自本级决算经批准之日起30日内，将本级决算报上一级政府备案。

第六章 监 督

第八十九条 县级以上各级政府应当接受本级和上级人民代表大会及其常务委员会对

预算执行情况和决算的监督，乡、民族乡、镇政府应当接受本级人民代表大会和上级人民代表大会及其常务委员会对预算执行情况和决算的监督；按照本级人民代表大会或者其常务委员会的要求，报告预算执行情况；认真研究处理本级人民代表大会代表或者其常务委员会组成人员有关改进预算管理的建议、批评和意见，并及时答复。

第九十条 各级政府应当加强对下级政府预算执行情况的监督，对下级政府在预算执行中违反预算法、本条例和国家方针政策的行为，依法予以制止和纠正；对本级预算执行中出现的问题，及时采取处理措施。

下级政府应当接受上级政府对预算执行情况的监督；根据上级政府的要求，及时提供资料，如实反映情况，不得隐瞒、虚报；严格执行上级政府作出的有关决定，并将执行结果及时上报。

第九十一条 各部门及其所属各单位应当接受本级政府财政部门对预算管理有关工作的监督。

财政部派出机构根据职责和财政部的授权，依法开展工作。

第九十二条 各级政府审计部门应当依法对本级预算执行情况和决算草案，本级各部门、各单位和下级政府的预算执行情况和决算，进行审计监督。

第七章 法律责任

第九十三条 预算法第九十三条第六项所称违反本法规定冻结、动用国库库款或者以其他方式支配已入国库库款，是指：

（一）未经有关政府财政部门同意，冻结、动用国库库款；

（二）预算收入征收部门和单位违反规定将所收税款和其他预算收入存入国库之外的其他账户；

（三）未经有关政府财政部门或者财政部门授权的机构同意，办理资金拨付和退付；

（四）将国库库款挪作他用；

（五）延解、占压国库库款；

（六）占压政府财政部门拨付的预算资金。

第九十四条 各级政府、有关部门和单位有下列行为之一的，责令改正；对负有直接责任的主管人员和其他直接责任人员，依法给予处分：

（一）突破一般债务限额或者专项债务限额举借债务；

（二）违反本条例规定下达转移支付预算或者拨付转移支付资金；

（三）擅自开设、变更账户。

第八章 附 则

第九十五条 预算法第九十七条所称政府综合财务报告，是指以权责发生制为基础编制的反映各级政府整体财务状况、运行情况和财政中长期可持续性的报告。政府综合财务报告包括政府资产负债表、收入费用表等财务报表和报表附注，以及以此为基础进行的综合分析等。

第九十六条 政府投资年度计划应当和本级预算相衔接。政府投资决策、项目实施和监督管理按照政府投资有关行政法规执行。

第九十七条 本条例自2020年10月1日起施行。

中共中央关于全面推进依法治国若干重大问题的决定

（2014年10月23日中国共产党第十八届中央委员会第四次全体会议通过）

为贯彻落实党的十八大作出的战略部署，加快建设社会主义法治国家，十八届中央委员会第四次全体会议研究了全面推进依法治国若干重大问题，作出如下决定。

一、坚持走中国特色社会主义法治道路，建设中国特色社会主义法治体系

依法治国，是坚持和发展中国特色社会主义的本质要求和重要保障，是实现国家治理体系和治理能力现代化的必然要求，事关我们党执政兴国，事关人民幸福安康，事关党和国家长治久安。

全面建成小康社会、实现中华民族伟大复兴的中国梦，全面深化改革、完善和发展中国特色社会主义制度，提高党的执政能力和执政水平，必须全面推进依法治国。

我国正处于社会主义初级阶段，全面建成小康社会进入决定性阶段，改革进入攻坚期和深水区，国际形势复杂多变，我们党面对的改革发展稳定任务之重前所未有、矛盾风险挑战之多前所未有，依法治国在党和国家工作全局中的地位更加突出、作用更加重大。面对新形势新任务，我们党要更好统筹国内国际两个大局，更好维护和运用我国发展的重要战略机遇期，更好统筹社会力量、平衡社会利益、调节社会关系、规范社会行为，使我国社会在深刻变革中既生机勃勃又井然有序，实现经济发展、政治清明、文化昌盛、社会公正、生态良好，实现我国和平发展的战略目标，必须更好发挥法治的引领和规范作用。

我们党高度重视法治建设。长期以来，特别是党的十一届三中全会以来，我们党深刻总结我国社会主义法治建设的成功经验和深刻教训，提出为了保障人民民主，必须加强法治，必须使民主制度化、法律化，把依法治国确定为党领导人民治理国家的基本方略，把依法执政确定为党治国理政的基本方式，积极建设社会主义法治，取得历史性成就。目前，中国特色社会主义法律体系已经形成，法治政府建设稳步推进，司法体制不断完善，全社会法治观念明显增强。

同时，必须清醒看到，同党和国家事业发展要求相比，同人民群众期待相比，同推进国家治理体系和治理能力现代化目标相比，法治建设还存在许多不适应、不符合的问题，主要表现为：有的法律法规未能全面反映客观规律和人民意愿，针对性、可操作性不强，立法工作中部门化倾向、争权诿责现象较为突出；有法不依、执法不严、违法不究现象比较严重，执法体制权责脱节、多头执法、选择性执法现象仍然存在，执法司法不规范、不严格、不透明、不文明现象较为突出，群众对执法司法不公和腐败问题反映强烈；部分社会成员尊法信法守法用法、依法维权意识不强，一些国家工作人员特别是领导干部依法办事观念不强、能力不足，知法犯法、以言代法、以权压法、徇私枉法现象依然存在。这些问题，违背社会主义法治原则，损害人民群众利益，妨碍党和国家事业发展，必须下大气力加以解决。

全面推进依法治国，必须贯彻落实党的十八大和十八届三中全会精神，高举中国特色社会主义伟大旗帜，以马克思列宁主义、毛泽东思想、邓小平理论、"三个代表"重要思想、科学发展观为指导，深入贯彻习近平总书记系列重要讲话精神，坚持党的领导、人民当家作主、依法治国有机统一，坚定不移走中国特色社会主义法治道路，坚决维护宪法法律权威,依法维护人民权益、维护社会公平正义、维护国家安全稳定,为实现"两个一百年"奋斗目标、实现中华民族伟大复兴的中国梦提供有力法治保障。

全面推进依法治国,总目标是建设中国特色社会主义法治体系,建设社会主义法治国家。这就是,在中国共产党领导下,坚持中国特色社会主义制度,贯彻中国特色社会主义法治理论,形成完备的法律规范体系、高效的法治实施体系、严密的法治监督体系、有力的法治保障体系,形成完善的党内法规体系,坚持依法治国、依法执政、依法行政共同推进,坚持法治国家、法治政府、法治社会一体建设,实现科学立法、严格执法、公正司法、全民守法,促进国家治理体系和治理能力现代化。

实现这个总目标,必须坚持以下原则。

——坚持中国共产党的领导。党的领导是中国特色社会主义最本质的特征,是社会主义法治最根本的保证。把党的领导贯彻到依法治国全过程和各方面,是我国社会主义法治建设的一条基本经验。我国宪法确立了中国共产党的领导地位。坚持党的领导,是社会主义法治的根本要求,是党和国家的根本所在、命脉所在,是全国各族人民的利益所系、幸福所系,是全面推进依法治国的题中应有之义。党的领导和社会主义法治是一致的,社会主义法治必须坚持党的领导,党的领导必须依靠社会主义法治。只有在党的领导下依法治国、厉行法治,人民当家作主才能充分实现,国家和社会生活法治化才能有序推进。依法执政,既要求党依据宪法法律治国理政,也要求党依据党内法规管党治党。必须坚持党领导立法、保证执法、支持司法、带头守法,把依法治国基本方略同依法执政基本方式统一起来,把党总揽全局、协调各方同人大、政府、政协、审判机关、检察机关依法依章程履行职能、开展工作统一起来,把党领导人民制定和实施宪法法律同党坚持在宪法法律范围内活动统一起来,善于使党的主张通过法定程序成为国家意志,善于使党组织推荐的人选通过法定程序成为国家政权机关的领导人员,善于通过国家政权机关实施党对国家和社会的领导,善于运用民主集中制原则维护中央权威、维护全党全国团结统一。

——坚持人民主体地位。人民是依法治国的主体和力量源泉,人民代表大会制度是保证人民当家作主的根本政治制度。必须坚持法治建设为了人民、依靠人民、造福人民、保护人民,以保障人民根本权益为出发点和落脚点,保证人民依法享有广泛的权利和自由、承担应尽的义务,维护社会公平正义,促进共同富裕。必须保证人民在党的领导下,依照法律规定,通过各种途径和形式管理国家事务,管理经济文化事业,管理社会事务。必须使人民认识到法律既是保障自身权利的有力武器,也是必须遵守的行为规范,增强全社会学法遵法守法用法意识,使法律为人民所掌握、所遵守、所运用。

——坚持法律面前人人平等。平等是社会主义法律的基本属性。任何组织和个人都必须尊重宪法法律权威,都必须在宪法法律范围内活动,都必须依照宪法法律行使权力或权利、履行职责或义务,都不得有超越宪法法律的特权。必须维护国家法制统一、尊严、权威,切实保证宪法法律有效实施,绝不允许任何人以任何借口任何形式以言代法、以权压法、徇私枉法。必须以规范和约束公权力为重点,加大监督力度,做到有权必有责、用权受监督、违法必追究,坚决纠正有法不依、执法不严、违法不究行为。

——坚持依法治国和以德治国相结合。国家和社会治理需要法律和道德共同发挥作用。必须坚持一手抓法治、一手抓德治,大力弘扬社会主义核心价值观,弘扬中华传统美德,培育社会公德、职业道德、家庭美德、个人品德,既重视发挥法律的规范作用,又重视发挥道德的教化作用,以法治体现道德理念、强化法律对道德建设的促进作用,以道德滋养法治精神、强化道德对法治文化的支撑作用,实现法律和道德相辅相成、法治和德治相得益彰。

——坚持从中国实际出发。中国特色社会主义道路、理论体系、制度是全面推进依法治国的根本遵循。必须从我国基本国情出发，同改革开放不断深化相适应，总结和运用党领导人民实行法治的成功经验，围绕社会主义法治建设重大理论和实践问题，推进法治理论创新，发展符合中国实际、具有中国特色、体现社会发展规律的社会主义法治理论，为依法治国提供理论指导和学理支撑。汲取中华法律文化精华，借鉴国外法治有益经验，但决不照搬外国法治理念和模式。

全面推进依法治国是一个系统工程，是国家治理领域一场广泛而深刻的革命，需要付出长期艰苦努力。全党同志必须更加自觉地坚持依法治国、更加扎实地推进依法治国，努力实现国家各项工作法治化，向着建设法治中国不断前进。

二、完善以宪法为核心的中国特色社会主义法律体系，加强宪法实施

法律是治国之重器，良法是善治之前提。建设中国特色社会主义法治体系，必须坚持立法先行，发挥立法的引领和推动作用，抓住提高立法质量这个关键。要恪守以民为本、立法为民理念，贯彻社会主义核心价值观，使每一项立法都符合宪法精神、反映人民意志、得到人民拥护。要把公正、公平、公开原则贯穿立法全过程，完善立法体制机制，坚持立改废释并举，增强法律法规的及时性、系统性、针对性、有效性。

（一）健全宪法实施和监督制度。宪法是党和人民意志的集中体现，是通过科学民主程序形成的根本法。坚持依法治国首先要坚持依宪治国，坚持依法执政首先要坚持依宪执政。全国各族人民、一切国家机关和武装力量、各政党和各社会团体、各企业事业组织，都必须以宪法为根本的活动准则，并且负有维护宪法尊严、保证宪法实施的职责。一切违反宪法的行为都必须予以追究和纠正。

完善全国人大及其常委会宪法监督制度，健全宪法解释程序机制。加强备案审查制度和能力建设，把所有规范性文件纳入备案审查范围，依法撤销和纠正违宪违法的规范性文件，禁止地方制发带有立法性质的文件。

将每年十二月四日定为国家宪法日。在全社会普遍开展宪法教育，弘扬宪法精神。建立宪法宣誓制度，凡经人大及其常委会选举或者决定任命的国家工作人员正式就职时公开向宪法宣誓。

（二）完善立法体制。加强党对立法工作的领导，完善党对立法工作中重大问题决策的程序。凡立法涉及重大体制和重大政策调整的，必须报党中央讨论决定。党中央向全国人大提出宪法修改建议，依照宪法规定的程序进行宪法修改。法律制定和修改的重大问题由全国人大常委会党组向党中央报告。

健全有立法权的人大主导立法工作的体制机制，发挥人大及其常委会在立法工作中的主导作用。建立由全国人大相关专门委员会、全国人大常委会法制工作委员会组织有关部门参与起草综合性、全局性、基础性等重要法律草案制度。增加有法治实践经验的专职常委比例。依法建立健全专门委员会、工作委员会立法专家顾问制度。

加强和改进政府立法制度建设，完善行政法规、规章制定程序，完善公众参与政府立法机制。重要行政管理法律法规由政府法制机构组织起草。

明确立法权力边界，从体制机制和工作程序上有效防止部门利益和地方保护主义法律化。对部门间争议较大的重要立法事项，由决策机关引入第三方评估，充分听取各方意见，协调决定，不能久拖不决。加强法律解释工作，及时明确法律规定含义和适用法律依据。明确地方立法权限和范围，依法赋予设区的市地方立法权。

（三）深入推进科学立法、民主立法。加强人大对立法工作的组织协调，健全立法起

草、论证、协调、审议机制，健全向下级人大征询立法意见机制，建立基层立法联系点制度，推进立法精细化。健全法律法规规章起草征求人大代表意见制度，增加人大代表列席人大常委会会议人数，更多发挥人大代表参与起草和修改法律作用。完善立法项目征集和论证制度。健全立法机关主导、社会各方有序参与立法的途径和方式。探索委托第三方起草法律法规草案。

健全立法机关和社会公众沟通机制，开展立法协商，充分发挥政协委员、民主党派、工商联、无党派人士、人民团体、社会组织在立法协商中的作用，探索建立有关国家机关、社会团体、专家学者等对立法中涉及的重大利益调整论证咨询机制。拓宽公民有序参与立法途径，健全法律法规规章草案公开征求意见和公众意见采纳情况反馈机制，广泛凝聚社会共识。

完善法律草案表决程序，对重要条款可以单独表决。

（四）加强重点领域立法。依法保障公民权利，加快完善体现权利公平、机会公平、规则公平的法律制度，保障公民人身权、财产权、基本政治权利等各项权利不受侵犯，保障公民经济、文化、社会等各方面权利得到落实，实现公民权利保障法治化。增强全社会尊重和保障人权意识，健全公民权利救济渠道和方式。

社会主义市场经济本质上是法治经济。使市场在资源配置中起决定性作用和更好发挥政府作用，必须以保护产权、维护契约、统一市场、平等交换、公平竞争、有效监管为基本导向，完善社会主义市场经济法律制度。健全以公平为核心原则的产权保护制度，加强对各种所有制经济组织和自然人财产权的保护，清理有违公平的法律法规条款。创新适应公有制多种实现形式的产权保护制度，加强对国有、集体资产所有权、经营权和各类企业法人财产权的保护。国家保护企业以法人财产权依法自主经营、自负盈亏，企业有权拒绝任何组织和个人无法律依据的要求。加强企业社会责任立法。完善激励创新的产权制度、知识产权保护制度和促进科技成果转化的体制机制。加强市场法律制度建设，编纂民法典，制定和完善发展规划、投资管理、土地管理、能源和矿产资源、农业、财政税收、金融等方面法律法规，促进商品和要素自由流动、公平交易、平等使用。依法加强和改善宏观调控、市场监管，反对垄断，促进合理竞争，维护公平竞争的市场秩序。加强军民融合深度发展法治保障。

制度化、规范化、程序化是社会主义民主政治的根本保障。以保障人民当家作主为核心，坚持和完善人民代表大会制度，坚持和完善中国共产党领导的多党合作和政治协商制度、民族区域自治制度以及基层群众自治制度，推进社会主义民主政治法治化。加强社会主义协商民主制度建设，推进协商民主广泛多层制度化发展，构建程序合理、环节完整的协商民主体系。完善和发展基层民主制度，依法推进基层民主和行业自律，实行自我管理、自我服务、自我教育、自我监督。完善国家机构组织法，完善选举制度和工作机制。加快推进反腐败国家立法，完善惩治和预防腐败体系，形成不敢腐、不能腐、不想腐的有效机制，坚决遏制和预防腐败现象。完善惩治贪污贿赂犯罪法律制度，把贿赂犯罪对象由财物扩大为财物和其他财产性利益。

建立健全坚持社会主义先进文化前进方向、遵循文化发展规律、有利于激发文化创造活力、保障人民基本文化权益的文化法律制度。制定公共文化服务保障法，促进基本公共文化服务标准化、均等化。制定文化产业促进法，把行之有效的文化经济政策法定化，健全促进社会效益和经济效益有机统一的制度规范。制定国家勋章和国家荣誉称号法，表彰有突出贡献的杰出人士。加强互联网领域立法，完善网络信息服务、网络安全保护、网络社会管理等方面的法律法规，依法规范网络行为。

加快保障和改善民生、推进社会治理体制创新法律制度建设。依法加强和规范公共服务，完善教育、就业、收入分配、社会保障、医疗卫生、食品安全、扶贫、慈善、社会救助和妇女儿童、老年人、残疾人合法权益保护等方面的法律法规。加强社会组织立法，规范和引导各类社会组织健康发展。制定社区矫正法。

贯彻落实总体国家安全观，加快国家安全法治建设，抓紧出台反恐怖等一批急需法律，推进公共安全法治化，构建国家安全法律制度体系。

用严格的法律制度保护生态环境，加快建立有效约束开发行为和促进绿色发展、循环发展、低碳发展的生态文明法律制度，强化生产者环境保护的法律责任，大幅度提高违法成本。建立健全自然资源产权法律制度，完善国土空间开发保护方面的法律制度，制定完善生态补偿和土壤、水、大气污染防治及海洋生态环境保护等法律法规，促进生态文明建设。

实现立法和改革决策相衔接，做到重大改革于法有据、立法主动适应改革和经济社会发展需要。实践证明行之有效的，要及时上升为法律。实践条件还不成熟、需要先行先试的，要按照法定程序作出授权。对不适应改革要求的法律法规，要及时修改和废止。

三、深入推进依法行政，加快建设法治政府

法律的生命力在于实施，法律的权威也在于实施。各级政府必须坚持在党的领导下、在法治轨道上开展工作，创新执法体制，完善执法程序，推进综合执法，严格执法责任，建立权责统一、权威高效的依法行政体制，加快建设职能科学、权责法定、执法严明、公开公正、廉洁高效、守法诚信的法治政府。

（一）依法全面履行政府职能。完善行政组织和行政程序法律制度，推进机构、职能、权限、程序、责任法定化。行政机关要坚持法定职责必须为、法无授权不可为，勇于负责、敢于担当，坚决纠正不作为、乱作为，坚决克服懒政、怠政，坚决惩处失职、渎职。行政机关不得法外设定权力，没有法律法规依据不得作出减损公民、法人和其他组织合法权益或者增加其义务的决定。推行政府权力清单制度，坚决消除权力设租寻租空间。

推进各级政府事权规范化、法律化，完善不同层级政府特别是中央和地方政府事权法律制度，强化中央政府宏观管理、制度设定职责和必要的执法权，强化省级政府统筹推进区域内基本公共服务均等化职责，强化市县政府执行职责。

（二）健全依法决策机制。把公众参与、专家论证、风险评估、合法性审查、集体讨论决定确定为重大行政决策法定程序，确保决策制度科学、程序正当、过程公开、责任明确。建立行政机关内部重大决策合法性审查机制，未经合法性审查或经审查不合法的，不得提交讨论。

积极推行政府法律顾问制度，建立政府法制机构人员为主体、吸收专家和律师参加的法律顾问队伍，保证法律顾问在制定重大行政决策、推进依法行政中发挥积极作用。

建立重大决策终身责任追究制度及责任倒查机制，对决策严重失误或者依法应该及时作出决策但久拖不决造成重大损失、恶劣影响的，严格追究行政首长、负有责任的其他领导人员和相关责任人员的法律责任。

（三）深化行政执法体制改革。根据不同层级政府的事权和职能，按照减少层次、整合队伍、提高效率的原则，合理配置执法力量。

推进综合执法，大幅减少市县两级政府执法队伍种类，重点在食品药品安全、工商质检、公共卫生、安全生产、文化旅游、资源环境、农林水利、交通运输、城乡建设、海洋渔业等领域内推行综合执法，有条件的领域可以推行跨部门综合执法。

完善市县两级政府行政执法管理，加强统一领导和协调。理顺行政强制执行体制。理

顺城管执法体制，加强城市管理综合执法机构建设，提高执法和服务水平。

严格实行行政执法人员持证上岗和资格管理制度，未经执法资格考试合格，不得授予执法资格，不得从事执法活动。严格执行罚缴分离和收支两条线管理制度，严禁收费罚没收入同部门利益直接或者变相挂钩。

健全行政执法和刑事司法衔接机制，完善案件移送标准和程序，建立行政执法机关、公安机关、检察机关、审判机关信息共享、案情通报、案件移送制度，坚决克服有案不移、有案难移、以罚代刑现象，实现行政处罚和刑事处罚无缝对接。

（四）坚持严格规范公正文明执法。依法惩处各类违法行为，加大关系群众切身利益的重点领域执法力度。完善执法程序，建立执法全过程记录制度。明确具体操作流程，重点规范行政许可、行政处罚、行政强制、行政征收、行政收费、行政检查等执法行为。严格执行重大执法决定法制审核制度。

建立健全行政裁量权基准制度，细化、量化行政裁量标准，规范裁量范围、种类、幅度。加强行政执法信息化建设和信息共享，提高执法效率和规范化水平。

全面落实行政执法责任制，严格确定不同部门及机构、岗位执法人员执法责任和责任追究机制，加强执法监督，坚决排除对执法活动的干预，防止和克服地方和部门保护主义，惩治执法腐败现象。

（五）强化对行政权力的制约和监督。加强党内监督、人大监督、民主监督、行政监督、司法监督、审计监督、社会监督、舆论监督制度建设，努力形成科学有效的权力运行制约和监督体系，增强监督合力和实效。

加强对政府内部权力的制约，是强化对行政权力制约的重点。对财政资金分配使用、国有资产监管、政府投资、政府采购、公共资源转让、公共工程建设等权力集中的部门和岗位实行分事行权、分岗设权、分级授权，定期轮岗，强化内部流程控制，防止权力滥用。完善政府内部层级监督和专门监督，改进上级机关对下级机关的监督，建立常态化监督制度。完善纠错问责机制，健全责令公开道歉、停职检查、引咎辞职、责令辞职、罢免等问责方式和程序。

完善审计制度，保障依法独立行使审计监督权。对公共资金、国有资产、国有资源和领导干部履行经济责任情况实行审计全覆盖。强化上级审计机关对下级审计机关的领导。探索省以下地方审计机关人财物统一管理。推进审计职业化建设。

（六）全面推进政务公开。坚持以公开为常态、不公开为例外原则，推进决策公开、执行公开、管理公开、服务公开、结果公开。各级政府及其工作部门依据权力清单，向社会全面公开政府职能、法律依据、实施主体、职责权限、管理流程、监督方式等事项。重点推进财政预算、公共资源配置、重大建设项目批准和实施、社会公益事业建设等领域的政府信息公开。

涉及公民、法人或其他组织权利和义务的规范性文件，按照政府信息公开要求和程序予以公布。推行行政执法公示制度。推进政务公开信息化，加强互联网政务信息数据服务平台和便民服务平台建设。

四、保证公正司法，提高司法公信力

公正是法治的生命线。司法公正对社会公正具有重要引领作用，司法不公对社会公正具有致命破坏作用。必须完善司法管理体制和司法权力运行机制，规范司法行为，加强对司法活动的监督，努力让人民群众在每一个司法案件中感受到公平正义。

（一）完善确保依法独立公正行使审判权和检察权的制度。各级党政机关和领导干部

要支持法院、检察院依法独立公正行使职权。建立领导干部干预司法活动、插手具体案件处理的记录、通报和责任追究制度。任何党政机关和领导干部都不得让司法机关做违反法定职责、有碍司法公正的事情，任何司法机关都不得执行党政机关和领导干部违法干预司法活动的要求。对干预司法机关办案的，给予党纪政纪处分；造成冤假错案或者其他严重后果的，依法追究刑事责任。

健全行政机关依法出庭应诉、支持法院受理行政案件、尊重并执行法院生效裁判的制度。完善惩戒妨碍司法机关依法行使职权、拒不执行生效裁判和决定、藐视法庭权威等违法犯罪行为的法律规定。

建立健全司法人员履行法定职责保护机制。非因法定事由，非经法定程序，不得将法官、检察官调离、辞退或者作出免职、降级等处分。

（二）优化司法职权配置。健全公安机关、检察机关、审判机关、司法行政机关各司其职，侦查权、检察权、审判权、执行权相互配合、相互制约的体制机制。

完善司法体制，推动实行审判权和执行权相分离的体制改革试点。完善刑罚执行制度，统一刑罚执行体制。改革司法机关人财物管理体制，探索实行法院、检察院司法行政事务管理权和审判权、检察权相分离。

最高人民法院设立巡回法庭，审理跨行政区域重大行政和民商事案件。探索设立跨行政区划的人民法院和人民检察院，办理跨地区案件。完善行政诉讼体制机制，合理调整行政诉讼案件管辖制度，切实解决行政诉讼立案难、审理难、执行难等突出问题。

改革法院案件受理制度，变立案审查制为立案登记制，对人民法院依法应该受理的案件，做到有案必立、有诉必理，保障当事人诉权。加大对虚假诉讼、恶意诉讼、无理缠诉行为的惩治力度。完善刑事诉讼中认罪认罚从宽制度。

完善审级制度，一审重在解决事实认定和法律适用，二审重在解决事实法律争议、实现二审终审，再审重在解决依法纠错、维护裁判权威。完善对涉及公民人身、财产权益的行政强制措施实行司法监督制度。检察机关在履行职责中发现行政机关违法行使职权或者不行使职权的行为，应该督促其纠正。探索建立检察机关提起公益诉讼制度。

明确司法机关内部各层级权限，健全内部监督制约机制。司法机关内部人员不得违反规定干预其他人员正在办理的案件，建立司法机关内部人员过问案件的记录制度和责任追究制度。完善主审法官、合议庭、主任检察官、主办侦查员办案责任制，落实谁办案谁负责。

加强职务犯罪线索管理，健全受理、分流、查办、信息反馈制度，明确纪检监察和刑事司法办案标准和程序衔接，依法严格查办职务犯罪案件。

（三）推进严格司法。坚持以事实为根据、以法律为准绳，健全事实认定符合客观真相、办案结果符合实体公正、办案过程符合程序公正的法律制度。加强和规范司法解释和案例指导，统一法律适用标准。

推进以审判为中心的诉讼制度改革，确保侦查、审查起诉的案件事实证据经得起法律的检验。全面贯彻证据裁判规则，严格依法收集、固定、保存、审查、运用证据，完善证人、鉴定人出庭制度，保证庭审在查明事实、认定证据、保护诉权、公正裁判中发挥决定性作用。

明确各类司法人员工作职责、工作流程、工作标准，实行办案质量终身负责制和错案责任倒查问责制，确保案件处理经得起法律和历史检验。

（四）保障人民群众参与司法。坚持人民司法为人民，依靠人民推进公正司法，通过公正司法维护人民权益。在司法调解、司法听证、涉诉信访等司法活动中保障人民群众参与。完善人民陪审员制度，保障公民陪审权利，扩大参审范围，完善随机抽选方式，提高人民陪审制度公信度。逐步实行人民陪审员不再审理法律适用问题，只参与审理事实认定问题。

构建开放、动态、透明、便民的阳光司法机制，推进审判公开、检务公开、警务公开、狱务公开，依法及时公开执法司法依据、程序、流程、结果和生效法律文书，杜绝暗箱操作。加强法律文书释法说理，建立生效法律文书统一上网和公开查询制度。

（五）加强人权司法保障。强化诉讼过程中当事人和其他诉讼参与人的知情权、陈述权、辩护辩论权、申请权、申诉权的制度保障。健全落实罪刑法定、疑罪从无、非法证据排除等法律原则的法律制度。完善对限制人身自由司法措施和侦查手段的司法监督，加强对刑讯逼供和非法取证的源头预防，健全冤假错案有效防范、及时纠正机制。

切实解决执行难，制定强制执行法，规范查封、扣押、冻结、处理涉案财物的司法程序。加快建立失信被执行人信用监督、威慑和惩戒法律制度。依法保障胜诉当事人及时实现权益。

落实终审和诉讼终结制度，实行诉访分离，保障当事人依法行使申诉权利。对不服司法机关生效裁判、决定的申诉，逐步实行由律师代理制度。对聘不起律师的申诉人，纳入法律援助范围。

（六）加强对司法活动的监督。完善检察机关行使监督权的法律制度，加强对刑事诉讼、民事诉讼、行政诉讼的法律监督。完善人民监督员制度，重点监督检察机关查办职务犯罪的立案、羁押、扣押冻结财物、起诉等环节的执法活动。司法机关要及时回应社会关切。规范媒体对案件的报道，防止舆论影响司法公正。

依法规范司法人员与当事人、律师、特殊关系人、中介组织的接触、交往行为。严禁司法人员私下接触当事人及律师、泄露或者为其打探案情、接受吃请或者收受其财物、为律师介绍代理和辩护业务等违法违纪行为，坚决惩治司法掮客行为，防止利益输送。

对因违法违纪被开除公职的司法人员、吊销执业证书的律师和公证员，终身禁止从事法律职业，构成犯罪的要依法追究刑事责任。

坚决破除各种潜规则，绝不允许法外开恩，绝不允许办关系案、人情案、金钱案。坚决反对和克服特权思想、衙门作风、霸道作风，坚决反对和惩治粗暴执法、野蛮执法行为。对司法领域的腐败零容忍，坚决清除害群之马。

五、增强全民法治观念，推进法治社会建设

法律的权威源自人民的内心拥护和真诚信仰。人民权益要靠法律保障，法律权威要靠人民维护。必须弘扬社会主义法治精神，建设社会主义法治文化，增强全社会厉行法治的积极性和主动性，形成守法光荣、违法可耻的社会氛围，使全体人民都成为社会主义法治的忠实崇尚者、自觉遵守者、坚定捍卫者。

（一）推动全社会树立法治意识。坚持把全民普法和守法作为依法治国的长期基础性工作，深入开展法治宣传教育，引导全民自觉守法、遇事找法、解决问题靠法。坚持把领导干部带头学法、模范守法作为树立法治意识的关键，完善国家工作人员学法用法制度，把宪法法律列入党委（党组）中心组学习内容，列为党校、行政学院、干部学院、社会主义学院必修课。把法治教育纳入国民教育体系，从青少年抓起，在中小学设立法治知识课程。

健全普法宣传教育机制，各级党委和政府要加强对普法工作的领导，宣传、文化、教育部门和人民团体要在普法教育中发挥职能作用。实行国家机关"谁执法谁普法"的普法责任制，建立法官、检察官、行政执法人员、律师等以案释法制度，加强普法讲师团、普法志愿者队伍建设。把法治教育纳入精神文明创建内容，开展群众性法治文化活动，健全媒体公益普法制度，加强新媒体新技术在普法中的运用，提高普法实效。

牢固树立有权力就有责任、有权利就有义务观念。加强社会诚信建设，健全公民和组

织守法信用记录，完善守法诚信褒奖机制和违法失信行为惩戒机制，使遵法守法成为全体人民共同追求和自觉行动。

加强公民道德建设，弘扬中华优秀传统文化，增强法治的道德底蕴，强化规则意识，倡导契约精神，弘扬公序良俗。发挥法治在解决道德领域突出问题中的作用，引导人们自觉履行法定义务、社会责任、家庭责任。

（二）推进多层次多领域依法治理。坚持系统治理、依法治理、综合治理、源头治理，提高社会治理法治化水平。深入开展多层次多形式法治创建活动，深化基层组织和部门、行业依法治理，支持各类社会主体自我约束、自我管理。发挥市民公约、乡规民约、行业规章、团体章程等社会规范在社会治理中的积极作用。

发挥人民团体和社会组织在法治社会建设中的积极作用。建立健全社会组织参与社会事务、维护公共利益、救助困难群众、帮教特殊人群、预防违法犯罪的机制和制度化渠道。支持行业协会商会类社会组织发挥行业自律和专业服务功能。发挥社会组织对其成员的行为导引、规则约束、权益维护作用。加强在华境外非政府组织管理，引导和监督其依法开展活动。

高举民族大团结旗帜，依法妥善处置涉及民族、宗教等因素的社会问题，促进民族关系、宗教关系和谐。

（三）建设完备的法律服务体系。推进覆盖城乡居民的公共法律服务体系建设，加强民生领域法律服务。完善法律援助制度，扩大援助范围，健全司法救助体系，保证人民群众在遇到法律问题或者权利受到侵害时获得及时有效法律帮助。

发展律师、公证等法律服务业，统筹城乡、区域法律服务资源，发展涉外法律服务业。健全统一司法鉴定管理体制。

（四）健全依法维权和化解纠纷机制。强化法律在维护群众权益、化解社会矛盾中的权威地位，引导和支持人们理性表达诉求、依法维护权益，解决好群众最关心最直接最现实的利益问题。

构建对维护群众利益具有重大作用的制度体系，建立健全社会矛盾预警机制、利益表达机制、协商沟通机制、救济救助机制，畅通群众利益协调、权益保障法律渠道。把信访纳入法治化轨道，保障合理合法诉求依照法律规定和程序就能得到合理合法的结果。

健全社会矛盾纠纷预防化解机制，完善调解、仲裁、行政裁决、行政复议、诉讼等有机衔接、相互协调的多元化纠纷解决机制。加强行业性、专业性人民调解组织建设，完善人民调解、行政调解、司法调解联动工作体系。完善仲裁制度，提高仲裁公信力。健全行政裁决制度，强化行政机关解决同行政管理活动密切相关的民事纠纷功能。

深入推进社会治安综合治理，健全落实领导责任制。完善立体化社会治安防控体系，有效防范化解管控影响社会安定的问题，保障人民生命财产安全。依法严厉打击暴力恐怖、涉黑犯罪、邪教和黄赌毒等违法犯罪活动，绝不允许其形成气候。依法强化危害食品药品安全、影响安全生产、损害生态环境、破坏网络安全等重点问题治理。

六、加强法治工作队伍建设

全面推进依法治国，必须大力提高法治工作队伍思想政治素质、业务工作能力、职业道德水准，着力建设一支忠于党、忠于国家、忠于人民、忠于法律的社会主义法治工作队伍，为加快建设社会主义法治国家提供强有力的组织和人才保障。

（一）建设高素质法治专门队伍。把思想政治建设摆在首位，加强理想信念教育，深入开展社会主义核心价值观和社会主义法治理念教育，坚持党的事业、人民利益、宪法法律至上，加强立法队伍、行政执法队伍、司法队伍建设。抓住立法、执法、司法机关各级领导班子建设这个关键,突出政治标准,把善于运用法治思维和法治方式推动工作的人选拔到领导岗位上来。畅通立法、执法、司法部门干部和人才相互之间以及与其他部门具备条件的干部和人才交流渠道。

推进法治专门队伍正规化、专业化、职业化,提高职业素养和专业水平。完善法律职业准入制度,健全国家统一法律职业资格考试制度,建立法律职业人员统一职前培训制度。建立从符合条件的律师、法学专家中招录立法工作者、法官、检察官制度,畅通具备条件的军队转业干部进入法治专门队伍的通道,健全从政法专业毕业生中招录人才的规范便捷机制。加强边疆地区、民族地区法治专门队伍建设。加快建立符合职业特点的法治工作人员管理制度,完善职业保障体系,建立法官、检察官、人民警察专业职务序列及工资制度。

建立法官、检察官逐级遴选制度。初任法官、检察官由高级人民法院、省级人民检察院统一招录,一律在基层法院、检察院任职。上级人民法院、人民检察院的法官、检察官一般从下一级人民法院、人民检察院的优秀法官、检察官中遴选。

(二)加强法律服务队伍建设。加强律师队伍思想政治建设,把拥护中国共产党领导、拥护社会主义法治作为律师从业的基本要求,增强广大律师走中国特色社会主义法治道路的自觉性和坚定性。构建社会律师、公职律师、公司律师等优势互补、结构合理的律师队伍。提高律师队伍业务素质,完善执业保障机制。加强律师事务所管理,发挥律师协会自律作用,规范律师执业行为,监督律师严格遵守职业道德和职业操守,强化准入、退出管理,严格执行违法违规执业惩戒制度。加强律师行业党的建设,扩大党的工作覆盖面,切实发挥律师事务所党组织的政治核心作用。

各级党政机关和人民团体普遍设立公职律师,企业可设立公司律师,参与决策论证,提供法律意见,促进依法办事,防范法律风险。明确公职律师、公司律师法律地位及权利义务,理顺公职律师、公司律师管理体制机制。

发展公证员、基层法律服务工作者、人民调解员队伍。推动法律服务志愿者队伍建设。建立激励法律服务人才跨区域流动机制,逐步解决基层和欠发达地区法律服务资源不足和高端人才匮乏问题。

(三)创新法治人才培养机制。坚持用马克思主义法学思想和中国特色社会主义法治理论全方位占领高校、科研机构法学教育和法学研究阵地,加强法学基础理论研究,形成完善的中国特色社会主义法学理论体系、学科体系、课程体系,组织编写和全面采用国家统一的法律类专业核心教材,纳入司法考试必考范围。坚持立德树人、德育为先导向,推动中国特色社会主义法治理论进教材进课堂进头脑,培养造就熟悉和坚持中国特色社会主义法治体系的法治人才及后备力量。建设通晓国际法律规则、善于处理涉外法律事务的涉外法治人才队伍。

健全政法部门和法学院校、法学研究机构人员双向交流机制,实施高校和法治工作部门人员互聘计划,重点打造一支政治立场坚定、理论功底深厚、熟悉中国国情的高水平法学家和专家团队,建设高素质学术带头人、骨干教师、专兼职教师队伍。

七、加强和改进党对全面推进依法治国的领导

党的领导是全面推进依法治国、加快建设社会主义法治国家最根本的保证。必须加强和改进党对法治工作的领导,把党的领导贯彻到全面推进依法治国全过程。

(一)坚持依法执政。依法执政是依法治国的关键。各级党组织和领导干部要深刻认识到,维护宪法法律权威就是维护党和人民共同意志的权威,捍卫宪法法律尊严就是捍卫党和人民共同意志的尊严,保证宪法法律实施就是保证党和人民共同意志的实现。各级领导干

部要对法律怀有敬畏之心，牢记法律红线不可逾越、法律底线不可触碰，带头遵守法律，带头依法办事，不得违法行使权力，更不能以言代法、以权压法、徇私枉法。

健全党领导依法治国的制度和工作机制，完善保证党确定依法治国方针政策和决策部署的工作机制和程序。加强对全面推进依法治国统一领导、统一部署、统筹协调。完善党委依法决策机制，发挥政策和法律的各自优势，促进党的政策和国家法律互联互动。党委要定期听取政法机关工作汇报，做促进公正司法、维护法律权威的表率。党政主要负责人要履行推进法治建设第一责任人职责。各级党委要领导和支持工会、共青团、妇联等人民团体和社会组织在依法治国中积极发挥作用。

人大、政府、政协、审判机关、检察机关的党组织和党员干部要坚决贯彻党的理论和路线方针政策，贯彻党委决策部署。各级人大、政府、政协、审判机关、检察机关的党组织要领导和监督本单位模范遵守宪法法律，坚决查处执法犯法、违法用权等行为。

政法委员会是党委领导政法工作的组织形式，必须长期坚持。各级党委政法委员会要把工作着力点放在把握政治方向、协调各方职能、统筹政法工作、建设政法队伍、督促依法履职、创造公正司法环境上，带头依法办事，保障宪法法律正确统一实施。政法机关党组织要建立健全重大事项向党委报告制度。加强政法机关党的建设，在法治建设中充分发挥党组织政治保障作用和党员先锋模范作用。

（二）加强党内法规制度建设。党内法规既是管党治党的重要依据，也是建设社会主义法治国家的有力保障。党章是最根本的党内法规，全党必须一体严格遵行。完善党内法规制定体制机制，加大党内法规备案审查和解释力度，形成配套完备的党内法规制度体系。注重党内法规同国家法律的衔接和协调，提高党内法规执行力，运用党内法规把党要管党、从严治党落到实处，促进党员、干部带头遵守国家法律法规。

党的纪律是党内规矩。党规党纪严于国家法律，党的各级组织和广大党员干部不仅要模范遵守国家法律，而且要按照党规党纪以更高标准严格要求自己，坚定理想信念，践行党的宗旨，坚决同违法乱纪行为作斗争。对违反党规党纪的行为必须严肃处理，对苗头性倾向性问题必须抓早抓小，防止小错酿成大错、违纪走向违法。

依纪依法反对和克服形式主义、官僚主义、享乐主义和奢靡之风，形成严密的长效机制。完善和严格执行领导干部政治、工作、生活待遇方面各项制度规定，着力整治各种特权行为。深入开展党风廉政建设和反腐败斗争，严格落实党风廉政建设党委主体责任和纪委监督责任，对任何腐败行为和腐败分子，必须依纪依法予以坚决惩处，决不手软。

（三）提高党员干部法治思维和依法办事能力。党员干部是全面推进依法治国的重要组织者、推动者、实践者，要自觉提高运用法治思维和法治方式深化改革、推动发展、化解矛盾、维护稳定能力，高级干部尤其要以身作则、以上率下。把法治建设成效作为衡量各级领导班子和领导干部工作实绩重要内容，纳入政绩考核指标体系。把能不能遵守法律、依法办事作为考察干部重要内容，在相同条件下，优先提拔使用法治素养好、依法办事能力强的干部。对特权思想严重、法治观念淡薄的干部要批评教育，不改正的要调离领导岗位。

（四）推进基层治理法治化。全面推进依法治国，基础在基层，工作重点在基层。发挥基层党组织在全面推进依法治国中的战斗堡垒作用，增强基层干部法治观念、法治为民的意识，提高依法办事能力。加强基层法治机构建设，强化基层法治队伍，建立重心下移、力量下沉的法治工作机制，改善基层基础设施和装备条件，推进法治干部下基层活动。

（五）深入推进依法治军从严治军。党对军队绝对领导是依法治军的核心和根本要求。紧紧围绕党在新形势下的强军目标，着眼全面加强军队革命化现代化正规化建设，创新发展依法治军理论和实践，构建完善的中国特色军事法治体系，提高国防和军队建设法治化水平。

坚持在法治轨道上积极稳妥推进国防和军队改革，深化军队领导指挥体制、力量结构、政策制度等方面改革，加快完善和发展中国特色社会主义军事制度。

健全适应现代军队建设和作战要求的军事法规制度体系，严格规范军事法规制度的制定权限和程序，将所有军事规范性文件纳入审查范围，完善审查制度，增强军事法规制度科学性、针对性、适用性。

坚持从严治军铁律，加大军事法规执行力度，明确执法责任，完善执法制度，健全执法监督机制，严格责任追究，推动依法治军落到实处。

健全军事法制工作体制，建立完善领导机关法制工作机构。改革军事司法体制机制，完善统一领导的军事审判、检察制度，维护国防利益，保障军人合法权益，防范打击违法犯罪。建立军事法律顾问制度，在各级领导机关设立军事法律顾问，完善重大决策和军事行动法律咨询保障制度。改革军队纪检监察体制。

强化官兵法治理念和法治素养，把法律知识学习纳入军队院校教育体系、干部理论学习和部队教育训练体系，列为军队院校学员必修课和部队官兵必学必训内容。完善军事法律人才培养机制。加强军事法治理论研究。

（六）依法保障"一国两制"实践和推进祖国统一。坚持宪法的最高法律地位和最高法律效力，全面准确贯彻"一国两制"、"港人治港"、"澳人治澳"、高度自治的方针，严格依照宪法和基本法办事，完善与基本法实施相关的制度和机制，依法行使中央权力，依法保障高度自治，支持特别行政区行政长官和政府依法施政，保障内地与香港、澳门经贸关系发展和各领域交流合作，防范和反对外部势力干预港澳事务，保持香港、澳门长期繁荣稳定。

运用法治方式巩固和深化两岸关系和平发展，完善涉台法律法规，依法规范和保障两岸人民关系、推进两岸交流合作。运用法律手段捍卫一个中国原则、反对"台独"，增进维护一个中国框架的共同认知，推进祖国和平统一。

依法保护港澳同胞、台湾同胞权益。加强内地同香港和澳门、祖国大陆同台湾的执法司法协作，共同打击跨境违法犯罪活动。

（七）加强涉外法律工作。适应对外开放不断深化，完善涉外法律法规体系，促进构建开放型经济新体制。积极参与国际规则制定，推动依法处理涉外经济、社会事务，增强我国在国际法律事务中的话语权和影响力，运用法律手段维护我国主权、安全、发展利益。强化涉外法律服务，维护我国公民、法人在海外及外国公民、法人在我国的正当权益，依法维护海外侨胞权益。深化司法领域国际合作，完善我国司法协助体制，扩大国际司法协助覆盖面。加强反腐败国际合作，加大海外追赃追逃、遣返引渡力度。积极参与执法安全国际合作，共同打击暴力恐怖势力、民族分裂势力、宗教极端势力和贩毒走私、跨国有组织犯罪。

各级党委要全面准确贯彻本决定精神，健全党委统一领导和各方分工负责、齐抓共管的责任落实机制，制定实施方案，确保各项部署落到实处。

全党同志和全国各族人民要紧密团结在以习近平同志为核心的党中央周围，高举中国特色社会主义伟大旗帜，积极投身全面推进依法治国伟大实践，开拓进取，扎实工作，为建设法治中国而奋斗！

国务院关于加强审计工作的意见

(国发〔2014〕48号，2014年10月9日)

各省、自治区、直辖市人民政府，国务院各部委、各直属机构：

为切实加强审计工作，推动国家重大决策部署和有关政策措施的贯彻落实，更好地服务改革发展，维护经济秩序，促进经济社会持续健康发展，现提出以下意见：

一、总体要求

（一）指导思想。坚持以邓小平理论、"三个代表"重要思想、科学发展观为指导，深入贯彻落实党的十八大和十八届二中、三中全会精神，依法履行审计职责，加大审计力度，创新审计方式，提高审计效率，对稳增长、促改革、调结构、惠民生、防风险等政策措施落实情况，以及公共资金、国有资产、国有资源、领导干部经济责任履行情况进行审计，实现审计监督全覆盖，促进国家治理现代化和国民经济健康发展。

（二）基本原则。

——围绕中心，服务大局。紧紧围绕国家中心工作，服务改革发展，服务改善民生，促进社会公正，为建设廉洁政府、俭朴政府、法治政府提供有力支持。

——发现问题，完善机制。发现国家政策措施执行中存在的主要问题和重大违法违纪案件线索，维护财经法纪，促进廉政建设；发现经济社会运行中的突出矛盾和风险隐患，维护国家经济安全；发现经济运行中好的做法、经验和问题，注重从体制机制制度层面分析原因和提出建议，促进深化改革和创新体制机制。

——依法审计，秉公用权。依法履行宪法和法律赋予的职责，敢于碰硬，勇于担当，严格遵守审计工作纪律和各项廉政、保密规定，注意工作方法，切实做到依法审计、文明审计、廉洁审计。

二、发挥审计促进国家重大决策部署落实的保障作用

（三）推动政策措施贯彻落实。持续组织对国家重大政策措施和宏观调控部署落实情况的跟踪审计，着力监督检查各地区、各部门落实稳增长、促改革、调结构、惠民生、防风险等政策措施的具体部署、执行进度、实际效果等情况，特别是重大项目落地、重点资金保障，以及简政放权推进情况，及时发现和纠正有令不行、有禁不止行为，反映好的做法、经验和新情况、新问题，促进政策落地生根和不断完善。

（四）促进公共资金安全高效使用。要看好公共资金，严防贪污、浪费等违法违规行为，确保公共资金安全。把绩效理念贯穿审计工作始终，加强预算执行和其他财政收支审计，密切关注财政资金的存量和增量，促进减少财政资金沉淀，盘活存量资金，推动财政资金合理配置、高效使用，把钱用在刀刃上。围绕中央八项规定精神和国务院"约法三章"要求，加强"三公"经费、会议费使用和楼堂馆所建设等方面审计，促进厉行节约和规范管理，推动俭朴政府建设。

（五）维护国家经济安全。要加大对经济运行中风险隐患的审计力度，密切关注财政、金融、民生、国有资产、能源、资源和环境保护等方面存在的薄弱环节和风险隐患，以及可能引发的社会不稳定因素，特别是地方政府性债务、区域性金融稳定等情况，注意发现和反映苗头性、倾向性问题，积极提出解决问题和化解风险的建议。

（六）促进改善民生和生态文明建设。加强对"三农"、社会保障、教育、文化、医疗、扶贫、救灾、保障性安居工程等重点民生资金和项目的审计，加强对土地、矿产等自然资源，以及大气、水、固体废物等污染治理和环境保护情况的审计，探索实行自然资源资产离任审计，深入分析财政投入与项目进展、事业发展等情况，推动惠民和资源、环保政策落实到位。

（七）推动深化改革。密切关注各项改革措施的协调配合情况，促进增强改革的系统性、整体性和协调性。正确把握改革和发展中出现的新情况，对不合时宜、制约发展、阻碍改革的制度规定，及时予以反映，推动改进和完善。

三、强化审计的监督作用

（八）促进依法行政、依法办事。要加大对依法行政情况的审计力度，注意发现有法不依、执法不严等问题，促进法治政府建设，切实维护法律尊严。要着力反映严重损害群众利益、妨害公平竞争等问题，维护市场经济秩序和社会公平正义。

（九）推进廉政建设。对审计发现的重大违法违纪问题，要查深查透查实。重点关注财政资金分配、重大投资决策和项目审批、重大物资采购和招标投标、贷款发放和证券交易、国有资产和股权转让、土地和矿产资源交易等重点领域和关键环节，揭露以权谋私、失职渎职、贪污受贿、内幕交易等问题，促进廉洁政府建设。

（十）推动履职尽责。深化领导干部经济责任审计，着力检查领导干部守法守纪守规尽责情况，促进各级领导干部主动作为、有效作为，切实履职尽责。依法依纪反映不作为、慢作为、乱作为问题，促进健全责任追究和问责机制。

四、完善审计工作机制

（十一）依法接受审计监督。凡是涉及管理、分配、使用公共资金、国有资产、国有资源的部门、单位和个人，都要自觉接受审计、配合审计，不得设置障碍。有关部门和单位要依法、及时、全面提供审计所需的财务会计、业务和管理等资料，不得制定限制向审计机关提供资料和开放计算机信息系统查询权限的规定，已经制定的应予修订或废止。对获取的资料，审计机关要严格保密。

（十二）提供完整准确真实的电子数据。有关部门、金融机构和国有企事业单位应根据审计工作需要，依法向审计机关提供与本单位、本系统履行职责相关的电子数据信息和必要的技术文档；在确保数据信息安全的前提下，协助审计机关开展联网审计。在现场审计阶段，被审计单位要为审计机关进行电子数据分析提供必要的工作环境。

（十三）积极协助审计工作。审计机关履行职责需要协助时，有关部门、单位要积极予以协助和支持，并对有关审计情况严格保密。要建立健全审计与纪检监察、公安、检察以及其他有关主管单位的工作协调机制，对审计移送的违法违纪问题线索，有关部门要认真查处，及时向审计机关反馈查处结果。审计机关要跟踪审计移送事项的查处结果，适时向社会公告。

五、狠抓审计发现问题的整改落实

（十四）健全整改责任制。被审计单位的主要负责人作为整改第一责任人，要切实抓好审计发现问题的整改工作，对重大问题要亲自管、亲自抓。对审计发现的问题和提出的审计建议，被审计单位要及时整改和认真研究，整改结果在书面告知审计机关的同时，要向同级政府或主管部门报告，并向社会公告。

（十五）加强整改督促检查。各级政府每年要专题研究国家重大决策部署和有关政策措施落实情况审计，以及本级预算执行和其他财政收支审计查出问题的整改工作，将整改纳入督查督办事项。对审计反映的问题，被审计单位主管部门要及时督促整改。审计机关要建立整改检查跟踪机制，必要时可提请有关部门协助落实整改意见。

（十六）严肃整改问责。各地区、各部门要把审计结果及其整改情况作为考核、奖惩的重要依据。对审计发现的重大问题，要依法依纪作出处理，严肃追究有关人员责任。对审计反映的典型性、普遍性、倾向性问题，要及时研究，完善制度规定。对整改不到位的，要与被审计单位主要负责人进行约谈。对整改不力、屡审屡犯的，要严格追责问责。

六、提升审计能力

（十七）强化审计队伍建设。着力提高审计队伍的专业化水平，推进审计职业化建设，建立审计人员职业保障制度，实行审计专业技术资格制度，完善审计职业教育培训体系，努力建设一支具有较高政治素质和业务素质、作风过硬的审计队伍。审计机关负责人原则上应具备经济、法律、管理等工作背景。招录审计人员可加试审计工作必需的专业知识和技能，部分专业性强的职位可实行聘任制。

（十八）推动审计方式创新。加强审计机关审计计划的统筹协调，优化审计资源配置，开展好涉及全局的重大项目审计，探索预算执行项目分阶段组织实施审计的办法，对重大政策措施、重大投资项目、重点专项资金和重大突发事件等可以开展全过程跟踪审计。根据审计项目实施需要，探索向社会购买审计服务。加强上级审计机关对下级审计机关的领导，建立健全工作报告等制度，地方各级审计机关将审计结果和重大案件线索向同级政府报告的同时，必须向上一级审计机关报告。

（十九）加快推进审计信息化。推进有关部门、金融机构和国有企事业单位等与审计机关实现信息共享，加大数据集中力度，构建国家审计数据系统。探索在审计实践中运用大数据技术的途径，加大数据综合利用力度，提高运用信息化技术查核问题、评价判断、宏观分析的能力。创新电子审计技术，提高审计工作能力、质量和效率。推进对各部门、单位计算机信息系统安全性、可靠性和经济性的审计。

（二十）保证履行审计职责必需的力量和经费。根据审计任务日益增加的实际，合理配置审计力量。按照科学核算、确保必需的原则，在年度财政预算中切实保障本级审计机关履行职责所需经费，为审计机关提供相应的工作条件。加强内部审计工作，充分发挥内部审计作用。

七、加强组织领导

（二十一）健全审计工作领导机制。地方各级政府主要负责人要依法直接领导本级审计机关，支持审计机关工作，定期听取审计工作汇报，及时研究解决审计工作中遇到的突出问题，把审计结果作为相关决策的重要依据。要加强政府监督检查机关间的沟通交流，充分利用已有的检查结果等信息，避免重复检查。

（二十二）维护审计的独立性。地方各级政府要保障审计机关依法审计、依法查处问题、依法向社会公告审计结果，不受其他行政机关、社会团体和个人的干涉，定期组织开展对审计法律法规执行情况的监督检查。对拒不接受审计监督，阻挠、干扰和不配合审计工作，或威胁、恐吓、报复审计人员的，要依法依纪查处。

中共中央办公厅 国务院办公厅
关于完善审计制度若干重大问题的框架意见

（中办发〔2015〕58号印发）

根据《中共中央关于全面推进依法治国若干重大问题的决定》和《国务院关于加强审计工作的意见》要求，为保障审计机关依法独立行使审计监督权，更好发挥审计在党和国家监督体系中的重要作用，现就完善审计制度有关重大问题提出如下框架意见。

一、总体要求

（一）指导思想。全面贯彻党的十八大和十八届二中、三中、四中、五中全会精神，以邓小平理论、"三个代表"重要思想、科学发展观为指导，深入学习贯彻习近平总书记系列重要讲话精神，紧紧围绕协调推进"四个全面"战略布局，按照党中央、国务院决策部署，认真贯彻落实宪法、审计法等法律法规，紧密结合审计工作的职责任务和履职特点，着眼依法独立行使审计监督权，创新体制机制，加强和改进新形势下的审计工作，强化审计队伍建设，不断提升审计能力和水平，更好地服务于经济社会持续健康发展。

（二）总体目标。加大改革创新力度，完善审计制度，健全有利于依法独立行使审计监督权的审计管理体制，建立具有审计职业特点的审计人员管理制度，对公共资金、国有资产、国有资源和领导干部履行经济责任情况实行审计全覆盖，做到应审尽审、凡审必严、严肃问责。到2020年，基本形成与国家治理体系和治理能力现代化相适应的审计监督机制，更好发挥审计在保障国家重大决策部署贯彻落实、维护国家经济安全、推动深化改革、促进依法治国、推进廉政建设中的重要作用。

（三）基本原则

——坚持党的领导。加强党对审计工作的领导，围绕党委和政府的中心任务，研究提出审计工作的目标、任务和重点，严格执行重要审计情况报告制度，支持审计机关依法独立开展工作。坚持党管干部原则，加强审计机关领导班子和队伍建设，健全审计干部培养和管理机制，合理配置审计力量。

——坚持依法有序。运用法治思维和法治方式推动审计工作制度创新，充分发挥法治的引领和规范作用，破解改革难题，依法有序推进。重大改革措施需要取得法律授权的，按法律程序实施。

——坚持问题导向。针对制约审计监督作用发挥的体制机制障碍、影响审计事业长远发展的重点难点问题，积极探索创新，推进审计制度完善。

——坚持统筹推进。充分考虑改革的复杂性和艰巨性，做到整体谋划、分类设计、分步实施，及时总结工作经验，确保各项措施相互衔接、协调推进。

二、主要任务

（一）实行审计全覆盖。按照协调推进"四个全面"战略布局的要求，依法全面履行审计监督职责，坚持党政同责、同责同审，对公共资金、国有资产、国有资源和领导干部履行经济责任情况实行审计全覆盖。摸清审计对象底数，充分考虑审计资源状况，明确审计重点，科学规划、统筹安排、分类实施，有重点、有步骤、有深度、有成效地推进。建立健全与审计全覆盖相适应的工作机制，统筹整合审计资源，创新审计组织方式和技术方法，提高审计能力和效率。

（二）强化上级审计机关对下级审计机关的领导。围绕增强审计监督的整体合力和独立性，强化全国审计工作统筹。加强审计机关干部管理，任免省级审计机关正职，须事先征得审计署党组同意；任免省级审计机关副职，须事先征求审计署党组的意见。上级审计机关要加强审计项目计划的统筹和管理，合理配置审计资源，省级审计机关年度审计项目计划要报审计署备案。上级审计机关要根据本地区经济社会发展实际需要，统筹组织本地区审计机关力量，开展好涉及全局的重大项目审计。健全重大事项报告制度，审计机关的重大事项和审计结果必须向上级审计机关报告，同时抄报同级党委和政府。上级审计机关要加强对下级审计机关的考核。

（三）探索省以下地方审计机关人财物管理改革。2015年选择江苏、浙江、山东、广东、重庆、贵州、云南等7省市开展省以下地方审计机关人财物管理改革试点，试点地区省级党委和政府要按照党管干部、统一管理的要求，加强对本地区审计试点工作的领导。市地级审计机关正职由省级党委（党委组织部）管理，其他领导班子成员和县级审计机关领导班子成员可以委托市地级党委管理。完善机构编制和人员管理制度，省级机构编制管理部门统一管理本地区审计机关的机构编制，省级审计机关协助开展相关工作，地方审计人员由省级统一招录。改进经费和资产管理制度，地方审计机关的经费预算、资产由省级有关部门统一管理，也可以根据实际情况委托市地、县有关部门管理。地方审计机关的各项经费标准由各地在现有法律法规框架内结合实际确定，确保不低于现有水平。建立健全审计业务管理制度，试点地区审计机关审计项目计划由省级审计机关统一管理，统筹组织本地区审计机关力量，开展好涉及全局的重大项目审计。

（四）推进审计职业化建设。根据审计职业特点，建立分类科学、权责一致的审计人员管理制度和职业保障机制，确保审计队伍的专业化水平。根据公务员法和审计职业特点，建立适应审计工作需要的审计人员分类管理制度，建立审计专业技术类公务员职务序列。完善审计人员选任机制，审计专业技术类公务员和综合管理类公务员分类招录，对专业性较强的职位可以实行聘任制。健全审计职业岗位责任追究机制。完善审计职业保障机制和职业教育培训体系。

（五）加强审计队伍思想和作风建设。要加强思想政治建设，强化理论武装，坚定理想信念，严守政治纪律和政治规矩，不断提高审计队伍的政治素质。切实践行社会主义核心价值观，加强审计职业道德建设，培育和弘扬审计精神，恪守审计职业操守，做到依法审计、文明审计。加强党风廉政建设，从严管理审计队伍，严格执行廉政纪律和审计工作纪律，坚持原则、无私无畏、敢于碰硬，做到忠诚、干净、担当。

（六）建立健全履行法定审计职责保障机制。各级党委和政府要定期听取审计工作情况汇报，帮助解决实际困难和问题，支持审计机关依法履行职责，保障审计机关依法独立行使审计监督权，不受其他行政机关、社会团体和个人的干涉。审计机关不得超越职责权限、超越自身能力、违反法定程序开展审计，不参与各类与审计法定职责无关的、可能影响依法独立进行审计监督的议事协调机构工作。健全干预审计工作行为登记报告制度。凡是涉及管理、分配、使用公共资金、国有资产、国有资源的部门、单位和个人，都要自觉接受审计、配合审计，及时、全面提供审计所需的财务会计、业务和管理等资料，不得制定限制向审计机关提供资料和开放计算机信息系统查询权限的规定，已经制定的应予修订或废止。对拒不接受审计监督，阻挠、干扰和不配合审计工作，或威胁恐吓、打击报复审计人员的，要依纪依法查处。审计机关要进一步优化审计工作机制，充分听取有关主管部门和审计对象的意见，客观公正地作出审计结论，维护审计对象的合法权益。

（七）完善审计结果运用机制。建立健全审计与组织人事、纪检监察、公安、检察以及其他有关主管单位的工作协调机制，把审计监督与党管干部、纪律检查、追责问责结合起来，把审计结果及整改情况作为考核、任免、奖惩领导干部的重要依据。对审计发现的违纪违法问题线索或其他事项，审计机关要依法及时移送有关部门和单位，有关部门和单位要认真核实查处，并及时向审计机关反馈查处结果，不得推诿、塞责。对审计发现的典型性、普遍性、倾向性问题和提出的审计建议，有关部门和单位要认真研究，及时清理不合理的制度和规则，建立健全有关制度规定。领导干部经济责任审计结果和审计发现问题的整改情况，要纳入所在单位领导班子民主生活会及党风廉政建设责任制检查考核的内容，作为领导班子成员述职述廉、年度考核、任职考核的重要依据。有关部门和单位要加强督促和检查，推动抓好审计发现问题的整改。对整改不力、屡审屡犯的，要与被审计单位主要负责人进行约谈，严格追责问责。各级人大常委会要把督促审计查出突出问题整改工作与审查监督政府、部门预算决算工作结合起来，建立听取和审议审计查出突出问题整改情况报告机制。审计机关要依法依规公告审计结果，被审计单位要公告整改结果。

（八）加强对审计机关的监督。各级党委、人大、政府要加强对审计机关的监督，定期组织开展审计法律法规执行情况检查，督促审计机关切实加强党风廉政建设、严格依法审计、依法查处问题、依法向社会公告审计结果。探索建立对审计机关的外部审计制度，加强对审计机关主要领导干部的经济责任审计，外部审计由同级党委和政府及上级审计机关负责组织。完善聘请民主党派和无党派人士担任特约审计员制度。审计机关要坚持阳光法则，加大公开透明度，自觉接受人民监督。

三、加强组织领导

（一）加强组织实施。完善审计制度，保障依法独立行使审计监督权，是党中央、国务院作出的重大决策部署。有关部门和地方各级党委、政府要从党和国家事业发展全局出发，充分认识完善审计制度的重大意义，加强工作统筹，形成合力，推动各项改革措施贯彻落实。

（二）有序部署推进。审计署要会同有关部门按照本框架意见和《关于实行审计全覆盖的实施意见》《关于省以下地方审计机关人财物管理改革试点方案》《关于推进国家审计职业化建设的指导意见》确定的目标要求和任务，加强组织协调，密切配合，有重点、有步骤地抓好落实。省级党委和政府要加强对本地区有关工作的领导，抓紧研究制定本地区的落实意见和方案，明确具体措施和时间表。实施过程中遇到的重大问题，要及时报告。

（三）推动完善相关法律制度。根据完善审计制度的需要，在充分总结试点及实施经验的基础上，及时推动修订完善审计法及其实施条例，健全相关配套规章制度，使各项工作于法有据，确保各项任务顺利实施。根据我国国情，进一步研究完善有关制度设计，切实解决重点难点问题。

附件1

关于实行审计全覆盖的实施意见

为全面履行审计监督职责，对公共资金、国有资产、国有资源和领导干部履行经济责任情况实行审计全覆盖，根据《关于完善审计制度若干重大问题的框架意见》，制定本实施意见。

一、实行审计全覆盖的目标要求

对公共资金、国有资产、国有资源和领导干部履行经济责任情况实行审计全覆盖，是党中央、国务院对审计工作提出的明确要求。审计机关要建立健全与审计全覆盖相适应的工作机制，科学规划，统筹安排，分类实施，注重实效，坚持党政同责、同责同审，通过在一定周期内对依法属于审计监督范围的所有管理、分配、使用公共资金、国有资产、国有资源的部门和单位，以及党政主要领导干部和国有企事业领导人员履行经济责任情况进行全面审计，实现审计全覆盖，做到应审尽审、凡审必严、严肃问责。对重点部门、单位要每年审计，其他审计对象1个周期内至少审计1次，对重点地区、部门、单位以及关键岗位的领导干部任期内至少审计1次，对重大政策措施、重大投资项目、重点专项资金和重大突发事件开展跟踪审计，坚持问题导向，对问题多、反映大的单位及领导干部要加大审计频次，实现有重点、有步骤、有深度、有成效的全覆盖。充分发挥审计监督作用，通过审计全覆盖发现国家重大决策部署执行中存在的突出问题和重大违纪违法问题线索，维护财经法纪，促进廉政建设；反映经济运行中的突出矛盾和风险隐患，维护国家经济安全；总结经济运行中好的做法和经验，注重从体制机制层面分析原因和提出建议，促进深化改革和体制机制创新。

二、对公共资金实行审计全覆盖

审计机关要依法对政府的全部收入和支出、政府部门管理或其他单位受政府委托管理的资金，以及相关经济活动进行审计。主要检查公共资金筹集、管理、分配、使用过程中遵守国家法律法规情况，贯彻执行国家重大政策措施和宏观调控部署情况，公共资金管理使用的真实性、合法性、效益性以及公共资金沉淀等情况，公共资金投入与项目进展、事业发展等情况，公共资金管理、使用部门和单位的财政财务收支、预算执行和决算情况，以及职责履行情况，以促进公共资金安全高效使用。根据公共资金的重要性、规模和管理分配权限等因素，确定重点审计对象。坚持以公共资金运行和重大政策落实情况为主线，将预算执行审计与决算草案审计、专项资金审计、重大投资项目跟踪审计等相结合，对涉及的重点部门和单位进行重点监督，加大对资金管理分配使用关键环节的审计力度。

三、对国有资产实行审计全覆盖

审计机关要依法对行政事业单位、国有和国有资本占控股或主导地位的企业（含金融企业，以下简称国有企业）等管理、使用和运营的境内外国有资产进行审计。主要检查国有资产管理、使用和运营过程中遵守国家法律法规情况，贯彻执行国家重大政策措施和宏观调控部署情况，国有资产真实完整和保值增值情况，国有资产重大投资决策及投资绩效情况，资产质量和经营风险管理情况，国有资产管理部门职责履行情况，以维护国有资产安全，促进提高国有资产运营绩效。根据国有资产的规模、管理状况以及管理主体的战略地位等因素，确定重点审计对象。对国有企业资产负债损益情况进行审计，将国有资产管理使用情况作为行政事业单位年度预算执行审计或其他专项审计的内容。

四、对国有资源实行审计全覆盖

审计机关要依法对土地、矿藏、水域、森林、草原、海域等国有自然资源，特许经营权、排污权等国有无形资产，以及法律法规规定属于国家所有的其他资源进行审计。主要检查国有资源管理和开发利用过程中遵守国家法律法规情况，贯彻执行国家重大政策措施和宏观调控部署情况，国有资源开发利用和生态环境保护情况，相关资金的征收、管理、分配和使用情况，资源环境保护项目的建设情况和运营效果、国有资源管理部门的职责履行情况，以促进资源节约集约利用和生态文明建设。根据国有资源的稀缺性、战略性和分布情况等因素，确定重点审计对象。加大对资源富集和毁损严重地区的审计力度，对重点国有资源进行专项审计,将国有资源开发利用和生态环境保护等情况作为领导干部经济责任审计的重要内容,对领导干部实行自然资源资产离任审计。

五、对领导干部履行经济责任情况实行审计全覆盖

审计机关要依法对地方各级党委、政府、审判机关、检察机关,中央和地方各级党政工作部门、事业单位、人民团体等单位的党委(党组、党工委)和行政正职领导干部(包括主持工作1年以上的副职领导干部),国有企业法定代表人,以及实际行使相应职权的企业领导人员履行经济责任情况进行审计。主要检查领导干部贯彻执行党和国家经济方针政策、决策部署情况,遵守有关法律法规和财经纪律情况,本地区本部门本单位发展规划和政策措施制定、执行情况及效果,重大决策和内部控制制度的执行情况及效果,本人遵守党风廉政建设有关规定情况等,以促进领导干部守法、守纪、守规、尽责。根据领导干部的岗位性质、履行经济责任的重要程度、管理资金资产资源规模等因素,确定重点审计对象和审计周期。坚持任中审计和离任审计相结合,经济责任审计与财政审计、金融审计、企业审计、资源环境审计、涉外审计等相结合,实现项目统筹安排、协同实施。

六、加强审计资源统筹整合

适应审计全覆盖的要求,加大审计资源统筹整合力度,避免重复审计,增强审计监督整体效能。加强审计项目计划统筹,在摸清审计对象底数的基础上,建立分行业、分领域审计对象数据库,分类确定审计重点和审计频次,编制中长期审计项目规划和年度计划时,既要突出年度审计重点,又要保证在一定周期内实现全覆盖。整合各层级审计资源,开展涉及全局或行业性的重点资金和重大项目全面审计,发挥审计监督的整体性和宏观性作用。在充分总结经验的基础上,完善国家审计准则和审计指南体系,明确各项审计应遵循的具体标准和程序,提高审计的规范性。集中力量、重点突破,对热点难点问题进行专项审计,揭示普遍性、典型性问题,深入分析原因,提出对策建议,推动建立健全体制机制、堵塞制度漏洞,达到以点促面的效果。建立审计成果和信息共享机制,加强各级审计机关、不同审计项目之间的沟通交流,实现审计成果和信息及时共享,提高审计监督成效。加强内部审计工作,充分发挥内部审计作用。有效利用社会审计力量,除涉密项目外,根据审计项目实施需要,可以向社会购买审计服务。

七、创新审计技术方法

构建大数据审计工作模式,提高审计能力、质量和效率,扩大审计监督的广度和深度。有关部门、金融机构和国有企事业单位应根据审计工作需要,依法向审计机关提供与本单位本系统履行职责相关的电子数据信息和必要的技术文档,不得制定限制向审计机关提供资料和开放计算机信息系统查询权限的规定,已经制定的应予修订或废止。审计机关要建立健全数据定期报送制度,加大数据集中力度,对获取的数据资料严格保密。适应大数据审计需要,构建国家审计数据系统和数字化审计平台,积极运用大数据技术,加大业务数据与财务数据、单位数据与行业数据以及跨行业、跨领域数据的综合比对和关联分析力度,提高运用信息化技术查核问题、评价判断、宏观分析的能力。探索建立审计实时监督系统,实施联网审计。

附件2

关于省以下地方审计机关人财物管理改革试点方案

为强化上级审计机关对下级审计机关的领导,保障依法独立行使审计监督权,根据《关

于完善审计制度若干重大问题的框架意见》，在部分省市开展省以下地方审计机关人财物管理改革试点，现就试点地区有关工作提出如下方案。

一、改进领导干部管理制度

按照党管干部、统一管理的要求，改进地方审计机关领导干部管理制度。任免省级审计机关正职，须事先征得审计署党组同意；任免省级审计机关副职，须事先征求审计署党组的意见。市地级审计机关正职由省级党委（党委组织部）管理，其他领导班子成员和县级审计机关领导班子成员可以委托市地级党委管理，直辖市所属区、县审计机关其他领导班子成员也可以委托区、县党委管理。任免市地级审计机关领导班子成员和县级审计机关正职，须事先征得省级审计机关党组同意，再按有关规定程序办理；任免县级审计机关副职，须事先征求省级审计机关党组（或市地级审计机关党组）的意见。地方党委、政府和上级审计机关要强化对下级审计机关领导干部的任职资格管理，选拔政治坚定、坚持原则、忠诚干净、尽责担当、能力过硬的干部充实审计机关领导班子，审计机关负责人原则上应具备经济、法律、管理等工作经历。审计署要建立健全对省级审计机关的考核制度，省级审计机关要建立健全对市地、县级审计机关的考核制度，强化考核结果运用，考核结果抄送同级地方党委和政府。

二、完善机构编制和人员管理制度

按照科学高效、因地制宜的原则，优化地方审计机关机构设置，合理配置审计力量。省级机构编制管理部门统一管理本地区审计机关的机构编制，省级审计机关协助开展相关工作。根据实际需要，建立健全内设机构，强化省级审计机关干部管理、业务管理、财务管理等职能，充实市地、县级审计机关业务力量，根据需要设置审计机关派出机构。地方审计人员由省级统一招录。地方党委和政府对审计机关中从事审计业务工作的事业人员身份问题，要进行统筹研究，以保证其履行审计监督职责的需要。

三、改进经费和资产管理制度

省以下地方审计机关经费预算和资产由省级有关部门统一管理，也可以根据实际情况委托市地、县有关部门管理。有关主管部门在地方审计机关预算编制、经费安排、资产配置等方面，要考虑审计机关经费和资产管理的特点，充分听取省级审计机关意见。地方审计机关的各项经费标准由各地在现有法律法规框架内结合实际确定，确保不低于现有水平。按照规定做好清产核资和资产划转工作。

四、建立审计项目计划统筹管理机制

地方审计机关的审计项目计划由省级审计机关统一管理。省级审计机关要根据本地区经济社会发展实际，围绕当地中心工作，统筹组织本地区审计机关力量，开展好涉及全局的重大项目审计。除上级统一组织审计项目外，市地、县级审计机关每年结合当地中心工作，提出本级年度审计项目计划，经当地政府审核后报省级审计机关批准后执行。年度审计项目计划需要调整的，原则上要按原程序报批。根据实际需要，上级审计机关可组织下级审计机关开展异地交叉审计。

五、完善审计结果报告和公告制度

地方审计机关的审计结果和发现的重大违纪违法问题线索，要及时向上级审计机关和本级党委、政府报告。市地、县级审计机关对本级预算执行情况和其他财政收支情况的审计工作报告，在听取本级政府行政首长意见并报经上级审计机关审定后，按规定程序向本级人民代表大会常务委员会报告。市地、县级审计机关完成的上级审计机关安排在本地的审计任务，审计结果经部署任务的审计机关同意后，可纳入向本级人民代表大会常务委员会所作的审计工作报告。加大审计结果公告力度，除涉密内容外原则上都要公开，接受社会监督。

六、建立健全审计执法责任制

上级审计机关要加强对下级审计机关审计质量的监督检查,定期通报情况,研究提出加强审计质量控制的制度措施,督促下级审计机关严格依法审计、依法报告、依法公告。建立健全审计业务质量控制机制,明确岗位职责权限,对发现的重大审计质量问题,要按照权责一致的原则,严格实行审计执法过错责任追究制度。

七、统筹推进审计信息化建设

着眼建立健全全国统一的审计信息系统,构建省级审计数据系统。地方审计机关收集的审计相关电子数据信息,按审计署规定的标准、方式、要求统一集中管理。加强审计数据的综合利用。创新计算机审计技术,推进联网审计。省级审计机关要加强对本地区审计信息化建设的统筹规划,加大对基层审计机关信息化建设的支持力度。

八、加强组织领导

省以下地方审计机关人财物管理改革,要坚持整体设计、试点先行。审计署、中央组织部、人力资源社会保障部要会同中央编办、财政部、国家公务员局等部门和单位,按照试点任务要求和各自职能,明确分工,落实责任,密切配合,切实加强对改革的指导和推进。2015年,在江苏、浙江、山东、广东、重庆、贵州、云南等7省市启动改革试点工作。各试点地区党委和政府要加强对试点工作的领导,根据本方案抓紧研究制定本地区实施方案,按程序报批后实施,重大问题及时报告。要努力营造良好改革环境,确保审计队伍思想稳定、审计业务及其他各项工作有序进行。

中央预算执行情况审计监督暂行办法

(中华人民共和国国务院令第181号)

第一条 为了做好对中央预算执行和其他财政收支的审计监督工作,根据《中华人民共和国审计法》(以下简称《审计法》),制定本办法。

第二条 审计署在国务院总理领导下,对中央预算执行情况进行审计监督,维护中央预算的法律严肃性,促进中央各部门(含直属单位,下同)严格执行预算法,发挥中央预算在国家宏观调控中的作用,保障经济和社会的健康发展。

第三条 对中央预算执行情况进行审计,应当有利于国务院对中央财政收支的管理和全国人民代表大会常务委员会对中央预算执行和其他财政收支的监督;有利于促进国务院财政税务部门和中央其他部门依法有效地行使预算管理职权;有利于实现中央预算执行和其他财政收支审计监督工作的法制化。

第四条 审计署依法对中央预算执行情况,省级预算执行情况和决算,以及中央级其他财政收支的真实、合法和效益,进行审计监督。

第五条 对中央预算执行情况进行审计监督的主要内容:

(一)财政部按照全国人民代表大会批准的中央预算向中央各部门批复预算的情况、中央预算执行中调整情况和预算收支变化情况;

(二)财政部、国家税务总局、海关总署等征收部门,依照有关法律、行政法规和国务院财政税务部门的有关规定,及时、足额征收应征的中央各项税收收入、中央企业上缴利润、专项收入和退库拨补企业计划亏损补贴等中央预算收入情况;

（三）财政部按照批准的年度预算和用款计划、预算级次和程序、用款单位的实际用款进度，拨付中央本级预算支出资金情况；

（四）财政部依照有关法律、行政法规和财政管理体制，拨付补助地方支出资金和办理结算情况；

（五）财政部依照有关法律、行政法规和财政部的有关规定，管理国内外债务还本付息情况；

（六）中央各部门执行年度支出预算和财政、财务制度，以及相关的经济建设和事业发展情况；有预算收入上缴任务的部门和单位预算收入上缴情况；

（七）中央国库按照国家有关规定，办理中央预算收入的收纳和预算支出的拨付情况；

（八）国务院总理授权审计的按照有关规定实行专项管理的中央级财政收支情况。

第六条 对中央级其他财政收支进行审计监督的主要内容：

（一）财政部依照有关法律、行政法规和财政部的有关规定，管理和使用预算外资金和财政有偿使用资金的情况；

（二）中央各部门依照有关法律、行政法规和财政部的有关规定，管理和使用预算外资金的情况。

第七条 为了做好中央预算执行情况审计监督工作，对省级政府预算执行和决算中，执行预算和税收法律、行政法规，分配使用中央财政补助地方支出资金和省级预算外资金管理和使用情况等关系国家财政工作全局的问题，进行审计或者审计调查。

第八条 根据《审计法》有关审计工作报告制度的规定，审计署应当在每年第一季度对上一年度国家税务总局、海关总署所属机构和中央有关部门实施中央预算情况和其他财政收支，进行就地审计；第二季度对上一年度中央预算执行情况进行审计。审计署对预算执行中的特定事项，应当及时组织专项审计调查。

审计署每年第二季度应当向国务院总理提出对上一年度中央预算执行和其他财政收支的审计结果报告。

审计署应当按照全国人民代表大会常务委员会的安排，受国务院委托，每年向全国人民代表大会常务委员会提出对上一年度中央预算执行和其他财政收支的审计工作报告。

第九条 国务院财政税务部门和中央其他部门应当向审计署报送以下资料：

（一）全国人民代表大会批准的中央预算和财政部向中央各部门批复的预算，税务、海关征收部门的年度收入计划，以及中央各部门向所属各单位批复的预算；

（二）中央预算收支执行和税务、海关收入计划完成情况月报、决算和年报，以及预算外资金收支决算和财政有偿使用资金收支情况；

（三）综合性财政税务工作统计年报，情况简报，财政、预算、税务、财务和会计等规章制度；

（四）中央各部门汇总编制的本部门决算草案。

第十条 对国务院财政税务部门和中央其他部门在组织中央预算执行和其他财政收支中，违反预算的行为或者其他违反国家规定的财政收支行为，审计署在法定职权范围内，依照有关法律、行政法规的规定，出具审计意见书或者作出审计决定，重大问题向国务院提出处理建议。

第十一条 国务院财政税务部门和中央其他部门发布的财政规章、制度和办法有同有关法律、行政法规相抵触或者有不适当之处，应当纠正或者完善的，审计署可以提出处理建议，报国务院审查决定。

第十二条 违反《审计法》的规定，拒绝或者阻碍审计检查的，由审计署责令改正，可以通报批评，给予警告；拒不改正的，依法追究责任。

第十三条 中国人民解放军审计署对中国人民解放军预算执行和其他财政收支的审计结果报告，报中央军事委员会的同时，并报审计署。

第十四条 省、自治区、直辖市审计机关，可以参照本办法，结合本地方的实际情况，制定地方预算执行情况审计监督实施办法，报同级人民政府批准，并报审计署备案。

第十五条 本办法自发布之日起施行。

全国人民代表大会常务委员会
关于加强中央预算审查监督的决定

（1999年12月25日第九届全国人民代表大会常务委员会第十三次会议通过 2021年4月29日第十三届全国人民代表大会常务委员会第二十八次会议修订）

为履行宪法法律赋予全国人民代表大会及其常务委员会的预算审查监督职责，贯彻落实党中央关于加强人大预算决算审查监督职能的部署要求，推进全面依法治国，健全完善中国特色社会主义预算审查监督制度，规范预算行为，提高预算绩效，厉行节约，更好地发挥中央预算在推进国家治理体系和治理能力现代化、推动高质量发展、促进社会进步、改善人民生活和全面深化改革开放中的重要作用，必须进一步加强对中央预算的审查监督。为此，特作如下决定：

一、加强全口径审查和全过程监管。全国人民代表大会及其常务委员会对政府预算决算开展全口径审查和全过程监管，坚持党中央集中统一领导，坚持围绕服务党和国家工作大局，坚持以人民为中心，坚持依法审查监督，聚焦重点，注重实效，保障宪法和法律贯彻实施，保障国家方针政策和决策部署贯彻落实。

（一）加强财政政策审查监督。审查监督重点包括：财政政策贯彻落实国家方针政策和决策部署的情况；与经济社会发展目标和宏观调控总体要求相衔接的情况；加强中期财政规划管理工作，对国家重大战略任务保障的情况；财政政策制定过程中充分听取人大代表与社会各界意见建议的情况；财政政策的合理性、可行性、可持续性等情况。

（二）加强一般公共预算审查监督。审查监督一般公共预算支出总量和结构的重点包括：支出总量和结构贯彻落实国家方针政策和决策部署的情况；支出总量及其增减的情况，财政赤字规模及其占年度预计国内生产总值比重的情况；调整优化支出结构，严格控制一般性支出，提高财政资金配置效率和使用绩效等情况。

审查监督重点支出与重大投资项目的重点包括：重点支出预算和支出政策相衔接的情况；重点支出规模变化和结构优化的情况；重点支出决策论证、政策目标和绩效的情况。重大投资项目与国民经济和社会发展规划相衔接的情况；重大投资项目决策论证、投资安排和实施效果的情况。

审查监督部门预算的重点包括：部门各项收支全部纳入预算的情况；部门预算与支出政策、部门职责衔接匹配的情况；项目库建设情况；部门重点项目预算安排和绩效的情况；新增资产配置情况；结转资金使用情况；审计查出问题整改落实等情况。

审查监督中央对地方转移支付的重点包括：各类转移支付保障中央财政承担的财政事权和支出责任的情况；促进地区间财力均衡及增强基层公共服务保障能力的情况；健全规范转移支付制度、优化转移支付结构的情况；专项转移支付定期评估和退出的情况；转移支付预算下达和使用的情况；转移支付绩效的情况。

审查监督一般公共预算收入的重点包括：预算收入安排与经济社会发展目标、国家宏观调控总体要求相适应的情况；各项税收收入与对应税基相协调的情况；预算收入依法依规征收、真实完整的情况；预算收入结构优化、质量提高的情况；依法规范非税收入管理等情况。

（三）加强政府债务审查监督。审查监督中央政府债务重点包括：根据中央财政赤字规模和上年末国债余额限额，科学确定当年国债余额限额，合理控制国债余额与限额之间的差额；评估政府债务风险水平情况，推进实现稳增长和防风险的长期均衡。审查监督地方政府债务重点包括：地方政府债务纳入预算管理的情况；根据债务率、利息支出率等指标评估地方政府债务风险水平，审查地方政府新增一般债务限额和专项债务限额的合理性情况；地方政府专项债务偿还的情况；积极稳妥化解地方政府债务风险等情况。

（四）加强政府性基金预算审查监督。审查监督重点包括：基金项目设立、征收、使用和期限符合法律法规规定的情况；收支政策和预算安排的合理性、可行性、可持续性的情况；政府性基金支出使用情况；政府性基金项目绩效和评估调整等情况。

（五）加强国有资本经营预算审查监督。审查监督重点包括：预算范围完整、制度规范的情况；国有资本足额上缴收益和产权转让等收入的情况；支出使用方向和项目符合法律法规规定和政策的情况；国有资本经营预算调入一般公共预算的情况；政府投资基金管理的情况；发挥优化国有资本布局、与国资国企改革相衔接等情况。

（六）加强社会保险基金预算审查监督。审查监督重点包括：各项基金收支安排、财政补助和预算平衡的情况；预算安排贯彻落实社会保障政策的情况；推进基本养老保险全国统筹的情况；基金绩效和运营投资的情况；中长期收支预测及可持续运行等情况。

（七）进一步推进预算决算公开，提高预算决算透明度。以公开为常态、不公开为例外，监督中央政府及其部门依法及时公开预算决算信息，主动回应社会普遍关注的问题，接受社会监督。

二、加强中央预算编制的监督工作。坚持先有预算、后有支出、严格按预算支出的原则，细化预算和提前编制预算。按预算法规定的时间将中央预算草案全部编制完毕。中央预算应当按照宪法和法律规定，贯彻落实国家方针政策和决策部署，做到政策明确、标准科学、安排合理，增强可读性和可审性。

中央一般公共预算草案，应当列示预算收支情况表、转移支付预算表、基本建设支出表、政府债务情况表等，说明收支预算安排及转移支付绩效目标情况。中央政府性基金预算草案应当按基金项目分别编列、分别说明。政府性基金支出编列到资金使用的具体项目，说明结转结余和绩效目标情况。中央国有资本经营预算草案收入编列到行业或企业，说明纳入预算的企业单位的上年总体经营财务状况；支出编列到使用方向和用途，说明项目安排的依据和绩效目标。中央社会保险基金预算草案应当按保险项目编制，反映基本养老保险全国统筹推进情况，说明社会保险基金可持续运行情况。

三、加强和改善中央预算的初步审查工作。国务院财政部门应当及时向全国人民代表大会财政经济委员会和全国人民代表大会常务委员会预算工作委员会通报有关中央预算编制的情况。预算工作委员会应当结合听取全国人大代表和社会各界意见建议情况,与国务院财政等部门密切沟通,研究提出关于年度预算的分析报告。在全国人民代表大会会议举行的四十五日前,国务院财政部门应当将中央预算草案初步方案提交财政经济委员会,由财政经济委员会对中央预算草案初步方案进行初步审查,并就有关重点问题开展专题审议,提出初步审查意见。

财政经济委员会开展初步审查阶段,全国人民代表大会有关专门委员会围绕国家方针政策和决策部署,对相关领域部门预算初步方案、转移支付资金和政策开展专项审查,提出专项审查意见。专项审查意见中增加相关支出预算的建议,应当与减少其他支出预算的建议同时提出,以保持预算的平衡性、完整性和统一性。有关专门委员会的专项审查意见,送财政经济委员会、预算工作委员会研究处理,必要时作为初步审查意见的附件印发全国人民代表大会会议。

四、加强中央预算执行情况的监督工作。在全国人民代表大会及其常务委员会领导下,财政经济委员会和预算工作委员会应当做好有关工作。国务院有关部门应当及时向财政经济委员会、预算工作委员会提交落实全国人民代表大会关于预算决议的情况。国务院财政部门应当定期提供全国、中央和地方的预算执行报表,反映预算收支、政府债务等相关情况。国务院有关部门应当通过国家电子政务网等平台,定期提供部门预算执行、宏观经济、金融、审计、税务、海关、社会保障、国有资产等方面政策制度和数据信息。

全国人民代表大会常务委员会通过听取和审议专项工作报告、执法检查、专题调研等监督方式,加强对重点收支政策贯彻实施、重点领域财政资金分配和使用、重大财税改革和政策调整、重大投资项目落实情况的监督。国务院在每年八月向全国人民代表大会常务委员会报告当年预算执行情况。国务院财政部门及相关主管部门每季度提供预算执行、有关政策实施和重点项目进展情况。

全国人民代表大会常务委员会利用现代信息技术开展预算联网监督,提高预算审查监督效能,实现预算审查监督的网络化、智能化。对预算联网监督发现的问题,适时向国务院有关部门通报,有关部门应当核实处理并反馈处理情况。

五、加强中央预算调整方案的审查工作。中央预算执行中,农业、教育、科技、社会保障等重点领域支出的调减,新增发行特别国债,增加地方政府举借债务规模,须经全国人民代表大会常务委员会审查和批准。中央预算执行中必须作出预算调整的,国务院应当编制中央预算调整方案,一般于当年六月至十月期间提交全国人民代表大会常务委员会。严格控制预算调剂,各部门、各单位的预算支出应当按照预算执行,因重大事项确需调剂的,严格按照规定程序办理。中央预算执行中出台重要的增加财政收入或者支出的政策措施,调入全国社会保障基金,或者预算收支结构发生重要变化的情况,国务院财政部门应当及时向预算工作委员会通报。预算工作委员会及时将有关情况向财政经济委员会通报,必要时向全国人民代表大会常务委员会报告。

六、加强中央决算的审查工作。中央决算草案应当按照全国人民代表大会批准的预算所列科目编制,按预算数、调整预算数以及决算数分别列出,对重要变化应当作出说明。一般公共预算支出应当按功能分类编列到项,按经济性质分类编列到款。政府性基金预算支出、国有资本经营预算支出、社会保险基金预算支出,应当按功能分类编列到项。按照国务院规定实行权责发生制的特定事项,在审查中央决算草案前向全国人民代表大会常务委员会报告。中央决算草案应当在全国人民代表大会常务委员会举行会议审查和批准的三十日前,提交财政经济委员会，由财政经济委员会结合审计工作报告进行初步审查。

七、加强预算绩效的审查监督工作。各部门、各单位应当实施全面预算绩效管理，强化事前绩效评估，严格绩效目标管理，完善预算绩效指标体系，提升绩效评价质量。加强绩效评价结果运用，促进绩效评价结果与完善政策、安排预算和改进管理相结合，推进预算绩效信息公开，将重要绩效评价结果与决算草案同步报送全国人民代表大会常务委员会审查。全国人民代表大会常务委员会加强对重点支出和重大项目绩效目标、绩效评价结果的审查监督。必要时，召开预算绩效听证会。

八、加强对中央预算执行和决算的审计监督。审计机关应当按照真实、合法和效益的要求，对中央预算执行和其他财政收支情况以及决算草案进行审计监督，为全国人民代表大会常务委员会开展预算执行、决算审查监督提供支持服务。国务院应当在每年六月向全国人民代表大会常务委员会提出对上一年度中央预算执行和其他财政收支的审计工作报告。审计工作报告应当重点报告上一年度中央预算执行和决算草案、重要政策实施、财政资金绩效的审计情况，全面客观反映审计查出的问题，揭示问题产生的原因，提出改进工作的建议。审计查出的问题要依法纠正、处理，加强审计结果运用，强化责任追究，完善审计查出问题整改工作机制，健全整改情况公开机制。必要时，全国人民代表大会常务委员会可以对审计工作报告作出决议。

九、加强审计查出问题整改情况的监督工作。全国人民代表大会常务委员会对审计查出突出问题整改情况开展跟踪监督。综合运用听取和审议专项工作报告、专题询问等方式开展跟踪监督，加大监督力度，增强监督效果，推动建立健全整改长效机制，完善预算管理制度。健全人大预算审查监督与纪检监察监督、审计监督的贯通协调机制，加强信息共享，形成监督合力。

全国人民代表大会常务委员会在每年十二月听取和审议国务院关于审计查出问题整改情况的报告，根据需要可以听取审计查出突出问题相关责任部门单位的单项整改情况报告。有关责任部门单位负责人应当到会听取意见，回答询问。国务院提交的整改情况报告，应当与审计工作报告揭示的问题和提出的建议相对应，重点反映审计查出突出问题的整改情况，并提供审计查出突出问题的单项整改结果和中央部门预算执行审计查出问题整改情况清单。必要时，全国人民代表大会常务委员会可以对审计查出问题整改情况报告作出决议。

十、依法执行备案制度、强化预算法律责任。国务院应当将有关预算的法规及规范性文件，中央预算与地方预算有关收入和支出项目的划分、地方向中央上解收入、中央对地方税收返还或者转移支付的具体办法，省、自治区、直辖市政府报送国务院备案的预算决算的汇总，中央政府综合财务报告，以及其他应当报送的事项，及时报送全国人民代表大会常务委员会备案。

全国人民代表大会常务委员会开展预算决算审查监督工作发现的问题，相关机关、部门单位和地方应当及时研究处理，对违反预算法等法律规定的，依法追究法律责任；需要给予政务处分的，全国人民代表大会常务委员会有关工作机构及时通报监察机关。

十一、更好发挥全国人大代表作用。国务院财政等部门应当通过座谈会、通报会、专题调研、办理议案建议和邀请全国人大代表视察等方式，在编制预算、制定政策、推进改革过程中，认真听取全国人大代表意见建议，主动回应全国人大代表关切。全国人民代表大会有关专门委员会、常务委员会有关工作机构应当加强与全国人大代表的沟通联系，更好发挥代表作用。健全预算审查联系代表工作机制。

十二、预算工作委员会职责。预算工作委员会是全国人民代表大会常务委员会的工作机构，协助财政经济委员会承担全国人民代表大会及其常务委员会审查预算决算、审查预算调整方案和监督预算执行方面的具体工作；承担国有资产管理情况监督、审计查出突出问题整改情况跟踪监督方面的具体工作；承担预算、国有资产联网监督方面的具体工作；受委员长会议委托，承担有关法律草案的起草工作，协助财政经济委员会承担有关法律草案审议方面的具体工作；以及承办本决定规定的和常务委员会、委员长会议交办以及财政经济委员会需要协助办理的其他有关财政预算的具体事项。经委员长会议同意，预算工作委员会可以要求政府有关部门和单位提供预算情况，并获取相关信息资料及说明。经委员长会议批准，可以对各部门、各预算单位、重大建设项目的预算资金使用和专项资金的使用进行调查，政府有关部门和单位应积极协助、配合。

本决定自公布之日起施行。

国务院关于贯彻落实《全国人民代表大会常务委员会关于加强中央预算审查监督的决定》的通知

（国发〔2000〕39号）

《全国人民代表大会常务委员会关于加强中央预算审查监督的决定》（以下简称《决定》）已经1999年12月25日第九届全国人民代表大会常务委员会第十三次会议通过。认真贯彻实施《决定》，对促进中央预算管理体制改革，加强依法理财、从严治财，具有十分重要的意义。各部门要高度重视，采取有效措施，认真贯彻落实。为此，特作如下通知：

一、提高思想认识，严格依法行政

《决定》的发布，对于贯彻依法治国方针，规范预算行为，进一步改进和规范预算管理工作，更好地发挥中央预算在发展国民经济、促进社会进步、改善人民生活和深化改革、扩大开放中的作用具有重要的意义。各部门要认真学习，深刻领会，全面贯彻《决定》精神，进一步加强中央预算管理，依法理财，从严治财，开创中央预算管理工作的新局面。

二、改进预算编制工作，加强预算资金管理

《决定》在中央预算的编制、审查和批准、执行、调整、决算以及监督等方面，将《宪法》和《预算法》中有关预算审查监督的规定具体化，对改进和加强中央预算管理提出了新的更高的要求。财政部要严格按照《决定》精神，进一步改进工作作风，加强和改善中央预算管理工作。各部门要严格按照《预算法》和《决定》的要求，认真履行职责，积极做好各项工作。

（一）各部门要进一步改进和加强中央预算的编制工作，积极创造条件提前编制和细化预算；要严格按照国务院关于编制中央预算的指示和财政部的具体规定，统一由财务机构编制包含本部门所有财务收支的预算草案，并在规定的时间内报送财政部审核汇总。国家计委、国家经贸委、科技部、国务院机关事务管理局等具有预算分配权的部分，要按照财政部统一规定的时间表，及时审核和落实各部门预算指标，在年初预算中确需预留的待分配支出，不得超过国务院规定的比例。各部门要根据法律和政策规定，认真分析本部门上一年度实际收支情况和下一年度收支变动因素，按照类别逐项测算预算收入和预算支出，实事求是地编制本部门预算草案；财政部在审核汇总各部门预算草案的基础上编制中央预算草案，并在规定的时间内报送国务院。中央预算草案经全国人民代表大会批准后，财政部和各部门要及时批复下达。

（二）各部门财务收支要严格按照财政部和上级预算主管部门批复的预算执行；预算执行中不得随意调剂使用不同预算科目的资金，因特殊情况确需调剂使用的，应于每年第三季度，由有关部门统一提出调剂使用方案，报财政部审核同意后执行。中央预算安排的农业、教育、科技、社会保障等预算资金如有调减，有关部门要列明调减的原因、项目、数额，经财政部报国务院审核，确需调减的，提请全国人民代表大会常务委员会审查批准。

（三）各部门要按照国务院有关规定，加强和是预算外资金管理，逐步将预算外资金纳入预算；对暂时不能纳入预算的，要根据收入情况和支出需要编制预算外资金收支计划。对预算外资金要加强财政专户管理，全面落实"收支两条　线"的规定。

（四）进一步改进和加强对中央预算执行情况和部门决算的审计。审计署要认真履行宪法赋予审计机关的职责，按照真实、合法和效益的要求，严格依照审计法律、行政法规的规定，对中央预算执行情况和部门决算进行审计，促进各部门严格执行《预算法》，规范预算行为，加强预算管理。同时，要积极探索新的审计形式，不断提高审计质量。

三、自觉接受全国人大及其常委会对中央预算的审查和监督

各部门要严格按照《决定》的要求，自觉接受全国人大及其常委会对中央预算的审查和监督，积极协助、配合全国人大财政经济委员会（简称财政经济委员会）和全国人大常委会预算工作委员会（简称预算工作委员会）依法开展工作。

（一）在各部门预算草案和中央预算草案编制过程中，由财政部统一向财政经济委员会和预算工作委员会通报预算编制的有关情况。中央预算草案编制完成后，在报送国务院批准之前，财政部应当及时向财政经济委员会和预算工作委员会通报编制情况。中央预算草案经国务院审定后，财政部应当在规定的时间内将中央预算草案提交财政经济委员会进行初步审查。

（二）在中央预算执行过程中，有关部门应当按照《决定》的要求，及时向财政经济委员会、预算工作委员会提交有关情况和资料。其中，落实全国人大关于预算决议的情况，对部门批复的预算，预算收支执行情况，政府债务、社会保障基金等重点资金和预算外资金收支执行情况，由财政部负责提交；直接要求有关部门提供的，由有关部门与财政部核实后负责提交；各部门对所属单位批复的预算，由各部门按照财政经济委员会和预算工作委员会的要求负责提交；有关经济、财政、金融、审计、税务、海关等综合性统计报告、规章制度及有关资料，由有关部门负责提交。

（三）对预算工作委员会经全国人大常委会委员长会议专项同意，要求有关部门提供的预算情况、相关信息资料和说明，有关部门在接到预算工作委员会的通知后，应当及时报告国务院并通报财政部，在与财政部进行核实后，及时予以提供。对预算工作委员会经委员长会议专项批准，对各部门、各预算单位预算资金使用情况进行的调查，有关部门应当积极予以协助和配合，并及时通报财政部。

国务院关于加强预算外资金管理的决定

（国发〔1996〕29号）

各省、自治区、直辖市人民政府，国务院各部委、各直属机构：

改革开放以来，预算外资金增长较快，对经济建设和社会事业发展起到了一定的积极作用。但是，近几年来有的地方违反《中华人民共和国预算法》和国务院的有关规定，擅自将财政预算资金通过各种非法手段转为预算外资金，有些部门和单位擅自设立基金或收费项目，导致国家财政收入流失，预算外资金不断膨胀。同时，由于管理制度不健全，预算外资金的使用脱离财政管理和各级人大监督，乱支滥用现象十分严重。这些问题不仅造成了国家财政资金分散和政府公共分配秩序混乱，而且加剧了固定资产和消费基金膨胀，助长了不正之风和腐败现象的发生。根据中共中央十四届五中全会精神，现就进一步加强预算外资金管理作出如下决定：

一、严格执行《中华人民共和国预算法》，禁止将预算资金转移到预算外

各级人民政府要严格按照《中华人民共和国预算法》和财政法规的要求，切实加强对财政预算资金和预算外资金的管理，完善对财政资金的监督检查制度。任何地区、部门和单位都不得隐瞒财政收入，将财政预算资金转为预算外资金。财政部门要严格按照"控制规模、限定投向、健全制度、加强监督"的原则，加强财政周转金管理。各部门、各单位未经财政部门批准，不得擅自将财政拨款转为有偿使用，更不得设置账外账和"小金库"。财政部门尤其不能设置"小金库"。

二、将部分预算外资金纳入财政预算管理

各地区、各部门要认真贯彻《中共中央办公厅、国务院办公厅关于转发财政部〈关于对行政性收费、罚没收入实行预算管理的规定〉的通知》（中办发〔1993〕19号）精神，将财政部已经规定的83项行政性收费项目纳入财政预算。

从1996年起将养路费、车辆购置附加费、铁路建设基金、电力建设基金、三峡工程建设基金、新菜地开发基金、公路建设基金、民航基础设施建设基金、农村教育事业附加费、邮电附加、港口建设费、市话初装基金、民航机场管理建设费等13项数额较大的政府性基金（收费）纳入财政预算管理。基金（收费）收入要按现行体制及时上缴中央金库或地方金库，使用由主管部门提出计划，财政部门按规定拨付，属于基本建设用途的，由财政部门按计划批准的项目计划安排支出，实行收支两条线管理，加强财政、审计监督。基金（收费）收支在预算上单独编列反映，按规定专款专用，不得挪作他用，也不能平衡预算。具体管理办法由财政部会同有关部门制定。

地方财政部门按国家规定收取的各项税费附加，从1996年起统一纳入地方财政预算，作为地方财政的固定收入，不再作为预算外资金管理。

今后要积极创造条件，将应当纳入财政预算管理的预算外资金逐步纳入财政预算管理。

三、预算外资金管理范围

预算外资金，是指国家机关、事业单位和社会团体为履行或代行政府职能，依据国家法律、法规和具有法律效力的规章而收取、提取和安排使用的未纳入国家预算管理的各种财政性资金。其范围主要包括：法律、法规规定的行政事业性收费、基金和附加收入等；国务院或省级人民政府及其财政、计划（物价）部门审批的行政事业性收费；国务院以及财政部审批建立的基金、附加收入等；主管部门从所属单位集中的上缴资金；用于乡镇政府开支的乡自筹和乡统筹资金；其他未纳入预算管理的财政性资金。

社会保障基金在国家财政建立社会保障预算制度以前，先按预算外资金管理制度进行管理，专款专用，加强财政、审计监督。

按照《企业财务通则》和《企业会计准则》的规定，国有企业税后留用资金不再作为预算外资金管理。事业单位和社会团体通过市场取得的不体现政府职能的经营、服务性收入，不作为预算外资金管理，收入可不上缴财政专户，但必须依法纳税，并纳入单位财务收支计划，实行收支统一核算。

四、加强收费、基金管理，严格控制预算外资金规模

收取或提取预算外资金必须依照法律、法规和有关法律效力的规章制度所规定的项目、范围、标准和程序执行。

行政事业性收费要严格执行中央、省两级审批的管理制度。收费项目按隶属关系分别报国务院和省、自治区、直辖市人民政府的财政部门会同计划（物价）部门批准；确定和调整收费标准，按隶属关系分别报国务院和省、自治区、直辖市人民政府的计划（物价）部门会同财政部门批准；重要的收费项目和标准制定及调整应报请国务院或省级人民政府批准。省、自治区、直辖市人民政府批准的行政事业性收费项目和收费标准报财政部、国家计委备案。省、自治区、直辖市以下各级人民政府（包括计划单列市）及其部门无权审批设立行政事业性收费项目或调整收费标准。行政性收费中的管理性收费、资源性收费、全国性的证照收费和公共事业收费，以及涉及中央和其他地区的地方性收费，具体征收管理办法的制定和修改由财政部、国家计委会同有关部门负责。地方性法规中已明确的收费，具体征收管理办法的制定和修改由省级财政、计划（物价）部门会同有关部门负责。未按规定报经批准的或不符合审批规定的各种行政事业性收费，都属乱收费行为，必须停止执行。财政部、国家计委要会同有关部门抓紧起草《行政性收费管理条例》，报国务院审批发布。

征收政府性基金必须严格按国务院规定统一财政部审批，重要的报国务院审批。基金立项的申请和批准要以国家法律、法规和中共中央、国务院有关文件规定为依据，否则一律不予立项。地方无权批准设立基金项目，也不得以行政事业性收费的名义变相批准设立基金项目。对地方已经设立的基金项目，必须按照《国务院办公厅转发财政部、审计署、监察部对各种基金进行清理登记意见的通知》（国办发〔1995〕25号）的规定进行清理登记，由财政部负责审查处理，重要的报国务院审批。

财政部门要建立健全行政事业性收费和政府性基金的票据管理与监督制度。各部门和各单位在执收时，必须按隶属关系使用中央或省级财政部门统一印制或监制的票据。

五、预算外资金要上缴财政专户，实收收支两条线管理

预算外资金是国家财政性资金，不是部门和单位自有资金，必须纳入财政管理。财政部门要在银行开设统一的专户，用于预算外资金收入和支出管理。部门和单位的预算外收入必须上缴同级财政专户，支出由同级财政按预算外资金收支计划和单位财务收支计划统筹安排，从财政专户中拨付，实行收支两条线管理。

对部门和单位的预算外资金收支按不同性质实行分类管理。国家机关和受政府委托的部门、单位统一收取和使用的专项用于公共工程和社会公共事业的基金、收费，以及以政府信誉强制建立的社会保障基金等，收入金额缴入同级财政专户，支出按计划和规定和用途专款专用，不得挪作他用，收支结余可结转下年度专项使用；各部门和各单位的其他预算外资金，收入缴入同级财政专户，支出由财政结合预算内资金统筹安排，其中少数费用开支有特殊需要的预算外资金，经财政部门核定收支计划后，可按确定的比例或按收支结余的数额定期缴入同级财政专户。

预算外资金结余，除专项资金按规定结转下年度专项使用以外，财政部门经同级政府批准可按隶属关系统筹调剂使用。

有预算外收支活动的部门和单位经财政部门批准可在指定银行开设预算外资金支出账户，确有必要的，也可再开设一个收入过渡性账户。未经财政部门审核同意，银行不得为部门和单位开设预算外资金账户。

部门和单位上缴财政专户的预算外资金，必须按财政部门规定的时间及时缴入财政部门在银行开设的预算外资金专户，不得拖欠、截留和坐收坐支。逾期未缴的，由银行从单位资金账户中直接划入财政专户。

六、加强预算外资金收支计划管理

财政部门要建立预算外资金预决算管理制度。各部门、各单位要按规定编制预算外资金收支计划和单位财务收支计划，并及时报送同级财政部门，对预算内拨款和预算外收入统一核算，统一管理。财政部门要在认真审核单位预算外资金收支计划和单位财务收支计划的基础上，编制本级预算外资金收支计划，报经同级人民政府批准后组织实施。年度终了，财政部门要审批单位的预算外资金收支决算，编制本级预算资金收支决算，并报同级政府审批，在此基础上，编制包括预算内、外收支的综合财政计划。

七、严格预算外资金支出管理，严禁违反规定乱支挪用

各部门、各单位要严格按国家规定和经财政部门核定的预算外资金收支计划和单位财务收支计划使用预算外资金。专项用于公共工程、公共事业的基金和收费，以及其他专项资金，要按计划和规定用途专款专用，由财政部门审核后分期拨付资金；用于工资、奖金、补贴、津贴和福利等方面的支出，必须严格执行财政部门核定的项目、范围和标准；用于固定资产投资的支出，要按国家规定立项，纳入国家固定资产投资计划，并按计划部门确定的国家投资计划和工程进度分期拨付；用于购买专项控制商品方面的支出，要报财政部门审查同意后，按国家有关规定办理控购审批手续。严禁将预算外资金转交非财务机构管理、账外设账、私设"小金库"和公款私存；严禁用预算外资金搞房地产等计划外投资，从事股票、期货等交易活动以及各种形式的高消费。

财政部门要认真履行职责，建立健全各项管理制度，积极做好各项服务工作，有时拨付预算外资金，切实加强对预算外资金的管理。

八、建立健全监督检查与处罚制度

各级人民政府要接受同级人民代表大会对预算外资金使用情况的监督。各级财政部门要加强对预算外资金收入和支出的管理，建立健全各项收费、基金的稽查制度，并会同人民银行共同做好预算外资金账户的开设和管理工作。

各级计划（物价）部门要按照收费管理的职责分工，认真做好收费标准的审核工作，严肃查处各种乱收费行为。各级审计、监察等部门要根据国家政策和宏观管理的要求，与财政部门协调配合，对同级各部门和下级政府预算外资金的财务管理进行监督检查，促进资金的合理使用。

对违反预算外资金管理规定者，要依照国家法律、法规予以处罚：

对隐瞒财政预算收入，将预算资金转为预算外的，要将违反规定的收入全部上缴上一级财政。同时，要追究有关部门和本级政府领导人的责任，依据情节轻重予处分直至撤销其职务。

对违反国家规定擅自设立行政事业性收费、基金项目或扩大范围、提高标准的，违法

金额一律没收上缴财政。同时追究有关领导的责任，依据情节轻重给予处分直至撤销其职务。

对用预算外资金私设"小金库"、搞房地产等计划外投资、从事股票、期货交易和不按规定要求开设预算外资金账户等违反规定的活动，以及滥发奖金和实物的，除责令追回资金上缴同级财政外，还要依照有关规定予以处罚，并依据情节轻重给予当事人和有关领导处分。

对擅自将财政预算拨款挪作他用或转为有偿使用的，其资金一律追回上缴上一级财政，并相应核减以后年度的财政预算拨款，同时给予有关责任人相应的处分。

财政、计划（物价）、银行等部门工作人员在预算外资金管理工作中要忠于职守、秉公办事。对玩忽职守的，由所在单位或上级主管部门给予行政处分。

以上违反规定者，情节严重构成犯罪的，要移送司法机关依法追究刑事责任。

九、各级政府必须重视和加强预算外资金的管理

加强预算外资金管理是当前和今后一个时期各级人民政府的一项重要任务。各级人民政府要根据本决定精神，按照《国务院批转财政部等部门关于清理检查预算外资金意见的通知》（国发〔1996〕12号）要求，立即组织力量对预算外资金认真进行清理整顿，属于国家规定应纳入预算管理的资金，要坚决按规定执行。对不符合国家规定设立的收费和基金项目一律取消。今后国家原则上不再出台新的基金。各级人民政府要把预算外资金管理工作列入重要的议事日程，定期听取有关预算外资金管理情况的汇报，及时解决管理中出现的问题，协调好政府有关部门之间的工作关系，统一认识，密切配合，共同做好预算外资金的管理工作。各级人民政府要按本决定的要求，认真部署，尽快落实。各地区、各部门要在1996年底前将加强预算外资金管理的情况上报国务院，同时抄送财政部。

本决定自发布之日起实行。凡与本决定不一致的政策和规定，一律以本决定为准。

中华人民共和国会计法

（1985年1月21日第六届全国人民代表大会常务委员会第九次会议通过 根据1993年12月29日第八届全国人民代表大会常务委员会第五次会议《关于修改〈中华人民共和国会计法〉的决定》第一次修正 1999年10月31日第九届全国人民代表大会常务委员会第十二次会议修订 根据2017年11月4日第十二届全国人民代表大会常务委员会第三十次会议《关于修改〈中华人民共和国会计法〉等十一部法律的决定》第二次修正）

第一章 总 则

第一条 为了规范会计行为，保证会计资料真实、完整，加强经济管理和财务管理，提高经济效益，维护社会主义市场经济秩序，制定本法。

第二条 国家机关、社会团体、公司、企业、事业单位和其他组织（以下统称单位）必须依照本法办理会计事务。

第三条 各单位必须依法设置会计账簿，并保证其真实、完整。

第四条 单位负责人对本单位的会计工作和会计资料的真实性、完整性负责。

第五条 会计机构、会计人员依照本法规定进行会计核算，实行会计监督。

任何单位或者个人不得以任何方式授意、指使、强令会计机构、会计人员伪造、变造会计凭证、会计账簿和其他会计资料，提供虚假财务会计报告。

任何单位或者个人不得对依法履行职责、抵制违反本法规定行为的会计人员实行打击报复。

第六条 对认真执行本法，忠于职守，坚持原则，做出显著成绩的会计人员，给予精神的或者物质的奖励。

第七条 国务院财政部门主管全国的会计工作。

县级以上地方各级人民政府财政部门管理本行政区域内的会计工作。

第八条 国家实行统一的会计制度。国家统一的会计制度由国务院财政部门根据本法制定并公布。

国务院有关部门可以依照本法和国家统一的会计制度制定对会计核算和会计监督有特殊要求的行业实施国家统一的会计制度的具体办法或者补充规定，报国务院财政部门审核批准。

中国人民解放军总后勤部可以依照本法和国家统一的会计制度制定军队实施国家统一的会计制度的具体办法，报国务院财政部门备案。

第二章 会计核算

第九条 各单位必须根据实际发生的经济业务事项进行会计核算，填制会计凭证，登记会计账簿，编制财务会计报告。

任何单位不得以虚假的经济业务事项或者资料进行会计核算。

第十条 下列经济业务事项，应当办理会计手续，进行会计核算：

（一）款项和有价证券的收付；

（二）财物的收发、增减和使用；

（三）债权债务的发生和结算；

（四）资本、基金的增减；

（五）收入、支出、费用、成本的计算；

（六）财务成果的计算和处理；

（七）需要办理会计手续、进行会计核算的其他事项。

第十一条 会计年度自公历1月1日起至12月31日止。

第十二条 会计核算以人民币为记账本位币。

业务收支以人民币以外的货币为主的单位，可以选定其中一种货币作为记账本位币，但是编报的财务会计报告应当折算为人民币。

第十三条 会计凭证、会计账簿、财务会计报告和其他会计资料，必须符合国家统一的会计制度的规定。

使用电子计算机进行会计核算的，其软件及其生成的会计凭证、会计账簿、财务会计报告和其他会计资料，也必须符合国家统一的会计制度的规定。

任何单位和个人不得伪造、变造会计凭证、会计账簿及其他会计资料，不得提供虚假的财务会计报告。

第十四条 会计凭证包括原始凭证和记账凭证。

办理本法第十条所列的经济业务事项，必须填制或者取得原始凭证并及时送交会计机构。

会计机构、会计人员必须按照国家统一的会计制度的规定对原始凭证进行审核，对不真实、不合法的原始凭证有权不予接受，并向单位负责人报告；对记载不准确、不完整的原始凭证予以退回，并要求按照国家统一的会计制度的规定更正、补充。

原始凭证记载的各项内容均不得涂改；原始凭证有错误的，应当由出具单位重开或者更正，更正处应当加盖出具单位印章。原始凭证金额有错误的，应当由出具单位重开，不得在原始凭证上更正。

记账凭证应当根据经过审核的原始凭证及有关资料编制。

第十五条　会计账簿登记，必须以经过审核的会计凭证为依据，并符合有关法律、行政法规和国家统一的会计制度的规定。会计账簿包括总账、明细账、日记账和其他辅助性账簿。

会计账簿应当按照连续编号的页码顺序登记。会计账簿记录发生错误或者隔页、缺号、跳行的，应当按照国家统一的会计制度规定的方法更正，并由会计人员和会计机构负责人（会计主管人员）在更正处盖章。

使用电子计算机进行会计核算的，其会计账簿的登记、更正，应当符合国家统一的会计制度的规定。

第十六条　各单位发生的各项经济业务事项应当在依法设置的会计账簿上统一登记、核算，不得违反本法和国家统一的会计制度的规定私设会计账簿登记、核算。

第十七条　各单位应当定期将会计账簿记录与实物、款项及有关资料相互核对，保证会计账簿记录与实物及款项的实有数额相符、会计账簿记录与会计凭证的有关内容相符、会计账簿之间相对应的记录相符、会计账簿记录与会计报表的有关内容相符。

第十八条　各单位采用的会计处理方法，前后各期应当一致，不得随意变更；确有必要变更的，应当按照国家统一的会计制度的规定变更，并将变更的原因、情况及影响在财务会计报告中说明。

第十九条　单位提供的担保、未决诉讼等或有事项，应当按照国家统一的会计制度的规定，在财务会计报告中予以说明。

第二十条　财务会计报告应当根据经过审核的会计账簿记录和有关资料编制，并符合本法和国家统一的会计制度关于财务会计报告的编制要求、提供对象和提供期限的规定；其他法律、行政法规另有规定的，从其规定。

财务会计报告由会计报表、会计报表附注和财务情况说明书组成。向不同的会计资料使用者提供的财务会计报告，其编制依据应当一致。有关法律、行政法规规定会计报表、会计报表附注和财务情况说明书须经注册会计师审计的，注册会计师及其所在的会计师事务所出具的审计报告应当随同财务会计报告一并提供。

第二十一条　财务会计报告应当由单位负责人和主管会计工作的负责人、会计机构负责人（会计主管人员）签名并盖章；设置总会计师的单位，还须由总会计师签名并盖章。

单位负责人应当保证财务会计报告真实、完整。

第二十二条　会计记录的文字应当使用中文。在民族自治地方，会计记录可以同时使用当地通用的一种民族文字。在中华人民共和国境内的外商投资企业、外国企业和其他外国组织的会计记录可以同时使用一种外国文字。

第二十三条　各单位对会计凭证、会计账簿、财务会计报告和其他会计资料应当建立档案，妥善保管。会计档案的保管期限和销毁办法，由国务院财政部会同有关部门制定。

第三章　公司、企业会计核算的特别规定

第二十四条　公司、企业进行会计核算，除应当遵守本法第二章的规定外，还应当遵

守本章规定。

第二十五条 公司、企业必须根据实际发生的经济业务事项，按照国家统一的会计制度的规定确认、计量和记录资产、负债、所有者权益、收入、费用、成本和利润。

第二十六条 公司、企业进行会计核算不得有下列行为：

（一）随意改变资产、负债、所有者权益的确认标准或者计量方法，虚列、多列、不列或者少列资产、负债、所有者权益；

（二）虚列或者隐瞒收入，推迟或者提前确认收入；

（三）随意改变费用、成本的确认标准或者计量方法，虚列、多列、不列或者少列费用、成本；

（四）随意调整利润的计算、分配方法，编造虚假利润或者隐瞒利润；

（五）违反国家统一的会计制度规定的其他行为。

第四章 会 计 监 督

第二十七条 各单位应当建立、健全本单位内部会计监督制度。单位内部会计监督制度应当符合下列要求：

（一）记账人员与经济业务事项和会计事项的审批人员、经办人员、财物保管人员的职责权限应当明确，并相互分离、相互制约；

（二）重大对外投资、资产处置、资金调度和其他重要经济业务事项的决策和执行的相互监督、相互制约程序应当明确；

（三）财产清查的范围、期限和组织程序应当明确；

（四）对会计资料定期进行内部审计的办法和程序应当明确。

第二十八条 单位负责人应当保证会计机构、会计人员依法履行职责，不得授意、指使、强令会计机构、会计人员违法办理会计事项。

会计机构、会计人员对违反本法和国家统一的会计制度规定的会计事项，有权拒绝办理或者按照职权予以纠正。

第二十九条 会计机构、会计人员发现会计账簿记录与实物、款项及有关资料不相符的，按照国家统一的会计制度的规定有权自行处理的，应当及时处理；无权处理的，应当立即向单位负责人报告，请求查明原因，作出处理。

第三十条 任何单位和个人对违反本法和国家统一的会计制度规定的行为，有权检举。收到检举的部门有权处理的，应当依法按照职责分工及时处理；无权处理的，应当及时移送有权处理的部门处理。收到检举的部门、负责处理的部门应当为检举人保密，不得将检举人姓名和检举材料转给被检举单位和被检举人个人。

第三十一条 有关法律、行政法规规定，须经注册会计师进行审计的单位，应当向受委托的会计师事务所如实提供会计凭证、会计账簿、财务会计报告和其他会计资料以及有关情况。

任何单位或者个人不得以任何方式要求或者示意注册会计师及其所在的会计师事务所出具不实或者不当的审计报告。

财政部门有权对会计师事务所出具审计报告的程序和内容进行监督。

第三十二条 财政部门对各单位的下列情况实施监督：

（一）是否依法设置会计账簿；

（二）会计凭证、会计账簿、财务会计报告和其他会计资料是否真实、完整；

（三）会计核算是否符合本法和国家统一的会计制度的规定；

（四）从事会计工作的人员是否具备专业能力、遵守职业道德。

在对前款第（二）项所列事项实施监督，发现重大违法嫌疑时，国务院财政部门及其派出机构可以向与被监督单位有经济业务往来的单位和被监督单位开立账户的金融机构查询有关情况，有关单位和金融机构应当给予支持。

第三十三条 财政、审计、税务、人民银行、证券监管、保险监管等部门应当依照有关法律、行政法规规定的职责，对有关单位的会计资料实施监督检查。

前款所列监督检查部门对有关单位的会计资料依法实施监督检查后，应当出具检查结论。有关监督检查部门已经作出的检查结论能够满足其他监督检查部门履行本部门职责需要的，其他监督检查部门应当加以利用，避免重复查账。

第三十四条 依法对有关单位的会计资料实施监督检查的部门及其工作人员对在监督检查中知悉的国家秘密和商业秘密负有保密义务。

第三十五条 各单位必须依照有关法律、行政法规的规定，接受有关监督检查部门依法实施的监督检查，如实提供会计凭证、会计账簿、财务会计报告和他会计资料以及有关情况，不得拒绝、隐匿、谎报。

第五章 会计机构和会计人员

第三十六条 各单位应当根据会计业务的需要，设置会计机构，或者在有关机构中设置会计人员并指定会计主管人员；不具备设置条件的，应当委托经批准设立从事会计代理记账业务的中介机构代理记账。

国有的和国有资产占控股地位或者主导地位的大、中型企业必须设置总会计师。总会计师的任职资格、任免程序、职责权限由国务院规定。

第三十七条 会计机构内部应当建立稽核制度。

出纳人员不得兼任稽核、会计档案保管和收入、支出、费用、债权债务账目的登记工作。

第三十八条 会计人员应当具备从事会计工作所需要的专业能力。

担任单位会计机构负责人（会计主管人员）的，应当具备会计师以上专业技术职务资格或者从事会计工作三年以上经历。

本法所称会计人员的范围由国务院财政部门规定。

第三十九条 会计人员应当遵守职业道德，提高业务素质。对会计人员的教育和培训工作应当加强。

第四十条 因有提供虚假财务会计报告，做假账，隐匿或者故意销毁会计凭证、会计账簿、财务会计报告，贪污，挪用公款，职务侵占等与会计职务的有关违法行为被依法追究刑事责任的人员，不得再从事会计工作。

第四十一条 会计人员调动工作或者离职，必须与接管人员办清交接手续。

一般会计人员办理交接手续，由会计机构负责人（会计主管人员）监交；会计机构负责人（会计主管人员）办理交接手续，由单位负责人监交，必要时主管单位可以派人会同监交。

第六章 法 律 责 任

第四十二条 违反本法规定，有下列行为之一的，由县级以上人民政府财政部门责令限期改正，可以对单位并处三千元以上五万元以下的罚款；对其直接负责的主管人员和其他直接责任人员，可以处二千元以上二万元以下的罚款；属于国家工作人员的，还应当由其所在单位或者有关单位依法给予行政处分：

（一）不依法设置会计账簿的；

（二）私设会计账簿的；

（三）未按照规定填制、取得原始凭证或者填制、取得的原始凭证不符合规定的；

（四）以未经审核的会计凭证为依据登记会计账簿或者登记会计账簿不符合规定的；

（五）随意变更会计处理方法的；

（六）向不同的会计资料使用者提供的财务会计报告编制依据不一致的；

（七）未按照规定使用会计记录文字或者记账本位币的；

（八）未按照规定保管会计资料，致使会计资料毁损、灭失的；

（九）未按照规定建立并实施单位内部会计监督制度或者拒绝依法实施的监督或者不如实提供有关会计资料及有关情况的；

（十）任用会计人员不符合本法规定的。

有前款所列行为之一，构成犯罪的，依法追究刑事责任。

会计人员有第一款所列行为之一，情节严重的，五年内不得从事会计工作。

有关法律对第一款所列行为的处罚另有规定的，依照有关法律的规定办理。

第四十三条 伪造、变造会计凭证、会计账簿，编制虚假财务会计报告，构成犯罪的，依法追究刑事责任。

有前款行为，尚不构成犯罪的，由县级以上人民政府财政部门予以通报，可以对单位并处五千元以上十万元以下的罚款；对其直接负责的主管人员和其他直接责任人员，可以处三千元以上五万元以下的罚款；属于国家工作人员的，还应当由其所在单位或者有关单位依法给予撤职直至开除的行政处分；其中的会计人员，五年内不得从事会计工作。

第四十四条 隐匿或者故意销毁依法应当保存的会计凭证、会计账簿、财务会计报告，构成犯罪的，依法追究刑事责任。

有前款行为，尚不构成犯罪的，由县级以上人民政府财政部门予以通报，可以对单位并处五千元以上十万元以下的罚款；对其直接负责的主管人员和其他直接责任人员，可以处三千元以上五万元以下的罚款；属于国家工作人员的，还应当由其所在单位或者有关单位依法给予撤职直至开除的行政处分；其中的会计人员，五年内不得从事会计工作。

第四十五条 授意、指使、强令会计机构、会计人员及其他人员伪造、变造会计凭证、会计账簿，编制虚假财务会计报告或者隐匿、故意销毁依法应当保的会计凭证、会计账簿、财务会计报告，构成犯罪的，依法追究刑事责任；尚不构成犯罪的，可以处五千元以上五万元以下的罚款；属于国家工作人员的，还应当由其所在单位或者有关单位依法给予降级、撤职、开除的行政处分。

第四十六条 单位负责人对依法履行职责、抵制违反本法规定行为的会计人员以降级、撤职、调离工作岗位、解聘或者开除等方式实行打击报复，构成犯罪的，依法追究刑事责任；尚不构成犯罪的，由其所在单位或者有关单位依法给予行政处分。对受打击报复的会计人员，应当恢复其名誉和原有职务、级别。

第四十七条 财政部门及有关行政部门的工作人员在实施监督管理中滥用职权、玩忽职守、徇私舞弊或者泄露国家秘密、商业秘密，构成犯罪的，依法追究刑事责任；尚不构成犯罪的，依法给予行政处分。

第四十八条 违反本法第三十条规定，将检举人姓名和检举材料转给被检举单位和被检举人个人的，由所在单位或者有关单位依法给予行政处分。

第四十九条 违反本法规定，同时违反其他法律规定的，由有关部门在各自职权范围内依法进行处罚。

第七章 附 则

第五十条 本法下列用语的含义：

单位负责人，是指单位法定代表人或者法律、行政法规规定代表单位行使职权的主要负责人。

国家统一的会计制度，是指国务院财政部门根据本法制定的关于会计核算、会计监督、会计机构和会计人员以及会计工作管理的制度。

第五十一条 个体工商户会计管理的具体办法，由国务院财政部门根据本法的原则另行规定。

第五十二条 本法自 2000 年 7 月 1 日起施行。

中华人民共和国行政复议法

（1999 年 4 月 29 日第九届全国人民代表大会常务委员会第九次会议通过 根据 2009 年 8 月 27 日第十一届全国人民代表大会常务委员会第十次会议《关于修改部分法律的决定》第一次修正 根据 2017 年 9 月 1 日第十二届全国人民代表大会常务委员会第二十九次会议《关于修改〈中华人民共和国法官法〉等八部法律的决定》第二次修正 2023 年 9 月 1 日第十四届全国人民代表大会常务委员会第五次会议修订）

目 录

第一章 总则
第二章 行政复议申请
　第一节 行政复议范围
　第二节 行政复议参加人
　第三节 申请的提出
　第四节 行政复议管辖
第三章 行政复议受理
第四章 行政复议审理
　第一节 一般规定
　第二节 行政复议证据
　第三节 普通程序
　第四节 简易程序
　第五节 行政复议附带审查
第五章 行政复议决定
第六章 法律责任
第七章 附则

第一章 总 则

第一条 为了防止和纠正违法的或者不当的行政行为，保护公民、法人和其他组织的合法权益，监督和保障行政机关依法行使职权，发挥行政复议化解行政争议的主渠道作用，推进法治政府建设，根据宪法，制定本法。

第二条 公民、法人或者其他组织认为行政机关的行政行为侵犯其合法权益，向行政复议机关提出行政复议申请，行政复议机关办理行政复议案件，适用本法。

前款所称行政行为，包括法律、法规、规章授权的组织的行政行为。

第三条 行政复议工作坚持中国共产党的领导。

行政复议机关履行行政复议职责，应当遵循合法、公正、公开、高效、便民、为民的原则，坚持有错必纠，保障法律、法规的正确实施。

第四条 县级以上各级人民政府以及其他依照本法履行行政复议职责的行政机关是行政复议机关。

行政复议机关办理行政复议事项的机构是行政复议机构。行政复议机构同时组织办理行政复议机关的行政应诉事项。

行政复议机关应当加强行政复议工作，支持和保障行政复议机构依法履行职责。上级行政复议机构对下级行政复议机构的行政复议工作进行指导、监督。

国务院行政复议机构可以发布行政复议指导性案例。

第五条 行政复议机关办理行政复议案件，可以进行调解。

调解应当遵循合法、自愿的原则，不得损害国家利益、社会公共利益和他人合法权益，不得违反法律、法规的强制性规定。

第六条 国家建立专业化、职业化行政复议人员队伍。

行政复议机构中初次从事行政复议工作的人员，应当通过国家统一法律职业资格考试取得法律职业资格，并参加统一职前培训。

国务院行政复议机构应当会同有关部门制定行政复议人员工作规范，加强对行政复议人员的业务考核和管理。

第七条 行政复议机关应当确保行政复议机构的人员配备与所承担的工作任务相适应，提高行政复议人员专业素质，根据工作需要保障办案场所、装备等设施。县级以上各级人民政府应当将行政复议工作经费列入本级预算。

第八条 行政复议机关应当加强信息化建设，运用现代信息技术，方便公民、法人或者其他组织申请、参加行政复议，提高工作质量和效率。

第九条 对在行政复议工作中做出显著成绩的单位和个人，按照国家有关规定给予表彰和奖励。

第十条 公民、法人或者其他组织对行政复议决定不服的，可以依照《中华人民共和国行政诉讼法》的规定向人民法院提起行政诉讼，但是法律规定行政复议决定为最终裁决的除外。

第二章 行政复议申请

第一节 行政复议范围

第十一条 有下列情形之一的，公民、法人或者其他组织可以依照本法申请行政复议：

（一）对行政机关作出的行政处罚决定不服；

（二）对行政机关作出的行政强制措施、行政强制执行决定不服；

（三）申请行政许可，行政机关拒绝或者在法定期限内不予答复，或者对行政机关作出的有关行政许可的其他决定不服；

（四）对行政机关作出的确认自然资源的所有权或者使用权的决定不服；

（五）对行政机关作出的征收征用决定及其补偿决定不服；

（六）对行政机关作出的赔偿决定或者不予赔偿决定不服；

（七）对行政机关作出的不予受理工伤认定申请的决定或者工伤认定结论不服；

（八）认为行政机关侵犯其经营自主权或者农村土地承包经营权、农村土地经营权；

（九）认为行政机关滥用行政权力排除或者限制竞争；

（十）认为行政机关违法集资、摊派费用或者违法要求履行其他义务；

（十一）申请行政机关履行保护人身权利、财产权利、受教育权利等合法权益的法定职责，行政机关拒绝履行、未依法履行或者不予答复；

（十二）申请行政机关依法给付抚恤金、社会保险待遇或者最低生活保障等社会保障，行政机关没有依法给付；

（十三）认为行政机关不依法订立、不依法履行、未按照约定履行或者违法变更、解除政府特许经营协议、土地房屋征收补偿协议等行政协议；

（十四）认为行政机关在政府信息公开工作中侵犯其合法权益；

（十五）认为行政机关的其他行政行为侵犯其合法权益。

第十二条 下列事项不属于行政复议范围：

（一）国防、外交等国家行为；

（二）行政法规、规章或者行政机关制定、发布的具有普遍约束力的决定、命令等规范性文件；

（三）行政机关对行政机关工作人员的奖惩、任免等决定；

（四）行政机关对民事纠纷作出的调解。

第十三条 公民、法人或者其他组织认为行政机关的行政行为所依据的下列规范性文件不合法，在对行政行为申请行政复议时，可以一并向行政复议机关提出对该规范性文件的附带审查申请：

（一）国务院部门的规范性文件；

（二）县级以上地方各级人民政府及其工作部门的规范性文件；

（三）乡、镇人民政府的规范性文件；

（四）法律、法规、规章授权的组织的规范性文件。

前款所列规范性文件不含规章。规章的审查依照法律、行政法规办理。

第二节　行政复议参加人

第十四条 依照本法申请行政复议的公民、法人或者其他组织是申请人。

有权申请行政复议的公民死亡的，其近亲属可以申请行政复议。有权申请行政复议的法人或者其他组织终止的，其权利义务承受人可以申请行政复议。

有权申请行政复议的公民为无民事行为能力人或者限制民事行为能力人的，其法定代理人可以代为申请行政复议。

第十五条 同一行政复议案件申请人人数众多的，可以由申请人推选代表人参加行政复议。

代表人参加行政复议的行为对其所代表的申请人发生效力，但是代表人变更行政复议请求、撤回行政复议申请、承认第三人请求的，应当经被代表的申请人同意。

第十六条 申请人以外的同被申请行政复议的行政行为或者行政复议案件处理结果有利害关系的公民、法人或者其他组织，可以作为第三人申请参加行政复议，或者由行政复议机构通知其作为第三人参加行政复议。

第三人不参加行政复议，不影响行政复议案件的审理。

第十七条 申请人、第三人可以委托一至二名律师、基层法律服务工作者或者其他代理人代为参加行政复议。

申请人、第三人委托代理人的，应当向行政复议机构提交授权委托书、委托人及被委托人的身份证明文件。授权委托书应当载明委托事项、权限和期限。申请人、第三人变更或者解除代理人权限的，应当书面告知行政复议机构。

第十八条 符合法律援助条件的行政复议申请人申请法律援助的，法律援助机构应当依法为其提供法律援助。

第十九条 公民、法人或者其他组织对行政行为不服申请行政复议的，作出行政行为的行政机关或者法律、法规、规章授权的组织是被申请人。

两个以上行政机关以共同的名义作出同一行政行为的，共同作出行政行为的行政机关是被申请人。

行政机关委托的组织作出行政行为的，委托的行政机关是被申请人。

作出行政行为的行政机关被撤销或者职权变更的，继续行使其职权的行政机关是被申请人。

第三节 申请的提出

第二十条 公民、法人或者其他组织认为行政行为侵犯其合法权益的，可以自知道或者应当知道该行政行为之日起六十日内提出行政复议申请；但是法律规定的申请期限超过六十日的除外。

因不可抗力或者其他正当理由耽误法定申请期限的，申请期限自障碍消除之日起继续计算。

行政机关作出行政行为时，未告知公民、法人或者其他组织申请行政复议的权利、行政复议机关和申请期限的，申请期限自公民、法人或者其他组织知道或者应当知道申请行政复议的权利、行政复议机关和申请期限之日起计算，但是自知道或者应当知道行政行为内容之日起最长不得超过一年。

第二十一条 因不动产提出的行政复议申请自行政行为作出之日起超过二十年，其他行政复议申请自行政行为作出之日起超过五年的，行政复议机关不予受理。

第二十二条 申请人申请行政复议，可以书面申请；书面申请有困难的，也可以口头申请。

书面申请的，可以通过邮寄或者行政复议机关指定的互联网渠道等方式提交行政复议申请书，也可以当面提交行政复议申请书。行政机关通过互联网渠道送达行政行为决定书的，应当同时提供提交行政复议申请书的互联网渠道。

口头申请的，行政复议机关应当当场记录申请人的基本情况、行政复议请求、申请行政复议的主要事实、理由和时间。

申请人对两个以上行政行为不服的，应当分别申请行政复议。

第二十三条 有下列情形之一的，申请人应当先向行政复议机关申请行政复议，对行政复议决定不服的，可以再依法向人民法院提起行政诉讼：

（一）对当场作出的行政处罚决定不服；

（二）对行政机关作出的侵犯其已经依法取得的自然资源的所有权或者使用权的决定不服；

（三）认为行政机关存在本法第十一条规定的未履行法定职责情形；

（四）申请政府信息公开，行政机关不予公开；

（五）法律、行政法规规定应当先向行政复议机关申请行政复议的其他情形。

对前款规定的情形，行政机关在作出行政行为时应当告知公民、法人或者其他组织先向行政复议机关申请行政复议。

第四节　行政复议管辖

第二十四条　县级以上地方各级人民政府管辖下列行政复议案件：

（一）对本级人民政府工作部门作出的行政行为不服的；

（二）对下一级人民政府作出的行政行为不服的；

（三）对本级人民政府依法设立的派出机关作出的行政行为不服的；

（四）对本级人民政府或者其工作部门管理的法律、法规、规章授权的组织作出的行政行为不服的。

除前款规定外，省、自治区、直辖市人民政府同时管辖对本机关作出的行政行为不服的行政复议案件。

省、自治区人民政府依法设立的派出机关参照设区的市级人民政府的职责权限，管辖相关行政复议案件。

对县级以上地方各级人民政府工作部门依法设立的派出机构依照法律、法规、规章规定，以派出机构的名义作出的行政行为不服的行政复议案件，由本级人民政府管辖；其中，对直辖市、设区的市人民政府工作部门按照行政区划设立的派出机构作出的行政行为不服的，也可以由其所在地的人民政府管辖。

第二十五条　国务院部门管辖下列行政复议案件：

（一）对本部门作出的行政行为不服的；

（二）对本部门依法设立的派出机构依照法律、行政法规、部门规章规定，以派出机构的名义作出的行政行为不服的；

（三）对本部门管理的法律、行政法规、部门规章授权的组织作出的行政行为不服的。

第二十六条　对省、自治区、直辖市人民政府依照本法第二十四条第二款的规定、国务院部门依照本法第二十五条第一项的规定作出的行政复议决定不服的，可以向人民法院提起行政诉讼；也可以向国务院申请裁决，国务院依照本法的规定作出最终裁决。

第二十七条　对海关、金融、外汇管理等实行垂直领导的行政机关、税务和国家安全机关的行政行为不服的，向上一级主管部门申请行政复议。

第二十八条　对履行行政复议机构职责的地方人民政府司法行政部门的行政行为不服的，可以向本级人民政府申请行政复议，也可以向上一级司法行政部门申请行政复议。

第二十九条　公民、法人或者其他组织申请行政复议，行政复议机关已经依法受理的，在行政复议期间不得向人民法院提起行政诉讼。

公民、法人或者其他组织向人民法院提起行政诉讼，人民法院已经依法受理的，不得申请行政复议。

第三章　行政复议受理

第三十条　行政复议机关收到行政复议申请后，应当在五日内进行审查。对符合下列规定的，行政复议机关应当予以受理：

（一）有明确的申请人和符合本法规定的被申请人；

（二）申请人与被申请行政复议的行政行为有利害关系；

（三）有具体的行政复议请求和理由；

（四）在法定申请期限内提出；

（五）属于本法规定的行政复议范围；

（六）属于本机关的管辖范围；

（七）行政复议机关未受理过该申请人就同一行政行为提出的行政复议申请，并且人民法院未受理过该申请人就同一行政行为提起的行政诉讼。

对不符合前款规定的行政复议申请，行政复议机关应当在审查期限内决定不予受理并说明理由；不属于本机关管辖的，还应当在不予受理决定中告知申请人有管辖权的行政复议机关。

行政复议申请的审查期限届满，行政复议机关未作出不予受理决定的，审查期限届满之日起视为受理。

第三十一条 行政复议申请材料不齐全或者表述不清楚，无法判断行政复议申请是否符合本法第三十条第一款规定的，行政复议机关应当自收到申请之日起五日内书面通知申请人补正。补正通知应当一次性载明需要补正的事项。

申请人应当自收到补正通知之日起十日内提交补正材料。有正当理由不能按期补正的，行政复议机关可以延长合理的补正期限。无正当理由逾期不补正的，视为申请人放弃行政复议申请，并记录在案。

行政复议机关收到补正材料后，依照本法第三十条的规定处理。

第三十二条 对当场作出或者依据电子技术监控设备记录的违法事实作出的行政处罚决定不服申请行政复议的，可以通过作出行政处罚决定的行政机关提交行政复议申请。

行政机关收到行政复议申请后，应当及时处理；认为需要维持行政处罚决定的，应当自收到行政复议申请之日起五日内转送行政复议机关。

第三十三条 行政复议机关受理行政复议申请后，发现该行政复议申请不符合本法第三十条第一款规定的，应当决定驳回申请并说明理由。

第三十四条 法律、行政法规规定应当先向行政复议机关申请行政复议、对行政复议决定不服再向人民法院提起行政诉讼的，行政复议机关决定不予受理、驳回申请或者受理后超过行政复议期限不作答复的，公民、法人或者其他组织可以自收到决定书之日起或者行政复议期限届满之日起十五日内，依法向人民法院提起行政诉讼。

第三十五条 公民、法人或者其他组织依法提出行政复议申请，行政复议机关无正当理由不予受理、驳回申请或者受理后超过行政复议期限不作答复的，申请人有权向上级行政机关反映，上级行政机关应当责令其纠正；必要时，上级行政复议机关可以直接受理。

第四章　行政复议审理

第一节　一般规定

第三十六条 行政复议机关受理行政复议申请后，依照本法适用普通程序或者简易程序进行审理。行政复议机构应当指定行政复议人员负责办理行政复议案件。

行政复议人员对办理行政复议案件过程中知悉的国家秘密、商业秘密和个人隐私，应当予以保密。

第三十七条 行政复议机关依照法律、法规、规章审理行政复议案件。

行政复议机关审理民族自治地方的行政复议案件，同时依照该民族自治地方的自治条例和单行条例。

第三十八条 上级行政复议机关根据需要，可以审理下级行政复议机关管辖的行政复议案件。

下级行政复议机关对其管辖的行政复议案件，认为需要由上级行政复议机关审理的，可以报请上级行政复议机关决定。

第三十九条 行政复议期间有下列情形之一的，行政复议中止：

（一）作为申请人的公民死亡，其近亲属尚未确定是否参加行政复议；

（二）作为申请人的公民丧失参加行政复议的行为能力，尚未确定法定代理人参加行政复议；

（三）作为申请人的公民下落不明；

（四）作为申请人的法人或者其他组织终止，尚未确定权利义务承受人；

（五）申请人、被申请人因不可抗力或者其他正当理由，不能参加行政复议；

（六）依照本法规定进行调解、和解，申请人和被申请人同意中止；

（七）行政复议案件涉及的法律适用问题需要有权机关作出解释或者确认；

（八）行政复议案件审理需要以其他案件的审理结果为依据，而其他案件尚未审结；

（九）有本法第五十六条或者第五十七条规定的情形；

（十）需要中止行政复议的其他情形。

行政复议中止的原因消除后，应当及时恢复行政复议案件的审理。

行政复议机关中止、恢复行政复议案件的审理，应当书面告知当事人。

第四十条 行政复议期间，行政复议机关无正当理由中止行政复议的，上级行政机关应当责令其恢复审理。

第四十一条 行政复议期间有下列情形之一的，行政复议机关决定终止行政复议：

（一）申请人撤回行政复议申请，行政复议机构准予撤回；

（二）作为申请人的公民死亡，没有近亲属或者其近亲属放弃行政复议权利；

（三）作为申请人的法人或者其他组织终止，没有权利义务承受人或者其权利义务承受人放弃行政复议权利；

（四）申请人对行政拘留或者限制人身自由的行政强制措施不服申请行政复议后，因同一违法行为涉嫌犯罪，被采取刑事强制措施；

（五）依照本法第三十九条第一款第一项、第二项、第四项的规定中止行政复议满六十日，行政复议中止的原因仍未消除。

第四十二条 行政复议期间行政行为不停止执行；但是有下列情形之一的，应当停止执行：

（一）被申请人认为需要停止执行；

（二）行政复议机关认为需要停止执行；

（三）申请人、第三人申请停止执行，行政复议机关认为其要求合理，决定停止执行；

（四）法律、法规、规章规定停止执行的其他情形。

第二节　行政复议证据

第四十三条 行政复议证据包括：

（一）书证；

（二）物证；

（三）视听资料；

（四）电子数据；

（五）证人证言；

（六）当事人的陈述；

（七）鉴定意见；

（八）勘验笔录、现场笔录。

以上证据经行政复议机构审查属实，才能作为认定行政复议案件事实的根据。

第四十四条 被申请人对其作出的行政行为的合法性、适当性负有举证责任。

有下列情形之一的，申请人应当提供证据：

（一）认为被申请人不履行法定职责的，提供曾经要求被申请人履行法定职责的证据，但是被申请人应当依职权主动履行法定职责或者申请人因正当理由不能提供的除外；

（二）提出行政赔偿请求的，提供受行政行为侵害而造成损害的证据，但是因被申请人原因导致申请人无法举证的，由被申请人承担举证责任；

（三）法律、法规规定需要申请人提供证据的其他情形。

第四十五条 行政复议机关有权向有关单位和个人调查取证，查阅、复制、调取有关文件和资料，向有关人员进行询问。

调查取证时，行政复议人员不得少于两人，并应当出示行政复议工作证件。

被调查取证的单位和个人应当积极配合行政复议人员的工作，不得拒绝或者阻挠。

第四十六条 行政复议期间，被申请人不得自行向申请人和其他有关单位或者个人收集证据；自行收集的证据不作为认定行政行为合法性、适当性的依据。

行政复议期间，申请人或者第三人提出被申请行政复议的行政行为作出时没有提出的理由或者证据的，经行政复议机构同意，被申请人可以补充证据。

第四十七条 行政复议期间，申请人、第三人及其委托代理人可以按照规定查阅、复制被申请人提出的书面答复、作出行政行为的证据、依据和其他有关材料，除涉及国家秘密、商业秘密、个人隐私或者可能危及国家安全、公共安全、社会稳定的情形外，行政复议机构应当同意。

第三节 普通程序

第四十八条 行政复议机构应当自行政复议申请受理之日起七日内，将行政复议申请书副本或者行政复议申请笔录复印件发送被申请人。被申请人应当自收到行政复议申请书副本或者行政复议申请笔录复印件之日起十日内，提出书面答复，并提交作出行政行为的证据、依据和其他有关材料。

第四十九条 适用普通程序审理的行政复议案件，行政复议机构应当当面或者通过互联网、电话等方式听取当事人的意见，并将听取的意见记录在案。因当事人原因不能听取意见的，可以书面审理。

第五十条 审理重大、疑难、复杂的行政复议案件，行政复议机构应当组织听证。

行政复议机构认为有必要听证，或者申请人请求听证的，行政复议机构可以组织听证。

听证由一名行政复议人员任主持人，两名以上行政复议人员任听证员，一名记录员制作听证笔录。

第五十一条 行政复议机构组织听证的，应当于举行听证的五日前将听证的时间、地点和拟听证事项书面通知当事人。

申请人无正当理由拒不参加听证的，视为放弃听证权利。

被申请人的负责人应当参加听证。不能参加的，应当说明理由并委托相应的工作人员参加听证。

第五十二条 县级以上各级人民政府应当建立相关政府部门、专家、学者等参与的行政复议委员会，为办理行政复议案件提供咨询意见，并就行政复议工作中的重大事项和共性问题研究提出意见。行政复议委员会的组成和开展工作的具体办法，由国务院行政复议机构制定。

审理行政复议案件涉及下列情形之一的，行政复议机构应当提请行政复议委员会提出咨询意见：

（一）案情重大、疑难、复杂；

（二）专业性、技术性较强；

（三）本法第二十四条第二款规定的行政复议案件；

（四）行政复议机构认为有必要。

行政复议机构应当记录行政复议委员会的咨询意见。

第四节 简易程序

第五十三条 行政复议机关审理下列行政复议案件，认为事实清楚、权利义务关系明确、争议不大的，可以适用简易程序：

（一）被申请行政复议的行政行为是当场作出；

（二）被申请行政复议的行政行为是警告或者通报批评；

（三）案件涉及款额三千元以下；

（四）属于政府信息公开案件。

除前款规定以外的行政复议案件，当事人各方同意适用简易程序的，可以适用简易程序。

第五十四条 适用简易程序审理的行政复议案件，行政复议机构应当自受理行政复议申请之日起三日内，将行政复议申请书副本或者行政复议申请笔录复印件发送被申请人。被申请人应当自收到行政复议申请书副本或者行政复议申请笔录复印件之日起五日内，提出书面答复，并提交作出行政行为的证据、依据和其他有关材料。

适用简易程序审理的行政复议案件，可以书面审理。

第五十五条 适用简易程序审理的行政复议案件，行政复议机构认为不宜适用简易程序的，经行政复议机构的负责人批准，可以转为普通程序审理。

第五节 行政复议附带审查

第五十六条 申请人依照本法第十三条的规定提出对有关规范性文件的附带审查申请，行政复议机关有权处理的，应当在三十日内依法处理；无权处理的，应当在七日内转送有权处理的行政机关依法处理。

第五十七条 行政复议机关在对被申请人作出的行政行为进行审查时，认为其依据不合法，本机关有权处理的，应当在三十日内依法处理；无权处理的，应当在七日内转送有权处理的国家机关依法处理。

第五十八条 行政复议机关依照本法第五十六条、第五十七条的规定有权处理有关规范性文件或者依据的，行政复议机构应当自行政复议中止之日起三日内，书面通知规范性文件或者依据的制定机关就相关条款的合法性提出书面答复。制定机关应当自收到书面通知之日起十日内提交书面答复及相关材料。

行政复议机构认为必要时，可以要求规范性文件或者依据的制定机关当面说明理由，制定机关应当配合。

第五十九条 行政复议机关依照本法第五十六条、第五十七条的规定有权处理有关规范性文件或者依据，认为相关条款合法的，在行政复议决定书中一并告知；认为相关条款超越权限或者违反上位法的，决定停止该条款的执行，并责令制定机关予以纠正。

第六十条 依照本法第五十六条、第五十七条的规定接受转送的行政机关、国家机关应当自收到转送之日起六十日内，将处理意见回复转送的行政复议机关。

第五章 行政复议决定

第六十一条 行政复议机关依照本法审理行政复议案件，由行政复议机构对行政行为进行审查，提出意见，经行政复议机关的负责人同意或者集体讨论通过后，以行政复议机关的名义作出行政复议决定。

经过听证的行政复议案件，行政复议机关应当根据听证笔录、审查认定的事实和证据，依照本法作出行政复议决定。

提请行政复议委员会提出咨询意见的行政复议案件，行政复议机关应当将咨询意见作为作出行政复议决定的重要参考依据。

第六十二条 适用普通程序审理的行政复议案件，行政复议机关应当自受理申请之日起六十日内作出行政复议决定；但是法律规定的行政复议期限少于六十日的除外。情况复杂，不能在规定期限内作出行政复议决定的，经行政复议机构的负责人批准，可以适当延长，并书面告知当事人；但是延长期限最多不得超过三十日。

适用简易程序审理的行政复议案件，行政复议机关应当自受理申请之日起三十日内作出行政复议决定。

第六十三条 行政行为有下列情形之一的，行政复议机关决定变更该行政行为：

（一）事实清楚，证据确凿，适用依据正确，程序合法，但是内容不适当；

（二）事实清楚，证据确凿，程序合法，但是未正确适用依据；

（三）事实不清、证据不足，经行政复议机关查清事实和证据。

行政复议机关不得作出对申请人更为不利的变更决定，但是第三人提出相反请求的除外。

第六十四条 行政行为有下列情形之一的，行政复议机关决定撤销或者部分撤销该行政行为，并可以责令被申请人在一定期限内重新作出行政行为：

（一）主要事实不清、证据不足；

（二）违反法定程序；

（三）适用的依据不合法；

（四）超越职权或者滥用职权。

行政复议机关责令被申请人重新作出行政行为的，被申请人不得以同一事实和理由作出与被申请行政复议的行政行为相同或者基本相同的行政行为，但是行政复议机关以违反法定程序为由决定撤销或者部分撤销的除外。

第六十五条 行政行为有下列情形之一的，行政复议机关不撤销该行政行为，但是确认该行政行为违法：

（一）依法应予撤销，但是撤销会给国家利益、社会公共利益造成重大损害；

（二）程序轻微违法，但是对申请人权利不产生实际影响。

行政行为有下列情形之一，不需要撤销或者责令履行的，行政复议机关确认该行政行为违法：

（一）行政行为违法，但是不具有可撤销内容；

（二）被申请人改变原违法行政行为，申请人仍要求撤销或者确认该行政行为违法；

（三）被申请人不履行或者拖延履行法定职责，责令履行没有意义。

第六十六条　被申请人不履行法定职责的，行政复议机关决定被申请人在一定期限内履行。

第六十七条　行政行为有实施主体不具有行政主体资格或者没有依据等重大且明显违法情形，申请人申请确认行政行为无效的，行政复议机关确认该行政行为无效。

第六十八条　行政行为认定事实清楚，证据确凿，适用依据正确，程序合法，内容适当的，行政复议机关决定维持该行政行为。

第六十九条　行政复议机关受理申请人认为被申请人不履行法定职责的行政复议申请后，发现被申请人没有相应法定职责或者在受理前已经履行法定职责的，决定驳回申请人的行政复议请求。

第七十条　被申请人不按照本法第四十八条、第五十四条的规定提出书面答复、提交作出行政行为的证据、依据和其他有关材料的，视为该行政行为没有证据、依据，行政复议机关决定撤销、部分撤销该行政行为，确认该行政行为违法、无效或者决定被申请人在一定期限内履行，但是行政行为涉及第三人合法权益，第三人提供证据的除外。

第七十一条　被申请人不依法订立、不依法履行、未按照约定履行或者违法变更、解除行政协议的，行政复议机关决定被申请人承担依法订立、继续履行、采取补救措施或者赔偿损失等责任。

被申请人变更、解除行政协议合法，但是未依法给予补偿或者补偿不合理的，行政复议机关决定被申请人依法给予合理补偿。

第七十二条　申请人在申请行政复议时一并提出行政赔偿请求，行政复议机关对依照《中华人民共和国国家赔偿法》的有关规定应当不予赔偿的，在作出行政复议决定时，应当同时决定驳回行政赔偿请求；对符合《中华人民共和国国家赔偿法》的有关规定应当给予赔偿的，在决定撤销或者部分撤销、变更行政行为或者确认行政行为违法、无效时，应当同时决定被申请人依法给予赔偿；确认行政行为违法的，还可以同时责令被申请人采取补救措施。

申请人在申请行政复议时没有提出行政赔偿请求的，行政复议机关在依法决定撤销或者部分撤销、变更罚款，撤销或者部分撤销违法集资、没收财物、征收征用、摊派费用以及对财产的查封、扣押、冻结等行政行为时，应当同时责令被申请人返还财产，解除对财产的查封、扣押、冻结措施，或者赔偿相应的价款。

第七十三条　当事人经调解达成协议的，行政复议机关应当制作行政复议调解书，经各方当事人签字或者签章，并加盖行政复议机关印章，即具有法律效力。

调解未达成协议或者调解书生效前一方反悔的，行政复议机关应当依法审查或者及时作出行政复议决定。

第七十四条　当事人在行政复议决定作出前可以自愿达成和解，和解内容不得损害国家利益、社会公共利益和他人合法权益，不得违反法律、法规的强制性规定。

当事人达成和解后，由申请人向行政复议机构撤回行政复议申请。行政复议机构准予撤回行政复议申请、行政复议机关决定终止行政复议的，申请人不得再以同一事实和理由提出行政复议申请。但是，申请人能够证明撤回行政复议申请违背其真实意愿的除外。

第七十五条　行政复议机关作出行政复议决定，应当制作行政复议决定书，并加盖行政复议机关印章。

行政复议决定书一经送达，即发生法律效力。

第七十六条　行政复议机关在办理行政复议案件过程中，发现被申请人或者其他下级行政机关的有关行政行为违法或者不当的，可以向其制发行政复议意见书。有关机关应当自收到行政复议意见书之日起六十日内，将纠正相关违法或者不当行政行为的情况报送行政复议机关。

第七十七条 被申请人应当履行行政复议决定书、调解书、意见书。

被申请人不履行或者无正当理由拖延履行行政复议决定书、调解书、意见书的,行政复议机关或者有关上级行政机关应当责令其限期履行,并可以约谈被申请人的有关负责人或者予以通报批评。

第七十八条 申请人、第三人逾期不起诉又不履行行政复议决定书、调解书的,或者不履行最终裁决的行政复议决定的,按照下列规定分别处理:

(一)维持行政行为的行政复议决定书,由作出行政行为的行政机关依法强制执行,或者申请人民法院强制执行;

(二)变更行政行为的行政复议决定书,由行政复议机关依法强制执行,或者申请人民法院强制执行;

(三)行政复议调解书,由行政复议机关依法强制执行,或者申请人民法院强制执行。

第七十九条 行政复议机关根据被申请行政复议的行政行为的公开情况,按照国家有关规定将行政复议决定书向社会公开。

县级以上地方各级人民政府办理以本级人民政府工作部门为被申请人的行政复议案件,应当将发生法律效力的行政复议决定书、意见书同时抄告被申请人的上一级主管部门。

第六章 法 律 责 任

第八十条 行政复议机关不依照本法规定履行行政复议职责,对负有责任的领导人员和直接责任人员依法给予警告、记过、记大过的处分;经有权监督的机关督促仍不改正或者造成严重后果的,依法给予降级、撤职、开除的处分。

第八十一条 行政复议机关工作人员在行政复议活动中,徇私舞弊或者有其他渎职、失职行为的,依法给予警告、记过、记大过的处分;情节严重的,依法给予降级、撤职、开除的处分;构成犯罪的,依法追究刑事责任。

第八十二条 被申请人违反本法规定,不提出书面答复或者不提交作出行政行为的证据、依据和其他有关材料,或者阻挠、变相阻挠公民、法人或者其他组织依法申请行政复议的,对负有责任的领导人员和直接责任人员依法给予警告、记过、记大过的处分;进行报复陷害的,依法给予降级、撤职、开除的处分;构成犯罪的,依法追究刑事责任。

第八十三条 被申请人不履行或者无正当理由拖延履行行政复议决定书、调解书、意见书的,对负有责任的领导人员和直接责任人员依法给予警告、记过、记大过的处分;经责令履行仍拒不履行的,依法给予降级、撤职、开除的处分。

第八十四条 拒绝、阻挠行政复议人员调查取证,故意扰乱行政复议工作秩序的,依法给予处分、治安管理处罚;构成犯罪的,依法追究刑事责任。

第八十五条 行政机关及其工作人员违反本法规定的,行政复议机关可以向监察机关或者公职人员任免机关、单位移送有关人员违法的事实材料,接受移送的监察机关或者公职人员任免机关、单位应当依法处理。

第八十六条 行政复议机关在办理行政复议案件过程中,发现公职人员涉嫌贪污贿赂、失职渎职等职务违法或者职务犯罪的问题线索,应当依照有关规定移送监察机关,由监察机关依法调查处置。

第七章 附 则

第八十七条 行政复议机关受理行政复议申请,不得向申请人收取任何费用。

第八十八条　行政复议期间的计算和行政复议文书的送达，本法没有规定的，依照《中华人民共和国民事诉讼法》关于期间、送达的规定执行。

本法关于行政复议期间有关"三日""五日""七日""十日"的规定是指工作日，不含法定休假日。

第八十九条　外国人、无国籍人、外国组织在中华人民共和国境内申请行政复议，适用本法。

第九十条　本法自2024年1月1日起施行。

中华人民共和国行政复议法实施条例

（2007年5月23日国务院第177次常务会议通过　2007年5月29日中华人民共和国国务院令第499号公布）

第一章　总　则

第一条　为了进一步发挥行政复议制度在解决行政争议、建设法治政府、构建社会主义和谐社会中的作用，根据《中华人民共和国行政复议法》（以下简称行政复议法），制定本条例。

第二条　各级行政复议机关应当认真履行行政复议职责，领导并支持本机关负责法制工作的机构（以下简称行政复议机构）依法办理行政复议事项，并依照有关规定配备、充实、调剂专职行政复议人员，保证行政复议机构的办案能力与工作任务相适应。

第三条　行政复议机构除应当依照行政复议法第三条的规定履行职责外，还应当履行下列职责：

（一）依照行政复议法第十八条的规定转送有关行政复议申请；

（二）办理行政复议法第二十九条规定的行政赔偿等事项；

（三）按照职责权限，督促行政复议申请的受理和行政复议决定的履行；

（四）办理行政复议、行政应诉案件统计和重大行政复议决定备案事项；

（五）办理或者组织办理未经行政复议直接提起行政诉讼的行政应诉事项；

（六）研究行政复议工作中发现的问题，及时向有关机关提出改进建议，重大问题及时向行政复议机关报告。

第四条　专职行政复议人员应当具备与履行行政复议职责相适应的品行、专业知识和业务能力，并取得相应资格。具体办法由国务院法制机构会同国务院有关部门规定。

第二章　行政复议申请

第一节　申　请　人

第五条　依照行政复议法和本条例的规定申请行政复议的公民、法人或者其他组织为申请人。

第六条　合伙企业申请行政复议的，应当以核准登记的企业为申请人，由执行合伙事务的合伙人代表该企业参加行政复议；其他合伙组织申请行政复议的，由合伙人共同申请行政复议。

前款规定以外的不具备法人资格的其他组织申请行政复议的,由该组织的主要负责人代表该组织参加行政复议;没有主要负责人的,由共同推选的其他成员代表该组织参加行政复议。

第七条 股份制企业的股东大会、股东代表大会、董事会认为行政机关作出的具体行政行为侵犯企业合法权益的,可以以企业的名义申请行政复议。

第八条 同一行政复议案件申请人超过5人的,推选1至5名代表参加行政复议。

第九条 行政复议期间,行政复议机构认为申请人以外的公民、法人或者其他组织与被审查的具体行政行为有利害关系的,可以通知其作为第三人参加行政复议。

行政复议期间,申请人以外的公民、法人或者其他组织与被审查的具体行政行为有利害关系的,可以向行政复议机构申请作为第三人参加行政复议。

第三人不参加行政复议,不影响行政复议案件的审理。

第十条 申请人、第三人可以委托1至2名代理人参加行政复议。申请人、第三人委托代理人的,应当向行政复议机构提交授权委托书。授权委托书应当载明委托事项、权限和期限。公民在特殊情况下无法书面委托的,可以口头委托。口头委托的,行政复议机构应当核实并记录在卷。申请人、第三人解除或者变更委托的,应当书面报告行政复议机构。

第二节 被申请人

第十一条 公民、法人或者其他组织对行政机关的具体行政行为不服,依照行政复议法和本条例的规定申请行政复议的,作出该具体行政行为的行政机关为被申请人。

第十二条 行政机关与法律、法规授权的组织以共同的名义作出具体行政行为的,行政机关和法律、法规授权的组织为共同被申请人。

行政机关与其他组织以共同名义作出具体行政行为的,行政机关为被申请人。

第十三条 下级行政机关依照法律、法规、规章规定,经上级行政机关批准作出具体行政行为的,批准机关为被申请人。

第十四条 行政机关设立的派出机构、内设机构或者其他组织,未经法律、法规授权,对外以自己名义作出具体行政行为的,该行政机关为被申请人。

第三节 行政复议申请期限

第十五条 行政复议法第九条第一款规定的行政复议申请期限的计算,依照下列规定办理:

(一)当场作出具体行政行为的,自具体行政行为作出之日起计算;

(二)载明具体行政行为的法律文书直接送达的,自受送达人签收之日起计算;

(三)载明具体行政行为的法律文书邮寄送达的,自受送达人在邮件签收单上签收之日起计算;没有邮件签收单的,自受送达人在送达回执上签名之日起计算;

(四)具体行政行为依法通过公告形式告知受送达人的,自公告规定的期限届满之日起计算;

(五)行政机关作出具体行政行为时未告知公民、法人或者其他组织,事后补充告知的,自该公民、法人或者其他组织收到行政机关补充告知的通知之日起计算;

(六)被申请人能够证明公民、法人或者其他组织知道具体行政行为的,自证据材料证明其知道具体行政行为之日起计算。

行政机关作出具体行政行为,依法应当向有关公民、法人或者其他组织送达法律文书而未送达的,视为该公民、法人或者其他组织不知道该具体行政行为。

第十六条　公民、法人或者其他组织依照行政复议法第六条第（八）项、第（九）项、第（十）项的规定申请行政机关履行法定职责，行政机关未履行的，行政复议申请期限依照下列规定计算：

（一）有履行期限规定的，自履行期限届满之日起计算；

（二）没有履行期限规定的，自行政机关收到申请满60日起计算。

公民、法人或者其他组织在紧急情况下请求行政机关履行保护人身权、财产权的法定职责，行政机关不履行的，行政复议申请期限不受前款规定的限制。

第十七条　行政机关作出的具体行政行为对公民、法人或者其他组织的权利、义务可能产生不利影响的，应当告知其申请行政复议的权利、行政复议机关和行政复议申请期限。

第四节　行政复议申请的提出

第十八条　申请人书面申请行政复议的，可以采取当面递交、邮寄或者传真等方式提出行政复议申请。

有条件的行政复议机构可以接受以电子邮件形式提出的行政复议申请。

第十九条　申请人书面申请行政复议的，应当在行政复议申请书中载明下列事项：

（一）申请人的基本情况，包括：公民的姓名、性别、年龄、身份证号码、工作单位、住所、邮政编码；法人或者其他组织的名称、住所、邮政编码和法定代表人或者主要负责人的姓名、职务；

（二）被申请人的名称；

（三）行政复议请求、申请行政复议的主要事实和理由；

（四）申请人的签名或者盖章；

（五）申请行政复议的日期。

第二十条　申请人口头申请行政复议的，行政复议机构应当依照本条例第十九条规定的事项，当场制作行政复议申请笔录交申请人核对或者向申请人宣读，并由申请人签字确认。

第二十一条　有下列情形之一的，申请人应当提供证明材料：

（一）认为被申请人不履行法定职责的，提供曾经要求被申请人履行法定职责而被申请人未履行的证明材料；

（二）申请行政复议时一并提出行政赔偿请求的，提供受具体行政行为侵害而造成损害的证明材料；

（三）法律、法规规定需要申请人提供证据材料的其他情形。

第二十二条　申请人提出行政复议申请时错列被申请人的，行政复议机构应当告知申请人变更被申请人。

第二十三条　申请人对两个以上国务院部门共同作出的具体行政行为不服的，依照行政复议法第十四条的规定，可以向其中任何一个国务院部门提出行政复议申请，由作出具体行政行为的国务院部门共同作出行政复议决定。

第二十四条　申请人对经国务院批准实行省以下垂直领导的部门作出的具体行政行为不服的，可以选择向该部门的本级人民政府或者上一级主管部门申请行政复议；省、自治区、直辖市另有规定的，依照省、自治区、直辖市的规定办理。

第二十五条　申请人依照行政复议法第三十条第二款的规定申请行政复议的，应当向省、自治区、直辖市人民政府提出行政复议申请。

第二十六条　依照行政复议法第七条的规定，申请人认为具体行政行为所依据的规定不合法的，可以在对具体行政行为申请行政复议的同时一并提出对该规定的审查申请；申请人在对具体行政行为提出行政复议申请时尚不知道该具体行政行为所依据的规定的,可以在行政复议机关作出行政复议决定前向行政复议机关提出对该规定的审查申请。

第三章 行政复议受理

第二十七条 公民、法人或者其他组织认为行政机关的具体行政行为侵犯其合法权益提出行政复议申请,除不符合行政复议法和本条例规定的申请条件的,行政复议机关必须受理。

第二十八条 行政复议申请符合下列规定的,应当予以受理:

(一)有明确的申请人和符合规定的被申请人;

(二)申请人与具体行政行为有利害关系;

(三)有具体的行政复议请求和理由;

(四)在法定申请期限内提出;

(五)属于行政复议法规定的行政复议范围;

(六)属于收到行政复议申请的行政复议机构的职责范围;

(七)其他行政复议机关尚未受理同一行政复议申请,人民法院尚未受理同一主体就同一事实提起的行政诉讼。

第二十九条 行政复议申请材料不齐全或者表述不清楚的,行政复议机构可以自收到该行政复议申请之日起5日内书面通知申请人补正。补正通知应当载明需要补正的事项和合理的补正期限。无正当理由逾期不补正的,视为申请人放弃行政复议申请。补正申请材料所用时间不计入行政复议审理期限。

第三十条 申请人就同一事项向两个或者两个以上有权受理的行政机关申请行政复议的,由最先收到行政复议申请的行政机关受理;同时收到行政复议申请的,由收到行政复议申请的行政机关在10日内协商确定;协商不成的,由其共同上一级行政机关在10日内指定受理机关。协商确定或者指定受理机关所用时间不计入行政复议审理期限。

第三十一条 依照行政复议法第二十条的规定,上级行政机关认为行政复议机关不予受理行政复议申请的理由不成立的,可以先行督促其受理;经督促仍不受理的,应当责令其限期受理,必要时也可以直接受理;认为行政复议申请不符合法定受理条件的,应当告知申请人。

第四章 行政复议决定

第三十二条 行政复议机构审理行政复议案件,应当由2名以上行政复议人员参加。

第三十三条 行政复议机构认为必要时,可以实地调查核实证据;对重大、复杂的案件,申请人提出要求或者行政复议机构认为必要时,可以采取听证的方式审理。

第三十四条 行政复议人员向有关组织和人员调查取证时,可以查阅、复制、调取有关文件和资料,向有关人员进行询问。

调查取证时,行政复议人员不得少于2人,并应当向当事人或者有关人员出示证件。被调查单位和人员应当配合行政复议人员的工作,不得拒绝或者阻挠。

需要现场勘验的,现场勘验所用时间不计入行政复议审理期限。

第三十五条 行政复议机关应当为申请人、第三人查阅有关材料提供必要条件。

第三十六条 依照行政复议法第十四条的规定申请原级行政复议的案件,由原承办具体行政行为有关事项的部门或者机构提出书面答复,并提交作出具体行政行为的证据、依据和其他有关材料。

第三十七条　行政复议期间涉及专门事项需要鉴定的，当事人可以自行委托鉴定机构进行鉴定，也可以申请行政复议机构委托鉴定机构进行鉴定。鉴定费用由当事人承担。鉴定所用时间不计入行政复议审理期限。

第三十八条　申请人在行政复议决定作出前自愿撤回行政复议申请的，经行政复议机构同意，可以撤回。

申请人撤回行政复议申请的，不得再以同一事实和理由提出行政复议申请。但是，申请人能够证明撤回行政复议申请违背其真实意思表示的除外。

第三十九条　行政复议期间被申请人改变原具体行政行为的，不影响行政复议案件的审理。但是，申请人依法撤回行政复议申请的除外。

第四十条　公民、法人或者其他组织对行政机关行使法律、法规规定的自由裁量权作出的具体行政行为不服申请行政复议，申请人与被申请人在行政复议决定作出前自愿达成和解的，应当向行政复议机构提交书面和解协议；和解内容不损害社会公共利益和他人合法权益的，行政复议机构应当准许。

第四十一条　行政复议期间有下列情形之一，影响行政复议案件审理的，行政复议中止：

（一）作为申请人的自然人死亡，其近亲属尚未确定是否参加行政复议的；

（二）作为申请人的自然人丧失参加行政复议的能力，尚未确定法定代理人参加行政复议的；

（三）作为申请人的法人或者其他组织终止，尚未确定权利义务承受人的；

（四）作为申请人的自然人下落不明或者被宣告失踪的；

（五）申请人、被申请人因不可抗力，不能参加行政复议的；

（六）案件涉及法律适用问题，需要有权机关作出解释或者确认的；

（七）案件审理需要以其他案件的审理结果为依据，而其他案件尚未审结的；

（八）其他需要中止行政复议的情形。

行政复议中止的原因消除后，应当及时恢复行政复议案件的审理。

行政复议机构中止、恢复行政复议案件的审理，应当告知有关当事人。

第四十二条　行政复议期间有下列情形之一的，行政复议终止：

（一）申请人要求撤回行政复议申请，行政复议机构准予撤回的；

（二）作为申请人的自然人死亡，没有近亲属或者其近亲属放弃行政复议权利的；

（三）作为申请人的法人或者其他组织终止，其权利义务的承受人放弃行政复议权利的；

（四）申请人与被申请人依照本条例第四十条的规定，经行政复议机构准许达成和解的；

（五）申请人对行政拘留或者限制人身自由的行政强制措施不服申请行政复议后，因申请人同一违法行为涉嫌犯罪，该行政拘留或者限制人身自由的行政强制措施变更为刑事拘留的。

依照本条例第四十一条第一款第（一）项、第（二）项、第（三）项规定中止行政复议，满60日行政复议中止的原因仍未消除的，行政复议终止。

第四十三条　依照行政复议法第二十八条第一款第（一）项规定，具体行政行为认定事实清楚，证据确凿，适用依据正确，程序合法，内容适当的，行政复议机关应当决定维持。

第四十四条　依照行政复议法第二十八条第一款第（二）项规定，被申请人不履行法定职责的,行政复议机关应当决定其在一定期限内履行法定职责。

第四十五条 具体行政行为有行政复议法第二十八条第一款第（三）项规定情形之一的,行政复议机关应当决定撤销、变更该具体行政行为或者确认该具体行政行为违法;决定撤销该具体行政行为或者确认该具体行政行为违法的,可以责令被申请人在一定期限内重新作出具体行政行为。

第四十六条 被申请人未依照行政复议法第二十三条的规定提出书面答复、提交当初作出具体行政行为的证据、依据和其他有关材料的,视为该具体行政行为没有证据、依据,行政复议机关应当决定撤销该具体行政行为。

第四十七条 具体行政行为有下列情形之一,行政复议机关可以决定变更:

（一）认定事实清楚,证据确凿,程序合法,但是明显不当或者适用依据错误的;

（二）认定事实不清,证据不足,但是经行政复议机关审理查明事实清楚,证据确凿的。

第四十八条 有下列情形之一的,行政复议机关应当决定驳回行政复议申请:

（一）申请人认为行政机关不履行法定职责申请行政复议,行政复议机关受理后发现该行政机关没有相应法定职责或者在受理前已经履行法定职责的;

（二）受理行政复议申请后,发现该行政复议申请不符合行政复议法和本条例规定的受理条件的。

上级行政机关认为行政复议机关驳回行政复议申请的理由不成立的,应当责令其恢复审理。

第四十九条 行政复议机关依照行政复议法第二十八条的规定责令被申请人重新作出具体行政行为的,被申请人应当在法律、法规、规章规定的期限内重新作出具体行政行为;法律、法规、规章未规定期限的,重新作出具体行政行为的期限为60日。

公民、法人或者其他组织对被申请人重新作出的具体行政行为不服,可以依法申请行政复议或者提起行政诉讼。

第五十条 有下列情形之一的,行政复议机关可以按照自愿、合法的原则进行调解:

（一）公民、法人或者其他组织对行政机关行使法律、法规规定的自由裁量权作出的具体行政行为不服申请行政复议的;

（二）当事人之间的行政赔偿或者行政补偿纠纷。

当事人经调解达成协议的,行政复议机关应当制作行政复议调解书。调解书应当载明行政复议请求、事实、理由和调解结果,并加盖行政复议机关印章。行政复议调解书经双方当事人签字,即具有法律效力。

调解未达成协议或者调解书生效前一方反悔的,行政复议机关应当及时作出行政复议决定。

第五十一条 行政复议机关在申请人的行政复议请求范围内,不得作出对申请人更为不利的行政复议决定。

第五十二条 第三人逾期不起诉又不履行行政复议决定的,依照行政复议法第三十三条的规定处理。

第五章　行政复议指导和监督

第五十三条 行政复议机关应当加强对行政复议工作的领导。

行政复议机构在本级行政复议机关的领导下,按照职责权限对行政复议工作进行督促、指导。

第五十四条 县级以上各级人民政府应当加强对所属工作部门和下级人民政府履行行

政复议职责的监督。

行政复议机关应当加强对其行政复议机构履行行政复议职责的监督。

第五十五条 县级以上地方各级人民政府应当建立健全行政复议工作责任制，将行政复议工作纳入本级政府目标责任制。

第五十六条 县级以上地方各级人民政府应当按照职责权限，通过定期组织检查、抽查等方式，对所属工作部门和下级人民政府行政复议工作进行检查，并及时向有关方面反馈检查结果。

第五十七条 行政复议期间行政复议机关发现被申请人或者其他下级行政机关的相关行政行为违法或者需要做好善后工作的，可以制作行政复议意见书。有关机关应当自收到行政复议意见书之日起60日内将纠正相关行政违法行为或者做好善后工作的情况通报行政复议机构。

行政复议期间行政复议机构发现法律、法规、规章实施中带有普遍性的问题，可以制作行政复议建议书，向有关机关提出完善制度和改进行政执法的建议。

第五十八条 县级以上各级人民政府行政复议机构应当定期向本级人民政府提交行政复议工作状况分析报告。

第五十九条 下级行政复议机关应当及时将重大行政复议决定报上级行政复议机关备案。

第六十条 各级行政复议机构应当定期组织对行政复议人员进行业务培训，提高行政复议人员的专业素质。

第六十一条 各级行政复议机关应当定期总结行政复议工作，对在行政复议工作中做出显著成绩的单位和个人，依照有关规定给予表彰和奖励。

第六章 法 律 责 任

第六十二条 被申请人在规定期限内未按照行政复议决定的要求重新作出具体行政行为，或者违反规定重新作出具体行政行为的，依照行政复议法第三十七条的规定追究法律责任。

第六十三条 拒绝或者阻挠行政复议人员调查取证、查阅、复制、调取有关文件和资料的，对有关责任人员依法给予处分或者治安处罚；构成犯罪的，依法追究刑事责任。

第六十四条 行政复议机关或者行政复议机构不履行行政复议法和本条例规定的行政复议职责，经有权监督的行政机关督促仍不改正的，对直接负责的主管人员和其他直接责任人员依法给予警告、记过、记大过的处分；造成严重后果的，依法给予降级、撤职、开除的处分。

第六十五条 行政机关及其工作人员违反行政复议法和本条例规定的，行政复议机构可以向人事、监察部门提出对有关责任人员的处分建议，也可以将有关人员违法的事实材料直接转送人事、监察部门处理；接受转送的人事、监察部门应当依法处理，并将处理结果通报转送的行政复议机构。

第七章 附 则

第六十六条 本条例自2007年8月1日起施行。

中华人民共和国行政诉讼法

（1989年4月4日第七届全国人民代表大会第二次会议通过 根据2014年11月1日第十二届全国人民代表大会常务委员会第十一次会议《关于修改〈中华人民共和国行政诉讼法〉的决定》第一次修正 根据2017年6月27日第十二届全国人民代表大会常务委员会第二十八次会议《关于修改〈中华人民共和国民事诉讼法〉和〈中华人民共和国行政诉讼法〉的决定》第二次修正）

第一章 总 则

第一条 为保证人民法院公正、及时审理行政案件，解决行政争议，保护公民、法人和其他组织的合法权益，监督行政机关依法行使职权，根据宪法，制定本法。

第二条 公民、法人或者其他组织认为行政机关和行政机关工作人员的行政行为侵犯其合法权益，有权依照本法向人民法院提起诉讼。

前款所称行政行为，包括法律、法规、规章授权的组织作出的行政行为。

第三条 人民法院应当保障公民、法人和其他组织的起诉权利，对应当受理的行政案件依法受理。

行政机关及其工作人员不得干预、阻碍人民法院受理行政案件。

被诉行政机关负责人应当出庭应诉。不能出庭的，应当委托行政机关相应的工作人员出庭。

第四条 人民法院依法对行政案件独立行使审判权，不受行政机关、社会团体和个人的干涉。

人民法院设行政审判庭，审理行政案件。

第五条 人民法院审理行政案件，以事实为根据，以法律为准绳。

第六条 人民法院审理行政案件，对行政行为是否合法进行审查。

第七条 人民法院审理行政案件，依法实行合议、回避、公开审判和两审终审制度。

第八条 当事人在行政诉讼中的法律地位平等。

第九条 各民族公民都有用本民族语言、文字进行行政诉讼的权利。

在少数民族聚居或者多民族共同居住的地区，人民法院应当用当地民族通用的语言、文字进行审理和发布法律文书。

人民法院应当对不通晓当地民族通用的语言、文字的诉讼参与人提供翻译。

第十条 当事人在行政诉讼中有权进行辩论。

第十一条 人民检察院有权对行政诉讼实行法律监督。

第二章 受案范围

第十二条 人民法院受理公民、法人或者其他组织提起的下列诉讼：

（一）对行政拘留、暂扣或者吊销许可证和执照、责令停产停业、没收违法所得、没收非法财物、罚款、警告等行政处罚不服的；

（二）对限制人身自由或者对财产的查封、扣押、冻结等行政强制措施和行政强制执行不服的；

（三）申请行政许可，行政机关拒绝或者在法定期限内不予答复，或者对行政机关作出的有关行政许可的其他决定不服的；

（四）对行政机关作出的关于确认土地、矿藏、水流、森林、山岭、草原、荒地、滩涂、海域等自然资源的所有权或者使用权的决定不服的；

（五）对征收、征用决定及其补偿决定不服的；

（六）申请行政机关履行保护人身权、财产权等合法权益的法定职责，行政机关拒绝履行或者不予答复的；

（七）认为行政机关侵犯其经营自主权或者农村土地承包经营权、农村土地经营权的；

（八）认为行政机关滥用行政权力排除或者限制竞争的；

（九）认为行政机关违法集资、摊派费用或者违法要求履行其他义务的；

（十）认为行政机关没有依法支付抚恤金、最低生活保障待遇或者社会保险待遇的；

（十一）认为行政机关不依法履行、未按照约定履行或者违法变更、解除政府特许经营协议、土地房屋征收补偿协议等协议的；

（十二）认为行政机关侵犯其他人身权、财产权等合法权益的。

除前款规定外，人民法院受理法律、法规规定可以提起诉讼的其他行政案件。

第十三条 人民法院不受理公民、法人或者其他组织对下列事项提起的诉讼：

（一）国防、外交等国家行为；

（二）行政法规、规章或者行政机关制定、发布的具有普遍约束力的决定、命令；

（三）行政机关对行政机关工作人员的奖惩、任免等决定；

（四）法律规定由行政机关最终裁决的行政行为。

第三章 管 辖

第十四条 基层人民法院管辖第一审行政案件。

第十五条 中级人民法院管辖下列第一审行政案件：

（一）对国务院部门或者县级以上地方人民政府所作的行政行为提起诉讼的案件；

（二）海关处理的案件；

（三）本辖区内重大、复杂的案件；

（四）其他法律规定由中级人民法院管辖的案件。

第十六条 高级人民法院管辖本辖区内重大、复杂的第一审行政案件。

第十七条 最高人民法院管辖全国范围内重大、复杂的第一审行政案件。

第十八条 行政案件由最初作出行政行为的行政机关所在地人民法院管辖。经复议的案件，也可以由复议机关所在地人民法院管辖。

经最高人民法院批准，高级人民法院可以根据审判工作的实际情况，确定若干人民法院跨行政区域管辖行政案件。

第十九条 对限制人身自由的行政强制措施不服提起的诉讼，由被告所在地或者原告所在地人民法院管辖。

第二十条 因不动产提起的行政诉讼，由不动产所在地人民法院管辖。

第二十一条 两个以上人民法院都有管辖权的案件，原告可以选择其中一个人民法院提起诉讼。原告向两个以上有管辖权的人民法院提起诉讼的，由最先立案的人民法院管辖。

第二十二条 人民法院发现受理的案件不属于本院管辖的，应当移送有管辖权的人民法院，受移送的人民法院应当受理。受移送的人民法院认为受移送的案件按照规定不属于本院管辖的，应当报请上级人民法院指定管辖，不得再自行移送。

第二十三条 有管辖权的人民法院由于特殊原因不能行使管辖权的，由上级人民法院指定管辖。

人民法院对管辖权发生争议，由争议双方协商解决。协商不成的，报它们的共同上级人民法院指定管辖。

第二十四条 上级人民法院有权审理下级人民法院管辖的第一审行政案件。

下级人民法院对其管辖的第一审行政案件，认为需要由上级人民法院审理或者指定管辖的，可以报请上级人民法院决定。

第四章 诉讼参加人

第二十五条 行政行为的相对人以及其他与行政行为有利害关系的公民、法人或者其他组织，有权提起诉讼。

有权提起诉讼的公民死亡，其近亲属可以提起诉讼。

有权提起诉讼的法人或者其他组织终止，承受其权利的法人或者其他组织可以提起诉讼。

人民检察院在履行职责中发现生态环境和资源保护、食品药品安全、国有财产保护、国有土地使用权出让等领域负有监督管理职责的行政机关违法行使职权或者不作为，致使国家利益或者社会公共利益受到侵害的，应当向行政机关提出检察建议，督促其依法履行职责。行政机关不依法履行职责的，人民检察院依法向人民法院提起诉讼。

第二十六条 公民、法人或者其他组织直接向人民法院提起诉讼的，作出行政行为的行政机关是被告。

经复议的案件，复议机关决定维持原行政行为的，作出原行政行为的行政机关和复议机关是共同被告；复议机关改变原行政行为的，复议机关是被告。

复议机关在法定期限内未作出复议决定，公民、法人或者其他组织起诉原行政行为的，作出原行政行为的行政机关是被告；起诉复议机关不作为的，复议机关是被告。

两个以上行政机关作出同一行政行为的，共同作出行政行为的行政机关是共同被告。

行政机关委托的组织所作的行政行为，委托的行政机关是被告。

行政机关被撤销或者职权变更的，继续行使其职权的行政机关是被告。

第二十七条 当事人一方或者双方为二人以上，因同一行政行为发生的行政案件，或者因同类行政行为发生的行政案件、人民法院认为可以合并审理并经当事人同意的，为共同诉讼。

第二十八条 当事人一方人数众多的共同诉讼，可以由当事人推选代表人进行诉讼。代表人的诉讼行为对其所代表的当事人发生效力，但代表人变更、放弃诉讼请求或者承认对方当事人的诉讼请求，应当经被代表的当事人同意。

第二十九条 公民、法人或者其他组织同被诉行政行为有利害关系但没有提起诉讼，或者同案件处理结果有利害关系的，可以作为第三人申请参加诉讼，或者由人民法院通知参加诉讼。

人民法院判决第三人承担义务或者减损第三人权益的，第三人有权依法提起上诉。

第三十条 没有诉讼行为能力的公民，由其法定代理人代为诉讼。法定代理人互相推诿代理责任的，由人民法院指定其中一人代为诉讼。

第三十一条 当事人、法定代理人，可以委托一至二人作为诉讼代理人。

下列人员可以被委托为诉讼代理人：

（一）律师、基层法律服务工作者；

（二）当事人的近亲属或者工作人员；

（三）当事人所在社区、单位以及有关社会团体推荐的公民。

第三十二条 代理诉讼的律师，有权按照规定查阅、复制本案有关材料，有权向有关组织和公民调查，收集与本案有关的证据。对涉及国家秘密、商业秘密和个人隐私的材料，应当依照法律规定保密。

当事人和其他诉讼代理人有权按照规定查阅、复制本案庭审材料，但涉及国家秘密、商业秘密和个人隐私的内容除外。

第五章 证 据

第三十三条 证据包括：

（一）书证；

（二）物证；

（三）视听资料；

（四）电子数据；

（五）证人证言；

（六）当事人的陈述；

（七）鉴定意见；

（八）勘验笔录、现场笔录。

以上证据经法庭审查属实，才能作为认定案件事实的根据。

第三十四条 被告对作出的行政行为负有举证责任，应当提供作出该行政行为的证据和所依据的规范性文件。

被告不提供或者无正当理由逾期提供证据，视为没有相应证据。但是，被诉行政行为涉及第三人合法权益，第三人提供证据的除外。

第三十五条 在诉讼过程中，被告及其诉讼代理人不得自行向原告、第三人和证人收集证据。

第三十六条 被告在作出行政行为时已经收集了证据，但因不可抗力等正当事由不能提供的，经人民法院准许，可以延期提供。

原告或者第三人提出了其在行政处理程序中没有提出的理由或者证据的，经人民法院准许，被告可以补充证据。

第三十七条 原告可以提供证明行政行为违法的证据。原告提供的证据不成立的，不免除被告的举证责任。

第三十八条 在起诉被告不履行法定职责的案件中，原告应当提供其向被告提出申请的证据。但有下列情形之一的除外：

（一）被告应当依职权主动履行法定职责的；

（二）原告因正当理由不能提供证据的。

在行政赔偿、补偿的案件中，原告应当对行政行为造成的损害提供证据。因被告的原因导致原告无法举证的，由被告承担举证责任。

第三十九条 人民法院有权要求当事人提供或者补充证据。

第四十条 人民法院有权向有关行政机关以及其他组织、公民调取证据。但是,不得为证明行政行为的合法性调取被告作出行政行为时未收集的证据。

第四十一条 与本案有关的下列证据,原告或者第三人不能自行收集的,可以申请人民法院调取:

(一)由国家机关保存而须由人民法院调取的证据;

(二)涉及国家秘密、商业秘密和个人隐私的证据;

(三)确因客观原因不能自行收集的其他证据。

第四十二条 在证据可能灭失或者以后难以取得的情况下,诉讼参加人可以向人民法院申请保全证据,人民法院也可以主动采取保全措施。

第四十三条 证据应当在法庭上出示,并由当事人互相质证。对涉及国家秘密、商业秘密和个人隐私的证据,不得在公开开庭时出示。

人民法院应当按照法定程序,全面、客观地审查核实证据。对未采纳的证据应当在裁判文书中说明理由。

以非法手段取得的证据,不得作为认定案件事实的根据。

第六章 起诉和受理

第四十四条 对属于人民法院受案范围的行政案件,公民、法人或者其他组织可以先向行政机关申请复议,对复议决定不服的,再向人民法院提起诉讼;也可以直接向人民法院提起诉讼。

法律、法规规定应当先向行政机关申请复议,对复议决定不服再向人民法院提起诉讼的,依照法律、法规的规定。

第四十五条 公民、法人或者其他组织不服复议决定的,可以在收到复议决定书之日起十五日内向人民法院提起诉讼。复议机关逾期不作决定的,申请人可以在复议期满之日起十五日内向人民法院提起诉讼。法律另有规定的除外。

第四十六条 公民、法人或者其他组织直接向人民法院提起诉讼的,应当自知道或者应当知道作出行政行为之日起六个月内提出。法律另有规定的除外。

因不动产提起诉讼的案件自行政行为作出之日起超过二十年,其他案件自行政行为作出之日起超过五年提起诉讼的,人民法院不予受理。

第四十七条 公民、法人或者其他组织申请行政机关履行保护其人身权、财产权等合法权益的法定职责,行政机关在接到申请之日起两个月内不履行的,公民、法人或者其他组织可以向人民法院提起诉讼。法律、法规对行政机关履行职责的期限另有规定的,从其规定。

公民、法人或者其他组织在紧急情况下请求行政机关履行保护其人身权、财产权等合法权益的法定职责,行政机关不履行的,提起诉讼不受前款规定期限的限制。

第四十八条 公民、法人或者其他组织因不可抗力或者其他不属于其自身的原因耽误起诉期限的,被耽误的时间不计算在起诉期限内。

公民、法人或者其他组织因前款规定以外的其他特殊情况耽误起诉期限的,在障碍消除后十日内,可以申请延长期限,是否准许由人民法院决定。

第四十九条 提起诉讼应当符合下列条件:

(一)原告是符合本法第二十五条规定的公民、法人或者其他组织;

(二)有明确的被告;

（三）有具体的诉讼请求和事实根据；

（四）属于人民法院受案范围和受诉人民法院管辖。

第五十条 起诉应当向人民法院递交起诉状，并按照被告人数提出副本。

书写起诉状确有困难的，可以口头起诉，由人民法院记入笔录，出具注明日期的书面凭证，并告知对方当事人。

第五十一条 人民法院在接到起诉状时对符合本法规定的起诉条件的，应当登记立案。

对当场不能判定是否符合本法规定的起诉条件的，应当接收起诉状，出具注明收到日期的书面凭证，并在七日内决定是否立案。不符合起诉条件的，作出不予立案的裁定。裁定书应当载明不予立案的理由。原告对裁定不服的，可以提起上诉。

起诉状内容欠缺或者有其他错误的，应当给予指导和释明，并一次性告知当事人需要补正的内容。不得未经指导和释明即以起诉不符合条件为由不接收起诉状。

对于不接收起诉状、接收起诉状后不出具书面凭证，以及不一次性告知当事人需要补正的起诉状内容的，当事人可以向上级人民法院投诉，上级人民法院应当责令改正，并对直接负责的主管人员和其他直接责任人员依法给予处分。

第五十二条 人民法院既不立案，又不作出不予立案裁定的，当事人可以向上一级人民法院起诉。上一级人民法院认为符合起诉条件的，应当立案、审理，也可以指定其他下级人民法院立案、审理。

第五十三条 公民、法人或者其他组织认为行政行为所依据的国务院部门和地方人民政府及其部门制定的规范性文件不合法，在对行政行为提起诉讼时，可以一并请求对该规范性文件进行审查。

前款规定的规范性文件不含规章。

第七章　审理和判决

第一节　一般规定

第五十四条 人民法院公开审理行政案件，但涉及国家秘密、个人隐私和法律另有规定的除外。

涉及商业秘密的案件，当事人申请不公开审理的，可以不公开审理。

第五十五条 当事人认为审判人员与本案有利害关系或者有其他关系可能影响公正审判，有权申请审判人员回避。

审判人员认为自己与本案有利害关系或者有其他关系，应当申请回避。

前两款规定，适用于书记员、翻译人员、鉴定人、勘验人。

院长担任审判长时的回避，由审判委员会决定；审判人员的回避，由院长决定；其他人员的回避，由审判长决定。当事人对决定不服的，可以申请复议一次。

第五十六条 诉讼期间，不停止行政行为的执行。但有下列情形之一的，裁定停止执行：

（一）被告认为需要停止执行的；

（二）原告或者利害关系人申请停止执行，人民法院认为该行政行为的执行会造成难以弥补的损失，并且停止执行不损害国家利益、社会公共利益的；

（三）人民法院认为该行政行为的执行会给国家利益、社会公共利益造成重大损害的；

（四）法律、法规规定停止执行的。

当事人对停止执行或者不停止执行的裁定不服的，可以申请复议一次。

第五十七条 人民法院对起诉行政机关没有依法支付抚恤金、最低生活保障金和工伤、医疗社会保险金的案件,权利义务关系明确、不先予执行将严重影响原告生活的,可以根据原告的申请,裁定先予执行。

当事人对先予执行裁定不服的,可以申请复议一次。复议期间不停止裁定的执行。

第五十八条 经人民法院传票传唤,原告无正当理由拒不到庭,或者未经法庭许可中途退庭的,可以按照撤诉处理;被告无正当理由拒不到庭,或者未经法庭许可中途退庭的,可以缺席判决。

第五十九条 诉讼参与人或者其他人有下列行为之一的,人民法院可以根据情节轻重,予以训诫、责令具结悔过或者处一万元以下的罚款、十五日以下的拘留;构成犯罪的,依法追究刑事责任:

(一)有义务协助调查、执行的人,对人民法院的协助调查决定、协助执行通知书,无故推拖、拒绝或者妨碍调查、执行的;

(二)伪造、隐藏、毁灭证据或者提供虚假证明材料,妨碍人民法院审理案件的;

(三)指使、贿买、胁迫他人作伪证或者威胁、阻止证人作证的;

(四)隐藏、转移、变卖、毁损已被查封、扣押、冻结的财产的;

(五)以欺骗、胁迫等非法手段使原告撤诉的;

(六)以暴力、威胁或者其他方法阻碍人民法院工作人员执行职务,或者以哄闹、冲击法庭等方法扰乱人民法院工作秩序的;

(七)对人民法院审判人员或者其他工作人员、诉讼参与人、协助调查和执行的人员恐吓、侮辱、诽谤、诬陷、殴打、围攻或者打击报复的。

人民法院对有前款规定的行为之一的单位,可以对其主要负责人或者直接责任人员依照前款规定予以罚款、拘留;构成犯罪的,依法追究刑事责任。

罚款、拘留须经人民法院院长批准。当事人不服的,可以向上一级人民法院申请复议一次。复议期间不停止执行。

第六十条 人民法院审理行政案件,不适用调解。但是,行政赔偿、补偿以及行政机关行使法律、法规规定的自由裁量权的案件可以调解。

调解应当遵循自愿、合法原则,不得损害国家利益、社会公共利益和他人合法权益。

第六十一条 在涉及行政许可、登记、征收、征用和行政机关对民事争议所作的裁决的行政诉讼中,当事人申请一并解决相关民事争议的,人民法院可以一并审理。

在行政诉讼中,人民法院认为行政案件的审理需以民事诉讼的裁判为依据的,可以裁定中止行政诉讼。

第六十二条 人民法院对行政案件宣告判决或者裁定前,原告申请撤诉的,或者被告改变其所作的行政行为,原告同意并申请撤诉的,是否准许,由人民法院裁定。

第六十三条 人民法院审理行政案件,以法律和行政法规、地方性法规为依据。地方性法规适用于本行政区域内发生的行政案件。

人民法院审理民族自治地方的行政案件,并以该民族自治地方的自治条例和单行条例为依据。

人民法院审理行政案件,参照规章。

第六十四条 人民法院在审理行政案件中,经审查认为本法第五十三条规定的规范性文件不合法的,不作为认定行政行为合法的依据,并向制定机关提出处理建议。

第六十五条 人民法院应当公开发生法律效力的判决书、裁定书,供公众查阅,但涉及国家秘密、商业秘密和个人隐私的内容除外。

第六十六条 人民法院在审理行政案件中，认为行政机关的主管人员、直接责任人员违法违纪的，应当将有关材料移送监察机关、该行政机关或者其上一级行政机关；认为有犯罪行为的，应当将有关材料移送公安、检察机关。

人民法院对被告经传票传唤无正当理由拒不到庭，或者未经法庭许可中途退庭的，可以将被告拒不到庭或者中途退庭的情况予以公告，并可以向监察机关或者被告的上一级行政机关提出依法给予其主要负责人或者直接责任人员处分的司法建议。

第二节 第一审普通程序

第六十七条 人民法院应当在立案之日起五日内，将起诉状副本发送被告。被告应当在收到起诉状副本之日起十五日内向人民法院提交作出行政行为的证据和所依据的规范性文件，并提出答辩状。人民法院应当在收到答辩状之日起五日内，将答辩状副本发送原告。

被告不提出答辩状的，不影响人民法院审理。

第六十八条 人民法院审理行政案件，由审判员组成合议庭，或者由审判员、陪审员组成合议庭。合议庭的成员，应当是三人以上的单数。

第六十九条 行政行为证据确凿，适用法律、法规正确，符合法定程序的，或者原告申请被告履行法定职责或者给付义务理由不成立的，人民法院判决驳回原告的诉讼请求。

第七十条 行政行为有下列情形之一的，人民法院判决撤销或者部分撤销，并可以判决被告重新作出行政行为：

（一）主要证据不足的；

（二）适用法律、法规错误的；

（三）违反法定程序的；

（四）超越职权的；

（五）滥用职权的；

（六）明显不当的。

第七十一条 人民法院判决被告重新作出行政行为的，被告不得以同一的事实和理由作出与原行政行为基本相同的行政行为。

第七十二条 人民法院经过审理，查明被告不履行法定职责的，判决被告在一定期限内履行。

第七十三条 人民法院经过审理，查明被告依法负有给付义务的，判决被告履行给付义务。

第七十四条 行政行为有下列情形之一的，人民法院判决确认违法，但不撤销行政行为：

（一）行政行为依法应当撤销，但撤销会给国家利益、社会公共利益造成重大损害的；

（二）行政行为程序轻微违法，但对原告权利不产生实际影响的。

行政行为有下列情形之一，不需要撤销或者判决履行的，人民法院判决确认违法：

（一）行政行为违法，但不具有可撤销内容的；

（二）被告改变原违法行政行为，原告仍要求确认原行政行为违法的；

（三）被告不履行或者拖延履行法定职责，判决履行没有意义的。

第七十五条 行政行为有实施主体不具有行政主体资格或者没有依据等重大且明显违

法情形，原告申请确认行政行为无效的，人民法院判决确认无效。

第七十六条 人民法院判决确认违法或者无效的，可以同时判决责令被告采取补救措施；给原告造成损失的，依法判决被告承担赔偿责任。

第七十七条 行政处罚明显不当，或者其他行政行为涉及对款额的确定、认定确有错误的，人民法院可以判决变更。

人民法院判决变更，不得加重原告的义务或者减损原告的权益。但利害关系人同为原告，且诉讼请求相反的除外。

第七十八条 被告不依法履行、未按照约定履行或者违法变更、解除本法第十二条第一款第十一项规定的协议的，人民法院判决被告承担继续履行、采取补救措施或者赔偿损失等责任。

被告变更、解除本法第十二条第一款第十一项规定的协议合法，但未依法给予补偿的，人民法院判决给予补偿。

第七十九条 复议机关与作出原行政行为的行政机关为共同被告的案件，人民法院应当对复议决定和原行政行为一并作出裁判。

第八十条 人民法院对公开审理和不公开审理的案件，一律公开宣告判决。

当庭宣判的，应当在十日内发送判决书；定期宣判的，宣判后立即发给判决书。

宣告判决时，必须告知当事人上诉权利、上诉期限和上诉的人民法院。

第八十一条 人民法院应当在立案之日起六个月内作出第一审判决。有特殊情况需要延长的，由高级人民法院批准，高级人民法院审理第一审案件需要延长的，由最高人民法院批准。

第三节　简易程序

第八十二条 人民法院审理下列第一审行政案件，认为事实清楚、权利义务关系明确、争议不大的，可以适用简易程序：

（一）被诉行政行为是依法当场作出的；

（二）案件涉及款额二千元以下的；

（三）属于政府信息公开案件的。

除前款规定以外的第一审行政案件，当事人各方同意适用简易程序的，可以适用简易程序。

发回重审、按照审判监督程序再审的案件不适用简易程序。

第八十三条 适用简易程序审理的行政案件，由审判员一人独任审理，并应当在立案之日起四十五日内审结。

第八十四条 人民法院在审理过程中，发现案件不宜适用简易程序的，裁定转为普通程序。

第四节　第二审程序

第八十五条 当事人不服人民法院第一审判决的，有权在判决书送达之日起十五日内向上一级人民法院提起上诉。当事人不服人民法院第一审裁定的，有权在裁定书送达之日起十日内向上一级人民法院提起上诉。逾期不提起上诉的，人民法院的第一审判决或者裁定发生法律效力。

第八十六条 人民法院对上诉案件，应当组成合议庭，开庭审理。经过阅卷、调查和询问当事人，对没有提出新的事实、证据或者理由，合议庭认为不需要开庭审理的，也可以不开庭审理。

第八十七条 人民法院审理上诉案件，应当对原审人民法院的判决、裁定和被诉行政行为进行全面审查。

第八十八条 人民法院审理上诉案件，应当在收到上诉状之日起三个月内作出终审判决。有特殊情况需要延长的，由高级人民法院批准，高级人民法院审理上诉案件需要延长的，由最高人民法院批准。

第八十九条 人民法院审理上诉案件，按照下列情形，分别处理：

（一）原判决、裁定认定事实清楚，适用法律、法规正确的，判决或者裁定驳回上诉，维持原判决、裁定；

（二）原判决、裁定认定事实错误或者适用法律、法规错误的，依法改判、撤销或者变更；

（三）原判决认定基本事实不清、证据不足的，发回原审人民法院重审，或者查清事实后改判；

（四）原判决遗漏当事人或者违法缺席判决等严重违反法定程序的，裁定撤销原判决，发回原审人民法院重审。

原审人民法院对发回重审的案件作出判决后，当事人提起上诉的，第二审人民法院不得再次发回重审。

人民法院审理上诉案件，需要改变原审判决的，应当同时对被诉行政行为作出判决。

第五节　审判监督程序

第九十条 当事人对已经发生法律效力的判决、裁定，认为确有错误的，可以向上一级人民法院申请再审，但判决、裁定不停止执行。

第九十一条 当事人的申请符合下列情形之一的，人民法院应当再审：

（一）不予立案或者驳回起诉确有错误的；

（二）有新的证据，足以推翻原判决、裁定的；

（三）原判决、裁定认定事实的主要证据不足、未经质证或者系伪造的；

（四）原判决、裁定适用法律、法规确有错误的；

（五）违反法律规定的诉讼程序，可能影响公正审判的；

（六）原判决、裁定遗漏诉讼请求的；

（七）据以作出原判决、裁定的法律文书被撤销或者变更的；

（八）审判人员在审理该案件时有贪污受贿、徇私舞弊、枉法裁判行为的。

第九十二条 各级人民法院院长对本院已经发生法律效力的判决、裁定，发现有本法第九十一条规定情形之一，或者发现调解违反自愿原则或者调解书内容违法，认为需要再审的，应当提交审判委员会讨论决定。

最高人民法院对地方各级人民法院已经发生法律效力的判决、裁定，上级人民法院对下级人民法院已经发生法律效力的判决、裁定，发现有本法第九十一条规定情形之一，或者发现调解违反自愿原则或者调解书内容违法的，有权提审或者指令下级人民法院再审。

第九十三条 最高人民检察院对各级人民法院已经发生法律效力的判决、裁定，上级人民检察院对下级人民法院已经发生法律效力的判决、裁定，发现有本法第九十一条规定情形之一，或者发现调解书损害国家利益、社会公共利益的，应当提出抗诉。

地方各级人民检察院对同级人民法院已经发生法律效力的判决、裁定，发现有本法第九十一条规定情形之一，或者发现调解书损害国家利益、社会公共利益的，可以向同级人民法院提出检察建议，并报上级人民检察院备案；也可以提请上级人民检察院向同级人民法院提出抗诉。

各级人民检察院对审判监督程序以外的其他审判程序中审判人员的违法行为，有权向同级人民法院提出检察建议。

第八章 执 行

第九十四条 当事人必须履行人民法院发生法律效力的判决、裁定、调解书。

第九十五条 公民、法人或者其他组织拒绝履行判决、裁定、调解书的，行政机关或者第三人可以向第一审人民法院申请强制执行，或者由行政机关依法强制执行。

第九十六条 行政机关拒绝履行判决、裁定、调解书的，第一审人民法院可以采取下列措施：

（一）对应当归还的罚款或者应当给付的款额，通知银行从该行政机关的账户内划拨；

（二）在规定期限内不履行的，从期满之日起，对该行政机关负责人按日处五十元至一百元的罚款；

（三）将行政机关拒绝履行的情况予以公告；

（四）向监察机关或者该行政机关的上一级行政机关提出司法建议。接受司法建议的机关，根据有关规定进行处理，并将处理情况告知人民法院；

（五）拒不履行判决、裁定、调解书，社会影响恶劣的，可以对该行政机关直接负责的主管人员和其他直接责任人员予以拘留；情节严重，构成犯罪的，依法追究刑事责任。

第九十七条 公民、法人或者其他组织对行政行为在法定期限内不提起诉讼又不履行的，行政机关可以申请人民法院强制执行，或者依法强制执行。

第九章 涉外行政诉讼

第九十八条 外国人、无国籍人、外国组织在中华人民共和国进行行政诉讼，适用本法。法律另有规定的除外。

第九十九条 外国人、无国籍人、外国组织在中华人民共和国进行行政诉讼，同中华人民共和国公民、组织有同等的诉讼权利和义务。

外国法院对中华人民共和国公民、组织的行政诉讼权利加以限制的，人民法院对该国公民、组织的行政诉讼权利，实行对等原则。

第一百条 外国人、无国籍人、外国组织在中华人民共和国进行行政诉讼，委托律师代理诉讼的，应当委托中华人民共和国律师机构的律师。

第十章 附 则

第一百零一条 人民法院审理行政案件，关于期间、送达、财产保全、开庭审理、调解、中止诉讼、终结诉讼、简易程序、执行等，以及人民检察院对行政案件受理、审理、裁判、执行的监督，本法没有规定的，适用《中华人民共和国民事诉讼法》的相关规定。

第一百零二条 人民法院审理行政案件，应当收取诉讼费用。诉讼费用由败诉方承担，双方都有责任的由双方分担。收取诉讼费用的具体办法另行规定。

第一百零三条 本法自 1990 年 10 月 1 日起施行。

最高人民法院关于适用《中华人民共和国行政诉讼法》的解释

（2017年11月13日最高人民法院审判委员会第1726次会议通过）

为正确适用《中华人民共和国行政诉讼法》（以下简称行政诉讼法），结合人民法院行政审判工作实际，制定本解释。

一、受案范围

第一条 公民、法人或者其他组织对行政机关及其工作人员的行政行为不服，依法提起诉讼的，属于人民法院行政诉讼的受案范围。

下列行为不属于人民法院行政诉讼的受案范围：

（一）公安、国家安全等机关依照刑事诉讼法的明确授权实施的行为；

（二）调解行为以及法律规定的仲裁行为；

（三）行政指导行为；

（四）驳回当事人对行政行为提起申诉的重复处理行为；

（五）行政机关作出的不产生外部法律效力的行为；

（六）行政机关为作出行政行为而实施的准备、论证、研究、层报、咨询等过程性行为；

（七）行政机关根据人民法院的生效裁判、协助执行通知书作出的执行行为，但行政机关扩大执行范围或者采取违法方式实施的除外；

（八）上级行政机关基于内部层级监督关系对下级行政机关作出的听取报告、执法检查、督促履责等行为；

（九）行政机关针对信访事项作出的登记、受理、交办、转送、复查、复核意见等行为；

（十）对公民、法人或者其他组织权利义务不产生实际影响的行为。

第二条 行政诉讼法第十三条第一项规定的"国家行为"，是指国务院、中央军事委员会、国防部、外交部等根据宪法和法律的授权，以国家的名义实施的有关国防和外交事务的行为，以及经宪法和法律授权的国家机关宣布紧急状态等行为。

行政诉讼法第十三条第二项规定的"具有普遍约束力的决定、命令"，是指行政机关针对不特定对象发布的能反复适用的规范性文件。

行政诉讼法第十三条第三项规定的"对行政机关工作人员的奖惩、任免等决定"，是指行政机关作出的涉及行政机关工作人员公务员权利义务的决定。

行政诉讼法第十三条第四项规定的"法律规定由行政机关最终裁决的行政行为"中的"法律"，是指全国人民代表大会及其常务委员会制定、通过的规范性文件。

二、管辖

第三条 各级人民法院行政审判庭审理行政案件和审查行政机关申请执行其行政行为的案件。

专门人民法院、人民法庭不审理行政案件，也不审查和执行行政机关申请执行其行政行为的案件。铁路运输法院等专门人民法院审理行政案件，应当执行行政诉讼法第十八条第二款的规定。

第四条 立案后，受诉人民法院的管辖权不受当事人住所地改变、追加被告等事实和法律状态变更的影响。

第五条 有下列情形之一的，属于行政诉讼法第十五条第三项规定的"本辖区内重大、复杂的案件"：

（一）社会影响重大的共同诉讼案件；

（二）涉外或者涉及香港特别行政区、澳门特别行政区、台湾地区的案件；

（三）其他重大、复杂案件。

第六条 当事人以案件重大复杂为由，认为有管辖权的基层人民法院不宜行使管辖权或者根据行政诉讼法第五十二条的规定，向中级人民法院起诉，中级人民法院应当根据不同情况在七日内分别作出以下处理：

（一）决定自行审理；

（二）指定本辖区其他基层人民法院管辖；

（三）书面告知当事人向有管辖权的基层人民法院起诉。

第七条 基层人民法院对其管辖的第一审行政案件，认为需要由中级人民法院审理或者指定管辖的，可以报请中级人民法院决定。中级人民法院应当根据不同情况在七日内分别作出以下处理：

（一）决定自行审理；

（二）指定本辖区其他基层人民法院管辖；

（三）决定由报请的人民法院审理。

第八条 行政诉讼法第十九条规定的"原告所在地"，包括原告的户籍所在地、经常居住地和被限制人身自由地。

对行政机关基于同一事实，既采取限制公民人身自由的行政强制措施，又采取其他行政强制措施或者行政处罚不服的，由被告所在地或者原告所在地的人民法院管辖。

第九条 行政诉讼法第二十条规定的"因不动产提起的行政诉讼"是指因行政行为导致不动产物权变动而提起的诉讼。

不动产已登记的，以不动产登记簿记载的所在地为不动产所在地；不动产未登记的，以不动产实际所在地为不动产所在地。

第十条 人民法院受理案件后，被告提出管辖异议的，应当在收到起诉状副本之日起十五日内提出。

对当事人提出的管辖异议，人民法院应当进行审查。异议成立的，裁定将案件移送有管辖权的人民法院；异议不成立的，裁定驳回。

人民法院对管辖异议审查后确定有管辖权的，不因当事人增加或者变更诉讼请求等改变管辖，但违反级别管辖、专属管辖规定的除外。

第十一条 有下列情形之一的，人民法院不予审查：

（一）人民法院发回重审或者按第一审程序再审的案件，当事人提出管辖异议的；

（二）当事人在第一审程序中未按照法律规定的期限和形式提出管辖异议，在第二审程序中提出的。

三、诉讼参加人

第十二条 有下列情形之一的，属于行政诉讼法第二十五条第一款规定的"与行政行为有利害关系"：

（一）被诉的行政行为涉及其相邻权或者公平竞争权的；

（二）在行政复议等行政程序中被追加为第三人的；

（三）要求行政机关依法追究加害人法律责任的；

（四）撤销或者变更行政行为涉及其合法权益的；

（五）为维护自身合法权益向行政机关投诉，具有处理投诉职责的行政机关作出或者未作出处理的；

（六）其他与行政行为有利害关系的情形。

第十三条 债权人以行政机关对债务人所作的行政行为损害债权实现为由提起行政诉讼的，人民法院应当告知其就民事争议提起民事诉讼，但行政机关作出行政行为时依法应予保护或者应予考虑的除外。

第十四条 行政诉讼法第二十五条第二款规定的"近亲属"，包括配偶、父母、子女、兄弟姐妹、祖父母、外祖父母、孙子女、外孙子女和其他具有扶养、赡养关系的亲属。

公民因被限制人身自由而不能提起诉讼的，其近亲属可以依其口头或者书面委托以该公民的名义提起诉讼。近亲属起诉时无法与被限制人身自由的公民取得联系，近亲属可以先行起诉，并在诉讼中补充提交委托证明。

第十五条 合伙企业向人民法院提起诉讼的，应当以核准登记的字号为原告。未依法登记领取营业执照的个人合伙的全体合伙人为共同原告；全体合伙人可以推选代表人，被推选的代表人，应当由全体合伙人出具推选书。

个体工商户向人民法院提起诉讼的，以营业执照上登记的经营者为原告。有字号的，以营业执照上登记的字号为原告，并应当注明该字号经营者的基本信息。

第十六条 股份制企业的股东大会、股东会、董事会等认为行政机关作出的行政行为侵犯企业经营自主权的，可以企业名义提起诉讼。

联营企业、中外合资或者合作企业的联营、合资、合作各方，认为联营、合资、合作企业权益或者自己一方合法权益受行政行为侵害的，可以自己的名义提起诉讼。

非国有企业被行政机关注销、撤销、合并、强令兼并、出售、分立或者改变企业隶属关系的，该企业或者其法定代表人可以提起诉讼。

第十七条 事业单位、社会团体、基金会、社会服务机构等非营利法人的出资人、设立人认为行政行为损害法人合法权益的，可以自己的名义提起诉讼。

第十八条 业主委员会对于行政机关作出的涉及业主共有利益的行政行为，可以自己的名义提起诉讼。

业主委员会不起诉的，专有部分占建筑物总面积过半数或者占总户数过半数的业主可以提起诉讼。

第十九条 当事人不服经上级行政机关批准的行政行为，向人民法院提起诉讼的，以在对外发生法律效力的文书上署名的机关为被告。

第二十条 行政机关组建并赋予行政管理职能但不具有独立承担法律责任能力的机构，以自己的名义作出行政行为，当事人不服提起诉讼的，应当以组建该机构的行政机关为被告。

法律、法规或者规章授权行使行政职权的行政机关内设机构、派出机构或者其他组织，超出法定授权范围实施行政行为，当事人不服提起诉讼的，应当以实施该行为的机构或者组织为被告。

没有法律、法规或者规章规定，行政机关授权其内设机构、派出机构或者其他组织行使行政职权的，属于行政诉讼法第二十六条规定的委托。当事人不服提起诉讼的，应当以该行政机关为被告。

第二十一条 当事人对由国务院、省级人民政府批准设立的开发区管理机构作出的行政行为不服提起诉讼的,以该开发区管理机构为被告;对由国务院、省级人民政府批准设立的开发区管理机构所属职能部门作出的行政行为不服提起诉讼的,以其职能部门为被告;对其他开发区管理机构所属职能部门作出的行政行为不服提起诉讼的,以开发区管理机构为被告;开发区管理机构没有行政主体资格的,以设立该机构的地方人民政府为被告。

第二十二条 行政诉讼法第二十六条第二款规定的"复议机关改变原行政行为",是指复议机关改变原行政行为的处理结果。复议机关改变原行政行为所认定的主要事实和证据、改变原行政行为所适用的规范依据,但未改变原行政行为处理结果的,视为复议机关维持原行政行为。

复议机关确认原行政行为无效,属于改变原行政行为。

复议机关确认原行政行为违法,属于改变原行政行为,但复议机关以违反法定程序为由确认原行政行为违法的除外。

第二十三条 行政机关被撤销或者职权变更,没有继续行使其职权的行政机关的,以其所属的人民政府为被告;实行垂直领导的,以垂直领导的上一级行政机关为被告。

第二十四条 当事人对村民委员会或者居民委员会依据法律、法规、规章的授权履行行政管理职责的行为不服提起诉讼的,以村民委员会或者居民委员会为被告。

当事人对村民委员会、居民委员会受行政机关委托作出的行为不服提起诉讼的,以委托的行政机关为被告。

当事人对高等学校等事业单位以及律师协会、注册会计师协会等行业协会依据法律、法规、规章的授权实施的行政行为不服提起诉讼的,以该事业单位、行业协会为被告。

当事人对高等学校等事业单位以及律师协会、注册会计师协会等行业协会受行政机关委托作出的行为不服提起诉讼的,以委托的行政机关为被告。

第二十五条 市、县级人民政府确定的房屋征收部门组织实施房屋征收与补偿工作过程中作出行政行为,被征收人不服提起诉讼的,以房屋征收部门为被告。

征收实施单位受房屋征收部门委托,在委托范围内从事的行为,被征收人不服提起诉讼的,应当以房屋征收部门为被告。

第二十六条 原告所起诉的被告不适格,人民法院应当告知原告变更被告;原告不同意变更的,裁定驳回起诉。

应当追加被告而原告不同意追加的,人民法院应当通知其以第三人的身份参加诉讼,但行政复议机关作共同被告的除外。

第二十七条 必须共同进行诉讼的当事人没有参加诉讼的,人民法院应当依法通知其参加;当事人也可以向人民法院申请参加。

人民法院应当对当事人提出的申请进行审查,申请理由不成立的,裁定驳回;申请理由成立的,书面通知其参加诉讼。

前款所称的必须共同进行诉讼,是指按照行政诉讼法第二十七条的规定,当事人一方或者双方为两人以上,因同一行政行为发生行政争议,人民法院必须合并审理的诉讼。

第二十八条 人民法院追加共同诉讼的当事人时,应当通知其他当事人。应当追加的原告,已明确表示放弃实体权利的,可不予追加;既不愿意参加诉讼,又不放弃实体权利的,应追加为第三人,其不参加诉讼,不能阻碍人民法院对案件的审理和裁判。

第二十九条 行政诉讼法第二十八条规定的"人数众多",一般指十人以上。

根据行政诉讼法第二十八条的规定,当事人一方人数众多的,由当事人推选代表人。

当事人推选不出的，可以由人民法院在起诉的当事人中指定代表人。

行政诉讼法第二十八条规定的代表人为二至五人。代表人可以委托一至二人作为诉讼代理人。

第三十条 行政机关的同一行政行为涉及两个以上利害关系人，其中一部分利害关系人对行政行为不服提起诉讼，人民法院应当通知没有起诉的其他利害关系人作为第三人参加诉讼。

与行政案件处理结果有利害关系的第三人，可以申请参加诉讼，或者由人民法院通知其参加诉讼。人民法院判决其承担义务或者减损其权益的第三人，有权提出上诉或者申请再审。

行政诉讼法第二十九条规定的第三人，因不能归责于本人的事由未参加诉讼，但有证据证明发生法律效力的判决、裁定、调解书损害其合法权益的，可以依照行政诉讼法第九十条的规定，自知道或者应当知道其合法权益受到损害之日起六个月内，向上一级人民法院申请再审。

第三十一条 当事人委托诉讼代理人，应当向人民法院提交由委托人签名或者盖章的授权委托书。委托书应当载明委托事项和具体权限。公民在特殊情况下无法书面委托的，也可以由他人代书，并由自己捺印等方式确认，人民法院应当核实并记录在卷；被诉行政机关或者其他有义务协助的机关拒绝人民法院向被限制人身自由的公民核实的，视为委托成立。当事人解除或者变更委托的，应当书面报告人民法院。

第三十二条 依照行政诉讼法第三十一条第二款第二项规定，与当事人有合法劳动人事关系的职工，可以当事人工作人员的名义作为诉讼代理人。以当事人的工作人员身份参加诉讼活动，应当提交以下证据之一加以证明：

（一）缴纳社会保险记录凭证；

（二）领取工资凭证；

（三）其他能够证明其为当事人工作人员身份的证据。

第三十三条 根据行政诉讼法第三十一条第二款第三项规定，有关社会团体推荐公民担任诉讼代理人的，应当符合下列条件：

（一）社会团体属于依法登记设立或者依法免予登记设立的非营利性法人组织；

（二）被代理人属于该社会团体的成员，或者当事人一方住所地位于该社会团体的活动地域；

（三）代理事务属于该社会团体章程载明的业务范围；

（四）被推荐的公民是该社会团体的负责人或者与该社会团体有合法劳动人事关系的工作人员。

专利代理人经中华全国专利代理人协会推荐，可以在专利行政案件中担任诉讼代理人。

四、证据

第三十四条 根据行政诉讼法第三十六条第一款的规定，被告申请延期提供证据的，应当在收到起诉状副本之日起十五日内以书面方式向人民法院提出。人民法院准许延期提供的，被告应当在正当事由消除后十五日内提供证据。逾期提供的，视为被诉行政行为没有相应的证据。

第三十五条 原告或者第三人应当在开庭审理前或者人民法院指定的交换证据清单之日提供证据。因正当事由申请延期提供证据的，经人民法院准许，可以在法庭调查中提供。逾期提供证据的，人民法院应当责令其说明理由；拒不说明理由或者理由不成立的，视为放弃举证权利。

原告或者第三人在第一审程序中无正当事由未提供而在第二审程序中提供的证据，人民法院不予接纳。

第三十六条 当事人申请延长举证期限，应当在举证期限届满前向人民法院提出书面申请。

申请理由成立的，人民法院应当准许，适当延长举证期限，并通知其他当事人。申请理由不成立的，人民法院不予准许，并通知申请人。

第三十七条 根据行政诉讼法第三十九条的规定，对当事人无争议，但涉及国家利益、公共利益或者他人合法权益的事实，人民法院可以责令当事人提供或者补充有关证据。

第三十八条 对于案情比较复杂或者证据数量较多的案件，人民法院可以组织当事人在开庭前向对方出示或者交换证据，并将交换证据清单的情况记录在卷。

当事人在庭前证据交换过程中没有争议并记录在卷的证据，经审判人员在庭审中说明后，可以作为认定案件事实的依据。

第三十九条 当事人申请调查收集证据，但该证据与待证事实无关联、对证明待证事实无意义或者其他无调查收集必要的，人民法院不予准许。

第四十条 人民法院在证人出庭作证前应当告知其如实作证的义务以及作伪证的法律后果。

证人因履行出庭作证义务而支出的交通、住宿、就餐等必要费用以及误工损失，由败诉一方当事人承担。

第四十一条 有下列情形之一，原告或者第三人要求相关行政执法人员出庭说明的，人民法院可以准许：

（一）对现场笔录的合法性或者真实性有异议的；

（二）对扣押财产的品种或者数量有异议的；

（三）对检验的物品取样或者保管有异议的；

（四）对行政执法人员身份的合法性有异议的；

（五）需要出庭说明的其他情形。

第四十二条 能够反映案件真实情况、与待证事实相关联、来源和形式符合法律规定的证据，应当作为认定案件事实的根据。

第四十三条 有下列情形之一的，属于行政诉讼法第四十三条第三款规定的"以非法手段取得的证据"：

（一）严重违反法定程序收集的证据材料；

（二）以违反法律强制性规定的手段获取且侵害他人合法权益的证据材料；

（三）以利诱、欺诈、胁迫、暴力等手段获取的证据材料。

第四十四条 人民法院认为有必要的，可以要求当事人本人或者行政机关执法人员到庭，就案件有关事实接受询问。在询问之前，可以要求其签署保证书。

保证书应当载明据实陈述、如有虚假陈述愿意接受处罚等内容。当事人或者行政机关执法人员应当在保证书上签名或者捺印。

负有举证责任的当事人拒绝到庭、拒绝接受询问或者拒绝签署保证书，待证事实又欠缺其他证据加以佐证的，人民法院对其主张的事实不予认定。

第四十五条 被告有证据证明其在行政程序中依照法定程序要求原告或者第三人提供证据，原告或者第三人依法应当提供而没有提供，在诉讼程序中提供的证据，人民法院一般不予采纳。

第四十六条 原告或者第三人确有证据证明被告持有的证据对原告或者第三人有利的，可以在开庭审理前书面申请人民法院责令行政机关提交。

申请理由成立的，人民法院应当责令行政机关提交，因提交证据所产生的费用，由申请人预付。行政机关无正当理由拒不提交的，人民法院可以推定原告或者第三人基于该证据主张的事实成立。

持有证据的当事人以妨碍对方当事人使用为目的，毁灭有关证据或者实施其他致使证据不能使用行为的，人民法院可以推定对方当事人基于该证据主张的事实成立，并可依照行政诉讼法第五十九条规定处理。

第四十七条 根据行政诉讼法第三十八条第二款的规定，在行政赔偿、补偿案件中，因被告的原因导致原告无法就损害情况举证的，应当由被告就该损害情况承担举证责任。

对于各方主张损失的价值无法认定的，应当由负有举证责任的一方当事人申请鉴定，但法律、法规、规章规定行政机关在作出行政行为时依法应当评估或者鉴定的除外；负有举证责任的当事人拒绝申请鉴定的，由其承担不利的法律后果。

当事人的损失因客观原因无法鉴定的，人民法院应当结合当事人的主张和在案证据，遵循法官职业道德，运用逻辑推理和生活经验、生活常识等，酌情确定赔偿数额。

五、期间、送达

第四十八条 期间包括法定期间和人民法院指定的期间。

期间以时、日、月、年计算。期间开始的时和日，不计算在期间内。

期间届满的最后一日是节假日的，以节假日后的第一日为期间届满的日期。

期间不包括在途时间，诉讼文书在期满前交邮的，视为在期限内发送。

第四十九条 行政诉讼法第五十一条第二款规定的立案期限，因起诉状内容欠缺或者有其他错误通知原告限期补正的，从补正后递交人民法院的次日起算。由上级人民法院转交下级人民法院立案的案件，从受诉人民法院收到起诉状的次日起算。

第五十条 行政诉讼法第八十一条、第八十三条、第八十八条规定的审理期限，是指从立案之日起至裁判宣告、调解书送达之日止的期间，但公告期间、鉴定期间、调解期间、中止诉讼期间、审理当事人提出的管辖异议以及处理人民法院之间的管辖争议期间不应计算在内。

再审案件按照第一审程序或者第二审程序审理的，适用行政诉讼法第八十一条、第八十八条规定的审理期限。审理期限自再审立案的次日起算。

基层人民法院申请延长审理期限，应当直接报请高级人民法院批准，同时报中级人民法院备案。

第五十一条 人民法院可以要求当事人签署送达地址确认书，当事人确认的送达地址为人民法院法律文书的送达地址。

当事人同意电子送达的，应当提供并确认传真号、电子信箱等电子送达地址。

当事人送达地址发生变更的，应当及时书面告知受理案件的人民法院；未及时告知的，人民法院按原地址送达，视为依法送达。

人民法院可以通过国家邮政机构以法院专递方式进行送达。

第五十二条 人民法院可以在当事人住所地以外向当事人直接送达诉讼文书。当事人拒绝签署送达回证的，采用拍照、录像等方式记录送达过程即视为送达。审判人员、书记员应当在送达回证上注明送达情况并签名。

六、起诉与受理

第五十三条 人民法院对符合起诉条件的案件应当立案，依法保障当事人行使诉讼权利。

对当事人依法提起的诉讼，人民法院应当根据行政诉讼法第五十一条的规定接收起诉状。能够判断符合起诉条件的，应当当场登记立案；当场不能判断是否符合起诉条件的，应当在接收起诉状后七日内决定是否立案；七日内仍不能作出判断的，应当先予立案。

第五十四条 依照行政诉讼法第四十九条的规定，公民、法人或者其他组织提起诉讼时应当提交以下起诉材料：

（一）原告的身份证明材料以及有效联系方式；

（二）被诉行政行为或者不作为存在的材料；

（三）原告与被诉行政行为具有利害关系的材料；

（四）人民法院认为需要提交的其他材料。

由法定代理人或者委托代理人代为起诉的，还应当在起诉状中写明或者在口头起诉时向人民法院说明法定代理人或者委托代理人的基本情况，并提交法定代理人或者委托代理人的身份证明和代理权限证明等材料。

第五十五条 依照行政诉讼法第五十一条的规定，人民法院应当就起诉状内容和材料是否完备以及是否符合行政诉讼法规定的起诉条件进行审查。

起诉状内容或者材料欠缺的，人民法院应当给予指导和释明，并一次性全面告知当事人需要补正的内容、补充的材料及期限。在指定期限内补正并符合起诉条件的，应当登记立案。当事人拒绝补正或者经补正仍不符合起诉条件的，退回诉状并记录在册；坚持起诉的，裁定不予立案，并载明不予立案的理由。

第五十六条 法律、法规规定应当先申请复议，公民、法人或者其他组织未申请复议直接提起诉讼的，人民法院裁定不予立案。

依照行政诉讼法第四十五条的规定，复议机关不受理复议申请或者在法定期限内不作出复议决定，公民、法人或者其他组织不服，依法向人民法院提起诉讼的，人民法院应当依法立案。

第五十七条 法律、法规未规定行政复议为提起行政诉讼必经程序，公民、法人或者其他组织既提起诉讼又申请行政复议的，由先立案的机关管辖；同时立案的，由公民、法人或者其他组织选择。公民、法人或者其他组织已经申请行政复议，在法定复议期间内又向人民法院提起诉讼的，人民法院裁定不予立案。

第五十八条 法律、法规未规定行政复议为提起行政诉讼必经程序，公民、法人或者其他组织向复议机关申请行政复议后，又经复议机关同意撤回复议申请，在法定起诉期限内对原行政行为提起诉讼的，人民法院应当依法立案。

第五十九条 公民、法人或者其他组织向复议机关申请行政复议后，复议机关作出维持决定的，应当以复议机关和原行为机关为共同被告，并以复议决定送达时间确定起诉期限。

第六十条 人民法院裁定准许原告撤诉后，原告以同一事实和理由重新起诉的，人民法院不予立案。

准予撤诉的裁定确有错误，原告申请再审的，人民法院应当通过审判监督程序撤销原准予撤诉的裁定，重新对案件进行审理。

第六十一条 原告或者上诉人未按规定的期限预交案件受理费，又不提出缓交、减交、免交申请，或者提出申请未获批准的，按自动撤诉处理。在按撤诉处理后，原告或者上诉人在法定期限内再次起诉或者上诉，并依法解决诉讼费预交问题的，人民法院应予立案。

第六十二条 人民法院判决撤销行政机关的行政行为后，公民、法人或者其他组织对行政机关重新作出的行政行为不服向人民法院起诉的，人民法院应当依法立案。

第六十三条 行政机关作出行政行为时，没有制作或者没有送达法律文书，公民、法人或者其他组织只要能证明行政行为存在，并在法定期限内起诉的，人民法院应当依法立案。

第六十四条 行政机关作出行政行为时，未告知公民、法人或者其他组织起诉期限的，起诉期限从公民、法人或者其他组织知道或者应当知道起诉期限之日起计算，但从知道或者应当知道行政行为内容之日起最长不得超过一年。

复议决定未告知公民、法人或者其他组织起诉期限的，适用前款规定。

第六十五条 公民、法人或者其他组织不知道行政机关作出的行政行为内容的，其起诉期限从知道或者应当知道该行政行为内容之日起计算，但最长不得超过行政诉讼法第四十六条第二款规定的起诉期限。

第六十六条 公民、法人或者其他组织依照行政诉讼法第四十七条第一款的规定，对行政机关不履行法定职责提起诉讼的，应当在行政机关履行法定职责期限届满之日起六个月内提出。

第六十七条 原告提供被告的名称等信息足以使被告与其他行政机关相区别的，可以认定为行政诉讼法第四十九条第二项规定的"有明确的被告"。

起诉状列写被告信息不足以认定明确的被告的，人民法院可以告知原告补正；原告补正后仍不能确定明确的被告的，人民法院裁定不予立案。

第六十八条 行政诉讼法第四十九条第三项规定的"有具体的诉讼请求"是指：

（一）请求判决撤销或者变更行政行为；

（二）请求判决行政机关履行特定法定职责或者给付义务；

（三）请求判决确认行政行为违法；

（四）请求判决确认行政行为无效；

（五）请求判决行政机关予以赔偿或者补偿；

（六）请求解决行政协议争议；

（七）请求一并审查规章以下规范性文件；

（八）请求一并解决相关民事争议；

（九）其他诉讼请求。

当事人单独或者一并提起行政赔偿、补偿诉讼的，应当有具体的赔偿、补偿事项以及数额；请求一并审查规章以下规范性文件的，应当提供明确的文件名称或者审查对象；请求一并解决相关民事争议的，应当有具体的民事诉讼请求。

当事人未能正确表达诉讼请求的，人民法院应当要求其明确诉讼请求。

第六十九条 有下列情形之一，已经立案的，应当裁定驳回起诉：

（一）不符合行政诉讼法第四十九条规定的；

（二）超过法定起诉期限且无行政诉讼法第四十八条规定情形的；

（三）错列被告且拒绝变更的；

（四）未按照法律规定由法定代理人、指定代理人、代表人为诉讼行为的；

（五）未按照法律、法规规定先向行政机关申请复议的；

（六）重复起诉的；

（七）撤回起诉后无正当理由再行起诉的；
（八）行政行为对其合法权益明显不产生实际影响的；
（九）诉讼标的已为生效裁判或者调解书所羁束的；
（十）其他不符合法定起诉条件的情形。

前款所列情形可以补正或者更正的，人民法院应当指定期间责令补正或者更正；在指定期间已经补正或者更正的，应当依法审理。

人民法院经过阅卷、调查或者询问当事人，认为不需要开庭审理的，可以迳行裁定驳回起诉。

第七十条 起诉状副本送达被告后，原告提出新的诉讼请求的，人民法院不予准许，但有正当理由的除外。

七、审理与判决

第七十一条 人民法院适用普通程序审理案件，应当在开庭三日前用传票传唤当事人。对证人、鉴定人、勘验人、翻译人员，应当用通知书通知其到庭。当事人或者其他诉讼参与人在外地的，应当留有必要的在途时间。

第七十二条 有下列情形之一的，可以延期开庭审理：
（一）应当到庭的当事人和其他诉讼参与人有正当理由没有到庭的；
（二）当事人临时提出回避申请且无法及时作出决定的；
（三）需要通知新的证人到庭，调取新的证据，重新鉴定、勘验，或者需要补充调查的；
（四）其他应当延期的情形。

第七十三条 根据行政诉讼法第二十七条的规定，有下列情形之一的，人民法院可以决定合并审理：
（一）两个以上行政机关分别对同一事实作出行政行为，公民、法人或者其他组织不服向同一人民法院起诉的；
（二）行政机关就同一事实对若干公民、法人或者其他组织分别作出行政行为，公民、法人或者其他组织不服分别向同一人民法院起诉的；
（三）在诉讼过程中，被告对原告作出新的行政行为，原告不服向同一人民法院起诉的；
（四）人民法院认为可以合并审理的其他情形。

第七十四条 当事人申请回避，应当说明理由，在案件开始审理时提出；回避事由在案件开始审理后知道的，应当在法庭辩论终结前提出。

被申请回避的人员，在人民法院作出是否回避的决定前，应当暂停参与本案的工作，但案件需要采取紧急措施的除外。

对当事人提出的回避申请，人民法院应当在三日内以口头或者书面形式作出决定。对当事人提出的明显不属于法定回避事由的申请，法庭可以依法当庭驳回。

申请人对驳回回避申请决定不服的，可以向作出决定的人民法院申请复议一次。复议期间，被申请回避的人员不停止参与本案的工作。对申请人的复议申请，人民法院应当在三日内作出复议决定，并通知复议申请人。

第七十五条 在一个审判程序中参与过本案审判工作的审判人员，不得再参与该案其他程序的审判。

发回重审的案件，在一审法院作出裁判后又进入第二审程序的，原第二审程序中合议庭组成人员不受前款规定的限制。

第七十六条 人民法院对于因一方当事人的行为或者其他原因，可能使行政行为或者人民法院生效裁判不能或者难以执行的案件，根据对方当事人的申请，可以裁定对其财产进行保全、责令其作出一定行为或者禁止其作出一定行为；当事人没有提出申请的，人民法院在必要时也可以裁定采取上述保全措施。

人民法院采取保全措施，可以责令申请人提供担保；申请人不提供担保的，裁定驳回申请。

人民法院接受申请后，对情况紧急的，必须在四十八小时内作出裁定；裁定采取保全措施的，应当立即开始执行。

当事人对保全的裁定不服的，可以申请复议；复议期间不停止裁定的执行。

第七十七条 利害关系人因情况紧急，不立即申请保全将会使其合法权益受到难以弥补的损害的，可以在提起诉讼前向被保全财产所在地、被申请人住所地或者对案件有管辖权的人民法院申请采取保全措施。申请人应当提供担保，不提供担保的，裁定驳回申请。

人民法院接受申请后，必须在四十八小时内作出裁定；裁定采取保全措施的，应当立即开始执行。

申请人在人民法院采取保全措施后三十日内不依法提起诉讼的，人民法院应当解除保全。

当事人对保全的裁定不服的，可以申请复议；复议期间不停止裁定的执行。

第七十八条 保全限于请求的范围，或者与本案有关的财物。

财产保全采取查封、扣押、冻结或者法律规定的其他方法。人民法院保全财产后，应当立即通知被保全人。

财产已被查封、冻结的，不得重复查封、冻结。

涉及财产的案件，被申请人提供担保的，人民法院应当裁定解除保全。

申请有错误的，申请人应当赔偿被申请人因保全所遭受的损失。

第七十九条 原告或者上诉人申请撤诉，人民法院裁定不予准许的，原告或者上诉人经传票传唤无正当理由拒不到庭，或者未经法庭许可中途退庭的，人民法院可以缺席判决。

第三人经传票传唤无正当理由拒不到庭，或者未经法庭许可中途退庭的，不发生阻止案件审理的效果。

根据行政诉讼法第五十八条的规定，被告经传票传唤无正当理由拒不到庭，或者未经法庭许可中途退庭的，人民法院可以按期开庭或者继续开庭审理，对到庭的当事人诉讼请求、双方的诉辩理由以及已经提交的证据及其他诉讼材料进行审理后，依法缺席判决。

第八十条 原告或者上诉人在庭审中明确拒绝陈述或者以其他方式拒绝陈述，导致庭审无法进行，经法庭释明法律后果后仍不陈述意见的，视为放弃陈述权利，由其承担不利的法律后果。

当事人申请撤诉或者依法可以按撤诉处理的案件，当事人有违反法律的行为需要依法处理的，人民法院可以不准许撤诉或者不按撤诉处理。

法庭辩论终结后原告申请撤诉，人民法院可以准许，但涉及到国家利益和社会公共利益的除外。

第八十一条 被告在一审期间改变被诉行政行为的，应当书面告知人民法院。

原告或者第三人对改变后的行政行为不服提起诉讼的，人民法院应当就改变后的行政行为进行审理。

被告改变原违法行政行为，原告仍要求确认原行政行为违法的，人民法院应当依法作出确认判决。

原告起诉被告不作为，在诉讼中被告作出行政行为，原告不撤诉的，人民法院应当就不作为依法作出确认判决。

第八十二条 当事人之间恶意串通，企图通过诉讼等方式侵害国家利益、社会公共利益或者他人合法权益的，人民法院应当裁定驳回起诉或者判决驳回其请求，并根据情节轻重予以罚款、拘留；构成犯罪的，依法追究刑事责任。

第八十三条 行政诉讼法第五十九条规定的罚款、拘留可以单独适用，也可以合并适用。

对同一妨害行政诉讼行为的罚款、拘留不得连续适用。发生新的妨害行政诉讼行为的，人民法院可以重新予以罚款、拘留。

第八十四条 人民法院审理行政诉讼法第六十条第一款规定的行政案件，认为法律关系明确、事实清楚，在征得当事人双方同意后，可以迳行调解。

第八十五条 调解达成协议，人民法院应当制作调解书。调解书应当写明诉讼请求、案件的事实和调解结果。

调解书由审判人员、书记员署名，加盖人民法院印章，送达双方当事人。

调解书经双方当事人签收后，即具有法律效力。调解书生效日期根据最后收到调解书的当事人签收的日期确定。

第八十六条 人民法院审理行政案件，调解过程不公开，但当事人同意公开的除外。

经人民法院准许，第三人可以参加调解。人民法院认为有必要的，可以通知第三人参加调解。

调解协议内容不公开，但为保护国家利益、社会公共利益、他人合法权益，人民法院认为确有必要公开的除外。

当事人一方或者双方不愿调解、调解未达成协议的，人民法院应当及时判决。

当事人自行和解或者调解达成协议后，请求人民法院按照和解协议或者调解协议的内容制作判决书的，人民法院不予准许。

第八十七条 在诉讼过程中，有下列情形之一的，中止诉讼：

（一）原告死亡，须等待其近亲属表明是否参加诉讼的；

（二）原告丧失诉讼行为能力，尚未确定法定代理人的；

（三）作为一方当事人的行政机关、法人或者其他组织终止，尚未确定权利义务承受人的；

（四）一方当事人因不可抗力的事由不能参加诉讼的；

（五）案件涉及法律适用问题，需要送请有权机关作出解释或者确认的；

（六）案件的审判须以相关民事、刑事或者其他行政案件的审理结果为依据，而相关案件尚未审结的；

（七）其他应当中止诉讼的情形。

中止诉讼的原因消除后，恢复诉讼。

第八十八条 在诉讼过程中，有下列情形之一的，终结诉讼：

（一）原告死亡，没有近亲属或者近亲属放弃诉讼权利的；

（二）作为原告的法人或者其他组织终止后，其权利义务的承受人放弃诉讼权利的。

因本解释第八十七条第一款第一、二、三项原因中止诉讼满九十日仍无人继续诉讼的，裁定终结诉讼，但有特殊情况的除外。

第八十九条 复议决定改变原行政行为错误，人民法院判决撤销复议决定时，可以一并责令复议机关重新作出复议决定或者判决恢复原行政行为的法律效力。

第九十条 人民法院判决被告重新作出行政行为，被告重新作出的行政行为与原行政行为的结果相同，但主要事实或者主要理由有改变的，不属于行政诉讼法第七十一条规定的情形。

人民法院以违反法定程序为由，判决撤销被诉行政行为的，行政机关重新作出行政行为不受行政诉讼法第七十一条规定的限制。

行政机关以同一事实和理由重新作出与原行政行为基本相同的行政行为，人民法院应当根据行政诉讼法第七十条、第七十一条的规定判决撤销或者部分撤销，并根据行政诉讼法第九十六条的规定处理。

第九十一条 原告请求被告履行法定职责的理由成立，被告违法拒绝履行或者无正当理由逾期不予答复的，人民法院可以根据行政诉讼法第七十二条的规定，判决被告在一定期限内依法履行原告请求的法定职责；尚需被告调查或者裁量的，应当判决被告针对原告的请求重新作出处理。

第九十二条 原告申请被告依法履行支付抚恤金、最低生活保障待遇或者社会保险待遇等给付义务的理由成立，被告依法负有给付义务而拒绝或者拖延履行义务的，人民法院可以根据行政诉讼法第七十三条的规定，判决被告在一定期限内履行相应的给付义务。

第九十三条 原告请求被告履行法定职责或者依法履行支付抚恤金、最低生活保障待遇或者社会保险待遇等给付义务，原告未先向行政机关提出申请的，人民法院裁定驳回起诉。

人民法院经审理认为原告所请求履行的法定职责或者给付义务明显不属于行政机关权限范围的，可以裁定驳回起诉。

第九十四条 公民、法人或者其他组织起诉请求撤销行政行为，人民法院经审查认为行政行为无效的，应当作出确认无效的判决。

公民、法人或者其他组织起诉请求确认行政行为无效，人民法院审查认为行政行为不属于无效情形，经释明，原告请求撤销行政行为的，应当继续审理并依法作出相应判决；原告请求撤销行政行为但超过法定起诉期限的，裁定驳回起诉；原告拒绝变更诉讼请求的，判决驳回其诉讼请求。

第九十五条 人民法院经审理认为被诉行政行为违法或者无效，可能给原告造成损失，经释明，原告请求一并解决行政赔偿争议的，人民法院可以就赔偿事项进行调解；调解不成的，应当一并判决。人民法院也可以告知其就赔偿事项另行提起诉讼。

第九十六条 有下列情形之一，且对原告依法享有的听证、陈述、申辩等重要程序性权利不产生实质损害的，属于行政诉讼法第七十四条第一款第二项规定的"程序轻微违法"：

（一）处理期限轻微违法；

（二）通知、送达等程序轻微违法；

（三）其他程序轻微违法的情形。

第九十七条 原告或者第三人的损失系由其自身过错和行政机关的违法行政行为共同造成的，人民法院应当依据各方行为与损害结果之间有无因果关系以及在损害发生和结果中作用力的大小，确定行政机关相应的赔偿责任。

第九十八条 因行政机关不履行、拖延履行法定职责，致使公民、法人或者其他组织的合法权益遭受损害的，人民法院应当判决行政机关承担行政赔偿责任。在确定赔偿数额时，应当考虑该不履行、拖延履行法定职责的行为在损害发生过程和结果中所起的作用等因素。

第九十九条 有下列情形之一的，属于行政诉讼法第七十五条规定的"重大且明显违法"：

（一）行政行为实施主体不具有行政主体资格；

（二）减损权利或者增加义务的行政行为没有法律规范依据；

（三）行政行为的内容客观上不可能实施；

（四）其他重大且明显违法的情形。

第一百条 人民法院审理行政案件，适用最高人民法院司法解释的，应当在裁判文书中援引。

人民法院审理行政案件，可以在裁判文书中引用合法有效的规章及其他规范性文件。

第一百零一条 裁定适用于下列范围：

（一）不予立案；

（二）驳回起诉；

（三）管辖异议；

（四）终结诉讼；

（五）中止诉讼；

（六）移送或者指定管辖；

（七）诉讼期间停止行政行为的执行或者驳回停止执行的申请；

（八）财产保全；

（九）先予执行；

（十）准许或者不准许撤诉；

（十一）补正裁判文书中的笔误；

（十二）中止或者终结执行；

（十三）提审、指令再审或者发回重审；

（十四）准许或者不准许执行行政机关的行政行为；

（十五）其他需要裁定的事项。

对第一、二、三项裁定，当事人可以上诉。

裁定书应当写明裁定结果和作出该裁定的理由。裁定书由审判人员、书记员署名，加盖人民法院印章。口头裁定的，记入笔录。

第一百零二条 行政诉讼法第八十二条规定的行政案件中的"事实清楚"，是指当事人对争议的事实陈述基本一致，并能提供相应的证据，无须人民法院调查收集证据即可查明事实；"权利义务关系明确"，是指行政法律关系中权利和义务能够明确区分；"争议不大"，是指当事人对行政行为的合法性、责任承担等没有实质分歧。

第一百零三条 适用简易程序审理的行政案件，人民法院可以用口头通知、电话、短信、传真、电子邮件等简便方式传唤当事人、通知证人、送达裁判文书以外的诉讼文书。

以简便方式送达的开庭通知，未经当事人确认或者没有其他证据证明当事人已经收到的，人民法院不得缺席判决。

第一百零四条 适用简易程序案件的举证期限由人民法院确定，也可以由当事人协商一致并经人民法院准许，但不得超过十五日。被告要求书面答辩的，人民法院可以确定合理的答辩期间。

人民法院应当将举证期限和开庭日期告知双方当事人，并向当事人说明逾期举证以及拒不到庭的法律后果，由双方当事人在笔录和开庭传票的送达回证上签名或者捺印。

当事人双方均表示同意立即开庭或者缩短举证期限、答辩期间的，人民法院可以立即开庭审理或者确定近期开庭。

第一百零五条 人民法院发现案情复杂，需要转为普通程序审理的，应当在审理期限届满前作出裁定并将合议庭组成人员及相关事项书面通知双方当事人。

案件转为普通程序审理的，审理期限自人民法院立案之日起计算。

第一百零六条 当事人就已经提起诉讼的事项在诉讼过程中或者裁判生效后再次起诉，同时具有下列情形的，构成重复起诉：

（一）后诉与前诉的当事人相同；

（二）后诉与前诉的诉讼标的相同；

（三）后诉与前诉的诉讼请求相同，或者后诉的诉讼请求被前诉裁判所包含。

第一百零七条 第一审人民法院作出判决和裁定后，当事人均提起上诉的，上诉各方均为上诉人。

诉讼当事人中的一部分人提出上诉，没有提出上诉的对方当事人为被上诉人，其他当事人依原审诉讼地位列明。

第一百零八条 当事人提出上诉，应当按照其他当事人或者诉讼代表人的人数提出上诉状副本。

原审人民法院收到上诉状，应当在五日内将上诉状副本发送其他当事人，对方当事人应当在收到上诉状副本之日起十五日内提出答辩状。

原审人民法院应当在收到答辩状之日起五日内将副本发送上诉人。对方当事人不提出答辩状的，不影响人民法院审理。

原审人民法院收到上诉状、答辩状，应当在五日内连同全部案卷和证据，报送第二审人民法院；已经预收的诉讼费用，一并报送。

第一百零九条 第二审人民法院经审理认为原审人民法院不予立案或者驳回起诉的裁定确有错误且当事人的起诉符合起诉条件的，应当裁定撤销原审人民法院的裁定，指令原审人民法院依法立案或者继续审理。

第二审人民法院裁定发回原审人民法院重新审理的行政案件，原审人民法院应当另行组成合议庭进行审理。

原审判决遗漏了必须参加诉讼的当事人或者诉讼请求的，第二审人民法院应当裁定撤销原审判决，发回重审。

原审判决遗漏行政赔偿请求，第二审人民法院经审查认为依法不应当予以赔偿的，应当判决驳回行政赔偿请求。

原审判决遗漏行政赔偿请求，第二审人民法院经审理认为依法应当予以赔偿的，在确认被诉行政行为违法的同时，可以就行政赔偿问题进行调解；调解不成的，应当就行政赔偿部分发回重审。

当事人在第二审期间提出行政赔偿请求的，第二审人民法院可以进行调解；调解不成的，应当告知当事人另行起诉。

第一百一十条 当事人向上一级人民法院申请再审，应当在判决、裁定或者调解书发生法律效力后六个月内提出。有下列情形之一的，自知道或者应当知道之日起六个月内提出：

（一）有新的证据，足以推翻原判决、裁定的；

（二）原判决、裁定认定事实的主要证据是伪造的；

（三）据以作出原判决、裁定的法律文书被撤销或者变更的；

（四）审判人员审理该案件时有贪污受贿、徇私舞弊、枉法裁判行为的。

第一百一十一条 当事人申请再审的，应当提交再审申请书等材料。人民法院认为有必要的，可以自收到再审申请书之日起五日内将再审申请书副本发送对方当事人。对方当事人应当自收到再审申请书副本之日起十五日内提交书面意见。人民法院可以要求申请人和对方当事人补充有关材料，询问有关事项。

第一百一十二条 人民法院应当自再审申请案件立案之日起六个月内审查，有特殊情况需要延长的，由本院院长批准。

第一百一十三条 人民法院根据审查再审申请案件的需要决定是否询问当事人；新的证据可能推翻原判决、裁定的，人民法院应当询问当事人。

第一百一十四条 审查再审申请期间，被申请人及原审其他当事人依法提出再审申请的，人民法院应当将其列为再审申请人，对其再审事由一并审查，审查期限重新计算。经审查，其中一方再审申请人主张的再审事由成立的，应当裁定再审。各方再审申请人主张的再审事由均不成立的，一并裁定驳回再审申请。

第一百一十五条 审查再审申请期间，再审申请人申请人民法院委托鉴定、勘验的，人民法院不予准许。

审查再审申请期间，再审申请人撤回再审申请的，是否准许，由人民法院裁定。

再审申请人经传票传唤，无正当理由拒不接受询问的，按撤回再审申请处理。

人民法院准许撤回再审申请或者按撤回再审申请处理后，再审申请人再次申请再审的，不予立案，但有行政诉讼法第九十一条第二项、第三项、第七项、第八项规定情形，自知道或者应当知道之日起六个月内提出的除外。

第一百一十六条 当事人主张的再审事由成立，且符合行政诉讼法和本解释规定的申请再审条件的，人民法院应当裁定再审。

当事人主张的再审事由不成立，或者当事人申请再审超过法定申请再审期限、超出法定再审事由范围等不符合行政诉讼法和本解释规定的申请再审条件的，人民法院应当裁定驳回再审申请。

第一百一十七条 有下列情形之一的，当事人可以向人民检察院申请抗诉或者检察建议：

（一）人民法院驳回再审申请的；

（二）人民法院逾期未对再审申请作出裁定的；

（三）再审判决、裁定有明显错误的。

人民法院基于抗诉或者检察建议作出再审判决、裁定后，当事人申请再审的，人民法院不予立案。

第一百一十八条 按照审判监督程序决定再审的案件，裁定中止原判决、裁定、调解书的执行，但支付抚恤金、最低生活保障费或者社会保险待遇的案件，可以不中止执行。

上级人民法院决定提审或者指令下级人民法院再审的，应当作出裁定，裁定应当写明中止原判决的执行；情况紧急的，可以将中止执行的裁定口头通知负责执行的人民法院或者作出生效判决、裁定的人民法院，但应当在口头通知后十日内发出裁定书。

第一百一十九条 人民法院按照审判监督程序再审的案件，发生法律效力的判决、裁定是由第一审法院作出的，按照第一审程序审理，所作的判决、裁定，当事人可以上诉；

发生法律效力的判决、裁定是由第二审法院作出的，按照第二审程序审理，所作的判决、裁定，是发生法律效力的判决、裁定；上级人民法院按照审判监督程序提审的，按照第二审程序审理，所作的判决、裁定是发生法律效力的判决、裁定。

人民法院审理再审案件，应当另行组成合议庭。

第一百二十条 人民法院审理再审案件应当围绕再审请求和被诉行政行为合法性进行。当事人的再审请求超出原审诉讼请求，符合另案诉讼条件的，告知当事人可以另行起诉。

被申请人及原审其他当事人在庭审辩论结束前提出的再审请求，符合本解释规定的申请期限的，人民法院应当一并审理。

人民法院经再审，发现已经发生法律效力的判决、裁定损害国家利益、社会公共利益、他人合法权益的，应当一并审理。

第一百二十一条 再审审理期间，有下列情形之一的，裁定终结再审程序：

（一）再审申请人在再审期间撤回再审请求，人民法院准许的；

（二）再审申请人经传票传唤，无正当理由拒不到庭的，或者未经法庭许可中途退庭，按撤回再审请求处理的；

（三）人民检察院撤回抗诉的；

（四）其他应当终结再审程序的情形。

因人民检察院提出抗诉裁定再审的案件，申请抗诉的当事人有前款规定的情形，且不损害国家利益、社会公共利益或者他人合法权益的，人民法院裁定终结再审程序。

再审程序终结后，人民法院裁定中止执行的原生效判决自动恢复执行。

第一百二十二条 人民法院审理再审案件，认为原生效判决、裁定确有错误，在撤销原生效判决或者裁定的同时，可以对生效判决、裁定的内容作出相应裁判，也可以裁定撤销生效判决或者裁定，发回作出生效判决、裁定的人民法院重新审理。

第一百二十三条 人民法院审理二审案件和再审案件，对原审法院立案、不予立案或者驳回起诉错误的，应当分别情况作如下处理：

（一）第一审人民法院作出实体判决后，第二审人民法院认为不应当立案的，在撤销第一审人民法院判决的同时，可以迳行驳回起诉；

（二）第二审人民法院维持第一审人民法院不予立案裁定错误的，再审法院应当撤销第一审、第二审人民法院裁定，指令第一审人民法院受理；

（三）第二审人民法院维持第一审人民法院驳回起诉裁定错误的，再审法院应当撤销第一审、第二审人民法院裁定，指令第一审人民法院审理。

第一百二十四条 人民检察院提出抗诉的案件，接受抗诉的人民法院应当自收到抗诉书之日起三十日内作出再审的裁定；有行政诉讼法第九十一条第二、三项规定情形之一的，可以指令下一级人民法院再审，但经该下一级人民法院再审过的除外。

人民法院在审查抗诉材料期间，当事人之间已经达成和解协议的，人民法院可以建议人民检察院撤回抗诉。

第一百二十五条 人民检察院提出抗诉的案件，人民法院再审开庭时，应当在开庭三日前通知人民检察院派员出庭。

第一百二十六条 人民法院收到再审检察建议后，应当组成合议庭，在三个月内进行审查，发现原判决、裁定、调解书确有错误，需要再审的，依照行政诉讼法第九十二条规定裁定再审，并通知当事人；经审查，决定不予再审的，应当书面回复人民检察院。

第一百二十七条 人民法院审理因人民检察院抗诉或者检察建议裁定再审的案件,不受此前已经作出的驳回当事人再审申请裁定的限制。

八、行政机关负责人出庭应诉

第一百二十八条 行政诉讼法第三条第三款规定的行政机关负责人,包括行政机关的正职、副职负责人以及其他参与分管的负责人。

行政机关负责人出庭应诉的,可以另行委托一至二名诉讼代理人。行政机关负责人不能出庭的,应当委托行政机关相应的工作人员出庭,不得仅委托律师出庭。

第一百二十九条 涉及重大公共利益、社会高度关注或者可能引发群体性事件等案件以及人民法院书面建议行政机关负责人出庭的案件,被诉行政机关负责人应当出庭。

被诉行政机关负责人出庭应诉的,应当在当事人及其诉讼代理人基本情况、案件由来部分予以列明。

行政机关负责人有正当理由不能出庭应诉的,应当向人民法院提交情况说明,并加盖行政机关印章或者由该机关主要负责人签字认可。

行政机关拒绝说明理由的,不发生阻止案件审理的效果,人民法院可以向监察机关、上一级行政机关提出司法建议。

第一百三十条 行政诉讼法第三条第三款规定的"行政机关相应的工作人员",包括该行政机关具有国家行政编制身份的工作人员以及其他依法履行公职的人员。

被诉行政行为是地方人民政府作出的,地方人民政府法制工作机构的工作人员,以及被诉行政行为具体承办机关工作人员,可以视为被诉人民政府相应的工作人员。

第一百三十一条 行政机关负责人出庭应诉的,应当向人民法院提交能够证明该行政机关负责人职务的材料。

行政机关委托相应的工作人员出庭应诉的,应当向人民法院提交加盖行政机关印章的授权委托书,并载明工作人员的姓名、职务和代理权限。

第一百三十二条 行政机关负责人和行政机关相应的工作人员均不出庭,仅委托律师出庭的或者人民法院书面建议行政机关负责人出庭应诉,行政机关负责人不出庭应诉的,人民法院应当记录在案和在裁判文书中载明,并可以建议有关机关依法作出处理。

九、复议机关作共同被告

第一百三十三条 行政诉讼法第二十六条第二款规定的"复议机关决定维持原行政行为",包括复议机关驳回复议申请或者复议请求的情形,但以复议申请不符合受理条件为由驳回的除外。

第一百三十四条 复议机关决定维持原行政行为的,作出原行政行为的行政机关和复议机关是共同被告。原告只起诉作出原行政行为的行政机关或者复议机关的,人民法院应当告知原告追加被告。原告不同意追加的,人民法院应当将另一机关列为共同被告。

行政复议决定既有维持原行政行为内容,又有改变原行政行为内容或者不予受理申请内容的,作出原行政行为的行政机关和复议机关为共同被告。

复议机关作共同被告的案件,以作出原行政行为的行政机关确定案件的级别管辖。

第一百三十五条 复议机关决定维持原行政行为的,人民法院应当在审查原行政行为合法性的同时,一并审查复议决定的合法性。

作出原行政行为的行政机关和复议机关对原行政行为合法性共同承担举证责任,可以由其中一个机关实施举证行为。复议机关对复议决定的合法性承担举证责任。

复议机关作共同被告的案件,复议机关在复议程序中依法收集和补充的证据,可以作为人民法院认定复议决定和原行政行为合法的依据。

第一百三十六条 人民法院对原行政行为作出判决的同时，应当对复议决定一并作出相应判决。

人民法院依职权追加作出原行政行为的行政机关或者复议机关为共同被告的，对原行政行为或者复议决定可以作出相应判决。

人民法院判决撤销原行政行为和复议决定的，可以判决作出原行政行为的行政机关重新作出行政行为。

人民法院判决作出原行政行为的行政机关履行法定职责或者给付义务的，应当同时判决撤销复议决定。

原行政行为合法、复议决定违法的，人民法院可以判决撤销复议决定或者确认复议决定违法，同时判决驳回原告针对原行政行为的诉讼请求。

原行政行为被撤销、确认违法或者无效，给原告造成损失的，应当由作出原行政行为的行政机关承担赔偿责任；因复议决定加重损害的，由复议机关对加重部分承担赔偿责任。

原行政行为不符合复议或者诉讼受案范围等受理条件，复议机关作出维持决定的，人民法院应当裁定一并驳回对原行政行为和复议决定的起诉。

十、相关民事争议的一并审理

第一百三十七条 公民、法人或者其他组织请求一并审理行政诉讼法第六十一条规定的相关民事争议，应当在第一审开庭审理前提出；有正当理由的，也可以在法庭调查中提出。

第一百三十八条 人民法院决定在行政诉讼中一并审理相关民事争议，或者案件当事人一致同意相关民事争议在行政诉讼中一并解决，人民法院准许的，由受理行政案件的人民法院管辖。

公民、法人或者其他组织请求一并审理相关民事争议，人民法院经审查发现行政案件已经超过起诉期限，民事案件尚未立案的，告知当事人另行提起民事诉讼；民事案件已经立案的，由原审判组织继续审理。

人民法院在审理行政案件中发现民事争议为解决行政争议的基础，当事人没有请求人民法院一并审理相关民事争议的，人民法院应当告知当事人依法申请一并解决民事争议。当事人就民事争议另行提起民事诉讼并已立案的，人民法院应当中止行政诉讼的审理。民事争议处理期间不计算在行政诉讼审理期限内。

第一百三十九条 有下列情形之一的，人民法院应当作出不予准许一并审理民事争议的决定，并告知当事人可以依法通过其他渠道主张权利：

（一）法律规定应当由行政机关先行处理的；

（二）违反民事诉讼法专属管辖规定或者协议管辖约定的；

（三）约定仲裁或者已经提起民事诉讼的；

（四）其他不宜一并审理民事争议的情形。

对不予准许的决定可以申请复议一次。

第一百四十条 人民法院在行政诉讼中一并审理相关民事争议的，民事争议应当单独立案，由同一审判组织审理。

人民法院审理行政机关对民事争议所作裁决的案件，一并审理民事争议的，不另行立案。

第一百四十一条 人民法院一并审理相关民事争议,适用民事法律规范的相关规定,法律另有规定的除外。

当事人在调解中对民事权益的处分,不能作为审查被诉行政行为合法性的根据。

第一百四十二条 对行政争议和民事争议应当分别裁判。

当事人仅对行政裁判或者民事裁判提出上诉的,未上诉的裁判在上诉期满后即发生法律效力。第一审人民法院应当将全部案卷一并移送第二审人民法院,由行政审判庭审理。第二审人民法院发现未上诉的生效裁判确有错误的,应当按照审判监督程序再审。

第一百四十三条 行政诉讼原告在宣判前申请撤诉的,是否准许由人民法院裁定。人民法院裁定准许行政诉讼原告撤诉,但其对已经提起的一并审理相关民事争议不撤诉的,人民法院应当继续审理。

第一百四十四条 人民法院一并审理相关民事争议,应当按行政案件、民事案件的标准分别收取诉讼费用。

十一、规范性文件的一并审查

第一百四十五条 公民、法人或者其他组织在对行政行为提起诉讼时一并请求对所依据的规范性文件审查的,由行政行为案件管辖法院一并审查。

第一百四十六条 公民、法人或者其他组织请求人民法院一并审查行政诉讼法第五十三条规定的规范性文件,应当在第一审开庭审理前提出;有正当理由的,也可以在法庭调查中提出。

第一百四十七条 人民法院在对规范性文件审查过程中,发现规范性文件可能不合法的,应当听取规范性文件制定机关的意见。

制定机关申请出庭陈述意见的,人民法院应当准许。

行政机关未陈述意见或者未提供相关证明材料的,不能阻止人民法院对规范性文件进行审查。

第一百四十八条 人民法院对规范性文件进行一并审查时,可以从规范性文件制定机关是否超越权限或者违反法定程序、作出行政行为所依据的条款以及相关条款等方面进行。

有下列情形之一的,属于行政诉讼法第六十四条规定的"规范性文件不合法":

(一)超越制定机关的法定职权或者超越法律、法规、规章的授权范围的;

(二)与法律、法规、规章等上位法的规定相抵触的;

(三)没有法律、法规、规章依据,违法增加公民、法人和其他组织义务或者减损公民、法人和其他组织合法权益的;

(四)未履行法定批准程序、公开发布程序,严重违反制定程序的;

(五)其他违反法律、法规以及规章规定的情形。

第一百四十九条 人民法院经审查认为行政行为所依据的规范性文件合法的,应当作为认定行政行为合法的依据;经审查认为规范性文件不合法的,不作为人民法院认定行政行为合法的依据,并在裁判理由中予以阐明。作出生效裁判的人民法院应当向规范性文件的制定机关提出处理建议,并可以抄送制定机关的同级人民政府、上一级行政机关、监察机关以及规范性文件的备案机关。

规范性文件不合法的,人民法院可以在裁判生效之日起三个月内,向规范性文件制定机关提出修改或者废止该规范性文件的司法建议。

规范性文件由多个部门联合制定的,人民法院可以向该规范性文件的主办机关或者共同上一级行政机关发送司法建议。

接收司法建议的行政机关应当在收到司法建议之日起六十日内予以书面答复。情况紧急的，人民法院可以建议制定机关或者其上一级行政机关立即停止执行该规范性文件。

第一百五十条　人民法院认为规范性文件不合法的，应当在裁判生效后报送上一级人民法院进行备案。涉及国务院部门、省级行政机关制定的规范性文件，司法建议还应当分别层报最高人民法院、高级人民法院备案。

第一百五十一条　各级人民法院院长对本院已经发生法律效力的判决、裁定，发现规范性文件合法性认定错误，认为需要再审的，应当提交审判委员会讨论。

最高人民法院对地方各级人民法院已经发生法律效力的判决、裁定，上级人民法院对下级人民法院已经发生法律效力的判决、裁定，发现规范性文件合法性认定错误的，有权提审或者指令下级人民法院再审。

十二、执行

第一百五十二条　对发生法律效力的行政判决书、行政裁定书、行政赔偿判决书和行政调解书，负有义务的一方当事人拒绝履行的，对方当事人可以依法申请人民法院强制执行。

人民法院判决行政机关履行行政赔偿、行政补偿或者其他行政给付义务，行政机关拒不履行的，对方当事人可以依法向法院申请强制执行。

第一百五十三条　申请执行的期限为二年。申请执行时效的中止、中断，适用法律有关规定。

申请执行的期限从法律文书规定的履行期间最后一日起计算；法律文书规定分期履行的，从规定的每次履行期间的最后一日起计算；法律文书中没有规定履行期限的，从该法律文书送达当事人之日起计算。

逾期申请的，除有正当理由外，人民法院不予受理。

第一百五十四条　发生法律效力的行政判决书、行政裁定书、行政赔偿判决书和行政调解书，由第一审人民法院执行。

第一审人民法院认为情况特殊，需要由第二审人民法院执行的，可以报请第二审人民法院执行；第二审人民法院可以决定由其执行，也可以决定由第一审人民法院执行。

第一百五十五条　行政机关根据行政诉讼法第九十七条的规定申请执行其行政行为，应当具备以下条件：

（一）行政行为依法可以由人民法院执行；
（二）行政行为已经生效并具有可执行内容；
（三）申请人是作出该行政行为的行政机关或者法律、法规、规章授权的组织；
（四）被申请人是该行政行为所确定的义务人；
（五）被申请人在行政行为确定的期限内或者行政机关催告期限内未履行义务；
（六）申请人在法定期限内提出申请；
（七）被申请执行的行政案件属于受理执行申请的人民法院管辖。

行政机关申请人民法院执行，应当提交行政强制法第五十五条规定的相关材料。

人民法院对符合条件的申请，应当在五日内立案受理，并通知申请人；对不符合条件的申请，应当裁定不予受理。行政机关对不予受理裁定有异议，在十五日内向上一级人民法院申请复议的，上一级人民法院应当在收到复议申请之日起十五日内作出裁定。

第一百五十六条　没有强制执行权的行政机关申请人民法院强制执行其行政行为，应当自被执行人的法定起诉期限届满之日起三个月内提出。逾期申请的，除有正当理由外，人民法院不予受理。

第一百五十七条 行政机关申请人民法院强制执行其行政行为的,由申请人所在地的基层人民法院受理;执行对象为不动产的,由不动产所在地的基层人民法院受理。

基层人民法院认为执行确有困难的,可以报请上级人民法院执行;上级人民法院可以决定由其执行,也可以决定由下级人民法院执行。

第一百五十八条 行政机关根据法律的授权对平等主体之间民事争议作出裁决后,当事人在法定期限内不起诉又不履行,作出裁决的行政机关在申请执行的期限内未申请人民法院强制执行的,生效行政裁决确定的权利人或者其继承人、权利承受人在六个月内可以申请人民法院强制执行。

享有权利的公民、法人或者其他组织申请人民法院强制执行生效行政裁决,参照行政机关申请人民法院强制执行行政行为的规定。

第一百五十九条 行政机关或者行政行为确定的权利人申请人民法院强制执行前,有充分理由认为被执行人可能逃避执行的,可以申请人民法院采取财产保全措施。后者申请强制执行的,应当提供相应的财产担保。

第一百六十条 人民法院受理行政机关申请执行其行政行为的案件后,应当在七日内由行政审判庭对行政行为的合法性进行审查,并作出是否准予执行的裁定。

人民法院在作出裁定前发现行政行为明显违法并损害被执行人合法权益的,应当听取被执行人和行政机关的意见,并自受理之日起三十日内作出是否准予执行的裁定。

需要采取强制执行措施的,由本院负责强制执行非诉行政行为的机构执行。

第一百六十一条 被申请执行的行政行为有下列情形之一的,人民法院应当裁定不准予执行:

(一)实施主体不具有行政主体资格的;

(二)明显缺乏事实根据的;

(三)明显缺乏法律、法规依据的;

(四)其他明显违法并损害被执行人合法权益的情形。

行政机关对不准予执行的裁定有异议,在十五日内向上一级人民法院申请复议的,上一级人民法院应当在收到复议申请之日起三十日内作出裁定。

十三、附则

第一百六十二条 公民、法人或者其他组织对2015年5月1日之前作出的行政行为提起诉讼,请求确认行政行为无效的,人民法院不予立案。

第一百六十三条 本解释自2018年2月8日起施行。

本解释施行后,《最高人民法院关于执行〈中华人民共和国行政诉讼法〉若干问题的解释》(法释〔2000〕8号)、《最高人民法院关于适用〈中华人民共和国行政诉讼法〉若干问题的解释》(法释〔2015〕9号)同时废止。最高人民法院以前发布的司法解释与本解释不一致的,不再适用。

中华人民共和国行政处罚法

（1996年3月17日第八届全国人民代表大会第四次会议通过 根据2009年8月27日第十一届全国人民代表大会常务委员会第十次会议《关于修改部分法律的决定》第一次修正 根据2017年9月1日第十二届全国人民代表大会常务委员会第二十九次会议《关于修改〈中华人民共和国法官法〉等八部法律的决定》第二次修正 2021年1月22日第十三届全国人民代表大会常务委员会第二十五次会议修订）

第一章 总 则

第一条 为了规范行政处罚的设定和实施，保障和监督行政机关有效实施行政管理，维护公共利益和社会秩序，保护公民、法人或者其他组织的合法权益，根据宪法，制定本法。

第二条 行政处罚是指行政机关依法对违反行政管理秩序的公民、法人或者其他组织，以减损权益或者增加义务的方式予以惩戒的行为。

第三条 行政处罚的设定和实施，适用本法。

第四条 公民、法人或者其他组织违反行政管理秩序的行为，应当给予行政处罚的，依照本法由法律、法规、规章规定，并由行政机关依照本法规定的程序实施。

第五条 行政处罚遵循公正、公开的原则。

设定和实施行政处罚必须以事实为依据，与违法行为的事实、性质、情节以及社会危害程度相当。

对违法行为给予行政处罚的规定必须公布；未经公布的，不得作为行政处罚的依据。

第六条 实施行政处罚，纠正违法行为，应当坚持处罚与教育相结合，教育公民、法人或者其他组织自觉守法。

第七条 公民、法人或者其他组织对行政机关所给予的行政处罚，享有陈述权、申辩权；对行政处罚不服的，有权依法申请行政复议或者提起行政诉讼。

公民、法人或者其他组织因行政机关违法给予行政处罚受到损害的，有权依法提出赔偿要求。

第八条 公民、法人或者其他组织因违法行为受到行政处罚，其违法行为对他人造成损害的，应当依法承担民事责任。

违法行为构成犯罪，应当依法追究刑事责任的，不得以行政处罚代替刑事处罚。

第二章 行政处罚的种类和设定

第九条 行政处罚的种类：

（一）警告、通报批评；

（二）罚款、没收违法所得、没收非法财物；

（三）暂扣许可证件、降低资质等级、吊销许可证件；

（四）限制开展生产经营活动、责令停产停业、责令关闭、限制从业；

（五）行政拘留；
（六）法律、行政法规规定的其他行政处罚。

第十条 法律可以设定各种行政处罚。

限制人身自由的行政处罚，只能由法律设定。

第十一条 行政法规可以设定除限制人身自由以外的行政处罚。

法律对违法行为已经作出行政处罚规定，行政法规需要作出具体规定的，必须在法律规定的给予行政处罚的行为、种类和幅度的范围内规定。

法律对违法行为未作出行政处罚规定，行政法规为实施法律，可以补充设定行政处罚。拟补充设定行政处罚的，应当通过听证会、论证会等形式广泛听取意见，并向制定机关作出书面说明。行政法规报送备案时，应当说明补充设定行政处罚的情况。

第十二条 地方性法规可以设定除限制人身自由、吊销营业执照以外的行政处罚。

法律、行政法规对违法行为已经作出行政处罚规定，地方性法规需要作出具体规定的，必须在法律、行政法规规定的给予行政处罚的行为、种类和幅度的范围内规定。

法律、行政法规对违法行为未作出行政处罚规定，地方性法规为实施法律、行政法规，可以补充设定行政处罚。拟补充设定行政处罚的，应当通过听证会、论证会等形式广泛听取意见，并向制定机关作出书面说明。地方性法规报送备案时，应当说明补充设定行政处罚的情况。

第十三条 国务院部门规章可以在法律、行政法规规定的给予行政处罚的行为、种类和幅度的范围内作出具体规定。

尚未制定法律、行政法规的，国务院部门规章对违反行政管理秩序的行为，可以设定警告、通报批评或者一定数额罚款的行政处罚。罚款的限额由国务院规定。

第十四条 地方政府规章可以在法律、法规规定的给予行政处罚的行为、种类和幅度的范围内作出具体规定。

尚未制定法律、法规的，地方政府规章对违反行政管理秩序的行为，可以设定警告、通报批评或者一定数额罚款的行政处罚。罚款的限额由省、自治区、直辖市人民代表大会常务委员会规定。

第十五条 国务院部门和省、自治区、直辖市人民政府及其有关部门应当定期组织评估行政处罚的实施情况和必要性，对不适当的行政处罚事项及种类、罚款数额等，应当提出修改或者废止的建议。

第十六条 除法律、法规、规章外，其他规范性文件不得设定行政处罚。

第三章　行政处罚的实施机关

第十七条 行政处罚由具有行政处罚权的行政机关在法定职权范围内实施。

第十八条 国家在城市管理、市场监管、生态环境、文化市场、交通运输、应急管理、农业等领域推行建立综合行政执法制度，相对集中行政处罚权。

国务院或者省、自治区、直辖市人民政府可以决定一个行政机关行使有关行政机关的行政处罚权。

限制人身自由的行政处罚权只能由公安机关和法律规定的其他机关行使。

第十九条 法律、法规授权的具有管理公共事务职能的组织可以在法定授权范围内实施行政处罚。

第二十条 行政机关依照法律、法规、规章的规定，可以在其法定权限内书面委托符合本法第二十一条规定条件的组织实施行政处罚。行政机关不得委托其他组织或者个人实施行政处罚。

委托书应当载明委托的具体事项、权限、期限等内容。委托行政机关和受委托组织应当将委托书向社会公布。

委托行政机关对受委托组织实施行政处罚的行为应当负责监督，并对该行为的后果承担法律责任。

受委托组织在委托范围内，以委托行政机关名义实施行政处罚；不得再委托其他组织或者个人实施行政处罚。

第二十一条　受委托组织必须符合以下条件：

（一）依法成立并具有管理公共事务职能；

（二）有熟悉有关法律、法规、规章和业务并取得行政执法资格的工作人员；

（三）需要进行技术检查或者技术鉴定的，应当有条件组织进行相应的技术检查或者技术鉴定。

第四章　行政处罚的管辖和适用

第二十二条　行政处罚由违法行为发生地的行政机关管辖。法律、行政法规、部门规章另有规定的，从其规定。

第二十三条　行政处罚由县级以上地方人民政府具有行政处罚权的行政机关管辖。法律、行政法规另有规定的，从其规定。

第二十四条　省、自治区、直辖市根据当地实际情况，可以决定将基层管理迫切需要的县级人民政府部门的行政处罚权交由能够有效承接的乡镇人民政府、街道办事处行使，并定期组织评估。决定应当公布。

承接行政处罚权的乡镇人民政府、街道办事处应当加强执法能力建设，按照规定范围、依照法定程序实施行政处罚。

有关地方人民政府及其部门应当加强组织协调、业务指导、执法监督，建立健全行政处罚协调配合机制，完善评议、考核制度。

第二十五条　两个以上行政机关都有管辖权的，由最先立案的行政机关管辖。

对管辖发生争议的，应当协商解决，协商不成的，报请共同的上一级行政机关指定管辖；也可以直接由共同的上一级行政机关指定管辖。

第二十六条　行政机关因实施行政处罚的需要，可以向有关机关提出协助请求。协助事项属于被请求机关职权范围内的，应当依法予以协助。

第二十七条　违法行为涉嫌犯罪的，行政机关应当及时将案件移送司法机关，依法追究刑事责任。对依法不需要追究刑事责任或者免予刑事处罚，但应当给予行政处罚的，司法机关应当及时将案件移送有关行政机关。

行政处罚实施机关与司法机关之间应当加强协调配合，建立健全案件移送制度，加强证据材料移交、接收衔接，完善案件处理信息通报机制。

第二十八条　行政机关实施行政处罚时，应当责令当事人改正或者限期改正违法行为。

当事人有违法所得，除依法应当退赔的外，应当予以没收。违法所得是指实施违法行为所取得的款项。法律、行政法规、部门规章对违法所得的计算另有规定的，从其规定。

第二十九条　对当事人的同一个违法行为，不得给予两次以上罚款的行政处罚。同一个违法行为违反多个法律规范应当给予罚款处罚的，按照罚款数额高的规定处罚。

第三十条　不满十四周岁的未成年人有违法行为的，不予行政处罚，责令监护人加以管教；已满十四周岁不满十八周岁的未成年人有违法行为的，应当从轻或者减轻行政处罚。

第三十一条 精神病人、智力残疾人在不能辨认或者不能控制自己行为时有违法行为的，不予行政处罚，但应当责令其监护人严加看管和治疗。间歇性精神病人在精神正常时有违法行为的，应当给予行政处罚。尚未完全丧失辨认或者控制自己行为能力的精神病人、智力残疾人有违法行为的，可以从轻或者减轻行政处罚。

第三十二条 当事人有下列情形之一，应当从轻或者减轻行政处罚：

（一）主动消除或者减轻违法行为危害后果的；

（二）受他人胁迫或者诱骗实施违法行为的；

（三）主动供述行政机关尚未掌握的违法行为的；

（四）配合行政机关查处违法行为有立功表现的；

（五）法律、法规、规章规定其他应当从轻或者减轻行政处罚的。

第三十三条 违法行为轻微并及时改正，没有造成危害后果的，不予行政处罚。初次违法且危害后果轻微并及时改正的，可以不予行政处罚。

当事人有证据足以证明没有主观过错的，不予行政处罚。法律、行政法规另有规定的，从其规定。

对当事人的违法行为依法不予行政处罚的，行政机关应当对当事人进行教育。

第三十四条 行政机关可以依法制定行政处罚裁量基准，规范行使行政处罚裁量权。行政处罚裁量基准应当向社会公布。

第三十五条 违法行为构成犯罪，人民法院判处拘役或者有期徒刑时，行政机关已经给予当事人行政拘留的，应当依法折抵相应刑期。

违法行为构成犯罪，人民法院判处罚金时，行政机关已经给予当事人罚款的，应当折抵相应罚金；行政机关尚未给予当事人罚款的，不再给予罚款。

第三十六条 违法行为在二年内未被发现的，不再给予行政处罚；涉及公民生命健康安全、金融安全且有危害后果的，上述期限延长至五年。法律另有规定的除外。

前款规定的期限，从违法行为发生之日起计算；违法行为有连续或者继续状态的，从行为终了之日起计算。

第三十七条 实施行政处罚，适用违法行为发生时的法律、法规、规章的规定。但是，作出行政处罚决定时，法律、法规、规章已被修改或者废止，且新的规定处罚较轻或者不认为是违法的，适用新的规定。

第三十八条 行政处罚没有依据或者实施主体不具有行政主体资格的，行政处罚无效。

违反法定程序构成重大且明显违法的，行政处罚无效。

第五章　行政处罚的决定

第一节　一般规定

第三十九条 行政处罚的实施机关、立案依据、实施程序和救济渠道等信息应当公示。

第四十条 公民、法人或者其他组织违反行政管理秩序的行为，依法应当给予行政处罚的，行政机关必须查明事实；违法事实不清、证据不足的，不得给予行政处罚。

第四十一条 行政机关依照法律、行政法规规定利用电子技术监控设备收集、固定违法事实的，应当经过法制和技术审核，确保电子技术监控设备符合标准、设置合理、标志明显，设置地点应当向社会公布。

电子技术监控设备记录违法事实应当真实、清晰、完整、准确。行政机关应当审核记录内容是否符合要求；未经审核或者经审核不符合要求的，不得作为行政处罚的证据。

行政机关应当及时告知当事人违法事实，并采取信息化手段或者其他措施，为当事人查询、陈述和申辩提供便利。不得限制或者变相限制当事人享有的陈述权、申辩权。

第四十二条 行政处罚应当由具有行政执法资格的执法人员实施。执法人员不得少于两人，法律另有规定的除外。

执法人员应当文明执法，尊重和保护当事人合法权益。

第四十三条 执法人员与案件有直接利害关系或者有其他关系可能影响公正执法的，应当回避。

当事人认为执法人员与案件有直接利害关系或者有其他关系可能影响公正执法的，有权申请回避。

当事人提出回避申请的，行政机关应当依法审查，由行政机关负责人决定。决定作出之前，不停止调查。

第四十四条 行政机关在作出行政处罚决定之前，应当告知当事人拟作出的行政处罚内容及事实、理由、依据，并告知当事人依法享有的陈述、申辩、要求听证等权利。

第四十五条 当事人有权进行陈述和申辩。行政机关必须充分听取当事人的意见，对当事人提出的事实、理由和证据，应当进行复核；当事人提出的事实、理由或者证据成立的，行政机关应当采纳。

行政机关不得因当事人陈述、申辩而给予更重的处罚。

第四十六条 证据包括：

（一）书证；

（二）物证；

（三）视听资料；

（四）电子数据；

（五）证人证言；

（六）当事人的陈述；

（七）鉴定意见；

（八）勘验笔录、现场笔录。

证据必须经查证属实，方可作为认定案件事实的根据。

以非法手段取得的证据，不得作为认定案件事实的根据。

第四十七条 行政机关应当依法以文字、音像等形式，对行政处罚的启动、调查取证、审核、决定、送达、执行等进行全过程记录，归档保存。

第四十八条 具有一定社会影响的行政处罚决定应当依法公开。

公开的行政处罚决定被依法变更、撤销、确认违法或者确认无效的，行政机关应当在三日内撤回行政处罚决定信息并公开说明理由。

第四十九条 发生重大传染病疫情等突发事件，为了控制、减轻和消除突发事件引起的社会危害，行政机关对违反突发事件应对措施的行为，依法快速、从重处罚。

第五十条 行政机关及其工作人员对实施行政处罚过程中知悉的国家秘密、商业秘密或者个人隐私，应当依法予以保密。

第二节 简易程序

第五十一条 违法事实确凿并有法定依据，对公民处以二百元以下、对法人或者其他组织处以三千元以下罚款或者警告的行政处罚的，可以当场作出行政处罚决定。法律另有规定的，从其规定。

第五十二条 执法人员当场作出行政处罚决定的，应当向当事人出示执法证件，填写预定格式、编有号码的行政处罚决定书，并当场交付当事人。当事人拒绝签收的，应当在行政处罚决定书上注明。

前款规定的行政处罚决定书应当载明当事人的违法行为，行政处罚的种类和依据、罚款数额、时间、地点，申请行政复议、提起行政诉讼的途径和期限以及行政机关名称，并由执法人员签名或者盖章。

执法人员当场作出的行政处罚决定，应当报所属行政机关备案。

第五十三条 对当场作出的行政处罚决定，当事人应当依照本法第六十七条至第六十九条的规定履行。

第三节 普通程序

第五十四条 除本法第五十一条规定的可以当场作出的行政处罚外，行政机关发现公民、法人或者其他组织有依法应当给予行政处罚的行为的，必须全面、客观、公正地调查，收集有关证据；必要时，依照法律、法规的规定，可以进行检查。

符合立案标准的，行政机关应当及时立案。

第五十五条 执法人员在调查或者进行检查时，应当主动向当事人或者有关人员出示执法证件。当事人或者有关人员有权要求执法人员出示执法证件。执法人员不出示执法证件的，当事人或者有关人员有权拒绝接受调查或者检查。

当事人或者有关人员应当如实回答询问，并协助调查或者检查，不得拒绝或者阻挠。询问或者检查应当制作笔录。

第五十六条 行政机关在收集证据时，可以采取抽样取证的方法；在证据可能灭失或者以后难以取得的情况下，经行政机关负责人批准，可以先行登记保存，并应当在七日内及时作出处理决定，在此期间，当事人或者有关人员不得销毁或者转移证据。

第五十七条 调查终结，行政机关负责人应当对调查结果进行审查，根据不同情况，分别作出如下决定：

（一）确有应受行政处罚的违法行为的，根据情节轻重及具体情况，作出行政处罚决定；

（二）违法行为轻微，依法可以不予行政处罚的，不予行政处罚；

（三）违法事实不能成立的，不予行政处罚；

（四）违法行为涉嫌犯罪的，移送司法机关。

对情节复杂或者重大违法行为给予行政处罚，行政机关负责人应当集体讨论决定。

第五十八条 有下列情形之一，在行政机关负责人作出行政处罚的决定之前，应当由从事行政处罚决定法制审核的人员进行法制审核；未经法制审核或者审核未通过的，不得作出决定：

（一）涉及重大公共利益的；

（二）直接关系当事人或者第三人重大权益，经过听证程序的；

（三）案件情况疑难复杂、涉及多个法律关系的；

（四）法律、法规规定应当进行法制审核的其他情形。

行政机关中初次从事行政处罚决定法制审核的人员，应当通过国家统一法律职业资格考试取得法律职业资格。

第五十九条 行政机关依照本法第五十七条的规定给予行政处罚，应当制作行政处罚决定书。行政处罚决定书应当载明下列事项：

（一）当事人的姓名或者名称、地址；
（二）违反法律、法规、规章的事实和证据；
（三）行政处罚的种类和依据；
（四）行政处罚的履行方式和期限；
（五）申请行政复议、提起行政诉讼的途径和期限；
（六）作出行政处罚决定的行政机关名称和作出决定的日期。

行政处罚决定书必须盖有作出行政处罚决定的行政机关的印章。

第六十条 行政机关应当自行政处罚案件立案之日起九十日内作出行政处罚决定。法律、法规、规章另有规定的，从其规定。

第六十一条 行政处罚决定书应当在宣告后当场交付当事人；当事人不在场的，行政机关应当在七日内依照《中华人民共和国民事诉讼法》的有关规定，将行政处罚决定书送达当事人。

当事人同意并签订确认书的，行政机关可以采用传真、电子邮件等方式，将行政处罚决定书等送达当事人。

第六十二条 行政机关及其执法人员在作出行政处罚决定之前，未依照本法第四十四条、第四十五条的规定向当事人告知拟作出的行政处罚内容及事实、理由、依据，或者拒绝听取当事人的陈述、申辩，不得作出行政处罚决定；当事人明确放弃陈述或者申辩权利的除外。

第四节 听证程序

第六十三条 行政机关拟作出下列行政处罚决定，应当告知当事人有要求听证的权利，当事人要求听证的，行政机关应当组织听证：
（一）较大数额罚款；
（二）没收较大数额违法所得、没收较大价值非法财物；
（三）降低资质等级、吊销许可证件；
（四）责令停产停业、责令关闭、限制从业；
（五）其他较重的行政处罚；
（六）法律、法规、规章规定的其他情形。

当事人不承担行政机关组织听证的费用。

第六十四条 听证应当依照以下程序组织：
（一）当事人要求听证的，应当在行政机关告知后五日内提出；
（二）行政机关应当在举行听证的七日前，通知当事人及有关人员听证的时间、地点；
（三）除涉及国家秘密、商业秘密或者个人隐私依法予以保密外，听证公开举行；
（四）听证由行政机关指定的非本案调查人员主持；当事人认为主持人与本案有直接利害关系的，有权申请回避；
（五）当事人可以亲自参加听证，也可以委托一至二人代理；
（六）当事人及其代理人无正当理由拒不出席听证或者未经许可中途退出听证的，视为放弃听证权利，行政机关终止听证；
（七）举行听证时，调查人员提出当事人违法的事实、证据和行政处罚建议，当事人进行申辩和质证；
（八）听证应当制作笔录。笔录应当交当事人或者其代理人核对无误后签字或者盖章。当事人或者其代理人拒绝签字或者盖章的，由听证主持人在笔录中注明。

第六十五条 听证结束后,行政机关应当根据听证笔录,依照本法第五十七条的规定,作出决定。

第六章 行政处罚的执行

第六十六条 行政处罚决定依法作出后,当事人应当在行政处罚决定书载明的期限内,予以履行。

当事人确有经济困难,需要延期或者分期缴纳罚款的,经当事人申请和行政机关批准,可以暂缓或者分期缴纳。

第六十七条 作出罚款决定的行政机关应当与收缴罚款的机构分离。

除依照本法第六十八条、第六十九条的规定当场收缴的罚款外,作出行政处罚决定的行政机关及其执法人员不得自行收缴罚款。

当事人应当自收到行政处罚决定书之日起十五日内,到指定的银行或者通过电子支付系统缴纳罚款。银行应当收受罚款,并将罚款直接上缴国库。

第六十八条 依照本法第五十一条的规定当场作出行政处罚决定,有下列情形之一,执法人员可以当场收缴罚款:

(一)依法给予一百元以下罚款的;

(二)不当场收缴事后难以执行的。

第六十九条 在边远、水上、交通不便地区,行政机关及其执法人员依照本法第五十一条、第五十七条的规定作出罚款决定后,当事人到指定的银行或者通过电子支付系统缴纳罚款确有困难,经当事人提出,行政机关及其执法人员可以当场收缴罚款。

第七十条 行政机关及其执法人员当场收缴罚款的,必须向当事人出具国务院财政部门或者省、自治区、直辖市人民政府财政部门统一制发的专用票据;不出具财政部门统一制发的专用票据的,当事人有权拒绝缴纳罚款。

第七十一条 执法人员当场收缴的罚款,应当自收缴罚款之日起二日内,交至行政机关;在水上当场收缴的罚款,应当自抵岸之日起二日内交至行政机关;行政机关应当在二日内将罚款缴付指定的银行。

第七十二条 当事人逾期不履行行政处罚决定的,作出行政处罚决定的行政机关可以采取下列措施:

(一)到期不缴纳罚款的,每日按罚款数额的百分之三加处罚款,加处罚款的数额不得超出罚款的数额;

(二)根据法律规定,将查封、扣押的财物拍卖、依法处理或者将冻结的存款、汇款划拨抵缴罚款;

(三)根据法律规定,采取其他行政强制执行方式;

(四)依照《中华人民共和国行政强制法》的规定申请人民法院强制执行。

行政机关批准延期、分期缴纳罚款的,申请人民法院强制执行的期限,自暂缓或者分期缴纳罚款期限结束之日起计算。

第七十三条 当事人对行政处罚决定不服,申请行政复议或者提起行政诉讼的,行政处罚不停止执行,法律另有规定的除外。

当事人对限制人身自由的行政处罚决定不服,申请行政复议或者提起行政诉讼的,可以向作出决定的机关提出暂缓执行申请。符合法律规定情形的,应当暂缓执行。

当事人申请行政复议或者提起行政诉讼的,加处罚款的数额在行政复议或者行政诉讼期间不予计算。

第七十四条 除依法应当予以销毁的物品外，依法没收的非法财物必须按照国家规定公开拍卖或者按照国家有关规定处理。

罚款、没收的违法所得或者没收非法财物拍卖的款项，必须全部上缴国库，任何行政机关或者个人不得以任何形式截留、私分或者变相私分。

罚款、没收的违法所得或者没收非法财物拍卖的款项，不得同作出行政处罚决定的行政机关及其工作人员的考核、考评直接或者变相挂钩。除依法应当退还、退赔的外，财政部门不得以任何形式向作出行政处罚决定的行政机关返还罚款、没收的违法所得或者没收非法财物拍卖的款项。

第七十五条 行政机关应当建立健全对行政处罚的监督制度。县级以上人民政府应当定期组织开展行政执法评议、考核，加强对行政处罚的监督检查，规范和保障行政处罚的实施。

行政机关实施行政处罚应当接受社会监督。公民、法人或者其他组织对行政机关实施行政处罚的行为，有权申诉或者检举；行政机关应当认真审查，发现有错误的，应当主动改正。

第七章　法律责任

第七十六条 行政机关实施行政处罚，有下列情形之一，由上级行政机关或者有关机关责令改正，对直接负责的主管人员和其他直接责任人员依法给予处分：

（一）没有法定的行政处罚依据的；
（二）擅自改变行政处罚种类、幅度的；
（三）违反法定的行政处罚程序的；
（四）违反本法第二十条关于委托处罚的规定的；
（五）执法人员未取得执法证件的。

行政机关对符合立案标准的案件不及时立案的，依照前款规定予以处理。

第七十七条 行政机关对当事人进行处罚不使用罚款、没收财物单据或者使用非法定部门制发的罚款、没收财物单据的，当事人有权拒绝，并有权予以检举，由上级行政机关或者有关机关对使用的非法单据予以收缴销毁，对直接负责的主管人员和其他直接责任人员依法给予处分。

第七十八条 行政机关违反本法第六十七条的规定自行收缴罚款的，财政部门违反本法第七十四条的规定向行政机关返还罚款、没收的违法所得或者拍卖款项的，由上级行政机关或者有关机关责令改正，对直接负责的主管人员和其他直接责任人员依法给予处分。

第七十九条 行政机关截留、私分或者变相私分罚款、没收的违法所得或者财物的，由财政部门或者有关机关予以追缴，对直接负责的主管人员和其他直接责任人员依法给予处分；情节严重构成犯罪的，依法追究刑事责任。

执法人员利用职务上的便利，索取或者收受他人财物、将收缴罚款据为己有，构成犯罪的，依法追究刑事责任；情节轻微不构成犯罪的，依法给予处分。

第八十条 行政机关使用或者损毁查封、扣押的财物，对当事人造成损失的，应当依法予以赔偿，对直接负责的主管人员和其他直接责任人员依法给予处分。

第八十一条 行政机关违法实施检查措施或者执行措施，给公民人身或者财产造成损害、给法人或者其他组织造成损失的，应当依法予以赔偿，对直接负责的主管人员和其他直接责任人员依法给予处分；情节严重构成犯罪的，依法追究刑事责任。

第八十二条 行政机关对应当依法移交司法机关追究刑事责任的案件不移交，以行政处罚代替刑事处罚，由上级行政机关或者有关机关责令改正，对直接负责的主管人员和其他直接责任人员依法给予处分；情节严重构成犯罪的，依法追究刑事责任。

第八十三条 行政机关对应当予以制止和处罚的违法行为不予制止、处罚，致使公民、法人或者其他组织的合法权益、公共利益和社会秩序遭受损害的，对直接负责的主管人员和其他直接责任人员依法给予处分；情节严重构成犯罪的，依法追究刑事责任。

第八章 附　　则

第八十四条 外国人、无国籍人、外国组织在中华人民共和国领域内有违法行为，应当给予行政处罚的，适用本法，法律另有规定的除外。

第八十五条 本法中"二日""三日""五日""七日"的规定是指工作日，不含法定节假日。

第八十六条 本法自 2021 年 7 月 15 日起施行。

审计署审计结果公告办法

（审法发〔2006〕37 号，2006 年 6 月 20 日）

第一条 为了规范审计署公告审计结果工作，提高审计结果公告质量，根据《中华人民共和国审计法》第三十六条和国务院《全面推进依法行政实施纲要》，制定本办法。

第二条 本办法所称公告审计结果，是指审计署依法向社会公布审计报告所反映内容及相关情况的行为。

第三条 凡审计署统一组织审计项目的审计结果，除受委托的经济责任审计项目和涉及国家秘密、被审计单位商业秘密的内容外，原则上都要向社会公告。

第四条 审计署公告审计结果，应保证质量，做到事实清楚，证据确凿，定性准确，评价客观公正。

第五条 审计署需要公告下列审计结果的，应当事先报经国务院同意：

（一）中央预算执行和其他财政收支的审计工作报告以及审计查出问题纠正情况报告；

（二）向国务院报送的综合性专题报告；

（三）其他认为需要报经国务院同意的审计结果。

其他审计事项的审计结果需要公告的，由审计署决定。

第六条 审计署公告审计结果需要报经国务院同意的，应当在向国务院呈送的相关报告中加以说明，并形成公告稿报国务院审批。

第七条 审计署公告审计结果，应在审计报告和审计决定书生效 90 日（提请裁决、申请行政复议或者提起行政诉讼期满）后的适当时机进行。

被审计单位对审计结果提请裁决、申请行政复议或者提起行政诉讼的，审计署公告审计结果，应在裁决、行政复议、行政诉讼结束后进行。

第八条 审计署公告审计结果，由审计署办公厅统一组织办理，履行规定的审批手续。审计署机关各单位、派出审计局、驻地方特派员办事处不得向社会公告审计结果。

第九条 审计署公告审计结果一般应包括以下内容：
（一）被审计单位基本情况及审计评价意见；
（二）审计发现的主要问题；
（三）审计处理处罚及建议；
（四）审计整改情况；
（五）其他认为需要公告的内容。

第十条 审计署通过公开出版《中华人民共和国审计署审计结果公告》向社会公告审计结果，同时在审计署网站发布。

第十一条 审计署公告审计结果，应按照审计法的有关规定，在审计报告出具前将其送被审计单位和有关部门征求意见，并注明审计署将以适当方式公告审计结果。公告时一般不再征求意见，但被审计单位对审计报告有重大分歧意见的，必须再次征求意见，在事实和定性等主要问题上取得一致。

需公告涉嫌违法违纪或者犯罪案件移送事项情况的，应当与受理移送部门协商一致。

第十二条 审计署出具审计报告、审计决定书后，审计署有关部门应及时跟踪了解审计整改情况。审计署在公告审计结果时，应如实反映审计整改情况。

第十三条 公告涉及的有关单位对公告的有关内容提出异议的，由审计署办公厅商有关司局负责解释。

第十四条 违反本办法规定，有下列行为之一的，依法追究有关单位和个人的责任：
（一）未经批准擅自公告审计结果的；
（二）审计结果公告后发现有重大事实差错并造成不良后果的；
（三）泄露国家秘密或者被审计单位及相关单位的商业秘密的。

第十五条 审计署公告专项审计调查结果，遵照本办法执行。

第十六条 本办法由审计署办公厅负责解释。

第十七条 本办法自发布之日起施行。审计署于2002年3月19日印发的《审计署审计结果公告试行办法》（审法发〔2002〕49号）同时废止。

国务院办公厅关于印发审计署主要职责内设机构和人员编制规定的通知

（国办发〔2008〕84号，2008年7月10日）

根据《国务院办公厅关于印发审计署主要职责内设机构和人员编制规定的通知》（国办发〔2008〕84号）以及《国务院关于加强审计工作的意见》（国发〔2014〕48号）、《中共中央办公厅、国务院办公厅关于完善审计制度若干重大问题的框架意见》及相关配套文件，审计署的主要职责是：

（一）主管全国审计工作。依法独立对国务院各部门、地方各级人民政府及其各部门、国有金融机构和企业事业组织的财政财务收支及相关经济活动的真实、合法和效益情况，中央相关政策措施落实情况，以及领导干部经济责任履行情况进行审计监督，维护国家财政经济秩序，提高财政资金使用效益，促进廉政建设，保障国民经济和社会健康发展。

（二）起草审计法律法规草案，拟订审计政策，制定审计规章、审计准则和指南并监督执行。制定并组织实施审计工作发展规划和专业领域审计工作规划，制定并组织实施年度审计计划。参与起草财政经济及其相关的法律法规草案。对直接审计、调查和核查的事项依法进行审计评价，做出审计决定或提出审计建议。

（三）向国务院总理提出年度中央预算执行和其他财政收支情况的审计结果报告。受国务院委托向全国人大常委会提出中央预算执行和其他财政收支情况的审计工作报告、审计发现问题的整改情况报告。向国务院报告对其他事项的审计和专项审计调查情况及结果。依法向社会公布审计结果。向国务院有关部门和省级人民政府通报审计情况和审计结果。

（四）直接审计下列事项，出具审计报告，在法定职权范围内做出审计决定或向有关主管机关提出处理处罚的建议：

1. 中央预算执行情况和其他财政收支，中央决算草案编制，中央各部门（含直属单位）预算的执行情况、决算和其他财政收支。

2. 省级人民政府预算的执行情况、决算和其他财政收支，中央财政转移支付资金。

3. 使用中央财政资金的事业单位和社会团体的财务收支。

4. 中央投资和以中央投资为主的建设项目的预算执行情况和决算。

5. 中国人民银行、国家外汇管理局的财务收支，中央国有企业和金融机构、国有资本占控股或主导地位的企业和金融机构的资产、负债和损益。

6. 国务院部门、省级人民政府管理和其他单位受国务院及其部门委托管理的社会保障基金、社会捐赠资金及其他有关基金、资金的财务收支。

7. 组织审计国家驻外非经营性机构的财务收支，依法通过适当方式组织审计中央国有企业和金融机构的境外资产、负债和损益。

8. 国际组织和外国政府援助、贷款项目的财务收支。

9. 法律、行政法规规定应由审计署审计的其他事项。

（五）按规定和程序，组织实施对省部级党政主要领导干部、国有企业领导人员以及依法属于审计署审计监督对象的其他单位主要负责人的经济责任审计。

（六）组织实施对国家重大政策措施和宏观调控部署落实情况进行跟踪审计。

（七）组织实施领导干部自然资源资产离任审计。

（八）依法检查审计决定执行情况，督促纠正和处理审计发现的问题，依法办理被审计单位对审计决定提请行政复议、行政诉讼或国务院裁决中的有关事项。协助配合有关部门查处相关重大案件。

（九）指导和监督内部审计工作，核查社会审计机构对依法属于审计监督对象的单位出具的相关审计报告。

（十）与省级人民政府共同领导省级审计机关。依法领导和监督地方审计机关的业务，组织地方审计机关实施特定项目的专项审计或审计调查，纠正或责成纠正地方审计机关违反国家规定做出的审计决定。按照规定组织做好对省级审计机关的考核。按照干部管理权限做好省级审计机关领导干部工作。负责管理派驻地方的审计特派员办事处。

（十一）组织开展审计领域的国际交流与合作，指导和推广信息技术在审计领域的应用，组织建设国家审计信息系统。

（十二）承办国务院交办的其他事项。

为履行职责，审计署设置了下列机构：

21个内设机构：办公厅、政策研究室、法规司、电子数据审计司、财政审计司、税收征管审计司、行政政法审计司、教科文卫审计司、农业审计司、固定资产投资审计司、社会保障审计司、资源环境审计司、金融审计司、企业审计司、外资运用审计司、境外审计司、经济责任审计司、国际合作司、人事教育司、机关党委、离退休干部办公室。

9个直属单位：计算机技术中心、机关服务局、审计科研所、审计干部培训中心（审计署审计宣传中心）、中国时代经济出版社、中国审计报社、国外贷款项目审计服务中心、审计博物馆、审计干部教育学院（中共审计署党校）。

20个派出审计局：外交外事审计局、发展统计审计局、教育审计局、科学技术审计局、工业审计局、民族宗教审计局、政法审计局、民政社保审计局、资源环保审计局、建设审计局、交通运输审计局、农林水利审计局、贸易审计局、文化体育审计局、卫生药品审计局、国资监管审计局、经济执法审计局、广电通讯审计局、旅游侨务审计局、地震气象审计局。

18个驻地方特派员办事处：京津冀特派员办事处、太原特派员办事处、沈阳特派员办事处、哈尔滨特派员办事处、上海特派员办事处、南京特派员办事处、武汉特派员办事处、广州特派员办事处、郑州特派员办事处、济南特派员办事处、西安特派员办事处、兰州特派员办事处、昆明特派员办事处、成都特派员办事处、长沙特派员办事处、深圳特派员办事处、长春特派员办事处、重庆特派员办事处。

审计署管理1个社会团体：中国审计学会。

审计署主管审计署门户网站、审计署政务微信以及《中国审计报》《中国审计》等报刊的发布。

审计署历任审计长于明涛、吕培俭、郭振乾、李金华、刘家义，现任审计长胡泽君。

2024年全国审计工作会议在北京召开

经党中央、国务院批准，全国审计工作会议于2024年1月11日在北京召开。会议主要任务是：深入学习贯彻党的二十大、二十届二中全会和中央经济工作会议精神，全面落实习近平总书记关于审计工作的重要指示批示精神和李强总理在听取审计工作汇报时的工作要求，不断深化对中国特色社会主义审计事业的规律性认识，总结2023年工作；认清形势，自觉运用规律性认识研究部署2024年工作。审计署党组书记、审计长侯凯出席会议并讲话。署领导班子全体成员出席会议。

会议强调，党中央、国务院高度重视审计工作。2023年习近平总书记在中央政治局常委会会议、二十届中央审计委员会第一次会议等重要会议上多次就审计工作发表重要讲话，对审计反映的重要情况、重大问题作出多次重要批示。特别是在5月23日召开的二十届中央审计委员会第一次会议上，习近平总书记高度评价5年来审计工作取得的历史性成就、发生的历史性变革，站在强国建设、民族复兴的高度，对更好发挥审计在推进党的自我革命中的独特作用作出重要部署，为做好新时代审计工作指明了前进方向、提供了根本遵循。李强总理多次听取审计工作汇报，主持召开国务院常务会议研究部署审计整改，并在会前专门听取了审计署工作汇报，充分肯定和高度评价2023年审计工作，对做好2024年审计工作提出要求和期望。

会议指出，2023年，审计机关坚持以习近平新时代中国特色社会主义思想为指引，立足经济监督定位，聚焦财政财务收支真实合法效益主责主业，深入开展研究型审计，以推动贯彻落实党中央关于经济高质量发展的重大决策部署为纲，做到提纲挈领、纲举目张，新时代治国理政在审计领域取得重要制度成果。总体上看，党中央对审计工作的集中统一领导更加细化实化制度化，对中国特色社会主义审计事业的规律性认识更加深刻、运用更加自觉；集中统一、全面覆盖、权威高效的审计监督体系进一步健全完善；审计独特监督作用进一步彰显；审计成果运用贯通协同进一步顺畅、权威和高效。一是坚持和加强党中央对审计工作的集中统一领导。深刻领悟"两个确立"的决定性意义，做到"两个维护"，不折不扣落实党中央关于审计工作的各项重大决策部署，集中统一、全面覆盖、权威高效的审计监督体系进一步健全完善。以落实习近平总书记重要指示批示引领审计工作全面开展。将中央政治局常委会会议和二十届中央审计委员会第一次会议议定事项，细化为重点任务并明确责任单位，以重点任务带动审计工作全面开展。推动中央审计委员会成员单位横向贯通机制更加健全高效。与中央纪委国家监委机关建立常态化对口联系机制，实现对审计发现重大问题线索移送、查办、反馈、报告的全周期闭环管理；向中央纪委国家监委机关、中央组织部转送省级党委审计委员会履职材料，协助检查考核。积极参与国务院推动高质量发展综合督查和化债专项工作。配合全国人大财经委、常委会预算工委对审计查出突出问题整改进行跟踪监督。促进纵向贯通的全国审计一盘棋加快形成。探索建立把习近平总书记重要批示"贯下去"、地方贯彻落实情况"拿上来"的机制：围绕习近平总书记关心关注的重大事项，对各地上报的审计情况加强综合分析，编发《中央审计委员会办公室简报》报告中央审计委员会；围绕将党中央关于审计工作的重大决策部署贯彻下去，推动建立健全地方党委审计办请示报告、贯通协同、督查督办、审计整改等重点工作运行机制。各省级党委审计办立足新时代新征程审计工作高质量发展，全面贯彻新发展理念，党委审计委员会领导审计工作的新格局、新机制、新路径加快构建并有效运转，"审计作为"必须与"审计地位"相适应的新共识普遍形成。二是自觉运用中国特色社会主义审计事业的规律性认识指导实践。按照习近平总书记关于2023年审计工作"六个聚焦"的重要要求，坚持稳中求进工作总基调，依法全面履职尽责，审计独特监督作用进一步彰显。1月至11月全国共审计5.6万多个单位，促进增收节支和挽回损失3 600多亿元，健全完善规章制度1.6万多项。主要做了6项工作：聚焦高质量发展首要任务开展审计，及时揭示探索性、开创性工作中出现的苗头性、倾向性问题；聚焦稳增长稳就业稳物价开展审计，重点审计了重大投资项目、就业补助和失业保险资金等；聚焦实体经济发展开展审计，深入揭示金融扶持实体经济、减税降费、中小企业账款清欠等助企纾困政策落实不到位问题，推动落实好"两个毫不动摇"，保障好民营企业合法权益；聚焦推动兜牢民生底线开展审计，组织全国开展就业、医疗、教育、乡村振兴等民生审计项目170多个，严肃查处骗取贪污挪用老百姓保命钱、救命钱等问题460多亿元；聚焦统筹发展和安全开展审计，发挥经济运行"探头"作用，深入揭示财政、金融、国企国资、自然资源等关键领域突出问题；聚焦权力规范运行开展审计，全国共审计2.1万多名领导干部，有力促进领导干部规范用权和履职尽责，各项审计发现并移送重大问题线索7 200多起，涉及2 200多亿元、1.1万多人。三是将审计整改"下半篇文章"与审计揭示问题"上半篇文章"一体推进。按照党中央、国务院关于审计整改工作的部署要求，推动各地区、部门和单位将审计整改作为重大政治任务，将审计整改纳入班子重要议事议程；督促主管部门强化监督管理责任，举一反三推动源头治理。审计整改总体格局更加成熟定型。2022年以来，经中央审计委员会批准，中央审计办、审计署积极探索构建全面整改、专项整改、重点督办3种方式相结合的审计整改总体格局，既把握总体、努力做到全覆盖，又突出重点、以重点问题深入整改引领全面整改推进。全面整改方面，中央审计办、审计署将年度审计工作报告反映的所有问题及提出建议，全部纳入整改范围，实事求是地按立行立改、分阶段整改、持续整改分类提出整改要求，向138个地方、部门和单位印发整改通知。截至2023年9月底，2022年度审计工作报告中要求立行立改的问题有92%已完成整改，整改问题金额9 570多亿元，制定完善规章制度1 600多项，追责问责2 540多人。专项整改方面，中央审计委员会和中央经济责任审计工作部际联席会议各成员单位按照工作职责，分别牵头开展专项整改。重点督办方面，将年度审计工作报告中反映的重大问题线索，按照管理职责和干部管理权限，分别移送纪委监察、组织和主管部门以及地方党委重点查办或督办。四是加强审计机关自身建设，大力塑造职业精神和培养专业能力。扎实开展学习贯彻习近平新时代中国特色社会主义思想主题教育，引导全体审计人员带着感情深刻领悟"两个确立"的决定性意义，把学习效果转化为推动新时代审计事业高质量发展的生动实践。在庆祝审计机关成立40周年之际，以署党组名义在《人民日报》发表文章。大力塑造职业精神和专业能力，坚持敢审敢严，以党中央决策部署为标尺，以法律法规为准绳，把问题原原本本揭示出来；坚持敢说敢言，牢固树立"有问题没发现是失职、发现问题不报告是渎职"意识，不受任何利益驱使，不向任何力量屈服，把问题原原本本报上去。做实研究型审计，着眼于培养能查能说能写本领，举办46期培训班，培训5 254人次。严格落实中央八项规定精神和过紧日子要求，力戒形式主义、官僚主义以及繁琐哲学、模糊哲学，着眼保障审计业务顺利开展优化各环节运转流程，减少非刚性非重点支出，发文和开会数量保持压减态势。此外，认真履行联合国审计委员会主席职责，发挥亚审组织秘书长核心组织协调作用，完成对联合国秘书处、维和特派团等机构审计。

会议强调，上述成绩的取得，是习近平新时代中国特色社会主义思想在审计领域的生动实践，充分彰显和印证了党的创新理论的真理力量和实践伟力。根本在于习近平总书记作为党中央的核心、全党的核心驾驭全局、掌舵领航，在于党中央、国务院的坚强领导和信任支持，在于广大审计干部的奋力拼搏和无私奉献，也离不开社会各界的理解和支持。

会议指出，习近平总书记强调，在强国建设、民族复兴新征程上，审计担负重要使命。这是党中央赋予审计的重大历史使命，把审计工作提升到前所未有的高度，既是期望，更是鞭策。各级审计机关要深刻领会党中央赋予审计工作的新使命新期望，自觉从强国建设、民族复兴的战略高度谋划和开展工作，担负起强国建设、民族复兴的重要使命。一是必须在中国式现代化进程中找准定位、发挥好独特作用。中国式现代化决定了审计工作的价值取向，要坚守经济监督这一根本定位，聚焦财政财务收支主责主业这一看家本领，沿着研究型审计这一必由之路，发挥专司经济监督、没有自身利益羁绊这一独特优势，通过全面客观揭示问题、科学精准提出建议、督促整改完善制度，在中国式现代化进程中发挥好独特推进和保障作用。二是必须聚焦经济建设这一中心工作和高质量发展这一首要任务开展工作。各级审计机关要完整、准确、全面贯彻新发展理念，紧扣"高质量发展"首要任务，锚定"集中统一、全面覆盖、权威高效的审计监督体系更加健全，审计在推动中国式现代化建设、推进党的自我革命中的重要作用更加彰显，中国特色社会主义审计的制度优势切实转化为治理效能"的目标，不断深化和自觉运用对中国特色社会主义审计事业的规律性认识，围绕党和国家中心工作、围绕国家总体安全观、围绕以人民为中心的发展思想、围绕促进党的自我革命开展审计，早日实现新时代审计工作高质量发展的"理想王国"，以高质量审计监督推动经济社会高质量发展。三是必须正确认识和把握"稳"与"进"的关系。中央经济工作会议进一步强调"稳中求进、以进促稳、先立后破"。这12个字是习近平经济思想的科学方法论，对更好推进新时代审计工作高质量发展具有重要指导意义。首先，要胸怀"稳"的大局，夯实"稳"的基础。"稳"是大局和基础。审计监督坚持"稳中求进"，就是要时刻保持"稳"的大局观，着力揭示影响"稳"的突出问题和因素，并立足"稳"的要求提出审计建议。中央要求2024年多出有利于稳预期稳增长稳就业的政策。审计首先要把这些有利于"稳"的政策落实情况作为重中之重，着力推动打通淤点堵点难点，促进政策早落地早见效。同时，要发挥好经济运行"探头"作用，及时揭示和预警经济运行中的不良苗头和有害倾向，推动把重大风险隐患解决在萌芽状态，夯实"稳"的基础。其次，要把好"进"的方向，增强"进"的动力。"进"是方向和动力。高质量发展是解决我国一切问题的基础和关键。"以进促稳"，强调不能被动防守，而要更加积极主动作为。审计坚持"以进促稳"，就是要坚持"进"的大方向，充分领会党中央关于"进"的决策部署，揭示影响高质量发展的突出问题，推动培育新动能、重塑新优势。同时，要注重把握好时度效，善于用发展的眼光、发展的思维、发展的角度，去揭示问题、提出建议，推动在发展中解决问题、在增长中实现转型。再次，要增强"立"的意识，坚定"破"的决心。审计坚持"先立后破"，就是要始终坚持实事求是的态度和立场，正确处理好"立"与"破"的辩证关系，把握好"立"与"破"的优先顺序。要增强"立"的意识。对于审计的事项，首先应该有个判断，明确要达到的"理想王国"和"立"的目标，然后朝着这个目标去推进，这个目标未明确之前，审慎提出"破"的建议。要坚定"破"的决心。对于阻碍高质量发展的体制性障碍、机制性弊端，该破的要在立的基础上坚决破，对于看准了的问题要准备好打持久战，久久为功，直到把阻力、障碍推倒为止。

会议强调，在以习近平同志为核心的党中央坚强领导下，经过近年来的持续努力和探索，审计工作取得显著成效，对审计事业的规律性认识不断深化，也赢得了广泛尊重、理解和支持。当前审计事业处于历史上最好的发展时期，也是外部环境最好的时期。成绩来之不易、需要倍加珍惜。要紧紧围绕党中央提出的"构建集中统一、全面覆盖、权威高效的审计监督体系"这个总要求，集中力量解决好当前审计作为与审计地位不相适应这一主要矛盾，扎实推进新时代审计工作高质量发展。一是对照集中统一的要求，进一步健全审计委员会及审计办运行机制。要主动变革求新。针对不适应、不符合、不利于审计管理体制改革要求的老思维老做法，要从改革大局角度思考谋划改进创新，在实际运行中发现有什么问题就解决什么问题，哪种做法不适应就推动改变哪种做法。要敢于承接改革新要求。要坚定自信、勇于担当，敢于接受新事物新挑战，承接好改革的各项要求，把党中央授予的政治责任扛起来，把法律赋予的权力用好用到位。要聚焦报告重大事项。每一个审计项目都要反复论证、认真组织实施，每一篇报告和信息都要反复斟酌，使审计反映的情况和查出的问题更加值得党中央关注，提出的建议更加可批示、能落实。只有这样，党中央、国务院对审计也才能更加信任和支持。二是对照全面覆盖的要求，进一步实现审计监督形式与内容、数量与质量的辩证统一。广度上要消除监督盲区。要真正实现对所有管理使用公共资金、国有资产、国有资源的地方、部门和单位的审计无一遗漏、无一例外，做到应审尽审、凡审必严，切实形成常态化、动态化震慑。精度上要选准审计重点。要做实研究型审计，真正吃透党中央、国务院政治意图和战略部署，把立项当课题研究，科学安排审计项目；把问题当课题研究，精准选择审计重点，以重点监督带动全面监督。深度上要揭示重大突出问题。这是发挥审计实质性震慑的最根本要求。最现实最管用的就是选准重点、深度审计，审计一个单位，就把这个单位最严重、最突出的问题揭示出来，形成实质性震慑。三是对照权威高效的要求，进一步推动审计成果权威高效运用。习近平总书记强调，审计的尚方宝剑是党中央授予的，必须对党中央负责，当好党之利器、国之利器。要深刻领会和把握习近平总书记重要指示精神，发扬斗争精神，坚持原则、敢于碰硬。审计人员要有一种"咬定青山不放松"的韧劲和"不破楼兰终不还"的决心，对审计中遇到的阻力和障碍要有理有据有节进行坚决斗争。各级审计机关领导要当好审计人员的坚强后盾，对审计人员给予充分信任、有力支持。增强斗争本领，始终保持过硬审计质量。党中央对审计工作寄予殷切期望，审计有责任把问题查准查实查透，以过硬的审计质量、厚重的审计成果，匹配"特种部队"称号，守护好来之不易的金字招牌。深化对审计整改的思想认识。要坚决扛起督促检查整改政治责任，把整改的要求提准确，把住销号关口，促使被审计单位夯实整改主体责任，压实主管部门监督管理责任，严肃查处整改不力、敷衍整改、虚假整改等问题。推动贯通协同更加顺畅高效。既要防止贯通缺位，对于审计移送的案件要建立台账，定期跟踪办理情况，做到件件有回音；也要防止贯通错位，保持审计工作独立性。

会议指出，中央经济工作会议深刻分析了当前我国经济发展面临的国内外形势，明确了稳中求进、以进促稳、先立后破的工作总基调，提出了财政、货币等政策的取向定位和关键经济目标、指标，部署了9项重点工作任务。按照中央经济工作会议部署，今年审计工作指导思想是：以习近平新时代中国特色社会主义思想为指导，全面贯彻党的二十大、二十届二中全会和中央经济工作会议精神，坚持稳中求进工作总基调，以进促稳、先立后破，完整、准确、全面把握贯彻新发展理念、构建新发展格局、推动高质量发展对审计工作提出的新要求新任务，立足经济监督定位，聚焦财政财务收支真实合法效益审计主责主业，深入开展研究型审计，持续推动经济实现质的有效提升和量的合理增长，在以中国式现代化全面推进强国建设、民族复兴伟业中更好发挥审计监督的独特作用。

会议要求，各级审计机关要把思想和行动统一到中央经济工作会议精神上来，统一到党中央、国务院对当前经济形势的判断和对今年经济工作的部署上来，始终保持奋发有为的精神状态，重点做好6方面审计工作：一是围绕"国之大者"促进经济高质量发展开展审计。重点审计重大区域规划战略实施、重大投资项目建设，保障中央政令畅通。贯彻加大宏观调控力度的要求，密切关注财政、货币、就业、产业、区域、科技、环保等政策协调配合情况，通过审计推动提升宏观政策支持高质量发展的效果。贯彻以科技创新引领现代化产业体系建设的要求，重点开展大数据产业方面审计，促进以科技创新推动产业创新。二是围绕深化重点领域改革开展审计。着眼推动加快全国统一大市场建设，密切关注财政、金融、国企国资、外贸外资等关键领域重大改革任务的落实和进展情况，深入揭示一些地方招商引资中违规出台"小政策"、形成"税收洼地"等问题，严肃查处违规返税乱象，提出有针对性、操作性的建议，推动重大改革任务蹄疾步稳、有序推进。按照积极的财政政策要适度加力、提质增效，稳健的货币政策要灵活适度、精准有效的要求，开展中央财政管理、中央部门预算执行、税收征管等审计，加强转移支付资金审计，盯紧看好宝贵的财政资金，严肃财经纪律，增强财政可持续性，督促党政机关习惯过紧日子，推动加快新一轮财税体制改革；密切关注货币政策工具落实运用、金融服务实体经济等情况，引导金融机构加大对科技创新、绿色转型、普惠小微、数字经济等方面的支持力度，推动落实金融体制改革要求。三是围绕持续有效防范化解重点领域风险开展审计。贯彻高质量发展和高水平安全良性互动的要求，密切关注地方债务管理、信贷资金投放、不良资产处置等情况，深入揭示重大经济贪腐、重大财务舞弊、重大财政造假等突出风险，及时反映影响经济安全的苗头性、倾向性问题，牢牢守住不发生系统性风险的底线。四是围绕深入推进生态文明建设和绿色低碳发展开展审计。对地方党政领导干部开展自然资源资产离任审计、对矿产资源开发利用保护及相关资金开展审计。深入揭示生态文明建设重大任务落实、能源资源管理、生态空间管护修复、群众反映强烈的生态环境问题解决等方面的突出问题，推动加快建设美丽中国。五是围绕切实保障和改善民生开展审计。践行以人民为中心的发展思想，以推动兜住兜准兜牢民生底线为目标，组织全国审计机关开展养老、医疗、义务教育等民生审计，严肃查处群众身边的"蝇贪蚁腐"，努力把审计监督跟进到民生保障的"最后一公里"，把看好和推动用好民生资金、促进落实惠民政策作为审计最大的为民情怀。锚定建设农业强国目标，按照有力有效推进乡村全面振兴的要求，重点开展农田水利建设相关资金、惠农补贴"一卡通"等审计，通过揭示问题、推动整改，努力为群众办成一批可感可及的实事。六是围绕推进党的自我革命开展审计。充分发挥审计在反腐治乱方面的重要作用，以权力运行和责任落实为落脚点，开展地区、部门和单位主要领导人员经济责任审计，重点查处贯彻落实党中央重大经济决策部署、执行中央八项规定精神和过紧日子要求等方面严重违反财经纪律的问题，保障党和国家大政方针在财经领域的贯彻落实。

会议强调，与党中央、国务院的要求相比，审计机关在班子和队伍建设上还存在一些短板弱项，重点要从3个方面加强：一是着力加强领导班子建设。班子成员特别是一把手要以身作则，发挥"头雁效应"，带头做讲真话、报实情的表率，带头做坚持民主集中制、深入基层、深入一线的表率，带头做贯彻执行党的方针政策、开展研究型审计的表率，带头做遵纪守法、清正廉洁、锐意进取的表率。上级审计机关要会同组织部门科学配置下级审计机关领导班子，不断优化年龄、专业和经历结构，实现合理搭配、优势互补、经验与活力兼备，发挥整体效能。二是着力提升素质锤炼作风。审计人员是新时代审计事业高质量发展最为宝贵的资源、最可倚重的力量。要严格把好入口关，切实做好新进人员录用工作，总结推广好的经验做法，实现人才竞相涌流，为审计事业青蓝相继打下良好基础；要把政治能力作为必备素质，持续巩固主题教育成果，从审计管理体制改革成就中深刻领悟"两个确立"的决定性意义，深刻领会党中央对审计工作的顶层谋划和战略部署，不断增强政治判断力、政治领悟力、政治执行力；要大力塑造职业精神，牢固树立"有问题没发现是失职、发现问题不报告是渎职"的意识，在职责范围内大胆监督，不拿原则做交易。要依法审计、客观公正、求真务实，凭专业赢得尊重、靠铁面树立权威；要扎实提升专业能力，审计人员既要精通财政、金融、企业等专业知识，更要成为一个领域精耕细作的专家型人才。要熟练掌握审计技术方法,同时还要练就思路清晰、言简意赅的表达能力和逻辑严密、生动简练的写作能力。三是要严守政治纪律、政治规矩和廉政纪律。越是党中央、国务院充分信任、高度肯定,越要谦虚谨慎、戒骄戒躁,越要保持如临深渊、如履薄冰的警醒,越要增强"一失万无"的忧患意识。要永葆自我革命精神,严格遵守政治纪律和政治规矩,增强全面从严治党永远在路上的政治自觉;树立正确的权力观、政绩观、事业观,在为谁执审、为谁用权、为谁谋利这个问题上头脑要特别清醒、立场要特别坚定;要深刻认识加强自身党风廉政建设的极端重要性,真正做到刀刃向内,进行彻底的自我革命。要强化权力监督制约,紧盯审计权力运行全流程各环节,全面梳理完善廉政规章制度,及时堵塞漏洞并严格执行,始终以高于别人的标准、严于别人的要求管理审计队伍,使党和人民赋予的审计权力始终恪守法律边界、在阳光下运行,决不允许用审计权力谋取私利。要把严的基调、严的措施、严的氛围长期坚持下去,对严重违反党纪国法的审计"害群之马",不管是谁,以零容忍态度坚决清除,切实维护审计队伍纯洁性,让"国家审计"金字招牌永不蒙尘。

会议号召,新时代新征程,各级审计机关和全体审计人员要更加紧密地团结在以习近平同志为核心的党中央周围,自觉运用规律性认识推动新时代审计工作高质量发展,在以中国式现代化全面推进强国建设、民族复兴伟业中展现新气象、谱写新篇章。

有关部门和单位负责同志、审计署特约审计员应邀参加会议。署机关各单位、各派出审计局、各特派员办事处、各直属单位主要负责同志,驻审计署纪检监察组负责同志,各省、自治区、直辖市和新疆生产建设兵团审计厅(局)主要负责同志参加会议。

第二部分

国家审计准则与政策解读

中华人民共和国国家审计准则

（审计署令第 8 号）

目　　录

第一章　总则
第二章　审计机关和审计人员
第三章　审计计划
第四章　审计实施
　第一节　审计实施方案
　第二节　审计证据
　第三节　审计记录
　第四节　重大违法行为检查
第五章　审计报告
　第一节　审计报告的形式和内容
　第二节　审计报告的编审
　第三节　专题报告与综合报告
　第四节　审计结果公布
　第五节　审计整改检查
第六章　审计质量控制和责任
第七章　附则

第一章　总　　则

第一条　为了规范和指导审计机关和审计人员执行审计业务的行为，保证审计质量，防范审计风险，发挥审计保障国家经济和社会健康运行的"免疫系统"功能，根据《中华人民共和国审计法》《中华人民共和国审计法实施条例》和其他有关法律法规，制定本准则。

第二条　本准则是审计机关和审计人员履行法定审计职责的行为规范，是执行审计业务的职业标准，是评价审计质量的基本尺度。

第三条　本准则中使用"应当""不得"词汇的条款为约束性条款，是审计机关和审计人员执行审计业务必须遵守的职业要求。

本准则中使用"可以"词汇的条款为指导性条款，是对良好审计实务的推介。

第四条　审计机关和审计人员执行审计业务，应当适用本准则。其他组织或者人员接受审计机关的委托、聘用，承办或者参加审计业务，也应当适用本准则。

第五条　审计机关和审计人员执行审计业务，应当区分被审计单位的责任和审计机关的责任。

在财政收支、财务收支以及有关经济活动中，履行法定职责、遵守相关法律法规、建立并实施内部控制、按照有关会计准则和会计制度编报财务会计报告、保持财务会计资料的真实性和完整性，是被审计单位的责任。

依据法律法规和本准则的规定，对被审计单位财政收支、财务收支以及有关经济活动独立实施审计并作出审计结论，是审计机关的责任。

第六条 审计机关的主要工作目标是通过监督被审计单位财政收支、财务收支以及有关经济活动的真实性、合法性、效益性，维护国家经济安全，推进民主法治，促进廉政建设，保障国家经济和社会健康发展。

真实性是指反映财政收支、财务收支以及有关经济活动的信息与实际情况相符合的程度。

合法性是指财政收支、财务收支以及有关经济活动遵守法律、法规或者规章的情况。

效益性是指财政收支、财务收支以及有关经济活动实现的经济效益、社会效益和环境效益。

第七条 审计机关对依法属于审计机关审计监督对象的单位、项目、资金进行审计。

审计机关按照国家有关规定，对依法属于审计机关审计监督对象的单位的主要负责人经济责任进行审计。

第八条 审计机关依法对预算管理或者国有资产管理使用等与国家财政收支有关的特定事项向有关地方、部门、单位进行专项审计调查。

审计机关进行专项审计调查时，也应当适用本准则。

第九条 审计机关和审计人员执行审计业务，应当依据年度审计项目计划，编制审计实施方案，获取审计证据，作出审计结论。

审计机关应当委派具备相应资格和能力的审计人员承办审计业务，并建立和执行审计质量控制制度。

第十条 审计机关依据法律法规规定，公开履行职责的情况及其结果，接受社会公众的监督。

第十一条 审计机关和审计人员未遵守本准则约束性条款的，应当说明原因。

第二章　审计机关和审计人员

第十二条 审计机关和审计人员执行审计业务，应当具备本准则规定的资格条件和职业要求。

第十三条 审计机关执行审计业务，应当具备下列资格条件：

（一）符合法定的审计职责和权限；

（二）有职业胜任能力的审计人员；

（三）建立适当的审计质量控制制度；

（四）必需的经费和其他工作条件。

第十四条 审计人员执行审计业务，应当具备下列职业要求：

（一）遵守法律法规和本准则；

（二）恪守审计职业道德；

（三）保持应有的审计独立性；

（四）具备必需的职业胜任能力；

（五）其他职业要求。

第十五条 审计人员应当恪守严格依法、正直坦诚、客观公正、勤勉尽责、保守秘密的基本审计职业道德。

严格依法就是审计人员应当严格依照法定的审计职责、权限和程序进行审计监督，规范审计行为。

正直坦诚就是审计人员应当坚持原则，不屈从于外部压力；不歪曲事实，不隐瞒审计发现的问题；廉洁自律，不利用职权谋取私利；维护国家利益和公共利益。

客观公正就是审计人员应当保持客观公正的立场和态度，以适当、充分的审计证据支持审计结论，实事求是地作出审计评价和处理审计发现的问题。

勤勉尽责就是审计人员应当爱岗敬业，勤勉高效，严谨细致，认真履行审计职责，保证审计工作质量。

保守秘密就是审计人员应当保守其在执行审计业务中知悉的国家秘密、商业秘密；对于执行审计业务取得的资料、形成的审计记录和掌握的相关情况，未经批准不得对外提供和披露，不得用于与审计工作无关的目的。

第十六条　审计人员执行审计业务时，应当保持应有的审计独立性，遇有下列可能损害审计独立性情形的，应当向审计机关报告：

（一）与被审计单位负责人或者有关主管人员有夫妻关系、直系血亲关系、三代以内旁系血亲以及近姻亲关系；

（二）与被审计单位或者审计事项有直接经济利益关系；

（三）对曾经管理或者直接办理过的相关业务进行审计；

（四）可能损害审计独立性的其他情形。

第十七条　审计人员不得参加影响审计独立性的活动，不得参与被审计单位的管理活动。

第十八条　审计机关组成审计组时，应当了解审计组成员可能损害审计独立性的情形，并根据具体情况采取下列措施，避免损害审计独立性：

（一）依法要求相关审计人员回避；

（二）对相关审计人员执行具体审计业务的范围作出限制；

（三）对相关审计人员的工作追加必要的复核程序；

（四）其他措施。

第十九条　审计机关应当建立审计人员交流等制度，避免审计人员因执行审计业务长期与同一被审计单位接触可能对审计独立性造成的损害。

第二十条　审计机关可以聘请外部人员参加审计业务或者提供技术支持、专业咨询、专业鉴定。

审计机关聘请的外部人员应当具备本准则第十四条规定的职业要求。

第二十一条　有下列情形之一的外部人员，审计机关不得聘请：

（一）被刑事处罚的；

（二）被劳动教养的；

（三）被行政拘留的；

（四）审计独立性可能受到损害的；

（五）法律规定不得从事公务的其他情形。

第二十二条　审计人员应当具备与其从事审计业务相适应的专业知识、职业能力和工作经验。

审计机关应当建立和实施审计人员录用、继续教育、培训、业绩评价考核和奖惩激励制度，确保审计人员具有与其从事业务相适应的职业胜任能力。

第二十三条　审计机关应当合理配备审计人员，组成审计组，确保其在整体上具备与审计项目相适应的职业胜任能力。

被审计单位的信息技术对实现审计目标有重大影响的，审计组的整体胜任能力应当包括信息技术方面的胜任能力。

第二十四条　审计人员执行审计业务时，应当合理运用职业判断，保持职业谨慎，对被审计单位可能存在的重要问题保持警觉，并审慎评价所获取审计证据的适当性和充分性，得出恰当的审计结论。

第二十五条　审计人员执行审计业务时，应当从下列方面保持与被审计单位的工作关系：

（一）与被审计单位沟通并听取其意见；

（二）客观公正地作出审计结论，尊重并维护被审计单位的合法权益；
（三）严格执行审计纪律；
（四）坚持文明审计，保持良好的职业形象。

第三章 审计计划

第二十六条 审计机关应当根据法定的审计职责和审计管辖范围，编制年度审计项目计划。

编制年度审计项目计划应当服务大局，围绕政府工作中心，突出审计工作重点，合理安排审计资源，防止不必要的重复审计。

第二十七条 审计机关按照下列步骤编制年度审计项目计划：
（一）调查审计需求，初步选择审计项目；
（二）对初选审计项目进行可行性研究，确定备选审计项目及其优先顺序；
（三）评估审计机关可用审计资源，确定审计项目，编制年度审计项目计划。

第二十八条 审计机关从下列方面调查审计需求，初步选择审计项目：
（一）国家和地区财政收支、财务收支以及有关经济活动情况；
（二）政府工作中心；
（三）本级政府行政首长和相关领导机关对审计工作的要求；
（四）上级审计机关安排或者授权审计的事项；
（五）有关部门委托或者提请审计机关审计的事项；
（六）群众举报、公众关注的事项；
（七）经分析相关数据认为应当列入审计的事项；
（八）其他方面的需求。

第二十九条 审计机关对初选审计项目进行可行性研究，确定初选审计项目的审计目标、审计范围、审计重点和其他重要事项。

进行可行性研究重点调查研究下列内容：
（一）与确定和实施审计项目相关的法律法规和政策；
（二）管理体制、组织结构、主要业务及其开展情况；
（三）财政收支、财务收支状况及结果；
（四）相关的信息系统及其电子数据情况；
（五）管理和监督机构的监督检查情况及结果；
（六）以前年度审计情况；
（七）其他相关内容。

第三十条 审计机关在调查审计需求和可行性研究过程中，从下列方面对初选审计项目进行评估，以确定备选审计项目及其优先顺序：
（一）项目重要程度，评估在国家经济和社会发展中的重要性、政府行政首长和相关领导机关及公众关注程度、资金和资产规模等；
（二）项目风险水平，评估项目规模、管理和控制状况等；
（三）审计预期效果；
（四）审计频率和覆盖面；
（五）项目对审计资源的要求。

第三十一条 年度审计项目计划应当按照审计机关规定的程序审定。

审计机关在审定年度审计项目计划前，根据需要，可以组织专家进行论证。

第三十二条 下列审计项目应当作为必选审计项目：
（一）法律法规规定每年应当审计的项目；

（二）本级政府行政首长和相关领导机关要求审计的项目；

（三）上级审计机关安排或者授权的审计项目。

审计机关对必选审计项目，可以不进行可行性研究。

第三十三条 上级审计机关直接审计下级审计机关审计管辖范围内的重大审计事项，应当列入上级审计机关年度审计项目计划，并及时通知下级审计机关。

第三十四条 上级审计机关可以依法将其审计管辖范围内的审计事项，授权下级审计机关进行审计。对于上级审计机关审计管辖范围内的审计事项，下级审计机关也可以提出授权申请，报有管辖权的上级审计机关审批。

获得授权的审计机关应当将授权的审计事项列入年度审计项目计划。

第三十五条 根据中国政府及其机构与国际组织、外国政府及其机构签订的协议和上级审计机关的要求，审计机关确定对国际组织、外国政府及其机构援助、贷款项目进行审计的，应当纳入年度审计项目计划。

第三十六条 对于预算管理或者国有资产管理使用等与国家财政收支有关的特定事项，符合下列情形的，可以进行专项审计调查：

（一）涉及宏观性、普遍性、政策性或者体制、机制问题的；

（二）事项跨行业、跨地区、跨单位的；

（三）事项涉及大量非财务数据的；

（四）其他适宜进行专项审计调查的。

第三十七条 审计机关年度审计项目计划的内容主要包括：

（一）审计项目名称；

（二）审计目标，即实施审计项目预期要完成的任务和结果；

（三）审计范围，即审计项目涉及的具体单位、事项和所属期间；

（四）审计重点；

（五）审计项目组织和实施单位；

（六）审计资源。

采取跟踪审计方式实施的审计项目，年度审计项目计划应当列明跟踪的具体方式和要求。

专项审计调查项目的年度审计项目计划应当列明专项审计调查的要求。

第三十八条 审计机关编制年度审计项目计划可以采取文字、表格或者两者相结合的形式。

第三十九条 审计机关计划管理部门与业务部门或者派出机构，应当建立经常性的沟通和协调机制。

调查审计需求、进行可行性研究和确定备选审计项目，以业务部门或者派出机构为主实施；备选审计项目排序、配置审计资源和编制年度审计项目计划草案，以计划管理部门为主实施。

第四十条 审计机关根据项目评估结果，确定年度审计项目计划。

第四十一条 审计机关应当将年度审计项目计划报经本级政府行政首长批准并向上一级审计机关报告。

第四十二条 审计机关应当对确定的审计项目配置必要的审计人力资源、审计时间、审计技术装备、审计经费等审计资源。

第四十三条 审计机关同一年度内对同一被审计单位实施不同的审计项目，应当在人员和时间安排上进行协调，尽量避免给被审计单位工作带来不必要的影响。

第四十四条 审计机关应当将年度审计项目计划下达审计项目组织和实施单位执行。

年度审计项目计划一经下达，审计项目组织和实施单位应当确保完成，不得擅自变更。

第四十五条 年度审计项目计划执行过程中，遇有下列情形之一的，应当按照原审批程序调整：

（一）本级政府行政首长和相关领导机关临时交办审计项目的；

（二）上级审计机关临时安排或者授权审计项目的；

（三）突发重大公共事件需要进行审计的；

（四）原定审计项目的被审计单位发生重大变化，导致原计划无法实施的；

（五）需要更换审计项目实施单位的；

（六）审计目标、审计范围等发生重大变化需要调整的；

（七）需要调整的其他情形。

第四十六条 上级审计机关应当指导下级审计机关编制年度审计项目计划，提出下级审计机关重点审计领域或者审计项目安排的指导意见。

第四十七条 年度审计项目计划确定审计机关统一组织多个审计组共同实施一个审计项目或者分别实施同一类审计项目的，审计机关业务部门应当编制审计工作方案。

第四十八条 审计机关业务部门编制审计工作方案，应当根据年度审计项目计划形成过程中调查审计需求、进行可行性研究的情况，开展进一步调查，对审计目标、范围、重点和项目组织实施等进行确定。

第四十九条 审计工作方案的内容主要包括：

（一）审计目标；

（二）审计范围；

（三）审计内容和重点；

（四）审计工作组织安排；

（五）审计工作要求。

第五十条 审计机关业务部门编制的审计工作方案应当按照审计机关规定的程序审批。在年度审计项目计划确定的实施审计起始时间之前，下达到审计项目实施单位。

审计机关批准审计工作方案前，根据需要，可以组织专家进行论证。

第五十一条 审计机关业务部门根据审计实施过程中情况的变化，可以申请对审计工作方案的内容进行调整，并按审计机关规定的程序报批。

第五十二条 审计机关应当定期检查年度审计项目计划执行情况，评估执行效果。

审计项目实施单位应当向下达审计项目计划的审计机关报告计划执行情况。

第五十三条 审计机关应当按照国家有关规定，建立和实施审计项目计划执行情况及其结果的统计制度。

第四章 审 计 实 施

第一节 审计实施方案

第五十四条 审计机关应当在实施项目审计前组成审计组。

审计组由审计组组长和其他成员组成。审计组实行审计组组长负责制。审计组组长由审计机关确定，审计组组长可以根据需要在审计组成员中确定主审，主审应当履行其规定职责和审计组组长委托履行的其他职责。

第五十五条 审计机关应当依照法律法规的规定，向被审计单位送达审计通知书。

第五十六条 审计通知书的内容主要包括被审计单位名称、审计依据、审计范围、审计起始时间、审计组组长及其他成员名单和被审计单位配合审计工作的要求。同时，还应当向被审计单位告知审计组的审计纪律要求。

采取跟踪审计方式实施审计的，审计通知书应当列明跟踪审计的具体方式和要求。

专项审计调查项目的审计通知书应当列明专项审计调查的要求。

第五十七条 审计组应当调查了解被审计单位及其相关情况，评估被审计单位存在重要问题的可能性，确定审计应对措施，编制审计实施方案。

对于审计机关已经下达审计工作方案的，审计组应当按照审计工作方案的要求编制审计实施方案。

第五十八条 审计实施方案的内容主要包括：

（一）审计目标；

（二）审计范围；

（三）审计内容、重点及审计措施，包括审计事项和根据本准则第七十三条确定的审计应对措施；

（四）审计工作要求，包括项目审计进度安排、审计组内部重要管理事项及职责分工等。

采取跟踪审计方式实施审计的，审计实施方案应当对整个跟踪审计工作作出统筹安排。

专项审计调查项目的审计实施方案应当列明专项审计调查的要求。

第五十九条 审计组调查了解被审计单位及其相关情况，为作出下列职业判断提供基础：

（一）确定职业判断适用的标准；

（二）判断可能存在的问题；

（三）判断问题的重要性；

（四）确定审计应对措施。

第六十条 审计人员可以从下列方面调查了解被审计单位及其相关情况：

（一）单位性质、组织结构；

（二）职责范围或者经营范围、业务活动及其目标；

（三）相关法律法规、政策及其执行情况；

（四）财政财务管理体制和业务管理体制；

（五）适用的业绩指标体系以及业绩评价情况；

（六）相关内部控制及其执行情况；

（七）相关信息系统及其电子数据情况；

（八）经济环境、行业状况及其他外部因素；

（九）以往接受审计和监管及其整改情况；

（十）需要了解的其他情况。

第六十一条 审计人员可以从下列方面调查了解被审计单位相关内部控制及其执行情况：

（一）控制环境，即管理模式、组织结构、责权配置、人力资源制度等；

（二）风险评估，即被审计单位确定、分析与实现内部控制目标相关的风险，以及采取的应对措施；

（三）控制活动，即根据风险评估结果采取的控制措施，包括不相容职务分离控制、授权审批控制、资产保护控制、预算控制、业绩分析和绩效考评控制等；

（四）信息与沟通，即收集、处理、传递与内部控制相关的信息，并能有效沟通的情况；

（五）对控制的监督，即对各项内部控制设计、职责及其履行情况的监督检查。

第六十二条 审计人员可以从下列方面调查了解被审计单位信息系统控制情况：

（一）一般控制，即保障信息系统正常运行的稳定性、有效性、安全性等方面的控制；

（二）应用控制，即保障信息系统产生的数据的真实性、完整性、可靠性等方面的控制。

第六十三条 审计人员可以采取下列方法调查了解被审计单位及其相关情况：

（一）书面或者口头询问被审计单位内部和外部相关人员；
（二）检查有关文件、报告、内部管理手册、信息系统的技术文档和操作手册；
（三）观察有关业务活动及其场所、设施和有关内部控制的执行情况；
（四）追踪有关业务的处理过程；
（五）分析相关数据。

第六十四条 审计人员根据审计目标和被审计单位的实际情况，运用职业判断确定调查了解的范围和程度。

对于定期审计项目，审计人员可以利用以往审计中获得的信息，重点调查了解已经发生变化的情况。

第六十五条 审计人员在调查了解被审计单位及其相关情况的过程中，可以选择下列标准作为职业判断的依据：

（一）法律、法规、规章和其他规范性文件；
（二）国家有关方针和政策；
（三）会计准则和会计制度；
（四）国家和行业的技术标准；
（五）预算、计划和合同；
（六）被审计单位的管理制度和绩效目标；
（七）被审计单位的历史数据和历史业绩；
（八）公认的业务惯例或者良好实务；
（九）专业机构或者专家的意见；
（十）其他标准。

审计人员在审计实施过程中需要持续关注标准的适用性。

第六十六条 职业判断所选择的标准应当具有客观性、适用性、相关性、公认性。

标准不一致时，审计人员应当采用权威的和公认程度高的标准。

第六十七条 审计人员应当结合适用的标准，分析调查了解的被审计单位及其相关情况，判断被审计单位可能存在的问题。

第六十八条 审计人员应当运用职业判断，根据可能存在问题的性质、数额及其发生的具体环境，判断其重要性。

第六十九条 审计人员判断重要性时，可以关注下列因素：

（一）是否属于涉嫌犯罪的问题；
（二）是否属于法律法规和政策禁止的问题；
（三）是否属于故意行为所产生的问题；
（四）可能存在问题涉及的数量或者金额；
（五）是否涉及政策、体制或者机制的严重缺陷；
（六）是否属于信息系统设计缺陷；
（七）政府行政首长和相关领导机关及公众的关注程度；
（八）需要关注的其他因素。

第七十条 审计人员实施审计时，应当根据重要性判断的结果，重点关注被审计单位可能存在的重要问题。

第七十一条 需要对财务报表发表审计意见的，审计人员可以参照中国注册会计师执业准则的有关规定确定和运用重要性。

第七十二条 审计组应当评估被审计单位存在重要问题的可能性，以确定审计事项和审计应对措施。

第七十三条 审计组针对审计事项确定的审计应对措施包括：

（一）评估对内部控制的依赖程度，确定是否及如何测试相关内部控制的有效性；

（二）评估对信息系统的依赖程度，确定是否及如何检查相关信息系统的有效性、安全性；

（三）确定主要审计步骤和方法；

（四）确定审计时间；

（五）确定执行的审计人员；

（六）其他必要措施。

第七十四条 审计组在分配审计资源时，应当为重要审计事项分派有经验的审计人员和安排充足的审计时间，并评估特定审计事项是否需要利用外部专家的工作。

第七十五条 审计人员认为存在下列情形之一的，应当测试相关内部控制的有效性：

（一）某项内部控制设计合理且预期运行有效，能够防止重要问题的发生；

（二）仅实施实质性审查不足以为发现重要问题提供适当、充分的审计证据。

审计人员决定不依赖某项内部控制的，可以对审计事项直接进行实质性审查。

被审计单位规模较小、业务比较简单的，审计人员可以对审计事项直接进行实质性审查。

第七十六条 审计人员认为存在下列情形之一的，应当检查相关信息系统的有效性、安全性：

（一）仅审计电子数据不足以为发现重要问题提供适当、充分的审计证据；

（二）电子数据中频繁出现某类差异。

审计人员在检查被审计单位相关信息系统时，可以利用被审计单位信息系统的现有功能或者采用其他计算机技术和工具，检查中应当避免对被审计单位相关信息系统及其电子数据造成不良影响。

第七十七条 审计人员实施审计时，应当持续关注已作出的重要性判断和对存在重要问题可能性的评估是否恰当，及时作出修正，并调整审计应对措施。

第七十八条 遇有下列情形之一的，审计组应当及时调整审计实施方案：

（一）年度审计项目计划、审计工作方案发生变化的；

（二）审计目标发生重大变化的；

（三）重要审计事项发生变化的；

（四）被审计单位及其相关情况发生重大变化的；

（五）审计组人员及其分工发生重大变化的；

（六）需要调整的其他情形。

第七十九条 一般审计项目的审计实施方案应当经审计组组长审定，并及时报审计机关业务部门备案。

重要审计项目的审计实施方案应当报经审计机关负责人审定。

第八十条 审计组调整审计实施方案中的下列事项，应当报经审计机关主要负责人批准：

（一）审计目标；

（二）审计组组长；

（三）审计重点；

（四）现场审计结束时间。

第八十一条 编制和调整审计实施方案可以采取文字、表格或者两者相结合的形式。

第二节 审 计 证 据

第八十二条 审计证据是指审计人员获取的能够为审计结论提供合理基础的全部事实，包括审计人员调查了解被审计单位及其相关情况和对确定的审计事项进行审查所获取的证据。

第八十三条 审计人员应当依照法定权限和程序获取审计证据。

第八十四条 审计人员获取的审计证据，应当具有适当性和充分性。

适当性是对审计证据质量的衡量，即审计证据在支持审计结论方面具有的相关性和可靠性。相关性是指审计证据与审计事项及其具体审计目标之间具有实质性联系。可靠性是指审计证据真实、可信。

充分性是对审计证据数量的衡量。审计人员在评估存在重要问题的可能性和审计证据质量的基础上，决定应当获取审计证据的数量。

第八十五条 审计人员对审计证据的相关性分析时，应当关注下列方面：

（一）一种取证方法获取的审计证据可能只与某些具体审计目标相关，而与其他具体审计目标无关；

（二）针对一项具体审计目标可以从不同来源获取审计证据或者获取不同形式的审计证据。

第八十六条 审计人员可以从下列方面分析审计证据的可靠性：

（一）从被审计单位外部获取的审计证据比从内部获取的审计证据更可靠；

（二）内部控制健全有效情况下形成的审计证据比内部控制缺失或者无效情况下形成的审计证据更可靠；

（三）直接获取的审计证据比间接获取的审计证据更可靠；

（四）从被审计单位财务会计资料中直接采集的审计证据比经被审计单位加工处理后提交的审计证据更可靠；

（五）原件形式的审计证据比复制件形式的审计证据更可靠。

不同来源和不同形式的审计证据存在不一致或者不能相互印证时，审计人员应当追加必要的审计措施，确定审计证据的可靠性。

第八十七条 审计人员获取的电子审计证据包括与信息系统控制相关的配置参数、反映交易记录的电子数据等。

采集被审计单位电子数据作为审计证据的，审计人员应当记录电子数据的采集和处理过程。

第八十八条 审计人员根据实际情况，可以在审计事项中选取全部项目或者部分特定项目进行审查，也可以进行审计抽样，以获取审计证据。

第八十九条 存在下列情形之一的，审计人员可以对审计事项中的全部项目进行审查：

（一）审计事项由少量大额项目构成的；

（二）审计事项可能存在重要问题，而选取其中部分项目进行审查无法提供适当、充分的审计证据的；

（三）对审计事项中的全部项目进行审查符合成本效益原则的。

第九十条 审计人员可以在审计事项中选取下列特定项目进行审查：

（一）大额或者重要项目；

（二）数量或者金额符合设定标准的项目；

（三）其他特定项目。

选取部分特定项目进行审查的结果，不能用于推断整个审计事项。

第九十一条 在审计事项包含的项目数量较多，需要对审计事项某一方面的总体特征作出结论时，审计人员可以进行审计抽样。

审计人员进行审计抽样时，可以参照中国注册会计师执业准则的有关规定。

第九十二条 审计人员可以采取下列方法向有关单位和个人获取审计证据：

（一）检查，是指对纸质、电子或者其他介质形式存在的文件、资料进行审查，或者对有形资产进行审查；

（二）观察，是指查看相关人员正在从事的活动或者执行的程序；

（三）询问，是指以书面或者口头方式向有关人员了解关于审计事项的信息；

（四）外部调查，是指向与审计事项有关的第三方进行调查；

（五）重新计算，是指以手工方式或者使用信息技术对有关数据计算的正确性进行核对；

（六）重新操作，是指对有关业务程序或者控制活动独立进行重新操作验证；

（七）分析，是指研究财务数据之间、财务数据与非财务数据之间可能存在的合理关系，对相关信息作出评价，并关注异常波动和差异。

审计人员进行专项审计调查，可以使用上述方法及其以外的其他方法。

第九十三条 审计人员应当依照法律法规规定，取得被审计单位负责人对本单位提供资料真实性和完整性的书面承诺。

第九十四条 审计人员取得证明被审计单位存在违反国家规定的财政收支、财务收支行为以及其他重要审计事项的审计证据材料，应当由提供证据的有关人员、单位签名或者盖章；不能取得签名或者盖章不影响事实存在的，该审计证据仍然有效，但审计人员应当注明原因。

审计事项比较复杂或者取得的审计证据数量较大的，可以对审计证据进行汇总分析，编制审计取证单，由证据提供者签名或者盖章。

第九十五条 被审计单位的相关资料、资产可能被转移、隐匿、篡改、毁弃并影响获取审计证据的，审计机关应当依照法律法规的规定采取相应的证据保全措施。

第九十六条 审计机关执行审计业务过程中，因行使职权受到限制而无法获取适当、充分的审计证据，或者无法制止违法行为对国家利益的侵害时，根据需要，可以按照有关规定提请有权处理的机关或者相关单位予以协助和配合。

第九十七条 审计人员需要利用所聘请外部人员的专业咨询和专业鉴定作为审计证据的，应当对下列方面作出判断：

（一）依据的样本是否符合审计项目的具体情况；

（二）使用的方法是否适当和合理；

（三）专业咨询、专业鉴定是否与其他审计证据相符。

第九十八条 审计人员需要使用有关监管机构、中介机构、内部审计机构等已经形成的工作结果作为审计证据的，应当对该工作结果的下列方面作出判断：

（一）是否与审计目标相关；

（二）是否可靠；

（三）是否与其他审计证据相符。

第九十九条 审计人员对于重要问题，可以围绕下列方面获取审计证据：

（一）标准，即判断被审计单位是否存在问题的依据；

（二）事实，即客观存在和发生的情况。事实与标准之间的差异构成审计发现的问题；

（三）影响，即问题产生的后果；

（四）原因，即问题产生的条件。

第一百条 审计人员在审计实施过程中，应当持续评价审计证据的适当性和充分性。

已采取的审计措施难以获取适当、充分审计证据的，审计人员应当采取替代审计措施；仍无法获取审计证据的，由审计组报请审计机关采取其他必要的措施或者不作出审计结论。

第三节 审计记录

第一百零一条 审计人员应当真实、完整地记录实施审计的过程、得出的结论和与审计项目有关的重要管理事项，以实现下列目标：

（一）支持审计人员编制审计实施方案和审计报告；

（二）证明审计人员遵循相关法律法规和本准则；

（三）便于对审计人员的工作实施指导、监督和检查。

第一百零二条 审计人员作出的记录，应当使未参与该项业务的有经验的其他审计人员能够理解其执行的审计措施、获取的审计证据、作出的职业判断和得出的审计结论。

第一百零三条 审计记录包括调查了解记录、审计工作底稿和重要管理事项记录。

第一百零四条 审计组在编制审计实施方案前，应当对调查了解被审计单位及其相关情况作出记录。调查了解记录的内容主要包括：

（一）对被审计单位及其相关情况的调查了解情况；

（二）对被审计单位存在重要问题可能性的评估情况；

（三）确定的审计事项及其审计应对措施。

第一百零五条 审计工作底稿主要记录审计人员依据审计实施方案执行审计措施的活动。

审计人员对审计实施方案确定的每一审计事项，均应当编制审计工作底稿。一个审计事项可以根据需要编制多份审计工作底稿。

第一百零六条 审计工作底稿的内容主要包括：

（一）审计项目名称；

（二）审计事项名称；

（三）审计过程和结论；

（四）审计人员姓名及审计工作底稿编制日期并签名；

（五）审核人员姓名、审核意见及审核日期并签名；

（六）索引号及页码；

（七）附件数量。

第一百零七条 审计工作底稿记录的审计过程和结论主要包括：

（一）实施审计的主要步骤和方法；

（二）取得的审计证据的名称和来源；

（三）审计认定的事实摘要；

（四）得出的审计结论及其相关标准。

第一百零八条 审计证据材料应当作为调查了解记录和审计工作底稿的附件。一份审计证据材料对应多个审计记录时，审计人员可以将审计证据材料附在与其关系最密切的审计记录后面，并在其他审计记录中予以注明。

第一百零九条 审计组起草审计报告前，审计组组长应当对审计工作底稿的下列事项进行审核：

（一）具体审计目标是否实现；

（二）审计措施是否有效执行；

（三）事实是否清楚；

（四）审计证据是否适当、充分；

（五）得出的审计结论及其相关标准是否适当；

（六）其他有关重要事项。

第一百一十条 审计组组长审核审计工作底稿，应当根据不同情况分别提出下列意见：

（一）予以认可；

（二）责成采取进一步审计措施，获取适当、充分的审计证据；

（三）纠正或者责成纠正不恰当的审计结论。

第一百一十一条　重要管理事项记录应当记载与审计项目相关并对审计结论有重要影响的下列管理事项：

（一）可能损害审计独立性的情形及采取的措施；
（二）所聘请外部人员的相关情况；
（三）被审计单位承诺情况；
（四）征求被审计对象或者相关单位及人员意见的情况、被审计对象或者相关单位及人员反馈的意见及审计组的采纳情况；
（五）审计组对审计发现的重大问题和审计报告讨论的过程及结论；
（六）审计机关业务部门对审计报告、审计决定书等审计项目材料的复核情况和意见；
（七）审理机构对审计项目的审理情况和意见；
（八）审计机关对审计报告的审定过程和结论；
（九）审计人员未能遵守本准则规定的约束性条款及其原因；
（十）因外部因素使审计任务无法完成的原因及影响；
（十一）其他重要管理事项。

重要管理事项记录可以使用被审计单位承诺书、审计机关内部审批文稿、会议记录、会议纪要、审理意见书或者其他书面形式。

第四节　重大违法行为检查

第一百一十二条　审计人员执行审计业务时，应当保持职业谨慎，充分关注可能存在的重大违法行为。

第一百一十三条　本准则所称重大违法行为是指被审计单位和相关人员违反法律法规、涉及金额比较大、造成国家重大经济损失或者对社会造成重大不良影响的行为。

第一百一十四条　审计人员检查重大违法行为，应当评估被审计单位和相关人员实施重大违法行为的动机、性质、后果和违法构成。

第一百一十五条　审计人员调查了解被审计单位及其相关情况时，可以重点了解可能与重大违法行为有关的下列事项：

（一）被审计单位所在行业发生重大违法行为的状况；
（二）有关的法律法规及其执行情况；
（三）监管部门已经发现和了解的与被审计单位有关的重大违法行为的事实或者线索；
（四）可能形成重大违法行为的动机和原因；
（五）相关的内部控制及其执行情况；
（六）其他情况。

第一百一十六条　审计人员可以通过关注下列情况，判断可能存在的重大违法行为：

（一）具体经济活动中存在的异常事项；
（二）财务和非财务数据中反映出的异常变化；
（三）有关部门提供的线索和群众举报；
（四）公众、媒体的反映和报道；
（五）其他情况。

第一百一十七条　审计人员根据被审计单位实际情况、工作经验和审计发现的异常现象，判断可能存在重大违法行为的性质，并确定检查重点。

审计人员在检查重大违法行为时，应当关注重大违法行为的高发领域和环节。

第一百一十八条　发现重大违法行为的线索，审计组或者审计机关可以采取下列应对措施：

（一）增派具有相关经验和能力的人员；

（二）避免让有关单位和人员事先知晓检查的时间、事项、范围和方式；

（三）扩大检查范围，使其能够覆盖重大违法行为可能涉及的领域；

（四）获取必要的外部证据；

（五）依法采取保全措施；

（六）提请有关机关予以协助和配合；

（七）向政府和有关部门报告；

（八）其他必要的应对措施。

第五章 审 计 报 告

第一节 审计报告的形式和内容

第一百一十九条 审计报告包括审计机关进行审计后出具的审计报告以及专项审计调查后出具的专项审计调查报告。

第一百二十条 审计组实施审计或者专项审计调查后，应当向派出审计组的审计机关提交审计报告。审计机关审定审计组的审计报告后，应当出具审计机关的审计报告。遇有特殊情况，审计机关可以不向被调查单位出具专项审计调查报告。

第一百二十一条 审计报告应当内容完整、事实清楚、结论正确、用词恰当、格式规范。

第一百二十二条 审计机关的审计报告（审计组的审计报告）包括下列基本要素：

（一）标题；

（二）文号（审计组的审计报告不含此项）；

（三）被审计单位名称；

（四）审计项目名称；

（五）内容；

（六）审计机关名称（审计组名称及审计组组长签名）；

（七）签发日期（审计组向审计机关提交报告的日期）。

经济责任审计报告还包括被审计人员姓名及所担任职务。

第一百二十三条 审计报告的内容主要包括：

（一）审计依据，即实施审计所依据的法律法规规定；

（二）实施审计的基本情况，一般包括审计范围、内容、方式和实施的起止时间；

（三）被审计单位基本情况；

（四）审计评价意见，即根据不同的审计目标，以适当、充分的审计证据为基础发表的评价意见；

（五）以往审计决定执行情况和审计建议采纳情况；

（六）审计发现的被审计单位违反国家规定的财政收支、财务收支行为和其他重要问题的事实、定性、处理处罚意见以及依据的法律法规和标准；

（七）审计发现的移送处理事项的事实和移送处理意见，但是涉嫌犯罪等不宜让被审计单位知悉的事项除外；

（八）针对审计发现的问题，根据需要提出的改进建议。

审计期间被审计单位对审计发现的问题已经整改的，审计报告还应当包括有关整改情况。

经济责任审计报告还应当包括被审计人员履行经济责任的基本情况，以及被审计人员对审计发现问题承担的责任。

核查社会审计机构相关审计报告发现的问题，应当在审计报告中一并反映。

第一百二十四条 采取跟踪审计方式实施审计的，审计组在跟踪审计过程中发现的问题，应当以审计机关的名义及时向被审计单位通报，并要求其整改。

跟踪审计实施工作全部结束后，应当以审计机关的名义出具审计报告。审计报告应当反映审计发现但尚未整改的问题，以及已经整改的重要问题及其整改情况。

第一百二十五条　专项审计调查报告除符合审计报告的要素和内容要求外，还应当根据专项审计调查目标重点分析宏观性、普遍性、政策性或者体制、机制问题并提出改进建议。

第一百二十六条　对审计或者专项审计调查中发现被审计单位违反国家规定的财政收支、财务收支行为，依法应当由审计机关在法定职权范围内作出处理处罚决定的，审计机关应当出具审计决定书。

第一百二十七条　审计决定书的内容主要包括：

（一）审计的依据、内容和时间；

（二）违反国家规定的财政收支、财务收支行为的事实、定性、处理处罚决定以及法律法规依据；

（三）处理处罚决定执行的期限和被审计单位书面报告审计决定执行结果等要求；

（四）依法提请政府裁决或者申请行政复议、提起行政诉讼的途径和期限。

第一百二十八条　审计或者专项审计调查发现的依法需要移送其他有关主管机关或者单位纠正、处理处罚或者追究有关人员责任的事项，审计机关应当出具审计移送处理书。

第一百二十九条　审计移送处理书的内容主要包括：

（一）审计的时间和内容；

（二）依法需要移送有关主管机关或者单位纠正、处理处罚或者追究有关人员责任事项的事实、定性及其依据和审计机关的意见；

（三）移送的依据和移送处理说明，包括将处理结果书面告知审计机关的说明；

（四）所附的审计证据材料。

第一百三十条　出具对国际组织、外国政府及其机构援助、贷款项目的审计报告，按照审计机关的相关规定执行。

第二节　审计报告的编审

第一百三十一条　审计组在起草审计报告前，应当讨论确定下列事项：

（一）评价审计目标的实现情况；

（二）审计实施方案确定的审计事项完成情况；

（三）评价审计证据的适当性和充分性；

（四）提出审计评价意见；

（五）评估审计发现问题的重要性；

（六）提出对审计发现问题的处理处罚意见；

（七）其他有关事项。

审计组应当对讨论前款事项的情况及其结果作出记录。

第一百三十二条　审计组组长应当确认审计工作底稿和审计证据已经审核，并从总体上评价审计证据的适当性和充分性。

第一百三十三条　审计组根据不同的审计目标，以审计认定的事实为基础，在防范审计风险的情况下，按照重要性原则，从真实性、合法性、效益性方面提出审计评价意见。

审计组应当只对所审计的事项发表审计评价意见。对审计过程中未涉及、审计证据不适当或者不充分、评价依据或者标准不明确以及超越审计职责范围的事项，不得发表审计评价意见。

第一百三十四条　审计组应当根据审计发现问题的性质、数额及其发生的原因和审计报告的使用对象，评估审计发现问题的重要性，如实在审计报告中予以反映。

第一百三十五条 审计组对审计发现的问题提出处理处罚意见时，应当关注下列因素：

（一）法律法规的规定；

（二）审计职权范围：属于审计职权范围的，直接提出处理处罚意见，不属于审计职权范围的，提出移送处理意见；

（三）问题的性质、金额、情节、原因和后果；

（四）对同类问题处理处罚的一致性；

（五）需要关注的其他因素。

审计发现被审计单位信息系统存在重大漏洞或者不符合国家规定的，应当责成被审计单位在规定期限内整改。

第一百三十六条 审计组应当针对经济责任审计发现的问题，根据被审计人员履行职责情况，界定其应当承担的责任。

第一百三十七条 审计组实施审计或者专项审计调查后，应当提出审计报告，按照审计机关规定的程序审批后，以审计机关的名义征求被审计单位、被调查单位和拟处罚的有关责任人员的意见。

经济责任审计报告还应当征求被审计人员的意见；必要时，征求有关干部监督管理部门的意见。

审计报告中涉及的重大经济案件调查等特殊事项，经审计机关主要负责人批准，可以不征求被审计单位或者被审计人员的意见。

第一百三十八条 被审计单位、被调查单位、被审计人员或者有关责任人员对征求意见的审计报告有异议的，审计组应当进一步核实，并根据核实情况对审计报告作出必要的修改。

审计组应当对采纳被审计单位、被调查单位、被审计人员、有关责任人员意见的情况和原因，或者上述单位或人员未在法定时间内提出书面意见的情况作出书面说明。

第一百三十九条 对被审计单位或者被调查单位违反国家规定的财政收支、财务收支行为，依法应当由审计机关进行处理处罚的，审计组应当起草审计决定书。

对依法应当由其他有关部门纠正、处理处罚或者追究有关责任人员责任的事项，审计组应当起草审计移送处理书。

第一百四十条 审计组应当将下列材料报送审计机关业务部门复核：

（一）审计报告；

（二）审计决定书；

（三）被审计单位、被调查单位、被审计人员或者有关责任人员对审计报告的书面意见及审计组采纳情况的书面说明；

（四）审计实施方案；

（五）调查了解记录、审计工作底稿、重要管理事项记录、审计证据材料；

（六）其他有关材料。

第一百四十一条 审计机关业务部门应当对下列事项进行复核，并提出书面复核意见：

（一）审计目标是否实现；

（二）审计实施方案确定的审计事项是否完成；

（三）审计发现的重要问题是否在审计报告中反映；

（四）事实是否清楚、数据是否正确；

（五）审计证据是否适当、充分；

（六）审计评价、定性、处理处罚和移送处理意见是否恰当，适用法律法规和标准是否适当；

（七）被审计单位、被调查单位、被审计人员或者有关责任人员提出的合理意见是否采纳；

（八）需要复核的其他事项。

第一百四十二条 审计机关业务部门应当将复核修改后的审计报告、审计决定书等审计项目材料连同书面复核意见，报送审理机构审理。

第一百四十三条 审理机构以审计实施方案为基础，重点关注审计实施的过程及结果，主要审理下列内容：

（一）审计实施方案确定的审计事项是否完成；

（二）审计发现的重要问题是否在审计报告中反映；

（三）主要事实是否清楚、相关证据是否适当、充分；

（四）适用法律法规和标准是否适当；

（五）评价、定性、处理处罚意见是否恰当；

（六）审计程序是否符合规定。

第一百四十四条 审理机构审理时，应当就有关事项与审计组及相关业务部门进行沟通。

必要时，审理机构可以参加审计组与被审计单位交换意见的会议，或者向被审计单位和有关人员了解相关情况。

第一百四十五条 审理机构审理后，可以根据情况采取下列措施：

（一）要求审计组补充重要审计证据；

（二）对审计报告、审计决定书进行修改。

审理过程中遇有复杂问题的，经审计机关负责人同意后，审理机构可以组织专家进行论证。

审理机构审理后，应当出具审理意见书。

第一百四十六条 审理机构将审理后的审计报告、审计决定书连同审理意见书报送审计机关负责人。

第一百四十七条 审计报告、审计决定书原则上应当由审计机关审计业务会议审定；特殊情况下，经审计机关主要负责人授权，可以由审计机关其他负责人审定。

第一百四十八条 审计决定书经审定，处罚的事实、理由、依据、决定与审计组征求意见的审计报告不一致并且加重处罚的，审计机关应当依照有关法律法规的规定及时告知被审计单位、被调查单位和有关责任人员，并听取其陈述和申辩。

第一百四十九条 对于拟作出罚款的处罚决定，符合法律法规规定的听证条件的，审计机关应当依照有关法律法规的规定履行听证程序。

第一百五十条 审计报告、审计决定书经审计机关负责人签发后，按照下列要求办理：

（一）审计报告送达被审计单位、被调查单位；

（二）经济责任审计报告送达被审计单位和被审计人员；

（三）审计决定书送达被审计单位、被调查单位、被处罚的有关责任人员。

第三节 专题报告与综合报告

第一百五十一条 审计机关在审计中发现的下列事项，可以采用专题报告、审计信息等方式向本级政府、上一级审计机关报告：

（一）涉嫌重大违法犯罪的问题；

（二）与国家财政收支、财务收支有关政策及其执行中存在的重大问题；

（三）关系国家经济安全的重大问题；

（四）关系国家信息安全的重大问题；

（五）影响人民群众经济利益的重大问题；

（六）其他重大事项。

第一百五十二条 专题报告应当主题突出、事实清楚、定性准确、建议适当。

审计信息应当事实清楚、定性准确、内容精炼、格式规范、反映及时。

第一百五十三条 审计机关统一组织审计项目的，可以根据需要汇总审计情况和结果，编制审计综合报告。必要时，审计综合报告应当征求有关主管机关的意见。

审计综合报告按照审计机关规定的程序审定后，向本级政府和上一级审计机关报送，或者向有关部门通报。

第一百五十四条 审计机关实施经济责任审计项目后，应当按照相关规定，向本级政府行政首长和有关干部监督管理部门报告经济责任审计结果。

第一百五十五条 审计机关依照法律法规的规定，每年汇总对本级预算执行情况和其他财政收支情况的审计报告，形成审计结果报告，报送本级政府和上一级审计机关。

第一百五十六条 审计机关依照法律法规的规定，代本级政府起草本级预算执行情况和其他财政收支情况的审计工作报告（稿），经本级政府行政首长审定后，受本级政府委托向本级人民代表大会常务委员会报告。

第四节 审计结果公布

第一百五十七条 审计机关依法实行公告制度。审计机关的审计结果、审计调查结果依法向社会公布。

第一百五十八条 审计机关公布的审计和审计调查结果主要包括下列信息：

（一）被审计（调查）单位基本情况；

（二）审计（调查）评价意见；

（三）审计（调查）发现的主要问题；

（四）处理处罚决定及审计（调查）建议；

（五）被审计（调查）单位的整改情况。

第一百五十九条 在公布审计和审计调查结果时，审计机关不得公布下列信息：

（一）涉及国家秘密、商业秘密的信息；

（二）正在调查、处理过程中的事项；

（三）依照法律法规的规定不予公开的其他信息。

涉及商业秘密的信息，经权利人同意或者审计机关认为不公布可能对公共利益造成重大影响的，可以予以公布。

审计机关公布审计和审计调查结果应当客观公正。

第一百六十条 审计机关公布审计和审计调查结果，应当指定专门机构统一办理，履行规定的保密审查和审核手续，报经审计机关主要负责人批准。

审计机关内设机构、派出机构和个人，未经授权不得向社会公布审计和审计调查结果。

第一百六十一条 审计机关统一组织不同级次审计机关参加的审计项目，其审计和审计调查结果原则上由负责该项目组织工作的审计机关统一对外公布。

第一百六十二条 审计机关公布审计和审计调查结果按照国家有关规定需要报批的，未经批准不得公布。

第五节 审计整改检查

第一百六十三条 审计机关应当建立审计整改检查机制，督促被审计单位和其他有关单位根据审计结果进行整改。

第一百六十四条 审计机关主要检查或者了解下列事项：

（一）执行审计机关作出的处理处罚决定情况；

（二）对审计机关要求自行纠正事项采取措施的情况；
（三）根据审计机关的审计建议采取措施的情况；
（四）对审计机关移送处理事项采取措施的情况。

第一百六十五条　审计组在审计实施过程中，应当及时督促被审计单位整改审计发现的问题。

审计机关在出具审计报告、作出审计决定后，应当在规定的时间内检查或者了解被审计单位和其他有关单位的整改情况。

第一百六十六条　审计机关可以采取下列方式检查或者了解被审计单位和其他有关单位的整改情况：
（一）实地检查或者了解；
（二）取得并审阅相关书面材料；
（三）其他方式。

对于定期审计项目，审计机关可以结合下一次审计，检查或者了解被审计单位的整改情况。

检查或者了解被审计单位和其他有关单位的整改情况应当取得相关证明材料。

第一百六十七条　审计机关指定的部门负责检查或者了解被审计单位和其他有关单位整改情况，并向审计机关提出检查报告。

第一百六十八条　检查报告的内容主要包括：
（一）检查工作开展情况，主要包括检查时间、范围、对象和方式等；
（二）被审计单位和其他有关单位的整改情况；
（三）没有整改或者没有完全整改事项的原因和建议。

第一百六十九条　审计机关对被审计单位没有整改或者没有完全整改的事项，依法采取必要措施。

第一百七十条　审计机关对审计决定书中存在的重要错误事项，应当予以纠正。

第一百七十一条　审计机关汇总审计整改情况，向本级政府报送关于审计工作报告中指出问题的整改情况的报告。

第六章　审计质量控制和责任

第一百七十二条　审计机关应当建立审计质量控制制度，以保证实现下列目标：
（一）遵守法律法规和本准则；
（二）作出恰当的审计结论；
（三）依法进行处理处罚。

第一百七十三条　审计机关应当针对下列要素建立审计质量控制制度：
（一）审计质量责任；
（二）审计职业道德；
（三）审计人力资源；
（四）审计业务执行；
（五）审计质量监控。

对前款第二、三、四项应当按照本准则第二至五章的有关要求建立审计质量控制制度。

第一百七十四条　审计机关实行审计组成员、审计组主审、审计组组长、审计机关业务部门、审理机构、总审计师和审计机关负责人对审计业务的分级质量控制。

第一百七十五条　审计组成员的工作职责包括：
（一）遵守本准则，保持审计独立性；
（二）按照分工完成审计任务，获取审计证据；

（三）如实记录实施的审计工作并报告工作结果；
（四）完成分配的其他工作。

第一百七十六条 审计组成员应当对下列事项承担责任：
（一）未按审计实施方案实施审计导致重大问题未被发现的；
（二）未按照本准则的要求获取审计证据导致审计证据不适当、不充分的；
（三）审计记录不真实、不完整的；
（四）对发现的重要问题隐瞒不报或者不如实报告的。

第一百七十七条 审计组组长的工作职责包括：
（一）编制或者审定审计实施方案；
（二）组织实施审计工作；
（三）督导审计组成员的工作；
（四）审核审计工作底稿和审计证据；
（五）组织编制并审核审计组起草的审计报告、审计决定书、审计移送处理书、专题报告、审计信息；
（六）配置和管理审计组的资源；
（七）审计机关规定的其他职责。

第一百七十八条 审计组组长应当从下列方面督导审计组成员的工作：
（一）将具体审计事项和审计措施等信息告知审计组成员，并与其讨论；
（二）检查审计组成员的工作进展，评估审计组成员的工作质量，并解决工作中存在的问题；
（三）给予审计组成员必要的培训和指导。

第一百七十九条 审计组组长应当对审计项目的总体质量负责，并对下列事项承担责任：
（一）审计实施方案编制或者组织实施不当，造成审计目标未实现或者重要问题未被发现的；
（二）审核未发现或者未纠正审计证据不适当、不充分问题的；
（三）审核未发现或者未纠正审计工作底稿不真实、不完整问题的；
（四）得出的审计结论不正确的；
（五）审计组起草的审计文书和审计信息反映的问题严重失实的；
（六）提出的审计处理处罚意见或者移送处理意见不正确的；
（七）对审计组发现的重要问题隐瞒不报或者不如实报告的；
（八）违反法定审计程序的。

第一百八十条 根据工作需要，审计组可以设立主审。主审根据审计分工和审计组组长的委托，主要履行下列职责：
（一）起草审计实施方案、审计文书和审计信息；
（二）对主要审计事项进行审计查证；
（三）协助组织实施审计；
（四）督导审计组成员的工作；
（五）审核审计工作底稿和审计证据；
（六）组织审计项目归档工作；
（七）完成审计组组长委托的其他工作。

第一百八十一条 审计组组长将其工作职责委托给主审或者审计组其他成员的，仍应当对委托事项承担责任。受委托的成员在受托范围内承担相应责任。

第一百八十二条 审计机关业务部门的工作职责包括：

（一）提出审计组组长人选；
（二）确定聘请外部人员事宜；
（三）指导、监督审计组的审计工作；
（四）复核审计报告、审计决定书等审计项目材料；
（五）审计机关规定的其他职责。
业务部门统一组织审计项目的，应当承担编制审计工作方案，组织、协调审计实施和汇总审计结果的职责。

第一百八十三条 审计机关业务部门应当及时发现和纠正审计组工作中存在的重要问题，并对下列事项承担责任：
（一）对审计组请示的问题未及时采取适当措施导致严重后果的；
（二）复核未发现审计报告、审计决定书等审计项目材料中存在的重要问题的；
（三）复核意见不正确的；
（四）要求审计组不在审计文书和审计信息中反映重要问题的。
业务部门对统一组织审计项目的汇总审计结果出现重大错误、造成严重不良影响的事项承担责任。

第一百八十四条 审计机关审理机构的工作职责包括：
（一）审查修改审计报告、审计决定书；
（二）提出审理意见；
（三）审计机关规定的其他职责。

第一百八十五条 审计机关审理机构对下列事项承担责任：
（一）审理意见不正确的；
（二）对审计报告、审计决定书作出的修改不正确的；
（三）审理时应当发现而未发现重要问题的。

第一百八十六条 审计机关负责人的工作职责包括：
（一）审定审计项目目标、范围和审计资源的配置；
（二）指导和监督检查审计工作；
（三）审定审计文书和审计信息；
（四）审计管理中的其他重要事项。
审计机关负责人对审计项目实施结果承担最终责任。

第一百八十七条 审计机关对审计人员违反法律法规和本准则的行为，应当按照相关规定追究其责任。

第一百八十八条 审计机关应当按照国家有关规定，建立健全审计项目档案管理制度，明确审计项目归档要求、保存期限、保存措施、档案利用审批程序等。

第一百八十九条 审计项目归档工作实行审计组组长负责制，审计组组长应当确定立卷责任人。
立卷责任人应当收集审计项目的文件材料，并在审计项目终结后及时立卷归档，由审计组组长审查验收。

第一百九十条 审计机关实行审计业务质量检查制度，对其业务部门、派出机构和下级审计机关的审计业务质量进行检查。

第一百九十一条 审计机关可以通过查阅有关文件和审计档案、询问相关人员等方式、方法，检查下列事项：
（一）建立和执行审计质量控制制度的情况；
（二）审计工作中遵守法律法规和本准则的情况；
（三）与审计业务质量有关的其他事项。

审计业务质量检查应当重点关注审计结论的恰当性、审计处理处罚意见的合法性和适当性。

第一百九十二条 审计机关开展审计业务质量检查,应当向被检查单位通报检查结果。

第一百九十三条 审计机关在审计业务质量检查中,发现被检查的派出机构或者下级审计机关应当作出审计决定而未作出的,可以依法直接或者责成其在规定期限内作出审计决定;发现其作出的审计决定违反国家有关规定的,可以依法直接或责成其在规定期限内变更、撤销审计决定。

第一百九十四条 审计机关应当对其业务部门、派出机构实行审计业务年度考核制度,考核审计质量控制目标的实现情况。

第一百九十五条 审计机关可以定期组织优秀审计项目评选,对被评为优秀审计项目的予以表彰。

第一百九十六条 审计机关应当对审计质量控制制度及其执行情况进行持续评估,及时发现审计质量控制制度及其执行中存在的问题,并采取措施加以纠正或者改进。

审计机关可以结合日常管理工作或者通过开展审计业务质量检查、考核和优秀审计项目评选等方式,对审计质量控制制度及其执行情况进行持续评估。

第七章 附 则

第一百九十七条 审计机关和审计人员开展下列工作,不适用本准则的规定:

(一)配合有关部门查处案件;

(二)与有关部门共同办理检查事项;

(三)接受交办或者接受委托办理不属于法定审计职责范围的事项。

第一百九十八条 地方审计机关可以根据本地实际情况,在遵循本准则规定的基础上制定实施细则。

第一百九十九条 本准则由审计署负责解释。

第二百条 本准则自2011年1月1日起施行。附件所列的审计署以前发布的审计准则和规定同时废止。

附件:废止的审计准则和规定目录

附件

废止的审计准则和规定目录

1. 中华人民共和国国家审计基本准则(2000年审计署第1号令)
2. 审计机关审计处理处罚的规定(2000年审计署第1号令)
3. 审计机关审计方案准则(2000年审计署第2号令)
4. 审计机关审计证据准则(2000年审计署第2号令)
5. 审计机关审计工作底稿准则(试行)(2000年审计署第2号令)
6. 审计机关审计报告编审准则(2000年审计署第2号令)
7. 审计机关审计复核准则(2000年审计署第2号令)
8. 审计机关专项审计调查准则(2001年审计署第3号令)
9. 审计机关公布审计结果准则(2001年审计署第3号令)
10. 审计机关审计人员职业道德准则(2001年审计署第3号令)
11. 审计机关国家建设项目审计准则(2001年审计署第3号令)
12. 审计机关审计重要性与审计风险评价准则(2003年审计署第5号令)

13. 审计机关分析性复核准则（2003年审计署第5号令）
14. 审计机关内部控制测评准则（2003年审计署第5号令）
15. 审计机关审计抽样准则（2003年审计署第5号令）
16. 审计机关审计事项评价准则（2003年审计署第5号令）
17. 国有企业财务审计准则（试行）（审法发〔1999〕10号）
18. 审计机关审计项目质量控制办法（试行）（2004年审计署第6号令）
19. 审计署关于国有金融机构财务审计实施办法（审金发〔1996〕331号）
20. 审计署关于中央银行财务审计实施办法（审金发〔1996〕332号）
21. 审计机关对社会保障基金审计实施办法（审行发〔1996〕350号）
22. 审计机关对社会捐赠资金审计实施办法（审行发〔1996〕351号）
23. 审计机关对国外贷援款项目审计实施办法（审外资发〔1996〕353号）
24. 审计机关审计行政强制性措施的规定（审法发〔1996〕359号）
25. 审计机关指导监督内部审计业务的规定（审管发〔1996〕367号）
26. 审计署关于派出审计局开展审计工作的暂行办法（审发〔1998〕314号）
27. 中央预算执行审计工作程序实施细则（审财发〔1999〕32号）
28. 审计机关审计项目计划管理办法（审办发〔2002〕104号）

解读《中华人民共和国国家审计准则》

《中华人民共和国国家审计准则》（以下简称《审计准则》）于2010年7月8日经审计长会议审议通过，2010年9月1日刘家义审计长签署审计署第8号令予以公布，自2011年1月1日起施行。为了更好地指导学习、宣传和贯彻落实修订后的国家审计准则，特作如下解读：

一、修订的意义

《审计准则》的修订和颁布，是继审计法和审计法实施条例修订后我国审计法制建设的又一件大事，是完善我国审计法律制度的重大举措，是国家审计准则体系建设史上一个重要的里程碑，对规范审计机关和审计人员执行审计业务的行为，保证审计质量，防范审计风险，发挥审计保障国家经济和社会健康运行的"免疫系统"功能有十分重大的意义。《审计准则》适用于审计机关开展的各项审计业务，对执行审计业务基本程序作了系统规范，体现了很强的综合性；《审计准则》以贯彻落实科学发展观为指针，坚持运用科学的审计理念和先进的审计技术方法，体现了很强的科学性；《审计准则》系统总结了我国国家审计二十多年来的实践经验，将行之有效的做法确定下来，体现了很强的实用性；《审计准则》充分借鉴国际政府审计准则的内容和外国审计机关有益做法，体现了很强的国际性。

二、修订的必要性

近些年来，我国社会经济形势发生了深刻变化，审计工作也得到了深入发展。一是审计法和审计法实施条例修订后，原有准则需做相应修订，以便与审计法律法规保持一致。二是近年来，各级审计机关深入贯彻落实科学发展观，树立科学审计理念，不断加大审计监督力度，创新审计监督方式方法，积累了许多经验，需要加以总结并通过准则予以规定。三是审计实践也证明，原有准则中的一些规定不能完全适应新形势下审计工作发展要求，同时原有准则体系比较庞杂，有些准则间部分内容存在交叉重复。原有的准则和规定不能适应审计工作要求，需要加以修订。

三、修订遵循的原则

（一）依照审计法和审计法实施条例的规定，与原有准则保持一定连续性。2006年全国人大常委会修改的审计法和2010年国务院修订的审计法实施条例对审计机关的审计职责、审计权限和审计程序等都作出了一些新的规定。此次修订的《审计准则》，作为部门规章，严格依照了审计法和审计法实施条例的规定，并明确了执行的具体要求，确保审计法律法规全面贯彻落实。同时，对于原有准则，特别是《审计机关审计项目质量控制办法（试行）》中一些经过实践证明比较成熟的规定，均吸收到修订后的《审计准则》中，保持审计规范的连续性和稳定性。

（二）总结多年来审计实践经验，体现中国国家审计特色。近年来，在各级党委、政府的正确领导下，各级审计机关坚持"依法审计、服务大局、围绕中心、突出重点、求真务实"的审计工作方针，认真履行法定审计职责，创新审计工作方式方法，在监督财政财务收支真实、合法基础上，全面推进绩效审计，深入开展经济责任审计，加强专项审计调查和跟踪审计，严肃查处重大违法行为，注重从体制、机制、制度和政策层面发现和分析问题并提出审计建议，加大公布审计结果力度，促进被审计单位整改，较好地发挥了审计监督的建设性作用。实践证明，这些基本做法和经验是符合我国国情和审计工作发展要求的。修订的《审计准则》主要从我国实际出发，立足于总结审计实践经验，体现中国国家审计的特色。

（三）借鉴外国政府审计准则的有益内容，努力与国际通行做法相衔接。国际审计组织和有的外国审计机关相继颁布了审计准则，其中有些基本审计理念和技术方法对我国审计机关也有借鉴意义。此次修订准则，重点借鉴了外国政府审计准则的有益内容，并适当参考了社会审计和内部审计准则的相关要求。一方面，有利于完善我国审计规范，推动审计事业发展；另一方面，借鉴外国政府审计的一些好的内容，努力使修订的《审计准则》与国际通行做法相衔接，便于加强国际审计交流与合作。

（四）坚持约束与指导相结合，增强《审计准则》的指导作用。修订的《审计准则》适用于中央到县的各级审计机关，适用于审计机关开展的各项审计业务。考虑到各地实际情况和审计项目的不同特点，修订的《审计准则》坚持约束与指导相结合的原则，将一些条款设定为约束性条款、一些条款设定为指导性条款，注重对执行审计业务过程中相关实质性环节的管理和指导，增强《审计准则》的适用性和指导作用，便于各级审计机关和广大审计人员贯彻执行。

四、《审计准则》的体系结构

修订前的国家审计准则体系由一个国家审计基本准则、若干个通用审计准则和专业审计准则构成。这种体系结构比较零散，相关准则间的内容存在交叉，不便于审计人员系统学习和掌握。此次修订，参考《审计机关审计项目质量控制办法（试行）》的体系结构，将原有国家审计基本准则和通用审计准则规范的内容统一纳入《审计准则》，形成一个完整单一的国家审计准则。在审计准则的下一层次研究开发审计指南，进一步细化相关审计业务操作的具体要求。据此构建起由宪法、审计法和审计法实施条例、审计准则和审计指南等不同级次规定组成的审计法律规范体系。

按照上述体系结构，《审计准则》正文分为七章，即总则、审计机关和审计人员、审计计划、审计实施、审计报告、审计质量控制和责任、附则。共200条。同时，《审计准则》在吸收原有审计准则和相关规定中能够继续适用的内容后，废止了审计署以前发布的28项审计准则和相关规定，并在《审计准则》附件中列明了废止的规定名称。

五、修订的主要内容

（一）关于《审计准则》的适用。

1.《审计准则》的适用范围。《审计准则》是审计机关和审计人员履行法定审计职责的行为规范，是执行审计业务的职业标准，是评价审计质量的基本尺度，适用于各级审计机关和审计人员执行的各项审计业务和专项审计调查业务。同时，其他组织或者人员接受审计机关的委托、聘用，承办或者参加审计业务，也应当适用《审计准则》。但审计机关和审计人员配合有关部门查处案件、与有关部门共同办理检查事项、接受交办或者接受委托办理不属于法定审计职责范围的事项，不适用《审计准则》，应当按照其他有关规定和要求办理。《审计准则》第二条、第四条、第八条和第一百九十七条对此作了规定。

2.《审计准则》条款的具体应用。考虑到我国各级审计机关的实际情况和具体审计项目之间的差异，为增强《审计准则》的适用性，将使用"应当""不得"词汇的条款规定为约束性条款，即各级审计机关和审计人员执行审计业务都必须遵守的职业要求；而使用"可以"词汇的条款为指导性条款，是对良好审计实务的推介。审计机关和审计人员未遵守约束性条款的，应当说明原因，并在审计记录中加以记载。《审计准则》第三条、第十一条和第一百一十一条对此作了规定。

（二）关于审计人员的独立性和职业道德要求。

1.审计人员的独立性。依法独立行使审计监督权是审计工作的基本要求。宪法、审计法和审计法实施条例从审计机关组织和领导体制、审计职责和权限、审计经费和审计人员履行职务的保护等方面，对审计机关和审计人员依法独立行使审计监督权作出了规定。《审计准则》第十六条至二十三条主要明确了审计人员保持独立性的要求，规定了审计机关针对可能损害审计独立性的情形应当采取的措施，并对审计机关聘请外部人员的相关要求作了规定。

2.审计职业道德要求。各级审计机关十分重视加强审计职业道德建设，在长期审计实践中形成了具有审计职业特色的道德规范和要求。国际审计组织和许多外国审计机关也制定了审计职业道德规范和守则。在立足我国审计工作实际情况，借鉴国际政府审计职业道德规范内容的基础上，《审计准则》第十五条明确了严格依法、正直坦诚、客观公正、勤勉尽责、保守秘密五项基本审计职业道德，并规定了审计人员遵守各项基本职业道德的要求。

（三）关于审计计划。

1.年度审计项目计划的编制程序和要求。年度审计项目计划是审计机关对年度审计工作做出的统筹部署和安排，对依法履行审计监督职责，保障审计工作科学和有序运行有着十分重要的作用。为了加强对编制年度审计项目计划工作的指导，确保计划的科学性和可行性，在总结我国年度审计项目计划管理经验的基础上，《审计准则》第三章从调查审计需求、对初选审计项目进行可行性研究和评估、配置审计项目资源，以及年度审计项目计划审定、调整和执行情况检查等方面，明确了年度审计项目计划编制和执行的要求。同时，为更好地指导审计机关确定专项审计调查项目计划，《审计准则》第三十六条对开展专项审计调查的项目提出了指导性原则，即对于预算管理或者国有资产管理使用中涉及宏观性、普遍性、政策性或者体制、机制问题的事项，跨行业、跨地区、跨单位的事项，涉及大量非财务数据的事项等，可以作为专项审计调查项目予以安排。

2.审计工作方案的编制。根据审计实践，审计机关统一组织多个审计组共同实施一个审计项目或者分别实施同一类项目，一般需要编制审计工作方案，以加强对这些项目组织实施工作的管理，便于审计结果的汇总和综合利用，确保年度审计项目计划的执行。审计机关业务部门应当根据年度审计项目计划形成过程中调查审计需求、进行可行性研究的情况，开展进一步调查，对审计目标、范围、重点和项目组织实施等进行确定，编制审计工作方案，按照审计机关规定的程序审批后，在实施审计起始时间之前下达项目实施单位。《审计准则》第四十七条至第五十一条对此作了规定。

（四）关于审计实施。

1.审计实施方案的编制要求。为增强审计实施方案的科学性和可操作性，发挥其指导作用，在总结我国审计实践经验并借鉴外国政府审计有益做法的基础上，《审计准则》第四章第一节将编制审计实施方案作为项目审计实施的第一个环节加以了规定。

一是明确了编制审计实施方案的实质性要求。根据全面审计、突出重点的审计工作基本要求,运用审计风险理论和重要性原则,首先要求审计组调查了解被审计单位及其相关情况,包括相关内部控制及其执行情况和信息系统控制情况。其次,审计组根据调查了解的情况,结合适用的标准,判断被审计单位可能存在的问题,即风险领域或者风险点。第三,审计人员运用职业判断,根据可能存在问题的性质、数额及其发生的具体环境,判断其重要性,评估可能存在的重要问题,即重要风险领域或者重要风险点。在判断重要性时,对财政收支、财务收支合法性和效益性进行审计的项目一般不需确定量化的重要性水平(金额标准),可只对重要性作出定性判断。第四,在评估被审计单位存在重要问题可能性的基础上,确定审计事项和审计应对措施,包括对各审计事项的审计步骤和方法、审计时间、执行审计的人员等,形成审计实施方案。《审计准则》第五十七条至第七十三条对此作了规定。

二是强调及时调整审计实施方案。对大中型或者业务比较复杂的审计项目,审计组调查了解被审计单位及其各项业务情况往往不能通过一次调查了解就全部完成,实践中需要将调查了解工作贯穿审计实施过程的始终。随着调查了解的不断深入和审计工作的展开,审计人员应当持续关注已作出的重要性判断和对存在重要问题可能性的评估是否恰当;对原先作出的不恰当判断和评估结果及时修正,并考虑其他相关情况的变化,调整审计事项和审计应对措施,即及时调整审计实施方案。《审计准则》第七十七条和第七十八条对此作了规定。同时,考虑到调查了解工作的持续性和调查了解已属于项目审计实施工作的组成部分,《审计准则》不再将审前调查作为项目审计工作的一个单独阶段。

三是调整了审计实施方案的审批权限。为了使审计组能够根据实际情况及时采取审计应对措施,提高审计工作效率,《审计准则》第七十九条和第八十条规定,一般审计项目的审计实施方案应当经审计组组长审定,并及时报审计机关业务部门备案;重要审计项目的审计实施方案应当报经审计机关负责人审定。审计组调整审计实施方案中的审计目标、审计组组长、审计重点和现场审计结束时间,应当报经审计机关主要负责人批准。

2. 获取审计证据的要求。获取审计证据是审计实施阶段的核心工作,也是审计机关和审计人员作出正确审计结论的基础。《审计准则》第四章第二节规定了获取审计证据的要求。

一是明确了审计证据应当具有的基本特性。《审计准则》第八十四条至第八十六条从质量和数量两个方面,明确了审计证据应当具有适当性和充分性。适当性是对审计证据质量的衡量,包括审计证据的相关性和可靠性;充分性是对审计证据数量的衡量。

二是对采取不同审查方法获取审计证据提出了指导意见。《审计准则》第八十八条至第九十一条规定,审计人员可以在审计事项中选取全部项目进行审查(详查)或者选取部分特定项目进行审查(抽查),也可以进行审计抽样,以获取审计证据。同时,明确了各种审查方法适用的情形以及审查结果是否可用于推断审计事项总体特征。

三是规定了审计人员获取审计证据的具体方法和要求。《审计准则》第九十二条规定了审计人员可以采取检查、观察、询问、外部调查、重新计算、重新操作和分析等7种基本方法获取审计证据。同时,为了确保审计人员对重要问题查深查透,《审计准则》第九十九条规定审计人员应当围绕认定问题所依据的标准、事实、影响和原因4个方面获取审计证据。

3. 审计记录的类型和内容。为了支持审计人员编制审计实施方案和审计报告,证明审计人员遵循相关法律法规和《审计准则》,便于对审计人员的工作实施指导、监督和检查,《审计准则》第四章第三节对审计记录作了规定。

一是调整了审计记录的类型。在总结我国项目审计中需要记录的事项和原有做法的基础上,《审计准则》第一百零一条和第一百零三条规定,审计人员应当对审计实施过程、得出的审计结论以及与审计项目有关的重要管理事项作出记录,并将审计记录划分为3种类型,即调查了解记录、审计工作底稿和重要管理事项记录,取消了审计日记的做法。

二是规范了各类记录的内容和要求。调查了解记录的主要内容包括对被审计单位及其相关情况的调查了解情况、对被审计单位存在重要问题可能性的评估情况和据此确定的审计事项及其应对措施，是编制审计实施方案的重要基础。审计工作底稿主要记录实施审计的步骤和方法、取得的审计证据的名称和来源、审计认定的主要事实和得出的审计结论及其相关标准，并经审计组组长审核，以支持审计人员编制审计报告；审计人员对审计实施方案确定的每一审计事项均应当编制审计工作底稿，而不是仅对审计发现的问题编制审计工作底稿。重要管理事项记录用于记载与审计项目相关并对审计结论有重要影响的管理事项。《审计准则》第一百零四条至第一百一十一条对此作了规定。

4. 检查重大违法行为的特别规定。在总结我国审计机关多年来查处重大违法行为和经济犯罪案件线索实践经验的基础上，《审计准则》第四章第四节对检查重大违法行为作出了特别规定，包括检查重大违法行为过程中应当评估的因素、调查了解的重点内容、需关注的异常情况以及采取的应对措施等。审计机关和审计人员在检查重大违法行为时，除遵守《审计准则》第四章第一节至第三节的规定外，还应当遵守上述这些特别规定，以便有效检查重大违法行为，打击经济犯罪，维护国家财政经济秩序和经济安全，促进廉政建设。

（五）关于审计报告。

1. 专项审计调查报告及其编审。依照审计法和审计法实施条例关于专项审计调查的规定，为督促被调查单位整改专项审计调查发现的问题，公布专项审计调查结果，更好地发挥专项审计调查的作用，《审计准则》将专项审计调查报告作为向被调查单位出具的一种审计文书。专项审计调查报告除符合审计报告要素和内容要求外，还应当根据专项审计调查目标重点分析宏观性、普遍性、政策性或者体制、机制问题并提出改进建议。一般情况下，审计组实施专项审计调查后，应当提出专项审计调查报告，以审计机关名义征求被调查单位意见后，向审计机关提交专项审计调查报告。审计机关按照审定审计报告的程序对专项审计调查报告进行审定后，送达被调查单位。专项审计调查中发现属于审计监督对象的单位违反国家规定的财政收支、财务收支行为，依法应当由审计机关在法定职权范围内作出处理处罚决定的，审计机关应当出具审计决定书；依法需要移送其他有关主管机关或者单位纠正、处理处罚或者追究有关人员责任的，审计机关应当出具审计移送处理书。《审计准则》第五章第一节和第二节相关条款对此作了规定。

2. 审理机构对审计项目的审理。为了贯彻审计法实施条例关于审计机关专门机构对审计报告以及相关审计事项进行审理的新规定，《审计准则》将审计机关法制工作机构原来对审计结论性文书的复核调整为审理机构对审计项目的审理。审理机构以审计实施方案为基础，重点关注审计实施的过程及结果，审理的主要内容包括：审计实施方案确定的审计事项是否完成，审计发现的重要问题是否在审计报告中反映，主要事实是否清楚，相关证据是否适当、充分，适用法律法规和标准是否适当，审计评价、定性、处理处罚意见是否恰当，以及审计程序是否符合规定。审理过程中，审理机构应当与审计组及相关业务部门进行沟通；必要时，可以参加与被审计单位交换意见的会议或者向被审计单位和有关人员了解相关情况。审理机构审理后应当出具审理意见书，并根据情况，可以要求审计组补充重要审计证据，对审计报告、审计决定书进行修改。《审计准则》第一百四十二条至第一百四十六条对此作了规定。

3. 专题报告与综合报告。为了加强审计成果的开发利用，提升审计成果的质量和水平，《审计准则》第五章第三节对专题报告和综合报告进行了规范，规定了可以采用专题报告、审计信息等方式向本级政府和上一级审计机关报告的事项范围，明确了可以编制审计综合报告的情形和审计综合报告、经济责任审计结果的报送对象，以及审计机关在起草、报送审计结果报告和审计工作报告等方面的要求。

4. 审计整改检查。为了贯彻落实审计法和审计法实施条例的规定，促进被审计单位整改，确保审计效果，充分发挥审计监督作用，《审计准则》第五章第五节对审计整改检查作出具体规范，明确要求审计机关建立审计整改检查机制，督促被审计单位和其他有关单位根据审计结果进行整改，并对审计机关检查的主要内容、检查的方式和时间、检查报告以及检查后应采取的措施等作出了规定。

（六）关于审计质量控制和责任。

为了加强全员全过程审计质量控制，明确审计责任，《审计准则》第六章要求审计机关应当针对审计质量责任、审计职业道德、审计人力资源、审计业务执行、审计质量监控5个要素建立审计质量控制制度，并通过审计业务质量检查等方式对审计质量控制制度的建立和执行情况进行检查和评估。同时，从审计项目质量控制的角度，规定审计机关实行审计组成员、审计组主审、审计组组长、审计机关业务部门、审理机构、总审计师和审计机关负责人对审计业务的分级质量控制，并分别明确了审计组成员、审计组主审、审计组组长、审计机关业务部门、审理机构和审计机关负责人的工作职责和应承担的责任。

（七）关于信息技术环境下审计的特别规定。

考虑到信息技术环境下开展审计工作的特殊性，《审计准则》作出了一些特别规定。如审计组信息技术方面胜任能力的要求；调查了解相关的信息系统控制、评估对信息系统的依赖程度，检查相关信息系统的有效性、安全性等要求；审计人员在检查中应当避免对被审计单位相关信息系统及其电子数据造成不良影响的要求；电子审计证据的特殊取证要求；审计发现被审计单位信息系统存在重大漏洞或者不符合国家规定的处理措施等。

此外，根据各级审计机关开展跟踪审计的实际需要，总结近年来的实践经验，《审计准则》对采取跟踪审计方式实施的审计项目，从编制年度审计项目计划、制发审计通知书、编制审计实施方案、出具审计报告等方面作了一些特殊规定。

审计署办公厅关于印发《审计署审计现场管理办法》的通知

（审办法发〔2021〕86号）

署机关各单位、各派出审计局、各特派员办事处、各直属单位：

《审计署审计现场管理办法》已经审计长会议审议通过，现印发给你们，请认真贯彻执行。各单位在执行过程中的有关意见建议请及时反馈署法规司。

审计署办公厅
2021年9月23日

审计署审计现场管理办法

第一条 为了规范审计现场管理，落实工作责任，提高审计工作质量和效率，防范审计风险，根据《中华人民共和国审计法》及其实施条例、国家审计准则和其他规定，制定本办法。

第二条 审计署及其派出机构（以下简称审计署）的审计现场管理工作，适用本办法。地方审计机关参加审计署统一组织的审计项目，参照本办法执行。

第三条 本办法所称审计现场管理，是指审计人员进入被审计单位开始工作至审计组提交审计结果文书期间，审计机关为执行审计业务及相关事项而进行的组织、协调、实施和控制等一系列活动。

第四条 开展现场审计，应当依照审计法的规定组成审计组。审计组实行审计组组长负责制。审计组组长是审计现场业务、廉政、保密、安全等工作的第一责任人。

审计组副组长根据审计实施方案的分工协助审计组组长履行审计现场管理、审计查证等职责。

审计署领导或者派出机构主要负责同志担任审计组组长的，根据工作需要，可以在审计实施方案中指定审计现场负责人。审计现场负责人根据审计组组长的授权，履行国家审计准则相关条款中审计组组长的工作职责并承担相应责任。依据审计组组长的授权，审计现场负责人可以在相关审计文书上签字。

审计组主审根据审计组组长（或审计现场负责人，以下统称审计组组长）的委托和审计分工，履行起草审计文书、组织对主要审计事项进行审计查证、协助组织实施审计现场管理、督促审计组成员工作、组织审计项目归档工作等职责。

审计组设审计小组的，审计小组的审计现场管理应当遵守本办法。审计小组组长根据审计组组长的要求，负责本小组现场业务、廉政、保密、安全等工作。

审计组成员根据审计分工，履行相应职责并承担相应责任。

审计组组长、副组长、审计现场负责人、主审以及审计组其他成员的具体职责，应当在审计实施方案中予以明确。

第五条 符合设立临时党组织的审计组，应当按照审计署关于临时党组织建设的规定执行。

第六条 审计组应当按照审计署党风廉政建设工作的规定，设立兼职廉政监督员，协助审计组组长抓好审计现场各项廉政风险防控工作，监督审计人员严格执行审计"四严禁"工作要求和审计"八不准"工作纪律、登记报告干预审计工作行为等规定，监督审计组就餐、住宿等费用的结算，组织填报和归集相关登记和报告材料，发现违反廉政纪律的情况应当及时向审计组组长报告和反映。兼职廉政监督员一般应当由处级以上（含处级）干部担任。

第七条 审计组组成后，审计组组长应当围绕审计工作任务，组织必要的审计业务学习和培训，同时开展有针对性的廉政、保密、安全等教育工作。

审计组进驻被审计单位时，应当组织被审计单位相关人员召开审计进点会议，宣读审计通知书，告知审计工作纪律相关规定，提出配合审计工作的要求等。

审计组进驻被审计单位后，应当及时在被审计单位公示审计通知书、审计组联系方式等内容。

第八条 审计组组长应当按要求及时组织编制审计实施方案。审计组应当围绕落实审计工作方案，充分调查了解被审计单位相关情况，根据被审计单位的信息化条件充分运用电子数据实现对被审计单位相关事项的总体分析，聚焦重点、发现疑点，在此基础上编制审计实施方案，明确审计项目涉及的具体单位、事项和所属期间，抽查资金比例，审计思路和方法，优化分工、明确责任、规定时限，提高方案的科学性、针对性和可操作性。成立临时党组织的审计组，应当在审计实施方案中明确临时党组织的书记和委员。

各业务司、各派出机构组织实施各类审计，都要坚持数据先行，积极开展数据综合分析，确定审计重点，锁定疑点线索，为编制审计工作方案和审计实施方案，开展现场审计提供引领支撑。

审计组应当根据审计进展及相关情况变化，按规定权限和程序及时调整审计实施方案。

第九条 审计组组长根据审计实施方案确定的审计事项，一般应当组织编制审计任务清单（参考格式见附件1），将审计任务落实到具体审计人员，对审计事项的执行、调整和完成情况进行严格管理，确保审计实施方案落实。审计人员应当对相关审计事项的完成情况进行确认，对未按要求完成的审计事项作出书面说明。

审计人员应当严格执行审计实施方案，按照方案确定的审计事项、分工和时间要求，依照法定职责、权限和程序实施审计，不得擅自减少或增加审计事项、重点审计单位和审范围。

业务司应规范对审计现场的工作部署和指导,在审计工作方案之外不得擅自追加任务和变更要求,确需增加和变更的,须报经分管署领导批准。

第十条 审计组应当充分运用审计管理软件等信息化手段,对审计现场的信息进行收集、分析、处理和共享,与审计机关实现信息的实时传递,加强对审计现场的动态管理,提高审计现场信息化管理水平。

第十一条 审计组实施审计前,可以对被审计单位提出资料需求清单(明确资料提供时间),作为审计通知书附件一并送达被审计单位。审计过程中,审计组应当提出资料需求清单,经审计组组长或审计组组长指定人员审核同意后,依法要求被审计单位、相关单位和个人按要求提供其他与审计事项有关的资料。

被审计单位、相关单位和个人提供的资料主要包括财务、会计资料以及与财政收支、财务收支有关的业务、管理等资料,包括电子数据和有关文档。对于投资、运营、管理和使用境外国有资产的被审计单位、相关单位和个人,审计组应当要求其提供与境外国有资产有关的资料。

在获取审计资料的过程中,审计人员应当与被审计单位、相关单位和个人做好交接手续,认真清点、核对,及时、准确、完整地填写资料交接清单,由双方签字确认。对于被审计单位未按要求提供资料的,审计人员应当编制未提供资料清单(或记录)。

审计人员获取审计资料时,不得超越法定审计权限索取与审计事项无关的资料,不得影响被审计单位合法的业务活动和生产经营活动。

第十二条 审计组应当加强对审计现场资料(含电子数据存储介质)的管理,采取必要的保存和保密等措施,严格履行资料借阅交接手续,妥善保管和使用,防止资料的丢失和损毁。对涉密资料和电子数据应当指定专人负责管理。禁止无关人员接触审计现场资料和计算机等设备。

审计组获取的电子数据资料的管理,应当按照审计署关于审计业务电子数据管理的规定执行。电子数据的采集、生成、分析、利用,应当按照审计署关于电子数据审计证据的规定执行。

第十三条 遇有被审计单位和相关单位违反法律规定,拒绝、拖延提供与审计事项有关的资料,或者提供的资料不真实、不完整,或者拒绝、阻碍检查等不配合审计工作,或者制定限制向审计机关提供资料和开放计算机信息系统查询权限的情形的,审计组应当要求被审计单位或相关人员改正,并收集其不配合审计工作的相关证据。经协调沟通仍无法解决的,审计组应当及时将有关情况上报派出审计组的审计机关。

需要约谈被审计单位主要负责人的,应当严格按照审计署关于约谈被审计单位主要负责人的规定办理。

第十四条 审计人员应当按照审计实施方案确定的单位或者事项开展外部调查。对审计实施方案中没有明确但属于审计项目范围的单位或者事项开展外部调查,应当经审计组组长审核同意后进行,必要时,应当按规定权限和程序及时调整审计实施方案。审计组应当建立外部调查台账(参考格式见附件2),全面完整记录被调查单位、调查理由、调查内容、调查人员、调查时间、调查结果和取得的证明材料等情况,经审计组组长审定签字后归入审计项目档案。审计机关开展审计廉政回访时,应当抽查一定比例的外部调查事项。

外部调查应当持有介绍信、审计通知书复印件以及审计人员工作证,介绍信应当注明外部调查的事项。外部调查不得偏离审计目标;不得借外部调查的名义,调查了解与审计项目无关的事项。

异地审计时,审计组经派出审计组的审计机关负责人批准,可领取一定数量的介绍信。介绍信应当由审计机关统一编号,加盖审计机关印章,并由审计组派专人按机要件管理。使用介绍信时须经审计组组长或审计组组长指定人员批准，未经批准不得使用。待审计项目结束后，审计组须将未使用的介绍信缴回开具机关登记造册，经派出审计组的审计机关负责人批准后进行销毁。已使用的介绍信存根联应当做好登记管理。

审计人员需要到中央国家机关、中央企业总部和中央金融机构总部等单位开展外部调查的，应当事先报审计署，由该审计项目的主管业务司审核、报分管署领导批准后，一般通过对口联系的业务司或者派出机构统一协调办理。

第十五条 审计人员应当依照法定权限和程序获取审计证据，获取的审计证据应当符合适当性和充分性的要求，不得片面收集证据，不得涂改、伪造、隐匿和销毁审计证据。

审计人员在收集证据过程中，对已有明确定性的问题，除涉及重大违纪违法问题等特殊事项外，均应当在审计取证单（参考格式见附件3）上写明事实、定性和法律法规依据，经审计组组长或者指定人员审核后，交被审计单位及相关单位，经充分沟通后，由相关单位予以确认。审计取证单应当注明要求被审计单位及相关单位反馈确认的合理期限，并告知对方逾期未反馈确认的视为无异议。被审计单位未按时反馈意见的，审计人员应当在审计取证单上予以注明。对方提出异议的，审计组应当认真研究，必要时应当补充取证或修改审计结论。无法达成一致意见的，应当在审计工作底稿（参考格式见附件4）上予以说明或另行说明。

对署统一组织的审计项目进行集中数据分析的数据分析结果涉及的重大问题和有关事项需要组织核实的，主管业务司应明确提出有关核查内容、方式、时限、分工、核查结果的上报等具体要求，经分管署领导批准后及时组织核查。

第十六条 审计人员查询有关单位、个人在金融机构账户、存款，或房屋权属登记信息的，应当严格按照审计法及其实施条例和审计署有关规定办理。

审计机关封存资料和资产的，应当严格按照审计法及其实施条例和审计署有关规定办理。

第十七条 审计人员执行现场审计任务，遇有以下情形，应当至少有两名审计人员参加：

（一）向被审计单位及相关人员了解重要审计事项或者交接重要资料；

（二）外部调查取证；

（三）查勘现场；

（四）监督盘点资产；

（五）采取审计证据保全措施；

（六）接待信访举报来访人员；

（七）结算就餐、住宿等费用；

（八）审计组组长认为需要至少两人参加的其他情形。

第十八条 审计组组长应当加强审计现场管理督导，跟踪检查审计实施方案的执行情况，督促落实审计事项，对审计人员给予必要的指导，解决审计现场出现的问题。对不能胜任的审计人员，应当及时调整分工。

审计组组长应当按照审计机关的有关规定严格控制审计现场时间。在组织编写审计实施方案时，一般应当明确现场审计关键时间点，统筹安排各审计事项，实行现场审计工作全过程进度控制，提高现场审计工作质量和效率。如需延期，应当按照有关规定报批。

第十九条 审计组应当适时召开会议，研究审计实施过程中的情况和问题，以及廉政、保密等事项。会议召开形式和参加人员由审计组组长视具体情况确定。

以下事项，审计组应当及时召开会议研究：

（一）编制和调整审计实施方案；

（二）研究审计中发现的重大违纪违法问题线索；

（三）讨论审计工作底稿及证据材料，研究起草审计报告；

（四）研究被审计单位或者被审计人员的反馈意见；
（五）研究信访举报材料；
（六）审计组组长认为需要召开会议研究的其他事项。

审计组应当指定专人做好会议记录，经会议主持人签字确认。重大事项存在分歧的，其讨论过程和结果必须在记录中如实反映，并由参会人员签字确认。

第二十条 审计人员对审计实施方案确定的每一审计事项均应当及时编制审计工作底稿，真实、完整记录实施审计的主要步骤和方法、获取的相关证据，以及得出的审计结论等。审计人员对审计工作底稿的质量负责。

审计组组长、主审或者受审计组组长委托的人员，应当及时审核审计工作底稿，确认具体审计目标的完成情况、审计证据的充分性和适当性、审计结论及标准的适当性等有关重要事项。对经审核需补充审计证据或者修改审计结论的底稿，审计人员应当及时补充修改。经审核后修改审计结论的，原底稿应当附于审定的底稿之后一并留存归档。审计工作底稿的编制人员与审核人员不得为同一人。

审计小组组长应当对本小组的审计工作底稿和相关证据材料严格把关，在现场审计结束前及时移交给审计组主审或审计组组长指定的相关人员审核。

第二十一条 审计组内应当遵循逐级请示汇报原则。对请示事项，被请示人应当明确答复。审计人员应当主动、如实汇报审计工作进展情况、发现的问题和被审计单位意见，不得拖延、瞒报。遇有重大事项或不同意见，审计人员可直接向审计组组长汇报，也可直接向派出审计组的审计机关负责人直至审计长报告。

审计组必须依法、如实、客观地向派出审计组的审计机关报告审计工作情况和结果。如隐瞒不报，一经发现，将依法追究责任。

审计期间，审计人员遇有国家审计准则规定的可能损害审计独立性的情形，应当主动提出回避。

第二十二条 以下情形，审计组组长应当及时向派出审计组的审计机关请示汇报：
（一）发现重大违纪违法问题线索；
（二）收到重要信访举报材料；
（三）出现重大廉政、保密、安全等问题；
（四）出现可能损害审计独立性的重要情形；
（五）需提请有关机关协助或者配合审计工作；
（六）出现严重影响审计工作开展的情形；
（七）其他需要请示汇报的情形。

第二十三条 审计组应当对审计现场各类信访举报反映的问题线索及核查结果设立台账，指定专人进行登记和管理。审计组收到信访举报后，应当及时向审计组组长报告，由审计组组长召开会议研究是否核查，对不予核查的说明原因，予以核查的及时组织人员调查核实并上报核查结果。台账资料、会议记录、相关说明等资料归入审计档案备查。

第二十四条 经特派办的主要负责人批准，特派办的审理人员可以在审计现场结束前，对审计实施方案和任务清单的落实情况，以及审计工作底稿和相关证据材料进行审核。审计组应当根据审核意见，及时补充完善取证。

第二十五条 审计组需要上报审计信息或办理审计事项移送的，应当指定专人负责起草、办理，审计组组长或其委托人员应当严格审核相关证据材料。反映的事实和结论，除涉及重大违纪违法问题等特殊事项外，原则上应当征求被审计单位及相关单位的意见。已有整改、处理情况的，应当一并反映。

涉及重大违纪违法问题等特殊事项的审计信息和审计事项移送，应当经审计机关审理机构审理，并严格限制知悉范围，经办人员应当妥善保管相关资料，不得泄露办理过程与结果信息。

第二十六条 审计期间，除涉及重大违纪违法问题等特殊事项外，审计组对每个审计事项、发现的每个问题，必须就事实、数据、定性、法律法规依据等，与被审计单位不同层级充分交换意见。

审计组起草和提交审计报告前，应当确认审计实施方案中的审计事项是否完成，审计工作底稿是否经过审核，审计发现的重要问题是否如实反映，问题定性、处理处罚意见和审计评价是否恰当等。审计组组长对审计报告的质量负责。

审计现场工作结束前，审计组一般应当召开会议，就审计发现的主要问题与被审计单位交换意见。审计组可商被审计单位确定其参加人员，必要时可提请审计机关审理机构等派人参加。对存在分歧的事项，审计组应当进一步研究核实有关情况。

审计发现的问题经审计组会议研究后决定不在审计报告中反映的，审计组应当编制未在审计报告中反映的问题清单（参考格式见附件5），与相关审计工作底稿、证据材料一并提交审计机关业务部门复核、审理机构审理。

审计现场结束后，审计组应当及时撤离审计现场。审计项目实施单位应当按照审计工作方案的要求，及时向审计署上报审计报告。审计发现的尚未核查或尚未核查完毕的事项，应当严格按照审计署关于重大违纪违法问题线索库管理的规定办理。

第二十七条 现场审计结束前，审计组应当对以下事项进行检查和确认：

（一）审计任务清单确定的审计任务完成情况；

（二）补充完善审计证据情况；

（三）完整记录审计现场重要管理事项情况；

（四）与被审计单位结清相关费用情况；

（五）按规定收回外聘人员和抽调人员使用的审计资料及处理电子数据情况；

（六）将应当归还的资料和借用的设备如数归还被审计单位、有关单位和个人，清点、核对，做好交接手续以及双方签字确认情况；

（七）按规定完整保存不需归还的审计资料，处理涉密资料和数据情况；

（八）经审计组组长批准后销毁需要销毁的审计资料，及编制审计资料销毁清单情况；

（九）按规定完成审计数据的归集和验收入库情况；

（十）其他根据规定应当检查和确认的事项。

第二十八条 审计组获取的审计现场资料（含电子数据）应当按照审计署档案管理规定进行归档，原则上应在正式审计报告出具后5个月内完成审计项目档案归档工作并移交档案部门。

归档资料应当包括被审计单位提供资料承诺书、审计实施方案及调整方案相关材料、审计任务清单、资料需求清单、资料交接和归还清单、审计资料销毁清单、审计组会议记录、未在审计报告中反映的问题清单、审计工作底稿及证据材料（含非问题类事项以及未在审计报告中反映的其他事项）、审计信息及证据材料、信访举报材料及台账、外部调查台账以及其他重要管理事项记录。

第二十九条 审计组应当严格遵守国家保密法律法规和审计署保密规定，严格保守国家秘密、工作秘密、商业秘密、个人隐私和个人信息（以下统称涉密信息），加强对涉密信息资料和涉密电子设备的安全保密管理，严格按规定控制知悉和使用范围。在审计现场应当采取有效措施，防止被审计单位有关人员未经允许接触审计工作资料。

审计人员不得打听不宜知悉的审计涉密信息，不得向被审计单位人员泄露审计涉密信息，不得在网络、报刊等公共媒体上泄露审计涉密信息，不得擅自向新闻媒体披露审计情况，不得违反审计组提出的其他保密工作要求。

对起草阶段尚未明确是否需要定密，之后确定为国家秘密的审计文书草稿等过程稿，应当及时将相关文件转移至审计内网或涉密计算机中处理，并对非涉密计算机中的涉密信息彻底删除；对起草阶段明确需要定密的资料（含过程稿等），不得在审计专网计算机等非涉密计算机中存储和处理。

  第三十条 审计组应当加强对"八小时以外"的审计现场人员管理，严格执行考勤制度、请销假制度。审计人员集中住宿的，在非工作期间外出应当事先向审计组组长或审计小组组长报告。对无正当理由，拒不服从工作安排，严重影响审计工作的审计人员，审计组组长报经审计机关主要负责人批准，可以停止其现场审计工作。

  第三十一条 审计组需要外聘人员和抽调人员的，应当经派出审计组的审计机关批准。外聘人员和抽调人员一般应当具有中级以上专业技术职称或相关执业资格，并单独签订廉政、保密等承诺书。外聘人员和抽调人员应当接受审计组的管理，在现场审计结束前或完成指定任务后，应当及时将使用的审计资料、设备交回审计组，并按规定处理电子数据。

  外聘人员不得担任审计组（含审计小组）组长、主审，不得承担现场廉政监督、经费管理、涉密资料保管等工作，不得参与重大违纪违法问题线索核查。开展外部调查工作时，至少应当有一名审计机关工作人员参加，不得全部为外聘人员。不得将审计项目整体委托其他组织独立实施。

  审计组要加强对外聘人员管理，对其工作严格审核把关，强化审计质量控制，防范审计风险。外聘人员对其工作结果负责，审计机关对利用其工作结果所形成的审计结论负责并做好相关事项的归档工作。

  审计组应当加强对外聘人员和抽调人员的考核。审计机关应当在其完成指定任务后根据考核情况，及时向派出单位出具工作鉴定。

  第三十二条 审计人员应当坚持文明审计，严格执行审计署有关精神文明建设工作的相关规定。与被审计单位及相关人员沟通时，应当态度诚恳，以理服人。应当注重文明礼仪，着装得体，保持审计现场整洁有序，遵守被审计单位工作秩序。严格贯彻中央八项规定及其实施细则精神，厉行勤俭节约，防止铺张浪费。

  第三十三条 审计组应当加强审计外勤经费管理，及时报账。审计组外勤经费支出明细、考勤记录和经费报销情况应当在审计组范围内以适当形式公布，接受审计人员监督。

  第三十四条 审计组应当加强审计现场安全管理，发生可能严重影响审计工作开展和审计人员人身、资料、设备和财产安全等突发事件时，应当严格按照审计署关于审计现场突发事件处置的规定办理。

  第三十五条 审计组应当加强人文关怀，尽可能为审计人员排忧解难，并适时组织开展符合规定的健康有益的文体活动，保障审计人员的身心健康。审计人员异地出差时间超过一个月的，原则上三周安排一次短暂回家休整。

  第三十六条 派出审计组的审计机关应当指导和监督审计组的现场审计工作。

  第三十七条 违反本办法规定，造成严重后果的，依纪依法追究有关责任人员的责任。

  第三十八条 本办法由法规司负责解释。

  第三十九条 本办法自发布之日起施行。《审计署制度（2018年版专网部分）》（审党发〔2018〕74号）中的《审计业务综合管理规定》第二章"审计现场管理"同时废止。

  附件：1. 审计任务清单（参考格式）
     2. 外部调查台账（参考格式）
     3. 审计取证单（参考格式）
     4. 审计工作底稿（参考格式）
     5. 未在审计报告中反映的问题清单（参考格式）

附件 1

审计任务清单

(参考格式)

项目名称：　　　　　　　　　审计组：

编号	审计实施方案确定的具体审计事项	计划时间安排	负责审计人员	执行情况	调整情况	是否完成（是/否）
1						
2						
3						
4						
5						
6						
7						
8						
9						

注：审计人员应当对相关审计事项的完成情况进行确认，对未按要求完成的审计事项作出书面说明。

附件 2

外部调查台账

(参考格式)

单位：

编号	调查时间	审计人员	被调查单位	调查理由	调查内容	取得的证明材料	调查结果

审计组组长（签字）：

年　月　日

附件 3

审计取证单

（参考格式）

第　页（共　页）

项目名称	
被审计（调查）单位或个人	（按照审计实施方案确定的事项名称填写）
审计（调查）事项	
审计（调查）事项摘要	（对已有明确定性的问题，除涉及重大违纪违法问题等特殊事项外，应当在审计取证单上写明事实、定性和法律法规依据。）
审计人员		编制日期	
证据提供单位或个人意见	
证据提供单位盖章、负责人或者其确定的人员签名		日期	

附件：　页

说明：1.请你单位在　　年　月　日前反馈意见，逾期未反馈的视为无异议；

　　　2.证据提供单位意见栏填写不下的，可另附说明。

附件 4

审计工作底稿

(参考格式)

索引号：   第　页（共　页）

项目名称			
审计（调查）事项	（按照审计实施方案确定的事项名称填写）		
审计人员		编制日期	
审计过程： （说明实施审计的步骤和方法、所取得的审计证据的名称和来源。多个底稿间共用审计证据、且审计证据附在其他底稿后的，应当在上述内容表述完毕后，注明"其中，**审计证据附在**底稿后"）			
审计认定的事实摘要及审计结论： （审计结论包括未发现问题的结论和已发现问题的结论。对已发现问题的结论，应说明得出结论所依据的规定和标准。审计组与相关单位就审计取证单记载事实、定性和法律法规依据无法达成一致意见的，应当在审计工作底稿上予以说明或另行说明。）			
审核意见： （审核意见种类包括：1.予以认可；2.责成采取进一步审计措施，获取适当、充分的审计证据；3.纠正或者责成纠正不恰当的审计结论）			
审核人员		审核日期	

附件：　　页

说明：审核人员提出 2、3 项审核意见的，审计人员应当将落实情况和结果作出书面说明，经审核人员认可并签字后，附于本底稿后。

附件 5

未在审计报告中反映的问题清单

（参考格式）

审计组：

编号	未在审计报告中反映的问题	不予反映的理由

审计机关审计档案管理规定

（审计署　国家档案局令第 10 号）

第一条　为了规范审计档案管理，维护审计档案的完整与安全，保证审计档案的质量，发挥审计档案的作用，根据《中华人民共和国档案法》《中华人民共和国审计法》和其他有关法律法规，制定本规定。

第二条　本规定所称审计档案，是指审计机关进行审计（含专项审计调查）活动中直接形成的对国家和社会具有保存价值的各种文字、图表等不同形式的历史记录。

审计档案是国家档案的组成部分。

第三条　审计机关的审计档案管理工作接受同级档案行政管理部门的监督和指导；审计机关和档案行政管理部门在各自的职责范围内开展审计档案工作。

第四条　审计机关审计档案应当实行集中统一管理。

第五条　审计机关应当设立档案机构或者配备专职（兼职）档案人员，负责本单位的审计档案工作。

第六条　审计档案案卷质量的基本要求是：审计项目文件材料应当真实、完整、有效、规范，并做到遵循文件材料的形成规律和特点，保持文件材料之间的有机联系，区别不同价值，便于保管和利用。

第七条　审计文件材料应当按照结论类、证明类、立项类、备查类 4 个单元进行排列。

第八条　审计文件材料归档范围：

（一）结论类文件材料：上级机关（领导）对该审计项目形成的《审计要情》《重要信息要目》等审计信息批示的情况说明、审计报告、审计决定书、审计移送处理书等结论类报告，及相关的审理意见书、审计业务会议记录、纪要、被审计对象对审计报告的书面意见、审计组的书面说明等。

（二）证明类文件材料：被审计单位承诺书、审计工作底稿汇总表、审计工作底稿及相应的审计取证单、审计证据等。

（三）立项类文件材料：上级审计机关或者本级政府的指令性文件、与审计事项有关的举报材料及领导批示、调查了解记录、审计实施方案及相关材料、审计通知书和授权审计通知书等。

（四）备查类文件材料：被审计单位整改情况、该审计项目审计过程中产生的信息等不属于前三类的其他文件材料。

第九条 审计文件材料按审计项目立卷，不同审计项目不得合并立卷。

第十条 审计文件材料归档工作实行审计组组长负责制。

审计组组长确定的立卷人应当及时收集审计项目的文件材料，在审计项目终结后按立卷方法和规则进行归类整理，经业务部门负责人审核、档案人员检查后，按照有关规定进行编目和装订，由审计业务部门向本机关档案机构或者专职（兼职）档案人员办理移交手续。

第十一条 审计机关统一组织多个下级审计机关的审计组共同实施一个审计项目，由审计机关负责组织的业务部门确定文件材料归档工作。

第十二条 审计复议案件的文件材料由复议机构逐案单独立卷归档。

为了便于查找和利用，档案机构（人员）应当将审计复议案件归档情况在被复议的审计项目案卷备考表中加以说明。

第十三条 审计档案的保管期限应当根据审计项目涉及的金额、性质、社会影响等因素划定为永久、定期两种，定期分为30年、10年。

（一）永久保管的档案，是指特别重大的审计事项、列入审计工作报告、审计结果报告或第一次涉及的审计领域等具有突出代表意义的审计事项档案。

（二）保管30年的档案，是指重要审计事项、查考价值较大的档案。

（三）保管10年的档案，是指一般性审计事项的档案。

审计机关业务部门应当负责划定审计档案的保管期限。

执行同一审计工作方案的审计项目档案，由审计机关负责组织的业务部门确定相同保管期限。

审计档案的保管期限自归档年度开始计算。

第十四条 审计文件材料的归档时间应当在该审计项目终结后的5个月内，不得迟于次年4月底。

跟踪审计项目，按年度分别立卷归档。

第十五条 审计机关应当根据审计工作保密事项范围和有关主管部门保密事项范围的规定确定密级和保密期限。凡未标明保密期限的，按照绝密级30年、机密级20年、秘密级10年认定。

审计档案的密级及其保密期限，按卷内文件的最高密级及其保密期限确定，由审计业务部门按有关规定作出标识。

审计档案保密期限届满，即自行解密。因工作需要提前或者推迟解密的，由审计业务部门向本机关保密工作部门按解密程序申请办理。

第十六条 审计档案应当采用"年度—组织机构—保管期限"的方法排列、编目和存放。审计案卷排列方法应当统一，前后保持一致，不可任意变动。

第十七条 审计机关应当按照国家有关规定配置具有防盗、防光、防高温、防火、防潮、防尘、防鼠、防虫功能的专用、坚固的审计档案库房，配备必要的设施和设备。

第十八条　审计机关应当加强审计档案信息化管理，采用计算机等现代化管理技术编制适用的检索工具和参考材料，积极开展审计档案的利用工作。

第十九条　审计机关应当建立健全审计档案利用制度。借阅审计档案，仅限定在审计机关内部。审计机关以外的单位有特殊情况需要查阅、复制审计档案或者要求出具审计档案证明的，须经审计档案所属审计机关分管领导审批，重大审计事项的档案须经审计机关主要领导审批。

第二十条　省级以上（含省级）审计机关应当将永久保管的、省级以下审计机关应当将永久和30年保管的审计档案在本机关保管20年后，定期向同级国家综合档案馆移交。

第二十一条　审计机关应当按照有关规定成立鉴定小组，在审计机关办公厅（室）主要负责人的主持下定期对已超过保管期限的审计档案进行鉴定，准确地判定档案的存毁。

第二十二条　审计机关应当对确无保存价值的审计档案进行登记造册，经分管负责人批准后销毁。销毁审计档案，应当指定两人负责监销。

第二十三条　对审计机关工作人员损毁、丢失、涂改、伪造、出卖、转卖、擅自提供审计档案的，由任免机关或者监察机关依法对直接责任人员和负有责任的领导人员给予行政处分；涉嫌犯罪的，移送司法机关依法追究刑事责任。档案行政管理部门可以对相关责任单位依法给予行政处罚。

第二十四条　电子审计档案的管理办法另行规定。

第二十五条　审计机关和档案行政管理部门可以根据本地实际情况，在遵循本规定的基础上联合制定实施办法。

第二十六条　本规定由审计署和国家档案局负责解释。

第二十七条　本规定自2013年1月1日起施行。此前审计署发布的《审计机关审计档案工作准则》（2001年审计署第3号令）同时废止。

审计机关封存资料资产规定

（审计署令第9号）

第一条　为了规范审计机关封存被审计单位有关资料和违反国家规定取得的资产的行为，保障审计机关和审计人员严格依法行使审计监督职权，提高依法审计水平，维护国家利益和被审计单位的合法权益，根据审计法、审计法实施条例和其他有关法律法规，制定本规定。

第二条　审计机关对被审计单位有关资料和违反国家规定取得的资产采取封存措施适用本规定。

审计机关在审计证据可能灭失或者以后难以取得的情况下，采取的先行登记保存措施，依照行政处罚法和有关行政法规的规定执行。

第三条　审计机关采取封存措施，应当遵循合法、谨慎的原则。

审计机关应当严格依照审计法、审计法实施条例和本规定确定的条件、程序采取封存措施，不得滥用封存权。

审计机关通过制止被审计单位违法行为、及时取证或者采取先行登记保存措施可以达到审计目的的，不必采取封存措施。

第四条　有下列情形之一的，审计机关可以采取封存措施：

（一）被审计单位正在或者可能转移、隐匿、篡改、毁弃会计凭证、会计账簿、财务会计报告以及其他与财政收支或者财务收支有关的资料的；

（二）被审计单位正在或者可能转移、隐匿违反国家规定取得的资产的。

第五条 审计机关依法对被审计单位的下列资料进行封存：

（一）会计凭证、会计账簿、财务会计报告等会计资料；

（二）合同、文件、会议记录等与被审计单位财政收支或者财务收支有关的其他资料。

上述资料存储在磁、光、电等介质上的，审计机关可以依法封存相关存储介质。

第六条 审计机关依法对被审计单位违反国家规定取得的现金、实物等资产或者有价证券、权属证明等资产凭证进行封存。

第七条 审计机关采取封存措施，应当经县级以上人民政府审计机关（含县级人民政府审计机关和省级以上人民政府审计机关派出机构，下同）负责人批准，由两名审计人员实施。

第八条 审计机关采取封存措施，应当向被审计单位送达封存通知书。

封存通知书包括下列内容：

（一）被审计单位名称；

（二）封存依据；

（三）封存资料或者资产的名称、数量等；

（四）封存期限；

（五）被审计单位申请行政复议或者提起行政诉讼的途径和期限；

（六）审计机关的名称、印章和日期。

在被审计单位正在转移、隐匿、篡改、毁弃有关资料或者正在转移、隐匿违反国家规定取得的资产等紧急情况下，审计人员报经县级以上人民政府审计机关负责人口头批准，可以采取必要措施，当场予以封存，再补送封存通知书。

第九条 审计机关采取封存措施时，审计人员应当会同被审计单位相关人员对有关资料或者资产进行清点，开列封存清单。

封存清单一般登记封存资料的名称、数量，封存资产的名称、规格、型号、数量等。封存资料存储在磁、光、电等介质上的，还应当列明存储介质的名称、规格等。

封存清单一式两份，由审计人员和被审计单位相关人员核对后签名或者盖章，双方各执一份。

第十条 审计机关应当对存放封存资料或者资产的文件柜、保险柜、档案室、库房等加贴封条。

封条上应当注明审计机关名称、封存日期并加盖审计机关印章。

第十一条 审计机关具备保管条件的，可以自行保管封存的资料或者资产；不具备保管条件的，可以指定被审计单位对存放封存资料、资产的设备或者设施进行保管或者看管；特殊情况下，也可以委托与被审计单位无利害关系的第三人保管。

审计机关指定被审计单位保管或者看管存放封存资料、资产的设备或者设施的，应当在封存通知书中一并载明被审计单位的保管责任。

第十二条 被审计单位或者受托保管的第三人应当履行保管责任，除本规定第十三条规定的情形外，不得擅自启封，不得损毁或者转移存放封存资料、资产的设备或者设施。

第十三条 遇有自然灾害等突发事件，可能导致封存的资料或者资产损毁的，负有保管责任的被审计单位或者第三人，应当将封存的资料或者资产转移到安全的地方，并将情况及时报告采取封存措施的审计机关。

第十四条 封存的期限一般不得超过7个工作日；有特殊情况需要延长的，经县级以上人民政府审计机关负责人批准，可以适当延长，但延长的期限不得超过7个工作日。

第十五条　审计机关封存资料或者资产后,审计人员应当及时进行审查,获取审计证据,或者提请有关主管部门对被审计单位违反国家规定取得的资产进行处理。

第十六条　审计机关在封存期限届满或者在封存期限内完成对有关资料或者资产处理的,审计人员应当与被审计单位相关人员共同清点封存的资料或者资产后予以退还,并在双方持有的封存清单上注明解除封存日期和退还的资料或者资产,由双方签名或者盖章。

第十七条　审计机关违反规定采取封存措施,给国家利益或者被审计单位的合法权益造成重大损害的,依照有关法律法规的规定追究相关人员的责任。

第十八条　被审计单位或者负有保管责任的第三人有下列行为之一的,依照有关法律法规的规定追究相关人员的责任:

(一)除本规定第十三条规定的情形外,擅自启封的;

(二)故意或者未尽保管责任,导致封存的资料被转移、隐匿、篡改、毁弃的;

(三)故意或者未尽保管责任,导致封存的资产被转移、隐匿、损毁的。

第十九条　本规定由审计署负责解释。

第二十条　本规定自2011年2月1日起施行。

国务院办公厅关于利用计算机信息系统开展审计工作有关问题的通知

(国办发〔2001〕88号,2001年11月16日)

各省、自治区、直辖市人民政府,国务院各部委、各直属机构:

为了适应我国国民经济信息化的发展,并将高新技术运用于审计工作之中,更有效地对财政收支、财务收支进行审计监督,根据《中华人民共和国审计法》《中华人民共和国审计法实施条例》的有关规定,现就利用计算机信息系统开展审计工作的有关问题通知如下:

一、审计机关有权检查被审计单位运用计算机管理财政收支、财务收支的信息系统(以下简称计算机信息系统)。被审计单位应当按照审计机关的要求,提供与财政收支、财务收支有关的电子数据和必要的计算机技术文档等资料。审计机关在对计算机信息系统实施审计时,被审计单位应当配合审计机关的工作,并提供必要的工作条件。

被审计单位拒绝、拖延提供与审计事项有关的电子数据资料,或者拒绝、阻碍检查的,由审计机关按照《中华人民共和国审计法实施条例》第四十九条的规定处理。

二、被审计单位的计算机信息系统应当具备符合国家标准或者行业标准的数据接口;已投入使用的计算机信息系统没有设置符合标准的数据接口的,被审计单位应将审计机关要求的数据转换成能够读取的格式输出。

审计机关发现被审计单位的计算机信息系统不符合法律、法规和政府有关主管部门的规定、标准的,可以责令限期改正或者更换。在规定期限内不予改正或者更换的,应当通报批评并建议有关主管部门予以处理。审计机关在审计过程中发现开发、故意使用有舞弊功能的计算机信息系统的,要依法追究有关单位和人员的责任。

三、被审计单位应当按照关于纸质会计凭证、会计账簿、会计报表和其他会计资料以及有关经济活动资料保存期限的规定,保存计算机信息系统处理的电子数据,在规定期限内不得覆盖、删除或者销毁。

四、审计机关对被审计单位电子数据真实性产生疑问时，可以对计算机信息系统进行测试。测试计算机信息系统时，审计人员应当提出测试方案，监督被审计单位操作人员按照方案的要求进行测试。

审计机关应积极稳妥地探索网络远程审计。

五、审计人员应当严格执行审计准则，在审计过程中，不得对被审计单位计算机信息系统造成损害，对知悉的国家秘密和商业秘密负有保密的义务，不得用于与审计工作无关的目的。审计人员泄露知悉的国家秘密和被审计单位的商业秘密，由审计机关给予相应的行政处分；构成犯罪的，移送司法机关依法处理。

各地区、各有关部门要高度重视利用计算机信息系统开展审计工作，对审计机关的工作给予支持和配合。审计机关要加强业务和技术培训，培养熟悉利用计算机信息系统开展审计工作的专业人员，保障审计工作顺利进行。

国务院办公厅关于印发《关于稳增长促改革调结构惠民生政策措施落实情况跟踪审计工作方案》的通知

（国办发明电〔2014〕16号，2014年8月19日）

各省、自治区、直辖市人民政府，国务院各部委、各直属机构：

为进一步推动稳增长、促改革、调结构、惠民生政策措施的贯彻落实，国务院决定，从今年8月中旬起，由审计署组织全国审计机关对上述政策措施贯彻落实情况进行跟踪审计。

《关于稳增长促改革调结构惠民生政策措施落实情况的跟踪审计工作方案》已经国务院同意，现印发给你们，请认真贯彻执行。

关于稳增长促改革调结构惠民生政策措施落实情况的跟踪审计工作方案

为做好稳增长、促改革、调结构、惠民生政策措施落实情况的跟踪审计工作，根据《中华人民共和国审计法》等相关规定，制定本工作方案。

一、审计目标

推动国务院出台的稳增长、促改革、调结构、惠民生政策措施落实到位，促进经济平稳运行、健康发展。

二、审计对象和范围

地方各级人民政府、国务院相关部门贯彻落实稳增长、促改革、调结构、惠民生政策措施情况（详见附件），必要时延伸审计相关企业和建设项目。

三、审计重点

围绕国务院出台的稳增长、促改革、调结构、惠民生一系列政策措施，重点审计以下方面：

（一）总体情况。各相关部门按照职责范围和分工制定具体落实措施、任务分解、工作进展和完善制度保障等情况;各地区因地制宜制定具体措施、承接并制定目标任务细化方案、明确责任主体、建立健全保障机制等情况;各地区、各相关部门落实措施的具体内容、时间表、路线图和执行进度,以及取得的实际效果。

(二)存在的主要问题和出现的新情况。项目建设进度是否符合时间要求,财政和信贷等资金保障是否到位,各类资金是否及时投入使用,简政放权等相关改革措施是否落地,各项政策措施是否充分发挥作用,以及经济发展过程中可能出现的财政、金融、产业、外贸等方面的风险隐患。

(三)问题产生的主要原因及各地区、各相关部门下一步将采取的措施。针对跟踪审计发现的问题,深入分析问题产生的原因,落实各环节的责任主体,提出意见和建议;各地区、各相关部门针对跟踪审计指出的问题,下一步将采取的措施。

四、工作要求

(一)依法开展跟踪审计。对各地区、各相关部门贯彻落实国务院出台的稳增长、促改革、调结构、惠民生政策措施情况的跟踪审计,是审计法赋予审计机关的法定职责,各级审计机关要认真部署、周密安排,持续跟踪政策措施落实情况。各地区、各相关部门要全力支持配合审计工作,及时完整地提供相关资料、情况和电子数据。

(二)切实突出审计重点。各级审计机关在跟踪审计过程中,要将国务院政策措施与各地区的经济发展特点、各相关部门的工作职责范围紧密结合,因地制宜,抓住政策措施落实的重点环节、重点项目、重点内容等,揭示和反映影响经济发展的重大问题。

(三)坚持揭示问题和督促整改相结合。对跟踪审计发现的问题,要及时向被审计的地方、部门通报情况,提出具体可行的整改意见,督促各地区、各相关部门及时整改落实,促进各项政策措施落实到位。

(四)上下协调,抓好衔接。贯彻落实国务院稳增长、促改革、调结构、惠民生政策措施,需要部门和地方联动。要做好对国务院相关部门的跟踪审计和对各地区跟踪审计的衔接,分清政策措施落实不到位的各环节责任,推动各项政策措施不打折扣地落实。

(五)抓好组织实施,建立定期报告制度。各级审计机关在跟踪审计过程中,既要审查相关资料,也要深入到地方、部门、企业和项目,采取召开座谈会等方式深入了解情况,分析原因、研究提出解决问题的对策。审计署每季度向国务院报告跟踪审计情况,地方各级审计机关每季度向本级政府和上级审计机关报告跟踪审计情况,重大事项随时报告。

(六)严格纪律,文明审计。各级审计机关和审计人员要遵守各项廉政纪律、审计纪律、保密纪律,坚持文明审计,客观公正、实事求是地反映情况。

附件

稳增长促改革调结构惠民生相关政策措施
落实情况跟踪审计主要内容

一、取消和下放行政审批事项、推进简政放权政策措施落实情况

根据《国务院关于严格控制新设行政许可的通知》(国发〔2013〕39号)、《国务院关于清理国务院部门非行政许可审批事项的通知》(国发〔2014〕16号)以及2013年以来国务院取消和下放一系列行政审批事项的相关文件,主要审计:

(一)取消和下放行政审批事项进展情况和地方承接情况,以及加强事中事后监管和

服务情况。

（二）全面清理非行政许可审批事项、严格规范和控制新增行政审批事项落实情况，以及地方自行设立的审批、核准、备案、登记、注册、收费等清理情况。

（三）注册资本金登记制度改革和工商登记前置审批改为后置审批推进情况。

（四）现有行政审批事项向社会公开情况，以及优化审批流程、规范审批程序、提高审批效率等情况。

二、加快棚户区改造、加大保障性安居工程建设力度政策措施落实情况

根据《国务院关于加快棚户区改造工作的意见》（国发〔2013〕25号）、《国务院办公厅关于进一步加强棚户区改造工作的通知》（国办发〔2014〕36号）等文件，主要审计：

（一）2014年棚户区改造工程进展情况，包括改造规划、项目落实、开工数量、基本建成数量、完成投资以及配套设施建设等情况。

（二）金融支持棚户区改造情况和中央财政资金下达、地方财政资金配套、土地供应、税费政策等落实情况。

（三）棚户区改造安置住房分配入住情况。

三、深化铁路投融资体制改革、加快铁路建设政策措施落实情况

根据《国务院关于改革铁路投融资体制加快推进铁路建设的意见》（国发〔2013〕33号）等文件，主要审计：

（一）铁路建设项目前期工作情况，包括铁路总公司组织项目立项、可研、设计、报送情况，地方政府相关手续办理情况，有关部门审批完成情况等。

（二）铁路建设投资完成情况，包括铁路总公司、地方政府铁路投资完成情况，地方政府负责的征收拆迁、配套资金落实情况等。

（三）铁路投融资体制改革重大事项完成情况，包括铁路发展基金设立、铁路土地综合开发利用、铁路企业改革和引导社会资本进入铁路建设等情况。

四、加快城市基础设施建设政策措施落实情况

根据《国务院关于加强城市基础设施建设的意见》（国发〔2013〕36号）、《国务院办公厅关于加强城市地下管线建设管理的指导意见》（国办发〔2014〕27号）等文件，主要审计：

（一）城市道路交通、城市管网建设和改造、污水和垃圾处理设施、供水和排水防涝、生态园林建设等任务完成情况，开展城市地下综合管廊试点工程情况。

（二）落实污水处理、生活垃圾处理、城镇供水、城镇燃气、供热管网改造等"十二五"规划，加快在建项目建设、推进新项目开工、做好后续项目储备情况。

（三）推进投融资体制和运营机制改革，特别是吸收民间资金参与城市基础设施建设，研究出台配套财政扶持政策，落实税收优惠政策情况。

五、促进节能环保产业发展政策措施落实情况

根据《国务院关于加快发展节能环保产业的意见》（国发〔2013〕30号）等文件，主要审计：

（一）加快污染治理重点工程实施，采用先进环保工艺、技术和装备，落实脱硫脱硝电价政策，推进相关设施改造情况。

（二）加快节能技术装备升级换代，包括推广高效锅炉、加快新能源汽车技术攻关和示范推广情况，重点用能装备节能改造进展情况。

（三）节能产品惠民政策、政府采购节能环保产品政策等推进情况；壮大节能环保服务业，合同能源管理、环境治理财税政策落实和建立市场化融资模式情况。

六、加快发展养老、健康服务业政策措施落实情况

根据《国务院关于加快发展养老服务业的若干意见》（国发〔2013〕35号）、《国务院关于促进健康服务业发展的若干意见》（国发〔2013〕40号）、《国务院办公厅关于印发深化医药卫生体制改革2014年重点工作任务的通知》（国办发〔2014〕24号）、《国务院办公厅印发关于县级公立医院综合改革试点意见的通知》（国办发〔2012〕33号）等文件，主要审计：

（一）加快养老服务设施和机构、居家养老服务网络建设，促进医疗卫生和养老服务相结合等任务进展情况。

（二）发展医疗服务、健康管理与促进、健康保险以及相关服务等任务进展情况。

（三）完善养老、健康服务业市场准入、财税价格、投融资、土地规划、人才政策等保障措施落实情况。

（四）加快推进公立医院改革，启动实施第二批县级公立医院综合改革试点，新增县级公立医院改革试点县（市）700个，使试点县（市）的数量覆盖50%以上的县（市），覆盖农村5亿人口等工作任务推进情况。

七、促进信息消费政策措施落实情况

根据《国务院关于促进信息消费扩大内需的若干意见》（国发〔2013〕32号）和《国务院关于印发"宽带中国"战略及实施方案的通知》（国发〔2013〕31号）等文件，主要审计：

（一）加快信息基础设施升级，特别是实施"宽带中国"工程、加快第四代移动通信（4G）基础设施建设、全面推进三网融合进展情况。

（二）鼓励智能终端产品发展，增强电子基础产业创新能力，大力推动集成电路产业发展，设立国家集成电路产业投资基金进展情况。

（三）培育信息消费需求，构建安全可信的信息消费环境基础，提升信息安全保障能力情况。

八、推进文化创意和设计服务与相关产业融合发展政策措施落实情况

根据《国务院关于推进文化创意和设计服务与相关产业融合发展的若干意见》（国发〔2014〕10号）等文件，主要审计：

（一）文化创意和设计服务在促进制造业、数字内容产业、人居环境、旅游、特色农业、体育产业、文化产业发展方面的进展情况。

（二）增强创新动力、强化人才培养、壮大市场主体、培育市场需求、引导集约发展、加大财税支持、加强金融服务、优化发展环境等政策措施落实情况。

（三）编制专项规划或行动计划、建立工作机制、加强宣传、加强统计核算和分析等组织实施要求落实情况。

九、落实企业投资自主权，向非国有资本推出一批投资项目政策措施落实情况

根据《国务院关于发布政府核准的投资项目目录（2013年本）的通知》（国发〔2013〕47号）等文件，主要审计：

（一）《政府核准的投资项目目录（2013年本）》实施情况，尤其是进一步缩减投资核准范围、下放核准权限，建立完善纵横联动协同管理机制、加快建设和用好全国联网的项目审批、核准和备案信息系统等情况。

（二）根据《国家发展改革委关于发布首批基础设施等领域鼓励社会投资项目的通知》（发改基础〔2014〕981号），首批80个鼓励社会资本以合资、独资、特许经营等方式参与建设营运的基础设施等领域示范项目进展情况。

（三）改进和规范核准行为，尽快发布企业投资核准办法、外商投资核准备案办法等工作进展情况。

十、金融支持实体经济特别是小微企业和"三农"政策措施落实情况

根据《国务院办公厅关于金融支持经济结构调整和转型升级的指导意见》（国办发〔2013〕67号）、《国务院办公厅关于金融支持小微企业发展的实施意见》（国办发

〔2013〕87号)和《国务院办公厅关于多措并举着力缓解企业融资成本高问题的指导意见》（国办发〔2014〕39号）等文件，主要审计：

（一）加大"定向降准"措施力度，对支持"三农"、小微企业达到一定标准的银行业金融机构适当降低准备金率情况。

（二）扩大支小再贷款和专项金融债规模、支持小微企业贷款增速和增量"两个不低于"落实情况；大力发展农村普惠金融，推动农村基础金融服务全覆盖进展情况；扩大民间资本进入金融业，鼓励民间资本投资入股金融机构和参与金融机构重组改造情况。

（三）采取保持货币信贷总量合理适度增长、抑制金融机构筹资成本不合理上升、缩短企业融资链条 等综合措施，着力缓解企业融资成本高问题，促进金融与实体经济良性互动等工作任务进展情况。

（四）加快推进信贷资产证券化和加大呆账核销力度，改进宏观审慎管理指标和存贷比管理办法的进展情况。

十一、促进对外贸易稳定增长政策措施落实情况

根据《国务院办公厅关于支持外贸稳定增长的若干意见》（国办发〔2014〕19号）和《国务院办公厅关于促进进出口稳增长、调结构的若干意见》（国办发〔2013〕83号）等文件，主要审计：

（一）提高贸易便利化水平，特别是整顿和规范进出口环节经营性服务和收费，免收2014年度出口商品法检费用、减少出口法检商品种类情况。

（二）加大对有订单、有效益外贸企业特别是中小企业的金融支持，加大出口信用保险支持，鼓励保险公司扩大短期出口信用保险业务进展情况。

（三）创新和完善多种贸易平台，尽快将市场采购贸易的相关政策落实到位并扩大试点范围，出台跨境电子商务贸易便利化措施进展情况。

（四）完善出口退税政策，进一步加快出口退税进度，确保及时足额退税进展情况。

十二、以创新支撑引领经济结构优化升级政策措施落实情况

根据《国务院关于印发"十二五"国家自主创新能力建设规划的通知》（国发〔2013〕4号）和政府工作报告等文件，主要审计：

（一）强化企业技术创新主体地位，鼓励和支持企业提高创新能力情况。

（二）完善和落实调动科技人员积极性创造性政策措施情况。

（三）加大政府科技投入，健全公共科技服务平台等情况；科技重大专项实施进展情况。

（四）促进信息化与工业化深度融合、推动企业加快技术改造等政策实施情况，设立新兴产业创业新平台等进展情况。

十三、夯实农业基础、推进现代农业发展政策措施落实情况

根据《中共中央国务院关于加快发展现代农业进一步增强农村发展活力的若干意见》（中发〔2013〕1号）、《国务院办公厅关于落实中共中央国务院关于加快发展现代农业进一步增强农村发展活力若干意见有关政策措施分工的通知》（国办函〔2013〕34号）和《国务院关于黑龙江省"两大平原"现代农业综合配套改革试验总体方案的批复》（国函〔2013〕70号）等文件，主要审计：

（一）以黑龙江"两大平原"现代农业综合配套改革试验区为试点，统筹整合涉农资金情况。

（二）贯彻落实《国务院关于全国高标准农田建设总体规划的批复》（国函〔2013〕111号），"十二五"期间建成4亿亩旱涝保收高标准农田进展情况。

（三）农村土地承包经营权确权登记颁证整省、整县试点工作推进情况。

（四）深化种业体制改革，强化企业技术创新主体地位，调动科研人员积极性，构建商业化育种体系，促进现代种业健康发展情况。

十四、加快重大水利工程建设，2014年再解决6 000万农村人口饮水安全问题政策措施落实情况

根据政府工作报告等文件，主要审计：

（一）在建重大水利工程建设和2014年、2015年拟开工重大水利工程的前期工作情况，"十三五"拟开工重大水利工程前期论证情况。

（二）2014年农村饮水安全投资安排和工程实施情况。

（三）统筹使用税费、价格等改革措施促进节水增效，加强终端配套服务设施建设，解决好"最后一公里"问题等进展情况。

十五、实行精准扶贫，2014年再减少农村贫困人口1 000万人以上政策措施落实情况

根据《中共中央办公厅国务院办公厅印发〈关于创新机制扎实推进农村扶贫开发工作的意见〉的通知》（中办发〔2013〕25号）等文件，主要审计：

（一）进一步加强扶贫资金管理，增强扶贫资金使用的针对性，整合扶贫资金和各类相关涉农资金情况。

（二）2014年各地落实减少农村贫困人口计划的主要措施，310个中央国家机关等单位定点扶贫592个县，18个东部发达省市对口帮扶西部10个省（区、市）落实情况。

（三）贫困县考核机制改革推进情况；每个贫困村、贫困户建档立卡和全国扶贫信息网络系统建设情况。

十六、加强生态环境保护政策措施落实情况

根据《国务院关于印发节能减排"十二五"规划的通知》（国发〔2012〕40号）、《国务院关于印发大气污染防治行动计划的通知》（国发〔2013〕37号）、《国务院关于印发"十二五"节能减排综合性工作方案的通知》（国发〔2011〕26号）等文件，主要审计：

（一）实施大气污染防治行动计划情况，淘汰燃煤小锅炉5万台，推进燃煤电厂脱硫改造1 500万千瓦、脱硝改造1.3亿千瓦、除尘改造1.8亿千瓦，促进低速汽车（三轮汽车、低速货车）升级换代情况，淘汰黄标车和老旧车600万辆情况，在全国供应符合国家第四阶段标准的车用柴油进展情况。

（二）京津冀、长三角、珠三角区域大气污染治理联防联控情况；研究制定水污染防治行动计划，加强饮用水源保护，推进重点流域污染治理情况；研究制定土壤污染防治行动计划，实施土壤修复工程，整治农业面源污染情况。

（三）提前一年完成钢铁、水泥、电解铝、平板玻璃等21个重点行业的"十二五"淘汰落后产能任务进展情况；对未按期完成淘汰任务的地区，暂停对该地区重点行业建设项目办理审批、核准和备案手续情况；严格控制"两高"行业新增产能，新建、改建、扩建项目实行产能等量或减量置换情况。

十七、扩大"营改增"试点、减轻和公平企业税负政策措施落实情况

根据经国务院同意的《营业税改征增值税试点方案》（财税〔2011〕110号）和《财政部国家税务总局关于在全国开展交通运输业和部分现代服务业营业税改征增值税试点税收政策的通知》（财税〔2013〕37号），以及《国务院办公厅关于进一步加强涉企收费管理减轻企业负担的通知》（国办发〔2014〕30号）等文件，主要审计：

（一）交通运输业、部分现代服务业、邮政业和电信业营改增试点运行情况；营改增应税服务出口适用零税率政策和免税政策的执行情况。

（二）暂免征收部分小微企业增值税和营业税有关工作落实情况，小型微利企业减半征收企业所得税优惠政策实施情况。

（三）清理取消不合理、不合法的行政事业性收费，建立健全非税收入管理制度情况。

十八、促进高校毕业生就业创业政策措施落实情况

根据《国务院办公厅关于做好2014年全国普通高等学校毕业生就业创业工作的通知》（国办发〔2014〕22号）等文件，主要审计：

（一）2014届高校毕业生就业创业情况。

（二）落实引导高校毕业生到城乡基层就业、鼓励小微企业吸纳就业、激励高校毕业生自主创业、就业服务和就业援助等政策措施，拓宽就业领域，开发更多就业岗位情况。

（三）深化高等教育综合改革，推动创新高校人才培养机制情况。

十九、加强社会救助、保障困难群众基本生活政策措施落实情况

根据《社会救助暂行办法》（国务院令第649号）和《国务院关于进一步加强和改进最低生活保障工作的意见》（国发〔2012〕45号）等文件，主要审计：

（一）建立健全社会救助体系，加强最低生活保障、特困人员供养、受灾人员救助、医疗救助、教育救助、住房救助、就业救助、临时救助和引导社会力量参与等工作情况。

（二）中央及地方各级财政低保、医疗救助、临时救助、特困人员供养等社会救助资金投入和工作经费落实情况。

（三）社会救助统筹协调机制、一门受理机制、居民家庭经济状况核对机制、社会救助绩效评价机制、完善社会救助和保障标准与物价上涨挂钩联动机制的实施情况。

审计署办公厅关于印发《国家重大政策措施和宏观调控部署落实情况跟踪审计实施意见（试行）》的通知

（审办财发〔2015〕30号，2015年3月9日）

各省、自治区、直辖市和计划单列市、新疆生产建设兵团审计厅（局），署机关各单位、各特派员办事处、各派出审计局：

现将《国家重大政策措施和宏观调控部署落实情况跟踪审计实施意见（试行）》印发给你们，请认真贯彻执行。执行过程中如有问题或者建议，请与审计署财政审计工作领导小组办公室联系。

国家重大政策措施和宏观调控部署落实情况跟踪审计实施意见（试行）

第一条 为做好对国家重大政策措施和宏观调控部署落实情况的跟踪审计（以下简称跟踪审计），根据《中华人民共和国审计法》和《国务院关于加强审计工作的意见》（国发〔2014〕48号），制定本实施意见。

第二条 本实施意见适用于审计署组织开展的国家重大政策措施和宏观调控部署落实情况跟踪审计项目。

第三条 国家重大政策措施和宏观调控部署，是指党中央、国务院在一定时期制定、实施的经济社会领域重大改革措施、国民经济与社会发展规划、年度计划和工作任务，以及对国家经济运行进行调节和控制所运用的各种政策安排。

第四条 在跟踪审计中，通过揭示重大政策措施和宏观调控部署贯彻落实中存在的问题，反映好的经验和做法，推动国家重大决策部署和政策措施落实到位，促进政策落地生根和不断完善，确保中央政令畅通、令行禁止；同时关注经济社会发展过程中出现的新情况、新问题，深入分析原因，提出对策建议，保障经济社会平稳健康运行。

第五条 跟踪审计的对象，包括中央各有关部门和各级地方政府，必要时延伸审计相关企事业单位、社会组织和项目建设单位等。

第六条 跟踪审计以一个自然年度为一个审计周期，每个审计周期按季度划分为4个工作阶段。审计机关应当在全面审计基础上，把握每个工作阶段的工作重点，其中，第一季度着重关注当年工作的计划部署情况，以及上年未如期完成事项的推进情况；第二、第三季度着重关注已到达规定时间节点的各项工作任务完成情况，国家重大建设项目、重点工程的进展情况，财政资金、信贷资金到位与使用情况，以及各项政策措施持续落实情况；第四季度全面反映全年工作任务的完成情况，各项政策措施的贯彻落实情况及取得的实际效果。

第七条 跟踪审计的内容。

围绕党中央、国务院经济工作重心，全面审计国家重大政策措施和宏观调控部署落实情况。同时，根据不同时期经济社会发展的要求和国家宏观调控的主要方向，突出不同时期、不同地域的审计重点。主要包括：

（一）贯彻落实的总体情况。

——中央各有关部门按照职责范围和任务分工，制定具体落实措施、进行任务分解、推动工作进展和完善制度保障等情况。

——各地区因地制宜制定具体措施、承接并制定目标任务细化方案、明确责任主体、建立健全保障机制、保障政策落地等情况，以及各项目标任务分解到市县后的推进情况。

——相关落实措施的具体内容、时间表、路线图、执行进度和实际效果。

（二）政策落实过程中具体审计内容。

各类规划制定和修订工作是否按期完成；国家的各项改革措施是否落实；国家规划的重点建设项目在实施过程中遇到的主要困难和问题、建设进度是否符合要求；与政策落实直接相关的各类财政资金、信贷资金是否及时到位并投入使用；国家产业政策是否执行到位，财政资金、信贷资金和土地等要素投向是否符合国家产业政策和宏观调控部署；政府简政放权的各项措施是否落实到位等。其中，重点关注：

——重大项目完成情况。对水利、铁路、城市基础设施、棚户区改造等重大项目进行全过程跟踪审计，关注规划、立项、审批、建设、竣工验收、运营等各环节任务分解和落实情况，促进项目科学规划，严格管理，有效推进。

——重点资金保障情况。对落实政策所需的财政资金、信贷资金管理使用情况进行审计，关注资金是否保障到位、是否及时投入使用并发挥效益，是否存在一方面承担信贷资金财务成本，而另一方面形成新的沉淀资金等情况，确保资金安全运行。

——重大政策落实情况。对重大政策落实情况进行审计，关注促进培育新的经济增长点、增强经济发展内生动力、减轻企业负担、支持小微企业发展、淘汰落后产能、推动产业转型升级、保障和改善民生等重大政策是否落实到位。

——简政放权推进情况。对政府职能转变和简政放权情况进行审计，关注取消和下放行政审批事项、转变政府职能、转变监管方式、规范中介服务、释放市场活力等改革措施落实情况，审查是否存在懒政庸政怠政、不作为、乱作为以及权力寻租、贪污腐败等问题。

（三）遇到的制度瓶颈和出现的新情况。

反映相关政策措施落实过程中的体制机制障碍和制度瓶颈，包括与其他正在执行的制度法规的不衔接、不配套问题；揭示相关调控部署实施过程中出现的新情况、新问题以及经济运行中可能出现的风险隐患。

（四）揭示问题产生的原因、提出审计建议并及时督促整改。

针对跟踪审计发现的问题，深入解剖问题所涉及的各个环节并分析原因，落实各环节的责任主体；针对审计发现的问题，要按照审慎的原则，提出审计意见和建议，并在审计实施过程中和下一阶段跟踪审计中督促有关单位加强问题整改、落实责任追究。

（五）注意总结反映各地区、各部门在贯彻落实国家重大政策措施和宏观调控部署中，取得的好经验和做法。

第八条 跟踪审计的组织和分工。

跟踪审计纳入审计署年度审计项目计划管理，审计署财政审计工作领导小组办公室具体负责跟踪审计的组织协调工作。

——对中央部门的跟踪审计，由财政司按照审计计划确定的部门组织相关业务司局和派出审计局实施。

——对地方政府的跟踪审计，分别由特派办和省级审计机关实施。其中，特派办负责审计署年度审计计划和审计方案确定的地区和单位；省级审计机关按照审计署年度工作安排和审计方案的要求，组织对所在地区的跟踪审计工作。各特派办延伸审计相关市、县、部门、单位和建设项目时，要与省级审计机关做好工作衔接，尽量避免不必要的重复和交叉。

——除单独立项的跟踪审计项目之外，各级审计机关在组织开展财政、金融、企业、资源环保、投资、民生、经济责任等各审计项目时，都要关注国家重大政策措施和宏观调控部署落实情况，并将审计发现的问题形成专题材料，纳入跟踪审计报告。

第九条 跟踪审计工作的职责界定。

（一）审计署财政审计工作领导小组办公室的职责。

1. 加强对国家重大政策措施和宏观调控部署的研究，组织梳理国家重大政策措施和宏观调控部署具体工作任务情况。

2. 根据已确定的审计项目计划，制定跟踪审计工作方案。

3. 审核中央各部门和各省审计组制定的跟踪审计实施方案。

4. 建立跟踪审计项目平台，加强对各审计组现场审计的业务指导和过程控制；组织各中央部门审计组与各省审计组之间开展上下联动，及时掌握各单位工作开展情况，汇总编发审计信息。

5. 复核审计署直接派出的跟踪审计组起草的审计报告，重要事项送法规司审理。

6. 汇总各单位报送的审计结果，形成综合报告上报国务院。

（二）各参审特派办、派出审计局和相关业务司职责。

1. 根据审计署制定的跟踪审计工作方案，制定审计实施方案。

2. 根据审计实施方案开展现场审计。

3. 及时向审计署财政审计工作领导小组办公室报送跟踪审计过程中发现的重大情况。

4. 按时向审计署上报跟踪审计报告。

5. 督促落实整改。

（三）各省级审计机关职责。

1. 根据审计署制定的跟踪审计工作方案，制定审计实施方案。

2. 根据审计实施方案组织开展现场审计。

3. 及时向审计署财政审计工作领导小组办公室报送跟踪审计过程中发现的重大情况。

4. 按时向审计署和地方党委、政府上报跟踪审计报告。

5. 督促落实整改。

第十条 建立跟踪审计结果定期报告制度，跟踪审计报告分为季度报告和年度报告。审计署派出机构和省级审计机关应当在每个季度结束后的15日内，将跟踪审计季度报告报审计署,报告反映的数据应当截止到该季度末,每年 1 月 15 日上报的跟踪审计年度报告应当包括相关部门和地区上年全年的数据和情况。审计组完成每个季度的跟踪审计后要向有关部门和地方政府反馈审计发现问题并督促整改。审计署向被审计单位出具年度审计报告。

审计署各业务司局组织实施的其他审计项目,发现国家重大政策措施和宏观调控部署落实方面问题汇总形成的专题材料,于每个季度结束后的 15 日内提交审计署财政审计工作领导小组办公室。

审计署于每个季度结束后的 20 日内将跟踪审计综合报告上报国务院;重大情况随时向国务院报告。

第十一条 各审计项目实施单位和各审计组应当严格执行《中华人民共和国国家审计准则》《审计署审计现场管理办法(试行)》等规定,加强过程管理和质量控制,落实审计方案确定的各项审计内容。审计组实行组长负责制,实施全过程质量控制,明确各环节质量管理的分工和责任。对因组织实施不力造成重大问题未被发现、审计结论不恰当、审计文书失实以及瞒报重大问题的,区分不同情况予以处理,并追究有关人员责任。

审计署财政审计工作领导小组办公室要及时向各审计组传达审计署的相关部署和要求,掌握审计组的工作进展情况,加强现场审计过程控制,确保跟踪审计工作按照审计署制定的跟踪审计工作方案有序开展。

第十二条 实施意见由审计署财政审计工作领导小组办公室负责解释。

第十三条 本实施意见自发布之日起施行。

审计署关于印发《关于切实发挥审计监督作用促进经济平稳健康运行若干意见》的通知

(审办发〔2014〕73 号,2014 年 6 月 3 日)

各省、自治区、直辖市和计划单列市、新疆生产建设兵团审计厅(局),署机关各单位、各特派员办事处、各派出审计局:

《关于切实发挥审计监督作用 促进经济平稳健康运行的若干意见》已经署党组会议研究通过,现印发给你们,请结合本地区、本单位实际抓好贯彻落实。

关于切实发挥审计监督作用 促进经济平稳健康运行的若干意见

当前,我国经济运行的基本面是好的。但是也要看到,经济发展正处于增长速度换挡期、结构调整阵痛期、前期刺激政策消化期三重叠加阶段,各种深层次矛盾和问题逐步显现,经济面临较大下行压力。面对新形势,各级审计机关要切实做到依法审计、实事求是,紧紧围绕党中央、国务院和地方各级党委、政府工作中心,坚持一手抓促进经济平稳健康运行,一手抓反腐倡廉和推动深化改革,结合改革发展的新要求,实事求是地揭示、分析和反映问题,客观审慎地做出审计处理和提出审计建议,更好地促进经济平稳健康发展。

一、切实增强责任意识和使命感。各级审计机关要深刻领会中央关于全面深化改革、促进经济发展的总体部署,牢牢把握党中央、国务院关于切实保障国家粮食安全、大力调整产业结构、着力防控债务风险、积极促进区域协调发展、着力做好保障和改善民生工作、不断提高对外开放水平的任务要求。深刻理解关于加强财政、货币和产业、投资等政策协同配合，做好政策储备，适度适时预调微调的重要指示，了解政策背景，掌握政策目标，提高对宏观经济形势的总体把握水平和分析研判能力，增强责任意识和使命感，努力提高审计的针对性、建设性、时效性，充分发挥审计对经济平稳健康运行的推动和促进作用。

二、促进中央重大政策措施贯彻落实。围绕中央关于稳增长、调结构、惠民生、促改革的政策目标，监督检查财政、金融、产业、投资、惠民等政策措施执行和完成情况，及时查处上有政策、下有对策，有令不行、有禁不止行为，促进各项政策及时落实和政令畅通。结合国家政策的着力点和资金投向要求，加强对农业、重大水利、铁路、节能环保、城市基础设施、社会事业等重点项目的审计，监督好社会保障、保障性安居工程、棚户区改造、扶贫开发、生态环境保护等民生资金的使用，着力发挥投资拉动经济增长的积极作用。针对国务院下发的金融服务"三农"、支持文化企业发展、保护中小企业等相关意见决定，高度关注财政投入、企业投资、银行贷款投向，促进各类资金向"三农"、文化、民生、中小企业等领域倾斜。

三、正确把握改革和发展中出现的新情况新问题。一方面坚持依法审计，对严重违法违纪、以权谋私和腐败问题，要严肃查处；另一方面坚持实事求是，既不能以现在的规定制度去查处以前的老问题，也不能用过时的制度规定来衡量当前的创新事项。对突破原有制度或规定，但符合中央精神和改革方向，有利于科学发展、有利于深化改革、有利于中央政策措施落实的创新举措，要予以支持，促进规范和完善，消除经济发展的制度障碍。对改革和发展中出现的工作失误，不能一味简单地套用现成的标准和规定，要认真研究分析，历史地、辩证地、客观地看待，慎重稳妥地反映和处理。

四、促进各级领导干部切实履职尽责。通过开展党政领导干部和国有企业领导人员经济责任审计，强化对权力运行的监督制约，着力监督检查各级各部门各单位领导干部守法守规守纪尽责情况，特别是领导干部贯彻落实中央政策措施情况，促进各级领导干部结合本地实际，落实中央关于改革、发展和稳定的各项任务要求，领导经济发展，主动作为、有效作为，切实履职尽责。对不作为、假作为、乱作为的领导干部，依法依纪揭示和反映，促进有关方面追责和问责。

五、积极推动政府职能转变。围绕转变政府职能、简政放权的要求，监督检查行政审批权和行政事业性收费项目的清理工作，着力关注行政审批权力下放后，政府职能是否转变到位，转变过程中存在哪些突出问题，提出改进建议，推动创新行政管理方式。密切关注市场运行情况和政府监管职责履行情况，注重分析法律法规、发展规划、政策标准的约束和引导作用，促进厘清政府和市场的关系，充分释放发展活力和动力，为经济发展创造良好的市场环境。

六、积极促进各类资金整合。围绕优化财政支出结构，加强对民生改善、结构调整等重要领域专项资金的审计监督，揭示专项资金多头管理、多头分配、交叉重复、拨付链条长等问题，推动同类别专项资金整合优化，推进完善专项资金管理办法和制度。注重揭示财政资金分配使用过程中的虚报冒领、骗取套取、截留侵占等问题，促进专项资金规范使用，保障相关政策目标的实现。

七、促进提高财政资金使用绩效。在关注财政、财务收支真实性、合法性的基础上，更加突出效益性，把财政资金投入与项目进展、事业发展以及政策目标实现统筹考虑，把规范支出与促进投入有机结合，把问效、问绩、问责贯穿始终，推动财政资金合理配置、高效使用。加强重大政府投资项目审计，监督检查政府投资的规划布局和投向结构、分配依据和计划下达、资金使用和建设管理情况，综合分析经济效益、社会效益和环境效益，促进发挥政府投资对结构调整的引导作用。加强政府性债务审计，促进债务资金更多地用于棚户区改造、保障性住房、城市地下管网改造等民生工程，发挥债务资金更大作用。

八、促进激活财政存量资金。加强对各级财政存量资金的审计，关注该投未投、该用未用以及财政资金使用效益低下问题，促进存量资金尽快落实到项目和发挥效益。研究分析存量资金的成因和结构，提出改进财政资金分配、管理和使用办法，推动各类存量资金重点投向民生领域，保障重点民生项目的资金需求，避免大量资金闲置或低效运转。

九、促进厉行勤俭节约。围绕中央八项规定精神、国务院"约法三章"要求和厉行节约反对浪费条例等规定的贯彻落实，在各级预算执行审计中，加大对各地方、各部门"三公"经费、会议费使用和楼堂馆所建设的检查力度，努力降低行政运转支出，促进建设俭朴政府。

十、注重揭示经济运行中的风险隐患。关注政府性债务风险，跟踪检查存量债务化解情况，密切关注新增债务的举借、管理和使用情况，防止形成浪费和新的风险隐患。关注金融风险，跟踪检查信贷资金投向、互联网金融的发展、跨境资本流动，严肃查处债券市场和资本市场中的利益输送、非法集资、网络赌博和诈骗等重大违法违规问题，守住不发生系统性区域性金融风险的底线。关注资源环境风险，加强对水、矿产、土地等资源以及环境保护情况的审计，揭露和查处破坏浪费资源、造成国有资源流失和危害资源环境安全等问题。

十一、推动深化改革和制度创新。积极关注体制机制制度性问题，对不合时宜、制约发展、阻碍政策落实的制度规定，要切实予以反映和提出修改完善建议。要推动财政体制改革，促进各级政府预算和决算公开，建立财权与事权相匹配的财政体制。要推动金融改革，保障利率汇率市场化改革的有序推进和存款保险制度的建立，促进加强金融监管协调，加强新增贷款流向监控，规范互联网金融的发展和民间借贷管理。要推动国有企业改革，引导社会资本投资入股国有企业，强化内部管控，促进建立健全现代企业制度和完善公司法人治理结构。

十二、严肃揭露和查处重大违法违纪案件。坚持推动发展改革和惩治腐败"两手抓"，对审计中发现的重大违法违纪问题，要查深查透查实。要重点关注财政、金融、企业、投资和资源环境等领域，关注重大项目审批、土地交易、非法集资、项目招标投标、重大物资采购、重大项目投资决策、银行贷款发放、债券交易、国有股权转让、专项资金分配等环节，严肃查处公职人员特别是领导干部以权谋私、权钱交易、失职渎职、贪污受贿及侵吞国有资产等问题，严厉打击职务犯罪，惩治权力运行中的贪腐行为。

审计署关于提升社会保障审计监督效能的指导意见

（审社发〔2021〕21号，2011年7月31日）

各省、自治区、直辖市和计划单列市、新疆生产建设兵团审计厅（局），署机关各单位、各派出审计局、各特派员办事处、各直属单位：

为深入贯彻习近平总书记关于审计工作的重要讲话和重要指示批示精神，落实党中央社会保障决策部署，提升社会保障审计（以下简称社保审计）监督效能，推动社会保障事业高质量发展，根据《"十四五"国家审计工作发展规划》，制定本意见。

一、总体要求

（一）指导思想。

坚持以习近平新时代中国特色社会主义思想为指导，深入贯彻党的十九大和十九届二中、三中、四中、五中全会精神,立足新发展阶段,贯彻新发展理念,构建新发展格局,以增进民生福祉、促进社会公平正义为目标,以保障资金运行"精准、安全、高效"为主线,把实现好、维护好、发展好最广大人民根本利益作为出发点和落脚点,更加关注困难群众的基本生活保障,更加关注民生政策的普惠性、基础性和兜底性,依法全面履行审计监督职责,一体推进揭示问题、规范管理、促进改革,促进健全覆盖全民、统筹城乡、公平统一、可持续的多层次社会保障体系,推进社会保障治理法治化、精细化,推动社会保障事业高质量发展、可持续发展。

（二）基本原则和主要目标。

牢牢把握审计机关首先是政治机关的定位,坚持党的全面领导,坚持以人民为中心,坚持依法审计、实事求是,坚持科技引领、改革创新,坚持系统观念,树立战略眼光,增强风险意识,推动党中央决策部署和各项改革任务贯彻落实。

——推动党中央社会保障有关决策部署落地生效。维护社会保障制度统一性、规范性,促进解决社会保障发展不平衡不充分问题和人民群众急难愁盼问题,保障改革发展成果更多更公平惠及全体人民。

——有效维护社会保障资金安全。守护好人民群众的每一分"养老钱""保命钱"和每一笔"救助款""慈善款",及时揭示、防范和化解影响社会保障制度和资金可持续运行的重大风险隐患。

——促进不断提升社会保障治理效能。坚持问题导向、精准发力,做到应审尽审、凡审必严、严肃问责,形成常态化监督震慑,推动主管部门健全治理体系,健全社会保障权力运行制约机制,扣牢管理和控制责任链条,提高治理能力。

——有序推进社会保障领域审计全覆盖。健全社保审计工作组织领导制度,明确各类资金和项目的审计频率和覆盖周期,分级负责、突出重点,统筹审计资源,优化组织方式,消除监督盲区,推进纵向统筹和横向衔接,做到上下穿透、有机贯通,加快实现社保审计工作全国一盘棋。

——系统构建社会保障大数据审计工作模式。完善社保审计数据规划和采集机制,在署、省两级部署搭建社保审计大数据分析平台,开展常态化集中分析,充分运用大数据审计技术方法,不断提高社保审计能力、质量和效率。

二、聚焦主责主业,严守资金安全和风险底线

（三）进一步加大社会保障领域重大政策措施贯彻落实情况跟踪审计力度。

——就业优先政策落实方面。围绕更加充分更高质量就业目标,关注职业技能提升行动、创业带动就业、减税降费、普惠金融、稳岗扩岗、就业困难人员帮扶、新就业形态劳动者权益保障等保就业、保基本民生、保市场主体举措实施效果,推进落实高校毕业生、退役军人、农民工等重点群体就业保障政策,促进健全就业公共服务体系,提高就业资金使用效益。

——社会保险制度改革方面。围绕制度改革系统集成、协同高效目标,着力揭示制度整合不到位、转移接续不通畅等不衔接、不配套问题,推进基本养老保险全国统筹和基本医疗保险、失业保险、工伤保险省级统筹,促进发展完善多层次、多支柱养老保险体系,促进协同推进"三医联动"、药品耗材集中带量采购、门诊共济保障、重大疾病医疗保险和救助、医保支付方式改革等部署落实到位,促进社会保险制度公平和可持续发展。

——住房保障体系建设和改革推进方面。围绕让全体人民住有所居目标,聚焦城镇老旧小区改造、保障性租赁住房和共有产权住房建设、住房租赁市场发展等重大民生工程、重要政策措施推进情况,促进保障性安居工程、住房公积金、住宅专项维修资金等资金资产的公平善用,促进完善住房保障体系,提高保障性住房有效供给,推动城市更新建设,促进解

决困难群众和大城市新市民、青年人等重点群体住房问题。

——社会救助、社会福利等社会保障兜底机制方面。围绕应保尽保、应助尽助、应享尽享目标，推动完善优化分层分类、城乡统筹的社会救助体系，健全退役军人保障制度，健全老年人关爱服务体系，完善帮扶残疾人、困境儿童等社会福利制度，促进将特殊困难群体基本生活保障到位，兜牢基本民生保障底线。

——社会保障公共服务和经办管理方面。围绕完善全国统一的社会保险公共服务平台目标，关注社会保险信息系统管理运行情况，推动数据整合和信息共享，深入推进社保经办数字化转型。促进健全社会保障对象精准认定机制，提高运用大数据主动发现困难群众的能力，加快社会保障"一卡通"管理，加强社会保险、住房、税务、民政、金融等信息的互联互通，提高社会保障公共服务的精准化、便捷化、智慧化水平。

（四）进一步加大对重点民生资金和项目审计力度。

——加强社会保险基金审计。全面掌握基金收入、支出、结余规模，摸清基本养老、基本医疗、失业、工伤等社会保险底数，以及职业年金、企业年金等补充养老、补充医疗保险情况，结合各项社会保险制度改革进程，揭示基金征缴、发放、管理和投资运营中的问题，维护基金安全和可持续运行。

——开展社会救助、社会福利和优抚安置资金审计。加大对最低生活保障、特困人员供养、医疗救助、残疾人补贴、优抚安置、彩票公益金等资金的审计，掌握政策覆盖面，摸清资金规模、保障对象和保障水平增长变化情况，重点关注资金申请、审核、分配、使用等环节存在的突出问题，查处套取骗取、挤占挪用、截留滞拨等违法违规问题，促进提高资金使用效益。

——积极开展应对人口老龄化、慈善捐赠等公共资金审计。审查普惠托育、养老服务、长期护理保险、殡葬、慈善捐赠等资金投入和使用绩效情况，摸清资金收支规模和结构情况，揭示资金管理使用和行业发展运营中存在的突出问题，促进发展普惠托育服务体系，构建居家社区机构相协调、医养康养相结合的养老服务体系，保障社会公益和慈善事业健康发展，落实积极应对人口老龄化国家战略。

（五）进一步加大对社会保障领域违纪违法问题和重大风险隐患的揭示力度。

——以零容忍态度严肃查处群众身边的微腐败和违纪违法问题。研究和把握社会保障领域欺诈骗保、与中介机构内外勾结非法牟利等违纪违法行为新手法、新动向，紧盯资金分配、项目审批、拆迁补偿、待遇发放、补贴申领、资格鉴定等重点环节，着力揭示骗取侵占、克扣截留、贪污受贿、失职渎职、优亲厚友等违纪违法问题。及时移送审计发现的违纪违法问题线索，协同有关部门和单位及时查处，推动对社会保障领域违纪违法行为早发现、早查处，坚决纠治损害群众切身利益的突出问题和不正之风，及时曝光重大典型案件情况，督促主管部门严肃查处就业、参保、安居工程等目标任务考核中的数据造假行为，及时补齐治理体系和治理能力短板。

——揭示影响社会保险基金可持续运行的重大风险。以社会保险基金预算执行和决算草案审计为抓手，分析社会保险基金收入、支出、结余变化趋势，检查各级财政对社会保险基金缺口分担、优先保障民生支出投入等保障机制落实情况，及时揭示一些地方社会保险基金"穿底"、划转国有资本充实社会保险基金不到位、自行增加待遇项目或提高待遇标准、城乡区域或群体之间保障待遇差异过大、基金投资运营损失等风险隐患，促进建立民生支出清单管理制度，完善社会保险基金支出预算管理，纠正和防范"过度保障"和"泛福利化"倾向，实现民生改善与经济发展良性循环。

——揭示影响公共安全和社会稳定的风险隐患。关注相关部门和地方突发公共事件预防、应急准备、监测和预警等情况，及时开展应对重大突发公共事件专项资金和捐赠款物审计，跟踪突发公共事件应对和困难群众基本生活保障情况，揭示应急物资储备和保障供应不足、困难群众应保未保等问题，推动健全自然灾害等重大突发公共事件应急处置和物资保障体系，促进完善社会保障应对突发重大风险的应急响应机制。

三、加强统筹谋划，加快推进社保审计工作全国一盘棋

（六）完善社保审计规划计划，高质量推进审计全覆盖。各级审计机关要摸清社保审计对象底数，聚焦重大战略、重大举措、重大项目、重大资金和重点人群保障，分析掌握政策实施和资金运行的周期性变化特征，建立本地区"十四五"社保审计工作发展规划，科学编制年度审计项目计划，做好与中长期审计项目库的有机衔接。上级审计机关要着力聚合审计目标，抓好统筹管理和监督检查，避免重复审计和相互割裂，推动计划落实落地。社保审计部门要根据社会保障资金的重要性、规模和管理分配权限等因素，确定重点审计对象，合理安排社保审计项目的时机、节奏、重点和方式，通过专项审计、政策措施落实情况跟踪审计、预算执行与决算草案审计等相结合，对涉及的重点部门和单位进行重点监督，对医保、养老等群众关切、问题多发的重点资金进行常态化审计监督。

（七）健全分级负责、协同联动的组织实施机制。审计署主要通过规划计划、工作调度、请示报告、监督考核、督查督办、规范指引、项目评优、总结培训等方式，做好对地方审计机关社保审计工作的组织领导和业务指导；每年常态化组织开展社会保障领域重大政策措施落实情况跟踪审计，适时统一组织对涉及全局的重点专项资金、重大民生项目、重大突发公共事件开展专项审计。地方审计机关按照审计管理权限抓好以地方财政事权和支出责任为主、管辖范围内的社会保障资金和项目审计。各级审计机关要坚决贯彻落实署党组关于社保审计工作以地方审计机关为主实施的要求，加强协调联动，组织做好不同审计项目中涉及社会保障相关内容的衔接，形成覆盖中央和地方，贯穿社会保障资金筹集、分配、使用、管理及投资运营等各环节的全链条穿透式审计。要充分利用内部审计资源，发挥内部审计作用，根据审计项目实施需要，可以按规定向社会购买审计服务。

（八）坚持严查实报，完善审计结果报告和共享机制。各级审计机关社保审计项目综合情况报告、审计重要信息等审计结果应向上级审计机关报告。社保审计项目综合情况报告要反映审计对象总体情况、存在的主要问题，从体制性障碍、机制性缺陷、制度性漏洞等方面深入分析原因，提出可操作的、有针对性的审计建议，便于主管部门、被审计单位研究落实。对于上级审计机关统一组织的社保审计项目，必须严格执行重要审计情况、重大违纪违法问题及处理情况等重大事项请示报告制度，并及时向上级审计机关报告本地区社保审计项目工作总结。上级审计机关要加强对社保审计报告、审计信息等审计结果的汇总分析和综合利用，审计机关之间要建立顺畅高效的沟通协调机制，在符合保密要求、遵循规定程序的前提下实现信息共享、一果多用。

（九）加强整改督促，切实推动解决问题和标本兼治。审计中要坚持边审边促、边审边改、边审边建，及时开展对审计查出问题整改情况的督促检查，推动被审计单位压实整改主体责任，强化主管部门监督管理责任，确保审计查出问题整改落实到位。对审计查出的问题，要明确整改责任主体，科学合理、分类施策提出整改要求。对决策层面问题重在治本，着力促进主管部门健全完善政策、制度；对执行层面问题坚持标本兼治，既要监督问责，又要促进完善制度，形成长效机制，实现源头治理。完善情况通报、资料提供、线索移送等相关工作机制，做好与纪检监察、巡视巡察、人大监督、司法监督、党委和

政府督查等有机贯通和协调配合,推动审计整改取得实效。深化审计结果和整改情况公开,推动系统性解决问题。

四、以大数据审计为支撑,提高社保审计能力、质量和效率

(十)完善社保审计数据采集和定期报送机制。审计署加强社保审计数据标准、采集和应用的顶层设计,建立常态化数据采集机制。地方审计机关按照分工负责辖区内的数据采集工作,定期采集社会保障相关财务业务数据并逐级上报,保证数据的完整性、连续性、时效性。以金审工程三期项目建设为依托,在署、省两级集中部署数据归集和分析环境,实现社会保障数据跨层级、跨地域、跨系统集中分析;在省级建立特派办与地方审计机关之间的数据分析及结果共享机制,提高数据运用效率。

(十一)扎实推进社会保障大数据审计。各级审计机关要在社保审计工作中积极推广"总体分析、发现疑点、分散核实、系统研究"的数字化审计模式,综合运用关联比对、多维分析、聚类分类等方法,对社会保障相关数据开展常态化集中分析。突出对违纪违法违规问题的分析核查,根据问题特征研究审计思路、构建数据分析模型,提高发现问题能力;围绕改革发展方向和重点关注领域开展专题分析,揭示苗头性、倾向性问题,提高风险感知能力;从宏观层面进行结构和趋势分析,对社会保障政策运行总体情况和存在的问题进行系统评价,提高研判宏观趋势能力;将经过审计实践验证的技术方法数据化、标准化、体系化,开发建设社会保障大数据审计模型库,探索建立社保审计实时监督系统和联网审计模式,提高智能审计能力。

五、加强组织领导,为提升社保审计效能提供有力保障

(十二)提高政治站位,切实加强组织领导。各级审计机关和全体审计人员要深刻认识和把握社会保障"民生保障安全网、收入分配调节器、经济运行减震器"的重要地位和作用,坚定不移把讲政治贯穿审计工作始终,树立正确的民生审计政绩观,提高政治判断力、政治领悟力、政治执行力,将人民群众获得感、安全感、幸福感提升作为衡量社保审计成效的重要考量,善于用政治眼光观察和分析审计发现的经济社会问题,以改革的办法和创新的思维解决发展中的问题,确保经得起历史和人民检验。地方各级审计机关要扛起社保审计项目实施主体责任,强化规划计划引领和约束,统筹整合审计资源,加大审计力量投入,抓好各项计划任务的落实落地,切实履行本地区社保审计监督职责,真正做到守土有责、守土担责、守土尽责。

(十三)走实群众路线,深入开展研究型审计。社保审计工作要全面贯彻党的群众路线,遵循社会保障与经济发展之间"水涨船高"的客观规律,吃透党中央有关决策部署的政治意图、战略规划和实践要求,系统把握我国社会保障事业的历史沿革、发展现状和改革方向,深入研究社会保障资金、政策、项目和业务特点及问题特征,吸收借鉴专家学者等各方面的观点意见,提高精准揭示和有力有效解决问题的能力。开展全国性、区域性和新领域的审计项目前,要通过试点审计把握总体情况、明确审计思路、找准审计重点,探索因地制宜、分片分主题的协同组织方式,加强统筹谋划,做到科学布局、有的放矢。审计工作方案和实施方案要坚持问题导向、突出重点,明确抽查资金比例和抽查面,增强方案的操作性、指导性。

(十四)严格质量控制,不断提高专业水平。审计实施中要顺着资金流向深入到基层、延伸到保障对象,核查要见人、见账、见物,盯紧盯住政策落实的"最后一公里"、资金运行最末端,做到以点带面、审深审透。牢固树立"有问题没发现是失职、发现问题不报告是渎职"的意识,敢于较真碰硬,查真相、说真话、报实情。严守政治纪律、工作纪律、廉政纪律和保密纪律，自觉运用法治思维分析和处理问题，做到程序合规、边界清晰，确保审计权力在法治轨道上运行。进一步健全社保审计制度规范体系，优化审计运行机制和工作流程，开展分层次、分类型的专业培训和专题研究，加强社保审计专业化队伍培养和专业能力建设，为社保审计高质量发展夯实基础。

审计署
2021年7月26日

审计署办公厅关于印发审计机关统计工作管理规定的通知

（审办办发〔2018〕8号，2018年1月12日）

各省、自治区、直辖市和计划单列市、新疆生产建设兵团审计厅（局），署机关各单位、各派出审计局、各特派员办事处、各直属单位：

为进一步提高审计机关统计工作的规范性与可操作性，我署对《审计署制度（2015年版）》（审党发〔2015〕80号）中的《审计机关统计工作管理规定》进行了修订，现予印发，请认真贯彻执行。原规定同时废止。

审计署办公厅
2018年1月12日

审计机关统计工作管理规定

第一章 总　　则

第一条　为了规范审计机关统计工作，保证审计统计资料的真实性、准确性、完整性和及时性，根据《中华人民共和国审计法》及其实施条例、《中华人民共和国统计法》及其实施条例和《部门统计调查项目管理办法》制定本规定。

第二条　本规定适用于各级审计机关及其派出机构为满足审计管理工作需要组织实施的各项统计活动。

第三条　审计机关统计工作的基本任务是对审计工作开展情况和审计成果进行统计，提供统计数据和资料，开展统计数据分析，为加强和改进审计工作服务。

第四条　审计机关统计工作实行统一领导，分级负责，归口管理。

审计署在国家统计局的业务指导下，主管全国审计机关的统计工作；审计署派出机构负责组织本单位的统计工作；地方各级审计机关负责组织本地区审计机关的统计工作。

第五条　审计机关应当设置统计专职机构或专职岗位，具体承担本单位的统计工作。

第六条　审计机关应当严格执行统计法律法规和规章制度，依法组织实施统计工作。审计机关主要负责人及班子成员要坚持以身作则、以上率下，带头尊法学法用法。

审计机关应当加强对统计工作的组织领导，为统计工作提供必要的工作条件和技术保障。

审计机关应当健全审计统计指标体系，改进审计统计方法，提高审计统计的科学性。

审计机关应当大力推进统计信息化建设，提升统计信息搜集、处理、传输、共享、存储和分析能力。

第二章 统 计 制 度

第七条 审计署负责制定全国性审计情况统计报表制度，规范统计指标、统计标准和统计方法，保证统计指标口径、计算方法、分类目录、调查表式、统计编码等的统一性和标准化，并按规定报国家统计局备案。

第八条 审计机关应当建立健全统计数据质量控制体系。

审计组负责填报审计统计台账，审计业务部门负责审核审计统计台账，审计统计管理部门负责依据审计统计台账，汇总审计情况统计报表。

统计数据填报实行分级负责制。审计机关发现统计数据的填报或者来源有错误的，应当责成相关部门和人员核实、更正。

第九条 审计机关应当规范统计工作程序。

审计机关出具审计报告后，审计组主审会同审计业务部门统计人员，根据审计通知书、审计报告或专项审计调查报告、审计决定书、审计事项移送处理书、审计信息及审计项目开展过程中的其他结论性资料，利用审计计划统计管理系统及时填报审计统计台账，并根据被审计单位的整改落实结果等反馈材料及时补填台账，提交审计组和审计业务部门审核。

审计统计管理部门依据审计组填报的审计统计台账，利用审计计划统计管理系统定期汇总审计情况统计报表。

省级审计机关和审计署各派出机构、相关直属单位应当于每月5日前向审计署报送经审核的上月的审计项目台账、统计报表和计划执行情况，其中每年10月至12月应在当月30日前报送经审核的审计项目台账和统计报表。省以下审计机关（含计划单列市）和省级审计机关派出机构的统计数据报送时间由各省级审计机关确定。

第十条 审计情况统计报表实行年度报表备案制度。每年3月底前，审计机关将经单位负责人签字并加盖公章后的上年度审计情况统计报表（年报）报送上级审计机关备案。

第十一条 审计机关实行审计情况统计报表通报制度，按月和年度通报审计情况统计数据和信息。

第十二条 审计署应当对审计统计实施情况、实施效果和存在问题等情况进行评估。评估后如认为应当修改审计统计情况制度的，按规定报请国家统计局备案。

第三章 统 计 资 料

第十三条 审计机关应当建立健全统计档案，实现统计数据有据可查。

审计统计台账按照审计机关审计档案管理要求，归入审计项目档案其他备查类文件材料卷内。

审计机关年度审计情况统计报表连同下级审计机关报送备案的年度审计情况统计报表要归档保存。

第十四条 审计机关应当加强对统计电子数据信息的保管，保证统计电子数据的安全完整。

第十五条 审计机关应当认真落实涉密载体保密管理制度，加强统计资料各环节的保密管理。在符合保密要求的前提下，采取适当方式逐步推进审计统计资料公开。

任何单位和个人公开使用或对外提供尚未公布的统计资料，属全国性的，须经审计署核准；属地区性的，须经当地审计机关核准。

第十六条 审计机关应当积极开展统计数据分析和研究，全面、客观、及时地反映审计工作开展情况和成果，揭示审计工作和宏观经济运行中带有普遍性、倾向性的问题，发挥统计工作信息监督和咨询服务作用。

下级审计机关要主动向上级审计机关报送本地区审计工作情况统计分析报告，并按上级审计机关要求，上报专项审计工作情况统计数据和分析报告。

第四章 统计机构和人员

第十七条 审计统计管理部门应当配备专职或兼职统计人员，审计机关各业务部门应当配备兼职统计人员。

第十八条 统计人员应当具备与其从事的工作相适应的审计、统计、计算机等方面的专业知识和业务能力。

审计机关应当加强统计宣传教育培训，及时组织传达学习统计法律法规，增强审计机关领导干部、统计人员的统计法律意识，并对统计人员有计划地进行专业培训。

第十九条 审计机关应当保持统计人员的相对稳定和统计工作的连续性，统计人员因工作需要调离统计岗位时，须办理工作交接，同时将接替人员报上一级审计机关统计管理部门备案。

第五章 监督管理

第二十条 审计机关主要负责人是本单位统计工作第一责任人。审计机关主要负责人要及时组织传达学习贯彻关于依法统计的部署和要求，带头遵守执行统计法律法规和国家统计调查制度。

第二十一条 审计机关分管统计工作的领导对本单位的统计工作负主管责任。审计机关分管统计工作的领导要督促指导统计管理部门切实履行职责，防范和惩治统计造假、弄虚作假，依法组织实施统计调查。

第二十二条 审计机关分管业务工作的领导对职责范围内的统计工作负主管责任。审计机关分管业务工作的领导应督促所分管的业务部门严格遵守统计法律法规、认真落实统计工作的相关部署和要求。各业务部门负责人对本部门的统计工作负直接责任。各业务部门负责人应进一步提高统计责任意识，确保本部门数据填报真实准确、数据使用依法合规。

第二十三条 审计统计管理部门及其统计人员对本单位的统计工作负监督管理责任。统计管理部门要认真组织学习贯彻有关统计法律法规，健全审计统计调查制度设计、统计任务布置和统计数据质量控制制度，对统计数据质量进行监督检查，加强统计工作的指导和培训。支持配合对违纪违法行为的检查和责任追究。

第二十四条 审计机关和有关责任人员应当依照统计法律法规和本规定，及时提供真实、准确、完整的统计数据和资料，不得迟报、拒报、隐瞒和造假，不得拒绝、阻碍上级审计机关和县级以上人民政府统计机构的监督检查。

第二十五条 审计机关对统计工作质量采取集中检查、抽查、交叉检查等方式进行检查，并适时通报检查结果。

统计检查的内容包括：统计法律法规的执行情况，统计管理机构和统计人员的配置情况，统计资料的真实、准确、完整程度等情况，统计工作程序遵守情况，统计资料保管利用情况，统计信息化建设情况，以及其他与统计工作相关的事项。

第六章 责 任 追 究

第二十六条 有关责任人员违反本规定，情节轻微的，给予批评教育并责令改正；情节较重的，按照有关规定问责和处理；应当追究纪律责任的，按照有关规定由纪检监察等部门处理；涉嫌犯罪的，移送司法机关依法追究刑事责任：

（一）虚报、瞒报、伪造、篡改及拒报统计资料的；

（二）未按本规定履行审计统计工作职责的；

（三）在接受统计检查时，拒绝提供情况或提供虚假情况以及转移、隐匿、篡改、毁弃原始统计记录、统计报表和与统计有关的其他资料的；

（四）未及时、准确、完整上报统计数据和资料的；

（五）违规公布统计数据和资料的；

（六）其他违反统计法和相关法律法规的行为。

第二十七条 除第二十六条所述情形外，审计机关统计管理部门及其统计人员存在以下行为之一，情节轻微的，给予批评教育并责令改正；情节较重的，按照有关规定问责和处理：

（一）未贯彻落实审计统计工作法律法规等规定的；

（二）未督促及时填报统计数据和资料的；

（三）拒绝、阻碍统计检查和对违法行为查处的；

（四）其他未按规定履行统计工作职责的。

第七章 附 则

第二十八条 地方审计机关可结合本地方的统计工作实际，依据本规定制定实施细则。

第二十九条 本办法由审计署办公厅负责解释。

第三十条 本办法自印发之日起施行。

关于印发《审计署聘请外部人员参与审计工作管理办法》的通知

（审办发〔2010〕68号，2010年5月9日）

署机关各单位、各特派员办事处、各派出审计局：

《审计署聘请外部人员参与审计工作管理办法》已经审计长会议修订通过，现予印发。请署机关各单位、各特派员办事处和各派出审计局遵照执行。地方各级审计机关应当参照本办法的有关规定，结合当地实际，严格规范审计机关聘请外部人员参与审计工作。

二〇一〇年五月十九日

审计署聘请外部人员参与审计工作管理办法

第一章 总 则

第一条 为了充分履行审计职责，规范聘请外部人员参与审计工作的行为，根据《中华人民共和国审计法》和《中华人民共和国审计法实施条例》，制定本办法。

第二条 审计署遇有审计力量不足、相关专业知识不能满足审计工作需要时，可以从外部聘请相关专业人员参与审计（含专项审计调查，下同）工作，主要包括：

（一）从地方审计机关、社会中介机构和其他专业机构聘请外部人员参与审计；

（二）聘请外部专家对与其专业相关的特定事项提供咨询意见或者专业鉴定意见。

第三条 审计署可以聘请外部人员参与下列审计：

（一）固定资产投资审计；

（二）企业和金融机构资产、负债、损益及其主要负责人任期经济责任审计；

（三）事业单位、社会团体和其他社会组织财务收支及其主要负责人任期经济责任审计；

（四）资源环境项目审计；

（五）社会保障项目审计；

（六）国外贷援款项目审计；

（七）其他需要聘请外部人员参与的审计。

第二章 外部人员的聘请

第四条 聘请外部人员实行计划管理。署机关和特派办（以下简称各单位）每年制定审计项目计划时，应"尽力而为，量力而行，留有余地"，确因工作需要或特殊事项必需外聘相关专业人员的，应向审计署提出包括聘请人员的数量、专业、资质和聘请时间等内容的外聘工作计划（草案）。

署机关外聘工作计划（草案）由办公厅审核并报经审计长会议审定；特派办外聘工作计划（草案）由办公厅会同业务司审核并报分管特派办和财务工作的署领导审定。形成审计署年度外聘工作计划（草案），作为申请分配外聘经费的重要依据。

第五条 从社会中介机构和其他专业机构聘请外部人员的，拟聘请人员所在机构一般应当符合下列条件：

（一）依法设立，能够独立享有民事法律权利、承担民事法律责任；

（二）具备与审计事项相适应的资质、等级；

（三）社会信誉好，近3年未因业务质量问题和违法违规行为受到有关部门处理处罚；

（四）聘请审计机关退休人员的，应符合退休人员从业的有关规定。

第六条 拟聘请的外部人员应当符合下列条件：

（一）具有与审计事项相适应的专业技能和资格；

（二）从事相关专业工作3年以上；

（三）职业道德良好，近3年未受到有关部门处理处罚，未受到纪律处分或者行政处分；

（四）身体健康。

如有特定审计事项，可以向拟聘请人员提出除上述条件之外的其他特殊聘请要求。

第七条 从社会中介机构和其他专业机构聘请外部人员的，一般应从财政部、国资委、证监会和审计署确立的社会中介机构或其他专业机构名单中选择。在办理聘请外部人员参与审计的相关工作时，各单位与拟聘用的社会中介机构和其他专业机构或个人有利害关系的人员应回避。

第八条 协议签订。从社会中介机构和其他专业机构聘请外部人员的，应当由各单位与拟聘请人员所在机构签订聘请协议。聘请协议应当明确以下内容：

（一）审计目标、内容和职责范围；

（二）工作时限和要求；

（三）受聘人员姓名、资质条件及其权利；
（四）费用及支付方式；
（五）廉政、回避和保密承诺；
（六）违约责任；
（七）其他应当约定的事项。

第九条 凡与被审计单位或者审计事项有利害关系的外部单位和外部人员，应当要求其回避。

第三章 外聘人员的工作管理

第十条 各单位应当对外聘人员进行国家审计法律、法规、规章和相关审计业务培训，并对其进行审计工作纪律、审计职业道德教育。

第十一条 各单位应当将外聘人员编入相关审计项目的审计组，但不得担任审计组组长、副组长和主审。

审计组组长在审计实施中应当加强对外聘人员的督导和业务复核，审计组所在部门和审计署相关部门应当加强对外聘人员工作的监督检查，有效保证其审计质量。

第十二条 外聘人员在审计实施中享有审计法第三十一条、第三十二条和第三十三条规定的要求被审计单位提供资料、检查和调查取证等相关权限。

外聘人员有权如实向审计机关反映审计中发现的问题和处理建议，对审计机关有关人员阻止受聘人员如实反映情况的，外聘人员可越级直至向审计署领导反映有关情况，提出相应意见和建议。审计署和各单位对于反映真实情况的外聘人员应予保护和奖励。

第十三条 外聘人员应当在审计项目完成后，及时移交审计实施过程中所形成的全部纸质资料和电子资料。外聘人员不得将其参与审计工作获取的相关信息用于与所审计事项无关的目的。

第十四条 外聘人员应当对其工作结果负责，各单位应当对利用其结果所形成的审计结论负责。

第十五条 审计项目完成后，各单位应当组织对外聘人员参与审计工作的业务质量和履行聘请协议情况进行考评。各单位应当逐步建立外聘人员备选库，根据考评结果，将业务能力强和职业道德水平高的外聘人员列入外聘人员备选库，并实行动态管理。

第四章 纪律管理

第十六条 外聘人员参与审计工作，必须遵守《审计署关于加强审计纪律的八项规定》和各项审计纪律、廉政纪律、保密规定等法律法规和纪律。

第十七条 外聘人员有下列情形之一的，应当依法依纪作出处理处罚：
（一）隐瞒审计发现的问题或者与被审计单位串通舞弊的；
（二）利用受聘工作从被审计单位获取不正当利益的；
（三）将参与审计工作获取的信息用于与审计事项无关目的的；
（四）违反保密纪律或回避规定的；
（五）拒绝接受聘请单位和审计组统一领导和监督的；
（六）不履行聘请协议规定的其他义务的。

第十八条 审计人员有下列情形之一，造成严重后果的，应当依法依纪作出处理处罚：
（一）未按本办法规定履行聘请外部人员相关职责的；
（二）通过聘请外部人员工作获取不正当利益的；
（三）要求外聘人员或者与其串通实施违反审计工作有关规定的活动的；

（四）有其他违法违纪行为的。

第五章　外聘经费的管理

第十九条　外聘经费应纳入各单位年度财政预算，按照下列程序申请、审批和使用。

（一）办公厅依据财政部下达的年度预算控制数、署年度外聘工作计划和各单位人力资源状况，提出外聘经费分配草案，并报审计长会议批准后，列入各单位年度预算。

办公厅根据外聘经费预算执行情况，可在每年第四季度进行一次预算调整。

（二）各单位在年度预算确定的外聘经费控制数内，依据年度外聘工作计划开展外部人员聘请工作。执行中需要调整外聘经费预算的，应当履行相应的审批程序。

（三）署本级需要支付外聘经费的，由相关业务司局提出费用支付申请和依据，按经费审批权限报经批准后，在署本级年度预算控制数内按聘请协议支付。

第二十条　外聘费用标准。各单位统一按审计外勤经费标准报销外聘人员相关费用，并在下述标准内支付外聘费用，除此之外不再承担其他任何费用。

从社会中介机构和其他专业机构聘请外部人员参与审计的，向外聘人员所在机构按下述标准支付外聘费用：

高级职称人员500元/人·天（税前，下同）。

中级职称人员（含注册会计师等执业资格人员）300元/人·天。

一般人员200元/人·天。

聘请相关特殊专业专家的，按相关规定标准支付费用。

第二十一条　审计过程中，聘请外部专家对与其专业相关的特定事项提供咨询意见或者专业鉴定意见，需要支付咨询费、检测费等其他费用时，必须提供相应的收费依据和收费标准，无依据的不得支付外聘费用。

第二十二条　外聘经费的结算。

（一）审计组应安排专人做好考勤记录，由记录人、外聘人员、审计组组长和有关单位负责人签字认可，报销时须附考勤表。

（二）外聘人员的城市间交通费、住宿发票等报销票据应与本单位职工分开填列，单独报销。

第二十三条　各单位应按照规定的程序和范围管理使用外聘经费，严禁违规使用外聘经费。

第二十四条　办公厅及各特派办办公室负责对外聘经费使用进行监督检查。年度预算执行结束后，办公厅将抽查外聘经费使用情况。

第二十五条　同等条件下，聘请外部人员参与审计应优先聘请地方审计机关人员。从地方审计机关聘请人员参与审计的，可经双方协商，向参审人员派出单位适当支付外聘费用。

第六章　附　　则

第二十六条　本办法由审计署办公厅负责解释。

第二十七条　本办法自发布之日起施行，原《审计署关于印发〈审计署聘请外部人员参与审计工作管理办法〉的通知》（审法发〔2006〕39号）和《审计署办公厅关于加强聘请外部人员参与审计工作经费预算管理和支付管理的通知》（审办办发〔2007〕63号）同时作废。

审计机关审计听证规定

（审计署令第 14 号，2021 年 11 月 17 日）

第一条 为规范审计机关的审计处罚程序，保证审计质量，维护公民、法人或者其他组织的合法权益，根据《中华人民共和国行政处罚法》和《中华人民共和国审计法》及其实施条例，制定本规定。

第二条 审计机关进行审计听证应当遵循公正、公平、公开的原则。

第三条 审计机关对被审计单位和有关责任人员（以下统称当事人）拟作出下列审计处罚的，应当向当事人送达审计听证告知书，告知当事人有要求听证的权利，当事人要求听证的，审计机关应当举行审计听证会：

（一）对被审计单位处以十万元以上或者对个人处以一万元以上罚款的；

（二）对被审计单位处以没收十万元以上违法所得的；

（三）法律、法规、规章规定的其他情形。

第四条 审计听证告知书主要包括以下内容：

（一）当事人的名称或者姓名；

（二）当事人违法的事实和证据；

（三）审计处罚的法律依据；

（四）审计处罚建议；

（五）当事人有要求审计听证的权利；

（六）当事人申请审计听证的期限；

（七）审计机关的名称（印章）和日期。

第五条 当事人要求举行审计听证会的，应当自收到审计听证告知书之日起五个工作日内，向审计机关提出书面申请，列明听证要求，并由当事人签名或者盖章。逾期不提出书面申请的，视为放弃审计听证权利。

第六条 审计机关应当在举行审计听证会七个工作日前向当事人及有关人员送达审计听证会通知书，通知当事人举行审计听证会的时间、地点，审计听证主持人、书记员姓名，并告知当事人有申请主持人、书记员回避的权利。

第七条 除涉及国家秘密、商业秘密或者个人隐私依法予以保密外，审计听证会应当公开举行。

第八条 审计听证会的主持人由审计机关负责人指定的非本案审计人员担任，负责审计听证会的组织、主持工作。

书记员可以由一至二人组成，由主持人指定，负责审计听证的记录工作，制作审计听证笔录。

第九条 当事人认为主持人或者书记员与本案有直接利害关系的，有权申请其回避并说明理由。

当事人申请主持人回避应当在审计听证会举行之前提出；申请书记员回避可以在审计听证会举行时提出。

当事人申请回避可以以书面形式提出，也可以以口头形式提出。以口头形式提出的，由书记员记录在案。

第十条 主持人的回避，由审计机关负责人决定；书记员的回避，由主持人决定。

相关回避情况应当记入审计听证笔录。

第十一条 当事人可以亲自参加审计听证，也可以委托一至二人代理参加审计听证。委托他人代理参加审计听证会的，代理人应当出具当事人的授权委托书。

当事人的授权委托书应当载明代理人的代理权限。

第十二条 当事人接到审计听证通知书后，本人或者其代理人不能按时参加审计听证会的，应当及时告知审计机关并说明理由。

当事人及其代理人无正当理由拒不出席听证或者未经许可中途退出听证的，视为放弃听证权利，审计机关终止听证。终止听证的情况应当记入审计听证笔录。

第十三条 书记员应当将审计听证的全部活动记入审计听证笔录。审计机关认为有必要的，可以对审计听证会情况进行录音、录像。

审计听证笔录应当交听证双方确认无误后签字或者盖章。当事人或者其代理人如认为笔录有差错，可以要求补正。当事人或者其代理人拒绝签字或者盖章的，由听证主持人在笔录中注明。

第十四条 审计听证会参加人和旁听人员应当遵守以下听证纪律：

（一）审计听证会参加人应当在主持人的主持下发言、提问、辩论；

（二）未经主持人允许，审计听证会参加人不得提前退席；

（三）未经主持人允许，任何人不得录音、录像或摄影；

（四）旁听人员要保持肃静，不得发言、提问或者议论。

第十五条 主持人在审计听证会主持过程中，有以下权利：

（一）对审计听证会参加人的不当辩论或者其他违反审计听证会纪律的行为予以制止、警告；

（二）对违反审计听证会纪律的旁听人员予以制止、警告、责令退席；

（三）对违反审计听证纪律的人员制止无效的，提请公安机关依法处置。

第十六条 审计听证会应当按照下列程序进行：

（一）主持人宣读审计听证会的纪律和应注意的事项；

（二）主持人宣布审计听证会开始；

（三）主持人宣布案由并宣读参加审计听证会的主持人、书记员、听证参加人的姓名、工作单位和职务；

（四）主持人告知当事人或者其代理人有申请书记员回避的权利，并询问当事人或者其代理人是否申请回避；

（五）本案审计人员提出当事人违法的事实、证据和审计处罚的法律依据以及审计处罚建议；

（六）当事人进行陈述、申辩；

（七）在主持人允许下，双方进行质证、辩论；

（八）双方作最后陈述；

（九）书记员将所作的笔录交听证双方当场确认并签字或者盖章；

（十）主持人宣布审计听证会结束。

第十七条 有下列情形之一的，可以延期举行审计听证会：

（一）当事人或者其代理人有正当理由未到场的；

（二）需要通知新的证人到场，或者有新的事实需要重新调查核实的；

（三）主持人应当回避，需要重新确定主持人的；

（四）其他需要延期的情形。

第十八条 审计听证会结束后，主持人应当将审计听证笔录、案卷材料等一并报送审计机关。

审计机关根据审计听证笔录以及有关审理意见，区别以下情形作出决定：

（一）确有应受审计处罚的违法行为的，根据情节轻重及具体情况，作出审计处罚；

（二）违法事实不能成立的，不予审计处罚；

（三）违法行为轻微，依法依规可以不予审计处罚的，不予审计处罚。

违法行为涉嫌犯罪的，审计机关应当依法依规移送监察机关或者司法机关处理。

第十九条 审计机关不得因当事人要求审计听证、在审计听证中进行申辩和质证而加重处罚。

第二十条 审计听证文书和有关资料应当归入相应的审计项目档案。

第二十一条 审计听证文书送达适用《中华人民共和国民事诉讼法》的有关规定。

第二十二条 本规定由审计署负责解释。

第二十三条 本规定自发布之日起施行。审计署于 2000 年 1 月 28 日发布的《审计机关审计听证的规定》（2000 年审计署第 1 号令）同时废止。

附件：1. 审计听证告知书（参考格式）
　　　2. 审计听证会通知书（参考格式）
　　　3. 审计听证笔录（参考格式）

附件 1

××××（审计机关全称）

审计听证告知书

审 × 听告〔××××〕×× 号

×××关于×××××的审计听证告知书

_____：

经审计，发现你/你单位×××××行为违反了国家有关规定，拟依法对你/你单位处以××××元的罚款/没收××××元违法所得/××××（法律、法规、规章规定的其他情形）。现根据《中华人民共和国行政处罚法》第六十三条的规定和《审计机关审计听证规定》第三条、第五条的规定，告知你/你单位有权要求举行听证，你/你单位可以自收到本告知书之日起 5 个工作日内，向本机关提出书面申请，列明审计听证要求，并签名或者盖章。逾期不提出书面申请的，视为放弃审计听证权利。

附件：审计处罚依据的事实、证据和适用的法律法规

（审计机关署名及印章）

××××年×月×日

附件2

××××（审计机关全称）

审计听证会通知书

审×听通〔××××〕××号

××× 关于×××××的审计听证会通知书

_____:

  你/你单位于××年××月××日提出的听证要求收悉。经研究，决定于××××（时间）在×××（地点）举行审计听证会，请届时参加。

  审计听证会的主持人为×××，书记员为×××。如果你/你单位认为主持人、书记员与本案有直接利害关系，有权申请其回避并说明理由。

  你/你单位法定代表人可以亲自参加听证，也可以委托一至二人代理参加审计听证，代理人应当出具载明代理人的代理权限的授权委托书。

（审计机关署名及印章）

××××年×月×日

附件 3

审计听证笔录

案由：
听证时间：年月日
听证地点：
听证主持人：   工作单位及职务：
书记员：   工作单位及职务：
当事人：   工作单位及职务：
法定代表人：
住址：
委托代理人：   工作单位及职务：
本案审计人员：   工作单位及职务：
其他听证参加人：   工作单位及职务：

主持人：现在宣读审计听证会的纪律和应注意的事项（略）。听证会参与各方是否听清楚了上述内容？

当事人：

审计人员：

其他听证参加人：

主持人：我宣布×××关于××××××的审计听证会正式开始。现在宣读参加审计听证会的主持人、书记员和听证参加人的姓名、工作单位和职务（略）。当事人，你有申请书记员回避的权利，是否申请回避？

当事人：

主持人：请本案审计人员提出当事人违法的事实、证据和审计处罚的法律依据以及审计处罚建议。

审计人员：

主持人：请当事人进行陈述、申辩。

当事人：

主持人：审计人员、当事人现在可以进行质证、辩论。

审计人员：

当事人：

主持人：审计人员，请作最后陈述。

审计人员：

主持人：当事人，请作最后陈述。

当事人：

主持人：我宣布审计听证会结束。请听证双方与书记员核对、确认审计听证笔录，确认无误后，在笔录每一页下方签名或者盖章。

审计署关于严禁通过社会审计组织获取非法收入的通知

（审纪监发〔2001〕99号，2001年12月13日）

各省、自治区、直辖市和计划单列市审计厅（局），署机关各单位、各特派员办事处、各派出审计局：

按照《中共中央办公厅、国务院办公厅关于中央党政机关与所办经济实体和管理的直属企业脱钩有关问题的通知》（中办发〔1998〕27号）关于"各类审计、会计师事务所一律与各部门脱钩"的要求，各级审计机关对过去兴办的社会审计组织进行了脱钩改制，目前已基本完成。社会审计组织真正成了自主经营、自担风险、自我约束、自我发展的社会中介机构。但是，仍有一些审计机关和审计人员利用审计职权或影响，为社会审计组织介绍审计业务，从中获取非法收入，直接影响了审计机关的形象和声誉。从群众来信反映的情况看，主要问题：一是有的审计机关与社会审计组织脱钩后，仍然存在明脱暗不脱的现象；二是有的审计机关利用审计职权，将一些审计项目交给社会审计组织预审或审计，从中收取协作费或参与收费分成；三是有的审计人员利用工作便利条件，为社会审计组织介绍审计业务，从中收取介绍费、回扣；四是个别审计人员甚至参与社会审计组织审计，从中收取劳务费。

为保证中央关于社会审计组织与各部门彻底脱钩的要求落到实处，促进审计机关和审计人员为政清廉，现将有关事项通知如下：

一、尚未与社会审计组织在人、财、物和业务等方面彻底脱钩的审计机关，必须于2002年3月31日前彻底脱钩。

二、审计机关不准将审计工作计划内的审计项目，交给社会审计组织预审或审计，不得通过社会审计组织取得非法收入。

三、审计机关和审计人员不准利用职权为社会审计组织介绍审计业务或直接参与其审计，从中收取业务介绍费、劳务费或参与收费分成。

四、违反上述规定的，要严肃查处，并追究所在单位主管领导及直接责任人的责任。情节轻微的，要作出检查，进行批评教育；情节严重、性质恶劣、影响较大的，要依照《国家公务员暂行条例》，给予行政处分。

审计署办公厅关于国家工商总局同意将审计机关列为查询企业档案不交费单位的通知

（审办办发〔2002〕14号，2002年1月29日）

各省、自治区、直辖市和计划单列市、新疆生产建设兵团审计厅（局），署机关各单位、各特派员办事处、各派出审计局：

现将国家工商行政管理总局《关于对商请将审计机关列为查询企业档案不交费单位的复函》（办函字〔2002〕6号）转发给你们，请将此复函作为审计工作中查询企业档案不交费的依据。

附件：关于对商请将审计机关列为查询企业档案不交费单位的复函（略）

国务院法制办公室关于审计机关是否有权要求国有商业银行提供存款电子数据的意见

(国法函〔2003〕42号,2003年4月22日)

审计署:

你署送来的《关于请明确审计机关是否有权要求国有商业银行提供存款电子数据的函》(审函〔2003〕37号)收悉。经研究,现提出以下意见,供参考:

一、按照审计法和审计法实施条例的有关规定,审计机关对被审计单位进行审计监督时,有权要求被审计单位报送与其财务收支有关的资料,有权检查被审计单位与其财务收支有关的资料和资产,包括检查被审计单位运用电子计算机管理财务收支的财务会计核算系统;被审计单位应当向审计机关提供与其财务收支有关的情况和资料,包括运用电子计算机存储、处理的财务收支电子数据以及有关资料。

二、审计机关对被审计单位进行审计监督时,应当严格遵循审计法和国家其他有关法律的规定。审计机关要求提供和检查的资料,应当以履行审计监督职责所必需为限,并且应当用于审计监督目的;审计机关要求提供和检查的材料,不应当超出履行审计监督职责所必需的范围,也不应当用于审计监督以外的目的。

三、审计机关在履行审计监督职责中,对所知悉的国家秘密、商业秘密和其他受法律保护的秘密,应当依法承担保密责任。

财政违法行为处罚处分条例

(2004年11月30日中华人民共和国国务院令第427号公布 根据2011年1月8日《国务院关于废止和修改部分行政法规的决定》修订)

第一条 为了纠正财政违法行为,维护国家财政经济秩序,制定本条例。

第二条 县级以上人民政府财政部门及审计机关在各自职权范围内,依法对财政违法行为作出处理、处罚决定。

省级以上人民政府财政部门的派出机构,应当在规定职权范围内,依法对财政违法行为作出处理、处罚决定;审计机关的派出机构,应当根据审计机关的授权,依法对财政违法行为作出处理、处罚决定。

根据需要,国务院可以依法调整财政部门及其派出机构(以下统称财政部门)、审计机关及其派出机构(以下统称审计机关)的职权范围。

有财政违法行为的单位,其直接负责的主管人员和其他直接责任人员,以及有财政违法行为的个人,属于国家公务员的,由监察机关及其派出机构(以下统称监察机关)或者任免机关依照人事管理权限,依法给予行政处分。

第三条 财政收入执收单位及其工作人员有下列违反国家财政收入管理规定的行为之

一的，责令改正，补收应当收取的财政收入，限期退还违法所得。对单位给予警告或者通报批评。对直接负责的主管人员和其他直接责任人员给予警告、记过或者记大过处分；情节严重的，给予降级或者撤职处分：

（一）违反规定设立财政收入项目；

（二）违反规定擅自改变财政收入项目的范围、标准、对象和期限；

（三）对已明令取消、暂停执行或者降低标准的财政收入项目，仍然依照原定项目、标准征收或者变换名称征收；

（四）缓收、不收财政收入；

（五）擅自将预算收入转为预算外收入；

（六）其他违反国家财政收入管理规定的行为。

《中华人民共和国税收征收管理法》等法律、行政法规另有规定的，依照其规定给予行政处分。

第四条 财政收入执收单位及其工作人员有下列违反国家财政收入上缴规定的行为之一的，责令改正，调整有关会计账目，收缴应当上缴的财政收入，限期退还违法所得。对单位给予警告或者通报批评。对直接负责的主管人员和其他直接责任人员给予记大过处分；情节较重的，给予降级或者撤职处分；情节严重的，给予开除处分：

（一）隐瞒应当上缴的财政收入；

（二）滞留、截留、挪用应当上缴的财政收入；

（三）坐支应当上缴的财政收入；

（四）不依照规定的财政收入预算级次、预算科目入库；

（五）违反规定退付国库库款或者财政专户资金；

（六）其他违反国家财政收入上缴规定的行为。

《中华人民共和国税收征收管理法》《中华人民共和国预算法》等法律、行政法规另有规定的，依照其规定给予行政处分。

第五条 财政部门、国库机构及其工作人员有下列违反国家有关上解、下拨财政资金规定的行为之一的，责令改正，限期退还违法所得。对单位给予警告或者通报批评。对直接负责的主管人员和其他直接责任人员给予记过或者记大过处分；情节较重的，给予降级或者撤职处分；情节严重的，给予开除处分：

（一）延解、占压应当上解的财政收入；

（二）不依照预算或者用款计划核拨财政资金；

（三）违反规定收纳、划分、留解、退付国库库款或者财政专户资金；

（四）将应当纳入国库核算的财政收入放在财政专户核算；

（五）擅自动用国库库款或者财政专户资金；

（六）其他违反国家有关上解、下拨财政资金规定的行为。

第六条 国家机关及其工作人员有下列违反规定使用、骗取财政资金的行为之一的，责令改正，调整有关会计账目，追回有关财政资金，限期退还违法所得。对单位给予警告或者通报批评。对直接负责的主管人员和其他直接责任人员给予记大过处分；情节较重的，给予降级或者撤职处分；情节严重的，给予开除处分：

（一）以虚报、冒领等手段骗取财政资金；

（二）截留、挪用财政资金；

（三）滞留应当下拨的财政资金；

（四）违反规定扩大开支范围，提高开支标准；

（五）其他违反规定使用、骗取财政资金的行为。

第七条 财政预决算的编制部门和预算执行部门及其工作人员有下列违反国家有关预算管理规定的行为之一的，责令改正，追回有关款项，限期调整有关预算科目和预算级次。对单位给予警告或者通报批评。对直接负责的主管人员和其他直接责任人员给予警告、记过或者记大过处分；情节较重的，给予降级处分；情节严重的，给予撤职处分：

（一）虚增、虚减财政收入或者财政支出；

（二）违反规定编制、批复预算或者决算；

（三）违反规定调整预算；

（四）违反规定调整预算级次或者预算收支种类；

（五）违反规定动用预算预备费或者挪用预算周转金；

（六）违反国家关于转移支付管理规定的行为；

（七）其他违反国家有关预算管理规定的行为。

第八条 国家机关及其工作人员违反国有资产管理的规定，擅自占有、使用、处置国有资产的，责令改正，调整有关会计账目，限期退还违法所得和被侵占的国有资产。对单位给予警告或者通报批评。对直接负责的主管人员和其他直接责任人员给予记大过处分；情节较重的，给予降级或者撤职处分；情节严重的，给予开除处分。

第九条 单位和个人有下列违反国家有关投资建设项目规定的行为之一的，责令改正，调整有关会计账目，追回被截留、挪用、骗取的国家建设资金，没收违法所得，核减或者停止拨付工程投资。对单位给予警告或者通报批评，其直接负责的主管人员和其他直接责任人员属于国家公务员的，给予记大过处分；情节较重的，给予降级或者撤职处分；情节严重的，给予开除处分：

（一）截留、挪用国家建设资金；

（二）以虚报、冒领、关联交易等手段骗取国家建设资金；

（三）违反规定超概算投资；

（四）虚列投资完成额；

（五）其他违反国家投资建设项目有关规定的行为。

《中华人民共和国政府采购法》《中华人民共和国招标投标法》《国家重点建设项目管理办法》等法律、行政法规另有规定的，依照其规定处理、处罚。

第十条 国家机关及其工作人员违反《中华人民共和国担保法》及国家有关规定，擅自提供担保的，责令改正，没收违法所得。对单位给予警告或者通报批评。对直接负责的主管人员和其他直接责任人员给予警告、记过或者记大过处分；造成损失的，给予降级或者撤职处分；造成重大损失的，给予开除处分。

第十一条 国家机关及其工作人员违反国家有关账户管理规定，擅自在金融机构开立、使用账户的，责令改正，调整有关会计账目，追回有关财政资金，没收违法所得，依法撤销擅自开立的账户。对单位给予警告或者通报批评。对直接负责的主管人员和其他直接责任人员给予降级处分；情节严重的，给予撤职或者开除处分。

第十二条 国家机关及其工作人员有下列行为之一的，责令改正，调整有关会计账目，追回被挪用、骗取的有关资金，没收违法所得。对单位给予警告或者通报批评。对直接负责的主管人员和其他直接责任人员给予降级处分；情节较重的，给予撤职处分；情节严重的，给予开除处分：

（一）以虚报、冒领等手段骗取政府承贷或者担保的外国政府贷款、国际金融组织贷款；

（二）滞留政府承贷或者担保的外国政府贷款、国际金融组织贷款；

（三）截留、挪用政府承贷或者担保的外国政府贷款、国际金融组织贷款；

（四）其他违反规定使用、骗取政府承贷或者担保的外国政府贷款、国际金融组织贷款的行为。

第十三条　企业和个人有下列不缴或者少缴财政收入行为之一的，责令改正，调整有关会计账目，收缴应当上缴的财政收入，给予警告，没收违法所得，并处不缴或者少缴财政收入10%以上30%以下的罚款；对直接负责的主管人员和其他直接责任人员处3 000元以上5万元以下的罚款：

（一）隐瞒应当上缴的财政收入；

（二）截留代收的财政收入；

（三）其他不缴或者少缴财政收入的行为。

属于税收方面的违法行为，依照有关税收法律、行政法规的规定处理、处罚。

第十四条　企业和个人有下列行为之一的，责令改正，调整有关会计账目，追回违反规定使用、骗取的有关资金，给予警告，没收违法所得，并处被骗取有关资金10%以上50%以下的罚款或者被违规使用有关资金10%以上30%以下的罚款；对直接负责的主管人员和其他直接责任人员处3 000元以上5万元以下的罚款：

（一）以虚报、冒领等手段骗取财政资金以及政府承贷或者担保的外国政府贷款、国际金融组织贷款；

（二）挪用财政资金以及政府承贷或者担保的外国政府贷款、国际金融组织贷款；

（三）从无偿使用的财政资金以及政府承贷或者担保的外国政府贷款、国际金融组织贷款中非法获益；

（四）其他违反规定使用、骗取财政资金以及政府承贷或者担保的外国政府贷款、国际金融组织贷款的行为。

属于政府采购方面的违法行为，依照《中华人民共和国政府采购法》及有关法律、行政法规的规定处理、处罚。

第十五条　事业单位、社会团体、其他社会组织及其工作人员有财政违法行为的，依照本条例有关国家机关的规定执行；但其在经营活动中的财政违法行为，依照本条例第十三条、第十四条的规定执行。

第十六条　单位和个人有下列违反财政收入票据管理规定的行为之一的，销毁非法印制的票据，没收违法所得和作案工具。对单位处5 000元以上10万元以下的罚款；对直接负责的主管人员和其他直接责任人员处3 000元以上5万元以下的罚款。属于国家公务员的，还应当给予降级或者撤职处分；情节严重的，给予开除处分：

（一）违反规定印制财政收入票据；

（二）转借、串用、代开财政收入票据；

（三）伪造、变造、买卖、擅自销毁财政收入票据；

（四）伪造、使用伪造的财政收入票据监（印）制章；

（五）其他违反财政收入票据管理规定的行为。

属于税收收入票据管理方面的违法行为，依照有关税收法律、行政法规的规定处理、处罚。

第十七条　单位和个人违反财务管理的规定，私存私放财政资金或者其他公款的，责令改正，调整有关会计账目，追回私存私放的资金，没收违法所得。对单位处3 000元以上5万元以下的罚款；对直接负责的主管人员和其他直接责任人员处2 000元以上2万元以下的罚款。属于国家公务员的，还应当给予记大过处分；情节严重的，给予降级或者撤职处分。

第十八条　属于会计方面的违法行为，依照会计方面的法律、行政法规的规定处理、处罚。对其直接负责的主管人员和其他直接责任人员，属于国家公务员的，还应当给予警告、记过或者记大过处分；情节较重的，给予降级或者撤职处分；情节严重的，给予开除处分。

第十九条　属于行政性收费方面的违法行为，《中华人民共和国行政许可法》《违反行政事业性收费和罚没收入收支两条　线管理规定行政处分暂行规定》等法律、行政法规及国务院另有规定的，有关部门依照其规定处理、处罚、处分。

第二十条　单位和个人有本条例规定的财政违法行为，构成犯罪的，依法追究刑事责任。

第二十一条　财政部门、审计机关、监察机关依法进行调查或者检查时，被调查、检查的单位和个人应当予以配合，如实反映情况，不得拒绝、阻挠、拖延。

违反前款规定的，责令限期改正。逾期不改正的，对属于国家公务员的直接负责的主管人员和其他直接责任人员，给予警告、记过或者记大过处分；情节严重的，给予降级或者撤职处分。

第二十二条　财政部门、审计机关、监察机关依法进行调查或者检查时，经县级以上人民政府财政部门、审计机关、监察机关的负责人批准，可以向与被调查、检查单位有经济业务往来的单位查询有关情况，可以向金融机构查询被调查、检查单位的存款，有关单位和金融机构应当配合。

财政部门、审计机关、监察机关在依法进行调查或者检查时，执法人员不得少于2人，并应当向当事人或者有关人员出示证件；查询存款时，还应当持有县级以上人民政府财政部门、审计机关、监察机关签发的查询存款通知书，并负有保密义务。

第二十三条　财政部门、审计机关、监察机关依法进行调查或者检查时，在有关证据可能灭失或者以后难以取得的情况下，经县级以上人民政府财政部门、审计机关、监察机关的负责人批准，可以先行登记保存，并应当在7日内及时作出处理决定。在此期间，当事人或者有关人员不得销毁或者转移证据。

第二十四条　对被调查、检查单位或者个人正在进行的财政违法行为，财政部门、审计机关应当责令停止。拒不执行的，财政部门可以暂停财政拨款或者停止拨付与财政违法行为直接有关的款项，已经拨付的，责令其暂停使用；审计机关可以通知财政部门或者其他有关主管部门暂停财政拨款或者停止拨付与财政违法行为直接有关的款项，已经拨付的，责令其暂停使用，财政部门和其他有关主管部门应当将结果书面告知审计机关。

第二十五条　依照本条例规定限期退还的违法所得，到期无法退还的，应当收缴国库。

第二十六条　单位和个人有本条例所列财政违法行为，财政部门、审计机关、监察机关可以公告其财政违法行为及处理、处罚、处分决定。

第二十七条　单位和个人有本条例所列财政违法行为，弄虚作假骗取荣誉称号及其他有关奖励的，应当撤销其荣誉称号并收回有关奖励。

第二十八条　财政部门、审计机关、监察机关的工作人员滥用职权、玩忽职守、徇私舞弊的，给予警告、记过或者记大过处分；情节较重的，给予降级或者撤职处分；情节严重的，给予开除处分。构成犯罪的，依法追究刑事责任。

第二十九条　财政部门、审计机关、监察机关及其他有关监督检查机关对有关单位或者个人依法进行调查、检查后，应当出具调查、检查结论。有关监督检查机关已经作出的调查、检查结论能够满足其他监督检查机关履行本机关职责需要的，其他监督检查机关应当加以利用。

第三十条 财政部门、审计机关、监察机关及其他有关机关应当加强配合，对不属于其职权范围的事项，应当依法移送。受移送机关应当及时处理，并将结果书面告知移送机关。

第三十一条 对财政违法行为作出处理、处罚和处分决定的程序，依照本条例和《中华人民共和国行政处罚法》《中华人民共和国行政监察法》等有关法律、行政法规的规定执行。

第三十二条 单位和个人对处理、处罚不服的，依照《中华人民共和国行政复议法》《中华人民共和国行政诉讼法》的规定申请复议或者提起诉讼。

国家公务员对行政处分不服的，依照《中华人民共和国行政监察法》《中华人民共和国公务员法》等法律、行政法规的规定提出申诉。

第三十三条 本条例所称"财政收入执收单位"，是指负责收取税收收入和各种非税收入的单位。

第三十四条 对法律、法规授权的具有管理公共事务职能的组织以及国家行政机关依法委托的组织及其工勤人员以外的工作人员，企业、事业单位、社会团体中由国家行政机关以委任、派遣等形式任命的人员以及其他人员有本条例规定的财政违法行为，需要给予处分的，参照本条例有关规定执行。

第三十五条 本条例自2005年2月1日起施行。1987年6月16日国务院发布的《国务院关于违反财政法规处罚的暂行规定》同时废止。

国外贷援款项目公证审计工作管理办法（暂行）

（审外资发〔2005〕13号，2005年3月7日）

根据《审计署2003至2007年审计工作发展规划》要求，审计署外资司（简称外资司）承担的国外贷援款项目公证审计业务将逐步由审计署国外贷援款项目审计服务中心（简称署外资审计中心）承担。为明确和规范署外资司、各省级审计机关、各特派员办事处和署外资审计中心各自的职责，保证国外贷援款项目公证审计工作的顺利进行，特制定如下办法：

一、外资司是审计署对全国国外贷援款项目公证审计工作进行管理的职能部门，负责国外贷援款项目公证审计的业务指导、制订审计规范、审计质量监督，负责办理国外贷援款项目公证审计的授权和委托，负责与国家主管部门沟通并达成国外贷援款项目公证审计框架协议，负责与国外贷援款机构的官方往来。

二、署外资审计中心是审计署从事国外贷援款项目公证审计业务的事业单位。接受审计署外资司的委托，具体实施国外贷援款项目的公证审计，独立对国外贷援款机构出具项目公证审计报告，就公证审计事项与国家主管部门和国外贷援款机构进行沟通。

三、外资司除每年保留少量与本司年度审计工作重点有关的国外贷援款项目公证审计外，从2005年起，将其执行的国外贷援款项目公证审计业务在3年内逐步移交给署外资审计中心。

四、从2005审计年度起，外资司和各特派员办事处出具的国外贷援款项目公证审计报告，将统一以署外资审计中心名义对外出具，外资司将有关国外贷援款项目的公证审计任务委托给各特派员办事处和署外资审计中心。审计署对各省级审计机关的国外贷援款项目审计授权方式和各省级审计机关出具公证审计报告的程序不变。

五、外资司和各特派员办事处出具的项目公证审计报告（中英文），经本单位负责人签发后（不需在公证审计报告审计师意见栏内签字或加盖公章），以书面和电子形式在规定时间内送署外资审计中心。署外资审计中心对公证审计报告进行复核、印制并盖章后提交给国外贷援款机构。外资司和各特派员办事处对各自审计项目和公证审计报告（中英文）的质量负责，署外资审计中心对公证审计报告格式和文字表述的规范性负复核责任。

六、为保证公证审计报告及时提交给国外贷援款机构，外资司和各特派员办事处应在国外贷援款机构规定的提交公证审计报告截止期前15日，将公证审计报告（中英文）送署外资审计中心，待署外资审计中心对外出具公证审计报告后，在该审计报告副本上盖本单位公章送被审计单位。

七、各审计机构对拟出具有保留意见、拒绝发表意见和反对意见的公证审计报告应向外资司通报，对重大问题应按规定程序与外资司协商处理。

八、外资司将不定期地对授权或委托审计的国外贷援款项目公证审计质量进行检查，对违反审计规范和其他存在审计风险的问题进行纠正。

审计署审计报告审核审定暂行办法

（审法发〔2005〕27号，2005年7月21日）

第一条 为了规范审计署审计报告审核审定程序，明确审核审定责任，提高审计质量，防范审计风险，根据《审计机关审计项目质量控制办法（试行）》的有关规定，制定本办法。

第二条 审计署业务司、派出审计局直接实施的所有审计项目的审计报告，审计署业务司负责汇总特派办提交的审计报告，以及特派办直接实施需由审计署出具（但不需要经过业务司审核）的审计报告，均应按本办法规定进行审核审定。

第三条 审计署审计报告的审核审定，实行审计报告代拟部门和复核机构各司其职、总审计师统一把关、署领导分工负责、审计业务会议集体研究审定相结合的原则。

第四条 审计报告审核审定的程序：

（一）审计报告代拟部门在研究审核审计组或特派办提交的审计报告后，代拟审计署审计报告（含审计决定书、审计移送处理书，下同），一并送复核机构进行复核；

（二）复核机构进行复核后，提出复核意见，由审计报告代拟部门作出相应的修改并附采纳复核意见情况说明，送总审计师审核；

（三）总审计师审核后，经分管副审计长审核并提交审计业务会议审议。不需要召开审计业务会议的，直接送分管副审计长审定、签发。

第五条 总审计师在审核审计报告过程中，可视需要召集有关人员，聘请有关专家，召开专题会议。

第六条 自审计报告代拟部门收到审计组或特派办审计报告至审计署正式出具审计报告的时间，一般应控制在30个工作日以内。其中：审计报告代拟部门代拟审计报告、复核机构复核审计报告、总审计师审核审计报告的时间，分别控制在7个工作日以内；提交审计业务会议审议的时间控制在6个工作日以内，分管副审计长审定、签发时间控制在3个工作日以内。如遇特殊情况可适当延长控制时间，但每个环节延长时间一般不超过3个工作日。

第七条 凡列入审计署统一组织项目计划且符合本办法第二条规定的审计项目的审计报告，均应提交审计业务会议进行审议。

审计署业务司、派出审计局实施的非统一组织项目计划的其他项目的审计报告，有下列情况的也提交审计业务会议进行审议：

（一）审计查出金额巨大或情节严重的；

（二）涉及国家秘密或被审计单位商业秘密的；

（三）被审计单位与审计组对问题认定存在较大分歧的；

（四）审计问题定性、处理、处罚涉及的法律、法规等规定不明确，较难作出审计结论的；

（五）审计处理处罚决定执行后以及审计结果向社会公告后，可能引起社会关注或产生较大影响的。

第八条 确定召开审计业务会议后，由署办公厅负责安排会议时间、地点，通知参加会议人员，并于会前至少1个工作日分送会议材料。

第九条 审计报告代拟部门应为审计业务会议准备并经办公厅提交下列材料：

（一）审计署审计报告代拟稿，或审计署业务司汇总特派办的审计报告代拟稿，特派办直接实施需由审计署出具的审计报告代拟稿；

（二）审计组审计报告征求意见稿及被审计单位反馈意见；

（三）审计组审计报告修订稿及被审计单位反馈意见采纳情况说明；

（四）复核机构复核意见、总审计师审核意见及审计报告代拟部门采纳复核、审核意见情况的说明；

（五）其他相关材料，如重要问题的审计取证材料、相关的法律法规等。

第十条 审计业务会议由审计长主持，或者由其委托的副审计长主持。

第十一条 审计业务会议参加人员包括：审计长、副审计长、总审计师，办公厅、复核机构、审计报告代拟部门和相关业务部门负责人等。审计组、复核机构及办公厅有关人员，可以视具体情况列席会议。

第十二条 审计业务会议后，由审计报告代拟部门根据会议决定，修改审计报告代拟稿，送分管副审计长审定、签发。

第十三条 复核机构负责审计业务会议的记录工作。审计报告代拟部门应当将审计业务会议记录归入相应的审计项目档案。

第十四条 审计报告审核审定及相关的责任划分是：

（一）审计人员主要对审计报告列示问题所需审计证据的相关性、客观性、充分性和合法性负责；

（二）审计组组长主要对审计报告所列审计发现问题的真实性和完整性负责；

（三）审计报告代拟部门主要对审计署审计报告代拟稿中审计评价的恰当性，审计事实的准确性，审计定性和处理处罚及引用法规的正确性，审计建议的针对性、可行性，以及整个审计报告的规范性负直接责任；

（四）复核机构对本条第三项所列事项负间接责任；

（五）总审计师、分管副审计长、审计长对审核和审定、签发的审计报告负领导责任；

（六）审计业务会议对审计报告负集体决策责任。

第十五条 复核机构复核和总审计师审核时，发现未充分履行第十四条第三项职责，存在多处不当或差错的，可将审计报告退回审计报告代拟部门进行修改。

第十六条 发现违反本办法的行为，情况严重的，应予以通报批评，并追究有关人员的责任。相关审计项目不得参加优秀审计项目评选。

第十七条 对专项审计调查报告，应当参照本办法有关规定进行审核、审定。

第十八条 本办法自发布之日起施行。以前发布的有关规定同时废止。

审计署 中国人民银行 银保监会 证监会关于审计机关查询单位和个人在金融机构账户和存款有关问题的通知

（审法发〔2022〕7号，2022年02月10日）

2021年10月23日，国家主席习近平签署第100号主席令，公布《全国人民代表大会常务委员会关于修改〈中华人民共和国审计法〉的决定》，自2022年1月1日起施行。修订后的审计法第三十七条第二款、第三款规定："审计机关经县级以上人民政府审计机关负责人批准，有权查询被审计单位在金融机构的账户。""审计机关有证据证明被审计单位违反国家规定将公款转入其他单位、个人在金融机构账户的，经县级以上人民政府审计机关主要负责人批准，有权查询有关单位、个人在金融机构与审计事项相关的存款。"为进一步落实上述规定，规范审计机关查询被审计单位在金融机构的账户和有关单位、个人在金融机构的存款（以下统称单位、个人账户和存款）工作，现就有关事项通知如下：

一、审计机关在审计（含专项审计调查，下同）过程中，有权依法向金融机构查询单位、个人账户和存款，并取得证明材料，金融机构应当予以协助。审计机关查询的账户和存款，包括单位、个人在政策性银行、商业银行、城市信用合作社、农村信用合作社、保险公司、信托投资公司、财务公司、金融租赁公司、中央国债登记结算公司、中国证券登记结算有限责任公司、证券公司、证券投资基金管理公司、期货公司以及经国务院金融监督管理机构批准设立的其他金融机构（以下统称金融机构）开立的银行、资金、证券、基金、信托、保险等各类账户，以及在金融机构办理的储蓄账户、结算账户以及买卖证券、基金等的资金账户的资金。

二、审计机关查询单位、个人账户和存款应当严格依法履行审批程序。查询被审计单位账户应当经县级以上人民政府审计机关（含省级以上人民政府审计机关派出机构，下同）负责人批准，制发协助查询通知书；查询其他单位、个人存款应当取得相关的证明材料（主要涉及其他单位、个人与被审计单位之间的关系、款项的来源、款项使用情况、相关当事人确认的被审计单位违反国家规定将公款转入其他单位、个人在金融机构账户的调查记录等），以此认定被审计单位违反国家规定将公款转入其他单位、个人在金融机构账户，并经县级以上人民政府审计机关主要负责人批准，制发协助查询通知书。

三、审计机关查询单位、个人账户和存款时，应当向有关金融机构送达协助查询通知书。审计人员具体执行查询任务时，应当由两名以上审计人员参加，并出示审计人员的工作证件和审计通知书。

四、审计机关查询单位、个人账户和存款时，应当向金融机构提供账户名称、账号或者有关身份信息。对因群众举报等原因，审计机关无法提供上述信息的，审计机关应当向金融机构说明原因，由金融机构协助查询。

五、审计机关查询单位、个人账户和存款的内容，主要包括开户销户情况、交易日期、内容、金额和账户余额情况，以及交易资金流向、交易设备和网络信息、第三方支付信息等记录。

六、审计机关查询单位、个人账户和存款时，可以对相关资料进行抄录、复印、照相，或拷贝电子数据，但不得带走原件。金融机构应当在其提供的证明材料上注明来源并盖章。

七、金融机构应当依法协助审计机关办理查询工作，如实提供相关资料，不得隐匿。金融机构协助复制存款资料等支付了成本费用的，可以按照相关规定向审计机关收取工本费。

八、审计机关需要到异地查询单位、个人账户和存款的，可以直接到异地金融机构进行查询，也可以委托当地审计机关查询。

九、对金融机构提供的有关资料以及在查询工作中知悉的国家秘密、工作秘密、商业秘密、个人隐私和个人信息，审计机关和审计人员应当依法予以保密。对审计机关查询单位、个人账户和存款的情况和内容，金融机构及其工作人员应当保密，不得告知有关单位或者个人。

十、审计机关和审计人员违反本通知的规定进行查询，由上级审计机关依法追究有关人员的责任；金融机构和有关工作人员未按本通知的规定协助查询，由有关金融监管机构依法追究有关人员的责任。

十一、以上各项规定请各级审计机关、各金融机构认真贯彻执行。对执行中遇到的问题，请及时报告上级审计机关和相应的金融监管机构。

十二、本通知自印发之日起执行。《审计署 人民银行 银监会证监会关于审计机关查询被审计单位在金融机构账户和存款有关问题的通知》（审法发〔2006〕67号）同时废止。

附件：
1. 协助查询单位账户通知书（略）
2. 协助查询单位、个人存款通知书（略）

审计署　人民银行
银保监会　证监会
2022年1月24日

审计署关于进一步规范审计移送工作的意见

（审法发〔2006〕66号，2006年12月1日）

署机关各业务司、各特派员办事处，各派出审计局：

为进一步规范审计移送行为，提高审计移送工作的质量和水平，更好地履行审计监督职责，根据《中华人民共和国审计法》和《行政执法机关移送涉嫌犯罪案件的规定》（国务院令第310号）等有关规定，现就规范审计署及其派出机构的审计移送工作提出以下意见：

一、审计发现的超越审计机关职权范围需要移送的事项，应区分不同情况办理移送：有关单位或个人涉嫌经济犯罪的案件，应移送公安机关或检察机关查处；没有涉嫌经济犯罪，但有关人员违反党纪政纪规定需要追究责任的，应移送纪检监察机关或相关干部管理部门查处；应由主管部门（单位）、监管部门或各级政府进行处理的其他问题，应移送有关部门（单位）或政府。审计署以《审计要情》形式上报有关案件线索和问题需要有关部门查处的，也应比照上述不同情况，在《审计要情》中提出具体的审计建议。

审计发现的有关移送处理事项，一般应通过《审计移送处理书》（格式见附件1、2、3）向有管辖权的部门（单位）、机关或政府进行移送，或通过《审计要情》等形式向上级反映。同一事项不得同时向多个部门（单位）、机关或政府移送，也不得既通过《审计要情》等形式反映，又通过《审计移送处理书》进行移送。

二、审计发现的涉嫌经济犯罪案件，应依照国家有关规定分别移送相关司法机关查处，其中涉嫌贪污贿赂、渎职以及国家机关工作人员利用职权实施的其他重大犯罪等职务犯罪案件，移送检察机关查处；涉嫌其他经济犯罪案件，移送公安机关查处。涉嫌经济犯罪案件只向一个机关移送。同一案件既涉嫌职务犯罪又涉嫌其他犯罪，检察和公安机关分别具有管辖权的，应向对主要涉嫌的犯罪有管辖权的机关移送，不得向两个或两个以上机关同时移送。

三、审计署各业务司、各派出审计局审计发现的涉嫌经济犯罪案件，全部以审计署名义移送给有管辖权的厅（局）级及以上的公安机关或检察机关，原则上不向市（地）级及以下的公安机关或检察机关移送案件。

各特派员办事处审计发现的涉嫌经济犯罪案件，应区别以下情况进行移送：涉案金额在1 000万元以上的案件，涉及副厅（局）级以上领导干部且涉案金额在100万元以上的案件，其他性质特别恶劣或具有一定社会影响的案件，统一交由审计署移送；其他涉嫌经济犯罪的案件，由相关特派员办事处直接向有管辖权的公安机关或检察机关移送。

四、审计发现有关人员违反党纪政纪规定需要追究责任的，应向涉及的被反映人其担任职务的同级纪检监察机关移送，同时担任两个以上职务的，一般应向与其担任最高职务同级的纪检监察机关移送。根据党政机关行文的规定以及纪检与监察部门合署办公的实际情况，审计发现需要向纪检监察机关移送的事项，一般应向监察机关移送。

五、审计发现需要由有关主管部门（单位）、监管部门或各级政府移送进行处理的，根据被审计单位级别或问题的性质向直接具有管辖权的主管部门（单位）、监管部门或各级政府移送。

各特派员办事处审计发现需要向部级监察机关、主管部门（单位）或监管部门以及省级政府移送的事项，统一交由审计署移送；其他需要移送的事项，由相关特派员办事处直接办理移送。

六、各单位在办理移送事项或通过《审计要情》等形式反映有关问题之前，对已经与有关部门、机关建立会商机制的，可以根据实际需要或经领导同意，经法制机构与相关部门、机关进行会商。

七、署机关各业务司、各派出审计局审计发现的所有应移送事项，由署法制司进行复核。各特派员办事处审计发现应交由审计署移送的事项，经特派员办事处复核机构复核和特派员办事处主要负责人审定后，将审计移送处理书代拟稿正式函送署主管业务司，抄送分管署领导。署主管业务司对审计移送处理书代拟稿审核修改，并作为发文主办单位办理发文，经法制司复核、分管署领导审核后，由审计长签发。署主管业务司发文办理的特派员办事处移送事项，审计移送处理书要抄送该特派员办事处。

八、各单位办理移送事项应明确责任，分工负责。审计人员、审计组组长及审计组所在部门负责人对审计移送处理书涉及有关事实的真实性和适用法律的准确性负责；复核人员、复核机构负责人对出具复核意见的恰当性负责；审计机关负责人对审计机关出具的审计移送处理书应严格审核把关。

九、署法制司和各特派员办事处法制机构分别负责定期对署机关及派出审计局、各特派员办事处移送事项的有关落实情况进行了解、跟踪和统计。署法制司负责对全署审计移送事项及落实情况进行统计汇总分析，并及时向署领导报告移送处理进展情况和结果。各特派员办事处应在向有关机关、部门送达审计移送处理书同时抄报审计署，并按要求向法制司报送《审计移送处理情况统计表》和《审计移送处理落实情况统计表》（见附件4，第4季度报表为全年累计数，即为年报）。

  附件：1. 审计移送处理书格式（适用公安、检察机关）（略）
     2. 审计移送处理书格式（适用纪检监察机关）（略）
     3. 审计移送处理书格式（适用主管、监管部门或政府）（略）
     4. 审计移送处理和落实情况统计表（略）

行政执法机关移送涉嫌犯罪案件的规定

（2001年7月9日中华人民共和国国务院令第310号公布　根据2020年8月7日《国务院关于修改〈行政执法机关移送涉嫌犯罪案件的规定〉的决定》修订）

第一条　为了保证行政执法机关向公安机关及时移送涉嫌犯罪案件，依法惩罚破坏社会主义市场经济秩序罪、妨害社会管理秩序罪以及其他罪，保障社会主义建设事业顺利进行，制定本规定。

第二条　本规定所称行政执法机关，是指依照法律、法规或者规章的规定，对破坏社会主义市场经济秩序、妨害社会管理秩序以及其他违法行为具有行政处罚权的行政机关，以及法律、法规授权的具有管理公共事务职能、在法定授权范围内实施行政处罚的组织。

第三条　行政执法机关在依法查处违法行为过程中，发现违法事实涉及的金额、违法事实的情节、违法事实造成的后果等，根据刑法关于破坏社会主义市场经济秩序罪、妨害社会管理秩序罪等罪的规定和最高人民法院、最高人民检察院关于破坏社会主义市场经济秩序罪、妨害社会管理秩序罪等罪的司法解释以及最高人民检察院、公安部关于经济犯罪案件的追诉标准等规定，涉嫌构成犯罪，依法需要追究刑事责任的，必须依照本规定向公安机关移送。

知识产权领域的违法案件，行政执法机关根据调查收集的证据和查明的案件事实，认为存在犯罪的合理嫌疑，需要公安机关采取措施进一步获取证据以判断是否达到刑事案件立案追诉标准的，应当向公安机关移送。

第四条　行政执法机关在查处违法行为过程中，必须妥善保存所收集的与违法行为有关的证据。

行政执法机关对查获的涉案物品，应当如实填写涉案物品清单，并按照国家有关规定予以处理。对易腐烂、变质等不宜或者不易保管的涉案物品，应当采取必要措施，留取证据；对需要进行检验、鉴定的涉案物品，应当由法定检验、鉴定机构进行检验、鉴定，并出具检验报告或者鉴定结论。

第五条　行政执法机关对应当向公安机关移送的涉嫌犯罪案件，应当立即指定2名或者2名以上行政执法人员组成专案组专门负责，核实情况后提出移送涉嫌犯罪案件的书面报告，报经本机关正职负责人或者主持工作的负责人审批。

行政执法机关正职负责人或者主持工作的负责人应当自接到报告之日起3日内作出批准移送或者不批准移送的决定。决定批准的，应当在24小时内向同级公安机关移送；决定不批准的，应当将不予批准的理由记录在案。

第六条 行政执法机关向公安机关移送涉嫌犯罪案件,应当附有下列材料:
(一)涉嫌犯罪案件移送书;
(二)涉嫌犯罪案件情况的调查报告;
(三)涉案物品清单;
(四)有关检验报告或者鉴定结论;
(五)其他有关涉嫌犯罪的材料。

第七条 公安机关对行政执法机关移送的涉嫌犯罪案件,应当在涉嫌犯罪案件移送书的回执上签字;其中,不属于本机关管辖的,应当在24小时内转送有管辖权的机关,并书面告知移送案件的行政执法机关。

第八条 公安机关应当自接受行政执法机关移送的涉嫌犯罪案件之日起3日内,依照刑法、刑事诉讼法以及最高人民法院、最高人民检察院关于立案标准和公安部关于公安机关办理刑事案件程序的规定,对所移送的案件进行审查。认为有犯罪事实,需要追究刑事责任,依法决定立案的,应当书面通知移送案件的行政执法机关;认为没有犯罪事实,或者犯罪事实显著轻微,不需要追究刑事责任,依法不予立案的,应当说明理由,并书面通知移送案件的行政执法机关,相应退回案卷材料。

第九条 行政执法机关接到公安机关不予立案的通知书后,认为依法应当由公安机关决定立案的,可以自接到不予立案通知书之日起3日内,提请作出不予立案决定的公安机关复议,也可以建议人民检察院依法进行立案监督。

作出不予立案决定的公安机关应当自收到行政执法机关提请复议的文件之日起3日内作出立案或者不予立案的决定,并书面通知移送案件的行政执法机关。移送案件的行政执法机关对公安机关不予立案的复议决定仍有异议的,应当自收到复议决定通知书之日起3日内建议人民检察院依法进行立案监督。

公安机关应当接受人民检察院依法进行的立案监督。

第十条 行政执法机关对公安机关决定不予立案的案件,应当依法作出处理;其中,依照有关法律、法规或者规章的规定应当给予行政处罚的,应当依法实施行政处罚。

第十一条 行政执法机关对应当向公安机关移送的涉嫌犯罪案件,不得以行政处罚代替移送。

行政执法机关向公安机关移送涉嫌犯罪案件前已经作出的警告,责令停产停业,暂扣或者吊销许可证、暂扣或者吊销执照的行政处罚决定,不停止执行。

依照行政处罚法的规定,行政执法机关向公安机关移送涉嫌犯罪案件前,已经依法给予当事人罚款的,人民法院判处罚金时,依法折抵相应罚金。

第十二条 行政执法机关对公安机关决定立案的案件,应当自接到立案通知书之日起3日内将涉案物品以及与案件有关的其他材料移交公安机关,并办结交接手续;法律、行政法规另有规定的,依照其规定。

第十三条 公安机关对发现的违法行为,经审查,没有犯罪事实,或者立案侦查后认为犯罪事实显著轻微,不需要追究刑事责任,但依法应当追究行政责任的,应当及时将案件移送同级行政执法机关,有关行政执法机关应当依法作出处理。

第十四条 行政执法机关移送涉嫌犯罪案件,应当接受人民检察院和监察机关依法实施的监督。

任何单位和个人对行政执法机关违反本规定,应当向公安机关移送涉嫌犯罪案件而不移送的,有权向人民检察院、监察机关或者上级行政执法机关举报。

第十五条 行政执法机关违反本规定,隐匿、私分、销毁涉案物品的,由本级或者上级人民政府,或者实行垂直管理的上级行政执法机关,对其正职负责人根据情节轻重,给予降级以上的处分;构成犯罪的,依法追究刑事责任。

对前款所列行为直接负责的主管人员和其他直接责任人员,比照前款的规定给予处分;构成犯罪的,依法追究刑事责任。

第十六条 行政执法机关违反本规定,逾期不将案件移送公安机关的,由本级或者上级人民政府,或者实行垂直管理的上级行政执法机关,责令限期移送,并对其正职负责人或者主持工作的负责人根据情节轻重,给予记过以上的处分;构成犯罪的,依法追究刑事责任。

行政执法机关违反本规定,对应当向公安机关移送的案件不移送,或者以行政处罚代替移送的,由本级或者上级人民政府,或者实行垂直管理的上级行政执法机关,责令改正,给予通报;拒不改正的,对其正职负责人或者主持工作的负责人给予记过以上的处分;构成犯罪的,依法追究刑事责任。

对本条第一款、第二款所列行为直接负责的主管人员和其他直接责任人员,分别比照前两款的规定给予处分;构成犯罪的,依法追究刑事责任。

第十七条 公安机关违反本规定,不接受行政执法机关移送的涉嫌犯罪案件,或者逾期不作出立案或者不予立案的决定的,除由人民检察院依法实施立案监督外,由本级或者上级人民政府责令改正,对其正职负责人根据情节轻重,给予记过以上的处分;构成犯罪的,依法追究刑事责任。

对前款所列行为直接负责的主管人员和其他直接责任人员,比照前款的规定给予处分;构成犯罪的,依法追究刑事责任。

第十八条 有关机关存在本规定第十五条、第十六条、第十七条所列违法行为,需要由监察机关依法给予违法的公职人员政务处分的,该机关及其上级主管机关或者有关人民政府应当依照有关规定将相关案件线索移送监察机关处理。

第十九条 行政执法机关在依法查处违法行为过程中,发现公职人员有贪污贿赂、失职渎职或者利用职权侵犯公民人身权利和民主权利等违法行为,涉嫌构成职务犯罪的,应当依照刑法、刑事诉讼法、监察法等法律规定及时将案件线索移送监察机关或者人民检察院处理。

第二十条 本规定自公布之日起施行。

审计署 公安部关于建立案件移送制度和加强工作协作配合的通知

(审法发〔2000〕42号,2000年)

各省、自治区、直辖市审计厅(局)、公安厅(局),新疆生产建设兵团公安局,审计署各派出机构:

近年来,各级审计机关严格执行《中华人民共和国审计法》和其他有关法律、法规,按照国务院领导关于审计机关要突出重点,注重查处大案要案的指示精神,在审计过程中发现了大量犯罪线索,并根据有关法律关于案件管辖分工的规定,及时移送公安机关查处,取得了显著的成效。特别是1997年10月1日修订后的刑法施行之后,各级审计机关和公安机关密切配合,加大了查处和打击破坏社会主义市场经济秩序、侵犯财产和其他违法犯罪活动的力度。为进一步规范案件移送工作,加强协作配合,认真贯彻落实《中华人民共和国刑法》《中华人民共和国刑事诉讼法》《中华人民共和国审计法》及其他法律的有关规定，充分发挥审计机关和公安机关在维护财经秩序，打击经济犯罪方面的作用，现将有关事项通知如下：

一、建立健全案件移送制度。审计机关在审计过程中，发现被审计单位或者有关责任人员有犯罪嫌疑，属于公安机关管辖刑事案件范围（见附件1）的，应当填写《审计机关移送处理书》（见附件2），连同案件有关证据材料一并及时移送同级公安机关。公安机关对于审计机关移送的犯罪案件线索，应当填写《审计机关移送处理书送达回执》（见附件3），予以接受，并迅速进行审查。审查后，及时将立案的决定或者不立案的理由通知移送犯罪案件线索的审计机关，并将不立案的案件有关材料退还审计机关。经审查，对于属于其他公安机关管辖范围的犯罪案件，应当在24小时内，转送有关公安机关，并告知移送犯罪案件线索的审计机关。接受转送的公安机关经过审查后，应当将是否立案的决定及时通知移送犯罪案件线索的审计机关。审计机关对公安机关不立案的决定有异议的，可以提请公安机关进行复查；公安机关应当复查，并将复查结果通知审计机关。公安机关对接受的犯罪案件线索立案侦查终结，移送检察机关审查起诉后，应当及时通知移送犯罪案件线索的审计机关。公安机关在侦查活动中，发现有关单位有违反国家规定的财政、财务收支行为，属于审计机关的审计监督范围（见附件4）的，应当将违法行为线索移送审计机关处理。审计机关应当及时向公安机关通报处理结果。

二、加强办案协调与配合。审计机关和公安机关在查处经济违法犯罪案件工作中，要本着各司其职、通力合作的原则，互相支持，互相配合。为加强联系，有利工作，各级审计机关和公安机关要经常交流、通报情况，也可以根据需要建立联席会议制度，研究解决工作中存在的问题。审计机关在审计过程中，发现被审计单位或者有关责任人员有犯罪的重大嫌疑，并且有毁灭、伪造证据或者串供可能，或者企图自杀、逃跑或者在逃等情况，需要采取紧急措施的，应当立即报告公安机关，公安机关应当及时予以处置。公安机关在查处经济犯罪案件过程中，需要审计机关协助查证的，审计机关应当予以配合。

三、突出重点，加强对大案要案的查处。各级审计机关和公安机关应当充分发挥各自的优势，加强协作配合，加大打击力度，重点揭露走私，妨害对公司、企业的管理秩序，破坏金融管理秩序，金融诈骗，危害税收征管，扰乱市场秩序和侵犯财产等类案件，并依法进行严肃处理。审计机关对涉嫌犯罪的，要及时移送有管辖权的公安机关处理。各级公安机关对审计机关移送的犯罪案件线索，要集中优势警力，运用多种侦查手段，快侦快破，及时查处。

四、严格依法办案。在查处经济违法犯罪案件过程中，各级审计机关和公安机关应当严格依照法定的职责、权限和程，严格区分罪与非罪，既要防止以罚代刑，降格处理，又要防止扩大打击面。

五、各级审计机关和公安机关应当严格按照本通知的规定执行。在执行过程中遇到的问题，请分别报审计署、公安部。

附件：1. 审计机关在审计工作中常见的依法应移送公安机关管辖的刑事案件范围（略）
2. 审计机关移送处理书格式（略）
3. 审计机关移送处理书送达回执格式（略）
4. 审计机关的审计监督范围（略）

审计署 公安部
二〇〇〇年四月二十七日

审计署　公安部关于进一步加强协作配合的通知

（审法发〔2006〕16号，2006年2月17日）

各省、自治区、直辖市审计厅（局）、公安厅（局），各计划单列市审计局，新疆生产建设兵团审计局、公安局，审计署各特派员办事处、各派出审计局：

近年来，各级审计机关、公安机关按照《审计署、公安部关于建立案件移送制度和加强工作协作配合的通知》（审法发〔2000〕42号）的要求，相互支持配合，在打击经济犯罪中发挥了积极作用。为认真贯彻落实2005年10月21日国务院召开的建立打击经济犯罪协调会商机制会议精神，进一步加大查处和打击经济犯罪的力度，密切审计机关与公安机关之间的协作配合，充分发挥审计机关和公安机关在维护国家经济安全、打击经济犯罪中的作用，根据《中华人民共和国审计法》《行政执法机关移送涉嫌犯罪案件的规定》等法律法规的规定，现就审计机关、公安机关在打击经济犯罪工作中进一步加强协作配合的有关事项通知如下：

一、建立审计署和公安部打击经济犯罪工作联席会议制度

审计署和公安部建立打击经济犯罪工作联席会议（以下简称联席会议）制度，联席会议成员由审计署分管法制工作的副审计长、总审计师和公安部分管经济犯罪侦查工作的部领导，以及审计署法制司和公安部经济犯罪侦查局等相关部门的负责人组成。根据工作需要，邀请最高人民法院、最高人民检察院等相关单位参加。联席会议主要负责研究提出打击经济犯罪协作配合工作的方针和总体要求；沟通交流查处和打击经济犯罪的工作情况；研究部署协作配合的重大事项和重要工作；协商解决协作配合中遇到的政策性、技术性问题；研究向国务院报告和向社会公告中涉及双方工作的重大问题。

联席会议原则上每年度召开一至两次，遇有重大、紧急事项可随时召开。

二、设立联席会议办事机构

审计署和公安部打击经济犯罪工作联席会议办公室设在审计署法制司，负责承担联席会议的日常工作。联席会议办公室由审计署办公厅、法制司和公安部经济犯罪侦查局的相关人员组成。联席会议办公室的主要任务是分析经济犯罪的形势和特点，通报涉嫌经济犯罪案件的移送、查处等办理情况；共同研判涉嫌重大经济犯罪案件和线索的性质和移送、查处工作；统一协调审计署与公安部之间涉嫌经济犯罪案件的移送工作和双方有关协作事宜；交流打击经济犯罪的工作经验，剖析典型案例，商讨预防和打击经济犯罪的对策、措施；负责联系公安部派驻审计署联络员；组织筹备联席会议等工作。

三、公安部向审计署派驻联络员

为及时沟通信息，加强对重大案件的协调会商，公安部向审计署派驻联络员，与联席会议办公室进行对口联系。公安部派驻审计署联络员的主要职责：一是负责与审计署的日常业务联络，了解审计署相关工作计划、进度和重点，做好相应的协作和配合工作；二是对审计署拟移送公安部查处的涉嫌经济犯罪案件进行研究，提供参考意见；三是及时研究和协调解决公安机关、审计机关办案协作中遇到的重大问题，协调开展对涉嫌重大经济犯罪案件的查处工作和依法采取必要的控制措施；四是掌握、反馈审计移送涉嫌经济犯罪案件的查处进展情况。

四、改进案件移送，强化管理工作

为加强和规范涉嫌经济犯罪案件的移送、查处工作，确保移送案件质量，加大督办力度，

今后审计署各特派员办事处向公安机关移送的案件实行分类管理，重大案件统一由审计署向公安部移送，一般案件由各特派员办事处向省级公安机关移送。地方各级审计机关、公安机关应当严格按照《行政执法机关移送涉嫌犯罪案件的规定》的要求，规范案件移送受理行为，做好涉嫌经济犯罪案件的移送、查处工作。

审计署和公安部对移送查处的涉嫌经济犯罪案件应当建立规范、有效的管理制度，确定专人负责统计工作，定期汇总掌握总体情况，跟踪督办案件查处工作，注意总结经验和发现问题，不断改进和完善案件管理工作。各特派员办事处、省级公安机关应当及时沟通涉嫌经济犯罪案件的移送、查处情况，并将有关情况分别上报审计署和公安部。地方各级审计机关、公安机关也应当做好情况上报、移送处理、受理查处等环节的密切联系和协作衔接。

五、加强日常办案协作配合

各级审计机关、公安机关要通力合作，相互支持，积极开展和有力推动经济犯罪案件的查处工作。一方面，对审计移送涉嫌经济犯罪案件的定性、处理等咨询问题，公安机关应当及时提出意见。在审计工作中，需要对涉嫌经济犯罪情况进行调查的，需要对涉案嫌疑人员、可疑资金、证据资料采取紧急措施的，公安机关应当依法提供必要的协助。另一方面，对审计移送的涉嫌经济犯罪案件，公安机关认为需要进行补充审计、延伸审计的，对公安机关发现属于审计监督范围的案件、线索，以及对公安机关查办不属于审计监督范围的涉嫌重大经济犯罪案件，需要审计查证支持的，审计机关应当提供必要的协助。

六、加强培训、宣传工作

各级审计机关、公安机关应当加强查办经济犯罪业务培训工作，采取举办培训、专题研讨、联合办案等多种形式，增进彼此了解，提高执法办案的整体水平。加强对外宣传工作的协调沟通，适时曝光典型案件，揭露犯罪手法，以案释法，扩大打击经济犯罪的社会影响。

审计署　公安部
二〇〇〇年二月十七日

审计署办公厅关于加强聘请外部人员参与审计工作经费预算管理和支付管理的通知

（审办发〔2007〕63号，2007年3月28日）

署机关各单位、各特派员办事处、各派出审计局：

根据《审计署关于印发〈审计署聘请外部人员参与审计工作管理办法〉的通知》（审法发〔2006〕39号），经署领导同意，现就加强聘请外部人员参与审计工作经费（以下简称外聘经费）预算管理和支付管理通知如下：

一、每年7月底前，有关业务司应在测算聘请外部人员参与审计工作量的基础上，单独编制下一年度外聘人员工作方案和经费预算，送办公厅统筹平衡、报署领导审定后，纳入审计署向财政部上报的部门"一上"预算。外聘经费应按照使用单位的不同区分为业务司外聘经费和特派办外聘经费，按照聘请外部人员类别的不同区分为聘请社会中介机构与其他机构人员经费和聘请专家经费。

二、财政部"一下"预算控制指标下达后，办公厅依据署统一组织审计划（或草案）进行统筹平衡后，提出有关业务司下年度外聘经费预算控制指标，报署领导审定后，纳入审计署向财政部上报的部门"二上"预算。有关业务司应依据办公厅下达的预算控制指标进一步细化外聘工作方案，明确外聘人员工作的目标、任务进度安排、质量要求和检查保障措施，统筹管理业务司和特派办外聘人员及相关事务。

三、聘请社会中介机构与其他机构人员一般应采取招标的方式确定人选，并与拟聘请人员所在机构签订协议。从外部聘请专家的，可不采取招标方式，只签订协议即可。外聘协议应符合合同法的有关规定，应明确双方的权利和义务，包括审计目标、内容和职责范围，工作时限和要求，外聘经费的付款方式和办法以及违约责任等。

四、有关业务司应加强对外聘工作的考核和管控。要在外聘协议中明确考核和管控的具体要求。使用外聘人员的单位应依据外聘人员工作质量和进度及时出具外聘人员（单位）工作质量和进度确认书（格式附后）。

五、外聘人员经费由审计署统一对外支付。有关业务司应依据外聘协议、外聘人员（单位）工作质量和进度确认书，提出外聘经费付款申请，经办公厅审核会签后，由相关业务司报分管审计长审批。分管审计长同意后，有关业务司应将领导签批件的原件及复印件送办公厅，由办公厅通知其他机构、专家所在单位或专家本人。有外聘人员参与的年度项目计划执行完毕后，有关业务司应向办公厅提交外聘工作情况报告，包括外聘工作方面执行情况、取得的主要成效、存在的不足和改进的建议等。

六、由其他资金支付的外聘经费，其预算管理和支付管理参照以上要求办理。

以上通知要求，请各单位遵照和、执行。执行中如遇有问题，请与办公厅财务处联系。

附件：外聘人员（单位）工作质量和进度确认书（格式）（略）

审计署办公厅
二〇〇七年三月二十八日

审计署关于进一步完善和规范投资审计工作的意见

（审投发〔2017〕30号，2017年9月6日）

各省、自治区、直辖市和计划单列市、新疆生产建设兵团审计厅（局），署机关各单位、各派出审计局、各特派员办事处、各直属单位：

近年来，全国审计机关在各级党委、政府的领导下，积极开展投资审计监督，在推动深化改革、促进社会经济发展、加强反腐倡廉建设、提高政府投资绩效等方面发挥了重要作用。但也存在相关制度机制不够完善、部分投资审计工作质量不高和审计结果运用不规范等问题。为进一步完善和规范投资审计工作，现提出如下意见：

一、坚持依法审计，认真履行审计监督职责。各级审计机关要牢固树立依法审计意识，坚持在法定职责权限范围内开展审计工作，依法确定审计对象和范围，严格规范审计取证、资料获取、账户查询、延伸审计、审计处理等行为。审计机关和审计人员要依法独立行使审计监督权，不得参与工程项目建设决策和审批、征地拆迁、工程招标、物资采购、质量评价、工程结算等管理活动。

二、坚持突出重点，切实提高投资审计工作质量和效果。各级审计机关要根据本地区公共投资项目情况，按照围绕中心、服务大局、突出重点、量力而行、确保质量的原则，统筹制定年度投资审计项目计划。要按照国家审计准则要求，严格执行审计项目计划，履行规定流程和审批复核程序，严格审计报告和公告制度。加强对政府投资为主，关系全局性、战略性、基础性的重大公共基础设施工程的审计监督，紧紧围绕重大项目审批、征地拆迁、环境保护、工程招投标、物资采购、工程结算、资金管理等关键环节，合理确定审计重点，运用先进技术方法，提高审计工作质量和效率。各省级审计机关要加强对本地区投资审计工作的领导和指导，加强审计质量监督检查。

三、健全完善制度机制，有效运用投资审计结果。各级审计机关要严格遵守审计法等法律法规，进一步健全和完善投资审计制度，认真履行工程结算审计法定职责，促进相关单位履职尽责，提高投资绩效。对平等民事主体在合同中约定采用审计结果作为竣工结算依据的，审计机关应依照合同法等有关规定，尊重双方意愿。审计项目结束后，审计机关应依法独立出具投资项目审计报告，对审计发现的结算不实等问题，应作出审计决定，责令建设单位整改；对审计发现的违纪违法、损失浪费等问题线索，应依法移送有关部门处理。要健全审计查出问题整改督查机制，促进整改落实和追责问责。

四、严格遵守审计纪律，加强廉政风险防控。各级审计机关和审计人员要严格遵守审计"八不准"等廉政纪律、保密纪律、工作纪律，坚守审计职业道德，不得利用审计职权、个人影响谋取私利。坚持公开透明，加强对审计权力运行监督。加强审计项目廉政回访等监督检查，抓好廉政制度贯彻落实工作，切实防控廉政风险和审计风险。各级审计机关在投资审计工作中确有必要购买社会服务的，应严格把关，依法审慎进行，要加强全过程监管，对弄虚作假、恶意串通等严重失信和违反职业道德的社会中介机构、执业人员要加大通报和责任追究力度。

审计署
二〇一七年九月六日

审计署办公厅关于印发《政府财务报告审计办法（试行）》的通知

（审办财发〔2020〕74号，2020年9月24日）

各省、自治区、直辖市和计划单列市、新疆生产建设兵团审计厅（局），署机关各单位、各派出审计局、各特派员办事处、各直属单位：

为贯彻落实党的十八届三中全会有关"建立权责发生制政府综合财务报告制度"的决策部署，根据《国务院关于批转财政部权责发生制政府综合财务报告制度改革方案的通知》（国发〔2014〕63号）对审计工作的有关要求，审计署研究制定了《政府财务报告审计办法（试行）》，已经审计长会议审议通过，现印发给你们，请遵照执行。执行中如有问题或建议，请及时向审计署反馈。

联系人及电话：审计署财政审计司种金睿 010—50991293

审计署办公厅
2020年9月24日

政府财务报告审计办法（试行）

第一条 为加强对各级政府及其部门财务状况和运行情况的审计监督，根据《中华人民共和国审计法》《中华人民共和国预算法》《国务院关于批转财政部权责发生制政府综合财务报告制度改革方案的通知》（国发〔2014〕63号）和相关法律法规，制定本办法。

第二条 审计机关依照法定的职责、权限和程序对政府财务报告进行审计监督，依据政府会计准则、政府财务报告编制办法等作出审计评价。

政府财务报告审计，包括政府综合财务报告审计和政府部门财务报告审计。

第三条 各级审计机关实施政府财务报告审计，适用本办法。

第四条 政府财务报告审计工作聚焦政府财务状况和运行情况的真实、合法、效益，着力揭示问题和风险，促进提高政府财务报告可信性和透明度，推动完善权责发生制政府综合财务报告制度，助力防范财政风险，促进提升政府运行绩效，为财政与经济决策提供有用信息，推进国家治理体系和治理能力现代化。

第五条 政府财务报告审计管辖范围按照《中华人民共和国审计法》和《中华人民共和国审计法实施条例》的规定确定。

审计署负责对全国政府综合财务报告、中央政府综合财务报告、中央政府部门财务报告进行审计；负责加强对下级政府财务报告的审计监督；负责指导下级审计机关的政府财务报告审计工作。

地方各级审计机关负责对本行政区政府综合财务报告、本级政府综合财务报告和本级政府部门财务报告进行审计。省、市级审计机关负责加强对下级政府财务报告的审计监督；负责指导本行政区内下级审计机关的政府财务报告审计工作。

第六条 政府财务报告审计应当纳入年度审计项目计划管理，既可以单独实施，也可以结合预算执行情况审计、决算草案审计等项目统筹安排实施。

第七条 政府财务报告审计应关注政府及其部门的资产、负债、收入、费用等情况的真实、合法、效益。

政府综合财务报告审计的内容包括：政府财务状况和运行情况，政府综合财务报告编报披露情况，政府财政财务管理情况，相关电子数据及信息系统设计运行情况，以及其他需要审计的内容。

政府部门财务报告审计的内容包括：部门财务状况和运行情况，政府部门财务报告编报披露情况，部门财政财务管理情况，相关电子数据及信息系统设计运行情况，以及其他需要审计的内容。

第八条 审计机关派出审计组实施审计。审计组向派出审计组的审计机关提交审计报告。审计报告的内容一般应包括：

（一）审计依据和实施审计的基本情况，包括审计范围、内容、方式等；

（二）被审计单位基本情况；

（三）审计评价意见，基于充分适当的审计证据，对于审计范围内被审计单位财务状况和运行情况的真实、合法、效益等做出客观评价；

（四）审计发现主要问题的事实、定性以及依据的法律法规标准等；

（五）根据审计发现问题提出的审计处理、处罚意见或审计建议；

（六）其他需要反映和说明的情况。

第九条　审计组的审计报告提交审计机关前，应当按规定征求被审计单位的意见。审计机关按照规定的程序对审计组的审计报告进行审议，并对被审计单位的意见一并研究后，向被审计单位出具审计报告。

第十条　中央政府财务报告审计结果，应当报中央审计委员会和国务院，同时报全国人民代表大会常务委员会备案。

地方政府财务报告审计结果，应当报本级党委审计委员会、本级人民政府和上一级审计机关，同时报本级人民代表大会常务委员会备案。

第十一条　审计机关应当向社会公布政府财务报告审计结果，但法律、行政法规规定不予公布的内容除外。

第十二条　审计机关可以根据工作需要，聘请具有政府财务报告审计相关专业知识的人员参加政府财务报告审计。

参加审计工作人员，应当遵循《中华人民共和国审计法》《中华人民共和国审计法实施条例》《中华人民共和国国家审计准则》以及审计机关的有关规定，做到依法审计、文明审计。

第十三条　审计机关和参加审计工作人员对政府财务报告审计工作中知悉的国家秘密、商业秘密、工作秘密、个人隐私等，负有保密义务。

第十四条　对审计机关职责和权限、审计程序、审计质量控制，以及审计机关和被审计单位的法律责任等，本办法未作规定的，依照《中华人民共和国审计法》《中华人民共和国审计法实施条例》《中华人民共和国国家审计准则》和其他有关法律法规执行。

第十五条　地方各级审计机关可以根据本办法制定具体办法。

第十六条　本办法由审计署负责解释。

第十七条　本办法自发布之日起施行。

教育部　国家发展改革委　审计署关于印发《治理义务教育阶段择校乱收费的八条措施》的通知

（教基一〔2012〕1号，2012年1月20日）

各省、自治区、直辖市教育厅（教委）、发展改革委、物价局、审计厅（局），新疆生产建设兵团教育局、发展改革委、物价局、审计局：

2010年印发的《教育部关于治理义务教育阶段择校乱收费问题的指导意见》（教基一〔2010〕6号），提出了治理工作的目标、原则和要求。各地相继出台了实施办法，经过努力，不同程度上缓解和遏制了择校乱收费。但是，从近期开展监督检查的情况看，一些地方治理目标不明确，政策执行不到位，效果不明显，群众对择校乱收费问题反映依然强烈。为实现"力争经过3到5年的努力，使义务教育阶段择校乱收费得到明显缓解，使义务教育阶段择校乱收费不再成为群众反映强烈的问题"的工作目标，教育部、国家发展改革委、审计署共同制定了《治理义务教育阶段择校乱收费的八条措施》（以下简称《八条措施》），现印发给你们，请遵照执行，并就有关事项通知如下：

一、加强组织领导，落实治理工作责任。《八条措施》是教育系统贯彻落实科学发展观，着力解决人民群众反映强烈突出问题，确保教育事业科学发展的重要举措。地方各级教育行政部门要高度重视，把治理择校乱收费工作列入重要议事日程，摆在重中之重位置，在省委、省政府领导下，加强对实施《八条措施》的组织领导和部署实施；按照"谁主管谁负责"和"管行业必须管行风"的原则，建立完善治理教育乱收费工作责任制，把治理择校乱收费作为对教育行政部门和学校政绩考核、行风评议的重要内容，完善考核机制和问责制度；各级教育纪检监察部门要切实履行法定职责，加强对治理工作的组织协调和检查指导，强化责任分工和责任考核。

二、狠抓落实，务求取得治理成效。本通知下发后，各地要立即组织相关部门认真落实《八条措施》，切实掌握政策要求；要因地制宜，结合本地区实际，深入研究贯彻意见，制订切实可行的治理工作实施方案，完善配套政策，制定落实措施，对于八条措施中相关指标加以量化明晰。做好任务分解，明确职责分工。要突出重点，分析难点，抓住主要矛盾，解决突出问题。对问题严重地区要加强个别指导，单独制订工作方案，重点督办，力求突破工作瓶颈，推动治理工作取得成效。

三、创新机制，提升治理工作科学化水平。各地、各学校要配合治理工作，完善公开承诺和收费公示制度，完善信访举报反馈机制、教育行风评议机制、行风问题督查督办机制、校务公开工作机制、典型乱收费案件通报机制，不断提升治理工作规范化、制度化、科学化水平。要进一步完善部门联席会议制度，充分发挥纪检监察、物价、审计、财政和教育部门在治理义务教育择校乱收费中的职能作用，形成统一部署、各司其职、齐抓共管、协作联动的工作格局，形成治理择校乱收费的工作合力，共同抓好《八条措施》的贯彻落实。

四、加强宣传，营造良好治理氛围。各级主管部门要加强《八条措施》和治理乱收费相关政策的宣传，向社会和群众做好政策内容宣讲；要加强与新闻媒体的联系，对媒体反映的社会关切的特别是治理义务教育阶段择校乱收费问题，要快查快办，及时反馈，主动公布结果；要加大治理义务教育择校乱收费先进典型的宣传力度，推广先进经验，广泛动员各级主管部门、各学校和师生员工积极开展治理教育乱收费工作，引导社会各界和家长加强监督，自觉抵制义务教育择校乱收费行为。

省级教育行政部门要将本地区以及所辖计划单列市和省会城市的实施方案于2012年3月底前报教育部备案。实施中的重大问题要及时报告教育部。

附件：治理义务教育阶段择校乱收费的八条措施

中华人民共和国教育部
中华人民共和国国家发展和改革委员会
中华人民共和国审计署
二〇一二年一月二十日

附件

治理义务教育阶段择校乱收费的八条措施

为全面贯彻落实教育规划纲要，依法推进义务教育均衡发展，推行政务公开、校务公开，纠正损害群众利益的不正之风，着力解决人民群众反映强烈的突出问题，维护教育公平公正，办好人民满意的教育，根据《中华人民共和国义务教育法》等法律法规，特提出治理义务教育阶段择校乱收费的八条措施：

一、制止通过办升学培训班方式招生和收费的行为。坚决禁止学校单独或和社会培训机构联合或委托举办以选拔生源为目的的各类培训班（以下简称"占坑班"）。严禁公办学校教师参与各类"占坑班"活动。严厉查处学校和教师在举办"占坑班"过程中的收费行为，对于违反规定的学校和教师要依照有关规定追究责任。

二、制止跨区域招生和收费的行为。按照区域内适龄儿童少年数量和学校分布情况合理划定每所公办学校的招生范围，并根据学校招生规模、生源数量等变化情况，及时动态地进行调整并向社会公布，确保就近入学的新生占绝大多数。非正常跨区域招生比例高于10%的要制订专项计划，3年内减少到10%以下；低于10%的要巩固并努力继续减少。要将优质普通高中的招生名额按不低于30%的比例合理分配到区域内各初中，现在已经高于30%的要巩固提高并逐步扩大分配比例。在此过程中不得以跨区域为名收取学生择校费。

三、制止通过任何考试方式招生和收费的行为。小学生入学和小学升入初中招生工作要公开透明，主动接受社会监督。城市和有条件的农村义务学校招生工作要在教育部门设定的招生网上进行，禁止组织任何形式的考试。坚决禁止要求家长到学校或到学校指定单位缴纳各种名目的择校费行为。

四、规范特长生招生，制止通过招收特长生方式收费的行为。除省级教育行政部门批准的可招收体育和艺术特长生的学校以外，义务教育学校一律不得以特长生的名义招收学生。坚决禁止学校以招收特长生的名义收取任何费用。

五、严禁收取与入学挂钩的捐资助学款。规范学校或教育行政部门接受社会组织和个人捐赠行为，收取捐赠款时必须依法为其出具凭证。地方政府、有关部门和学校违规收取与入学升学挂钩的各种费用，一经查实，要坚决予以清退，无法清退的要收缴国库，对相关责任人要严肃问责。

六、制止公办学校以民办名义招生和收费的行为。禁止公办学校以与民办学校联合办学或举办民办校中校等方式，按照民办学校的收费政策，向学生收费。凡未做到"四独立"的义务教育改制学校和未取得民办学校资格的学校一律执行当地同类公办学校收费政策。

七、加强招生信息和学籍管理。坚持公平、公正、便民的原则，向社会公开学校性质、办学规模、经费来源、招生计划、招生条件、招生范围、招生时间、录取办法，主动接受社会监督。招生结果要报当地教育行政部门备案。要进一步完善学籍管理办法，积极推行中小学学籍管理电子化。建立学生信息库，特别要加强招生指定区域外转入学生的学籍管理，接受检查与监督。

八、加大查处力度。加强对治理择校乱收费措施执行情况的监督检查，对于违规收费的行为，要坚决予以查处，严肃追究校长和相关责任人的责任。要畅通监督渠道，设立举报电话、信箱，接受群众监督，做到有诉必查，有错必纠。对设立"小金库"行为要发现一起、查处一起、通报一起。教育部等有关部门组成联合工作组，对重点城市部分学校的整个招生过程进行专项督导检查。同时，吸收媒体参与监督，对典型案件及时曝光。

审计署关于努力建设高素质专业化审计干部队伍的意见

（审秘发〔2020〕27号）

各省、自治区、直辖市和计划单列市、新疆生产建设兵团审计厅（局），署机关各单位、各派出审计局、各特派员办事处、各直属单位：

为深入贯彻习近平新时代中国特色社会主义思想和党的十九大精神，全面落实习近平总书记关于建设信念坚定、业务精通、作风务实、清正廉洁的高素质专业化审计干部队伍的重要指示要求，结合审计工作实际，提出如下意见。

一、指导思想

坚持以习近平新时代中国特色社会主义思想为指导，全面贯彻落实新时代党的组织路线和干部工作方针政策，坚持党中央对审计工作的集中统一领导，坚持以审计精神立身、以创新规范立业、以自身建设立信，坚持依法审计、文明审计、廉洁从审，坚持既要政治过硬又要本领高强、作风优良，针对审计工作政治性、政策性、专业性强的特点，突出政治标准，强化专业素养，加强审计干部思想淬炼、政治历练、实践锻炼、专业训练，提升审计干部政治能力、专业能力、宏观政策研究能力、审计信息化能力，努力建设信念坚定、业务精通、作风务实、清正廉洁的高素质专业化审计干部队伍，为新时代审计事业发展提供坚强组织保证和人才支撑，更好发挥审计在党和国家监督体系中的重要作用。

二、基本原则

（一）坚持党管干部。加强党对审计干部队伍建设工作的领导，强化各级审计机关党组（党委）的领导和把关作用，落实好统筹规划、教育培养、选拔使用、监督管理等各项职责，确保审计干部队伍建设的正确方向。

（二）突出政治标准。把政治标准和政治要求贯穿审计干部队伍建设始终，强化对审计干部政治忠诚、政治定力、政治担当、政治能力、政治自律等方面的考察考核，提高审计干部政治能力，增强制度执行力和治理能力，确保对党绝对忠诚、绝对负责。

（三）强化专业素养。立足审计工作特点和审计实践需要，以专业化为导向，建立健全审计干部专业能力标准评价体系，不断提升和完善审计干部队伍的知识体系和能力结构，保证审计干部具备充分胜任审计工作和岗位要求的良好专业素养。

（四）统筹分类推进。在不断夯实基础性、通用性建设的基础上，进一步加强长远规划，积极推进不同地区、不同领域、不同岗位、不同层级审计干部队伍的分类建设，加强针对性培养，注重精细化管理，促进优秀人才不断涌现。

三、主要任务

（一）坚持政治引领。

1.强化理论武装。把不忘初心、牢记使命作为加强党的建设的永恒课题和全体党员、干部的终身课题，持续推动学习贯彻习近平新时代中国特色社会主义思想往深里走、往心里走、往实里走，教育引导党员、干部坚定共产主义远大理想和中国特色社会主义共同理想。认真落实党组（党委）理论学习中心组学习制度，每季度至少开展1次集体学习研讨，深化党史、新中国史、改革开放史、社会主义发展史学习教育。落实落细党支部学习制度，突出"三会一课"政治学习和教育功能，党支部书记每年至少在所在支部讲1次党课，开展好每月主题党日活动。积极推进青年理论学习提升工程，统筹安排机关单位学习和审计现场学习、线上学习和线下学习，推动党员、干部学在日常、用在日常，切实以理论清醒促进政治坚定，以思想自觉引领行动自觉。

2.做到"两个维护"。牢牢把握审计机关首先是政治机关、党的工作部门的属性和定位，增强"四个意识"，坚定"四个自信"，做到"两个维护"，始终在思想上政治上行动上同以习近平同志为核心的党中央保持高度一致。坚持党中央对审计工作的集中统一领导，认真学习贯彻习近平总书记关于审计工作的重要讲话和重要指示批示精神，切实转化为提高审计工作质效的思路和举措，把"两个维护"贯彻到审计工作全过程各方面，落实到广大审计干部的实际行动上，体现在做好审计工作的实效上，推动党中央决策部署落实落地，促进政令畅通、令行禁止。

3. 提高政治能力。强化审计机关各级党组织政治属性与政治功能，增强党员党的意识与组织观念。提高政治站位，把准政治方向，注重政治效果，考虑政治影响，确保党的政治建设和审计业务工作深度融合、相互促进。善于从政治上研判形势、分析问题、推动工作，自觉在党和国家工作大局下想问题、做工作，做到一切服从大局、一切服务大局。严格遵守党的政治纪律和政治规矩，始终在重大政治原则问题上、大是大非问题上态度鲜明、立场坚定、对党忠诚，在依法全面履行审计监督职责中提高政治本领、体现政治担当。建立健全下级审计机关主要负责同志向上级审计机关党组（党委）述职制度，3年内至少完成一轮现场述职。

（二）提升专业能力。

4. 严把干部入口关。坚持事业为上、以事择人，严格按条件、程序开展干部考录、调任、聘任、公开遴选、公开选调等工作，发挥审计干部队伍入口的源头性、基础性作用，不断优化审计干部队伍年龄、学历、专业、来源、经历等结构。严把资格条件审核关，招录审计人员时可加试审计工作必需的专业知识和技能。遴选和调入审计机关的人员，一般应当具备经济、财政、金融、审计、会计、法律、计算机等专业大学本科以上学历，西部地区基层审计机关可根据实际情况适当放宽。注重从其他党政机关、事业单位、国有企业、科研机构等引进相关领域的优秀专业人才。

5. 建立健全审计干部专业能力标准评价体系。聚焦审计干部队伍专业化要求，立足新时代开展审计工作必需的知识和能力体系，建立健全审计干部专业能力标准评价体系。把专业素养作为培养锻炼干部的重要内容和选拔任用干部的重要标准，加强专业能力考察。审计机关内设机构审计业务岗位领导干部一般应当能够胜任本级审计项目主审，独立撰写审计报告，或者担任审计组组长；倡导市级以上审计机关内设机构审计业务岗位领导干部取得审计师资格或者通过相关中级以上专业技术资格考试。鼓励45岁以下领导干部考取计算机审计中级资格。审计机关内设机构综合管理岗位领导干部一般应当能够准确理解和把握相关专业领域政策，具备较强的组织管理能力，能够独立撰写本职工作相关的重要文稿或者汇总重要信息材料。

6. 加强学习培训。积极建设学习型机关，每年选择2至3个主题开展为期半个月的干部集中教育培训，通过视频方式等举办"审计大讲堂"。各级审计机关应当采取符合自身特点的有效方式，开展形式多样的干部培训。对接专业能力标准评价体系，积极构建源头培养、跟踪培养、全程培养的素质培养体系，引导审计干部树立终身学习理念，自觉加强专业学习，持续提升专业素养。创新学习培训方式方法，充分利用"金审工程"三期等网络学习渠道，积极开发完善各专业审计领域有关知识库、案例库，推动优质课程、案例资源在审计系统共享。加强需求分析，统筹培训资源，优化培训班次安排，完善培训内容和形式，增强干部培训的针对性和实效性。

7. 强化实践锻炼。坚持把审计实践作为锻炼提升干部队伍专业能力的"第一跑道"，以审计项目为主要平台，促进干部成长成才、干事创业。积极发挥审计组的作用，加强审前培训、审中交流、审后总结，在实践中提高业务能力。加大年轻干部培养力度，改进实务导师制，把传帮带做细做实，帮助年轻干部夯实基本功。积极选派优秀年轻干部到艰苦的一线锻炼。推进干部轮岗交流，完善干部在审计系统内外交流机制，促进提高综合素质。

（三）弘扬务实作风。

8. 恪尽职守、勤勉尽责。切实增强政治责任感、历史使命感和职业荣誉感，主动适应审计工作新形势新任务新要求，履职尽责、担当作为，做好常态化"经济体检"工作，当好国家财产的"看门人"、经济安全的"守护者"。着眼经济社会发展全局和运行实际，加强政策研究，强化分析研判，提高审计监督精准度和时效性。聚焦重点，加大对重大违纪违法问题、重大风险隐患、重大损失浪费、重大体制机制障碍等的揭示和反映力度。认真落实督促整改责任，善于推动解决问题，以有力有效的审计整改促进完善制度、提高制度执行力。

9.坚持依法审计、文明审计。牢固树立法治观念，强化法治思维，尊法学法守法用法，依照法定职责、权限和程序履行审计监督权。严谨细致、谦虚谨慎，严格审计现场管理，落实审计质量分级负责制，切实规范资料获取、审计取证、账户查询等行为，坚持用事实和数据说话，防范审计风险。坚持原则、敢于斗争、攻坚克难、动真碰硬，始终做到查真相、说真话、报实情。贯彻"三个区分开来"重要要求，全面、辩证、历史地看待审计发现问题，充分听取被审计单位和有关方面意见，审慎作出评价和结论，维护审计监督的公信力。

10.力戒形式主义、官僚主义。从思想源头抓起，教育引导审计干部强化党的宗旨意识，坚持实事求是的思想路线，坚决反对形式主义和官僚主义。切实为基层和一线减负，让审计干部把更多精力用在推进审计项目、抓好工作落实上。大力精文减会，坚持少开会、开短会、讲短话，优先采用网络视频方式开会，发扬"短实新"文风，精简文件数量、压减文字篇幅，审计署印发规范性文件原则上不超过10页。加强工作统筹，优化工作流程，规范整合与被审计单位联系沟通、交接资料等工作，严格控制现场审计时间，提高审计效率。

11.领导干部以身作则。各级领导干部立身要正、作风要实、本领要强，要带头守初心、担使命、当标杆、作表率。要坚持民主集中制原则，充分发扬民主，自觉维护团结，严格按程序决策、按规矩办事。要深入基层、深入审计一线加强调查研究，及时掌握基层和一线实际情况，协调推进重要审计事项，审核把关重要信息报告。要带头加强学习，提升专业素养，增强宏观思维、辩证思维、法治思维能力，成为审计工作行家里手。要严于律己，坚持高标准严要求，在敬业奉献、求真务实、严谨细致上身体力行、以上率下。要善于做深入细致的思想工作，落实好基层联系点、谈心谈话等制度。

（四）强化廉洁自律。

12.加强廉政教育。深刻把握党风廉政建设规律，围绕一体推进不敢腐、不能腐、不想腐，始终把"严"的主基调贯穿审计干部队伍建设全过程。清醒认识审计廉政风险防控形势，紧扣审计工作性质、特点和规律，教育引导审计干部始终绷紧廉政这根弦，慎独慎微慎初，时刻警惕不法分子"公关""围猎"的风险，警惕因工作环境变化而自我放松要求的风险，警惕不以为然而不慎失误违纪违规的风险，随时净化社交圈、生活圈、朋友圈。加强经常性警示教育，教育引导审计干部知敬畏、存戒惧、守底线，自觉接受各方面监督。加强职业道德、社会公德和家庭美德教育，促进明大德、守公德、严私德。

13.严格制度执行。严格落实中央八项规定及其实施细则精神，严格执行审计"四严禁"工作要求和审计"八不准"工作纪律，强化纪律刚性约束。认真梳理审计工作廉政风险点，建立健全机关内部和审计现场管理规章制度，切实强化制度意识，维护制度权威，靠制度管事管人。突出审计现场管理，细化压实审计组长、廉政监督员的廉政监督责任，严格延伸审计、外聘人员等重要事项审批管理，建立健全审计项目廉政回访和重大项目廉政巡查制度。严格执行领导干部个人有关事项报告制度。健全完善新任职领导干部、新录用人员等廉政谈话制度，抓好重大节假日和重要时间节点的廉政提醒。用好监督执纪"四种形态"，加强执纪问责，严肃查处利用审计监督权和审计影响力谋取私利等违纪违法行为。

14.坚持严管和厚爱结合。坚持严格管理和关心信任相统一，做到政治上激励、工作上支持、待遇上保障、心理上关怀，增强审计干部的荣誉感、归属感、获得感，激励审计干部满怀激情投入审计工作。旗帜鲜明为敢于担当、踏实做事、不谋私利的审计干部撑腰鼓劲，保护审计干部担当作为的积极性、主动性、创造性。对报复陷害审计干部的，依纪依法追究责任。有效落实年度带薪休假、体检等制度，合理安排现场审计期间休整频次和时间。健全心理服务和危机干预机制，提高审计人员身心健康水平。做好平时激励、专项表彰奖励等工作，注重选树先进典型，发挥示范引领作用。有效发挥群团组织的桥梁纽带作用，加强人文关怀，营造良好氛围和环境。要采取切实举措关心爱护基层审计干部，主动为他们排忧解难。

建设高素质专业化干部队伍是推动审计事业长远发展的重要保障。各级审计机关要始终把干部队伍建设作为新时代审计工作的基础和战略工程来抓，主要负责同志要履行好第一责任人责任。要及时向本级党委、政府汇报相关情况，主动与组织人事、机构编制、人力资源社会保障、财政等部门沟通协调，积极争取对人员和经费的必要保障。要结合本地区本单位实际，研究贯彻落实本意见的具体措施，加快建立健全审计干部专业能力标准评价体系，不断健全完善干部招录、日常管理、教育培训、选拔使用、关心激励等制度机制，有效提升工作水平。上级审计机关要加强对下级审计机关干部队伍建设的关心指导、督促检查，及时了解情况，研究协调解决问题，推动高素质专业化审计干部队伍建设不断取得实效。

审计署

2020 年 9 月 8 日

审计署关于印发《审计署管辖范围内审计事项授权地方审计机关审计的管理办法》的通知

（审办发〔2009〕11 号，2009 年 1 月 16 日）

各省、自治区、直辖市和计划单列市、新疆生产建设兵团审计厅（局）、署机关各单位、各特派员办事处、各派出审计局：

《审计署管辖范围内审计事项授权地方审计机关审计的管理办法》已经审计长会议讨论通过，现印发给你们，请遵照执行。

审计署

二〇〇九年一月十六日

审计署管辖范围内审计事项授权地方审计机关审计的管理办法

第一条 为了规范审计署审计管辖范围内的审计事项授权地方审计机关审计的管理工作，保证审计质量和成效，更好地发挥授权审计作用，根据《中华人民共和国审计法》第二十八条的有关规定，制定本办法。

第二条 审计署审计管辖范围内的审计事项授权地方审计机关审计的工作，实行统一管理、一年一定的办法。

第三条 安排授权审计项目（国外贷援款公证审计项目按已有规定执行，下同）计划，应当以整合审计资源、发挥审计机关的整体效能为目标，注重与审计署统一组织审计项目计划的配合和协调，逐步扩大审计监督覆盖面，加强对中央部门和企事业单位在基层的分支机构的审计监督。

第四条 审计署原则上只安排行业性授权审计项目，一般不对个别审计事项单独安排授权。

第五条 审计署审计管辖范围内的审计事项只授权省级审计机关（含新疆生产建设兵团、计划单列市审计局，下同），由省级审计机关直接实施或统一组织下级审计机关实施。省级审计机关对审计署负责并报告审计结果。

第六条 审计署在调查研究的基础上，于每年年底前提出次年授权审计项目安排意见，包括明确授权审计项目安排的指导思想、授权范围或行业、选定被审计单位的原则和要求等。省级审计机关根据授权审计项目安排意见，本着自愿原则，选定审计项目，向审计署提交授权审计项目立项申请书（格式见附件），说明选定的审计项目基本情况、立项理由、审计目标、审计内容、范围和重点，以及审计的组织分工等事项。

第七条 审计署收到省级审计机关申请授权的文件后，由办公厅统一汇总，进行综合平衡，并征求相关业务司、派出机构意见，形成授权审计项目计划草案，报审计长会议研究审定后，正式下达给省级审计机关执行。

第八条 授权审计项目计划一经下达，地方审计机关必须确保在当年完成，并在计划规定的期限向审计署报告审计结果。因特殊原因当年无法完成的，应当及时向审计署申请调减计划。

第九条 省级审计机关统一组织下级审计机关实施授权审计项目时，应当由省级审计机关制发审计工作方案，签发审计通知书，提出审计报告，出具审计移送处理书，作出审计决定。省级审计机关的法制工作机构应当对相关审计文书进行复核，提出复核意见。审计工作方案应当抄报审计署。

第十条 地方审计机关在实施授权审计项目过程中，应当严格执行审计法、相关审计准则和审计署关于审计质量控制的规定，规范审计行为，确保审计质量。审计查出被审计单位违反国家规定的财政收支、财务收支行为，应当严格依法进行处理处罚。在对违反国家规定的财政收支、财务收支行为的定性和处理处罚上，遇有政策界限不清，或与被审计单位有重大意见分歧的，省级审计机关应当报告审计署，由审计署有关职能机构研究提出意见。

第十一条 在实施授权审计项目过程中，发现有下列问题之一的，省级审计机关应当以《重要审计情况》及时向审计署报告，由审计署转送有关部门查处，或由审计署以《审计要情》《重要信息要目》等形式上报：

（一）因决策失误、失职渎职、管理不善造成国有资金、资产损失金额较大；

（二）厅（局）级以上领导干部涉嫌严重违法犯罪，涉案金额较大；

（三）影响国家重要宏观政策执行的重大问题，涉及金额较大；

（四）其他性质特别恶劣，金额巨大的严重违法违规问题或案件。

第十二条 省级审计机关制发授权审计项目的审计报告、审计决定书及审计移送处理书时，应当抄报审计署并抄送审计署有审计管辖权的派出机构。审计终结后，对涉及多个被审计单位的行业性授权审计项目，省级审计机关应当及时汇总审计成果，编制授权审计综合报告报送审计署。

第十三条 对于未按上述要求报送包括不报送审计文书的审计机关，审计署将视情况作出处理，直至取消其承办授权事项的资格。

第十四条 授权审计项目的审计档案由省级审计机关统一保存并归档。

第十五条 授权审计项目可以参加审计署组织的地方优秀审计项目评选。

第十六条 审计署每年组织对授权审计项目计划执行、项目实施质量、审计成果等情况进行考核和抽查,并通报考核和抽查结果。

第十七条 在实施授权审计项目过程中,地方审计机关应当严格遵守审计工作纪律和各项廉政规定。发生以审计权力谋取单位和个人私利问题的,审计署暂停对其授权、限期整改并依法依纪作出相应处理。因审计人员失职、渎职等行为造成审计项目重大质量问题的,依法追究有关领导和直接责任人员的责任。

第十八条 本办法由审计署负责解释。

第十九条 本办法自发布之日起执行。《中央审计项目授权地方审计机关审计管理办法》(审办发〔2005〕34号)同时废止。

附件:授权审计项目立项申请书(略)

国务院办公厅关于加强和改进企业国有资产监督防止国有资产流失的意见

(国办发〔2015〕79号,2015年10月31日)

各省、自治区、直辖市人民政府,国务院各部委、各直属机构:

我国企业国有资产是全体人民的共同财富,保障国有资产安全、防止国有资产流失,是全面建成小康社会、实现全体人民共同富裕的必然要求。改革开放以来,我国国有经济不断发展壮大,国有企业市场活力普遍增强、效率显著提高,企业国有资产监管工作取得积极进展和明显成效。但与此同时,一些国有企业逐渐暴露出管理不规范、内部人控制严重、企业领导人员权力缺乏制约、腐败案件多有发生等问题,企业国有资产监督工作中多头监督、重复监督和监督不到位的现象也日益突出。为贯彻落实中央关于深化国有企业改革的有关部署,切实加强和改进企业国有资产监督、防止国有资产流失,经国务院同意,现提出以下意见。

一、总体要求

(一)指导思想。认真贯彻落实党的十八大和十八届二中、三中、四中、五中全会精神,按照党中央、国务院有关决策部署,以国有资产保值增值、防止流失为目标,坚持问题导向,立足体制机制制度创新,加强和改进党对国有企业的领导,切实强化国有企业内部监督、出资人监督和审计、纪检监察、巡视监督以及社会监督,严格责任追究,加快形成全面覆盖、分工明确、协同配合、制约有力的国有资产监督体系,充分体现监督的严肃性、权威性、时效性,促进国有企业持续健康发展。

(二)基本原则。坚持全面覆盖,突出重点。实现企业国有资产监督全覆盖,加强对国有企业权力集中、资金密集、资源富集、资产聚集等重点部门、重点岗位和重点决策环节的监督,切实维护国有资产安全。

坚持权责分明,协同联合。清晰界定各类监督主体的监督职责,有效整合监督资源,增强监督工作合力,形成内外衔接、上下贯通的国有资产监督格局。

坚持放管结合，提高效率。正确处理好依法加强监督和增强企业活力的关系，改进监督方式，创新监督方法，尊重和维护企业经营自主权，增强监督的针对性和有效性。

坚持完善制度，严肃问责。建立健全企业国有资产监督法律法规体系，依法依规开展监督工作，完善责任追究制度，对违法违规造成国有资产损失以及监督工作中失职渎职的责任主体，严格追究责任。

二、着力强化企业内部监督

（三）完善企业内部监督机制。企业集团应当建立涵盖各治理主体及审计、纪检监察、巡视、法律、财务等部门的监督工作体系，强化对子企业的纵向监督和各业务板块的专业监督。健全涉及财务、采购、营销、投资等方面的内部监督制度和内控机制，进一步发挥总会计师、总法律顾问作用，加强对企业重大决策和重要经营活动的财务、法律审核把关。加强企业内部监督工作的联动配合，提升信息化水平，强化流程管控的刚性约束，确保内部监督及时、有效。

（四）强化董事会规范运作和对经理层的监督。深入推进外部董事占多数的董事会建设，加强董事会内部的制衡约束，依法规范董事会决策程序和董事长履职行为，落实董事对董事会决议承担的法定责任。切实加强董事会对经理层落实董事会决议情况的监督。设置由外部董事组成的审计委员会，建立审计部门向董事会负责的工作机制，董事会依法审议批准企业年度审计计划和重要审计报告，增强董事会运用内部审计规范运营、管控风险的能力。

（五）加强企业内设监事会建设。建立监事会主席由上级母公司依法提名、委派制度，提高专职监事比例，增强监事会的独立性和权威性。加大监事会对董事、高级管理人员履职行为的监督力度，进一步落实监事会检查公司财务、纠正董事及高级管理人员损害公司利益行为等职权，保障监事会依法行权履职，强化监事会及监事的监督责任。

（六）重视企业职工民主监督。健全以职工代表大会为基本形式的企业民主管理制度，规范职工董事、职工监事的产生程序，切实发挥其在参与公司决策和治理中的作用。大力推进厂务公开，建立公开事项清单制度，保障职工知情权、参与权和监督权。

（七）发挥企业党组织保证监督作用。把加强党的领导和完善公司治理统一起来，落实党组织在企业党风廉政建设和反腐败工作中的主体责任和纪检机构的监督责任，健全党组织参与重大决策机制，强化党组织对企业领导人员履职行为的监督，确保企业决策部署及其执行过程符合党和国家方针政策、法律法规。

三、切实加强企业外部监督

（八）完善国有资产监管机构监督。国有资产监管机构要坚持出资人管理和监督的有机统一，进一步加强出资人监督。健全国有企业规划投资、改制重组、产权管理、财务评价、业绩考核、选人用人、薪酬分配等规范国有资本运作、防止流失的制度。加大对国有资产监管制度执行情况的监督力度，定期开展对各业务领域制度执行情况的检查，针对不同时期的重点任务和突出问题不定期开展专项抽查。国有资产监管机构设立稽查办公室，负责分类处置和督办监督工作中发现的需要企业整改的问题，组织开展国有资产重大损失调查，提出有关责任追究的意见建议。开展国有资产监管机构向所出资企业依法委派总会计师试点工作，强化出资人对企业重大财务事项的监督。加强企业境外国有资产监督，重视在法人治理结构中运用出资人监督手段，强化对企业境外投资、运营和产权状况的监督，严格规范境外大额资金使用、集中采购和佣金管理，确保企业境外国有资产安全可控、有效运营。

（九）加强和改进外派监事会监督。对国有资产监管机构所出资企业依法实行外派监事会制度。外派监事会由政府派出，作为出资人监督的专门力量，围绕企业财务、重大决策、运营过程中涉及国有资产流失的事项和关键环节、董事会和经理层依法依规履职情况等重点，着力强化对企业的当期和事中监督。进一步完善履职报告制度，外派监事会要逐户向政府报告年度监督检查情况，对重大事项、重要情况、重大风险和违法违纪违规行为"一事一报告"。按照规定的程序和内容，对监事会监督检查情况实行"一企一公开"，也可以按照类别和事项公开。切实保障监事会主席依法行权履职，落实外派监事会的纠正建议权、罢免或者调整建议权，监事会主席根据授权督促企业整改落实有关问题或者约谈企业领导人员。建立外派监事会可追溯、可量化、可考核、可问责的履职记录制度，切实强化责任意识，健全责任倒查机制。

（十）健全国有企业审计监督体系。完善国有企业审计制度，进一步厘清政府部门公共审计、出资人审计和企业内部审计之间的职责分工，实现企业国有资产审计监督全覆盖。加大对国有企业领导人员履行经济责任情况的审计力度，坚持离任必审，完善任中审计，探索任期轮审，实现任期内至少审计一次。探索建立国有企业经常性审计制度，对国有企业重大财务异常、重大资产损失及风险隐患、国有企业境外资产等开展专项审计，对重大决策部署和投资项目、重要专项资金等开展跟踪审计。完善国有企业购买审计服务办法，扩大购买服务范围，推动审计监督职业化。

（十一）进一步增强纪检监察和巡视的监督作用。督促国有企业落实"两个责任"，实行"一案双查"，强化责任追究。加强对国有企业执行党的纪律情况的监督检查，重点审查国有企业执行党的政治纪律、政治规矩、组织纪律、廉洁纪律情况，严肃查处违反党中央八项规定精神的行为和"四风"问题。查办腐败案件以上级纪委领导为主，线索处置和案件查办在向同级党委报告的同时，必须向上级纪委报告。严肃查办发生在国有企业改制重组、产权交易、投资并购、物资采购、招标投标以及国际化经营等重点领域和关键环节的腐败案件。贯彻中央巡视工作方针，聚焦党风廉政建设和反腐败斗争，围绕"四个着力"，加强和改进国有企业巡视工作，发现问题，形成震慑，倒逼改革，促进发展。

（十二）建立高效顺畅的外部监督协同机制。整合出资人监管、外派监事会监督和审计、纪检监察、巡视等监督力量，建立监督工作会商机制，加强统筹，减少重复检查，提高监督效能。创新监督工作机制和方式方法，运用信息化手段查核问题，实现监督信息共享。完善重大违法违纪违规问题线索向纪检监察机关、司法机关移送机制，健全监督主体依法提请有关机关配合调查案件的制度措施。

四、实施信息公开加强社会监督

（十三）推动国有资产和国有企业重大信息公开。建立健全企业国有资产监管重大信息公开制度，依法依规设立信息公开平台，对国有资本整体运营情况、企业国有资产保值增值及经营业绩考核总体情况、国有资产监管制度和监督检查情况等依法依规、及时准确披露。国有企业要严格执行《企业信息公示暂行条例》，在依法保护国家秘密和企业商业秘密的前提下，主动公开公司治理以及管理架构、经营情况、财务状况、关联交易、企业负责人薪酬等信息。

（十四）切实加强社会监督。重视各类媒体的监督，及时回应社会舆论对企业国有资产运营的重大关切。畅通社会公众的监督渠道，认真处理人民群众有关来信、来访和举报，切实保障单位和个人对造成国有资产损失行为进行检举和控告的权利。推动社会中介机构规范执业，发挥其第三方独立监督作用。

五、强化国有资产损失和监督工作责任追究

（十五）加大对国有企业违规经营责任追究力度。明确企业作为维护国有资产安全、防止流失的责任主体，健全并严格执行国有企业违规经营责任追究制度。综合运用组织处理、经济处罚、禁入限制、纪律处分和追究刑事责任等手段，依法查办违规经营导致国有资产重

大损失的案件，严厉惩处侵吞、贪污、输送、挥霍国有资产和逃废金融债务的行为。对国有企业违法违纪违规问题突出、造成重大国有资产损失的，严肃追究企业党组织的主体责任和企业纪检机构的监督责任。建立完善国有企业违规经营责任追究典型问题通报制度，加强对企业领导人员的警示教育。

（十六）严格监督工作责任追究。落实企业外部监督主体维护国有资产安全、防止流失的监督责任。健全国有资产监管机构、外派监事会、审计机关和纪检监察、巡视部门在监督工作中的问责机制，对企业重大违法违纪违规问题应当发现而未发现或敷衍不追、隐匿不报、查处不力的，严格追究有关人员失职渎职责任，视不同情形分别给予纪律处分或行政处分，构成犯罪的，依法追究刑事责任。完善监督工作中的自我监督机制，健全内控措施，严肃查处监督工作人员在问题线索清理、处置和案件查办过程中违反政治纪律、组织纪律、廉洁纪律、工作纪律的行为。

六、加强监督制度和能力建设

（十七）完善企业国有资产监督法律制度。做好国有资产监督法律法规的立改废释工作，按照法定程序修订完善企业国有资产法等法律法规中有关企业国有资产监督的规定，制定出台防止企业国有资产流失条例，将加强企业国有资产监督的职责、程序和有关要求法定化、规范化。

（十八）加强监督队伍建设。选派政治坚定、业务扎实、作风过硬、清正廉洁的优秀人才，进一步充实监督力量。优化监督队伍知识结构，重视提升监督队伍的综合素质和专业素养。加强对监督队伍的日常管理和考核评价，健全与监督工作成效挂钩的激励约束机制，强化监督队伍履职保障。

本意见适用于全国企业国有资产监督工作。金融、文化等企业国有资产监督工作，中央另有规定的依其规定执行。

国务院办公厅
二〇一五年十月三十一日

国务院关于2022年度中央预算执行和其他财政收支的审计工作报告

——2023年6月26日在第十四届全国人民代表大会常务委员会第三次会议上

审计署审计长　侯　凯

委员长、各位副委员长、秘书长，各位委员：

我受国务院委托，报告2022年度中央预算执行和其他财政收支的审计情况，请予审议。

2022年是党和国家历史上极为重要的一年。面对风高浪急的国际复杂环境和艰巨繁重的国内改革发展稳定任务，在以习近平同志为核心的党中央坚强领导下，各地区各部门[①]坚

---

① 本报告对省级行政区统称为省，副省和地市级行政区统称为市，县区级行政区统称为县，省市县统称为地区；中央一级预算单位统称为部门。

持以习近平新时代中国特色社会主义思想为指导，深入贯彻党的十九大和十九届历次全会精神，认真学习贯彻党的二十大精神，按照党中央、国务院决策部署，严格执行十三届全国人大五次会议有关决议，加大宏观调控力度，实现了经济平稳运行、发展质量稳步提升、社会大局保持稳定，全年发展主要目标任务基本完成，取得来之不易的新成就。

——宏观调控持续创新完善，着力稳住经济基本盘。及时出台实施稳经济一揽子政策和接续措施，高效统筹疫情防控和经济社会发展。安排新增地方政府专项债券 3.65 万亿元，对地方转移支付规模同比增长 16.9%，保持财政支出强度和对经济恢复的支持力度。持续加大减负纾困力度，全年新增减税降费及退税缓税缓费超 4.2 万亿元。落实中央八项规定及其实施细则精神和过紧日子要求，中央部门支出下降 3.5%。引导金融机构增加信贷投放，降低融资成本，对普惠小微贷款阶段性减息。

——坚持保基本兜底线，持续增进民生福祉。开展就业困难人员专项帮扶，对困难行业企业实施社保费缓缴，大幅提高失业保险稳岗返还比例。阶段性扩大低保等社会保障政策覆盖面，延续实施失业保险保障扩围政策，共向 1 000 多万失业人员发放失业保险待遇。深入推进农村产业融合发展，支持农产品供应链体系建设，做好农产品保供稳价。

——统筹发展和安全，有效防范和化解重点领域风险。坚持藏粮于地，新增高标准农田建设 1 亿亩，完成黑土地保护性耕作 8 300 多万亩。稳妥处置地方中小金融机构风险，严厉打击各种非法金融活动，着力推进专项债券补充中小银行资本金，守住不发生系统性风险底线。压实地方属地责任、部门监管责任和企业主体责任，推动建立防范化解地方政府隐性债务风险长效机制，坚决遏制隐性债务增量。

——审计整改总体格局初步成型，审计工作"下半篇文章"更加权威高效。建立起全面整改、专项整改、重点督办相结合的审计整改总体格局。至 2023 年 4 月，对 2021 年度审计发现的问题，已整改问题金额 8 501.11 亿元，完善制度 2 900 多项，追责问责 1.4 万多人。重点督办的问题线索总体进展顺利，铲除了一些阻碍改革发展和长期未解决的顽瘴痼疾。

一、中央财政管理审计情况

此次重点审计了税务和海关部门组织财政收入、中央预算分配和投资计划管理、中央决算草案编制、对地方财政监管等 4 方面情况。

2022 年，中央一般公共预算收入总量 107 552.14 亿元、支出总量 134 052.14 亿元，赤字 26 500 亿元，与预算持平；中央政府性基金收入 22 728.67 亿元、支出 15 335.58 亿元；中央国有资本经营收入 2 698.92 亿元、支出 2 610 亿元；中央社会保险基金收入 2 789.18 亿元、支出 2 895.29 亿元，年末滚存结余 92.18 亿元。

2022 年，国家发展改革委管理分配中央财政投资 6 400 亿元，其中安排中央本级支出 1 467.5 亿元，对地方转移支付 4 932.5 亿元，主要投向粮食安全、能源安全和产业链供应链安全、保障性安居工程、国家重大战略和区域协调发展、社会事业、生态文明建设、重大基础设施建设等 7 大领域。

财政部、国家发展改革委、税务总局等部门认真贯彻落实党中央、国务院决策部署，强化财政资源统筹，保障重点支出需要，宏观调控政策靠前发力并保持接续稳定，预算收入、分配和投资计划执行情况与经济发展状况基本匹配、总体较好，但审计也发现一些问题：

（一）税务和海关部门组织财政收入不够严格，规范性有待提高。重点审计了税务总局和海关总署的税费征管、进口监管等履职情况。发现的主要问题：一是执法不够严格。至 2022 年底，税务部门应征未征耕地占用税、消费税、土地使用权出让收入等 253.38 亿元；未及时对已达到清算条件的 39 个房地产项目清算土地增值税 9.49 亿元。25 个海关单位少征关税、进口环节税及滞纳金等66.99亿元。二是减税降费政策未能全面落实。至2022年底，条件不符的纳税人享受增值税留抵退税优惠179.19亿元，符合条件的纳税人应享未享留抵退税327.73亿元。35个海关单位未及时退还税款和保证金等8.2亿元。三是人为调节收入规模。28省市部分区县税务局为完成收入目标，征收过头税费43.14亿元；15省市部分区县税务局在完成任务后，延压税款入库128.78亿元。

（二）预算分配管理还存诸多薄弱环节，现代预算制度改革需向纵深推进。

1. 一般公共预算与其他预算边界不够清晰。预算管理改革要求建立定位清晰、分工明确的政府预算体系，强化四本预算统筹。但实际中，一般公共预算与其他预算边界仍待清晰。

一是与国有资本经营预算支出交叉。一般公共预算、国有资本经营预算分别向46户央企安排支出634.4亿元、484.97亿元。二是与政府投资基金投向重复。17项转移支付与6支政府投资基金重复投向94户企业，共计163.66亿元。6只政府投资基金及子基金间重复投向50户企业，其中11家获得3只及以上基金投资。

2. 预算分配不够科学合理。

一是部分政府投资基金未按要求聚焦解决融资瓶颈。中央财政至2022年底已设立24支政府投资基金，共募集资金11 148.89亿元。其中7支未按政策要求聚焦解决中小企业融资难问题，投资的876户企业中有118户属于银行信贷优质客户、31户为主板上市企业。

二是转移支付清理整合还不到位。交叉重复问题依然存在。"文化产业发展专项资金"与"外经贸发展资金"均支持文化服务出口，抽查发现3户企业以相同服务贸易出口业务多头重复申请，分别获得补助资金318万元和333.9万元；同时，中央财政补助地方政府偿还二级公路债务任务于2020年完成后，每年200亿元的补助资金被调整用于补助地方普通公路养护支出，与已有的"成品油税费改革"支出交叉重复。同类资金统筹使用力度不够。整合后的"高标准农田建设资金"仍由财政部和国家发展改革委同时安排，2022年分别为864.98亿元、226亿元。两部门未统一分配方法、资金使用要求等，加大了地方统筹整合使用的难度。

三是部分转移支付和投资专项分配不科学不合理。共涉及财政部30项转移支付和国家发展改革委29项投资专项。分配方法不科学不精准，11项转移支付分配时，存在基数固化等问题，导致分配结果不精准，涉及416.17亿元；22项转移支付和6项投资专项分配时存在未严格按办法分配、扩大补助范围、增加审批环节等问题，影响公平；11项转移支付和4项投资专项因基础数据不准确等，造成相关省份多分或少分资金174亿元。部分投资计划下达较慢。根据国家发展改革委投资计划草案，财政部于3月下达1 533个中央本级项目1 110.57亿元预算。但对其中涉及550.49亿元的1 263个项目投资计划下达滞后，有的至9月底才下达，导致预算资金未能及时支出。对21个投资专项涉及的656.96亿元地方项目，投资计划下达不及时，有的延至年底，导致项目资金预算无法据以及时下达。投资专项计划下达与项目进度不匹配。向建设进度滞后、资金闲置的5个项目继续安排投资，已下达31.63亿元，至2022年底结转21.16亿元；向规划工期2年以上的55个项目一次性下达全部投资41.39亿元，至2022年底结转26.84亿元。

3. 预算绩效管理较为薄弱。重点抽查了投资专项和部门预算项目绩效管理情况，主要发现3方面问题：绩效目标设置不合理，74个项目存在绩效指标缺乏约束等问题。绩效运行监控乏力，37个项目的49个绩效指标确定无法完成，却未及时提出督促改进要求。绩效评价结果及运用质量不高，36个投资专项管理办法未明确或专门提出运用绩效评估结果；5个项目绩效评价结果等级实际为"中"却评为"良"，也未按规定核减预算；27个项目绩效评价结果出具较晚,无法用作下年度预算安排依据。

(三)中央决算草案编报不够准确。主要是应于当年收缴的5家中央金融企业国有资本收益39.88亿元延至2023年上缴,导致收入少计39.88亿元。

(四)地方财政管理不够严格。重点审计了18省本级及36个市县共54个地区的财政收支管理情况,并就共性问题延伸了其他地区。主要发现4方面问题:一是违规组织和返还财政收入。70个地区通过"自卖自买"国有资产、虚构土地交易等方式虚增财政收入861.3亿元,其中67.5%发生在县级。41个地区向亏损企业征收国有资本收益、征收过头税费或直接乱罚款乱摊派等,违规组织财政收入77.5亿元。还有55个地区违规或变相返还税收或土地出让金等225.08亿元。二是违规新增隐性债务。49个地区通过承诺兜底回购、国有企业垫资建设等方式,违规新增隐性债务415.16亿元。三是专项债券管理存在一些问题。20个地区通过虚报项目收入、低估成本等将项目"包装"成收益与融资规模平衡,借此发行专项债券198.21亿元。5个地区将50.03亿元违规投向景观工程、商业性项目等禁止类领域;47个地区违规挪用157.98亿元;5个地区虚报33个专项债券项目支出进度,至2022年底有60.27亿元结存未用。四是财政暂付款亟待清理。财政暂付款一般由财政临时出借给预算单位应急等,按规定不得长期挂账,应及时清理结算。财政部于2018年要求严控规模、逐步清理,但54个地区至2022年底暂付款余额达1 481.39亿元,比上年增加83.63亿元。还有13个地区暂付款占用专项转移支付或专项债券资金86.47亿元,部分用于无预算、超预算政府支出;6个地区违规向企业出借资金281.81亿元。12个地区不得不从上级超预算额度调拨库款、由银行垫款或对外借款280.72亿元来维持基本运转。

二、中央部门预算执行审计情况

重点审计了41个部门及所属188家单位2022年收到的财政预算拨款2 285.59亿元,并对相关事项进行了延伸,发现各类问题金额109.85亿元。从主体看,部门本级23.64亿元,所属单位86.21亿元;从性质看,管理不规范问题87.35亿元,违纪违规问题22.5亿元。结果表明,通过连续20多年的预算执行审计,部门本级预算执行总体相对规范,但所属单位仍问题多发,是今后一个时期部门预算执行审计的重点。

(一)利用部门职权或行业资源违规牟利、收费或转嫁摊派6.19亿元。29家所属单位通过将依政策获取的业务转包、利用特许经营权与外部企业合作、出借资质证书帮助其他单位承揽业务等方式违规牟利或收费5.58亿元;3个部门和7家所属单位违规举办评比表彰或论坛庆典、利用部门影响力等收费或转嫁摊派3 176.51万元;5家所属单位违规举办培训班、合作办学或远程教育等收费2 937.23万元。

(二)依法理财依规决策意识不强。13家所属单位将培训费、资产处置收入等4.36亿元长期账外存放或核算形成"小金库",2个部门和8家所属单位以虚列支出等方式套取资金8 079.67万元,其中471.85万元被用于吃喝、送礼等或涉嫌个人侵占。3个部门和29家所属单位铺张浪费,有的多花费2 700多万元租用办公场所致人均办公面积达137平方米;有的超合同进度年底突击花钱8 458.07万元。17家所属单位违反行业规定等开展业务或违规决策,造成损失(风险)4.31亿元。25家所属单位违规发放津补贴或承担应由个人支付的商业保险等费用8 795.66万元。5家所属单位100名领导干部违规持股或兼职取酬3 578.39万元。

(三)公务用车管理制度落实还需加强。2个部门和3家所属单位无偿占用、换用下级单位公车或违规出借23辆;2个部门和9家所属单位超编制、超标准配备公车36辆;34家所属单位仍未完成公车改革,涉及公车55辆。

三、重大项目和重点民生资金审计情况

重点审计了政府和社会资本合作（PPP）、基础研究和关键核心技术攻坚等2项重大项目实施情况，以及就业、住房、教育、乡村振兴等4项民生资金管理使用情况。

（一）重大项目审计情况。

1.PPP项目审计情况。此次重点抽查了18省市本级及187个地区计划总投资1.53万亿元的408个项目。发现的主要问题：一是入库环节审核不严。11个地区的19个项目是由中介机构通过夸大预期收入、调减财政支出责任等方式虚假包装后得以入库，其中14个项目存在政府部门虚构财政财务数据的现象。二是履约环节不尽诚信。11个地区的14个项目以承诺办理用地手续引入社会资本，但由于占用基本农田无法获得用地许可等，导致项目因土地未落实而停工停建或进度缓慢。三是建设运营环节不当推责揽责。一方面，6个地区将新城新区产业规划、城市运营等职能，与具体项目"整体打包"交由社会资本方实施，因远超社会资本方能力，大多半途而废。另一方面，10个地区在15个项目中违规约定由政府方或当地国企负责运营，不当承担了应由社会资本方承担的风险。部分项目形成损失浪费。至2022年6月底，有151个项目进展缓慢、停工甚至烂尾等，造成国有资产损失17.22亿元；10个地区违规建设10个会议场馆或景观工程等，涉及计划投资75.66亿元。

2.基础研究和关键核心技术攻坚相关任务审计情况。重点审计了国家5类科技计划中的自然科学基金、重点研发计划等两类计划，以及中小企业发展等专项，发现的主要问题：一是部分任务部署和要求偏离预定目标。32个项目偏离产学研相结合的要求，形成的897项专利未实现成果转化、177项实物成果闲置或停留在样机阶段；45项重点任务从制定实施方案到签订任务合同，层层降低指标要求，有的技术国内已量产无需攻关。二是部分科研成果涉嫌造假。两类计划的部分项目存在成果发表时间早于项目开始时间的问题。成果验收流于形式，649个已验收项目通过率为96.5%，但抽查其中135个发现实际有34个未完成全部任务。三是部分资金被骗取套取或挤占挪用。15家项目单位以虚假合同、虚报任务量或投资额等方式骗取套取1.39亿元，86家列支福利、装修等无关支出2 864.73万元，还有9家将应由自身承担的1 227.15万元科研任务违规外包。17个地区和单位挤占挪用科研资金、违规培训收费等1.19亿元，用于发放工资福利、弥补办公经费等。

（二）重点民生资金审计情况。

1.促进就业资金审计情况。重点审计了24省市和新疆生产建设兵团83个地区的促进就业资金。发现的主要问题：一是稳岗补贴被劳务派遣公司滞留截留和骗取。按规定，对不裁员或少裁员的参保用工企业，可返还其部分已缴失业保险费作为稳岗补贴。但19省565家劳务派遣公司利用替用工单位代缴失业保险费而取得参保企业的身份，将应发放给劳务派遣人员及用工企业的9.8亿元稳岗补贴申领后滞留截留。13省71家劳务派遣公司还通过伪造劳动合同等方式骗取稳岗补贴4 282万元。如陕西1家人力资源管理公司自有员工仅3人，2020年将派遣到机关事业单位的劳务派遣人员作为本企业职工，申领稳岗补贴997万元转入股东个人账户等，其中188万元被用于购买高档轿车等。二是部分地方职业技能培训弄虚作假。22省多家培训机构和用工企业搞虚假培训套取骗取专账资金等1.23亿元，其中：通过将退休人员、在校生等假学员纳入培训等套取5 219万元；通过随意编造上课记录、使用外挂软件刷课等假内容骗取4 720万元；通过编造资料、以其他培训抵顶等假项目骗取2 360万元。还通过租用师资、场地等假资质违规开展培训。有的鉴定评价机构滥发证书扰乱培训市场。23个地区334家评价机构通过考试"放水"、篡改成绩等方式，滥发职业技能等级证书近14万本。三是失业补助被蚕食。国家2020年以来扩大失业保险保障范围并简化审批流程，对参保的失业人员只要在停缴社保前有1个月的

缴费记录就可申领最长6个月的失业补助。这一惠民政策被不法企业利用,13省235户企业临时招揽社会人员,通过为其缴纳1至3个月社保后再停缴断保的方式,骗取失业补助5233万元。

2. 住房租赁资金审计情况。此次重点审计了11省住房租赁市场发展、公租房、保障性租赁住房等相关资金481.97亿元。发现的主要问题:一是虚报住房租赁市场发展试点任务量。中央财政自2019年以来,支持24个人口净流入、租赁需求缺口大的大中城市开展住房租赁市场发展试点。抽查其中13市均发现虚报租赁住房房源的问题。虚报方式五花八门:12市将中介已出租住房等作为存量盘活房源,有的上报盘活量全部是房产中介已出租房源;8市将租赁住房"以间代套""以一报多"等方式虚报。二是违规利用公租房抵(质)押融资。政府持有的公租房按规定不得作为融资抵押物和担保物。但至2022年6月底,5省10个地区刻意规避要求,将持有的公租房先以无偿注入、收益权转让等方式交给地方融资平台或国有企业,再由企业以固定资产或租金等收益权质押融资157.5亿元。此外,6省3个地区和12户企业通过伪造资料、重复申报等方式骗取套取4.05亿元;11省将25.28亿元违规用于平衡预算、补助不符合条件企业等。

3. 城乡义务教育补助经费审计情况。审计了18省及所属40个地区的免费教科书、困难学生补助等7类教育补助经费。发现的主要问题:一是地方政府保障责任未落实、申领使用不严格。6省20个地区为完成教育投入只增不减等要求,虚报投入79.89亿元;11省拖欠特岗教师工资、社保等3.45亿元。9省通过虚报校舍面积等多申领6.47亿元;10省未按规定办法分配6.35亿元,如湖北40个地区将农村校舍安全保障补助资金1.3亿元用于151所城市学校校舍维修。16省将25.24亿元挪用于平衡预算、偿还债务、发放福利等。二是学校违规收费和处置资产。7省教育部门及45所学校违规收取赞助款10.05亿元;4省308所学校违规收取补课费、强制学生购买电脑等9131.2万元。7省10所民办学校实际控制人通过违规分红、关联交易等转移学校资金9.42亿元;6省民办学校低价甚至无偿占用公办学校校舍、引入公办在编教师等,占用优质公办教学资源办学。

4. 乡村振兴重点帮扶县产业帮扶政策落实和资金审计情况。重点抽查了10省92个国家乡村振兴重点帮扶县的产业帮扶资金,入户走访脱贫家庭7636户。发现的主要问题:

一是部分地方帮扶产业发展基础不牢。部分项目出现经营亏损、种养殖成活率低及设施闲置废弃等问题,涉及帮扶资金71.72亿元。支持帮扶产业补齐短板的力度不够。51县投资16.14亿元建设实施的305个项目因缺乏配套设施、技术和人才支撑,或产品销售困难等难以为继甚至失败。产业发展脱离实际。61县投入19.69亿元实施的348个项目因未对接群众意愿、脱离当地资源禀赋和市场环境实际等效益不佳,有的建成后即闲置。产业项目资产管理粗放。36县对发展产业中形成的23.02亿元经营性资产未及时准确登记入账,存在权属纠纷或被侵占;19县未按约定收回投入企业的2.92亿元资产,被企业无偿占用。

二是部分项目未充分联农带农。62县将80.49亿元帮扶资金投入企业后,向脱贫群众简单分红,既缺乏稳定性,也不利于激励勤劳致富,15县在分红协议到期后还未制定接续措施。15县未兑现吸纳群众就业承诺,83县拖欠截留农户分红、务工工资、土地流转费等5.69亿元,如甘肃临潭县将1064.35万元产业帮扶资金投入10家企业,按照6%至8%收取使用费,再以4%至5%向群众分红,累计克扣截留33.56万元。

三是部分财政、金融、土地等产业配套衔接政策未落实。10县用于产业帮扶的财政衔接资金比例未达到50%的下限,22县将2.85亿元产业帮扶资金用于偿还政府债务、市政交通建设等,18县4528.53万元帮扶资金被骗取侵占。2县违规"户贷企用",2.28亿元小额贷款被转至企业"吃利息";6县未按规定向脱贫群众发放小额信贷贴息等1397.74万元。

4县违规将脱贫县专项用地指标1 489.84亩用于市政建设等；15县违规将1.91万亩基本农田非粮化；13县4 501.92亩耕地占而，未用，长期撂荒。

四、国有资产管理审计情况

按照中共中央《关于建立国务院向全国人大常委会报告国有资产管理情况制度的意见》和全国人大常委会《关于加强国有资产管理情况监督的决定》，继续关注企业、金融、行政事业和自然资源资产等4类国有资产管理使用情况。

（一）企业国有资产审计情况。重点审计的33户央企账面资产总额29.3万亿元、负债总额17.96万亿元、国有资本权益7.08万亿元，平均资产负债率61.3%。发现的主要问题：

1. 会计信息不实。33户央企收入多计671.73亿元、少计195.85亿元，成本费用多计720.54亿元、少计390.85亿元，利润多计362.48亿元、少计201.21亿元。

2. 资产管理仍较混乱。主要表现为3个方面：资产不实。30户央企因财务报表合并范围不完整或将非所属企业纳入合并范围等，造成资产多计503.18亿元、少计1 362.51亿元。管理不严。17户央企的固定资产等闲置或利用率偏低，涉及428.29亿元；5户央企未按期清理退出57家参股企业的低效无效投资，涉及46.81亿元；24户央企实物资产管理混乱、违规出租出借资产资金等，涉及2 566.58亿元。违规运营。25户央企在股权收购、项目投资中因违规决策、管控不力造成亏损及风险334.08亿元，其中违规收购境外公司股权和矿产资源仍是主要"出血点"。

（二）金融企业国有资产审计情况。重点审计的4家中央金融机构和21家国有信托公司资产61.63万亿元、负债55.51万亿元，净资产收益率从0.9%到15.5%不等。发现的主要问题：

1. 资产底数不实、管理不严。24家金融机构通过直接少计、虚假处置、移至账外等方式，未如实反映风险资产3 746.29亿元。4家中央金融机构还违规列支薪酬、营销等费用29.11亿元，其中2家26.95万平方米的办公和技术用房闲置。

2. 违规开展业务。25家金融机构违规开展存贷、理财、信托、保险等业务，其中银行存贷业务违规问题仍较高发，多表现为变相高息揽储、存贷挂钩、贷款审查不严等。审计的21家信托公司中，有17家帮助实体企业实施粉饰报表、转移资金、隐瞒关联交易等违规行为。8家信托公司借主业之名行违规之实，通过设立形式合规的资产服务信托计划等，协助多家企业发放网络贷款，并违规将尽职调查、风险评价等实质审核环节外包。

（三）行政事业性国有资产审计情况。在41个中央部门预算执行等审计中，重点关注了行政事业性资产管理使用情况。发现的主要问题：

1. 部门资产底数不清。共涉及32个部门，主要表现为账实不符、少计漏记、手续不以及11.1万件字画、古籍等资产未入账或权属未变全等。22个部门188.87万平方米房产、1 989.94亩土地、4.79亿元固定资产或无形资产等，以及11.1万件字画、古籍等资产未入账或权属未变更等；9个部门2.7亿元资产、1.63万平方米房产账实不符或价值计量不准确；10个部门127万平方米房产、1 245.26亩土地未办理产权证，对外投资44家企业未办理国有资产产权登记；13个部门74个已验收或投用的建设项目未及时办理竣工决算或转入固定资产，涉及125.91亿元。

2. 资产配置使用不够集约高效。共涉及13个部门，主要表现为超标准违规配置与资产低效闲置现象并存。5个部门无预算超预算租用房产1 819.45平方米、超标准配置办公设备等3 280.78万元，违规动用5.49亿元购建办公楼1.36万平方米。8个部门52.17万平方米房产、70.35亩土地、299辆公务用车和1亿元设备等资产闲置或低效运转；5个部门在自有资产闲置或出租的情况下又租入同类资产，有的在公务用车闲置率达40%的情况下又租用超标准公务用车，个别部门花费2 503.72万元购买的23台（套）设备超6年未拆封或2022年全年运行机时为零。

3. 随意处理处置资产。共涉及25个部门的41.76万平方米房产、126辆车、1.54亿元办公设备等资产。22个部门未经批准或未进行评估出租房产等28.07万平方米，无偿出借或低价出租房产13.69万平方米、1.17亿元资产，减免或少收租金等9 306.32万元；8个部门未按规定程序处置车辆、设备等资产，涉及126辆车、3 752.96万元资产。

（四）国有自然资源资产审计情况。对6省市和自然资源部11名领导干部开展自然资源资产离任（任中）审计。发现的主要问题：

1. 耕地保护制度落实不严格。6省已退耕林地中有127.62万亩仍被统计为耕地。抽查全国已验收的补充耕地中，有21.36万亩不到3年即变为乔木林地、建设用地等非耕地；4省市部分永久基本农田或高标准农田非农化非粮化。18省耕地占补平衡目标未实现，自2019年来违规少补充耕地141.61万亩；已补充的耕地81.11万亩质量不达标。

2. 部分地区生态环境风险隐患仍未消除。3个地区医疗废物产生量不清，一些医疗机构未按规定申报医疗废物产生和处置情况；4个自然保护区内仍有厂房和酒店未按规定清理退出。5个地区违规占用林地、草地、湿地1.23万亩，5个地区将26.6万亩其他草地转为建设用地，2个地区在湿地内或通过围填海开发商业项目。

3. 生态治理项目及相关资金管理使用不严格。6个地区的97个污染防治、生态修复等重点任务和项目进展缓慢或绩效不佳，有6条黑臭水体治理后又返黑返臭。5个地区370家单位取用水2.54亿吨未按规定缴纳水资源税费；黑龙江1家国企通过虚构业务、编造资料等套取湿地保护专项资金1 948万元设为"小金库"。

五、重大违纪违法问题线索

2022年5月以来，审计共发现并移送重大违纪违法问题线索300多起，涉及1 800多人。主要有以下表现：

（一）行业性、系统性腐败突出，资金密集、资源富集领域是重灾区。特别是一些国企负责人利用强势地位或国企光环，对外以国企名义承揽业务，私下却中饱私囊、个人侵占。如某国企时任董事长赵某自2018年以来在投资建设一科技产业园项目中，先以该国企名义与地方政府洽谈，再利用职权，将项目实施主体最终确定为本人实际控制、与该国企名称相似但毫无关系的民企，并以低于市场价33%的价格获得住宅用地，少缴土地出让金16.15亿元；违反住宅用地仅限于产业园项目及员工生活配套的协议要求，将部分土地用于开发商品房，至2022年8月取得售房收入31亿元，大多转入本人实际控制的民企。

（二）政商关系边界不清，公器私用问题凸显。一些不法企业借承接政府部门购买服务之机大肆敛财，一些公职人员则以手中权力为筹码，将本应亲清统一的新型政商关系实际变成内外勾结的利益交换，手法恶劣，性质严重。如一户民企2017年以来通过政府购买服务方式，承担了主管部门委托的专业资质认定的部分辅助工作。该企业借此向相关专业机构提供培训、技术服务等一条龙服务，如聘请评审专家传授通过评审的"技巧"；利用提前掌握的评审安排以及熟悉主管部门人员等便利，在承揽服务时承诺助其取得资质证书。该企业自2019年至2021年取得培训与咨询收入，是其取得政府购买服务收入的14倍多。与此同时，主管部门相关工作人员及亲属收受该企业资金数百万元。

（三）基层"微腐败"和"小官大贪"时有发现，啃食群众获得感。主要发生在县乡等基层单位和农业农村、就业创业等民生领域。如内蒙古兴安盟农垦事业发展中心下辖3家农牧场负责人自2017年至2021年，指使工作人员虚报玉米、大豆种植面积9.03万亩，骗取相关财政补贴1 227.97万元，除1 080.98万元用于农牧场生产经营外，其余146.99万元形成"小金库"，大部分被"小金库"管理人用于个人房屋装修等。

（四）财经纪律执行松弛，扰乱财经秩序。财政财务管理方面，2市违规向企业出借或转移财政资金54.5亿元，其中40亿元是以设立政府投资基金等名义转至国企的，脱离预算管理。落实中央八项规定精神和过紧日子要求方面，13个地区的三公经费不降反增或隐匿在其他科目支出；个别地区违规举办演艺活动。遵守廉洁从业规定方面，10个地区、部门和单位的773名干部职工及其亲属存在违规经商办企业、兼职取酬或与所在企业发生经济往来等问题。

六、审计建议

（一）推动宏观调控政策统筹兼顾，增强时效性和精准性。一是推动积极的财政政策加力提效。保持必要的支出强度，合理安排财政赤字率和增加地方政府专项债券规模，支持地方正常融资需求。继续加大对地方转移支付力度，更多向困难地区倾斜。进一步规范转移支付分类设置，优化财政支出结构，加大对科技攻关、区域重大战略、基本民生等薄弱环节和关键领域的投入。二是推动稳健的货币政策更加精准有力。引导金融机构按照市场化、法治化原则满足实体经济有效融资需求，督促加大对小微企业、科技创新、绿色发展等领域支持力度。三是做好各项政策之间的衔接协同。强化年度间政策衔接，分类采取延续、优化、调整、加强等举措，防止出现政策断档或急转弯。做好宏观政策取向一致性评估，促进各项宏观政策形成系统集成效应，汇聚集中力量办大事的合力。

（二）稳步推进重点领域和关键环节改革，为实现高质量发展打下坚实基础。一是深化财税体制改革。加强四本预算统筹衔接，建立健全权责配置更为合理、收入划分更加规范、财力分布相对均衡、基层保障更加有力的省以下财政体制。完善税费优惠政策，优化留抵退税制度设计。稳步推进地方税体系建设。二是建立健全关键核心技术攻坚体制。适应新型举国体制需求，统筹和推进产业、教育、科技、人才等各领域配套改革。着眼国家战略需求和国际竞争前沿，布局实施一批国家重大科技项目，发挥好政府的组织引导作用。突出企业科技创新主体地位，引领产学研深度融合，支持科技型、创新型中小微企业参与国家级创新平台建设。三是完善党中央重大决策部署落实机制。坚决打破地方利益藩篱，严格执行党中央关于统筹推进高标准市场体系、建设全国统一大市场的各项部署，主管部门应加强协调、指导、考核等工作。

（三）着力防范化解重大经济金融风险隐患，严格监督约束权力运行。财政领域，对违规举债问题严肃查处、追责到人。督促省级政府加强风险分析研判，督促基层结合实际逐步降低债务风险水平，稳妥化解隐性债务存量。逐步剥离地方政府平台公司的融资功能，推动分类转型发展。加强专项债券投后管理，确保按时足额还本付息。金融领域，有序推进中小银行、保险、信托机构改革化险工作，健全地方党政主要领导负责的金融风险处置机制。适应国有金融资本集中统一管理改革，依法对各类金融活动全部纳入监管。国企国资领域，持续推进国有经济布局优化和结构调整，推动聚焦主责主业，增强国企核心竞争力和抗风险能力。督促健全细化"三重一大"决策机制及操作规程，严格规范国企金融业务，对违规决策造成重大损失的典型问题，提级追责、穿透治理。资源环境领域，加强大江大河和重要湖泊湿地生态保护治理，推进城市和乡村黑臭水体治理。严格落实耕地保护要求，完善占补平衡相关政策，尽快出台逐步把永久基本农田全部建成高标准农田的具体方案，实施好国家黑土地保护工程。

（四）加强财政资金绩效管理，严肃财经纪律。一是强化预算绩效管理。将落实党中央、国务院重大决策部署作为预算绩效管理重点，加强对新出台重大政策、项目事前绩效评估。完善细化绩效指标体系，改进绩效自评，将绩效评价结果作为制定政策、安排预算的重要依据。二是严格落实中央八项规定精神和过紧日子要求。把勤俭节约作为财政长期方针,从严控制党政机关一般性支出,强化三公经费管理。督促地方和部门加强资金和项目管理,坚决纠正挤占挪用、损失浪费等行为。三是严肃查处各类违反财经纪律问题。加强各类监督的贯通协调,实现信息沟通、线索移送、协同监督、成果共享。加强对违规建设楼堂馆所严重违反财经纪律行为的查处问责。

本报告反映的是此次中央预算执行和其他财政收支审计发现的主要问题。对这些问题,审计署依法征求了被审计单位意见,出具了审计报告、下达了审计决定;对重大违纪违法问题线索,依纪依法移交有关部门进一步查处。有关地方、部门和单位正在积极整改。审计署将跟踪督促,年底前报告全面整改情况。

委员长、各位副委员长、秘书长、各位委员:

今年是贯彻落实党的二十大精神的开局之年,做好各项经济工作意义重大。审计机关将更加紧密团结在以习近平同志为核心的党中央周围,坚持以习近平新时代中国特色社会主义思想为指导,全面贯彻落实党的二十大精神,深刻领悟"两个确立"的决定性意义,增强"四个意识"、坚定"四个自信"、做到"两个维护",按照党中央、国务院决策部署,完整、准确、全面把握扎实推进中国式现代化对审计工作提出的新要求新任务,自觉接受全国人大监督,为全面建设社会主义现代化国家、全面推进中华民族伟大复兴作出新的更大贡献!

国务院关于2022年度中央预算执行和其他财政收支审计查出问题整改情况的报告

——2023年12月26日在第十四届全国人民代表大会常务委员会第七次会议上
审计署审计长 侯 凯

委员长、各位副委员长、秘书长、各位委员:

我受国务院委托,向全国人大常委会报告2022年度中央预算执行和其他财政收支审计查出问题的整改情况,请予审议。

党中央、国务院高度重视审计查出问题的整改工作。习近平总书记多次作出重要指示批示,强调审计整改"下半篇文章"与揭示问题"上半篇文章"同样重要,必须一体推进;在审计整改上打好"组合拳"。李强总理主持召开国务院常务会议部署审计整改工作,要求严肃认真抓好整改工作,严格落实整改主体责任,确保整改实效。根据党中央、国务院决策部署,审计署进一步巩固和完善全面整改、专项整改、重点督办相结合的审计整改总体格局,将《国务院关于2022年度中央预算执行和其他财政收支的审计工作报告》(以下简称《审计工作报告》)反映的所有问题及建议全部纳入整改范围,按立行立改、分阶段整改、持续整改分类提出整改要求,向138个地方、部门、单位① 印发整改通知和清单,由其全面落实审计整改责任。有关部门按照工作职责认真落实专项整改任务;审计署将重大问题线索移送有关部门和地方重点查办或督办,开展整改情况专项审计调查,合力推动审计整改取得扎实成效。现将有关情况报告如下:

---

① 本报告对省级行政区统称为省,副省和地市级行政区统称为市,县区级行政区统称为县,省市县统称为地区;中央一级预算单位统称为部门。

一、2022年度审计整改工作部署和成效

各地区各部门各单位坚持以习近平新时代中国特色社会主义思想为指导,深入贯彻习近平总书记关于审计整改工作的重要指示批示精神,严格执行十四届全国人大常委会第三次会议相关审议意见,认真落实国务院各项工作部署,审计整改工作机制更加健全、成效更加显著。

(一)从政治高度把审计整改作为重大政治任务抓紧抓实。各地区各部门各单位按照党中央统一部署,将审计发现问题纳入学习贯彻习近平新时代中国特色社会主义思想主题教育检视整改工作,逐项列出清单、制定整改措施;专题学习二十届中央审计委员会第一次会议精神,将落实审计整改作为拥护"两个确立"、做到"两个维护"的具体体现。被审计单位主要负责人认真履行整改第一责任人责任,将审计整改纳入班子重要议事议程,不断增强抓整改的主动性。主管部门针对反复出现、经常发生的问题,强化行业监管职责,推动源头治理。

(二)审计整改总体格局更加成熟并取得新突破。审计机关自觉运用审计工作规律性认识,推动审计整改总体格局取得新突破。有关部门完善并落实信息沟通、线索移交、措施配合、成果共享机制,有的与审计机关建立对口联系机制,有的加强审计整改机构设置,专项整改贯通协作更加顺畅高效。重点督办范围有效拓展,发挥以重点问题深入整改推进全面整改的引领作用。有关地方还推动审计与生态环境、农业农村、统计等其他部门贯通协作,合力解决跨地区跨部门难题。

(三)审计整改成效彰显"如雷贯耳"要求。截至2023年9月底,《审计工作报告》要求立行立改的问题中有92%已完成整改,要求分阶段整改的问题总体进展顺利,要求持续整改的问题制定了措施和计划。有关地方、部门和单位共整改问题金额9 570多亿元,制定完善规章制度1 600多项,追责问责2 540多人,重大问题整改总体进展顺利,解决了一些不利于改革发展和经济社会稳定的体制机制问题。

二、审计查出问题的整改情况

有关地方、部门和单位采取多种方式加强审计整改:中央财政和中央部门通过收回结余资金、调整投资计划、清理违规收费等整改1 182.22亿元,各地通过追缴退回、统筹盘活、补发待遇、落实政策等整改821.43亿元,央企和金融机构通过调整账目、清收贷款或调整分类、加强投资管理等整改7 574.04亿元。

(一)中央财政管理审计查出问题的整改情况。财政、发展改革、税务、海关等部门和有关地方已整改1 685.95亿元,完善制度185项,处理处分258人。

1.关于税务和海关部门组织财政收入不够严格的问题。针对执法不够严格问题,税务部门已通过追缴税费入库或完善征管制度等整改246.2亿元;达到土地增值税清算条件的38个房地产项目已完成清算,补缴税款或办理退税11.3亿元。21个海关单位补征关税、进口环节税及滞纳金等9.35亿元,将失职失管、擅自销售监管货物等问题移送司法机关;对涉及的政策性问题,海关总署正商有关部门研究完善。针对减税降费政策未能全面落实问题,不符合条件的纳税人已补充退税资料或退回增值税优惠等175.81亿元;符合税费优惠条件的纳税人已将留抵退税抵扣应交税金或补充享受优惠等。35个海关单位已完善相关征管制度或退还税款及保证金等8.2亿元。针对人为调节收入规模问题,28个省市税务局已将征收的过头税费43.14亿元办理退税、更正申报或抵减税款等;15个省市税务局延压的128.78亿元税费均已入库。

2.关于预算分配管理还存诸多薄弱环节的问题。

(1)对一般公共预算与其他预算边界不清问题。针对与国有资本经营预算支出交叉问

题，财政部研究完善国有资本经营预算制度，突出其支持重点为解决国有企业发展中的体制机制性问题，更好服务国家战略和安全需要，并加强一般公共预算与国有资本经营预算统筹衔接、优化资金支出方向。针对与政府投资基金投向重复问题，财政部分配转移支付资金时加强审查，会同业务主管部门督促相关政府投资基金强化项目筛选与投向管理，避免重复支持。

（2）对预算分配不够系统统筹、分配结果不科学问题。针对政府投资基金未按要求解决融资瓶颈问题，财政部引导涉及的7只基金按政策要求聚焦中小企业融资难，审慎选择投资对象，其中2只已全部清退在二级市场购买的股票或到期终止。

针对转移支付清理整合还不到位问题，商务部会同财政部对地方重复支持3户企业相同出口业务的2项转移支付，已督促有关地方全部收回其中1项"外经贸发展资金"。对地方普通公路养护补助支出与"成品油税费改革"支出交叉重复问题，财政部联合交通运输部调研分析全国普通公路养护资金来源及使用情况，正在研究完善全国普通公路养护补助资金政策。对"高标准农田建设资金"统筹使用力度不够问题，农业农村部与国家发展改革委、财政部加强协商，正研究完善工作机制。

针对部分转移支付和投资专项分配不科学不合理问题，财政部会同业务主管部门优化11项转移支付的测算分配方法等，使资金分配更加符合地方实际；在分配2023年转移支付时，已纠正基础数据错误。国家发展改革委和财政部修订1项投资专项和2项转移支付的管理办法，明确支持范围、分配因素及权重等，收回多分的资金，扣减或暂停有关地方2023年中央财政投资安排。针对部分投资计划下达较慢、与项目进度不匹配的问题，国家发展改革委至9月底2023年投资计划已下达95%，同比提高1个百分点，并进一步提前2024年投资计划编制周期，今后争取在每年6月底前全部下达投资计划；继续督促项目单位加快建设进度，至9月底5个进度滞后的项目已支出结转资金3.55亿元，其中2个项目调减投资5.16亿元。

（3）对预算绩效管理薄弱问题。针对绩效目标设置不合理问题，财政部将组织对2024年中央部门项目支出绩效目标开展审核，把审核结果与预算安排、绩效考核等挂钩。针对绩效运行监控乏力问题，财政部加强中央部门预算绩效运行监控工作指导，督促部门分类处置绩效监控发现的问题。针对绩效评价结果及运用质量不高问题，国家发展改革委正在研究制定投资专项管理办法工作指引，拟对包括绩效评价结果运用在内的关键环节进行规范。财政部着力提升绩效评价报告质量，加快推进2023年重点绩效评价工作，力争使评价结果能够按规定用于2024年中央部门预算安排。

3.关于中央决算草案编报不够准确的问题。财政部已收缴5家中央金融企业2022年国有资本收益39.88亿元，并将在2023年中央决算草案中反映。

4.关于地方财政管理不够严格的问题。审计的相关地区已整改516.27亿元。针对违规组织和返还财政收入问题，70个地区开展专项整治或完善财政收入管理制度等，已将31.49亿元虚增收入退库，追责问责55人；6个地区已退还过头费、乱罚款等；55个地区清理废止违规出台的税收返还优惠等，规范招商引资行为。针对违规新增隐性债务问题，46个地区已将违规举借的196亿元隐性债务录入政府隐性债务统计系统，通过废除政府回购条款、支付拖欠工程款等偿还隐性债务110.21亿元，追责问责44人。针对专项债券管理存在的问题，8个地区多渠道增加76.51亿元专项债券项目的预期收入，提高收益与融资规模平衡度。2个地区调整专项债券支持项目的设计方案或结算模式，剔除之前违规包含的商业性内容，已整改5.06亿元；44个地区追回或用财政资金置换被挪用的专项债券31.93亿元，5个地区已支出闲置资金23.25亿元。针对财政暂付款亟待清理问题，18个地区通过归还原资金渠道、制定向企业追款计划等，加大占用专项转移支付或专项债券资金、向企业出借的财政暂付款催收力度，已归还32.78亿元。12个通过超调库款或对外借款等维持运转的地区，加强库款支出流量预测和大额支出等前置审核，制定银行代垫资金还款计划，已清算代垫资金8.89亿元。

（二）中央部门预算执行审计查出问题的整改情况。33个部门已整改12.54亿元，完善制度46项，处理处分200人。

1. 关于利用部门职权或行业资源违规牟利、收费或转嫁摊派的问题。27家所属单位通过不再授予合作企业特许经营权、停止出借资质证书等整改2.95亿元。3个部门和7家所属单位停止评比表彰或论坛庆典活动，退还利用部门影响力违规收取或转嫁摊派的费用1 528.43万元。5家所属单位已停止违规举办的培训班、合作办学或远程教育等。

2. 关于依法理财依规决策意识淡漠的问题。12家所属单位将账外存放的培训费、资产处置收入等4.32亿元纳入账内核算或调整会计账目；2个部门和8家所属单位已停止支付或收回被套取的资金5 719.9万元。2个部门和29家所属单位缩减不必要开支、停止租赁超标房产、收回预支预存款项，并严格办公物品配置和费用报销，已整改铺张浪费等金额1.08亿元。针对违规决策等造成损失及风险问题，16家所属单位健全决策制度，认真执行行业相关规定、规范业务管理，已整改1.77亿元。25家所属单位完善薪酬及津补贴管理办法，停止违规发放补贴，追回应由个人承担的费用等8 553.95万元。5家所属单位要求领导干部退出违规持股、退回兼职取酬等3 578.39万元，追责问责76人。

3. 关于公务用车管理不严格的问题。2个部门和3家所属单位已退回无偿占用、换用下级单位公车13辆，收回违规出借的公车4辆，支付车辆使用费29.93万元。2个部门和9家所属单位完善公车管理制度，并将超标准、超编制的16辆公车作退租、报废、上交等处理。28家所属单位已完成公车改革。

（三）重大项目和重点民生资金审计查出问题的整改情况。

1. 关于重大项目审计查出的问题。

（1）政府和社会资本合作（PPP）项目审计方面。国务院办公厅已转发国家发展改革委、财政部《关于规范实施政府和社会资本合作新机制的指导意见》。至9月底已完善制度28项，处理处分26人。一是对入库环节审核不严问题，6个地区对虚假包装项目的6家中介机构作出禁止准入、收回服务费等处理处罚，1个地区对配合造假或审核把关不严的部门负责人进行问责，4个地区重新测算了10个项目的财政可承受能力等基础数据。二是对履约环节不尽诚信问题，4个地区已为5个项目补办用地手续，3个地区3个项目中不具备实施条件的部分已终止建设，1个地区对违法占地的1个项目作出处罚。三是对建设运营环节不当推责揽责问题，6个地区将属于政府职能的项目，与社会资本方协商解除合同或修订违规条款，改由政府直接或主导实施。6个地区11个项目的政府方实施机构与社会资本方协商一致，解除政府或国企的运营责任，1个地区已将1个项目交付社会资本方运营。针对部分项目形成损失浪费问题，各地稳妥处置进展缓慢或停工烂尾项目，调整项目投资方式、压缩投资规模或引入新经营主体等，推动14个项目取得明显进展；5个地区调整了5个项目的用途或将建成项目公开出让、市场化运营，1个地区的1个项目已终止建设。

（2）基础研究和关键核心技术攻坚相关任务审计方面。已整改2.15亿元，完善制度16项。一是对部分任务部署和要求偏离预定目标问题，科技部在"十四五"国家重点研发计划中，对"十三五"部分重点专项未能衔接的10个研发任务进行接续部署，保障研发攻关和成果转化不断档；建立专业机构科研诚信黑名单，对降低或遗漏考核指标的行为加强惩戒。财政部、工业和信息化部加强重点项目过程管理，使任务指标与资金申报要求目标保持一致。二是对部分科研成果涉嫌造假问题，科技部约谈或通报批评有关项目单位和科研人员，将科研成果造假情况抄送责任单位上级主管部门，拟记入严重失信行为数据库并取消部分单位和个人一定期限内承担国家科技计划项目的资格，要求剔除虚假成果，重新组织验收。三是对部分资金被骗取套取或挤占挪用问题，49家项目单位已将骗取套取、列支无关支出、违规外包的1.75亿元归还原渠道或调整账目等；13个地区和单位已将挤占挪用的3 883.77万元收回或补拨至项目单位。

2. 关于重点民生资金审计查出的问题。

（1）关于促进就业资金审计查出的问题。人力资源社会保障部联合公安部、市场监管总局等部门开展了6个专项行动。至9月底已整改11.87亿元，完善制度298项，处理处分76人。一是对稳岗补贴被劳务派遣单位滞留截留和骗取问题，开展人力资源市场秩序清理整顿、截滞留稳岗返还资金清理2个专项行动，已督促劳务派遣单位退还或发放截滞资金9.8亿元。13省已全部追回被劳务派遣单位骗取的稳岗补贴4 282万元，其中陕西1家人力资源管理公司已被吊销经营许可，涉嫌骗取资金问题正由公安机关依法查处。二是对部分地方职业技能培训弄虚作假问题，开展职业技能培训和评价问题治理、打击培训骗补买卖证书2个专项行动；22省已追回或核减培训补贴1.12亿元。针对鉴定评价机构滥发证书问题，23个地区提请注销、收回违规发放的职业技能证书10.8万本，取消有关评价机构职业技能等级认定资格。三是对失业补助被蚕食问题，开展打击短期参保骗取失业补助金、有组织骗领待遇违法犯罪行为2个专项行动。13省通过督促个人退款、使用财政资金垫付等追回、归还5 192万元。

（2）关于住房租赁资金等审计查出的问题。已整改127.34亿元，完善制度5项，处理处分7人。一是对虚报住房租赁市场发展试点任务量问题，13市规范租赁住房房源筹集管理，虚报的房源已核减或开工建设。二是对违规利用公租房抵（质）押融资问题，5省9个地区将公租房抵（质）押融资98.01亿元提前归还或置换为合规抵（质）押物等。6省已全部追缴被骗取套取的住房租赁资金4.05亿元，11省收回违规使用资金等25.28亿元。

（3）关于城乡义务教育补助经费审计查出的问题。已整改41.74亿元，完善制度12项。一是对地方政府保障责任未落实、申领使用不严格问题，教育部会同财政部等部门督促有关地方严格落实"两个只增不减"（财政一般公共预算教育支出和按在校学生人数平均的一般公共预算教育支出逐年只增不减）政策要求，不得通过调整科目等虚增教育投入；5省按要求将非教育支出调出统计范围或规范支出列报。7省已补发特岗教师工资或缴纳社保等1.06亿元。5省据实调整学生人数、校舍面积等预算申报基数，收回多申领的资金。2省修订资金分配办法，8省收回多分配资金或补充安排预算。12省追回被挪用资金或调整账目等2.4亿元。二是对学校违规收费和处置资产问题，6省开展教育收费专项督查或不再收取赞助款等，其中2省已退还与入学挂钩的赞助款960万元；3省督促学校依规收费，其中2省已退还违规补课费等376.1万元。4省加强民办学校资金账户监管，已追回违规转移的学校资金8.51亿元；3省从民办学校撤回公办教师33名，追回被无偿占用的校舍租赁费896万元。

（4）关于乡村振兴重点帮扶县产业帮扶政策落实和资金审计查出的问题。已整改63.34亿元，完善制度146项，处理处分341人。

一是对部分地方帮扶产业发展基础不牢问题。针对帮扶产业补齐短板的力度不够问题，50县加强水、电、冷链物流等配套设施财政支持，提升经营主体种养殖技术，拓宽产品销售渠道，已盘活12.08亿元资产。针对产业发展脱离实际问题，59县制定特色产业发展规划，通过财政奖励、提供技术服务等提高农户积极性，已追缴效益不佳的项目资金或挽回损失等10.99亿元。针对项目资产管理粗放问题，36县对登记不完整资产进行核实，明确权属和管护责任，已收回资产资金等22.88亿元；18县督促企业履约归还资产或续签协议，已挽回损失等2.6亿元。

二是对部分项目未充分联农带农问题。农业农村部制定指导意见，要求不得将帮扶资金简单入股分红，推动经营主体通过保护价收购、吸纳就业、资产收益等完善利益联结机制。15县与农户续签分红协议或托管代养农户牲畜等，保障脱贫群众继续受益；12县增加用工岗位、农产品收购订单等，带动脱贫群众就近务工。77县已向脱贫群众兑现工资分红、土地流转费等5.09亿元，其中甘肃临潭县已将克扣截留的分红全部兑现，并把1 064.35万元扶贫资金形成的资产确权到村集体，给予3名责任人党纪政务处分。

三是对部分财政、金融、土地等产业配套衔接政策未落实问题。10县安排用于产业帮扶的财政衔接资金比例均已落实相关要求。20县将挤占挪用的1.62亿元帮扶资金收回后重新用于产业帮扶，18县追缴被骗取侵占的帮扶资金4 377.18万元。1县已偿还"户贷企用"小额贷款1.92亿元，6县向脱贫群众兑现小额信贷贴息1 213.27万元。4县将挪用的脱贫县专项用地指标1 400亩归还用于乡村建设，24县已将非粮化或长期撂荒的2.3万亩基本农田、耕地复垦复耕等。

（四）国有资产管理审计查出问题的整改情况。

1.关于企业国有资产审计查出的问题。已整改4 667.08亿元，完善制度701项，处理处分717人。

一是对会计信息不实问题。国务院国资委等部门加强会计信息虚假问题整治，督促33户央企根据审计意见调整账表560.33亿元，完善制度90项，追责问责376人。

二是对资产管理仍较混乱问题。针对资产不实问题，30户央企按应并尽并、不应并及时出表原则已调整账表等1 440.77亿元。针对管理不严问题，17户央企通过对外销售、挂牌出让等盘活或处置闲置资产12.91亿元。5户央企参股的16户低效无效企业已清理退出或扭亏增效。24户央企通过收回资金资产、规范出租出借手续等加强实物资产管理2 361.79亿元。针对违规运营问题，25户央企加强股权收购、项目投资等可研论证评估和过程管控，已统筹盘活资产或挽回损失等206.94亿元，其中对违规境外收购等形成的"出血点"，有关央企制定提质增效方案、完善境外投资制度。

2.关于金融企业国有资产审计查出的问题。已整改2 862.92亿元，完善制度87项，处理处分305人。

一是对资产底数不实、管理不严问题。24家金融机构通过制定还款计划、增加抵押物等压降风险资产规模，未如实反映的风险资产已整改2 852.56亿元。4家中央金融机构进一步规范薪酬发放、营销开支等事项，将闲置的办公和技术用房挂牌出售出租或投入使用，已整改10.36亿元。

二是对违规开展业务问题。25家金融机构通过取消存贷挂钩、提前催还贷款、协商制定还款计划等，整改违规存贷、理财、保险等业务。17家信托公司提前终止合同、到期不再合作等，整改帮助企业粉饰报表、隐瞒关联交易等问题。对借主业之名违规之实问题，8家信托公司已终止合作或转让债权，并与公安、人民银行对接数据，加强贷款风险实质性审查，不再将授信审查业务外包。

3.关于行政事业性国有资产审计查出的问题。已整改44.04亿元，完善制度14项，处理处分9人。

一是对部门资产底数不清问题。32个部门已整改40.82亿元。其中：22个部门将64.17万平方米房产、1 897.95 亩土地、2.78 亿元固定资产或无形资产,以及 5.21 万件字画、古籍等登记入账或按规定变更权属;9 个部门将账实不符或价值计量不准的 2.45 亿元资产、1.63 万平方米房产据实调整账目;10 个部门开展资产评估或清产核资等,推进房产、土地和国有资产产权登记;10 个部门将已建成的 35.56 亿元建设项目办理竣工决算或转入固定资产。

二是对资产配置使用不够集约高效问题。13 个部门已整改 2.36 亿元。其中:4 个部门据实编报新增资产配置预算,或将超标准资产纳入国管局设立的"公务仓"在中央部门间调剂等,已整改 4 074.26 万元;8 个部门统筹盘活闲置或低效运转的房产 37.21 万平方米、土地 16.65 亩、公车 161 辆、设备 9 717.99 万元;5 个部门已清退在自有资产闲置情况下又租入的同类资产,加大自有闲置资产统筹使用;对 40% 的自有公车闲置又租用超标车辆问题,有关单位将公车数量减少了 60%,对购置设备长期未拆封或未运行问题,有关单位已将设备投用或向社会出租、共享,并将加强资产购置前期论证,提高使用效率。

三是对随意处理处置资产问题。25 个部门已整改 8 587.36 万元。其中:22 个部门停止违规出租出借或按规定履行资产出租报批程序,并收回租金、违约金等 1 092.25 万元;8 个部门修订完善车辆、设备等管理办法,对 126 辆车、2 300.62 万元资产进行了评估或补报处置审批手续。

4. 关于国有自然资源资产审计查出的问题。已整改耕地 36.7 万亩、7.4 亿元,完善制度 94 项,处理处分 99 人。

一是对耕地保护制度落实不严格问题。自然资源部进一步严格新增耕地核实认定,将退耕还林还草等地类变化情况纳入国土变更调查成果,开展为期 1 年的耕地占补平衡专项整治,研究建立耕地保护责任目标奖惩机制。6 省加强退耕还林范围内地类监测,把变化情况纳入年度国土变更调查;4 省重新规划种植布局,引导在永久基本农田上种植粮食作物,或将非农化非粮化耕地进行复耕等。10 省已落实补充耕地或核减指标 31.46 万亩;8 省建立新增耕地质量等别多部门联合评定机制、明确补充耕地禁止选址区或重新开展补充耕地质量评定等,已整改质量低下的补充耕地 5.24 万亩。

二是对部分地区生态环境风险隐患仍未消除问题。3 个地区督促医疗机构严格依法申报医疗废物产生和处置情况,启用医疗废物管理系统;4 个自然保护区内的厂房已全部清理退出,酒店已退出近半。4 个地区依法查处违规占用林地、草地、湿地 5 789.1 亩,处罚涉事企业 14 家。自然资源部着手修订用地用海相关分类,拟将"其他草地"纳入农用地管理;2 个地区已停止围填海行为,正逐步恢复湿地生态。

三是对生态治理项目及相关资金管理使用不严格问题。6 个地区加快办理用地手续,强化资金保障,推动 37 个重点任务和项目取得明显进展或发挥效益,其中 5 条返黑返臭水体水质已重新达标。5 个地区 369 家单位已补缴水资源税费 2.5 亿元。

(五)重大违纪违法问题线索的办理情况。对审计移送的 300 多起违纪违法问题线索,有关部门和地方正在组织调查或已立案查处,对涉案款物加紧追赃挽损,依规依纪依法处理处分相关责任人。

1. 关于行业性、系统性腐败突出的问题。金融监管总局开展不法贷款中介专项治理,要求应由银行履行的金融服务职责严禁向中介让渡,避免不法中介借此推高融资成本。国务院国资委深入开展央企违法违规获取工程项目问题专项整治,重点查处领导干部插手干预招标业务、与掮客勾连获取项目、串标围标、违法转分包等问题。对某国企原董事长赵某等人利用职务便利侵占国有权益问题,国家监委已对赵某立案审查调查,涉嫌犯罪问题移送检察机关依法审查起诉。

2. 关于政商关系边界不清的问题。有关地方组织开展影响亲清政商关系突出问题、政府购买第三方服务领域问题等专项治理，严查领导干部不作为、乱作为问题。市场监管、公安等部门对有关检验检测机构开展"双随机、一公开"监督检查，查处一批提供虚假证明、行贿受贿等违法案件。

3.关于基层"微腐败"和"小官大贪"的问题。教育部会同市场监管总局开展全国教育收费专项检查。人力资源社会保障部与公安部建立欺诈骗领失业保险案件线索移交协查机制，与最高人民法院开展集中追回违规领取失业保险待遇专项行动。对内蒙古兴安盟农垦事业发展中心下辖3家农牧场负责人骗取财政补贴问题，内蒙古自治区纪委监委已对15名责任人分别给予开除党籍、开除公职等处分，收缴违纪违法所得，涉嫌贪污犯罪问题移送检察机关依法审查起诉。

4.关于财经纪律执行松弛的问题。针对财政财务管理问题，2市收回出借或转移至企业的50亿元财政资金，并纳入预算管理。针对落实中央八项规定精神和过紧日子要求问题，13个地区将三公经费管理纳入党风廉政建设责任制考核范围或开展自查自纠等，严控三公经费支出；有关地区制定节会演出活动管理办法，加强对演出规模、经费等审核。针对遵守廉洁从业规定问题，5个地区、部门和单位已追缴部分违纪款项，追责问责490人。

（六）审计建议落实情况。有关部门和地方认真研究采纳审计建议，推动将审计整改成果转化为治理效能。

1.关于推动宏观调控政策统筹兼顾的建议。一是推动积极的财政政策加力提效方面。财政部优化组合财政赤字、专项债、贴息等工具，2023年全国一般公共预算支出安排同比增长5.6%，赤字率适当提高，新增专项债券限额3.8万亿元；优化财政支出结构，加大对科技攻关、乡村振兴、区域重大战略等薄弱环节和关键领域的投入，2023年转移支付突破10万亿元，进一步增强地方财政统筹能力。二是推动稳健的货币政策更加精准有力方面。中国人民银行引导金融机构扩大小微企业信贷投放，至8月底普惠小微贷款余额27.78万亿元，增速高于其他贷款13.8个百分点，用好科技创新、设备更新改造等再贷款金融工具。三是做好各项政策之间的衔接协同方面。国家发展改革委加强经济形势分析和经济政策研究，强化新出台政策与宏观政策取向一致性评估，开展"十四五"规划实施中期评估，促进各项宏观政策形成系统集成效应。

2.关于稳步推进重点领域和关键环节改革的建议。一是深化财税体制改革方面。财政部加大财政资源统筹，强化"四本预算"衔接，减少交叉重复，推动部门将各类收入全部纳入预算，督促清理盘活存量资金；会同税务总局等部门优化税费优惠政策，完善留抵退税制度措施，做好土地增值税立法等工作，推进地方税体系建设。二是建立健全关键核心技术攻坚体制方面。国家发展改革委联合有关部门起草并推动印发《关于强化企业科技创新主体地位的意见》，建立健全企业主导的产学研深度融合机制，对技术创新决策、研发投入、科研组织、成果转化全链条整体部署，对政策、资金、项目、平台、人才等关键创新资源系统布局，更好发挥市场在资源配置中的决定性作用。三是完善党中央重大决策部署落实机制方面。有关部门推进建设全国统一大市场工作，要求各地各部门完善上下协同、条块结合落实机制，进一步释放市场潜力和活力。各地健全党中央重大决策部署实施机制，制定责任清单，消除条块梗阻，将党中央重大决策部署转化为促进经济社会发展的实际行动。

3.关于着力防范化解重大经济金融风险隐患的建议。一是财政领域。对新增隐性债务、不实化债等问题严肃查处、问责到人。专项债券优先支持纳入"十四五"规划的项目和重大区域发展战略项目，推进专项债券项目穿透式管理，主动接受各方监督，防范法定债务风险。二是金融领域。金融监管总局及时有序推进城商行、农商行等地方中小金融机构风险化解，指导"一省一策""一行一策"制定改革化险方案，推动落实属地风险处置责任；

优化信托业务分类和管理要求,引导信托公司回归主业,规范开展资产管理信托业务。三是国企国资领域。国务院国资委聚焦提高央企核心竞争力,出台加快发展战略性新兴产业等制度,促进央企更好发挥在建设现代化产业体系中的科技创新、安全支撑作用;建成央企"三重一大"决策与运行应用系统,加强高负债企业管控指导,健全央企基金业务监管制度,推动央企金融业务服务主业、稳健运行。四是资源环境领域。生态环境部印发《重点流域水生态环境保护规划》,制定城市和农村黑臭水体治理办法。国家发展改革委、自然资源部等部门出台地方落实耕地保护和粮食安全责任制考核相关制度,对重大问题实行一票否决、终身追责。农业农村部推进"逐步把永久基本农田全部建成高标准农田"方案编制,明确国家黑土地保护工程2023年重点工作。

4. 关于加强财政资金绩效管理、严肃财经纪律的建议。一是强化预算绩效管理方面。财政部完善预算绩效评价指标体系,推进新出台重大政策、项目事前绩效评估,做好绩效运行监控,在一定范围内适时公开绩效信息,把绩效评价结果作为完善政策、安排预算的重要依据。二是严格落实中央八项规定精神和过紧日子要求方面。中央财政把艰苦奋斗、勤俭节约作为财政工作的指导思想和长期方针,坚持党政机关过紧日子不动摇,从严控制一般性支出,强化三公经费管理,按季度开展评估,把更多财政资源腾出来用于保民生、保经营主体。三是严肃查处各类违反财经纪律问题方面。持续深化纪检监察、巡视巡察、组织人事、人大监督、财会监督、审计监督、出资人监督等各类监督的贯通协同,进一步完善以审计监督为起点、以案件查办为切入点、以地方主体责任落实为落脚点的协同工作机制,推动在深化监督成果运用上相向而行、同向发力。

需要说明的是,按照有关工作要求,国家发展改革委、教育部、财政部、国务院国资委、税务总局、金融监管总局等6个部门,针对教育补助经费保障和管理、地方政府债务管理、财政暂付款亟待清理、预算绩效管理较为薄弱、国有资产底数不清等5方面突出问题进行了专项整改,相关整改情况连同按要求需报告的中央部门2022年度预算执行等审计查出问题的整改情况,均已作为本报告的附件,一并提交本次会议审议。

三、审计整改工作中存在的问题及后续工作安排

从整改情况看,要求立行立改的问题还有部分尚未整改到位,统筹审计署开展的2022年度审计查出问题整改情况专项审计调查结果,综合考虑要求分阶段整改或持续整改问题的相关情况,当前还存在少数未及时整改、虚假整改、违规整改等问题。除确受外部条件或不可抗力等因素制约外,也反映出审计整改工作中还有3方面值得关注的问题:一是主管部门履行监督管理责任不到位,有的未针对行业性系统性问题开展专项整治或出台规范性文件,有的对整改结果现场核查力度不够,有的对跨部门问题存在分歧、整改合力还不强。二是近年来审计查出问题的综合性、复杂性交织,相应整改难度加大。有的问题整改本身即属于中长期改革任务,需要伴随着改革深化持续推进;有的是在探索性、开创性工作中出现的,需要适时总结经验逐步解决。三是监督贯通协作还存在短板,有的部门对审计移送的重大问题线索查办、反馈不够及时;个别地方将应由本级承担的整改责任向基层转嫁,对下级报送的整改结果查核不够严格,整改压力传导存在层层衰减现象。

对尚未完成整改等问题,有关地方、部门和单位已对后续整改工作作出安排:一是分类处理。对已到期未完成整改的问题,加强跟踪督办,推动尽快整改到位;对未到期问题,督促责任单位严格按照时间表、路线图持续抓好整改;适时组织"回头看",巩固整改成效。二是加强追责问责。视情况将审计整改纳入领导干部政绩正负面清单,对整改不力、敷衍整改、虚假整改等问题,依规依纪依法从严问责,确保整改"动真格"。三是强化源头治理。深挖问题根源,突出建章立制,努力实现整改一个事项、避免一类问题、

规范一个领域。下一步，审计署将持续加强跟踪督促检查，推动整改合规到位、扎实有效，确保中央政令畅通。

委员长、各位副委员长、秘书长，各位委员：

我们将更加紧密地团结在以习近平同志为核心的党中央周围，坚持以习近平新时代中国特色社会主义思想为指导，全面贯彻落实党的二十大精神，依法全面履行审计监督职责，为全面建设社会主义现代化国家、全面推进中华民族伟大复兴作出新贡献！

附件：1. 有关部门对审计查出突出问题的整改情况（略）
     2. 中央部门单位2022年度预算执行等审计查出问题的整改情况（略）

第三部分

经济责任及自然资源资产离任审计法律法规与政策解读

习近平主持召开深改组会议：开展领导干部自然资源资产离任审计的试点

（2015年7月1日）

中共中央总书记、国家主席、中央军委主席、中央全面深化改革领导小组组长习近平2015年7月1日下午主持召开中央全面深化改革领导小组第十四次会议并发表重要讲话。他强调，领导干部是否做到严以修身、严以用权、严以律己，谋事要实、创业要实、做人要实，全面深化改革是一个重要检验。要把"三严三实"要求贯穿改革全过程，引导广大党员、干部特别是领导干部大力弘扬实事求是、求真务实精神，理解改革要实，谋划改革要实，落实改革也要实，既当改革的促进派，又当改革的实干家。

中共中央政治局常委、中央全面深化改革领导小组副组长刘云山、张高丽出席会议。

会议审议通过了《环境保护督察方案（试行）》《生态环境监测网络建设方案》《关于开展领导干部自然资源资产离任审计的试点方案》《党政领导干部生态环境损害责任追究办法（试行）》《关于推动国有文化企业把社会效益放在首位、实现社会效益和经济效益相统一的指导意见》。

会议强调，现在，我国发展已经到了必须加快推进生态文明建设的阶段。生态文明建设是加快转变经济发展方式、实现绿色发展的必然要求。要立足我国基本国情和发展新的阶段性特征，以建设美丽中国为目标，以解决生态环境领域突出问题为导向，明确生态文明体制改革必须坚持的指导思想、基本理念、重要原则、总体目标，提出改革任务和举措，为生态文明建设提供体制机制保障。深化生态文明体制改革，关键是要发挥制度的引导、规制、激励、约束等功能，规范各类开发、利用、保护行为，让保护者受益、让损害者受罚。

会议指出，建立环保督察工作机制是建设生态文明的重要抓手，对严格落实环境保护主体责任、完善领导干部目标责任考核制度、追究领导责任和监管责任，具有重要意义。要明确督察的重点对象、重点内容、进度安排、组织形式和实施办法。要把环境问题突出、重大环境事件频发、环境保护责任落实不力的地方作为先期督察对象，近期要把大气、水、土壤污染防治和推进生态文明建设作为重中之重，重点督察贯彻党中央决策部署、解决突出环境问题、落实环境保护主体责任的情况。要强化环境保护"党政同责"和"一岗双责"的要求，对问题突出的地方追究有关单位和个人责任。

会议强调，完善生态环境监测网络，关键是要通过全面设点、全国联网、自动预警、依法追责，形成政府主导、部门协同、社会参与、公众监督的新格局，为环境保护提供科学依据。要围绕影响生态环境监测网络建设的突出问题，强化监测质量监管，落实政府、企业、社会的责任和权利。要依靠科技创新和技术进步，提高生态环境监测立体化、自动化、智能化水平，推进全国生态环境监测数据联网共享，开展生态环境监测大数据分析，实现生态环境监测和监管有效联动。

会议指出，开展领导干部自然资源资产离任审计试点，主要目标是探索并逐步形成一套比较成熟、符合实际的审计规范，明确审计对象、审计内容、审计评价标准、审计责任界定、审计结果运用等，推动领导干部守法守纪、守规尽责，促进自然资源资产节约集约利用和生态环境安全。要紧紧围绕领导干部责任，积极探索离任审计与任中审计、与领导干部经济责任审计以及其他专业审计相结合的组织形式，发挥好审计监督作用。

会议强调，生态环境保护能否落到实处，关键在领导干部。要坚持依法依规、客观公正、科学认定、权责一致、终身追究的原则，围绕落实严守资源消耗上限、环境质量底线、生态保护红线的要求，针对决策、执行、监管中的责任，明确各级领导干部责任追究情形。对造成生态环境损害负有责任的领导干部，不论是否已调离、提拔或者退休，都必须严肃追责。各级党委和政府要切实重视、加强领导，纪检监察机关、组织部门和政府有关监管部门要各尽其责、形成合力。

会议指出，国有文化企业是建设社会主义先进文化的重要力量，必须发挥示范引领和表率带动作用，在推动实现社会效益和经济效益相统一中走在前列。要着力推动国有文化企业树立社会效益第一、社会价值优先的经营理念，完善治理结构，加强绩效考核，推动企业做强做优做大。要建立健全两个效益相统一的评价考核机制，形成对社会效益的可量化、可核查要求。要落实和完善文化经济政策，加强文化市场监管，不断优化国有文化企业健康发展的环境条件。

会议强调，改革越是向纵深发展，越是要重视思想认识问题。要结合"三严三实"专题教育，抓好思想政治工作，教育引导广大党员、干部看大局、明大势，深刻认识全面深化改革的重大意义，自觉站在改革全局的高度，正确看待局部利益关系调整，坚定改革决心和信心，形成推动改革的思想自觉和行动自觉。要把方案质量放在第一位，坚持问题导向，抓实问题，开实药方，提实举措，每一条 改革举措都要内涵清楚、指向明确、解决问题，便于基层理解和落实。要把好改革方案的主旨和要点，把准相关改革的内在联系，结合实际实化细化，使各项改革要求落地生根。要集中力量做好督察工作，对执行不力、落实不到位的要严肃问责。

习近平主持召开深改组会议：审议通过了《领导干部自然资源资产离任审计规定（试行）》

（2017年6月）

2017年6月，中共中央总书记、国家主席、中央军委主席习近平主持中央全面深化改革工作领导小组会议审议通过了《领导干部自然资源资产离任审计规定（试行）》（以下简称《规定》）。之后，中共中央办公厅、国务院办公厅印发了文件，《规定》对领导干部自然资源资产离任审计工作提出具体要求，并发出通知，要求各地区各部门结合实际认真遵照执行。

《规定》明确，开展领导干部自然资源资产离任审计，应当坚持依法审计、问题导向、客观求实、鼓励创新、推动改革的原则，主要审计领导干部贯彻执行中央生态文明建设方针政策和决策部署情况，遵守自然资源资产管理和生态环境保护法律法规情况，自然资源资产管理和生态环境保护重大决策情况，完成自然资源资产管理和生态环境保护目标情况，履行自然资源资产管理和生态环境保护监督责任情况，组织自然资源资产和生态环境保护相关资金征管用和项目建设运行情况，以及履行其他相关责任情况。

《规定》强调，审计机关应当根据被审计领导干部任职期间所在地区或者主管业务领域自然资源资产管理和生态环境保护情况，结合审计结果，对被审计领导干部任职期间自然资源资产管理和生态环境保护情况变化产生的原因进行综合分析，客观评价被审计领导干部履行自然资源资产管理和生态环境保护责任情况。

《规定》要求，被审计领导干部及其所在地区、部门（单位），对审计发现的问题应当及时整改。国务院及地方各级政府负有自然资源资产管理和生态环境保护职责的工作部门应当加强部门联动，尽快建立自然资源资产数据共享平台，并向审计机关开放，为审计提供专业支持和制度保障，支持、配合审计机关开展审计。县以上地方各级党委和政府应当加强对本地区领导干部自然资源资产离任审计工作的领导，及时听取本级审计机关的审计工作情况汇报并接受、配合上级审计机关审计。

建立经常性审计制度 规范开展领导干部自然资源资产离任审计 推进生态文明建设

——审计署负责人就《领导干部自然资源资产离任审计规定（试行）》答记者问

新华社北京 11 月 28 日电近日，中共中央办公厅、国务院办公厅印发《领导干部自然资源资产离任审计规定（试行）》（以下简称《规定》），标志着一项全新的、经常性的审计制度正式建立，2018 年起由审计试点进入到全面推开阶段。审计署负责人就有关情况回答了记者提问。

问：请介绍《规定》出台背景及意义？

答：党中央高度重视生态文明建设，党的十八大将其纳入"五位一体"总体布局，把绿色发展作为五大新发展理念之一。习近平总书记多次强调，绿水青山就是金山银山，保护环境就是保护生产力，改善环境就是发展生产力。习近平总书记高度重视生态文明体制改革，对生态文明体制改革制度的四梁八柱作出了部署和要求，这些重大举措能不能落到实处，关键在领导干部，要落实领导干部任期生态文明建设责任制，实行自然资源资产离任审计。

党的十八届三中全会通过的《中共中央关于全面深化改革若干重大问题的决定》，对领导干部自然资源资产离任审计作出明确部署。2015 年中共中央、国务院印发的《生态文明体制改革总体方案》，提出构建起由自然资源资产产权制度等八项制度构成的生态文明制度体系，将领导干部自然资源资产离任审计纳入完善生态文明绩效评价考核和责任追究制度中，并明确要求 2017 年出台规定。这项改革是在习近平总书记亲自关心和领导下推出的。

习近平总书记在党的十九大报告中明确提出，建设生态文明是中华民族永续发展的千年大计，必须坚持节约优先、保护优先、自然恢复为主的方针，牢固树立社会主义生态文明观，推动形成人与自然和谐发展现代化建设新格局。

制定《规定》是贯彻落实党中央关于加快推进生态文明建设要求的具体体现，是党中央关于生态文明建设战略部署的又一重大成果，对于领导干部牢固树立和践行新发展理念，坚持节约资源和保护环境的基本国策，推动形成绿色发展方式和生活方式，促进自然资源资产节约集约利用和生态环境安全，完善生态文明绩效评价考核和责任追究制度，推动领导干部切实履行自然资源资产管理和生态环境保护责任具有十分重要的意义。

问：《规定》的实践基础是什么？

答：2015 年以来，按照党中央、国务院决策部署和《中共中央办公厅、国务院办公厅关于印发〈开展领导干部自然资源资产离任审计试点方案〉的通知》要求，审计署围绕建立规范的领导干部自然资源资产离任审计制度，坚持边试点、边探索、边总结、边完善。2015 年在湖南省娄底市实施了领导干部自然资源资产离任审计试点；2016 年组织在河北省、内蒙古呼伦贝尔市等 40 个地区开展了审计试点；2017 年上半年又组织对山西等 9 省（市）党委和政府主要领导干部进行了审计试点。审计试点连续围绕"审什么、怎么审、如何进行评价"进行了积极探索和经验总结，截至 2017 年 10 月，全国审计机关共实施审计试点项目 827 个，涉及被审计领导干部 1 210 人。审计试点坚持"问题导向"，重点探索揭示自然资源资产管理和生态环境保护中存在的突出问题，并积极探索符合实际的有效组织形式，形成了可推广可复制的经验做法，为起草《规定》提供了坚实的实践积累。

问：《规定》明确的审计内容和重点是什么？

答：领导干部自然资源资产离任审计内容主要包括：贯彻执行中央生态文明建设方针政策和决策部署情况，遵守自然资源资产管理和生态环境保护法律法规情况，自然资源资产管理和生态环境保护重大决策情况，完成自然资源资产管理和生态环境保护目标情况，履行自然资源资产管理和生态环境保护监督责任情况，组织自然资源资产和生态环境保护相关资金征管用和项目建设运行情况，履行其他相关责任情况。

审计机关应当充分考虑被审计领导干部所在地区的主体功能定位、自然资源资产禀赋特点、资源环境承载能力等，针对不同类别自然资源资产和重要生态环境保护事项，分别确定审计内容，突出审计重点。

问：审计署及各级审计机关如何贯彻落实《规定》？

答：审计署及各级审计机关要全面深入学习贯彻党的十九大精神，用习近平新时代中国特色社会主义思想武装头脑、指导实践，推动领导干部自然资源资产离任审计工作深入发展。

《规定》为开展领导干部自然资源资产离任审计指明了方向、明确了目标。各级审计机关要凝心聚力抓好贯彻落实，确保各项要求落地见效，促进领导干部牢固树立绿色发展理念和正确政绩观，认真履行自然资源资产管理和生态环境保护责任，推动解决自然资源资产和生态环境领域突出问题，切实维护生态环境安全和人民群众利益。

审计署将加强组织领导，对各级审计机关深入开展领导干部自然资源资产离任审计提出具体要求，并加强督促检查落实，有效发挥审计在党和国家监督体系中的重要作用。

各级审计机关在领导干部自然资源资产离任审计实践中，要树立大数据审计理念，推进"总体分析、发现疑点、分散核实、系统研究"的数字化审计方式，加大自然资源资产和生态环境领域地理信息数据和相关业务、财务等数据收集、挖掘和分析力度，进一步推进资源环境审计信息化建设，提升大数据审计工作水平，提高审计工作质量和效率。

各级审计机关将继续加强与涉及自然资源资产管理和生态环境保护相关业务主管部门的协调，推进建立自然资源资产数据共享平台，加大审计结果运用，形成监督合力，在推动生态文明建设和绿色发展中发挥积极作用。

中共中央办公厅 国务院办公厅关于印发《领导干部自然资源资产离任审计规定（试行）》的通知

（厅字〔2017〕139号）

各省、自治区、直辖市党委和人民政府，中央和国家机关各部委，解放军各大单位、中央军委机关各部门，各人民团体：

《领导干部自然资源资产离任审计规定（试行）》已经中央领导同志同意，现印发给你们，请结合实际认真遵照执行。

中共中央办公厅
国务院办公厅
2017年9月19日

领导干部自然资源资产离任审计规定（试行）

第一条 为了加快推进生态文明建设，践行绿色发展理念，促进自然资源资产节约集约利用和生态环境安全，推动领导干部切实履行自然资源资产管理和生态环境保护责任，根据《中共中央、国务院关于加快推进生态文明建设的意见》和《中共中央、国务院关于印发〈生态文明体制改革总体方案〉的通知》以及有关党内法规和国家法律法规，制定本规定。

第二条 领导干部离任时，应当接受自然资源资产离任审计。

审计机关开展领导干部自然资源资产离任审计适用本规定。本规定未明确的，依照《中华人民共和国审计法》《中华人民共和国审计法实施条例》和其他有关法律法规的规定执行。

第三条 本规定所称领导干部自然资源资产离任审计，是指审计机关依法依规对主要领导干部任职期间履行自然资源资产管理和生态环境保护责任情况进行的审计。

第四条 本规定所称自然资源资产管理和生态环境保护责任，是指主要领导干部任职期间依法依规对本地区、本部门（单位）以及主管业务领域的以下工作应当履行的责任：

（一）土地、水、森林、草原、矿产、海洋等自然资源资产的管理开发利用；

（二）大气、水、土壤等环境保护和环境改善；

（三）森林、草原、荒漠、河流、湖泊、湿地、海洋等生态系统的保护和修复；

（四）其他与自然资源资产管理和生态环境保护相关的事项。

第五条 领导干部自然资源资产离任审计对象包括：

（一）地方各级党委和政府主要领导干部；

（二）各级发展改革、国土资源、环境保护、水利、农业、林业、能源、海洋等承担自然资源资产管理和生态环境保护工作部门（单位）的主要领导干部。

第六条 审计机关应当依照干部管理权限，根据组织部门委托，确定领导干部自然资源资产离任审计计划。

审计机关在组织审计时，应当坚持以开展领导干部自然资源资产离任审计为主，采取独立实施方式，也可以与领导干部经济责任审计统筹实施，由同一审计组一并审计。

第七条 审计机关开展领导干部自然资源资产离任审计应当坚持依法审计、问题导向、客观求实、鼓励创新、推动改革的原则。

第八条 领导干部自然资源资产离任审计内容主要包括：

（一）贯彻执行中央生态文明建设方针政策和决策部署情况；

（二）遵守自然资源资产管理和生态环境保护法律法规情况；

（三）自然资源资产管理和生态环境保护重大决策情况；

（四）完成自然资源资产管理和生态环境保护目标情况；

（五）履行自然资源资产管理和生态环境保护监督责任情况；

（六）组织自然资源资产和生态环境保护相关资金征管用和项目建设运行情况；

（七）履行其他相关责任情况。

审计机关应当充分考虑被审计领导干部所在地区的主体功能定位、自然资源资产禀赋特点、资源环境承载能力等，针对不同类别自然资源资产和重要生态环境保护事项，分别确定审计内容，突出审计重点。

第九条 本规定第八条第一款第一项所称的贯彻执行中央生态文明建设方针政策和决

策部署情况,主要包括:

(一)生态文明体制改革相关制度建立以及落实情况;
(二)国家有关自然资源资产和生态环境保护重大战略贯彻落实情况;
(三)生态文明建设领域推进供给侧结构性改革情况。

第十条 本规定第八条第一款第二项所称的遵守自然资源资产管理和生态环境保护法律法规情况,主要包括:

(一)组织制定地方有关规章制度情况;
(二)制定、批准、审批和组织实施自然资源开发利用、生态环境保护规划(计划)中遵守资源环境生态法律法规情况;
(三)相关重大经济活动或者建设项目中遵守资源环境生态法律法规情况。

第十一条 本规定第八条第一款第三项所称的自然资源资产管理和生态环境保护重大决策情况,是指经济社会发展重大决策、资源开发利用和生态环境保护重大事项审批以及规划(计划)的调整情况,主要包括:

(一)落实国家资源生态环境保护相关禁止性、限制性、约束性政策要求情况;
(二)落实主体功能区规划、国土规划、土地利用总体规划、城乡规划等情况;
(三)国家公园等自然保护地自然生态系统保护情况;
(四)落实环境影响评价有关要求情况;
(五)推动重点生态功能区产业准入负面清单落地实施等情况以及效果。

第十二条 本规定第八条第一款第四项所称的完成自然资源资产管理和生态环境保护目标情况,主要包括:

(一)国家确定的自然资源利用、环境治理、环境质量、生态保护等方面约束性指标完成情况;
(二)国家关于大气、水、土壤污染防治等行动计划目标完成情况;
(三)其他纳入国家和地方生态文明建设考核目标完成情况。

第十三条 本规定第八条第一款第五项所称的履行自然资源资产管理和生态环境保护监督责任情况,主要包括:

(一)自然资源资产开发的合法性、管理的有序性、使用的有效性以及生态环境保护状况等情况;
(二)自然资源消耗上限、环境质量底线、生态保护红线等资源环境生态红线管控等情况;
(三)资源环境承载能力变化情况以及监测预警机制建立运行情况;
(四)严重损毁自然资源资产和重大生态破坏(灾害)、环境污染事件预防处置情况;
(五)干预环境监测、环境统计以及数据弄虚作假案件处理情况;
(六)对以前年度中央相关督察、国家审计和专项考核检查等发现问题的督促整改情况。

第十四条 本规定第八条第一款第六项所称的组织自然资源资产和生态环境保护相关资金征管用和项目建设运行情况,主要包括:

(一)与自然资源资产和生态环境保护相关税费、政府性基金以及国有自然资源资产有偿使用收入等的征管用情况;
(二)国家以及地方生态环境保护资金投入以及使用情况;
(三)用能权、排污权、碳排放权、用水权等管理情况;
(四)自然资源开发利用和生态环境保护重点项目、设施建设运营情况以及信息系统建设和信息共享情况。

第十五条 审计机关应当以自然资源资产负债表或者有关部门管理数据资料反映的自然资源资产实物量和生态环境质量状况变化为基础进行审计。

第十六条 审计机关进行领导干部自然资源资产离任审计时，被审计领导干部及其所在地方、部门（单位）和其他相关单位应当依法向审计机关提供与被审计领导干部任职期间履行自然资源资产管理和生态环境保护责任有关的下列资料：

（一）签订的相关目标责任书以及完成情况，上级有关部门（单位）对其考核情况以及相关方面业绩的评估与奖惩情况；

（二）上级党委和政府或者有关部门（单位）进行例行或者专项检查情况及其出具的检查报告、结论性文书，当地党委和政府以及相关部门（单位）的整改情况；

（三）相关会议文件、材料、纪要和记录，相关工作规划（计划）以及执行情况，相关规章制度和重大决策事项的文件和资料等；

（四）财务以及资源环境调查、监测、统计等资料数据（含地理信息数据等电子数据）；

（五）被审计领导干部的述职报告以及对有关情况的说明材料；

（六）审计机关依法要求提供的其他有关资料。

被审计领导干部及其所在地方、部门（单位）和其他相关单位应当对所提供资料的真实性、完整性负责。

第十七条 审计机关应当根据审计查证事实，依照法律法规、国家有关政策规定和生态文明建设考核目标等，充分考虑地域、气候、季节、生长期等自然因素影响，以及环境问题的潜伏性、时滞性、外部性等，针对自然资源资产管理和生态环境保护工作特点，研究建立健全审计评价指标体系，将定性评价与定量评价相结合，对领导干部履行自然资源资产管理和生态环境保护责任情况作出客观公正、实事求是的评价。

审计评价应当与审计内容相统一，评价结论应当有充分的审计证据支持。

第十八条 审计机关应当根据被审计领导干部任职期间所在地区或者主管业务领域自然资源资产管理和生态环境保护情况，结合审计结果，对被审计领导干部任职期间自然资源资产管理和生态环境保护情况变化产生的原因进行综合分析，按照好、较好、一般、较差、差5个等次客观评价被审计领导干部履行自然资源资产管理和生态环境保护责任情况。

各级审计机关可以根据被审计领导干部所在地区或者主管业务领域的实际情况，进一步研究细化审计评价标准。

第十九条 本规定所称的好，主要是指被审计领导干部任职期间认真履行自然资源资产管理和生态环境保护责任，积极采取措施并取得显著成效，所在地区或者主管业务领域自然资源资产和生态环境得到有效保护或者明显改善，且在审计抽查的约束性指标、相关规划（计划）目标任务和资源环境生态红线管控任务完成情况中，未发现指标、目标、任务完成和数据真实性方面存在问题；所在地区或者主管业务领域未发生严重损毁自然资源资产和重大生态破坏（灾害）、环境污染事件；在第八条规定的其他审计范围内未发现被审计领导干部存在违纪违法违规问题。

第二十条 本规定第十八条所称的较好，主要是指被审计领导干部任职期间履行自然资源资产管理和生态环境保护责任并取得较好成效，所在地区或者主管业务领域自然资源资产和生态环境得到保护或者一定改善，所在地区或者主管业务领域未发生严重损毁自然资源资产和重大生态破坏（灾害）、环境污染事件，但存在以下问题之一的：

（一）在审计抽查的约束性指标、相关规划（计划）目标任务和资源环境生态红线管控任务完成情况中，发现个别地区（部门）在数据真实性方面存在问题；

（二）在第八条规定的其他审计范围内发现被审计领导干部对个别工作监督管理不力，导致所在地区、部门（单位）存在个别、尚未造成严重后果的问题。

第二十一条 本规定第十八条所称的一般，主要是指被审计领导干部任职期间基本履行自然资源资产管理和生态环境保护责任并取得一定成效，所在地区或者主管业务领域未发生严重损毁自然资源和重大生态破坏（灾害）、环境污染事件，但存在以下问题之一的：

（一）在审计抽查的约束性指标、相关规划（计划）目标任务和资源环境生态红线管控任务完成情况中，发现少数指标、目标、任务未完成，一些地区（部门）在数据真实性方面存在问题；

（二）在第八条规定的其他审计范围内发现被审计领导干部对相关工作监督管理不力，导致所在地区、部门（单位）存在一些局部性、尚未造成严重后果的问题。

第二十二条 本规定第十八条所称的较差，主要是指被审计领导干部任职期间履行一定的自然资源资产管理和生态环境保护责任但取得成效不好，存在以下问题之一的：

（一）被审计领导干部推进相关工作不力，在审计抽查的约束性指标、相关规划（计划）目标和资源环境生态红线管控任务完成情况中，发现较多指标、目标、任务未完成，较多地区（部门）在数据真实性方面存在问题；

（二）较重大履职不到位，造成较严重损毁自然资源和重大生态破坏（灾害）、环境污染事件或者较重大突发环境事件隐患未得到有效治理；

（三）在第八条规定的其他审计范围内发现被审计领导干部有较严重的违纪违法违规行为。

第二十三条 本规定第十八条所称的差，主要是指被审计领导干部任职期间未履行自然资源资产管理和生态环境保护责任，存在以下问题之一的：

（一）被审计领导干部未落实中央生态文明建设方针政策和决策部署，在审计抽查的约束性指标、相关规划（计划）目标和资源环境生态红线管控任务完成情况中，发现多数指标、目标、任务未完成，多数地区（部门）在数据真实性方面存在问题；

（二）重大履职不到位，造成严重损毁自然资源和重大生态破坏（灾害）、环境污染事件或者重大突发环境事件隐患未得到有效治理；

（三）在第八条规定的其他审计范围内发现被审计领导干部有严重的违纪违法违规行为。

第二十四条 审计机关实施领导干部自然资源资产离任审计后，应当向被审计领导干部及所在地区、部门（单位）出具审计意见。与领导干部经济责任审计统筹实施的审计项目，应当将有关自然资源资产管理和生态环境保护责任方面的情况单独反映，向被审计领导干部及其所在地区、部门（单位）出具审计意见。审计意见应当提交委托审计的组织部门。

第二十五条 审计署应当向党中央、国务院报告领导干部自然资源资产离任审计情况。

地方审计机关应当将领导干部自然资源资产离任审计情况向本级党委和政府报告，同时向上级审计机关报告。

第二十六条 各级党委和政府应当逐步探索和推行领导干部自然资源资产离任审计结果公告制度。

第二十七条 被审计领导干部所在地区、部门（单位）违反国家规定的财政收支、财务收支行为，依法应当给予处理的，由审计机关在法定职权范围内作出审计决定。

第二十八条 对审计发现的人为因素造成严重损毁自然资源资产和破坏生态环境的责任事故等问题线索，需要由有关部门调查处理或者追究相关人员责任的，审计机关应当依纪依法移送有关部门处理。涉及领导干部涉嫌违纪问题线索的，审计机关应当向同级党组织报告，必要时向上级党组织报告，并按照规定将问题线索移送相关纪检监察机关处理。

对审计移送的问题线索，有关部门应当依纪依法认真查处，所涉责任人不论是否已调离转岗、提拔或者退休，都应当按照《中国共产党问责条例》《党政领导干部生态环境损害责任追究办法（试行）》等实行终身问责，并及时向审计机关反馈查处结果。

第二十九条 被审计领导干部对审计机关出具的领导干部自然资源资产离任审计意见

有异议的，可以自收到审计意见之日起 30 个工作日内向出具审计意见的审计机关申诉，审计机关应当自收到申诉之日起 30 个工作日内作出复查决定；被审计领导干部对复查决定仍有异议的，可以自收到复查决定之日起 30 个工作日内向上一级审计机关申请复核，上一级审计机关应当自收到复核申请之日起 60 个工作日内作出复核决定。

上一级审计机关的复核决定或者审计署的复查决定为审计机关的最终决定。

第三十条　对审计发现的自然资源资产管理和生态环境保护中的典型性、普遍性、倾向性问题和提出的审计建议，有关地区、部（单位）应当认真研究，及时解决，建立健全有关制度规定。

第三十一条　被审计领导干部及其所在地区、部门（单位）。对审计发现的问题应当及时整改。

被审计领导干部所在地区、部门（单位）应当以适当方式向社会公告整改结果。

第三十二条　有关部门和单位应当根据干部管理监督工作的相关要求，将审计结果以及整改情况作为考核、任免、奖惩领导干部的重要依据，并以适当方式将审计结果运用情况反馈审计机关。审计结果以及整改情况材料应当归入被审计领导干部本人档案。

第三十三条　国务院及地方各级政府负有资源资产管理和生态环境保护职责的工作部门应当加强部门联动，尽快建立自然资源资产数据共享平台，并向审计机关开放，为审计提供专业支持和制度保障，支持、配合审计机关开展审计。

第三十四条　县以上各级党委和政府应当加强对本地区领导干部自然资源资产离任审计工作的领导，及时听取本级审计机关的审计工作情况汇报并接受、配合上级审计机关审计。

第三十五条　审计机关依法独立实施领导干部自然资源资产离任审计，不受其他行政机关、社会团体和个人的干涉。审计人员依法履行审计监督职责，受法律保护。

任何组织和个人不得拒绝、阻碍审计人员依法执行职务，不得打击报复审计人员。

第三十六条　审计机关和审计人员对审计中知悉的国家秘密、商业秘密，负有保密义务。

第三十七条　领导干部任职期间，根据工作需要，审计机关可以参照本规定对其履行自然资源资产管理和生态环境保护责任情况开展审计。

第三十八条　本规定由审计署负责解释。

第三十九条　本规定自 2017 年 9 月 19 日起施行。

自然资源部　审计署关于印发《自然资源督察执法与领导干部自然资源资产离任审计工作协作机制》的通知

（自然资发〔2021〕12 号）

中国地质调查局及自然资源部其他直属单位、自然资源部各派出机构、部机关各司局，审计署机关各单位、各派出审计局、各特派员办事处、各直属单位：

《自然资源督察执法与领导干部自然资源资产离任审计工作协作机制》已经自然资源部、审计署批准，现印发给你们，请遵照执行。

自然资源部　审计署
2021 年 1 月 15 日

自然资源督察执法与领导干部自然资源资产离任审计工作协作机制

为贯彻党的十九届四中全会精神,落实《领导干部自然资源资产离任审计规定(试行)》,自然资源部和审计署建立领导干部自然资源资产离任审计与自然资源督察执法工作协作机制,加强协作配合,促进审计监督与自然资源督察执法监督的有机贯通,形成有效监督合力。

一、加强联络对接

自然资源部、审计署分别明确领导干部自然资源资产离任审计工作协作机制对接司局。自然资源部由国家自然资源总督察办公室负责牵头统筹,执法局等有关司局和派出机构依据职责配合开展相关工作;自然资源调查监测司负责牵头建立支撑领导干部自然资源资产离任审计基础信息数据平台,中国测绘科学研究院依据职责配合。审计署由自然资源和生态环境审计司负责牵头统筹,有关司局和派出机构依据职责配合开展相关工作。牵头统筹司局指派专人作为联络员,负责日常沟通联络和工作对接。

二、加强协作配合

自然资源部将自然资源督察执法年度工作计划、重点任务安排等重大事项抄送审计署。审计署在提出领导干部自然资源资产离任审计等涉及自然资源管理的审计工作计划或项目安排建议时,应与自然资源部及时沟通,相关项目安排确定后以适当方式告知自然资源部。

自然资源督察执法在开展重大专项督察工作、对重大违法案件查处、挂牌督办等工作中,需要领导干部自然资源资产离任审计工作支持的,审计予以协助。对领导干部自然资源资产离任审计工作中,需要提供自然资源督察执法工作支持的,自然资源督察执法予以协助。

每年召开一次联络会议,双方就共同组织开展调研、相关工作配合等开展沟通协作。

三、加强信息共享

自然资源部负责、审计署参与建立支撑领导干部自然资源资产离任审计基础信息数据平台,集成和分析各类自然资源管理基础信息数据等,提供审计、自然资源督察执法等工作使用。

自然资源督察执法发现或查处的违法违规占用自然资源、破坏生态,以及涉及有关资金等,造成严重后果的重大问题线索或案件,需要在领导干部自然资源资产离任审计工作中予以关注的,及时通报审计署。审计发现的有关地方涉及自然资源管理的突出问题,需自然资源督察执法予以关注的,及时通报自然资源部。

四、加强成果运用

按照《中共中央办公厅国务院办公厅关于在国土空间规划中统筹划定落实三条控制线的指导意见》有关要求,国家自然资源督察机构针对三条控制线划定和管控情况开展督察的有关成果,移交审计署,作为领导干部自然资源资产离任审计的重要依据。自然资源部督察执法有关督察意见书、分省卫片执法检查等成果,根据需要作为领导干部自然资源资产离任审计的重要参考。

审计署在组织开展领导干部自然资源资产离任审计工作中,发现地方未按自然资源督察执法有关要求进行整改纠正的,将其作为审计评价的参考依据。

中央审计委员会办公室 审计署关于进一步规范经济责任审计工作有关事项的通知

(中审办发〔2021〕5号)

各省、自治区、直辖市和计划单列市、新疆生产建设兵团党委审计委员会办公室、审计厅(局)、署机关各单位、各派出审计局、各特派员办事处：

中共中央办公厅、国务院办公厅《党政主要领导干部和国有企事业单位主要领导人员经济责任审计规定》(以下简称两办《规定》)印发以来，各级审计机关认真组织学习，加强统筹谋划，规范审计程序，深化审计内容，强化结果运用，取得了明显效果。但也有一些地方学习理解还不够全面，贯彻落实还不够到位，存在审计内容未充分聚焦领导干部经济责任、审计项目整体委托社会中介机构实施、审计机关项目管理薄弱等问题，影响经济责任审计工作的严肃性和质量效果，也影响审计机关的公信力。为进一步规范经济责任审计工作，更好地发挥经济责任审计作用，现就有关事项通知如下：

一、聚焦经济责任，充分发挥经济责任审计在规范权力运行中的重要作用

经济责任审计是中国特色社会主义审计制度的重要组成部分，是强化干部管理监督、规范权力运行的重要措施。各级审计机关要充分认识经济责任审计的政治属性和政治功能，紧扣领导干部经济责任，以公共资金、国有资产、国有资源的管理、分配和使用为基础，恪守审计权力边界，既不能越位，也不能缺位。根据领导干部职责要求，围绕应该干什么、干了什么、干得怎么样等，找准审计切入点和着力点，突出党和国家经济方针政策贯彻落实情况，突出经济社会发展中各类风险防范化解情况，突出重点民生资金使用和项目建设情况。要严格审计质量控制，规范审计程序，依法依规作出审计评价，敢于和善于揭示问题，更好地发挥经济责任审计作用。

二、经济责任审计项目不得委托其他组织独立实施

经济责任审计是党中央、国务院交给审计机关的一项重要政治任务，各级审计机关要严格落实两办《规定》，依照法定职责、权限和程序行使审计监督权，依法开展审计。遇有审计力量不足、相关专业技能受到限制等情形时，在严格项目管理、强化质量控制的前提下，可以从社会中介机构、科研机构、高等院校以及其他企事业单位等组织中，聘请具有与审计事项相关专业知识的人员参加审计工作，或者提供专业技术支持，但不得将经济责任审计项目整体委托其他组织独立实施。审计机关要加强与组织部门的沟通协调，不断强化经济责任审计项目计划管理，既要尽力而为，也要量力而行，坚持有所为、有所不为，确保审计质量。

三、加强对外聘人员参与经济责任审计项目的组织管理

审计组需要外聘人员的，应当经具体组织实施项目的审计机关批准。审计机关要对外聘人员做好组织管理，强化审计进度、审计流程、审计内容等方面的主导和控制，规范审核复核审理程序，明确权利义务，防范审计风险。外聘人员要落实审计机关有关质量控制的要求，遵守廉洁、保密等审计工作纪律，服从审计机关的工作安排。外聘人员不能担任审计组(含审计小组)组长、主审，不能独立开展外部调查，不能承担现场廉政监督、经费管理、涉密资料保管等工作。外聘人员对其工作结果负责，审计机关对利用其结果所形成的结论负责并做好相关事项的归档工作。

四、加强经济责任审计工作的培训和督导

各级审计机关要进一步加强审计干部队伍专业化建设，坚持以政治建设为统领，加强实践锻炼、专业训练，不断提升政治素质和专业素养。要加强经济责任审计的制度化规范化建设，强化对下级审计机关的检查指导和业务培训，抓好各项制度规范在本地区的贯彻落实。各部门、各单位内部管理领导干部经济责任审计工作参照本通知要求执行，各级审计机关要做好指导和监督，深入开展调查研究，及时了解掌握工作进展，研究解决遇到的困难和问题，推动内部管理领导干部经济责任审计工作不断深化。

中央审计委员会办公室　审计署
2021年2月19日

党政主要领导干部和国有企事业单位主要领导人员经济责任审计规定

（中共中央办公厅　国务院办公厅2019年7月15日发布）

第一章　总　则

第一条　为了坚持和加强党对审计工作的集中统一领导，强化对党政主要领导干部和国有企事业单位主要领导人员（以下统称领导干部）的管理监督，促进领导干部履职尽责、担当作为，确保党中央令行禁止，根据《中华人民共和国审计法》和有关党内法规，制定本规定。

第二条　经济责任审计工作以马克思列宁主义、毛泽东思想、邓小平理论、"三个代表"重要思想、科学发展观、习近平新时代中国特色社会主义思想为指导，增强"四个意识"、坚定"四个自信"、做到"两个维护"，认真落实党中央、国务院决策部署，紧紧围绕统筹推进"五位一体"总体布局和协调推进"四个全面"战略布局，贯彻新发展理念，聚焦经济责任，客观评价，揭示问题，促进经济高质量发展，促进全面深化改革，促进权力规范运行，促进反腐倡廉，推进国家治理体系和治理能力现代化。

第三条　本规定所称经济责任，是指领导干部在任职期间，对其管辖范围内贯彻执行党和国家经济方针政策、决策部署，推动经济和社会事业发展，管理公共资金、国有资产、国有资源，防控重大经济风险等有关经济活动应当履行的职责。

第四条　领导干部经济责任审计对象包括：

（一）地方各级党委、政府、纪检监察机关、法院、检察院的正职领导干部或者主持工作1年以上的副职领导干部；

（二）中央和地方各级党政工作部门、事业单位和人民团体等单位的正职领导干部或者主持工作1年以上的副职领导干部；

（三）国有和国有资本占控股地位或者主导地位的企业（含金融机构，以下统称国有企业）的法定代表人或者不担任法定代表人但实际行使相应职权的主要领导人员；

（四）上级领导干部兼任下级单位正职领导职务且不实际履行经济责任时，实际分管日常工作的副职领导干部；

（五）党中央和县级以上地方党委要求进行经济责任审计的其他主要领导干部。

第五条　领导干部履行经济责任的情况，应当依规依法接受审计监督。

经济责任审计可以在领导干部任职期间进行，也可以在领导干部离任后进行，以任职期间审计为主。

第六条 领导干部的经济责任审计按照干部管理权限确定。遇有干部管理权限与财政财务隶属关系等不一致时，由对领导干部具有干部管理权限的部门与同级审计机关共同确定实施审计的审计机关。

审计署审计长的经济责任审计，按照中央审计委员会的决定组织实施。地方审计机关主要领导干部的经济责任审计，由地方党委与上一级审计机关协商后，由上一级审计机关组织实施。

第七条 审计委员会办公室、审计机关依规依法独立实施经济责任审计，任何组织和个人不得拒绝、阻碍、干涉，不得打击报复审计人员。

对有意设置障碍、推诿拖延的，应当进行批评和通报；造成恶劣影响的，应当严肃问责追责。

第八条 审计委员会办公室、审计机关和审计人员对经济责任审计工作中知悉的国家秘密、商业秘密和个人隐私，负有保密义务。

第九条 各级党委和政府应当保证履行经济责任审计职责所必需的机构、人员和经费。

第二章　组织协调

第十条 各级党委和政府应当加强对经济责任审计工作的领导，建立健全经济责任审计工作联席会议（以下简称联席会议）制度。联席会议由纪检监察机关和组织、机构编制、审计、财政、人力资源社会保障、国有资产监督管理、金融监督管理等部门组成，召集人由审计委员会办公室主任担任。联席会议在同级审计委员会的领导下开展工作。

联席会议下设办公室，与同级审计机关内设的经济责任审计机构合署办公。办公室主任由同级审计机关的副职领导或者相当职务层次领导担任。

第十一条 联席会议主要负责研究拟订有关经济责任审计的制度文件，监督检查经济责任审计工作情况，协调解决经济责任审计工作中出现的问题，推进经济责任审计结果运用，指导下级联席会议的工作，指导和监督部门、单位内部管理领导干部经济责任审计工作，完成审计委员会交办的其他工作。

联席会议办公室负责联席会议的日常工作。

第十二条 经济责任审计应当有计划地进行，根据干部管理监督需要和审计资源等实际情况，对审计对象实行分类管理，科学制定经济责任审计中长期规划和年度审计项目计划，推进领导干部履行经济责任情况审计全覆盖。

第十三条 年度经济责任审计项目计划按照下列程序制定：

（一）审计委员会办公室商同级组织部门提出审计计划安排，组织部门提出领导干部年度审计建议名单；

（二）审计委员会办公室征求同级纪检监察机关等有关单位意见后，纳入审计机关年度审计项目计划；

（三）审计委员会办公室提交同级审计委员会审议决定。

对属于有关主管部门管理的领导干部进行审计的，审计委员会办公室商有关主管部门提出年度审计建议名单，纳入审计机关年度审计项目计划，提交审计委员会审议决定。

第十四条 年度经济责任审计项目计划一经确定不得随意变更。确需调减或者追加的，应当按照原制定程序，报审计委员会批准后实施。

第十五条 被审计领导干部遇有被有关部门采取强制措施、纪律审查、监察调查或者死亡等特殊情况，以及存在其他不宜继续进行经济责任审计情形的，审计委员会办公室商同级纪检监察机关、组织部门等有关单位提出意见，报审计委员会批准后终止审计。

第三章 审计内容

第十六条 经济责任审计应当以领导干部任职期间公共资金、国有资产、国有资源的管理、分配和使用为基础，以领导干部权力运行和责任落实情况为重点，充分考虑领导干部管理监督需要、履职特点和审计资源等因素，依规依法确定审计内容。

第十七条 地方各级党委和政府主要领导干部经济责任审计的内容包括：

（一）贯彻执行党和国家经济方针政策、决策部署情况；

（二）本地区经济社会发展规划和政策措施的制定、执行和效果情况；

（三）重大经济事项的决策、执行和效果情况；

（四）财政财务管理和经济风险防范情况，民生保障和改善情况，生态文明建设项目、资金等管理使用和效益情况，以及在预算管理中执行机构编制管理规定情况；

（五）在经济活动中落实有关党风廉政建设责任和遵守廉洁从政规定情况；

（六）以往审计发现问题的整改情况；

（七）其他需要审计的内容。

第十八条 党政工作部门、纪检监察机关、法院、检察院、事业单位和人民团体等单位主要领导干部经济责任审计的内容包括：

（一）贯彻执行党和国家经济方针政策、决策部署情况；

（二）本部门本单位重要发展规划和政策措施的制定、执行和效果情况；

（三）重大经济事项的决策、执行和效果情况；

（四）财政财务管理和经济风险防范情况，生态文明建设项目、资金等管理使用和效益情况，以及在预算管理中执行机构编制管理规定情况；

（五）在经济活动中落实有关党风廉政建设责任和遵守廉洁从政规定情况；

（六）以往审计发现问题的整改情况；

（七）其他需要审计的内容。

第十九条 国有企业主要领导人员经济责任审计的内容包括：

（一）贯彻执行党和国家经济方针政策、决策部署情况；

（二）企业发展战略规划的制定、执行和效果情况；

（三）重大经济事项的决策、执行和效果情况；

（四）企业法人治理结构的建立、健全和运行情况，内部控制制度的制定和执行情况；

（五）企业财务的真实合法效益情况，风险管控情况，境外资产管理情况，生态环境保护情况；

（六）在经济活动中落实有关党风廉政建设责任和遵守廉洁从业规定情况；

（七）以往审计发现问题的整改情况；

（八）其他需要审计的内容。

第二十条 有关部门和单位、地方党委和政府的主要领导干部由上级领导干部兼任，且实际履行经济责任的，对其进行经济责任审计时，审计内容仅限于该领导干部所兼任职务应当履行的经济责任。

第四章 审计实施

第二十一条 审计委员会办公室、审计机关应当根据年度经济责任审计项目计划，组成审计组并实施审计。

第二十二条 对同一地方党委和政府主要领导干部，以及同一部门、单位2名以上主要领导干部的经济责任审计，可以同步组织实施，分别认定责任。

第二十三条　审计委员会办公室、审计机关应当按照规定，向被审计领导干部及其所在单位或者原任职单位（以下统称所在单位）送达审计通知书，抄送同级纪检监察机关、组织部门等有关单位。

地方审计机关主要领导干部的经济责任审计通知书，由上一级审计机关送达。

第二十四条　实施经济责任审计时，应当召开由审计组主要成员、被审计领导干部及其所在单位有关人员参加的会议，安排审计工作有关事项。联席会议有关成员单位根据工作需要可以派人参加。

审计组应当在被审计单位公示审计项目名称、审计纪律要求和举报电话等内容。

第二十五条　经济责任审计过程中，应当听取被审计领导干部所在单位领导班子成员的意见。

对地方党委和政府主要领导干部的审计，还应当听取同级人大常委会、政协主要负责同志的意见。

审计委员会办公室、审计机关应当听取联席会议有关成员单位的意见，及时了解与被审计领导干部履行经济责任有关的考察考核、群众反映、巡视巡察反馈、组织约谈、函询调查、案件查处结果等情况。

第二十六条　被审计领导干部及其所在单位，以及其他有关单位应当及时、准确、完整地提供与被审计领导干部履行经济责任有关的下列资料：

（一）被审计领导干部经济责任履行情况报告；

（二）工作计划、工作总结、工作报告、会议记录、会议纪要、决议决定、请示、批示、目标责任书、经济合同、考核检查结果、业务档案、机构编制、规章制度、以往审计发现问题整改情况等资料；

（三）财政收支、财务收支相关资料；

（四）与履行职责相关的电子数据和必要的技术文档；

（五）审计所需的其他资料。

第二十七条　被审计领导干部及其所在单位应当对所提供资料的真实性、完整性负责，并作出书面承诺。

第二十八条　经济责任审计应当加强与领导干部自然资源资产离任审计等其他审计的统筹协调，科学配置审计资源，创新审计组织管理，推动大数据等新技术应用，建立健全审计工作信息和结果共享机制，提高审计监督整体效能。

第二十九条　经济责任审计过程中，可以依规依法提请有关部门、单位予以协助。有关部门、单位应当予以支持，并及时提供有关资料和信息。

第三十条　审计组实施审计后，应当向派出审计组的审计委员会办公室、审计机关提交审计报告。

审计报告一般包括被审计领导干部任职期间履行经济责任情况的总体评价、主要业绩、审计发现的主要问题和责任认定、审计建议等内容。

第三十一条　审计委员会办公室、审计机关应当书面征求被审计领导干部及其所在单位对审计组审计报告的意见。

第三十二条　被审计领导干部及其所在单位应当自收到审计组审计报告之日起10个工作日内提出书面意见；10个工作日内未提出书面意见的，视同无异议。

审计组应当针对被审计领导干部及其所在单位提出的书面意见，进一步研究和核实，对审计报告作出必要的修改，连同被审计领导干部及其所在单位的书面意见一并报送审计委员会办公室、审计机关。

第三十三条 审计委员会办公室、审计机关按照规定程序对审计组审计报告进行审定,出具经济责任审计报告;同时出具经济责任审计结果报告,在经济责任审计报告的基础上,简要反映审计结果。

经济责任审计报告和经济责任审计结果报告应当事实清楚、评价客观、责任明确、用词恰当、文字精练、通俗易懂。

第三十四条 经济责任审计报告、经济责任审计结果报告等审计结论性文书按照规定程序报同级审计委员会,按照干部管理权限送组织部门。根据工作需要,送纪检监察机关等联席会议其他成员单位、有关主管部门。

地方审计机关主要领导干部的经济责任审计结论性文书,由上一级审计机关送有关组织部门。根据工作需要,送有关纪检监察机关。

经济责任审计报告应当送达被审计领导干部及其所在单位。

第三十五条 经济责任审计中发现的重大问题线索,由审计委员会办公室按照规定向审计委员会报告。

应当由纪检监察机关或者有关主管部门处理的问题线索,由审计机关依规依纪依法移送处理。

被审计领导干部所在单位存在的违反国家规定的财政收支、财务收支行为,依法应当给予处理处罚的,由审计机关在法定职权范围内作出审计决定。

第三十六条 经济责任审计项目结束后,审计委员会办公室、审计机关应当组织召开会议,向被审计领导干部及其所在单位领导班子成员等有关人员反馈审计结果和相关情况。联席会议有关成员单位根据工作需要可以派人参加。

第三十七条 被审计领导干部对审计委员会办公室、审计机关出具的经济责任审计报告有异议的,可以自收到审计报告之日起 30 日内向同级审计委员会办公室申诉。审计委员会办公室应当组成复查工作小组,并要求原审计组人员等回避,自收到申诉之日起 90 日内提出复查意见,报审计委员会批准后作出复查决定。复查决定为最终决定。

地方审计机关主要领导干部对上一级审计机关出具的经济责任审计报告有异议的,可以自收到审计报告之日起 30 日内向上一级审计机关申诉。上一级审计机关应当组成复查工作小组,并要求原审计组人员等回避,自收到申诉之日起 90 日内作出复查决定。复查决定为最终决定。

本条规定的期间的最后一日是法定节假日的,以节假日后的第一个工作日为期间届满日。

第五章 审计评价

第三十八条 审计委员会办公室、审计机关应当根据不同领导职务的职责要求,在审计查证或者认定事实的基础上,综合运用多种方法,坚持定性评价与定量评价相结合,依照有关党内法规、法律法规、政策规定、责任制考核目标等,在审计范围内,对被审计领导干部履行经济责任情况,包括公共资金、国有资产、国有资源的管理、分配和使用中个人遵守廉洁从政(从业)规定等情况,作出客观公正、实事求是的评价。

审计评价应当有充分的审计证据支持,对审计中未涉及的事项不作评价。

第三十九条 对领导干部履行经济责任过程中存在的问题,审计委员会办公室、审计机关应当按照权责一致原则,根据领导干部职责分工,综合考虑相关问题的历史背景、决策过程、性质、后果和领导干部实际所起的作用等情况,界定其应当承担的直接责任或者领导责任。

第四十条 领导干部对履行经济责任过程中的下列行为应当承担直接责任:

（一）直接违反有关党内法规、法律法规、政策规定的；

（二）授意、指使、强令、纵容、包庇下属人员违反有关党内法规、法律法规、政策规定的；

（三）贯彻党和国家经济方针政策、决策部署不坚决不全面不到位，造成公共资金、国有资产、国有资源损失浪费，生态环境破坏，公共利益损害等后果的；

（四）未完成有关法律法规规章、政策措施、目标责任书等规定的领导干部作为第一责任人（负总责）事项，造成公共资金、国有资产、国有资源损失浪费，生态环境破坏，公共利益损害等后果的；

（五）未经民主决策程序或者民主决策时在多数人不同意的情况下，直接决定、批准、组织实施重大经济事项，造成公共资金、国有资产、国有资源损失浪费，生态环境破坏，公共利益损害等后果的；

（六）不履行或者不正确履行职责，对造成的后果起决定性作用的其他行为。

第四十一条 领导干部对履行经济责任过程中的下列行为应当承担领导责任：

（一）民主决策时，在多数人同意的情况下，决定、批准、组织实施重大经济事项，由于决策不当或者决策失误造成公共资金、国有资产、国有资源损失浪费，生态环境破坏，公共利益损害等后果的；

（二）违反部门、单位内部管理规定造成公共资金、国有资产、国有资源损失浪费，生态环境破坏，公共利益损害等后果的；

（三）参与相关决策和工作时，没有发表明确的反对意见，相关决策和工作违反有关党内法规、法律法规、政策规定，或者造成公共资金、国有资产、国有资源损失浪费，生态环境破坏，公共利益损害等后果的；

（四）疏于监管，未及时发现和处理所管辖范围内本级或者下一级地区（部门、单位）违反有关党内法规、法律法规、政策规定的问题，造成公共资金、国有资产、国有资源损失浪费，生态环境破坏，公共利益损害等后果的；

（五）除直接责任外，不履行或者不正确履行职责，对造成的后果应当承担责任的其他行为。

第四十二条 对被审计领导干部以外的其他责任人员，审计委员会办公室、审计机关可以适当方式向有关部门、单位提供相关情况。

第四十三条 审计评价时，应当把领导干部在推进改革中因缺乏经验、先行先试出现的失误和错误，同明知故犯的违纪违法行为区分开来；把上级尚无明确限制的探索性试验中的失误和错误，同上级明令禁止后依然我行我素的违纪违法行为区分开来；把为推动发展的无意过失，同为谋取私利的违纪违法行为区分开来。对领导干部在改革创新中的失误和错误，正确把握事业为上、实事求是、依纪依法、容纠并举等原则，经综合分析研判，可以免责或者从轻定责，鼓励探索创新，支持担当作为，保护领导干部干事创业的积极性、主动性、创造性。

第六章　审计结果运用

第四十四条 各级党委和政府应当建立健全经济责任审计情况通报、责任追究、整改落实、结果公告等结果运用制度，将经济责任审计结果以及整改情况作为考核、任免、奖惩被审计领导干部的重要参考。

经济责任审计结果报告以及审计整改报告应当归入被审计领导干部本人档案。

第四十五条 审计委员会办公室、审计机关应当按照规定以适当方式通报或者公告经济责任审计结果，对审计发现问题的整改情况进行监督检查。

第四十六条 联席会议其他成员单位应当在各自职责范围内运用审计结果：

（一）根据干部管理权限，将审计结果以及整改情况作为考核、任免、奖惩被审计领导干部的重要参考；

（二）对审计发现的问题作出进一步处理；

（三）加强审计发现问题整改落实情况的监督检查；

（四）对审计发现的典型性、普遍性、倾向性问题和提出的审计建议及时进行研究，将其作为采取有关措施、完善有关制度规定的重要参考。

联席会议其他成员单位应当以适当方式及时将审计结果运用情况反馈审计委员会办公室、审计机关。党中央另有规定的，按照有关规定办理。

第四十七条 有关主管部门应当在各自职责范围内运用审计结果：

（一）根据干部管理权限，将审计结果以及整改情况作为考核、任免、奖惩被审计领导干部的重要参考；

（二）对审计移送事项依规依纪依法作出处理处罚；

（三）督促有关部门、单位落实审计决定和整改要求，在对相关行业、单位管理和监督中有效运用审计结果；

（四）对审计发现的典型性、普遍性、倾向性问题和提出的审计建议及时进行研究，并将其作为采取有关措施、完善有关制度规定的重要参考。

有关主管部门应当以适当方式及时将审计结果运用情况反馈审计委员会办公室、审计机关。

第四十八条 被审计领导干部及其所在单位根据审计结果，应当采取以下整改措施：

（一）对审计发现的问题，在规定期限内进行整改，将整改结果书面报告审计委员会办公室、审计机关，以及组织部门或者主管部门；

（二）对审计决定，在规定期限内执行完毕，将执行情况书面报告审计委员会办公室、审计机关；

（三）根据审计发现的问题，落实有关责任人员的责任，采取相应的处理措施；

（四）根据审计建议，采取措施，健全制度，加强管理；

（五）将审计结果以及整改情况纳入所在单位领导班子党风廉政建设责任制检查考核的内容，作为领导班子民主生活会以及领导班子成员述责述廉的重要内容。

第七章 附 则

第四十九条 审计委员会办公室、审计机关和审计人员，被审计领导干部及其所在单位，以及其他有关单位和个人在经济责任审计中的职责、权限、法律责任等，本规定未作规定的，依照党中央有关规定、《中华人民共和国审计法》《中华人民共和国审计法实施条例》和其他法律法规执行。

第五十条 有关部门、单位对内部管理领导干部开展经济责任审计参照本规定执行，或者根据本规定制定具体办法。

第五十一条 本规定由中央审计委员会办公室、审计署负责解释。

第五十二条 本规定自2019年7月7日起施行。2010年10月12日中共中央办公厅、国务院办公厅印发的《党政主要领导干部和国有企业领导人员经济责任审计规定》同时废止。

党政主要领导干部和国有企业领导人员经济责任审计规定实施细则

(审经责发〔2014〕102号)

第一章 总 则

第一条 为健全和完善经济责任审计制度，规范经济责任审计行为，根据《中华人民共和国审计法》《中华人民共和国审计法实施条例》《党政主要领导干部和国有企业领导人员经济责任审计规定》（中办发〔2010〕32号，以下简称两办《规定》）和有关法律法规，以及干部管理监督的有关规定，制定本细则。

第二条 本细则所称经济责任审计，是指审计机关依法依规对党政主要领导干部和国有企业领导人员经济责任履行情况进行监督、评价和鉴证的行为。

第三条 经济责任审计应当以促进领导干部推动本地区、本部门（系统）、本单位科学发展为目标，以领导干部任职期间本地区、本部门（系统）、本单位财政收支、财务收支以及有关经济活动的真实、合法和效益为基础，重点检查领导干部守法、守纪、守规、尽责情况，加强对领导干部行使权力的制约和监督，推进党风廉政建设和反腐败工作，推进国家治理体系和治理能力现代化。

第四条 领导干部履行经济责任的情况，应当依法依规接受审计监督。经济责任审计应当坚持任中审计与离任审计相结合，对重点地区（部门、单位）、关键岗位的领导干部任期内至少审计一次。

第二章 审计对象

第五条 两办《规定》第二条所称党政主要领导干部，是指地方各级党委、政府、审判机关、检察机关，中央和地方各级党政工作部门、事业单位和人民团体等单位的党委（含党组、党工委，以下统称党委）正职领导干部和行政正职领导干部，包括主持工作一年以上的副职领导干部。

第六条 两办《规定》第二条所称地方各级党委和政府主要领导干部经济责任审计的对象包括：

（一）省、自治区、直辖市和新疆生产建设兵团，自治州、设区的市，县、自治县、不设区的市、市辖区，以及乡、民族乡、镇的主要领导干部；

（二）行政公署、街道办事处、区公所等履行政府职能的政府派出机关的主要领导干部；

（三）政府设立的开发区、新区等的主要领导干部。

第七条 两办《规定》第二条所称地方各级审判机关、检察机关主要领导干部经济责任审计的对象包括地方各级人民法院、人民检察院的党政主要领导干部。

第八条 两办《规定》第二条所称党政工作部门、事业单位和人民团体等单位党政主要领导干部经济责任审计的对象包括：

（一）中央党政工作部门、事业单位和人民团体等单位的主要领导干部；

（二）地方各级党委和政府的工作部门、事业单位和人民团体等单位的主要领导干部；

（三）履行政府职能的政府派出机关的工作部门、事业单位、人民团体等单位的主要领导干部；

（四）政府设立的开发区、新区等的工作部门、事业单位、人民团体等单位的主要领导干部；

（五）上级领导干部兼任有关部门、单位的正职领导干部，且不实际履行经济责任时，实际负责本部门、本单位常务工作的副职领导干部；

（六）党委、政府设立的超过一年以上有独立经济活动的临时机构的主要领导干部。

第九条 两办《规定》第三条所称国有企业领导人员经济责任审计的对象包括国有和国有资本占控股地位或者主导地位的企业（含金融企业，下同）的法定代表人。

根据党委和政府、干部管理监督部门的要求，审计机关可以对上述企业中不担任法定代表人但实际行使相应职权的董事长、总经理、党委书记等企业主要领导人员进行经济责任审计。

第十条 领导干部经济责任审计的对象范围依照干部管理权限确定。遇有干部管理权限与财政财务隶属关系、国有资产监督管理关系不一致时，由对领导干部具有干部管理权限的组织部门与同级审计机关共同确定实施审计的审计机关。

第十一条 部门、单位（含垂直管理系统）内部管理领导干部的经济责任审计，由部门、单位负责组织实施。

第三章 审计内容

第十二条 审计机关应当根据领导干部职责权限和履行经济责任的情况，结合地区、部门（系统）、单位的实际，依法依规确定审计内容。

审计机关在实施审计时，应当充分考虑审计目标、干部管理监督需要、审计资源与审计效果等因素，准确把握审计重点。

第十三条 地方各级党委主要领导干部经济责任审计的主要内容：

（一）贯彻执行党和国家、上级党委和政府重大经济方针政策及决策部署情况；

（二）遵守有关法律法规和财经纪律情况；

（三）领导本地区经济工作，统筹本地区经济社会发展战略和规划，以及政策措施制定情况及效果；

（四）重大经济决策情况；

（五）本地区财政收支总量和结构、预算安排和重大调整等情况；

（六）地方政府性债务的举借、用途和风险管控等情况；

（七）自然资源资产的开发利用和保护、生态环境保护以及民生改善等情况；

（八）政府投资和以政府投资为主的重大项目的研究决策情况；

（九）对党委有关工作部门管理和使用的重大专项资金的监管情况，以及厉行节约反对浪费情况；

（十）履行有关党风廉政建设第一责任人职责情况，以及本人遵守有关廉洁从政规定情况；

（十一）对以往审计中发现问题的督促整改情况；

（十二）其他需要审计的内容。

第十四条 地方各级政府主要领导干部经济责任审计的主要内容：

（一）贯彻执行党和国家、上级党委和政府、本级党委重大经济方针政策及决策部署情况；

（二）遵守有关法律法规和财经纪律情况；

（三）本地区经济社会发展战略、规划的执行情况，以及重大经济和社会发展事项的推动和管理情况及其效果；

（四）有关目标责任制完成情况；

（五）重大经济决策情况；

（六）本地区财政管理，以及财政收支的真实、合法、效益情况；

（七）地方政府性债务的举借、管理、使用、偿还和风险管控情况；

（八）国有资产的管理和使用情况；

（九）自然资源资产的开发利用和保护、生态环境保护以及民生改善等情况；

（十）政府投资和以政府投资为主的重大项目的研究、决策及建设管理等情况；

（十一）对直接分管部门预算执行和其他财政收支、财务收支及有关经济活动的管理和监督情况，厉行节约反对浪费情况，以及依照宪法、审计法规定分管审计工作情况；

（十二）机构设置、编制使用以及有关规定的执行情况；

（十三）履行有关党风廉政建设第一责任人职责情况，以及本人遵守有关廉洁从政规定情况；

（十四）对以往审计中发现问题的整改情况；

（十五）其他需要审计的内容。

第十五条 党政工作部门、审判机关、检察机关、事业单位和人民团体等单位主要领导干部经济责任审计的主要内容：

（一）贯彻执行党和国家有关经济方针政策和决策部署，履行本部门（系统）、单位有关职责，推动本部门（系统）、单位事业科学发展情况；

（二）遵守有关法律法规和财经纪律情况；

（三）有关目标责任制完成情况；

（四）重大经济决策情况；

（五）本部门（系统）、单位预算执行和其他财政收支、财务收支的真实、合法和效益情况；

（六）国有资产的采购、管理、使用和处置情况；

（七）重要项目的投资、建设和管理情况；

（八）有关财务管理、业务管理、内部审计等内部管理制度的制定和执行情况，以及厉行节约反对浪费情况；

（九）机构设置、编制使用以及有关规定的执行情况；

（十）对下属单位有关经济活动的管理和监督情况；

（十一）履行有关党风廉政建设第一责任人职责情况，以及本人遵守有关廉洁从政规定情况；

（十二）对以往审计中发现问题的整改情况；

（十三）其他需要审计的内容。

第十六条 国有企业领导人员经济责任审计的主要内容：

（一）贯彻执行党和国家有关经济方针政策和决策部署，推动企业可持续发展情况；

（二）遵守有关法律法规和财经纪律情况；

（三）企业发展战略的制定和执行情况及其效果；

（四）有关目标责任制完成情况；

（五）重大经济决策情况；

（六）企业财务收支的真实、合法和效益情况，以及资产负债损益情况；

（七）国有资本保值增值和收益上缴情况；

（八）重要项目的投资、建设、管理及效益情况；

（九）企业法人治理结构的健全和运转情况，以及财务管理、业务管理、风险管理、内部审计等内部管理制度的制定和执行情况，厉行节约反对浪费和职务消费等情况，对所属单位的监管情况；

（十）履行有关党风廉政建设第一责任人职责情况，以及本人遵守有关廉洁从业规定情况；

（十一）对以往审计中发现问题的整改情况；

（十二）其他需要审计的内容。

第四章 审计评价

第十七条 审计机关应当依照法律法规、国家有关政策以及干部考核评价等规定，结合地区、部门（系统）、单位的实际情况，根据审计查证或者认定的事实，客观公正、实事求是地进行审计评价。

审计评价应当有充分的审计证据支持，对审计中未涉及、审计证据不适当或者不充分的事项不作评价。

第十八条 审计评价应当与审计内容相统一。一般包括领导干部任职期间履行经济责任的业绩、主要问题以及应当承担的责任。

第十九条 审计评价应当重点关注经济、社会、事业发展的质量、效益和可持续性，关注与领导干部履行经济责任有关的管理和决策等活动的经济效益、社会效益和环境效益，关注任期内举借债务、自然资源资产管理、环境保护、民生改善、科技创新等重要事项，关注领导干部应承担直接责任的问题。

第二十条 审计评价可以综合运用多种方法，包括进行纵向和横向的业绩比较、运用与领导干部履行经济责任有关的指标量化分析、将领导干部履行经济责任的行为或事项置于相关经济社会环境中加以分析等。

第二十一条 审计评价的依据一般包括：

（一）法律、法规、规章和规范性文件，中国共产党党内法规和规范性文件；

（二）各级人民代表大会审议通过的政府工作报告、年度国民经济和社会发展计划报告、年度财政预算报告等；

（三）中央和地方党委、政府有关经济方针政策和决策部署；

（四）有关发展规划、年度计划和责任制考核目标；

（五）领导干部所在单位的"三定"规定和有关领导的职责分工文件，有关会议记录、纪要、决议和决定，有关预算、决算和合同，有关内部管理制度和绩效目标；

（六）国家统一的财政财务管理制度；

（七）国家和行业的有关标准；

（八）有关职能部门、主管部门发布或者认可的统计数据、考核结果和评价意见；

（九）专业机构的意见；

（十）公认的业务惯例或者良好实务；

（十一）其他依据。

第二十二条 审计机关可以根据审计内容和审计评价的需要，选择设定评价指标，将定性评价与定量指标相结合。评价指标应当简明实用、易于操作。

第二十三条 审计机关可以根据本细则第二十一条所列审计评价依据，结合实际情况，选择确定评价标准，衡量领导干部履行经济责任的程度。对同一类别、同一层级领导干部履行经济责任情况的评价标准，应当具有一致性和可比性。

第二十四条 对领导干部履行经济责任过程中存在的问题，审计机关应当按照权责一致原则，根据领导干部的职责分工，充分考虑相关事项的历史背景、决策程序等要求和实际决策过程，以及是否签批文件、是否分管、是否参与特定事项的管理等情况，依法依规认定其应当承担的直接责任、主管责任和领导责任。

对领导干部应当承担责任的问题或者事项，可以提出责任追究建议。

第二十五条 被审计领导干部对审计发现的问题应当承担直接责任的，具体包括以下情形：

（一）本人或者与他人共同违反有关法律法规、国家有关规定、单位内部管理规定的；

（二）授意、指使、强令、纵容、包庇下属人员违反有关法律法规、国家有关规定和单位内部管理规定的；

（三）未经民主决策、相关会议讨论或者文件传签等规定的程序，直接决定、批准、组织实施重大经济事项，并造成国家利益重大损失、公共资金或国有资产（资源）严重损失浪费、生态环境严重破坏以及严重损害公共利益等后果的；

（四）主持相关会议讨论或者以文件传签等其他方式研究，在多数人不同意的情况下，直接决定、批准、组织实施重大经济事项，由于决策不当或者决策失误造成国家利益重大损失、公共资金或国有资产（资源）严重损失浪费、生态环境严重破坏以及严重损害公共利益等后果的；

（五）对有关法律法规和文件制度规定的被审计领导干部作为第一责任人（负总责）的事项、签订的有关目标责任事项或者应当履行的其他重要职责，由于授权（委托）其他领导干部决策且决策不当或者决策失误造成国家利益重大损失、公共资金或国有资产（资源）严重损失浪费、生态环境严重破坏以及严重损害公共利益等后果的；

（六）其他失职、渎职或者应当承担直接责任的。

第二十六条 被审计领导干部对审计发现的问题应当承担主管责任的，具体包括以下情形：

（一）除直接责任外，领导干部对其直接分管或者主管的工作，不履行或者不正确履行经济责任的；

（二）除直接责任外，主持相关会议讨论或者以文件传签等其他方式研究，并且在多数人同意的情况下，决定、批准、组织实施重大经济事项，由于决策不当或者决策失误造成国家利益损失、公共资金或国有资产（资源）损失浪费、生态环境破坏以及损害公共利益等后果的；

（三）疏于监管，致使所管辖地区、分管部门和单位发生重大违纪违法问题或者造成重大损失浪费等后果的；

（四）其他应当承担主管责任的情形。

第二十七条 两办《规定》第三十七条所称领导责任，是指除直接责任和主管责任外，被审计领导干部对其职责范围内不履行或者不正确履行经济责任的其他行为应当承担的责任。

第二十八条 被审计领导干部以外的其他人员对有关问题应当承担的责任，审计机关可以以适当方式向干部管理监督部门等提供相关情况。

第五章 审 计 报 告

第二十九条 审计机关实施经济责任审计项目后，应当按照相关规定，出具经济责任审计报告和审计结果报告。

第三十条 两办《规定》第二十七条所称审计组的审计报告，是指审计组具体实施经济责任审计后，向派出审计组的审计机关提交的审计报告。

第三十一条 审计组的审计报告按照规定程序审批后，应当以审计机关的名义书面征求被审计领导干部及其所在单位的意见。根据工作需要可以征求本级党委、政府有关领导同志，以及本级经济责任审计工作领导小组（以下简称领导小组）或者经济责任审计工作联席会议（以下简称联席会议）有关成员单位的意见。

审计报告中涉及的重大经济案件调查等特殊事项，经审计机关主要负责人批准，可以不征求被审计领导干部及其所在单位的意见。

第三十二条 审计组应当针对被审计领导干部及其所在单位提出的书面意见，进一步核实情况，对审计组的审计报告作出必要的修改，连同被审计领导干部及其所在单位的书面意见一并报送审计机关。

第三十三条 审计机关按照规定程序对审计组的审计报告进行审定，经审计机关负责人签发后，向被审计领导干部及其所在单位出具审计机关的经济责任审计报告。

第三十四条 经济责任审计报告的内容主要包括：

（一）基本情况，包括审计依据、实施审计的基本情况、被审计领导干部所任职地区（部门或者单位）的基本情况、被审计领导干部的任职及分工情况等；

（二）被审计领导干部履行经济责任的主要情况，其中包括以往审计决定执行情况和审计建议采纳情况等；

（三）审计发现的主要问题和责任认定，其中包括审计发现问题的事实、定性、被审计领导干部应当承担的责任以及有关依据，审计期间被审计领导干部、被审计单位对审计发现问题已经整改的，可以包括有关整改情况；

（四）审计处理意见和建议；

（五）其他必要的内容。

审计发现的有关重大事项，可以直接报送本级党委、政府或者相关部门，不在审计报告中反映。

第三十五条 两办《规定》第二十八条所称审计结果报告，是指审计机关在经济责任审计报告的基础上，精简提炼形成的提交干部管理监督部门的反映审计结果的报告。审计结果报告重点反映被审计领导干部履行经济责任的主要情况、审计发现的主要问题和责任认定、审计处理方式和建议。

审计机关可以根据实际情况，参照本细则第三十四条规定，确定审计结果报告的主要内容。

第三十六条 审计机关应当将审计结果报告等经济责任审计结论性文书报送本级党委、政府主要负责同志；提交委托审计的组织部门；抄送领导小组（联席会议）有关成员单位；必要时，可以将涉及其他有关主管部门的情况抄送该部门。

第六章 审计结果运用

第三十七条 经济责任审计结果应当作为干部考核、任免和奖惩的重要依据。

各级领导小组（联席会议）和相关部门应当逐步健全经济责任审计情况通报、责任追究、整改落实、结果公告等制度。

第三十八条 纪检监察机关在审计结果运用中的主要职责：

（一）依纪依法受理审计移送的案件线索；

（二）依纪依法查处经济责任审计中发现的违纪违法行为；

（三）对审计结果反映的典型性、普遍性、倾向性问题适时进行研究；

（四）以适当方式将审计结果运用情况反馈审计机关。

第三十九条 组织部门在审计结果运用中的主要职责：

（一）根据干部管理工作的有关要求，将经济责任审计纳入干部管理监督体系；

（二）根据审计结果和有关规定对被审计领导干部及其他有关人员作出处理；

（三）将经济责任审计结果报告存入被审计领导干部本人档案，作为考核、任免、奖惩被审计领导干部的重要依据；

（四）要求被审计领导干部将经济责任履行情况和审计发现问题的整改情况，作为所在单位领导班子民主生活会和述职述廉的重要内容；

（五）对审计结果反映的典型性、普遍性、倾向性问题及时进行研究，并将其作为采取有关措施、完善有关制度规定的参考依据；

（六）以适当方式及时将审计结果运用情况反馈审计机关。

第四十条 审计机关在审计结果运用中的主要职责：

（一）对审计中发现的相关单位违反国家规定的财政收支、财务收支行为，依法依规作出处理处罚；对审计中发现的需要移送处理的事项，应当区分情况依法依规移送有关部门处理处罚；

（二）根据干部管理监督部门、巡视机构等的要求，以适当方式向其提供审计结果以及与审计项目有关的其他情况；

（三）协助和配合干部管理监督等部门落实、查处与审计项目有关的问题和事项；

（四）按照有关规定，在一定范围内通报审计结果，或者以适当方式向社会公告审计结果；

（五）对审计发现问题的整改情况进行监督检查；

（六）对审计发现的典型性、普遍性、倾向性问题和有关建议，以综合报告、专题报告等形式报送本级党委、政府和上级审计机关，提交有关部门。

第四十一条 人力资源社会保障部门在审计结果运用中的主要职责：

（一）根据有关规定，在职责范围内办理对被审计领导干部和有关人员的考核、任免、奖惩等相关事宜；

（二）对审计结果反映的典型性、普遍性、倾向性问题及时进行研究，并将其作为采取有关措施、完善有关制度规定的参考依据；

（三）以适当方式及时将审计结果运用情况反馈审计机关。

第四十二条 国有资产监督管理部门在审计结果运用中的主要职责：

（一）根据国有企业领导人员管理的有关要求，将经济责任审计纳入国有企业领导人员管理监督体系；

（二）将审计结果作为企业经营业绩考评和被审计领导人员考核、奖惩、任免的重要依据；

（三）在对国有企业管理监督、国有企业改革和国有资产处置过程中，有效运用审计结果；

（四）督促有关企业落实审计决定和整改要求；

（五）对审计发现的典型性、普遍性、倾向性问题及时进行研究，并将其作为采取有关措施、完善有关制度规定的参考依据；

（六）以适当方式及时将审计结果运用情况反馈审计机关。

第四十三条 有关主管部门在审计结果运用中的主要职责：

（一）对审计移送的违法违规问题，在职责范围内依法依规作出处理处罚；

（二）督促有关部门、单位落实审计决定和整改要求，在对相关行业、单位管理和监督中有效运用审计结果；

（三）对审计结果反映的典型性、普遍性、倾向性问题及时进行研究，并将其作为采取有关措施、完善有关制度规定的参考依据；

（四）以适当方式及时将审计结果运用情况反馈审计机关。

第四十四条 被审计领导干部及其所在单位根据审计结果，应当采取以下整改措施：

（一）在党政领导班子或者董事会内部通报审计结果和整改要求，及时制定整改方案，认真进行整改，及时将整改结果书面报告审计机关和有关干部管理监督部门；

（二）按照有关要求公告整改结果；

（三）对审计处理、处罚决定，应当在法定期限内执行完毕，并将执行情况书面报告审计机关；

（四）根据审计结果反映出的问题，落实有关责任人员的责任，采取相应的处理措施；

（五）根据审计建议，采取措施，健全制度，加强管理。

第七章 组织领导和审计实施

第四十五条 各地应当建立健全领导小组或者联席会议制度，领导本地区经济责任审计工作。领导小组组长可以由同级党委或者政府的主要负责同志担任。

第四十六条 领导小组或者联席会议应当设立办公室。同时设立领导小组和联席会议的地方，应当合并成立一个办公室。办公室与同级审计机关内设的经济责任审计机构合署办公，负责日常工作。办公室主任应当由同级审计机关的副职领导或者同职级领导担任。

第四十七条 领导小组或者联席会议应当建立健全议事规则和工作规则，各成员单位应当加强协作配合，形成制度健全、管理规范、运转有序、工作高效的运行机制。

第四十八条 各地可以根据干部管理监督的需要和审计机关的实际情况，按照领导干部工作岗位性质、经济责任的重要程度等因素，对审计对象实行分类管理，科学合理地制定经济责任审计年度计划和中长期计划。

第四十九条 审计机关应当向组织部门等提出下一年度经济责任审计计划的初步建议。组织部门等根据审计机关的初步建议，提出下一年度的委托审计建议。

第五十条 领导小组（联席会议）办公室对委托审计建议进行研究讨论，共同议定并提出经济责任审计计划草案，由审计机关报本级政府行政首长批准后，纳入审计机关年度审计工作计划并组织实施。

第五十一条 经济责任审计计划一经本级政府行政首长批准不得随意变更。确需调整的，应当按照本细则第四十九条、第五十条规定的程序进行调整。

第五十二条 对地方党委与政府的主要领导干部，党政工作部门、高等院校等单位的党委与行政主要领导干部，企业法定代表人与不担任法定代表人的董事长、总经理、党委书记等企业主要负责人的经济责任审计，可以同步组织实施，分别认定责任，分别出具审计报告和审计结果报告。

各地可以根据实际情况，研究制定同步实施经济责任审计的操作办法。

第五十三条 审计机关应当探索和推行经济责任审计与其他专业审计相结合的组织方式，统筹安排审计力量，逐步实现对审计计划、审计项目实施、审计文书报送、审计结果利用等的统一管理。

审计机关组织实施经济责任审计时，应当有效利用以往审计成果和有关部门的监督检查结果。

第五十四条 审计机关实施经济责任审计时，可以提请有关部门和单位协助，有关部门和单位应当予以支持，并及时提供有关资料和信息。

审计机关提请领导小组（联席会议）成员单位协助时，应当由领导小组（联席会议）办公室统一负责联系和协调。

第五十五条 在经济责任审计项目实施过程中，遇有被审计领导干部被有关部门依法依规采取强制措施、立案调查或者死亡等特殊情况，以及不宜再继续进行经济责任审计的其他情形的，审计机关报本级政府行政首长批准，或者根据党委、政府、干部管理监督部门的要求，可以中止或者终止审计项目。

第八章 附 则

第五十六条 根据地方党委、政府的要求，审计机关可以对村党组织和村民委员会、社区党组织和社区居民委员会的主要负责人进行经济责任审计。

村党组织和村民委员会主要负责人经济责任审计的内容，应当依照《中华人民共和国村民委员会组织法》第三十五条的规定，结合当地实际情况确定。

社区党组织和社区居民委员会主要负责人经济责任审计的内容，可以参照本细则的相关规定确定。

第五十七条　对本细则未涉及的审计机关和审计人员、被审计领导干部及其所在单位，以及其他有关单位和个人在经济责任审计中的职责、权限、法律责任等，依照《中华人民共和国审计法》《中华人民共和国审计法实施条例》、两办《规定》和其他法律法规的有关规定执行。

第五十八条　部门和单位可以根据两办《规定》和本细则的规定，制定本部门和单位内部管理领导干部经济责任审计的规定。

第五十九条　本细则由审计署负责解释。

第六十条　本细则自印发之日起施行。审计署2000年12月印发的《县级以下党政领导干部任期经济责任审计暂行规定实施细则》和《国有企业及国有控股企业领导人员任期经济责任审计暂行规定实施细则》（审办发〔2000〕121号）同时废止。

中央审计委员会办公室　审计署印发《关于贯彻落实〈党政主要领导干部和国有企事业单位主要领导人员经济责任审计规定〉指导意见》的通知

（中审办发〔2019〕23号，2019年7月31日）

各省、自治区、直辖市和计划单列市、新疆生产建设兵团党委审计委员会办公室、审计厅(局)，署机关各单位、各派出审计局、各特派员办事处、各直属单位：

现将《关于贯彻落实〈党政主要领导干部和国有企事业单位主要领导人员经济责任审计规定〉的指导意见》印发给你们，请结合实际认真贯彻落实。

中央审计委员会办公室

审计署

2019年7月31日

关于贯彻落实《党政主要领导干部和国有企事业单位主要领导人员经济责任审计规定》的指导意见

2019年7月7日，中共中央办公厅、国务院办公厅正式印发《党政主要领导干部和国有企事业单位主要领导人员经济责任审计规定》（以下简称《规定》）。《规定》以习近平新时代中国特色社会主义思想为指导，全面贯彻党的十九大和十九届二中、三中全会精神，深入贯彻习近平总书记关于审计工作的重要讲话和重要指示批示精神，是新时代开展经济责任审计工作的基本遵循。为深入贯彻落实《规定》，扎实做好经济责任审计工作，现提出以下指导意见：

一、提高政治站位，充分认识《规定》印发的重大意义

党中央、国务院高度重视领导干部经济责任审计工作。习近平总书记指出，对领导干部进行经济责任审计，是规范权力运行的重要手段，要不断深化和改善，坚持党政同责、同责同审，聚焦权力运行和责任落实，客观公正评价，促进领导干部规范用权、秉公用权、廉洁用权。《规定》的印发，是坚持和加强党对审计工作集中统一领导的重大举措，是适应审计管理体制改革，构建集中统一、全面覆盖、权威高效的审计监督体系的必然要求，是健全完善经济责任审计制度的现实需要，对于规范权力运行、促进依法行政、推进国家治理体系和治理能力现代化具有重要意义。

要充分认识《规定》印发的重要意义，坚持以习近平新时代中国特色社会主义思想为指导，增强"四个意识"、坚定"四个自信"、做到"两个维护"，将做好经济责任审计作为一项重大政治任务来抓，把党对审计工作的领导落实落细落好，着力提高经济责任审计工作政治站位。要抓好《规定》的学习贯彻和培训，教育引导审计人员准确掌握《规定》精神实质和核心内容，提高新时代经济责任审计工作质量和水平。要采取多种形式加强领导干部对经济责任审计工作的理解和认识，促进其自觉接受审计监督。

二、加强组织领导，建立健全联席会议制度

经济责任审计工作联席会议制度对于强化组织领导、保障和推动经济责任审计工作深化发展具有重要作用。地方各级党委审计委员会要加强对经济责任审计工作的统筹谋划和整体推进，建立健全经济责任审计工作联席会议制度。

要推动健全机构设置，积极协调纪检监察机关、组织、机构编制、财政、人力资源社会保障、国有资产监督管理、金融监督管理等部门，及时调整联席会议成员单位和召集人，促进配齐配好联席会议办公室主任，确保联席会议及其办公室有效运转。要明晰工作职责，结合经济责任审计工作实际，研究制定联席会议议事规则和办公室工作规则，明确职责分工，强化监督检查，推进本地区经济责任审计工作的制度化、规范化建设。要加强协同配合，推动联席会议各成员单位在各自职责范围内积极主动作为，创新方式方法，密切协同配合，努力形成"审前充分协商、审中协作配合、审后结果共用"的良好协调配合机制。

三、强化计划管理，着力提升审计监督效能

《规定》对经济责任审计项目计划制定和调整程序作出了明确规定。各级审计委员会办公室、审计机关要加强与组织部门沟通协调，根据干部管理监督需要以及审计资源等实际情况，科学制定经济责任审计中长期规划和年度审计项目计划。要坚持以任职期间审计为主，提高审计监督的时效性。要完善审计对象分类管理，坚持党政同责、同责同审，对重点地区、部门、单位，以及掌握重要资金决策权、分配权、管理权、执行权和监督权等关键岗位的主要领导干部加大审计力度。制定年度审计项目计划时，主要安排对任职时间较长的领导干部进行审计。对短期内已接受过审计的领导干部，一般不再重复安排审计。要强化年度审计项目计划的刚性约束，计划一经确定不得随意变更。

要严格落实审计项目审计组织方式"两统筹"要求，加强经济责任审计与政策落实跟踪审计、预算执行审计、自然资源资产离任审计、专项审计等审计项目的统筹融合和相互衔接，积极推进审计全覆盖。要结合实际改革创新、主动探索，健全完善"两统筹"协调机制和具体措施，优化审计资源配置，运用融合式、嵌入式、"1+N"等组织方式，着力解决审计任务重和审计力量不足的矛盾，努力做到"一审多项""一审多果""一果多用"，尽量避免重复审计，促进提升审计监督整体效能。

四、聚焦经济责任，切实提升审计工作质量

《规定》对领导干部经济责任的内涵作了明确规定。各级审计委员会办公室、审计机

关要准确理解把握，结合不同层级不同岗位领导干部的履职特点，聚焦经济责任，围绕领导干部权力运行和责任落实，突出审计重点，确保审深审透。

要加大对贯彻落实党和国家经济方针政策的审计力度，以领导干部履行经济责任有关的重大改革任务推进、重要政策措施落实和重点项目进展情况为抓手，推动各项重大决策部署落地生根，确保党中央令行禁止。要强化对权力运行的监督和制约，加大对资源分配、项目审批、资金分配等重大经济决策事项的审计力度，揭露重大失职渎职、重大决策失误、重大损失浪费和重大管理漏洞问题，促进权力规范运行。要准确把握"经济体检"这一新时代审计职责定位，不仅查病，更要治已病、防未病，既要敢于和善于揭示领导干部履行经济责任中存在的问题，更要积极推动解决问题，深入分析问题产生的体制性障碍、机制性缺陷和制度性漏洞，促进被审计单位和有关方面深化改革、完善制度、加强管理、堵塞漏洞，防患于未然。

五、落实"三个区分开来"重要要求，客观公正评价

审计评价是经济责任审计的核心内容。对领导干部在公共资金、国有资产、国有资源管理分配和使用中是否存在违反廉洁从政（从业）规定情况做出审计评价，是党中央的明确要求，对于加强干部管理监督具有重要意义。

要认真贯彻落实习近平总书记关于"三个区分开来"的重要要求，全面辩证客观地看待问题，审慎作出评价和结论，鼓励探索创新，激励担当作为。要坚持权责一致原则，在获取充分适当审计证据支持的基础上作出评价。要注重定性评价和定量指标相结合，不断探索完善审计评价体系。要根据领导干部职责分工，综合考虑审计发现相关问题的历史背景、决策过程、性质、后果和领导干部实际所起的作用等因素，谨慎分析研究，合理界定责任。

六、发挥监督合力，提升审计结果运用水平

经济责任审计结果运用关系审计监督成效。各级审计委员会办公室、审计机关要推动联席会议各成员单位认真落实审计结果运用方面的职责分工，加强协作配合，将审计监督与纪检监察、组织人事、巡视巡察等监督贯通起来，形成监督合力，深化审计结果运用。

要及时向本级审计委员会请示报告，推进建立健全经济责任审计情况通报、责任追究、整改落实等制度，切实将经济责任审计结果以及整改情况作为考核、任免、奖惩被审计领导干部的重要参考。要促进加强联席会议各成员单位之间的沟通协作，既要推动在各自职责范围内对审计发现的问题作出进一步处理，积极督促整改，更要推动及时梳理领导干部履职用权方面的普遍性、典型性、倾向性问题，促进完善有关制度规定，不断提升审计结果运用水平。

七、严格规范审计程序，坚持依法文明廉洁审计

依法审计是审计工作的生命线。各级审计委员会办公室、审计机关要严格依照法定职责、权限和程序行使审计监督权，严格按照《规定》要求执行审计项目计划制定、召开审计进点会、审计公示、听取意见、出具审计报告、报送审计结论性文书、召开审计结果反馈会议等程序。

要充分听取被审计领导干部及其所在单位，以及其他相关单位的意见，客观审慎作出评价和结论。要严格恪守审计边界，根据领导干部履行经济责任情况确定审计内容、获取相关资料，既不能缺位，也不能越位。严格执行审计"四严禁"工作要求和审计"八不准"工作纪律，做到依法审计、文明审计、廉洁审计。要加强审计机关自身建设，以审计精神立身、以创新规范立业、以自身建设立信，不断提升审计人员政治能力、专业能力、宏观政策研究能力和审计信息化能力，努力打造信念坚定、业务精通、作风务实、清正廉洁的高素质专业化审计干部队伍，为做好新时代领导干部经济责任审计工作提供坚强组织保证。

中央企业经济责任审计实施细则

(国资发评价〔2006〕7号,2006年1月20日)

第一章 总 则

第一条 为做好中央企业(以下简称"企业")经济责任审计工作,规范经济责任审计行为,提高经济责任审计质量,根据《中央企业经济责任审计管理暂行办法》(国资委令第7号),制定本实施细则。

第二条 开展企业经济责任审计是为适应出资人监督工作需要,加强对企业负责人的责任监督,建立与完善企业负责人经济责任的审计认定制度,客观评价企业负责人任职期间的经营业绩与经济责任,为企业负责人的任用、考核和奖惩提供参考依据,促进企业加强和改善经营管理,保证国有资产安全和国有资本保值增值。

第三条 企业经济责任审计的主要任务:

(一)财务基础审计。在对企业风险与内部控制进行了解测试的基础上,对企业资产、负债和经营成果的真实性、财务收支的合规性,以及企业资产质量的变动状况和重大经营决策等情况进行审计,以全面、客观、真实地反映企业的财务状况和经营成果。

(二)企业绩效评价。在财务基础审计的基础上,采用企业绩效评价指标体系,通过定量和定性相结合的评价方法,从企业的盈利能力、资产质量、债务风险、发展能力等财务绩效与管理绩效角度,对企业负责人任职期间企业的经营绩效进行全面分析和客观评价。

(三)经济责任评价。根据企业财务基础审计结果和绩效评价结论,综合考虑企业发展基础、经营环境等方面因素,对企业负责人任职期间的主要经营业绩和应承担的经济责任进行评估,对企业负责人任职期间履行工作职责情况得出较为全面、客观和公正的评价结论。

第四条 在企业经济责任审计中,财务基础审计范围应遵循重要性原则并充分考虑审计风险,纳入经济责任审计范围的资产量一般不低于被审计企业资产总额的70%,户数不低于被审计企业总户数的50%。下列子企业应当纳入经济责任审计范围:

(一)资产或效益占有重要位置的子企业;

(二)由企业负责人兼职的子企业;

(三)任期内发生合并、分立、重组、改制等产权变动的子企业;

(四)任期内关停并转或出现经营亏损、资不抵债、债务危机等财务状况异常的子企业;

(五)任期内未经审计或财务负责人更换频繁的子企业;

(六)各类金融子企业及内部资金结算中心等。

第五条 在企业经济责任审计过程中,财务基础审计应充分利用企业近期内部与外部审计成果,提高审计效率。利用企业内部与外部审计成果应注意以下问题:

(一)在利用内部审计工作成果时,应对被审计企业内部审计环境及内部审计制度的有效性进行适当评估,以合理确信内部审计结论的可靠性。

(二)在利用外部中介机构审计成果时,必须采用一定的审计程序进行适当的审计评估,以合理确信所引用的审计结论的真实性及有效性。

（三）在审计企业资产状况时，可以借鉴相关年度的清产核资专项审计工作成果。当审计结果与清产核资专项审计结论不一致时，应遵循谨慎性原则追加适当的审计程序。

（四）利用被审计企业及其上级主管部门的纪检监察工作成果时，对于已经办结的案件，可在给予必要的审计关注的基础上直接利用纪检监察工作成果；对于正在办理的案件，应注意与被审计企业及其上级主管部门的纪检监察机构相互沟通配合。

第二章 工作组织

第六条 开展企业经济责任审计工作应按照企业负责人管理权限和企业产权关系，依据"统一要求、分级负责"的原则进行。国资委干部管理权限范围内的企业负责人经济责任审计工作，由国资委负责组织实施，具体可采用直接组织实施或委托国家审计机关实施等方式。

第七条 国资委干部管理权限范围内的企业，如果经国务院批准发生合并重组、托管等情况，国资委可视情况直接组织实施经济责任审计或委托吸收合并企业（或托管企业）组织实施经济责任审计。

吸收合并企业（或托管企业）受托组织实施经济责任审计，其工作标准、方法、程序需按照国资委统一规定和要求执行，审计结果应报国资委确认。

第八条 国资委直接组织实施企业经济责任审计工作的，可聘请具有相应资质条件的社会中介机构配合审计或者抽调企业内部审计机构人员具体实施审计。国资委聘请社会中介机构配合实施经济责任审计，按照"公开、公平、公正"的原则，采取企业推荐、国资委核准、邀请招标方式选定具有相应资质条件的社会中介机构，并根据已确定的审计目标、范围和具体要求，与选定的社会中介机构签订业务委托书。

第九条 根据经济责任审计工作任务，国资委会同配合审计工作的社会中介机构等组成审计项目组，具体实施经济责任审计工作。审计项目组一般下设财务审计组和绩效评价组。

第十条 审计项目组。审计项目组长为审计项目的具体组织者，应具有审计、会计、经济等方面的专业知识，由国资委派出；审计项目副组长分别由财务审计组和绩效评价组组长担任。审计项目组长应履行以下主要职责：

（一）组织协调与被审计企业的审计工作事宜；

（二）负责审核财务审计方案和绩效评价工作计划；

（三）负责带审计项目组（含财务审计组和绩效评价组）正式进驻企业，并落实有关工作要求；

（四）在审计工作中，及时协调解决有关重要事项；

（五）负责组织与企业负责人和企业交换审计意见；

（六）负责组织审核和修改经济责任审计报告。

第十一条 财务审计组。财务审计组主要由聘请的社会中介机构人员（或企业内部审计人员）组成，组长由社会中介机构（或企业内部审计机构）的财务审计项目负责人担任。财务审计组长的主要职责：

（一）组织对被审计企业有关财务效益状况、资产质量、重大经营活动和经营决策、遵守法律法规等情况进行审计；

（二）组织草拟财务审计报告，并对财务审计报告承担责任；

（三）组织协助绩效评价工作（为绩效评价工作提供基础数据、相关资料等方面的支持，协助准备专家评议工作，协助草拟绩效评价报告）；

（四）协助草拟经济责任审计报告；

（五）协调处理财务审计组与绩效评价组工作关系。

第十二条　绩效评价组。绩效评价组主要由委托方工作人员或抽调企业内部审计人员及部分社会中介机构人员组成，组长一般由委托方专业人员担任。绩效评价组长的主要职责：

（一）组织对被审计企业的经营绩效进行评价；

（二）组织专家进行对企业经营及管理状况进行定性评议；

（三）综合财务审计结果和绩效评价结果，组织对企业负责人任期的经营业绩和经济责任进行评估，得出评价结论；

（四）配合组织与被审计企业沟通或征求意见，接收有关群众来信和接受群众访谈；

（五）组织草拟经济责任审计报告；

（六）协调处理绩效评价组与财务审计组工作关系。

第十三条　财务审计组和绩效评价组组长应当具备下列基本条件：

（一）拥有相关领域的中高级技术职称或相关专业执业（技术）资格，或者具备较丰富的企业财务管理或财务审计工作经验和经历；

（二）熟悉被审计企业所在的行业；

（三）具有较强组织能力、综合分析能力和判断能力；

（四）能够坚持原则、清正廉洁、秉公办事。

第三章　工作程序

第十四条　审计项目组具体实施的经济责任审计工作，可分为准备阶段、实施阶段、报告阶段三个工作阶段。

第十五条　准备阶段。经济责任审计准备阶段工作主要包括：确认任务、业务培训、进驻企业、审前调查、收集资料、修改完善经济责任审计方案等。

（一）审计项目组在开始实施审计前，应对需要承担的经济责任审计工作任务、审计对象、范围和要求等进行确认，落实对企业进行财务审计、绩效评价和对企业负责人进行经济责任评价的工作任务和责任。

（二）组织审计人员业务培训，了解被审计企业的行业特征、企业特点，学习和掌握财务基础审计、绩效评价和经济责任评价等工作要求和相关专业知识。

（三）组织召开由被审计企业负责人及有关人员参加的经济责任审计见面会，明确工作要求及配合事项。

（四）开展审前调查，了解企业基本情况，完善审计工作方案或计划。

1.财务审计组在本阶段应当对被审计企业的内部控制制度进行初步测试，进一步了解被审计企业的基本控制环境、内部控制状况和主要业务流程、接受外部审计及其他各种审计检查等基础情况，了解被审计企业负责人任期内发生的重大经营活动和其他重要情况，评估被审计企业的财务审计风险，确定财务审计的重点内容和具体工作范围。

2.绩效评价组在本阶段应当了解被审计企业的基本组织状况与基本财务状况，了解被审计企业负责人的任职时间、任期目标、任期工作表现、职工中的口碑、任期内工作职责及完成情况等个人基本情况，并与企业监事会沟通，就财务审计工作方案征求监事会意见等。

（五）被审计企业在实施现场审计前，应当根据经济责任审计工作需要，向审计项目组提供相关资料。

1.企业应提供的财务审计资料主要有：

（1）任职期内企业的财务会计资料、统计资料及有关审计报告、管理建议书等；

（2）企业的基本情况，如企业组织结构、资本结构、重要资产产权证明、重要投资合同、贷款合同目录、主管部门有关政策的批准文件等；

（3）企业的管理情况，主要为以文字形式描述的企业内部决策程序及执行情况、内控制度及执行情况等，如内部财务核算制度、业务操作规程、授权与权限制度、费用开支审批办法等。

（4）重大事项，包括重大诉讼、重大违纪事项、重要会议记录等；

（5）关联方关系及其交易情况、会计政策变更、会计估计变更及原因说明等。

（6）企业有关财产损失审批及税务部门批准处理的文件，税务部门出具的完税证明、银行对账单等外部资料。

（7）在财务审计过程中，需要补充提供的其他资料。

2. 企业及企业负责人应提供的绩效评价资料主要有：

（1）任期内企业的年度工作计划、工作报告和工作总结；

（2）任期内企业经营目标及目标实现情况；

（3）企业负责人关于任期的述职报告，述职报告应包括任期内的主要业绩、存在的主要问题、工作中应承担的经济责任，进一步改进企业经营管理的意见与建议等；

（4）在经济责任审计过程中，需要补充提供的其他资料。

（六）财务审计组根据审前调查情况，修改完善审计工作方案或计划，并将修改后的审计工作方案或计划经审计项目组长同意后，报国资委备案同意后组织落实。

第十六条　实施阶段。经济责任审计实施阶段工作主要包括：财务基础审计、企业绩效评价、经济责任评价等内容。

第十七条　财务审计组在开始现场财务审计后，主要应完成以下工作：

（一）审计人员对企业内部控制系统的健全性和有效性进行符合性测试，识别内部控制的关键控制点和风险点，评价内部控制的水平，设计实质性测试的程序和范围。

（二）审计人员根据对企业内部控制系统的了解、测试，明确实质性测试的重点与内容，并通过审查会计资料、查阅与审计范围有关的文件、盘点实物资产、向有关单位和个人询问、函证等程序，取得具有充分证明力的审计证据，为形成财务审计报告奠定基础。

（三）审计人员在现场审计中，应当认真填写审计工作记录，整理编制审计工作底稿。审计工作底稿包括以下内容：

1. 审计人员在审计准备阶段所形成的材料、收集的有关证据、被审计企业提供基本情况和审计工作实施方案；

2. 与审计事项有关的证明材料及其鉴定意见；

3. 审计中发现的问题及产生的原因；

4. 判断审计事项的法律、法规、政策依据；

5. 审计人员对审计事项的评价、初步结论和处理意见、建议，以及被审计企业及其负责人的意见；

6. 在执行具体审计工作方案过程中所作的其他有关记录等。

主审人员和财务审计组长应当对审计工作底稿进行复核，并对审计工作底稿的真实性、准确性负责。

（四）财务审计组根据取得的审计证据形成财务审计结论，起草财务审计报告初稿。

第十八条　绩效评价组在开始现场审计后，主要应完成以下工作：

（一）进一步了解被审计企业及企业负责人的情况，向被审计企业有关人员征求意见、接收群众来信和访谈；

（二）根据财务基础审计核实后的被审计企业财务数据，采用企业绩效评价体系对被审计企业的财务绩效进行评价，形成财务绩效定量评价结论；

（三）准备专家评议资料，邀请有关评议专家对被审计企业的管理绩效进行定性的专家评议。专家评议一般采用专家评议会方式，按下列程序进行：

1. 阅读相关资料，了解企业实际情况；
2. 财务审计组介绍财务审计情况及结果；
3. 绩效评价组介绍企业财务绩效定量评价情况及评价结果；
4. 评议专家根据企业实际情况和管理绩效评议参考标准，现场评议，独立打分；
5. 计算汇总评议打分结果。

（四）根据财务绩效定量评价结果和管理绩效定性评价结果，起草企业绩效评价报告初稿。

第十九条 报告阶段。经济责任审计报告阶段工作主要包括：形成经济责任审计报告初稿，财务审计报告和经济责任审计报告初稿征求各方面意见，修改报告初稿、形成正式审计报告。

（一）审计项目组根据财务审计报告初稿和绩效评价报告初稿，综合分析评价企业负责人任期的经营业绩与经济责任，起草企业负责人经济责任审计报告初稿。

（二）工作报告初稿形成后，应先征求委托单位意见，待审核同意后，形成财务审计报告和经济责任审计报告征求意见稿，由审计项目负责人组织征求被审计企业和企业负责人的意见，同时征求相关监事会的意见。审计报告征求意见稿一般应在7个工作日内返回审计项目组，逾期不反馈意见，视为同意。

1. 审计项目组应将与被审计企业负责人交换意见的情况做成书面记录；
2. 审计项目组长与被审计企业负责人双方应在交换意见的书面记录上签字；
3. 对被审计企业和企业负责人的意见进行分析研究，依据合理意见对审计报告征求意见稿进行修改；
4. 修改后的征求意见稿应再次征求被审计企业和企业负责人意见；如被审计企业或负责人对审计报告仍有不同意见，可以书面形式将意见作为审计报告的附件，一并书面报国资委。
5. 如被审计企业及负责人对审计报告初稿有重大分歧意见，应将被审计企业及负责人意见和审计复核意见一并书面报国资委。

（三）经过交换意见后，财务审计组出具正式的财务审计报告，审计项目组出具正式的经济责任审计报告，并报国资委，同时抄送被审计企业及企业负责人。

第二十条 在经济责任审计工作结束后，国资委根据财务审计报告和经济责任审计报告，向被审计企业下达审计处理意见。

第二十一条 为改进工作，积累经验，不断提高经济责任审计工作质量，经济责任审计工作完成后，审计项目组应对经济责任审计的组织、程序、方式、方法等方面进行总结，并将工作总结及时提交国资委。

第二十二条 经济责任审计工作结束后，审计项目组应按照有关工作分工和审计档案管理规定，整理有关经济责任审计工作档案移交国资委或明确配合机构保管。

（一）应明确由配合机构负责保管的资料有：审计计划、审计证据、审计工作底稿、审计报告及征求意见稿、有关意见反馈、有关审计问题的请示和报告等资料。

（二）应移交国资委负责保管的资料有：财务审计工作方案、经济责任审计工作报告、企业及监事会等有关方面的反馈意见、审计决定执行情况、有关审计问题的请示和报告、批示等有关工作文件，以及与具体审计项目有关的群众来信、来访记录、举报材料等。

第四章 财务基础审计

第二十三条 财务基础审计主要包括被审计企业负责人任职期间企业财务收支状况真实性审计、资产质量审计、经营成果审计、企业重大经营活动和经营决策审计、经营合法合规性审计等内容。

第二十四条 财务收支状况真实性审计。根据国家统一财务会计制度、会计准则及相关法律法规，通过必要的审计程序，了解企业负责人任职期间企业的财务收支管理是否符合国家有关法律法规的规定，会计信息是否真实、完整，账实、账账、账表是否相符，判断企业会计核算的合规性，检查企业经营管理存在的有关问题。

财务收支状况真实性审计应特别关注对货币资金、往来款项、存货、固定资产、应付工资等科目，以及资本性支出和收益性支出、合并会计报表的审计。

第二十五条 任职期间资产质量的审计。结合内控审计和财务收支审计，查实企业的会计信息是否真实地反映了企业资产的实际质量状况。重点审计企业负责人任职期间资产质量变动情况，特别是任职期间不良资产的变动情况，审计确认任职期初到任职期末各年的不良资产总额及任期内新增不良资产情况。

本实施细则所称不良资产是指预期不能给企业带来经济利益的资产和企业尚未处理的资产净损失和潜亏（资金）挂账，以及按财务会计制度规定各类有问题资产预计损失金额。

第二十六条 对仍执行行业会计制度企业的不良资产审计时，应重点关注以下内容：

（一）待处理资产净损失，重点审查任期末待处理的流动资产和固定资产净损失，以及固定资产毁损、报废的真实性、合规性；

（二）长期积压商品物资，重点审查任期末积压一年以上（特殊商品物资指超过正常生产或经营一个周期以上）但尚未丧失使用价值的商品物资；

（三）不良投资，重点审查由于被投资企业（或项目）濒临破产、倒闭、发生长期亏损（一般指连续三年以上）等原因造成难以收回的投资等，包括关停并转企业的不良资产；

（四）三年以上应收款项可能导致的潜在损失；

（五）处在对外经济担保、未决诉讼、应收票据贴现等状态下的资产可能导致的潜在损失；

（六）潜亏，重点审查企业未足额计提或摊销的成本费用；

（七）挂账，重点审查企业由于经营管理或政策性等因素形成的，并经财务认定和记录，但又未纳入企业当年损益核算或进行相应财务处理的损失、费用等；

（八）经营亏损挂账，重点审查因经营活动因素产生的累计未弥补亏损总额；

（九）关停并转企业和未纳入财务决算范围企业的不良资产；

（十）其他因素引起的资产损失的金额。

第二十七条 对执行《企业会计制度》企业的不良资产审计中，应重点关注以下内容：

（一）应提未提或少提的各项减值准备；

（二）应转销而未转销的待处理流动资产和固定资产损益、应提未提及应摊未摊的折旧和费用；

（三）不符合资本化条件的固定资产装修及修理支出尚未计入当期费用的金额；符合资本化条件的固定资产改良支出，因未遵循谨慎性原则随意延长折旧年限而少计入当期成本费用的金额；其他按照《企业会计制度》的规定应计入当期成本费用而结转下期的金额；

（四）处于对外经济担保、未决诉讼、应收票据贴现等或有事项状态下的资产，由于未按照《企业会计制度》的规定预计费用和负债而虚增的金额；

（五）关停并转企业和未纳入财务决算范围企业的不良资产；

（六）其他因素引起的资产损失金额。

第二十八条 在对企业不良资产审计中，还应当关注以下情况：

（一）审计分析企业清产核资结果是否如实披露。对于企业在清产核资中未披露的损失（除政策性原因允许企业暂不处理的损失外），一般视同为清产核资后企业负责人任期不良资产损失。

（二）审计分析企业任期内资产质量变动的原因。分析产生不良资产的主、客观原因，客观原因主要指国家政策、自然灾害等；主观因素主要指决策失误、经营不善等。

（三）审计分析企业任期内不良资产责任划分。按照企业负责人任期职责、任期时间及不良资产产生原因等情况，分清企业不良资产的责任，审计分析企业任职期间不良资产情形。

1. 核实任职期以前存在的不良资产；

2. 核实任职期内消化的任职期以前的不良资产；

3. 核实任职期间内新增不良资产；

4. 核实任职期间因客观因素而新增的不良资产。

第二十九条 任职期间经营成果审计。在财务收支审计与资产质量审计的基础上，审计企业负责人任期内的经营成果的真实性与完整性。同时审计确认企业负责人任期初至任期末各年的利润总额、净利润、主营业务收入、主营业务成本、期间费用、管理费用等财务定量评价指标。审计中应重点关注：

（一）任期企业收入确认和核算是否真实、完整、及时，是否符合国家财务会计制度规定，有无虚列、多列或透支未来收入，少列、漏列或转移当期收入等问题。

（二）任期内企业成本费用开支范围和开支标准是否符合国家财务会计制度规定，成本核算是否真实、完整，符合配比原则，有无错列、多列、少列或漏列成本费用等问题。

（三）任期经营成果的调整。如果企业存在经营成果不实问题，应当根据审计结果对企业相关的会计数据进行调整，并做出调整后的新的会计报表。

（四）确认任期企业实际业绩利润。企业任期实际业绩利润一般按照以下公式计算：

任期实际业绩利润＝经过审计调整核实后的任期利润总额（已扣除任期产生的不良资产）＋消化任期以前年度不良资产

第三十条 任职期间企业重大经营活动和经营决策审计。重点关注企业的重大经营活动和经营决策过程是否合法合规，以及所产生的结果等。

（一）对外投资、担保、大额采购、改组改制、融资上市、兼并破产等重大经营活动和重大经济决策是否符合国家有关法律法规、政策及有关规定；

（二）有关决策是否有相关管理控制制度；

（三）有关决策是否履行相关管理控制制度，并按规定程序进行；

（四）有关决策协议或合同内容是否符合企业实际，是否存在损害本企业的条款，其中有无个人谋利行为；

（五）有关决策的履行过程明确了具体实施管理部门，有无进行过程监控；

（六）有关决策结果有无给企业造成损失等。

第三十一条 任职期间企业经营合法合规性审计。主要审计企业负责人任职期间的有关经营、管理等行为是否符合国家有关法律法规的规定等。应重点关注以下情况：

（一）公款私存，坐收坐支，私设"小金库"，资金账外循环；

（二）无原始凭证或原始凭证不完备；

（三）违规越权炒作股票、期货等高风险金融品种；
（四）违规对外拆借、出借账户；
（五）违规对外出借资金等。

第三十二条　财务基础审计在对被审计企业任职期间的基本财务状况、经营成果和经营决策等进行审计和出具财务审计报告的同时，还应当对被审计企业负责人任职期间的有关绩效评价基础数据进行核实，为对企业绩效评价工作奠定基础。

第五章　企业绩效评价

第三十三条　在对企业负责人任职期间财务状况审计工作的基础上，绩效评价组应用国资委制定的企业绩效评价体系，对企业负责人任职期间的企业绩效状况进行评价，为做好对企业负责人任职期内经营业绩和经济责任评价奠定工作基础。企业绩效评价分为财务绩效定量评价和管理绩效定性评价。

第三十四条　财务绩效定量评价是指根据企业审计核实后的财务数据，利用绩效评价指标体系，比照行业评价标准，对企业负责人任期的财务绩效进行的定量分析评价。根据企业绩效评价指标体系，财务绩效定量评价主要从盈利能力、资产质量、债务风险、发展能力四个方面进行评价。

第三十五条　为保证评价结果的客观、科学，企业绩效评价所使用的评价基础数据应当根据评价需要进行评价调整。评价基础数据调整主要包括以下两个方面：
（一）根据财务基础审计结果对企业有关数据进行调整；
（二）对影响评价结果的有关客观因素进行调整。

第三十六条　管理绩效定性评价是通过对企业负责人任期内的企业发展战略规划、经营决策机制、内部风险控制、人力资源建设等方面的分析评议，反映企业采取的各项管理措施及其管理成效，对定量分析结果进行补充修正。

第三十七条　为客观公正地评价企业负责人任职期间的企业管理绩效状况，审计项目组采用聘请相关专家组成专家评议组方式，对企业的管理绩效指标进行评议，形成管理绩效定性评价结果。
（一）经济责任审计中，专家评议组一般由7～9人组成；
（二）评议专家一般从企业监管部门、行业协会、大专院校、社会中介、企业监事会等方面聘请；
（三）评议专家必须具备以下基本条件：
1.具有较丰富的企业管理、财务会计和资产管理等方面的知识；
2.了解企业绩效评价业务，具有较强的综合分析判断能力；
3.了解被评价企业所处行业的状况；
4.坚持原则，清正廉洁，秉公办事。
（四）评议专家的主要职责。根据财务基础审计结果和财务绩效定量评价结果，对企业非财务的管理绩效指标进行评议，对企业负责人任期的经营业绩和经济责任进行评价；并对经济责任审计中的有关问题提供咨询。

第三十八条　绩效评价组综合企业财务基础审计结果、财务绩效定量评价结果和管理绩效定性评价结果，形成企业绩效评价报告初稿。

第六章　经济责任评价

第三十九条　经济责任评价是指根据财务基础审计结果和企业绩效评价结果，综合考虑企业负责人任期影响企业发展的相关因素，对企业负责人任期的经营业责任与经济责任进行客观公正的分析和评价。

第四十条 任期经济责任评价应遵循以下原则：

（一）客观性原则。业绩与经济责任评价要客观的反映企业负责人的实际业绩与问题，避免由于证据不足、个人主观印象等造成的人为误差；

（二）全面性原则。业绩与经济责任评价不但要充分考虑企业负责人的责任，还要充分考虑企业负责人的贡献，全面评估企业负责人任期的成绩与不足。

（三）公正性原则。根据有关问题的性质，比照公平、明确的评价标准，分清企业负责人应当承担的责任，做到责任定位准确、公正。

（四）发展性原则。对企业负责人的业绩与经济责任评价，不但要充分考虑其任期企业的效益、管理等情况，还要充分考虑企业负责人本任期行为对企业今后发展的贡献。

第四十一条 在经济责任审计工作中，应当客观公正的评价企业负责人任职期间对企业的主要贡献，重点关注企业的经营效益状况、基础管理水平、重大改制改革、发展战略及执行情况、内部控制建设与落实情况、企业可持续发展情况等内容。

第四十二条 在经济责任审计工作中，应当明确企业负责人对其任期内企业存在问题应承担的经济责任。经济责任是指企业负责人在任职期内职责可控范围内应当负有的责任，分为直接责任和主管责任。

（一）直接责任是指企业负责人因对主管的资产经营活动和财务管理事项未履行或者未正确履行职责，致使企业经营管理不善，或由于决策失误而事后又处理不力以及违规操作等，造成所在企业经济损失或经济效益下降应负有的经济责任。

（二）主管责任是指企业负责人在其任期内对其所在企业资产和财务状况，以及有关经济活动应当负有的直接责任以外的领导责任和管理责任。

第四十三条 对于企业负责人任期经济责任的评价，既要考虑企业负责人的经营业绩，又要分析企业负责人的经济责任，并要充分考虑企业自身发展状况、历史负担、行业特点、持续发展等因素。

第四十四条 经济责任审计中，原则上以会计年度作为企业负责人经济责任审计期间，并以此确定审计和评价财务数据的期初数；但对于重大经营决策、重大财务事项等的责任界定，以企业负责人的实际任期为准。

（一）企业负责人的任职时间为某一年度的上半年，则以本年度初作为企业负责人经济责任审计期间的期初；

（二）企业负责人的任职时间为某一年度的下半年，则以下一年度初作为企业负责人经济责任审计期间的期初。

第七章 工作报告

第四十五条 经济责任审计工作报告包括财务审计报告、绩效评价报告和经济责任审计报告三个报告。

第四十六条 财务审计报告是财务审计组根据审计工作结果形成的反映企业会计信息真实性及企业资产质量、经营成果、重大经营管理决策及遵守国家法律法规等情况的阶段性工作报告。

第四十七条 财务审计报告应当由标题、收件人、正文、附件、签章、报告日期等基本要素组成。

（一）标题。标题中应明确被审计企业名称、主要审计事项等审计主要内容。

（二）收件人应为委托人。

（三）报告正文。审计报告的正文内容一般包括：

1. 审计任务的说明。审计报告应对本次审计的任务进行说明。主要包括：执行审计的依据、被审计企业名称、被审计企业负责人姓名、审计范围、内容、方式和时间，采用的主要审计方法，延伸或追溯审计的重要事项，以及对被审计企业及负责人配合与协助情况的评价等。

2. 被审计企业负责人及企业基本情况。主要包括：企业的经济性质、管理体制、业务范围及经营规模、财务隶属关系或资产监管关系、核算管理体制、财务收支状况等；被审计企业负责人姓名、职务、任职时间等基本内容。

3. 被审计企业的基本财务状况。主要包括：审计前后企业基本财务数据的变化及原因，任期内各年企业的财务状况、资产质量、收入效益、成本费用等主要财务指标的变化情况及原因等。

4. 截至任期末，审计发现企业存在的主要问题，包括企业的问题和负责人的问题两方面。对于审计中发现的主要问题要进行分类整理，并明确发现问题的事实，产生问题的原因，所违反有关法律法规的具体内容，存在问题所造成的影响或后果等。

5. 审计建议。对审计发现的有关问题，审计组应当在职权范围内提出审计处理意见和审计建议。

6. 需要在审计报告中反映的其他情况。

（四）附件。审计报告的附件包括：审定的任职期间各年度审计调整后的资产负债表及损益表、会计账项调整表、其他需要说明的重要事项等。

第四十八条 绩效评价报告是由绩效评价组结合前期了解掌握的企业有关情况，利用财务审计组审定的企业财务数据，对企业实施财务绩效定量评价和管理绩效定性评议后形成的关于企业整体绩效状况的阶段性工作报告。绩效评价报告是企业经济责任审计项目组内部的分析报告。

第四十九条 绩效评价报告应由标题、正文、附件、签章、报告日期等基本要素组成。

（一）标题。标题中应明确企业名称和报告性质。

（二）报告正文。对照行业评价标准值，重点分析企业负责人任职期间，企业在盈利能力、资产质量、债务风险、发展能力等方面财务指标和评价得分的变化情况，并说明变化的主要原因；同时结合专家评议结果，形成对企业综合绩效状况的评价结论。

（三）附件。附件一般应包括：企业绩效评价计分表、采用的评价标准值、评价调整情况表等。

（四）签章。一般由绩效评价组长签章。

（五）报告日期。完成评价报告的日期。

第五十条 经济责任审计报告是经济责任审计工作最终的工作报告，应由标题、收件人、正文、附件、签章、报告日期等基本要素组成。

（一）标题。标题中应明确经济责任审计的企业名称和报告性质；

（二）收件人应为委托人；

（三）前言。简要概述审计的委托、依据、范围、起止时间、主要审计内容等情况；

（四）报告正文。主要包括企业的基本情况及根据财务审计报告和绩效评价报告对企业负责人经营业绩与经济责任的评价；

1. 基本情况。企业及企业负责人的基本情况。

2. 基本评价。基本评价主要包括审计后企业基本财务数据的变化及原因、企业在任期内的基本财务状况等。

3. 任期企业负责人的主要业绩。

4. 任期企业存在的主要问题。

5. 审计结论。根据审计中发现的问题与业绩，结合企业的历史沿革、发展战略等，对企业负责人任职期间的经营业绩与经济责任进行综合客观的评价，并明确其应当承担的经济责任。

6. 其他需要在审计报告中反映的情况。

（五）附件。附件主要为：财务审计报告、绩效评价报告；如企业及企业负责人有异议，还应包括企业及负责人反馈意见；如审计人员认为有必要，可提出审计建议或管理建议等。

第五十一条 为简明扼要地体现经济责任审计报告的主要内容，方便报告阅读，应当将审计报告的重点内容提炼出来作为报告摘要。

（一）报告摘要应包括：企业和企业负责人简要的基本情况、基本绩效状况、企业负责人的主要业绩、企业存在的主要问题、审计结论与建议等重要内容。

（二）摘要撰写应当简单扼要，重点突出，一般在2 000～3 000字左右。

第八章 质量控制

第五十二条 审计项目组的质量控制主要包括以下内容：

（一）与被审计企业或企业负责人有利害关系的人员，不应当进入审计项目组；

（二）财务审计组应当取得企业关于保证所提供资料真实性、完整的书面承诺，以明确会计责任和审计责任；

（三）审计项目组应当建立严格的审计复核制度；

（四）审计项目组对于不熟悉的专业难题，可以请专家出具意见书；对未经审计的项目或内容不予评议；审计中发现违法违纪问题时，要及时向委托方反映，由委托方移送纪检监察部门和司法机关处理；

（五）审计项目组在实施审计时，应通过委托方与组织、人事、纪检部门联系，将了解的被审计企业财务管理情况与干部管理部门掌握的企业负责人考核情况有机结合，以客观评估企业负责人任期的经营业绩和经济责任。

第五十三条 审计程序上的质量控制，主要包括审计计划质量控制、审计项目实施过程质量控制、审计结论和报告质量控制三部分。

（一）审计计划质量控制

1. 在制定项目审计计划前，应认真考虑风险、管理需要及审计资源等，并事先评价各审计项目的风险程度；

2. 制定项目审计计划时，应同时明确项目审计工作目标、工作顺序、所分配的审计资源、后续审计的必要安排等；

3. 定期检查审计计划的执行情况，及时对计划进行修改和补充，保证审计计划的严肃性和落到实处。

（二）审计项目实施过程质量控制

1. 加强过程指导与监督，应对各个层次的审计人员所从事的工作给予充分的指导和监督；

2. 合理分配现场审计任务，并根据审计任务明确工作责任，明确审计人员应完成的程序、目标及重要性；

3. 关注重大财务欺诈、关联方交易及非货币性交易等容易产生审计风险的重要事项。

4. 重视对审计取证和审计工作底稿编制的控制，及时做好有关记录；

5. 注重现场检查与复核工作；

6. 对于现场审计中遇到的有关问题要注意及时沟通。

（三）审计结论和报告质量控制

1. 审计项目组应以前期有效审计工作为基础，以合格证据为依据，以有关法律法规和规章为评判标准，及时整理、分析和总结，得出恰当的审计和评价结论，形成财务审计报告、绩效评价报告和经济责任审计报告；

2. 重视并切实做好有关报告的层层复核工作；

3. 经与被审计企业及其负责人交换意见后，有关交换意见的报告征求意见稿应予以保留，并将被审计企业及其负责人对审计报告的书面意见、审计项目组的书面说明、审计报告修改之处及其他有关材料进行再次复核。

第九章　审计责任与工作纪律

第五十四条　企业经济责任审计中，委托方和被审计企业应当协调配合审计项目组共同做好经济责任审计工作。

（一）经济责任审计的委托方应做好整个审计工作的组织与协调工作，对审计项目实施过程进行监控，对审计过程中出现的有关问题进行协调解决，提出审计质量要求并对审计质量进行监督复核。

（二）被审计企业应积极做好审计配合工作：

1. 提供必要的工作条件，如实反映经营管理中与审计内容相关的事项；

2. 提交真实、完整、合法的会计凭证、会计账簿、财务会计报告和其他有关资料，特别是有关未决诉讼、抵押借款、投资融资、银行存款、担保等方面的资料；

3. 说明有无账外资产，有无转移、隐匿、篡改、毁弃会计资料以及其他资料的行为等；

4. 说明在财务、会计以及其他相关经济活动中，有无重大违反财经法纪问题并予以说明。

第五十五条　企业经济责任审计中，审计人员和评价人员对其分工的工作任务负有相应的责任。

（一）财务审计人员应当对其承担的审计任务承担责任，其中：财务审计组长应当对审计工作程序与进程、审计报告的真实性、合法性等承担责任；

（二）绩效评价人员应当对其承担的评价任务承担责任，其中：绩效评价组长应当对绩效评价报告承担责任；

（三）评议专家应当对其评议结果承担责任；

（四）复核人员应当对其复核的相关内容承担责任。

第五十六条　审计过程中应认真遵守以下工作纪律：

（一）审计人员应当认真遵守与委托方签订的审计业务约定书中所规定的各类约定，按照国家相关的法律法规和国资委有关工作规定以及《独立审计准则》的要求，按时完成受托项目的财务审计、绩效评价和经济责任评价工作；

（二）财务审计中，如对审计期间或审计范围进行延伸审计时，须征得委托方同意；

（三）财务审计报告应当如实反映审计结果，不得出具虚假不实的报告，不得避重就轻、回避问题或明知有重要事项不予披露；

（四）有关审计项目进展情况、发现的问题、遇到的难点等，应及时以书面形式报告委托方；

（五）审计项目组人员应当严格保守被审计企业的商业机密。除法律另有规定外，不得将被审计企业提供的资料泄露给委托方以外的第三方；

（六）审计项目组人员应自备个人所需的计算机等办公设备，不得向被审计企业提出其他不合理要求。

（七）被审计企业应按本单位一般接待及差旅标准为审计项目组提供必要的食、宿条件及因公外出费用。审计项目组人员不得向被审计企业提出与审计工作无关的要求，不得在被审计企业报销任何私人费用；

（八）审计项目组人员不得索要或接受被审计企业任何礼品、礼金和各种有价证券等；

（九）审计项目人员不得向被审计企业提出与审计工作无关的要求。

第十章 附 则

第五十七条 本实施细则适用于国资委直接组织开展经济责任审计工作的企业。

第五十八条 国资委委托吸收合并企业（或托管企业）组织实施经济责任审计，比照本实施细则执行。

第五十九条 企业内部组织开展经济责任审计工作，可参照本实施细则执行。

国资委直属单位领导干部任期经济责任审计办法（试行）

（国资厅发人事〔2004〕55号，2004年12月14日）

各直属单位：

现将《国资委直属单位领导干部任期经济责任审计办法（试行）》印发你们，请认真贯彻执行。

国务院国有资产监督管理委员会办公厅
二〇〇四年十二月十四日

国资委直属单位领导干部任期经济责任审计办法（试行）

第一条 为加强对委直属单位领导干部的管理和监督，正确评价领导干部任期工作业绩和经济责任，促进领导干部勤政廉政，全面履行职责，根据《中华人民共和国审计法》《中共中央办公厅国务院办公厅关于印发〈县级以下党政领导干部任期经济责任审计暂行规定〉的通知》（中办发〔1999〕20号）和《中央纪委、中央组织部、监察部、人事部、审计署关于进一步做好经济责任审计工作的意见》（审办发〔2001〕7号），以及干部管理、监督的有关规定，结合我委实际，制定本办法。

第二条 本办法所称领导干部，是指委直属单位（包括各离退休干部局、直属事业单位）的行政正职领导干部（包括主持工作的副职）。

第三条 领导干部任期届满，或者任期内办理调任、转任、轮岗、免职、辞职、退休等事项前，应当接受任期经济责任审计。

第四条 领导干部任期经济责任，是指领导干部任职期间对其所在单位财务收支的真实性、合法性和效益性，以及有关经济活动应当负有的主管责任和直接责任。

直接责任是指领导干部对其任职期间内的下列行为应当负有的责任：

（一）直接违反国家财经法规的行为；

（二）授意、指使、强令、纵容、包庇下属人员违反国家财经法规的行为；

（三）失职、渎职的行为；

（四）其他违反国家财经纪律的行为。

主管责任是指领导干部应负直接责任以外的领导和管理责任。

第五条 领导干部任期经济责任审计的主要内容是：

（一）单位财务收支及其变动状况；

（二）财政拨款、预算外资金和其他资金的收入、支出和管理情况；

（三）专项基金的管理和使用情况；

（四）国有资产的管理、使用及保值增值情况；

（五）重大投资、开支的决策程序；

（六）投资及收益分配情况；

（七）内部控制制度及其执行情况；

（八）债权债务情况；

（九）其他需要审计的事项。

审查领导干部任期期间财务收支工作目标或各项经济指标的完成情况，遵守国家财经法规情况，领导干部个人有无侵占国家资产，违反领导干部廉政规定和其他违法违纪的问题，以此监督领导干部依法正确履行职责，客观、公正地评价其任期内经营、管理的业绩，促进其勤政、廉政，并维护其合法权益。

第六条 人事局、监察局、管理局（国资委机关审计办公室，以下简称"委机关审计办"）建立"国资委内部经济责任审计工作联席会议"制度，交流、通报领导干部任期经济责任审计工作情况，研究、解决领导干部经济责任审计中出现的问题。

第七条 委机关审计办独立开展领导干部任期经济责任审计工作，并负责对委直属单位执行本规定的情况进行监督、检查。人事局、监察局、管理局负责对委直属单位的组织人事、纪检部门执行本规定及利用委机关审计办审计结果的情况进行监督、检查。

第八条 根据干部管理、监督工作的需要和委党委的意见，由人事局向委机关审计办提出对领导干部进行任期经济责任审计的建议，并由委机关审计办组织实施。

第九条 领导干部任期经济责任审计按以下程序进行：

（一）根据本规定第三条，每年年底人事局将下年度需要进行任期经济责任审计的领导干部建议名单送委机关审计办，委机关审计办制定年度审计项目计划。特殊情况及临时需要进行经济责任审计的，由人事局通知委机关审计办。

（二）委机关审计办根据年度审计项目计划和人事局的通知，组织成立审计组，制定审计方案。

（三）委机关审计办在实施审计时，应提前三天向被审计的领导干部所在单位送达审计通知书，同时抄送被审计的领导干部本人。

（四）审计通知书送达后，被审计的领导干部所在单位应按照委机关审计办的要求，及时、全面、如实地向审计组提供与任期经济责任审计相关的材料。包括财务会计资料，统计资料，工作总结，会议纪要，经济合同，纪检、监察、审计机关检查报告等资料。

被审计的领导干部应按要求提交任职期间履行经济责任情况的述职报告。包括领导干部的职责范围，任职期间所在单位的财务收支各项工作目标、任务完成情况，遵守国家财经法规和领导干部廉政规定情况，其他需要向审计组说明的情况。

（五）委机关审计办在实施审计前，应听取人事局、监察局等部门对被审计单位及其领导干部的意见，人事局、监察局等部门应及时向委机关审计办通报有关情况。审计过程中，审计组可以采取书面、座谈等形式，向有关单位和个人就有关问题进行审计调查。

审计中如发现被审计的领导干部有违规、违纪问题，应依照法定程序移交监察局、人事局等有关部门调查核实。

审计结束后，审计组应向委机关审计办提交审计报告，提交之前应征求被审计单位和领导干部本人的意见并签字。审计报告的主要内容包括：

1. 被审计单位的基本情况；
2. 被审计的领导干部在任期内各项资金的收支使用情况和各项目标、任务完成情况以及资产的保值增值情况；
3. 被审计的领导干部及其所在单位违反国家财经法规和领导干部廉政规定的主要问题；
4. 被审计的领导干部对审计发现的违反国家财经法规和廉政规定的问题应负有的主管责任和直接责任；
5. 对被审计的领导干部及其所在单位存在的违反国家财经法规问题的处理、处罚意见和改进建议；
6. 实施审计工作的基本情况；
7. 审计反映的其他情况。

（六）委机关审计办审定审计报告后，对被审计的领导干部所在单位违反财经法规的问题，应在法定职权范围内作出审计决定或向有关主管部门提出处理、处罚意见。同时对领导干部本人任期内的经济责任作出客观评价，向委党委提交领导干部任期经济责任审计结果报告，并附被审计的领导干部及所在单位的意见，同时抄送人事局、直属机关党委、监察局。

第十条 人事局将领导干部任期经济责任审计结果报告，作为领导干部的调任、免职、辞职、退休等提出审查处理意见时的参考依据。应当给予党纪、政纪处分的，按干部管理权限由有关部门处理。涉嫌犯罪的，依法移送司法机关处理。

第十一条 实施领导干部任期经济责任审计时，被审计的领导干部及其所在单位要积极配合，不得拒绝、阻碍，不得转移、隐匿、篡改、毁弃或拖延、拒绝要求提供的有关材料；其他单位和个人不得干涉。如有违反，依法追究法律责任。

第十二条 审计人员执行审计任务受法律保护。审计人员在审计工作中应当严格遵守有关法律、行政法规，客观公正，实事求是，廉洁奉公，保守秘密，并遵守审计回避制度的规定。如有违反，依法追究其法律责任。

第十三条 委直属单位对其下属企事业单位主管领导的经济责任审计，可参照本办法由各单位组织实施。

第十四条 本办法自公布之日起施行。

民政部领导干部任期经济责任审计办法

（民办发〔2005〕6号，2005年5月27日）

各直属单位，部管社团，中国老龄协会：

《民政部领导干部任期经济责任审计办法》已经2005年5月11日第四次部长办公会

议审议通过，现予以印发，请遵照执行。

民政部办公厅
二〇〇五年五月二十七日

民政部领导干部任期经济责任审计办法

为了加强对民政部领导干部的管理和监督，正确评价领导干部任期经济责任，促进领导干部勤政廉政，全面履行职责，根据《中共中央办公厅、国务院办公厅关于印发〈县级以下党政领导干部任期经济责任审计暂行规定〉和〈国有企业及国有控股企业领导人员任期经济责任审计暂行规定〉的通知》，根据《民政部内部审计工作规定》，结合民政部实际情况，制定本规定。

一、审计对象

本规定所称领导干部是指各直属单位、部管社团，以及代管单位的法定代表人。

二、审计内容

（一）本规定所称领导干部任期经济责任，是指领导干部任职期间对其所在单位预算执行情况、财务收支真实性、合法性和效益情况，以及对有关经济活动应当负有的责任，包括领导责任和直接责任。

（二）领导干部任期届满或任期内办理调任、转任、轮岗、免职、辞职、退休；企业化管理事业单位进行改制、改组、兼并、出售、拍卖、破产等国有资产重组的同时，应当接受任期经济责任审计。

（三）对领导干部任期经济责任实施审计的内容，包括对其所在部门或单位预算执行及财务收支的真实性、合法性、效益情况进行审计。对领导干部所在部门或单位财务收支实施审计的主要内容是：预算执行情况和决算或财务收支计划执行情况和决算；企业化管理事业单位资产、负债、损益的真实性；国有资产的管理、使用及保值增值情况；财务收支的内部控制制度及其执行情况等。

经过审计，查清领导干部任职期间财务收支工作目标完成情况，资金使用效益情况，企业化管理事业单位领导干部在任职期间与企业资产、负债、损益目标责任制有关的各项经济指标完成情况，领导干部个人在财务收支中有无侵占国家资产，违反领导干部廉政规定和其他违法违纪情况；分清领导干部本人应当负有的主管责任和直接责任；公正、客观评价领导干部任职期间的经济责任。

三、审计方式

（一）凡是需要对本办法规定的审计对象进行任期经济责任审计的，由人事教育司提出干部名单，报分管部领导批准后，由部内部审计机构发出审计通知书并负责实施审计。

（二）对本办法规定的单位所属二级部门领导或法定代表人进行任期经济责任审计，如需委托社会审计组织进行审计的，须报财务和机关事务司批准。

四、审计程序

（一）审计通知书应当在实施审计3日前，送达被审计领导干部所在单位，同时抄送被审计对象本人。

（二）审计通知书送达后，被审计领导干部所在单位应当按照审计的要求，及时并如实提供有关资料；领导干部本人应当按照要求，写出自己负有领导责任和直接责任的财务收支等事项的书面材料，并于审计工作开始后5日内送交审计组。

（三）审计组实施审计后，应当向财务和机关事务司提交审计报告，经讨论研究后征求被审计领导干部所在单位和本人意见。审计报告连同意见一并报部党组。

五、审计报告的使用

（一）审计报告应当对领导干部本人任期经济责任作出客观评价，对被审计领导干部所在单位违法、违纪的问题，应当在法定职权范围内做出决定或向有关部门提出处理或者处罚意见。

（二）审计报告应当作为人事部门对领导干部的调任、免职、辞职、退休等审查处理意见的参考依据。对依法应当给予党纪政纪处分的，移交纪检监察机关处理。对应当依法追究刑事责任的，移交司法机关处理。

六、审计报告分别抄送人教司，驻部纪检组、驻部监察局等有关部门。

国防科工委委属事业单位领导人员任期经济责任审计实施办法

（科工审〔2005〕646号，2005年6月17日）

第一章 总 则

第一条 为加强对国防科工委委属事业单位领导人员任职期间的经济责任监督，正确评价领导人员任期经济责任，保证审计工作质量，保障国有资产的安全和完整，根据《中华人民共和国审计法》以及其他有关法律、法规，结合国防科工委实际制定本办法。

第二条 本办法所称委属事业单位领导人员，是指委属各高校及委属事业单位的主要负责人，即法定代表人。

第三条 本办法所称任期经济责任审计，是指委属事业单位领导人员在任职期间、任职届满或因调动、退休、辞职、免职、撤职等原因，对其管理单位资产、负债、权益和财务收支的真实性、合法性、效益性以及有关经济活动应当负的责任进行的审计。未经审计，不得解除领导人员任职期间的经济责任。

第四条 委属事业单位领导人员经济责任审计的目的，是为了客观公正地评价领导人员在管理职责范围内的经济活动中的业绩和对存在问题应负的责任，促进委属事业单位财经管理，并为有关部门提供考察和使用干部的依据，加强干部管理。

第二章 审计工作组织

第五条 国防科工委在委属事业单位领导人员经济责任审计工作中履行下列职责：

（一）根据国家有关法律、法规，制定委属事业单位经济责任审计工作规章制度；

（二）负责委属事业单位领导人员经济责任审计工作的组织实施；

（三）决定对发生重大财务异常情况的委属事业单位进行专项经济责任审计；

（四）负责委属事业单位领导人员经济责任审计工作重要资料的整理归档。

第六条 国防科工委组织实施委属事业单位领导人员经济责任审计工作，主要采取以下三种形式：

（一）委托具有相应资质条件的社会审计组织承担审计工作任务；

（二）根据实际工作需要，组织或者抽调委属事业单位内部审计机构人员实施有关审计工作。

（三）国防科工委机关工作人员实施有关审计工作。

第七条 委属事业单位在经济责任审计中履行下列职责：

（一）按照国家有关规定和国防科工委工作要求，制定本单位经济责任审计工作具体实施细则；

（二）按照国防科工委审计要求，准备并如实提供单位领导人员经济责任审计的有关材料；

（三）按照国防科工委下发的经济责任审计意见或审计决定要求认真整改，并对整改情况做好后续跟踪审计工作。

第三章 审计内容

第八条 根据国家有关规定，委属事业单位领导人员经济责任审计主要内容包括：

（一）财政财务收支真实、合法、效益情况。

1. 年度预算的执行情况和决算情况；
2. 预算外资金的收入、支出和管理情况；
3. 专项资金的管理和使用情况；
4. 重大基本建设的资金管理使用情况；
5. 对外投资的管理和效益情况；
6. 债权债务情况；
7. 国有资产的安全完整、保值增值情况；
8. 与财政、财务收支相关的工作目标完成情况。

（二）重大经济决策情况。

1. 重大经济决策是否经过民主程序与集体研究决定，是否符合国家的方针政策；
2. 重大经济决策是否经过充分的可行性研究；
3. 重大经济决策是否取得预期效果；
4. 可能发生的损失或风险情况。

（三）内部控制制度建设及其执行情况。

1. 是否建立必要的内部控制制度；
2. 内部控制制度是否符合现行规定；
3. 内部控制制度是否得到正确、有效执行。

（四）单位遵守财经法规和领导人员个人经济上遵守廉政规定情况。

1. 执行"收支两条线"规定情况；
2. 是否存在挤占、挪用预算资金，随意改变资金使用方向的问题；
3. 是否存在私设"小金库"问题；
4. 是否存在"乱收费"问题；
5. 是否存在会计信息失真问题；
6. 领导干部个人经济上是否存在违反廉政规定的行为和其他经济问题。

第九条 委属事业单位领导人员要提供履行经济责任情况的述职报告，内容应当包括：

（一）任职情况。包括单位职能、本人职务、任职时间、职责范围。

（二）所在部门或单位年度工作目标责任及其完成情况。

（三）履行经济决策权的情况。主要陈述重大经济决策、固定资产投资和对外投资情况，有无因决策失误造成国有资产流失的问题和严重损失浪费的问题。

（四）履行经济职责的情况。主要陈述各年度预算执行情况、专项资金的管理和使用情况。有无执行不力、隐瞒截留财政收入、挤占挪用专项资金、财务收支不真实、不合法和经济效益差的问题。

（五）履行经济管理职责的情况。主要陈述履行经济管理职责的措施、办法和效果；制定的财政财务收支的规章制度，有无与国家政策、法规相抵触的内容；有无管理不善，渎职或失职造成单位、部门或下属机构财务管理混乱，影响干部职工利益和正常经济秩序的问题。

（六）履行经济监督权的情况。主要陈述是否建立并实行了有效的内部控制制度，认真行使对下属核算单位的监督职责，发现的主要问题、处理处罚情况及其落实情况。

（七）任职期间接受的历次审计中，单位或部门存在的违反国家物价政策、财经法规的问题，处理决定的落实情况及本人应负的经济责任。

（八）当前单位或部门负债、遗留的诉讼、索赔、经济担保、重大潜亏及其他未决经济事项。

（九）个人遵守廉政规定的情况。

（十）需要说明的其他情况。

第十条 领导人员经济责任审计中委属事业单位需提供如下资料：

（一）被审计领导人员述职报告；

（二）审计组要求提供的会计凭证、会计账簿、会计报表和其他会计资料；

（三）单位财务管理、资产管理等各项管理制度；

（四）债权、债务清单；

（五）被审计领导人员任期内单位重大经济合同、协议、投资项目的论证、决策资料；

（六）审计组需要提供的其他审计资料。

第十一条 审计报告的主要内容包括：

（一）被审计单位的基本情况；

（二）领导人员任期内主要业绩；

（三）领导人员任期内存在的主要经济问题；

（四）对领导人员的审计评价；

（五）审计意见或建议；

（六）其他需要说明的情况。

第四章 审计范围

第十二条 按照重要性原则，委属事业单位本级和重要的部门或二级单位应当纳入经济责任审计工作范围，审计资产量不得低于被审计单位资产总额的70%。

第十三条 需要延伸审计的重点单位或部门包括：

1. 有接受被审计单位财政资金拨款的单位；

2. 重大经济决策执行单位；

3. 组织人事部门、纪检监察机关要求延伸检查的单位；

4. 有举报被审计对象且线索基本清晰，需要检查的单位。

第十四条 对领导人员的任期经济责任审计以近3年的情况为主，必要时可延伸审计至以前年度。

第五章　审计机构和审计人员要求

第十五条　受托承担委属事业单位领导人员经济责任审计的社会审计组织，应当具备以下资质条件：

（一）资质条件应与被审计单位规模相适应；

（二）具备较完善的审计执业质量控制制度；

（三）拥有经济责任审计工作经验的专业人员；

（四）3年内未承担同一单位年度财务决算审计业务；

（五）与被审计单位负责人不存在利害关系；

（六）近3年未有违法违规不良记录；

（七）能够适时调配较强的专业人员承担经济责任审计任务。

第十六条　接受委托的社会审计组织应严格依据国家有关法律法规，以及国防科工委对委属事业单位经济责任审计工作的统一要求，按照规定的方法、程序和内容，依据独立审计原则认真组织经济责任审计工作，并对审计报告的真实性、合法性负责。

第十七条　受托承担国防科工委经济责任审计工作任务的委属事业单位内部审计机构和专业人员，应依据国防科工委统一工作要求，独立、客观、公正地开展审计工作，对审计工作结果承担相应的法律责任。

第十八条　审计机构和审计人员在审计中应当客观公正、实事求是、廉洁奉公、保守秘密，并遵守审计回避制度的规定。

第六章　审　计　程　序

第十九条　委属事业单位领导人员任期届满或离任前1个月，由国防科工委人事教育司向国防科工委审计室提出领导人员任期经济责任审计委托书，国防科工委审计室按程序组织实施审计。

第二十条　国防科工委组织实施委属事业单位领导人员经济责任审计基本工作程序如下：

（一）编制审计工作计划；

（二）确定审计机构；

（三）下达审计通知；

（四）成立审计组；

（五）拟定审计方案；

（六）组织实施审计；

（七）交换审计意见；

（八）出具审计报告；

（九）下达审计意见或审计决定。

第二十一条　根据干部管理部门提出的任期经济责任审计工作要求，编制委属事业单位领导人员经济责任审计工作计划，明确审计的对象、时间安排、范围、重点内容、方法与组织方式等内容。

第二十二条　国防科工委应当在实施审计14日前通知被审计单位。被审计单位在接到审计通知书后，应做好接受审计的有关准备工作，如实提供有关资料。

第二十三条　按照审计工作要求，审计组应拟定审计方案，明确审计目标、审计范围、审计重点、审计要求、审计组织、延伸审计单位和其他审计事项等，并报国防科工委审计室同意。

第二十四条　审计组在对领导人员任职期间财务收支、重大经营决策等情况审计过程中，可以采取向有关单位、个人调查等方式，充分听取被审计单位纪检监察、工会和职工反映的情况和意见。

第二十五条　审计组在提交审计报告前，应当征求被审计单位领导人员及其所在单位的意见，被审计单位领导人员及其所在单位应在收到审计报告征求意见稿之日起10日内，提出书面意见。在规定期限内没有提出书面意见的，视同无异议。

第二十六条　审计组送达的审计报告征求意见稿，其内容属于未定性的，任何人不得向外泄露。

第二十七条　审计组完成现场审计后，应在10个工作日内向国防科工委审计室提交审计报告以及被审计领导人员所在单位及本人的书面意见。

第二十八条　审计组应当在计划工作时间内完成审计任务，确需延长审计时间的，应当商国防科工委审计室同意，并及时通知被审计单位及其负责人。

第二十九条　国防科工委审计室依据审计报告拟定审计意见，委内相关司局会签并经委领导签发后，一般应在收到审计报告之日起两个月内下发委属事业单位领导人员经济责任审计意见；对发现的重大问题，经研究核实后正式下达相关审计决定。

第三十条　在经济责任审计工作中发现单位领导人员有严重违法违纪问题的，应移交有关管理机构予以处理。

（一）对于需由单位领导人员承担一般经济责任的，移交相应管理部门予以处理；

（二）对于单位领导人员违反党纪政纪的，移交纪检监察机关予以处理；

（三）对于应依法追究单位领导人员刑事责任的，移送司法机关处理。

第三十一条　审计组在对委属事业单位领导人员经济责任审计工作中，应当充分利用国家审计机关、上级内审机构和社会审计机构的审计成果。采用其他审计资料和审计结果时，应进行必要的复核工作，并对其真实性、合法性承担相应的法律责任。

第七章　审计评价

第三十二条　审计机构和审计人员应当根据财经法规及审计证据，对被审计事项的真实性、合法性和有效性进行界定和评判，作出结论性意见。经济责任审计评价应遵循以下原则：

（一）客观性原则。以审计事实为依据，不受外界的任何影响，不附加任何主观成分，按照客观事实作出公正的评价。

（二）准确性原则。要依据可靠证据和客观事实，采用写实、量化的方法给予评价，力求做到事实表述准确，问题定性准确，责任界定准确。

（三）重要性原则。对与经济责任的履行有重要影响的经济事项必须评价，对经济责任的履行无重大影响的事项，可较少评价或不予评价，并就事项性质和数额大小选择评价的重点。

（四）谨慎性原则。对审计证据不足的事项不评价，对一时搞不清的问题应当发表保留意见，以保证审计评价的正确性和稳妥性。

第三十三条　经济责任审计评价必须严格按照国家经济责任审计有关规定的要求，只能就经济责任作出客观评价，而且只对相关的经济责任作出实事求是的评价。

第三十四条　经济责任审计评价应区分前任与后任的责任，同时责任认定应当在取得相关证据的基础上进行，没有取得或无法取得相关责任证据的，应如实说明情况，客观公正地作出结论性意见。

第三十五条　经济责任审计的业绩评价应当采用对比评价法，将审计结果与国家和主管部门的要求相比，与领导人员的任期经济责任目标相比，与领导人员任职时单位的经济状况相比，与社会公认的原则相比。

第三十六条　评价被审计领导人员对所管理的经济活动中存在问题应负的责任，应当在分析主客观原因的基础上，按照有关规定，确定其应负有的直接责任和主管责任。

（一）直接责任是指单位领导人员因对主管的财务管理事项和其他经济事项未履行或者未正确履行职责，或者由于决策失误而事后又处理不力以及违规操作等，造成所在单位经济损失应负的经济责任。

（二）主管责任是指单位领导人员在其任期内对其所在单位资产和财务状况以及有关经济活动应当负有的直接责任以外的领导和管理责任。

第三十七条　委属事业单位领导人员应对下列行为负有直接责任：

（一）直接违反国家财经法规和财经纪律的；

（二）授意、指使、强令、纵容、包庇下属人员违反国家财经法规的；

（三）失职、渎职的；

（四）其他直接违法违规行为。

第三十八条　承办委属事业单位领导人员经济责任审计的社会审计组织提交的审计报告，应当对领导人员的经济责任做出客观、公正的评价，并对提交的审计报告真实性、客观性承担相应责任。

第三十九条　承办委属事业单位领导人员经济责任审计的社会审计组织提交审计报告前，要报国防科工委审计室审核。国防科工委审计室审定的内容主要包括：审计证据是否充分、审计评价是否适当、主要事实是否清楚和审计建议是否正确等。

第四十条　经济责任审计工作结果，作为对委属事业单位领导人员任免、奖惩的重要依据。

第四十一条　对于在经济责任审计工作中，发现因经济决策失误给单位造成重大损失，或者存在单位资产状况严重不实以及其他重大违规问题的，应当视其影响程度相应追究领导人员的责任。

第四十二条　委属事业单位应根据经济责任审计工作所反映出的有关管理问题，及时加强整改工作，堵塞管理漏洞。委属事业单位内部审计机构应当对有关整改工作做好后续跟踪审计。

第四十三条　在经济责任审计工作中，发现委属事业单位领导班子有关成员存在严重问题的，经国防科工委批准后，可进一步开展延伸审计工作。

第八章　法　律　责　任

第四十四条　被审计单位领导人员或所在单位拒绝、阻碍经济责任审计，或拒绝、拖延提供相关资料或证明材料的，国防科工委应当责令改正或依法给予处罚，并对负有直接责任的领导人员和直接责任人给予行政或者纪律处分。

第四十五条　被审计单位转移、隐匿、篡改、伪造、毁弃有关经济责任审计资料，弄虚作假、隐瞒事实真相，或者拒不执行审计处理决定的，国防科工委对负有直接责任的领导人员和直接责任人给予行政或者纪律处分；构成犯罪的，依法移送司法机关处理。

第四十六条　对于打击报复或者陷害检举人、证明人、资料提供人和审计人员的，国防科工委应当责令其改正，并给予行政或纪律处分；给被害人造成损失的，应当依法予以赔偿；构成犯罪的，依法移送司法机关处理。

第四十七条 审计人员利用职权谋取私利、徇私舞弊、玩忽职守、索贿受贿、泄漏国家机密或者商业秘密，给国家和单位造成重大损失的，应当给予行政或纪律处分；构成犯罪的，依法移送司法机关处理。

第四十八条 承担经济责任审计的社会审计组织出具虚假不实的审计报告，或者违反国家有关审计工作要求，避重就轻、回避问题或明知有重要事项不予指明的，移交有关部门予以处罚；构成犯罪的，依法移送司法机关处理。

第九章 附 则

第四十九条 各委属事业单位可结合本单位实际情况，制定本单位经济责任审计具体实施细则。

第五十条 本办法由国防科工委审计室负责解释。

第五十一条 本办法自发布之日起施行。国防科工委于2000年发布的《国防科工委委管单位领导人员任期经济责任审计工作暂行规定》（科工审字〔2000〕251号）同时废止。

教育部关于做好教育系统经济责任审计工作的通知

（教财〔2011〕2号，2011年2月17日）

各省、自治区、直辖市教育厅（教委），各计划单列市教育局，部属各高等学校，直属事业单位：

日前，中共中央办公厅、国务院办公厅印发了《党政主要领导干部和国有企业领导人员经济责任审计规定》（中办发〔2010〕32号，以下简称《规定》）。《规定》的发布施行，对于指导经济责任审计工作深入发展，加强经济责任审计法规制度建设具有重要意义。为全面贯彻落实《规定》，进一步做好教育系统经济责任审计工作，现将有关事项通知如下：

一、深入学习，全面贯彻落实《规定》

《规定》是以审计法及其实施条例为依据的专门规定，是指导经济责任审计工作的纲领性文件。要深入学习，提高认识，认真贯彻，不断深化经济责任审计。要充分认识到深化经济责任审计是加强干部管理和监督，推进党的建设科学化的重要途径；是促进领导干部贯彻落实科学发展，推进经济社会又好又快发展的重要保障；是加强权力运行制约和监督，健全社会主义民主法治的重要措施；是规范和完善经济责任审计，健全中国特色社会主义审计监督制度的重要举措。

近年来，教育系统积极开展经济责任审计，取得了一定成效，对促进领导干部正确履行经济责任、加强党风廉政建设等方面发挥了积极作用。要认真总结经验，找出存在的问题和不足，根据《规定》精神，完善和修订有关经济责任审计规章制度。健全经济责任审计工作联席会议制度，建立经济责任审计情况通报、审计整改以及责任追究等结果运用制度，逐步探索和推行经济责任审计结果公告制度，促进经济责任审计工作法制化、规范化、科学化。

二、明确经济责任，加大审计力度

《规定》明确了经济责任的内涵，界定了被审计领导干部在履行经济责任过程中对存在问题所应承担的直接责任、主管责任、领导责任。各级领导干部要了解和掌握经济责任内涵，明确应当履行的与财政收支、财务收支以及有关经济活动相关的责任和义务，牢固树立责任意识。

各地、各高校（单位）要根据《规定》将应审计对象全部纳入审计范围，同时，可以在其任职期间进行任中审计，建立和完善重大项目资金使用全过程审计监督制度，更加有效地发挥经济责任审计的作用。

三、依法界定审计内容

根据《规定》，各地、各高校（单位）要以促进领导干部推动本单位科学发展为目标，以领导干部守法、守纪、守规、尽责情况为重点，以领导干部任职期间本单位财政收支、财务收支以及有关经济活动的真实、合法和效益为基础，严格依法确定审计内容。

审计内容主要包括：预算执行和其他财政收支、财务收支的真实、合法和效益情况；重要投资项目的建设和管理情况；重要经济事项管理制度的建立和执行情况；对下属单位财政收支、财务收支以及有关经济活动的管理和监督情况。同时要在审计内容基础上关注领导干部贯彻落实科学发展观，推动本单位科学发展情况；遵守有关经济法律法规、贯彻执行党和国家有关经济工作的方针政策和决策部署情况；制定和执行重大经济决策情况；与履行经济责任有关的管理、决策等活动的经济效益、社会效益和环境效益情况；遵守有关廉洁从政规定情况等。

四、公布审计结果，严格责任追究

按照《规定》要求，建立健全经济责任审计情况通报、审计整改以及责任追究等结果运用制度，逐步探索和推行经济责任审计结果公告制度等。

从2011年开始，对所属高校、事业单位领导干部的审计结果，视不同情况采取通报、公告和重大问题向党组织汇报等形式，提高审计工作和审计结果透明度，推动审计发现的问题及时得到整改。对审计发现的重大问题责任人，经济责任审计领导小组（或经济责任审计联席会议）要专门研究处理。对违纪违规行为，依据有关规定，做出处理、处罚或移送有关部门处理。要根据干部管理监督的相关要求，将审计结果作为考核、任免、奖罚被审计领导干部的重要依据。

五、加强审计机构和队伍建设

要进一步健全教育审计机构，配备与本单位审计工作需要相适应的审计人员。特别是规模较大、资金量较多的单位要重视和加强审计机构和审计队伍建设，为开展审计工作提供基本保证。

经济责任审计是一项政策性、业务性较强的工作，要加强对审计人员的培养，努力提高审计人员思想素质和专业能力。要建立教育内部审计管理和审计质量控制制度，认真执行中国内部审计准则和教育内部审计规范，保证审计工作质量，推进经济责任审计工作科学发展。

各省、自治区、直辖市教育行政部门要将重大审计情况及时报送我部财务司；部直属高校和事业单位要将半年期的审计情况于当年7月底和次年1月底前报送教育部经济责任审计领导小组。

中华人民共和国教育部
二〇一一年二月十七日

卫生部办公厅关于印发《卫生部经济责任审计联席会议工作规则》和联席会议成员名单的通知

（卫办规财发〔2012〕59号，2012年5月15日）

部直属各单位，部机关各司局：

为加强对卫生部经济责任审计工作的组织协调，根据中共中央办公厅、国务院办公厅《党政主要领导干部和国有企业领导人员经济责任审计规定》（中办发〔2010〕32号）和《卫生部直属单位主要领导干部经济责任审计规定》（卫规财发〔2012〕9号）工作要求，我们研究制定了《卫生部经济责任审计联席会议工作规则》，确定了卫生部经济责任审计联席会议成员名单，现印发执行。

卫生部办公厅
二〇一二年五月十五日

卫生部经济责任审计联席会议工作规则

第一章 总 则

第一条 为贯彻中央经济责任审计规定要求，加强卫生部经济责任审计工作的组织协调，对经济责任审计工作进行指导、监督和检查，根据中共中央办公厅、国务院办公厅《党政主要领导干部和国有企业领导人员经济责任审计规定》（中办发〔2010〕32号）和《卫生部直属单位主要领导干部经济责任审计规定》（卫规财发〔2012〕9号），建立卫生部经济责任审计联席会议（以下简称联席会议）制度，并制定本规则。

第二章 成员及职责

第二条 联席会议由卫生部规划财务司牵头。人事司、直属机关党委及驻部纪检组监察局为成员单位。根据工作需要，经联席会议研究可以调整联席会议成员单位。

第三条 联席会议由规划财务司主要负责人召集。联席会议参加人员为各成员单位司局级领导同志。

第四条 联席会议的主要职责是：

（一）贯彻落实中央有关经济责任审计的政策和要求；

（二）通报经济责任审计工作开展情况；

（三）研究经济责任审计工作中的重大事项。

第五条 联席会议下设办公室，负责联席会议日常工作。办公室设在具有内部审计职能的规划财务司。

联席会议办公室主任由规划财务司联席会议成员兼任，成员由规划财务司、人事司、直属机关党委及驻部纪检组监察局有关处室的负责同志组成。

第六条 联席会议办公室的主要职责是牵头组织联席会议，督促及落实联席会议决定的有关事项。

第三章 议事日程

第七条 联席会议采取定期和不定期会议制度。

（一）定期会议。每年召开1～2次。

（二）不定期会议。根据工作需要，由联席会议成员单位或联席会议办公室提议，经联席会议召集人同意召开。

第八条 联席会议由召集人或其委托的联席会议成员主持。联席会议成员和联席会议办公室成员参加会议，根据工作需要可邀请有关部门的人员列席。

第九条 联席会议办公室应当提前将联席会议讨论议题有关文件资料报送各成员单位，并通知需要列席会议的其他单位和相关人员，做好会议准备工作。

第四章 工作要求

第十条 联席会议成员单位应当建立健全协作配合工作机制，要各司其职，各尽其责，相互协调，密切配合，提高工作质量和效率。

规划财务司主要负责：（一）承担联席会议办公室日常工作；（二）按照中央有关经济责任审计的政策要求，牵头起草卫生部经济责任审计有关规定和文件；（三）具体组织实施领导干部经济责任审计；（四）负责将经济责任审计报告报送分管部领导，抄送联席会议各成员单位；（五）参与研究提出年度经济责任审计计划草案；（六）办理联席会议研究决定的有关事项；（七）运用经济责任审计典型案例对领导干部开展经常性教育，研究分析经济责任审计中反映的苗头性、倾向性和普遍性问题，提出加强管理监督的意见和措施；（八）对下级审计机关开展经济责任审计工作进行指导、监督和检查；（九）参与研究有关工作。

人事司主要负责：（一）根据干部管理的有关规定，委托规划财务司开展领导干部经济责任审计；（二）参与研究提出年度经济责任审计计划草案；（三）根据工作需要，参加领导干部经济责任审计进点会和经济责任审计结果通报会；（四）根据有关规定，将经济责任审计结果作为考核、任免、奖惩被审计领导干部的重要依据；将经济责任审计结果报告归入被审计领导干部本人档案；（五）办理联席会议研究决定的有关事项；（六）对下级人事部门执行经济责任审计工作有关规定，以及运用审计结果等情况进行指导、监督和检查；（七）参与研究有关工作。

驻部纪检组监察局主要负责：（一）对经济责任审计中发现的应当移交纪检监察部门处理的问题，按照有关程序依纪依法予以处理，以适当方式将结果运用情况反馈联席会议办公室；（二）根据工作需要，参加领导干部经济责任审计进点会和经济责任审计结果通报会；（三）参与研究提出年度经济责任审计计划草案；（四）办理联席会议研究决定的有关事项；（五）对下级纪检监察部门执行经济责任审计工作有关规定，以及运用审计结果等情况进行指导、监督和检查；（六）参与研究有关工作。

直属机关党委主要负责：（一）对经济责任审计中发现的应当给予党纪处分的问题，按照有关程序依照党纪予以处理，以适当方式将结果运用情况反馈联席会议办公室；（二）根据工作需要，参加领导干部经济责任审计进点会和经济责任审计结果通报会；（三）参与研究提出年度经济责任审计计划草案；（四）办理联席会议研究决定的有关事项；（五）对下级相关部门执行经济责任审计工作有关规定，以及运用审计结果等情况进行指导、监督和检查；（六）参与研究有关工作。

第十一条 联席会议作出决定时，应当遵循民主集中制原则，充分酝酿，集体讨论，协商确定。对于情况清楚、意见明确的一般事项，可以采用传批的形式决定。

第十二条 联席会议发文形式：（一）以卫生部或卫生部办公厅名义行文（适用于联席会议制订、印发有关经济责任审计的规定，通报有关重要情况，以及其他需要联合行文的重大事项）需会签联席会议有关成员单位；（二）其他事项可以卫生部规划财务司代章名义行文，根据具体事项需要可会签联席会议有关成员单位。

第十三条 编印《卫生部经济责任审计工作动态》，由联席会议牵头单位领导同志签发，印发联席会议各成员单位和部直属各单位，抄送有关单位。

第十四条 联席会议以及列席会议成员应当遵守相关保密规定。

第五章 附 则

第十五条 本工作规则经联席会议全体讨论通过。

第十六条 本工作规则由联席会议办公室负责解释。

第十七条 本工作规则自发布之日起实施。

卫生部经济责任审计联席会议成员名单

召集人：李　斌　卫生部规划财务司司长
成　员：李长宁　卫生部人事司副司长
　　　　窦熙照　卫生部直属机关党委副书记、纪委书记
　　　　申红中　驻卫生部监察局副局长
　　　　王玉洵　卫生部规划财务司副巡视员

卫生部经济责任审计联席会议办公室成员名单

主任：王玉洵　卫生部规划财务司副巡视员
成员：任西岳　卫生部规划财务司审计处处长
　　　刘宏韬　卫生部人事司干部处副处长
　　　刘立晖　卫生部直属机关党委组织处副调研员
　　　王磊驻　卫生部监察局副主任科员

基金行业人员离任审计及审查报告内容准则

(证监会公告〔2011〕16号，2011年7月7日)

第一条 为了规范基金行业人员离任审计及审查报告内容，根据基金监管相关规定，制定本准则。

第二条 基金管理公司、基金托管银行、基金销售机构应当建立相关人员离任审计或者离任审查制度。

第三条 基金管理公司高级管理人员、基金经理、投资经理及基金托管银行基金托管部门高级管理人员、独立基金销售机构的高级管理人员或者执行事务合伙人、证券投资咨询机构负责基金销售业务的高级管理人员、其他基金销售机构负责基金销售业务的部门负责人离任的，应当接受离任审计或者离任审查，在离任审计或者离任审查期间不得到其他基金管理公司、基金托管银行基金托管部门或者基金销售机构任职。

第四条 基金管理公司、独立基金销售机构的董事长、总经理离任或者执行事务合伙人退伙的，基金管理公司、独立基金销售机构应当立即聘请具有从事证券相关业务资格的会计师事务所对其进行离任审计，并自离任之日起30个工作日内将离任审计报告报送中国证监会基金监管部及企业经营所在地中国证监会派出机构，同时存档备查。

第五条 基金管理公司、独立基金销售机构的董事长、总经理或者执行事务合伙人的离任审计报告，应当至少包括其任职期间的以下内容：

（一）审计工作实施情况，包括审计时间、范围、内容、审计方法等；

（二）审计对象的基本情况、基本职责以及实际履行职责的情况；

（三）企业内部对审计对象的年度考核情况；

（四）企业的经营状况，包括资产管理规模或者基金销售规模的变化情况、业务拓展情况、主要财务指标的变动情况及原因；

（五）企业内部控制建设和风险管理情况，包括企业制度、管理模式等方面的调整情况及效果；

（六）企业发生违法违规行为，受到刑事处罚、行政处罚、被采取行政监管措施等，审计对象应当承担责任的情况；

（七）审计对象受到刑事处罚、行政处罚、被采取行政监管措施、受到行业自律组织纪律处分的情况以及违反企业制度受到企业处分的情况；

（八）审计中发现的主要问题；

（九）审计结论。

第六条 基金管理公司的副总经理、督察长、基金经理或者投资经理离任的，基金管理公司应当立即对其进行离任审查，并自离任之日起30个工作日内将审查报告报送中国证监会基金监管部及公司经营所在地中国证监会派出机构，同时存档备查，基金经理、投资经理的离任审查报告还应当同时报送行业协会。

第七条 基金管理公司副总经理、督察长的离任审查报告，应当参照本准则第五条第一项至第三项、第六项至第九项有关内容，副总经理的离任审查报告还应当包括其任期内分管业务的经营状况、内控建设和风险管理情况等，督察长的离任审查报告还应当包括其任期内基金管理公司合法合规、风险控制及监察稽核工作情况等。

第八条 基金经理、投资经理的离任审查报告应当至少包括其任职期间的以下内容：

（一）审查工作实施情况，包括审查时间、范围、内容、审查方法等；

（二）所管理基金或者投资组合的基本情况；

（三）所管理基金或者投资组合与业绩比较基准的对比情况；

（四）所管理基金或者投资组合的投资合规情况，是否发现有利益输送、利用非公开信息牟利及违反公平交易原则等情况；

（五）遵守投资管理人员行为规范的情况；

（六）基金管理公司发生违法违规行为，受到刑事处罚、行政处罚、被采取行政监管措施等，审查对象应当承担责任的情况；

（七）审查对象受到刑事处罚、行政处罚、被采取行政监管措施、受到行业自律组织纪律处分的情况以及违反基金管理公司制度受到基金管理公司处分的情况；

（八）审查中发现的主要问题；

（九）审查结论。

第九条 基金托管银行基金托管部门的总经理、副总经理离任的，基金托管银行应当立即对其进行离任审查，并自离任之日起30个工作日内将审查报告报送中国证监会基金监管部，同时存档备查。

基金托管银行基金托管部门总经理、副总经理的离任审查报告应当参照本准则第五条第一项至第三项、第六项至第九项有关内容，并应当包括其任期内主管或者分管业务的经营状况、内控建设和风险管理情况等。

第十条 独立基金销售机构的其他高级管理人员、证券投资咨询机构负责基金销售业务的高级管理人员、其他基金销售机构负责基金销售业务的部门负责人离任的，相关基金销售机构应当立即对其进行离任审查，并自离任之日起30个工作日内将离任审查报告报送中国证监会基金监管部及相关派出机构，同时存档备查。

上述人员的离任审查报告，应当参照本准则第五条第一项至第三项、第六项至第九项有关内容，并应当包括其任期内分管业务的经营状况、内控建设和风险管理情况等。

第十一条 基金管理公司、独立基金销售机构应当真实、准确、完整地向出具离任审计报告的会计师事务所提供相关材料。

会计师事务所应当勤勉尽责，对所依据的文件资料内容的真实性、准确性、完整性进行核查和验证，客观、公正地出具离任审计报告。

第十二条 离任审计、审查报告的内容应当全面、客观、公正地反映审计、审查对象任职期间履行职责情况及合规情况。

第十三条 审计、审查对象应当配合离任审计、审查工作。

离任审计、审查报告应当附审计、审查对象的书面意见，审计、审查对象拒绝对审计、审查报告发表意见的，应当注明。

第十四条 根据本企业、上级主管机关或者其他监管机构要求对审计、审查对象已经出具离任审计、审查报告的，如果审计、审查内容涵盖本准则规定的相关内容的，可以不进行重复审计或者审查。

第十五条 出具离任审计、审查报告的机构应当妥善保管离任审计、审查报告。

中国证监会在审核基金行业高级管理人员任职资格申请，行业协会在对基金经理、投资经理进行注册登记时，参考相关离任审计、审查报告。

第十六条 出具离任审计报告的会计师事务所未按本准则规定进行必要的核查、验证，离任审计报告内容不符合本准则要求或者出具的报告有虚假记载、重大遗漏的，中国证监会可以对会计师事务所相关负责人及直接责任人员采取行政监管措施，并要求重新出具离任审计报告；违反法律、行政法规或者规章的，按照相关规定进行处罚。

第十七条 基金管理公司、基金托管银行、基金销售机构未按规定建立离任审计、审查制度，出具的离任审查报告有虚假记载、重大遗漏或者不符合本准则要求的，中国证监会及其派出机构可以对负有主要责任的高级管理人员和直接责任人员采取行政监管措施，并要求重新出具离任审查报告；违反法律、行政法规或者规章的，按照相关规定进行处罚。

第十八条 离任审计、审查对象没有正当理由不配合离任审计、审查工作的，中国证监会及其派出机构可以对其采取相应行政监管措施。

第十九条 本准则自 2011 年 10 月 1 日起施行。

第四部分

内部审计准则与政策解读

第1101号——内部审计基本准则

（2023年修订）

第一章 总 则

第一条 为了规范内部审计工作，保证内部审计质量，明确内部审计机构和内部审计人员的责任，根据《审计法》及其实施条例，以及其他有关法律、法规和规章，制定本准则。

第二条 本准则所称内部审计，是一种独立、客观的确认和咨询活动，它通过运用系统、规范的方法，审查和评价组织的业务活动、内部控制和风险管理的适当性和有效性，以促进组织完善治理、增加价值和实现目标。

第三条 本准则适用于各类组织的内部审计机构、内部审计人员及其从事的内部审计活动。其他组织或者人员接受委托、聘用，承办或者参与内部审计业务，也应当遵守本准则。

第二章 一般准则

第四条 组织应当设置与其目标、性质、规模、治理结构等相适应的内部审计机构，并配备具有相应资格的内部审计人员。

第五条 内部审计的目标、职责和权限等内容应当在组织的内部审计章程中明确规定。

第六条 内部审计机构和内部审计人员应当保持独立性和客观性，不得负责被审计单位的业务活动、内部控制和风险管理的决策与执行。

第七条 内部审计人员应当遵守职业道德，在实施内部审计业务时保持应有的职业谨慎。

第八条 内部审计人员应当具备相应的专业胜任能力，并通过后续教育加以保持和提高。

第九条 内部审计人员应当履行保密义务，对于实施内部审计业务中所获取的信息保密。

第三章 作业准则

第十条 内部审计机构和内部审计人员应当全面关注组织风险，以风险为基础组织实施内部审计业务。

第十一条 内部审计人员应当充分运用重要性原则，考虑差异或者缺陷的性质、数量等因素，合理确定重要性水平。

第十二条 内部审计机构应当根据组织的风险状况、管理需要及审计资源的配置情况，编制年度审计计划，并报经组织党委（党组）、董事会（或者主要负责人）或者最高管理层批准。

第十三条 内部审计人员根据年度审计计划确定的审计项目，编制项目审计方案。

第十四条 内部审计机构应当在实施审计前，向被审计单位或者被审计人员送达审计通知书，做好审计准备工作。

第十五条 内部审计人员应当深入了解被审计单位的情况，审查和评价业务活动、内部控制和风险管理的适当性和有效性。

第十六条 内部审计人员应当关注被审计单位业务活动、内部控制和风险管理中的舞弊风险，对舞弊行为进行检查和报告。

第十七条 内部审计人员可以运用审核、观察、监盘、访谈、调查、函证、计算和分析程序等方法，获取相关、可靠和充分的审计证据，以支持审计结论、意见和建议。

第十八条 内部审计人员在实施审计时，应当关注数字化环境对内部审计工作的影响。

第十九条 内部审计人员应当在审计工作底稿中记录审计程序的执行过程，获取的审计证据，以及作出的审计结论。

第二十条 内部审计人员应当在审计项目完成后，及时收集整理相关信息和资料，做好归档工作。

第二十一条 内部审计人员应当以适当方式提供咨询服务，改善组织的业务活动、内部控制和风险管理。

第四章 报告准则

第二十二条 内部审计机构应当在实施必要的审计程序后，及时出具审计报告。

第二十三条 审计报告应当客观、完整、清晰，具有建设性并体现重要性原则。

第二十四条 审计报告应当包括审计概况、审计依据、审计评价、审计发现、审计意见和审计建议。

第二十五条 审计报告应当包含是否遵循内部审计准则的声明。如存在未遵循内部审计准则的情形，应当在审计报告中作出解释和说明。

第五章 内部管理准则

第二十六条 内部审计机构应当接受组织党委（党组）、董事会（或者主要负责人）的领导和监督，并保持与党委（党组）、董事会（或者主要负责人）或者最高管理层及时、高效的沟通。

第二十七条 内部审计机构应当建立合理、有效的组织结构，多层级组织的内部审计机构可以实行集中管理或者分级管理。

第二十八条 内部审计机构应当根据内部审计准则及相关规定，结合本组织的实际情况制定内部审计工作手册，指导内部审计人员的工作。

第二十九条 内部审计机构应当对内部审计质量实施有效控制，建立指导、监督、分级复核和内部审计质量评估制度，并接受内部审计质量外部评估。

第三十条 内部审计机构应当编制中长期审计规划、年度审计计划、本机构人力资源计划和财务预算。

第三十一条 内部审计机构应当建立激励约束机制，对内部审计人员的工作进行考核、评价和奖惩。

第三十二条 内部审计机构应当在党委（党组）、董事会（或者主要负责人）或者最高管理层的支持和监督下，做好与外部审计的协调工作。

第三十三条 内部审计机构应当跟踪审计发现问题和审计意见建议的落实情况，督促被审计单位做好审计整改工作。

第三十四条 内部审计机构负责人应当对内部审计机构管理的适当性和有效性负主要责任。

第六章 附 则

第三十五条 本准则由中国内部审计协会发布并负责解释。

第三十六条 本准则自2023年7月1日起施行。2014年1月1日起施行的《第1101号——内部审计基本准则》同时废止。

第1201号内部审计具体准则——内部审计人员职业道德规范

（中内协2013年第1号公告）

第一章 总 则

第一条 为了规范内部审计人员的职业行为，维护内部审计职业声誉，根据《审计法》及其实施条例，以及其他有关法律、法规和规章，制定本规范。

第二条 内部审计人员职业道德是内部审计人员在开展内部审计工作中应当具有的职业品德、应当遵守的职业纪律和应当承担的职业责任的总称。

第三条 内部审计人员从事内部审计活动时，应当遵守本规范，认真履行职责，不得损害国家利益、组织利益和内部审计职业声誉。

第二章 一般原则

第四条 内部审计人员在从事内部审计活动时，应当保持诚信正直。

第五条 内部审计人员应当遵循客观性原则，公正、不偏不倚地作出审计职业判断。

第六条 内部审计人员应当保持并提高专业胜任能力，按照规定参加后续教育。

第七条 内部审计人员应当遵循保密原则，按照规定使用其在履行职责时所获取的信息。

第八条 内部审计人员违反本规范要求的，组织应当批评教育，也可以视情节给予一定的处分。

第三章 诚信正直

第九条 内部审计人员在实施内部审计业务时，应当诚实、守信，不应有下列行为：

（一）歪曲事实；

（二）隐瞒审计发现的问题；

（三）进行缺少证据支持的判断；

（四）做误导性的或者含糊的陈述。

第十条 内部审计人员在实施内部审计业务时，应当廉洁、正直，不应有下列行为：

（一）利用职权谋取私利；

（二）屈从于外部压力，违反原则。

第四章 客 观 性

第十一条 内部审计人员实施内部审计业务时，应当实事求是，不得由于偏见、利益冲突而影响职业判断。

第十二条 内部审计人员实施内部审计业务前，应当采取下列步骤对客观性进行评估：

（一）识别可能影响客观性的因素；

（二）评估可能影响客观性因素的严重程度；

（三）向审计项目负责人或者内部审计机构负责人报告客观性受损可能造成的影响。

第十三条 内部审计人员应当识别下列可能影响客观性的因素：

（一）审计本人曾经参与过的业务活动；

（二）与被审计单位存在直接利益关系；
（三）与被审计单位存在长期合作关系；
（四）与被审计单位管理层有密切的私人关系；
（五）遭受来自组织内部和外部的压力；
（六）内部审计范围受到限制；
（七）其他。

第十四条 内部审计机构负责人应当采取下列措施保障内部审计的客观性：
（一）提高内部审计人员的职业道德水准；
（二）选派适当的内部审计人员参加审计项目，并进行适当分工；
（三）采用工作轮换的方式安排审计项目及审计组；
（四）建立适当、有效的激励机制；
（五）制定并实施系统、有效的内部审计质量控制制度、程序和方法；
（六）当内部审计人员的客观性受到严重影响，且无法采取适当措施降低影响时，停止实施有关业务，并及时向董事会或者最高管理层报告。

第五章 专业胜任能力

第十五条 内部审计人员应当具备下列履行职责所需的专业知识、职业技能和实践经验：
（一）审计、会计、财务、税务、经济、金融、统计、管理、内部控制、风险管理、法律和信息技术等专业知识，以及与组织业务活动相关的专业知识；
（二）语言文字表达、问题分析、审计技术应用、人际沟通、组织管理等职业技能；
（三）必要的实践经验及相关职业经历。

第十六条 内部审计人员应当通过后续教育和职业实践等途径，了解、学习和掌握相关法律法规、专业知识、技术方法和审计实务的发展变化，保持和提升专业胜任能力。

第十七条 内部审计人员实施内部审计业务时，应当保持职业谨慎，合理运用职业判断。

第六章 保　　密

第十八条 内部审计人员应当对实施内部审计业务所获取的信息保密，非因有效授权、法律规定或其他合法事由不得披露。

第十九条 内部审计人员在社会交往中，应当履行保密义务，警惕非故意泄密的可能性。

内部审计人员不得利用其在实施内部审计业务时获取的信息牟取不正当利益，或者以有悖于法律法规、组织规定及职业道德的方式使用信息。

第七章 附　　则

第二十条 本规范由中国内部审计协会发布并负责解释。

第二十一条 本规范自 2014 年 1 月 1 日起施行。

第 2101 号内部审计具体准则——审计计划

（中内协 2013 年第 1 号公告）

第一章 总　　则

第一条 为了规范审计计划的编制与执行，保证有计划、有重点地开展审计业务，提高审计质量和效率，根据《内部审计基本准则》，制定本准则。

第二条 本准则所称审计计划，是指内部审计机构和内部审计人员为完成审计业务，达到预期的审计目的，对审计工作或者具体审计项目作出的安排。

第三条 本准则适用于各类组织的内部审计机构、内部审计人员及其从事的内部审计活动。其他组织或者人员接受委托、聘用，承办或者参与内部审计业务，也应当遵守本准则。

第二章 一般原则

第四条 审计计划一般包括年度审计计划和项目审计方案。年度审计计划是对年度预期要完成的审计任务所作的工作安排，是组织年度工作计划的重要组成部分。项目审计方案是对实施具体审计项目所需要的审计内容、审计程序、人员分工、审计时间等作出的安排。

第五条 内部审计机构应当在本年度编制下年度审计计划，并报经组织董事会或者最高管理层批准；审计项目负责人应当在审计项目实施前编制项目审计方案，并报经内部审计机构负责人批准。

第六条 内部审计机构应当根据批准后的审计计划组织开展内部审计活动。在审计计划执行过程中，如有必要，应当按照规定的程序对审计计划进行调整。

第七条 内部审计机构负责人应当定期检查审计计划的执行情况。

第三章 年度审计计划

第八条 内部审计机构负责人负责年度审计计划的编制工作。

第九条 编制年度审计计划应当结合内部审计中长期规划，在对组织风险进行评估的基础上，根据组织的风险状况、管理需要和审计资源的配置情况，确定具体审计项目及时间安排。

第十条 年度审计计划应当包括下列基本内容：

（一）年度审计工作目标；

（二）具体审计项目及实施时间；

（三）各审计项目需要的审计资源；

（四）后续审计安排。

第十一条 内部审计机构在编制年度审计计划前，应当重点调查了解下列情况，以评价具体审计项目的风险：

（一）组织的战略目标、年度目标及业务活动重点；

（二）对相关业务活动有重大影响的法律、法规、政策、计划和合同；

（三）相关内部控制的有效性和风险管理水平；

（四）相关业务活动的复杂性及其近期变化；

（五）相关人员的能力及其岗位的近期变动；

（六）其他与项目有关的重要情况。

第十二条 内部审计机构负责人应当根据具体审计项目的性质、复杂程度及时间要求，合理安排审计资源。

第四章 项目审计方案

第十三条 内部审计机构应当根据年度审计计划确定的审计项目和时间安排，选派内部审计人员开展审计工作。

第十四条 审计项目负责人应当根据被审计单位的下列情况，编制项目审计方案：

（一）业务活动概况；

（二）内部控制、风险管理体系的设计及运行情况；

（三）财务、会计资料；

（四）重要的合同、协议及会议记录；

（五）上次审计结论、建议及后续审计情况；
（六）上次外部审计的审计意见；
（七）其他与项目审计方案有关的重要情况。

第十五条 项目审计方案应当包括下列基本内容：
（一）被审计单位、项目的名称；
（二）审计目标和范围；
（三）审计内容和重点；
（四）审计程序和方法；
（五）审计组成员的组成及分工；
（六）审计起止日期；
（七）对专家和外部审计工作结果的利用；
（八）其他有关内容。

第五章 附 则

第十六条 本准则由中国内部审计协会发布并负责解释。

第十七条 本准则自 2014 年 1 月 1 日起施行。

第 2102 号内部审计具体准则——审计通知书

（中内协 2013 年第 1 号公告）

第一章 总 则

第一条 为了规范审计通知书的编制与送达，根据《内部审计基本准则》，制定本准则。

第二条 本准则所称审计通知书，是指内部审计机构在实施审计之前，告知被审计单位或者人员接受审计的书面文件。

第三条 本准则适用于各类组织的内部审计机构、内部审计人员及其从事的内部审计活动。其他组织或者人员接受委托、聘用，承办或者参与的内部审计业务，也应当遵守本准则。

第二章 审计通知书的编制与送达

第四条 审计通知书应当包括下列内容：
（一）审计项目名称；
（二）被审计单位名称或者被审计人员姓名；
（三）审计范围和审计内容；
（四）审计时间；
（五）需要被审计单位提供的资料及其他必要的协助要求；
（六）审计组组长及审计组成员名单；
（七）内部审计机构的印章和签发日期。

第五条 内部审计机构应当根据经过批准后的年度审计计划和其他授权或者委托文件编制审计通知书。

第六条 内部审计机构应当在实施审计三日前，向被审计单位或者被审计人员送达审计通知书。特殊审计业务的审计通知书可以在实施审计时送达。

第七条 审计通知书送达被审计单位，必要时可以抄送组织内部相关部门。

经济责任审计项目的审计通知书送达被审计人员及其所在单位，并抄送有关部门。

第三章 附 则

第八条 本准则由中国内部审计协会发布并负责解释。

第九条 本准则自2014年1月1日起施行。

第2103号内部审计具体准则——审计证据

（中内协2013年第1号公告）

第一章 总 则

第一条 为了规范审计证据的获取及处理，保证审计证据的相关性、可靠性和充分性，根据《内部审计基本准则》，制定本准则。

第二条 本准则所称审计证据，是指内部审计人员在实施内部审计业务中，通过实施审计程序所获取的，用以证实审计事项，支持审计结论、意见和建议的各种事实依据。

第三条 本准则适用于各类组织的内部审计机构、内部审计人员及其从事的内部审计活动。其他组织或者人员接受委托、聘用、承办或者参与内部审计业务，也应当遵守本准则。

第二章 一般原则

第四条 内部审计人员应当依据不同的审计事项及其审计目标，获取不同种类的审计证据。

审计证据主要包括下列种类：

（一）书面证据；

（二）实物证据；

（三）视听证据；

（四）电子证据；

（五）口头证据；

（六）环境证据。

第五条 内部审计人员获取的审计证据应当具备相关性、可靠性和充分性。

相关性，即审计证据与审计事项及其具体审计目标之间具有实质性联系。

可靠性，即审计证据真实、可信。

充分性，即审计证据在数量上足以支持审计结论、意见和建议。

第六条 审计项目的各级复核人员应当在各自职责范围内对审计证据的相关性、可靠性和充分性予以复核。

第七条 内部审计人员在获取审计证据时，应当考虑下列基本因素：

（一）具体审计事项的重要性。内部审计人员应当从数量和性质两个方面判断审计事项的重要性，以做出获取审计证据的决策。

（二）可以接受的审计风险水平。证据的充分性与审计风险水平密切相关。可以接受的审计风险水平越低，所需证据的数量越多。

（三）成本与效益的合理程度。获取审计证据应当考虑成本与效益的对比，但对于重要审计事项，不应当将审计成本的高低作为减少必要审计程序的理由。

（四）适当的抽样方法。

第三章 审计证据的获取与处理

第八条 内部审计人员向有关单位和个人获取审计证据时,可以采用(但不限于)下列方法:

(一)审核;

(二)观察;

(三)监盘;

(四)访谈;

(五)调查;

(六)函证;

(七)计算;

(八)分析程序。

第九条 内部审计人员应当将获取的审计证据名称、来源、内容、时间等完整、清晰地记录于审计工作底稿中。

采集被审计单位电子数据作为审计证据的,内部审计人员应当记录电子数据的采集和处理过程。

第十条 内部审计机构可以聘请其他专业机构或者人员对审计项目的某些特殊问题进行鉴定,并将鉴定结论作为审计证据。内部审计人员应当对所引用鉴定结论的可靠性负责。

第十一条 对于被审计单位有异议的审计证据,内部审计人员应当进一步核实。

第十二条 内部审计人员获取的审计证据,如有必要,应当由证据提供者签名或者盖章。如果证据提供者拒绝签名或者盖章,内部审计人员应当注明原因和日期。

第十三条 内部审计人员应当对获取的审计证据进行分类、筛选和汇总,保证审计证据的相关性、可靠性和充分性。

第十四条 在评价审计证据时,应当考虑审计证据之间的相互印证关系及证据来源的可靠程度。

第四章 附 则

第十五条 本准则由中国内部审计协会发布并负责解释。

第十六条 本准则自 2014 年 1 月 1 日起施行。

第 2104 号内部审计具体准则——审计工作底稿

(中内协 2013 年第 1 号公告)

第一章 总 则

第一条 为了规范审计工作底稿的编制和使用,根据《内部审计基本准则》,制定本准则。

第二条 本准则所称审计工作底稿,是指内部审计人员在审计过程中所形成的工作记录。

第三条 本准则适用于各类组织的内部审计机构、内部审计人员及其从事的内部审计活动。其他组织或者人员接受委托、聘用、承办或者参与内部审计业务,也应当遵守本准则。

第二章 一般原则

第四条 内部审计人员在审计工作中应当编制审计工作底稿,以达到下列目的:

（一）为编制审计报告提供依据；
（二）证明审计目标的实现程度；
（三）为检查和评价内部审计工作质量提供依据；
（四）证明内部审计机构和内部审计人员是否遵循内部审计准则；
（五）为以后的审计工作提供参考。

第五条 审计工作底稿应当内容完整、记录清晰、结论明确，客观地反映项目审计方案的编制及实施情况，以及与形成审计结论、意见和建议有关的所有重要事项。

第六条 内部审计机构应当建立审计工作底稿的分级复核制度，明确规定各级复核人员的要求和责任。

第三章 审计工作底稿的编制与复核

第七条 审计工作底稿主要包括下列要素：
（一）被审计单位的名称；
（二）审计事项及其期间或者截止日期；
（三）审计程序的执行过程及结果记录；
（四）审计结论、意见及建议；
（五）审计人员姓名和审计日期；
（六）复核人员姓名、复核日期和复核意见；
（七）索引号及页次；
（八）审计标识与其他符号及其说明等。

第八条 项目审计方案的编制及调整情况应当编制审计工作底稿。

第九条 审计工作底稿中可以使用各种审计标识，但应当注明含义并保持前后一致。

第十条 审计工作底稿应当注明索引编号和顺序编号。相关审计工作底稿之间如存在勾稽关系，应当予以清晰反映，相互引用时应当交叉注明索引编号。

第十一条 审计工作底稿的复核工作应当由比审计工作底稿编制人员职位更高或者经验更为丰富的人员承担。

第十二条 如果发现审计工作底稿存在问题，复核人员应当在复核意见中加以说明，并要求相关人员补充或者修改审计工作底稿。

第十三条 在审计业务执行过程中，审计项目负责人应当加强对审计工作底稿的现场复核。

第四章 审计工作底稿的归档与保管

第十四条 内部审计人员在审计项目完成后，应当及时对审计工作底稿进行分类整理，按照审计工作底稿相关规定进行归档、保管和使用。

第十五条 审计工作底稿归组织所有，由内部审计机构或者组织内部有关部门具体负责保管。

第十六条 内部审计机构应当建立审计工作底稿保管制度。如果内部审计机构以外的组织或者个人要求查阅审计工作底稿，必须经内部审计机构负责人或者其主管领导批准，但国家有关部门依法进行查阅的除外。

第五章 附 则

第十七条 本准则由中国内部审计协会发布并负责解释。

第十八条 本准则自 2014 年 1 月 1 日起实行。

第 2105 号内部审计具体准则——结果沟通

(中内协 2013 年第 1 号公告)

第一章 总 则

第一条 为了规范内部审计的结果沟通,保证审计工作质量,根据《内部审计基本准则》,制定本准则。

第二条 本准则所称结果沟通,是指内部审计机构与被审计单位、组织适当管理层就审计概况、审计依据、审计发现、审计结论、审计意见和审计建议进行的讨论和交流。

第三条 本准则适用于各类组织的内部审计机构、内部审计人员及其从事的内部审计活动。其他组织或者人员接受委托、聘用,承办或者参与内部审计业务,也应当遵守本准则。

第二章 一般原则

第四条 结果沟通的目的,是提高审计结果的客观性、公正性,并取得被审计单位、组织适当管理层的理解和认同。

第五条 内部审计机构应当建立审计结果沟通制度,明确各级人员的责任,进行积极有效的沟通。

第六条 内部审计机构应当与被审计单位、组织适当管理层进行认真、充分的沟通,听取其意见。

第七条 结果沟通一般采取书面或者口头方式。

第八条 内部审计机构应当在审计报告正式提交之前进行审计结果的沟通。

第九条 内部审计机构应当将结果沟通的有关书面材料作为审计工作底稿归档保存。

第三章 结果沟通的内容

第十条 结果沟通主要包括下列内容:
(一)审计概况;
(二)审计依据;
(三)审计发现;
(四)审计结论;
(五)审计意见;
(六)审计建议。

第十一条 如果被审计单位对审计结果有异议,审计项目负责人及相关人员应当进行核实和答复。

第十二条 内部审计机构负责人应当与组织适当管理层就审计过程中发现的重大问题及时进行沟通。

第十三条 内部审计机构与被审计单位进行结果沟通时,应当注意沟通技巧。

第四章 附 则

第十四条 本准则由中国内部审计协会发布并负责解释。

第十五条 本准则自 2014 年 1 月 1 日起施行。

第 2106 号内部审计具体准则——审计报告

(中内协 2013 年第 1 号公告)

第一章 总 则

第一条 为了规范审计报告的编制、复核和报送,根据《内部审计基本准则》,制定本准则。

第二条 本准则所称审计报告,是指内部审计人员根据审计计划对被审计单位实施必要的审计程序后,就被审计事项作出审计结论,提出审计意见和审计建议的书面文件。

第三条 本准则适用于各类组织的内部审计机构、内部审计人员及其从事的内部审计活动。其他组织或者人员接受委托、聘用,承办或者参与内部审计业务,也应当遵守本准则。

第二章 一般原则

第四条 内部审计人员应当在审计实施结束后,以经过核实的审计证据为依据,形成审计结论、意见和建议,出具审计报告。如有必要,内部审计人员可以在审计过程中提交期中报告,以便及时采取有效的纠正措施改善业务活动、内部控制和风险管理。

第五条 审计报告的编制应当符合下列要求:

(一)实事求是、不偏不倚地反映被审计事项的事实;

(二)要素齐全、格式规范,完整反映审计中发现的重要问题;

(三)逻辑清晰、用词准确、简明扼要、易于理解;

(四)充分考虑审计项目的重要性和风险水平,对于重要事项应当重点说明;

(五)针对被审计单位业务活动、内部控制和风险管理中存在的主要问题或者缺陷提出可行的改进建议,以促进组织实现目标。

第六条 内部审计机构应当建立健全审计报告分级复核制度,明确规定各级复核人员的要求和责任。

第三章 审计报告的内容

第七条 审计报告主要包括下列要素:

(一)标题;

(二)收件人;

(三)正文;

(四)附件;

(五)签章;

(六)报告日期;

(七)其他。

第八条 审计报告的正文主要包括下列内容:

(一)审计概况,包括审计目标、审计范围、审计内容及重点、审计方法、审计程序及审计时间等;

(二)审计依据,即实施审计所依据的相关法律法规、内部审计准则等规定;

(三)审计发现,即对被审计单位的业务活动、内部控制和风险管理实施审计过程中所发现的主要问题的事实；

（四）审计结论，即根据已查明的事实，对被审计单位业务活动、内部控制和风险管理所作的评价；

（五）审计意见，即针对审计发现的主要问题提出的处理意见；

（六）审计建议，即针对审计发现的主要问题，提出的改善业务活动、内部控制和风险管理的建议。

第九条 审计报告的附件应当包括针对审计过程、审计中发现问题所作出的具体说明，以及被审计单位的反馈意见等内容。

第四章 审计报告的编制、复核与报送

第十条 审计组应当在实施必要的审计程序后，及时编制审计报告，并征求被审计对象的意见。

第十一条 被审计单位对审计报告有异议的，审计项目负责人及相关人员应当核实，必要时应当修改审计报告。

第十二条 审计报告经过必要的修改后，应当连同被审计单位的反馈意见及时报送内部审计机构负责人复核。

第十三条 内部审计机构应当将审计报告提交被审计单位和组织适当管理层，并要求被审计单位在规定的期限内落实纠正措施。

第十四条 已经出具的审计报告如果存在重要错误或者遗漏，内部审计机构应当及时更正，并将更正后的审计报告提交给原审计报告接收者。

第十五条 内部审计机构应当将审计报告及时归入审计档案，妥善保存。

第五章 附 则

第十六条 本准则由中国内部审计协会发布并负责解释。

第十七条 本准则自 2014 年 1 月 1 日起施行。

第 2107 号内部审计具体准则——后续审计

（中内协 2013 年第 1 号公告）

第一章 总 则

第一条 为了规范后续审计活动，提高审计效果，根据《内部审计基本准则》，制定本准则。

第二条 本准则所称后续审计，是指内部审计机构为跟踪检查被审计单位针对审计发现的问题所采取的纠正措施及其改进效果，而进行的审查和评价活动。

第三条 本准则适用于各类组织的内部审计机构、内部审计人员及其从事的内部审计活动。其他组织或者人员接受委托、聘用，承办或者参与内部审计业务，也应当遵守本准则。

第二章 一般原则

第四条 对审计中发现的问题采取纠正措施，是被审计单位管理层的责任。评价被审计单位管理层所采取的纠正措施是否及时、合理、有效，是内部审计人员的责任。

第五条　内部审计机构可以在规定期限内，或者与被审计单位约定的期限内实施后续审计。

第六条　内部审计机构负责人可以适时安排后续审计工作，并将其列入年度审计计划。

第七条　内部审计机构负责人如果初步认定被审计单位管理层对审计发现的问题已采取了有效的纠正措施，可以将后续审计作为下次审计工作的一部分。

第八条　当被审计单位基于成本或者其他方面考虑，决定对审计发现的问题不采取纠正措施并做出书面承诺时，内部审计机构负责人应当向组织董事会或者最高管理层报告。

第三章　后续审计程序

第九条　审计项目负责人应当编制后续审计方案，对后续审计作出安排。

第十条　编制后续审计方案时应当考虑下列因素：

（一）审计意见和审计建议的重要性；

（二）纠正措施的复杂性；

（三）落实纠正措施所需要的时间和成本；

（四）纠正措施失败可能产生的影响；

（五）被审计单位的业务安排和时间要求。

第十一条　对于已采取纠正措施的事项，内部审计人员应当判断是否需要深入检查，必要时可以提出应在下次审计中予以关注。

第十二条　内部审计人员应当根据后续审计的实施过程和结果编制后续审计报告。

第四章　附　　则

第十三条　本准则由中国内部审计协会发布并负责解释。

第十四条　本准则自 2014 年 1 月 1 日起施行。

第 2108 号内部审计具体准则——审计抽样

（中内协 2013 年第 1 号公告）

第一章　总　　则

第一条　为了规范内部审计人员运用审计抽样方法，提高审计质量和效率，根据《内部审计基本准则》，制定本准则。

第二条　本准则所称审计抽样，是指内部审计人员在审计业务实施过程中，从被审查和评价的审计总体中抽取一定数量具有代表性的样本进行测试，以样本审查结果推断总体特征，并作出审计结论的一种审计方法。

第三条　本准则适用于各类组织的内部审计机构、内部审计人员及其从事的内部审计活动。其他组织或者人员接受委托、聘用，承办或者参与内部审计业务，也应当遵守本准则。

第二章　一般原则

第四条　确定抽样总体、选择抽样方法时应当以审计目标为依据，并考虑被审计单位及审计项目的具体情况。

第五条　抽样总体的确定应当遵循相关性、充分性和经济性原则。

相关性是指抽样总体与审计对象及其审计目标相关；充分性是指抽样总体能够在数量上代表审计项目的实际情况；经济性是指抽样总体的确定符合成本效益原则。

第六条 审计抽样方法包括统计抽样和非统计抽样。在审计抽样过程中，可以采用统计抽样方法，也可以采用非统计抽样方法，或者两种方法结合使用。

第七条 选取的样本应当有代表性，具有与审计总体相似的特征。

第八条 内部审计人员在选取样本时，应当对业务活动中存在重大差异或者缺陷的风险以及审计过程中的检查风险进行评估，并充分考虑因抽样引起的抽样风险及其他因素引起的非抽样风险。

第九条 抽样结果的评价应当从定量和定性两个方面进行，并以此为依据合理推断审计总体特征。

第三章 抽样程序和方法

第十条 审计抽样的一般程序包括下列步骤：

（一）根据审计目标及审计对象的特征制定审计抽样方案；

（二）选取样本；

（三）对样本进行审查；

（四）评价抽样结果；

（五）根据抽样结果推断总体特征；

（六）形成审计结论。

第十一条 审计抽样方案包括下列主要内容：

（一）审计总体，是指由审计对象的各个单位组成的整体；

（二）抽样单位，是指从审计总体中抽取并代表总体的各个单位；

（三）样本，是指在抽样过程中从审计总体中抽取的部分单位组成的整体；

（四）误差，是指业务活动、内部控制和风险管理中存在的差异或者缺陷；

（五）可容忍误差，是指内部审计人员可以接受的差异或者缺陷的最大程度；

（六）预计总体误差，是指内部审计人员预先估计的审计总体中存在的差异或者缺陷；

（七）可靠程度，是指预计抽样结果能够代表审计总体质量特征的概率；

（八）抽样风险，是指内部审计人员依据抽样结果得出的结论与总体特征不相符合的可能性；

（九）样本量，是指为了能使内部审计人员对审计总体作出审计结论所抽取样本单位的数量；

（十）其他因素。

第十二条 内部审计人员应当根据审计重要性水平，合理确定预计总体误差、可容忍误差和可靠程度。

第十三条 内部审计人员应当根据审计目标和审计对象的特征，选择确定审计抽样方法。

统计抽样，是指以数理统计方法为基础，按照随机原则从总体中选取样本进行审查，并对总体特征进行推断的审计抽样方法。主要包括发现抽样、连续抽样等属性抽样方法，以及单位均值抽样、差异估计抽样和货币单位抽样等变量抽样方法。

非统计抽样，是指内部审计人员根据自己的专业判断和经验抽取样本进行审查，并对总体特征进行推断的审计抽样方法。统计抽样和非统计抽样审计方法相互结合使用，可以降低抽样风险。

第十四条 内部审计人员应当根据下列要素确定样本量：

（一）审计总体。审计总体的量越大，所需要的样本量越多；

（二）可容忍误差。可容忍误差越大，所需样本量越少；

（三）预计总体误差。预计总体误差越大，所需样本量越多；

（四）抽样风险。抽样风险越小，所需样本量越多；
（五）可靠程度。可靠程度越大，所需样本量越多。

第十五条 内部审计人员可以运用下列方法选取样本：
（一）随机数表选样法；
（二）系统选样法；
（三）分层选样法；
（四）整群选样法；
（五）任意选样法。

第十六条 内部审计人员在选取样本之后，应当对样本进行审查，获取相关、可靠和充分的审计证据。

第四章 抽样结果的评价

第十七条 内部审计人员应当根据预先确定的误差构成条件，确定存在误差的样本。

第十八条 内部审计人员应当对抽样风险和非抽样风险进行评估，以防止对审计总体作出不恰当的审计结论。

第十九条 抽样风险主要包括两类：
（一）误受风险，是指样本结果表明审计项目不存在重大差异或者缺陷，而实际上却存在着重大差异或者缺陷的可能性；
（二）误拒风险，是指样本结果表明审计项目存在重大差异或者缺陷，而实际上并没有存在重大差异或者缺陷的可能性。

第二十条 非抽样风险是由抽样之外的其他因素造成的风险，一般包括下列原因：
（一）审计程序设计及执行不恰当；
（二）抽样过程没有按照规范程序执行；
（三）样本审查结果解释错误；
（四）审计人员业务能力不足；
（五）其他原因。

第二十一条 内部审计人员应当根据样本误差，采用适当的方法，推断审计总体误差。

第二十二条 内部审计人员应当根据抽样结果的评价，确定审计证据是否足以证实某一审计总体特征。如果推断的总体误差超过可容忍误差，应当增加样本量或者执行替代审计程序。

第二十三条 内部审计人员在上述评价的基础上还应当考虑误差性质、误差产生的原因，以及误差对其他审计项目可能产生的影响等。

第五章 附 则

第二十四条 本准则由中国内部审计协会发布并负责解释。

第二十五条 本准则自 2014 年 1 月 1 日起施行。

第 2109 号内部审计具体准则——分析程序

（中内协 2013 年第 1 号公告）

第一章 总 则

第一条 为了规范内部审计人员执行分析程序的行为，提高审计质量和效率，根据《内部审计基本准则》，制定本准则。

第二条 本准则所称分析程序，是指内部审计人员通过分析和比较信息之间的关系或者计算相关的比率，以确定合理性，并发现潜在差异和漏洞的一种审计方法。

第三条 本准则适用于各类组织的内部审计机构、内部审计人员及其从事的内部审计活动。其他组织或者人员接受委托、聘用、承办或者参与内部审计业务，也应当遵守本准则。

第二章 一般原则

第四条 内部审计人员应当合理运用职业判断，根据需要在审计过程中执行分析程序。

第五条 内部审计人员执行分析程序，有助于实现下列目标：
（一）确认业务活动信息的合理性；
（二）发现差异；
（三）分析潜在的差异和漏洞；
（四）发现不合法和不合规行为的线索。

第六条 内部审计人员通过执行分析程序，能够获取与下列事项相关的证据：
（一）被审计单位的持续经营能力；
（二）被审计事项的总体合理性；
（三）业务活动、内部控制和风险管理中差异和漏洞的严重程度；
（四）业务活动的经济性、效率性和效果性；
（五）计划、预算的完成情况；
（六）其他事项。

第七条 分析程序所使用的信息按其存在的形式划分，主要包括下列内容：
（一）财务信息和非财务信息；
（二）实物信息和货币信息；
（三）电子数据信息和非电子数据信息；
（四）绝对数信息和相对数信息。

第八条 执行分析程序时，应当考虑信息之间的相关性，以免得出不恰当的审计结论。

第九条 内部审计人员应当保持应有的职业谨慎，在确定对分析程序结果的依赖程度时，需要考虑下列因素：
（一）分析程序的目标；
（二）被审计单位的性质及其业务活动的复杂程度；
（三）已收集信息资料的相关性、可靠性和充分性；
（四）以往审计中对被审计单位内部控制、风险管理的评价结果；
（五）以往审计中发现的差异和漏洞。

第三章 分析程序的执行

第十条 分析程序一般包括下列基本内容：
（一）将当期信息与历史信息相比较，分析其波动情况及发展趋势；
（二）将当期信息与预测、计划或者预算信息相比较，并作差异分析；
（三）将当期信息与内部审计人员预期信息相比较，分析差异；
（四）将被审计单位信息与组织其他部门类似信息相比较，分析差异；
（五）将被审计单位信息与行业相关信息相比较，分析差异；
（六）对财务信息与非财务信息之间的关系、比率的计算与分析；
（七）对重要信息内部组成因素的关系、比率的计算与分析。

第十一条 分析程序主要包括下列具体方法：

（一）比较分析；
（二）比率分析；
（三）结构分析；
（四）趋势分析；
（五）回归分析；
（六）其他技术方法。
内部审计人员可以根据审计目标和审计事项单独或者综合运用以上方法。

第十二条 内部审计人员需要在审计计划阶段执行分析程序，以了解被审计事项的基本情况，确定审计重点。

第十三条 内部审计人员需要在审计实施阶段执行分析程序，对业务活动、内部控制和风险管理进行审查，以获取审计证据。

第十四条 内部审计人员需要在审计终结阶段执行分析程序，验证其他审计程序所得结论的合理性，以保证审计质量。

第四章 对分析程序结果的利用

第十五条 内部审计人员应当考虑下列影响分析程序效率和效果的因素：
（一）被审计事项的重要性；
（二）内部控制、风险管理的适当性和有效性；
（三）获取信息的便捷性和可靠性；
（四）分析程序执行人员的专业素质；
（五）分析程序操作的规范性。

第十六条 内部审计人员执行分析程序发现差异时，应当采用下列方法对其进行调查和评价：
（一）询问管理层获取其解释和答复；
（二）实施必要的审计程序，确认管理层解释和答复的合理性与可靠性；
（三）如果管理层没有作出恰当解释，应当扩大审计范围，执行其他审计程序，实施进一步审查，以便得出审计结论。

第五章 附 则

第十七条 本准则由中国内部审计协会发布并负责解释。

第十八条 本准则自2014年1月1日起施行。

第2201号内部审计具体准则——内部控制审计

（中内协2013年第1号公告）

第一章 总 则

第一条 为了规范内部审计人员实施内部控制审计的行为，保证内部控制审计质量，根据《内部审计基本准则》，制定本准则。

第二条 本准则所称内部控制审计，是指内部审计机构对组织内部控制设计和运行的有效性进行的审查和评价活动。

第三条 本准则适用于各类组织的内部审计机构、内部审计人员及其从事的内部控制审计活动。其他组织或者人员接受委托、聘用，承办或者参与内部审计业务，也应当遵守本准则。

第二章 一般原则

第四条 董事会及管理层的责任是建立、健全内部控制并使之有效运行。

内部审计的责任是对内部控制设计和运行的有效性进行审查和评价，出具客观、公正的审计报告，促进组织改善内部控制及风险管理。

第五条 内部控制审计应当以风险评估为基础，根据风险发生的可能性和对组织单个或者整体控制目标造成的影响程度，确定审计的范围和重点。

内部审计人员应当关注串通舞弊、滥用职权、环境变化和成本效益等内部控制的局限性。

第六条 内部控制审计应当在对内部控制全面评价的基础上，关注重要业务单位、重大业务事项和高风险领域的内部控制。

第七条 内部控制审计应当真实、客观地揭示经营管理的风险状况，如实反映内部控制设计和运行的情况。

第八条 内部控制审计按其范围划分，分为全面内部控制审计和专项内部控制审计。

全面内部控制审计，是针对组织所有业务活动的内部控制，包括内部环境、风险评估、控制活动、信息与沟通、内部监督五个要素所进行的全面审计。

专项内部控制审计，是针对组织内部控制的某个要素、某项业务活动或者业务活动某些环节的内部控制所进行的审计。

第三章 内部控制审计的内容

第九条 内部审计机构可以参考《企业内部控制基本规范》及配套指引的相关规定，根据组织的实际情况和需要，通过审查内部环境、风险评估、控制活动、信息与沟通、内部监督等要素，对组织层面内部控制的设计与运行情况进行审查和评价。

第十条 内部审计人员开展内部环境要素审计时，应当以《企业内部控制基本规范》和各项应用指引中有关内部环境要素的规定为依据，关注组织架构、发展战略、人力资源、组织文化、社会责任等，结合本组织的内部控制，对内部环境进行审查和评价。

第十一条 内部审计人员开展风险评估要素审计时，应当以《企业内部控制基本规范》有关风险评估的要求，以及各项应用指引中所列主要风险为依据，结合本组织的内部控制，对日常经营管理过程中的风险识别、风险分析、应对策略等进行审查和评价。

第十二条 内部审计人员开展控制活动要素审计时，应当以《企业内部控制基本规范》和各项应用指引中关于控制活动的规定为依据，结合本组织的内部控制，对相关控制活动的设计和运行情况进行审查和评价。

第十三条 内部审计人员开展信息与沟通要素审计时，应当以《企业内部控制基本规范》和各项应用指引中有关内部信息传递、财务报告、信息系统等规定为依据，结合本组织的内部控制，对信息收集处理和传递的及时性、反舞弊机制的健全性、财务报告的真实性、信息系统的安全性，以及利用信息系统实施内部控制的有效性进行审查和评价。

第十四条 内部审计人员开展内部监督要素审计时，应当以《企业内部控制基本规范》有关内部监督的要求，以及各项应用指引中有关日常管控的规定为依据，结合本组织的内部控制，对内部监督机制的有效性进行审查和评价，重点关注监事会、审计委员会、内部审计机构等是否在内部控制设计和运行中有效发挥监督作用。

第十五条 内部审计人员根据管理需求和业务活动的特点，可以针对采购业务、资产管理、销售业务、研究与开发、工程项目、担保业务、业务外包、财务报告、全面预算、合同管理、信息系统等，对业务层面内部控制的设计和运行情况进行审查和评价。

第四章 内部控制审计的具体程序与方法

第十六条 内部控制审计主要包括下列程序：
（一）编制项目审计方案；
（二）组成审计组；
（三）实施现场审查；
（四）认定控制缺陷；
（五）汇总审计结果；
（六）编制审计报告。

第十七条 内部审计人员在实施现场审查之前，可以要求被审计单位提交最近一次的内部控制自我评估报告。

内部审计人员应当结合内部控制自我评估报告，确定审计内容及重点，实施内部控制审计。

第十八条 内部审计机构可以适当吸收组织内部相关机构熟悉情况的业务人员参加内部控制审计。

第十九条 内部审计人员应当综合运用访谈、问卷调查、专题讨论、穿行测试、实地查验、抽样和比较分析等方法，充分收集组织内部控制设计和运行是否有效的证据。

第二十条 内部审计人员编制审计工作底稿应当详细记录实施内部控制审计的内容，包括审查和评价的要素、主要风险点、采取的控制措施、有关证据资料，以及内部控制缺陷认定结果等。

第五章 内部控制缺陷的认定

第二十一条 内部控制缺陷包括设计缺陷和运行缺陷。内部审计人员应当根据内部控制审计结果，结合相关管理层的自我评估，综合分析后提出内部控制缺陷认定意见，按照规定的权限和程序进行审核后予以认定。

第二十二条 内部审计人员应当根据获取的证据，对内部控制缺陷进行初步认定，并按照其性质和影响程度分为重大缺陷、重要缺陷和一般缺陷。

重大缺陷，是指一个或者多个控制缺陷的组合，可能导致组织严重偏离控制目标。重要缺陷，是指一个或者多个控制缺陷的组合，其严重程度和经济后果低于重大缺陷，但仍有可能导致组织偏离控制目标。一般缺陷，是指除重大缺陷、重要缺陷之外的其他缺陷。重大缺陷、重要缺陷和一般缺陷的认定标准，由内部审计机构根据上述要求，结合本组织具体情况确定。

第二十三条 内部审计人员应当编制内部控制缺陷认定汇总表，对内部控制缺陷及其成因、表现形式和影响程度进行综合分析和全面复核，提出认定意见，并以适当的形式向组织适当管理层报告。重大缺陷应当及时向组织董事会或者最高管理层报告。

第六章 内部控制审计报告

第二十四条 内部控制审计报告的内容，应当包括审计目标、依据、范围、程序与方法、内部控制缺陷认定及整改情况，以及内部控制设计和运行有效性的审计结论、意见、建议等相关内容。

第二十五条 内部审计机构应当向组织适当管理层报告内部控制审计结果。一般情况下，全面内部控制审计报告应当报送组织董事会或者最高管理层。包含有重大缺陷认定的专项内部控制审计报告在报送组织适当管理层的同时，也应当报送董事会或者最高管理层。

第二十六条 经董事会或者最高管理层批准，内部控制审计报告可以作为《企业内部控制评价指引》中要求的内部控制评价报告对外披露。

第七章 附 则

第二十七条 本准则由中国内部审计协会发布并负责解释。

第二十八条 本准则自 2014 年 1 月 1 日起施行。

第 2202 号内部审计具体准则——绩效审计

（中内协 2013 年第 1 号公告）

第一章 总 则

第一条 为了规范绩效审计工作，提高绩效审计质量和效率，根据《内部审计基本准则》，制定本准则。

第二条 本准则所称绩效审计，是指内部审计机构和内部审计人员对本组织经营管理活动的经济性、效率性和效果性进行的审查和评价。

经济性，是指组织经营管理过程中获得一定数量和质量的产品或者服务及其他成果时所耗费的资源最少；效率性，是指组织经营管理过程中投入资源与产出成果之间的对比关系；效果性，是指组织经营管理目标的实现程度。

第三条 本准则适用于各类组织的内部审计机构、内部审计人员及其从事的绩效审计活动。其他组织或者人员接受委托、聘用、承办或者参与内部审计业务，也应当遵守本准则。

第二章 一 般 原 则

第四条 内部审计机构应当充分考虑实施绩效审计项目对内部审计人员专业胜任能力的需求，合理配置审计资源。

第五条 组织各管理层根据授权承担相应的经营管理责任，对经营管理活动的经济性、效率性和效果性负责。内部审计机构开展绩效审计不能减轻或者替代管理层的责任。

第六条 内部审计机构和内部审计人员根据实际需要选择和确定绩效审计对象，既可以针对组织的全部或者部分经营管理活动，也可以针对特定项目和业务。

第三章 绩效审计的内容

第七条 根据实际情况和需要，绩效审计可以同时对组织经营管理活动的经济性、效率性和效果性进行审查和评价，也可以只侧重某一方面进行审查和评价。

第八条 绩效审计主要审查和评价下列内容：

（一）有关经营管理活动经济性、效率性和效果性的信息是否真实、可靠；

（二）相关经营管理活动的人、财、物、信息、技术等资源取得、配置和使用的合法性、合理性、恰当性和节约性；

（三）经营管理活动既定目标的适当性、相关性、可行性和实现程度，以及未能实现既定目标的情况及其原因；

（四）研发、财务、采购、生产、销售等主要业务活动的效率；

（五）计划、决策、指挥、控制及协调等主要管理活动的效率；

（六）经营管理活动预期的经济效益和社会效益等的实现情况；

（七）组织为评价、报告和监督特定业务或者项目的经济性、效率性和效果性所建立的内部控制及风险管理体系的健全性及其运行的有效性；
（八）其他有关事项。

第四章　绩效审计的方法

第九条　内部审计机构和内部审计人员应当依据重要性、审计风险和审计成本，选择与审计对象、审计目标及审计评价标准相适应的绩效审计方法，以获取相关、可靠和充分的审计证据。

第十条　选择绩效审计方法时，除运用常规审计方法以外，还可以运用下列方法：

（一）数量分析法，即对经营管理活动相关数据进行计算分析，并运用抽样技术对抽样结果进行评价的方法；

（二）比较分析法，即通过分析、比较数据间的关系、趋势或者比率获取审计证据的方法；

（三）因素分析法，即查找产生影响的因素，并分析各个因素的影响方向和影响程度的方法；

（四）量本利分析法，即分析一定期间内的业务量、成本和利润三者之间变量关系的方法；

（五）专题讨论会，即通过召集组织相关管理人员就经营管理活动特定项目或者业务的具体问题进行讨论的方法；

（六）标杆法，即对经营管理活动状况进行观察和检查，通过与组织内外部相同或者相似经营管理活动的最佳实务进行比较的方法；

（七）调查法，即凭借一定的手段和方式（如访谈、问卷），对某种或者某几种现象、事实进行考察，通过对搜集到的各种资料进行分析处理，进而得出结论的方法；

（八）成本效益（效果）分析法，即通过分析成本和效益（效果）之间的关系，以每单位效益（效果）所消耗的成本来评价项目效益（效果）的方法；

（九）数据包络分析法，即以相对效率概念为基础，以凸分析和线性规划为工具，应用数学规划模型计算比较决策单元之间的相对效率，对评价对象做出评价的方法；

（十）目标成果法，即根据实际产出成果评价被审计单位或者项目的目标是否实现，将产出成果与事先确定的目标和需求进行对比，确定目标实现程度的方法；

（十一）公众评价法，即通过专家评估、公众问卷及抽样调查等方式，获取具有重要参考价值的证据信息，评价目标实现程度的方法。

第五章　绩效审计的评价标准

第十一条　内部审计机构和内部审计人员应当选择适当的绩效审计评价标准。
绩效审计评价标准应当具有可靠性、客观性和可比性。

第十二条　绩效审计评价标准的来源主要包括：
（一）有关法律法规、方针、政策、规章制度等的规定；
（二）国家部门、行业组织公布的行业指标；
（三）组织制定的目标、计划、预算、定额等；
（四）同类指标的历史数据和国际数据；
（五）同行业的实践标准、经验和做法。

第十三条　内部审计机构和内部审计人员在确定绩效审计评价标准时，应当与组织管理层进行沟通，在双方认可的基础上确定绩效审计评价标准。

第六章　绩效审计报告

第十四条　绩效审计报告应当反映绩效审计评价标准的选择、确定及沟通过程等重要信息，包括必要的局限性分析。

第十五条 绩效审计报告中的绩效评价应当根据审计目标和审计证据作出，可以分为总体评价和分项评价。当审计风险较大，难以做出总体评价时，可以只做分项评价。

第十六条 绩效审计报告中反映的合法、合规性问题，除进行相应的审计处理外，还应当侧重从绩效的角度对问题进行定性，描述问题对绩效造成的影响、后果及严重程度。

第十七条 绩效审计报告应当注重从体制、机制、制度上分析问题产生的根源，兼顾短期目标和长期目标、个体利益和组织整体利益，提出切实可行的建议。

第七章 附 则

第十八条 本准则由中国内部审计协会发布并负责解释。

第十九条 本准则自2014年1月1日起施行。

第2203号内部审计具体准则——信息系统审计

（中内协2013年第1号公告）

第一章 总 则

第一条 为了规范信息系统审计工作，提高审计质量和效率，根据《内部审计基本准则》，制定本准则。

第二条 本准则所称信息系统审计，是指内部审计机构和内部审计人员对组织的信息系统及其相关的信息技术内部控制和流程所进行的审查与评价活动。

第三条 本准则适用于各类组织的内部审计机构、内部审计人员及其从事的信息系统审计活动。其他组织或者人员接受委托、聘用，承办或者参与内部审计业务，也应当遵守本准则。

第二章 一般原则

第四条 信息系统审计的目的是通过实施信息系统审计工作，对组织是否实现信息技术管理目标进行审查和评价，并基于评价意见提出管理建议，协助组织信息技术管理人员有效地履行职责。

组织的信息技术管理目标主要包括：

（一）保证组织的信息技术战略充分反映组织的战略目标；

（二）提高组织所依赖的信息系统的可靠性、稳定性、安全性及数据处理的完整性和准确性；

（三）提高信息系统运行的效果与效率，合理保证信息系统的运行符合法律法规以及相关监管要求。

第五条 组织中信息技术管理人员的责任是进行信息系统的开发、运行和维护，以及与信息技术相关的内部控制的设计、执行和监控；信息系统审计人员的责任是实施信息系统审计工作并出具审计报告。

第六条 从事信息系统审计的内部审计人员应当具备必要的信息技术及信息系统审计专业知识、技能和经验。必要时，实施信息系统审计可以利用外部专家服务。

第七条 信息系统审计可以作为独立的审计项目组织实施，也可以作为综合性内部审计项目的组成部分实施。

当信息系统审计作为综合性内部审计项目的一部分时，信息系统审计人员应当及时与其他相关内部审计人员沟通信息系统审计中的发现，并考虑依据审计结果调整其他相关审计的范围、时间及性质。

第八条 内部审计人员应当采用以风险为基础的审计方法进行信息系统审计，风险评估应当贯穿于信息系统审计的全过程。

第三章 信息系统审计计划

第九条 内部审计人员在实施信息系统审计前，需要确定审计目标并初步评估审计风险，估算完成信息系统审计或者专项审计所需的资源，确定重点审计领域及审计活动的优先次序，明确审计组成员的职责，编制信息系统审计方案。

第十条 编制信息系统审计方案时，除遵循相关内部审计具体准则的规定，还应当考虑下列因素：

（一）高度依赖信息技术、信息系统的关键业务流程及相关的组织战略目标；
（二）信息技术管理的组织架构；
（三）信息系统框架和信息系统的长期发展规划及近期发展计划；
（四）信息系统及其支持的业务流程的变更情况；
（五）信息系统的复杂程度；
（六）以前年度信息系统内、外部审计所发现的问题及后续审计情况；
（七）其他影响信息系统审计的因素。

第十一条 当信息系统审计作为综合性内部审计项目的一部分时，内部审计人员在审计计划阶段还应当考虑项目审计目标及要求。

第四章 信息技术风险评估

第十二条 内部审计人员进行信息系统审计时，应当识别组织所面临的与信息技术相关的内、外部风险，并采用适当的风险评估技术与方法，分析和评价其发生的可能性及影响程度，为确定审计目标、范围和方法提供依据。

第十三条 信息技术风险是指组织在信息处理和信息技术运用过程中产生的、可能影响组织目标实现的各种不确定因素。信息技术风险，包括组织层面的信息技术风险、一般性控制层面的信息技术风险及业务流程层面的信息技术风险等。

第十四条 内部审计人员在识别和评估组织层面、一般性控制层面的信息技术风险时，需要关注下列内容：

（一）业务关注度，即组织的信息技术战略与组织整体发展战略规划的契合度以及信息技术（包括硬件及软件环境）对业务和用户需求的支持度；
（二）信息资产的重要性；
（三）对信息技术的依赖程度；
（四）对信息技术部门人员的依赖程度；
（五）对外部信息技术服务的依赖程度；
（六）信息系统及其运行环境的安全性、可靠性；
（七）信息技术变更；
（八）法律规范环境；
（九）其他。

第十五条 业务流程层面的信息技术风险受行业背景、业务流程的复杂程度、上述组织层面及一般性控制层面的控制有效性等因素的影响而存在差异。一般而言，内部审计人员

应当了解业务流程,并关注下列信息技术风险:

(一)数据输入;

(二)数据处理;

(三)数据输出。

第十六条 内部审计人员应当充分考虑风险评估的结果,以合理确定信息系统审计的内容及范围,并对组织的信息技术内部控制设计合理性和运行有效性进行测试。

第五章 信息系统审计的内容

第十七条 信息系统审计主要是对组织层面信息技术控制、信息技术一般性控制及业务流程层面相关应用控制的审查和评价。

第十八条 信息技术内部控制的各个层面均包括人工控制、自动控制和人工、自动相结合的控制形式,内部审计人员应当根据不同的控制形式采取恰当的审计程序。

第十九条 组织层面信息技术控制,是指董事会或者最高管理层对信息技术治理职能及内部控制的重要性的态度、认识和措施。内部审计人员应当考虑下列控制要素中与信息技术相关的内容:

(一)控制环境。内部审计人员应当关注组织的信息技术战略规划对业务战略规划的契合度、信息技术治理制度体系的建设、信息技术部门的组织结构和关系、信息技术治理相关职权与责任的分配、信息技术人力资源管理、对用户的信息技术教育和培训等方面。

(二)风险评估。内部审计人员应当关注组织的风险评估的总体架构中信息技术风险管理的框架、流程和执行情况,信息资产的分类以及信息资产所有者的职责等方面。

(三)信息与沟通。内部审计人员应当关注组织的信息系统架构及其对财务、业务流程的支持度、董事会或者最高管理层的信息沟通模式、信息技术政策/信息安全制度的传达与沟通等方面。

(四)内部监督。内部审计人员应当关注组织的监控管理报告系统、监控反馈、跟踪处理程序以及组织对信息技术内部控制的自我评估机制等方面。

第二十条 信息技术一般性控制是指与网络、操作系统、数据库、应用系统及其相关人员有关的信息技术政策和措施,以确保信息系统持续稳定地运行,支持应用控制的有效性。对信息技术一般性控制的审计应当考虑下列控制活动:

(一)信息安全管理。内部审计人员应当关注组织的信息安全管理政策,物理访问及针对网络、操作系统、数据库、应用系统的身份认证和逻辑访问管理机制,系统设置的职责分离控制等。

(二)系统变更管理。内部审计人员应当关注组织的应用系统及相关系统基础架构的变更、参数设置变更的授权与审批,变更测试,变更移植到生产环境的流程控制等。

(三)系统开发和采购管理。内部审计人员应当关注组织的应用系统及相关系统基础架构的开发和采购的授权审批,系统开发的方法论,开发环境、测试环境、生产环境严格分离情况,系统的测试、审核、移植到生产环境等环节。

(四)系统运行管理。内部审计人员应当关注组织的信息技术资产管理、系统容量管理、系统物理环境控制、系统和数据备份及恢复管理、问题管理和系统的日常运行管理等。

第二十一条 业务流程层面应用控制是指在业务流程层面为了合理保证应用系统准确、完整、及时完成业务数据的生成、记录、处理、报告等功能而设计、执行的信息技术控制。对业务流程层面应用控制的审计应当考虑下列与数据输入、数据处理以及数据输出环节相关的控制活动:

(一)授权与批准;

（二）系统配置控制；
（三）异常情况报告和差错报告；
（四）接口／转换控制；
（五）一致性核对；
（六）职责分离；
（七）系统访问权限；
（八）系统计算；
（九）其他。

第二十二条 信息系统审计除上述常规的审计内容外，内部审计人员还可以根据组织当前面临的特殊风险或者需求，设计专项审计以满足审计战略，具体包括（但不限于）下列领域：

（一）信息系统开发实施项目的专项审计；
（二）信息系统安全专项审计；
（三）信息技术投资专项审计；
（四）业务连续性计划的专项审计；
（五）外包条件下的专项审计；
（六）法律、法规、行业规范要求的内部控制合规性专项审计；
（七）其他专项审计。

第六章　信息系统审计的方法

第二十三条 内部审计人员在进行信息系统审计时，可以单独或者综合运用下列审计方法获取相关、可靠和充分的审计证据，以评估信息系统内部控制的设计合理性和运行有效性：

（一）询问相关控制人员；
（二）观察特定控制的运用；
（三）审阅文件和报告及计算机文档或者日志；
（四）根据信息系统的特性进行穿行测试，追踪交易在信息系统中的处理过程；
（五）验证系统控制和计算逻辑；
（六）登录信息系统进行系统查询；
（七）利用计算机辅助审计工具和技术；
（八）利用其他专业机构的审计结果或者组织对信息技术内部控制的自我评估结果；
（九）其他。

第二十四条 信息系统审计人员可以根据实际需要利用计算机辅助审计工具和技术进行数据的验证、关键系统控制／计算的逻辑验证、审计样本选取等；内部审计人员在充分考虑安全的前提下，可以利用可靠的信息安全侦测工具进行渗透性测试等。

第二十五条 内部审计人员在对信息系统内部控制进行评估时，应当获得相关、可靠和充分的审计证据以支持审计结论完成审计目标，并应当充分考虑系统自动控制的控制效果的一致性及可靠性的特点，在选取审计样本时可以根据情况适当减少样本量。在系统未发生变更的情况下，可以考虑适当降低审计频率。

第二十六条 内部审计人员在审计过程中应当在风险评估的基础上，依据信息系统内部控制评估的结果重新评估审计风险，并根据剩余风险设计进一步的审计程序。

第七章　附　　则

第二十七条 本准则由中国内部审计协会发布并负责解释。
第二十八条 本准则自2014年1月1日起施行。

第 2204 号内部审计具体准则——对舞弊行为进行检查和报告

（中内协 2013 年第 1 号公告）

第一章 总 则

第一条 为了规范内部审计机构和内部审计人员在审计活动中对舞弊行为进行检查和报告，提高审计效率和效果，根据《内部审计基本准则》，制定本准则。

第二条 本准则所称舞弊，是指组织内、外人员采用欺骗等违法违规手段，损害或者谋取组织利益，同时可能为个人带来不正当利益的行为。

第三条 本准则适用于各类组织的内部审计机构、内部审计人员及其从事的内部审计活动。其他组织或者人员接受委托、聘用，承办或者参与内部审计业务，也应当遵守本准则。

第二章 一般原则

第四条 组织管理层对舞弊行为的发生承担责任。建立、健全并有效实施内部控制，预防、发现及纠正舞弊行为是组织管理层的责任。

第五条 内部审计机构和内部审计人员应当保持应有的职业谨慎，在实施的审计活动中关注可能发生的舞弊行为，并对舞弊行为进行检查和报告。

第六条 内部审计机构和内部审计人员在检查和报告舞弊行为时，应当从下列方面保持应有的职业谨慎：

（一）具有识别、检查舞弊的基本知识和技能，在实施审计项目时警惕相关方面可能存在的舞弊风险；

（二）根据被审计事项的重要性、复杂性以及审计成本效益，合理关注和检查可能存在的舞弊行为；

（三）运用适当的审计职业判断，确定审计范围和审计程序，以检查、发现和报告舞弊行为；

（四）发现舞弊迹象时，应当及时向适当管理层报告，提出进一步检查的建议。

第七条 由于内部审计并非专为检查舞弊而进行，即使审计人员以应有的职业谨慎执行了必要的审计程序，也不能保证发现所有的舞弊行为。

第八条 损害组织经济利益的舞弊，是指组织内、外人员为谋取自身利益，采用欺骗等违法违规手段使组织经济利益遭受损害的不正当行为。具体包括下列情形：

（一）收受贿赂或者回扣；

（二）将正常情况下可以使组织获利的交易事项转移给他人；

（三）贪污、挪用、盗窃组织资产；

（四）使组织为虚假的交易事项支付款项；

（五）故意隐瞒、错报交易事项；

（六）泄露组织的商业秘密；

（七）其他损害组织经济利益的舞弊行为。

第九条 谋取组织经济利益的舞弊，是指组织内部人员为使本组织获得不当经济利益而其自身也可能获得相关利益，采用欺骗等违法违规手段，损害国家和其他组织或者个人利益的不正当行为。

具体包括下列情形：

（一）支付贿赂或者回扣；

（二）出售不存在或者不真实的资产；

（三）故意错报交易事项、记录虚假的交易事项，使财务报表使用者误解而作出不适当的投融资决策；

（四）隐瞒或者删除应当对外披露的重要信息；

（五）从事违法违规的经营活动；

（六）偷逃税款；

（七）其他谋取组织经济利益的舞弊行为。

第十条 内部审计人员在检查和报告舞弊行为时，应当特别注意做好保密工作。

第三章　评估舞弊发生的可能性

第十一条 内部审计人员在审查和评价业务活动、内部控制和风险管理时，应当从以下方面对舞弊发生的可能性进行评估：

（一）组织目标的可行性；

（二）控制意识和态度的科学性；

（三）员工行为规范的合理性和有效性；

（四）业务活动授权审批制度的有效性；

（五）内部控制和风险管理机制的有效性；

（六）信息系统运行的有效性。

第十二条 内部审计人员除考虑内部控制的固有局限外，还应当考虑下列可能导致舞弊发生的情况：

（一）管理人员品质不佳；

（二）管理人员遭受异常压力；

（三）业务活动中存在异常交易事项；

（四）组织内部个人利益、局部利益和整体利益存在较大冲突。

第十三条 内部审计人员应当根据可能发生的舞弊行为的性质，向组织适当管理层报告，同时就需要实施的舞弊检查提出建议。

第四章　舞弊的检查

第十四条 舞弊的检查是指实施必要的检查程序，以确定舞弊迹象所显示的舞弊行为是否已经发生。

第十五条 内部审计人员进行舞弊检查时，应当根据下列要求进行：

（一）评估舞弊涉及的范围及复杂程度，避免向可能涉及舞弊的人员提供信息或者被其所提供的信息误导；

（二）设计适当的舞弊检查程序，以确定舞弊者、舞弊程度、舞弊手段及舞弊原因；

（三）在舞弊检查过程中，与组织适当管理层、专业舞弊调查人员、法律顾问及其他专家保持必要的沟通；

（四）保持应有的职业谨慎，以避免损害相关组织或者人员的合法权益。

第五章　舞弊的报告

第十六条 舞弊的报告是指内部审计人员以书面或者口头形式向组织适当管理层或者

董事会报告舞弊检查情况及结果。

第十七条 在舞弊检查过程中,出现下列情况时,内部审计人员应当及时向组织适当管理层报告:

(一)可以合理确信舞弊已经发生,并需要深入调查;

(二)舞弊行为已经导致对外披露的财务报表严重失实;

(三)发现犯罪线索,并获得了应当移送司法机关处理的证据。

第十八条 内部审计人员完成必要的舞弊检查程序后,应当从舞弊行为的性质和金额两方面考虑其严重程度,并出具相应的审计报告。审计报告的内容主要包括舞弊行为的性质、涉及人员、舞弊手段及原因、检查结论、处理意见、提出的建议及纠正措施。

第六章 附 则

第十九条 本准则由中国内部审计协会发布并负责解释。

第二十条 本准则自 2014 年 1 月 1 日起施行。

第 2205 号内部审计具体准则——经济责任审计

(中内协发〔2021〕6 号,2021 年 1 月 21 日)

第一章 总 则

第一条 为了贯彻落实《党政主要领导干部和国有企事业单位主要领导人员经济责任审计规定》,坚持和加强党对审计工作的集中统一领导,强化对部门、单位(以下统称单位)内部管理主要领导干部和主要领导人员(以下统称领导干部)的管理监督,规范开展经济责任审计工作,提高审计质量和效果,根据有关党内法规、《审计署关于内部审计工作的规定》(中华人民共和国审计署令第 11 号)、《内部审计基本准则》及相关内部审计具体准则,制定本准则。

第二条 本准则所称经济责任,是指领导干部在本单位任职期间,对其管辖范围内贯彻执行党和国家经济方针政策、决策部署,推动本单位事业发展,管理公共资金、国有资产、国有资源,防控经济风险等有关经济活动应当履行的职责。

第三条 本准则所称经济责任审计,是指内部审计机构、内部审计人员对本单位所管理的领导干部在任职期间的经济责任履行情况的监督、评价和建议活动。

第四条 经济责任审计工作以马克思列宁主义、毛泽东思想、邓小平理论、"三个代表"重要思想、科学发展观、习近平新时代中国特色社会主义思想为指导,贯彻创新、协调、绿色、开放、共享的新发展理念,聚焦经济责任,客观评价,揭示问题,促进党和国家经济方针政策和决策部署的落实,促进领导干部履职尽责和担当作为,促进权力规范运行和反腐倡廉,促进组织规范管理和目标实现。

第五条 本准则适用于党政工作部门、纪检监察机关、法院、检察院、事业单位和人民团体,国有及国有资本占控股地位或主导地位的企业(含金融机构)等单位的内部审计机构、内部审计人员所从事的经济责任审计活动,其他类型单位可以参照执行。

第二章 一般原则

第六条 经济责任审计的对象包括:党政工作部门、纪检监察机关、法院、检察院、事业单位和人民团体等单位所属独立核算单位的主要领导干部,以及所属非独立核算但负有经济管理职能单位的主要领导干部；企业（含金融机构）本级中层主要领导干部，下属全资、控股或占主导地位企业的主要领导干部，以及对经营效益产生重大影响或掌握重要资产的部门和机构的主要领导干部；上级要求以及本单位内部确定的其他重要岗位人员等。

第七条 经济责任审计可以在领导干部任职期间进行，也可以在领导干部离任后进行，以任职期间审计为主。

第八条 经济责任审计应当根据干部监督管理需要和审计资源等实际情况有计划地进行，对审计对象实行分类管理，科学制定年度审计计划，推进领导干部履行经济责任情况审计全覆盖。

第九条 经济责任审计一般由内部审计机构商同级组织人事部门，或者根据组织人事部门的书面建议，拟定经济责任审计项目安排，纳入年度审计计划，报本单位党组织、董事会（或者主要负责人）批准后组织实施。

经济责任年度审计计划确定后，一般不得随意调整。确需调整的，应当按照管理程序，报本单位党组织、董事会（或者主要负责人）批准后实施。

第十条 被审计领导干部遇有被国家机关采取强制措施、纪律审查、监察调查或者死亡等特殊情况，以及存在其他不宜继续进行经济责任审计情形的，内部审计机构应商本单位纪检监察机构、组织人事部门等有关部门并提出意见，报本单位党组织、董事会（或者主要负责人）批准后终止审计程序。

第十一条 各单位可以结合实际情况，建立健全经济责任审计工作组织协调机制，成立相应的经济责任审计工作协调机构（以下统称协调机构），负责研究制定本单位有关经济责任审计的制度文件，监督检查经济责任审计工作情况，协调解决工作中出现的问题，推进经济责任审计结果运用。协调机构在本单位党组织、董事会（或者主要负责人）的领导下开展工作。

第十二条 协调机构一般由内部审计、纪检监察、组织人事及其他相关监督管理职能部门组成。协调机构下设办公室，负责日常工作，办公室设在内部审计机构，办公室主任由内部审计机构负责人担任。

第三章　审　计　内　容

第十三条 内部审计机构应当根据被审计领导干部的职责权限和任职期间履行经济责任情况，结合被审计领导干部监督管理需要、履职特点、审计资源及其任职期间所在单位的实际情况，依规依法确定审计内容。

第十四条 经济责任审计的主要内容一般包括：

（一）贯彻执行党和国家经济方针政策和决策部署，推动单位可持续发展情况；

（二）发展战略的制定、执行和效果情况；

（三）治理结构的建立、健全和运行情况；

（四）管理制度的健全和完善，特别是内部控制和风险管理制度的制定和执行情况，以及对下属单位的监管情况；

（五）有关目标责任制完成情况；

（六）重大经济事项决策程序的执行情况及其效果；

（七）重要经济项目的投资、建设、管理及效益情况；

（八）财政、财务收支的真实、合法和效益情况；

（九）资产的管理及保值增值情况；

（十）自然资源资产管理和生态环境保护责任的履行情况；

（十一）境外机构、境外资产和境外经济活动的真实、合法和效益情况；

（十二）在经济活动中落实有关党风廉政建设责任和遵守廉洁从业规定情况；

（十三）以往审计发现问题的整改情况；

（十四）其他需要审计的内容。

第四章 审计程序和方法

第十五条 经济责任审计可分为审计准备、审计实施、审计报告和后续审计四个阶段。

（一）审计准备阶段主要工作包括：组成审计组、开展审前调查、编制审计方案和下达审计通知书。审计通知书送达被审计领导干部及其所在单位，并抄送同级纪检监察机构、组织人事部门等有关部门。

（二）审计实施阶段主要工作包括：召开审计进点会议、收集有关资料、获取审计证据、编制审计工作底稿、与被审计领导干部及其所在单位交换意见。被审计领导干部应当参加审计进点会并述职。

（三）审计报告阶段主要工作包括：编制审计报告、征求意见、修改与审定审计报告、出具审计报告、建立审计档案。

（四）后续审计阶段主要工作包括：移交重大审计线索、推进责任追究、检查审计发现问题的整改情况和审计建议的实施效果。

第十六条 对单位内同一部门、同一所属单位的2名以上领导干部的经济责任审计，可以同步组织实施，分别认定责任。

第十七条 内部审计人员应当考虑审计目标、审计重要性、审计风险和审计成本等因素，综合运用审核、观察、监盘、访谈、调查、函证、计算和分析等审计方法，充分运用信息化手段和大数据分析，获取相关、可靠和充分的审计证据。

第五章 审计评价

第十八条 内部审计机构应当根据被审计领导干部的职责要求，依据有关党内法规、法律法规、政策规定、责任制考核目标等，结合所在单位的实际情况，根据审计查证或者认定的事实，坚持定性评价与定量评价相结合，客观公正、实事求是地进行审计评价。

第十九条 审计评价应当遵循全面性、重要性、客观性、相关性和谨慎性原则。审计评价应当与审计内容相一致，一般包括被审计领导干部任职期间履行经济责任的主要业绩、主要问题以及应当承担的责任。

审计评价事项应当有充分的审计证据作支持，对审计中未涉及、审计证据不适当或不充分的事项不作评价。

第二十条 审计评价可以综合运用多种方法，主要包括：与同业对比分析和跨期分析；与被审计领导干部履行经济责任有关的指标量化分析；将被审计领导干部履行经济责任的行为或事项置于相关经济社会环境中进行对比分析等。

内部审计机构应当根据审计内容和审计评价的需要，合理选择定性和定量评价指标。

第二十一条 审计评价的依据一般包括：

（一）党和国家有关经济方针政策和决策部署；

（二）党内法规、法律、法规、规章、规范性文件；

（三）国家和行业的有关标准；

（四）单位的内部管理制度、发展战略、规划和目标；

（五）有关领导的职责分工文件，有关会议记录、纪要、决议和决定，有关预算、决算和合同，有关内部管理制度；

（六）有关主管部门、职能管理部门发布或者认可的统计数据、考核结果和评价意见；

（七）专业机构的意见和公认的业务惯例或者良好实务；

（八）其他依据。

第二十二条 对被审计领导干部履行经济责任过程中存在的问题，内部审计机构应当按照权责一致原则，根据领导干部职责分工及相关问题的历史背景、决策过程、性质、后果和领导干部实际发挥的作用等情况，界定其应当承担的直接责任或者领导责任。

内部审计机构对被审计领导干部应当承担责任的问题或者事项，可以提出责任追究建议。

第二十三条 领导干部对履行经济责任过程中的下列行为应当承担直接责任：

（一）直接违反有关党内法规、法律法规、政策规定的；

（二）授意、指使、强令、纵容、包庇下属人员违反有关党内法规、法律法规、政策规定的；

（三）贯彻党和国家经济方针政策、决策部署不坚决不全面不到位，造成公共资金、国有资产、国有资源损失浪费，生态环境破坏，公共利益损害等后果的；

（四）未完成有关法律法规规章、政策措施、目标责任书等规定的领导干部作为第一责任人（负总责）事项，造成公共资金、国有资产、国有资源损失浪费，生态环境破坏，公共利益损害等后果的；

（五）未经民主决策程序或者民主决策时在多数人不同意的情况下，直接决定、批准、组织实施重大经济事项，造成公共资金、国有资产、国有资源损失浪费，生态环境破坏，公共利益损害等后果的；

（六）不履行或者不正确履行职责，对造成的后果起决定性作用的其他行为。

第二十四条 领导干部对履行经济责任过程中的下列行为应当承担领导责任：

（一）民主决策时，在多数人同意的情况下，决定、批准、组织实施重大经济事项，由于决策不当或者决策失误造成公共资金、国有资产、国有资源损失浪费，生态环境破坏，公共利益损害等后果的；

（二）违反单位内部管理规定造成公共资金、国有资产、国有资源损失浪费，生态环境破坏，公共利益损害等后果的；

（三）参与相关决策和工作时，没有发表明确的反对意见，相关决策和工作违反有关党内法规、法律法规、政策规定，或者造成公共资金、国有资产、国有资源损失浪费，生态环境破坏，公共利益损害等后果的；

（四）疏于监管，未及时发现和处理所管辖范围内本级或者下一级地区（部门、单位）违反有关党内法规、法律法规、政策规定的问题，造成公共资金、国有资产、国有资源损失浪费，生态环境破坏，公共利益损害等后果的；

（五）除直接责任外，不履行或者不正确履行职责，对造成的后果应当承担责任的其他行为。

第二十五条 审计评价时，应当把领导干部在推进改革中因缺乏经验、先行先试出现的失误和错误，同明知故犯的违纪违法行为区分开来；把上级尚无明确限制的探索性试验中的失误和错误，同上级明令禁止后依然我行我素的违纪违法行为区分开来；把为推动发展的无意过失，同为谋取私利的违纪违法行为区分开来。正确把握事业为上、实事求是、依纪依法、容纠并举等原则，经综合分析研判，可以免责或者从轻定责，鼓励探索创新，支持担当作为，保护领导干部干事创业的积极性、主动性、创造性。

第二十六条 被审计领导干部以外的其他人员对有关问题应当承担的责任，内部审计机构可以以适当方式向组织人事部门等提供相关情况。

第六章 审计报告

第二十七条 审计组实施经济责任审计项目后，应当编制审计报告。

第二十八条 经济责任审计报告的内容，主要包括：

（一）基本情况，包括审计依据、实施审计的情况、被审计领导干部所在单位的基本情况、被审计领导干部的任职及分工情况等；

（二）被审计领导干部履行经济责任情况的总体评价；

（三）被审计领导干部履行经济责任情况的主要业绩；

（四）审计发现的主要问题和责任认定；

（五）审计处理意见和建议；

（六）以往审计发现问题的整改情况；

（七）其他必要的内容。

第二十九条　内部审计机构应当将审计组编制的审计报告书面征求被审计领导干部及其所在单位的意见。被审计领导干部及其所在单位在收到征求意见的审计报告后，应当在规定的时间内提出书面意见；逾期未提出书面意见的，视同无异议。

第三十条　审计组应当针对收到的书面意见，进一步核实情况，对审计报告作出必要的修改，连同被审计领导干部及其所在单位的书面意见一并报送内部审计机构审定。

第三十一条　内部审计机构按照规定程序审定并出具审计报告，同时可以根据实际情况出具经济责任审计结果报告，简要反映审计结果。

经济责任审计报告和经济责任审计结果报告应当事实清楚、评价客观、责任明确、用词恰当、文字精练、通俗易懂。

第三十二条　内部审计机构应当将审计报告、审计结果报告按照规定程序报本单位党组织、董事会（或者主要负责人）；提交委托审计的组织人事部门；送纪检监察机构等协调机构成员部门。

审计报告送达被审计领导干部及其所在单位和相关部门。

第七章　审计结果运用

第三十三条　内部审计机构应当推动经济责任审计结果的充分运用，推进单位健全经济责任审计整改落实、责任追究、情况通报等制度。

第三十四条　内部审计机构发现被审计领导干部及其所在单位违反党内法规、法律法规和规章制度时，应当建议由单位的权力机构或有关部门对责任单位和责任人员作出处理、处罚决定；发现涉嫌违法犯罪线索时，应当及时报告本单位党组织、董事会（或者主要负责人）。

第三十五条　内部审计机构应当推动经济责任审计结果作为干部考核、任免和奖惩的重要依据。推动被审计领导干部及其所在单位将审计结果以及整改情况纳入所在单位领导班子党风廉政建设责任制考核的内容，作为领导班子民主生活会以及领导班子成员述责述廉的重要内容。

经济责任审计结果报告应当按照规定归入被审计领导干部本人档案。

第三十六条　内部审计机构应当推动建立健全单位纪检监察等其他内部监督管理职能部门的协调贯通机制，在各自职责范围内运用审计结果。

第三十七条　内部审计机构应当及时跟踪、了解、核实被审计领导干部及其所在单位对于审计发现问题和审计建议的整改落实情况。必要时，内部审计机构应当开展后续审计，审查和评价被审计领导干部及其所在单位对审计发现问题的整改情况。

第三十八条　内部审计机构应当将经济责任审计结果和被审计领导干部及其所在单位的整改落实情况，在一定范围内进行通报；对审计发现的典型性、普遍性、倾向性问题和有关建议，以综合报告、专题报告等形式报送党组织、董事会（或者主要负责人），提交有关部门。

第三十九条　内部审计机构应当有效利用国家审计机关、上级单位对本单位实施经济责任审计的成果，督促本单位及所属单位整改审计发现问题，落实审计建议。

第八章 附　　则

第四十条　本准则由中国内部审计协会发布并负责解释。

第四十一条　本准则自 2021 年 3 月 1 日起施行。2016 年 3 月 1 日起施行的《第 2205 号内部审计具体准则——经济责任审计》同时废止。

第 2301 号内部审计具体准则——内部审计机构的管理

（中内协 2013 年第 1 号公告）

第一章　总　　则

第一条　为了规范内部审计机构的管理工作，保证审计质量，提高审计效率，根据《内部审计基本准则》，制定本准则。

第二条　本准则所称内部审计机构的管理，是指内部审计机构对内部审计人员和内部审计活动实施的计划、组织、领导、控制和协调工作。

第三条　本准则适用于各类组织的内部审计机构。

第二章　一般原则

第四条　内部审计机构的管理主要包括下列目的：
（一）实现内部审计目标；
（二）促使内部审计资源得到充分和有效的利用；
（三）提高内部审计质量，更好地履行内部审计职责；
（四）促使内部审计活动符合内部审计准则的要求。

第五条　内部审计机构应当接受组织董事会或者最高管理层的领导和监督，内部审计机构负责人应当对内部审计机构管理的适当性和有效性负主要责任。

第六条　内部审计机构应当制定内部审计章程，对内部审计的目标、职责和权限进行规范，并报经董事会或者最高管理层批准。

内部审计章程应当包括下列主要内容：
（一）内部审计目标；
（二）内部审计机构的职责和权限；
（三）内部审计范围；
（四）内部审计标准；
（五）其他需要明确的事项。

第七条　内部审计机构应当建立合理、有效的组织结构，多层级组织的内部审计机构可以实行集中管理或者分级管理。

实行集中管理的内部审计机构可以对下级组织实行内部审计派驻制或者委派制。

实行分级管理的内部审计机构应当通过适当的组织形式和方式对下级内部审计机构进行指导和监督。

第八条　内部审计机构管理的内容主要包括下列方面：
（一）审计计划；
（二）人力资源；

（三）财务预算；
（四）组织协调；
（五）审计质量；
（六）其他事项。

第九条 内部审计机构的管理可以分为部门管理和项目管理。部门管理主要包括内部审计机构运行过程中的一般性行政管理。项目管理主要包括内部审计机构对审计项目业务工作的管理与控制。

第三章 部门管理的内容和方法

第十条 内部审计机构应当根据组织的风险状况、管理需要及审计资源的配置情况，编制年度审计计划。

第十一条 内部审计机构应当根据内部审计目标和管理需要，加强人力资源管理，保证人力资源利用的充分性和有效性，主要包括下列内容：

（一）内部审计人员的聘用；
（二）内部审计人员的培训；
（三）内部审计人员的工作任务安排；
（四）内部审计人员专业胜任能力分析；
（五）内部审计人员的业绩考核与激励机制；
（六）其他有关事项。

第十二条 内部审计机构负责人应当根据年度审计计划和人力资源计划编制财务预算。编制财务预算时应当考虑下列因素：

（一）内部审计人员的数量；
（二）内部审计工作的安排；
（三）内部审计机构的行政管理活动；
（四）内部审计人员的教育及培训要求；
（五）内部审计工作的研究和发展；
（六）其他有关事项。

第十三条 内部审计机构应当根据组织的性质、规模和特点，编制内部审计工作手册，以指导内部审计人员的工作。内部审计工作手册主要包括下列内容：

（一）内部审计机构的目标、权限和职责的说明；
（二）内部审计机构的组织、管理及工作说明；
（三）内部审计机构的岗位设置及岗位职责说明；
（四）主要审计工作流程；
（五）内部审计质量控制制度、程序和方法；
（六）内部审计人员职业道德规范和奖惩措施；
（七）内部审计工作中应当注意的事项。

第十四条 内部审计机构和内部审计人员应当在组织董事会或者最高管理层的支持和监督下，做好与组织其他机构和外部审计的协调工作。

第十五条 内部审计机构应当接受组织董事会或者最高管理层的领导和监督，在日常工作中保持有效的沟通，向其定期提交工作报告，适时提交审计报告。

第十六条 内部审计机构应当制定内部审计质量控制制度，通过实施督导、分级复核、审计质量内部评估、接受审计质量外部评估等，保证审计质量。

第四章 项目管理的内容和方法

第十七条 内部审计机构应当根据年度审计计划确定的审计项目，编制项目审计方案并组织实施，在实施过程中做好审计项目管理与控制工作。

第十八条 在审计项目管理过程中，内部审计机构负责人与项目负责人应当充分履行职责，以确保审计质量，提高审计效率。

第十九条 内部审计机构负责人在项目管理中应当履行下列职责：

（一）选派审计项目负责人并对其进行有效的授权；

（二）审定项目审计方案；

（三）督导审计项目的实施；

（四）协调、沟通审计过程中发现的重大问题；

（五）审定审计报告；

（六）督促被审计单位对审计发现问题的整改；

（七）其他有关事项。

第二十条 审计项目负责人应当履行的职责包括下列方面：

（一）编制项目审计方案；

（二）组织审计项目的实施；

（三）对项目审计工作进行现场督导；

（四）向内部审计机构负责人及时汇报审计进展及重大审计发现；

（五）组织编制审计报告；

（六）组织实施后续审计；

（七）其他有关事项。

第二十一条 内部审计机构可以采取下列辅助管理工具，完善和改进项目管理工作，保证审计项目管理与控制的有效性：

（一）审计工作授权表；

（二）审计任务清单；

（三）审计工作底稿检查表；

（四）审计文书跟踪表；

（五）其他辅助管理工具。

第二十二条 内部审计机构应当建立审计项目档案管理制度，加强审计工作底稿的归档、保管、查询、复制、移交和销毁等环节的管理工作，妥善保存审计档案。

第五章 附 则

第二十三条 本准则由中国内部审计协会发布并负责解释。

第二十四条 本准则自 2014 年 1 月 1 日起施行。

第 2302 号内部审计具体准则——与董事会或者最高管理层的关系

（中内协 2013 年第 1 号公告）

第一章 总 则

第一条 为了明确和协调内部审计机构与董事会或者最高管理层的关系，保证内部审计的独立性，增强内部审计工作的有效性，根据《内部审计基本准则》，制定本准则。

第二条 本准则所称与董事会或者最高管理层的关系，是指内部审计机构因其隶属于董事会或者最高管理层所形成的接受其领导并向其报告的组织关系。

第三条 本准则适用于各类组织的内部审计机构。

第二章 一般原则

第四条 内部审计机构应当接受董事会或者最高管理层的领导，保持与董事会或最高管理层的良好关系，实现董事会、最高管理层与内部审计在组织治理中的协同作用。

第五条 对内部审计机构有管理权限的董事会或者类似的机构包括：

（一）董事会；
（二）董事会下属的审计委员会；
（三）非营利组织的理事会。

第六条 对内部审计机构有管理权限的最高管理层包括：

（一）总经理；
（二）与总经理级别相当的人员。

第七条 内部审计机构与董事会或者最高管理层的关系主要包括：

（一）接受董事会或者最高管理层的领导；
（二）向董事会或者最高管理层报告工作。

第八条 内部审计机构负责人应当积极寻求董事会或者最高管理层对内部审计工作的理解与支持。

第九条 在设立监事会的组织中，内部审计机构应当在授权范围内配合监事会的工作。

第三章 接受董事会或者最高管理层的领导

第十条 内部审计机构接受董事会或者最高管理层领导的方式主要包括：

（一）报请董事会或者最高管理层批准审计工作事项；
（二）接受并完成董事会或者最高管理层的业务委派。

第十一条 内部审计机构应当向董事会或者最高管理层报请批准的事项主要包括：

（一）内部审计章程；
（二）年度审计计划；
（三）人力资源计划；
（四）财务预算；
（五）内部审计政策的制定及变动。

第十二条 内部审计机构除实施常规审计业务外，还可以接受董事会或者最高管理层委派的下列事项：

（一）进行舞弊检查；
（二）实施专项审计；
（三）开展经济责任审计；
（四）评价社会审计组织的工作质量；
（五）其他。

第四章 向董事会或者最高管理层报告

第十三条 内部审计机构应当与董事会或者最高管理层保持有效的沟通，除向董事会或者最高管理层提交审计报告之外，还应当定期提交工作报告，一般每年至少一次。

第十四条 内部审计机构的工作报告应当概括、清晰地说明内部审计工作的开展以及内部审计资源的使用情况，主要包括下列内容：

（一）年度审计计划的执行情况；
（二）审计项目涉及范围及审计意见的总括说明；
（三）对组织业务活动、内部控制和风险管理的总体评价；
（四）审计中发现的差异和缺陷的汇总及其原因分析；
（五）审计发现的重要问题和建议；
（六）财务预算的执行情况；
（七）人力资源计划的执行情况；
（八）内部审计工作的效率和效果；
（九）董事会或者最高管理层要求或关注的其他内容。

第十五条 内部审计机构提交工作报告时，还应当对年度审计计划、财务预算和人力资源计划执行中出现的重大偏差及原因做出说明，并提出改进措施。

第十六条 内部审计机构应当及时向董事会或者最高管理层提交审计报告，审计报告应当清晰反映审计发现的重要问题、审计结论、意见和建议。

第十七条 日常工作中，内部审计机构还应当与董事会或者最高管理层就下列事项进行交流：
（一）董事会或者最高管理层关注的领域；
（二）内部审计活动满足董事会或者最高管理层信息需求的程度；
（三）内部审计的新趋势和最佳实务；
（四）内部审计与外部审计之间的协调。

第五章 附 则

第十八条 本准则由中国内部审计协会发布并负责解释。

第十九条 本准则自2014年1月1日起施行。

第2303号内部审计具体准则——内部审计与外部审计的协调

（中内协2013年第1号公告）

第一章 总 则

第一条 为了规范内部审计与外部审计的协调工作，提高审计效率和效果，根据《内部审计基本准则》，制定本准则。

第二条 本准则所称内部审计与外部审计的协调，是指内部审计机构与社会审计组织、国家审计机关在审计工作中的沟通与合作。

第三条 本准则适用于各类组织的内部审计机构。

第二章 一般原则

第四条 内部审计应当做好与外部审计的协调工作，以实现下列目的：
（一）保证充分、适当的审计范围；
（二）减少重复审计，提高审计效率；
（三）共享审计成果，降低审计成本；
（四）持续改进内部审计机构工作。

第五条 内部审计与外部审计的协调工作,应当在组织董事会或者最高管理层的支持和监督下,由内部审计机构负责人具体组织实施。

第六条 内部审计机构负责人应当定期对内外部审计的协调工作进行评估,并根据评估结果及时调整、改进内外部审计协调工作。

第七条 内部审计机构应当在外部审计对本组织开展审计时做好协调工作。

第三章 协调的方法和内容

第八条 内部审计与外部审计之间的协调,可以通过定期会议、不定期会面或者其他沟通方式进行。

第九条 内部审计与外部审计的协调工作包括下列方面:
(一)与外部审计机构和人员的沟通;
(二)配合外部审计工作;
(三)评价外部审计工作质量;
(四)利用外部审计工作成果。

第十条 内部审计与外部审计应当在审计范围上进行协调。在编制年度审计计划和项目审计方案时,应当考虑双方的工作,以确保充分、适当的审计范围,最大限度减少重复性工作。

第十一条 在条件允许的情况下,内部审计与外部审计应当在必要的范围内互相交流相关审计工作底稿,以便利用对方的工作成果。

第十二条 内部审计与外部审计应当相互参阅审计报告。

第十三条 内部审计与外部审计应当在具体审计程序和方法上相互沟通,达成共识,以促进双方的合作。

第四章 附 则

第十四条 本准则由中国内部审计协会发布并负责解释。

第十五条 本准则自 2014 年 1 月 1 日起施行。

第 2304 号内部审计具体准则——利用外部专家服务

(中内协 2013 年第 1 号公告)

第一章 总 则

第一条 为了规范内部审计机构利用外部专家服务的行为,提高审计质量和效率,根据《内部审计基本准则》,制定本准则。

第二条 本准则所称利用外部专家服务,是指内部审计机构聘请在某一领域中具有专门技能、知识和经验的人员或者单位提供专业服务,并在审计活动中利用其工作结果的行为。

第三条 本准则适用于各类组织的内部审计机构。

第二章 一 般 原 则

第四条 内部审计机构可以根据实际需要利用外部专家服务。利用外部专家服务是为了获取相关、可靠和充分的审计证据,保证审计工作的质量。

第五条 外部专家应当对其所选用的假设、方法及其工作结果负责。

第六条 内部审计机构应当对利用外部专家服务结果所形成的审计结论负责。

第七条 内部审计机构和内部审计人员可以在下列方面利用外部专家服务:

（一）特定资产的评估；
（二）工程项目的评估；
（三）产品或者服务质量问题；
（四）信息技术问题；
（五）衍生金融工具问题；
（六）舞弊及安全问题；
（七）法律问题；
（八）风险管理问题；
（九）其他。

第八条 外部专家可以由内部审计机构从组织外部聘请，也可以在组织内部指派。

第三章 对外部专家的聘请

第九条 内部审计机构聘请外部专家时，应当对外部专家的独立性、客观性进行评价，评价时应当考虑下列影响因素：
（一）外部专家与被审计单位之间是否存在重大利益关系；
（二）外部专家与被审计单位董事会、最高管理层是否存在密切的私人关系；
（三）外部专家与审计事项之间是否存在专业相关性；
（四）外部专家是否正在或者即将为组织提供其他服务；
（五）其他可能影响独立性、客观性的因素。

第十条 在聘请外部专家时，内部审计机构应当对外部专家的专业胜任能力进行评价，考虑其专业资格、专业经验与声望等。

第十一条 在利用外部专家服务前，内部审计机构应当与外部专家签订书面协议。书面协议主要包括下列内容：
（一）外部专家服务的目的、范围及相关责任；
（二）外部专家服务结果的预定用途；
（三）在审计报告中可能提及外部专家的情形；
（四）外部专家利用相关资料的范围；
（五）报酬及其支付方式；
（六）对保密性的要求；
（七）违约责任。

第四章 对外部专家服务结果的评价和利用

第十二条 内部审计机构在利用外部专家服务结果作为审计证据时，应当评价其相关性、可靠性和充分性。

第十三条 内部审计机构在评价外部专家服务结果时，应当考虑下列影响因素：
（一）外部专家选用的假设和方法的适当性；
（二）外部专家所用资料的相关性、可靠性和充分性。

第十四条 在利用外部专家服务时，如果有必要，应当在审计报告中提及。

第十五条 内部审计机构对外部专家服务评价后，如果认为其服务的结果无法形成相关、可靠和充分的审计证据，应当通过实施其他替代审计程序补充获取相应的审计证据。

第五章 附 则

第十六条 本准则由中国内部审计协会发布并负责解释。

第十七条 本准则自2014年1月1日起施行。

第 2305 号内部审计具体准则——人际关系

(中内协 2013 年第 1 号公告)

第一章 总 则

第一条 为了规范内部审计人员与组织内、外相关机构和人员建立和保持良好的人际关系,保证内部审计工作顺利而有效地进行,提高审计效率和效果,根据《内部审计基本准则》,制定本准则。

第二条 本准则所称人际关系,是指内部审计人员与组织内外相关机构和人员之间的相互交往与联系。

第三条 本准则适用于各类组织的内部审计机构中的内部审计人员。其他组织或者人员接受委托、聘用,承办或者参与内部审计业务,也应当遵守本准则。

第二章 一般原则

第四条 内部审计人员在从事内部审计活动中,需要与下列机构和人员建立人际关系:
(一)组织适当管理层和相关人员;
(二)被审计单位和相关人员;
(三)组织内部各职能部门和相关人员;
(四)组织外部相关机构和人员;
(五)内部审计机构中的其他成员。

第五条 内部审计人员应当与组织内外相关机构和人员进行必要的沟通,保持良好的人际关系,以实现下列目的:
(一)在内部审计工作中与相关机构和人员建立相互信任的关系,促进彼此的交流与沟通;
(二)在内部审计工作中取得相关机构和人员的理解和配合,及时获得相关、可靠和充分的信息,提高内部审计效率;
(三)保证内部审计意见得到有效落实,实现内部审计目标。

第六条 内部审计人员应当具备建立良好人际关系的意识和能力。

第七条 内部审计人员在人际关系的处理中应当注意保持独立性和客观性。

第八条 内部审计人员应当在遵循有关法律、法规的情况下灵活、妥善地处理人际关系。

第九条 内部审计机构负责人应当定期对内部审计人员的人际关系进行评价,并根据评价结果及时采取措施改进人际关系。

第三章 处理人际关系的方式和方法

第十条 内部审计人员在处理人际关系时,应当主动、及时、有效地进行沟通,以保证信息的快捷传递和充分交流。

第十一条 内部审计人员处理人际关系时采用的沟通类型包括:
(一)人员沟通,即内部审计人员与相关人员之间的沟通。
(二)组织沟通,即内部审计机构在特定组织环境下的沟通,主要包括与上下级部门之间的信息交流,与组织内各平行部门之间的信息交流,信息在非平行、非隶属部门之间的交流。

第十二条 内部审计人员处理人际关系时采用的主要沟通方式有口头沟通和书面沟通

两种。

口头沟通，即内部审计人员利用口头语言进行信息交流。书面沟通，即内部审计人员利用书面语言进行信息交流。

第十三条 内部审计人员人际关系冲突的原因主要包括：

（一）缺乏必要、及时的信息沟通；

（二）对同一事物的认识存在分歧，导致不同的评价；

（三）各自的价值观、利益观不一致；

（四）职业道德信念的差异。

第十四条 内部审计人员应当及时、妥善地化解人际冲突，可以采取的方法主要包括：

（一）暂时回避，寻找适当的时机再进行协调；

（二）说服、劝导；

（三）适当的妥协；

（四）互相协作；

（五）向适当管理层报告，寻求协调；

（六）其他。

第十五条 内部审计人员应当积极、主动地与对内部审计工作负有领导责任的组织适当管理层进行沟通，可以采取的沟通途径主要包括：

（一）与组织适当管理层就审计计划进行沟通，以达成共识；

（二）咨询组织适当管理层，了解内部控制环境；

（三）根据审计发现的问题和作出的审计结论，及时向组织适当管理层提出审计意见和建议；

（四）出具书面审计报告之前，利用各种沟通方式征求组织适当管理层对审计结论、意见和建议的意见。

第十六条 内部审计人员应当与被审计单位建立并保持良好的人际关系，可以采取下列沟通途径获得被审计单位的理解、配合和支持：

（一）在了解被审计单位基本情况时，应当进行及时、有效的沟通和协调；

（二）通过询问、会谈、会议、问卷调查等沟通方式，了解被审计单位业务活动、内部控制和风险管理的情况；

（三）通过口头方式或者其他非正式方式，与被审计单位交流审计中发现的问题；

（四）在审计报告提交之前，以书面方式与被审计单位进行结果沟通。

第十七条 内部审计人员应当与组织内其他职能部门建立并保持良好的人际关系，确保在下列方面得到支持与配合：

（一）了解组织及相关职能部门的情况；

（二）寻求审计中发现问题的解决方法；

（三）落实审计结论、意见和建议；

（四）有效利用审计成果；

（五）其他。

第十八条 内部审计人员应当与组织外部相关机构和人员之间建立并保持良好的人际关系，以获得更多的认同、支持及协助。

第十九条 内部审计人员应当重视内部审计机构成员间的人际关系，相互协作，相互包容。

第四章 附 则

第二十条 本准则由中国内部审计协会发布并负责解释。

第二十一条 本准则自 2014 年 1 月 1 日起施行。

第2306号内部审计具体准则——内部审计质量控制

（中内协2013年第1号公告）

第一章 总 则

第一条 为了规范内部审计质量控制工作，保证内部审计质量，根据《内部审计基本准则》，制定本准则。

第二条 本准则所称内部审计质量控制，是指内部审计机构为保证其审计质量符合内部审计准则的要求而制定和执行的制度、程序和方法。

第三条 本准则适用于各类组织的内部审计机构和内部审计人员。

第二章 一般原则

第四条 内部审计机构负责人对制定并实施系统、有效的质量控制制度与程序负主要责任。

第五条 内部审计质量控制主要包括下列目标：
（一）保证内部审计活动遵循内部审计准则和本组织内部审计工作手册的要求；
（二）保证内部审计活动的效率和效果达到既定要求；
（三）保证内部审计活动能够增加组织的价值，促进组织实现目标。

第六条 内部审计质量控制分为内部审计机构质量控制和内部审计项目质量控制。

第七条 内部审计机构负责人和审计项目负责人通过督导、分级复核、质量评估等方式对内部审计质量进行控制。

第三章 内部审计机构质量控制

第八条 内部审计机构负责人对内部审计机构质量负责。

第九条 内部审计机构质量控制需要考虑下列因素：
（一）内部审计机构的组织形式及授权状况；
（二）内部审计人员的素质与专业结构；
（三）内部审计业务的范围与特点；
（四）成本效益原则的要求；
（五）其他。

第十条 内部审计机构质量控制主要包括下列措施：
（一）确保内部审计人员遵守职业道德规范；
（二）保持并不断提升内部审计人员的专业胜任能力；
（三）依据内部审计准则制定内部审计工作手册；
（四）编制年度审计计划及项目审计方案；
（五）合理配置内部审计资源；
（六）建立审计项目督导和复核机制；
（七）开展审计质量评估；
（八）评估审计报告的使用效果；
（九）对审计质量进行考核与评价。

第四章　内部审计项目质量控制

第十一条　内部审计项目负责人对审计项目质量负责。

第十二条　内部审计项目质量控制应当考虑下列因素：

（一）审计项目的性质及复杂程度；

（二）参与项目审计的内部审计人员的专业胜任能力；

（三）其他。

第十三条　内部审计项目质量控制主要包括下列措施：

（一）指导内部审计人员执行项目审计方案；

（二）监督审计实施过程；

（三）检查已实施的审计工作。

第十四条　内部审计项目负责人在指导内部审计人员开展项目审计时，应当告知项目组成员下列事项：

（一）项目组成员各自的责任；

（二）被审计项目或者业务的性质；

（三）与风险相关的事项；

（四）可能出现的问题；

（五）其他。

第十五条　内部审计项目负责人监督内部审计实施过程时，应当履行下列职责：

（一）追踪业务的过程；

（二）解决审计过程中出现的重大问题，根据需要修改原项目审计方案；

（三）识别在审计过程中需要咨询的事项；

（四）其他。

第十六条　内部审计项目负责人在检查已实施的审计工作时，应当关注下列内容：

（一）审计工作是否已按照审计准则和职业道德规范的规定执行；

（二）审计证据是否相关、可靠和充分；

（三）审计工作是否实现了审计目标。

第五章　附　　则

第十七条　本准则由中国内部审计协会发布并负责解释。

第十八条　本准则自 2014 年 1 月 1 日起施行。

第 2307 号内部审计具体准则——评价外部审计工作质量

（中内协 2013 年第 1 号公告）

第一章　总　　则

第一条　为规范内部审计机构对外部审计工作质量的评价工作，有效利用外部审计成果，提高内部审计效率和效果，根据《内部审计基本准则》，制定本准则。

第二条　本准则所称评价外部审计工作质量，是指由内部审计机构对外部审计工作过程及结果的质量所进行的评价活动。

第三条 本准则适用于各类组织的内部审计机构。

第二章 一般原则

第四条 内部审计机构应当根据适当的标准对外部审计工作质量进行客观评价，合理利用外部审计成果。

第五条 评价外部审计工作质量，可以按照评价准备、评价实施和评价报告三个阶段进行。

第六条 内部审计机构应当挑选具有足够专业胜任能力的人员对外部审计工作质量进行评价。

第三章 评价准备

第七条 在评价外部审计工作质量之前，内部审计机构应当考虑下列因素：
（一）评价活动的必要性；
（二）评价活动的可行性；
（三）评价活动预期结果的有效性。

第八条 在决定对外部审计工作质量进行评价后，内部审计机构应当编制适当的评价方案。评价方案应当包括下列主要内容：
（一）评价目的；
（二）评价的主要内容与步骤；
（三）评价的依据；
（四）评价工作的主要方法；
（五）评价工作的时间安排；
（六）评价人员的分工。

第九条 内部审计机构应当取得反映外部审计工作质量的审计报告及其他相关资料。

第十条 内部审计机构应当详细了解外部审计所采用的审计依据、实施的审计过程及其在审计过程中与组织之间进行协调的情况。

第十一条 如有必要，内部审计机构可以与外部审计机构就评价事项进行适当的沟通。

第四章 评价实施

第十二条 内部审计机构在评价外部审计工作质量时，应当重点关注下列内容：
（一）外部审计机构和人员的独立性与客观性；
（二）外部审计人员的专业胜任能力；
（三）外部审计人员的职业谨慎性；
（四）外部审计机构的信誉；
（五）外部审计所采用审计程序及方法的适当性；
（六）外部审计所采用审计依据的有效性；
（七）外部审计所获取审计证据的相关性、可靠性和充分性。

第十三条 内部审计机构在评价外部审计工作质量时，应当充分考虑其与内部审计活动的差异。

第十四条 内部审计机构在评价外部审计工作质量时，可以采用审核、观察、询问等常用方法，以及与有关方面进行沟通、协调的方法。

第十五条 内部审计机构应当将评价工作过程及结果记录于审计工作底稿中。

第五章 评价报告

第十六条 内部审计机构做出外部审计工作质量评价结论之前，应当征求组织内部有关部门和人员的意见。必要时，内部审计人员也可以就评价结论与被评价的外部审计机构进行沟通。

第十七条 内部审计机构完成外部审计工作质量评价之后，应当编制评价报告。评价报告一般包括下列要素：

（一）评价报告的名称；

（二）被评价外部审计机构的名称；

（三）评价目的；

（四）评价的主要内容及方法；

（五）评价结果；

（六）评价报告编制人员及编制时间。

第六章　附　　则

第十八条 本准则由中国内部审计协会发布并负责解释。

第十九条 本准则自 2014 年 1 月 1 日起施行。

附件

关于修订《中国内部审计准则》的说明

为了促进内部审计的规范化和职业化建设，提高审计质量，防范审计风险，推动内部审计事业健康发展，中国内部审计协会对 2003 年以来发布的内部审计准则进行了修订。现将修订情况说明如下：

一、关于准则修订的必要性

中国内部审计协会于 2003 年发布了首批内部审计准则，包括《内部审计基本准则》《内部审计人员职业道德规范》以及 10 个内部审计具体准则。此后又陆续发布了五批共 19 个内部审计具体准则和 5 个实务指南，形成了由内部审计基本准则、内部审计人员职业道德规范、内部审计具体准则和内部审计实务指南构成的较为完善的内部审计准则体系。内部审计准则的发布和实施有力地促进了我国内部审计工作的规范化建设。实践证明，这些准则是符合一定历史条件下内部审计工作发展要求的，也是被广大内部审计机构和内部审计人员接受和认可的，至今仍有很强的指导意义。

近年来，我国社会经济形势发生了深刻变化，内部审计工作也得到了深入发展。据不完全统计，截止到 2012 年，全国已有 5 万多个内部审计机构，专兼职内部审计人员近 20 万人。随着经济社会的发展，各类组织对内部审计的重视程度日益提高，内部审计在理念、目标、职能和内容等方面发生了很大变化，内部审计面临着新的发展机遇和挑战，对内部审计准则也提出了新的更高的要求。

一是内部审计理念发生了重大变化。国际内部审计师协会（IIA）根据内部审计实务的最新发展变化，多次对内部审计实务框架的结构和内容进行更新和调整，最近的两次调整分别是在 2010 年和 2012 年。这些修订和完善充分反映内部审计发展的最新理念，如更加重视内部审计在促进组织改善治理、风险管理和内部控制中发挥作用，以及重视内部审计的价值增值功能等。随着我国内部审计的转型和发展，内部审计的理念、目标和定位也逐渐由"查错纠弊"向防范风险和增加价值方向转变。二是广大内部审计机构和内部审计人员在审计实践中，不断创新审计方式方法，拓展审计领域，积累了许多宝贵经验，需要加以总结并通过准则予以规定；三是近年来，审计机关、监管部门以及相关部门出台了一系列与内部审计相关的制度规范，对内部审计工作作出了更详细的规定，提出了更高的要求。而原有准则中的一些规定已不能适应新形势下内部审计工作的发展要求。四是受制定时我国内部审计发展水平及认识水平的限制，原准则体系存在着逻辑性和系统性的不足，如准则之间缺乏内在的逻辑关系，有些准则间部分内容存在交叉重复。基于以上原因需要对内部审计准则加以修订，以进一步提高准则的科学性、适用性和先进性。

二、关于准则修订的主要原则

此次内部审计准则修订的主要原则为：一是保持现有准则体系的连续性和稳定性。保留被内部审计实践证明比较成熟的规定，在传承、发展的基础上，对内容作进一步调整、完善和优化；二是增强准则体系的逻辑性和系统性。通过对具体准则的分类以及对准则体系的重新编码，达到进一步完善与优化准则体系结构的目的；三是突出准则的适用性和前瞻性。在总结近年来内部审计实践的基础上，适当参考我国国家审计准则和注册会计师执业准则的有益内容，使修订后的准则符合内部审计理论与实务发展的需要，突出其适用性。同时充分吸收国际内部审计准则的最新成果，借鉴其先进内容，努力与国际惯例相衔接，突出其前瞻性，以更好地指导我国内部审计实践。

三、关于准则修订的过程

（一）确定准则修订方案

2012年2月，中国内部审计协会第六届理事会准则委员会召开会议研究准则修订方案，指定时现、范经华两位准则委员分别提出侧重点和落脚点不同的准则修订方案。协会准则与学术部在充分征求全体准则委员意见的基础上，拟定了初步的准则修订方案并提交准则委员会讨论。2012年5月，准则委员会召开会议，研究确定了修订方案的具体内容和修订工作的总体目标和时间安排，并对准则修订任务进行了分工。由刘济平承担《内部审计基本准则》的修订任务，安广实承担《内部审计人员职业道德规范》的修订任务，冯均科承担《内部审计质量控制》准则的修订任务，黄晓东和毕秀玲共同承担《重要性与审计风险》准则的修订任务，尹维劼承担《内部控制审计》准则的修订任务，时现承担《绩效审计》准则的修订任务。

（二）起草准则修订稿初稿

按照准则修订方案和任务分工，2012年6～7月，各位委员按照修订方案分别起草或修改相关准则，并及时提交了初稿。在此基础上，准则与学术部对准则体系结构、内容进一步梳理和修改，于8月份形成准则修订稿初稿，并向准则委员征求意见。

（三）准则讨论修改阶段

2012年8月，准则委员会召开会议对准则修订稿初稿进行讨论，解决修订过程中遇到的问题，进一步明确了修订思路，并根据情况对修订方案做出适当调整。执笔委员根据会议意见，对准则初稿进行了修改和完善。准则与学术部向部分准则委员征求了对修改稿的意见，并及时向执笔委员反馈。同时，准则与学术部于2012年10～11月，对准则体系结构、内容再次进行了调整，经准则委员会审核后于2013年1月形成了准则征求意见稿。

（四）面向社会征求意见阶段

2013年4月，中国内部审计协会网站公布了准则征求意见稿，面向社会广泛征求意见。准则与学术部根据反馈意见进行了修改和补充。

（五）准则修订稿审定阶段

2013年5～6月，准则与学术部将准则修订稿提交准则委员会主任委员、副主任委员及协会主要领导审阅，并根据上述领导的意见进行修改完善。

（六）提交常务理事会审议阶段

2013年7～8月，准则修订稿提交协会常务理事会书面审议，并获得了一致通过。对部分常务理事提出的意见，协会也再次进行了认真讨论和相应修改，经协会领导最终审定后正式印发。

四、关于准则体系框架结构的调整

（一）具体准则分类及准则体系编码

此次修订将内部审计具体准则分为作业类、业务类和管理类三大类。作业类准则涵盖了内部审计程序和技术方法方面的准则，具体包括审计计划、审计通知书、审计证据、审计工作底稿、结果沟通、审计报告、后续审计、审计抽样、分析程序等9个具体准则；业务类准则包括内部控制审计、绩效审计、信息系统审计、对舞弊行为进行检查与报告等4个具体准则；管理类准则包括内部审计机构的管理、与董事会或者最高管理层的关系、内部审计与外部审计的协调、利用外部专家服务、人际关系、内部审计质量控制、评价外部审计工作质量等7个具体准则。

在分类的基础上，对准则体系采用四位数编码进行编号。四位数中，千位数代表准则的层次，百位数代表准则在某一层次中的类别，十位数和个位数代表某具体准则在该类中的排序。新的编号方式借鉴国际内部审计准则的经验，体现准则体系的系统性和准则之间的逻辑关系，为准则未来发展预留了空间。

内部审计基本准则和内部审计人员职业道德规范作为准则体系的第一层次，编码为1000。其中内部审计基本准则为第1101号，内部审计人员职业道德规范为第1201号。

具体准则作为准则体系的第二层次，编码为2000。其中，内部审计作业类编号为2100，属于这一类别的9个具体准则编码分别为第2101号至第2109号；内部审计业务类编号为2200，属于这一类别的4个具体准则编码分别为第2201号至第2204号；内部审计管理类编号为2300，属于这一类别的7个具体准则编码分别为第2301号至第2307号。以第2305号内部审计具体准则——人际关系为例，千位数2代表该准则为准则体系中的具体准则，百位数3代表该准则为具体准则中的管理类准则，个位数5代表该准则在管理类准则中的排序。

实务指南作为准则体系的第三层次，编码是3000。第3101号为审计报告指南，第3201号至3204号分别为建设项目审计指南、物资采购审计指南、高校内部审计指南和企业内部经济责任审计指南。以第3202号内部审计实务指南——物资采购审计为例，千位数3代表第三层次实务指南，百位数2代表与具体准则的业务类准则相对应，个位数2代表在此类指南中的排序。

（二）内部审计准则结构的调整

针对现有具体准则中存在的内容交叉、重复，个别准则不适应内部审计最新发展等问题，此次修订对准则体系结构进行了调整，对部分准则的内容进行了整合，并根据实际情况取消了部分准则。

修订后的内部审计准则体系由内部审计基本准则、内部审计人员职业道德规范、20个具体准则、5个实务指南构成。具体包括：

1. 原第12号、第16号、第21号具体准则与原第5号具体准则合并修订为第2201号内部审计具体准则——内部控制审计。原第5号准则《内部控制审计》规范了内部控制的定义、要素、内部控制审计的目标、内容、方法等，属于对内部控制审计的总纲式规定；原第12号准则《遵循性审计》具体规范内部控制目标中关于遵守国家有关法律法规和组织内部标准的内容；原第16号准则《风险管理审计》具体规范内部控制中风险评估要素的审查和评价；原第21号准则《内部审计的控制自我评估法》规范了控制自我评估这一具体方法，以及内部审计人员如何运用该方法协助管理层对内部控制进行评估。遵循性审计、风险管理审计、内部审计的控制自我评估法等三个准则从内容或逻辑上都应当属于内部控制审计的组成部分，因此，此次修订将原分属四个准则的内容进行了整合和补充，并充分借鉴《企业内部控制基本规范》及配套指引的相关内容，制定了《内部控制审计准则》。

2. 原第25号、第26号、第27号具体准则合并修订为第2202号内部审计具体准则——绩效审计。按照经济性、效率性和效果性等三个方面分别制定具体准则是我国准则制定工作的有益探索。然而，由于经济性、效率性和效果性均为绩效审计的目标，实践中往往需要对某一事项或项目的经济性、效率性和效果性同时做出评价，因而原准则存在内容重复、实践中不好操作等弊端。因此，此次修订将原来的三个具体准则进行了合并，修订为《绩效审计准则》。

3. 原第 9 号、第 19 号具体准则合并修订为第 2306 号内部审计具体准则——内部审计质量控制。原第 9 号具体准则《内部审计督导》中将督导定义为通过内部审计机构负责人和审计项目负责人对实施审计工作的审计人员所进行的监督和指导，其目的是保证内部审计质量。而原第 19 号准则《内部审计质量控制》中规定的项目质量控制，主要是指审计项目负责人指导内部审计人员执行审计计划、监督内部审计过程、复核审计工作底稿及审计报告。

从内容上看，内部审计质量控制涵盖了内部审计督导，因此，此次修订调整了原第 19 号准则《内部审计质量控制》的结构，与原第 9 号准则《内部审计督导》的相关内容进行整合，并做进一步修改和完善。

4. 不再保留原第 17 号具体准则——重要性和审计风险。与国际内部审计准则的有关内容相比，制定《重要性与审计风险》准则是我国内部审计准则体系的尝试和创新。但是，随着内部审计逐步从财务审计发展到更加关注内部控制、风险管理的阶段，原来侧重于财务报表审计的重要性、审计风险等概念及运用已经发生了变化。鉴于此，此次修订不再保留该准则，将"重要性"和"审计风险"的内容分散在基本准则以及相关具体准则中予以反映。

5. 不再保留原第 22 号具体准则——内部审计的独立性和客观性。独立性和客观性是内部审计的基本特质，也是内部审计人员职业道德规范的重要组成部分。因此，此次修订不再保留该具体准则，相应条款充实到内部审计基本准则和内部审计人员职业道德规范中。

6. 不再保留原第 29 号具体准则——内部审计人员后续教育。原第 29 号具体准则所指的内部审计人员包括取得内部审计人员岗位资格证书或取得国际注册内部审计师（CIA）资格证书的人员。

目前，国际内部审计师协会对取得 CIA 证书和内部控制自我评估专业资格证书（CCSA）人员的后续教育作出了新的规定，中国内部审计协会根据该规定出台了《国际注册内部审计师后续教育办法》和《内部控制自我评估专业资格证书后续教育办法》，对中国大陆地区持有上述资格证书人员的后续教育进行规范。鉴于第 29 号具体准则的内容和目前的实际情况已有较大出入，此次修订不再保留该准则，同时在基本准则和内部审计人员职业道德规范中对内部审计人员后续教育方面的要求进一步明确和强化。今后协会将结合内部审计人员后续教育的实际情况，制定更有针对性的办法或规定。

五、关于修订的重点内容

按照修订方案，内部审计基本准则、内部审计人员职业道德规范、内部控制审计准则、绩效审计准则、内部审计质量控制准则为此次重点修订的准则，同时对审计计划、审计通知书等准则的部分内容和表述做出了修订，对其他准则的文字表述进行了统一和完善。实务指南未纳入此次修订的范围，下一步将根据调整后的准则做进一步修订。

（一）关于内部审计基本准则

此次修订后，内部审计基本准则的内容由原来的 27 条 调整为 33 条，具体修订如下：

1. 内部审计定义。修订后的定义力求反映国际、国内内部审计实务的最新发展变化，与 IIA 对内部审计的定义接轨。与原定义相比，主要变化体现在：

（1）关于内部审计的职能。IIA 在内部审计最新定义中将内部审计界定为一种"确认和咨询"活动。实际上，"确认"的含义就是指通过监督检查，对被审计的事项予以鉴证，并在此基础上提出评价意见和建议。而"咨询"是在评价的基础上提出的意见和建议，是评价的进一步发展。因此，从内涵上来看，确认和咨询包含了监督和评价的含义。相对于"监督"所体现的内部审计的查错纠弊功能，现代内部审计更强调由"咨询"所体现出的内部审计的价值增值功能。随着我国内部审计的全面转型和发展，原内部审计定义中的"监督和评价"已不能全面反映当前内部审计理念和实践的最新发展，借鉴 IIA 的定义，此次修订将原内部审计定义中的"监督和评价"职能改为"确认和咨询"职能，进一步扩大了内部审计的职能范围。

（2）关于内部审计的范围。修订后的定义将内部审计范围界定为"业务活动、内部控制和风险管理的适当性和有效性"，将原来的"经营活动"改为"业务活动"，体现了内部审计的业务范围不仅仅局限于以盈利为目的的组织，还适用于非营利组织。定义中增加了对"风险管理的适当性和有效性"的审查和评价，以体现内部审计对组织风险的关注。

（3）关于内部审计的方法。修订后的定义增加了运用"系统、规范的方法"的规定，强调了内部审计的专业技术特征，体现内部审计职业的科学性和规范性，有助于内部审计人员和社会各界人士了解内部审计职业对技术方法和人员素质的要求。

（4）关于内部审计的目标。修订后的定义将内部审计的目标界定为"促进组织完善治理、增加价值和实现目标"，进一步明确了内部审计在提升组织治理水平，促进价值增值以及实现组织目标中的重要作用。对内部审计目标更高的定位将进一步提升内部审计在组织中的地位和影响力，提升内部审计的层次。

2. 关于准则的适用范围。为涵盖内部审计外包的情况，准则中增加了"其他组织或者人员接受本组织委托、聘用、承办或者参与的内部审计业务，也应当遵守本准则"的规定。

3. 调整的其他主要内容。一是在一般准则中，增加了内部审计章程中应明确规定内部审计的目标、职责和权限的内容；增加了内部审计人员保密义务的内容。二是在作业准则中增加了内部审计机构和内部审计人员应当全面关注组织风险，以风险为基础组织实施审计业务的内容；增加了内部审计人员关注组织舞弊风险，对舞弊行为进行检查和报告的内容；增加了内部审计人员为组织提供适当咨询服务的内容。三是在报告准则中不再保留审计报告分级复核制度及后续审计方面的内容；四是在内部管理准则中增加了内部审计机构与董事会或者最高管理层的关系、内部审计机构管理体制，以及内部审计机构对内部审计实施有效质量控制等内容。

（二）关于内部审计人员职业道德规范

原《内部审计人员职业道德规范》共11条，基本涵盖了内部审计人员应当具备的职业道德素质，但规定过于原则，只是对内部审计人员职业道德提供了方向性指引，弹性过大，适用性不强。此次修订以原《内部审计人员职业道德规范》为基础，吸收了原《内部审计的独立性和客观性》准则和《内部审计人员后续教育》准则的部分内容，同时充分借鉴了国际内部审计师协会《职业道德规范》的有关内容，并参考其他行业的职业道德要求，对内部审计人员职业道德进行充实和完善。体例结构上也与其他准则一致，采用分章表述，分为总则、一般原则、诚信正直、客观性、专业胜任能力、保密、附则等七个部分，对内部审计人员的职业道德要求做出了较为详细的规定。

（三）关于内部控制审计准则

五部委《企业内部控制基本规范》及配套指引的出台，对内部控制审计工作提出了明确要求。此次修订借鉴了《企业内部控制基本规范》《企业内部控制评价指引》的相关规定，对原《内部控制审计》准则进行了较大的修改。考虑到目前企业内部控制评价主体模糊的情况，以及内部控制审计和内部控制评价在实务中无论从实施主体还是报告方式等方面都存在一定差别，为突出内部审计部门在内部控制评价中的特殊性和职能作用，此次修订仍将该准则的名称定为内部控制审计，同时进一步明确了内部控制审计的定义、定位和主体，突出了内部审计部门在内部控制审计中发挥的作用和优势，进一步丰富了相关内容。具体修订如下：

1. 内部控制审计的内容。此次修订将内部控制审计按照审计范围分为全面内部控制审计和专项内部控制审计，并从组织层面和业务层面对内部控制审计的内容作了较为细致的规定。其中组织层面内部控制审计的内容主要按照内部控制五要素进行规范，同时借鉴、吸收了《企业内部控制评价指引》中有关内部控制评价内容的规定，力求与《企业内部控制基本规范》及配套指引相衔接。

2. 内部控制审计的程序和方法。强调了内部审计人员在实施现场审查前，可以要求被审计单位提交最近一次的内部控制自我评估报告。内部审计人员应当结合内部控制自我评估报告，确定审计内容及重点，实施内部控制审计。

3. 内部控制缺陷的认定。专章规定了内部控制缺陷的认定，对缺陷认定的方法、缺陷的种类和缺陷的报告等内容进行了规定。

4. 内部控制审计报告。专章规定了内部控制审计报告，要求全面内部控制审计报告一般应当报送组织董事会或者最高管理层，包含有重大缺陷认定的专项内部控制审计报告应当报送董事会或者最高管理层；经董事会或者最高管理层批准，内部控制审计报告可以作为《企业内部控制评价指引》中要求的内部控制评价报告对外披露。

（四）关于绩效审计准则

绩效审计准则的修订内容主要包括：一是将绩效审计的概念界定为对组织经营管理活动的经济性、效率性和效果性进行的评价，从而涵盖了非营利组织开展绩效审计的相关工作。二是明确了绩效审计既可以根据实际情况和需要，对组织经营管理活动的经济性、效率性和效果性同时进行审查和评价，也可以只侧重某一方面进行审查和评价，并概括了绩效审计主要审查和评价的内容。三是规定了选择绩效审计方法的要求，列举了常规审计方法以外的绩效审计方法。四是规定了绩效审计评价标准的来源，以及确定绩效审计评价标准时应当注意的原则。五是根据绩效审计的特点，细化了对绩效审计报告内容的要求。

（五）关于内部审计质量控制准则

此次修订后的内部审计质量控制准则，一是将内部审计质量控制划分为内部审计机构质量控制和内部审计项目质量控制。二是在内部审计项目质量控制中，将项目负责人在指导、监督、检查过程中应考虑和注意的事项以及应当履行的职责做了进一步细化，不再保留内部审计机构对审计质量进行考核和评估的相关内容。三是由于中国内部审计协会已出台了内部审计质量评估办法和评估手册，此次修订对内部审计质量外部评估的内容不再做重复规定。

（六）关于审计计划等13个具体准则的修订

1. 修订后的审计计划准则将审计计划由原来的年度审计计划、项目审计计划和审计方案三个层次调整为年度审计计划和项目审计方案两个层次。这是考虑内部审计实践中的做法，参考国际内部审计准则、国家审计准则有关审计计划的规定而做的修订。

2. 修订后的审计通知书准则明确了"内部审计机构应当在实施审计三日前，向被审计单位或者被审计人员送达审计通知书"的要求。

3. 修订后的审计证据准则将原准则第四条审计证据种类中的"视听电子证据"细分为"视听证据"和"电子证据"两种；将审计证据的"充分性、相关性和可靠性"特征的表述调整为"相关性、可靠性和充分性"，并对各自的含义做了修订；对原第七条"获取审计证据需要考虑的基本要素"的内容的前后顺序做了调整；将原第八条"审计证据的获取方法"中的"询问"改成"访谈"，增加"调查"方法；原第九条后增加"采集被审计单位电子数据作为审计证据的，内部审计人员应当记录电子数据的采集和处理过程"的规定。

4. 修订后的审计工作底稿准则，删除了原准则第六条有关审计工作底稿的形式方面内容；将原第七条"审计工作底稿的记录"与原第九条"审计工作底稿应载明事项"的内容进行了整合；增加了项目审计方案的编制及调整情况也应当编制审计工作底稿的要求；原第四章"审计工作底稿的整理与使用"的名称改成"审计工作底稿的归档与保管"，并对相关用语做了规范。

5. 修订后的审计报告准则删除了原准则第七条"审计报告是对被审计单位经营活动及内部控制的适当性和有效性进行的相对保证"的内容；"审计报告的正文内容"中增加"审计发现"，"审计决定"改成"审计意见"；将第四章"审计报告的编制、复核与分发"的名称改成"审计报告的编制、复核与报送",并增加了"已经出具的审计报告若存在重要错误或遗漏,内部审计机构应当及时更正,并将更正后的审计报告及时提交给所有的原审计报告接收者"的规定。

6. 修订后的后续审计准则,将内部审计机构开展后续审计工作等相应规定中的"应当"改成"可以",主要基于后续审计是实践中根据具体情况选择采用的审计程序;删除原第十一条内部审计人员确定后续审计范围时的相关要求方面的内容。

7. 将原分析性复核准则的名称改成分析程序准则。这是根据国际通行的用法以及注册会计师执业准则的相关表述而做的相应调整;进一步界定了"分析程序"的概念,对相关用语和内容作了修正;删除了原第十六条"内部审计人员应充分考虑分析性复核的结果,在综合分析和评价的基础上得出审计结论"的内容。

8. 修订后的审计抽样准则,进一步完善了审计抽样的定义、抽样总体的确定原则、抽样的程序和方法等内容,并对相关用语做了进一步规范。

9. 修订后的信息系统审计准则对原准则第六条有关信息系统审计人员专业胜任能力的内容做了调整,对此做了较为宽泛的要求,不再规定具体的工作时间及经验的要求;将"信息系统审计内容"中的"监控"改为"内部监督";删除了原第六章"信息系统审计的方法"第二十八条有关审计工作底稿的内容;鉴于原第七章"审计报告与后续工作"中有关审计报告的内容不具有特殊性,故予以删除;将原第三十条信息系统审计作为综合性内部审计项目的一部分的内容与原第七条的相关内容整合。

10. 基于实践中内部审计部门在对组织舞弊行为的检查和报告中所发挥的作用,此次修订将原舞弊的预防、检查和报告准则的名称改为对舞弊行为进行检查和报告准则;将原"舞弊的预防"一章的名称修改为"评估舞弊发生的可能性",并对有关内容作了相应调整,以增强该准则的科学性和可操作性;将原第四章"舞弊的检查"第十七条和第十九条的内容删除。

11. 修订后的与董事会或者最高管理层的关系准则将原准则"协助董事会或最高管理层的工作"一章的内容删除。原因是该部分的内容表述不清晰,在实践中的不易操作;原准则名称精炼修改为"与董事会或者最高管理层的关系"。

12. 修订后的利用外部专家服务准则,在原准则第九条的内容中增加了内部审计机构对外部专家"客观性"内容的评价;原第十五条的内容修改为"内部审计机构对外部专家服务评价后,如果认为其服务的结果无法形成相关、可靠和充分的证据,应当通过其他替代程序补充获取相应的审计证据"。

13. 修订后的评价外部审计工作质量准则,分别删除原准则第四条"内部审计机构在需要利用外部审计工作成果,以减少重复工作,提高工作效率时,应对外部审计工作质量进行评价"和第十九条"编制对外审计工作质量的评价报告,应当做到客观、清晰、及时"的内容。

第 2308 号内部审计具体准则——审计档案工作

(中内协 2016 年 2 月 19 日发布)

第一章 总 则

第一条 为了规范审计档案工作,提高审计档案质量,发挥审计档案作用,根据《中华人民共和国档案法》和《内部审计基本准则》,制定本准则。

第二条 本准则所称审计档案,是指内部审计机构和内部审计人员在审计项目实施过程中形成的、具有保存价值的历史记录。

第三条 本准则所称审计档案工作，是指内部审计机构对应纳入审计档案的材料（以下简称审计档案材料）进行收集、整理、立卷、移交、保管和利用的活动。

第四条 本准则适用于各类组织的内部审计机构、内部审计人员及其从事的内部审计活动。其他单位或人员接受委托、聘用，承办或者参与内部审计项目，形成的审计档案材料应当交回组织，并遵守本准则。

第二章 一般原则

第五条 内部审计人员在审计项目实施结束后，应当及时收集审计档案材料，按照立卷原则和方法进行归类整理、编目装订、组合成卷和定期归档。

第六条 内部审计人员立卷时，应当遵循按性质分类、按单元排列、按项目组卷原则。

第七条 内部审计人员应当坚持谁审计、谁立卷的原则，做到审结卷成、定期归档。

第八条 内部审计人员应当按审计项目立卷，不同审计项目不得合并立卷。跨年度的审计项目，在审计终结的年度立卷。

第九条 审计档案质量的基本要求是：审计档案材料应当真实、完整、有效、规范，并做到遵循档案材料的形成规律和特点，保持档案材料之间的有机联系，区别档案材料的重要程度，便于保管和利用。

第十条 内部审计机构应当建立审计档案工作管理制度，明确规定审计档案管理人员的要求和责任。

第十一条 内部审计项目负责人应当对审计档案的质量负主要责任。

第三章 审计档案的范围与排列

第十二条 内部审计人员应当及时收集在审计项目实施过程中直接形成的文件材料和与审计项目有关的其他审计档案材料。

第十三条 内部审计人员应当根据审计档案材料的保存价值和相互之间的关联度，以审计报告相关内容的需要为标准，整理鉴别和选用需要立卷的审计档案材料，并归集形成审计档案。

第十四条 审计档案材料主要包括以下几类：

（一）立项类材料：审计委托书、审计通知书、审前调查记录、项目审计方案等；

（二）证明类材料：审计承诺书、审计工作底稿及相应的审计取证单、审计证据等；

（三）结论类材料：审计报告、审计报告征求意见单、被审计对象的反馈意见等；

（四）备查类材料：审计项目回访单、被审计对象整改反馈意见、与审计项目联系紧密且不属于前三类的其他材料等。

第十五条 审计档案材料应当按下列四个单元排列：

（一）结论类材料，按逆审计程序、结合其重要程度予以排列；

（二）证明类材料，按与项目审计方案所列审计事项对应的顺序、结合其重要程度予以排列；

（三）立项类材料，按形成的时间顺序、结合其重要程度予以排列；

（四）备查类材料，按形成的时间顺序、结合其重要程度予以排列。

第十六条 审计档案内每组材料之间的排列要求：

（一）正件在前，附件在后；

（二）定稿在前，修改稿在后；

（三）批复在前，请示在后；

（四）批示在前，报告在后；
（五）重要文件在前，次要文件在后；
（六）汇总性文件在前，原始性文件在后。

第四章　纸质审计档案的编目、装订与移交

第十七条　纸质审计档案主要包括下列要素：
（一）案卷封面；
（二）卷内材料目录；
（三）卷内材料；
（四）案卷备考表。

第十八条　案卷封面应当采用硬卷皮封装。

第十九条　卷内材料目录应当按卷内材料的排列顺序和内容编制。

第二十条　卷内材料应当逐页注明顺序编号。

第二十一条　案卷备考表应当填写立卷人、项目负责人、检查人、立卷时间以及情况说明。

第二十二条　纸质审计档案的装订应当符合下列要求：
（一）拆除卷内材料上的金属物；
（二）破损和褪色的材料应当修补或复制；
（三）卷内材料装订部分过窄或有文字的，用纸加宽装订；
（四）卷内材料字迹难以辨认的，应附抄件加以说明；
（五）卷内材料一般不超过200页装订。

第二十三条　内部审计人员（立卷人）应当将获取的电子证据的名称、来源、内容、时间等完整、清晰地记录于纸质材料中，其证物装入卷内或物品袋内附卷保存。

第二十四条　内部审计人员（立卷人）完成归类整理，经项目负责人审核、档案管理人员检查后，按规定进行编目和归档，向组织内部档案管理部门（以下简称档案管理部门）办理移交手续。

第五章　电子审计档案的建立、移交与接收

第二十五条　内部审计机构在条件允许的情况下，可以为审计项目建立电子审计档案。

第二十六条　内部审计机构应当确保电子审计档案的真实、完整、可用和安全。

第二十七条　电子审计档案应当采用符合国家标准的文件存储格式，确保能够长期有效读取。主要包括以下内容：
（一）用文字处理技术形成的文字型电子文件；
（二）用扫描仪、数码相机等设备获得的图像电子文件；
（三）用视频或多媒体设备获得的多媒体电子文件；
（四）用音频设备获得的声音电子文件；
（五）其他电子文件。

第二十八条　内部审计机构在审计项目完成后，应当以审计项目为单位，按照归档要求，向档案管理部门办理电子审计档案的移交手续，并符合以下基本要求：
（一）元数据应当与电子审计档案一起移交，一般采用基于×ML的封装方式组织档案数据；
（二）电子审计档案的文件有相应纸质、缩微制品等载体的，应当在元数据中著录相关信息；

（三）采用技术手段加密的电子审计档案应当解密后移交，压缩的电子审计档案应当解压缩后移交；特殊格式的电子审计档案应当与其读取平台一起移交；

（四）内部审计机构应当将已移交的电子审计档案在本部门至少保存5年，其中的涉密信息必须符合保密存储要求。

第二十九条　电子审计档案移交的主要流程包括：组织和迁移转换电子审计档案数据、检验电子审计档案数据和移交电子审计档案数据等步骤。

第三十条　电子审计档案的移交可采用离线或在线方式进行。离线方式是指内部审计机构一般采用光盘移交电子审计档案；在线方式是指内部审计机构通过与管理要求相适应的网络传输电子审计档案。

第三十一条　档案管理部门可以建立电子审计档案接收平台，进行电子审计档案数据的接收、检验、迁移、转换、存储等工作。

第三十二条　电子审计档案检验合格后办理交接手续，由交接双方签字；也可采用电子形式并以电子签名方式予以确认。

第六章　审计档案的保管和利用

第三十三条　审计档案应当归组织所有，一般情况下，由档案管理部门负责保管，档案管理部门应当安排对审计档案业务熟悉的人员对接收的纸质和电子审计档案进行必要的检查。

第三十四条　归档与纸质文件相同的电子文件时，应当在彼此之间建立准确、可靠的标识关系，并注明含义、保持一致。

第三十五条　内部审计机构和档案管理部门应当按照国家法律法规和组织内部管理规定，结合自身实际需要合理确定审计档案的保管期限。

第三十六条　审计档案的密级和保密期限应当根据审计工作保密事项范围和有关部门保密事项范围合理确定。

第三十七条　内部审计机构和档案管理部门应当定期开展保管期满审计档案的鉴定工作，对不具有保存价值的审计档案进行登记造册，经双方负责人签字，并报组织负责人批准后，予以销毁。

第三十八条　内部审计机构应当建立健全审计档案利用制度。借阅审计档案，一般限定在内部审计机构内部。

内部审计机构以外或组织以外的单位查阅或者要求出具审计档案证明的，必须经内部审计机构负责人或者组织的主管领导批准，国家有关部门依法进行查阅的除外。

第三十九条　损毁、丢失、涂改、伪造、出卖、转卖、擅自提供审计档案的，由组织依照有关规定追究相关人员的责任；构成犯罪的，移送司法机关依法追究刑事责任。

第七章　附　　则

第四十条　本准则由中国内部审计协会发布并负责解释。

第四十一条　本准则自2016年3月1日起施行。

第 2309 号内部审计具体准则——内部审计业务外包管理

(中内协 2019 年 5 月 6 日发布)

第一章 总 则

第一条 为了规范内部审计业务外包管理行为，保证内部审计质量，根据《内部审计基本准则》，制定本准则。

第二条 本准则所称内部审计业务外包管理，是指组织及其内部审计机构将业务委托给本组织外部具有一定资质的中介机构，而实施的相关管理活动。

第三条 本准则适用于各类组织的内部审计机构。接受委托的中介机构在实施内部审计业务时应当遵守中国内部审计准则。

第二章 一般原则

第四条 除涉密事项外，内部审计机构可以根据具体情况，考虑下列因素，对内部审计业务实施外包：

（一）内部审计机构现有的资源无法满足工作目标要求；

（二）内部审计人员缺乏特定的专业知识或技能；

（三）聘请中介机构符合成本效益原则；

（四）其他因素。

第五条 内部审计机构需要将内部审计业务外包给中介机构实施的，应当确定外包的具体项目，并经过组织批准。

第六条 内部审计业务外包通常包括业务全部外包和业务部分外包两种形式：

（一）业务全部外包，是指内部审计机构将一个或多个审计项目委托中介机构实施，并由中介机构编制审计项目的审计报告；

（二）业务部分外包，是指一个审计项目中，内部审计机构将部分业务委托给中介机构实施，内部审计机构根据情况利用中介机构的业务成果，编制审计项目的审计报告。

第七条 内部审计业务外包管理的关键环节一般包括：选择中介机构、签订业务外包合同（业务约定书）、审计项目外包的质量控制、评价中介机构的工作质量等。

第八条 内部审计机构应当对中介机构开展的受托业务进行指导、监督、检查和评价，并对采用的审计结果负责。

第三章 选择中介机构

第九条 内部审计机构应当根据外包业务的要求，通过一定的方式，按照一定的标准，遴选一定数量的中介机构，建立中介机构备选库。

第十条 内部审计机构确定纳入备选库的中介机构时，应当重点考虑以下条件：

（一）依法设立，合法经营，无违法、违规记录；

（二）具备国家承认的相应专业资质；

（三）从业人员具备相应的专业胜任能力；

（四）拥有良好的职业声誉。

内部审计机构应当根据实际情况和业务外包需求，以及对中介机构工作质量的评价结果，定期对备选库进行更新。

第十一条 内部审计机构可以根据审计项目需要和实际情况，提出对选择中介机构的具体要求。相关部门按照公开、公正、公平的原则，采取公开招标、邀请招标、询价、定向谈判等形式，确定具体实施审计项目的中介机构。

第四章 签订业务外包合同（业务约定书）

第十二条 按照组织合同管理的权限和程序，内部审计机构可以负责起草或者参与起草业务外包合同（业务约定书），正式签订前应当将合同文本提交组织的法律部门审查，或征求法律顾问或律师的意见，以规避其中的法律风险。

第十三条 组织应当与选择确定的中介机构签订书面的业务外包合同（业务约定书），主要内容应当包括：

（一）工作目标；
（二）工作内容；
（三）工作质量要求；
（四）成果形式和提交时间；
（五）报酬及支付方式；
（六）双方的权利与义务；
（七）违约责任和争议解决方式；
（八）保密事项；
（九）双方的签字盖章。

第十四条 如业务外包过程中涉及主合同之外其他特殊权利义务的，组织也可以与中介机构签订单独的补充协议进行约定。

第十五条 内部审计机构应当按照组织合同管理有关规定，严格履行业务外包合同（业务约定书）相关手续。

第五章 审计项目外包的质量控制

第十六条 内部审计机构应当充分参与、了解中介机构编制的项目审计方案的详细内容，明确审计目标、审计范围、审计内容、审计程序及方法，确保项目审计方案的科学性。

第十七条 在审计项目实施过程中，内部审计机构应当定期或不定期听取中介机构工作汇报、询问了解审计项目实施情况、帮助解决工作中遇到的问题等，确保中介机构业务实施过程的顺利。

第十八条 内部审计机构应当对中介机构提交的审计报告初稿进行复核并提出意见，确保审计报告的质量。

第十九条 中介机构完成审计项目工作后，内部审计机构应当督促其按照审计档案管理相关规定汇总整理并及时提交审计项目的档案资料。

第二十条 中介机构未能全面有效履行外包合同规定的义务，有下列情形之一的，内部审计机构可以向组织建议终止合同，拒付或酌情扣减审计费用：

（一）未按合同的要求实施审计，随意简化审计程序；
（二）审计程序不规范，审计报告严重失实，审计结论不准确，且拒绝进行重新审计或纠正；
（三）存在应披露而未披露的重大事项等重大错漏；
（四）违反职业道德，弄虚作假、串通作弊、泄露被审计单位秘密；
（五）擅自将受托审计业务委托给第三方；
（六）其他损害委托方或被审计单位的行为。

第六章 评价中介机构的工作质量

第二十一条 内部审计机构可以针对具体的审计项目对中介机构的工作质量进行评价，也可以针对中介机构一定时期的工作质量进行总体评价。

第二十二条 内部审计机构对中介机构工作质量的评价，一般包括：

（一）履行业务外包合同（业务约定书）承诺的情况；
（二）审计项目的质量；
（三）专业胜任能力和职业道德；
（四）归档资料的完整性；
（五）其他方面。

第二十三条 内部审计机构可以采用定性、定量或者定性定量相结合的方式对中介机构的工作质量进行评价。

第二十四条 组织及其内部审计机构应当把对中介机构工作质量评价的结果，作为建立中介机构备选库、选择和确定中介机构的重要参考。中介机构违背业务外包合同（业务约定书）的，内部审计机构应当根据评价结果，依照合同约定，向组织建议追究中介机构的违约责任。

第七章 附 则

第二十五条 本准则由中国内部审计协会发布并负责解释。

第二十六条 本准则自 2019 年 6 月 1 日起施行。

第 3201 号内部审计实务指南——建设项目审计

（中内协 2021 年 6 月 29 日修订）

编 制 说 明

为了规范建设项目审计工作，指导内部审计人员更好地实施建设项目审计，提高审计质量，根据《内部审计基本准则》《内部审计人员职业道德规范》及相关法律法规，制定本指南。

一、主要内容

本指南共分八章。第一章介绍建设项目审计的要求、目标、内容和程序等；第二章至第八章，分别介绍建设项目各项主要业务与审计内容、程序及方法。包括建设项目前期决策审计、建设项目内部控制和风险管理审计、建设项目采购审计、建设项目工程管理审计、工程造价审计、建设项目财务审计以及建设项目绩效审计等。考虑到行业审计指南在审计指南体系中的分工需要，本指南对一些建设项目特殊性不够突出的内容，如材料物资设备管理审计等，未单独介绍。

二、适用范围

本指南适用于各系统、各组织、各单位内部审计机构对自身投资建设项目组织开展的审计，也适用于接受委托的会计师事务所、工程咨询机构等各类中介机构组织或参与的建设项目审计。国家审计机关和审计人员开展建设项目审计时，也可参考使用本指南。

为了方便起见，本指南统一将上述单位称为"组织"。

三、编写原则

1. 指导性原则

本指南是为内部审计机构和内部审计人员实施建设项目审计提供指导性的操作规程和方法,以便于规范审计行为,控制审计风险,提高审计工作效率,提升审计质量。

本指南对建设项目审计业务具有指导性。内部审计机构和内部审计人员在执行本指南时,可以根据项目需要,有所选择,或加以改进。

2. 系统性原则

本指南编写侧重内容的系统性和全面性,围绕建设项目审计可能涉及的各参建单位,贯穿建设项目准备、实施、竣工的全过程,覆盖建设项目合同管理、造价管理、进度管理、质量管理、资金管理等多条业务主线,基本涵盖了大中型建设项目审计可能涉及的所有主要方面。

3. 可操作性原则

本指南编写重在指导内部审计人员确定建设项目审计具体审计目标,确认数据真实性、程序合法性和管理有效性,采用适当的审计方法、审计步骤和审计依据,力求达到简明、易懂、易操作。

本指南由中国内部审计协会发布并负责解释。

本指南自 2021 年 8 月 1 日起施行。

第一章 概　述

第一节 建设项目的定义和特点

一、建设项目的定义

建设项目是指按照一个建设单位的总体设计要求,在一个或几个场地进行建设的所有工程项目之和,其建成后具有完整的系统,可以独立形成生产能力或者使用价值。其中,总体规划或设计是对拟建工程的建设规模、主要建筑物与构筑物、交通运输路网、各种场地、绿化设施等进行合理规划与布置所作的文字说明和图纸文件。通常以一家企业、一个单位或一个独立工程为一个建设项目。

从项目管理的角度看,建设项目是以工程建设为载体的特殊项目,它以建筑物或构筑物为目标产出物,需要支付一定的费用、按照一定的程序、在一定的时间内完成,并符合相关质量要求。

从用途上看,建设项目是社会再生产中必不可少的一种特殊产品。这种产品通常包括楼宇、礼堂、厂房等建筑物,以及道路、围墙、桥梁、隧道、水坝等构筑物。

按照建设项目分解管理的需要,一个建设项目通常可以分为若干个单项工程、单位工程、分部工程和分项工程。

1. 单项工程。指具有独立的设计文件,建成后能够独立发挥生产能力或使用功能的工程项目。一个建设项目可以包括多个单项工程,也可以仅有一个单项工程。如工业建筑中一座工厂可以称为一个建设项目,那么各个生产车间、办公大楼、食堂、库房、烟囱、水塔等都可成为独立的单项工程。

2. 单位工程。指具有独立的设计文件,能够独立组织施工,但不能独立发挥生产能力或使用功能的工程项目,是单项工程的组成部分。如一幢教学大楼可以划分为建筑工程、装饰工程、电气工程、给排水工程等单位工程。

3. 分部工程。是单位工程的组成部分,是按结构部位、路段长度及施工特点或施工任务将单位工程划分为若干个项目单元。如建筑工程可以分为土石方工程、地基基础工程、砌筑工程等分部工程。

4. 分项工程。是分部工程的组成部分，即按不同施工方法、材料、工序及路段长度等划分，可用适当的计量单位测算或计算其消耗量和单价的建筑或安装单元。如土石方工程，可以划分为平整场地、挖沟槽土方、挖基坑土方等分项工程。分项工程并不能独立存在，只是为了确定建设工程造价和计算人工、材料、机械等消耗量而划分出来的计价单元。

建设项目全生命周期通常包括项目建议、立项决策、可行性研究、报批报建、设计（初步设计、技术设计、施工图设计）、建设准备（三通一平、施工招标）、施工、生产准备阶段、竣工验收、后评价等多个阶段。根据项目规模、行业的不同，对不同建设项目的阶段划分也不同，常有合并、细分或另外命名，但总体工作内容差异不大。

二、建设项目的特点

1. 单件性，或称一次性。不同于其他工业产品的批量性，也不同于其他生产过程的重复性，就建设过程和最终建成的

工程项目而言，每个建设项目都需要单件报批、单件设计、

单件施工和单独进行工程造价结算，没有与这项任务完全相同的另一项任务。

2. 具有一定的约束条件。建设项目都有一定的约束条件，或称建设目标，通常包括限定的质量、限定的工期和限定的造价。项目只有满足这些约束条件才能获得成功。

3. 具有完整的生命周期。建设项目的单件性和项目过程的一次性决定了每个工程建设项目都具有生命周期。包括项目建议书、可行性研究、项目决策、设计、招标投标、施工和竣工验收等过程。任何项目都有其产生时间、发展时间和结束时间，在不同的阶段都有特定的任务、程序和工作内容。建设项目管理应当是对整个建设项目生命周期的管理。对于建设项目微观管理而言，项目建成后进入运营期，也属于项目全生命周期的一部分，但却不纳入建设项目管理的范畴。

4. 投资大、周期长。建设项目不仅实物形体庞大，而且消耗资源多，涉及项目参与各方的重大经济利益，对投资方的资本运营和宏观经济、区域经济的影响较大。同时，建设项目建设周期一般超过一个财务年度，经常达到几年甚至几十年，期间受到各种外部因素及环境的影响和制约，增加了管理的难度。

第二节 建设项目审计要求

一、依托所在组织授权开展审计

内部审计机构和内部审计人员依据法律法规和组织内部授权开展建设项目审计，审计对象是所在组织作为投资主体或建设主体所建设的项目。投资主体或建设主体是指对投资资金拥有所有权或者对建设项目拥有决策权、建设管理权、经营管理权，对投资所形成的固定资产有收益权，并因此承担投资的法律责任和风险的法人或自然人。当组织以其他身份，如施工单位、设计单位等身份，参与一个或多个项目建设时，不能对建设项目开展全面审计，只能对本组织依据合同、文件在项目建设中所承担的职责履行情况开展审计。

二、审计要与组织内部管理工作协同

内部审计机构对建设项目开展审计要以所在组织的治理结构为依托，以组织整体利益为服务目标，以组织内部与建设项目相关的管理制度为标准，并与组织内部和工程建设业务相关的各职能管理部门协调。

三、在充分了解项目建设情况的基础上进行客观评价

内部审计机构对建设项目开展审计，要广泛联系组织内外与建设项目相关的各参建单位和参建人员，充分掌握建设市场动态情况，全面了解建设项目人员、物资、环境等资源情况和土地、交通、气候等建设条件，对建设过程中发生的管理行为的真实、合法和效益情况作出客观评价。

四、根据建设项目目标开展审计

每个建设项目都有建设目标，不同类型、不同管理模式的建设项目各有其特点，内部审计机构对建设项目开展审计，要根据项目建设目标，结合项目类型、管理模式，有重点地开展审计。

五、严格履行审计程序，提高审计工作质量

内部审计机构和内部审计人员对建设项目开展审计，要履行必要的审计程序，控制审计风险，严格保证审计质量，谨慎出具审计意见。

第三节 建设项目审计目标和内容

一、建设项目审计目标

（一）建设项目审计的总体目标

建设项目审计的总体目标，是通过对建设项目建设全过程各项技术经济活动进行监督和评价，确认建设项目建设与管理活动的真实性、合法性和效益性，促进项目建设质量、工期、成本等建设目标顺利实现，促进提升项目绩效，增加建设项目价值。

（二）建设项目审计的具体目标

1. 规范建设管理

内部审计机构以促进项目管理机构和参建单位提升管理水平，理顺建设项目内外部关系，规范建设行为，提升项目质量和效益为目标。一是要确认建设项目与国家法律法规和行业规范的符合程度；二是要确认项目管理机构和参建单位对本组织内部控制体系的符合程度；三是要确认项目建设中对各项建设设计和施工技术规程、规范以及本项目的设计文件的符合程度；四是要确认项目财务信息、进度信息、投资完成信息的真实性，关注工程数量、质量、建设内容和过程的真实性。同时，审计还应当关注财经制度和廉政纪律执行情况，协助促进反腐倡廉机制建设。

2. 揭示建设风险

内部审计机构关注建设项目在建设各阶段，在工期、质量、成本、安全、环境等管理中可能存在的薄弱环节、偏差和风险，协助项目管理单位查找漏洞和缺陷，促进规范管理和风险防范。

3. 提升建设项目绩效

内部审计机构在审计中应当检验建设目标实现程度，提升项目效益，从而增加项目投资人的回报。一是确认项目进度目标任务是否实现。项目按期交付使用，就能尽早实现投资效益。二是确认建设项目质量、安全控制目标是否实现。建设项目的质量、安全风险同时也是审计关注的重要风险。三是确认项目投资控制及绩效目标是否实现。通过对项目造价控制提出切实可行的审计意见和建议，完成阶段性或单项工程造价审计，能直接节约投资，提高项目绩效。

二、建设项目审计内容

建设项目审计内容主要包括：建设项目前期决策审计、建设项目内部控制与风险管理审计、建设项目采购审计、建设项目工程管理审计、建设项目工程造价审计、建设项目财务审计、建设项目绩效审计等。具体到每个审计项目时，审计内容视开展审计的时间和项目建设进展情况而有所不同。在项目前期、建设期、完工验收阶段的审计内容主要包括：

（一）项目前期阶段审计内容

1. 基本建设程序的规范性

基本建设程序主要包括项目建议书、可行性研究、设计工作阶段、建设准备阶段、建设实施阶段、竣工验收阶段、后评价阶段等，具体阶段划分和审批要求视项目所处行业、投资大小、是否使用财政资金等条件各有不同。

对建设程序和前期工作进行审计时需要关注的问题主要是违反基本建设程序搞建设、逃避国家审批等。审计时要按照建设投资管理规定，审查项目立项决策的程序，确定项目论证是否充分，有无违反建设管理程序虚报项目和投资等问题。

2. 项目前期文件的真实性、科学性和完整性

项目投资估算、概算来自前期工作形成的设计文件。因此，前期文件的真实性、编制的科学性，直接决定了项目能申请到的建设资金数额，应当加以重点关注。同时，项目前期文件中提到的内外部建设条件是否落实、对项目建成后效益的预测是否科学等，也是审计的重要内容。

3. 前期工作成果的有效性

前期阶段审计除了关注合规性外，也要更多关注前期工作成果的有效性。要通过对初步设计、施工图设计的复核，发现设计工作中可能存在的错误。

4. 项目资金来源的可靠性

全额政府投资的项目一般主要依据投资计划，审计资金到位的及时性。主要查处不按承诺筹集、安排配套建设资金，导致工程建设资金严重不足，从而造成建设内容大幅缩水等问题。

融资建设的项目审计中要详细审核融资条件，确认利率和相关约束条款是否高于当时的市场平均水平。对于使用了股权融资方式的项目，需要依据相关法律法规审核股权发起、转让的合规性。

5. 工程承发包过程的规范性和合同签订的合法性

工程采用招标投标等方式确定供应商之后，工程建设甲乙双方应当按照招标结果签订承包合同。审计在此阶段应当关注的问题有：一是未按招标结果签订合同。包括建设单位招标范围或金额小、合同范围或金额大、单位无正当理由未按评标委员会推荐顺序选择中标人、单位违反招标文件实质性约定与中标单位签订补充协议等。二是违规转分包及挂靠。项目业主单位和承包单位违反住建部发布的《建筑工程施工发包与承包违法行为认定查处管理办法》的规定。业主单位违法发包，违规指定工程施工分包单位和物资供应单位等，由关联或者关系单位及人员操控工程，谋取利益造成工程建设成本增高、资金流失；承包单位非法转、分包及挂靠，层层截留建设资金，导致建设资金的流失以及工程质量的降低。三是合同不完善。工程在签订承发包合同时，不确定单价，或者采取暂定单价，为在工程价款结算中留下人为操作空间；以"原设计漏项、赶工、提高工程质量"等为由，通过设计变更增加工程量或改变原施工处理方式，以提高工程造价。

（二）项目建设期审计内容

项目建设期，即业主、施工、设计、监理等参建各方在合同框架下紧密配合，将各类建设资源的投入转变为建设产品的过程。建设期审计的主要内容包括：

1. 工程管理的规范性和有效性

对工期、质量、安全管理进行审计是建设项目审计的重点和难点。首先，审计项目是否按计划编制工期及施工组织设计并有效执行，是否存在各种因素影响项目工期进展现象；其次，审计项目是否按规定执行各项工程质量控制和验收规范、规程、标准，做好质量管理工作；最后，审计项目是否贯彻落实各项安全管理规定，落实安全生产责任等内容。

2. 工程结算的真实性与规范性

审计工程月度和年度结算的编制情况。首先，审计工程造价管理是否规范，各类资料是否齐全，结算办理制度是否完整，结算程序是否规范；其次，审计月度、年度结算工程量和费用内容是否真实，计算方法是否正确；最后，审计结算办理的依据是否齐全，内容是否真实，重点关注合同完工结算和变更签证的真实性。

3. 资金管理和会计核算的真实性与合规性

审计建设项目业主会计账簿和财务报告的核算和披露是否真实、合法。通过检查财务资料发现各类建设业务的不合理支出问题。项目建设的过程伴随着大量采购工作，采购对象包括工程以及与工程建设有关的货物、服务。对采购工作开展审计的重点在于工程建设所需的工程、货物或服务的采购方式的选择及其运用情况，如是否按规定履行招标投标或询价等采购程序，是否保证所采购工程、货物、服务的成本、供货周期和质量。

（三）项目完工验收阶段审计内容

在工程完工结算和竣工验收阶段，审计工作主要围绕承包单位编制的完工结算的真实性和业主单位编制的竣工决算的真实性、合规性，开展工程造价审计和工程财务审计。审计内容主要包括：

1. 工程竣工结算的真实性

审计竣工结算中是否存在虚列工程、不实签证、高估冒算等，如竞争性费用是否按合同约定计价、不可竞争费用是否按法规政策计取等；审计合同文件与招投标文件中的计价约定是否存在实质性不一致等；审计竣工结算中的计价事项有无需要进一步优化的情况，如设计变更不必要、施工方案偏保守等。

2. 工程财务竣工决算的真实性和完整性

依据财务账表和工程竣工报告、竣工图及竣工验收单、施工合同、各种施工签证或施工记录和国家或地区颁布的有关规定，审计工程财务竣工决算编制依据是否符合国家有关规定，资料是否齐全，手续是否完备，对遗留问题处理是否合规。

3. 竣工验收的真实性和规范性审计竣工验收报告是否真实、完整、合法、有效，相关单项验收资料是否经有关主管单项验收的部门认可，工程立项文件、财务资料、合同资料、现场签证资料、结算资料和竣工验收资料是否完整，竣工验收程序是否符合规定，验收委员会会议记录和签字是否完整等。

4. 投资效益的真实性

依据项目立项和可行性研究报告，对照项目各项建设目标，逐项审计项目建成后投资效益是否真实达成。建设目标随项目各异，但通常至少包括成本、进度、质量等三大目标，各大目标又都可以分解成若干项小目标。对这些目标的实现程度，需要逐项核实。

第四节　建设项目审计程序

一、开展审前调查，编制项目审计方案

在开展建设项目审计之前，审计人员应当通过收集项目基本情况报告、审批过程资料、财务报告、投资完成情况报表等资料，对建设项目建立初步认识，然后对项目审计工作量、工作重点做出评估判断，并作为审计资源调配的依据。

根据审前调查的结果，编制项目审计方案。审计方案应当报经内部审计机构负责人审定，必要时还应当报组织内部分管审计工作的领导批准，指导审计项目开展。审计过程中该方案可以根据审计发现问题作出必要调整，调整时应当履行规定程序。

二、制定并送达审计通知书

根据审前调查结果，审计项目负责人应当抽调相关专业审计人员组成审计组，并将审计范围、审计起始时间、审计组成员和组长人选等信息加以明确，列入审计通知书，经规定程序签发后，发送至被审计建设项目管理机构。必要时，审计通知书可抄送审计工作可能涉及的其他部门和参建单位。

三、收集资料和了解情况

审计组按照审计通知书规定时间开展审计工作后，首要任务是全面了解被审计建设项

目的现状。审计人员应当按照审计方案进行适当分工，分别收集前期审批、工程施工管理、物资管理、合同结算、财务会计和相关内部控制方面的文件资料，对工程施工管理和物资管理中的重要环节，还应当收集实物资料或影像资料。对收集到的资料进行认真阅读和分析，是审计工作的必要程序。全面了解被审计的建设项目后，审计人员即可按照审计分工，开展符合性测试和实质性测试程序。

四、检查并测试内部控制

审计人员应当根据建设项目管理特点，收集与项目相关的各项制度：包括进度管理、质量管理、安全管理和投资控制等方面的内部控制制度；施工管理、设计管理、物资材料管理等重要环节的操作规程规范；建设项目人员的培训管理、廉政管理、日常办公等制度。根据审计分工，分别开展内部控制制度符合性的测试。目的是发现是否存在制度缺失、制度未执行或执行不严格等现象，为下一步重点审计提供方向。内部控制调查和内部控制测试经常是结合进行的。

五、执行审计程序并获取证据

审计实施是对各项业务的真实、合法、效益情况进行审计，并获取相关证明材料，以便得出审计结论的过程。主要审计方法包括审核、观察、监盘、访谈、调查、函证、计算和分析程序等。获取证据的主要原则，是应当保证证据的相关性、可靠性和充分性。

审计组开展建设项目审计应当依据项目特点、审计所需证据和项目审计各环节的审计目标选择恰当的审计方法，以保证审计质量和审计资源的有效配置。在审计过程中，审计人员应当努力发挥专业特长，以灵活多样的方式为项目和组织提供意见和建议，协助改善建设项目实施管理，加强项目内部控制和风险管理，提高项目效益。

在建设项目审计中，获取的证据如果是实物证据，如现场观察得到的证据，应当尽量转化为影像证据、证明材料等书面证据，以便保存和管理。

六、编制审计工作底稿

依据内部审计准则，在实施审计工作的同时，审计人员应当编制审计工作底稿，记录审计程序，归纳审计证据，形成审计结论。

七、出具并报送审计报告

依据建设项目审计中获取的证据和形成的审计工作底稿，审计组应当在实施必要的审计程序后，出具审计报告。编制审计报告前，审计人员应当就审计概况、审计中所发现的问题和审计意见、建议等事项与被审计单位进行沟通，有些必要的事项，如工程造价审计相关发现涉及合同价款结算调整时，应当征求当事第三方参建单位和其他利益相关方的意见。

编制审计报告应做到客观、完整、清晰、及时。审计报告应当包括审计概况、审计依据、审计结论、审计发现、审计意见、审计建议等内容。

八、后续审计

建设项目后续审计是指内部审计机构为跟踪检查被审计单位针对建设项目审计发现的问题所采取的纠正措施及其改进效果，而进行的审查和评价活动。

后续审计应当结合项目建设进程，对审计意见落实情况、对审计促进项目质量、成本、进度管理，提升项目整体效益的情况作出客观评价，对整改工作存在的不足提出改进意见。

第五节　建设项目审计范围和组织模式

内部审计机构制订内部审计中长期规划、年度计划时，应充分考虑组织和建设项目的风险状况、管理需要及建设项目审计所需专门审计资源的配置情况来选择审计范围和组织模式。

一、建设项目审计范围

内部审计机构既可以对建设项目开展全面审计，也可以选择项目部分环节、部分时段建设内容开展专项审计。对重大项目，内部审计机构可以采取全过程跟踪审计方式对各项具体建设活动过程进行审计。

（一）建设项目全面审计

建设项目全面审计涵盖建设程序合规性、建设管理、建设质量、建设成本等多项内容。因此，所需审计资源较多，审计的时点一般应当选择在项目建设中后期或完工之后，每个建设项目完成之前，一般审计1～2次。

通过建设项目全面审计，发现项目建设中存在的管理缺陷、工程隐患和潜在风险，以促进建设项目改进管理，提高质量，加快进度，节约成本，提升效益。实施建设项目全面审计时，可调配或聘请专业技术人员或技术服务机构参加。

由于建设项目各阶段工作任务、工作目标不同，对重要建设项目的全面审计也可以以全过程跟踪审计的方式实现。跟踪审计的本质就是将审计工作贯穿在项目建设过程中的各个重要业务环节，增加审计频次，甚至对项目开展持续不间断派驻式审计的做法。跟踪审计的优点包括：一是有助于规范管理，提高建设管理水平。实行项目跟踪审计，实行审计关口前移，实现事先控制，有利于提高项目论证的可靠性、投资决策的科学性和设计方案的合理性，从而在源头上保证建设项目的投资效益。二是有助于提高建设项目的投资效益，保证资金的安全性、效益性。审计人员提前介入到项目建设的各个重要环节，及时发现项目建设管理中的缺陷和问题，并提出审计意见和建议，从而促进建设单位提高建设管理水平，避免造成损失浪费。三是有助于预防腐败。跟踪审计中，审计人员提前介入到项目建设的一些关键环节中，形成了全过程、经常性的监督制约机制，有利于将建设项目领域舞弊行为遏制在萌芽阶段。跟踪审计对于审计资源的配置也提出了较高要求，所以内部审计机构应当合理配置审计资源。

（二）建设项目专项审计

内部审计服务于组织总体战略目标和阶段性工作计划，内部审计机构应当按照组织当前阶段的工作重心、管控要求，对部分建设项目开展专项审计。对建设项目开展专项审计是内部审计常用做法，相对于全面审计，内部审计机构开展建设项目专项审计的优点主要是可以节约审计资源，发现同类项目存在的共性问题，为组织提供更加有效的咨询服务。

内部审计机构开展的建设项目专项审计一般包括：工程造价专项审计、工程管理专项审计、竣工决算专项审计等。近年，政府与社会资本合作（PPP）项目兴起后，还可以组织项目融资专项审计、项目回购专项审计等。

二、建设项目审计的组织模式

建设项目审计的组织模式包括内部审计机构自主审计和委托外部机构审计两种。

内部审计机构自主开展建设项目审计时，审计组应尽可能配齐工程技术、工程造价、工程管理、工程经济等专业人员，部分人员也可以外聘或从其他部门借用。

委托外部机构开展建设项目审计时，内部审计机构仍需要对委托审计项目的质量承担责任，故需对拟选择的受托机构的执业能力和质量进行必要的调查，对审计目标和具体要求提出清晰明确的意见，对受托机构派出的审计组人员组成和专业结构以及审计实施方案审核把关，对受托机构的审计实施工作加强业务督导和检查，对受托机构的质量控制体系进行抽查，对受托机构出具的审计报告进行复核和完善。

第二章　建设项目前期决策审计

建设项目前期决策审计，是指内部审计机构对建设项目投资方（业主）及建设管理方在项目建设前组织开展研究、论证、决策、准备等工作的合规性、效率性和效果性开展的审计。

第一节 业 务 概 述

一、概念

建设项目的前期决策主要是项目投资方内部研究和论证，而后按照国家、地方政府及有关部门规定的程序，以及投资方内部规定履行审批流程的过程。前期决策包括了项目立项、论证、审批、报建等一系列复杂的工作，涵盖了项目投资决策单位按照规定的建设程序，以及根据所在组织的宏观战略要求，结合拟建项目相关情况，通过多方面的技术经济分析、综合分析，选择拟建项目是否投资以及投资的位置、最优开发方案、开发时机等因素的决定过程。

二、业务内容

建设项目前期决策业务包括投资主体内部决策和向政府、上级主管单位的外部报批两部分。内外部业务在时间上是重叠搭接的，在操作中也是互为前提，交叉进展的。

（一）投资主体内部决策

建设项目投资主体内部决策工作可分为项目建议和项目决策两个阶段。项目建议阶段的任务是甄别和发现建设项目投资机会，项目决策阶段的任务是判断建设项目是否应当投资，并确定建设内容、规模和时机。

（二）外部报批

我国政府机关对建设项目的报批流程规定较为繁杂，本指南不做详细展开。简而言之，2004年《国务院关于投资体制改革的决定》出台以来，对于企业不使用政府投资建设的项目，一律不再实行审批制，而是区别不同情况实行核准制和备案制。目前，企业投资项目适用于《企业投资项目核准和备案管理条例》。政府仅对重大项目和限制类项目从维护社会公共利益角度进行核准，从维护经济安全、合理开发利用资源、保护生态环境、优化重大布局、保障公共利益、防止出现垄断等方面进行核准。对于外商投资项目，政府还要从市场准入、资本项目管理等方面进行核准。其他项目无论规模大小，均改为备案制。对于企业使用政府补助、转贷、贴息投资建设的项目，政府也只审批资金申请报告。

三、前期决策程序

建设项目前期决策中，战略、法律、市场、技术和商务等方面的论证，是项目成败的重要决定因素，但这些论证的内容与各项目自身所处行业、建设规模、投资方式、建设时机息息相关，不能一概而论，在此不做具体介绍。本节重点介绍所有建设项目都应当履行的立项审批和报建程序，也称基本建设程序。

（一）政府投资项目审批流程

政府投资项目实行审批制，主要由政府或其发展改革部门审批项目建议书、可行性研究报告、初步设计。对情况特殊、影响重大的项目，还需要审批开工报告。对规划中已经明确、前期工作深度达到项目建议书要求、建设内容简单、投资规模较小的项目，可以直接编报可行性研究报告，或者合并编报项目建议书。

编制完成可行性研究报告后，项目单位应当按照规定程序报送项目审批部门审批，并应当附相关文件：城乡规划行政主管部门出具的选址意见书；国土资源行政主管部门出具的用地预审意见；环境保护行政主管部门出具的环境影响评价审批文件；项目的节能评估报告书、节能评估报告表或者节能登记表（由中央有关部门审批的项目，需附国家发展改革委出具的节能审查意见）；根据有关规定应当提交的其他文件。

项目单位可以依据可行性研究报告批复文件，按照规定向城乡规划、国土资源等部门申请办理规划许可、正式用地手续等，并委托具有相应资质的设计单位进行初步设计。

初步设计应当符合国家有关规定和可行性研究报告批复文件的有关要求，明确各单项工程或者单位工程的建设内容、建设规模、建设标准、用地规模、主要材料、设备规格和技术参数等设计方案，并据此编制投资概算。投资概算应当包括国家规定的项目建设所需的全部费用。

初步设计文件一般要通过有关中央部门和地方政府部门的审批。初步设计总概算超过可研报告总概算10%以上或其他主要指标需要更改时，要重新报批可研报告。

建设准备阶段要做好建设项目开工前的各项准备工作，并报批开工报告。建设项目开工必须达到很多条件，如项目法人已经设立；初步设计及总概算已经批准；资金已经落实；"七通一平"已经完成等。

（二）企业投资项目核准和备案流程

企业投资建设项目，应当遵守国家法律法规，符合国民经济和社会发展总体规划、专项规划、区域规划、产业政策、市场准入标准、资源开发、能耗与环境管理等要求，依法履行项目核准或者备案及其他相关手续，并依法办理城乡规划、土地（海域）使用、环境保护、能源资源利用、安全生产等相关手续，如实提供相关材料，报告相关信息。

企业投资项目的核准程序主要分三个步骤。第一步，项目单位分别向有关部门申请办理相关前置审批文件；第二步，项目单位向项目核准机关报送项目申请报告，并附相关前置审批文件；第三步，项目单位依据项目核准文件向相关部门申请办理开工前的报建手续。

第二节　项目建议书编制审计

一、业务概述

在项目确定阶段，投资主体应当设立专门团队，通过系统规划排查、设计市场接触、现有项目扩展、市场收集等方式获得资源信息的相关信息人，提交潜在项目建议。项目建议需包括项目区域情况、项目技术条件、项目前期业主设计及上报情况等基本信息。根据项目建议提供信息，投资主体会集合项目管理、技术、经济部门专业人才收集项目信息，开展机会研究，审查和讨论相关资料。

项目建议书应对项目建设的必要性、主要建设内容、拟建地点、拟建规模、投资匡算、资金筹措以及社会效益和经济效益等进行初步分析，并附相关文件资料。项目建议书的编制格式、内容和深度应当达到规定要求。

投资主体对于潜在投资机会研究报告均需开展投资评审。评审内容包括：粗略评估项目自身技术经济条件；粗略评估项目环境背景状况；粗略评估项目投资与企业自身状况是否相适应；具体落实投资机会的措施。

投资评审的结论需要明确是否同意开展投资前期研究工作。同意开展前期工作的项目方可准许开展现场前期准备，委托设计部门开展可研设计，并与项目拟建地地方政府对接，取得地方政府支持开展前期工作的协议，上报审批、核准或备案。

二、审计目标和内容

（一）审计目标

1.核实建设条件的真实性

项目建议书所依据的市场调研资料、技术分析资料、建设条件调查资料应真实、完整地反映项目建设条件，不得存在对投资主体的立项决策构成重大误导现象。项目确定阶段拟定的建设资金筹措方案应可靠，投资来源应落实。项目出资各方承诺内容应真实，不得有超越自身能力承诺问题。

2.查实项目比选推荐程序合规性

项目建议阶段各项工作应符合组织内部关于市场调研、项目发现、项目比选、项目推荐工作的内部流程规定；项目建议书应得到管理层和治理层的批准；项目建议阶段历次评审中利益相关方所提意见应得到落实。审查项目建议阶段应按规定取得政府相关部门的审批、许可，按规定聘请有资质的中介机构承担相关文件的编制、评审职责。

3. 确认项目评审结论科学有效性

项目甄别和比选工作应获取足够信息提供决策参考，评审专家应科学、专业、合理地确定建设方案，有利于项目运行，最大限度地提升投资绩效。

（二）审计内容

审计人员应当根据项目建议工作流程，检查市场调查团队是否及时获取潜在项目的信息，对备选项目的调研是否到位，对建设环境是否足够了解，以备决策参考；检查各阶段上报的方案资料是否依据充分翔实，计算是否准确，结论是否客观，风险评估是否到位；了解项目咨询机构的资质能力，评估其是否具备编制相关文件的能力，是否尽职尽责。

三、审计程序和方法

（一）需要取得的资料

1. 项目建议书及其附件资料。
2. 项目选址规划意见书及其附件资料。
3. 建设用地规划许可证和工程规划许可证及其申报文件。
4. 土地使用、环保申报和批复文件等。
5. 项目投资主体关于项目建议阶段工作的内部管理制度。
6. 项目咨询单位、设计单位的资质文件和招投标资料。
7. 国家、地方政府及其建设项目相关行业主管部门关于建设项目前期决策程序管理的相关法律法规及规范性文件，境外建设项目还应补充所在国家和地区政府相关法律法规文件。
8. 组织的股东、出资人代表、上级机构或债权人等利益相关方关于组织开展建设项目前期工作的有关限制性要求。
9. 组织内部，如企业董事会、经理层制定的关于项目决策和批准程序的相关规章制度。

（二）内部控制测评

1. 内部控制调查

（1）了解投资主体是否具备投资资格。风险控制点主要包括：建设项目所处行业是否属于投资主体主营业务范围，投资主体是否经上级单位批准后具备了投资建设职能的授权。

（2）了解该建设项目与政府产业政策或上级机构批准的发展战略是否相符合。风险控制点主要是项目是否为追求经济利益而超出授权范围。

（3）调查投资主体及其上级机构的资信和支付能力是否能满足项目建设需要。风险控制点主要是项目投资主体的资金困难可能造成项目建设中止，进而带来更大损失。

（4）调查评审机构、报告编制机构的选取。风险控制点主要包括选取流程是否恰当、投资人是否对其能力进行考核。

2. 内部控制测试

（1）了解投资主体是否具备投资资格。查阅投资主体授权文件、公司章程等文档，了解建设项目所处行业是否属于投资主体主营业务范围，投资主体是否经上级单位批准后具备了投资建设职能的授权。

（2）了解该建设项目与政府产业政策或上级机构批准的发展战略是否相符合。查阅投资主体发展战略、规划等文档，收集政府产业政策最新规定，对照项目建议书进行核实。

（3）调查投资主体及其上级机构的资信和支付能力是否能满足项目建设需要。通过查阅投资主体的资金预算、发展规划，对比建设项目资金使用计划，判断资金缺口及断流风险。

（4）调查评审机构、报告编制机构的选取。审核招标投标、竞争性谈判等记录，展开外部调查，核实评审机构、报告编制机构的资质、能力和选择过程是否符合管理流程和规定。

（三）审计取证

1. 检查

（1）是否按照规定编制项目建议书；是否办理项目选址规划意见书、建设用地规划许可证和工程规划许可证，办理土地使用审批、环保审批手续。政府部门的审批是否在法定权限范围之内，是否化整为零规避审批。

（2）重点检查建设项目是否遵循总体规划要求，是否及时编制和下达了实施规划和年度投资计划，建设需求与资金筹集是否匹配；建设标准的确定是否符合国家相关强制性规定，特别是能否满足国家防震要求。

（3）项目建设是否符合国家有关投资政策的要求。项目建议书提出的拟建规模和建设方案是否符合有关建设、环境、资源等法规要求。

2. 审核

（1）选址规划意见书、建设用地规划许可证、工程规划许可证、土地审批手续、环保手续是否真实；审批文件申报材料的相关内容，包括事实、文字、数据、表述等是否存在虚假和错漏。

（2）项目建议书的相关内容，包括事实、依据、数据、表述等是否存在虚假。

（3）资金来源和筹措是否准备充分。

（4）调阅项目评审调查现场作业记录，通过了解相关费用支出情况和评审调查结果，了解项目评审调查过程，分析评审数据的真实性。通过对可行性研究报告和评审调查报告的经济、技术数据进行对比，分析二者是否存在矛盾。

3. 计算

审计人员通过验算或重新计算，确认投资估算和资金筹措及还贷方案是否明确，建设规模、建设方案是否明确达到项目建议书要求等。

4. 分析

（1）同行业同规模项目进行比较，判断项目建设方案、投资水平是否存在异常。

（2）项目建议书对项目经济效益、社会效益、环境效益的估计是否准确。

5. 提出意见和建议

在审计中，审计人员如发现项目在建议书阶段存在违反外部强制性、指导性制度、规定的问题，应评估违规决策可能给组织和项目带来的影响和风险。有条件时，内部审计机构可提出关于补充相关工作、完善决策程序的建议。

第三节　建设项目可行性研究或核准备案审计

一、业务概述

（一）政府投资项目可行性研究报告编制工作简介

对于政府投资项目（包括企业承担，但有政府投资的项目）而言，项目建议书批复后，项目单位组织开展可行性研究。可行性研究阶段的主要任务是对项目在技术和经济上的可行性以及社会效益、节能、资源综合利用、生态环境影响、社会稳定风险等进行全面分析论证，落实各项建设和运行保障条件，并按照有关规定取得相关许可、审查意见。可行性研究报告的编制格式、内容和深度应当达到规定要求。可行性研究报告的审批文件是项目决策，即最终确定项目是否能开展的重要文件，也是进行初步设计的重要依据。因此，报告一经审查批准，项目单位不得随意修改和变更。

可行性研究报告应当经过必要审查。投资主体内部需要召集相关部门，有时包括外部审查机构和投资机构、融资机构，对项目的可行性及颠覆性因素进行论证，并给出审查意见和修改建议。项目团队则需要针对审查意见进行修改完善。项目审批单位在必要时也会组织专家或委托中介机构对项目单位上报的可行性研究报告进行审查。根据审查收口的可行性研究报告，应当编制投资项目风险评估报告。

可行性研究报告的审批，就是项目的决策评审过程。立项决策一般分为，专家组成的投资评审委员会进行的技术评审决策，组织内部决策机构履行决策职能进行的行政决策。投资评审委员会的专家对建设项目的政策及战略分析、技术可行性与经济收益性、实施能力及资金筹措、风险评估及对策作出评估，并给出结论是否建议项目立项、组建项目筹备团队。专家意见提交后，进入组织内部行政决策流程。行政决策流程因组织治理结构的不同而有较大区别，如国有企业一般履行"三重一大"决策流程，公司一般履行经理层决策、董事会决策、股东大会决策等流程，行政事业单位一般履行的是责任部门、分管领导、主要领导、上级主管单位等逐级层层上报审批的流程。

通过投资决策的项目，需开展项目建设准备工作，内容包括：与政府有关部门对接，与地方政府签订特许权协议（如有）；下达任务委托设计部门开展可研报告编制及核准前服务总承包工作；成立项目筹备小组，负责项目公司成立前的核准工作；将项目投资概况及组建项目公司的申请上报上级组织；配合政府有关机构完成项目审批（或核准、备案）和各项专项审批。

（二）企业投资项目核准和备案工作简介

2004年《国务院关于投资体制改革的决定》出台后，企业投资项目不再报批可行性研究报告，实行核准或备案制。具体而言，企业在中国境内投资建设的固定资产投资项目中，关系国家安全、涉及全国重大生产力布局、战略性资源开发和重大公共利益等项目，实行核准管理。具体项目范围以及核准机关、核准权限依照政府核准的投资项目目录执行。其他项目实行备案管理。除国务院另有规定的，实行备案管理的项目按照属地原则备案。

企业办理项目核准手续，应当按照国家有关要求编制项目申请报告并报送有关部门。组织编制和报送项目申请报告的项目单位，应当对项目申请报告以及依法应当附具文件的真实性、合法性和完整性负责。项目的市场前景、经济效益、资金来源和产品技术方案等，应当依法由企业自主决策并自担风险，项目核准、备案机关及其他行政机关不得非法干预企业的投资自主权。

项目单位或者其委托的工程咨询单位应当按照项目申请报告通用文本和行业示范文本的要求，编写项目申请报告。项目申请报告主要包括以下内容：项目单位情况；拟建项目情况，包括项目名称、建设地点、建设规模、建设内容等；项目资源利用情况分析以及对生态环境的影响分析；项目对经济和社会的影响分析。项目申请使用政府投资补助、贷款贴息的，应在履行核准或备案手续后，提出资金申请报告。

项目核准机关在正式受理项目申请报告后，需要评估的，可委托具有相应资质的工程咨询机构进行评估。项目建设可能对公众利益构成重大影响的，项目核准机关在作出核准决定前，应当采取适当方式征求公众意见。相关部门对直接涉及群众切身利益的用地（用海）、环境影响、移民安置、社会稳定风险等事项已经进行实质性审查并出具了相关审批文件的，项目核准机关可不再就相关内容重复征求公众意见。对于特别重大的项目，可以实行专家评议制度。项目核准机关应当从以下方面对项目进行审查：是否危害经济安全、社会安全、生态安全等国家安全；是否符合相关发展建设规划、产业政策和技术标准；是否合理开发并有效利用资源；是否对重大公共利益产生不利影响。

对按照国家规定应当核准的项目，项目单位在向核准机关报送项目申请报告时，应当根据国家法律法规的规定报送的文件包括：城乡规划行政主管部门出具的选址意见书（仅指以划拨方式提供国有土地使用权的项目）；国土资源（海洋）行政主管部门出具的用地（用海）预审意见（国土资源主管部门明确可以不进行用地预审的情形除外）；法律、行政法规规定需要办理的其他相关手续。

对实行备案管理的项目，项目单位应当在开工建设前，通过在线平台将相关信息告知项目备案机关，依法履行投资项目信息告知义务，并遵循诚信和规范原则。项目单位应当对备案项目信息的真实性、合法性和完整性负责。项目备案机关收到全部信息即为备案。

项目备案基本信息包括：项目单位基本情况，项目名称、建设地点、建设规模、建设内容，项目总投资额；项目符合产业政策声明。

二、审计目标和内容

（一）审计目标

1. 核查资料依据充分可靠性

可行性研究报告所依据的市场调研资料、技术分析资料、建设条件调查资料应真实、完整地反映项目建设条件，不得存在对投资主体的立项决策构成重大误导现象。对核准项目，项目申请报告内容应真实，各项建设条件、建设内容应符合实际情况。对备案项目，项目备案资料应真实，相关信息应反映项目实际建设内容。

2. 确认比选过程合规性

可行性研究报告和项目申请报告的编制流程应符合国家相关规定；项目备案资料应通过线上平台按规定提交。可行性研究报告、项目申请报告应按规定经过必要的专家评审、公众评议、评估、公示，得到政府机构、企业治理层和管理层的批准；评审、评估、评议和公示中收集到的利益相关方所提意见应得到落实。

3. 评价可行性研究报告等文件的有效性

项目可行性研究工作应获取足够信息提供决策参考。评审专家应科学、合理地确定建设方案，以有利于项目运行，最大限度地提升投资绩效；要结合可行性研究报告及其编制依据，对照项目实际情况及建设中发现的各类问题，对可行性研究报告有效性做出评价。

（二）审计内容

审计人员应当根据项目投资来源、所属行业、规模大小，确定项目应当执行审批、核准、备案何种决策流程，并根据可行性研究报告编制和评审、项目申请报告核准或项目信息备案相应工作流程，对每个环节工作是否合规、尽责，是否达到最佳效果进行跟踪检查。审计应当复核各阶段上报的方案资料是否充分翔实，计算是否准确，结论是否客观，风险评估是否到位。要了解项目咨询机构的资质能力，评估其是否具备编制相关文件的能力，是否尽职尽责。

三、审计程序和方法

（一）需要取得的资料

1. 可行性研究报告及其附件资料。
2. 可行性研究报告论证、批复文件。
3. 项目建议书及其批复文件、国民经济和社会发展规划、行业发展规划资料。
4. 土地、地勘、市政等审批文件。
5. 与投资决策有关的会议纪要、收发文件等。
6. 项目规划选址、工程规划设计要求、环境影响评价等批复文件。
7. 项目资本金证明，银行贷款承诺函，其他来源资金证明等文件。

（二）审计取证

1. 对可行性研究报告（或项目申请报告，下同）编制过程进行复核

一是审查建设项目投资决策程序是否符合相应规模、行业项目的建设要求，决策程序是否民主、科学。二是查阅可行性研究报告及其附件、可行性研究报告论证、批复文件以及其他有关批复文件等资料，审查投资决策程序是否完整。三是查阅可行性研究报告论证和批复文件、国民经济和社会发展规划、行业发展规划资料以及其他有关批复文件等资料，审核

政府有关部门是否在法定权限范围内对上述程序进行审批，是否存在通过化整为零等手段规避审批。项目建设是否符合国家有关投资政策的要求。四是查阅国民经济和社会发展规划、行业发展规划资料以及其他有关批复文件等资料，审查项目是否符合规划和产业政策；是否有项目建议书及其批文；需利用矿产资源的项目，是否有国家批准的矿藏资源报告。五是对组织内部参与决策评审的单位或部门以及受托对决策过程资料进行评审的中介服务机构，是否尽到评审职责、所提评审意见是否科学、合理；检查参与可行性研究机构资质及论证的专家的专业结构和资格。

2. 对可行性研究报告的内容进行检查

一是检查可行性研究报告的相关内容，包括事实、依据、数据、表述等是否虚假。包括：资金来源和筹措是否准备充分、项目实施进度预测是否合理等；建设规模、建设方案是否明确达到项目建议书要求；投资估算和资金筹措及还贷方案是否明确。

二是通过审阅决策成果文件及其相关支持性材料，收集决策时点内外部数据，还原决策过程；检查决策成果文件及其相关支持性材料内容是否完整，是否足以支持决策参与单位和部门提出评审意见。查阅可行性研究报告及其附件、可行性研究报告论证、批复文件以及其他有关批复文件等资料，审查是否具备行业主管部门发布的《投资项目可行性研究指南》规定的内容。建设投资估算是否有主要设备的咨询价格资料和依据相应的工程造价的定额、标准；建设项目的经济评价是否依据必要的财务指标和参数等。

三是对决策中依据的基础资料、基础数据的真实性、合理性进行检查核实。包括检查市场调查及市场预测中数据获取方式的适当性及合理性；检查财务估算中成本项目是否完整，以及对历史价格、实际价格、内部价格及成本水平的真实性进行测试等。检查投资方案、投资规模、生产规模、布局选址、技术、设备、环保等方面的资料来源；检查原材料、燃料、动力供应和交通及公用配套设施是否满足项目要求；检查是否在多方案比较选择的基础上进行决策；检查拟建项目与类似已建成项目的有关技术经济指标和投资预算的对比情况；检查工程设计是否符合国家环境保护的法律法规和有关政策，需要配套的环境治理项目是否编制并与建设项目同步进行等；检查投资估算和资金筹措的安排是否合理；检查投资估算是否准确，并按现值法或终值法对估算进行测试。建设规模的市场预测是否准确；厂址及建设条件是否符合地形、地质、水文等条件；建设项目工艺和技术方案是否先进；经济上是否合理；审查交通运输环境条件是否有保证；审查环保措施是否与主体工程设计、建设投资同步进行；审查投资估算和资金筹措，主要审查建设资金安排是否合理、估算和概算内容是否完整、指标选用是否合理、资金来源有无正常的来源渠道、贷款有无偿还能力、投资回收期是否正确等。

四是检查决策是否符合国家宏观政策及自身的发展战略，是否以提高自身核心竞争能力为宗旨；重点检查内容有无违反决策程序及决策失误的情况等。对项目决策机构最终决策结果的科学性做出评价。主要关注项目预定建设条件是否能落实，预计效益是否能实现，项目决策中是否遗漏忽视了重大风险等。关注参与决策的单位或部门所提评审意见是否得到落实，无法落实的是否做出合理说明。

五是参考审计时项目决策执行情况，包括实际建设情况和外部环境变化情况，对决策过程中形成的成果文件及其支撑材料的质量作出评价，包括对其中所做各种假设、前提、预测的真实性、合理性和风险冗余度做出评价。

六是提出关于完善项目决策机制、改进项目决策流程、调整项目决策意见、加强项目后期风险管控和提升项目效益的意见和建议。

第四节 建设项目报批报建审计

建设项目报批报建审计是指内部审计机构和内部审计人员对建设项目完成内部决策之

后，按规定取得政府有关部门和相关机构审批审核、核准批准、评估评审、检验验收等行政许可或审批情况的确认。

一、业务概述

（一）外部行政审批事项

投资项目报建审批事项是投资项目申请报告核准或者可行性研究报告批复之后、开工之前，由相关部门和单位依据法律法规向项目单位做出的行政审批事项。这里有两个主要要素：一是时间段，是在核准批准后、开工前。这区别于核准批准前办理的前置审批事项，也区别于开工后竣工前办理的竣工验收相关手续。二是参与主体，应由项目单位提出申请，相关部门作出行政审批。这区别于行政机关之间征求意见等内部程序，也区别于项目单位委托相关中介机构做出的强制性评估评审等事项。

建设项目需要取得的行政许可和审批事项涉及多个部门、多个行业，较为繁杂，且各地方政府均有不同要求。近年来，随着行政体制改革的深化，建设项目所需行政审批事项逐步减少。

在目前实践中，所有建设项目都会涉及的报批报建，也就是投资项目开工前通常都需要办理的事项包括：建设用地（含临时用地）规划许可证（住房和城乡建设部门）；建设工程（含临时建设）规划类许可证核发（住房和城乡建设部门）；建筑工程施工许可证核发（住房城乡建设部门）；市政设施建设类审批（住房和城乡建设部门）；供地方案审批（国土资源部门）；防雷装置设计审核（气象部门）；应建防空地下室民用建筑项目报建审批（人民防空部门）；非重特大项目环评审批（环境保护部门）；节能审查意见（发展改革部门）；建设工程消防设计审核（消防部门）。

建设项目由于自身功能、行业、规模特点，涉及交通、水利、风景名胜区、海洋、民航、水土保持、煤矿、宗教、国家安全、核设施、文物等事项的，还需要办理其他审批手续，大致包括以下36项：

主管部门	项数	报批事项
住房和城乡建设部门	5	乡村建设规划许可证核发 超限高层建筑工程抗震设防审批 风景名胜区内建设活动审批 工程建设涉及城市绿地、树木审批 因工程建设需要拆除、改动、迁移供水、排水与污水处理设施审核
交通运输部门	5	水运工程设计文件审查 公路建设项目设计审批 公路建设项目施工许可 航道通航条件影响评价审核 港口岸线使用审批
国土资源部门	3	农用地转用审批 土地征收审批 建设项目压覆重要矿床审批
水利部门	5	农业灌排影响意见书 生产建设项目水土保持方案审批 水利基建项目初步设计文件审批 洪水影响评价审批 取水许可
海洋部门	3	海域使用权证书核发 无居民海岛开发利用审核 海洋工程建设项目环境影响报告书核准（非重特大项目）

（续表）

主管部门	项数	报批事项
环境保护部门	2	非重特大项目环评审批 核设施建造许可证核发
气象部门	1	新建、扩建、改建建设工程避免危害气象探测环境审批
能源部门	2	煤矿项目核准后开工前地方煤炭行业管理部门实施的初步设计审批 核电厂工程消防初步设计审批
文物部门	1	建设工程文物保护和考古许可
林业部门	1	建设项目使用林地及在林业部门管理的自然保护区、沙化土地封禁保护区建设审批（核）
发展改革部门	1	节能审查意见
公安部门	1	建设工程消防设计审核
安全部门	1	涉及国家安全事项的建设项目审批
国防科技工业部门	1	军用核设施（含铀尾矿〔渣〕库选址、建造）安全许可
民航部门	1	民航专业工程及含有中央投资的民航建设项目初步设计审批
宗教部门	1	宗教活动场所内改建或者新建筑物审批
移民管理机构	1	移民安置规划及审核意见
人民防空部门	1	应建防空地下室的民用建筑项目报建审批

此外，不需要建设项目申报审批，但需要政府部门间征求意见的，主要是军队有关部门 2 项：贯彻国防要求、军事设施保护意见。

除许可、审批项目外，建设项目还需要申报涉及安全的强制性评估 5 项：

安全监管部门 2 项：职业病危害预评价、建设项目安全预评价。

国土资源部门 1 项：地质灾害危险性评估。

气象部门 1 项：重大规划、重点工程项目气候可行性论证。

地震部门 1 项：地震安全性评价。

（二）内部报批流程

建设项目除满足外部立项、核准、报批报建要求外，也必须满足内部审批流程。常见的建设项目内部审批流程包括内部投资评审、国有企业"三重一大"会议决策、投资估算评审、投资计划上报和下达等等。

二、审计目标和内容

（一）审计目标

1. 核实报批报建提交资料的真实性、可靠性和完整性。建设项目所办理的各项报批报建手续应真实存在，上报文件应真实、可靠、完整，各审批文件应由相关政府机关出具，内容应符合建设项目实际情况。

2. 查实报批报建程序合规性，批复恰当性。建设项目应按规定程序、时间要求履行所有必要的报批报建手续，各项报批报建手续应按照法定或规定程序，由相关部门核发。

3. 确认报建手续完成及时性，审批要求合理性。审计也要确认各项报批报建手续办理是否及时，审批中如提出过高要求给项目建设增加成本或建设周期，影响项目可行性，应提交决策部门重新决策。

（二）审计内容

1. 建设项目行政许可审批程序的规范性。审查建设项目是否取得或办理项目选址规划意见书、建设用地规划许可证、工程规划许可证、土地使用审批、环保审批、消防、工程质量监督和施工许可证等行政许可文件。

2. 建设项目行政许可批复的真实性。审计建设项目办理或取得上述行政许可文件的过程和程序是否符合国家有关规定。

3. 建设项目行政许可的时效性。审计建设项目办理或取得上述行政许可文件是否制约项目建设进度，导致项目不能按计划投入使用，从而影响项目发挥其经济性和效益性。

4. 建设项目内部审批流程完备性。审计项目是否按组织内部规定履行审批并取得了必要批复文件，是否按照批复内容执行。

三、审计程序和方法

（一）需要取得的资料

1. 建设项目选址规划意见书、建设用地规划许可证和工程规划许可证。
2. 土地使用审批手续、环保审批手续。
3. 土地使用证，征地、青苗补偿、拆迁安置等手续。
4. 消防手续、工程质量监督手续及施工许可证。
5. 土地、地勘、市政等审批文件，其他相关单位、部门的审批意见。

（二）审计取证

1. 审查项目建设单位是否到规划部门办理项目选址规划意见书、建设用地规划许可证和工程规划许可证；是否办理土地使用审批、征地、青苗补偿、拆迁安置、环保审批、消防、工程质量监督手续和施工许可证。

2. 查阅上述审批手续的申请和批复文件，审查上述审批手续的批复是否真实；对照审查相关申报材料，审核其事实、数据等是否存在虚假；审查相关审批手续的报批、批复时间是否合理。

3. 采用检查、查勘、分析性复核等方法，抽查规划、土地、环保、消防等关键指标是否符合法律法规要求。

4. 检查建设项目是否取得组织(法人)内部决策机构立项批准。组织属于行政事业单位的，需要经过内部人事、财务等部门审批；属于国有企业的，需要取得政府作为产权人行使有关资产管理审批权力的，审计也应当关注相应报批程序的执行。内部审计机构还应关注国家宏观调控政策及其趋势，提出调整项目规模、布局、技术方案等咨询意见，防范未来法律风险，提升项目效益。

5. 检查项目建设过程中，是否遵守了政府有关部门关于建设项目质量管理、环境保护管理、勘察设计管理、概算审批和调整管理方面的管理和审批程序；建设项目需要取得政府财政优惠待遇审批(主要是政府基金使用、税费减免、进入政府产业园区等事项)，授予荣誉称号审批和宗教民族政策性等事项审批的，审计也应关注相关报批事项的履行。

6. 检查项目竣工前，是否根据相关规定办理了单项工程初步验收、试运行、环境保护、劳动安全保卫、消防设施、财务决算审计、竣工资料档案验收等必要手续，是否具备竣工验收条件，并按规定时间提出竣工验收申请。

7. 内部审计机构要通过确认建设项目各项建设行为的合规性，评估建设项目法律风险，并提出防范风险的意见和建议。

第三章　建设项目内部控制与风险管理审计

建设项目内部控制与风险管理审计，是指内部审计机构对建设项目管理机构内部控制设计和运行的有效性，以及对项目在工期、质量、安全、成本、环境等各类风险的管控情况进行的审查和评价。

第一节　建设项目内部控制审计

一、业务概述

内部控制包括内部环境、风险评估、控制活动、信息与沟通、内部监督等五要素。对于建设项目管理机构（主要指业主方）而言，这些要素应涵盖以下内容：

（一）内部环境

建设项目管理机构内部环境包括项目治理结构、机构设置及权责分配、人力资源政策、项目团队文化建设等内容。良好的内部环境能够促进权责分明，提升效率，和谐合作。

（二）风险评估

建设项目风险评估是项目建设活动应当持续开展的工作，特别是项目工期和质量的风险，需要结合每一项建设行为的开展加以评估并与预定目标比较，以便合理确定风险应对策略。建设项目投资控制风险一般采取定期评估或合同结算里程碑结点评估的做法。

（三）控制活动

建设项目管理机构应当根据工期、质量、投资控制风险评估结果，采用调整资源投入、更换建设队伍、设计变更、调整结算方式等相应的控制措施，将风险控制在可承受度之内。

（四）信息与沟通

建设项目管理机构应当及时、准确地收集、传递与项目管理控制相关的信息，包括建设市场供求信息、建筑材料价格信息、建设项目所在地政策信息、地理环境和气候信息等，并确保信息在项目内部、业主与参建单位之间进行有效传递。

（五）内部监督

内部监督是建设项目管理机构对项目自身内部控制建立与实施情况进行监督检查，评价内部控制的有效性，发现内部控制缺陷，及时加以改进。主要手段包括项目审计、项目质量验收和定期不定期抽检、项目安全管理检查、标底和结算等工程造价审核等。

二、审计目标和内容

（一）审计目标

1. 内部环境

主要审查评价项目机构是否健全、不相容职责是否恰当分工；机构人员配备是否齐全，专业是否齐备；工作流程是否覆盖了建设项目前期论证、设计、施工、验收等各主要业务环节。建设项目管理机构与各参建单位的管理体系是否衔接等。

2. 风险评估

主要审查评价项目是否具备工期、质量、投资风险评估机制。对工程进度情况是否对照施工组织计划开展定期考核评估；是否制定了隐蔽工程和关键部位工程质量验收和不合格工程返工整改机制，对工程质量开展定期抽检；是否开展项目经济活动分析或概算执行情况比对等投资控制措施。

3. 控制活动

主要审查评价项目是否针对风险评估设置了响应机制。如工程质量修补是否跟进检测，施工组织计划调整是否落实到具体措施，单项工程投资超概算是否制定并落实了投资控制措施等。

4. 信息与沟通

主要审查评价项目是否安排信息收集任务并反馈到各相关部门。要检查项目各类报表报告等信息报送流程是否完善，信息质量是否符合规定，是否及时传递到需求部门。

5. 内部监督

主要审查评价项目管理机构是否制定了内部审计、定期检查和造价审核等相关制度。包括检查工作是否深入项目现场，结合项目实际，是否覆盖项目管理主要方面等。

（二）审计内容

建设项目内部控制和风险管理审计的主要内容包括：对建设项目管理机构合同控制、资金控制、进度控制、质量控制、安全控制等各项内部控制体系设计与运行的有效性进行审查和评价，对建设项目在各个阶段面临的主要风险进行识别和控制的有效性进行确认。包括：

1. 对建设项目内部环境进行审查，包括对建设项目管理

机构的组织架构设立是否符合项目管理需要，对职责分工与授权批准体系建立情况进行审查，包括重点分析各关键不兼容职责是否在不同部门、不同岗位、不同人员分离设置，并设置了防火墙等。典型的不相容职责应当包括项目建议和可行性研究与项目决策、概预算编制与审核、项目实施与价款结算、工程款结算与支付、工程结算和决算编制与审计等。对是否组建了满足项目建设管理需要的人力资源，是否建立了适应建设工程管理的文化等进行审查和评价等。

2. 对建设项目风险评估进行审查，包括对建设项目前期评审、勘察设计、工程施工、初步验收等过程中的风险识别、风险分析、应对策略等措施是否存在，安排是否完善，是否得到执行进行审查和评价。

3. 对建设项目控制活动进行审查，包括以建设项目合同执行、投资完成、工程结算、资金拨付为主线，对各个业务循环所制定的管理制度进行梳理，评价各项具体建设活动控制措施的设计和运行的情况，发现并提示可能存在的管理失控风险。

4. 对信息与沟通进行审查，包括关注建设项目工程图纸等文件中包含的设计信息，施工组织方案和施工日记等文件中包含的施工过程信息，材料设备存储收发和检验检测文件中包含的物资管理信息，工程管理统计等工作中形成的投资信息，会计账目报表等文件中包含的财务信息等信息，以及信息收集、传递的真实性、完整性和及时性，并对不同信息系统产生的信息进行相互印证，对信息系统安全性、有效性进行审查和评价。

5. 对内部监督进行审查，包括将建设项目建立的内部控制制度、风险管理制度与项目物资进场检验、隐蔽工程验收、监理、质检等工作程序相结合，对建设项目内部监督机制的有效性进行审查和评价。

6. 开展建设项目内部控制和风险管理审计时，审计人员应当深入了解被审计建设项目的情况，审查和评价各项建设活动及项目管理机构内部控制、风险管理的适当性和有效性，并关注建设项目勘察、设计、施工、供货、监理、咨询等各参建单位各项建设行为开展情况及其对建设项目内部控制、风险管理的影响。

7. 在开展建设项目内部控制和风险管理审计时，审计人员应当关注被审计单位业务活动及内部控制、风险管理中的舞弊风险，协助组织预防、检查和报告舞弊行为。

三、审计程序和方法

建设项目内部控制审计通常与其他审计内容结合进行。其中，内部控制测评是内部控制审计的主要组成部分。

审计人员进行内部控制测评，一般分为四个步骤：一是调查了解内部控制，并做出相应记录；二是对内部控制进行初步评价，评价控制风险；三是实施内部控制测试；四是对内部控制进行再评价。

（一）调查了解内部控制，并做出相应记录的程序和方法

1. 询问。询问项目管理人员，多采用面对面访谈、电话沟通等口头方式进行，也可以采用调查问卷。

2. 检查。通过审查和翻阅建设项目相关文件、报告、项目管理制度或手册、信息系统的技术文档和操作手册等，对建设项目内部控制进行了解。

3. 观察。在项目建设现场，通过观察项目建设活动及其安全、质量等有关内部控制的执行情况，加深对项目内部控制的了解。

4. 追踪业务的处理过程。常用于工程投资控制活动中，工程结算环节的控制测试。审计人员可以通过追踪一笔或者多笔工程结算的处理过程，了解建设项目投资的控制环节，或印证已经取得的对内部控制的了解是否正确。此外，这种方法还可能获取部分内部控制运行有效性的审计证据。审计人员对于被审计单位内部控制的调查结果，应该以书面形式记录或描述出来。常用的方法有文字说明法、调查表法和流程图法。

（二）对内部控制进行初步评价，评价控制风险的程序和方法

审计人员在完成了对建设项目内部控制的调查了解之后，要对内部控制做出初步评价，以确定相应的审计应对措施。

初步评价的内容包括健全性和合理性两个方面：

1. 健全性评价。主要评价应有的控制环节是否设置齐全。主要是回答控制"有没有"的问题。

2. 合理性评价。主要评价内部控制的设计是否合理，有无多余的和不必要的控制。主要是回答控制"好不好"的问题。

审计人员经过初步评价，认为存在下列情形之一的，应当测试相关内部控制的有效性：一是某项内部控制设计合理且预期运行有效，能够防止重要问题的发生。二是仅实施实质性审查不足以为发现重要问题提供适当、充分的审计证据的情况。

审计人员决定不依赖某项内部控制的，可以对审计事项直接进行实质性审查。被审计建设项目规模较小、业务比较简单的，审计人员可以对审计事项直接进行实质性审查。

（三）如果决定依赖内部控制，实施内部控制测试的程序和方法

内部控制测试是为了确定内部控制设计和执行的有效性而实施的审计程序。它是在调查了解内部控制设计状况的基础上，对其执行的有效性进行的测试，因此，也常被称为遵循性测试。

1. 内部控制测试的方式

内部控制测试可以采取两种方式：一是业务程序测试（简称业务测试），即选择若干具体的典型业务，沿着业务处理过程检查业务处理程序中的各项内部控制是否得到执行。这种测试常被看成是一种纵向的内部控制测试。二是功能测试，即针对某项控制的某个控制环节，选择若干时期的同类业务进行检查，查明该控制环节的处理程序在被审计期内是否按规定发挥了作用。这种测试常被看成是一种横向的内部控制测试。

2. 内部控制测试的范围

内部控制测试范围越大，提供的证据就越充分。但建设项目内部控制测试的范围并不是越大越好，要受到审计效率和审计成本的制约，并要准确把握内部控制测试工作量和实质性测试工作量的关系。

3. 内部控制测试的方法

审计人员可以通过检查、询问、观察、重新操作等方法来测试建设项目内部控制是否得到有效执行。

（四）对内部控制风险水平进一步评价的程序和方法

在初步评价的基础上，根据内部控制测试的结果对控制风险水平做出进一步评价，以确定完成建设项目审计工作所需执行的实质性审查的范围和重点。

控制风险的水平，可以用高、中、低三个等级来定性表示，也可以将控制风险量化为百分比来表示。

1. 低控制风险。建设项目内部控制健全且执行情况良好时，可认为控制风险较低。审计人员可以较多地依赖、利用内部控制，并相应减少结算审核、工程质量抽检等实质性审查的数量和范围。

2. 中等控制风险。建设项目内部控制比较健全，尚存在一定的薄弱环节或缺陷时，可认为存在中等控制风险。审计人员应有保留地信赖该内部控制。为减少审计风险，应扩大实质性审查的深度和广度，适当增加对工期控制措施、合同结算工作、工程质量局部抽检的数量和范围。

3. 高控制风险。建设项目内部控制设计不健全，或虽设计了良好的内部控制系统，但却未予有效执行，从而导致项目和会计资料大部分失控的，可认为控制风险较高。在这种情况下，审计人员无法信赖该单位的内部控制。通常应对工程主要部位开展无损质量抽检，对大额工程结算开展重点审核，对变更签证项目开展全面审计，以获得支持审计结论的足够证据。

采用百分比对控制风险进行描述时，若审计人员认为内部控制完全不能预防或发现错误，可将控制风险定为100%。内部控制越有效，控制风险就越低。

第二节 建设项目风险管理审计

一、业务概述

风险是人们因对未来行为的决策及客观条件的不确定性，而可能引起的后果与预定目标发生多种负偏离的综合。作为损失发生的不确定性，风险是不以人们的意志为转移并超越人们主观意识的客观存在。

建设项目周期长、规模大、涉及范围广，因而面临的风险相对较多且种类繁杂。在工程建设过程中，风险是普遍存在的。风险管理是建设项目管理中不可或缺的重要环节。

项目建设过程中存在的不确定因素主要来自两方面：第一，建设工程本身无法确定的因素，如建设工程施工技术的高低、所用建筑材料质量的好坏以及所在地地质条件的不同等原因，引起的不可预见的问题给建设工程施工过程中所带来的一些障碍和干扰因素；第二，建设工程外部无法抗拒的、不可预见的因素，主要包括自然环境风险，以及人文方面（诸如物价、政府部门、国家政策、合同风险转移等）的风险。

建设项目风险管理的目标是将因风险带来的经济损失最大限度地降低，所以要正确认识和识别风险，提前制定相应的防范措施，进行有效风险管理。

建设项目风险主要来自四个方面：设计及施工技术、自然环境、政治经济以及社会、合同方面的风险。

（一）设计及施工技术方面的风险

工程建设的核心是工程设计。如果设计上存在不合理或者结构不完善，必然会给工程建设带来不可避免的经济损失。如施工中发现设计不完善，可能需要进行大量的变更设计以致后续发生工程索赔。如竣工后发现设计不合理，则会导致工程使用寿命、效果或安全性受到重大限制。

（二）自然环境方面的风险

各种自然灾害都有可能给工程建设带来风险，例如来自气象灾害的（台风、雷电、寒潮等），来自自然灾害的（洪水等）以及建设工程本身所在复杂的地质条件、所在地恶劣的气候条件、工程建设过程中对周围环境施加的影响等，都是工程建设施工阶段潜在的风险因素。对这些必然存在的风险，应有恰当的管理措施。如果招标人员在制定招标文件时没有充分考虑分析上述各种因素，或者对那些来自自然的不可抗拒影响的级别没有加以限定，更容易给工程建设和施工阶段带来风险。

（三）政治经济及社会方面的风险

由于工程建设本身的复杂性以及建设周期长等特点，工程建设和施工阶段会受到政治经济及社会各种因素变动带来的风险。工程延期使得招标人要承担工期延误及工程延期索赔的双重风险。

（四）建设项目合同方面的风险

建设项目风险管理的依据主要是工程合同，合同的缺陷会给项目建设带来难以规避的风险。项目的管理者起草合同文件时应当具备强烈的风险管理意识。合同的每一个条款都要从风险管理和风险分析这两个角度进行研究。

建设项目管理者要努力识别上述四个方面的风险，并采取强有力措施来最大限度降低因这些不可避免风险带来的各种经济损失。运用风险管理方法，系统地研究和分析施工中常见的风险，提高危机意识和防范意识；采用正确的风险预测、有效进行风险防范，控制各种隐患、预测施工风险、降低经济损失。

二、审计目标和内容

（一）审计目标

建设项目风险管理审计的主要目标，是协助组织和建设项目高级管理层评估现有风险管理措施的不足，通过发现并评价重要风险，协助高级管理层在项目建设周期内提升风险管理能力，进而最大限度地识别风险、应对风险，并将管理风险的成本降至最低。

（二）审计内容

1. 项目建设管理机构对项目建设过程中出现未曾预料的新情况是否制定了风险预案，是否安排了足够资源来实施风险管理手段和措施。

2. 针对建设项目某些必须限时实现的目标，项目管理机构是否做好了资源调配冗余安排，对不利因素考虑是否充分。

3. 对项目建设出现转折点或提出重大设计变更时，项目风险应对方案是否合理，实施是否及时到位，结果是否在可控范围内。

4. 对边科研、边设计、边施工、边修改以及采用新技术的建设项目，项目是否针对不利因素做出了风险控制安排，是否能保证建设目标总体实现。

5. 对某一时段投入资金数额较大的项目，项目资金流安排是否顺畅，有无存在资金缺口导致支付困难的风险。

6. 对政府有关政策发生重要调整的建设项目，要关注项目建设安排是否会受到重大影响，项目进度是否可能严重滞后，是否存在调整设计和施工方案达成建设目标的可能。

7. 可能对社会产生影响的敏感问题，如环保政策、资源配置等，要重点关注项目是否做出充分考虑和安排，是否安排专门预算，是否聘请了专业机构和人员实施管理。

三、审计程序和方法

建设项目风险管理审计通常与其他审计结合进行，此处不再说明审计程序和方法。

第四章　建设项目采购审计

建设项目的建设过程就是业主单位完成"建设项目"这一产品的采购过程。由于建设项目具有单一、定制、独有的特点，对该产品的采购较其他标准化产品的采购更加复杂。建设项目一般将材料物资等产品、工程设计和施工劳务等服务分开来，采用多种方式分散采购，然后综合利用各参建单位的管理力量，建成符合设计要求的产品。因此，采购行为贯穿建设全过程，是审计的重点。

建设项目采购产品和劳务常用的方式，主要包括公开招标、邀请招标、竞争性谈判、单一来源采购、询价采购等方式。其中，公开招标指的是招标人以招标公告的方式邀请特定的法人或其他组织投标。公开招标是一种最能充分实现信息公开性、程序规范性、竞争公平性的采购方式，是国家和省（市）重点建设项目、全部使用或者部分使用国有资金投资或者国家融资的项目、使用国际组织或外国政府贷款、援助资金的项目，以及依据法律法规规定应当公开招标的项目进行采购的主要方式。邀请招标指的是招标人以邀请投标书的方式邀请特定的法人或者其他组织投标。竞争性谈判是采购人向符合相应资格条件的多家（一般不少于三家）供应商或承包人发出谈判文件，分别通过报价、还价、承诺等谈判商定价格、实施方案和合同条件，并依据谈判文件确定的采购需求及质量和服务要求，且报价最低的原则（政府采购的原则）从谈判对象中确定交易对象的采购方式。单一来源采购指的是采购人直接与唯一的供应商进行谈判采购，商定价格和合同条件的采购方式，也称直接采购。询价指的是采购人一般向三个及以上符合相应资格条件的供应商或承包人就采购的货物或服务发出询价通知书让其报价（一般为一次报价，不得更改），且主要通过价格评审比较，选择符合采购需求，质量服务相等，且报价最低的交易对象的采购方式。

上述采购方式并非随意选择，而是各有其适用条件。如公开招标采购，程序最繁杂，是建设项目大宗采购的主要方式。邀请招标属于有限竞争招标，是在技术复杂、有特殊要求或者受自然环境限制，只有少量潜在投标人可供选择；或者采用公开招标方式的费用占项目合同金额的比例过大时采用的采购方式，必须满足自然条件、地域条件、保密条件等一定条件，并经过核准或备案方可采用。竞争性谈判受采购时间、技术标准、市场范围限制，采购供应双方对采购物及对方意图都缺少了解，采购人只能通过与有限和特定的供应商或承包人进行灵活、充分的谈判，才能充分、正确地表达、沟通与确定采购的意图要求、供应服务的能力、实施方案及其技术标准规格，从而选择满意的采购物及交易对象。与招标相比，谈判采购程序简单，周期短，可以避免盲目竞争。但是，竞争性弱，透明性、规范性差，容易作弊。一般要求满足四个条件：第一，招标后没有供应商投标或者没有合格的供应商，或者重新招标未能成立的；第二，技术复杂或者性质特殊，不能确定详细规格的；第三，采用招标所需时间不能满足用户需求的；第四，不能事先计算出价格总额的。单一来源采购适用特点和条件与竞争性谈判采购相似，且程序更加简单，没有竞争性。一般要求满足下述三个条件：一是只能从唯一供应商处采购的；二是发生了不可预见的紧急情况不能从其他供应商处采购的；三是必须保证原有采购项目一致性的。询价采购则要求采购标的规格、标准统一，货源充足且价格变化幅度小，且主要比较价格，而无须进一步考察评价供应商能力和实施方案的货物和服务采购。询价采购程序简单、节约采购时间和费用，但竞争性、规范性弱，选择范围窄。议标，实质上即为谈判性采购，是采购人和被采购人之间通过一对一谈判而最终达到采购目的的一种采购方式，不具有公开性和竞争性，因而不属于招投标法所称的招标投标采购方式。

国家机关、事业单位和社会团体使用财政性资金采购工程、货物及服务时，应当遵循《政府采购法》。其中，政府采购工程以及与工程建设有关的货物、服务，采用招标方式采购的，适用《招标投标法》及其实施条例；采用其他方式采购的，适用《政府采购法》及其实施条例。

第一节　建设项目招标投标审计

招标投标是建设项目采购的主要方式。国有资金、国有企业投资建设项目受法律限定，强制采用招标投标方式进行采购。法定范围之外，多数建设项目也自愿选用了招标投标方式。因此，建设项目采购审计的工作重点是对招标投标过程及其成果的审计。

一、业务概述

建设项目招标投标过程主要包括招标准备、招标申请、招标控制价编制、刊登资格预审通告和招标通告、资格预审、发放招标文件、勘查现场、召开投标预备会、投标人编送投标文件等环节。对工程招标投标过程情况的审计，主要是跟踪检查上述各个环节执行国家政策、遵守国家和行业有关法律法规规范的情况。

（一）招标范围

按照国家有关规定需要履行项目审批、核准手续，依法必须进行招标的项目，其招标范围、招标方式、招标组织形式应当报项目审批、核准部门审批、核准。项目审批、核准部门应当及时将审批、核准确定的招标范围、招标方式、招标组织形式通报有关行政监督部门。

全部或者部分使用国有资金投资或者国家融资的项目（包括使用预算资金200万元人民币以上，并且该资金占投资额10%以上的项目，及国有企业事业单位通过投资关系、协议或者其他安排，能够实际支配项目建设的情形），使用国际组织或者外国政府贷款、援助资金的项目，大型基础设施、公用事业等关系社会公共利益、公众安全的项目，如果同一项目中可以合并进行的勘察、设计、施工、监理以及与工程建设有关的重要设备、材料等的采购，合同估算价合计达到规定标准，其单项采购或整个项目的总承包采购必须招标。在技术复杂、有特殊要求或者受自然环境限制，只有少量潜在投标人可供选择；或者采用公开招标方式的费用占项目合同金额的比例过大，并经过有关部门批准可以采用邀请招标。具备法定条件，如采用不可替代的专利或者专有技术；采购人依法能够自行建设、生产或者提供的，可以不进行招标。

（二）招标组织

招标人具有与招标项目规模和复杂程度相适应的技术、经济等方面的专业人员，可自行组织招标；也可选择招标代理机构组织招标，招标代理机构在招标人委托的范围内开展招标代理业务，不得在所代理的招标项目中投标或者代理投标，也不得为所代理的招标项目的投标人提供咨询。

（三）招标准备

公开招标的项目应当在国务院发展改革部门依法指定的媒介发布招标公告。在不同媒介发布的同一招标项目的资格预审公告或者招标公告的内容应当一致，同时编制招标文件。招标人在招标文件中可要求投标人提交投标保证金，投标保证金不得超过招标项目估算价的2%，有效期应当与投标有效期一致。招标人设有最高投标限价的，应当在招标文件中明确最高投标限价或者最高投标限价的计算方法。

资格预审结束后，招标人应当及时向资格预审申请人发出资格预审结果通知书。未通过资格预审的申请人不具有投标资格。通过资格预审的申请人少于3个的应当重新招标。招标人采用资格后审办法对投标人进行资格审查的，应当在开标后由评标委员会按照招标文件规定的标准和方法对投标人的资格进行审查。

（四）投标

投标人参加依法必须进行招标项目的投标，不受地区或者部门的限制，任何单位和个人不得非法干涉。投标人应在投标截止时间前提交投标文件，并提交投标保证金。未通过资格预审的申请人提交的投标文件，以及逾期送达或者不按照招标文件要求密封的投标文件，招标人应当拒收。招标人应当如实记载投标文件的送达时间和密封情况，并存档备查。

（五）开标、评标和定标

招标人应当按照招标文件规定的时间、地点开标。如投标人少于3个不得开标，应当重新招标。开标后，招标人应当组织评标委员会进行评标。评标委员会的专家成员应当从评标专家库内相关专业的专家名单中以随机抽取方式确定。评标委员会成员应当依照《招标投标法》规定，按照招标文件规定的评标标准和方法，客观、公正地对投标文件提出评审意见。招标项目设有标底的，招标人应当在开标时公布。

评标完成后，评标委员会应当向招标人提交书面评标报告和中标候选人名单，评标报告应当由评标委员会全体成员签字。对评标结果有不同意见和理由的应在评标报告中注明。

中标候选人应当不超过 3 个,并标明排序。招标人应当自收到评标报告之日起 3 日内公示中标候选人。

招标人应当确定排名第一的中标候选人为中标人。排名第一的中标候选人放弃中标、因不可抗力不能履行合同、不按照招标文件要求提交履约保证金,或者被查实存在影响中标结果的违法行为等情形,不符合中标条件的,招标人可以依次确定其他中标候选人为中标人,也可以重新招标。

（六）定标签约

确定中标人后,招标人和中标人应当依照《招标投标法》及其实施条例的规定签订书面合同,合同的标的、价款、质量、履行期限等主要条款应当与招标文件和中标人的投标文件内容一致。招标人和中标人不得再行订立背离合同实质性内容的其他协议。招标文件要求中标人提交履约保证金的,中标人应当按照招标文件的要求提交。履约保证金不得超过中标合同金额的 10%。

二、审计目标和内容

（一）审计目标

1. 核实招标资料的真实性和可靠性

建设项目的招标范围、招标方式、招标组织形式应报政府有关部门审批或核准,各项审批、备案资料应齐全。建设项目应按规定程序组织招标投标工作,各个环节记录文件应真实存在。开标应在招标文件规定的时间、地点进行;审查评标委员会应按照招标文件确定的评标标准和方法,对投标文件进行评审;招标人应接受评标委员会推荐的中标候选人。

2. 审核招标过程合规性

建设项目的招标范围、招标方式、招标组织形式应符合国家法律法规要求;招标投标过程应遵守国家和行业有关程序。项目的开标、评标和定标应符合国家和行业有关法律法规要求,满足招标文件的相关要求。

3. 确认招标工作完成及时性,结果最优化

建设项目招标前期准备、招标投标过程应在国家和行业相关规定的时间内进行,遵循经济效益性原则。项目的开标、评标和定标环节应在国家和行业有关规定的期限范围内完成;选定的中标人应为投标技术方案最优、报价合理的投标人。

（二）审计内容

1. 项目招标前期准备情况。审查各项招标前期审批手续是否完备,审查招标标段划分、招标范围和方式是否合规。

2. 项目招标、投标程序。审查建设单位或招标代理机构是否具备相关能力和资质,检查招标申请及其批准情况;审查招标程序是否合规;投标人和投标文件是否满足国家和行业有关规定,是否对招标文件提出的实质性要求和条件作出响应;审查招标投标过程是否在法律法规要求的期限内完成,是否遵循经济效益性原则。

三、审计程序和方法

（一）需要取得的资料

1. 在招标准备阶段,审计人员应当取得建设项目招标批复文件、招标公告、勘察设计报告、可行性研究报告、初步设计文件等资料。查阅批准的项目招标范围和招标计划、自行招标组织方式及专家库行政备案的相关资料、邀请招标的相关单项工程申请及批复文件等。

2. 在招标阶段,审计人员应当取得项目报建文件、建设单位资质审查和招标申请、招标公告、招标文件和补充招标文件（答疑纪要）、相关会议记录、投标文件、招标投标情况书面报告等文件资料,并调阅建设项目管理单位已招标单项工程台账、合同台账、设备材料清单等文件。

3. 在投标开标评标阶段,审计人员应当取得投标文件、投标保函、开标记录、开标鉴

证文件、评标记录、评标委员会书面报告等文件。

4.在定标阶段，审计人员应当取得定标记录、中标通知书、合同协议、补充合同协议等文件。

（二）内部控制测评

1.内部控制调查。了解建设项目管理单位内部关于招标评标工作的制度、流程、体系、人员配备及分工、权限设置等。

2.内部控制测试。通过招标投标事项检查，检查招投标制度及其各流程、各环节是否得到贯彻实施，有无领导意志凌驾制度之上导致内部控制失效的可能。

（三）审计取证

1.查阅相关文档资料，确认建设项目是否具备招标条件，招标方案是否经过审批或核准，设计标准是否合规，是否列入政府部门或上级单位的投资计划，查看工程场地征用、拆迁等准备工作是否完成。审阅相关审批或核准的记录文件资料，检查招标项目的招标范围、招标方式、招标组织形式是否报项目审批、核准部门审批、核准。

2.查阅招标文件关于标段的划分情况，分析是否按照单项工程或单体工程进行划分，各标段能否独立组织施工，是否存在化整为零，规避公开招投标等问题。

3.检查招标项目范围是否符合规定，主要检查项目的招标台账记录以及招标文件，查验勘察、设计和施工等合同是否通过招标选定承建单位。判断采用邀请招标是否符合法律法规约定；没有进行招标的，要进一步查验未招标的原因以及是否得到上级有关部门的批准。审查招标代理机构的专业能力是否满足法定要求和项目需要。

4.审阅相关招标文件及其记录，检查招标人是否对投标人进行了资格审查并及时公告审查结果，或者向资格预审申请人发出资格预审结果通知书；是否按照规定发布招标公告，是否及时发放工程招标文件，有无依法召开工程投标预备会议，组织投标人进行现场勘查。

5.审阅相关招标文件及其记录，审查招标人是否在投标人提交投标文件15日前对已发出的招标文件进行了澄清或者修改，不足15日的是否顺延投标文件截止时间。

6.审阅相关招标文件及其记录。对招标标底进行复核性测算；分析标底编制内容是否符合标段招标文件规定的施工范围、工程量、施工条件等。

7.审阅相关投标文件和记录，审查投标人是否达到所要求的资质等级，查看其相应资质允许的承接范围是否满足招标工程的建设规模和内容，是否具有良好的信誉，是否拥有必要的技术力量和机械设备，是否具备优良的施工和安全生产记录等，是否按要求交纳投标保证金。

8.综合分析相关投标文件，审查投标人是否按照招标文件的规定要求编制投标文件，是否对招标文件提出的实质性要求做出明确响应，其内容是否齐全、规范，投标报价和施工组织设计是否合理，是否存在对招标人不利、不合理的条款等。

9.审查并综合分析招标文件，审核不同投标人的投标文件，判断是否存在由同一单位或者个人编制、不同投标人委托同一单位或者个人办理投标事宜、不同投标人的投标文件载明的项目管理成员为同一人、不同投标人的投标文件相互混装以及不同投标人的投标保证金从同一单位或者个人的账户转出等问题。

10.查阅开标记录，审查开标是否在招标文件规定的时间、地点进行，是否邀请所有投标人参加。审查开标过程中废标等处理是否合规。

11.审查评标是否由招标人或代理机构依法组建的评标委员会负责；评标委员会名单在中标结果确定前是否保密。评标委员会组成和人员是否满足法定要求。

12.查阅评标记录，审查评标委员会是否按照招标文件确定的评标标准和方法，对投标文件进行评审和比较；关注是否存在评标打分不合理或投标人相互串通或投标人与招标人串通投标现象。

13. 审查评标委员会完成评标后,是否向招标人提出书面评标报告,并推荐 1-3 名中标候选人,标明排列顺序;评标报告是否由评标委员会全体成员签字。

14. 检查招标人是否接受评标委员会推荐的中标候选人,是否在评标委员会推荐的中标候选人之外确定中标人。审查在确定中标人前,招标人是否存在与投标人就投标价格、投标方案等实质性内容进行谈判的情况。国有资金占控股或者主导地位的必须依法进行招标的项目,招标人是否确定排名第一的中标候选人为中标人。

15. 审查中标人确定后,招标人是否向中标人发出书面中标通知书,并同时将中标结果书面通知所有未中标的投标人。审查确定中标人是否符合法律规定程序。

16. 查阅中标人的投标文件以及让中标人提供相应资质证明材料,审查施工资质情况、施工组织能力、社会信誉度、财务状况等,审查是否存在借用资质或非法转包情况,所承包的专业工程是否超越其资质能力等。

17. 查阅招标文件、中标人投标文件和合同,是否存在中标人向他人转让中标项目,或将中标项目支解后分别向他人转让现象。审查分包人的资格条件;查阅工程中标人的施工记录、劳务分包及物资材料供应等对外签订的合同及财务付款记录,审核是否存在转包和违规分包的情况。

18. 查阅中标合同、招标文件和投标文件,审查合同是否与招标文件相一致,招标中形成的书面答疑、澄清文件和承诺书等是否作为合同文件的组成部分。是否另行订立了与合同实质内容不一致的其他协议。审查合同语言表达是否清晰和严谨,合同计价方式是否符合工程特点,是否存在招标人承担不应有的风险,或者向中标人过度转嫁风险。

19. 审计人员要通过招投标事项的审计,努力提出规范招标投标制度,约束采购权力,杜绝违规事例的意见和建议。

第二节 建设项目询价及竞争性谈判采购审计

一、业务概述

与招标投标相比,询价采购和通过竞争性谈判采购是相对简捷高效的采购方式,适用于非法定招标采购事项。

（一）询价采购

询价采购是《政府采购法》规定的政府采购方式之一,其主要适用于采购的货物规格、标准统一、货源充足且价格变化幅度小的政府采购项目,它既能满足采购单位的一些数量不多、金额较小、时间要求紧的采购需求,同时也能有效地节约采购过程的成本,对于采购规模不大、采购任务相对较少、招标方式难以实施的地区和中小城市的集中采购机构来说,是一种较为常用的政府采购方式。

为了使询价采购能充分体现公开、公平、公正及竞争和效益原则,在询价准备阶段,采购单位要进行采购项目分析,制定采购方案,确定采购项目清单,编写询价书,采取公开方式和有限邀请方式邀请供应商参与询价。

各供应商应在规定的时间内提交报价文件,报价文件中应一次报出一个不可更改的最终报价,以确保公平竞争。报价文件要求密封报送,一般不应接受传真或电话报价。报价文件提交后,供应商不得对报价文件进行修改。采购机构在报价时间截止后,要公开唱标,对各供应商提供的报价文件中的报价表进行公开报价。询价小组进行综合评价后,推荐预成交供应商,出具询价结果报告,经批准后,签发询价结果通知书,签订采购合同。

（二）竞争性谈判采购

采用竞争性谈判方式采购,主要包括五个步骤:成立谈判小组、制定谈判文件、确定邀请参加谈判的供应商名单、谈判、确定成交供应商。通常可以把这五个步骤归纳为两个阶段,即谈判前的准备阶段和谈判阶段。

在准备阶段，应注意做好以下几项工作：一是从资金、技术、生产、市场等几个方面对采购项目进行全方位综合分析。二是确定项目采购清单。三是编制竞争性谈判邀请函。四是制作竞争性谈判文件。五是邀请参加谈判的供应商。六是对参加谈判的供应商进行资格预审。七是根据资格审查情况，确定参加谈判的供应商名单，并发售竞争性谈判文件。八是成立由技术专家、采购单位和有关方面的代表组成的谈判小组。九是确定工作人员。十是邀请监督机关、公证机关对谈判过程实施监督。

谈判阶段需要做的工作主要包括：一是报价文件递交时间截止后，在规定的时间、地点对各供应商提交的报价文件中的报价表进行公开报价。二是在公开报价后，谈判小组要对各谈判方递交的报价文件进行审阅，以判定谈判方资格的有效性，确定进入谈判阶段的供应商名单。三是谈判小组与各谈判方就技术方案进行谈判，技术谈判结束后，要确定进入下一轮谈判即商务谈判的供应商名单。四是谈判小组与各谈判方分别就商务方案进行谈判，确定进入最终承诺报价的供应商名单。五是组织技术、商务方案均符合要求的各谈判方进行最终承诺报价，最终承诺报价结束后，谈判小组要对最终承诺报价进行综合评审。六是经过对最终承诺报价进行综合评审、评断，并汇总出综合评审结果，最后由谈判小组出具最终谈判结果，推荐预成交供应商。七是采购代理机构根据谈判小组出具的谈判结果报告和确定成交的意见，综合审查相关资料，确定最终成交供应商。

二、审计目标和内容

（一）审计目标

1. 核实询价过程记录完整可靠性。建设项目询价采购事项应属于建设项目概算内采购内容，采购过程应完整记录，各个环节记录文件应真实存在。

2. 查实询价工作流程合规性。建设项目采用询价采购形式应符合国家法律法规要求；采购过程应遵守国家和本单位有关程序。询价采购过程不得有串通作假或未尽责情形。

3. 确认选定供应商报价合理最优化。建设项目采用询价方式采购应按国家和行业相关规定的时间进行，遵循经济效益性原则。选定的供应商报价合理并满足质量和时间要求。

（二）审计内容

审计人员应当关注建设项目是否遵循合规、高效、节约成本的原则来选择恰当的采购方式，并根据不同采购方式的规定程序，开展建设项目所需的工程、货物和劳务的采购活动。

三、审计程序和方法

（一）需要取得的资料

审计人员应当取得建设项目项目建议书、可行性研究报告及其批准文件、核准文件等前期报批文件，取得初步设计文件及其批复，投资计划及其批复，批准的招标和采购计划，项目设备、材料清单，以及采购过程中形成的采购制度、采购机构设置、采购方案、采购计划、采购过程记录、采购公告、谈判记录等。

（二）内控测评

1. 内部控制调查。查阅制度文件并询问相关管理人员，了解建设项目及其上级机关是否制订了询价和竞争性谈判采购工作规则、流程、制度、办法。了解建设项目是否组织有资质、有能力的团队开展采购工作，相关人员是否知悉采购工作制度流程。了解项目采购计划与财务、物资保管、运输等业务是否衔接。

2. 内部控制测试。对照内部采购工作流程，检查项目是否执行工作流程规定，实施了规定的计划制定、公告发布、邀请、谈判等程序。

（三）审计取证

1. 查阅项目前期报批文件，对照相关法规制度，判断项目是否符合询价采购、竞争性谈判采购条件，如采购时间紧张无法招标、单一产品市场供应充分、产品价格市场变化幅度小等。

2. 查阅项目采购过程文档，检查项目是否按照组织内部或项目自身制定的询价工作流程执行。

3. 调查供应商资质、业绩、供货能力、财务能力，确定询价的供应商是否具备提供相应产品和服务的实力、信用和意愿，是否按要求时间和质量条件提供不可撤销报价。

4. 检查谈判过程和询价评审记录，审核询价评审机构是否深入细致地开展了评审工作，提供公正、客观的评审意见。

5. 抽查质量检验资料和实物，审核所选供应商是否满足采购需求，是否在质量和服务条件相当情况下报价最低，是否按合同提供了合格产品。

6. 检查财务付款记录，对照合同检查采购工作是否按照询价结果签订并执行采购合同。

7. 调查市场供应情况，检查项目是否在满足工程建设对产品或服务质量、时间需求的前提下，降低采购成本，提高项目效益。

8. 如组织内部制订了关于建设项目集中采购、合格供应商库、不合格供应商黑名单等管理规定，审计人员应当关注建设项目是否按照规定上报了采购需求并采取了集中采购方式，签约供应商是否合格等内容，也应当关注上述集中采购和供应商管理机构是否按规定尽职履责，是否保证了所采购产品或服务的质量、时间，是否降低了采购成本。

9. 审计人员应当努力提出改进询价工作流程、完善询价采购权力运行方面的建议和意见。

第五章 建设项目工程管理审计

在项目建设过程中，相关参建单位应当依据国家和政府颁布的有关法律法规和行业规范，以及工程建设的有关设计合同文件，加强工程建设质量、安全和进度管理。

对工程建设质量、安全和进度的审计，首先，要关注工程质量、安全和进度内部管理制度的建立健全情况；其次，要对实体质量、相关管理措施等进行现场抽查。

除下列各节中对各专项管理工作的审计内容外，内部审计机构要统筹平衡各项管理目标之间的关系，根据工程建设需要，了解建设项目管理体系的建立情况，主要包括：

1. 上级组织对建设项目管理单位的授权是否明确而充分，是否建立了恰当的目标考核机制并切实执行，建设目标是否明确、是否分解下达并进行了考核。

2. 建设项目管理单位的组织结构是否能适应工程建设指挥需要，各部门分工是否清晰并相互衔接。

3. 建设项目主要管理人员是否具备建设项目管理所需专业知识和管理经验，相关部门工作人员是否具备从事建设管理各有关专业工作的知识结构和背景，项目管理机构人力资源配置总体是否能满足项目建设高峰期管理需要。

4. 是否根据建设项目特点建立并培育了适应工程所处行业、地域等特性和项目管理需要的管理文化。

5. 是否建立了与建设承包合同模式相适应的甲乙方沟通机制，沟通是否及时、顺畅、充分。

对建设项目开展工程管理审计时，审计人员应当充分认识工程管理涉及专业多、参建单位多、外部影响因素多、突发情况多等复杂态势，与建设项目管理人员充分沟通，努力了解项目管理的架构、模式、方式和管理文化，必要时要对相关参建单位进行调查，以了解管理人员实施各项工程管理行为时所面临的环境和情势，并在此基础上做出专业判断。

对建设项目开展工程管理审计时，除应当对建设项目管理机构（业主）及其部门、人员实施的各项具体建设行为的有效性和效率性进行审计之外，还应当关注建设项目管理机构通过调配建设资源、落实建设计划、协调建设工作等方式，对项目勘察、设计、施工、供货、监理、咨询等参建单位履约提供产品或服务工作实施的组织和管理行为的有效性和效率性。

项目建设中出现因参建单位未能充分履约等各种外部原因影响工程建设目标实现的情况时，审计人员应当加以关注，并深入分析原因，判断是否存在建设项目管理机构工程管理能力不足、管理措施不当、管理效率不高导致对参建单位相关工作督导不足等问题。

第一节　建设项目工期管理审计

一、业务概述

建设项目工期管理，或称进度管理，指的是保证项目准时完工所必需的一系列管理过程和活动。项目进度管理的目的是对建设项目进行计划、组织、协调、控制。项目进度管理是建设项目能否按期建成并投入使用的关键，也制约着工期、成本两大管理目标的实现。

二、审计目标和内容

（一）审计目标

1. 核实工期管理资料的真实性和完整性。项目进度管理计划编制和执行以及项目进度款支付使用等环节各项进度管理工作应真实存在，各项关于项目进度管理记录资料应真实、完整。

2. 确认工程进度是否满足合同要求，工期变更和索赔是否合理，审查进度计划编制是否以安全生产、厉行节约为前提，工程设计、施工进度、工程款到位、各类资源配置是否与进度计划相匹配；审查进度计划变更是否按规定程序通过相关部门审批，是否经济合理；审查进度款支付是否以实际完成工程量为依据，变更索赔日期和金额是否合理。

（二）审计内容

1. 建设项目进度管理计划编制情况。审查各合同文件、施工方案关于工期和项目进度的规定是否一致；是否建立了进度计划管理的体系和制度，进度计划编制是否以安全生产、厉行节约为前提，满足合同要求。

2. 建设项目进度管理计划执行情况。检查建设单位和监理进度检查报告、施工组织设计、各种进度管理计划、已完工程量统计表等资料，审查进度计划的落实情况；审查计划变更的原因是否属实，变更后的进度计划是否合规、完整可行，进度计划变更是否按规定程序通过相关部门审批。

三、审计程序和方法

（一）需要取得的资料

1. 由于建设项目进度管理工作专业性强，审计人员应当收集被审计项目所在行业适用的《建设工程项目管理规范》《建设工程监理规范》《建筑施工组织设计规范》《建设工程工程量清单计价规范》等规范性文件。

2. 审计人员应当从建设项目管理机构取得进度管理制度与保证制度、设计图纸及设计文件、总承包合同或施工合同、物资供应合同、分包合同、监理合同、施工组织设计（方案）、设计进度计划、材料和设备供货计划、监理规划、监理实施细则、验收资料、相关工作记录等资料。

3. 审计人员还应当通过建设项目管理机构取得施工单位的施工合同文件（包括总承包合同及分包合同）、施工组织设计、施工总方案、项目进度管理计划（包括工程总进度计划、各项目子系统进度计划、各子项目工程进度计划）、项目资源需求计划、费用计划、项目管理目标责任书等资料。

（二）内部控制测评

1. 内部控制调查。检查建设单位是否编制了施工合同文件、委托监理合同文件、施工总方案等，各合同文件、施工方案中关于工期和项目进度是否有明确规定。检查建设项目是否建立了进度拖延的原因分析和处理程序，对进度拖延的责任划分是否明确、合理（是否符合合同约定），处理措施是否适当。

2. 内部控制测试。检查建设项目进度管理计划是否符合文件规定及工程定额标准，是否完整、可行。抽查工程总进度计划、各项子系统进度计划、各子项目工程进度计划，确认是否存在各系统不均衡发展的情况；子项目进度计划是否与总进度计划一致。采用抽查或穿行测试，检查施工组织设计方案、设计进度计划、项目资源需求计划、费用计划、设备材料的供货计划等是否确实执行。

（三）审计取证

1. 检查工程前期立项和报建报批手续的办理是否及时，是否影响工程按时开工，是否形成资金和设备闲置浪费。

2. 检查现场的原建筑物拆除、场地平整、文物保护、相邻建筑物保护、降水措施及道路疏通是否影响工程的正常开工。

3. 检查施工图设计完成的时间及其对建设进度的影响，有无因设计图纸拖延交付而导致的进度风险。

4. 检查是否有对材料和设备等因素影响施工进度采取控制措施。

5. 检查建设单位和监理进度检查报告、施工总方案、项目资源需求计划、费用计划、各种进度管理计划、已完工工程量统计表等资料，审查核实是否存在由于资金资源供给迟缓或过快导致进度偏差的情况。

6. 检查设计变更处理流程是否完备，是否有效运行，有无因设计变更申请处理滞后等原因造成进度拖延，有无因不当管理造成返工、窝工情况。

7. 检查对索赔的确认是否依据网络图排除了对非关键线路延迟时间的索赔。

8. 关注项目受到资源约束或外部环境变化时，是否对进度计划进行调整。审查计划变更的原因是否属实，变更报价是否合理，变更后的进度计划是否合规、完整可行，进度计划变更是否按规定程序通过相关部门审批，由于进度计划变更导致的施工单位赔偿金额是否符合合同规定和变更实际情况。

9. 审计人员应当努力发现工期管理中的薄弱环节，提出平衡建设项目工期、质量、成本三大目标，更好地实现建设项目综合效益的建议和意见。

第二节　建设项目质量管理审计

一、业务概述

工程质量管理是指建设项目确立和实现工程预定质量标准的全部职能及其工作内容，也包括对工程质量成果进行评价和改进的一系列活动，包括相关参建单位围绕工程质量所进行的指挥、协调和控制等活动。工程质量管理的目的是预防、减少或消除质量缺陷，建设质量合格的工程项目，保证投资效益的实现。

工程质量管理的基本模式是策划、实施、检查和改进。工程质量的好坏是建设、勘察、设计、施工、监理、物资供应等单位各方面、各环节工作质量的综合反映。工程质量管理的主要工作，包括质量管理体系的建立和质量管理措施的实施。质量管理体系涵盖各个参建单位，包括制定建设项目质量管理目标，设置质量管理专职机构、明确质量责任和权限、建立质量管理制度体系、确立员工培训上岗机制等工作。质量管理措施的实施，应当建立在各参建单位质量责任的基础上，各司其职，共同对工程质量进行控制、检测和完善。

建设项目审计中应当关注工程质量管理情况，促进相关参建单位加强工程质量管理，确保建设项目建设质量。

二、审计目标和内容

（一）审计目标

1. 核实参建单位履行质量管理职责充分性，记录完整性。参建单位应履行质量管理、质量事故处理和施工过程质量验收等职责，各项质量管理工作真实，项目质量管理记录资料完整。

2.查实质量管理行为合规性。参建单位质量管理职责履行、质量事故处理和施工过程质量验收等环节各项质量管理工作应符合国家和行业有关法律法规的规定。

（二）审计内容

1.建设项目参建单位质量管理职责履行情况。审查各参建单位确定的质量管理事项是否落实；监理工作、合同管理以及分包合同管理是否符合国家法律法规和行业规范；检查工程变更的审批程序、索赔申报与审批程序等约定是否明确及得到履行。

2.建设项目质量事故处理过程。审查相关机构是否对质量事故的原因进行调查分析；审查质量事故的技术处理方案是否严格执行相应的工程质量标准，事故处理技术方案是否切实可行、经济合理。

3.建设项目施工过程验收。审查施工单位是否落实施工工序的质量自检工作；抽查检验批质量验收记录，检查检验批验收程序是否符合规定，主控项目和一般项目的质量经抽样检验是否合格；抽查各层级质量验收记录，重点跟踪验收中出现的不合格情况的处理记录，检查施工过程质量验收不合格的处理是否符合规定。

三、审计程序和方法

（一）需要取得的资料

收集建设项目相关专业的设计、施工和验收规程、规范、标准以作参考。包括各行业、专业的《建设工程项目管理规范》《工程建设施工企业质量管理规范》《建筑施工组织设计规范》《建筑工程施工质量验收统一标准》《建筑工程施工质量评价标准》《建设工程监理规范》等。

对建设项目各参建单位，应当分别收集质量管理过程资料。

1.需要建设单位提供的资料。项目制订的质量管理制度与保证制度、设计图纸及设计文件、总承包合同或施工合同、物资供应合同、分包合同、监理合同、施工组织设计（方案）、监理规划、监理实施细则、验收资料、相关工作记录等，包括项目管理架构、组织机构、人员情况等资料，以及描述有关人员工作职责和质量管理责任的工程管理制度等文件，记录质量管理行为的项目管理检查表、工程管理记录等文件表格资料。

2.需要勘察设计单位提供的资料。企业资质证书，勘察设计合同文件，勘察设计作业大纲、作业记录，各专业管理部门设计的施工图及施工图说明等资料。

3.需要施工单位提供的资料。企业资质证书、施工合同文件（包括总承包合同及分包合同）、施工组织设计和施工方案；质量管理与保证制度文件，总包和分包工程管理制度；质量管理记录，包括：施工日记和专项施工记录，技术交底记录，上岗培训记录和岗位资格证明，施工机具和检验测量及试验设备的管理记录，图纸的接收和发放、设计变更的有关记录，监督检查和整改、复查记录等，自检、互检、交接检记录，各分项工程检验表、隐蔽工程验收纪录，材料、产品出厂合格证，现场抽检报告，结构成品质量性能检测报告，施工过程重要工序的自检和交接检记录；抽样检验报告、见证检测报告、隐蔽工程验收报告；检验批质量验收记录、分项工程质量验收记录、分部（子分部）工程质量验收记录、单位（子单位）工程质量验收记录。质量问题处理制度、质量事故调查报告、处理方案、验收鉴定资料、工程复工报审表等。

4.需要监理单位提供的资料。监理单位资质证书、监理人员执业资格证明材料、委托监理合同文件、监理规划、实施细则、监理日志、项目建设质量检查记录、设备材料平行检验报告及附件等资料，质量事故的书面报告、监理工程师通知、工程暂停令。

5.需要设备材料供应单位提供的资料。有关建筑材料、构配件和设备的现场管理制度文件；材料设备采购计划、采购合同；主要建筑材料（如钢筋、水泥及其制品、砂石料、焊材、高强螺栓）的产品合格证、出厂检验报告、进场报验表、进场复验报告及附件、监理平行检验（监理单位提供）或见证抽检报告及附件；工程设备的产品检验、质量检验证明文件和产品合格证等。

（二）内部控制测评

1. 内部控制调查

收集项目质量管理制度，了解各参建单位质量管理流程。对相关制度，如招标管理制度、采购管理制度、材料物资验收保管制度、分包管理等制度中有关质量管理的条款要重点收集。

询问管理层关于项目质量管理重点、资源调配计划、质量事故预案和本项目质量管理过程情况。

2. 内部控制测试

（1）对照项目管理检查表，抽查主要参建单位监督情况记录，抽查实物工程质量的检测记录；检查确定的管理事项是否落实；检查各参建单位的资质、人员持证上岗情况和质量保证体系的建立及运行情况；检查是否落实对实物工程质量的检查和检测。

（2）对照《建设工程监理规范》和委托监理合同检查监理服务内容与建设单位有关监理工作管理内容。

（3）查阅工程合同管理制度，抽查工程变更、索赔文件的审批情况；检查施工合同中规定的建设单位职责与建设单位工程合同管理职责的一致性与完整性。

（4）检查分包管理制度的建立情况；检查建设单位是否建立承包商分包工程管理制度；检查施工合同中是否明确建设单位对分包工程的审批程序；检查建设单位是否按约定对分包工程进行了核准和审批。

（三）审计取证

1. 对照《工程建设施工企业质量管理规范》和施工单位制定的有关施工过程中的检验与试验程序、工程内部验收程序及自检、交接检、专项检质量管理等制度，抽查施工班组自检记录、工种间交接检查表、质量检验评定记录等，检查施工单位是否落实施工工序的质量自检工作。

2. 对照相应的专业工程验收规范，抽查检验批质量验收记录，检查检验批验收程序是否符合规定，主控项目和一般项目的质量经抽样检验是否合格。必要时可聘请有资质的专业机构对检验批进行实体质量检测，检查其质量是否合格，检查其结果与验收结果的一致性。

3. 对照相应的专业工程验收规范，抽查分项工程质量验收记录，检查分项工程验收程序是否符合规定，验收内容是否完整。

4. 对照相应的专业工程验收规范，查阅分部（子分部）工程质量验收记录，抽查分部（子分部）工程验收程序是否符合规定；是否按规定对涉及安全和使用功能的分部工程进行见证取样试验或抽样检测；是否对其观感质量进行验收。必要时，可聘请有资质的专业机构对涉及结构安全和使用功能的重要分部工程进行抽样检测，检查其质量是否合格，检查其结果与验收结果的一致性。

5. 抽查各层级质量验收记录，重点跟踪验收中出现的不合格情况的处理记录，检查施工过程质量验收不合格的处理是否符合规定；是否对严重的缺陷推倒重来；是否进行必要的加固处理；是否对通过返修或加固处理后仍不能满足安全使用要求的分部工程、单位（子单位）工程不予验收。

6. 对质量事故，要检查相关机构是否对质量事故的原因进行调查分析，调查分析报告是否全面、及时、客观和准确。

7. 检查是否制订或选择质量事故的技术处理方案，处理方案是否严格执行相应的工程质量标准，事故处理技术方案是否切实可行、经济合理。技术处理方案是否得到设计单位及相关职能部门的确认。

8. 对照专业工程验收规范，查阅验收资料，检查质量事故的责任主体是否落实各项技术组织措施，并按照制定的方案对事故进行了处理，过程检查、验收和记录是否齐全，相关结论是否明确。必要时，可通过实测实量、聘请专业机构进行检测等方法获取可靠的数据，判断处理结果是否达到规范要求和符合设计标准。

9. 在勘察设计环节，审计人员要考察工程勘察单位资质、能力能否满足项目需要，有无建立完善的质量控制体系，勘察报告和设计文件是否符合相关规范，内容是否完整，设计商提供的现场服务是否全面、及时。

10. 在材料设备等物资管理环节，检查项目管理单位是否建立了完善的物资验收、抽检、保管程序，是否存在因材料设备质量影响工程质量的风险；检查项目管理单位和有关参建单位是否对进入现场的成品、半成品进行验收，对不合格品的控制是否有效，对不合格工程和工程质量事故是否进行返工或加固修补。

11. 检查工程监理执行机构是否受项目法人委托对施工承包合同的执行、工程质量、进度费用等方面进行监督与管理，是否按照有关法律、法规、规章、技术规范设计文件的要求进行工程监理。重点检查人力资源配置是否符合规定；检查监理抽检部分的监理旁站记录、进场材料抽样检验记录、分部分项验收记录，分析监理工作是否履职尽责。

12. 审计人员应当努力发现质量管理中的薄弱环节，提出协调建设项目工期、质量、成本三大目标，更好地实现建设项目综合效益的咨询建议意见。

第三节　建设项目安全管理审计

一、业务概述

项目安全管理的任务是发现、分析和消除生产过程中的各种危险，防止发生事故和职业病，避免各种损失，保障员工的安全健康，从而推动项目建设的顺利进行，促进提高建设项目的经济效益和社会效益。主要包括项目安全生产责任制执行、项目现场安全管理以及项目安全防护、文明施工措施费用管理使用等。

二、审计目标和内容

（一）审计目标

1. 确认项目各参建单位安全管理职责履行

项目各参建单位安全生产责任制执行、项目现场安全管理以及项目安全防护、文明施工措施费用管理使用等工作应到位，符合国家和行业有关法律法规和规范的要求。安全管理制度和岗位安全操作规程的培训应及时，安全事故处理方案应得到有关单位审批。

2. 确认记录完整性

项目安全管理记录资料应真实、完整。必要的资料包括对安全管理规章制度及安全操作规程的执行情况、施工组织中安全技术措施和危险作业施工专项措施的制定审核和对施工人员的技术交底情况、大型和特种机械的使用、保养、检修情况和员工安全教育培训与持证上岗记录资料等。

（二）审计内容

1. 建设项目安全生产责任制执行情况。审查安全管理组织的建立情况、安全管理岗位的设置情况、安全生产制度建立和落实情况，上述各个环节的设立和执行是否符合国家法律法规和行业规范；审查项目建设过程中是否发生过安全生产责任事故，对事故的调查、分析和处理是否及时、合规，是否贯彻了"事故原因分析不清不放过，事故责任者和群众没有受到教育不放过，没有采取切实可行的防范措施不放过"的原则。

2. 建设项目现场安全管理情况。抽查项目负责人、安全管理人员及特种作业人员是否持有相应资格证书，是否进行全员安全教育，安全管理制度和岗位安全操作规程的培训是否及时；检查安全设备材料的使用是否符合国家法律法规、行业规范以及合同规定；审查是否制订安全事故的技术处理方案，技术处理方案是否切实可行、经济合理。

3.建设项目安全防护、文明施工措施费用管理使用情况。审查检查安全防护、文明施工措施费用实际提取金额与应提取金额是否一致；审查安全生产费用提取金额、会计处理和会计报表的反映是否正确；审查落实安全生产费用的具体使用范围是否符合规定。

三、审计程序和方法

（一）需要取得的资料

1.首先应当取得安全管理相关规程规范，如《建筑施工安全检查标准》《施工企业安全生产评价标准》《建筑机械使用安全技术规程》《建筑工程施工现场供用电安全规程》《仓库防火安全管理规则》等。

2.在建设项目管理单位，应当取得安全管理制度与保证制度、设计图纸及设计文件、总承包合同或施工合同、物资供应合同、分包合同、监理合同、施工组织设计（方案）、监理实施细则、验收资料、相关工作记录（包括安全风险评估报告、记录安全管理行为的项目管理检查表、工程管理记录）等资料。

3.在施工单位，应当取得施工企业资质等级证书、施工合同文件（包括总承包合同及分包合同）、与分包单位的安全生产协议书、安全生产许可证、施工组织设计和施工方案、安全专项施工方案、应急救援预案；各工种安全技术操作规程，有关安全生产责任制度、安全教育培训制度、安全生产考核指标、安全生产资金保障制度、安全生产管理目标等文件，安全资金使用计划；安全管理记录：施工日记和专项施工记录、安全技术交底记录、上岗培训记录和岗位资格证明、安全教育培训记录、安全资金使用记录、安全检查记录、整改和复查记录等；安全事故调查分析报告、安全事故处理报告等资料。

4.在监理单位，应当取得监理单位资质证书、安全管理体系文件、委托监理合同文件、监理规划、监理实施细则、施工安全监理报告、监理日志等资料。

5.在设备材料供应单位，应当取得安全防护用具、机械设备等的购买合同、质量检验证明文件和产品合格证等。

6.从行业质量监督部门索取安全事故调查分析报告。

（二）内部控制测评

1.内部控制调查。检查安全责任制度的建立情况。逐项核实机构的建立情况、安全管理岗位的设置情况、安全生产制度和责任制落实情况、对施工及监理单位的管理细则、合同管理制度文件等。

检查建设单位是否建立对承包商分包工程管理制度，检查施工合同中是否明确建设单位对分包工程的审批程序，建设单位是否按约定对分包工程实施严格的核准和审批；检查总承包商与分包商之间是否签订安全生产协议，分包商是否按协议履行安全生产责任。

2.内部控制测试。检查安全管理责任制度落实情况。抽查部分施工部位安全管理记录，检查施工合同中规定的建设单位安全责任与建设单位工程合同管理规定的安全责任的一致性与完整性。

检查是否发生过安全生产责任事故，对事故的调查、分析和处理是否及时、合规；安全保障资金的实际使用情况与计划是否一致；安全检查事项是否落实，尤其是对工程安全生产影响重大环节的监控工作是否到位。

（三）审计取证

1.抽查施工单位的施工日记和专项施工记录、安全教育培训记录及相关工作人员上岗培训记录和岗位资格证明，对照国家安全生产有关规定和施工单位制定的各工种安全技术操作规程、安全教育培训制度等，检查项目负责人、安全管理人员及特种作业人员是否持有相应的资格证书，是否进行全员安全教育，安全管理制度和岗位安全操作规程的培训是否及时等情况。

2. 检查安全技术交底记录或询问相关工作人员，对照国家安全生产有关规定和施工单位制定的各工种安全技术操作规程等，检查是否存在无安全技术交底，或交底针对性不强、不全面、未履行签字手续等情况。

3. 查阅工程使用的安全防护用具、机械设备等购买合同、质量检验证明文件和产品合格证、入库单、出库单和日常安全检查记录，对照国家安全生产有关规定和施工合同文件等，检查资料和现场情况的一致性，检查安全设备材料的使用是否符合法律及合同规定。

4. 查阅施工单位的安全检查记录及整改和复查记录，对照国家安全生产有关规定、施工合同文件及施工单位制定的安全检查制度等，重点关注施工现场曾存在的安全隐患及整改情况，必要时可检查记录与现场情况的一致性。

5. 查阅安全事故处理档案文件，对照国家安全生产有关规定、施工合同文件、委托监理合同文件等，检查判断相关责任方是否对安全事故进行调查分析，调查分析报告是否全面、及时、客观和准确，是否制订或选择安全事故的技术处理方案，技术处理方案是否切实可行、经济合理，责任主体根据技术处理方案对事故进行处理的情况，处理结果是否达到规范要求和符合设计标准。

6. 查阅工程概算、施工合同文件等，检查安全防护、文明施工措施费用实际提取金额与应提取金额是否一致；检查会计凭证、会计账簿和会计报表，查看安全生产费用提取金额、会计处理和会计报表的反映是否正确；检查安全资金银行储存账户的对账单，审查安全生产费用专户存储情况，确认是否存在挪用的现象。

7. 查阅施工合同文件、安全防护及文明施工措施项目费用清单、安全费用年度使用计划等资料，逐项审查落实安全生产费用的具体使用范围是否在规定的开支范围内；审查会计凭证、会计账簿和会计报表，查看安全生产费用使用的会计处理和会计报表的反映是否正确。

第六章　工程造价审计

工程造价审计是指内部审计机构和内部审计人员依据相关法规和合同协议，对建设项目成本的组成及其真实性、合理性进行审查，对项目成本控制做出评价，以及对改进和完善工程成本管理工作提出意见和建议。

第一节　业务概述

建设项目造价管理就是对工程成本的管理。建设项目的成本呈单向累加趋势，随建设工程的逐步进展而增加。在建设项目前期阶段，一般根据工程规模、地点等主要条件编制工程估算；在初步设计编制完成后，应根据初步设计工程量编制工程概算；在施工图设计和工程施工阶段，应当依据工程施工图纸详细计算工程量，编制工程预算；在工程完成阶段，应对相关合同进行结算后，最终汇总编制工程结算；在工程竣工阶段，投资方应当按规定汇总建设安装工程投资、设备投资、待摊投资、其他投资等费用，编制工程决算。各阶段工程造价核算的范围和精细程度略有不同，如工程概算中，最小单位子目一般在单位工程级别，在工程预算和结算中，则精细到分部分项工程级别。

工程造价不是一成不变的，根据工程进展中各种内外部因素变化的需要，工程造价会因为实际工程量、工程设计变更、工程索赔等原因出现较大变化。因此，工程变更管理、索赔管理也是工程造价管理的重要组成部分。

投资估算是在建设项目前期对项目投资额进行的估计，是多方案比选，优化设计，合理确定项目投资的基础，是审批项目的依据之一。编制估算的方法主要包括比例估算、指标估算、系数估算等。审计应当根据需要对投资估算编制基础、编制方法的选择、编制过程进行逐项审查。

初步设计概算是在初步设计或扩大初步设计阶段，由设计单位根据初步设计或扩大初步设计图纸、概算定额、指标、工程量计算规则、材料、设备的预算单价、建设主管部门颁发的有关费用定额或取费标准等资料预先计算工程从筹建至竣工验收交付使用全过程建设费用的经济文件。初步设计概算是初步设计文件的重要组成部分，是在投资估算的控制下由设计单位根据初步设计、概算定额（概算指标）等资料，编制和确定的建设项目从筹建至竣工交付使用所需全部建设费用的经济文件。按照国家规定采用两阶段设计的建设项目，初步设计阶段要编制初步设计概算；采用三阶段设计的，技术设计阶段还要编制修正概算。

施工图预算是指拟建工程在开工之前，根据已批准并经会审后的施工图纸、施工组织设计、现行工程预算定额、工程量计算规则、材料和设备的预算单价、各项取费标准，预先计算工程建设费用的经济文件。施工图预算是设计单位完成施工图设计后，根据施工图纸、预算定额、各项取费标准、建设地区的自然及技术经济条件等资料编制的建筑安装工程预算造价文件。在实行招标承包制的情况下，施工图预算是建设单位确定标底和施工单位投标报价的依据，关系到建设单位和施工单位经济利益。

设计变更是指设计单位依据建设单位要求调整，或对原设计内容进行修改、完善、优化。设计变更关系到建设项目建设进度、质量和投资控制。

第二节　工程造价管理审计

工程造价管理，指的是项目投资方（业主）及建设管理方在项目建设全生命周期内围绕项目成本控制开展的一系列管理工作。工程造价管理审计主要针对工程造价管理工作的合规性、完整性进行审查和评价。

一、审计目标和内容

（一）审计目标

1. 核实工程价款结算合规性。工程造价控制体系应有效，工程结算应符合招标文件和合同约定，工程索赔条件合规，索赔证据充分、及时，索赔费用内容合理。工程价款结算相关工程量计算应准确，定额套用、材料价格应合规。

2. 确认结算支付及时性。工程价款结算支付应及时，进度适当。工程索赔及反索赔办理应及时、全面。

（二）审计内容

1. 初步设计概算。审查初步设计概算编制人员资格是否适当，编制依据是否合法、有效、适用，编制深度是否符合规定。审查投资规模、设计标准是否符合可行性研究报告或立项批复文件。

2. 施工图预算。审查工程造价编制单位、人员资质是否符合要求。

3. 设计变更。审查设计变更的提出是否真实、合规。审查设计变更审批程序是否合规，变更原因是否合理，变更方案是否优选。

4. 竣工结算及支付。审查竣工结算和资金支付是否及时，是否存在违反工信部《及时支付中小企业款项管理办法》"国家机关、事业单位不得以审计作为支付中小企业款项的条件，不得以审计结果作为结算依据"等相关规定现象。政府投资项目是否存在违反全国人大常委会法工委在回复中国建筑业协会作出的《关于对地方性法规中以审计结果作为政府投资建设项目竣工结算依据有关规定提出的审查建议的复函》关于"地方性法规中直接以审计结果作为竣工结算依据和应当在招标文件中载明或者在合同中约定以审计结果作为竣工结算依据的规定，限制了民事权利，超越了地方立法权限，应当予以纠正"和住建部办公厅《关于加强新冠肺炎疫情防控有序推动企业开复工工作的通知》关于"规范工程价款结算，政府和国有投资工程不得以审计机关的审计结论作为工程结算依据,建设单位不得以未完成决算审计为由,拒绝或拖延办理工程结算和工程款支付"等相关规定的现象。

二、审计程序和方法

(一)需要取得的资料

1. 批准的建设项目设计任务书(或批准的可行性研究文件)和主管部门的有关规定。
2. 初步设计项目一览表。
3. 施工承发包合同、专业分包合同及补充合同,有关材料、设备采购合同。
4. 招投标文件,包括招标答疑文件、投标承诺、中标报价书及其组成内容。
5. 各专业管理部门经过校审并签字的设计图纸、文字说明和主要设备材料表。包括工程竣工图或施工图、施工图会审记录,经批准的施工组织设计,以及设计变更、工程洽商和相关会议纪要。
6. 当地和主管部门的现行建筑工程和专业安装工程的概算定额(或预算定额、综合预算定额,本节下同)、单位估价表、材料及构配件预算价格、工程费用定额和有关费用规定的文件等。
7. 现行的有关设备原价及运杂费率,现行的有关其他费用定额、指标和价格等。
8. 类似工程的概预算及技术经济指标等。
9. 工程预算书。
10. 施工监理日志,施工记录。
11. 隐蔽工程验收资料,工程量测量和确认资料。
12. 经监理、业主单位审核完成的设计变更计量支付证书。

(二)内部控制测评

1. 内部控制调查检查初步设计概算编制依据的合法性。初步设计概算应采用经过国家或授权机关批准的编制依据,且符合国家有关部门规定的时效性与适用范围。检查投资规模、设计标准等是否符合原批准的可行性研究报告或立项批文的标准。

2. 内部控制测试

抽查工程施工图预算、工程结算计算书,复核各项工程造价指标、主要材料用量指标计算是否准确,检验工程造价控制过程是否严格。

(三)审计取证

1. 初步设计概算及管理情况

检查初步设计概算的编制内容是否完整,是否符合概算编制规定,检查建筑安装工程费用的定额套用、工程量、材料用量和价格、取费标准等是否依据充分。检查总概算中各项综合指标和单项指标与同类工程技术经济指标对比是否合理。

2. 施工图预算及管理情况

施工图预算审计主要检查业主单位是否编制施工图预算或类似造价控制文件对工程造价进行控制,相关文件编制程序和方法是否符合有关规范要求。工程量计算规则与计价规则或定额规则是否一致。

3. 合同价款及管理情况

建设工程施工合同包括固定总价合同、可调合同价的合同、成本加酬金合同等多种形式。审计中,一是检查合同价的开口范围是否合适,若实际发生开口部分,应检查其真实性和计取的正确性。二是检查合同价款约定的合法性。三是检查是否将暂定价、暂估价、概算价等约而不定的价款作为合同价款。

4. 工程量清单计价情况

一是检查工程量清单是否按规定包括分部分项工程量清单、措施项目清单和其他项目清单,以及各子清单内容的准确性和完整性。二是检查招标控制价是否符合国家、省、市工程造价计价的有关规定。三是检查招标控制价中材料暂估价、专业工程暂估价的设置合理性。四是检查工程量清单计价是否符合国家清单计价规范要求的"四统一"，即统一项目编码、统一项目名称、统一计量单位和统一工程量计算规则。

5. 工程结算情况

一是检查工程发承包合同及其补充合同的合法性和有效性。二是检查隐蔽工程等验收记录手续的完整性、合法性和真实性。三是检查前期、中期、后期结算的方式是否能合理地控制工程造价。

6. 概预算管理情况

一是检查建设单位是否将经审批的初步设计概算和执行概算（预算）作为动态控制投资的依据，核实超概算金额并分析原因，重点审查有无概算外项目和提高建设标准、扩大建设规模的现象。二是审查弥补资金缺口的资金来源，有无挤占、挪用其他基建资金和专项资金的现象。三是检查概算外增加项目和概算甩项项目的相关批文，核实概算调整的真实性和合法性，包括概算调整的原因、各项调整系数、设计变更和估算增加费用等。

7. 提出意见和建议

对审计中发现项目造价控制不严、价款多计、少计或支付管理方面存在的问题，审计人员应当进行深入的原因分析，确认项目成本管控体系存在的薄弱环节，提出有关改进造价管理方面的意见和建议。

第三节 工程造价真实性审计

工程造价是建设各方依照设计文件和合同约定分别发生，由项目业主直接或间接支付并承担的各类成本的总额。对工程造价真实性的审计，主要在工程各类合同结算、完工结算、竣工结算和决算环节完成。

一、审计目标和内容

（一）审计目标

1. 查实投资完成情况真实性。完成投资额应真实，不得有虚列工程、套取资金等行为。
2. 确认工程价款结算真实性。工程各类合同结算及其变更不得有弄虚作假、高估冒算等行为。
3. 核实索赔签证真实性。工程索赔证据、签证单内容应真实。

（二）审计内容

1. 初步设计概算。审查工程量计算是否准确，概算定额套用、有关费用计取是否正确。
2. 施工图预算。审查施工图预算分部分项工程费用计算是否正确，措施费清单列项和计算是否合理，其他项目费中暂列金额、暂估价、计日工等确定是否合规，相关规费和税金计取是否正确。审查施工图预算工程量计算是否准确，综合单价计算是否正确。
3. 设计变更。审查变更工程量计算是否准确，相关取费是否符合规定，价格是否合理。
4. 工程索赔。审查经济补偿和工期顺延的要求是否真实，计算是否合理。

二、审计程序和方法

（一）需要取得的资料

1. 批准的建设项目设计任务书（或批准的可行性研究文件）和主管部门的有关规定。
2. 初步设计项目一览表。
3. 施工承发包合同、专业分包合同及补充合同，有关材料、设备采购合同。
4. 招投标文件，包括招标答疑文件、投标承诺、中标报价书及其组成内容。
5. 经过各专业管理部门校审并签字的设计图纸、文字说明和主要设备材料表。包括工程竣工图或施工图、施工图会审记录，经批准的施工组织设计，以及设计变更、工程洽商和相关会议纪要。

6. 当地和主管部门的现行建筑工程和专业安装工程的概算定额（或预算定额、综合预算定额，本节下同）、单位估价表、材料及构配件预算价格、工程费用定额和有关费用规定的文件等。

7. 现行的有关设备原价及运杂费率，现行的有关其他费用定额、指标和价格等。

8. 类似工程的概、预算及技术经济指标等。

9. 工程预算书。

10. 施工监理日志，施工记录。

11. 隐蔽工程验收资料，工程量测量和确认资料。

12. 经监理、业主单位审核完成的设计变更计量支付证书。

（二）内部控制测评

1. 内部控制调查

检查工程合同是否依据相关规定和示范文本编制，结算是否依据建设工程工程量清单计价规范或其他规范。

2. 内部控制测试

检查工程施工图预算、工程结算计算书是否按程序进行编制和复核。按照预算书、结算书编制程序和复核审批结点，抽查部分文档，确定编、审、批各环节签章是否齐全，是否有效，是否经具备相应权限的人员签署。

（三）审计取证

1. 初步设计概算审计

检查建筑安装工程费用的定额套用、工程量、材料用量和价格、取费标准等是否依据充分，设备规格、数量、配置是否符合设计要求，投资是否存在漏算和多算现象，项目预备费、建设期贷款利息的计算是否正确。

2. 施工图预算审计

施工图预算审计主要检查施工图预算的量、价、费计算是否正确，计算依据是否合理。施工图预算审计包括直接费用审计、间接费用审计、利润和税金审计等内容。一是工程量计算审计。主要审查工程量计算的准确性、工程量计算规则与计价规则或定额规则的一致性。二是单价套用审计。检查是否套用规定的预算定额、有无高套和重套现象；检查定额换算的合法性和准确性；检查新技术、新材料、新工艺出现后的材料和设备价格的调整情况，检查市场价的采用情况。三是其他直接费用审计。包括检查预算定额、取费基数、费率计取是否正确。四是间接费用审计。包括检查各项取费基数、取费标准的计取套用的正确性。五是计划利润和税金计取合理性的审计。

3. 工程量清单计价审计

主要检查工程量清单中综合单价的定额组成是否合理，是否出现了高套、错套定额现象，定额换算是否根据清单项目特征换算，换算是否正确，各项费用组成、取费基数是否正确。规费和税金是否按国家或省级、行业建设主管部门的规定计算，此类费用不得作为竞争性费用。

4. 工程结算（含变更结算）审计

一是检查分部分项工程及其措施项目结算的正确性，重点检查价高、量大或子项目容易混淆的项目。二是检查工程发承包合同范围以外调整的工程价款是否正确，包括由于工程变更、工程索赔发生的费用是否正确，奖励及违约费用的计算是否正确。三是检查材料用量的符合性，以及材料价差调整依据的充分性；检查甲供材料控制、计价及扣回是否符合合同及有关规定。四是检查应抵扣的工程款项是否按合同约定扣回。

第七章 建设项目财务审计

第一节 业务概述

建设项目财务管理和会计核算工作的总体目标，是依法筹集和使用基本建设项目建设资金，防范财务风险；合理编制建设项目资金预算，加强预算审核，严格预算执行；加强建设项目核算管理，规范和控制建设成本；及时准确编制建设项目竣工财务决算，全面反映基本建设活动的财务状况；加强对建设项目活动的财务控制和监督，实施绩效评价。

做好建设项目财务管理工作，应当加强财务管理的基础工作，按规定设置独立的财务管理机构或指定专人负责基本建设项目财务工作；要严格按照批准的概预算内容，做好账务设置和账务管理，建立健全内部财务管理制度；对基本建设活动中的材料、设备采购、存货、各项财产物资及时做好原始记录；要及时掌握工程进度，定期进行财产物资清查；并要按规定向上级报送基建财务报表等。

建设项目财务审计需要针对建设项目财务管理和会计核算工作各项目标，依据国家、组织各项财务会计管理制度要求，对建设项目资金管理、会计核算等工作及其结果进行审计，就财务报告的真实性和相关工作的合规性、效益性提出审计意见。

第二节 建设项目资金管理审计

一、审计目标和内容

（一）审计目标

1. 核实建设资金筹集的及时性和完整性

建设资金应及时足额到位并完全用于本项目，按项目批准的立项文件进行资金筹集。资金使用应符合法律法规，并应在设计文件规定范围内。

2. 确认资金管理和使用的合法合规性

资金支付程序应完整有效，支出受到概算、预算恰当控制，财务报告应符合相关会计准则。

（二）审计内容

1. 建设项目建设资金来源情况。与项目可行性研究报告、初步设计概算等批复文件中规定的资金来源对比，审查项目是否按批复文件要求进行资金筹集。

2. 建设项目各类建设资金到位情况。审查建设项目各类建设资金到位情况，重点关注项目资本金到位情况，有无挤占挪用其他项目资金；获取或编制上级拨入资金明细表，与有关明细账、总账和报表相核对，审查上级资金拨入情况；审查其他资金到位情况。

二、审计程序和方法

（一）需要取得的资料

1. 建设项目筹资方案论证材料及审批文件。
2. 项目财务预算。
3. 相关会计凭证、账簿、报表和辅助核算资料。

（二）内部控制测评

1. 内部控制调查

检查项目是否制定了财务管理办法，是否配置了专业人员并合理分工，是否建立了内部制约措施。

2. 内部控制测试

检查财务管理办法是否符合法律法规、企业会计准则、行业和上级主管部门的相关规定并有效执行，重点关注大额现金流、项目融资等主要环节。

（三）审计取证
1. 建设资金筹措情况审计
（1）检查筹资方案论证的充分性，决策方案选择的可靠性、合理性及审批程序的合法性、合规性。
（2）检查实际收到的资本金是否与相关约定相符，是否与项目进展同步。
（3）检查资本金是否履行验资手续，若未经验资，检查账面资本金的真实性与正确性。
（4）检查长期、短期贷款合同的实际执行情况，分析所筹资金的偿还能力。
2. 建设资金支付情况审计
（1）检查建设项目业主单位是否按合同约定的时间和金额支付工程预付款项，支付预付款项时是否按合同约定取得银行开具的履约保函或者收取履约保证金，是否按合同要求及时扣回预付款。
（2）检查是否存在无合同付款现象，是否有合同外为施工单位垫支材料款现象。
（3）检查大额资金的使用是否依据充分，是否按规定履行了审签程序。
（4）评价资金使用的内部控制是否严格，是否分级。

第三节 建设项目会计核算审计

一、审计目标和内容

（一）审计目标

确认建设项目财务报告是否真实、完整地反映了项目建设成本状况和资金使用情况。建筑安装工程、设备投资、待摊投资等管理使用是否真实，是否全部用于本项目范围之内。审查项目竣工财务决算报表编制是否完整，能否真实全部反映项目建设情况。

（二）审计内容

1. 建设项目建筑安装工程支出情况。审查建筑安装工程结算的真实性，建设单位支付工程款是否合理；资金支付是否按规定进行了审批，付款手续是否合法、齐全；是否按合同约定支付预付工程款、备料款、工程进度款，有无因付款不及时，导致项目建设成本增大的问题。

2. 建设项目设备投资支出情况。审查设备投资支出的真实性，是否全部用于本项目范围之内；资金支付是否按规定进行了审批，付款手续是否合法、齐全；是否按合同约定支付预付款、进度款，有无因付款不及时，导致项目建设成本增大的问题。

3. 建设项目待摊投资支出情况。审查各项待摊投资支出的真实性，是否全部用于本项目范围之内；资金支付是否按规定进行了审批，付款手续是否合法、齐全；是否按合同约定支付，有无因付款不及时，导致项目建设成本增大的问题。

4. 建设项目竣工财务决算报表。审查竣工决算报表是否按规定的期限编制，竣工决算各种报表是否填列齐全，有无漏报、缺报；已报的决算各表中项目的填列是否正确完整，各表之间勾稽关系是否正确，报表中有关概算数和计划数是否与批准的概算数和计划数相一致；竣工决算表中的主要项目金额是否与其历年批准的财务决算报表中的主要项目金额相符；审查结余资金的合理性、合法性。

二、审计程序和方法

（一）需要取得的资料
1. 建设项目筹资方案论证材料及审批文件。
2. 项目财务预算。
3. 相关会计凭证、账簿、报表和辅助核算资料。
4. 工程初步设计概算。
5. 工程竣工决算资料。

6. 工程竣工资产交付资料等。

（二）内部控制测评

1. 内部控制调查

检查项目是否制定了会计核算办法，是否配置了专业人员并合理分工，是否建立了内部制约措施。

2. 内部控制测试

检查项目会计核算办法，是否符合法律法规、企业会计准则、行业和上级主管单位的相关规定并有效执行，重点关注工程物资、工程成本等主要核算环节。

（三）审计取证

1. 会计核算情况

（1）检查会计核算一级科目、明细科目的设置是否符合会计准则和制度规定，是否与批复的概算项目一一对应，是否有利于对照分析概算执行情况，并满足编制竣工决算报告及工程管理要求。

（2）检查"专用材料""专用设备"等明细科目中的材料和设备是否与设计文件相符，有无盲目采购的现象。

（3）检查材料设备出入库的会计核算是否及时、准确，是否账实相符、账账相符，是否存在价值流与实物流脱节现象。

（4）检查工程完工后剩余工程物资的盘盈、盘亏、报废、毁损等是否做出了正确的账务处理。

（5）检查"在建工程—建筑安装工程"等科目累计发生额的真实性。包括是否存在初步设计概算外其他工程项目的支出，据以付款的原始凭证是否按规定进行了审批，是否合法、齐全。

（6）检查"在建工程—在安装设备"等科目累计发生额的真实性。主要包括以下内容：是否将设计概算外的其他工程或生产领用的仪器、仪表等列入本科目；是否在本科目中列入了不需要安装的设备、为生产准备的工具器具、购入的无形资产及其他不属于本科目工程支出的费用。

（7）检查"在建工程—待摊投资支出"等科目累计发生额的真实性、合法性、合理性。工程管理费、征地费、可行性研究费、临时设施费、公证费、监理费等各项费用支出是否存在扩大开支范围、提高开支标准以及将建设资金用于集资或提供赞助而列入其他支出的问题；投资借款利息资本化计算是否正确。

（8）检查建设项目税收优惠政策是否充分运用，税务缴纳和账务调整是否合规、合理。

2. 工程决算情况

建设项目竣工决算审计是依照国家政策及法律法规，对工程建设项目财务收支活动的合法性、真实性，以及整个投资活动的合法性、合规性、效益性进行的监督与评价活动。

（1）检查所编制的竣工决算是否符合建设项目实施程序，有无将未经审批立项、可行性研究、初步设计等环节而自行建设的项目编制竣工工程决算的问题。

（2）检查竣工决算编制方法的可靠性，有无造成交付使用的固定资产价值不实的问题。

（3）检查有无将不具备竣工决算编制条件的建设项目提前编制竣工决算导致决算与工程实际不符的情况。

（4）检查"竣工工程概况表"中的各项投资支出，并分别与初步设计概算数相比较，分析节约或超支情况，分析投资支出偏离初步设计概算的主要原因。

（5）检查移交资产相关的产权证明文件是否完整，是否与国家相关规定相符，权属关系是否清晰。

（6）审查工程质量验收报告，检查验收报告是否符合国家、行业主管部门或主管单位规定，手续是否完备；若未经过质量验收，提请建设单位提供说明文件，并考虑建设项目是否具备竣工决算条件。

（7）检查建设项目结余资金及剩余设备材料等物资的真实性和处置情况，包括：检查建设项目"工程物资盘存表"，核实库存设备、专用材料账实是否相符；检查建设项目现金结余的真实性；检查应收、应付款项的真实性，关注合同结算支付中是否按合同规定预留了承包商在工程质量保证期间的保证金或保函。

3. 提出意见和建议

审计人员应针对建设项目在资金管理、会计核算方面存在的薄弱环节，为组织和项目提供有关改进建设项目财务管理、提高建设资金使用效率、增强会计信息可靠性和有用性等方面的意见。

第八章 建设项目绩效审计

建设项目绩效审计是指内部审计机构和内部审计人员依据相关标准，综合运用各种技术和方法，对建设项目的经济性、效率性和效果性进行检查和评价的活动。建设项目绩效审计中所采用的工作方法、技术与建设项目主管部门和管理单位组织开展的建设项目绩效评价、建设项目后评价工作内容大体相似，但建设项目绩效审计工作往往因审计部门的数据收集、处理、分析能力提升了评价结果的准确性，审计人员的独立立场和职业道德素养提升了评价结果的客观性。

第一节 业务概述

建设项目效益包括经济效益、社会效益、环境效益等多个方面。根据受益对象范围不同，经济效益又可以分为建设项目自身财务效益和考虑外部性之后的国民经济效益。对建设项目全面开展绩效审计的内容应当包括项目目标达成情况评价、项目绩效评价、项目影响评价、项目可持续性评价、项目管理评价等几个方面。实践中，上述内容可根据项目特点和管理层需要有所取舍。

1. 项目目标达成情况评价。即评定项目立项时各项预期目标的实现程度，并要对项目原定决策目标的正确性、合理性和实践性进行分析评价。

2. 项目绩效评价。即财务评价和经济评价。

3. 项目影响评价。主要有经济影响评价、环境影响评价、社会影响评价。

4. 项目可持续性评价。是指在项目的资金投入全部完成之后，对项目的既定目标能否按期实现，项目业主能否依靠自己的力量独立实现既定目标，项目是否具有可重复性等方面作出评价。

5. 项目管理评价。即以项目目标和绩效评价为基础，结合其他相关资料，对项目管理机构在整个项目生命周期中各阶段管理工作进行评价。

第二节 建设项目绩效审计目标、方法和内容

一、审计目标和内容

（一）审计目标

1. 经济性。指在充分考虑工程质量的前提下尽量减少投资成本，包括项目立项、勘察、设计、施工、监理、供货等环节的资金投入和工程造价控制情况。

2. 效率性。指项目建设与其所用的资源（如土地、建筑材料、机械、人工等）之间的关系，即一定的投入所能得到的最大产出，或一定的产出所需的最少投入，包括项目立项、勘察、设计、施工、监理、供货等环节的管理措施、资金使用及项目执行情况。

3. 效果性。指项目的预期结果和实际结果之间的关系,也就是说,项目在多大程度上达到政策目标、经营目标以及其他预期效果。包括项目的预期目标实现情况、经济效益、社会效益、生态效益等情况。

(二)审计内容

1. 项目建设经济性审查和评价,包括项目立项、招标、设计、施工等各环节的质量、投入和项目造价控制;后评价中还需要考虑项目运营成本是否节约。

2. 项目建设行为效率性审查和评价,包括项目立项、招投标、设计、施工等各环节的管理政策、原则、制度、措施、组织结构、资金利用及其执行情况;后评价中还需要考虑建成的项目是否有利于提高运营效率。

3. 项目建设效果审查和评价,包括项目的预期目标、经济效益、社会效益以及环境保护设施与工程建设的同步性、有效性。

二、审计程序和方法

(一)需要取得的资料

经批准的建设项目的项目建议书、可行性研究报告,建设单位初步编制的竣工财务决算报表,分部分项工程结算文件等资料。项目建设期间的财务账簿、报表、凭证,相关会议记录、纪要;行业、地区相关经济等指标数据。环境影响报告书、相关签证变更,环保、水利等监督管理部门监测数据等资料。开展项目后评价时还需要取得项目运营期间的财务账簿、报表、凭证,相关管理过程记录、相关会议记录、纪要等资料。

(二)审计取证

绩效审计的审计取证工作过程,主要是收集数据,计算指标,做出评价。各项审计取证工作可平行开展。需要特别注意的是,绩效评价标准有两大类:一类是规范性标准,如有关的法规、制度、相关程序要求等强制性的标准;另一类是推荐或建议标准,如用来衡量绩效的计量标准和其他良好实务与规范化控制模式等非强制性标准。在审计中采用非强制性标准进行评价时,一要注意评价的客观性;二要加强审计人员与被审计单位管理人员的交流沟通,尽量达成双方都能接受的评价标准;三要向专家和权威机构进行咨询,确定评价标准;四要把握好分寸,做到适度评价,尽量减少审计人员的主观判断。

1. 审查和评价项目目标达成情况

审计人员开展对一系列建设目标是否实现的复核和比较,主要参照对象是项目可行性研究预测值、行业参考值或同类项目实现值。主要的项目建设目标包括:

(1)工程竣工质量验收合格。建设项目工程质量合格是首要目标,主体工程不合格的项目应当视为建设失败,非主体部位局部质量缺陷应当在竣工验收中指出并及时修补,消除缺陷。

(2)工期控制在设计工期内。建设工期控制在设计工期之内是建设项目的主要目标之一,工期延长应有合理原因。

(3)工程投资控制在项目概算之内。项目概算是初步设计提出的投资控制目标值,其中已经包含了必要的基本预备费和价差预备费。如果工程竣工后总投资突破概算值,应当深入分析原因。

(4)工程施工过程安全受控。建设项目应当以不出现施工安全事故为目标,至少应当确保不出现较大或重大安全事故。

2. 审查和评价项目效益实现情况

项目效益实现情况的审计主要考核建设项目运营后实际实现的财务效益、经济效益等指标,重点关注运营技术指标、运营单位财务效益状况及项目财务内部收益率、财务净现值等内容,以定量分析为主。常用指标主要反映项目盈利能力、清偿能力等特征。其中盈利能力方面的指标,主要有总投资收益率、静态投资回收期、财务净现值、净现值率、获利指数、财务内部收益率等指标。清偿能力评价主要围绕项目运营技术指标、运营单位财务效益状况、资产运营状况、偿债能力状况等多项内容，来考察分析项目在寿命期内各年的财务状况及偿还债务能力。主要指标包括偿债备付率、借款偿还期等。具体计算方式是：

（1）总投资收益率＝年息税前利润或年均息税前利润／项目总投资×100％。是衡量投资项目获利水平的指标，总投资收益率≥基准总投资收益率时，投资项目才具备财务可行性。

（2）静态投资回收期＝建设期发生的原始投资合计／运营期内前若干年每年相等的净现金流量×100％。静态投资回收期≤基准投资回收期时，投资项目才具备财务可行性。

（3）财务净现值＝$\sum_{t=1}^{n}(CI_t-CO_t)R_t$

CI_t为年份t的现金流入量，CO_t为年份t的现金流出量，R_t为与基准折现率相对应的第t年的折现系数[$R_t=(1+i)^{-t}$，i为预定的贴现率]。

财务净现值是将项目寿命期内各年的财务净现金流量按照规定的折现率折现到项目实施初期的价值之和，它反映了项目在整个寿命期内的获利能力。净现值≥0时，投资项目才具有财务可行性。

（4）净现值率＝项目的净现值÷初始投资额×100％，净现值率≥0时，投资项目才具有财务可行性。

（5）获利指数＝投产后各年现金流入量的现值合计÷初始投资额的总现值合计，获利指数≥1时，投资项目才具有财务可行性。

（6）财务内部收益率＝$\sum_{t=1}^{n}(CI_t-CO_t)R_t=0$

财务内部收益率是反映公共工程投资效益的主要评价指标，即反映公共工程对国民经济净贡献的相对指标。它是项目在计算期内各年经济净收益流量的现值累计等于零时的折现率。当经济内部收益率≥社会折现率时，表明对国民经济的净贡献达到或超过了要求的水平，有好的经济效益。

（7）偿债备付率＝可用于还本付息的资金÷当期应还本付息的金额×100％，是反映可用于还本付息的资金偿还借款本息的保证倍率的指标，偿债备付率正常情况下应大于1，且越高越好。

（8）借款偿还期＝（借款偿还开始出现盈余年份数－1）＋（应于当年应偿还借款额÷盈余当年可用于还款的余额），借款偿还期＞经济寿命期时，投资项目不可行。

3. 审查和评价项目对社会的影响情况

建设项目对利益关系人、周边环境和社会带来的影响，是建设项目绩效审计和评价的重要内容。主要包括下列方面：

（1）项目征地拆迁、移民对原住民的影响

对原住民的影响十分复杂，既包括对其经济方面如家庭收入的影响，也包括对其生活、心理等人文方面的影响，在审计中应量力而行。其中：

移民家庭收入变化指数＝移民后家庭年净收入÷移民前家庭年净收入×100％。

（2）项目建设对上下游产业的影响

对上下游产业的影响，主要是由较大的建设项目建设过程及建成后，对上下游供给、需求关系产生的影响带来的，应结合项目具体情况分析。

（3）对周边住户和环境的影响

项目环境影响和生态效益影响包括项目建设中产生的噪音、污水、粉尘等污染物对周边住户和环境的影响,具体可参照项目环境影响报告进行检查。其中重点关注环境质量指数、水质影响等指标,以定量分析为主。如环境质量指数反映项目实施造成污染物排放与国家相关标准允许的最大排放量相比较的结果。其计算公式为:

$$环境质量指数 = \sum_{i=1}^{n} \frac{Q_i}{Q_{io}}$$

n 为该项目排出的污染环境的有害物质的种类,如废水、废气、废渣、噪声、放射物等。Q_i 为 i 种有害物质的排放量。Q_{io} 为国家规定的 i 种物质的最大允许排放量。

再如,生态环境影响评价指标可包括:

植被和野生生物栖息地面积变化 =(开发后栖息地面积 − 开发前栖息面积)/ 开发前栖息面积 × 100%,植被和野生生物栖息地面积变化指标 >0,效益良好。

$$动植物数量种类变化 = \frac{开发后数量(种类) - 开发前数量(种类)}{开发前数量(种类)} \times 100\%$$

动植物数量和种类变化指标 >0,效益良好。

(4)对古迹和自然景观的影响评价

项目的开发可能会对古建筑或历史遗迹、自然景观造成损害,此类受影响的总价值可以通过价值评估的方式来计算。

(5)对自然灾害的风险分析评价

项目可能会因地形改变、植被影响、土壤渗透性等而增加(或减少)自然灾害的损失或者增加(或减少)自然灾害发生的可能性。对有可能产生自然灾害的项目,应进行环境影响的风险分析。

主要指标:自然灾害的影响数 = 发生一次自然灾害造成的财产损失 × 增加或减少的发生自然灾害的概率。如小于项目实施前的自然灾害的影响数,则绩效良好。

(6)社会效益和影响

社会效益是指依据国家有关法律法规,运用定性和定量分析相结合的方法,对建设项目建成后的社会效益进行审查并做出评价,重点关注单位投资就业人数及人均收入增长率等指标,以定性评价为主。社会效益是指公共工程在建成投产后对国民经济和社会发展所产生的影响,主要包括社会经济、文教卫生、人民生活、就业效果、分配效果等内容。公共工程的社会效益评价,主要从项目的社会经济效益和社会影响效益、移民安置效益评价三方面来进行。

就业效益指标:反映因项目的建设而增加的就业机会,及减少失业人口带来的社会稳定的效益,叮按目前一般采用的单位投资就业人数计算。单位投资就业人数 = 新增总就业人数(包括本项目与相关项目)÷ 项目总投资(包括直接投资与间接投资),该指标大于等于该行业、地区平均就业效益水平为合格。

居民生活质量改善效益指标:可通过人均收入增长率指标来进行衡量。人均收入增长率 =(项目投产后人均收入 − 项目投产前人均收入)÷ 项目投产前人均收入 × 100%。人均收入增长率越高,则绩效效益越好。

经济结构和产业结构效益指标:指给当地经济结构和产业结构带来的较大影响,带动当地经济增长情况,可用投资经济增长率指标来衡量。投资经济增长率 = 国内总产值的增加(包括项目本身贡献以及因项目的带动间接增加的产值)÷ 项目总投资 × 100%。投资经济增长率越高,则绩效效益越好。

对社会环境影响评价指标主要包括对居民生活水平和生活习惯的影响、对弱势群体的影响、对社会结构及社会稳定的影响、对人口的影响、对文化教育的影响等,往往无可量化的表现形式，以定性评价为主。

4.审查和评价项目持续发展能力

项目持续性审计和评价是指对项目建成投入运营后，项目的既定目标是否能够按期实现，并产生较好的效益，项目业主是否愿意，并可以依靠自己的能力继续实现既定目标，项目是否具有可重复性等事项的考核和评价。可持续性评价主要包括以下几方面。

（1）政策法规因素

包括国家法律法规变化趋势因素、参与该项目的政府部门各自作用和目的、对项目目标的理解是什么；根据这些目的所提出的条件和各部门的政策是否符合实际，如果不符合实际，需要做哪些修改，政策的变化是否会影响到该项目的持续性。

（2）管理、组织和参与因素

如项目管理人员的素质和能力、管理机构和制度、组织形式和作用、人员培训等对持续性的影响。

（3）技术因素

主要包括技术因素对项目管理和财务持续性的影响，在技术领域的成果是否可以被接受并推广应用。对照前评价确定的关键技术内容和条件，分析当地时间条件是否满足所选择技术装备的需求，并分析技术选择与运转操作费用的关系，新产品的开发能力和使用新技术的潜力等。

5.项目管理审计和评价

对项目管理情况的全面审计和评价，要涵盖项目建设管理全过程，包括前期工作、建设实施和竣工验收三个主要阶段，也要覆盖各参建单位。在实践中通常有重点地开展。

（1）项目前期工作管理评价

主要对项目前期工作是否合规开展、是否高效、是否及时取得报批报建手续并完成征地拆迁保证项目开工需要等进行评价，也要结合后续建设实施中发现的问题评价前期工作质量。

（2）项目实施工作管理评价

主要对项目施工管理（包括安全质量工期等管理工作）、勘察设计管理、监理管理、技术和咨询管理等逐项作出评价。

（3）项目竣工阶段管理评价

主要对项目组织合同完工结算、编制竣工决算、结转固定资产、组织生产培训和试生产、移交生产部门等工作管理情况进行评价。

（4）项目运行管理评价

主要对是否达产、是否保证运行时间、质量缺陷是否及时消除保证运行等事项开展评价。

第三节 结合型绩效审计

建设项目绩效审计可以单独开展，也可以与对建设项目各阶段工作的合规审计、财务审计、造价审计等结合进行。开展结合型建设项目绩效审计的方式主要包括：

1.在项目决策审计中，要评价投资项目立项是否符合国家的方针政策和社会发展需求、是否存在后期投产即面临市场萎缩或关停并转等要求的风险。

2.在工程管理审计中，要评价项目各参建单位是否勤勉尽责、是否具备较高管理能力、是否提升了项目各项资源的运用效率、是否按期或提前完工。

3.在工程造价审计中，要评价项目投资是否控制在概算内，是否采取得力措施降低了工程造价，避免了投资浪费和损失。

4. 在工程质量审计中，要评价项目建设质量是否合格，工作能力和寿命是否满足设计要求。

5. 在工程竣工决算审计中，要结合工程验收工作，考核项目性能指标是否达到设计目标，运营效率是否达到预期，外部市场和资源条件是否符合预期。

6. 在项目后评价中，要测算项目投资回收期、财务净现值、内部收益率、投资收益率等经济指标，评价项目投资的获利能力和偿债能力。

7. 要对投资项目的社会效益、环境效益作出评价。分析投资项目建成投产后，对当地乃至周边地区的经济建设、社会发展、人民生活改善、劳动就业、节能降耗、资源利用、防灾减灾、环境保护、生态平衡等的影响。

8. 要高度重视对项目未来若干年份的运营中经营现金流所作预测固有的不确定性和经营风险不可控给审计工作带来的风险。

9. 要综合考虑建设过程中内外部环境因素变化情况，提出改进项目管理工作，提高建设项目综合绩效的意见或建议。

内部审计实务指南第2号——物资采购审计

（中内协2005年1月1日发布）

第一章 总 则

第一条 为了规范物资采购审计的内容、程序与方法，根据《内部审计基本准则》及内部审计具体准则制定本指南。

第二条 本指南所称物资采购审计是指组织内部审计机构及人员依据有关法律、法规、政策及相关标准，按照一定的程序和方法，对物资采购各部门和环节的经营活动和内部控制等所进行的独立监督和评价活动。本指南所称"物资"是指组织在产品生产、基本建设和专项工程中所使用的主要原材料、辅助材料、燃料、动力、工具、配件和设备等。

第三条 本指南适用于各类组织的内部审计机构、内部审计人员及其从事的内部审计活动。

第四条 物资采购审计的目的是改善物资采购质量，降低采购费用，维护组织的合法权益，促进组织价值的增加及目标的实现。

第五条 物资采购审计是对物资采购全过程实施的监督和评价，是财务审计与管理审计的融合。物资采购审计的主要内容包括审计物资采购内部控制、采购计划、采购合同、采购招标、供货商选择、采购数量、采购价格、采购质量、物资保管、结算付款以及物资采购期后事项等。

第六条 根据组织的管理模式和要求、物资采购业务量的大小、内部审计机构资源等的不同，物资采购审计可以采取项目管理式审计和过程参与式审计两种模式。

（一）项目管理式审计是有重点、有目的地将某物资采购部门、环节或物资品种纳入年度审计计划，形成特定审计项目，并实施相应审计程序的审计模式。大、中型规模的组织适合采用该模式。

（二）过程参与式审计是由专职内部审计人员参与监督物资采购的全过程或者部分重要过程，实现物资采购审计的日常化。小规模组织可以采用该模式。

第七条 内部审计人员有责任警示被审计单位关注物资采购的现有和潜在风险。

第八条 内部审计人员应具有物资采购管理的相关专业知识，熟悉相关法律、法规、政策和组织内部有关规定，掌握物资采购内部控制原理，了解组织物资采购现状和外部环境的变化。开展专业技术性较强的物资采购审计，内部审计机构可聘请外部专家参与。

第二章　物资采购前期审计

第九条　物资采购前期审计是从制定年度审计计划开始到具体实施物资采购审计程序之前对各项审计工作作出的安排。其基本过程包括：

（一）编制年度审计计划，确定审计对象。内部审计人员应综合考虑以下各种因素：

1. 重要性。选择采购数量较大、采购次数频繁、采购价格较高、采购价格变化频繁、质量问题突出、长期积压或短缺、在 ABC 分类管理法下的 A 类和 B 类物资、群众反映普遍、领导关注、内部控制薄弱和出现错弊概率较高的部门、环节或物资类别等。

2. 物资采购方案、内部控制的重大变化。内部审计应根据外部环境和内部条件的变化，适时审查新的物资采购方案和内部控制的适当性、合法性和有效性，将其列入审计计划。

3. 改进空间。根据成本效益原则，内部审计人员应将工作改进空间较大、在增值性方面有潜力的物资采购部门、环节或物资类别确定为审计项目。

4. 审计资源。

5. 风险因素。风险因素可能来自组织内部或外部。组织规模、经济业务性质、账户余额大小、出现错弊概率、物价变动幅度、技术变化速度、管理人员素质和能力、业务量大小等都是潜在的风险因素。一般而言，风险大的项目应优先作出审计安排。

（二）获取与研究相关资料，制定项目审计计划和审计方案。相关资料包括：

1. 物资采购目标和计划；
2. 前期物资采购审计工作底稿；
3. 组织资料，例如组织结构图和工作说明、政策和程序手册以及重大的组织系统变化等；
4. 财务会计资料；
5. 相关制度规定，例如采购政策、采购程序制度、授权审批制度、供货商管理制度、财产接触制度、合同或协议签订制度、凭证管理制度和定价策略等；
6. 外部信息资料，例如同行业相关资料、物价水平和变化幅度、技术变化程度和供货商资料等；
7. 法律性文件。

内部审计人员应通过审阅资料、咨询技术专家、进行分析性复核、现场观察物资采购流程、询问等方法，研究相关背景资料，初步评价重要性和审计风险，进而制定适合本组织实际情况的物资采购项目审计计划及审计方案。经适当管理层批准后，向被审计单位发出物资采购审计通知书。

（三）审查、评价内部控制。物资采购内部控制包括控制环境、风险管理、控制活动、信息与沟通以及监督五个要素。

1. 采购控制环境。采购控制环境包括以下内容：董事会成员的知识和经验丰富程度、独立性地位、独立董事所占比例、审计委员会的设置情况；管理者对待物资采购内部控制的重视程度、采取的经营理念和管理模式；企业文化所塑造的员工基本信念、价值观念、思维和行为方式；组织结构的适当性、权责划分的明确性、奖惩的分明性、岗位设置的合理性、人员素质的适当性；组织人力资源政策的适当性等。

2. 采购风险管理。采购风险管理包括物资采购风险识别、风险评估和风险应对策略。风险识别包括检查外部因素（如竞争、技术和经济变化等）和内部因素（如员工素质、组织活动性质、信息系统处理特点等）；风险评估包括估计风险的严重程度、评价风险发生的可能性；风险应对策略包括根据风险评估结果作出的回避、接受、降低或分担等风险应对措施等。

3.采购控制活动。物资采购控制活动包括以下内容：业务授权、职责分离、质量验收控制、物资采购招标控制、凭证和记录控制、资产接触和记录使用控制、独立检查、物价信息控制。

4.采购信息与沟通。物资采购相关信息除了涉及财务信息外，还涉及非财务信息，如物价变动信息、市场需求信息、经济政策信息、技术信息、供应渠道变化信息、业务流程再造信息等。信息沟通方式包括政策手册、财务报告手册、备查簿、口头交流、例外情况报告和管理事例等。

5.采购监督。采取的方式包括物资采购内部控制自我评估、内部审计报告、内部控制例外情况报告、操作人员反馈以及顾客投诉等。

物资采购内部控制审计可通过设置采购内部控制调查表等方式进行深入调查、了解和测试，并形成审计工作底稿。物资采购内部控制调查表格式如下表所示。

物资采购内部控制调查表

被审计单位名称	××部门			日期		索引号	
审计项目名称	物资采购内部控制调查			编制人		××	
会计期间或截止日	20××年度			复核人	××	页次	
问题	是			否	不适用	备注	
	强	弱	一般				
（一）物资采购控制环境问题调查 1.管理部门是否认为健全的内部控制能促成物资采购目标的实现？ 2.组织结构的设置是否有利于物资采购各部门职责的明确划分和协调运行？ 3.有无物资采购程序、手册和详细的岗位说明书？ 4.物资采购涉及的所有员工是否清楚自己所要履行的岗位职责和必须遵循的政策与程序？ 5.物资采购政策及其变化是否及时向相关员工进行了传达？ 6.管理部门是否定期向员工说明道德行为的重要性？ 7.是否制定了书面的道德政策并使员工了解了这些政策？ 8.有无制定不合理的采购目标与高业绩挂钩的奖励诱使员工舞弊？ 9.员工的素质与其从事的物资采购业务是否相称？ 10.有无对员工进行定期专业培训？ （二）物资采购风险管理问题调查 1.是否有适当层次的管理部门参与了对物资采购风险的评估？ 2.有无识别物资采购风险的适当办法？ 3.物资采购风险的识别是否全面？ 4.是否对物资采购风险进行了评估？ 5.是否有物资采购风险的防范和化解措施？ 6.是否有识别人事、控制程序变化并作出相应反应的机制？ 7.有无防止物资积压或短缺的有效办法？ 8.物资安全库存量的确定是否合理？有无进一步降低的可能？ （三）物资采购控制活动问题调查 1.所有物资采购是否以合法经营需求或目的为依据？ 2.物资采购是否经过适当的授权批准？ 3.是否以最具成本效益的方式取得物资？ 4.是否对物资采购实施合同控制？ 5.是否对物资采购不相容职务执行了分离？							

(续表)

被审计单位名称	×× 部门		日期		索引号	
审计项目名称	物资采购内部控制调查		编制人		××	
会计期间或截止日	20×× 年度		复核人	××	页次	

问 题	是			否	不适用	备注
	强	弱	一般			
6. 是否对承担采购职责的员工进行定期轮岗?						
7. 大宗物资采购是否实行招标控制?						
8. 供货商选择是否做了充分的调查并持续监督供货商业绩?						
9. 采购物资的价格确定是否合理?						
10. 有无健全的物资价格信息控制措施,包括物价信息收集、分类、加工、比较的程序控制,信息的质量要求,信息资料的归档保管等?						
11. 是否对到货物资由独立部门组织认真验收?						
12. 对验收不合格的采购物资是否及时查明原因落实责任?						
13. 是否对物资采购进行了永续盘存记录?						
14. 在缺乏永续盘存记录时,是否存在补偿控制措施?						
15. 物资采购是否实施了 ABC 分类管理法?						
16. 是否对物资进行定期盘点?						
17. 是否在有关物资采购票证审核一致、无误的基础上确认应付账款负债?						
18. 是否定期发送供货商对账单?						
19. 有无物资接触和记录使用控制措施?						
20. 对物资采购是否采取了健全的凭证和记录控制?						
21. 是否有针对计算机环境下物资采购信息处理的安全控制标准和措施?						
(四) 物资采购信息与沟通问题调查						
1. 管理部门是否鼓励涉及物资采购的所有各方交流信息?组织内部信息渠道是否通畅?						
2. 信息沟通是否能使员工有效履行职责?						
3. 与组织外部是否有信息沟通?						
4. 是否存在根据截止期信息对物资采购明细账和总账进行控制和调节?						
5. 是否对重大物资采购差异进行了及时调查和处理,是否将调查结果向管理层提交?						
6. 管理部门是否投入充分的资源来支持对信息系统的开发和修改?						
7. 是否保持最新的物资采购会计文件?						
8. 收集的外部信息是否全面,包括物价变动信息、市场需求信息、经济政策信息、技术信息、供应渠道变化信息、业务流程再造信息等?						
9. 有无通畅的例外情况报告渠道?						
10. 员工的反馈以及供货商的投诉渠道是否畅通?						
11. 是否采取措施保证网络环境下信息处理和传递的安全完整和对计算机病毒的防范?						
(五) 物资采购监督问题调查						
1. 是否建立适当管理程序来保证物资采购控制的运行并对运行的效果进行评估?						
2. 是否存在适当的程序对物资采购活动进行持续的日常监督?						
3. 监督活动中发现的控制薄弱环节是否向适当管理层汇报?是否根据需要对政策和程序进行修改?						
4. 是否设立独立稽核员对物资采购实施独立监督?						
5. 审计活动范围是否能够足以证明物资采购内部控制的有效性?						

审计结论:						

第三章 物资采购过程审计

第十条 物资采购过程审计是根据采购内部控制评审结果,确定采购计划、价格、合同、执行等方面的测试范围、重点和方法,以收集审计证据。

第十一条 采购计划审计。采购计划审计是对采购计划中所列物资价格、数量、质量、采购方式和供货商选择等的真实性、合理性和有效性等进行的审计。

（一）应获取的相关资料。包括采购政策、采购计划、物资储备定额补库计划、销售计划、产品产量计划、技术措施计划、生产作业计划、在制品期初存量和期末预计存量、新产品试制计划、物资工艺消耗定额、生产设备大中小修理计划、技术改造计划和物资价格供应状况等。

（二）应关注的风险领域。包括采购计划程序失控、采购计划依据不当、采购计划分解不到位、采购计划执行不彻底、采购计划与其他计划不协调等。

（三）审计内容。

1. 采购计划编制依据的可靠性。内部审计人员应审查采购计划的编制是否依据经过批准的物资采购申请单,在MRP环境下,采购计划的编制是否依据主生产计划、主产品结构文件、库存文件和各种零部件的生产时间或订货时间精确计算;采购计划是否与生产计划、销售计划、物资库存控制计划和资金供应计划等相协调;是否符合组织的存货政策、采购政策和资金管理政策。

2. 采购计划审批程序的合规性。审查各物资使用部门是否根据本期生产计划和物资消耗定额确定物资实际需要量,据以填具物资采购申请单;物资管理部门是否每月根据物资实际库存和储备需要填具物资储备定额补库计划表,提交补库申请单;各部门负责人是否按职责分工和授权范围对提交的采购申请单进行分类初审、对口把关;计划部门有无会同物资管理部门核实物资库存;最终下达的《月份物资采购计划》有无报经组织分管领导审批;对不符合规定的采购申请,有无要求请购部门或人员调整采购内容或拒绝批准;重要的和技术性较强的物资采购,是否执行特别授权审批程序,是否组织专家进行论证,实行集体决策和审批;对生产急需和突发性的紧急物资采购,是否以适当形式事先通知价格信息部门,并于规定时日内补齐办妥有关手续。在过程参与式物资采购审计模式下,采购计划在报经组织分管领导审批前,可首先提交内部审计人员审核。

3. 采购计划所列价格的合理性。对于重复购置的物资,如价格未发生变化,则以上次成交价格为依据,将高出确定标准的计划价作为重点审计对象;如价格已发生变化,应掌握最新市场公允价作为审计标准。审计物资采购计划价格时,应将新购物资作为审计的重点。当产品降价时,基于价值链管理的思想,应考虑供货商有无对供应物资协同降价的可能。在过程参与式物资采购审计模式下,经内部审计人员审核后的物资采购计划价格的处理有两种方式,一种是只作为编制采购计划和内部经济核算的价格依据,而不作为实际采购时的价格控制标准,实际采购之前采购部门需重新报送《价格申报单》;另一种是在编制采购计划之前,采购部门需事先提报《价格申报单》,经审查后作为编制采购计划的依据,并同时作为实际采购时的价格控制标准。

4. 采购计划所列物资数量的合理性。审查计划部门对申请单是否做了最有效的归类;物资采购数量是否考虑了经济批量;是否与生产计划和物资库存相适应。

5. 采购方式选择的合理性。物资的取得方式有定点进货和非定点进货,具体包括市场选购、电子商务采购、招标采购、委托加工、互惠购买、融资租赁和企业自制等方式。内部审计人员应审查采购方式的确定是否综合考虑了下列因素:现有资源的充分利用、物资的重要性程度、资金的贴现幅度、供货商的信誉和各种价格构成要素等。采用招标方式,应具体审查如下内容:

（1）监督招标过程和招标标准是否符合"公开选购、公平竞争、公正交易"的原则，确定在招标、开标、评标和定标过程中有无违反规定程序、私自与供货商串通、泄露招标信息等情况。

（2）审查有关招标文书的内容是否完整、严密，有关条款规定是否得到切实遵守。

（3）监督招标方式的选择是否合理。采用公开招标方式的，审查对外发布的招标信息是否全面、准确，发布范围是否具有广泛性，参与招标的投标人是否合格；采用邀请招标的，审查接受邀请的投标单位是否具有良好信誉、资质和财务状况，是否邀请至少三个投标人参加；采用议标采购方式的，审查所采购的物资是否确实没有供方投标、没有合格投标者、因技术复杂或性质特殊不能详细确定规格或具体要求、采用招标所需时间不能满足各组织紧急需要、不能预先计算出价格等，参加议标的单位是否在两家以上。

（4）审查招标采购的价格是否合理。复验标底价格，对编制标底的工作底稿所载明的物资数量、价格、人工耗费、各项其他费用及税金等进行复核、验算；审查最高采购限价的合理性和公允性；对于不能编制标底的招标物资或采用议标方式招标的，可根据市场行情对标的进行合理的价位判断。

6.供货商选择的合理性。根据供货商与组织的业务稳定性，供货商区分为定点供货商和非定点供货商。内部审计人员应重点审查组织对定点供货商选择的合理性，包括供货商选择评价程序是否规范；有无明确的供货商选择目标和评价标准；有无建立供货商评价小组，小组人员组成是否合理；有无完整、真实的供货商资料；供货商资料筛选、排序和审批是否流于形式；是否经集体决策进行供货商优选并形成供货商名单；是否根据供货商和本组织的实际情况采用实地考察、书面调查、样品检验或试用的方式确定供货商；有无过度依赖特定供货商，是否设立了备选供货商团队；有无对供货商档案进行规范管理，建立《合格供货方目录》，定期组织对供货商调查和复审；修改供货商档案是否经过特定授权并进行有效信息沟通等。

（四）审计方法。采购计划审计主要采用分析法、复算法、复核法、检查法、源头审计法、全面审计法、简单审计法和重点审计法等方法。

源头审计法是始终把握问题的根源而不被表象所左右。如一般物资采购的公允价格信息源是市场，在招标采购审计中，内部审计人员不仅要审查是否履行了规范的招标程序，还应关注招标与市场价的差异，关注结算价与中标价之间的差异，关注中标人的实质性运作。

全面审计法是对物资采购涉及的每一个环节、每一项资料和资料的每一个方面进行全面审计的一种方法。优点是细致、审核质量高，缺点是效率低、成本高。

简单审计法是在审计力量不足或者有特殊要求时，仅针对物资采购价格或者物资采购的其他某一方面实施审计的方法。

重点审计法是针对重点物资（如采购数量大、单价高）、敏感性物资、问题较多物资的采购进行重点审查。

第十二条 采购申报价格审计。采购申报价格审计是对采购价格申报内容的完整性、价格标准确定的合理性和申报程序的规范性等方面所进行的审计。

（一）应获取的相关资料。包括组织的物资价格制定政策、物资采购价格申报单、价格标准、物价变动信息、市场需求信息、经济政策信息、技术信息、供应渠道变化信息和业务流程再造信息等。

（二）应关注的风险领域。包括价格标准失控、价格信息系统无效和低效、采购效率降低、价格审查形式化、价格组成内容单一化和串通作弊风险等。

（三）审计内容。

1.《价格申报单》填列的完整性。采购部门应在比质比价的基础上，初步确定物资采购意向，填制《价格申报单》，经采购部门负责人签章后，送交价格信息部门进行价格核定。内部审计人员应审查《价格申报单》是否包括物资品名、规格、型号、数量、单价、金额、使用部门、技术要求、供货单位、货比三家情况等栏目。

2. 价格标准确定的合理性。主要内容包括：

（1）审查价格信息收集渠道的广泛性和使用的有效性。可供采用的价格收集渠道有网络、报刊、杂志、电视、广播、行业公报、供货商提供和竞争对手披露等。内部审计人员应审查采购部门和价格信息部门是否充分利用了各种价格来源渠道，建立起容量丰富的价格信息资料库；对于获取的各种信息源，是否按照本组织的物资种类进行了适当分类以提高检索能力，发挥信息使用效率；是否在各部门之间进行了信息共享。

（2）审查价格信息资料收集的准确性和及时性。审查价格来源渠道是否正规，是否根据环境的变化适时地更换价格信息，能否综合各种信息源较准确地预测未来的价格变化趋势，为组织实施战略物资管理提供价格导向。

（3）审查价格标准确定方法的适当性和计算结果的正确性。物资采购价格标准的确定方法有：分别询价法、交叉询价法、调查法、信息资料查询法、历史资料评价法、测算法、专家评估辅助法、集中询价法、公开招标法、提供佐证法、限价法。

（4）审查价格标准构成内容的全面性。物资采购价格包括采购物资的买价、运杂费、保险费、途中损耗、入库前的整理挑选费用、大宗材料的市内运输费、采购资金利息和其他相关费用。其中买价和运费是物资采购价格的主要影响因素。

3. 采购申报价的合理性。主要内容包括：

（1）审查是否根据不同的物资采购方式确定申报价；

（2）审查申报单中所列物资品种是否在采购计划范围内，是否列入采购预算；

（3）审查采购申报价有无高估虚报问题；

（4）审查采购申报价的构成是否齐全，是否进行了综合比价；

（5）审查采购部门有无随意压价而忽视物资质量的现象；

（6）对于重复购置的物资，审查申报价是否超过最高限价，最高限价有无根据市场价格变动及时进行相应调整；

（7）审查采购部门是否进行比质比价。

4. 申报价格核定程序的规范性。审查价格信息部门是否根据确定的价格标准，在测算评估、对比分析的基础上，确定采购部门报价和相关费用的合理性和公允性，并提出核定意见。对违反规定或报价不合理的，价格信息部门具有否决权，提出重新询价的建议或者核定一个最高控制价格。采购部门应参照核定意见，在核定的价格控制标准范围内进行采购。

（四）审计方法。采购申报价格审计主要采用价格比较法、复算法、复核法、检查法、源头审计法、重点审计法和简单审计法等方法。

第十三条 采购合同审计。采购合同审计是对采购合同的合法性、完整性和有效性等所进行的审计。

（一）应获取的相关资料。包括合同法、组织内部有关合同制度、合同正文和副本以及供货商资料等。

（二）应关注的风险领域。包括盲目签订采购合同风险、合同无效风险、合同条款不利风险、合同违约风险和合同档案管理混乱风险等。

（三）审计内容。

1. 采购合同签订的合规合法性。主要内容包括：

（1）审查供货商是否具有签约资格。

（2）审查合同的签订程序是否合规。合同的签订需经市场调查、业务洽谈、合同起草、合同评审、合同执行以及合同变更、解除或终止等过程。内部审计人员应审查在市场调查阶段是否按"货比三家"的原则进行市场调查，是否取得了供货商完整的档案资料以确认供货商的信誉和履约能力，必要时是否对供货商进行现场考察；参与业务洽谈的代表的业务能力和技术水平是否具备，是否由两人以上参与谈判；合同起草是否使用了正规的合同版本；草签的合同是否经过组织法律部门、财会部门评审；是否根据组织授权要求报经有关领导审批，有无履行分级授权审批手续；是否办理了必要的公证手续；合同变更、解除或终止的理由是否充分，是否签署了书面变更协议并履行了审批手续，对于发现的将严重损害组织利益的已签署合同，是否及时采取了纠正措施。

2. 采购合同条款的完备性和合同内容的合法性。采购合同应包含如下基本内容：合同标的；数量和质量；价格和结算方式；运输方式；履约期限、地点和方式；违约责任等。内部审计人员首先应审查合同中是否包含上述内容，有关规定是否明确、具体。其次，应审查签约双方的权利和义务是否明确并具有对等性。再次，应审查确定有无利用合同从事非法行为的可能性。最后，应审查合同条款规定是否为组织争取到最大的财务利益，如充分考虑付款条件和资金优势，选择合理的货款支付方式等。

3. 采购合同的执行结果。审查合同内容是否得到全面、严格地履行；审查有无合同违约、违约的原因及违约处理结果，如对方违约，是否及时组织索赔。如本方违约，责任人是否向分管领导提交书面报告，经审批后办理赔偿手续，并追究相关责任；协商不成的合同纠纷是否及时上报上级领导和法律部门，通过申请仲裁或向人民法院起诉解决合同纠纷。

4. 审查合同的管理是否规范。主要内容包括：

（1）审查组织有无设置专门的合同管理机构，合同管理人员是否具备相应资格，合同管理制度是否完善，有无重大合同变更的应对防范措施。

（2）审查合同的归档和保管是否完整。审查合同是否按序编号；台账登记是否清晰完整；支持性文件是否齐全，是否包括采购合同正本、合同补充协议、技术协议、采购订单、合同评审表及其他合同附件。

（四）审计方法。采购合同审计主要采用检查法、函证法、询问法和重点审计法等方法。

第十四条 物资采购计划执行情况审计。物资采购计划执行情况审计是指在采购物资运达组织后，对物资验收、入库、计量、价格和货款支付等业务执行的适当性、合法性和有效性等所进行的审查和评价。

（一）应获取的相关资料。包括物资采购申请单、采购计划、采购合同、价格申报单、采购发票、运费单、检验报告单、入库单、退货单、付款凭单、转账凭证、应付账款明细账、材料采购明细账和对账单等。

（二）应关注的风险领域。包括采购方式和供货商改变、价格失控、质量检验失控、计量不实、保管低效、票据失真、付款提前或滞后、付款不实和违规结算风险等。

（三）审计内容。

1. 采购方式执行情况审计。审查采购部门是否按照采购计划、采购申报单确定的采购方式和供货商进行采购。如物资采购执行的是定点供货制度，内部审计人员应取得《物资定点供货目录》作为审计标准，据以确定采购部门是否在合格供货商目录中选择供货商，如有改变，其改变的原因和批准手续是否合理。对于发现的供货商供货问题，采购人员是否及时填写《供货商供货问题信息反馈单》交价格信息部门，价格信息部门是否及时发出《纠正/预防措施通知单》，限期整改并追踪整改结果；整改无效者，是否暂停其供货或取消合格供货商资格。

2. 质量控制执行情况审计。主要内容包括：

（1）审查是否设置独立的质量检验部门组织物资验收，有无采取适当措施防止采购人员、质检人员与保管人员串通舞弊；

（2）审查物资验收是否根据货运单、发票和经过批准的采购合同副本、采购价格申报单、采购计划进行；

（3）审查物资验收是否签署顺序编号的验收报告；

（4）审查超过采购合同的进货数量和提前到货的采购是否经过适当批准；

（5）审查短缺物资和不符合质量要求的物资是否查明了原因，有无根据不同情况及

时组织索赔,是否每月编制退货报告,以供采购和质检部门进行审查、分析和考核供货商表现等;

(6)审查对逾期未交货者,有无按合同规定给予罚款或没收违约金;

(7)审查对大型或数额较大的物资采购,有无取得供货商合格的检验证明,合同中是否规定了必要的质保内容;物资验收是否严格,有无存在由于验收不严造成以次充好、以劣充优、不合格物资入库等问题。

3. 计量执行情况审计。主要内容包括:

(1)审查计量器具。包括:计量器具是否经过国家法定检验机构的检验并出具了书面证明;内部计量部门是否定期检查和校对计量器具;计量器具的操作是否正确合规;抽查计量记录并核对实物数量,验证计量的准确性。

(2)审查采购物资途中损耗。包括:是否制订了合理的路耗标准;实际损耗是否控制在标准范围之内;损耗的处理是否合理。

(3)审查质量检验对计量结果的影响。对于化工、石油、煤炭、矿山等行业的物资采购,应注意审查是否运用质量检验结果对采购物资的数量进行适当的调整。

4. 价格执行情况审计。主要内容包括:

(1)审查物资采购是否按批准价格执行。审查发票、货运单、验收单等原始资料上载明的价格是否与价格申报单、采购计划、采购合同一致,价格的变动是否经过核准。

(2)审查运费的组成和数额是否合理。应根据确定的运费价格标准审查物资采购运费,保证实际运费控制在标准范围之内。包括:运输方式的选择、运输里程的确定、运输商的选择、运价组成等。

5. 仓储保管情况审计。主要内容包括:

(1)审查仓库的位置与内部空间的布置。审查仓库位置的设置是否有利于组织内物资流动的经济性、合理性;仓库内部空间的布置是否有利于利用仓库的有效面积和提高仓库的作业效率。

(2)审查仓库面积利用率。通过计算和比较"仓库面积利用率"指标,确定仓库利用效率高低和利用潜力的大小。

(3)审查仓库存放保管工作。物资是否按分区及编号有序排放;物资包装、标示是否符合规范;易燃、易爆、剧毒等危险物资是否隔离存放;库房防火、防盗、防潮等措施是否到位。

(4)审查物资保管账卡档案是否建立健全并定期与相关资料、账簿核对。

(5)审查物资分类保管情况。审查物资保管是否按照物资的重要程度、消耗数量、价值大小等区别对待,实施 ABC 分类管理法。

(6)审查物资储备定额制定是否合理。审查物资最高储备、经常储备、保险储备和季节性储备等定额是否经济合理,是否做到既满足生产需要,又最大限度地压缩库存。

6. 采购票据审计。主要内容包括:

(1)审查物资采购的票据是否齐全,是否按照采购业务发生的先后顺序编号。

(2)审查各种票据载明的采购数量、单价、金额、品种、规格、产地、型号等是否真实,数量、单价、金额等计算是否正确,各种票据相关内容是否一致。

(3)审查票据的填写是否合规,手续是否齐全,来源渠道是否正规,保管、领用和注销措施是否完善,传递程序是否合规等。

7. 采购负债确认及付款执行情况审计。主要内容包括:

(1)审查负债的确认是否正确。审查采购部门是否在物资采购申请单、验收单、供货商发票等核对无误的基础上出具付款申请单,并及时通知财会部门;财会部门是否在进一步审核的基础上,编制记账凭证,登记付款凭单登记簿或应付账款明细账,确认负债。

(2)审查应付账款的登记是否正确。审查应付账款登记和管理是否由独立于请购、采购、验收、付款以外的职员执行；是否根据不同供货商设置明细账进行明细分类核算；是否根据审核无误的原始凭证和记账凭证及时登记账簿记录，有无遗漏、隐瞒负债情况；是否定期将应付账款明细账余额与供货商寄回的对账单相核对，与应付账款总账相核对，与采购部门台账相核对，对存在的差异是否及时妥善处理；对享有折扣的交易，是否以扣除折扣后的货款净额登记应付账款，以防止在付款时贪污折扣。

（3）审查付款处理是否合规。审查付款是否符合资金结算制度的要求；付款是否在会计人员审核的基础上，经过授权人审批；是否按确定的付款方式付给指定的收款人；核实付款金额和收款人是否正确；有无使用空白支票；已付货款是否在发票上加盖"付讫"戳记等。

（4）审查预付账款处理是否合规。审查预付账款是否经过申请、审批；收到采购物资后，是否根据供应商发票及时冲减预付账款；是否与供货商定期对账。

（5）审查应付账款余额的整体合理性。审查财会部门是否定期编制应付账款账龄分析表、物资已收发票未到情况汇总表；是否每月计算主要业绩指标据以监控应付账款状况；采用分析性复核方法，通过比较本期与上期各应付账款明细账户余额、相关比率和相关费用账户金额，确定应付账款有无异常变动。

（四）审计方法。物资采购计划执行情况审计可以采用检查法、复核法、分析法、复算法、盘点法、鉴证法、抽样法、观察法、函询法和询问法等方法。

第四章 物资采购后续审计

第十五条 物资采购后续审计是内部审计人员在提交了物资采购审计报告后，针对报告中所涉及的审计发现和审计建议所进行的跟踪审计，目的是确定被审计单位对于审计报告中所揭示的问题和偏差的纠正和改进情况以及产生的实际效果。

第十六条 物资采购后续审计应关注的风险领域。包括物资超储积压或储备不足风险、物资使用质量低劣风险、物资价格失控风险、资信低的供货商定点供货风险和审计建议无效风险等。

第十七条 物资采购后续审计的基本过程。

（一）应获取的相关资料。包括审计报告、审计回复、定点供货目录、价格申报单、采购计划和物资质量标准等。

（二）取得被审计单位的反馈意见并进行合理分析。内部审计人员应关注如下事项：被审计单位不做反馈和反馈不充分的事项；被审计单位有异议或误解的事项；反馈意见中说明不采取纠正措施的事项等。内部审计人员应逐项分析上述事项的具体原因，并且特别注意反馈意见中对于问题原因的分析是否具有针对性，拟采取的措施是否具体。

（三）实施适当的审计程序。对重大的审计发现和建议通过现场访问、直接观察、测试和检查文件等方式，编制"后续审计面谈结果小结"和"后续审计跟踪记录表"等工作底稿。

（四）评估采纳审计建议所达到的效果。

（五）提交后续审计报告。

第十八条 审计方法。物资采购后续审计主要采用审计分析方法、详查法、抽查法、终点审计法、重点审计法、函证法和查询法等方法。

终点审计法是通过某一环节的重点审计，反馈前续环节中存在的问题。例如通过物资采购后续审计，验证供货商选择、物资验收、价格执行等方面存在的问题，反馈物资采购审计工作中存在的不足。

第五章 附 则

第十九条 本指南由中国内部审计协会发布并负责解释。

第二十条 本指南自2005年1月1日起施行。

第 3101 号内部审计实务指南——审计报告

（中内协 2019 年 12 月 26 日发布）

目　录

第一章　总则
第二章　一般原则
第三章　审计报告的要素和内容
第四章　审计报告的格式
第五章　审计报告的编制
第六章　审计报告的复核、报送和归档
第七章　附则
附录 1：审计报告参考格式
附录 2：审计报告征求意见函参考格式

第一章　总　　则

第一条　为了规范审计报告的编制、复核和报送，提高审计报告的质量，根据《内部审计基本准则》及内部审计具体准则，制定本指南。

第二条　本指南所称审计报告，是指内部审计人员根据审计计划对审计事项实施审计后，作出审计结论，提出审计意见和审计建议的书面文件。

第三条　本指南适用于各类组织的内部审计机构、内部审计人员及其从事的内部审计活动。其他组织或者人员接受委托、聘用，承办或者参与内部审计业务，也应当参照本指南。

第二章　一　般　原　则

第四条　内部审计人员在实施必要的审计程序，获取相关、可靠和充分的审计证据后，依据适用的法律法规、组织的有关规定或其他相关标准，作出审计结论，提出审计意见和审计建议，出具审计报告。

第五条　审计项目终结后应当编制审计报告，如果存在下列情形之一，内部审计人员可以在审计过程中提交中期审计报告，以便及时采取有效措施改善业务活动、内部控制和风险管理：

（一）审计周期过长；
（二）审计项目内容复杂；
（三）突发事件导致对审计的特殊要求；
（四）组织适当管理层需要掌握审计项目进展信息；
（五）其他需要提供中期审计报告的情形。

中期审计报告不能取代项目终结后的审计报告，但可以作为其编制依据。中期审计报告可以根据具体情况适当简化审计报告的要素或内容。

第六条　审计报告的编制应当符合下列要求：

（一）实事求是地反映被审计事项，不歪曲事实真相，不遗漏、不隐瞒审计发现的问题；

不偏不倚地评价被审计事项，客观公正地发表审计意见。

（二）要素齐全，行文格式规范，完整反映审计中发现的所有重要问题。

（三）逻辑清晰、脉络贯通、主次分明、重点突出，用词准确、简洁明了、易于理解。也可以适当运用图表描述事实、归类问题、分析原因，更直观地传递审计信息。

（四）根据所确定的审计重要性水平，对于重要事项和重大风险作重点说明。

（五）针对被审计单位业务活动、内部控制和风险管理中存在的主要问题，深入分析原因，提出可行的改进意见和建议；或者针对审计发现问题之外的其他情形提出完善提高的建议，以促进组织实现目标。

第七条 内部审计机构应当建立健全审计报告的分级复核制度，明确规定审计报告的复核层级、复核重点、复核要求和复核责任，并与审计工作底稿的分级复核制度相结合。

第八条 审计报告经审核无误后，应当以内部审计机构的名义送达被审计单位，并报送组织适当管理层，必要时可以抄送其他相关单位。

第三章 审计报告的要素和内容

第九条 审计报告主要包括下列要素：

（一）标题；

（二）收件人；

（三）正文；

（四）附件；

（五）签章；

（六）报告日期；

（七）其他。

第十条 审计报告标题应当说明审计工作的内容，力求言简意赅并有利于归档和索引。一般包括以下内容：

（一）被审计单位（或项目）；

（二）审计事项（含事项涉及的时间范围）；

（三）其他。

第十一条 审计报告发文字号由发文组织代字、发文年份和文件顺序号三个部分组成。

第十二条 内部审计机构可以根据《中华人民共和国保守国家秘密法》、国家工商行政管理局发布的《关于禁止侵犯商业秘密行为的若干规定》等有关法律法规和组织的保密制度要求，评估被审计项目的重要程度和保密性，设置审计报告密级和保密期限，并报相关部门审核、备案。

第十三条 审计报告收件人可以根据组织的治理结构、内部审计领导体制、审计类型与审计方式确定。一般包括：

（一）组织的权力机构或主要负责人；

（二）被审计单位；

（三）委托审计的单位（部门）；

（四）其他相关单位（部门）或人员。

第十四条 审计报告正文主要包括下列内容：

（一）审计概况；

（二）审计依据；

（三）审计结论；

（四）审计发现；

（五）审计意见；

（六）审计建议。

第十五条 审计概况是对审计项目总体情况的介绍和说明。一般包括下列内容：

（一）立项依据。审计报告应当根据实际情况说明审计项目的来源，包括：审计计划安排的项目；有关单位（部门）委托的项目；根据工作需要临时安排的项目；其他项目。如有必要，可进一步说明选择审计项目的目的和理由。

（二）背景介绍。审计报告应当简要介绍有助于理解审计项目立项的审计对象的基本情况，包括：被审计单位（或项目）的规模、性质、职责范围或经营范围、业务活动及其目标，组织结构、管理方式、员工数量、管理人员等情况；与审计项目相关的环境情况，如相关财政财务管理体制和业务管理体制、内部控制及信息系统情况；以往接受内外部审计及其他监督检查情况；其他情况。

（三）整改情况。审计报告中应当说明上次审计后的整改情况。

（四）审计目标与范围。审计报告应当明确说明本次审计目标与审计范围（审计项目涉及的单位、时间和事项范围）。如果存在未审计过的领域，要在审计报告中指出，特别是某些受到限制无法进行审计的事项，应当说明原因。

（五）审计内容和重点。审计报告应当对审计的主要内容、重点、难点作出必要的说明，并适当说明针对这些方面采取了何种措施（主要审计方法、审计程序等）及其产生的效果。

第十六条 审计依据是实施审计所依据的相关法律法规、内部审计准则、组织内部规章制度等规定。如存在未遵循内部审计准则的情形，应当在审计报告中作出解释和说明。

第十七条 审计结论是根据已查明的事实，对被审计单位业务活动、内部控制和风险管理的适当性和有效性作出的评价。应当围绕审计事项作总体及有重点的评价，既包括正面评价，概述取得的主要业绩和经验做法等；也包括对审计发现的主要问题的简要概括。

（一）业务活动评价。是内部审计人员根据已审计的业务查明的事实，运用恰当的标准，对其适当性和有效性进行评价。主要包括对财政财务收支和有关经济活动进行的评价。

（二）内部控制评价。是对内部控制设计的合理性和运行的有效性进行评价。既包括对组织层面的内部环境、风险评估、控制活动、信息与沟通、内部监督五个要素进行的评价；也包括根据管理需求和业务活动的特点，对某项业务活动内部控制进行的评价。

（三）风险管理评价。是对风险管理的适当性和有效性进行评价。主要包括：对风险管理机制进行评价；对风险识别过程是否遵循了重要性原则进行评价；对风险评估方法的适当性进行评价；对风险应对措施的适当性及有效性进行评价等。

第十八条 审计发现是对被审计单位的业务活动、内部控制和风险管理实施审计过程中所发现的主要问题的事实、定性、原因、后果或影响等。一般包括：

（一）审计发现问题的事实。主要是指业务活动、内部控制和风险管理在适当性和有效性等方面存在的违规、缺陷或损害的主要问题和具体情节。如经济活动存在违反法律法规和内部管理制度、造假和舞弊等行为；财政财务收支及其会计记录、财务报告存在不合规、不真实或不完整的情形；内部控制、风险管理或信息系统存在的缺陷、漏洞，以及绩效方面存在的问题等。

（二）审计发现问题的定性。主要是指审计发现问题的定性依据、定性标准、定性结论。必要时可包括责任认定。

（三）审计发现问题的原因。即针对审计发现的事实真相，分析研究导致其产生的内部原因和外部原因。

（四）审计发现问题的后果或影响。即从定量和定性两方面评估审计发现问题已经或可能造成的后果或影响。

第十九条 审计意见是针对审计发现的被审计单位在业务活动、内部控制和风险管理等方面存在的违反国家或组织规定的行为，在组织授权的范围内，提出审计处理意见；或者建议组织适当管理层和相关部门作出的处理意见。

审计意见一般包括：纠正、处理违法违规行为的意见；对违法违规和造成损失浪费的被审计单位和相关人员，给予通报批评或者追究责任的意见和建议。

第二十条 审计建议是针对审计中发现的被审计单位业务活动、内部控制和风险管理等方面存在的主要问题，以及其他需要进一步完善提高的事项，在分析原因和影响的基础上，提出有价值的建议。

第二十一条 附件是对审计报告正文进行补充说明的文字和数据等支撑性材料。一般包括：

（一）相关问题的计算及分析过程；
（二）审计发现问题的详细说明；
（三）被审计单位的反馈意见；
（四）记录审计人员修改意见、明确审计责任、体现审计报告版本的审计清单；
（五）需要提供解释和说明的其他内容。

第二十二条 审计报告征求意见稿应当由审计组组长签字，最终出具的审计报告应当有内部审计机构负责人的签名或内部审计机构的公章。

第二十三条 审计报告日期，一般以内部审计机构负责人签发日作为报告日期。

第四章 审计报告的格式

第二十四条 审计报告的一般格式包括：

（一）标题。在版头分一行或多行居中排布，回行时，要词意完整、排列对称、长短适宜、间距恰当，标题排列可以使用梯形或菱形。有文头的审计报告，标题编排在红色分隔线下空二行位置；没有文头的审计报告，标题编排在分隔线上空二行位置。

（二）发文字号。由发文组织代字、发文年份和文件顺序号三个部分组成。年份、发文顺序号用阿拉伯数字标注；年份应当标全称，用六角括号"〔〕"括入；发文顺序号不加"第"字，不编虚位（即1不编为01），在阿拉伯数字后加"号"字。例如，×审〔20××〕×号。有文头的审计报告，发文字号在文头标志下空二行、红色分隔线上居中排布；没有文头的审计报告，发文字号在分隔线下右角排布。

（三）密级和保密期限。如需标注密级和保密期限，顶格编排在版心左上角第二行；保密期限中的数字用阿拉伯数字标注，自标明的制发日算起。密级一般分为绝密、机密、秘密三级。保密期限在一年以上的，以年计，如秘密5年；在一年以内的，以月计，如秘密6个月。

（四）收件人。有文头的审计报告，收件人编排于标题下空一行位置；没有文头的审计报告，收件人编排于发文字号下空一行位置。收件人居左顶格，回行时仍顶格，最后一个收件人名称后标全角冒号。

（五）正文。编排于收件人名称下一行，每个自然段左空二字，回行顶格。文中结构层次序数依次可以用"一、""（一）""1.""（1）"标注；一般第一层用黑体字、第二层用楷体字、第三层和第四层用仿宋体字标注。

（六）附件。如有附件，在正文下空一行，左空二字编排"附件"二字，后标全角冒号和附件名称。如有多个附件，使用阿拉伯数字标注附件顺序号，如"附件：1.××××"；附件名称后不加标点符号。附件名称较长需回行时，应当与上一行附件名称的首字对齐。

（七）内部审计机构署名或盖章。一般在报告日期之上，以报告日期为准居中编排内部审计机构署名，如使用机构印章，加盖印章应当端正、居中下压内部审计机构署名和报告日期，使内部审计机构署名和报告日期居印章中心偏下位置，印章顶端应当上距正文或附件一行之内。如不使用机构印章，一般在正文之下空一行编排内部审计机构署名及其负责人签名（主要用于征求意见阶段的审计报告），并以报告日期为准居中编排。

（八）报告日期。使用阿拉伯数字将年、月、日标全，年份应当标全称，月、日不编虚位（即1不编为01）。报告日期一般右空四个字编排。

第五章 审计报告的编制

第二十五条 审计组在实施必要的审计程序后，应当及时编制审计报告。特殊情况需要延长的，应当报请内部审计机构负责人批准。

第二十六条 审计组应当按照以下程序编制审计报告：

（一）做好相关准备工作；

（二）编制审计报告初稿；

（三）征求被审计单位的意见；

（四）复核、修订审计报告并定稿。

第二十七条 审计组在进行审计报告的准备工作时，需要讨论确定下列事项：

（一）审计目标的实现情况；

（二）审计事项完成情况；

（三）审计证据的相关性、可靠性和充分性；

（四）审计结论的适当性；

（五）审计发现问题的重要性；

（六）审计意见的合理性与合规性；

（七）审计建议的针对性、建设性和可操作性；

（八）其他有关事项。

第二十八条 审计组应当根据不同的审计目标，以审计认定的事实为基础，合理运用重要性原则并评估审计风险，对审计事项作出审计结论。作出审计结论时，需要注意下列事项：

（一）围绕审计目标，依照相关法律法规、政策、程序及其他标准，对审计事项进行评价，评价应当客观公正，并与审计发现问题有密切的相关性。

（二）审计评价应当坚持全面性和重要性相结合，定性与定量相结合的原则。

（三）只对已审计的事项发表审计评价意见，对未经审计的事项、审计证据不充分、评价依据或者标准不明确以及超越审计职责范围的事项，不发表审计评价意见。

第二十九条 审计组应当根据审计发现的问题及其发生的原因和审计报告的使用对象，从性质和金额两个方面评估审计发现问题的重要性，合理归类并按照重要性原则排序，如实在审计报告中予以反映。

第三十条 审计组对审计发现的主要问题提出处理意见时，需要关注下列因素：

（一）适用的法律法规以及组织内部的规章制度；

（二）审计的职权范围（在组织授权处理范围内的，内部审计机构直接提出审计处理意见；超出组织授权范围的，可以建议组织适当管理层或相关部门作出处理）；

（三）审计发现问题的性质、金额、情节、原因和后果；

（四）对同类问题处理处罚的一致性；

（五）需要关注的其他因素。

第三十一条 审计组应当针对审计发现的被审计单位业务活动、内部控制和风险管理中存在的主要问题、缺陷和漏洞，以及需要进一步完善提高的事项等，分别提出纠正和改善建议。

第三十二条 审计组应当就审计报告的主要内容与被审计单位及其相关人员进行及时、充分的沟通。

审计组应当根据沟通内容的要求，选择会议形式或面谈形式与被审计单位及其相关人员进行沟通，应当注意沟通技巧，进行平等、诚恳、恰当、充分的交流。

第三十三条 审计报告初稿由审计项目负责人或者其授权的审计组其他成员起草。如其他人员起草时，应当由审计项目负责人进行复核。审计报告初稿应当在审计组内部进行讨论，并根据讨论结果进行适当的修改。

第三十四条 审计组提出的审计报告在按照规定程序审批后，应当以内部审计机构的名义征求被审计单位的意见。也可以经内部审计机构授权，以审计组的名义征求意见。被审计单位应在规定时间内以书面形式对审计报告提出意见，否则，视同无异议。

审计报告中涉及重大案件调查等特殊事项，经过规定程序批准，可不征求被审计单位的意见。

第三十五条 被审计单位对征求意见的审计报告有异议的，审计组应当进一步核实，并根据核实情况对审计报告作出必要的修改。

审计组应当对采纳被审计单位意见的情况和原因，或者被审计单位未在规定时间内提出书面意见的情况作出书面说明。

第六章　审计报告的复核、报送和归档

第三十六条 内部审计机构应当建立审计报告的分级复核制度，加强审计报告的质量控制。重点对下列事项进行复核：

（一）是否按照项目审计方案确定的审计范围和审计目标实施审计；

（二）与审计事项有关的事实是否清楚、数据是否准确；

（三）审计结论、审计发现问题的定性、处理意见是否适当，适用的法律法规和标准是否准确，所依据的审计证据是否相关、可靠和充分；

（四）审计发现的重要问题是否在审计报告中反映；

（五）审计建议是否具有针对性、建设性和可操作性；

（六）被审计单位反馈的合理意见是否被采纳；

（七）其他需要复核的事项。

内部审计机构负责人复核审计报告时，应当审核被审计单位对审计报告的书面意见及审计组采纳情况的书面说明，以及其他有关材料。

第三十七条 内部审计机构负责人对审计组报送的材料复核后，可根据情况采取下列措施：

（一）要求审计组补充重要审计证据；

（二）对审计报告进行修改。

复核过程中遇有复杂问题的，可以邀请有关专家进行论证。邀请的专家可以从组织外部聘请，也可以在组织内部指派。

第三十八条 审计报告经复核和修改后，由总审计师或内部审计机构负责人按照规定程序审定、签发。

第三十九条 审计报告的报送一般限于组织内部，通常根据组织要求、审计类型和形式确定报送对象。需要将审计报告的全部或部分内容发送给组织外部单位或人员的，应当按照规定程序批准。

第四十条 审计报告按照规定程序批准后，可以在组织内部适当范围公开。

第四十一条 已经出具的审计报告如果存在重要错误或者遗漏，内部审计机构应当及时更正，并将更正后的审计报告提交给原审计报告接收者。

第四十二条 内部审计机构应当按照中国内部审计协会发布的《第2308号内部审计具体准则——审计档案工作》，以及组织的档案管理制度要求，将审计报告及其他业务文档及时归入审计档案，妥善保存。

第七章 附 则

第四十三条 本指南由中国内部审计协会发布并负责解释。

第四十四条 本指南自 2020 年 1 月 1 日起施行。2009 年 1 月 1 日起施行的《内部审计实务指南第 3 号——审计报告》同时废止。

第四十五条 本指南主要规范通用审计报告,有关经济责任审计报告的内容可参照中共中央办公厅、国务院办公厅印发的《党政主要领导干部和国有企事业单位主要领导人员经济责任审计规定》和释义执行。

附录 1:审计报告参考格式
附录 2:审计报告征求意见函参考格式

附录 1:审计报告参考格式

关于××××[*被审计单位*]××××[*审计事项*]审计的报告

××审报〔20××〕××号

××××[*收件人*]:

根据××××年度审计计划安排[*项目来源*],我部[*内部审计机构自称*]派出审计组,自××××年××月××日至××月××日[*实施审计的起止时间*],对××××[*被审计单位全称。写单位全称时还应注明"以下简称××××"*]××××[*审计事项*]进行了审计。现将审计情况报告如下:

一、审计概况

(一)被审计单位基本情况

××。

[*说明:(1)被审计单位的基本情况。主要包括被审计单位(或项目)的背景信息,如被审计单位(或项目)的规模、性质、组织结构、职责范围或经营范围、业务活动及其目标,相关财政财务管理体制和业务管理体制、内部控制及信息系统情况、财政财务收支情况。以及适用的绩效评价标准等;以往接受内外部审计及其他监督检查情况及其整改情况。(2)表述的内容应当与审计目标密切相关。(3)一般不得引用未经审计核实的数据,如引用,应当注明来源。*]

(二)实施审计的情况

××。

本项目的审计目标是××××,审计范围包括××××[*概括表述审计涉及的单位、时间和事项范围*],审计的主要内容和重点是××××[*可简要列明审计主要事项及重点*],对重要事项进行了必要的延伸和追溯[*可列明延伸的单位和追溯的时间*]。××××[*被审计单位简称*]对其提供的财务会计资料以及其他相关资料的真实性和完整性负责[*如被审计*

单位作出书面承诺，应当注明〕。我部〔内部审计机构自称〕的责任是按照《中国内部审计准则》的要求实施审计并出具审计报告。

〔说明：如有必要，可增加选择审计项目的目的和理由，针对审计重点、难点采取的审计方法、审计程序及其产生的效果等情况。〕

二、审计依据

本次审计是依据××实施的。

〔说明：（1）应声明本次审计是依据相关法律法规、《中国内部审计准则》的规定、组织的规章制度实施的。（2）当确实无法按照《中国内部审计准则》的要求实施审计时，应当陈述理由，并就可能导致的对审计结论、意见和建议以及审计项目质量的影响作出必要的说明。〕

三、审计结论

审计结果表明，×××。

〔说明：（1）围绕项目审计目标，依照有关法律法规、政策、程序及其他标准，对审计事项应当作总体及有重点的评价。（2）既包括对良好业绩和先进经验的正面评价，也包括对审计发现主要问题的简要概括。（3）只对所审计的事项发表审计评价意见，对审计过程中未涉及、审计证据不充分、评价依据或者标准不明确以及超越审计职责范围的事项，不发表审计评价意见。（4）审计评价意见不能与审计发现的问题相互矛盾。（5）审计评价用语要准确、适当，以写实为主。〕

四、审计发现

（一）×××××××××××××××××××。〔概述问题性质金额等的标题〕
××××××××××××××××××××××××××××。

（二）×××××××××××××××××××。〔概述问题性质金额等的标题〕
××××××××××××××××××××××××××××。

……

〔说明：（1）违反国家或组织规定的财政财务收支问题，一般应当表述违法违规事实、定性及依据。（2）影响绩效的突出问题，一般应当表述事实、标准、原因及后果。（3）内部控制重大缺陷，一般应当表述有关缺陷情况及后果。（4）如审计期间被审计单位对审计发现的重要问题已经整改的，应当说明有关整改情况。（5）如发现上次审计处理未执行的问题，一般列示在本次查出的问题之后。（6）引用作为定性依据或者评判标准的法律法规时，一般应当列明文件名称、具体条款号及条款内容；引用规章和规范性文件时，一般还应列明发文单位、发文字号。〕

五、审计意见

针对审计发现的问题，根据××××××〔审计处理授权规定〕的规定，现提出如下处理意见：〔适用于组织授权内部审计机构作出审计处理的情形〕

建议组织适当管理层或有关部门〔可列出具体管理层或部门名称〕作出如下处理：〔适用于内部审计机构无权作出审计处理的情形〕

（一）××××××××××××××××××××××
×××××××××××××××××××××××××××××。

（二）×××××××××××××××××××××××
×××××××××××××××××××××××××××××。

……

〔说明：（1）依据组织内部有关规定授予内部审计机构的处理权限，提出对审计发现问题的处理意见；或者建议组织适当管理层及相关部门对审计发现问题作出处理、追究有关人员责任。针对审计发现问题也可以在提出处理意见的基础上，再建议组织适当管理层及相关部门进一步作出处理（如追究有关人员责任等）。（2）提出审计意见的顺序应当与审计发现问题的顺序基本一致。（3）审计意见应当实事求是、公平、公正，并充分考虑可执行性。］

六、审计建议

针对审计发现的××××问题［高度概括审计发现的问题，或标明"四、审计发现"中第几个问题］，建议×××。［适用于针对审计发现问题提出建议的情形］

审计中了解到×××××××××××××××××××××××［详细描述提出建议所针对的相关事由］，建议××××××××××××××××××××××××××××××××。［适用于针对审计发现问题之外的其他事由提出建议的情形］

［说明：（1）审计建议可以分为两种情况：一是针对审计发现的问题，提出进一步改进的建议；二是针对其他需要进一步完善提高的事项（不能认定为违规、差错、缺陷或损害的问题），提出建议。审计建议应当做到有的放矢。（2）审计建议应当具有针对性、建设性和可操作性，避免过于空泛，便于整改落实。］

附件：1.××××××××××××××××
   2.××××××××××××××××

内部审计机构（盖章）
××××年××月××日

附录2：审计报告征求意见函参考格式

审计报告征求意见函

××审征〔20××〕××号

××××［收件人］：

我部［内部审计机构自称］派出审计组于××××年××月××日至××月××日，对你单位××××［审计期间］××××［审计事项］进行了审计。根据××××［组织的内部审计章程或者有关规定］的规定，现将审计组的审计报告送你单位征求意见。请自接到审计报告之日起××个工作日内［根据组织的内部审计章程或者有关规定确定］将书面意见送交审计组。如在此期限内未提出书面意见，视同无异议。

附件：审计报告（征求意见稿）

内部审计机构（盖章）
××××年××月××日

第 3204 号内部审计实务指南——经济责任审计

（中内协 2022 年 3 月 28 日发布）

目 录

第一章 概述
　第一节 审计总体要求
　第二节 审计程序与方法
第二章 经济责任审计的内容
　第一节 贯彻执行党和国家经济方针政策及决策部署情况审计
　第二节 发展战略规划制定及执行情况审计
　第三节 重大经济事项决策及执行情况审计
　第四节 组织治理情况审计
　第五节 内部控制和风险管理情况审计
　第六节 财政财务管理情况审计
　第七节 自然资源资产管理和生态环境保护情况审计
　第八节 境外机构、境外资产和境外经济活动情况审计
　第九节 党风廉政建设责任和个人遵守廉洁从业规定情况审计
　第十节 以往审计发现问题整改情况审计
第三章 责任认定
　第一节 责任类别
　第二节 责任认定的方法
第四章 审计评价
　第一节 总体要求
　第二节 审计评价方法
第五章 审计报告和审计结果报告
　第一节 审计报告
　第二节 审计结果报告
第六章 审计结果运用
　第一节 总体要求
　第二节 内部审计机构在审计结果运用中的职责
　　附录一：审计通知书模板
　　附录二：述职报告模板
　　附录三：审计报告模板
　　附录四：审计结果报告模板

第一章 概 述

为了强化对单位内部管理主要领导干部和主要领导人员（以下统称领导干部）的管理监督，进一步指导和规范单位内部经济责任审计工作，保证审计质量，提高审计效率，根据《党政主要领导干部和国有企事业单位主要领导人员经济责任审计规定》《审计署关于内部审计

工作的规定》《第 2205 号内部审计具体准则——经济责任审计》，以及其他相关规定，结合内部审计最佳实践，制定本指南。

本指南所称经济责任，是指领导干部在本单位任职期间，对其管辖范围内贯彻执行党和国家经济方针政策、决策部署，推动本单位事业发展，管理公共资金、国有资产、国有资源，防控经济风险等有关经济活动应当履行的职责。

本指南所称经济责任审计，是指内部审计机构（包括履行内部审计职责的内设机构，下同）、内部审计人员对本单位所管理的领导干部任职期间的经济责任履行情况的监督、评价和建议活动。

本指南适用于党政工作部门、纪检监察机关、法院、检察院、事业单位和人民团体，国有及国有资本占控股地位或主导地位的企业（含金融机构）等单位的内部审计机构、内部审计人员所从事的经济责任审计活动，其他类型单位可以参照执行。

本指南中"单位"一般是指独立的法人组织，包括本级和下级（或所属）单位，当指被审计领导干部"所在单位"（或称"被审计单位"）时，也可以是被审计领导干部所任职的单位内设部门（机构）或非法人的分支机构。如果审计时被审计领导干部已离开任职期间所在的单位，"所在单位"或"被审计单位"指被审计领导干部原任职单位。本指南中"本单位"是指对被审计领导干部具有干部管理权限的单位。

第一节 审计总体要求

一、审计目标和工作重点

经济责任审计工作以马克思列宁主义、毛泽东思想、邓小平理论、"三个代表"重要思想、科学发展观、习近平新时代中国特色社会主义思想为指导，完整、准确、全面把握进入新发展阶段、贯彻新发展理念、构建新发展格局对审计工作提出的新任务新要求，聚焦经济责任，客观评价，揭示问题，促进党和国家经济方针政策和决策部署的落实，促进单位事业高质量发展和防范经济风险，促进领导干部履职尽责和担当作为，促进权力规范运行和反腐倡廉，促进组织规范管理和目标实现。

经济责任审计要围绕目标要求，突出工作重点。要根据领导干部职责范围，着重围绕党和国家重大经济方针政策、决策部署在本单位贯彻落实情况，本单位发展战略目标、规划、计划实施情况，主责主业开展情况实施审计；关注重大资金分配、资产处置、公共资源交易等重要领域和关键环节；聚焦内部控制和风险管理，聚焦权力运行和责任落实，聚焦是否造成公共资金、国有资产、国有资源损失浪费、生态环境破坏、公共利益损害等后果；重点揭示与领导干部履职相关的典型性和普遍性问题；大力推动审计整改和结果运用，立足预防和纠正权力失控、决策失误和行为失范，对领导干部开展常态化"经济体检"，发挥审计"治已病，防未病"的作用。

二、审计对象

本指南所规范的经济责任审计对象是本单位内部管理的领导干部，一般包括：

1. 党政工作部门、纪检监察机关、法院、检察院、事业单位和人民团体下属独立核算单位的主要领导干部，以及下属非独立核算但负有经济管理职能单位的主要领导干部。

2. 企业（含金融机构）本级中层主要领导干部，下属分支机构、全资、控股或占主导地位企业的主要领导干部，以及对经营效益产生重大影响或掌握重要资产的部门和机构的主要领导干部等。

3. 上级领导干部兼任下级单位正职领导职务且不实际履行经济责任时，实际分管日常工作的副职领导干部。

4. 上级要求以及本单位内部确定的其他重要岗位人员。各单位经济责任审计的对象范围依照干部管理权限确定。

各单位对所管理的领导干部开展经济责任审计一般由本单位的内部审计机构实施；如有必要，也可以指定或授权所属单位的内部审计机构实施。如无特别说明，本指南按照本单位的内部审计机构实施经济责任审计的情形加以表述。

三、工作原则

（一）加强统一领导和组织协调。

对领导干部有管理权限的单位应当在本单位党委（党组）、董事会（或主要负责人）的领导下开展经济责任审计工作。本单位可以结合实际，建立经济责任审计工作组织协调机制，成立相应的经济责任审计工作协调机构（以下统称协调机构），负责拟定本单位有关经济责任审计的制度文件，监督检查经济责任审计工作情况，协调解决经济责任审计工作中出现的问题，推进经济责任审计结果运用。协调机构应当向本单位党委（党组）、董事会（或主要负责人）负责并报告工作。协调机构一般由纪检监察、组织人事、内部审计及其他具备监督管理职能的部门（机构）组成。协调机构下设办公室，负责日常工作，办公室设在内部审计机构。

本指南如无特别强调，一般按照单位已设置了协调机构的情形加以表述，没有设置协调机构的单位可以参照执行。

（二）加强计划统筹。

经济责任审计应当有计划地进行，根据干部监督管理需要和审计资源等实际情况，对审计对象实行分类管理，科学制定年度经济责任审计计划。

经济责任审计一般由内部审计机构商同级组织人事部门后拟定年度项目安排；或者由内部审计机构直接根据同级组织人事部门的书面建议拟定年度项目安排。该年度项目安排应当综合考虑干部管理监督需求、审计目标和审计资源等实际情况，由内部审计机构征求纪检监察等协调机构其他成员部门（机构）意见后，纳入年度审计项目计划，报请本单位党委（党组）、董事会（或主要负责人）批准。经济责任审计应当按照批准的年度审计项目计划具体组织实施。年度经济责任审计计划确定后，一般不得随意调整。确需调整计划的，应当按照原程序报批后实施。

对单位内部同一部门（机构）、同一所属单位的2名以上领导干部的经济责任审计，可以同步组织实施，分别认定责任。

（三）以任中审计为主。

经济责任审计可分为离任审计和任中审计两种形式。离任审计是指单位内部管理领导干部任期届满，或者因任期内办理调任、免职、辞职、退休等情形开展的经济责任审计。任中审计是指单位内部管理领导干部任职期间开展的经济责任审计。

随着审计实践的不断深入，客观上要求不断前移监督关口。单位应当提高任中审计的比重，更好地发挥任中审计的过程监督优势，切实将经济责任审计结果与领导班子建设和干部选拔任用工作相衔接，更好地满足干部管理监督需要，增强审计的时效性。

（四）把握审计范围。

开展经济责任审计应当注意把握时空范围。时间上，经济责任审计要聚焦领导干部任职期间，一般情况下，其任期之外的经济事项不属于经济责任审计的范围，但对前任领导干部任职期间发生的问题，现任领导干部应当采取有效措施切实推动解决。空间上，经济责任审计要聚焦领导干部管辖范围，一般情况下，主要包括被审计单位本级及下一级。但对于三级以下单位出现的普遍性、典型性、倾向性问题和与被审计领导干部存在较大关联的经济事项，经过综合研判，也应纳入经济责任审计范围。

（五）推动成果共享。

在开展经济责任审计过程中，内部审计机构可以充分利用内外部检查工作成果，尽可能减少重复工作，提高工作效率。借鉴不同类型的检查成果应有所区别：一是借鉴内部审计成果时，在合理确认审计成果有效性的基础上可以直接利用；二是借鉴社会审计成果时，应采用一定的审计程序进行评估，以合理确认审计结论的可靠性；三是可以直接利用国家审计相关审计成果；四是借鉴纪检监察、巡视巡察工作成果时，对已经办结的案件，可以直接利用；对正在办理的案件，应与相关纪检监察、巡视巡察等部门（机构）相互沟通配合。

（六）注重沟通和汇报。

对审计中发现的重大问题，审计组应及时向内部审计机构报告。对于特别重大的事项，内部审计机构应及时向本单位党委（党组）、董事会（或主要负责人）报告。审计发现被审计领导干部及其所在单位涉嫌违法违纪线索时，应将线索移送纪检监察部门，纪检监察部门可进一步移送司法机关。

第二节 审计程序与方法

经济责任审计程序一般分为审计准备、审计实施、审计报告和后续审计四个阶段。经济责任审计常用的审计方法包括调查访谈、查阅分析、重点核查、归纳提炼等。

一、审计程序

（一）审计准备阶段。

审计准备阶段主要环节包括：

1. 组成审计组。内部审计机构应根据年度经济责任审计计划，组成审计组。审计组由审计组组长、主审和审计组成员组成。审计组组长负责领导审计项目的开展，对审计项目和审计报告负总责；主审负责协助组织开展审计活动，向审计人员分配审计任务，起草审计报告；审计组成员在审计组组长领导和主审督导下根据分工开展工作。在组成审计组的过程中，应当根据被审计单位财政财务收支及资产规模、经济活动特点、经营管理目标以及项目的特定需求等因素，合理配置审计资源，确保审计人员专业能力与被审计领导干部负责的业务相匹配。根据工作需要，应当配置必要的信息化审计人员，负责收集整理各类结构化或非结构化数据，搭建数据分析平台。如有必要，还可邀请纪检监察、巡视巡察、组织人事等部门（机构）的有关人员参加审计。

2. 开展审前调查。审计组在编制审计方案前，应调查了解被审计领导干部及其所在单位的相关情况。主要包括：党和国家有关工作重点、有关主管部门的工作要求；所在单位的发展目标、年度计划及工作重点；被审计领导干部任职期间的职责范围和分管工作；相关法律法规和政策制度；经济环境、行业状况及其他外部因素；管理体制、组织架构、经营范围、主要（工作）业务开展情况；财政、财务收支情况；适用的业绩指标体系及业绩评价情况；内部管理情况；相关信息系统及数据等。同时，内部审计机构应当听取协调机构有关成员部门（机构）的意见，及时了解与被审计领导干部履行经济责任有关的考察考核、群众反映、巡视巡察反馈、组织约谈、函询调查、案件查处结果等情况，并将相关情况提供给审计组。

3. 编制审计方案。审计组应结合审前调查情况编制审计方案，明确审计的目标、范围、内容、程序和方法，审计组成员职责和分工，审计项目进度安排及其他相关要求等。审计过程中如有必要，审计组可调整审计方案。审计方案及其调整情况应当报内部审计机构负责人批准后实施。

4. 制发审计通知书。内部审计机构应当按照规定，向被审计领导干部及其所在单位送达审计通知书（文书模板参见附录一），并抄送同级纪检监察和组织人事部门。遇有特殊情况，可在审计实施时送达审计通知书。审计通知书的内容主要包括被审计领导干部及单位名称、审计依据、审计目的、范围、审计起始时间、审计组组长及成员名单和被审计领导干部及其所在单位配合审计工作的要求。审计通知书的附件可包括需向审计组提供的资料清单。资料清单主要包括：

（1）被审计领导干部任职期间履行经济责任情况的述职报告（文书模板参见附录二），

具体包括领导干部个人的基本情况、所在单位基本情况、领导干部承担的主要职责、任职期间履行职责情况、本人遵守国家财经法纪和执行廉政纪律情况、所在单位及领导干部取得的主要成绩、存在的主要问题、需要特别说明的情况及工作建议等。

（2）领导干部任职期间制订的有关工作规划、年度工作计划、年度总结或工作报告，向上级主管部门报送的有关综合和专题汇报材料。

（3）领导干部任职期间与履行经济责任相关的会议纪要、会议记录、决议、决定、请示、批示、目标责任书、业务档案、规章制度等。

（4）接受审计机关、有关主管部门、社会审计组织等外部审计或检查，以及接受巡视巡察的相关情况报告、结论性文书；以往内部审计、外部审计或检查、巡视巡察发现问题整改情况等资料。

（5）涉及重大经济决策事项如重大基本建设项目建设、重大对外投资、借款、资产处置、重大采购、重大业务调整等相关的申报及审批文件资料，以及有关经济合同、协议，评估或验收报告等。

（6）任职期间财政预决算资料、财政财务会计核算资料及其有关经济活动资料。

（7）任职期间信息系统建设情况，以及相关的电子数据和必要的技术文档。

（8）对所提供资料真实性和完整性的书面承诺。

（9）审计所需的其他资料。

（二）审计实施阶段。

审计实施阶段主要环节包括：

1. 召开进点会议。实施现场审计时，审计组应召开由审计组主要成员、被审计领导干部及其所在单位相关人员参加的进点会议，安排审计工作有关事项。协调机构有关成员部门（机构）根据工作需要可以派人参加。被审计领导干部一般应当就其任职期间履行经济责任的情况进行现场述职（确实无法现场述职的，也可以仅提供书面述职材料）。审计组应当在被审计单位公示审计项目名称、审计纪律要求和举报电话等内容。

2. 收集相关资料。审计组正式进点后，应指定专人与被审计单位确定的配合审计的部门（机构）人员进行协调，就审计通知书所附资料清单中列示的有关资料进行交接，做好相关资料的签收、登记和组内分发工作。随着审计工作的深入开展，可根据需要要求被审计领导干部及其所在单位继续提供有关资料。审计组对于接收的所有纸质及电子资料和数据，负有保密责任。

3. 内部控制评审。目的主要在于了解被审计单位制度建设及监管方面所做的工作、取得的管理成效，合理界定被审计领导干部因内部控制不健全、执行不严格引发相关问题所应承担的责任。作为一项审计程序和方法，需要审计人员在内部控制测试的基础上，依据职业判断，确定审计策略。通过对内部控制的评审，确定不依赖内部控制的领域，应采取有效措施，合理安排审计资源，直接进行实质性测试，并扩大审计取证范围。确定依赖其内部控制的领域，应通过观察、询问、审查资料、穿行测试等方法，对内部控制从业务和功能两个方面进行符合性测试，评价其健全性、有效性，合理确定实质性测试的范围和重点。

4. 获取审计证据。审计组可通过调阅相关数据资料，访谈相关人员，执行穿行测试等审计程序，充分运用信息技术方法，发现审计线索，获取审计证据，形成初步审计结论。在获取审计证据过程中，要始终关注相关行为和结果背后权力运行的轨迹，以及被审计领导干部在其中所起的作用和应承担的责任，避免问题与责任脱节。审计过程中，发现重大的问题线索应当及时向党委（党组）、董事会（或主要负责人）请示汇报。

5. 编制审计工作底稿。审计工作底稿主要记录审计人员依据审计方案执行的审计步骤、采用的审计方式方法、得出的审计结论、提出的审计意见和建议等。审计工作底稿基本要素及编制应符合《第2104号内部审计具体准则——审计工作底稿》的要求，并注重体现和反映被审计领导干部履行责任的具体情况，包括采取的具体措施和实施的具体行为，对存在问题的影响程度、所起的作用、承担的责任和造成的后果，并客观得出审计结论。

6. 交换意见。审计组应就审计发现的问题及其责任界定情况与被审计领导干部及其所在单位进行充分沟通，听取其意见。

（三）审计报告阶段。

审计报告阶段主要环节包括：

1. 草拟审计报告初稿。审计组应在对审计证据进行汇总和分析的基础上，草拟经济责任审计报告初稿。

2. 征求意见。审计组提出的审计报告在按照规定程序复核后，应当以内部审计机构的名义征求被审计领导干部及其所在单位的意见。也可以经内部审计机构授权，以审计组的名义征求意见。被审计领导干部及其所在单位应自收到审计报告征求意见稿之日起规定时间内，将其书面意见提交给内部审计机构。被审计领导干部及其所在单位对审计报告内容有异议的，应提供必要的补充依据；规定时间内未提出书面意见的，视同无异议。

3. 修改与审定审计报告。审计组应对被审计领导干部及其所在单位提出的书面意见和补充资料进行研究、核实，撰写意见采纳情况书面说明，视情况对审计报告做出必要的修改。审计报告应经内部审计机构复核、审定。

4. 出具审计报告。内部审计机构应在规定的时限内出具审计报告。同时可以根据实际需要出具经济责任审计结果报告，简要反映审计结果。审计报告、审计结果报告连同被审计领导干部及其所在单位提出的书面意见一并报送单位党委（党组）、董事会（或主要负责人），送纪检监察机构等协调机构成员部门（机构）。同时将审计报告送达被审计领导干部及其所在单位，必要时送达其他相关单位和人员。内部审计机构也可以审计整改通知书的形式向被审计领导干部及其所在单位明确整改要求。

为了增强经济责任审计报告的权威性，有力推动审计整改，各单位可以制定符合本单位实际情况的经济责任审计报告的特殊报送程序。例如，可以规定内部审计机构在出具正式审计报告前，先拟定审计报告送审稿，连同被审计领导干部及其所在单位提出的书面意见一并报送单位党委（党组）、董事会（或主要负责人），经过党委（党组）、董事会等会议审议同意或者主要负责人审批同意后，再由内部审计机构出具经济责任审计报告。也可以规定内部审计机构出具的经济责任审计报告先报送本单位党委（党组）、董事会（或主要负责人），再由本单位另行制发文件，向被审计领导干部及其所在单位、其他相关单位和人员批转或下发经济责任审计报告，同时在该文件中提出落实审计意见建议、加强审计整改等方面的要求。

5. 对审计报告的复查和修改。被审计领导干部对出具的经济责任审计报告有异议的，可以自收到报告之日起30日内向内部审计机构或单位规定的相关部门申诉。受理申诉机构（部门）应当组成复查工作小组，并要求原审计组人员回避，自收到申诉之日起90日内提出复查意见，报受理申诉机构（部门）同级党委（党组）、董事会（或主要负责人）批准后作出复查决定。复查决定为最终决定。本单位另有意见申诉和受理规定的，从其规定。

经复查认定审计报告确需修改的，内部审计机构应当补充完善相关审计证据、工作底稿，对审计报告进行必要的修改。并按规定的程序重新出具审计报告。

（四）后续审计阶段。

后续审计阶段主要工作包括：

1. 反馈审计结果。经济责任审计项目结束后，内部审计机构可以组织召开会议，向被审计领导干部及其所在单位领导班子成员等有关人员反馈审计结果和相关情况。协调机构有关成员部门（机构）根据工作需要可以派人参加。

2. 推进责任追究。内部审计机构应当跟踪并推动对被审计领导干部或其他人员进行责任追究的落实情况。

3. 推动落实审计整改。内部审计机构应当及时跟踪检查被审计领导干部及其所在单位落实审计意见建议进行整改的情况，可以采取建立整改清单、台账、实行整改销号等措施，督促监督整改，必要时开展后续审计，进行审计"回头看"。

4. 评价审计整改情况。内部审计机构可以开展对审计整改情况的核实评价，重点核实评价整改的真实性、全面性和有效性，未整改事项的原因和风险程度，研究推动进一步整改的措施，并出具审计整改情况评价报告。

5. 审计材料归档。审计项目结束后，审计人员应当及时收集审计档案材料，根据《第2308号内部审计具体准则——审计档案工作》的要求，完成审计材料的归档工作，注重审计档案的质量管理。

二、审计方法

内部经济责任审计具有综合性、全面性以及与个人履职相关等特殊性，单一的审计技术方法难以实现审计目标，需要综合运用各类常规审计方法，以及采用更适合经济责任审计特点的取证和分析方法。实践中，除了审核、观察、监盘、访谈、调查、函证、计算和分析程序等常规审计方法外，经济责任审计经常采用调查访谈、查阅分析、重点核查、归纳提炼等审计方法，并运用信息化手段和大数据分析，获取相关、可靠和充分的审计证据，加强跨行业、跨领域数据的综合比对和关联分析，以实现对被审计领导干部履职情况全面客观评价并揭示问题、认定责任的目标。

1. 调查访谈。

调查访谈是审计人员通过广泛走访和倾听，全面收集和了解单位内部各层级人员对被审计领导干部履职情况的综合评价，掌握履职特点、履职业绩、经营管理和个人廉洁从业方面的问题线索。调查访谈可以通过问卷调查、设立征求意见箱和举报电话、个别谈话和座谈会等方式开展。

问卷调查能够快速、全面地了解相关部门和各层级人员对被审计领导干部及其所在单位的意见，且调查结果容易量化，便于统计处理与分析。问卷设计应简明清晰、符合逻辑、不宜过长，可以采用封闭式题目和开放式题目相结合的方式。

设立征求意见箱和举报电话，可以发挥群众监督作用，掌握相关线索，便于后续深入核实。设置意见箱和举报电话前应向全体员工充分告知，意见箱摆放地点要醒目，为意见反馈人员和举报人员保密。

个别谈话和座谈会等访谈方式，能够与被访谈者进行深入充分和有针对性地交流，获取更全面的信息。访谈开始前，审计人员应厘清访谈目的，拟定访谈提纲，并可根据访谈对象的层级、部门等特征进行分层分类座谈，制定差异化的访谈策略。如：对领导班子成员进行访谈，应主要了解被审计领导干部在日常工作中与班子成员之间分工与配合情况，在重大决策过程中是否充分尊重和听取班子成员意见，是否存在"一言堂""独断专行"等情况，被审计领导干部对所在单位发展战略方向上的引领是否存在偏差，所在单位是否存在重大风险隐患等；对中层管理人员进行访谈，主要了解被审计领导干部在相关业务推进过程中方向是否清晰，被审计领导干部推进的相关工作举措是否符合业务实际，是否取得良好效果，在业务管理工作中是否存在潜在的风险隐患等；对一般业务人员进行访谈，主要了解员工对被审计领导干部以及领导班子的满意度，是否存在员工反响较大的问题，以及相关意见建议等。访谈过程中，应注意方式方法，营造轻松氛围，认真倾听，不放过任何线索和疑点；要善于提问，通常情况下间接提出问题更容易获取相关信息；应充分关注受访者的语调、面部表情、肢体语言等非语言行为传达的信息。访谈结束后，及时整理访谈记录。

在开展意见征集和访谈过程中，可向纪检监察部门了解被审计领导干部有无重大问题举报和案件遗留问题，向组织人事部门了解是否存在其他需要引起注意的问题。

对于各类调查访谈中获得的信息和线索，审计人员应结合专业判断和后续审计程序进行有效甄别和事实界定，形成客观公正的调查结论。

2. 查阅分析。

查阅分析是通过查看被审计领导干部及其所在单位经营管理相关的各类文档资料，分析各类业务及管理数据，核实确认被审计领导干部的经营管理重点、履职业绩，锁定存在的主要问题领域。

查阅分析文档资料主要包括：相关内部规章制度、战略规划、工作计划、工作报告、会议纪要、会计资料、经济合同、统计数据、考核结果、述职报告等与履行经济责任相关的资料。确认被审计领导干部贯彻执行党和国家重大经济方针政策、战略规划的制定和执行、重大经济事项决策、主要经营管理理念和措施等情况。

分析业务及管理数据主要包括：财务数据、业务数据、管理数据等可比指标。通过对当前指标与历史指标、计划指标与实际指标、自身指标与同业指标、存在逻辑关系的多个指标相互间的比较分析，多维度了解被审计单位及其业务发展情况，发现数据异动，识别潜在问题线索，确定下一步核查重点。在分析前，审计人员还需要采取适当审计程序验证数据的准确性。

3. 重点核查。

重点核查是对与被审计领导干部履职相关的重点业务、项目等具体管理事项进行抽样核查或定向核查，确定管理事项的真实性、合规性和效率性。被审计领导干部通常负责整个单位或某业务管理领域的全面工作，业务范围广、管理事项多，逐项核查或大比例抽样难以实现。实践中，需依据重要性和履职相关性原则，结合其他审计程序已识别的风险领域，进行有针对性的重点核查。

抽样核查主要针对被审计领导干部决策权限范围内的重大决策、重大项目安排、大额资金运作、重要人事任免事项等具体事项进行抽样，特别是被审计领导干部直接参与的重大事项。审计人员可根据专业判断确定具体抽样比例和抽样方式。

定向核查主要针对其他审计程序已识别的或内外部检查已披露的风险事项进行的延伸审计和核查。

在具体事项核查过程中，需综合运用分析程序、检查、观察、函证、重新计算、重新执行等多种常规审计方法，还应充分利用外部可用数据或公开信息对核查事项进行比较验证，确保更深入客观地揭示被审计领导干部履职存在的问题。在无法对跨界跨域数据进行全部审计的情况下，审计抽查强调要达到一定的覆盖率，防止以偏概全。

4. 归纳提炼。

归纳提炼是在对所获取到的与被审计领导干部及其所在单位相关的各类材料系统梳理、总结的基础上，直接运用或结合其他审计程序，形成审计报告素材和结论的方法。

为提升审计质量，经济责任审计开展过程中应充分利用日常各类检查监督成果，将各类内外部专项检查、日常监测中发现的问题整理、分析和提炼，充分发挥监督检查合力，节约审计资源，提高审计效率，确保经济责任审计反映问题的全面性和充分性。

由于经济责任审计是对领导干部履职的综合评价，审计人员在审计过程中应善于将各类业务审计发现与领导干部个人履职相结合；善于从各类文字材料和业务数据中归纳提炼被审计领导干部及其所在单位的主要履职工作思路、工作特色、工作成效，最终形成对被审计领导干部的客观履职评价。

5.信息化应用和大数据分析方法。

信息化应用和大数据分析方法是提升经济责任审计质量和效率的重要方法。通过信息系统的建设和系统间的对接，应用大数据分析模型开展风险评估，有助于从海量数据中快速锁定审计线索和潜在风险，实现对被审计领导干部的履职尽责情况的"精准画像"。

经济责任审计信息化系统的建设主要包含两方面的内容：一是建立审计信息库；二是搭建审计信息化作业平台。经济责任审计信息系统应具备审计项目管理、审计监测、数据分析、成果共享和审计信息支持等工作模块，通过信息化手段加强对审计活动、流程及其相关资源、成果的管理，提升经济责任审计工作的质量和效率。

大数据分析方法是参照数理统计学原理，依托相关技术工具，对数据进行准确解读和分析的一系列技术方法的统称。在经济责任审计中的应用主要有两个方面：一是全景视图分析。通过对被审计单位的业务数据进行全方位的"扫描"，从多个层次、多个维度对相关单位、业务条线的发展变化情况进行比较分析，归纳出发展中的优势和不足，对被审计领导干部经济责任的履行情况进行"精准画像"；二是数据挖掘分析。结合被审计单位的关键业务、关键环节和关键风险点，构建风险评估模型，使用全量数据开展数据挖掘，运用聚类、关联、群集等分析方法，从海量数据中发现异常现象，快速获取线索、定位风险环节、锁定审计疑点，进而结合现场审计情况确认被审计领导干部经济责任履行过程中存在的主要问题。

第二章 经济责任审计的内容

不同行业、不同单位或部门经济责任审计的具体内容存在一定差别，但仍有共性。本章参照《党政主要领导干部和国有企事业单位主要领导人员经济责任审计规定》和《第2205号内部审计具体准则——经济责任审计》中经济责任审计的有关内容，结合党政机关、企事业单位、金融机构等不同类型单位的特点，将经济责任审计的内容分为10个部分，进行分节论述。

第一节 贯彻执行党和国家经济方针政策及决策部署情况审计

党和国家经济方针政策及决策部署（以下简称重大政策措施），主要是指党和国家重大战略、重大规划、重大宏观调控政策、重大改革任务、重大项目等经济方针政策及决策部署，习近平总书记对部门（系统、行业）、企业作出的重要批示指示等。重大政策措施既包括党中央、国务院出台的重大政策措施，也包括各级党委、政府以及主管部门为贯彻落实党和国家重大政策措施，结合各自领域工作实际出台的配套政策措施。

贯彻执行重大政策措施情况审计的目标是通过对被审计领导干部任职期间贯彻执行重大政策措施情况的审查和评价，揭示和反映与被审计领导干部相关的履职不到位、失职渎职等问题，促进领导干部积极、有效履职，防范由此带来的风险，推动重大政策措施在被审计单位落实到位。审计应重点关注是否存在被审计领导干部及其所在单位贯彻执行重大政策措施不坚决、不全面、不到位等情况。

一、贯彻执行重大政策措施的部署安排情况

1.部署安排的及时性和务实性。重点审计被审计领导干部是否为其所在单位贯彻执行重大政策措施进行了部署和具体安排，是否组织制定了实施方案。相关部署和制定实施方案是否及时，内容是否具体务实，是否存在召开会议、下发文件等形式上的部署措施多而实质性的落实举措少的问题，是否存在不作为、慢作为、乱作为的情况。

2.实施方案的遵循性、健全性和可行性。重点审计贯彻落实重大政策措施实施方案的

内容是否符合党和国家经济方针政策和决策部署的要求，是否存在贯彻执行政策措施打折扣、做选择、搞变通的情况；实施方案是否明确了贯彻执行重大政策措施的时间表、路线图和阶段性目标；是否在结合单位实际制定出台贯彻执行重大政策措施的配套政策措施方面做出了具体工作安排，如包括专门制定或修改完善相关的发展规划、工作计划、规章制度；建立相应领导、管理和监督机制；提供资金、机构人员、场地和物资保障等。实施方案是否做到工作任务、措施方法、职责分配、质量要求具体明确，具体措施具有可操作性。

3.实施方案制定是否通过适当的程序。重点审计为制定贯彻执行重大政策措施的实施方案是否充分开展了调查研究、充分进行了论证和广泛征求意见；是否采用了集体决策、审批控制或其他适当的决策程序，确保方案内容符合法律法规、上级决策部署和被审计单位发展实际。

二、贯彻执行重大政策措施具体安排的落实情况

1.重点审计是否认真落实了贯彻执行重大政策措施的实施方案，确定方案的相关工作制度机制和具体措施是否得到执行，责任是否落实到位；是否存在方案落实过程中的打折扣、做选择、搞变通的现象；是否存在表态多调门高、行动少、落实差等形式主义、官僚主义现象，避免简单依据是否及时召开会议、及时下发文件等形式上的措施评价实施方案落实情况。

2.重点审计是否建立监督机制。是否建立贯彻执行过程评价分析机制，结合执行目标和效果及最新政策变化，及时有效纠正有偏差的措施；是否建立并落实监督检查机制，明确监督检查责任、内容和频次要求，对具体措施执行情况实施了有效的监督检查，并逐级汇报贯彻执行过程中遇到的问题及建议；是否建立了责任追究机制，对贯彻执行不力造成不良影响的责任人追究到位。

三、贯彻执行重大政策措施具体安排的实施效果

1.重点审计贯彻执行重大政策措施实施方案确定的工作任务、时间进度、完成目标等是否达到了预设的标准。

2.重点审计通过落实贯彻执行重大政策措施的实施方案，被审计单位的工作是否符合了党和国家出台重大政策措施的预期；是否结合经济特点、自然环境等情况创新性地开展工作，取得良好的政策落实效果；是否形成可推广可复制的推动经济社会发展进步的良好实务。

3.重点审计重大政策措施落实对被审计单位的影响，是否做到在不损害国家利益的前提下，维护了被审计单位的长远发展利益，确保某些政策措施落实给单位带来的成本上升、利润减少等不利影响降到了可承受的限度之内，力争实现国家利益与单位利益的双赢，推动被审计单位的可持续发展。

第二节 发展战略规划制定及执行情况审计

发展战略规划制定及执行情况审计主要通过对被审计领导干部任职期间所在单位自身战略规划的制定、执行和实施效果开展检查，评价其在符合国家规划、产业政策和上级单位战略规划要求的前提下，制定战略规划、分解落实阶段性任务、采取有效措施保证完成目标任务和效果方面的履职情况。

一、发展战略规划制定情况

1.战略规划制定程序是否包括：开展充分调查研究、科学分析预测和广泛征求意见，遵循民主讨论和集体决策等程序。

2.战略规划是否符合国家战略规划、产业政策等要求，是否与上级单位（部门、系统、行业、企业）制定的战略规划目标一致，是否综合考虑了宏观经济、政治、社会、生态政策、国内外市场需求变化、技术发展趋势、行业及竞争对手状况、可利用资源水平和自身优势与

劣势等影响因素。战略规划是否明确发展的阶段性和发展程度，各发展阶段的具体目标、工作任务和实施职责是否清晰。

3.在外部环境发生变化时，是否及时对战略规划进行调整和更新。

二、发展战略规划执行情况

1.是否通过发布规章制度、制定年度工作计划、编制全面预算等方式推进规划落地，确保上级单位（部门、系统、行业、企业）及被审计单位制定的战略规划有效实施。

2.是否严格执行各项规划，是否存在随意调整战略规划等情况。对战略规划确需作出调整的，是否按照规定权限和程序调整。

3.是否建立督办机制，通过逐级开展督查和考评，定期开展监控和报告，推进目标责任制的完成，针对目标责任制落实不力的实际情况，是否进行原因分析，持续改进，并追究责任。

三、发展战略规划的实施效果

1.领导干部任职期间战略规划的阶段性目标任务是否按期保质完成，是否达到预期效果，实现预期目标。

2.是否存在因不符合国家规划及产业政策调整方向，或监督失职导致规划执行不到位，造成重大资金或资产（资源）闲置或损失浪费、侵占或损害群众利益、破坏生态环境以及损害公共利益等严重后果。

第三节 重大经济事项决策及执行情况审计

重大经济事项决策及执行情况审计主要围绕事关发展方向及全局等性质重要、涉及数量重大或支出超过一定金额起点（结合单位性质、规模确定）的项目和相关重大事项，对被审计领导干部贯彻执行重大经济事项决策制度和执行效果情况开展审查评价。具体包括重大预算管理、重大基本建设、重大采购项目、重大投资项目（包含境外投资）、重大资产处置、大额资金运作使用的决策和执行情况。

一、重大经济决策管理情况

1.制度建立健全方面：重点关注是否建立健全了重大经济决策制度，包括预决算管理、基本建设、大额对外投资、大额物资采购、大额资产处置、大额度资金运作使用、监督检查和责任追究等；是否对重大经济事项的决策程序、范围、权限和标准作出明确规定；制定的经济决策制度是否符合国家法律法规、产业政策等要求，是否符合单位内部管理制度等要求，是否存在超过其风险容忍度的重大风险。

2.决策制定及执行方面：重点关注是否严格遵循单位决策程序等规章制度，决策事项是否经过充分论证，决策内容是否合规合法，决策程序和权限是否合规，是否存在决策程序不明确、权限不清晰、重大经济事项未纳入决策范围等问题；对执行过程、进度的监管、评价和纠偏措施是否有效；被审计领导干部有无违反集体决策原则，违反相关规定直接插手、干预重大经济事项的执行等问题。

3.执行效果方面：重点关注重大经济决策事项是否按期完成，是否实现预期目标，包括数量、质量、成本、功能、效益等各项目标或任务；是否因决策不当或失误造成损失浪费、环境破坏、风险隐患等；是否建立健全决策失误纠错机制和责任追究制度等。

二、重大预算管理决策和执行情况

关注重大预算管理决策机制是否健全，预算编制是否科学，是否存在不编制预算或程序不合规，导致预算缺乏刚性、执行不力等情况；是否制定了预算管理的相关制度，预算是否有效执行，是否按时间进度完成目标，是否存在预算目标不合理，导致资源浪费或发展战略难以实现的情况。在环境发生重大变化时，是否及时采取措施调整，调整程序是否合规。

三、重大基本建设决策和执行情况

关注重大基本建设决策事项前期管理工作是否扎实，是否具备经批准的基本建设计划，是否取得相关土地、环保等部门的批文，立项论证和可行性研究等工作是否科学合理，有无项目论证脱离实际、擅自变更设计等情况。决策程序是否健全，有无因简化决策程序、领导干部滥用职权造成重大损失的情况。

是否存在以"化整为零"等方式规避审批和招标等现象，招标过程是否合法合规，是否存在领导干部干预的行为。承建单位是否具备必要资质和能力，有无违法转包、分包现象；项目建设质量是否合格，工程进度及其调整是否科学合理，是否按规定编报竣工决算，是否存在建设项目长期未进行竣工决算等问题；项目建设和运行效果是否实现预定目标，有无重复建设、违规建设楼堂馆所等情况。

四、重大采购项目决策和执行情况

关注是否依据《中华人民共和国招标投标法》等相关法律法规制定大额采购管理制度，重大采购项目是否履行了规定的决策程序，是否按规定招标并订立合同；是否存在围标、内外串通虚假招投标、中标价格与实际采购价格相差悬殊、出现重大安全事故或因质量问题遭受损失、中标单位或供货单位存在异常的项目；未列入年度采购计划进行临时采购的重大项目等情况。

五、重大投资项目决策和执行情况

重点关注决策过程是否科学民主，重大投资项目是否符合国家产业政策，是否围绕主业布局，投资结构是否合理；可行性研究是否充分、准确，资金筹措等技术方案是否经济合理，经济效益分析是否准确；项目执行是否合法、合规，是否严格按照重大投资项目决策文件执行，有无决策未执行、未全部执行等问题，项目执行过程中是否进行了必要的内部监督；项目最终执行效果是否实现项目目标，是否存在投资决策失误，引发盲目扩张导致资金链断裂或资金使用效益低下等造成严重后果的情况。

六、重大资产处置决策和执行情况

重点关注重大资产处置决策程序和内容是否符合国家及有关部门、单位内部管理规定，是否进行可行性论证，是否经有关部门批准，资产评估机构是否具备相应资质，资产评估程序是否规范；处置执行是否合法、合规，是否严格执行决策文件有关要求；处置手续是否完整，实物、价值转移以及会计处理是否符合有关规定；处置结果是否达到决策目标，是否存在人为干预而造成资产损失或流失等行为。

七、大额资金运作使用情况

对超过一定金额起点（结合单位性质、规模确定）被纳入大额资金运作使用范围的事项，重点关注审批决策程序是否健全，有无违反集体决策情形，或是否存在超授权决策、超预算审批等；是否制定了大额资金运作使用管理制度，预算内大额资金调动和使用是否合规，手续是否齐全。超预算的资金调动和使用的授权审批是否严格等；大额资金运作使用是否实现预期目标等。

第四节 组织治理情况审计

组织治理情况审计主要依据国家法律、法规、政策和标准及相关规定，对组织治理环境的完善性和监督约束机制运行的有效性等方面进行审查和评价。本节以企业领导干部经济责任审计为例，对企业的组织治理情况审计进行介绍。

一、组织治理结构情况

重点关注是否建立健全组织架构、职责边界清晰的法人治理结构，是否建立相互衔接、有效制衡的运行机制；是否依法制定对股东、董事、监事和高级管理人员具有约束力的公司章程，企业是否明确在党组织领导下开展工作，上市公司还应关注是否设立股东大会、董事会、监事会；是否在董事会下设立专门委员会；董事会、监事会的成员组成和任职资格是否符合规定；是否建立独立董事制度；内设机构与部门职责权限是否明晰，不相容职责是否分离，内部机构设置是否科学合理，是否与公司性质、发展战略、企业文化等情况相适应。

二、组织治理机制情况

重点关注是否有效落实权责对等、运转协调、有效制衡的决策执行监督机制，包括决策与权力分配机制是否健全，是否制定股东、董事、监事、经理的议事、决策规则；上市公司是否制定股东大会、董事会、监事会和高级管理层的议事、决策规则，高级管理人员的聘任程序；激励与监督机制是否健全有效，是否建立领导干部的薪酬与单位绩效和个人业绩相联系的激励机制，是否建立监督与问责机制，对违反法律、法规、公司章程规定，致使公司遭受损失的相关人员追究其责任；沟通与报告机制是否健全，是否明确单位内部各层级间的报告路径，以达到向单位内部有关方面报告风险和有效控制信息的目的，上市公司是否按规定进行信息披露；在单位内部是否推广适当的道德和价值观，是否形成和有效推广符合单位实际的企业文化、行为规范、职业道德规范等，以利于实现组织目标。

三、组织治理执行情况

重点关注党委（党组）与董事会、经理层等治理主体的关系是否理顺，关注党组织研究讨论作为董事会、高级管理层决策重大问题的前置程序是否落实，是否存在弱化或形式化党的领导的问题；关注董事会的决策作用、监事会的监督作用、高级管理层的经营管理作用、党组织的政治核心作用，包括党委

（党组）成员、股东、董事、监事、高级管理人员是否正确履行职责；上市公司董事会、董事会下设专门委员会、监事会、股东大会、高级管理层履职是否到位，运作是否规范；对组织治理结果的衡量指标是否达到预期，是否存在因疏于监管造成管理混乱或者导致重大违规违纪违法、经营亏损、风险隐患等问题。

四、对下属单位管理情况

重点关注被审计领导干部对下属单位管理、监督职责履行是否到位，是否基于整体利益，有无造成危害和后果等，包括关注被审计单位是否按照有关的法律法规建立下属单位治理架构，是否设置了清晰、科学和严谨的治理规则；经营发展战略和意图是否符合上级单位整体战略意图；对下属单位重大经济决策监管是否有效；对上级单位投资的资本资产是否实现了保值增值目标；是否存在因管理层级过多、管理链条过长导致对下属单位管理失控等问题。

第五节 内部控制和风险管理情况审计

内部控制和风险管理情况审计主要围绕被审计单位面临的主要风险，对其相关内部控制设计的合理性和运行的有效性，以及风险管理环境、管理机制、风险识别、评估和应对等方面进行审查和评价，促进被审计领导干部重视加强内部控制和风险管理，促进被审计单位稳健运营和可持续发展。本节以企业领导干部经济责任审计为例，依据《企业内部控制基本规范》及其配套指引、《中央企业全面风险管理指引》以及其他相关规定，对企业内部控制和风险管理情况审计的内容进行介绍。

一、内部控制审计

内部控制审计通过访谈、调查问卷、实地查验等方式对内部控制设计的合理性和运行的有效性进行审查和评价，加强内控体系监督检查，揭示存在的风险隐患和内控缺陷，进一步发挥审计的建设性作用，促进单位不断优化内控体系。

（一）内部控制设计的合理性。

重点关注为实现控制目标所必需的内部控制制度或程序是否建立且设计恰当，包括内部控制的设计是否以《企业内部控制基本规范》及其配套指引为依据；是否涵盖了所有的关键业务环节，对单位的各层级是否具有普遍约束力；是否与单位的业务模式、风险状况和合

规管理要求相匹配等。

1. 内部环境。是否根据国家有关法律法规和组织章程，建立规范的组织治理结构和议事规则，明确决策、执行、监督等方面的职责权限，形成科学有效的职责分工和制衡机制；是否根据经营管理的需要和内部控制要求，建立健全授权分工合理、职责明确、平衡制约、报告关系清晰的内部组织机构；内部控制体系是否完善，包括制定内部控制的总体要求、分业务、分产品操作流程和相关主要风险点的内部控制规定，以及评价制度等；是否制定和实施有利于企业发展的人力资源政策和建立科学有效的激励约束机制；是否加强文化建设，培育积极向上的价值观和社会责任感；是否加强法制教育，增强员工的法制观念，严格依法决策、依法办事、依法监督等。

2. 风险评估。是否根据设定的控制目标对企业风险控制及内部控制状况进行定期评估等；是否建立风险定期评估机制，包括是否建立风险指标识别体系、风险指标计量标准、风险评估工作流程、确定风险应对策略等，以及风险定期评估是否能够及时识别、评估和系统分析影响企业经营目标实现能力的各种风险，是否能够及时调整风险应对策略，合理确定风险应对措施以及风险管理目标。

3. 控制活动。是否对各项经营活动实施全过程控制，包括内部控制活动是否有助于企业党委（党组）、董事会（或主要负责人）的决策得以执行，是否能够满足风险管理要求；是否实施不相容职务分离控制，系统地分析、梳理业务流程中所涉及的不相容岗位和部门，形成各司其职、各负其责、相互制约的工作机制；是否建立授权审批控制，明确各岗位办理业务和事项的权限范围、审批程序和相应责任；是否建立会计系统控制，明确会计凭证、会计账簿和财务会计报告的处理程序，保证会计资料真实完整；是否建立财产保护控制措施，包括建立财产日常管理制度和定期清查制度等；是否建立预算控制，强化预算约束；是否开展运营分析控制，及时发现存在的问题并加以改进；是否建立绩效考评控制，科学设置考核指标体系；是否建立信息系统控制制度，确保信息系统安全可靠；是否建立关联交易控制制度，防止利益让渡和虚假交易等；是否建立风险预警和突发事件应急控制，确保突发事件得到及时妥善处理等。

4. 信息与沟通。是否建立信息与沟通制度，明确内部控制相关信息的收集、处理和传递程序，确保信息及时沟通；是否建立信息质量保证机制，准确提供企业管理和控制业务活动所需信息；是否建立内部控制相关信息在企业内部各管理级次、责任单位、业务环节之间，以及企业与外部有关方面之间进行沟通和反馈的机制；是否建立规范的信息披露制度，满足监管等部门和社会公众对信息的需求；是否建立反舞弊机制，以及举报投诉制度和举报人保护制度等。

5. 内部监督。是否建立了内部控制的持续监督机制，明确职责权限，规范内部监督的程序、方法和要求；内控监督是否能够贯穿企业日常经营活动与常规管理工作；是否制定包括设计缺陷和运行缺陷在内的内部控制缺陷认定标准；是否定期对内部控制的有效性进行自我评价，出具内部控制自我评价报告等。

（二）内部控制运行的有效性。

关注在内部控制设计合理性的前提下，内部控制能否按照设计的内部控制制度和程序正确执行，从而为内部控制目标的实现提供合理保证，包括对内部环境的实际运行情况，日常经营管理过程中的风险识别、风险分析、应对策略，相关控制措施的运行情况，信息收集、处理和传递的及时性、反舞弊机制的健全性、财务报告的真实性、信息系统的安全性，以及内部监督机制在内部控制运行中发挥监督作用等方面进行评价。

二、风险管理审计

（一）风险管理环境。

关注是否强调宣传风险管理的重要性，是否认真组织和领导风险管理制度建设工作。

执行风险管理的所有管理人员与员工是否充分认识到风险管理的重要性以及实施风险管理对企业整体运营管理的意义，是否具备胜任风险管理的专业知识和专业技能，是否具有较强的工作责任心和诚实的态度。在全面风险管理战略制定、实施和组织日常活动中是否有与单位性质、规模相适应的风险管理概念；是否关注相关法律法规、税收政策、市场监管、安全管理等对风险的直接影响；是否熟悉单位整个经营过程中的风险特征并对高风险事项是否采取谨慎介入的态度；在追求目标实现过程中是否根据单位性质、规模确定其风险接受程度。

（二）风险管理机制的健全性和有效性。关注风险管理组织机构的健全性，包括是否根据单位规模、管理水平、风险管理程度以及单位性质等方面的特点，在全体员工参与合作和专业管理相结合的基础上，建立规范化风险管理组织体系，关注全面风险管理制度落实情况，重点关注是否存在超授权管理风险和不履职或不胜任情况，以及风险管理工作记录、授权书等是否齐全。关注风险管理程序的合理性，是否对各业务循环以及相关部门的风险识别、分析、评价、管理及处理等活动建立规范、合理、有效的工作流程。关注风险预警系统的有效性，包括是否建立对风险管理信息动态管理机制，定期或不定期实施风险辨识、分析、评价，以便对新的风险和原有风险的变化重新评估等。

（三）风险识别的适当性和有效性。

关注企业面临的内外部风险是否已得到充分、适当的确认。外部风险包括国家法律、法规及政策的变化，经济环境的变化，科技的快速发展，行业竞争、资源及市场变化，自然灾害及意外损失等因素对企业目标的实现产生影响的不确定性等。内部风险包括组织治理结构的缺陷，信息系统故障或中断、企业人员的道德品质、业务素质未达到要求等因素产生的风险等。关注风险识别原则的合理性和识别方法的适当性，包括是否规定各有关职能部门和业务单位的风险识别的职责和标准；是否明确各职能部门收集初始信息的职责及其适当性，是否从战略风险、财务风险、市场风险、运营风险、法律风险等维度收集与该企业风险和风险管理相关的内外部信息；是否对初始信息建立有效的筛选、提炼、对比、分类、组合的机制等；是否适时对风险识别的适当性和有效性进行调整和评估。

（四）风险评估方法的适当性和有效性。

关注是否建立科学的量化风险评估机制，对收集的风险管理初始信息和各项业务管理及其重要业务信息是否确定风险评估方法和流程；风险评估方法与已识别的风险的特征是否相匹配；风险评估运用的相关历史数据是否充分和可靠；风险评估方法是否适当、有效，包括预警分析、专业判断、综合评价等方法的运用；是否对风险评估成本效益进行考核与衡量；是否制订对各项风险的管理优先顺序和策略；是否建立对风险变化信息动态量化管理机制，定期实施风险评估修正，并对新的风险和原有风险的重大变化进行及时评估的监测记录。

（五）风险应对措施的适当性和有效性。

根据风险评估结果作出的风险应对措施主要包括回避、接受、降低和分担。关注风险应对措施是否适合企业的经营管理特点，包括制订相应的应对措施和整体策略的适当性，风险应对措施的可行性等；是否建立与风险应对措施相关的信息沟通渠道，保证风险管理信息沟通的及时、准确和完整；是否定期对风险管理的有效性进行检验，对存在的缺陷是否及时改进；风险管理职能部门是否定期对各部门和业务单位风险管理工作实施情况和有效性进行检查和检验，提出调整或改进建议。关注采取风险应对措施之后的剩余风险水平是否在单位可以接受的范围之内；关注采取风险应对措施对成本效益的影响，是否进行成本效益考核与衡量等。

第六节 财政财务管理情况审计

财政财务管理审计主要关注被审计单位财政财务资金筹集、使用、分配等各项经济活动与经济关系，评价领导干部任职期间财政财务资金管理的真实性、合规性和效益性，促进领导干部加强各项资金收支管理，落实依法合规经营主体责任。

一、党政工作部门和事业单位

（一）预算编制、批复及调整情况。

关注单位预算编报范围的完整性、准确性，是否存在未纳入预算管理的资金；关注预算编制细化情况，是否存在年初预算资金未细化到单位、项目的情况；关注预算调整方案编制的完整性和审批的合规性，是否存在追加预算当年无法执行，是否存在项目结转金额较大的情形下仍安排新增预算的情况。

（二）财政支出真实合规情况。

关注基本支出真实性、完整性、准确性、合法性，以及揭示与披露的充分性；关注项目立项的真实合理性、申报程序的合规性，项目是否按计划进度组织实施，项目支出反映的业务与项目文本规定的内容是否一致，项目验收手续是否完备，项目目标是否实现；关注"三公"经费和会议费使用情况，以及楼堂馆所建设管理使用情况。关注单位主导和参与分配的专项转移支付资金管理是否合规，是否按要求制定资金管理办法；是否合法合理设置专项资金项目，政策目标是否清晰；专项转移支付资金分配方法是否科学，分配标准是否统一，分配程序是否合规；专项转移资金是否真实，是否存在虚假、截留、挤占、挪用或擅自调整的情况。

（三）预算绩效管理情况。

单位是否及时下达预算；是否建立健全预算管理和绩效考评机制；考评制度是否突出对专项资金配置效率、使用效益的考评，是否具有可操作性，执行是否到位；是否落实绩效管理责任，是否存在资金使用效益不高、损失浪费的问题。

（四）履行经济责任监督情况。

被审计单位对下属单位经济管理是否严格，是否有效监督财政预算资金使用；是否存在依托部门职权、利用行业资源或部门影响力违规投资获利，获取小集团利益的情况；下属企事业单位对外投资经营是否合规；是否对违规违纪人员落实责任追究。

二、企业（含金融机构）

（一）财务真实性情况。

关注企业财务报表编制是否真实、完整、合规，主营业务收入及利润是否真实，是否存在为了完成经营计划或绩效管理指标、为了调节利润，虚增收入、隐瞒漏记收入，或虚增少计各项成本费用等情况；货币资金业务是否建立严格授权审批制度，岗位设置是否符合不相容职务分离原则，有关印章和凭证的管理程序是否健全；应收账款及存货内部控制制度是否健全有效；应收账款及存货是否真实存在，有无利用应收款项账户隐瞒收支，有无利用计价调节存货成本、虚增虚减盈亏的情况；固定资产、无形资产方面的内部控制制度是否健全有效；资产负债表体现的固定资产、无形资产项目是否真实存在；固定资产的计价方法是否符合规定，资本性支出和收益性支出的划分是否正确并前后保持一致；无形资产的确认计量是否准确，是否合理区分资本化支出和费用化支出；固定资产和无形资产的折旧摊销期限、标准、方法是否正常合理；是否通过调整合并范围调节财务报表；内部交易事项抵消是否合规；关联方的确认及变更是否及时；是否存在向关联方让渡利益或转移利润的情况；关联方信息和交易披露是否充分。

（二）经营发展及效益情况。

企业经营是否兼顾稳健性与可持续性发展；主要业绩考核和风险监管核心指标是否实现预期目标。企业经营是否实现增长；综合盈利能力是否得到巩固和加强。企业主营业务是否在国际、国内同行业市场具有一定地位或影响力。

（三）合规管理情况。

企业工程项目管理、物资和服务采购招标、资本运作、资产资源收购及处置是否存在违规操作的情况；涉及金融业务的，信贷、投资、证券、保险、信托、租赁等经营事项是否符合国家法律法规及监管要求。

第七节 自然资源资产管理和生态环境保护情况审计

自然资源资产管理和生态环境保护情况审计通过对被审计领导干部任职期间履行自然资源资产管理和生态环境保护责任情况进行的检查，评价被审计领导干部贯彻执行中央有关方针政策和决策部署、遵守有关法律法规、重大决策、完成目标、履行监督责任、组织资金征管用和项目建设运行，以及履行其他相关责任等情况。

一、贯彻执行中央生态文明建设方针政策和决策部署方面

（一）生态文明体制改革相关任务推进落实情况。

关注自然资源资产确权登记、主体功能区规划、国家公园体制、多规合一等相关改革任务是否得到有效推进落实的情况，包括：是否存在领导干部本人及所在单位对所承担的改革任务未部署、未落实的情况；是否存在对承担的改革任务未采取措施有效推进，改革任务完成迟于计划时间的情况；是否存在对承担的改革任务在推进中监督检查不够；是否存在对上报的改革任务总结性材料把关不严，相关情况与实际严重不符，甚至弄虚作假的情况。

（二）国家有关自然资源资产管理和生态环境保护重大战略贯彻落实情况。

关注国家关于生态环境保护的战略发展规划及长江经济带、京津冀协同发展、"一带一路"、粤港澳大湾区建设、长三角一体化发展等重大战略发展规划有关资源环境的要求是否落实，包括：是否存在领导干部本人对中央领导同志或上级领导的资源环境问题指示、批示落实不力的情况；国家重大战略发展规划有关资源环境限制性要求是否被突破等。

（三）生态文明建设领域推进供给侧结构性改革、"三去一降一补"的情况。

关注去产能等相关供给侧结构性改革政策是否落实到位，包括：承诺的去产能目标是否完成；上报的去产能任务是否存在弄虚作假，是否存在履职不到位的情况；去产能过程中是否做好职工安置和社会稳定工作等。

（四）生态文明建设、绿色发展考核在经济社会发展中的作用效果情况。

关注经济社会发展考核中有关生态文明建设、绿色发展方面权重是否存在不符合国家要求和规定的情况等。

二、遵守自然资源资产相关法律法规情况

（一）自然资源资产制度建设情况。

审查和评价被审计单位制订的制度和规划是否符合资源环境法律法规，是否有效、及时等。

（二）制定、批准和审批自然资源开发利用和生态环境保护规划（计划）情况。

审查和评价自然资源开发利用和生态环境保护规划（计划）的编制是否有效、及时，包括：是否按照国家有关法律、法规或程序制定自然资源管理、生态环境保护的规划、计划；制定的上述规划、计划等是否符合国家有关规定或当地实际情况等。

（三）相关重大经济活动或建设项目遵守自然资源资产管理和生态环境保护法律法规情况。

1. 审查和评价重大经济活动是否遵守相关法律法规。是否存在领导干部个人决定、主持会议研究决定或指使有关部门违规审批、出让自然资源资产使用权的情况；是否存在违规以自然资源资产出资进行合作的情况；是否存在违规以自然资源资产出资进行租赁经营、抵押贷款、担保或偿还债务等重大资本运作事项的情况。

2. 审查和评价重大建设项目是否遵守相关法律法规。是否存在违规批准不符合生态环境保护和资源开发利用方面政策法规的建设项目的情况;是否存在越权审批或化整为零审批重大建设项目的情况;是否存在重大建设项目未取得生态环境和自然资源等相关审批手续前即批准开工建设情况;是否存在违规批准不符合生态环境保护和资源开发利用方面政策、法律法规的重大建设项目投产(使用)等情况。

三、审查和评价重大决策的制订程序和内容是否符合相关规定

关注经领导干部审批、审签同意的经济决策、资源环境决策等,是否严格落实主体功能区规划、土地规划、城乡规划等相关规划要求;关注经领导干部审批、审签同意的资源环境相关规划、计划是否按照有关规定报批、审查或备案;关注由领导干部签署或主持会议审议通过的资源环境相关规划、计划是否存在与其他相关规划、计划不衔接、不协调的情况;关注经领导干部审批、审签通过的经济发展、资源开发利用相关规划是否存在应开展未开展规划环评工作的情况;关注有关重大投资项目是否应做未做或违规审批环评的情况;关注是否存在擅自放宽或选择性执行国家和地方重点生态功能区产业准入负面清单政策标准的情况;是否存在违反重点生态功能区产业准入负面清单规定,未按期淘汰禁限类产业或未对限制类产业采取关停并转或技术改造升级措施的情况。

四、完成自然资源资产管理和生态环境保护目标的情况

关注自然资源资产管理和生态环境保护约束性指标管理体系建设及运行情况;关注约束性指标监测、统计数据真实性情况;关注《大气污染防治行动计划》《水污染防治行动计划》《土壤污染防治行动计划》确定的考核目标是否完成;关注其他考核目标特别是领导干部签字承诺的与生态文明建设有关的考核目标完成情况。

五、履行自然资源资产管理和生态环境保护监督责任情况

关注自然资源资产和生态环境监督管理有效性情况;关注自然资源消耗上限、环境质量底线、生态保护红线等资源环境与生态管控情况;关注资源环境承载能力监控预警机制建立运行情况;关注严重损毁自然资源资产和重大生态破坏、环境污染事件预防处置情况;关注对以前年度中央相关专项督察、国家审计和专项考核检查等发现问题的督促整改情况。

六、相关资金征收管理使用和项目建设运营情况

关注与自然资源资产管理和生态环境保护相关税费、有偿使用收入的征管、分配情况;关注自然资源资产管理和生态环境保护资金投入及使用情况;关注重点项目、设施建设运营情况;关注自然资源资产开发利用和生态环境保护信息系统建设情况;关注用能权、排污权、碳排放权、用水权等管理情况。

第八节 境外机构、境外资产和境外经济活动情况审计

以中央企业为例,境外机构、境外资产和境外经济活动情况审计主要关注被审计领导干部对《中央企业境外国有资产监督管理暂行办法》和《中央企业境外投资监督管理办法》等国家有关规章制度的落实情况,促进境外投资和资产管理的规范,保障境外资产安全完整和保值增值,确保国家和中央企业的决策部署在境外经营中得到贯彻执行。

一、境外出资管理情况

1. 关注是否建立健全境外出资管理制度,境外出资是否遵循法律、行政法规、国有资产监督管理有关规定和所在国(地区)法律,是否符合国民经济和社会发展规划及产业政策,是否符合国有经济布局和结构调整方向,是否符合中央企业发展战略和规划。

2. 关注境外出资是否进行了可行性研究和尽职调查,是否评估了企业财务承受能力和经营管理能力,是否采取了必要的措施来防范经营、管理、资金、法律等风险,是否存在违规在境外设立承担无限责任经营实体的情况。

3. 关注境外出资形成的产权是否由中央企业或者其各级子企业持有，根据境外相关法律规定须以个人名义持有的，是否统一由中央企业依据有关规定决定或者批准，依法办理委托出资、代持等保全国有资产的法律手续，并以书面形式报告国资委。

二、境外机构及资产管理情况

1. 关注境外机构是否建立完善法人治理结构，资产分类管理制度和内部控制机制是否健全有效。是否依据有关规定建立健全境外国有产权管理制度，明确负责机构和工作责任。是否定期开展资产清查，加强风险管理。

2. 关注境外机构是否建立健全法律风险防范机制，严格执行重大决策、合同的审核与管理程序，是否存在盲目开展境外业务造成损失或者风险。

3. 关注境外资产兼并重组、股权转让等事项是否经过社会中介机构评估和国有资产管理机关批准确认，是否存在未按规定对拟收购的海外资产进行评估，或在评估中故意隐瞒风险，境外机构出售、出让海外股权、资产时，是否存在将国有资产低价折股、低价出售，造成国有资产流失等问题。

4. 关注是否建立健全离岸公司管理制度，是否规范离岸公司设立程序，建立离岸公司资金管理相关制度。关注是否存在利用离岸公司造成国有资产流失的情况。

5. 关注是否将境外机构纳入全面预算管理体系，境外企业年度预算目标是否明确，是否及时掌握境外企业预算执行情况。

6. 关注境外机构资金管理情况，是否明确资金使用管理权限，是否严格执行境外机构主要负责人与财务负责人联签制度，大额资金支出和调度是否符合中央企业规定的审批程序和权限，相关制度是否得到严格执行，是否存在由于机制、体制不完善，制度没有得到严格执行而造成国有资产流失等问题。是否建立境外大额资金调度管控制度，对境外临时资金集中账户的资金运作实施严格审批和监督检查，定期向国资委报告境外大额资金的管理和运作情况。

7. 关注是否依法建立健全境外机构重大事项管理制度和报告制度。境外机构相关重大事项是否按照法定程序报中央企业总部核准，对有重大影响的突发事件是否及时向国资委、中央企业总部报告。

8. 关注是否定期对境外机构经营管理、内部控制、会计信息以及国有资产运营等情况进行监督检查，是否建立境外机构生产经营和财务状况信息报告制度，是否按照规定向国资委报告有关境外机构财产状况、生产经营状况和境外国有资产总量、结构、变动、收益等情况。

三、境外投资管理情况

1. 关注是否结合被审计单位实际，建立健全境外投资管理制度，包括境外投资基本原则，投资管理流程、管理部门及相关职责，投资决策程序、决策机构及其职责，投资项目负面清单制度，风险管控制度，违规投资责任追究制度，境外投资活动的授权、监督与管理制度等。

2. 关注境外投资负面清单管理情况，是否在国资委发布的中央企业境外投资项目负面清单基础上，结合企业实际，制定更为严格、具体的境外投资项目负面清单。

3. 关注是否制定清晰的国际化经营规划，明确中长期国际化经营的重点区域、重点领域和重点项目。

4. 关注是否按照经国资委确认的主业，选择、确定境外投资项目，是否存在违规在境外从事非主业投资的情况。

5. 关注是否对境外投资项目的融资、投资、管理、退出全过程进行研究论证。对于境外新投资项目，是否充分借助国内外中介机构的专业服务，是否进行技术、市场、财务和法律等方面的可行性研究与论证。股权类投资项目是否开展必要的尽职调查，是否按要求履行资产评估或估值程序。是否存在违规决策或未经充分论证评估、项目管控不力或执行不严等情况，造成投资损失或风险。

6.关注是否定期对实施、运营中的境外投资项目进行跟踪分析。是否建立境外投资项目阶段评价和过程问责制度，对境外重大投资项目的阶段性进展情况开展评价，是否对违规违纪行为实施追责。

第九节　党风廉政建设责任和个人遵守廉洁从业规定情况审计

在经济责任审计中开展落实党风廉政建设责任和遵守廉洁从业情况的审计，应当将审计内容限定在经济活动中，重点聚焦经济责任。主要审查被审计领导干部在任职期间落实职责范围内党风廉政建设责任、遵守中央八项规定及实施细则精神和廉洁从业有关规定的情况，促使领导干部做到有权必有责、有责要担当、用权受监督、失责必追究，落实全面从严治党要求。

一、落实党风廉政建设责任情况

（一）党风廉政建设责任制的建立和落实情况。

是否实行党风廉政建设责任制，按照中共中央、国务院《关于实行党风廉政建设责任制的规定》，明确领导班子、领导干部在党风廉政建设中的责任；是否制定党风廉政建设落实主体责任清单，建立一级抓一级，层层抓落实的责任传导机制；是否建立党风廉政建设责任制的检查考核机制，上级党委（党组）是否对下一级领导班子、领导干部党风廉政建设责任制执行情况进行检查考核；检查考核情况是否在适当范围内通报，对发现的问题是否督促整改落实；是否建立和完善检查考核结果运用制度，并将考核结果作为对领导班子总体评价和领导干部业绩评定、奖励惩处、选拔任用的重要依据；对党风廉政建设领导不力，职责范围内明令禁止的不正之风得不到有效治理的相关领导干部是否进行责任追究并严肃查处，促进反腐倡廉，落实全面从严治党要求。

（二）履行党风廉政建设责任情况。

是否全面履行领导责任，加强对被审计单位业务工作和党建工作的领导，推动党的主张和重大决策转化为法律法规、政策政令和社会共识，确保党的理论和路线方针政策的贯彻落实；是否坚持党建工作和业务工作同部署、同落实、同检查、同考核；是否在职责范围内做到"四个亲自"，即重要工作亲自部署、重大问题亲自过问、重点环节亲自协调、重要案件亲自督办，努力解决改革发展深层次难题，敢于承担责任。

若被审计领导干部为单位副职，是否按照"一岗双责"的要求督促相关部门按照上级党委和所在单位党委的部署要求，认真抓好职责范围内党风廉政建设任务的落实。

（三）加强党内监督情况。

是否加强对党内监督工作的领导，落实好党风廉政建设重要情况通报和报告、谈话和诫勉、述职述廉、个人重大事项报告制度，从源头上防治腐败；是否建立通畅的信访举报渠道，认真调查核实举报问题，对发现的违规违纪行为严肃查处并进行责任追究。

二、个人遵守廉洁从业有关规定情况

（一）违反中央八项规定精神和作风建设情况。

被审计领导干部是否存在违反中央八项规定及其实施细则精神，是否存在"四风"等问题。

（二）违反廉洁纪律情况。

对照《中国共产党纪律处分条例》，被审计领导干部是否存在违规经商办企业、违规持股、违规兼职取酬、违规从事有偿中介活动；超标准配备办公用房、用车和运行费用；

超标准乘坐交通工具；违反公务接待管理规定；违规以考察、学习、招商等名义变相用公款出国（境）旅游；违规利用职权为配偶、子女等特定关系人谋取利益等行为；其他违反廉洁纪律规定的行为。

第十节　以往审计发现问题整改情况审计

以往审计发现问题整改情况审计主要通过对整改制度制定、工作实施、措施落实和整改效果等情况的审计，确认被审计领导干部及其所在单位对以往审计发现问题的整改效果，进一步督促被审计单位落实以往审计发现问题的整改。

一、整改制度建立情况

被审计领导干部对其所在单位的审计整改工作推动是否有力；是否制定或完善整改管理制度，制度中相关单位和部门（机构）整改职责是否明确。

二、整改措施落实情况

被审计领导干部是否牵头制定了整改方案或整改计划，制定的措施是否切实可行；是否存在对查出问题整改不重视、不部署的情况；对措施落实情况是否进行监督和跟踪，是否存在不落实或落实不彻底的现象。被审计单位是否按要求及时向内部审计机构或业务管理部门报告整改情况；整改报告内容是否客观、完整，是否严格按照整改完成标准确认整改状态，有无随意或虚假调整整改状态。

三、整改效果情况

整改结果是否实现整改方案或整改计划确定的目标；整改效果是否经过适当评估；被审计单位是否因整改工作不力而受到外部监管机构不良评价；被审计单位是否建立了内部审计发现问题整改长效机制等。

第三章　责 任 认 定

内部审计机构针对被审计领导干部任职期间在履行经济责任过程中存在的问题，按照权责一致的原则，根据领导干部职责分工及相关问题的历史背景、决策过程、性质、后果和领导干部实际所起的作用等情况，依法依规、全面客观地认定其应承担的责任。

第一节　责 任 类 别

参照《党政主要领导干部和国有企事业单位主要领导人员经济责任审计规定》，被审计领导干部对审计发现问题应承担的责任包括：直接责任和领导责任。

一、直接责任

领导干部对履行经济责任过程中的下列行为应当承担直接责任：

（一）直接违反有关党内法规、法律法规、政策规定的。

（二）授意、指使、强令、纵容、包庇下属人员违反有关党内法规、法律法规、政策规定的。

（三）贯彻党和国家经济方针政策、决策部署不坚决不全面不到位，造成所在单位公共资金、国有资产、国有资源损失浪费，生态环境破坏，公共利益损害等后果的。

（四）未完成有关法律法规规章、政策措施、目标责任书等规定的领导干部作为第一责任人（负总责）事项，造成所在单位公共资金、国有资产、国有资源损失浪费，生态环境破坏，公共利益损害等后果的。

（五）未经民主决策程序或者民主决策时在多数人不同意的情况下，直接决定、批准、组织实施重大经济事项，造成所在单位公共资金、国有资产、国有资源损失浪费，生态环境破坏，公共利益损害等后果的。

（六）不履行或者不正确履行职责，对造成的后果起决定性作用的其他行为。

上述第（一）项情形中，"直接"是指被审计领导干部在履行经济责任过程中，个人直接决定，或者通过主持会议、传签文件、会签文件等方式进行集体研究，在决策过程中起决定性作用；"党内法规"是指党中央以及中央纪律检查委员会、中央各部门和省、自治区、直辖市党委制定的规范党组织的工作、活动和党员行为的党内规章制度的总称；"法律法规"是指我国现行有效的法律、行政法规、司法解释、地方性法规、地方政府规章和部门规章等；"政策规定"是指党政机关制定的关于处理党内和政府事务工作的文件，包括党中央、国务院、上级和本级党委、政府及其部门制定的规定、办法、准则以及行业的规范、条例等。

第（二）项情形中，是指被审计领导干部没有条款（一）所述的直接违反的行为，但下属人员直接违反了有关党内法规、法律法规、政策规定，且被审计领导干部存在授意、指使、强令、纵容、包庇情形的，被审计领导干部承担直接责任。其中，"授意"是指告知下属人员自己的意图，要求其照办；"指使"是指指挥、支使下属人员行事；"强令"是指用强制的方式命令下属人员行事；"纵容"是指对下属人员的错误行为不加制止，任其发展；"包庇"是指明知下属人员的错误行为而为其掩盖，或者帮助其隐匿、毁灭证据的行为。本项规定的情形，无论是否造成后果，均认定直接责任。

第（三）项情形中，"不坚决不全面不到位"是指被审计领导干部不重视、不部署或者未采取有效措施推进工作，导致贯彻落实党和国家决策部署不坚决不到位等问题。此情形需结合造成的公共资金、国有资产、国有资源损失浪费，生态环境破坏，公共利益损害等后果，才能认定为直接责任。实践中，要防止简单依据被审计领导干部及其所在单位是否及时召开会议、是否及时下发文件等形式上的措施来认定责任，而应依据其是否采取了提出明确要求、部署任务分工、确定阶段性目标等实质性的举措推进工作等情况进行认定。

第（四）项情形中，领导干部作为第一责任人（负总责）的目标责任事项主要包括：与上级党委政府或者相关部门签订的耕地保护，林地保护，粮食安全，脱贫攻坚，节能减排，淘汰落后产能，保障性住房，大气、水、土壤污染防治等目标责任事项。实践中，可以重点关注目标责任中的重要约束性指标任务的完成情况，关注是否因指标未完成造成后果。如对于未完成地区重要约束性指标造成水质未达到预期目标等后果，被审计领导干部应当承担直接责任。审计评价时，应当区分约束性指标和引导性、预期性指标，对于未完成引导性、预期性指标的情况，应当结合被审计领导干部采取的具体措施等情况，具体问题具体分析。

第（五）项情形中，"民主决策"包括但不限于会议、传签文件等集体决策形式。本款规定主要针对被审计领导干部违反规定程序进行决策的情形，包括应当经过民主决策未经过民主决策，或者民主决策时在多数人反对的情况下直接决策，此情形需结合造成的公共资金、国有资产、国有资源损失浪费，生态环境破坏，公共利益损害等后果，才能认定为直接责任。

第（六）项是兜底情形，对认定直接责任的情况作了引导性定义。

二、领导责任

领导干部对履行经济责任过程中的下列行为应当承担领导责任：

（一）民主决策时，在多数人同意的情况下，决定、批准、组织实施重大经济事项，由于决策不当或者决策失误造成所在单位公共资金、国有资产、国有资源损失浪费，生态环境破坏，公共利益损害等后果的。

（二）违反单位内部管理规定造成所在单位公共资金、国有资产、国有资源损失浪费，生态环境破坏，公共利益损害等后果的。

（三）参与相关决策和工作时，没有发表明确的反对意见，相关决策和工作违反有关党内法规、法律法规、政策规定，或者造成所在单位公共资金、国有资产、国有资源损失浪费，生态环境破坏，公共利益损害等后果的。

（四）疏于监管，未及时发现和处理所管辖范围内本级或者下属单位违反有关党内法规、法律法规、政策规定的问题，造成所在单位公共资金、国有资产、国有资源损失浪费，生态环境破坏，公共利益损害等后果的。

（五）除直接责任外，不履行或者不正确履行职责，对造成的后果应当承担责任的其他行为。

上述第（一）项情形，规定在重大经济事项决策形式合规的情况下，因决策不当或者失误造成相关后果的，应认定被审计领导干部承担领导责任。

第（二）项情形，考虑到被审计单位内部管理规定的约束力明显低于有关党内法规、法律法规、政策规定，而且有时存在被审计单位自我加压，制定的内部管理规定严于国家标准，或者制定的制度不够科学严谨、操作性不强甚至不具操作性等情形。因此，明确审计发现违反内部管理规定的行为时，要结合造成的公共资金、国有资产、国有资源损失浪费，生态环境破坏，公共利益损害等后果来认定责任。对于违反内部管理规定性质恶劣、后果严重的行为，也不排除可以认定为直接责任。

第（三）项情形，主要适用于经济责任同步审计中的责任认定。明确被审计领导干部参与相关决策和工作时未发表明确的反对意见，相关决策和工作违规违纪违法或者造成相关后果，即可认定为领导责任。

第（四）项情形，主要规定被审计领导干部应履行而未履行监管职责，或者履行监管职责不到位，未及时发现和处理本级或者下一级单位的问题，但对于审计发现的三级及以下单位出现的普遍性、典型性、倾向性问题或者与被审计领导干部履行经济责任关联较大的事项，可参照此条认定被审计领导干部应承担的责任。

第（五）项是兜底情形，对认定为领导责任的情况作了引导性定义。

关于直接责任和领导责任的认定，《第2205号内部审计具体准则——经济责任审计》和本指南只是列举了一些常见和典型的情形，不可能穷尽所有情形，有的情形强调后果，有的情形不强调后果。这里列举的"后果"，突出了对公共资金、国有资产、国有资源的影响，对于内部审计而言，造成的损失浪费后果可以不限于对被审计单位掌握的公共资金、国有资产、国有资源，而且"后果"也不限于损失浪费、生态环境破坏、公共利益损害、会计信息不实等相对直观、易于发现取证的情况，还包括造成的恶劣影响、潜在的经济损失浪费和风险隐患等相对隐蔽但直接影响到经济社会和本单位、被审计单位持续健康发展的情况。实践中，内部审计要贯彻第二节所述责任认定的基本原则，坚持从实际出发，注重精准性、有效性，不能简单地、机械地套用上述列举的情形，必须实事求是、审慎客观，具体问题具体分析。同时，认定责任时，对相同职务层次和相同类别领导干部，应注意保持责任认定原则的一致性和可比性。

第二节 责任认定的方法

内部审计机构应当按照上述责任类别的划分，遵循责任认定的相关原则，获取责任认定相关证据，结合被审计单位实际情况和审计实施情况，进行责任认定。

一、责任认定的原则

（一）权责一致原则。

按照权责对等的原则，综合考虑相关问题的历史背景、决策过程、性质、后果和被审计领导干部实际所起的作用等实质性要件，界定责任，避免简单依据是否分管、是否开会、是否圈阅等形式要件认定责任。

（二）审慎客观原则。

责任认定时要秉持审慎客观的态度，对需进行责任认定的问题做到证据确凿、事实清楚、依据准确。责任认定结果应有充分的审计证据支持。

（三）边界清晰原则。

根据被审计领导干部履职范围、任职期间、履职过程和尽职要求确定其责任边界，并对责任范围内的审计发现问题进行责任认定。

（四）重要事项原则。

在开展责任认定前，需要按照审计发现问题的重要性划分，确定应进行责任认定的有关事项，即应是由于被审计领导干部对其领导或直接分管的工作，不履行或者不正确履行经济责任，造成国家（单位）利益（资产）损失浪费等后果的，以及违反法律法规、国家（单位）有关规定等重要事项。对审计发现的非重要事项无需认定被审计领导干部应承担的责任。

（五）尽职免责原则。

在区分主客观因素的前提下，确定被审计领导干部免责情形，包括被审计领导干部已履职尽职或不可抗力因素等情况下的免责。

二、责任认定的证据获取

责任认定事项需与被审计领导干部履职内容密切相关。责任认定取证时应根据被审计领导干部的职责分工，充分考虑相关事项的历史背景、决策程序和实际决策过程等，以及是否签批文件、是否分管、是否参与特定事项的管理等情况。

责任认定的审计证据可以是会议纪要、签发文件、责任目标书、绩效考核结果、工作计划和总结、相关制度文件、相关事宜的签批意见及对相关人员的询问记录等能反映与被审计领导干部履行责任过程相关的记录。

审计人员在收集和使用责任认定的证据材料时，可对获取的审计证据进行分类、筛选和汇总，如按证据的形成原因、当时的客观环境等进行归类，保证审计证据的相关性、可靠性和充分性。

三、责任认定的注意事项

在确定被审计领导干部对审计发现问题应承担的责任时，可依据单位对责任类别情形的有关规定进行区分，主要有以下几方面：

（一）区分任期内和非任期内的时间界限。

从时间上区分前任后任的政绩、划清前任后任的责任，客观公正、实事求是地评价被审计领导干部任期内的经济责任。因前任的行为延续到本期才产生或造成的遗留问题，现任无管理过错的，应属于前任的责任，在认定时应剔除或附加说明。但也要防止"新官不理旧账"，对被审计领导干部在积极处理前任遗留问题、减少或防止扩大不良后果方面有失职问题的，审计仍然要予以揭示并认定责任。

（二）区分被审计领导干部个人决策和领导班子集体决策的界限。

判断时应以会议纪要等决策性文件进行认定。对于由被审计领导干部主持相关会议讨论或者以文件传签等其他方式研究，在多数人同意的情况下，决定、批准、组织实施重大经济事项为集体决策，应由被审计领导干部承担领导责任；但上述事项是在多数人不同意的情况下由被审计领导干部决策的，应由被审计领导干部承担直接责任。

（三）区分主观原因和客观原因的界限。

由于社会环境或不可抗力等客观原因造成的问题，在被审计领导干部尽职的情况下可予以免责。对由于被审计领导干部个人主观原因造成的问题，如决策失误等，原则上由被审计领导干部个人负责并认定其责任，其中对主观故意，如有意钻政策空子、弄虚作假谋取私利、贪污浪费等行为，应加重问责。为保护领导干部干事创业的积极性、主动性和创造性，对于符合决策程序、未从中谋取不正当利益、党章党规和法律法规无明令禁止、积极主动挽回损失和消除不良影响等情形，各单位可结合实际，确定免责或从轻定责标准和程序，对被审计领导干部予以免责或从轻定责。

第四章 审计评价

内部审计机构根据被审计领导干部所任职务的职责要求，在审计查证或者认定事实的基础上，综合运用多种方法，坚持定性评价与定量评价相结合，依照有关党内法规、法律法规、政策规定、责任制考核目标等，在审计范围内，对被审计领导干部履行经济责任情况，作出客观公正、实事求是的评价。经济责任审计不是对被审计领导干部所承担全部责任的评价，不能超越审计职责权限进行审计评价，而要聚焦被审计领导干部经济责任履行情况进行评价。

第一节 总体要求

内部审计机构应建立并运用符合被审计领导干部履职特点及其所在单位实际情况的评价方法体系，包括在保持与审计内容一致的基础上，确立审计评价方法、评价指标和标准等，以及实施评价过程中应把握"五个原则"，贯彻落实"三个区分开来"重要要求，以达到科学评价和准确评价的目的。

一、审计评价应遵循原则

（一）全面性原则。

审计评价应全面反映被审计领导干部任职期间及职责范围内的经济责任履行情况。评价内容应包括任职期间履行经济责任的业绩、主要问题以及应承担的责任。

（二）重要性原则。

审计评价应在充分了解被审计领导干部职责的前提下，根据问题的重要性水平，认定是否为被审计领导干部履职期间的问题。一般应重点考虑性质和金额足以影响评价结果的重要经济事项。

（三）客观性原则。

审计评价应以法律法规、政策制度、责任目标等为依据，结合单位实际情况以及特定历史背景、宏观经济环境、国家方针政策等外部因素进行评价。

（四）相关性原则。

审计评价应当围绕审计目标和审计内容，对被审计领导干部履行经济责任情况进行评价，做到"审计什么就评价什么"，与被审计领导干部履行经济责任情况无关的或超出审计范围的不应评价。

（五）审慎性原则。

审计评价应在执行适当审计程序并获得充分审计证据的基础上得出。对于受审计手段所限未经审计核实或超过审计范围，以及评价依据不够明确、证据不够充分的事项不予评价，确需评价的，应持审慎态度，并如实表述。

二、审计评价要做到"三个区分开来"

为保护领导干部干事创业的积极性、主动性、创造性，实践中，应认真贯彻"三个区分开来"重要要求，把干部在推进改革中因缺乏经验、先行先试出现的失误和错误，同明知故犯的违纪违法行为区分开来；把上级尚无明确限制的探索性试验中的失误和错误，同上级明令禁止后依然我行我素的违纪违法行为区分开来；把为推动发展的无意过失，同为谋取私利的违纪违法行为区分开来。针对领导干部在改革创新中的失误和错误，审计评价应正确把握事业为上、实事求是、依纪依法、容纠并举等原则，经综合分析研判，可以免责或者从轻定责，鼓励探索创新，支持担当作为。推动建立健全激励与容错免责机制，做到有记录、可追溯、可检查，实事求是地作出审计评价，使审计结论经得起检验。

三、评价标准的确定

评价依据是作出审计评价的参照标准。审计评价的一般依据包括：

（一）党内法规、法律法规、政策规定和中央领导批示指示精神。

（二）中央和地方党委、政府有关经济方针政策和决策部署。

（三）上级主管部门的相关制度和要求。

（四）被审计领导干部职责分工文件和责任制考核目标。

（五）国家和行业有关标准。

（六）被审计单位制定的重要发展战略规划、年度计划。

（七）相关会议记录、纪要、决议和决定，预算、决算、合同，内部管理制度。

（八）国家或行业相关职能管理部门和监管机构、主管部门发布或认可的统计数据、考核结果和评价意见。

（九）专业机构的意见、公认的业务惯例及良好实务等。

第二节　审计评价方法

审计评价应根据被审计领导干部的履职特点、岗位性质和实际需要等因素，选定适用的评价方法。采取纵向比较与横向比较、定性评价与定量评价、分项评价与总体评价相结合的方式进行。

一、纵向比较与横向比较

纵向比较是将被审计领导干部任职期间不同时期数据或者审计时与上任时的有关数据进行比较分析；横向比较是将被审计领导干部任职期间数据与自然资源禀赋相近、岗位性质相似、行业性质相同的单位进行比较分析，将被审计领导干部履行经济责任的行为或者事项放到发生时的历史背景等客观环境下进行统筹考虑，辩证分析，审慎作出审计评价。通过纵向比较可以判断被审计领导干部就职后为其所在单位带来的增值影响或不利影响主要体现在哪些方面，从而确定被审计领导干部对其所在单位的主要贡献或工作失误情况；通过横向比较可以在同等管理环境中分析比较不同领导干部的业绩完成情况，便于对其工作的优劣进行较为客观的评价。

二、定量评价与定性评价

定量评价主要通过分析与被审计领导干部经济责任履行情况相关的数量关系或所具同性质间的数量关系得出量化的评价结论；定性评价主要依靠审计人员的经验，依据相关法规规定、规则或常识，对被审计领导干部履行经济责任情况进行性质上的评价并得出定性结论。定量评价与定性评价之间的关系应该统一且相互补充，并相互结合、灵活运用，以取得最佳效果。

三、评价指标的设置

评价指标设置应简明实用、易于操作，并且有准确、可靠的数据来源和支撑，相关评价指标应当与评价的具体内容和事项密切相关，能够反映被审计领导干部经济责任履行情况。实践中，要考虑不同类别、不同级次、不同单位领导干部履职特点、自然资源禀赋等实际情况，评价指标应各有侧重，还应根据发展要求及时调整。

鉴于不同单位的性质、所属行业及被审计领导干部的岗位性质、履职特点差异较大，内部审计机构应结合被审计单位实际情况确定科学、适用的评价指标。对同一类别、同一层级领导干部履行经济责任情况的评价标准指标，应具有一致性和可比性。当内外部环境等客观因素发生变化时，应适时调整评价指标。

四、分项评价与总体评价

分项评价是对不同方面的审计内容分别进行评价，得出被审计领导干部相关方面履职情况的评价结论；总体评价是在对分项评价结果汇总分析的基础上，形成对被审计领导干部履行经济责任情况的总体评价结论。

审计评价可以写实评价，也可以在建立完善的审计评价指标体系的基础上，探索进行"好""较好""一般""较差"等分类评价。

第五章　审计报告和审计结果报告

经济责任审计报告应当做到事实清楚、评价客观、责任明确、用词恰当、文字精练、通俗易懂。经济责任审计除了出具审计报告外，还可以根据实际情况出具经济责任审计结果报告，简要反映审计结果，以及编写其他类审计结果文书。

第一节　审计报告

一、审计报告基本要素审计报告要素一般包括：标题、收件人、正文、附件、签章、报告日期、其他（文书模板参见附录三）。

（一）审计报告的标题。

审计报告标题应当说明审计工作的内容，力求言简意赅并有利于归档和索引。一般包括：被审计单位名称、被审计领导干部姓名、（原）职务和审计事项。如"关于××（单位）××（职务）××同志任期（或离任）经济责任审计的报告"。

（二）审计报告的收件人。

内部审计机构出具的经济责任审计报告的收件人可以根据单位的治理结构、内部审计领导体制等确定。一般包括：单位的党委（党组）、董事会（或主要负责人）、协调机构其他成员部门（机构）、被审计单位和被审计领导干部、其他相关单位或人员。

（三）审计报告的正文。

审计报告正文主要包括：基本情况、被审计领导干部任职期间履行经济责任的总体评价、主要业绩、审计发现的主要问题和责任认定、审计意见和建议，以及其他必要的内容。

（四）审计报告的附件。

附件是对审计报告正文进行补充说明的文字和数据等支撑性材料，一般包括：相关问题的计算及分析过程、审计发现问题汇总表及说明、交接确认表、需要提供解释和说明的其他内容等。

（五）审计报告的签章。

审计报告征求意见稿应当由审计组组长签字，内部审计机构最终出具的审计报告应当有内部审计机构负责人的签名或内部审计机构的公章。

（六）审计报告的日期。

审计报告的日期，一般采用内部审计机构负责人对最终出具的审计报告签发日作为报告日期。

（七）其他。

审计报告还应当参考公文的一般要求，设有文号、密级和保密期限等要素。

二、审计报告正文的内容

经济责任审计报告应当全面客观地反映审计结果，既要反映被审计领导干部履行经济责任的主要业绩，也要反映审计发现的主要问题以及被审计领导干部承担的相应责任。

（一）基本情况。

一般包括：审计依据、审计实施的情况、被审计领导干部的任职及分工情况、被审计单位的基本情况等。被审计单位基本情况可以重点反映任职前到审计时的核心财务、业务指标变化趋势情况，详细的财务、业务数据可以通过附件《主要财务业务数据表》的方式反映。

（二）总体评价。

"总体评价"是指综合被审计领导干部主要业绩、主要问题以及所应承担的责任类型等情况，对其任职期间履行经济责任情况作出的概要评价。总体评价可以写实评价，也可以在建立完善的审计评价指标体系的基础上，探索进行"好""较好""一般""较差"等量化分等评价。其中，对于被审计领导干部个人遵守廉洁从业规定情况，如果本次审计未发现被审计领导干部本人存在以权谋私、中饱私囊、利益输送等违纪违法问题线索的，应作出"在本次审计范围内，未发现××同志本人在公共资金、国有资产、国有资源管理、分配和使用中存在违反廉洁从业规定的问题"的评价意见。

（三）被审计领导干部履行经济责任的主要业绩。

"主要业绩"是指被审计领导干部任职期间主导提出的经济社会和事业发展、单位发展的工作思路、发展规划、重大举措并取得公认良好效果的重要发展成果。"主要业绩"应当简明扼要、具体明确、表述平实，在区分工作基础、环境变化、个人努力程度等主客观因素的基础上客观进行评价，防止把一个单位的成绩简单归为被审计领导干部的个人业绩。此部分表述应有充分的审计证据支持，引用的相关数据要经过审计查证，如无法经过核实又需引用，要注明引用来源。同时，应注意避免此部分内容与审计发现主要问题及其责任认定的内容相互矛盾。

（四）审计发现的主要问题和责任认定。

本部分是审计报告的核心内容，包括审计发现的主要问题，被审计领导干部应承担的责任类型，以及审计发现的其他问题。其中，审计发现的主要问题一般应根据项目审计方案确定的重点审计内容，归类列示，并清晰表述被审计领导干部与审计发现问题的关联。责任认定应写明定责依据。审计发现的其他问题是指与被审计领导干部履行经济责任无直接关系，或不宜界定被审计领导干部责任的其他问题，可以在附件《审计发现问题汇总表》中反映，或者在与经济责任审计同步实施的政策跟踪审计、财务收支审计等其他审计项目的审计报告中反映。

（五）审计意见和建议。

审计意见是内部审计机构对审计发现的主要问题提出的纠正处理意见。内部审计机构可以在组织授权处理范围内直接提出审计意见；超出组织授权范围的，可以建议组织适当管理层或相关部门作出处理。同时，应当针对审计发现的问题或者审计中了解到的其他不足，深入分析背后的体制性障碍、机制性缺陷和制度性漏洞，有针对性地提出可操作的审计建议，以促进被审计领导干部及其所在单位改进工作、完善制度、深化改革、加强管理、堵塞漏洞，防患于未然。

（六）其他必要的内容。

经济责任审计报告一般还应当包括告知被审计领导干部对审计报告有异议情况下的救济途径、明确相关单位和人员审计整改要求的内容，也可以包括告知将进行审计情况通报等内容。但如果本单位规定通过单位另行制发文件方式批转或下发经济责任审计报告，并告知当事人救济途径、明确相关单位和人员审计整改要求、告知审计情况通报的，可以不在内部审计机构出具的审计报告中包括这些内容。

第二节　审计结果报告

为了便于党委（党组）、董事会（或主要负责人）、纪检监察、组织人事等部门（机构）

运用经济责任审计结果，内部审计机构可以在经济责任审计报告的基础上，精简提炼形成经济责任审计结果报告（文书模板参见附录四）。该报告要求与审计报告的框架体例基本一致，但内容更加简洁，表述更加精炼，重点反映被审计领导干部履行经济责任的总体评价和主要业绩、审计发现的主要问题和责任认定。

一、审计结果报告内容

1. 对审计报告中反映的被审计领导干部履行经济责任情况总体评价和主要业绩进行概要描述。

2. 对审计报告中反映的审计发现的主要问题，以及被审计领导干部应承担的责任类型进行精简和提炼。

3. 将重要问题责任清单作为审计结果报告的附件。

二、审计结果报告撰写要求

1. 审计结果报告的实质内容要与审计报告保持一致，对审计报告中上述两个部分的内容进行高度概括，一般对问题产生的背景、过程、细节和定性法规依据不作描述。

2. 审计结果报告对审计发现的主要问题应当明确责任认定的类型，对于领导干部承担直接责任的问题，一般应当详细表述定责依据；承担领导责任的问题，可简要表述或不表述定责依据。

三、重要问题责任清单

为了更加简明扼要、清晰明了地反映被审计领导干部承担责任的情况，可以编制《重要问题责任清单》，作为经济责任审计结果报告的附件。该清单按照被审计领导干部承担的责任类型，即直接责任和领导责任分别列示审计发现的问题，其中领导责任的问题，可以按照性质、金额、与领导干部履责的关联程度等因素，摘要反映其重要问题，同类问题合并列示。清单中对责任认定依据一般作简要表述或不表述。

第六章　审计结果运用

审计结果运用是指单位内部相关部门和外部有关单位，根据审计评价结论、审计发现问题（线索）和审计意见建议、对审计成果的综合分析研究结果等，采取的相应整改追责措施及其他推动相应职责部门工作的行为。审计结果运用是经济责任审计的重要环节，关系到审计作用的发挥和审计目标的实现。内部审计机构应当确保审计结果可信、可用、可靠，不断提高经济责任审计成果的层次和水平。

第一节　总体要求

一、审计结果运用范围

本单位党委（党组）、董事会（或主要负责人）、监事会、高级管理层、业务管理部门以及内部审计机构、纪检监察部门、组织人事部门等协调机构成员部门（机构）在各自职责范围内应加强经济责任审计结果运用。经济责任审计结果应作为干部考核、任免和奖惩的重要依据。对正确履行经济责任、工作业绩突出的被审计领导干部，应给予肯定，并作为选拔任用的重要依据。对在履行经济责任中存在问题且负有责任的被审计领导干部，由本单位权力机构追究被审计领导干部及其他有关责任人员的责任。被审计领导干部及其所在单位根据经济责任审计结果落实整改责任，增强干部履职尽责意识，完善组织治理、加强内控和风险管理、推动本单位及所属单位实现高质量发展。经济责任审计结果报告应当按照规定归入被审计领导干部本人档案，单位对审计报告、审计整改报告归入本人档案有规定的，也可一并归档。

二、审计结果运用方式

（一）案件线索的报告和移送。

是指对审计发现的违法违规案件线索及时报告本单位党委（党组）、董事会（或主要负责人），移送纪检监察部门或司法机关，以便对该线索进一步调查处理。

（二）情况通报。

是指在一定范围内，对被审计领导干部履行经济责任相关情况进行通报或者告知，推动其他部门（机构）和人员认真履行职责。

（三）责任追究。

是指按照有关党内法规、法律法规、政策制度，对审计发现问题中应当承担责任的领导干部及其他责任人员进行问责追责，作出必要的党纪政纪处分或其他组织处理，甚至移送上级纪检监察机关或司法机关处理。

（四）整改落实。

是指采取有效措施，推动审计发现问题切实纠正处理、解决到位，能够立即整改的问题应当及时整改，对于一时难以整改的问题，认真进行研究，提出逐步解决的对策措施，持续跟踪督促，防止屡审屡犯。

（五）专项或综合分析报告。

是指内部审计机构采取专题报告、综合报告、审计信息简报等方式报送经济责任审计发现的重大问题线索或者风险隐患，或者结合其他审计项目的审计结果，综合分析本单位及所属单位存在的普遍性、典型性问题，发掘体制、机制、制度上的问题，从而扩大和深化对单个经济责任审计项目结果的运用，提升审计结果运用成效。实践中，还可以采取分类编制领导干部常见问题清单，为领导干部履职行权划出"红线"等其他创新的审计结果运用方式。

三、审计结果运用工作机制

本单位及其经济责任审计工作协调机构，负责领导和推动经济责任审计结果运用。被审计领导干部及其所在单位、有关业务管理部门、组织人事部门、纪检监察部门、内部审计机构及协调机构其他成员部门（机构）应当在各自职责范围内，逐步建立健全协调配合、运转有序的工作机制，积极探索创新，稳步推进审计结果运用制度化、规范化，加大审计结果运用力度，充分发挥经济责任审计的作用。

第二节　内部审计机构在审计结果运用中的职责

被审计领导干部及其所在单位履行对审计发现问题和提出建议落实整改的主体责任，应当及时采取整改措施，这是审计结果运用的核心工作。内部审计、纪检监察、组织人事等经济责任审计工作协调机构成员部门（机构），以及有关业务管理部门也都在各自职责范围内承担着经济责任审计结果运用的相应责任。

内部审计机构在履行审计结果运用自身职责的同时，还应当推动相关责任主体认真履职，充分运用经济责任审计结果。

一、内部审计机构自身承担的审计结果运用职责

1. 对审计发现被审计领导干部及其所在单位涉嫌违法违规线索时，应当及时报告本单位党委（党组）、董事会（或主要负责人），并将线索移送纪检监察部门。

2. 对审计发现问题的整改情况和审计建议采纳情况进行监督检查和指导、督办，参与对审计整改及其他审计结果运用情况的考核评价工作。

3. 加强对审计结果的分析研究，及时报送专题报告、综合报告、审计信息等。

4. 按照本单位有关规定，在一定范围内通报审计结果。

5. 根据协调机构其他成员部门（机构）的要求，以适当方式向其提供审计结果以及与

审计项目有关的其他情况,并协助和配合落实、查处与审计项目有关的问题和事项。

6. 有效利用国家审计机关、上级单位对本单位实施经济责任审计的成果,督促本单位及所属单位整改审计发现问题,落实审计建议。

7. 履行协调机构办公室职责,研究草拟审计结果运用的相关制度规范,推动建立相关工作机制;指导成员部门(机构)加强审计结果运用;适时通报审计整改及其他审计结果运用进展情况,组织分析研究、协调解决审计结果运用中出现的问题;推动各内部监督部门形成合力,对审计整改及其他审计结果运用中履职不到位行为追责问责。

二、内部审计机构在推动相关责任主体履行审计结果运用中的职责

(一)推动被审计单位落实整改责任。

1. 推动被审计领导干部及其所在单位重视审计整改工作,内部通报审计结果,及时制定整改方案,落实审计整改的具体责任主体,明确审计整改的具体时间表、路线图。

2. 推动被审计单位对审计发现的问题,在规定期限内进行整改,将整改结果书面报告内部审计机构、组织人事部门、业务管理部门。

3. 推动被审计单位根据审计发现的问题,落实有关责任人员的责任,采取相应的处理措施。

4. 推动被审计单位根据审计建议,采取措施,健全制度,加强管理,并能够举一反三,自查自纠相关问题,建立整改长效机制,避免屡查屡犯。

5. 推动被审计单位将审计结果及整改情况,纳入单位领导班子民主生活会、党风廉政建设责任制检查考核以及述职述廉的重要内容。

(二)推动纪检监察、组织人事等协调机构其他成员部门

(机构)在各自职责范围内有效运用审计结果。

1. 推动纪检监察部门按照本单位有关规定,受理经济责任审计中移送的案件线索,并查处经济责任审计中发现的违纪违法行为。

2. 推动纪检监察、组织人事部门按照干部管理权限,将审计结果作为考核、任免、奖惩被审计领导干部的重要依据。根据审计发现问题及责任认定情况,对有关责任人员追责问责,作出相应的党纪政纪处分和组织人事处理。按规定将经济责任审计结果报告等归入被审计领导干部本人档案。

3. 推动协调机构其他成员部门(机构)对审计结果反映的典型性、普遍性、倾向性问题及时进行研究,并将其作为采取有关措施、完善制度规定的参考依据。

4. 推动协调机构其他成员部门(机构)以适当方式及时将审计结果运用情况反馈给内部审计机构。

(三)推动业务管理部门有效运用审计结果。

1. 推动业务管理部门对审计发现的违规问题,在职责范围内作出进一步处理。

2. 推动业务管理部门督促被审计单位落实审计整改要求,把审计整改质量作为考核被审计单位业务工作的重要指标,并在日常管理和监督中有效运用审计结果。

3. 推动业务管理部门对审计结果反映的典型性、普遍性、倾向性问题及时进行研究,并将其作为采取有关措施、完善有关制度规定的参考依据。

4. 推动业务管理部门以适当方式及时将审计结果运用情况反馈给内部审计机构。

附录一：审计通知书模板

×密×× 〔*密级和保密期限*〕

<h2 style="text-align:center">关于××××〔*被审计领导干部所在单位及职务*〕×××同志任期（或离任）经济责任审计的通知</h2>

××经审通〔20××〕××号

×××〔*被审计领导干部姓名*〕同志并×××××〔*被审计领导干部所在单位全称或者规范简称*〕：

根据《××××××××》《××××××××》〔*行业监管部门和本单位有关经济责任审计的主要制度*〕《第2205号内部审计具体准则——经济责任审计》等相关的规定，执行经党委（党组）、董事会（或主要负责人）批准的年度审计项目计划，我部（局、办、处）将派出审计组对×××同志自××××年××月以来任职期间经济责任履行情况进行审计，必要时将追溯到相关年度。现场审计时间自××××年××月××日至××月××日，必要时可适当延长。请予以配合，提供所需资料（含电子数据资料）和必要的工作条件，并对所提供资料的真实性、完整性负责。

审计组成员：
组　长：×××
主　审：×××
成　员：×××、×××、×××、×××
联系人：×××，联系电话：×××××××

附件：需提供的资料清单

×××××〔*内部审计机构全称*〕（印章）
××××年××月××日

附录二：述职报告模板

<h2 style="text-align:center">×××〔*姓名*〕同志述职报告</h2>

一、基本情况

×××××××××××××××××××。
〔说明：
本部分主要反映被审计领导干部任职期限、职责范围和分管的工作。〕

二、主要业务工作开展情况

××××××××××××××××××。

〔说明：

本部分主要包括：1. 任期内贯彻执行党和国家有关经济方针政策和决策部署、推动所在单位可持续发展情况；2. 任期内重大经济决策事项、决策过程及其执行效果；3. 任期内各项工作任务目标完成情况；4. 重要规章制度及内部控制制度的制定、完善和执行情况；5. 任职前和任期内重大经济遗留问题及其处理情况等内容。〕

三、党风廉政建设情况

××××××××××××××××。

〔说明：

包括任期内履行推动所在单位党风廉政建设职责和个人遵守廉洁从业规定的情况。〕

四、存在的不足和需要改进的方面

××××××××××××××××。

五、其他需要说明的情况

××××××××××××××××。

述职人：×××〔述职人本人签字〕

××××年××月××日

附录三：审计报告模板

× 密 ××〔密级和保密期限〕

关于×××××××〔*被审计领导干部所在单位及职务*〕××× 同志任期（或离任）经济责任审计的报告

×× 经审报〔20××〕×× 号

××× 同志并 ××××××〔*被审计领导干部所在单位全称或者规范简称*〕：

根据《×××××××》《×××××××××》〔*行业监管部门和本单位有关经济责任审计的主要制度*〕和《第 2205 号内部审计具体准则——经济责任审计》等相关规定，执行经党委（党组）、董事会（或主要负责人）批准的年度审计项目计划，×××××〔*内部审计机构全称或者规范简称*〕派出审计组，于××××年××月××日至××××年××月××日，对×××××××〔*被审计领导干部所在单位及职务*〕××× 同志自××××年××月以来（或至××××年××月）任职期间经济责任履行情况进行了审计，重点审计了 ×××××以及所属×××××、×××××等××家×级单位。审计涉及的单位资产额占×××××〔*被审计领导干部所在单位*〕资产总额的××%。审计的重点内容包括×××××××〔*根据需要可简要列明审计重点内容*〕等，对重要事项进行了必要的延伸和追溯。在审计过程中，听取了××× 同志任职期间工作情况介绍和×××××〔听取其他人员意见的范围〕的意见,以及×××××等部门的情况介绍,并参考了××××××××资料。×××同志和×××××〔被审计领导干部所在单位〕对其提供资料的真实性、完整性负责,并对此作了书面承诺。×××××〔内部审计机构全称或者规范简称〕的责任是依法依规独立实施审计并出具审计报告。

〔说明:

1. 审计报告的收件人包括党委(党组)、董事会(或主要负责人)、被审计领导干部及其所在单位、其他相关机构或人员。一般主送被审计领导干部及其所在单位,抄报、抄送其他收件人,也可以根据实际需要选择其他某个收件人为主送方,但必须抄送被审计领导干部及其所在单位。实际工作中,为提高经济责任审计报告的权威性,可以以本单位名义制发文件,向被审计领导干部及其所在单位、其他相关单位和人员批转或下发经济责任审计报告,还可在该文件中提出落实审计意见建议,加强审计整改的具体要求。

2. 前言部分主要说明审计依据、立项依据、审计时间、审计目标与审计范围、审计双方责任声明等内容。审计依据、立项依据和审计时间应当与审计通知书保持一致。被审计领导干部所在单位作出书面承诺的,应注明。采取后续审计等特殊审计方式的,应当写明。

3. 本模板中的"被审计领导干部所在单位及职务"是指被审计领导干部在接受审计的任职期间内所任职的单位及所任的职务。〕

一、基本情况

×××同志自××××年××月以来(或至××××年××月)担任××××〔职务〕,负责×××××全面工作,具体分管×××××、×××××工作。该单位主要业务为××××××××,拥有下属单位×××××、×××××等××家,×××同志任职期间,资产总额××××××××;××销售收入××××××××;利润×××××××××。〔总体反映任职前到审计时几项核心的财务、业务指标变化趋势情况〕(详见附件1《主要财务业务数据表》)

〔说明:

本部分主要表述被审计领导干部所在单位的基本情况、被审计领导干部的任职及分工情况,以及任职期间主要财务、业务指标数据变化趋势情况。〕

二、总体评价

从审计情况看,×××同志任职期间,×××××,×××××,×××××〔根据实际审计情况作出相关评价,如深入贯彻落实了党中央关于×××方面的方针政策,制定了清晰的组织发展战略规划,组织治理结构健全,内部控制制度较为完善,财务管理工作较为规范,有效控制和防范了重大经济风险等〕,较好地〔根据实际情况表述〕履行了经济责任。在本次审计范围内,未发现×××同志本人在公共资金、国有资产和国有资源管理分配使用中存在违反廉洁从业规定的问题〔若审计发现,被审计领导干部本人存在以权谋私、中饱私囊、利益输送等违纪违法行为的问题线索,则不表述该部分内容〕。本次审计也发现,×××同志在履行经济责任中存在一些不足和问题,需进一步改进。

〔说明:

1. 总体评价部分应当围绕经济责任审计目标,根据审计认定的事实,依照法律法规、国家有关规定和政策,在法定职权范围内,对被审计领导干部履行经济责任情况作出客观公正、实事求是的评价,做到审什么、评什么。对审计过程中未涉及、审计证据不充分、评价依据或者标准不明确以及超越审计职责范围的事项,不发表审计评价意见。

2. 审计评价应严格落实"三个区分开来"的重要要求,坚持全面、客观、辩证、历史地看待问题，既不能评价过满、失实，也不能以偏概全、含糊其辞。同时注意不要与审计发现的问题相矛盾。

3.如单位建立了审计评价指标体系，可依据打分结果探索进行量化分等评价，即对审计对象履行经济责任作出"很好""较好""一般""差"的评价结论。

4.审计评价用语要准确、适当，以写实为主。〕

三、被审计领导干部履行经济责任的主要业绩

×××同志任职期间，履行经济责任取得的主要业绩包括：

（一）××××××××××。

（二）××××××××××。

（三）××××××××××。

……

〔*说明：*

主要业绩部分可重点反映被审计领导干部的工作思路、制定的发展战略规划、贯彻落实中央重大政策措施和决策部署采取的重大措施及成效；推动所在单位调整优化产业结构、业务方向、服务模式，技术创新研发等提升核心竞争力、关系全局发展的具体措施及成效；加强组织治理结构、内部控制和风险管理体系建设等履行管理职责的有关工作及成效等等。〕

四、审计发现的主要问题和责任认定

（一）贯彻执行党和国家经济方针政策及决策部署方面。

×××同志任职期间，××××××〔*单位*〕贯彻执行党和国家经济方针政策及决策部署共涉及××××××××××方面〔*列举重要的几项，一般不超过3项*〕等××项工作，涉及金额××万元，本次审计重点检查了其中××项，涉及金额××万元，占比××。审计发现，×××同志在贯彻执行党和国家经济方针政策及决策部署方面取得成效的同时，也存在××项政策执行不够到位的问题。具体如下：

1.××××××××××。××××××××××××××××××××。此问题主要是××××××〔*单位*〕××××××××××，×××〔*人员*〕××××××××××所致〔*定责理由*〕，×××同志对此负有××责任。

〔*定责理由示例："主要是×××××单位贯彻落实党中央关于×××××××的目标要求不到位，×××同志推动落实相关工作不力所致"*〕

2.××××××××××。

（1）××××××××××。××××××××××××××××××××。

（2）××××××××××。××××××××××××××××××××。

……

上述××至××项问题，主要是××××××〔*单位*〕××××××××××，×××〔*人员*〕××××××××××所致〔*定责理由*〕，×××同志对此负有××责任。

……

（二）发展战略规划制定及执行方面。

本次审计重点检查了××××××〔*单位*〕××××××××××方面〔*列举重要的几项，一般不超过3项*〕等××项工作。审计发现，×××同志任职期间，××××××〔*单位*〕存在××××××××××等问题〔*列举主要的几个方面的问题*〕。具体如下：

……

（三）重大经济事项决策及执行方面。

×××同志任职期间，××××××〔*单位*〕共作出××××××××××〔*据实表述，如*

重大投资、重大工程建设、重大物资和服务采购、重大资本运作、重大资产处置、重大对外担保和出借资金〕等××项重大经济决策,涉及金额××万元。本次审计重点检查了××项,涉及金额××万元,占比××%。审计发现,××项决策存在违规决策(或决策不当)问题,涉及金额××万元,造成损失××万元、潜在损失××万元、亏损××万元、资产闲置××万元。具体如下:

……

(四)组织治理和内部管控方面。

本次审计重点检查了×××××〔单位〕××××××××方面〔列举重要的几项,一般不超过3项〕等××项工作的落实情况,以及对下属单位的管理情况。审计发现,×××同志任职期间,×××××〔单位〕存在××××××××××等问题〔列举主要的几个方面的问题〕,涉及金额××万元,造成损失××万元、潜在损失××万元、亏损××万元、资产闲置××万元。具体如下:

……

(五)财政财务收支和资产管理方面。

本次审计重点检查了×××××〔单位〕预算管理、财务收支、资产管理、××××××等方面情况。审计发现,××××年××月至××××年××月多计收入××万元、少计收入××万元,多计成本费用××万元、少计成本费用××万元,多计投资收益等××万元、少计投资收益等××万元,合计多计利润××万元、少计利润××万元;多计资产××万元、少计资产××万元,多计负债××万元、少计负债××万元,多计所有者权益××万元、少计所有者权益××万元。其中×××同志任期内多计利润××万元、少计利润××万元。还发现在资产管理中存在××××××××等方面的问题。具体如下:

……

(六)在经济活动中落实有关党风廉政建设责任和遵守廉洁从业规定方面。

本次审计重点检查了×××××〔单位〕××××××××等情况。审计发现,××××总部、重点所属单位及其领导班子成员涉嫌违纪违规问题××项,涉及金额××万元。具体如下:

……

(七)以往审计发现问题的整改方面。

针对××××年对×××××〔单位〕审计中发现的问题,基本已按要求进行整改,但以下问题仍未整改到位。具体如下:

……

〔说明:

1. 反映审计发现的主要问题应考虑其重要性(包括性质、情节、金额、后果和影响的严重性、典型性和普遍性等因素),与被审计领导干部履职情况的关联度和对实现审计目标的影响等。金额较小、性质较轻、与被审计领导干部关联不大的问题,可以不写入审计报告正文,而是在《审计发现问题汇总表》(附件2)中反映。

2. 审计发现问题的发生期间应与被审计领导人员任期内的分工范围和期间严格对应。问题需要进行责任认定的,应表述责任认定依据(定责理由)及应承担的责任。对于本次审计难以认定责任的,如本次审计未抽样、未能获取充分证据证明离任者需承担经济责任等情形,在报告中采用"对于××××××问题,将依据具体项目的后续责任认定结果相应认定经济责任"等相关表述。

3. 问题一般应表述违纪违规事实、定性及依据。在引用法律和法规时，一般应列明文件名称、具体条款号及条款内容；在引用规章和规范性文件时，一般应列明发文单位、文件名称、发文号、具体条款号及条款内容。审计报告篇幅过长的，可以仅在《审计发现问题汇总表》（附件2）中列示法规规章和规范性文件的具体条款内容。

4. 审计发现的问题应合理归类，按照重要性原则排序。〕

五、审计意见和建议

（一）××××××××××××××××××。
（二）××××××××××××××××××。
（三）××××××××××××××××××。
……

〔说明：

1. 应针对审计发现的问题提出如何纠正问题和追究责任的具体意见。提出审计意见时要关注适用的法律法规以及组织内部的规章制度，在组织授权处理范围内的，直接提出审计处理意见；超出组织授权范围的，可建议组织适当管理层或相关部门作出处理。

2. 既可以针对审计发现的问题，也可以针对审计中了解到的其他不足，提出进一步改进提高的审计建议。其中针对审计发现问题提出的审计建议应与反映问题的顺序基本一致。

3. 审计建议应具有针对性和可操作性，便于被审计领导干部及其所在单位和其他有关单位（部门、机构）采纳。

4. 审计建议的对象一般为被审计领导干部及其所在单位。〕

对于本次审计发现的与被审计领导干部履行经济责任无直接关系的其他问题及其相关审计意见建议在《审计发现问题汇总表》（附件2）中反映。

对本次审计发现的问题和提出的审计意见建议，请×××××〔被审计领导干部所在单位〕和×××〔被审计领导干部〕组织协调有关单位，切实抓好整改，自收到本报告之日起××日〔内部审计机构根据具体情况确定〕内，将整改情况书面反馈×××××〔内部审计机构全称或者规范简称〕。×××〔被审计领导干部〕如果对本报告有异议，可以自收到报告之日起30日内向×××××〔内部审计机构全称或者规范简称〕或×××××〔授权处理申诉事项的其他机构全称或者规范简称〕申诉。审计结果及整改情况随后将以适当方式进行通报。〔审计报告中相关内容涉密的，应在相关段落后用括号标注密级，并在审计报告结尾注明"除已标明的涉密内容外，审计结果及整改情况随后将以适当方式进行通报"。〕

〔说明：

如果本单位将另行下发文件批转或下发审计报告，并告知了被审计领导干部及其所在单位有关落实整改、情况通报、救济途径等信息，则以上这段内容不必写入审计报告。〕

附件1. 主要财务业务数据表〔格式略〕
附件2. 审计发现问题汇总表

〔说明：

1. 经济责任审计一般应当编制《主要财务业务数据表》，对被审计领导干部任职期间主要财务和业务指标、数据的发展变化情况以表格形式直观地加以展示。

2.《审计发现问题汇总表》集中反映审计报告正文中"审计发现的主要问题"及审计发现的其他问题，补充说明在审计报告正文中不便反映的部分信息。问题可以按照在审计报告中的分类和顺序,或者项目审计方案中审计内容的分类和顺序列示。不必列示审计报告中对每类问题的汇总情况。每项具体问题描述尽量简洁明了。〕

×××××〔内部审计机构全称〕（印章）

××××年××月××日

附件 2

审计发现问题汇总表

序号	在审计报告中的序号	问题标题及摘要	责任认定	问题金额（万元）	审计定性及依据	审计意见及依据	审计建议	备注
一、审计发现的主要问题								
1								
2								
3								
二、审计发现的其他问题（未在报告正文反映）								
1								
2								
3								

附录四：审计结果报告模板

×密××〔密级和保密期限〕

关于×××××××〔*被审计领导干部所在单位及职务*〕×××同志任期（或离任）经济责任审计结果报告

××经审结报〔20××〕××号

××××××〔*收件人*〕：

根据《××××××××》《××××××××》〔*行业监管部门和本单位有关经济责任审计的主要制度*〕和《第2205号内部审计具体准则——经济责任审计》等相关规定，执行经党委（党组）、董事会（或主要负责人）批准的年度审计项目计划，××××××〔*内部审计机构全称或者规范简称*〕派出审计组，于××××年××月××日至××××年××月××日，对××××××××〔*被审计领导干部所在单位及职务*〕×××同志自××××年××月以来（或至××××年××月）期间经济责任履行情况进行了审计，×××同志任职期间负责×××××作，具体分管×××××、×××××工作。

〔说明：

1. 审计结果报告的收件人包括党委（党组）、董事会（或主要负责人）、组织人事部门、纪检监察部门等相关机构或人员。归入被审计领导干部档案的审计结果报告可以不写收件人。

2. 前言部分可以比审计报告的相应内容适当简略。〕

一、总体评价

从审计情况看，×××同志任职期间，××××××，××××××，××××××〔*审计情况作出相关评价，如深入贯彻落实了党中央关于×××策，制定了清晰的组织发展战略规划，企业法人治理结构健全，内部控制制度较为完善，财务管理工作较为规范，风险等*〕，较好地〔*根据实际情况表述*〕履行了经济责任。范围内，未发现×××同志本人在公共资金、使用中存在违反廉洁从业规定的问题〔*若审计发现，人存在以权谋私、中饱私囊、利益输送等违纪违法行为的问题线索，则不表述该部分内容*〕。本次审计也发现，×××一些不足和问题，需进一步改进。

二、被审计领导干部履行经济责任的主要业绩

×××同志任职期间，履行经济责任取得的主要业绩包括：

（一）××××××××××。

（二）××××××××××。

（三）××××××××××。

……

〔说明：在审计报告反映被审计领导干部主要业绩相关内容的基础上适当精简表述。〕

三、审计发现的主要问题和责任认定

（一）贯彻党和国家经济方针政策及决策部署方面。

1.××××××××××。××××××××××××××××××。

此问题主要是××××〔*单位*〕××××××××××，×××〔*人员*〕××××××××

所致〔定责理由〕，×××同志对此负有直接责任。
（或×××同志对此问题负有领导责任。）2.××××××××××。
（1）××××××。××××××××××××××××。
（2）××××××。××××××××××××××××。
……
上述××至××项问题，主要是××××××〔单位〕××××××××，×××〔人员〕×××××××所致〔定责理由〕，×××同志对此负有直接责任。
（或×××同志对上述××至××项问题负有领导责任。）
……
（二）××××××方面。
……
（三）××××××方面。
……

〔说明：1.审计结果报告的实质内容要与审计报告保持一致，对领导干部履行经济责任的总体情况、审计发现的主要问题进行高度概括，产生的背景、过程、细节和定性法规依据不作描述。审计意见和建议也可以省略。

2.对审计发现的被审计领导干部承担直接责任的问题，表述定责理由；承担领导责任的问题，可简要表述或不表述定责理由。〕

附件：×××同志重要问题责任清单

×××××〔内部审计机构全称〕（印章）

××××年××月××日

附件

×××同志重要问题责任清单

本次经济责任审计共发现重要问题××个，其中×××同志应承担直接责任的问题××个，承担领导责任的问题××个，现将重要问题列示如下：

一、应承担直接责任的主要问题

1.××××××××××××××××××××。
2.××××××××××××××××××。
……

二、应承担领导责任的主要问题

1.××××××××××××××××××。
2.××××××××××××××××××。
……

〔说明：
清单中反映的审计发现的主要问题应与正文基本一致，并进行高度概括。按照责任类型分类，不再反映定责理由。〕

第 3205 号内部审计实务指南——信息系统审计

(中内协 2020 年 12 月 11 日发布)

前 言

随着我国信息技术的不断发展，相关组织根据实际工作需要开展建设的信息系统也越来越多。而实务工作中信息系统由于标准不一，建设和应用的要求不同，使得信息系统审计实践工作缺乏统一的依据和参考。为了规范信息系统内部审计实务工作，中国内部审计协会组织编写了本指南。作为内部审计准则体系的一部分，指南为广大内部审计机构和人员提供指导性的操作规程和方法，便于规范信息系统审计行为，控制审计工作风险，提高审计工作效率和质量。

本指南根据《内部审计基本准则》《内部审计人员职业道德规范》《第 2203 号内部审计具体准则——信息系统审计》《信息技术服务、治理、安全审计》（中国电子工业标准化协会）《中华人民共和国国家标准信息技术服务治理第 4 部分：审计导则》（GB/T34960.4—2017）、《COBIT5.0》[信息系统审计与控制协会（ISACA）2012]《全球技术审计指南 GTAG》（国际内部审计师协会）《中华人民共和国网络安全法》《网络安全等级保护基本要求》（GB/T22239—2019）《关键信息基础设施网络安全保护基本要求》（报批稿）等标准制定。

本指南力求结合国内信息系统审计现状，参考相关组织内部信息系统审计管理规定、信息化评价办法、信息系统审计指导意见、规范等，围绕组织信息系统涉及的组织层面、一般控制、应用控制三方面内容，梳理信息系统审计可能涉及管理环节的关键控制点，结合信息系统建设业务流程中的立项、开发、应用及运维全过程，选取信息系统审计所涉及的建设需求分析、立项管理、预算管理、成本管理、招投标管理、采购管理、合同管理、进度管理、安全管理、质量管理、应用及运维管理、运行的效果及效率等方面，全面系统地提出信息系统审计的内容框架及实务操作指南。

由于当前信息化对新技术应用的逐步深入，信息系统审计不可避免地会涉及对新技术应用（例如云计算、物联网等）的审计和某些常见专题（IT 外包、业务连续性等）的审计，本指南把这部分内容汇总在一起，单独形成一个信息系统专题审计的章节，以便于当前使用和未来扩展。

本指南共分六章，其中：第一章介绍了信息系统审计的基本概念、内容体系和审计程序等基础知识，提供关于信息系统审计的总体概念框架；第二章介绍了组织层面信息系统管理控制审计；第三章介绍了信息系统一般控制审计；第四章介绍了信息系统应用控制审计；第五章介绍了信息系统相关专项审计；第六章介绍了信息系统审计的质量控制；附录中涉及了本指南中的相关术语、主要法规参考标准及相关实务案例。

本指南突出以内部控制为基础的流程审计及以风险管理为基础的风险导向审计，以评价信息系统建设程序和内容的合法合规性，信息系统数据的真实性、准确性，信息系统的安全性，以及信息系统应用的效果性、效率性等为目标，帮助内部审计人员确定通用的审计依据、审计流程、审计方法等，力求达到简明、易懂、易操作的目的。其内容是开放性的，将随着信息系统审计实践工作的不断深入做进一步充实和完善。

本指南适用于各类组织的内部审计机构、内部审计人员开展的信息系统审计活动。其他组织或者人员接受委托、聘用、承办或者参与内部审计业务的，应当参照本指南。

本指南自 2021 年 3 月 1 日起施行。

第一章 概　　述

第一节 信息系统审计总体要求

一、信息系统审计基本概念

信息系统审计是指内部审计机构和内部审计人员对组织信息系统建设的合法合规性、内部控制的有效性、信息系统的安全性、业务流程的合理有效性、信息系统运行的经济性所进行的检查与评价活动。

信息系统审计包括审计计划、审计依据、审计方法、审计技术、审计人员配置、审计实施流程、审计报告以及审计质量控制等内容。内部审计机构应建立信息系统审计的相应组织管理体系，对信息系统审计的流程和质量进行管控，并依照规章制度开展信息系统审计。

二、信息系统审计一般原则

组织应建立信息系统审计组织管理体系，并根据有关制度、标准和要求开展信息系统审计活动。其一般原则包括：

1. 信息系统审计需结合所在组织的战略目标、业务目标、治理要求和管理授权开展审计。
2. 信息系统审计应合理保证信息系统的运行符合法律法规以及相关监管要求。
3. 信息系统审计应在充分了解组织信息系统治理、管理和应用的基础上做出客观评价。
4. 信息系统审计应结合组织的业务流程、信息系统及应用数据开展审计工作。
5. 信息系统审计应不断提升内部审计人员技能，严格履行审计程序，提高审计工作质量。

三、内部审计机构在组织信息系统审计中的职责和义务包括但不限于：

1. 编制组织信息系统审计中长期规划。
2. 编制组织信息系统审计年度计划、预算及审计资源计划。
3. 制定组织的信息系统审计相关制度及流程等。
4. 按信息系统审计规章制度、有计划地开展相关业务。
5. 承担对信息系统控制设计和执行有效性评估的责任。
6. 做好与组织内、外相关机构和人员的沟通协调工作。

四、内部审计机构在信息系统审计过程中的权力包括但不限于：

1. 有权参加或者列席信息系统治理及管理的重要会议。
2. 有权进行现场实物勘查，或就与审计事项有关的问题对有关机构和个人进行调查、质询和取证。
3. 若审计过程中审计范围受到限制影响审计目标和计划的实现，有权就范围受到的限制及其潜在影响与治理主体进行沟通。
4. 有权向治理主体提出提高信息系统绩效的改进意见和建议。
5. 有权对审计发现的违反信息系统法律、法规等规定或内部管理制度行为予以制止，并对相关机构和人员提出责任追究或者处罚建议。

第二节 信息系统审计目标与特点

一、信息系统审计的目标

（一）信息系统审计总体目标

通过对信息系统的审计，揭示信息系统面临的风险、评价信息系统技术的适用性、创新性、信息系统投资的经济性、信息系统的安全性、运行的有效性等内容，合理保证信息系统安全、真实、有效、经济。

（二）信息系统审计的具体目标

1. 保证信息系统建设符合国家有关法律法规和组织内部制度。保证信息系统建设方案、规划内容充分体现组织的战略目标，对信息系统建设、应用与公司的经营目标的一致性作出评价。

2. 信息系统审计应促进信息系统在购置、开发、使用、维护过程中，以及数据在生产、加工、修改、转移、删除等处理中都必须符合国家相关法律法规、准则、组织内部规定等，并应促进信息系统有效实现既定业务目标。

3. 提高组织信息系统的可靠性、稳定性、安全性，数据处理的完整性和准确性。

二、信息系统审计的特点

信息系统审计除了具备传统审计的权威性、客观性、公正性等特点之外，还具备一些独有的特点，如：信息系统审计可以突破物理区域限制，开展远程非现场审计；信息系统审计要求审计人员具备较高的信息化知识和技能；信息系统审计的内容更加广泛；信息系统工作难以量化，审计评价时需要定性与定量相结合等。

第三节 信息系统审计内容

一、信息系统审计内容概述

信息系统审计对象，包括操作系统、主机、网络、数据库、应用软件、数据、管理制度等。信息系统审计内容主要包括对组织层面信息技术控制、信息技术一般性控制及业务流程层面相关应用控制的检查和评价。

二、对组织层面信息技术控制的审计

组织层面信息技术控制审计的内容包括：

（一）控制环境

内部审计人员应当关注组织的信息技术战略规划与业务布局的契合度、信息技术治理制度体系建设、信息技术部门的组织架构、信息技术治理的相关职权与责任分配、信息技术的人力资源管理、对用户的教育和培训等方面。

（二）风险评估

内部审计人员应当关注组织在风险评估总体架构中关于信息技术风险管理流程，信息资产的分类及信息资产所有者的职责，以及对信息系统的风险识别方法、风险评价标准、风险应对措施。

（三）控制活动

内部审计人员应当关注信息系统管理的方法和程序，主要包括职责分工控制、授权控制、审核批准控制、系统保护控制、应急处置控制、绩效考评控制等。

（四）信息与沟通

内部审计人员应当关注组织决策层的信息沟通模式，信息系统对财务、业务流程的支持度，信息技术政策、信息安全制度传达与沟通等方面。

（五）内部监督

内部审计人员应当关注组织的监控管理报告系统、监控反馈、跟踪处理程序以及对信息技术内部控制自我评估机制等方面。

三、对信息系统一般性控制的审计

信息系统一般性控制是确保组织信息系统正常运行的制度和工作程序，目标是保护数据与应用程序的安全，并确保异常中断情况下计算机信息系统能持续运行。信息系统一般性控制包括硬件控制、软件控制、访问控制、职责分离等关键控制。审计人员应当采用适当的方法、合理的技术手段对信息系统建设的合规合法、信息系统的安全管理、访问控制、基础架构、数据保护以及灾难恢复等方面开展审计。信息系统一般性控制审计应当重点考虑下列控制活动：

（一）系统开发和采购审计

内部审计人员应当关注组织的应用系统及相关系统基础架构的开发和采购的授权审批，

系统开发所制定的系统目标以及预期功能是否合理，是否能够满足组织目标；系统开发的方法、开发环境、测试环境、生产环境的分离情况，系统的测试、审核、验收、移植到生产环境等环节的具体活动。

对应用系统的开发与实施过程所采用的方法和流程进行评价，以确保其满足组织目标。评估拟定的系统开发或采购方案，确保其符合组织战略目标；评估项目管理过程，确保组织在满足成本效益原则的基础上实现风险管理框架下的组织业务目标，确保项目按计划开展，并有相应文档充分支持；评估相关信息系统的控制机制，确保其符合组织的相关制度规定；评估系统的开发、采购和测试、维护，对系统实施定期检查，确保其持续满足组织目标。

（二）系统运行审计

内部审计人员应当关注组织的信息技术资产管理、系统容量管理、系统物理环境控制、网络环境资源配置、系统和数据备份及恢复管理、问题管理和系统的日常运行管理等内容。一般控制措施包括但不限于保证数据安全、保护计算机应用程序正常运行、防止系统被非法侵入、保证在错误操作或意外中断情况下的持续运行等。

评估组织在信息系统运行日常操作以及信息系统基础设施管理的有效性及效率性，确保其支持组织的目标；评估信息系统服务相关实务，确保内部和外部服务提供商的服务等级是明确并可控的；评估运行管理，保证信息系统支持功能有效满足业务需求；评估数据管理，确保数据库的完整性和最优化；评估性能的发挥及监控工具与技术应用；评估问题和事件管理，确保所有事件、问题和错误被及时记录。

（三）系统变更审计

内部审计人员应当关注组织的应用系统及相关系统基础架构的变更、参数设置变更的授权与审批，变更测试及移植到生产环境系统中的流程控制等。评估变更、配置和发布管理，确保变更被详细记录。

（四）信息安全审计

内部审计人员应当关注组织的信息安全管理制度，物理访问及针对网络、操作系统、数据库、应用系统的身份认证和逻辑访问管理机制，系统设置的职责分离控制等。

内部审计人员对逻辑、环境与信息技术基础设施的安全性进行评价，确保其能支持组织保护信息资产的需要，防止信息资产在未经授权的情况下被使用、披露、修改、损坏或丢失。评估逻辑访问控制的设计、实施和监控，确保信息资产的机密性、完整性、有效性和授权使用合规性；评估网络框架和信息传输的安全；评估环境控制的设计、实施和监控，确保信息资产充分安全。

四、对信息系统应用控制的审计

信息系统应用控制是指在业务流程层面为了合理保证应用系统准确、完整、及时完成业务数据的生成、记录、处理、报告等功能而设计、执行的信息技术控制。对业务流程层面应用控制的审计应当考虑下列与数据输入、数据处理以及数据输出环节相关的控制活动：

（一）授权与批准

审计应用程序的访问控制，必须关注是否有被授权的使用人才可以访问系统数据或执行授权范围内的程序功能，输入控制是否保证每笔被处理的事务能够被正确完整地录入与编辑，是否只有合法且经授权的信息才能被正确输入。

（二）系统配置控制

审计配置控制主要关注应用系统基础参数的设置与调整。包括参数的正确性、审批与授权、调整日志等。

（三）异常情况报告和差错报告

审计信息系统在出现不能正常运行、计算结果错误等异常情况时，系统能否自动提醒、处理，接收、保存差错输出报告。

（四）接口/转换控制

审计应对接口的数据流向、数据传输能力、数据转换准确性等进行测试和检查，接口/转换能否保证数据流通的正确性以及数据传输能力是否满足系统功能需求。

（五）一致性核对

审计系统间传输时，需重点检查传输报告分发是否建立了相应的人工控制环节，包括但不限于安全打印、接收签名、加密、只读等，以防范非法篡改造成不一致。

（六）职责分离

审计系统数据的录入、修改与审核的职责分离，关注对数据进行加密和敏感性分级处理的规则以及加密方式是否满足工作需求。

（七）系统计算

审计信息系统对数据计算的准确性及计算效率。

（八）其他

五、信息系统专项审计

信息系统审计除上述常规的审计内容外，内部审计人员还可以根据组织面临的特殊风险或者需求，设计专项审计，具体包括但不限于下列领域：

（一）信息系统开发实施项目的专项审计。

（二）信息系统安全专项审计。

（三）信息技术投资专项审计。

（四）业务连续性的专项审计。

（五）法律、法规、行业规范要求的内部控制合规性专项审计。

（六）其他专项审计。

第四节 信息系统审计程序

信息系统审计程序一般包括审计准备、审计实施、审计报告和后续审计四个阶段。

一、审计准备

（一）审前准备

内部审计人员在实施信息系统审计前，需要根据信息系统审计目标，开展审前调查，收集法规、制度依据以及其他有关资料。审前调查主要了解组织信息系统的治理管理体制、总体架构、规划和建设、应用管理情况等。具体如下：

1. 治理、管理体制。主要了解信息系统管理机构设置、管理职责、工作流程等。

2. 系统总体架构

（1）系统分布。包括系统数量、规模和分布，绘制信息系统分布图。

（2）信息系统主要类型。

（3）各信息系统的基本情况和系统之间的关联关系。

（4）信息系统应用覆盖面及应用程度。

3. 规划和建设情况

（1）规划：信息系统发展规划以及规划、年度计划落实情况。

（2）建设：信息系统建设程序、投入、管理，了解已完成系统和在建系统。

（3）使用：信息系统应用管理制度、使用率、应用中存在的主要问题、困难和矛盾。

（二）编制审计工作方案

根据审前准备情况，编制信息系统审计工作方案，方案内容包括但不限于被审计组织信息系统的基本情况。包括信息系统项目建设及应用情况、审计目的、审计依据、审计对象与范围、审计内容重点及方法、审计步骤与时间安排、审计组与人员分工等。在审计组组成环节，审计部门可以借助外部专家的力量，在审计组中应当有具备信息技术经验和知识的专兼职审计专家，便于补充提高审计组的胜任能力。

二、审计实施

审计实施是内部审计人员依据审计计划实施现场审计的过程。内部审计人员应结合审前准备了解的内容，按照被审计组织的信息化环境、业务流程、内控制度等方面的风险，明确具体项目审计目标、细化审计内容，突出审计重点。实施阶段主要应完成以下工作：

（一）了解评估被审计组织的信息系统内部控制

1. 收集被审计组织信息系统的内部控制管理制度及流程，对被审计组织相关人员进行访谈，了解组织的信息系统决策及管理政策、方法、控制活动主要内容包括但不限于：

（1）信息系统内部控制环境。

（2）风险管理。

（3）控制活动。

（4）信息与沟通。

（5）内部监督。

2. 开展控制测试

内部审计人员开展控制测试评价信息系统的内部控制要素，以确定组织能接受的控制风险。验证控制措施的执行是否符合管理政策和程序，为审计提供合理的保证。信息系统控制测试主要包括控制环境测试和功能测试：

（1）组织管理的控制测试。

（2）系统建设管理的控制测试。

（3）系统资源管理的控制测试。

（4）系统环境管理的控制测试。

（5）系统运行管理的控制测试。

（6）系统网络和通信管理的控制测试。

（7）系统数据库管理的控制测试。

（8）系统输入、处理、输出的控制测试。

（9）其他。

3. 初步评估信息系统内部控制

根据对组织信息系统的控制测试情况，选择组织信息系统的重点业务流程，对固有风险和控制风险进行初步评估，对信息系统控制有效性作出评价。

（二）开展实质性测试

内部审计人员应根据控制测试结果确定实质性测试的性质、时间和范围。组织层面评价内容包括组织架构、权责分配、发展战略、人力资源、培训与考核等。

对组织信息系统开展风险评估时，结合相关规范中有关风险评估的要求，重点关注内部和外部风险信息的搜集、利用风险识别机制按照风险评估的程序、方法，评估风险等级并检查应对策略的有效性。

对信息与沟通审计时，应结合组织信息与沟通的相关管理制度，对信息收集、处理和传递的及时性，反舞弊机制的健全性，财务报告的真实性，信息系统的安全性，以及利用信息系统实施内部控制的有效性等进行审查和评价。

对内部监督审计时应结合组织内部监督制度，对内部监督机制的有效性进行认定和评价。重点关注内部审计机构等监督机构是否在内部控制设计和运行中有效发挥监督作用，内部控制缺陷认定是否客观，整改方案措施是否得当，并有效整改。

内部控制检查评价方法主要包括：个别访谈法、调查问卷法、比较分析法、标杆法、穿行测试法、抽样法、实地查验法、重新执行法、专题讨论会法等。内部控制检查评价应综合运用上述方法，充分利用信息系统，实施在线检查、监控。

三、审计报告

信息系统审计报告阶段包括整理加工审计工作底稿、编写审计报告、做出审计结论。

内部审计人员应运用专业判断，综合分析所收集到的相关证据，以经过核实的审计证据为依据，形成审计意见和结论、编制审计底稿、出具审计报告。

四、后续审计

后续审计主要通过监督组织整改的情况，督促被审计组织改进信息系统治理，完善相关的规章制度、流程等，以持续提高信息系统治理、管理水平。对审计中发现的重大问题和控制缺陷，整改效果不明显的信息系统项目开展后续审计。

第五节 信息系统审计方法与工具

一、信息系统主要审计方法

信息系统审计方法是为了完成信息系统审计任务所采取的手段。在信息系统审计工作中，要完成每一项审计工作，都应选择合适的审计方法。信息系统审计方法主要包括访谈法、调查法、检查法、观察法、测试和平行模拟法、程序代码检查、编码比较法、风险评估法等。

（一）访谈法

访谈法是指通过面对面或在线视频、音频等方式交谈来了解被审计对象的信息。依据不同问题的性质、目的或对象，采用不同的访谈形式。

（二）调查法

调查法是在制定调研计划的基础上，通过书面或口头回答问题的方式收集研究对象的相关资料，并做出分析综合，得到某一结论的研究方法。

（三）检查法

检查法是指内部审计人员对组织内部或外部生成的记录和文件（包括但不限于纸质、电子或其他介质形式存在的资料）进行检查，或对资产进行实物检查。

信息系统审计人员审阅可行性研究报告、系统分析说明书、现状分析报告、输入输出和代码调查表等文档，检查上述文档以及相应的信息系统建设、应用、管理、运行是否符合国家法律法规、行业标准以及组织内部规章制度等。

（四）观察法

内部审计人员运用观察法，观察被审计组织员工的职责履行情况以及业务操作程序等以识别员工的逻辑访问权限是否合规，软硬件物理控制是否有效，盘点信息资产是否安全。

（五）数据测试的黑、白盒法与平行模拟法

数据测试法：从计算机输入开始，跟踪某项业务直至计算机输出，以检验计算机应用程序、控制程序和系统可靠性。

黑盒法：当内部审计人员重点关注程序是否达到所需求的功能时，可采用黑盒法来设计测试数据。黑盒法设计出的测试数据除了可以检查程序功能上的错误和缺陷外，还可以审计系统用户界面、接口、效率、初始化和终止错误。

白盒法：当内部审计人员主要关注在程序中是否存在错误的执行路线时可以采用白盒法。白盒法是从程序内部的逻辑结构出发选取测试数据的方法，它的原理是通过审计程序中的所有执行路线来发现程序中的错误和缺陷。

平行模拟法：针对某应用程序，审计人员用一个独立的程序去模拟该程序的部分功能，对输入数据同时进行并行处理，其结果和该应用程序处理的结果进行比较以验证其功能正确性的方法。

具体应用是先将测试数据输入信息系统和测试程序，经程序处理后输出结果，然后将输出结果与测试程序的结果相比较，从而确定系统的控制及应用程序在逻辑上是否正确。

内部审计人员在设计测试数据时，应充分考虑信息系统中可能发生的每一种错误包括但不限于：

1. 数据类型错误。
2. 顺序紊乱的编码。

3. 数据超越了限制的条件。
4. 数据比较出错。
5. 无效的账户编码及关键字。
6. 不合理的逻辑条件判断。
7. 内部数据文件不匹配。
8. 计量单位用错。

（六）程序代码检查法、编码比较法

程序代码检查法是指对被审计程序的指令逐条审计，以验证程序的合法性、完整性和程序逻辑的正确性。

程序编码比较法：比较两个及以上独立保管的被审计程序版本，以确定被审计程序是否经过修改，并评估程序的改动所带来的后果。

（七）风险评估法

风险评估常用技术。分级技术：根据审计对象的技术复杂性、现有控制程序的水平、可能造成的财务损失等各种因素的风险值累计为总风险值，根据分值大小进行排列分为高、中、低级风险。经验判断法：内部审计人员根据专业经验、业务知识、管理层的指导、业务目标、环境因素等进行判断，以决定风险大小。

二、信息系统审计的工具

（一）数据分析工具

数据分析工具主要有文件查找工具、数据检索工具、数据结构转换工具、指针检测工具、数据处理工具（包括但不限于排序、合并、复制、创建、修改、删除、重组）、文件打印工具、数据比较工具等。

（二）数据库审计工具

数据库审计工具是指跟踪数据和数据库结构变化的工具。包括本地数据库审计、安全信息和事件管理及日志管理、数据库活动监控等。

（三）源代码安全审计工具

源代码安全审计是依据公共漏洞字典表、开放式Web应用程序安全项目以及设备、软件厂商公布的漏洞库，结合专业源代码扫描工具对各种程序语言编写的源代码进行安全审计。可提供包括安全编码规范咨询、源代码安全现状测评、定位源代码中存在的安全漏洞、分析漏洞风险、提出修改建议等一系列服务。

（四）日志安全审计工具

日志安全审计目的是收集系统日志,通过从各种网络设备、服务器、用户计算机、数据库、应用系统和网络安全设备中收集日志，进行统一管理和分析。日志审计系统功能包括信息采集、信息分析、信息存储、信息展示等功能。

（五）网络安全审计工具

网络安全审计是指按照一定的安全策略，利用记录、系统活动和用户活动等信息，检查和检验操作事件的环境及活动，从而发现系统漏洞、入侵行为或改善系统性能的过程。也是检查评估系统安全风险并采取相应措施的一个过程。网络安全审计从审计级别上可分为三种类型：系统级审计、应用级审计和用户级审计。

（六）专用审计工具箱

包括病毒查杀软件、坏磁盘恢复软件、数据反删除软件、磁盘反格式化软件、静态安全分析软件、动态安全分析软件、访问控制分析软件、漏洞扫描及渗透测试等专用工具软件。

第六节 信息系统审计组织方式

信息系统审计可以作为独立的审计项目组织实施，也可以作为综合性审计项目的组成部分实施。

当信息系统审计作为综合性审计项目的一部分时，信息系统审计人员应当及时与其他内部审计人员沟通信息系统审计中的发现，并考虑依据审计结果调整其他审计的范围、时间及性质。

信息系统审计组织方式包括但不限于：

1. 组织内部审计机构独立承担。
2. 与本组织信息系统相关部门联合开展。
3. 委托外部专门机构开展，但应做好委托项目的质量控制和保密措施。

审计目标及任务确定以后，审计部门应根据工作量大小、工作的强度与难度等，配备审计活动所需要的审计人员，组成信息系统审计项目组。应选派技术能力、信息系统审计经验丰富的专业人员担任项目负责人及骨干人员。

第二章 组织层面信息管理控制审计

第一节 信息系统治理审计

一、业务概述

信息系统治理是组织治理的重要组成部分，专注于信息技术体系及其绩效和风险管理的治理规则。信息系统治理应当确保信息系统战略与组织战略的一致性、信息系统目标与业务目标一致、信息系统资源的统一管理和优化，风险的有效控制、信息技术业务活动符合法律法规规定和行业规范要求，以促进组织价值最大化。

信息系统治理是指组织中信息系统管理的治理架构、流程活动方式和运行关系，是治理主体以组织章程、监管职责、利益相关方期望、业务压力和业务要求为驱动力，建立评估、指导、监督的治理过程。

信息系统治理审计是指对信息系统治理中的体系、制度、方案、评估、指导与监督等过程进行审查和评价。

二、审计目标和内容

信息系统治理审计目标是评价信息系统治理是否满足组织战略需求、使其与业务目标保持一致、信息系统资源得以统一管理和优化，风险得到有效控制、信息技术业务活动符合法律法规和行业规范要求，促进组织价值最大化。

信息系统治理审计的主要内容包括：信息系统的战略规划、信息系统治理的组织架构设置、治理的职责权限分工、治理资源的合理分配、信息系统的考核及监督机制。

三、常见问题和风险

（一）信息系统治理与组织治理脱节。
（二）职责分工不清，未建立制衡机制。
（三）内部控制监督机制失效。
（四）信息与沟通机制失效。
（五）信息系统资源配置不合理。
（六）信息系统审计机构缺乏独立性。
（七）信息系统用户的信息技术教育和培训不足等问题。

四、审计的主要方法和程序

1. 访谈组织管理层中关于信息系统的主管人员，收集组织章程、收集信息系统管理的组织机构设置图，了解组织的战略布局、组织主营业务构成，从而评价信息系统架构与组织架构的一致性，信息系统战略与组织战略和业务需求的一致性。

2. 访谈管理人员，评估决策对组织信息系统风险及应对措施，评估决策及管理层对信息系统治理的支持程度。应当关注组织的风险评估的总体架构中信息技术风险管理的框架、流程和执行情况，信息资产的分类以及信息资产所有者的职责等方面。

3. 检查信息系统架构，包括但不限于：基础设施架构、应用架构、数据架构，评估治理架构和机制对设计与实施、服务与支持、监控与评估的闭环管理的有效性。

4. 查阅组织相关内部控制手册、权限指引，评估信息系统治理职权与责任分配以及制衡机制的合理性。

5. 查阅组织文件、会议纪要等流转处理记录，评估信息系统相关问题信息沟通机制的及时性、有效性。

6. 查阅组织内控审计报告、信息系统审计报告，评估内部监督机构设置、职责、权限、独立性及监督机制作用发挥情况。

第二节　信息系统与业务目标一致性审计

一、业务概述

信息系统与业务目标一致性审计是根据组织发展战略和业务发展规划，将信息系统目标和内容的整体规划与组织业务目标进行比对评价，保证信息系统战略规划围绕组织的战略意图展开，将战略意图转化成目标和任务，并且评估达成目标和完成任务所需要的信息系统能力需求，根据信息系统能力的需求进行信息系统战略规划。

二、审计目标和内容

审计目标：通过比较组织信息系统战略规划与业务目标一致性，保障信息系统战略规划制定及实施过程得到合理的控制、监督并持续改进，保持与业务目标的一致性。

审计内容：内部审计机构通过与信息系统决策层、管理层访谈，查阅组织章程、中长期战略规划、发展计划、年度计划、管理流程等文件对下列内容进行审计：

（一）信息系统决策和管理层对信息系统战略规划过程的重视和参与程度。

（二）审计信息系统战略规划文件规范。

（三）审计信息系统目标相关内容的可操作性。

（四）审计对目标进行更新和沟通的需求。

（五）审计监督和评价需求。

（六）审计战略规划流程或框架是否完善。

（七）审计信息系统目标与其管理控制流程符合度。

三、常见问题和风险

（一）缺少信息系统战略规划目标。

（二）信息系统目标与组织战略规划不一致或更新不及时。

（三）信息系统目标与组织信息系统能力不符、缺乏实用性。

（四）信息系统目标与其他管理控制流程不符、缺乏操作性。

（五）信息系统目标缺少保障措施。

四、审计的主要方法和程序

（一）访谈组织管理人员，了解信息系统目标和业务目标是否一致。

（二）检查信息系统的建设方案、规划内容、实施内容与组织各主要业务的需要是否相符。

（三）审阅信息系统的可行研究报告设定目标，评估组织信息系统的能力是否能够支持信息系统设定的目标。

（四）对比分析信息系统建设与应用的内容与组织的主营业务目标是否一致，是否能够有效支撑主要业务目标。

第三节 信息系统投资与绩效审计

一、业务概述

信息系统投资及绩效审计,是指对信息系统投资过程、价值、回报、投入信息系统资源对实现业务目标、战略的影响能力的评价。

二、审计目标和内容

审计目标:通过对信息系统投资及绩效的评价,向管理层提供信息系统投资立项、决策、实施、监督、考核过程的合规性、合理性、合法性、经济性以及对业务目标影响的评估,以促进组织持续改善信息系统投资过程管理、提升信息系统投资价值。

1. 审计内容:
2. 信息系统投资决策、监控、考核机制的健全性。
3. 信息系统投资审批流程。
4. 信息系统投资的预算、执行、节点报告、验收管理程序。
5. 信息系统投资项目的项目评估和绩效评价。

三、常见问题和风险

1. 信息系统投资立项与信息系统战略规划、业务目标不符。
2. 信息系统投资项目未经信息系统决策部门批准。
3. 信息系统投资项目流程控制不足。
4. 信息系统投资项目缺少后评估和绩效评价。

四、审计的主要方法和程序

1. 访谈高层管理人员,了解信息系统投资战略规划和年度计划,评估信息系统投资项目与战略规划和投资计划的一致性。
2. 检查信息系统投资管理制度,审核投资决策、监督、考核机制的执行情况。
3. 检查信息系统项目管理文件,年度投资计划文件等,审核信息系统项目授权审批情况。
4. 获取信息系统项目流程文件、管理文档等相关资料,审核信息系统投资预算、支付、进度报告、验收管理等关键流程的合规性、合法性、准确性。
5. 获取信息系统项目管理文件,绩效考核记录,审核是否对信息系统项目进行了项目评估和绩效考核。

第四节 信息系统组织与制度审计

一、业务概述

组织应设置信息系统管理机构,规定相应的职责和权限,建立相关制度,规范业务流程运转机制。

信息系统组织机构一般包括:

(一)信息系统决策与规划机构。
(二)信息系统执行与实施机构。
(三)信息系统风险管理机构。
(四)信息系统监督机构。

二、审计目标和内容

审计目标:通过对信息系统决策与规划、执行与实施、风险管理、监督机构的评价,向管理层提供信息系统组织工作得到控制、监督、持续优化的合理保证。审计内容:

(一)信息系统决策与规划机构

1. 制定的信息系统战略目标和信息系统的应用是否符合业务目标的要求,是否有效保证信息技术战略方针目标、绩效、自我评价等体系的持续有效性等。

2.信息系统治理是否纳入决策层、管理层的议事日程，并定期讨论、定期出具信息系统治理工作的报告。

（二）信息系统执行与实施机构

1.信息系统组织架构与相关职责是否符合组织信息系统现状，是否得到及时更新等。

2.是否明确了信息系统部门和岗位职责。

3.是否存在职责不明确或不相容职责分离控制未能落实的情况，是否采取了有效的控制措施防止岗位职责冲突。

（三）信息系统风险管理机构

1.是否建立信息系统风险管理机构，并明确职能，是否设置信息系统风险管理岗位，是否建立向风险管理委员会报告工作的机制。

2.是否制定了风险管理的策略制度及流程、实施持续信息系统风险评估、监控信息安全威胁和不合规事件的发生，并跟踪整改意见的落实等。

（四）信息系统监督机构

1.是否明确信息系统监督职能，在信息系统监督部门设立信息系统监督岗位。

2.是否建立了信息系统审计制度，是否按照组织的要求开展信息系统审计。

三、常见问题和风险

1.未建立信息系统治理组织架构、信息系统的战略规划、未统一管理。

2.信息系统决策层与管理层职责权限不清。

3.信息系统组织架构、职责、权限分工、流程机制缺少必要的制度规范。

4.重大信息系统决策未通过信息系统决策层审批。

5.信息系统决策和管理层未发挥应有作用。

四、审计的主要方法和程序

内部审计人员通过访谈决策层、管理层、相关机构，查阅相关治理工作报告，对信息系统组织架构进行评价。

1.访谈相关人员，了解决策层的相关工作机制，检查相关文件、资料，确认决策层在信息系统治理中的作用等，取得相关文件，检查信息系统管理层成员的构成及工作机制的建立情况。

2.审核信息系统治理采用的报告路线，核对信息系统治理方面的问题是否向组织最高管理层报告，获取信息系统工作年度报告，了解信息系统工作开展情况，检查信息系统工作报告的收发记录，检查管理层对信息系统工作报告的审阅记录，取得并检查决策层及管理层的会议纪要等资料，确认管理层在信息系统治理中的作用。

3.获取、审核信息系统组织架构图、信息系统部门工作职责资料，审核信息系统组织架构是否建立，信息系统部门的职责划分情况，是否采取了有效的控制措施防止岗位职责冲突。

4.访谈决策层和管理层相关人员、了解风险管理机构职能的报告路线，访谈信息系统风险管理相关人员，获取信息系统风险管理职责等相关文件，获取信息系统风险管理相关记录，检查风险管理工作开展情况。

5.访谈决策层、监督层及管理层相关人员，了解信息系统监督职能的确定及报告路线；访谈信息系统监督机构相关人员，获取信息系统监督管理相关记录，检查信息系统监督工作的开展情况。

6.检查人力资源管理制度、信息系统人才选拔、培训、储备等关键岗位职责、绩效考核等制度，评价人力资源管理对信息系统架构的支持程度。

7.检查主要业务流程如采购管理、资产管理、财务管理等制度，评价相关制度对信息系统架构的支持程度。

第五节 信息系统风险管理审计

一、业务概述

信息系统风险是指潜在影响业务的信息系统相关事件构成,包括不确定的频率以及重要性、符合业务目的和目标的挑战以及追求机会的不确定性。信息系统风险管理是组织在实现目标过程中,将不确定产生的与信息系统有关的影响,控制在可接受范围内的过程。

二、审计目标和内容

审计目标:根据组织战略目标、风险管理策略及相应的固有风险,评价组织如何实施信息系统风险管理,将与信息系统有关的风险因素控制在实现组织目标可接受的范围内。

审计内容:包括但不限于:系统风险的制度和流程符合性、有效性;风险管理的全面性、合理性、适用性;风险管理职责及人员分工的合理性;风险管理的监控、评估及应对等。

三、常见问题和风险

1. 信息系统风险管理机制未建立或不完善,导致组织风险缺乏管理。
2. 组织未开展风险识别和评估,未收集和建立信息系统风险清单,导致风险应对缺乏针对性和适用性。
3. 信息系统风险管理与组织的业务流程不匹配导致组织资源配置不合理,与管理层风险偏好发生偏离。

四、审计的主要方法和程序

1. 访谈决策层及信息系统风险管理部门及相关人员,了解组织信息系统风险管理机制建立健全的情况;了解风险管理工作的开展及人员配备等情况。
2. 获取信息系统风险管理相关资料,了解管理层风险偏好及风险容忍程度、风险管理目标、风险管理策略和原则、风险管理制度及流程、监控、评估及应对等。
3. 获取组织信息系统风险管理清单,选取组织的重点业务流程与风险清单对比,检查风险评估计划、风险评估实施记录、风险评估报告、风险处置计划,评价组织风险识别、评估的准确性、适当性、完整性。

风险清单评估实例如下。

信息系统战略规划风险

风险定义描述	发生的条件	发生的可能性
信息系统开发缺乏战略规划或规划不合理,造成信息系统缺乏可开展性、形成信息孤岛或重复建设,导致公司经营管理效率低下	1. 系统开发没有经过规划 2. 规划没有经过充分调研 3. 规划没有经过充分论证	低

信息系统需求分析管理风险

风险定义描述	发生的条件	发生的可能性
系统需求分析不当,不符合业务处理和控制的需要;或需求文档的表述不能全面、准确地表达业务需求;或在技术上、经济上及合规上不可行,导致系统开发失败或应用价值下降,甚至引发法律纠纷或受到处罚	1. 系统需求不是由业务使用部门提出的 2. 系统需求没有经过充分论证 3. 需求文档文字表述不全面、不准确,没有准确表达业务需求 4. 对需求实现在技术、经济及合规上的可行性没有进行充分论证	中

4. 获取组织信息系统的测试及运行数据，选取组织的重点业务领域及重点工作环节，获取对应的数据，根据数据的内在联系，利用平行模拟法，查找异常点及可能存在舞弊的动机及机会，从而发现问题和风险。

第六节 信息系统项目管理审计

一、年度信息化项目计划

（一）业务概述

信息化项目：是指支撑组织战略实施，提高组织管理、决策的效率、效果，以计算机、网络、通信等技术为手段建设和服务的项目，包括咨询服务、软件产品采购、软件研发、系统实施、硬件设备采购、系统集成、系统运行维护等。

项目年度计划：是指信息化项目年度计划的编制、上报、汇总、审批、发布等。项目计划编制一般应包括但不限于以下事项：项目建设背景、必要性、项目的目标、范围和主要内容、初步业务需求分析、实施周期、投资估算以及系统所需要软硬件环境等内容。

信息化项目年度计划应遵循组织相关内部控制制度以及投资、计划和信息化规章制度进行上报和审批。为了确保有效地满足业务需求，在立项前应进行需求分析。分析过程包括：定义需求、考虑替代资源，初步确定"开发""购买""外包"等方案。

（二）审计目标和内容

审计目标：合理地保证年度信息化项目计划与组织的发展战略、年度计划一致，并得到正式的审批。

审计内容：对信息化项目年度计划的编制、上报、汇总、审批、发布等环节进行审计。审计项目建设背景、必要性、项目的目标、范围和主要内容、初步业务需求分析、实施周期、投资估算以及系统所需要软硬件环境等内容。

（三）常见的问题和风险

1. 年度信息化项目计划与中长期规划不一致，可能导致信息系统缺乏可扩展性、形成信息孤岛或重复建设。

2. 在制定年度计划时，没有对项目进行必要的可行性分析，可能导致年度信息化项目计划与组织战略、管理等规划偏离。

3. 年度信息化项目计划没有得到组织管理层的正式审批，可能导致项目计划不能实施。

（四）审计的主要方法和程序

1. 审阅规章制度，访谈管理层，合理确定年度信息化项目计划的制定和审批管理的设计有效性。

获取并审阅年度信息化项目计划制定和审批的规章制度；访谈相关管理层，了解组织制定和审批年度信息化项目计划的流程和方法，评估合理性。

2. 审阅年度信息化项目计划相关文档和资料，合理确定年度信息化项目计划的制定和审批管理的执行有效性。获取并审阅组织的中长期规划或信息化建设规划、年度信息化项目计划、年度信息化项目计划审批文件等，确认年度信息化项目计划的制定和组织中长期规划的一致性。

二、信息系统项目立项管理

（一）业务概述

项目立项管理：依据年度计划和有关规定，对信息化项目的可行性研究报告上报、论证、检查、办理批复和项目备案管理的过程。

（二）审计目标和内容

审计目标：合理地保证项目的立项流程遵循了组织的规章制度，并得到了正式的审批。

审计内容：检查信息系统立项与年度计划的一致性，检查项目的可行性研究报告，重点关注需求提报、上报、技术经济论证、办理批复和项目备案管理的过程。

（三）常见问题和风险

1. 信息化建设背景、必要性尽职调查不到位，导致系统建设与规划、计划的目标偏离等风险。

2. 系统需求分析不当，不符合业务处理和控制的需要，导致开发建设失败或应用价值不高等风险。

3. 在技术上、经济上不可行，导致系统开发失败或应用价值不符合立项目标的风险。

4. 可行性研究报告或者需求说明书未经业务需求主管单位负责人签字确认，需求及方案的合理性缺乏保障，后期由于需求的不断变更会导致项目成本增加或延期完成的风险。

5. 项目立项未批复即开始实施，导致项目合规风险。

（四）审计的主要方法和程序

1. 收集整理立项资料

按照信息化分类或分级管理的规定，收集项目立项上报、审批和批复全流程涉及的文件，包括但不限于可行性研究报告、年度信息化投资计划、评审资料、批复等纸质文件或电子资料等。

2. 审阅、对比分析立项主要资料

（1）分析项目建设背景：属于新建或新购项目，检查是否依据组织发展战略、规划、计划、文件、纪要及上级组织的批文、批件、业务部门提出的需求；属于完善提升类项目，检查是否详细陈述了项目前期实施和应用的总体情况，包括基础条件、总体目标、实施范围和内容、完成的工作、取得的经验、应用效果和存在的问题。通过上述分析，检查项目的立项是否符合信息化发展的战略、项目建设规划和年度计划，检查重复建设或信息化建设出现孤岛的风险和问题。

（2）抽查审批流程文件，从分析比对立项报告中对国内外同类信息化项目建设和应用的现状，以及本组织业务发展对信息化的需求，检查信息化立项的必要性，避免技术上的落后造成开发失败或应用价值不高等问题。

（3）检查业务需求说明、技术方案，查看业务需求描述是否清晰明确，是否包括业务功能需要、技术方向、性能指标、成本、可靠性、兼容性、可审计性、有效性、可持续性、经济性、可用性、安全性和合规性等方面。

3. 检查信息化项目立项审批流程

（1）根据组织的信息化项目规章制度，收集组织现有信息化项目内控管理体系资料。

（2）依据组织的信息化项目内部控制管理体系，检查信息化项目投资立项上报审批流程；检查信息化项目立项报批流程是否按信息化内部控制和规章制度及细则执行，立项报告、投资计划、立项材料等资料是否齐全。

（3）检查立项报告，项目立项投资计划，项目背景资料文件及相关审批文件的领导签字、日期签署是否完整，时间逻辑是否一致。

通过上述内容的审计，检查项目的上报、审批流程的合规性，以及无计划立项、拆分项目躲避立项审批程序等问题和风险。

三、项目预算及执行

（一）业务概述

信息化项目预算应依照组织的信息化计划及其预算申请批准程序报批。信息化项目预算编制，一般包括但不限于下列内容：软件配置费、硬件配置费、网络建设费、技术服务费、培训管理费、配套实施管理费、其他费用及不可预见费用。

（二）审计目标和内容

审计目标：信息化系统的预算编制及执行审计检查预算的合理性、预算执行的真实、合法性,以规范资金应用,控制项目成本,确保较小的成本、费用支出取得较好的投资效益。

审计内容:审计预算目标的科学性,编制程序的合规性,预算内容的完整性、准确性,相关费用支出、资金支付的真实性,合规性。

(三)常见问题和风险

1. 预算编制程序不规范,横向、纵向信息沟通不畅,导致预算目标缺乏科学性和可行性,可能会导致项目实际成本超预算的风险和预算虚高的风险。

2. 预算编制与信息系统项目内容偏离,存在不合理支出,导致项目实际成本与上报审批的预算计划差异较大。

3. 预算执行情况报告文件不全面,对预算使用情况无法真实反映,资金管理不透明。

4. 资金支付审批过程存在补签、无授权代签、漏签等现象,未能按照预算付款的进度和要求执行,存在提前支付或拖欠付款的现象,出现信用、法律风险。

(四)审计的主要方法和程序

项目预算及执行的测试程序一般包括:

1. 检查预算的编制及审批流程

(1)对比分析:将费用预算编制的费用事项、用途、工作数量、人工用量与业务需求进行核实,检查多报或漏报工作内容问题,同时采取抽样方法,选择重要事项或金额较大事项,对照相应的定额、标准和工作量进行重新测算,核实其费用预算的真实、准确性。

(2)检查信息化项目内部审批流程是否规范,包括:预算文件及审批流程文件的完整性、一致性、合规性。

2. 查阅信息化项目批复及审批过程文件,重点关注审批过程中项目预算的不同意见,检查是否存在违规审批,造成项目预算超计划的问题。

3. 预算执行情况审计

对项目建设期间费用支出及盈余收入使用情况与预算计划的差异进行比对。主要包括对信息化项目的预算计划、预算执行分析报告、各项收支情况统计、费用支付安排、项目管理手册、项目进度月报或季报和项目变更资料,重点检查超预算或无预算增加的其他费用。

(1)查阅项目预算计划、预算执行分析报告。

(2)抽查预算执行分析报告,并与相关支持文件和记录对比、核实。

(3)对预算出入较大的项目主要原因进行分析并做出结论。

4. 检查资金支付

资金支付审计程序主要针对项目建设中合同付款进度条款和其他费用支出程序的监督,包括信息化项目的主要费用支出构成,各项合同的付款进度控制,费用支出审批控制。

(1)了解被审计单位内部对合同付款的相关制度和规范。

(2)检查资金支付文件的审批程序是否齐全,其中审批人签字是否完整,审批时间逻辑顺序是否正确。

(3)抽取部分样本,检查资金支付凭证中实际支付金额与完成项目进度是否匹配,如有差异,深入分析差异原因。

四、项目招投标管理

(一)业务概述

信息系统项目的招投标在遵守国家、地方及组织相关的法律、法规、规章、制度的基础上,应当采用公开招标方式的,其招标具体限额按所属组织实际情况确定;规定可以不公开招标的,遵守其相关规定。

(二)审计目标和内容

审计目标:信息系统招投标审计是对组织的信息化项目招投标程序和形式的合法合规

性、组织制定的信息系统招投标标准的合理性、招投标范围的完整性、组织招投标管理的规范性和一贯性开展审计，达到规范管理，杜绝漏洞，提升组织价值的目的。

审计内容：招标管理情况、投标管理情况、评标管理情况、中标及合同签订情况。

（三）常见问题和风险

1. 应招标未招标，应公开招标未公开招标，甚至发生信息系统的招投标舞弊风险。

2. 信息系统项目招投标程序和标准没有专业部门参与，不符合相关法律、法规、组织内部规章制度要求，或以不合理的条件限制、排斥潜在投标人或者投标人相互串通投标的舞弊风险和违法违规风险。

3. 招投标工作组织不当，招标方案、形式和文件表述不当、投标文件主要条款不满足招标文件、投标保证金不到位、未按时投标等导致的招投标失败风险。

4. 评标人员构成不满足招投标需求，或缺乏信息系统专业的胜任能力，未执行回避原则等；评审标准和方法不合理，不符合信息系统项目要求，评审程序执行不当导致无法实现项目目标，甚至造成损失或引起法律纠纷风险。

5. 未按评标结果选择供应商，不能保证信息系统项目在规定时间内保质保量按时间节点完成信息系统实施的风险。

（四）审计的主要方法和程序

1. 检查招标项目的招标范围是否与组织的规定相符，招标方式是否一贯执行了国家法律法规和组织规定。

2. 取得信息系统项目立项、招标公告、招标文件和补充招标文件、会议记录、投标文件、招标投标情况书面报告等文件资料，对比信息系统投资计划、可行性研究报告，需求分析等资料，检查组织是否存在化整为零、规避公开招投标的行为。

3. 查阅尽职调查的相关文件、资格检查公告结果、预审结果通知书、招标文件，检查信息系统中标人是否达到招标人所要求的资质等级、资质是否真实、是否存在挂靠获取资质、是否存在转包分包问题。

4. 查阅开标资料，重点检查开标过程的规范性及组织在出现流标、废标时的处理程序。

5. 获取评标委员会名单，检查评标委员会人数组成和人员是否满足法定和组织要求；查阅评标资料，评价招标文件确定的评标标准和方法是否合理，检查评标委员会是否存在评标打分不合理的情况；组织是否按规定根据评标结果签订合同。

6. 检查信息系统项目投标资料，判断不同投标人的投标文件是否雷同、是否存在股权关系、投标报价是否呈规律性差异等，发现招投标过程中围标、串标等违法中标的现象。

7. 检查中标通知书发放和合同的签订是否符合国家和组织的相关规定，检查签订合同与中标人是否一致，合同内容是否与招标文件相符。

五、采购与合同管理

（一）业务概述

信息系统采购是指由组织投资建设购买服务或需要运行维护的各类信息系统，包括执行信息处理的计算机、软件和外围设备等货物和服务。采购需求应与现有系统功能协调一致，避免重复建设。

（二）审计目标和内容

审计目标：通过对信息系统项目采购合同审计，评价采购是否符合信息系统建设的需要。合理保证采购行为的合法、真实、准确、经济。

审计内容：组织信息系统采购及合同审计是对信息系统采购行为及合同的合法、真实、准确、经济等方面的内容进行监督。

（三）常见问题和风险

1. 信息系统建设未编制采购计划或采购计划未经适当审批导致的信息系统重复建设或

效率低下。

2. 因采购方式或供应商选择不合理，组织明显缺乏议价能力，导致质次价高、技术参数不达标、服务交付不及时等采购风险。

3. 未建立供应商动态考评机制，导致选择的信息系统供应商技术水平与项目要求不匹配。对合同相对方的履约能力给出不当评价，导致信息系统合同相对人不能按约履行合同义务，影响组织信息系统的开发与应用的风险。

4. 采购尽职调查不充分，导致外购采购没有对比选择，在功能、性能、易用性方面无法满足需求，导致与无权代理人、无处分权人签订信息系统采购合同，组织利益受损。

5. 合同签订未经审核、审批，合同条款和内容不完整存在严重疏漏或缺陷，合同规定的权利义务内容不明确，合同存在法律风险。

6. 法律规定对于应当报经国家有关主管部门或组织上级部门检查或备案的信息系统合同文本，未履行相应报批报备程序，导致合同无效的风险。

7. 在合同执行过程中发生重大变动时，未及时与对方沟通变更合同，导致开发的信息系统不适用于组织的需要。

（四）审计的主要方法和程序

1. 明确组织内信息系统采购的关键控制点，询问信息系统相关采购人员执行的信息系统采购流程，查阅项目采购前期报批文件，判断项目采购是否符合信息系统技术要求，采购方式是否合法。

2. 获取供应商资质、业绩、提供服务等相关文件资料，确定供应商是否具备提供相应服务的实力、信用，能否按信息系统建设要求，保质保量地提供信息系统相关服务，关注实施组织与采购合同相关人是否一致，是否存在转包和违规分包行为。

3. 重点关注合同采购条款文本，检查是否存在关键条款不清晰，数据质量考核无标准，信息资产权属不清；检查合同价格的组成要素，将合同价格与同行业、同类型信息系统指标进行比对，判断采购价格是否合理。

4. 根据信息系统演示结果，审核供应商提供的服务是否满足信息采购需求，是否能按合同要求提供合格的信息资产或服务。

六、项目实施管理审计

（一）业务概述

信息系统项目实施是指对信息系统项目的开发、测试、验收、正式上线等重要环节的质量、进度、安全、变更、风险实施控制和监管的过程。参与项目建设的所有人员应做好风险的识别和分析。涉及重大风险问题的应及时分析风险因素，形成风险应对方案。

（二）审计目标和内容

审计目标：开展信息系统项目实施管理审计，关注信息系统项目实施（含初步设计、详细设计）的合理性、合规性，满足技术发展的技术前瞻性要求；以提高项目进度的可控性、提升项目质量管理，完善项目验收管理。

审计内容：包括但不限于：信息系统建设程序履行情况、信息系统的资金筹措和使用情况、项目概算执行及调整报批情况、质量监督情况、成本核算和财务管理情况、信息系统实施组织架构、人员胜任能力等内容。

（三）常见问题和风险

1. 项目未建立相应的组织机构或组织机构不健全、项目人员配备不充足、关键岗位人员能力不胜任，未执行不相容岗位相分离，造成职责不清或缺失，导致的项目效率低下的风险。

2. 信息系统项目初步设计和详细设计未进行技术检查，业务需求不能满足组织要求，应用架构、数据架构、部署架构、业务架构、功能模块及子模块、标准化设置、系统设置等与实际不符，未设置相应的风险防控方案造成无法实现项目目标的风险。

3. 项目建设单位未对信息系统的建设进度与质量进行控制或对进度控制不当；未对项目质量开展定期检查，导致信息系统项目进度得不到保证、质量不合格、工期延误的风险。

4. 未制定信息系统变更程序或变更程序不合理，未严格执行变更程序，导致变更频繁，产生法律纠纷或费用超支、工期延误的风险。

5. 缺乏完整可行的数据迁移方案或方案实施不当，导致系统的业务处理错误；实施单位未进行知识转移，导致组织无法充分使用系统功能；系统生产环境未与开发环境、测试环境在物理上或逻辑上采取适当的隔离措施，导致生产环境运行不稳定或业务功能失效的风险。

6. 缺乏信息系统项目竣工验收机制或机制设计不当，验收手续不齐备或验收审核工作不严谨，缺乏验收标准，导致未达标项目通过验收，影响组织正常活动的验收风险。

7. 项目成本未及时、准确进行核算，或核算不正确而导致的核算风险；未及时出具项目结算报告，导致项目验收延期风险；未及时完整移交项目资料而导致的项目资料遗失风险。

8. 信息系统验收后未明确信息系统运维保障机制的建立与移交，导致信息系统运行和维护风险。

（四）审计的主要方法和程序

1. 获取信息系统项目总体情况资料，主要应当包括项目建设运作和管理模式，资产的交付，财务核算体系和方法，项目进度确认及进度款项拨付，评估项目过程管理总体情况。

2. 获取信息系统项目相应的组织机构图及职责权限，检查项目组成员组成及相应资质，岗位不相容职务分离是否符合组织管理要求。

3. 获取信息系统初步设计及详细设计、项目实施控制计划、项目进度控制计划、项目质量控制报告。检查项目建设单位是否按计划对项目进度与建设质量实施了控制。重点关注项目进度或设计受到资源约束或外部环境变化时，是否及时对进度计划进行调整。检查计划变更的原因、报价、进度是否合规、合理，是否按规定程序通过相关部门审批，变更事项是否符合合同规定和变更的实际情况。

4. 对照合同、技术附件等资料中规定的信息系统中相应的项目验收规范，获取测试项目运行效果验收记录，检查验收程序是否符合组织规定，是否符合信息系统项目的设计需求，运行数据是否能满足组织需要。

5. 检查是否制定或选择系统出现安全、进度等事故时的技术处理方案，处理方案是否严格执行相应的技术规范与质量标准，事故处理技术方案是否切实可行、经济合理。

6. 检查信息系统项目建设资金的筹措与使用情况，关注系统建设资金来源是否真实合法，筹集资金的方式是否合规。

7. 检查项目成本的归集与分配是否恰当、准确，是否与批准的初步设计预算相符，检查项目各类投资是否真实、合法。检查交付资产是否真实、完整，资产交接手续是否完备，资产归属或管理责任是否划清，资产验收交接是否真实、合规。

七、项目绩效与后评估

（一）业务概述

投资绩效考核内容包括：信息系统年度投资增量绩效考核、已验收投产项目的绩效考核、投资管理与控制绩效考核。项目后评价：为实现信息系统项目全过程闭环管理，所有信息系统投资项目一般在投产竣工验收后一定时期内开展后评价工作。后评价内容包括：信息系统决策及建设管理后评价、实施结果后评价、经济效益后评价、影响后评价、可持续性后评价等。

（二）审计目标和内容

审计目标：通过开展绩效考核、后评估审计，了解信息系统持续对组织支撑作用是否达到预期及不足，便于及时开展相应的后续服务。

审计内容：包括但不限于组织信息系统项目绩效的考评机制，组织对信息系统运行后评价的评价标准、指标、体系。

（三）常见问题和风险

1. 缺乏科学有效的绩效考核机制，项目评价和考核不及时、不准确，导致的项目评价结果不当，无法持续支持改进管理水平的风险。

2. 没有严格执行项目后评估制度，导致无法及时发现项目执行偏差、无法实现信息系统预期目标的风险。

（四）审计的主要方法和程序

1. 获取组织内部的绩效考核制度、标准、评价结果，检查组织是否对信息系统的建设给予高度重视，信息系统绩效考评是否及时、准确，达到提升组织管理的作用。

2. 获取组织对信息系统开展的后评估资料、后评估流程，检查组织在项目出现执行偏差时的应急措施，在出现偏差时组织的处理程序是否得当。

第三章 信息系统一般控制审计

第一节 应用系统开发、测试与上线审计

一、应用系统开发审计

（一）业务概述

组织的信息系统开发根据方式不同，通常包括自主开发、外委开发或者二者兼有的开发方式。组织在进行信息系统开发时，应当根据自身技术力量、资金状况、发展目标等实际情况，选择适合自身的开发方式和合作伙伴。

应用系统开发工作包括需求分析、架构设计、软件实现、系统测试、用户测试、系统试运行、系统验收、系统上线、数据迁移和产品维护等内容。

（二）审计目标和内容

审计目标：通过规范开发程序，提高信息系统开发的可控性、安全性、可靠性和经济性，揭示信息系统开发环节存在的风险及问题，提出完善信息系统开发控制的审计意见和建议，实现组织目标。

审计内容：开发组织机构设置、资源配置情况。开发过程中与业务部门的沟通情况。系统开发全过程的需求分析、架构设计、软件实现、系统测试、用户测试、系统试运行、系统验收、系统上线和数据迁移、产品维护等内容的质量、安全管理情况。

（三）常见问题和风险

组织自主开发方式下的应用系统主要存在以下常见问题及风险：

1. 组织未成立专门的开发建设项目组，可能导致信息系统开发建设责任制未落实的风险。

2. 信息系统开发工作缺乏必要支持。组织内部无专业技术人员或是缺乏必要的财务支持，导致开发失败的风险。

3. 信息系统开发过程没有业务部门人员参与，未定期与业务部门共同审核信息系统的开发建设情况，未及时发现系统不能满足业务的需要，可能导致与业务需求不相符的风险。

4. 组织未制定合理的项目生命周期管理方案和符合质量管理标准的质量控制体系，不能有效控制开发质量；开发过程中未进行必要的安全控制，未对源代码进行有效管理和严格审查可能导致的风险。

5. 项目需求说明书阐述业务范围及内容不清晰，未能结合需求制定出最优化的技术设计方案的风险。开发环境、测试环境和生产环境未分离，网络未有效隔离，设备未独立于生产系统，开发人员直接接触生产系统，直接使用未经批准并脱敏的生产数据，导致泄密或造

成生产系统受损的风险。

6.在开发过程中未根据用户提出的业务需求，制定信息系统变更程序相关制度或变更程序不合理，导致与承建方或第三方产生合同法律纠纷或费用超支、工期延误的风险。

7.信息系统开发工作完成后，未及时进行交付导致系统无法发挥作用的风险，未加强信息系统项目开发设计、源代码、技术使用、运行维护说明书、用户手册等文档管理和文档版本控制导致的开发效率低、不经济的风险。

8.数据继承和迁移：组织在对信息系统升级变更时，未对历史数据的继承和迁移给予足够的重视。未对数据结构进行合理规划，未对数据进行兼容性分析，导致因兼容性不够而造成的历史数据无法使用和继承的风险。

除常见风险外，外委开发项目还应关注下列风险与问题：

1.组织的信息管理部门对外委项目开发未进行有效的管理与控制，导致信息系统开发计划与实际运行不符，信息系统项目无法按时完工的风险。

2.组织未及时与外部受托单位沟通项目开发阶段的计划执行情况，导致实施内容与建设目标偏离，造成开发工作无法满足组织需求的开发风险。

3.组织未对外包开发的技术人员加强管理，离职的开发人员未签订保密协议而造成泄密的风险。未对外包开发的开发方进行充分调研分析，不能保证系统可靠性的风险。

（四）审计的主要方法和程序

自主开发项目的主要审计方法和程序

1.调阅项目相关的制度、流程、指引和开发建设文档，查看是否有专门的项目组织机构，是否分配相应职责。

2.查看项目开发进度报告是否包括计划的重大变更、关键人员或供应商的变更以及主要费用支出情况，检查组织是否建立了质量检测和风险评估机制等。

3.检查组织的信息系统需求和技术架构评估文档，查看系统需求与业务目标是否保持一致；检查需求详细说明书，项目进度及详细的软件开发计划。

4.询问系统开发小组负责人，了解组织是否建立了系统开发质量控制体系以及质量控制检查和监督记录。

5.检查系统开发环境、测试环境和运行环境是否分离，网络是否有效隔离，设备是否独立于生产系统，开发人员是否不得接触生产系统，开发过程中是否使用了生产数据，使用的生产数据是否得到管理层的批准并经过脱敏或相关限制。

6.检查系统开发过程中，是否进行了安全控制，是否对源代码进行了有效管理和严格检查，系统所有入口是否都经过安全规则的控制，并在系统开发文档中全部注明。

7.检查是否制定了组织信息系统开发文档管理规范、制度，查看项目开发设计、源代码、技术使用和运行维护说明书、用户使用手册，风险评估报告等项目文档管理是否符合规范，是否进行了文档的版本控制；检查组织是否有系统开发过程的检查记录，是否对系统完整性、恶意代码和后门程序进行了防范。

除常用检查程序外，外委开发项目还应采取以下审计方法和程序：

1.检查外委项目的系统开发中组织信息管理部门与外部受托方的协调与沟通的记录，检查组织根据信息系统要求及时调整开发进度与考核的书面资料，是否存在系统开发偏离开发目标的问题，是否存在项目开发计划与进度不匹配的问题。

2.检查外委项目关键技术人员的管理制度及保密协议，是否存在开发人员频繁调整影响开发进度，是否存在离职未签订保密协议造成泄密的情况。

3.获取项目组关于业务需求变更的处理资料，检查是否根据项目需求及时变更项目开发程序，且该变更是否经过适当的授权与审批。

二、应用系统测试审计

(一)业务概述

系统测试是指在规定条件下操作信息系统,以发现程序错误,衡量系统质量,评估其是否能满足设计要求的过程。通过测试避免开发风险。测试结论一般分为同意通过测试、需复议和不同意通过测试三种情况。

系统测试主要包括功能测试、界面测试、可靠性测试、易用性测试和性能测试。功能测试主要针对功能可用性、功能实现程度(功能流程和业务流程、数据处理和业务数据处理)等方面,一般包括系统单元测试、集成测试、性能测试、安全测试、用户测试等内容。

(二)审计目标和内容

审计目标:组织通过对测试方案和测试标准、测试步骤、测试用例和所需的系统设置要求过程开展审计,达到对信息系统项目的功能性、效益性和经济性进行评价。

审计内容:包括但不限于各阶段的测试计划与方案、各部分的测试报告,测试数据及对测试结果存在偏差的更正记录等。

(三)常见问题和风险

1. 测试计划、标准、步骤、用例和所需的系统设置要求不清晰、不明确,特别是缺少最终用户测试,导致无法实现需求功能的风险。

2. 测试过程中存在 BUG,在执行测试时未发现或发现后未与开发方沟通导致的 BUG,未及时修正或对已修正的 BUG 未进行返测的风险。

3. 在系统测试完成后,未提交测试报告;未及时为用户测试准备数据,测试数据脱离生产环境的实际数据或与系统所实现的设计要求不符的风险。

4. 测试人员未依据安全技术标准进行安全测试,发生数据安全事故。

5. 系统安装部署手册、功能测试报告、集成测试报告、性能测试报告、用户培训教材等测试文档不全或出现缺失的风险。

6. 系统实施结果未经充分测试即投入使用,程序功能上的缺陷或系统配置上的错误未能及时发现,导致系统运行不稳定或业务功能失效的风险。

(四)审计的主要方法和程序

1. 获取信息系统的测试计划及标准、各阶段的测试报告,特别是最终用户的测试报告,现场演示系统运行效果,以检查测试结果满足功能需求的真实性和有效性。

2. 获取测试中发现问题的解决方案,检查测试发现的问题是否已得到解决;系统变更测试的环境是否与生产环境严格分离,检查是否对变更人员、日期、目的、内容、影响等进行审核,是否按照组织设立的审批流程对系统变更进行审核。

3. 组织在进行新旧系统切换时,是否开展业务数据兼容性测试,是否制订了详细的数据迁移计划;检查业务系统上线前,是否进行过数据迁移测试和数据有效性、兼容性验证。调阅信息系统升级文档,是否进行过更新;检查是否制订了相关制度、标准和流程,以保证信息系统开发、测试、维护过程中数据的完整性、保密性和可用性。

信息系统测试过程风险管理如下表所示。

信息系统测试过程风险管理

风险定义描述	发生的条件	发生的可能性
系统实施结果未经充分测试即投入使用,程序功能上的缺陷或系统配置上的错误未能及时发现,导致系统运行的不稳定或业务功能失效	1. 没有制定测试计划 2. 测试没有业务人员参与 3. 没有进行有关模块的联动测试 4. 没有进行测试验收	中

三、应用系统上线验收审计

（一）业务概述

系统上线包括应用注册、生产资源申请及运行监控、系统及数据初始化、信息安全评估、技术架构符合性评估等。信息系统初始化工作，包括系统的权限设置、数据准备、流程配置以及提交用户手册、系统维护手册、应急处理办法，对运行人员、业务管理人员和业务操作人员进行培训，开发人员与运行维护人员职责移交等。

（二）审计目标和内容

审计目标：组织通过对系统上线验收资料、验收程序、验收方式的审计，达到规范和完善组织对信息系统的上线验收工作，保证项目按时上线、发挥应有作用。

审计内容：包括但不限于验收资料，验收报告、检查工作报告、技术报告和用户报告、系统上线批复、用户操作手册、系统维护手册及相应的适用规章制度的建立和落实。

（三）常见问题和风险

1. 未根据项目目标妥善进行验收或验收不规范，损害组织利益的验收风险。

2. 系统上线后，由于组织对信息系统的数据缺乏规范化管理的基础，或是没有足够的容量规划，导致项目运行低效。

3. 系统上线后，未对运行人员、业务管理人员、业务操作人员进行必要的培训，开发人员与运行维护人员未进行职责移交而引发的责任划分不清，导致运行低效或无效的风险。

（四）审计的主要方法和程序

1. 获取项目可行性研究报告、总体（基础）设计、经批准的项目变更文件及合同等。审计上述资料与项目验收资料的一致性。

2. 获取验收资料交接清单，包括项目启动时间,上线、单轨运行时间,项目实施、培训情况、相关资产、项目应用效益及效果。检查信息系统是否已完成项目规定的任务，对项目技术特点、应用及管理成果是否达到预期目标进行评价。

3. 检查文档资料管理，确认与该信息系统有关的各类文档资料已经正式归档保管，已纳入生产系统文档资料管理范围。

4. 获取项目培训相关文档，检查组织是否对系统用户开展全面培训，用户使用手册、维护手册、应急处理及培训教材，判断组织是否具备相应的上线能力。

5. 获取信息系统上线运行前的信息主管部门或信息主管部门委托的相关测评机构开展的信息安全评估报表，检查报告结论是否符合上线运行要求。

6. 与系统使用人员访谈，了解在投产时，运行人员是否已熟悉运行操作，维护人员是否接管维护职责，从而判断是否存在操作风险。

7. 与相关人员访谈，了解上线的完整过程，判断上线环境是否在启用时已经验证有效、测试环境中的业务数据是否按规定进行了清理。

第二节 信息系统运维与服务管理审计

一、业务概述

信息系统运维与服务管理是指组织的信息部门采用相关的方法、手段、技术、制度、流程和文档等，对信息系统的运行环境（软件环境、网络环境等）、信息系统的运维进行的综合管理。组织应从信息系统运维和服务的日常管理、信息系统及其物理环境的监控和故障管理、日志管理、日常事件和问题管理、信息系统的容量管理和变更管理等方面开展工作。

（一）审计目标和内容

审计目标：通过对人员管理、职责分离、值班巡检与操作规范等方面的检查，评价组织信息系统的运维与服务的合理性、安全性和规范性。

审计内容：审计运维与服务机构人员的配置和职责分离情况，信息运维制度和规范的建立健全情况，系统运行报告、监控和记录的完善情况，出现问题时的应对措施。

（二）常见问题和风险
1. 未对重要业务岗位或系统的运维管理岗位实施职责分离。
2. 未制定详尽的日常信息系统运行操作规范说明，操作任务和步骤不明确、不清晰。
3. 未定期生成信息系统运行报告并对其进行分析，特别是重要信息系统，或管理层未审阅有关报告。
4. 运维过程中出现问题，无有效应急处理预案，导致系统运行效率低的风险。

（三）审计的主要方法和程序
1. 人员及职责审计
（1）访谈信息系统部门负责人及信息系统风险审计负责人，调取组织岗位职责及人员名单，验证相关不相容岗位是否实现了分离，是否存在岗位分离但人员兼岗的现象。
（2）抽取部分应用系统，并从中取得操作系统用户清单、数据库用户清单、应用系统用户清单以及开发测试系统的相应清单，验证是否存在事实上的兼岗现象，是否存在开发人员在生产系统中存在账户的现象。
2. 值班巡检
（1）访谈信息系统部门负责人，了解组织是否根据信息系统规模和水平建立信息系统运行值班和巡检制度。
（2）查阅组织的信息系统巡检记录，验证巡检内容、巡检频率是否与巡检制度相符，发现问题是否完整记录并上报。
3. 操作规范
访谈信息系统部门负责人，询问是否针对重要信息系统制定操作规范，并实地查看对比值班人员职责，验证其履职情况。
4. 运行报告
（1）访谈信息系统部门负责人，是否针对日常运维与服务和重要信息系统，定期生成运行报告并提交管理层审阅。
（2）审计针对运行报告中的问题，有无有效的应急处理预案，是否存在未及时解决运行问题的情况。

二、日志管理审计

（一）业务概述
日志管理是指组织为满足法律和行业监管的合规要求，对日常的交易记录采取必要的程序和技术加以保存，确保存档数据信息的完整性，满足安全保存和可恢复的要求。

（二）审计目标和内容
审计目标：通过对日志管理的审计，合理地保证组织负责运营的信息系统所涉及的用户活动以及信息安全事件日志被记录，并按照规定的期限进行保留，以支持将来的调查和访问控制检查，确保对存在的问题及时采取措施纠正和防范。
审计内容：日志管理制度与策略体系的建立健全规范情况，用于日志信息及其存储介质安全防护的相关程序、技术和措施。

（三）常见问题和风险
1. 未建立健全规范的日志管理制度与策略体系，或采取必要的技术工具，对组织所负责的信息系统日志进行留存并符合监管要求。
2. 未对存储的日志信息及其存储介质采取妥善的物理和逻辑安全防护措施。
3. 未定期对日志信息进行分析，可能导致未对存在的管理与技术漏洞采取纠正和防范措施。

（四）审计的主要方法和程序
1. 日志管理制度与策略
（1）查阅组织日志管理规范与策略，检查日志存储内容、留存时间、访问控制策略等内容是否完整。

（2）对日志信息进行抽样检查，检查内容是否与规范要求相符以及日志留存时间是否符合规范要求。其中，存储的内容应至少包括：用户ID、登录和退出的日期、时间和关键事件等细节，终端用户的身份和位置、成功和被拒绝的对系统和数据及其他资源的访问记录、系统配置的变化、特权的使用、系统工具和应用的使用、访问的文件和访问类型、网络地址和协议、访问控制系统引发的报警、防护系统的激活和停用。

2. 日志信息的保护审计

（1）访谈系统运维负责人，询问是否存在对信息系统的日常运维操作及用户登录操作日志信息的管理，是否有防止非法访问和篡改的保护措施。

（2）查验日志存储信息是否存在日志信息被编辑或删除、日志保存介质耗尽或者不能记录事件以及自身覆盖重写的情况。

（3）检查保存日志存储介质周围的物理环境是否存在安全隐患，并采取必要的物理防护措施，如防火、防磁等。

3. 日志检查审计

（1）访谈系统运维负责人，询问是否定期对系统管理员和系统操作者的活动日志进行了评审。

（2）抽样调阅系统日志信息，查验日志内容是否包括但不限于以下信息：事件发生的时间、关于事件（例如处理的文件）或故障（发生的差错和采取的纠正措施）的信息、涉及的账号和管理员或操作员、涉及的过程，并调阅日志检查记录，核实相关日志是否被定期评审。

（3）调阅系统错误日志，是否完整地记录处理信息、应用系统以及通信系统的问题，并明确记录故障处理的相关措施。主要包括：评审故障日志，了解是否已解决故障；评审纠正措施，评估方法的合理性。

三、系统监控与故障管理审计

（一）业务概述

系统监控，是指组织为确保信息系统的运行安全，针对其所处的基础物理环境、系统性能（如网络、主机等）及其运行状况，明确并建立测评体系和监控机制，通过人工与自动化监控系统相结合的方式加强安全检查，从而及时发现问题并采取适当的措施进行处置。

（二）审计目标和内容

审计目标：通过对信息系统基础物理环境、系统性能、系统运行等三方面监控的检查，确保组织建立了系统监控的相关管理制度规范与测评体系，并部署了相应的自动化监控系统与工具；确保组织针对信息系统基础环境（如温湿度、消防、防水、空调、电力）建立了监控机制。

审计内容：测评体系和监控机制的建立情况，通过人工与自动化监控系统相结合的方式加强安全检查的应用情况，发现问题并及时采取适当的措施进行处置的情况。

（三）常见问题和风险

1. 未建立完善的系统监控与测评体系，测评指标无法完整地反映组织对信息系统基础物理环境、系统性能、系统运行的监控要求。

2. 未有效部署监控系统，或监控系统没有按照既定的监控指标对基础物理环境、系统性能、系统运行实施监控，监测内容不完整。

3. 监控过程中出现的问题不能及时预警或无法得到及时处置。

（四）审计的主要方法和程序

1. 系统监控与测评的制度规范体系建立

（1）访谈组织信息技术负责人，了解是否就信息系统自身及其所处的基础物理环境建立监控相关制度规范、运行和维护测评体系，以及是否有专门部门和人员负责系统测评考核工作。

（2）查阅相关文档，检查监控相关制度规范是否覆盖基础物理环境、系统性能和系统运行等三方面；查验是否建立了针对系统运行的测评体系，测评指标和内容是否覆盖基本要求。

（3）通过访谈及文档查阅，验证针对测评指标不达标的方面是否进行了及时处置。

2.基础物理环境监控

（1）查阅组织基础物理环境监控相关制度，检查制度内容是否明确规定了基础环境监测相关内容。

（2）查阅组织日常巡检登记簿，验证是否按照相关制度严格进行监控、登记簿登记是否完整。

（3）查阅组织的故障记录，并对比日常巡查登记簿，验证是否能够及时发现基础环境中出现的问题。

3.系统性能监控

（1）查阅组织系统性能监控相关制度，检查制度内容是否明确规定了系统性能监测相关内容。

（2）调阅组织日常巡检登记簿，验证是否按照相关制度进行监控、登记簿登记是否完整。

（3）实地查看监控系统，验证其监测内容是否完善，监控指标能否完整反映线路质量、通信设备的处理能力和网络服务质量的参数，如误码率、主机的CPU、内存、端口的使用率、吞吐量、传输和时延、响应时间等指标。

（4）查验监控系统是否能够及时监测性能异常并产生、发送警告，且与当前系统的实际情况进行验证。

（5）参照事件管理处置流程，验证组织在监测到系统性能异常后能否及时处置。

（6）通过查询组织系统故障记录验证监控的有效性。

4.系统运行监控

（1）查阅组织应用系统监控相关制度，检查制度内容是否明确规定了应用系统监测相关内容。

（2）调阅组织日常巡检登记簿，验证组织是否按照相关制度严格进行监控、登记簿登记是否完整。

（3）实地查看监控系统，验证其监测内容是否完善，监控指标能否完整反映系统运行状态、并发用户数量、异常交易等。

（4）实地查看验证数据中心网管工作站、系统性能监视屏、系统资源监视屏、会话连接监视屏、应用错误监视屏是否有专人负责监控。

（5）通过查询组织系统故障记录验证监控的有效性，检查在监测到应用中断等异常时是否可以及时产生告警。

（6）参照事件管理处置流程，验证组织在监测到应用异常后能否及时处置。

四、变更管理审计

（一）业务概述

变更管理，是指组织通过对信息系统服务组件的变更实施管理和评审，从而确保变更的有效性，满足业务需求，以及降低变更对服务质量的影响。

（二）审计目标和内容

审计目标：通过对变更管理制度、变更流程、配置文档的审计，及时识别、控制风险，确保达到信息系统安全策略要求的安全水平。

审计内容：变更管理制度的规范完整、重要变更评估方法和结果、重要变更的应急方案和措施。

（三）常见问题和风险

1.未建立健全变更管理制度规范，未对变更进行明确分类并据此制定严格的变更流程。

2. 未针对生产系统的重要变更进行影响评估。
3. 变更前未制定应急回退计划。
4. 由于系统更新升级不及时影响目标实现。

（四）审计的主要方法和程序

1. 变更管理制度与流程

（1）访谈组织信息技术负责人，了解是否就信息系统的变更制定相应的制度规范和变更流程。

（2）查阅变更管理制度，检查其内容是否对变更进行明确分类（一般变更、重大变更和紧急变更），并据此规范变更的管理流程、角色和职责。

（3）抽样调阅变更文档，查看是否包括以下部分：变更的标识和记录；变更的策划和测试；变更影响的评估，包括安全影响；对变更的授权批准程序；向变更设计人员传递变更细节；反馈程序，包括从不成功变更、未预料事件中退出及恢复的程序和职责；验证是否包括变更后的测试及评估报告。

2. 变更评估与审批审计

（1）抽取组织部分变更记录，查验变更记录中是否有影响评估的内容，以及评估内容至少包括技术可行性、业务影响、风险等级等方面；查看评估报告是否经过管理层审阅。

（2）查验变更记录中的变更授权过程记录是否清楚，是否符合该机构变更管理规定中有关授权级别的规定；跟踪变更流程，验证是否能严格按照授权进行变更，是否存在超授权、无授权变更的情况。

（3）查阅变更记录，验证变更前是否制定了应急回退计划，因特殊情况无法回退的，是否说明了原因。

3. 变更执行审计

（1）查阅变更记录，验证相关变更是否定期安排进行。验证除紧急变更外，常规变更时间安排是否合理。

（2）查阅变更记录，验证组织是否尽量采用常规变更、减少紧急变更。

（3）查阅变更记录，验证变更手续是否完备，特殊情况无法书面申请的，是否在变更后及时补办了相关手续。

（4）紧急变更审计，查阅变更记录，验证紧急变更后是否经过相关负责人的补签并对紧急变更进行合理性评估。

五、事件与问题管理审计

（一）业务概述

事件管理是指组织为防范任何可察觉和可识别的、对信息系统基础设施管理或者信息系统服务造成影响的现象而采取的管理机制，对信息系统运行事故及时响应，逐级上报，记录、分析和跟踪事故进展，直到对事故进行彻底的改正并完成根本原因分析。

问题管理是指组织为从根本上消除问题，定期组织人员对事件进行评估、分析，对有共源性的事件进行升级，通过建立问题管理台账机制，全面地追踪、分析和解决信息系统问题，分析问题发生的根源。

（二）审计目标和内容

审计目标：通过对组织的事件与问题管理两方面的检查，督促组织建立正常的信息安全事件报告、应答和分类机制，通过建立事件、问题管理台账机制，全面地追踪、分析和解决信息系统问题。审计内容：检查信息安全事件、问题的管理机制，信息安全事件、问题的响应、评估、上报、处置情况。

（三）常见问题和风险

1. 事件未进行分类分级，导致事件处理不分大小、轻重的风险。

2. 事件的响应、处置、上报流程不明确的风险。

3. 未对事件进行有效的分类、评估、分析从而上升至问题管理流程，并采取措施从根本上消除问题。

（四）审计的主要方法和程序

1. 事件管理

（1）查阅组织事件管理相关制度，了解事件的分类标准、事件记录的内容项、报告流程和反馈机制。

（2）查看历史事件处置记录，验证：是否如实、完整地记录所有重要细节（如冲突类型、发生的故障、屏幕上的信息、异常行为等）；及时依照既定事件处理流程向相关联系人报告；是否采取了合适的反馈机制，以确保在信息安全事件处理完成后，能够将处理结果通知事件报告方及相关方。

（3）查看历史事件处置记录，验证相关规定和流程是否包括：事件原因的分析和确认；遏制事件再次发生的策略；向监管部门报告发生的行为。

（4）调阅组织历史事件处置记录，验证是否收集、保护审计踪迹和类似的证据。

2. 问题管理审计

（1）调阅组织相关文档，验证是否制定了完善的问题管理制度和事件管理升级为问题管理的标准。

（2）调阅组织事件管理登记表及详细记录，验证是否能够按照相关规定及时将事件管理升级为问题管理流程。

（3）调阅组织问题管理记录，验证是否建立问题管理台账，台账是否记录了问题处理的全过程，包括：对信息事件进行分析、评估；抽验组织是否及时将事件升级为问题管理查证事件管理记录，验证升级为问题管理流程并经过处置的信息事件是否再次发生，从而证明问题解决的有效性。

六、容量管理审计

（一）业务概述

容量管理，是指组织通过对容量的监控、需求的识别、预先的规划和准备，确保及时提供足够的容量，保证资源可用性，最终确保业务系统的可用性和效率。

（二）审计目标和内容

审计目标：通过对系统容量管理的检查，判断组织是否通过对应用系统的分析，监控并掌握系统容量需求，预测未来所需资源，以此制定容量规划，并在尽量减少对业务影响的前提下，通过规范的容量变更流程合理扩充系统容量。

审计内容：系统容量的监控、分析、调整、应急处置情况。

（三）常见问题和风险

1. 未对系统进行有效监控，从而掌握系统资源需求情况。

2. 未对组织的容量进行科学分析，从而影响容量规划制定的准确性和合理性。

3. 容量变更前未制定变更计划、应急措施或对其进行测试，影响业务运行。

（四）审计的主要方法和程序

1. 容量规划

（1）调阅组织项目需求文档，验证需求分析阶段是否考虑了容量需求。

（2）验证组织是否使用了分析、模拟和趋势预测等模型来确定系统的容量需求以及确定最佳的容量方案的过程，并验证模拟过程是否考虑到了各种不同的情形。

2. 容量监测

（1）查阅组织有关系统监控的管理规定，验证有关规定是否完备，能否覆盖组织重要信息系统及其主机性能、数据库、应用运行情况等方面。

（2）验证组织是否采取恰当的监控手段，调阅监控记录的审阅记录，验证相关监控记录能否及时得到审阅、分析，在容量超阈值的情况下能否及时报警。

（3）调阅组织容量监控记录，验证是否对容量报警及时进行了分析、处置。

3. 容量变更

（1）查阅组织系统监控报表，抽取部分性能监控超过阈值报警的情况。

（2）抽查报警事件的处理记录，验证是否对事件进行了及时、合理处置，是否根据情况制定了容量升级规划，若制定了容量升级规划，验证该规划是否对扩充容量进行了计算、是否制定了较为完备的升级预案和应急措施。

（3）通过查阅容量变更记录及了解变更相关人员，以确定容量变更之前是否已通知了所有系统相关人员。

（4）抽查容量扩充后的测试报告，验证容量扩充后是否进行了全面、严格的测试。

第三节　信息安全管理审计

信息安全，是指保护组织信息资产的机密性、完整性和可用性，信息内容符合国家法律、法规及监管要求。

信息安全管理审计，是指通过调查取证以发现组织中是否对信息安全治理、信息安全管理及信息安全技术等方面存在充分的控制，评价这些控制的有效性和适宜性。

一、安全管理审计

（一）业务概述

安全管理，是指组织通过制定总体信息安全管理方针，明确工作的总体目标、范围、原则和安全框架等内容；通过建立制度规范、操作规程、安全策略，确保安全管理工作的合规性，支持组织业务安全运营；通过风险评估、持续检查和独立审计等促进手段，实现信息安全管理体系的持续改进与完善。

（二）审计目标和内容

1. 评价信息安全制度规范是否符合所在地国家有关法律法规、技术标准及主管部门安全要求，是否得到切实、有效执行。

2. 检查是否根据资产敏感性、重要程度等因素，建立和实施相应的保护措施。

3. 检查组织是否持续对信息安全风险进行评估，及时发现并制定整改计划，将整改责任落实到位。

（三）常见问题和风险

1. 信息安全体系建设不全面，信息安全没有落实到具体的制度和流程中，无法有效落实各项信息安全管控要求。

2. 未建立信息安全战略规划，无法明确信息安全的总体目标和建设方向，不利于信息安全工作的长远发展。

3. 未对组织信息资产进行有效识别与管理，资产更新不及时，不利于对信息资产的识别、评估与保护。

4. 未建立有效的信息安全风险评估方法，不能对已识别出的风险制定有效的处置方案，导致信息安全风险发现与处置不及时。

5. 未持续开展信息安全检查与审计工作，无法通过自身或独立第三方对安全体系的控制有效性进行科学评价，不能有效推进安全体系的持续完善。

（四）审计的主要方法和程序

1. 规范制度制定与执行

（1）调阅组织信息安全管理规定，了解是否对重要信息系统安全管理岗位制定并明确规章制度、工作职责及信息安全事件报告制度、处理流程和违规处罚，判断其合理性。

（2）调阅组织信息安全体系建设方案、信息安全战略规划等文件，检查信息安全管理体系文件是否围绕着安全目标、安全规划、风险评估、体系设计、体系建设、检查考核等，提出了开展安全体系建设的方法与步骤。

（3）评估安全管理制度和流程是否涵盖了安全组织与人员、安全岗位与职责、信息资产管理、物理安全、网络安全、主机安全、应用安全、数据安全、终端安全、新技术安全等方面。

（4）访谈信息安全管理负责人员，了解信息安全制度的执行、修订、颁布实施及重大事件的上报、违规惩处情况。

（5）调阅安全风险评估、安全检查及内外部审计资料，查看安全风险评估、安全检查及内外部审计是否对评估、检查及审计发现的安全问题进行了整改落实，后续的整改落实情况是否符合安全管控的要求。

2. 合规遵守

（1）调阅信息安全制度，检查制度是否遵循国家有关信息技术管理的法律法规要求，以及技术性比较强的信息系统安全制度是否低于国家相关标准规定，且与主管部门相关办法、要求相冲突。

（2）访谈信息安全管理负责人，了解组织是否在境外设立分支机构，以及境外分支机构信息安全制度是否符合所在地区监管机构的要求。

3. 信息资产管理

（1）调阅并检查信息资产分类管理制度是否建立、健全，内容是否对信息类别和访问人员的范围、级别做出明确规定。

（2）查阅资产管理制度，查验是否根据信息资产安全级别制订不同的安全防范措施并采取不同的技术防范手段。

4. 信息安全风险评估

（1）检查信息安全风险评估的范围与频度，风险可接受水平设定的科学性，以及是否针对评估出来的风险制定风险处置计划。

（2）调阅信息安全风险评估报告，判断风险评估方法的科学性与适宜性，并检查是否得到了所在部门管理层的确认。

（3）检查是否按照计划进行了有效的控制，使风险在计划时间内降到可接受范围内。

5. 信息安全检查与持续改进

（1）调阅信息安全管理检查和审计相关计划及报告，了解检查、审计的频度与范围。

（2）对检查、审计报告的不符合项抽样进行审核，评估其整改效果，是否持续对信息安全管理体系进行更新与完善。

二、物理安全审计

（一）业务概述

物理安全管理，是指组织为确保机房及办公场所的物理安全，特别是机房，从其规划建设到日常维护，采取一整套有效的，包括制度规范和物理工具的管理措施，确保物理环境的安全和组织的业务连续运行。

（二）审计目标和内容

通过对组织物理设施，特别是机房所处物理环境的安全检查，判断组织是否采取有效的物理安全控制措施，保障机房等物理环境的安全，防范非法访问，确保机房等重要物理设施持续、可靠地提供服务。

（三）常见问题和风险

1. 组织机房和办公场所所处的物理环境不符合安全需求，存在安全风险。

2. 组织机房和重要办公场所等未采取有效的物理安全防护措施，防范非法物理访问，存在资产丢失或遭受破坏的风险。

3. 未针对机房等重要物理设施建立完善的安全管理制度和操作规范流程，并缺失必要的资源保障或安全控制措施，存在发生电力中断、火灾、水灾等安全隐患。

（四）审计的主要方法和程序

1. 物理位置安全

（1）访谈物理安全负责人，询问机房和办公场地的环境条件是否满足信息系统业务和安全管理需求，具有基本的防震、防风和防雨等能力，并查验机房和办公场地所处周边环境是否存在强电场、强磁场、易燃、易爆等安全隐患。

（2）访谈物理安全负责人，询问机房等级并查验设计/验收文档是否符合安全标准。

（3）访谈机房维护人员，询问是否存在因机房和办公场地环境条件引发的安全事件或安全隐患，是否及时采取了补救措施。

2. 防盗窃和防破坏

（1）检查主要设备和部件是否存放于机房内，并对其进行加固和设置明显、不易去除的标记。

（2）检查通信线缆铺设在隐蔽处并可架空铺设在地板下或置于管道中，强弱电需隔离铺设并进行统一标识。

（3）检查是否对磁带、光盘等介质进行分类标识，并存储在介质库或档案室的金属防火、防磁柜中保管。

（4）检查是否对机房和重要物理设施设置监控报警系统，外围是否设置光、电等技术设施和防盗报警系统，防范对其进行非法访问、盗窃和破坏。

3. 机房安全管理

（1）通过座谈和调阅相关资料，了解是否制定并明确机房安全策略、操作规程、人员职责，并查验是否对机房基于业务和安全管理需要进行功能分区并判断划分的合理性。

（2）访谈相关人员了解其职责履行、教育培训、安全意识和制度执行情况，判断相关安全工作落实情况。

4. 机房物理安全防护与电力供应

（1）查阅机房建设设计/验收文档，了解机房的建设级别，了解物理安全设计规范要求。

（2）访谈物理安全负责人，并查验机房是否配备恒温、恒湿、防范、防止雷电、火灾、水灾和电磁与静电的设施。

（3）访谈电力供应保障部门，询问是否设置UPS过电压防护设备及采用双路供电，提供备用和冗余电力供应系统，确保短期电力供应保障。

三、网络与通讯安全审计

（一）业务概述

网络与通讯的安全管理，是指组织为确保和加强自身网络通信安全的管理，从结构规划、传输使用、安全防护与监控等方面加以管理，确保网络的安全稳定和通讯畅通，避免因网络通信故障影响业务正常开展，防范因此在操作、法律和声誉等方面产生的风险并给组织造成损失。

（二）审计目标和内容

通过对结构安全、传输安全、接入与访问控制、网络入侵防范、恶意代码防范以及安全审计等方面的检查，判断组织是否采取有效的控制措施，确保组织的网络与传输安全。

（三）常见问题和风险

1. 网络安全架构设计不合理，网络安全域划分不完善，未采取有效的访问控制措施和边界安全控制措施。

2. 主机与设备的网络接入没有得到有效的识别与控制，存在网络非法接入或外联现象。

3. 未根据业务与场景的需要而采取有效的传输安全控制措施，存在传输数据泄露的风险。

4. 网络入侵与恶意代码防护不到位，容易造成内外部攻击者入侵风险和恶意代码传播风险。

5. 未部署有效的网络安全审计工具或日志管理机制不健全,导致无法实现对网络安全事件进行留痕和溯源的风险。

（四）审计的主要方法和程序

1. 结构安全

（1）访谈网络管理员,询问网段划分情况以及划分的原则及重要网段的保护措施有哪些,判断是否采取有效的隔离手段。

（2）访谈网络管理员,询问是否在关键网络节点部署核心网络设备及冗余设备,查阅网络拓扑图,查验设备部署合理性和一致性,判断是否具备业务安全处理能力。

（3）访谈网络管理员,询问信息系统中的边界和主要网络设备的性能以及业务高峰流量情况,网络带宽及控制情况和带宽分配的原则,并登录查看网络设备,查验负载情况及性能,判断是否可以满足业务高峰需要。

2. 传输安全

（1）访谈网络管理员,了解广域网和局域网重要传输链路采用的通信协议,以及是否采用加密技术和设备对其进行加密传输,从而判断重要应用服务是否采用不可靠连接的传输协议。

（2）查阅网络拓扑图,检查组织是否有至少两条的主干链路接入和备份线路,以及关键传输链路是否有冗余,并访谈网络管理员对其进行验证。

（3）通过执行安全工具扫描和渗透测试,验证网络之间传输数据的安全性。

3. 接入安全与访问控制

（1）查阅网络接入管理相关制度规范,了解是否针对网络接入采取制定管理控制措施及访问控制策略,并登录相关网络控制设备查验是否配置并开启相应的功能。

（2）访谈网络管理员,了解现有的网络访问控制措施、访问控制策略设计原则及更新频率,以及是否对非授权设备的非法内联和外联进行监测并采取相应的管控措施,查验安全控制措施的有效性。

（3）询问网络管理员是否配置了路由器远程拨号登录,拨号网络是否在拓扑图中标识。

（4）检查交换机、路由器的口令是否启用了加密功能,重要的路由表更新是否启用加密。

4. 网络入侵防范

（1）访谈网络安全管理员,询问是否在网络边界及重要系统或存储设备区域部署防火墙和入侵检测与防范系统,查阅组织网络拓扑结构图,验证其一致性。

（2）登录上述设备,查看是否配置并启用相应的安全策略,并测试其是否具有相应的安全防护能力,并验证:

①防火墙是否可对数据流实现端口级防护,对应用层实现应用协议的命令及控制,对会话超时、网络最大流量和网络连接数进行控制。

②入侵检测与防范设备是否具备对常见网络攻击监视的能力,以及当检测到网络攻击后是否可启动自动防护功能,记录攻击信息并在发生入侵事件时提供报警。

（3）上述设备的日志信息是否完整并具有防篡改的能力,以及是否提供报警功能并检查历史报警信息。

（4）通过执行安全工具扫描和渗透测试,可以验证网络入侵预警与防范机制是否有效。

5. 网络恶意代码防范

（1）查阅并了解组织是否制定恶意代码防范制度及更新策略。

（2）访谈安全管理员,了解组织目前所采用防恶意代码产品,询问网络恶意代码防范措施内容及恶意代码库的更新策略。

（3）查看在网络边界及核心业务网段处是否部署恶意代码防护产品（如防病毒网关）,并查验防护产品是否开启实时更新功能及恶意代码库是否为最新版本。

6. 网络安全审计（注：这里的"安全审计"是指通过系统日志的形式对操作记录进行留痕，并通过软件工具对日志进行管理，可常态化地对系统运行状态及操作者的行为进行溯源分析和合法性分析，下同。）

（1）访谈负责网络审计的相关人员，询问对边界和网络设备是否实现集中安全审计，以及审计内容、审计记录和对审计记录的处理方式有哪些。

（2）检查边界和网络设备，查看审计策略是否对网络设备运行状况、网络流量、用户行为等进行全面的监测、记录，以及事件审计策略内容是否包括事件日期时间、用户、事件类型、事件成功情况等审计关键信息。

（3）检查边界和主要网络设备，查看时钟是否保持一致。

（4）查验边界和网络设备的日志是否被集中保管，并采取安全措施防范恶意删除、修改或覆盖，验证安全审计的保护情况与要求是否一致。

四、主机安全审计

（一）业务概述

主机安全管理，是指组织为确保主机及其存储信息的安全，采取包括主机访问控制、用户身份鉴别、入侵及恶意代码防范等保护措施以及主机资源监控和安全审计等手段，确保主机资源的可用性并实现对主机重要操作等用户行为的安全监控和审计，同时满足对日志管理的合规要求。

（二）审计目标和内容

检查组织为确保主机安全，是否制定合理的访问控制策略，并采用身份鉴别手段，对主机操作者身份进行识别和确认的过程，确保合法用户对主机及其资源的合法访问与使用；检查是否采取必要的措施，确保主机操作系统和数据管理系统所在的存储空间在重新分配给其他用户前所存储的信息得到完全清除，以及是否实施主机资源监控、入侵及恶意代码防范和主机安全审计等控制措施确保主机安全。

（三）常见问题和风险

1. 未制定完善的访问控制策略或采取有效的访问控制措施对主机及其资源访问进行控制，容易造成访问权限过大、职责交叉等风险。

2. 主机用户的身份鉴别控制措施和策略不完善，致使出现主机用户身份识别有误、共享（重复）登录账号、身份验证信息泄露、主机密码设置过于简单、未采用多种身份鉴别技术等风险。

3. 未对主机实施有效的入侵检测与恶意代码防范措施，或主机恶意代码版本更新不及时，致使遭受恶意攻击。

4. 未对主机资源进行有效监控，导致主机资源不可用或无法有效支撑业务发展。

5. 未部署有效的主机安全审计工具或日志管理机制不健全，导致无法实现对主机的违规操作进行有效识别和记录。

（四）审计的主要方法和程序

1. 主机访问控制

（1）查阅组织访问控制策略规范，检查其制定原则是否遵循"权限分离"和"最小授权"原则，并基于角色制定和分配访问控制权限。

（2）登录信息系统，查验是否启用访问控制功能并基于制定的控制策略和用户角色进行权限分配和资源访问控制。

（3）检查是否对操作系统和数据库的特权用户实现权限分离，限制默认账户访问权限，修改系统默认账户名称及默认密码。

（4）检查是否对重要信息资源设置敏感标记并对其依据安全策略严格控制用户对其访问。

2. 身份鉴别

(1) 查看组织是否制定账号与密码管理策略，检查是否涉及口令复杂度、长度、更换周期、账户锁定并登录服务器进行验证。

(2) 访谈系统管理员对操作系统和数据库系统采取的用户身份鉴别方式，并验证是否采用多种身份鉴别技术，以及抽样检查是否存在重复、共享或过期账户。

(3) 检查远程连接时采用的安全协议及加密传输方式是否可防止鉴别信息在传输过程中被窃听。

(4) 通过执行配置检查，验证口令设置的安全性，包括口令复杂度、长度、更换周期等。

3. 剩余信息保护

(1) 访谈系统管理员，询问操作系统用户（数据库管理员用户）的鉴别信息存储空间在被释放或重新分配给其他用户前是否得到完全清除；系统内的文件、目录所在的存储空间或数据库记录等资源所在的存储空间在分配前存储信息是否得到完全清除。

(2) 查看主要操作系统和主要数据系统维护操作手册是否明确用户鉴别信息存储空间，被释放或再分配给其他用户前的处理方法和过程；文件、目录和数据记录所在的存储空间，被释放或再分配给其他用户前的处理方法和过程。

4. 主机入侵与恶意代码防范

(1) 检查是否针对重要服务器部署入侵检测设备，查验是否对入侵行为可及时监测、记录和报警，检查入侵记录是否完整。

(2) 检查服务器和操作系统是否安装恶意代码软件并支持统一管理，查验其版本和代码库是否与服务商提供的最新版本一致，以及与网络恶意代码库不相一致。

5. 主机资源监控

(1) 访谈系统管理员对重要服务器的访问终端采用的管理手段有哪些，并验证是否对终端接入方式、网络地址范围等条件做限制。

(2) 检查是否根据安全策略设置登录终端操作超时锁定。

(3) 检查是否限制单个用户对系统资源的最大或最小使用限度，以及同一时间会话数量。

(4) 检查是否对主机资源的使用进行监视并设置阈值，从而在低于阈值时报警，以确保重要服务器提供既定的服务标准。

五、应用安全审计

(一) 业务概述

应用安全管理，是指组织为确保应用安全，从应用系统的生命周期以及服务端和客户端等三方面的安全管理为出发点，采取安全管理措施，在确保应用系统安全建设及管理贯穿整个应用系统开发生命周期的同时，保证服务端和客户端具有必要的安全控制手段。

(二) 审计目标和内容

通过对应用系统客户端、服务端及应用系统自身全生命周期的安全审计，确保客户端业务逻辑模块、安全模块、交互功能、接口功能以及服务端认证鉴权、业务逻辑，及其所涉及的通信功能的安全；此外，还从应用系统开发生命周期角度，检查、评价应用软件在需求、设计、开发、测试、部署、运营及废弃各阶段的安全控制措施。

(三) 常见问题和风险

1. 应用系统在设计、编码和测试阶段未考虑安全控制措施，未使用国密安全算法或算法过于简单，可能无法保证应用系统中数据传输、操作和存储的安全性。

2. 未执行源代码安全检查或安全检查不到位，无法及时发现代码中存在的非法后门和安全漏洞，一旦受到恶意攻击，将威胁应用系统的安全性，甚至导致客户端敏感信息泄露。

3. 应用系统操作日志记录不全面，无法有效利用日志分析应用系统存在的安全风险和隐患，不利于应用系统的日常维护和安全管控。

4.应用系统安全需求评审不到位，可能导致无法在设计和编码阶段融入安全需求，不利于应用系统的安全需求的落实。

（四）审计的主要方法和程序

1.应用系统客户端安全

（1）源代码安全。获取客户端源代码，检查客户端源代码是否进行了混淆处理，是否具有完整性校验能力，是否对签名信息进行安全校验；检查客户端源代码是否删除应用中的冗余或注释代码。

（2）运行环境安全。安装应用客户端软件，观察应用系统是否可以正常运行，是否具有异常处理安全机制；通过执行客户端软件反汇编、客户端指令篡改、客户端密码暴力破解等技术手段，验证客户端运行环境的安全性；检查客户端软件是否具有版本检测机制，提供版本更新功能。

（3）算法安全。检测客户端软件是否采用了国家管理部门认可的加解密算法。例如SM2、SM3、SM4算法等。

（4）组件安全。检测客户端软件是否对组件权限进行限制，避免第三方应用随意调用组件内容。

（5）日志安全。检测客户端软件是否对日志数据进行了加密保护；必要时，是否删除了与应用系统运行逻辑相关的日志数据。

（6）存储数据安全。检测客户端软件是否对本地存储的数据进行加密保护，对本地存储数据进行完整性校验。

（7）权限安全。检测客户端软件是否删除了多余的权限配置，避免冗余权限的滥用，对权限申请模块进行完整性校验。

（8）通讯安全。检测客户端软件与服务器进行通信时是否采用安全通信协议，例如SSL/TLS、IPSec等；客户端是否对通信数字证书进行了安全性校验；检测是否对通信数据进行了加密保护，是否对通信数据进行了完整性校验。

2.应用系统服务端安全

（1）身份认证安全。检查服务器是否应对用户任何请求等操作进行认证授权；检查服务器是否具有登录异常处理机制；通过执行渗透测试，检查服务器是否能对SQL注入、XSS跨站、上传漏洞、缓冲区溢出等安全问题引起的认证绕过进行防范。

（2）口令及密码安全。检查服务器与客户端进行身份认证时是否采用静态密码、动态口令、USBkey等认证方式；服务器与客户端应具有双因子或多因子认证机制；服务器是否对口令复杂度进行安全提示，服务器是否具有口令找回功能。

（3）会话安全。检查服务器是否对会话信息进行安全加密；检查服务器是否对会话信息添加时间戳，进行完整性校验。

（4）提示信息安全。检查服务器是否对客户端错误请求引起的提示信息进行处理。

（5）检查服务器与移动应用、与其他服务器进行通信时是否对通信数据进行加密保护；检查服务器与移动应用及服务器与其他服务器进行通信时，是否对通信数据进行完整性校验。

3.应用系统生命周期安全

（1）检查应用系统开发的需求阶段是否能将安全评价要求纳入软件评审过程中；是否能建立内部安全需求库，持续完善应用安全评价要求；是否能将相关行业安全规范纳入安全评价要求中。

（2）检查应用系统设计阶段是否能对应用进行威胁建模，全面发现其威胁点；是否针对每一个威胁点，研究相应的应对措施，并应用到应用的设计过程。

（3）检查应用系统开发阶段是否能建立完备的安全编码规范体系；对于通用开发技术，

是否能建立专用的模块库；在开发过程中是否能建立完善的代码审核机制。

（4）检查应用系统测试阶段是否能建立完善的测试方法（包括白盒测试和黑盒测试）；是否能在软件测试项增加安全测试的要求和进行了安全测试。

（5）检查应用系统交付阶段交付的应用是否具备适当的抵御恶意攻击的能力，交付的渠道是否安全可靠，是否具备对应用软件进行安全评估的能力，是否具备一定防范相关交付风险的能力。

（6）检查应用系统交付运营是否能建立快速响应平台，对发现的安全漏洞应有快速修复的能力；是否对提供的应用进行安全监控，发现安全风险并为用户提供安全更新。

六、数据安全审计

（一）业务概述

数据安全管理，是指组织为确保自身数据资产的安全性，以数据全生命周期为线索，从人员、流程和技术三方面，采取安全管控措施，确保组织的数据安全。

（二）审计目标和内容

通过制度层面以及数据全生命周期管理、完整性和保密性等方面的检查，确保组织对数据均进行安全控制，同时采取必要的技术工具，防范数据完整性遭受破坏、数据泄露并确保数据的可用性，了解组织是否在必要的情况下，为重要系统建立灾备系统。

（三）常见问题和风险

1. 未建立数据全生命周期的安全管理制度，无法有效对数据安全的各项工作进行管控，不利于数据全生命周期的安全要求落实。

2. 未对重要和敏感数据进行分类分级，无法针对不同类别数据进行不同的安全控制措施，可能导致安全管控过重或安全管控缺失。

3. 在数据采集、处理、存储、传输、分发、备份、恢复、清理和销毁等阶段，未充分采取有效的技术工具，一旦数据遭到非法访问与使用，可能导致数据泄露和完整性遭到破坏等风险。

4. 未对组织重要和敏感数据实施有效的备份和恢复策略，或建立本地（异地）灾备系统，一旦发生网络安全事件或重大灾害，无法及时对重要数据进行恢复，数据的完整性和可用性得不到保证，将给系统稳定运行带来较大安全隐患。

（四）审计的主要方法和程序

1. 数据安全管理

（1）查阅组织的数据管理制度，确认其涵盖数据采集、处理、存储、传输、分发、备份、恢复、清理和销毁等阶段，是否分类分级管理，并据此制定相应的管理审批流程。

（2）调阅数据管理制度，查看是否有数据安全管理方面的管控措施以及用户敏感信息的保护措施，并检查其是否符合国家相关法律法规的要求。

（3）检查组织岗位职责相关文档，了解各岗位在数据的采集、处理、存储、传输、分发、备份、恢复、清理和销毁过程中的职责和权限划分，并判断各岗位之间职责分离的遵循程度，确认其划分的合理性。

（4）对数据安全管理负责人员进行访谈，了解各个工作岗位的人员情况，确认人员的相关资质是否符合数据安全管理的要求，以及是否签署相关的安全保密协定及遵守情况。

（5）对数据安全管理负责人员进行访谈和现场验证，了解组织是否部署了数据库防火墙、数据库审计系统、数据防泄漏系统、数据脱敏系统、终端用户行为分析系统等多层次的数据管控工具。

2. 数据完整性检查

（1）访谈安全管理人员和技术开发人员，了解组织为保证重要操作和应用系统数据、系统管理数据、鉴别信息和用户数据在传输、处理和存储过程中的完整性所采取的技术措施，并查验完整性是否受到影响以及恢复措施的有效性。

（2）访谈管理人员（系统管理员、网络管理员、安全员、数据库管理员），询问是否为所负责的重要系统通信提供专用通信协议或安全通信协议服务以及详细信息并验证是否正在使用。

3.数据保密性检查

（1）查阅并判断组织数据保密相关管理制度、使用规范与技术标准是否符合国家标准。

（2）访谈信息安全管理人员或技术开发人员，了解网络设备鉴别信息、敏感系统管理数据和敏感的用户数据在存储、处理和传输过程中所采取加密机制（如密码算法、密钥和加密设备）的有效性和合规性，特别关注利用公共网络传输业务数据时的加密处理办法及重要数据是否全部得到了保护。

（3）访谈安全员，询问在使用便携式和移动式设备时，是否加密或者采用可移动磁盘存储敏感信息。

（4）检查操作系统、网络设备、数据库管理系统、应用系统的设计/验收文档，查看其是否有关于应用系统的鉴别信息、敏感的系统管理数据和敏感的用户数据采用加密或其他有效措施实现传输保密性描述，是否有采用加密或其他保护措施实现存储保密性的描述。

（5）通过使用数据获取工具，有效检验数据防泄漏效果。

（6）通过执行渗透测试，有效验证重要数据或敏感信息的保护能力。

4.数据备份与恢复检查

（1）查阅组织是否制定数据备份和恢复策略文档，了解数据备份和恢复测试的对象、频率和方式以及数据保管的期限要求并判断其合理性。

（2）查看备份和恢复策略文档记录、恢复测试报告和测试记录，验证是否严格按照备份和恢复策略执行。

（3）查验数据备份环境，检查其是否符合防水、防盗、防尘、防磁等物理安全条件，并检查重要数据备份介质是否场外存放。

（4）访谈网络管理员，询问是否建立异地灾备，以及信息系统中的网络设备、操作系统、数据库管理系统是否提供自动备份机制并对重要信息进行本地和异地备份功能，以及是否提供重要设备和线路的硬件冗余。

（5）检查设计/验收文档，查看其是否有关于重要业务系统的本地和异地系统级热备份的描述，以及是否有关于在灾难发生时的业务自动切换和恢复功能的描述。

七、访问控制审计

（一）业务概述

访问控制管理，是指组织为防止信息资源遭受未经授权的访问，确保其在合法的范围内使用，所采取的物理和逻辑的控制手段，并借助有效的用户身份识别和访问控制策略，对身份和权限进行管理，特别当组织存在用户远程接入时，重点对其进行安全管理。

（二）审计目标和内容

该项的审计目的旨在通过对组织物理访问控制、逻辑访问控制以及账号权限的检查，判断组织是否对组织及信息系统所处区域实施物理安全防护，避免未授权的访问、损坏或干扰，以及是否根据组织既有的访问控制策略，针对单个用户或组用户对组织资源的访问控制规则和权力进行逻辑控制；此外，通过对远程接入管理的检查，检查远程工作活动是否安全、受控，从而确保远程工作场地的安全，防止设备和信息被盗、未授权泄露信息、远程访问滥用。

（三）常见问题和风险

1.对机房、办公环境等重要场所物理访问控制执行不严格，可能导致恶意人员非法进入重要场所，进而破坏重要场所中设备，导致系统中断、数据泄露或其他安全事件。

2.未根据组织业务及安全管理需要，制定或定期更新访问控制策略并对其进行评审，可能存在重要数据被非法访问，导致敏感信息泄露。

3. 设备或系统上的账号及权限更新不及时，可能被恶意人员利用其控制缺陷，执行非法操作，威胁系统安全性。

4. 未建立远程接入安全管控机制或机制执行不到位，可能导致系统被远程非法接入，进而导致系统被破坏或重要数据泄露。

（四）审计的主要方法和程序

1. 物理访问控制

（1）查阅组织是否制定包括机房在内的物理关键设施或敏感区域出入的规章制度及访问控制策略，验证其是否包括对访问控制权限的定义、授权过程和策略更新等内容。

（2）通过抽查访问控制登记簿、观察敏感物理设施出入口是否安排专人值守及调阅访问权限修改记录等方式，验证物理访问控制策略实施的有效性及是否受控。

（3）选取部分离职人员名单，验证其是否依然存在于系统的已授权人员名单内。

（4）验证是否有门禁系统，不同区域间是否通过门禁分割，门禁是否有记录，对门禁卡的授权、发放和注销是否有明确规定。

2. 逻辑访问控制

（1）检查组织是否制定信息系统访问控制策略。

（2）调阅访问控制策略，验证该控制策略是否包括：各个业务系统的安全要求、数据的分类与授权策略、不同系统和网络的访问控制策略与数据分类策略的一致性、访问控制角色的分离、访问要求的正式授权要求、访问控制的周期性评审、访问权力取消等内容。

（3）验证组织访问控制策略是否区分必须强制执行的规则和有条件执行的规则。

（4）选取部分离职人员名单，验证其是否依然存在于系统的已授权人员名单内；选取部分转岗人员名单，验证其访问权限是否根据当前业务需要得到及时更新。

3. 账号及权限管理

（1）抽查组织重要应用系统，调阅用户清单和实际员工名单，核实用户 ID 是否唯一，用户所拥有的权力是否与其业务目的相适应，是否有用户授权的书面文件，离职或职位变更用户的访问权限是否得到删除或变更是否立即在信息系统中对权限进行调整，确保用户 ID 不会被共享。

（2）通过访谈了解每个系统所必须赋予的特权用户，检查是否存在分配特权用户的授权过程及其记录并验证组织应用程序是否必须要特权用户才能运行。

（3）验证组织是否制定有内部口令管理规定，包括口令的强度、初始口令的发放、口令的保管及口令变更。

（4）通过访谈，检查用户访问权限是否定期根据业务需要而评审，或因为岗位的变化而变更。

（5）针对特权用户的访问权限，通过访谈了解其变更频率、用户授权的评审和变更是否有日志记录。

4. 远程接入的访问控制

（1）检查组织是否制定针对远程接入的规章制度和访问控制策略。

（2）抽查部分远程接入是否留存接入日志，并检查是否符合既定的安全要求和控制策略。

（3）抽查部分访问控制申请，检查是否符合业务需要并经过授权。

（4）访谈部分远程接入用户并检查接入设备和网络入口，了解远程访问人员的家人、朋友是否有可能未授权访问信息资源，以及访问过程中是否有防病毒软件和防火墙保护。

（5）检查当远程工作活动停止时是否及时撤销授权，以及是否对客户端连接服务进行访问时间段限制。

八、安全防护审计

（一）业务概述

安全防护，是指组织为确保主机、终端、网络通讯设备以及应用系统和数据的安全，所采取的补丁及漏洞管理、存储介质安全防护和密码终端与技术等安全防护手段。

（二）审计目标和内容

通过从制度规范和技术工具层面，重点检查组织是否制定完善的制度管理规范，以及对主机、终端和网络设备采取补丁及漏洞管理，对普通和移动存储介质进行有效识别和管理，对日常通信和业务处理使用密码技术和产品，从而防范漏洞和恶意代码对业务及数据造成危害，存储介质上的信息遭受损失或泄露，确保信息在传输、交换和存储过程中机密性、完整性、可用性和抗抵赖性。

（三）常见问题和风险

1. 安全补丁和漏洞更新不及时，一旦被恶意人员利用，可能直接威胁系统安全性，甚至导致敏感信息外泄或系统中断。

2. 主机、网络设备或系统的补丁及漏洞升级前，未制定有效的测试规范和流程，或系统重要数据未执行备份。一旦系统更新失败，可能对系统可用性和业务稳定性产生较大影响。

3. 未建立存储介质的安全管理制度，无法有效落实介质的登记、存放、使用、流转、维护、盘点、检查与销毁等环节的各项安全要求。

4. 密码技术和产品应用不符合国家安全规范，密码算法过于简单，一旦密码被暴力破解，可能导致数据在传输和存储等过程的完整性和机密性遭到破坏。

（四）审计的主要方法和程序

1. 补丁及漏洞管理

（1）查阅组织是否制定补丁与漏洞管理的制度规范、策略与流程。

（2）访谈操作系统管理员了解并查验是否对系统进行升级与维护以及具体操作流程、频率是否与既定的规范和策略相符。

（3）抽查历史补丁操作记录，检查文档是否齐备，更新流程是否包含事前的系统及业务影响性分析、安全测试及对重要文件的备份。

2. 存储介质安全防护

（1）查阅组织是否制定有关存储介质的安全管理制度，内容覆盖介质的登记、保管/存放、使用、流转、维护、盘点、检查与销毁等内容。

（2）查阅组织是否针对存储介质建立相应的资产清单，内容主要覆盖介质所有部门、当前使用者或位置信息、介质重要性以及存储信息的重要性。

（3）检查组织是否根据介质存储信息的安全级别对存储介质进行分类和标识，并对存储介质进行存储加密。

（4）检查对存储介质的物理传输或流转过程中的人员交付、打包进行控制和登记记录。

（5）调阅存储介质记录与清单对存储介质进行盘点，判断其一致性。

（6）对送修或销毁的介质记录进行检查，判断其是否符合相应的管理规范并检查审批流程是否完整。

（7）对于固定存储介质，检查其保存的物理环境是否按照制造厂商要求的存放条件进行存放，对各类介质的访问进行严格控制和保护，实现专人管理。

（8）调阅数据存储介质销毁清单，明确是否有至少两人在场，检查是否有相应文档记录证明。

3. 密码应用与管理

（1）查阅组织是否建立密码使用的管理制度。

（2）通过访谈，了解组织当前是否使用密码技术和产品，并了解当前密码产品的使用情况，从而判断组织是否使用符合国家密码管理规定的密码技术和产品以及符合组织相应的管理制度。

（3）查阅组织所使用的密码技术和产品相关资质与证明材料，判断是否合规。

九、终端安全

（一）业务概述

移动终端安全管理，是指以移动存储介质为载体的固定终端和移动终端的安全管理，组织为确保上述终端的安全，一方面从其选取、采购、申领、发放等过程制定一整套完善的安全管理制度，另一方面通过常规的安全防护工具和技术，在对固定终端进行安全管理的基础之上，针对便携式终端采取特殊的管理手段。

（二）审计目标和内容

通过对制度规范以及固定终端和移动终端安全的检查，检查组织是否制定相应的管理制度，从而对各类设备的选取、采购、申领、发放和运维等流程进行管理，以及对两种终端采取安全保护措施。

（三）常见问题和风险

1. 未建立终端设备安全管理制度，可能无法有效落实对信息系统各类软、硬件设备的选取、采购、申领、发放等过程的规范化管理。

2. 对移动存储介质的安全防护措施部署不充分或执行不到位，可能会导致存储的重要数据或敏感信息遭到泄露。

（四）审计的主要方法和程序

1. 终端设备管理

（1）查阅组织是否针对终端设备制定安全管理制度，从而实现对信息系统各类软、硬件设备的选取、采购、申领、发放等过程进行规范化管理。

（2）检查组织是否对终端设备的维修和服务制定相应的管理制度、审批流程及维修过程的监督。

（3）查阅组织是否对信息设备带离机房或办公地点制定相应的管理制度和审批流程。

2. 基本终端安全防护

（1）检查组织是否基于组织业务安全需要和基本信息安全管理规范制定终端安全的管理规范，内容包括基本的系统安全配置、账户策略配置、日志与审核策略配置、浏览器安全配置，并对终端采用恶意代码防范、个人防火墙和系统漏洞补丁升级等安全管理措施和工具。

（2）检查组织是否对终端采取安全防护措施和安全配置对其进行终端安全性检测，阻止防护措施不符合规范的终端接入组织网络。

（3）检查组织是否依据业务需要和安全策略对终端的应用程序和防护软件进行管理。

（4）检查组织是否对终端用户操作行为事件、配置信息更改事件进行审计，并支持审计数据的集中管理，防止审计数据未经授权的篡改和删除。

3. 移动终端安全防护

（1）检查移动存储介质是否能在宿主机硬件支撑下独立于宿主机操作系统，不与宿主机上的系统软件与应用软件通信。

（2）移动终端安全应用模式中产生和接收的信息是否存储在移动存储介质中的特定加密存储区域，存储过程不受宿主机干扰。

（3）检查便携式终端安全防护中所使用的自定制系统是否具有漏洞补丁更新、恶意代码特征库升级、系统安全核心配置等功能，支持自定制操作系统安全加固及数据加密存储等功能。

十、安全体系运行与事件管理审计

（一）业务概述

安全体系运行与事件管理，是指组织以安全管理中心的形式，将制度流程、技术工具和人员统一集中管理应对日常网络安全事件，并通过建立具备安全态势感知和预警的能力，对网络安全事件采取积极、主动的防御措施。

（二）审计目标和内容

通过检查组织是否对信息安全体系运行进行集中管理，是否对安全事件、恶意代码、安全日志、安全知识等安全相关事项进行集中管理；是否优化安全事件、安全监控、访问控制、防恶意代码、安全审计等方面的日常安全工作。

（三）常见问题和风险

1. 信息安全未实现集中管理，不利于从全局视角审视信息安全的整体建设与工作成效，不利于信息安全整体规划与后续持续改进。

2. 信息安全管理体系运行不到位，无法有效落实信息安全各项管控要求，不利于信息安全管理的体系化、规范化建设和发展。

3. 未将信息安全管理要求纳入部门工作绩效，不利于推动信息安全管理体系的全面执行。

（四）审计的主要方法和程序

1. 信息安全运行管理

（1）访谈信息安全负责人，询问是否已经建立安全管理中心并部署技术平台，对信息系统和安全设施的安全事件、恶意代码、补丁升级、设备状态、安全日志、用户终端行为等安全相关事项进行集中管理；了解是否配备有专门的管理人员利用安全管理中心进行对安全管理事件进行分析、处置、预警及报告工作。

（2）访谈信息安全负责人，询问是否已经建立信息安全管理流程，对安全事件、安全监控、防病毒、补丁管理、账号口令、备份恢复、远程接入、安全审计、物理访问、系统退役等日常安全工作进行优化以提高管理效率；调阅信息安全管理相关流程文档，分析流程设计的完备性与适宜性；选择一个或几个安全管理流程进行穿行测试，了解安全流程的执行情况。

（3）访谈信息安全运行管理员工，并调阅安全运行管理的工作计划、管理流程、分析报告、事件处置报告等工作记录，了解安全日志、安全情报和网络信息的收集过程、分析方法及安全知识库的形成过程，判断是否可以通过安全数据的分析，实现对组织安全态势的感知、预测与预警。

（4）分析信息安全管理相关流程的指标体系，判断其岗位职责的对应程度；抽样调查信息安全流程指标是否得到及时有效的测量；抽样调查信息安全流程运行绩效数据是否被纳入员工绩效考核体系。

第四章　信息系统应用控制审计

应用控制是信息系统为适应各种数据处理的特殊控制要求，保证数据处理的可靠性而建立的内部控制。因此，应用控制的目标是保证信息系统输入、处理和输出数据和记录的完整性和准确性。

应用控制涉及各种类型的业务，每种业务及其数据处理有其特殊流程的要求，这就决定了具体的应用控制的设计需结合具体的业务，但一般都包括了业务流程控制、数据应用控制，以及信息共享和业务协同控制三方面的内容。

第一节　核心业务流程控制审计

一、业务流程设计审计

（一）业务概述

业务流程设计，是指组织对其业务流程进行规划与设计，并确保所设计的流程能满足其业务活动需要；而且根据业务需求对业务流程进行了整合、还原或再造，避免重复操作；同时确保关键环节、关键节点和关键岗位落实了授权审批、访问控制及不相容职责分离等必要的安全控制措施。

（二）审计目标和内容

从有效性和合规性两方面，检查组织是否对业务流程进行梳理、合理规划和设计，从而防范业务流程的操作风险，为实现职责分离提供保证并在业务流程中得以体现，以及系统流程与实际业务需求相吻合，在满足业务处理要求的同时，符合合规监管要求。

（三）常见问题和风险

1. 核心业务系统的业务流程设计没有满足组织的需求。
2. 组织信息系统业务流程缺乏或规划不合理，导致重复建设或组织的经营管理效率低下。

（四）审计的主要方法和程序

1. 审阅用户需求文档和系统各业务流程的设计文档，检查系统流程的设计是否与组织实际业务需求相吻合。
2. 访谈安全主管和业务部门主管，了解用户权限授权审批管理制度及流程、业务处理关键流程和关键岗位职责要求。
3. 检查岗位职责是否符合"职责分离"原则从而建立不相容的职责分离矩阵，并从关键系统中导出权限数据与职责矩阵对照，查验用户权限设置的一致性。
4. 调阅用户权限申请表，核查用户权限审批制度是否按照相应的制度规范严格执行，权限申请是否基于用户工作岗位和职责并得到业务部门和信息系统部门主管审批。
5. 运行系统权限报表或执行相关数据库语句从权限表中直接取出权限数据，基于关键系统权限和导出的权限数据，检查用户权限设置的合理性。

二、业务流程处理审计

（一）业务概述

业务流程处理，是指组织系统为确保业务处理的正确性和控制的有效性，在各流程节点的操作上落实组织对业务活动审批及处理的过程要求，并设置相同业务处理自动批量操作，对重要业务流程处理实施有效性控制和完整性校验，同时确保系统接口处理正确、控制有效。

（二）审计目标和内容

从有效性和完整性两方面，检查组织的主要业务流程可通过信息系统实现。

（三）常见问题和风险

1. 未统筹兼顾业务风险和信息科技风险，从而在业务信息系统的流程处理控制中未做风险控制的考虑。
2. 业务流程中关键环节的相关控制点没有得到有效执行。
3. 业务系统的接口不符合相关规范的要求，存在接口标准不统一、安全控制不到位的风险。
4. 业务处理流程过程中的接口访问权限没有得到有效管理，存在数据泄露及被滥用的风险。

（四）审计的主要方法和程序

1. 调阅系统业务流程设计文档，检查是否为业务流程风险提供合理人工或自动化控制措施。
2. 现场观察业务流程关键环节的系统操作，检查相关控制点执行的有效性。
3. 调阅系统接口规划文档，结合被审计单位具体业务分析接口规划是否符合法律法规要求，接口规划是否涵盖数据采集、转换、传输、系统容错处理和访问权限等方面的内容。
4. 综合采用接口规划文档审阅，接口程序测试以及接口数据分析等手段，检查接口数据处理是否能确保数据的完整性；查阅系统接口处理日志，分析接口容错机制的有效性。
5. 调阅接口权限分配文件，获得权限实际配置数据，检查接口用户的系统访问权限是否经过严格授权和审批，其所具有的权限是否与其工作职责相匹配。

三、业务流程功能审计

（一）业务概述

业务流程功能，是指组织为满足业务的需要，通过应用系统的功能设计实现业务流程中的要求，比如利息计算、成本核算等。

（二）审计目标和内容

从有效性和合规性两方面，检查组织的业务流程细化后各功能点是否完备有效，各功能模块是否实现业务流程的子目标，各功能点之间的连续性，对业务处理衔接的通畅性，以及业务流程中各功能的实现过程是否符合国家及行业基本监管规范要求。

（三）常见问题和风险

1. 信息系统业务流程功能对系统的性能和容量有一定要求时，因缺乏有效、及时的监控，导致信息系统运行效率低下，甚至出现安全事故使信息系统不能正常运行，从而无法满足业务需求。

2. 当发生信息系统的业务控制缺失，人工控制或补偿控制失效所进行的补丁安装或版本升级，容易促使发生部署问题或版本错误。

3. 未经试运行就部署上线，促使发生重大变更风险。

（四）审计的主要方法和程序

1. 梳理被审计单位的关键业务需求，评估被审计单位关键业务需求对信息系统的依赖程度，评价是否存在信息系统应实现而未实现的功能。

2. 访谈系统关键用户，设计用户满意度调查问卷，评估分析系统业务功能的完备性。

3. 调阅问题管理、故障管理流程管理制度，问题处理、故障处理记录单，评价系统用户服务的及时性。

4. 调查系统常见问题和故障发生的频率和性质，分析反映出的系统功能薄弱环节。

第二节　应用系统输入控制审计

一、数据录入和导入控制审计

（一）业务概述

数据录入和导入控制，是指为确保信息系统的数据录入、导入等数据采集功能符合国家、行业或者组织规范标准，数据采集者的身份与权限合理有效所采取的一系列控制措施。

（二）审计目标和内容

从合规性、安全性、完整性和准确性方面，检查：

1. 系统的数据录入、导入接口是否符合国家、行业或组织自身规范，是否制定数据录入、导入的制度规范；是否在系统中建立用户账号和权限管理机制，并根据设定的权限使用数据录入、导入功能，以及监督操作的规范性。

2. 系统是否存在未经许可的数据录入、导入接口，以及是否能阻止非授权用户的数据录入和导入操作，同时具备日志记录功能。

3. 系统是否具备数据准确性检查功能。

（三）常见问题和风险

1. 数据录入、导入的系统账号与权限管理机制不存在或不健全。

2. 系统功能不完善，无法记录用户的数据录入、导入操作，或日志功能未开启，造成记录信息缺失。

3. 系统的数据录入、导入接口不符合国家、行业或组织规范标准，或存在未经许可的数据录入、导入接口。

4. 数据录入、导入结果不准确、不完整，或错误的数据被录入、导入到系统中。

5. 导入的数据文件格式不符合要求或数据类型不符合规范标准。

（四）审计的主要方法和程序

1. 审阅组织制度流程、岗位职责和用户授权文档，确认涉及数据录入和导入的岗位及其职责与权限；检查系统的访问控制列表，了解系统对数据录入和导入功能权限的设定与规定是否相符；对比国家、行业或者单位规范，检查组织设置的数据录入、导入接口是否符合国家、行业或者单位规范。

2. 设定不同权限的测试用户，对系统进行穿行测试，检查系统是否严格限定只有满足权限要求的用户使用数据录入和导入功能；检查系统日志是否按照规定记录了用户的数据录入和导入的操作。

3. 检查系统是否提供了输入值约束功能，以保证输入数据的准确性。

二、数据修改和删除控制审计

（一）业务概述

数据修改和删除控制，是指对系统中的数据修改和删除功能通过授权管理、限制操作等手段，确保其符合国家、行业或组织的相关安全规范，同时，确保数据修改或删除功能符合组织自身的业务管理需要。

（二）审计目标和内容

该项的审计目标是从合规性、安全性和完整准确性角度，分别检查：

1. 系统的数据修改、删除是否符合国家、行业或组织自身规范，是否制定数据修改、删除的制度规范；是否在系统中建立用户账号和权限管理机制，并在用户使用系统时，根据设定的权限使用数据修改、删除功能，以及监督操作的规范性。

2. 系统是否存在未经许可的数据修改、删除功能，以及是否能阻止非授权用户的数据修改、删除操作，同时具备日志记录功能。

3. 系统是否具备数据准确性检查功能。

（三）常见问题和风险

1. 数据修改、删除的系统账号与权限管理机制不存在或不健全，缺乏有效的约束机制。

2. 系统功能不完善，无法记录用户的数据修改、删除操作，或日志功能未开启，造成记录信息缺失。

3. 系统的数据修改、删除功能不符合国家、行业或组织规范标准，或存在未经许可的数据修改、删除功能。

4. 数据修改、删除结果不完整、不准确，或错误的数据被修改、删除，造成数据不一致。

（四）审计的主要方法和程序

1. 审阅组织制度流程、岗位职责和用户授权文档，确认涉及数据修改和删除的岗位及其职责与权限；检查系统的访问控制列表，了解系统对数据修改和删除功能权限的设定与规定是否相符；对比国家、行业或者单位规范，检查被审计单位设置的数据修改和删除功能是否符合国家、行业或者单位规范。

2. 设定不同权限的测试用户，对系统进行穿行测试，检查系统是否严格限定只有满足权限要求的用户使用数据修改和删除功能；检查系统日志是否按照规定记录了用户的数据修改和删除的操作；检查系统是否存在未经许可的数据修改和删除功能。

3. 设定不同权限的测试用户，对系统进行穿行测试，检查系统是否能够保证数据修改和删除的准确性，是否所有需要修改或删除的数据都能被正确地修改或删除；抽取一部分已处理过的业务进行核对，以证实数据修改或删除的完整有效性。

三、数据校验控制审计

（一）业务概述

数据校验控制，是对系统的数据录入、导入接口等数据采集功能进行校验控制，确保其符合国家、行业或组织自身的规定,并且确保系统中校验控制措施的有效性。

（二）审计目标和内容

从合规性和有效性方面,检查:

1. 信息系统的数据录入、导入接口是否设置了数据校验控制,数据校验控制是否符合国家、行业或者单位规范。

2. 信息系统数据录入、导入接口的数据校验功能是否能够满足数据校验的要求,数据校验控制是否有效。

（三）常见问题和风险

1. 信息系统功能不完善,数据录入、导入接口未设置数据校验控制,或设置的数据校验控制失效。

2. 信息系统的数据校验功能不符合国家、行业或组织自身的规范标准。

（四）审计的主要方法和程序

1. 审阅信息系统开发文档,检查信息系统是否设置了数据录入、导入接口的数据校验功能。

2. 对比国家、行业或者单位规范,检查组织设置的数据校验控制是否符合国家、行业或者单位规范。

3. 访谈开发人员,了解数据录入、导入接口的数据校验控制的需求定义及算法实现,判断其有效性和完备性。

四、数据入库控制审计

（一）业务概述

数据入库控制,是指录入、导入接口等采集的数据、缓冲区数据与进入数据库的最终数据保持一致的相关控制。

（二）审计目标和内容

从合规性和有效性方面,检查:

1. 组织是否制定数据管理规范,规定数据入库的工作流程和岗位职责,以及数据入库工作是否严格按照规范和制度执行。

2. 信息系统功能是否存在数据入库控制,系统的数据入库控制是否有效。

（三）常见问题和风险

1. 未制定数据管理规范、数据入库的工作流程和岗位职责,或虽然制定但没严格按照制度执行。

2. 组织信息系统的数据入库控制功能缺失。

3. 数据入库不完整,采集数据、缓冲区数据的最终数据库数据出现不一致情况。

（四）审计的主要方法和程序

1. 审阅信息系统开发文档、组织结构文件、岗位职责与流程和用户授权文档,检查信息系统是否设置了数据入库控制功能,了解数据入库的岗位及其职责与权限。

2. 访谈管理人员,了解被审计单位是否存在数据入库工作的制度规范的认知和执行。

3. 访谈数据库管理员和应用系统开发人员,了解数据入库控制的需求定义及算法实现,判断其有效性和完备性。

4. 检查系统的访问控制列表,了解系统对数据入库功能权限的设定与规定是否相符。

5. 设定不同权限的测试用户,对系统进行穿行测试,检查系统中的数据入库控制是否有效。

五、数据共享与交换控制审计

（一）业务概述

数据共享与交换控制,是指不同信息系统之间的信息共享与交换需要符合国家、行业及组织的相关质量与安全要求，要确保用户或系统的数据共享与交换的系统账号与权限控制合理，数据共享与交换方法和渠道安全可控。

（二）审计目标和内容

从合规性、安全性和完整准确性这三方面，检查：

1. 组织是否在信息系统中建立用户账号与权限管理机制，制定控制数据共享与交换的制度规范；用户在使用系统时，是否按照制度规范操作。

2. 系统能否发现并阻止非授权用户使用数据共享功能；是否有日志记录；对传输的信息是否加密；对于敏感数据的共享与交换操作，是否除了信息系统记录日志以外，还有数据控制责任人的监督和确认。

3. 系统是否能够保证共享与交换数据的完整性和准确性。

（三）常见问题和风险

1. 数据共享与交换功能的系统账号与权限管理机制不存在或不健全，未根据用户需要约束其使用数据共享与交换功能，或虽然建立了权限控制但未建立相关约束用户数据共享与交换操作的制度规范。

2. 系统功能不完善，造成无法记录用户数据共享与交换操作，或虽有日志功能但未正式使用，造成数据共享与交换操作的相关信息缺失，导致无据可查。

3. 未建立数据共享与交换的加密传输机制，或共享与交换后无法确认数据是否被指定用户使用从而无法确认是否被非法用户获取，最终无法保障数据的安全性。

4. 敏感数据的共享与交换失控，相关人员的许可和监督缺失。

5. 共享与交换的数据不完整或不准确。

（四）审计的主要方法和程序

1. 审阅组织结构文件、岗位职责与流程和用户授权文档，确认涉及数据共享与交换的岗位及其职责与权限；观察关键岗位员工操作，考察其是否按照数据共享与交换的相关制度规定完成操作；检查系统的访问控制列表，了解系统对数据共享与交换功能权限的设定与规定是否相符。

2. 设定不同权限的测试用户，对系统进行穿行测试，测试系统是否严格限定只有满足权限要求的用户才能使用数据共享与交换功能；检查系统日志是否按照规定记录了用户对数据信息进行共享与交换的操作；检查信息系统是否对传输的信息加密以保证共享与交换数据的传输安全；抽取敏感数据的共享与交换记录进行分析核对，确定是否存在数据控制责任人的监督和确认。

3. 设定不同权限的测试用户，对系统进行穿行测试，测试系统数据的共享与交换结果是否完整准确。

六、备份与恢复数据接收控制审计

（一）业务概述

备份与恢复数据接收控制，是指对备份与恢复中的数据接收进行身份与权限控制，确保接收数据与输出数据保持一致。

（二）审计目标和内容

从合规性、安全性和准确性方面，检查：

1. 组织是否在信息系统中建立了用户身份与权限体系，是否制定了控制数据备份与恢复数据接收的制度规范；用户在使用系统时，是否按照制度规范操作。

2. 系统能否发现并阻止非授权用户使用数据备份与恢复数据接收功能；是否有日志记录；接收数据备份时对数据备份包的有效性是否进行了测试。

3. 系统是否能够保证用户通过数据备份与恢复数据接收功能接收的数据的完整、准确、可用。

（三）常见问题和风险

1. 数据备份与恢复数据接收的系统账号与权限管理机制不存在或不健全，未根据用户需要约束其使用数据备份与恢复数据接收功能，或虽然建立了权限控制但未建立相关约束用户数据备份与恢复数据接收操作的制度规范。

2. 系统功能不完善，造成无法记录用户数据备份与恢复数据接收操作，或虽有日志功能但未正式使用，造成数据备份与恢复数据接收操作的相关信息缺失，导致无据可查。

3. 备份与恢复接收数据的安全性无法得到保障，备份数据未进行恢复测试，无法确认数据包是否安全、完整、可用。

（四）审计的主要方法和程序

1. 审阅组织结构文件、岗位职责与流程和用户授权文档，确认涉及数据备份与恢复数据接收的岗位及其职责与权限；观察关键岗位员工操作，考察其是否按照数据备份与恢复数据接收的相关制度规定完成操作；检查系统的访问控制列表，了解系统对数据备份与恢复数据接收功能权限的设定与规定是否相符。

2. 设定不同权限的测试用户，对系统进行穿行测试，测试系统是否严格限定只有满足权限要求的用户才能使用数据备份与恢复数据接收功能；检查系统日志是否按照规定记录了用户对数据信息进行备份与恢复数据接收的操作；抽取部分日志进行分析，判断是否符合相关规定；检查接收备份数据时是否对备份数据包进行恢复测试以保证备份数据的安全性。

3. 设定满足权限的测试用户，测试系统提供的数据备份包是否可恢复，数据是否完整、准确、可用。

第三节　应用系统处理控制审计

一、数据转换控制审计

（一）业务概述

数据转换控制，是指对系统采集外部数据和转换过程中的各项操作进行安全控制，使其符合国家、行业或组织的数据转换标准、格式规范及安全保护等方面的要求。

（二）审计目标和内容

从合规性和完整准确性两方面，检查：

1. 信息系统的数据转换功能是否符合国家、行业或者单位的数据转换标准和格式规范。

2. 数据转换是否按照预定的业务逻辑进行，数据转换后结果是否完整、是否准确，异常值是否已进行了处理。

（三）常见问题和风险

1. 数据转换的身份与权限控制不存在或不健全，未根据用户需要约束其使用数据转换功能，或虽然建立了权限控制但未建立相关约束用户数据转换操作的制度规范。

2. 系统功能不完善，造成无法记录用户数据转换操作，或虽有日志功能但未正式使用，造成数据转换操作的相关信息缺失，导致无据可查。

3. 系统的数据转换功能不符合国家、行业、组织规范，或存在未经许可的数据转换接口。

4. 数据转换结果不准确、不完整，或错误的数据被转换进入信息系统。

5. 转换的数据文件格式不符合规范要求。

（四）审计的主要方法和程序

1. 审阅组织制度流程、岗位职责和用户授权文档，确认涉及数据转换的岗位及其职责与权限；审阅信息系统的开发文档，了解被审计单位信息系统的数据转换功能的需求、设计实现情况，判断是否符合国家、行业或者单位规范。

2. 设定不同权限的测试用户，对系统进行穿行测试，检查系统是否严格限定只有满足权限要求的用户使用数据转换功能；检查系统日志是否按照规定记录了用户的数据转换操作；设定模拟转换数据，检查转换后的数据的完整准确性；抽取一部分已处理过的业务进行核对，以证实数据转换的完整准确性。

二、数据整理控制审计

（一）业务概述

数据整理控制，是指采集数据的分类入库、数据库中相关数据的清洗、数据库间和数据表间的数据抽取与合并、数据库或者数据表的生成与报废等功能的控制要符合系统需求和设计要求。

（二）审计目标和内容

从合规性和完整准确性两方面，检查：

1. 数据整理功能是否符合系统需求和设计需求。
2. 数据整理的结果是否完整，是否准确。

（三）常见问题和风险

1. 数据整理的身份与权限控制不存在或不健全，未根据用户需要约束其使用数据整理功能，或虽然建立了权限控制但未建立相关约束用户数据整理操作的制度规范。
2. 系统功能不完善，造成无法记录用户数据整理操作，或虽有日志功能但未正式使用，造成数据整理操作的相关信息缺失，导致无据可查。
3. 系统的数据整理功能与信息系统设计不符，不符合系统需求和设计需求。
4. 数据整理结果不准确，不符合业务逻辑或数据整理结果不完整，缺失实际业务数据。

（四）审计的主要方法和程序

1. 审阅组织制度流程、岗位职责和用户授权文档，确认涉及数据整理的岗位及其职责与权限；审阅信息系统的开发文档，了解被审计单位信息系统的数据整理功能的需求、设计实现情况；对系统进行穿行测试，检查系统是否严格限定只有满足权限要求的用户使用数据整理功能。
2. 设定不同权限的测试用户，对系统进行穿行测试，完成数据整理流程，检查结果是否符合业务逻辑、是否符合预定的数据整理逻辑；抽取一部分已处理过的真实业务进行核对，以证实数据整理的完整性、准确性。

三、数据计算控制审计

（一）业务概述

数据计算控制，是指系统中经济业务活动的计量、计费、核算、分析以及数据平衡等计算功能的控制要符合国家、行业或组织的相关规定与规范。

（二）审计目标和内容

从合规性和有效性两方面，检查：

1. 信息系统的数据计算控制是否符合国家、行业或者单位相关规定和规范。
2. 数据计算控制是否能够按照预计条件完成数据计算过程中的正确控制。

（三）常见问题和风险

1. 信息系统的数据计算控制不符合国家、行业、组织规范。
2. 信息系统存在未经许可的数据计算功能。
3. 存在数据计算控制失效的情况。

（四）审计的主要方法和程序

1. 审阅组织的信息系统开发文档，了解业务系统的数据计算需求与设计情况；访谈管理人员，了解关键的数据计算流程；确定信息系统中关键的数据计算控制点和控制逻辑；对比国家、行业或者单位规范，检查关键数据计算控制点和控制逻辑是否符合国家、行业或者单位规范。
2. 设定不同权限的测试用户，对系统进行穿行测试，检查系统中的关键数据计算控制点和控制逻辑的有效性；检查系统是否存在未经许可的数据计算功能；抽取一部分已处理过的真实业务进行核对，以证实数据计算控制的有效性。

四、数据汇总控制审计

（一）业务概述

数据汇总控制，是指检查系统中经济业务活动的财务科目汇总、报表汇总和相关业务汇总等功能实现的控制要符合国家、行业或者组织的相关规定和规范。

（二）审计目标和内容

从合规性和准确性两方面，检查：

1. 信息系统的数据汇总功能的汇总逻辑、计算方法、计算过程、计算口径等是否符合国家、行业或者单位的相关规定和规范。

2. 信息系统的数据在通过正确的汇总过程后，是否正确，是否能够真实反映实际的业务情况。

（三）常见问题和风险

1. 系统的数据汇总功能不符合国家、行业或组织的规范。

2. 系统功能不完善，造成无法记录用户数据汇总操作，或虽有日志功能但未正常使用，造成数据汇总操作的相关信息缺失，导致无据可查。

3. 数据汇总结果不准确。

（四）审计的主要方法和程序

1. 审阅信息系统的开发文档，了解组织信息系统的数据汇总功能的需求、设计实现情况；对比国家、行业或者单位规范，检查系统设置的数据汇总功能是否符合国家、行业或者单位规范；访谈管理人员，了解组织数据汇总的工作流程。

2. 设定不同权限的测试用户，对系统进行穿行测试，检查系统是否严格限定只有满足权限要求的用户使用数据汇总功能；检查系统日志是否按照规定记录了用户的数据汇总操作；抽取部分日志进行分析，判断是否符合相关规定；设定模拟汇总数据，检查汇总后的数据的准确性；抽取一部分已处理过的业务进行核对，以证实数据汇总的准确性。

第四节　应用系统输出控制审计

一、数据外设输出控制审计

（一）业务概述

数据外设输出控制，是指计算机显示、打印和介质拷贝等数据输出功能的身份与权限控制要符合标准规范及组织自身业务的相关要求。

（二）审计目标和内容

从合规性和安全性两方面，检查：

1. 组织是否在信息系统中建立了用户身份与权限体系，是否制定了控制数据外设输出的制度规范；用户在使用系统时，是否按照制度规范操作。

2. 系统能否发现并阻止非授权用户使用数据信息的计算机显示、打印、介质拷贝等外设输出功能；是否有日志记录；对于敏感数据的查看、打印和介质存储操作，是否有日志记录，并有数据控制责任人的监督、签字。

（三）常见问题和风险

1. 数据外设输出的身份与权限控制不存在或不健全，未根据用户需要约束其使用数据信息的计算机显示、打印、介质拷贝等外设输出功能，或虽然建立了权限控制但未建立相关约束用户数据外设输出操作的制度规范。

2. 系统功能不完善，造成无法记录用户数据外设输出操作，或虽有日志功能但未正式使用，造成数据外设输出操作的相关信息缺失，导致无据可查。

3. 敏感数据的外设输出失控，缺失相关人员的许可与监督。

（四）审计的主要方法和程序

1. 审阅组织制度流程、岗位职责和用户授权文档，确认涉及数据外设输出的岗位及其职责与权限；访谈关键岗位员工，是否按照数据外设输出的相关制度规定完成操作；检查系统的访问控制列表，了解系统对数据信息的计算机显示、打印、介质拷贝等外设输出功能权限的设定与规定是否相符。

2. 设定不同权限的测试用户，对系统进行穿行测试，是否严格限定只有满足权限要求的用户使用数据信息的计算机显示、打印、介质拷贝等外设输出功能；检查系统日志是否按照规定记录了用户对数据信息进行计算机显示、打印、介质拷贝等外设输出的操作；抽取敏感数据的外设输出记录进行分析核对，确定是否存在数据控制责任人的监督、签字。

二、数据检索输出控制审计

（一）业务概述

数据检索输出控制，是指利用单项检索、组合检索等检索工具对系统中部分数据或者全部数据的检索输出功能的身份与权限控制要符合标准规范及组织自身业务的相关要求。

（二）审计目标和内容

从合规性、安全性和准确性三方面，检查：

1. 组织是否在信息系统中建立了用户身份与权限体系，是否制定了控制数据检索输出的制度规范；用户在使用系统时，是否按照制度规范操作。

2. 系统能否发现并阻止非授权用户使用数据检索输出功能；是否有日志记录；对于敏感的数据的检索操作，是否有日志记录，并有数据控制责任人的监督、签字。

3. 系统是否能够保证用户通过数据检索功能获取并输出的数据的准确性。

（三）常见问题和风险

1. 数据检索的身份与权限控制不存在或不健全，未根据用户需要约束其使用数据检索功能，或虽然建立了权限控制但未建立相关约束用户数据检索操作的制度规范。

2. 系统功能不完善，造成无法记录用户数据检索输出操作，或虽有日志功能但未正式使用，造成数据检索输出操作的相关信息缺失，导致无据可查。

3. 敏感数据的检索输出失控，缺失相关人员的许可与监督。

4. 检索输出结果不准确。

（四）审计的主要方法和程序

1. 审阅组织制度流程、岗位职责和用户授权文档，确认涉及数据检索输出的岗位及其职责与权限，检查系统的访问控制列表，了解系统对数据检索输出功能权限的设定与规定是否相符。

2. 设定不同权限的测试用户，对系统进行穿行测试，测试系统是否严格限定只有满足权限要求的用户才能使用数据检索输出功能；对数据信息进行检索输出的操作是否有日志记录；抽取敏感数据的检索输出记录进行分析核对，确定是否存在数据控制责任人的监督、签字。

3. 测试系统提供的数据检索输出的数据结果是否完整准确。

三、数据共享输出控制审计

（一）业务概述

数据共享输出控制，是指系统内部相关子系统之间、系统与外部系统之间通过信息交换或信息共享方式数据输出功能的身份与权限控制要符合标准规范及组织自身业务的相关要求。

（二）审计目标和内容

从合规性、安全性和准确性三方面，检查：

1. 组织是否在信息系统中建立了用户身份与权限体系，是否制定了控制数据共享输出的制度规范；用户在使用系统时，是否按照制度规范操作；系统是否严格限定只有满足权限要求的用户才能使用数据共享输出功能。

2. 系统能否发现并阻止非授权用户使用数据共享输出功能；是否有日志记录；对传输的信息是否加密；对于敏感的数据的共享操作，是否除了信息系统记录日志以外，还有数据控制责任人的监督、签字。

3. 系统是否能够保证用户通过数据共享输出功能输出的数据的准确性。

（三）常见问题和风险

1. 数据共享输出的身份与权限控制不存在或不健全，未根据用户需要约束其使用数据共享输出功能，或虽然建立了权限控制但未建立相关约束用户数据共享输出的制度规范。

2. 系统功能不完善，造成无法记录用户数据共享输出操作，或虽有日志功能但未正式使用，造成数据共享输出操作的相关信息缺失，导致无据可查。

3. 因未建立加密传输机制，或共享后无法确认是否被指定用户使用无法确认是否存在非法用户获取共享数据，从而共享数据的安全性无法得到保障。

4. 敏感数据的共享输出失控，相关人员的许可与监督缺失。

5. 共享输出结果不完整或不准确。

（四）审计的主要方法和程序

1. 审阅组织制度流程、岗位职责和用户授权文档，确认涉及数据共享输出的岗位及其职责与权限；检查系统的访问控制列表，了解系统对数据共享输出功能权限的设定与规定是否相符。

2. 设定不同权限的测试用户，对系统进行穿行测试，测试系统是否严格限定只有满足权限要求的用户才能使用数据共享输出功能；检查系统日志是否按照规定记录了用户对数据信息进行共享输出的操作；检查信息系统是否对传输的信息是否加密以保证共享数据的传输安全；抽取敏感数据的共享输出记录进行分析核对，确定是否存在数据控制责任人的监督、签字。

3. 测试系统提供的数据共享输出的数据结果是否完整准确。

四、备份与恢复输出控制审计

（一）业务概述

备份与恢复输出控制，是指生产系统向备份系统、备份系统向恢复系统数据输出的身份与权限控制要确保合理、有效，并符合标准规范及组织自身业务的相关要求。

（二）审计目标和内容

从合规性、安全性和准确性三方面，检查：

1. 组织是否在信息系统中建立了用户身份与权限体系，是否制定了控制数据备份与恢复输出的制度规范；用户在使用系统时，是否按照制度规范操作。

2. 系统能否发现并阻止非授权用户使用数据备份与恢复输出功能；是否有日志记录；对数据备份包的有效性是否进行了测试。

3. 系统是否能够保证用户通过数据备份与恢复输出功能输出的数据的完整、准确、可用。

（三）常见问题和风险

1. 数据备份和恢复的身份与权限控制不存在或不健全，未根据用户需要约束其使用数据备份和恢复功能，或虽然建立了权限控制但未建立相关约束用户数据备份和恢复的制度规范。

系统功能不完善，造成无法记录用户数据备份和恢复操作，或虽有日志功能但未正式使用，造成数据备份和恢复操作的相关信息缺失，导致无据可查。

2.因未建立加密传输机制，或共享后无法确认是否被指定用户使用无法确认是否存在非法用户获取共享数据，从而共享数据的安全性得不到保障。

3.因备份数据未进行恢复测试，无法确认备份数据是否安全、完整、可用从而导致数据备份和恢复的安全无法得到保障。

（四）审计的主要方法和程序

1.审阅组织制度流程、岗位职责和用户授权文档，确认涉及数据备份与恢复输出的岗位及其职责与权限；检查系统的访问控制列表，了解系统对数据备份与恢复输出功能权限的设定与规定是否相符。

2.设定不同权限的测试用户，对系统进行穿行测试，测试系统是否严格限定只有满足权限要求的用户才能使用数据备份与恢复输出功能；检查系统日志是否按照规定记录了用户对数据信息进行备份与恢复输出的操作；检查是否对备份数据包进行恢复测试以保证备份数据的安全性。

3.设定满足权限的测试用户，测试系统提供的数据备份包是否可恢复，数据是否完整、准确、可用。

第五节　信息共享与业务协同审计

一、信息资源目录体系测评审计

（一）业务概述

信息资源目录体系，是指组织以其统一的电子网络为基础，通过构建覆盖多级信息资源目录体系技术总体架构，采用元数据对共享信息资源特征进行描述形成统一规范的目录内容，最终提供信息资源的发现定位服务，支持大范围内跨部门、跨地区的普遍信息共享。

（二）审计目标和内容

检查组织的信息资源目录体系是否符合国家或行业的相关规范，是否较好地满足各类业务和管理需要。

（三）常见问题和风险

1.信息规划、部署过程中未设置信息资源目录体系。

2.目录体系设计缺乏整体性，未覆盖组织的主要信息系统。

3.目录体系的要素设计不全。

4.由于信息化建设缺乏长远和统筹规划，造成不同系统间形成彼此隔离的信息孤岛问题。

（四）审计的主要方法和程序

1.就组织目录体系的建立，检查在其信息系统构建过程中，是否进行了相应的规划以及实施，要求利用目录技术和元数据技术，以及其他网络技术，构造统一的信息资源目录管理系统。

2.就信息资源目录体系的规范性，检查其是否符合国家及行业规范标准的要求，是否符合本单位信息系统规划的要求。

3.信息资源目录体系技术构架是否包括信息库系统和目录服务系统；信息库系统是否包括了应用目录信息库、专业目录信息库、共享目录信息库、共享目录信息库、交换目录信息库、交换信息库；目录服务系统是否包括了目录编制系统、目录注册系统、应用目录系统、共享目录系统、交换目录系统、交换桥接系统。

二、信息资源交换体系测评审计

（一）业务概述

信息资源交换体系，是指按照统一的标准和规范，为支持跨部门、地域间、层级间信息共享以及协同而建设的信息服务体系。

（二）审计目标和内容

检查信息资源交换体系是否符合国家或行业的相关规范，是否较好地满足信息交换的需要。

（三）常见问题和风险

1. 信息化规划、部署过程中未设置信息资源交换体系。
2. 交换体系设计与目录体系缺乏一致性，未能充分运用和体现目录体系的构建结果。
3. 交换体系设计缺乏整体性，未能覆盖组织的主要业务信息系统。
4. 交换体系的要素设计不全。

（四）审计的主要方法和程序

1. 检查在其信息系统构建过程中，是否进行了相应的规划，是否建立信息资源交换体系。
2. 就信息资源交换体系的规范性，检查交换体系的技术架构是否与目录体系一致；对于组织的信息资源交换体系，检查其是否符合国家及行业规范标准的要求，是否符合本单位信息系统规划的要求。
3. 评价信息资源交换体系的实施效果，交换体系技术构架是否包括信息资源的业务应用、信息共享、信息交换三部分内容及相应实现方式；信息共享技术架构、信息交换技术构架是否包括了信息库系统和共享服务系统。

三、元数据和主数据测评审计

（一）业务概述

元数据是关于数据的数据，其用于描述信息数据集的内容、质量、表示方式、管理方式以及数据集的其他特征，是实现数据集共享的核心内容之一。

（二）审计目标和内容

检查组织系统中的元数据和主数据是否符合国家、行业或者组织的相关规范，是否较好地满足信息系统建设、应用和共享的需要。

（三）常见问题和风险

接受审计的组织未开展元数据标准化工作，系统间的数据无法共享和交换。

（四）审计的主要方法和程序

1. 检查组织在其信息系统构建过程中，是否按照国家及行业相关规范对元数据进行了规划，是否包含必选的元数据实体和元数据元素。
2. 检查组织各部门提供的元数据是否符合标准要求；是否按照标准建立核心元数据库，进行管理和发布。
3. 检查组织是否按标准要求扩展核心元数据，并形成元数据扩展文档。

四、数据元素和数据库表测评审计

（一）业务概述

数据元素是数据的基本单位；数据库表则是数据元素的集合，其包含结构化数据和非结构化数据。因此，在组织的信息系统中，只有数据元素和数据库表遵循统一的规划进行规划、设计、运行，才能实现信息的交换和共享。

（二）审计目标和内容

检查数据元素和数据库表是否符合行业或组织的相关规范，是否较好地满足信息系统建设、应用和共享的需要。

（三）常见问题和风险

1. 数据元素和数据库表的规划与交换体系、目录体系缺乏一致性，未能充分运用和体现目录体系、交换体系的构建结果。
2. 各信息系统的数据元素和数据库表规划不统一，不具备共享和交换基础。
3. 数据元素和数据库表的要素设计缺乏全面性。

（四）审计的主要方法和程序

1. 确认组织在其信息系统构建过程中，是否按统一标准对数据元素和数据库表进行了规划，并遵循规划实施。

2. 就数据元素和数据库表的一致性，检查组织对数据元素和数据库表的规划，是否符合目录体系和交换体系的要求；及其各系统中数据元素的编码规划、表示方法是否一致。

3. 就数据元素和数据库表的规范性，检查数据元素的标识符、数据元素的名称、数据元素的说明、数据元素的表示、数据元素的英文名称、数据元素的短名、数据元素的注释等要素是否齐全，是否符合国家统一规范；数据库表中是否包含了资源名称、资源摘要、资源负责方、资源分类、资源标识符和数据项说明6个必选的实体和元素。

五、内部数据和外部数据测评审计

（一）业务概述

内部数据是组织信息系统运行时产生的包括预算管理、会计核算和相关业务的数据，主要反映组织运行和管理情况。外部数据则是组织为履行其职能或实现经济业务活动而从其他单位获取的数据。该测评指标是基于信息共享和交换的需要而设计，更多地从内外部数据获取方式、相互间是否可印证等方面来确认数据的质量。

（二）审计目标和内容

从完整性、真实性和正确性三方面：

1. 检查获取的内部数据是否涵盖了被审计单位预算管理、会计核算和相关业务的主要方面；获取的外部数据，是否包括了被审计单位履行职能或者实现经济业务活动需要的主要数据。

2. 在信息系统业务流程控制审计，数据输入、处理和输出控制审计中，通过相应的审计程序和方法，已可基本确认被审计单位内部数据的真实性。在内部数据和外部数据测评中，是通过内部、外部数据的相互印证，以进一步确定数据的真实性。

3. 通过内、外部数据的比对，确认数据之间不存在重大不相符或歧义现象。

（三）常见问题和风险

1. 外部数据的获取渠道和方式存在问题，与内部数据出现重大分歧和不一致。

2. 通过外部数据验证，发现内部数据的完整性、正确性和真实性存在问题。

3. 通过内部数据的验证，发现外部数据的可信度和准确度较低。

（四）审计的主要方法和程序

1. 就内、外部数据的完整性，检查组织的内部数据是否涵盖了被审计单位预算管理、会计核算和相关业务的主要方面；组织履行职能或者实现经济业务活动是否需要外部数据，是否以恰当的技术手段获取。

2. 就内、外部数据的真实性，检查内部数据是否经过了业务流程控制审计，数据输入、处理和输出控制审计等程序，是否能确认数据的真实性；外部数据的提供部门是否值得信赖；外部数据获取的技术方法是否恰当。

3. 就内、外部数据的正确性，检查内、外部数据是否相互可验证；抽查内、外部数据，相互验证结果如何；内、外部数据之间是否有重大不一致。

六、信息资源标准化测评审计

（一）业务概述

信息资源标准化是组织实现信息共享和交换的前提。组织各下属单位、各部门的信息系统只有按统一的标准建设和运行，才能实现共享与交换。因此，该指标用于测评被审单位信息资源的标准化程度。

（二）审计目标和内容

检查信息系统是否建立了满足信息共享和业务协同的信息资源标准和规范，是否执行了国家或者行业的标准化要求，是否为推进经济业务活动的共享协同提供了有效支撑。

（三）常见问题和风险

1. 组织未开展信息资源标准化工作，各信息系统之间的数据无法实现共享和交换。

2. 被审计单位信息资源标准化工作缺乏规范性或科学性，导致信息系统之间数据共享和交换效率低下，甚至出现错误。

（四）审计的主要方法和程序

1. 就信息资源标准化建设，检查组织是否建立了信息资源标准化规范；被审计单位在信息化工作中，是否按照相关标准化规范建设信息系统。

2. 就信息资源标准化的规范性，检查是否执行了国家或者行业的标准化要求。

3. 检查信息资源标准化的效果，计算相关应用比重。

七、公共基础信息建设测评审计

（一）业务概述

公共基础信息建设，是指组织履行职能或者实现经济业务活动，需要利用人口、法人、空间地理等公共基础信息。

（二）审计目标和内容

从真实性、完整性、合规性和连续性四方面，检查：

1. 公共基础信息建设项目确实存在，项目的立项申请或者备案确实发生，不存在虚假项目或者以备案名义变相审批的情况。

2. 所获取的公共基础信息是否涵盖了组织利用该信息履行职能或者实现经济业务活动需要的主要数据，是否满足组织履行职能或实现经济业务活动的特定时间段需要。

3. 公共基础信息的获取，是否来源于该信息产生或发布的合法、权威部门，是否履行了获取该信息的相关手续；获取的公共基础信息中是否含有信息产生、发布部门的敏感数据；公共基础信息的存储是否遵循了国家信息安全相关制度、标准及规范。

4. 是否建立了与信息产生或发布部门的定期获取共享信息的制度。

（三）常见问题和风险

1. 立项申请项目不符合国家和行业的相关规定与规划。

2. 公共基础信息建设获取的信息不够完整，对组织履行职能或者实现经济业务活动的支撑不够完整。

3. 项目主管部门对立项申请项目的审批或审核不符合国家相关规定和规划。

（四）审计的主要方法和程序

1. 就公共基础信息建设的真实性，检查组织的公共基础信息建设是否存在；若建设项目确实存在，项目的立项申请或者备案确实发生；若公共基础信息建设项目属于续建项目，该项目确实具有续建的必要性。

2. 就公共基础信息建设的完整性，检查获取的公共基础信息是否涵盖了组织利用该信息履行职能或者实现经济业务活动需要的主要数据；获取的公共基础信息是否满足组织履行职能或实现经济业务活动的特定需要。

3. 就公共基础信息建设的合规性，检查公共基础信息的获取是否来源于该信息产生或发布的合法、权威部门，是否履行了获取该信息的相关手续；获取的公共基础信息中是否含有信息产生、发布部门的敏感数据；公共基础信息的存储是否遵循了国家信息安全相关制度、标准及规范。

4. 就公共基础信息建设的连续性，检查组织是否建立了与信息产生或发布部门的定期获取共享信息的制度；所获取公共基础信息的实际行动是否与信息产生或发布部门定期进行。

八、其他共享信息建设测评审计

（一）业务概述

组织履行职能或者实现经济业务活动，按照国家或者行业确定或者与其他部门协定需要向其他部门提供其所需的共享信息。需要按照国家、行业或者协定的共享信息标准规范组织建设，建立共享信息的管理制度和机制，具有较为完备的信息系统实现功能，支持其他部门的信息共享与业务协同。

（二）审计目标和内容

从真实性、完整性、合规性和连续性四方面，检查：

1. 其他共享信息建设项目确实存在，项目的立项申请或者备案确实发生，不存在虚假项目或者以备案名义变相审批的情况。
2. 提供的其他共享信息是否涵盖了其他共享信息履行职能或者实现经济业务活动需要的主要数据，是否满足其他部门履行职能或实现经济业务活动的特定需要。
3. 产生和发布是否履行了提供该信息的相关手续；提供的其他共享信息中是否含有敏感数据；存储是否遵循了国家信息安全相关制度、标准及规范。
4. 组织是否建立了与信息需求部门的定期提供共享信息的制度；提供其他共享信息的实际活动是否与信息需求部门定期进行。

（三）常见问题和风险

1. 立项申请项目不符合国家和行业的相关规定与规划。
2. 其他共享信息建设提供的信息不够完整，对信息需求单位履行职能或者实现经济业务活动的支撑不够完整。
3. 项目主管部门对立项申请项目的审批或审核不符合国家相关规定和规划。

（四）审计的主要方法和程序

1. 检查组织的其他共享信息建设是否存在；若建设项目确实存在，项目的立项申请或者备案确实发生；若其他共享信息建设项目属于续建项目，该项目确实具有续建的必要性。
2. 检查提供的其他共享信息是否涵盖了其他部门利用该信息履行职能或实现经济业务活动需要的主要数据；提供的其他共享信息是否满足其他部门的履行职能或实现经济业务活动的特定需要。
3. 检查是否履行了提供该信息的相关手续；获取的其他共享信息中是否含有敏感数据，存储是否遵循了国家信息安全相关制度、标准及规范。
4. 检查组织是否建立了与信息需求部门的定期提供共享信息的制度；提供其他共享信息的实际行动是否与信息需求部门定期进行。

第五章 信息系统专项审计

第一节 信息科技外包审计

信息科技外包是指组织将原来由自身负责处理的某些业务活动委托给服务提供商进行持续处理的行为，包括系统研发类外包、咨询服务类外包、系统运行维护类外包及业务外包中的相关信息科技活动等内容。

服务提供商包括独立的第三方、组织母公司或其所属集团设立在中国境内外的子公司、关联公司或附属机构。非驻场外包是一种特殊形式的外包，与驻场外包一样也会导致各类风险，但具体管控环节和方式不同。

本节将从信息科技外包战略规划、信息科技外包治理、信息科技外包商管理审计、信息科技外包项目管理审计、信息科技外包人员管理审计、信息科技外包安全管理等方面对信息科技外包审计的方法与步骤进行描述。

一、信息科技外包战略规划审计

（一）业务概述

信息科技外包战略是指企业对信息科技外包的目标和策略的组合，企业信息科技外包的远景、使命、命题等的全局规划和方针及定位。

（二）审计目标和内容

通过对信息科技外包战略规划的审计，判断组织在外包战略规划方面：

1. 是否建立了信息科技外包战略，所建立的外包战略是否具有全局性、长远性及可操作性的特点。

2. 是否明确了外包管理基本原则，是否能确保风险、成本和效益的平衡，并考虑了减少对供应商过分依赖和掌握核心技术的相关因素。

3. 是否定期修正外包战略；外包战略是否定期由高级管理层审阅，外包战略是否被各相关部门知悉。

（三）常见问题和风险

1. 未建立信息科技外包战略或战略制定不合理，不利于确定信息科技外包管控重点，无法从外包核心能力丧失、关键技术自主可控、外包成本效益分析等方面指明外包发展目标和方向。

2. 信息科技外包战略未有效执行，过度依赖外包商，间接导致企业自主发展能力丧失，一旦供应商异常退出，企业无法独立运维和实现功能升级，将会影响系统的安全和稳定。

（四）审计的主要方法和程序

1. 信息科技外包战略的制定

（1）访谈科技信息部各个部室的负责人对于组织信息科技外包战略的理解。

（2）获取相关会议纪要，审阅组织对于信息科技外包管理战略的定义和变化。

2. 信息科技外包战略合理性

（1）获取组织整体发展战略，审阅信息科技外包管理战略与整体发展战略是否一致。

（2）审阅组织整体发展战略或信息科技外包管理战略中是否有适用年限的定义。

（3）审阅信息科技外包战略中是否进行了同行对比，是否有公开的定义。

3. 信息科技外包战略内容

（1）建立选择和实施战略的方针，确定指导外包行为的总则。

（2）建立外包战略长期目标和短期目标——盈利能力、财力资源、产品、研究与创新、组织结构与活动等。

（3）决定用以实现外包目标的战略，明确外包管理原则，确保风险、成本和效益的平衡，掌握核心技术的发展趋势。

（4）加强自身能力建设，降低对外包商的依赖。

二、信息科技外包治理审计

（一）业务概述

信息科技外包治理是指组织中的信息科技外包的决策机制和管理方式和管理制度等内容。

（二）审计目标和内容

通过对信息科技外包治理的审计，判断组织在外包治理方面：

1. 是否建立信息科技外包组织、明确组织职责、岗位职责；是否建立信息科技外包管理体系，明确管理流程和管理方法。

2. 是否建立了正式的信息科技外包管理制度，并评价外包制度和流程的可操作性。

3. 是否建立了针对信息科技外包各个环节的风险评估要求，是否建立了外包商尽职调查、外包集中度评估和外包应急预案制订等规定，并得到了有效执行。

（三）常见问题和风险

1. 未建立信息科技外包制度体系文件或外包管理制度覆盖不全面，可能导致外包管控要求无法落实或外包精细化管控不足。

2. 外包组织架构不健全或职责冲突，无法有效履行外包管控职责，不利于信息科技外包的规范化管理。

3. 未定期开展信息科技外包管理的风险评估，无法有效对外包战略、外包供应商管理、外包人员管理、外包安全管理等各项管控措施的执行情况进行验证，不利于外包管理体系的持续改进。

（四）审计的主要方法和程序

1. 信息科技外包制度

（1）访谈了解已经制定颁布的信息科技外包管理相关制度。

（2）获取已经制定颁布的信息科技外包管理相关制度并审阅其内容是否包括分类分级管理、供应商管理、人员管理、应急管理等方面，并检查制度的执行情况。

2. 信息科技外包组织架构

（1）访谈了解信息科技外包组织架构。

（2）获取并审阅信息科技外包相关制度，是否包含信息科技外包管理架构和具体的管理角色以及职责分工。

（3）访谈了解各部门职能，验证其与设计职能是否一致。

（4）针对项目协调人，从所有项目中抽取审计样本，获取审计样本的项目牵头部门和负责人，审阅其与组织架构是否一致。

（5）明确信息科技外包风险主管部门的主要职责包括对外包风险进行识别、评估、处置、监控和报告。

（6）访谈了解信息科技外包管理架构管理层审阅流程。

（7）获取相应管理层对信息科技外包管理架构的审阅记录或会议纪要，并检查其中是否包含管理层审阅证据的内容。

（8）获取相应管理层对信息科技外包管理架构的审阅记录或会议纪要，并检查后续行动的监控及状态记录，以及最终处理状态。

3. 信息科技外包风险管理

与相关人员访谈，验证是否建立信息科技外包风险管理制度与流程，并获取相应制度进行验证；验证是否建立了年度信息科技外包商风险管理工作计划，并验证计划的执行力，获取相关工作成果。

三、信息科技外包商管理审计

（一）业务概述

信息科技外包商管理是指对为组织提供信息科技服务的外包商进行准入、外包采购需求管理、外包商选择与尽职调查、外包合同签订等方面的管理工作。

（二）审计目标和内容

通过对信息科技外包商管理的审计，判断组织在外包商管理方面：

1. 获取了充分的信息科技外包商准入信息，包括但不限于：内部控制与管理能力信息、持续经营能力信息、技术与服务能力信息等。

2. 开展了信息科技外包采购需求管理。外包项目的需求应符合信息系统规划框架，对未纳入采购计划或项目推迟的项目需求进行原因分析，并及时反馈给需求方。

3. 通过招标方式来选择信息科技外包商，并对外包商进行了尽职调查；与外包商签订了适宜的信息科技外包合同与服务水平协议（SLA）。

4. 组织的外包项目验收小组应对阶段性验收和最终验收的结果进行记录与归档，形成验收报告，记录实际项目情况与服务水平协议的一致性与差异性。

5. 组织应对外包商进行阶段性的考核工作，对外包商的异常情况进行及时纠正，根据考核结果对外包商建立奖惩机制。

（三）常见问题和风险

1. 未建立外包商准入标准或准入不严格，导致不合格外包商参与项目实施，导致外包交付延期或质量下降。

2. 未执行外包商尽职调查或尽职调查流于形式，对服务能力、资质、经验、市场评价等调查不彻底，导致外包项目失败或意外中断。

3. 企业或组织为追求短期目标，如成本、进度、技术等因素，将某些业务活动集中委托给少数服务商，可能导致企业或组织在商务谈判、合同、服务质量环节的把控力度下降。

4. 外包合同对知识产权定义不清晰，知识产权保护意识不强等引起的知识产权纠纷的风险。

5. 外包服务商因经营不善、与外包商的合同纠纷中断外包服务，导致组织生产和运营风险、服务中断的风险。

6. 未建立外包商服务评价机制或评价指标不够细致，导致外包商评价流于形式，无法实现对外包商工作的准确评价，不利于外包商的规范化管理和外包质量和风险的控制。

（四）审计的主要方法和程序

1. 信息科技外包商准入管理

（1）与相关人员访谈，验证是否对外包商准入信息进行定期收集。

（2）查看外包商准入信息收集文档。

（3）获取外包商准入信息指标，验证是否对外包商进行准入管理。

（4）获取已获得准入资格的外包商名单，验证在正常情况下的项目准入是否优先选择了满足准入条件的外包商。

2. 信息科技外包采购需求管理

（1）审阅年度集中采购项目清单。

（2）检查年度集中采购项目是否划分了优先级，以及优先级制定的依据。

（3）获取未按照信息系统规划制定的项目清单。

（4）检查其审批流程和根源分析证据。

（5）抽取部分未批准项目作为测试样本，审阅将未通过审批情况反馈给需求部门的证据。

3. 信息科技外包商选择与尽职调查

（1）选取部分项目作为测试样本。

（2）获取该项目外包商的背景调查报告，验证是否对外包商进行了充分的背景调查。

（3）获取样本项目的项目建议书、工作说明书，审阅其是否包含信息科技外包商技术资质、项目工作方法以及初步技术解决方案。

（4）获取评标文件，审阅其选定最终外包商后是否经过管理层的审批。

4. 信息科技外包合同与服务水平协议（SLA）

（1）获取合同变更的制度与流程。

（2）审阅其审批流程是否与正式流程的审批力度保持一致。

（3）选取部分项目作为测试样本。

（4）获取合同变更项目的相应流程文档。

5. 信息科技外包合同验收

（1）选取部分项目作为测试样本。

（2）与组织相关负责人访谈，了解是否制定了明确的信息科技外包服务商交付产品或提供服务的验收差异矫正措施报告。

（3）获取验收差异矫正报告，并验证其是否有效执行。

6. 信息科技外包商评价

（1）访谈相关岗位人员，了解外包商评价机制和评价情况。

（2）访谈外包服务人员，特别是外包方项目经理，了解对方对考核结果的知晓情况。

（3）审查评价较差的外包商整改情况。

（4）审计评价结果的应用及效果。

四、信息科技外包项目管理审计

（一）业务概述

信息科技外包项目管理是指对信息科技外包项目运用项目管理的方法和技术工具进行管理。

（二）审计目标和内容

通过对信息科技外包项目管理的审计，判断组织在外包项目管理方面：

1. 开展了信息科技外包项目计划管理，在项目计划阶段对项目进行基本分工，明确各生命周期阶段的里程碑与交付品，确定各阶段的时间计划。

2. 在信息科技外包项目预算管理方面，组织建立了外包项目财务预算管理策略，制定管理制度，对外包服务的预算进行有序管理。

3. 实施了对信息科技外包项目的监控，确保外包商定期提交项目进度报告及成本与绩效报告；比较外包项目的实际完成情况及时间进度、投入人力情况、资源实际可用度、知识转移情况等。

4. 开展了对信息科技外包项目的后评价，应至少从以下方面对外包项目进行绩评价：过程质量、交付质量、知识管理、客户满意度等。

（三）常见问题和风险

1. 由于信息科技外包项目计划制定不充分，导致外包交付延期或交付质量不满足预期要求。

2. 由于外包项目的需求不明确、项目进度、项目质量、奖惩机制不完善，导致外包项目实施效率低下，项目质量不高。

3. 信息科技外包项目实施过程中，由于缺乏有效的监控机制，或者检查评估措施不完善，导致项目交付延期或项目交付质量下降。

4. 由于组织的信息科技外包项目集中度过高，导致过度依赖于某个或某些外包商，从而削弱和丧失了自主开发运维和自主创新的能力。

5. 未建立外包项目后评价机制，无法准确对外包商交付成果进行评价，无法将外包评价结果作为外包商再次准入的重要参考依据。

（四）审计的主要方法和程序

1. 信息科技外包项目计划管理

（1）获取项目初级分工结构图，验证是否按照生命周期各阶段对交付品进行规定。

（2）获取项目初级分工结构图，验证其是否包含上述内容。

（3）获取项目计划，验证项目计划中是否对资源进行了分配。

（4）选取部分项目作为测试样本。

2. 信息科技外包项目预算管理

（1）与相关负责人进行访谈，了解财务预算管理政策及执行情况。

（2）获取财务预算管理制度，检查预算管理制度是否合理，是否有针对外包服务的预算规则等方面。

（3）与相关人员访谈并获取会议纪要等文档，验证科技部门是否根据信息科技外包规划开展预算评估。

3. 信息科技外包项目监控

（1）获取外包商提供的项目进度报告，审查外包商是否对项目进度进行监控。

（2）获取外包项目过程文档，审查项目质量、进度、预算、风险的监控情况。

（3）获取项目质量评估报告，审查质量评估情况、整改情况。

（4）检查不符率和持续改进情况。

4. 信息科技外包项目后评价

（1）与相关负责人访谈了解组织是否针对不同类型信息科技外包项目建立了项目绩效评价指标体系。

（2）与相关负责人访谈了解建立项目绩效评价指标体系的过程，并获取相关文档，验证是否获得了组织管理层审批，并记入外包商合同中。

（3）与相关负责人访谈了解组织是否依据项目绩效评价指标体系定期及项目结束后对项目绩效进行评价，并获取相关文档。

（4）与相关负责人访谈了解组织在进行下一阶段项目或全新项目信息科技外包商选择时是否把前一阶段绩效评价结果纳入考量因素中，并获取相关文档。

（5）与相关负责人访谈了解组织是否在项目结束后，定期抽查分析项目立项目的是否实现，并根据分析结果判断外包商资质，以及更新项目绩效评价指标体系中相关参数，并获取相关文档。

（6）与相关负责人访谈了解组织的外包是否过于集中于一个或几个外包商，是否能防范行业垄断和机构集中度风险；是否可以通过引入适当的竞争在降低采购成本的同时提高服务质量，合理管控服务提供商的数量从而降低风险及管理成本。

五、信息科技外包人员管理审计

（一）业务概述

信息科技外包人员管理是指对信息科技外包服务人员进行行政、服务方面的管理。

（二）审计目标和内容

通过对信息科技外包人员管理的审计，判断组织在外包人员管理方面：

1. 开展了信息科技外包人员入场前管理，对外包人员进行入场前的教育与培训，使其知悉组织的外包安全管理要求。

2. 对驻场人员提出了日常管理的基本要求，建立了正式的外包人员违反外包人员管理的惩戒机制。

3. 对驻场人员离场提出相关管理要求，及时收回退出人员的门禁卡并清查办公物品，对退出人员使用的电子设备中保存的与组织业务有关的文件或数据进行清除。

4. 对驻场人员进行考核管理，必要时应对外包人员的绩效水平与服务成果进行定期考核，确保外包人员有能力提供持续的外包服务。

（三）常见问题和风险

1. 未实施重要外包项目的外包人员背景调查，可能无法有效识别外包人员的历史违规、数据泄露等历史风险。

2. 未开展外包人员安全教育，可能导致外包人员不经意泄露银行敏感信息，导致银行声誉风险。

3. 外包人员考勤及考核不严格，导致外包效率较低或外包质量不满足预期目标。

（四）审计的主要方法和程序

1. 信息科技外包人员入场前管理

（1）抽样获取并验证外包商进场前是否填写了外包人员驻场情况。

（2）与驻场人员访谈，验证是否对初次进入项目的外包人员建立试用期机制、入场前培训情况。

（3）检查驻场人员保密协议、个人简历、专业资质、背景调查情况。

2. 驻场人员日常管理

（1）与驻场人员访谈，验证驻场人员是否遵守了相关外包安全管理制度，是否开展过外包安全相关意识宣贯和技能培训。

（2）抽样并查看驻场外包人员的个人电脑，验证是否存在非法的网络外联，是否私自更改设定 IP 地址，是否安装了其他不允许安装的软件。

3. 驻场人员离场管理

（1）与相关人员访谈，了解外包人员退出程序和执行情况。

（2）与外包人员访谈，了解已经离职人员情况，检查是否属于人员流失。

4. 驻场人员考核管理

（1）与驻场人员访谈，检查驻场人员对考勤、考核制度的了解情况。

（2）检查考勤与考核记录。

（3）检查考核结果的公正性及考核效果。

（4）检查外包人员奖惩情况。

六、信息科技外包安全管理审计

（一）业务概述

信息科技外包安全管理是指对信息科技外包相关的访问控制、信息资产、操作安全、数据安全、应急预案、应急处置等安全管理工作。

（二）审计目标和内容

通过对信息科技外包安全管理的审计，判断组织在外包安全管理方面：

1. 组织的信息安全管理覆盖了外包项目和外包人员管理，包括访问控制、信息资产管理、操作安全、数据安全等领域。

2. 组织开展了信息科技外包应急管理，建立了外包项目范围的业务连续性管理规范，定期对外包商进行业务连续性管理安全检查。

3. 在外包项目开展前，应对外包项目的业务连续性进行风险分析，包括灾难、区域性灾难、金融领域关联性风险等。

4. 应定期对外包项目的灾难恢复计划进行测试和演练。

（三）常见问题和风险

1. 外包人员权限管控不严格，导致外包过程中出现操作失误或敏感信息泄露。

2. 如果不将外包风险纳入全面风险管理体系，没有建立外包风险检查与绩效机制，会使外包风险游离于组织风险管理体系之外。

3. 未建立外包应急预案，无法有效对外包应急场景进行识别与演练，不利于外包商异常中断的快速处置。

（四）审计的主要方法和程序

1. 信息科技外包应急管理

（1）检查外包应急预案。

（2）检查应急预案演练情况。

（3）检查外包合同中是否明确紧急情况下外包服务商的责任和应急要求。

（4）检查关键外包人员对应急的理解程度。

2. 信息科技外包安全管理

（1）检查外包服务使用部门，对外包安全的履职情况，包括签订保密协议、授权访问资产等。

（2）访谈外包人员，判断其对外包人员管理要求和义务的理解和执行情况。

（3）检查违反外包安全规定的处罚情况。

第二节　灾备与业务连续性审计

灾备与业务连续性是组织通过预防和恢复控制的结合，将意外事故的影响降低到最低水平，并将损失恢复到可接受程度的整个过程。其主要目标是防止业务活动中断，保护关键业务流程不会受信息系统失效或自然灾害的影响，并确保其及时恢复。

业务连续性管理应包括识别和降低风险、有效的业务及风险评估、限制有害事故的影响范围以及确保业务及时恢复等步骤。典型的信息业务连续性管理应包括应急管理、灾难备份和业务连续性计划三个方面的内容，灾难备份（以下简称灾备）是指为了灾难恢复而对数据、数据处理系统、网络系统、基础设施、专业支持能力和运行管理能力进行备份的过程；业务连续性计划是机构通过制定计划，通过预防和恢复控制的结合，将意外事故的影响降低到最低水平，并将损失恢复到可接受程度的整个过程。

本节只涉及灾难备份与业务连续性的审计，有关应急管理的审计可参考第三章第四节中的内容。

一、灾难备份管理审计

（一）业务概述

灾难备份管理，是指组织为了更好应对灾难发生确保业务连续性而从组织与人员，制度与策略、工具与技术等三方面所建立的灾难备份管理体系。

（二）审计目标和内容

该项审计的目标旨在通过对灾难管理涉及的人员与组织、制度与策略，以及工具与技术的检查，以判断：

1. 组织是否根据其经营规模和业务发展的具体情况建立相应的负责灾难备份、恢复的组织架构，明确灾备组织中各类小组及人员的职责。

2. 组织是否根据其经营规模和业务发展的具体情况建立完备、正式的灾备系统规划，制定适宜的灾难备份与灾难恢复策略。其中，灾难恢复策略的制定应根据系统风险分析和业务影响性分析的结果进行灾难恢复等级划分，并根据成本风险平衡的原则确定每项关键业务功能的灾难恢复策略。

3. 组织是否依据灾难恢复策略制定恢复预案，重点检查预案的完整性、兼容性、指导性和及时性，并确保恢复预案得到定期的评审与周期性的演练。

（三）常见问题和风险

1. 组织未根据国家、行业的合规监管要求以及自身的经营规模和业务需求，建立健全灾难恢复管理体系，如未建立跨部门的灾难恢复组织、未明确组织中各类小组及人员职责、未制定健全的灾难恢复管理制度与操作规范、未部署灾难备份和恢复系统，进而导致灾难发生时无法及时、有序地进行处置和恢复。

2. 在制定灾难恢复策略前，未进行系统风险分析和业务影响性分析，无法确定重要信息系统的恢复时间目标、恢复点目标和恢复优先级策略。

3. 灾难恢复预案未经正式的审批与发布，导致预案程序未得到有效的认同。发生灾难事件时，无法通过预案协调各部门进行有效的配合、应对、处置与恢复。

4. 灾难恢复预案未开展定期演练，无法有效验证灾难恢复流程的合理性和适用性，一旦发生灾难事件，无法按照灾难恢复预案所规定的处置流程进行快速处置和恢复。

（四）审计的主要方法和程序

1. 调阅相关文件和资料，了解组织是否建立灾备恢复机构，明确机构内各类小组（灾备领导小组、灾备规划小组、灾备运行小组）和人员职责，并判断人员构成及其职责设置的合理性，其中，组织机构人员组成应包括管理、业务、技术和后勤方面的人员；检查是否指定同职责的备份人员。

2. 灾备总体规划与系统工作范围定义

（1）通过访谈或现场查阅方式，了解是否建立灾难备份、恢复机制及其总体控制目标；是否明确定义为减少灾难造成的损失以及确保信息系统所支持的关键业务在灾难后迅速恢复和继续运行的总体安排和计划。

（2）访谈信息系统主管人员并审阅相关资料，检查灾备系统工作范围定义的完整性，即灾备系统规划和灾难备份中心的日常运行、关键业务功能在灾难备份中心的恢复和重新运行，主系统灾后重建和回退工作，突发事件的响应等。

3. 审阅灾难恢复策略制定过程相关文档：

（1）检查其是否包括覆盖所有关键业务的信息系统风险分析文档，以及是否根据风险分析结果确定风险防范和风险接受的程度，并以此作为灾备系统开发的重要依据，且经过管理层的正式审批。

（2）检查其是否包括：经营管理层正式审批的所有关键业务系统的业务影响性分析，明确相关信息的保密性、完整性和可用性要求；中断影响评估，包括评估的方法（定性或定量），业务功能中断可能给组织带来的损失及由此带来的风险。

（3）检查是否明确定义了关键业务功能及恢复的优先顺序，且该顺序的制定过程中由业务部门发起，并经高级管理层的审批；RTO/RPO 时间定义是否符合企业业务连续性的要求。

（4）检查每项关键业务的灾难恢复策略是否基于经过全面分析灾难恢复资源成本与风险可能造成损失之间的平衡基础之上；灾难恢复策略内容是否完整地包括了灾难恢复资源的获取方式和灾难恢复能力等级。

（5）检查灾难恢复、备份策略中是否与所涉及的电信、电力、设备及技术支持供应商之间签署服务水平协议（SLA），确保灾难发生时可以得到及时的服务。

4. 外部资源的获取

访谈信息系统主管人员，询问是否存在委托外部机构的灾备系统建设，若存在，检查外部机构的资质及是否与其签署服务水平协议（SLA），查看并评判安全保密措施要求的适当性。

5. 灾难恢复预案制定及演练

（1）审阅灾难恢复预案制定过程产生的文档记录，确认其是否经过起草、评审、测试、完善、审核和批准的全过程，判断其过程的完整性和合规性。

（2）查阅灾难恢复预案，检查其内容是否涵盖灾难恢复的整个过程，以及所需的尽可能全面、及时的数据和资料，明确定义灾难恢复的各流程及其工作内容、工作步骤、涉及人员及其职责，判断预案的完整性、可读性、明确性和易用性；访谈负责应急系统管理和灾备系统管理的主管人员，了解灾难恢复预案与其他应急体系的结合程度，确保其兼容性。

（3）检查灾难恢复预案是否记录了涉及的关键岗位的详细通讯方式以及灾难发生时可用的备份联系方式；根据灾难恢复预案中的记录，确认关键岗位通讯方式的有效性；访谈灾难恢复预案中涉及的人员，确认所有人都已得到该通讯记录，并在异地进行了备份存储，且可以及时取得。

（4）访谈灾难恢复预案的管理人员并调阅相关管理制度，了解预案的保存和分发的流程，并检查流程是否合规，并落实专人负责，统一多份拷贝，异地保存，且分发给所有参与灾难恢复工作的人员；定期修订更新，旧版本仅留存一套备查，其余统一销毁。

（5）访谈灾备系统相关人员，了解组织是否将灾备系统观念或相关知识纳入安全意识培训体系并持续开展教育；访谈灾备相关的技术支持人员，确认组织持续提供关于灾备、应急、专业技术、业务系统方面的培训；检查已经实施的灾难恢复演练计划所形成的报告，根据演练的类型（桌面演练、模拟演练、真实演练、混合演练）和结果，确认其演练过程的有效性，及每年存在至少一次的、有最终用户参与的完整演练。

6. 评估、维护与更新

（1）访谈组织及业务和信息系统相关负责人，了解组织是否随着自身业务发展，定期进行系统风险分析和业务影响性分析，并根据其结果对灾难恢复、备份策略进行补充和修订；审阅相关制度和会议记录，明确灾备策略评估、维护、更新经过了管理层及所有业务部门的参与和审批。

（2）审阅相关制度和会议记录，明确灾难恢复预案的评估和修订经过管理层及相关部门的参与和审批。所有的修订都应经过起草、评审、测试、完善、审核和批准等程序；检查灾难恢复预案的维护和变更记录及审核文档，确保业务流程的变化、信息系统的变更、人员的变更都在灾难恢复预案中及时反映；审阅测试、演练和执行的效果评估结果，以及预案相应的修订记录，确保灾难恢复预案进行了相应的修订；审阅针对灾难恢复预案进行的评审或内部信息系统审计的相关报告，确认灾难恢复预案进行了相应的修订。

二、业务连续性计划审计

(一) 业务概述

组织建立实施业务连续性计划的责任架构和日常管理制度，可提高自身的风险防范能力，降低突发灾难的破坏并降低不良影响。

信息系统业务连续性管理主要包括：制定、管理、执行的组织架构及实施工作人员管理；制定完备的信息业务连续性计划并对其进行测试、更新；对相关业务人员的培训；对信息业务连续性计划的审计以及管理工作的合规管理。

(二) 审计目标和内容

该项的审计目标旨在：

1. 检查组织的高管层是否为满足组织自身业务连续性管理的要求，履行管理职责，组建由高级管理层和业务连续性管理相关部门负责人组成的业务连续性管理机构，明确其职责，配置足够资源以及经过充分培训的员工，并对其工作开展进行审查、监督和评价。

2. 检查业务连续性管理组织是否履行其职责，制定并开展业务连续性计划，协调业务条线部门，汇总、确定重要业务的恢复目标和恢复策略。

3. 检查组织是否在统一的业务连续性计划框架下制定信息业务连续性计划，从而明确总体目标及风险底线，确保计划涵盖所有业务部门的重要应用系统及不同网络与信息安全事件，充分体现计划的完整性、合理性和合规性。

4. 检查组织是否针对信息业务连续性计划进行业务影响分析，并以此为基础明确业务运行恢复的优先顺序，制定合理的业务恢复策略，确保恢复策略的可操作性、规范性。

5. 检查组织是否将外部信息技术服务商纳入信息业务连续性恢复框架内，并对关键服务供应商、外包商在突发状况发生时的应对能力进行评估；制定组织在使用海外机构支持的情况下应对法律和合规问题的方案。

(三) 常见问题和风险

1. 未建立由组织高层领导的、跨部门的业务连续性管理机构并将业务连续性管理纳入企业文化建设中，未明确业务连续性管理组织和人员的职责，造成业务连续性管理缺失，无法有效履行管理职责。

2. 未制定业务连续性计划，或业务连续性计划未覆盖组织重要业务和系统，导致业务连续性计划无法有效执行。

3. 未针对业务连续性计划制定演练计划及定期开展演练，不利于检验业务连续性计划的合理性和适用性，不利于业务连续性计划的持续改进。

(四)审计的主要方法和程序

1. 业务连续性管理的组织

(1)(组织的高级管理层)访谈组织管理层,了解其是否知悉自己在组织内部业务连续性管理中的定位与职责;是否参与相关政策的审批并对组织的审批提供了资源支持;是否通过相关管理层会议推进业务连续性计划的建立、实施及更新,以符合业务发展的需要。

(2)(业务连续性管理委员会)调阅组织业务连续性管理相关规章制度、文件以及人员名单,检查其是否设定了跨部门的业务连续性管理委员会并明确了其职责;与委员会的负责人进行座谈,询问委员会推动协调本单位业务连续性计划实施情况,对相关规章制度规范、计划制定与实施、计划持续改进等情况进行证实。

(3)(业务连续性主管部门或岗位)调阅组织业务连续性管理相关规章制度、文件,检查是否对业务连续性主管部门或岗位的职责做出明确规定,分析其职责界定是否合理、完整;调阅业务连续性主管部门的有关业务连续性的相关工作计划、实施方案、评估报告、会议纪要、工作记录等,检查其是否主导开展业务连续性管理工作。

(4)(业务连续性计划执行部门和保障部门)访谈业务条线部门及信息技术部门负责人,了解业务条线部门是否实施了风险评估、业务影响分析,确定重要业务恢复目标和恢复策略,负责业务条线重要业务应急响应与恢复等工作;了解信息科技部门是否负责了信息技术应急响应与恢复工作;访谈保障部门,了解其是否为本单位的业务连续性计划提供了人力、物力、财力以及安全保障和法律咨询服务。

2. 业务连续性计划的实施

(1)(计划的完备性)调阅企业的总体业务连续性计划,检查其是否包括信息系统业务连续性计划,如果包括,则判断其内容、要点是否具备以上相关基本要求;调阅信息业务连续性计划业务影响分析报告,检查其分析是否全面、合理,符合要求;调阅突发事件应急管理预案和灾难恢复策略,检查其制定是否合理、完善;与信息业务连续性计划负责人、相关工作人员进行座谈。询问是否制定不同事件的信息业务连续性计划,是否定期对信息业务连续性计划进行测试,测试周期多长,是否对信息业务连续性计划定期进行审查并更新,目前的预案文档为第几版,了解其对信息业务连续性计划的掌握程度;与信息业务连续性计划负责人、相关工作人员进行座谈,询问是否具备应急设备并能正常工作,信息业务连续性计划执行所需资金是否做过预算并能够落实。

(2)(业务影响分析)调阅业务影响分析报告,确定其是否对本机构所有部门和功能进行了分析,确定其对业务优先级的制定是否合适,是否明确了本机构关键业务系统所允许的最大非正常停止时间、数据丢失数量以及日志损失,是否明确定义了时间恢复目标;调阅机构风险评估报告,验证其是否包括了信息服务、技术、人员、设施以及服务提供商可能出现问题的场景;调阅相关记录,验证业务影响分析和风险评估报告是否经过了高级管理层和董事会的审核。

(3)(业务连续性计划的编制)调阅企业信息业务连续性计划编制、维护相关规章制度以及人员名单,检查其建立健全情况;与信息业务连续性计划编制、维护相关人员进行座谈,询问业务连续性计划编制、维护情况,对相关规章制度、文件的内容进行证实,检查其对自身职责是否明确了解。

(4)(业务连续性计划的执行)调阅企业与信息业务连续性计划执行相关的规章制度、文件以及人员名单,检查其是否制定了业务连续性计划执行组织及明确其职责,检查其建立健全情况;调阅信息业务连续性计划组织相关会议纪要等资料,检查其工作开展情况;与业务连续性计划执行组织相关人员进行座谈,包括信息业务连续性计划执行领导小组、专家小组、执行小组、支持保障小组等人员,对相关规章制度、文件的内容进行证实,检查其对自身职责是否明确了解。

（5）（业务连续性计划的保障）调阅组织的所有业务连续性计划，核实其是否至少包括以下内容：关键岗位人员缺失的处理方式；关键建筑、设施不可用的处理方式；设备故障的处理方式（硬件、统信或者操作设备）；软件或数据不可用或被破坏的处理方式；外包商或服务提供商不可用的处理方式；外部设施不可用的处理方式（电力、统信等）；关键文档或记录不可用的处理方式。

（6）（业务连续性计划的测试）调阅信息业务连续性计划测试记录和更新记录，检查与相关支持部门的联系方式和记录，测试联系渠道是否保持畅通；检查业务流程、信息系统、人员变更是否在信息业务连续性计划中及时反映和修订；调阅信息业务连续性计划测试、更新记录，检查其在测试、演练和灾难发生后实际执行时，其过程是否均有详细的记录，是否对测试、演练和执行的效果进行评估，是否对信息业务连续性计划进行相应的修订；调阅信息业务连续性计划测试记录，检查对该计划是否定期测试、评审和修订；检查计划的修订和年度测试结果是否经过董事会和高级管理层、信息系统风险管理部门、内审部门、信息管理委员会的审核签字。

第三节　关键信息基础设施安全审计

关键信息基础设施作为国家的重要资产，在《网络安全法》中被重点提及并要求实行重点保护。由国家互联网信息办公室发布的《关键信息基础设施安全保护条例（征求意见稿）》，划定了关键信息基础设施的保护范围，明确了各相关部门的安全保护职责，规定了安全保护的基本制度。

关键信息基础设施的安全保护，首先在于如何准确识别关键信息基础设施的具体范畴及其面临的风险；其次，应制定完善的关键信息基础设施安全保护制度体系并建立保护工作的组织架构，明确责任主体；再次，提高态势感知和风险应对能力并健全应急管理体系，提升应急响应和恢复能力。

本节将从关键信息基础设施的管理体系建设、风险识别与报告、安全防护、安全检测与评估、安全监测与应急处置等方面对关键信息基础设施安全审计的方法与步骤进行描述。

一、关键信息基础设施管理体系建设审计

（一）业务概述

关键信息基础设施，是指面向公众提供网络信息服务或支撑能源、通信、金融、交通、公用事业等重要行业运行的信息系统或工业控制系统，且这些系统一旦发生网络安全事故，会影响重要行业正常运行，对国家政治、经济、科技、社会、文化、国防、环境以及人民生命财产造成严重损失。

关键信息基础设施管理体系建设，是指组织为确保关键信息基础设施安全而建立的一套完整、有效的，包括制度与流程、组织与人员以及技术和工具等三方面内容的整体。

（二）审计目标和内容

关键信息基础设施管理体系建设的审计目标，旨在审查组织一般信息安全管理的基础之上，是否对关键信息基础设施安全管理予以重点关注，建立健全完善的制度体系与组织和人员管理体系，并对其提供必要的资金和人员保障。

（三）常见问题和风险

1.组织未在其内部设置专职的关键信息基础设施安全管理机构及其安全管理负责人。

2.组织在进行整体信息安全规划时，未对关键信息基础设施规划予以重点关注，并接受组织高层分管信息安全工作领导及机构（如信息安全管理委员会）的指导和监督。

3.组织未在制度层面建立健全关键信息基础设施的管理制度和流程要求，并以书面形式获得组织管理层对于关键信息基础设施建设的资金和人员保障承诺。

（四）审计的主要方法和程序

1.通过对关键信息基础设施相关安全管理制度与规划方案的收集：

（1）检查组织是否对关键信息基础设施发展规划予以单独制定并分为总体规划和专项规划。

（2）收集关键信息基础设施相关的安全管理制度、规范、标准和策略等组织文档，检查组织文档是否依照制度管理规范要求进行制定、审批、下发及修订。

（3）检查制度与规范中是否明确关键信息基础设施专职管理机构的职责及其岗位安全职责，判断是否遵循"职责分离"和"最小授权"原则，以及明确对其安全建设和运维管理提供资金和人员保障，同时了解人员占比与人员构成情况。

（4）检查组织是否为确保关键信息基础设施的人员安全，制定包括第三方供应商在内的人员管理制度，确保对关键岗位人员实施录用前的背景审查、学历和资历确认、签署保密协议以及在离职和转岗时访问权限的回收。

2.访谈信息安全主管部门及关键基础设施管理负责人，了解规划方案的具体落实及优化情况，判断一致性。

3.访谈关键信息基础设施部门负责人及关键岗位负责人，了解其对所承担职责的知晓情况。

4.访谈组织财务管理及信息安全管理负责人，了解组织针对关键信息基础设施安全建设与管理的当年度及过往年度预算额、安全建设投资额等资金支持和投入情况，以及总体占比情况。

5.访谈人力资源管理负责人，了解人才储备机制、现有人才储备规模情况及人员资质情况。

二、关键信息基础设施及其风险识别与报告

（一）业务概述

关键信息基础设施识别，是指通过识别组织所属行业及关键业务从而确定支撑关键业务的信息系统或工业控制系统，再根据关键业务对信息系统或工业控制系统的依赖程度，以及信息系统发生网络安全事件后可能造成的损失认定关键信息基础设施。关键信息基础设施包括网站类、平台类和生产业务类。

（二）审计目标和内容

该项的审计目标旨在审查组织是否围绕关键业务和行业特点，识别支持关键业务的关键信息系统并制定和上报资产清单，同时围绕已识别的关键信息基础设施及其所处的环境，识别与基础设施相关的风险。

（三）常见问题和风险

1.未依照组织所属的行业监管要求和经营业务准确识别关键信息基础设施所产生的风险，无法针对风险建立有效的防护措施。

2.未建立关键信息基础设施的风险指标及定期执行风险评估，不利于潜在风险的发现及对问题的整改及优化。

（四）审计的主要方法和程序

1.访谈组织各业务管理部门负责人，了解是否对其关键业务进行梳理并形成关键业务链及存在的业务风险明确其安全防护优先级。

2.访谈关键业务管理负责人是否将已识别的关键业务及风险点与支撑的信息资产相映射，从而建立与关键业务链相关的网络和系统关键信息基础设施资产目录，若有需要，还应上报监管部门。

3.访谈关键信息基础设施负责人，了解是否基于资产的威胁性和脆弱性对已识别的关键信息基础设施建立风险评估指标，定期或在关键信息基础设施新建、停运、外部环境发生重大变化时重新开展风险评估并及时进行上报，同时更新相应的安全策略。

4. 查阅风险评估报告及安全策略更新记录。

三、关键信息基础设施安全防护审计

（一）业务概述

关键信息基础设施保护从安全保护意识上分为三种思维方式：动态、全链条式保护思维，核心工作重点保护思维和主体的全面责任思维。采取措施，监测、防御、处置风险和威胁，保护关键信息基础设施免受攻击、侵入、干扰和破坏。

（二）审计目标和内容

该项的审计目标在于审查组织是否为保障关键信息基础设施的安全，依据《网络安全法》中的相关要求采取相关防护措施。

（三）常见问题和风险

1. 在新建或改建、扩建关键信息基础设施时，未充分考虑网络安全因素，无法实现关键信息基础设施安全的同步规划、同步建设、同步使用。

2. 未对所运营的关键信息基础设施开展等级保护工作并定期进行等保测评，无法有效验证现有控制措施与等保合规要求的符合度，存在合规风险。

3. 重要数据和个人信息安全管理措施不严格，无法确保其境内存储和跨境传输的安全，存在重要数据泄露或被滥用的风险。

4. 未在安全产品和服务采购前，进行严格的安全审查，导致产品和服务不满足国家相关规定，存在合规风险。

（四）审计的主要方法和程序

1. 访谈关键信息基础设施负责人，了解组织是否在基础设施建设的规划或改建之初，将其对网络安全需求融入其中；在建设（开发）阶段，是否基于既定义的安全要求，设计并建设安全体系，满足系统内各类信息安全组件及信息安全服务的安全需求规划并符合其等级要求；在运维阶段是否对安全设施同步实施配置管理并部署安全管理设备，并根据承载业务的重要性和数据的敏感程度，对关键信息基础设施实施分区分域管理，制定安全策略，避免重要网络、系统和资产遭受未经授权的访问，防止重要数据泄露或者被窃取、篡改。防止未经授权的访问，防止重要数据泄露或者被窃取、篡改。

2. 调阅组织的数据管理制度与规范，检查是否对关键信息基础设施所涉及的重要数据和个人信息在资产清单中予以标识；是否制定重要数据和个人信息出境的安全评估制度与规范，并访谈和检查重要数据和个人信息存放物理位置是否满足境内存储要求，若存在境外存储现象，检查出境前的安全评估记录和审批流程是否合规。

3. 访谈关键信息基础设施管理负责人及数据存储岗位负责人，检查是否制定容灾备份策略对重要系统和数据采取冗余措施或容灾备份；是否对已识别的重要数据和个人信息基于备份策略执行数据备份，并验证容灾备份和恢复策略的有效性。

4. 访谈关键信息基础设施管理负责人及各岗位负责人，了解组织是否采取审计措施，监测、记录系统运行、操作、故障维护等行为并留存相关日志，并检查日志留存期限是否不低于6个月。

5. 访谈关键信息基础设施负责人及采购管理，询问是否制定针对服务商及其产品和服务进行安全检查和评估的规范标准，查阅检查与评估记录及安全产品测试报告。

6. 访谈人力资源管理负责人，了解组织是否建立针对关键信息基础设施安全管理的教育和培训制度，定期开展安全教育培训和技能考核，查阅培训记录，检查培训对象是否重点包括关键信息基础设施负责人、关键岗位负责人。

7. 访谈关键信息基础设施负责人，询问是否对关键基础信息设施等保定级、备案、测评及整改，并查看相关文档。

四、关键信息基础设施的安全检测与评估

（一）业务概述

安全检测与评估，是指组织基于既定检测与评估制度、标准与流程，对关键信息基础设施的网络与信息安全开展常规性检查，如日常安全规范和操作流程的遵守情况，重要数据和个人信息的保护情况等，并评估当前安全措施的有效性，分析潜在安全风险及可能引起的安全事件。

（二）审计目标和内容

该项的审计目标在于通过查阅组织既定的安全检测与评估制度、标准与流程，检查组织是否建立完善的检测与评估体系，定期开展检测与评估工作，对发现的问题及时上报或主动采取措施应对安全隐患或问题。

（三）常见问题和风险

1. 尚未建立关键信息基础设施的安全检测与评估体系，或体系不健全，检测与评估的内容不完整，安全检测与测评指标不明确，导致无法及时发现潜在的风险与隐患。

2. 对存在的安全问题未及时发现或整改不到位，留有安全隐患，不利于关键信息基础设施的有效改进。

（四）审计的主要方法和程序

1. 调阅组织的关键信息基础设施安全检测与评估制度规范、标准与流程，检查组织是否建立了完善的安全检测与评估体系，了解具体执行者、频率、流程、内容（包括但不限于网络安全制度落实情况、组织机构建设情况、人员和经费投入情况、教育培训情况、技术防护情况、风险评估情况、应急演练情况、网络安全等级保护工作落实情况等）。

2. 访谈关键信息基础设施管理负责人，了解在新建或改建、扩建关键信息基础设施时，是否对其进行安全检测评估，并在发现安全问题后是否采取整改措施。

3. 访谈关键信息基础设施负责人，了解是否对关键信息基础设施的安全性和可能存在的风险进行监测和评估，了解检测评估结果和整改情况的上报情况。

4. 访谈关键信息基础设施负责人，了解是否对其存储的重要数据和个人信息予以重点关注，特别在进行个人信息收集时是否明示或在使用时超出用户授权范围等其他违规行为，违反相关法律法规的情况并投诉和举报机制与渠道。

5. 调阅历史安全监测与评估报告，审查其内容是否与制度规范相符，重大问题是否及时汇报与处理，以及是否及时采取应对措施进行整改。

五、关键信息基础设施的安全监测与应急处置审计

（一）业务概述

安全监测，是指组织以明确的制度规范与流程，借助技术工具对关键信息基础设施的网络和信息安全采取监控、预警、动态、及时识别关键信息基础设施的安全风险并采取措施恢复由于网络安全事件而受损的功能或服务。

应急处置，是指组织为应对突发网络安全事件造成关键信息基础设施的性能下降、服务不可用、信息泄露等问题而制定的一整套应急处置方案，并据此定期开展应急演练工作，验证应急处置方案的有效性和应急处置机构与人员的配合度与熟练性。

（二）审计目标和内容

该项的审计目标旨在检查组织是否制定并实施网络安全监测预警机制，对即将发生或正在发生的网络安全事件或威胁，动态识别关键信息基础设施的安全风险，提前或及时发出安全警示并及时采取措施恢复由于网络安全事件而受损的功能或服务。

检查组织是否将网络安全应急管理工作纳入整体应急管理工作框架之内，制定应急预案并据此开展应急演练工作。

（三）常见问题和风险

1. 尚未建立针对关键信息基础设施的网络安全监测机制，或监测体系不完善，缺乏应急团队和专家团队，现有应急监测系统无法对网络安全事件实现动态识别与预警。

2. 尚未建立完善的关键信息基础设施网络安全应急预案，或预案场景无法覆盖到相关设施，导致应急预案无法有效执行或预案适用性较差。

（四）审计的主要方法和程序

1. 访谈关键信息基础设施部门负责人，询问是否针对关键信息基础设施建立动态识别安全风险与事件的监测体系并部署监测设施。

2. 访谈关键信息基础设施负责人和运维人员，了解其对网络安全管理制度、安全事件的分类、分级管理要求以及上报流程的知晓情况。

3. 检查安全监测的制度规范，检查是否包括安全监测的指标及安全威胁和事件的信息通报与信息共享等内容和相关操作流程。

4. 查看安全态势监测记录，验证监测设施是否具备发现和预警的能力，并检查安全事件是否得到及时上报与处置。

5. 访谈关键信息基础设施部门负责人，询问是否根据行业和地方的特殊要求，针对关键信息基础设施制定网络安全事件应急预案与恢复计划并建立相应的应急支撑、恢复和专家团队，同时开展定期的应急演练。

6. 查阅应急预案与应急演练计划，检查应急预案内容是否包括启动条件、应急处理流程、系统恢复流程、事件报告流程、事后教育和培训等内容，以及应急演练计划是否将全面恢复和重构信息系统到已知状态作为其的一部分。

7. 查看应急处置历史记录，检查其内容是否至少包括：事件描述、原因和影响分析、处置方式，应急上报及处理情况，判断是否符合组织规范要求。

8. 查看应急演练记录，检查是否按照应急预案的规范和流程进行处置。

第四节 云安全审计

云计算作为一种新兴的计算资源利用方式逐渐被各行业所接受和部署。采用了云计算技术的信息系统，称为云计算平台（系统）。云计算平台由设施、硬件、资源抽象控制层、虚拟化计算资源、软件平台和应用软件等组成。软件即服务（SaaS）、平台即服务（PaaS）、基础设施即服务（IaaS）是三种基本的云计算服务模式。在不同的服务模式中，云服务商和云服务客户对计算资源拥有不同的控制范围，控制范围则决定了安全责任的边界。

由于云服务平台建设的复杂性以及传统信息系统安全和云计算自身技术特点所引发的新的信息安全和风险，与传统信息系统安全审计相比，对于云服务平台的安全审计有其自身的特点。本节将从云服务规划与需求分析、供应商选择与合同签署、云服务平台开发测试与交付、云计算平台的安全管理、云计算平台的迁移与部署、云计算平台的安全运维、云计算服务关闭与数据迁移等方面对云安全审计的方法与步骤进行描述。

一、云服务规划与需求分析审计

（一）业务概述

在规划与需求分析阶段，组织应根据自身的经营战略与规划，通过对组织资产、云服务平台功能性、非功能性和安全性等四个方面的需求分析，以及云服务的效益评估，综合评判部署云计算服务平台的合理性及其建设模式，并最终形成决策报告。

（二）审计目标和内容

1. 云服务综合评估

该控制项旨在检查组织在部署云计算服务平台前，是否综合评估采用云计算服务后获得的效益（经济效益和社会效益）、可能面临的信息安全风险、可以采取的安全措施后做出决策，从而判断组织是否可在其可承受、容忍的风险范围内，或在当安全风险引发信息安全事件时有适当的控制或补救措施而采用云计算服务。

2. 决策建议与审批

该控制项旨在检查组织在部署云服务平台时，是否在基于服务综合评估的基础之上，对其进行综合分析形成采用云计算服务的决策报告，并经本单位最高领导批准，从而成为指导采用云计算服务的重要依据。

（三）常见问题和风险

1. 云平台规划与建设时未充分考虑部署模式、服务模式对于经济效益、功能性需求、现有资源利用、现有流程的影响，导致项目建设与预期差距较大，经济效益较差。

2. 云平台规划与建设时未充分考虑数据安全和整体安全防护，导致云平台安全管控能力不足，容易造成数据泄露或安全风险。

3. 云平台建设缺乏严格的审批程度，导致需求模糊、边界不清晰、性能不满足预期要求，严重影响云平台的交付和使用。

（四）审计的主要方法和程序

1. 云服务综合评估

（1）查阅组织项目建设的相关制度规范，了解涉及科技项目建设的评价指标和流程。

（2）检查组织是否对业务进行识别并进行优先级划分，并访谈关键业务部门负责人，了解关键业务特点、资源需求、时延、连续性以及安全保护的要求。

（3）访谈信息科技建设负责人，了解组织在规划建设云服务平台项目时是否基于部署模式（公有云、私有云和混合云）、服务模式（IaaS、PaaS、SaaS）对经济效益、功能性需求、非功能性需求、安全需求、现有资源利用/需求情况、现有信息系统管理流程是否受到影响等方面进行综合评估，以及评估、审批的流程，参与人员，并调阅项目建设的立项文档，从而判断效益评估的合理性、科学性以及合规性，其中，效益评估应至少包括建设成本、运维成本、人力成本、创新性以及对业务性能和质量带来的优势。

（4）检查组织与数据管理相关的规章制度，了解组织是否明确数据类型，并查看数据存放的位置，从而判断云平台数据是否涉及敏感信息以及数据存储的合规性。

（5）访谈云服务平台负责人，了解现有的云部署模式和服务模式，并询问其对在该模式下的安全风险和平台运营者所应承担的安全责任知晓情况及其采取的常规安全防护措施、平台可移植和互操作性，从而判断现有云服务平台对业务的安全风险承受能力。

（6）检查组织是否对其资产进行识别和归属分析，从而明确其部署的软件所有权/使用权，数据资产的归属权。

2. 决策建议与审批

（1）查阅云计算服务平台建设项目的决策报告，检查是否包括：背景描述，描述拟采用云计算服务的信息和业务；效益分析，从场地、人员、设备、软件、运行管理、维护升级、能耗等方面，对采用本地应用与云计算服务所需费用进行综合分析；云计算服务模式、部署模式选择，从而明确客户与云服务商的安全措施、实施边界和管理边界；数据和业务部署到云计算环境后可能遇到的功能需求分析，不同模式下的资源需求分析，数据的备份与数据的传输方式和网络带宽要求等；拟部署到云服务平台中数据或系统的可用性、可靠性、恢复能力、事务响应时间、吞吐率等指标；基于对拟部署到云计算平台的信息和业务的安全能力要求；将业务系统迁移到云计算平台后，为确保业务连续性进行的部署方案；退出云计算服务或变更云服务商的初步方案；对客户相关人员进行安全意识、技术和管理培训的方案；本单位负责采用云计算服务的领导、工作机构及其责任；采购和使用云计算服务过程中应该考虑的其他重要事项。

（2）检查决策报告是否经过业务部门及管理层或专家团队的评审，以及审批流程是否完整；若存在改进建议是否及时完善从而有效控制风险。

二、供应商选择与合同签署审计

（一）业务概述

在服务商选择与合同部署阶段，客户应根据上阶段所提的需求和决策报告，从服务能力、服务风险和服务费用等三个方面评估云服务商的服务能力，选择并与其协商和签署服务合同（包括服务水平协议、安全需求、保密要求等内容），从而完成云服务平台的开发、建设、测试以及数据和业务向云计算平台的迁移与部署。

（二）审计目标和内容

1. 云服务安全风险评估

该控制项旨在重点检查组织是否从数据安全与存储合规角度，结合自身对部署云服务平台后可能产生风险的容忍度和处置能力进行评估，并作为云服务商选择和评估的参考依据。

2. 服务安全能力评估

该控制项旨在检查组织在选择第三方云服务平台时，是否对其基本的服务安全能力进行评估。

3. 云安全控制措施责任的识别

该控制项旨在检查组织是否基于所选择的云服务部署模式，明确与服务提供方的责任。

4. 云服务合同及保密协议签署

该控制项旨在检查组织在选择第三方云服务商时，是否与其签署服务合同，并检查其内容是否包含明确的服务水平协议、安全需求、保密要求等关键内容，从而保障组织的权益。

（三）常见问题和风险

1. 组织没有对云环境下其数据所有权的保障能力进行风险评估的风险。

2. 组织没有根据采用的服务模式（IaaS、PaaS、SaaS），明确云服务提供商与自身所承担安全责任的风险，以及没有能力采取相应的控制措施所产生的风险。

3. 组织所选择的云服务商自身安全风险管控体系不完善，自身的安全评估不足，导致存在较大风险隐患。

4. 云服务商第三方机构审计不到位，无法对云服务商的风险进行识别与监督。

5. 云服务商安全与应急响应机制不健全，导致发生安全事件无法及时进行处置。

（四）审计的主要方法和程序

1. 云服务安全风险评估

（1）检查云服务平台存储的生产经营数据是否属于国家规定的重要数据范畴，从而判断组织是否存在可能的数据管辖风险。（数据管辖风险）

（2）检查组织是否对其数据所有权的保障能力进行风险评估。（数据所有权保障风险）

（3）检查组织所部署的云服务平台是否提供或具有有效的机制、标准或工具来验证所删除的数据可否完全删除，以防止其退出云计算服务后组织数据仍然可能完整保存或残留在云计算平台上。（数据残留风险评估）

（4）评估是否存在单一云服务供应商的风险。（供应商锁定的风险评估）

2. 服务安全能力评估

（1）对云服务平台所处的机房物理与环境保护能力进行检查或评估，确保云服务商机房位于中国境内并符合国家标准规范，机房是否采取监控措施以确保最低限度的人员物理接触。（物理安全，数据境内存储）

（2）检查云服务商或组织自身是否建立风险评估体系和监控目标清单，从而确保在威胁环境发生变化时，对云计算平台定期进行风险评估，确保云计算平台的安全风险处于可接受水平，并监控目标清单，对目标进行持续安全监控，在发生异常和非授权情况时发出警报。

（风险管理，安全监控）

（3）检查云服务商是否接受云租户以外的第三方运行监管，并定期开展云安全审计，并向组织或社会定期公布安全审计报告。（第三方安全监管，云安全审计）

（4）检查云服务商是否建立针对云计算平台设施和软件维护所使用有效控制维护机制并具备相关能力，包括制度、工具、技术、人员及能力。（云安全监控）

（5）检查云服务商是否提供通用的安全控制措施，以及针对组织特定的应用需要及服务模式，提供专用的安全控制措施，并制定每个应用或服务的安全计划。（通用安全控制措施，专用安全控制措施）

（6）检查云服务商是否提供开放接口或开放性安全服务，允许组织接入第三方安全产品或在云平台选择第三方安全服务，支持异构方式对云租户的网络、主机、应用、数据层的安全措施进行实施。（第三方安全产品接入）

（7）检查云服务商的云服务平台是否通过安全测试及国家等级保护认证，以及其供应商通过安全测评，从而对其安全措施的有效性进行验证和评估，并检查相关资质证书和安全检测报告，必要时须向组织提交供应商清单。（安全测试评估，等保安全测评，产品及服务安全检查）

（8）检查云服务商是否为云计算平台制定应急响应计划并具备容灾恢复能力，建立必要的备份与恢复设施和机制应急响应与灾备。（应急管理与应急处置）

（9）检查云服务商的对外沟通渠道与方式，从而确保其具备在发生供应链安全事件信息、威胁信息、重大或紧急变更时能及时传递给组织。（应急沟通）

3. 云安全控制措施责任的识别

检查在公有云环境下，组织是否根据采用的服务模式（IaaS、PaaS、SaaS），明确云服务提供商与自身所承担的安全责任，以及是否有能力采取相应的控制措施，如通用安全控制措施、专用安全控制措施和混合安全措施。（安全控制措施）

4. 云服务合同及保密协议签署

检查组织与云服务商是否签署服务合同，以及合同内容中是否包括：双方的安全责任和义务；客户方就云计算服务的安全功能要求、强度要求、保障要求、保密要求；云服务商应遵从的安全技术和管理标准；服务级别协议（SLA）及具体的参数，并对涉及术语、指标、管理范围、职责划分、访问授权、隐私保护、行为准则进行确定；约定提供给云服务商的数据、设备等资源，以及云计算平台上客户业务运行过程中收集、产生、存储的数据和文档等都属客户所有，云服务商应保证客户对这些资源的访问、利用、支配等；约定利用云服务商平台或与云服务商合作开发创造出成果（软件、信息和计算成果）的所有权、使用权等归属问题；约定云服务商不得依据其他国家的法律和司法要求将客户数据及相关信息提供给他国政府及组织；未经客户授权，不得访问、修改、披露、利用、转让、销毁客户数据；在服务合同终止时，应将数据、文档等归还给客户，并按要求彻底清除数据。如果客户有明确的留存要求，应按要求留存客户数据；采取有效管理和技术措施确保客户数据和业务系统的保密性、完整性和可用性。提供客户有效的安全监管、服务质量下降及应急处置的沟通渠道；约定当发生安全事件并造成损失时对客户的经济赔偿；不以持有客户数据相要挟，配合做好客户数据和业务的迁移或退出；发生纠纷时，在双方约定期限内仍应保证客户数据安全；合同终止的条件及合同终止后云服务商应履行的责任和义务；若云计算平台中的业务系统与客户其他业务系统之间需要数据交互，约定交互方式和接口；云计算服务的计费方式、标准，客户的支付方式等；安全审计的支持与报告。

检查组织是否对可访问客户信息或掌握客户业务运行信息的云服务商签订保密协议，以及对能够接触客户信息或掌握客户业务运行信息的云服务商内部员工与其签订保密协议，并作为合同附件，保密协议应至少包括：合规要求、敏感信息披露、发现与报告、保密协议的有效期。

三、云服务平台开发测试与交付审计

（一）业务概述

组织部署云服务平台可根据自身的能力，可选择自建、二次开发或完全采购。因此，对该生命周期的检查，重点在于检查组织是否建立完善的开发、测试和验收的管理流程，从而确保在云服务平台交付后得以稳定运行。

若组织直接从云服务商处采购的云服务不涉及二次开发，则该项审计内容可不予考虑。

（二）审计目标和内容

1. 云平台开发规划

该控制项旨在检查组织进行云服务平台开发建设时，是否将开发测试安全与平台安全规划纳入整体规划建设方案当中，并提前制定平台开发的质量管理、变更管理、测试与验收以及开发全过程安全监控等相关规范文档。

2. 开发安全风险管理

该控制项旨在检查组织进行云服务平台开发建设时，是否实施平台开发安全风险管理，并将其集成到系统开发各生命周期活动中。

3. 安全测试与培训

该控制项旨在检查组织在进行云服务平台开发建设时是否制定相关的平台测试计划和规程，并对其进行安全测试和平台交付前的安全培训。

（三）常见问题和风险

1. 云服务平台规划与设计未同步考虑安全功能需求，导致安全整体保护能力不足。

2. 云上应用的相关安全需求、安全架构和安全设计规范缺失，不利于落实各项安全要求，安全与功能建设未实现同步管理。

3. 组织的云计算服务平台由外部服务商进行开发建设时，未定义针对其安全措施有效性的持续监控计划，可能导致持续监控失效的风险。

4. 云服务平台的安全测试与培训不到位，未发现潜在的安全漏洞，一旦漏洞被利用，可能造成云平台重要数据泄露。

（四）审计的主要方法和程序

1. 平台开发规划

（1）检查组织是否制定云服务平台设计规范、安全架构以及涉及开发过程的安全策略与规程等相关文档，其应定义各项安全功能、机制和服务如何协同工作，以提供完整一致的保护能力，并查看其是否定义各阶段的信息安全角色及相应责任人。

（2）检查组织在进行云计算服务系统开发时，是否制定安全策略与规程等相关文档，以及是否定义了系统生命周期，（如规划阶段、设计阶段、实施阶段、运维阶段、废止阶段等），并提出各阶段信息系统和服务的安全需求、安全架构和安全设计规范，并检查系统规划文档、系统设计说明书。

（3）检查系统开发安全策略与规程等相关文档，是否定义了在系统生命周期中使用的系统工程方法、软件开发方法、测试技术和质量控制过程，检查开发测试文档、变更文档。

（4）检查组织云计算服务平台由外部服务商进行开发建设时，是否定义了针对其安全措施有效性的持续监控计划，并检查持续监控计划的详细程度。

（5）检查系统开发安全策略与规程等相关文档，是否对开发的环境和预期运行环境、验收准则及强制配置要求等进行了描述，并检查云计算平台信息系统、组件或服务开发清单中的相应管理文档。

2. 开发安全风险管理

（1）检查系统开发安全策略与规程等相关文档，查看其是否有将信息安全风险管理过

程集成到系统开发各生命周期活动中的要求，并访谈相关安全负责人，了解风险管理的落实情况。

（2）访谈相关安全负责人，询问组织是否对开发商说明的系统功能、端口、协议和服务进行必要的风险评估，并基于该评估结果禁用不必要或高风险的功能、端口、协议或服务。

3. 安全测试与培训

（1）检查组织或云服务平台开发商是否制定测试计划与测试规程等文档，查看其是否定义了在单元、集成、系统以及回归测试或评估时应执行的深度和覆盖面，并检查云计算服务系统的测试报告及代码安全审查。

（2）检查是否对云服务平台部署前进行渗透测试和安全评估，了解其存在的脆弱性和威胁，并检查测试和评估报告是否出自独立第三方。

（3）检查系统开发安全策略与规程等相关文档，查看其是否定义了开发商需提供的有助于正确使用所交付系统或产品中的安全功能、措施和机制的培训，是否要求开发商提供所定义的培训，并检查相关培训记录。

四、云计算平台的安全管理审计

（一）业务概述

是指云计算平台的安全合规管理，信息安全等级保护检查测评及其他安全规范遵循工作。

（二）审计目标和内容

1. 合规识别与制度制定

该控制项旨在检查组织是否准确识别与云计算相关的安全合规要求，如数据安全、数据存储等内容，同时制定云服务平台安全管理的规章制度及安全监督指标。

2. 云服务安全管理角色及责任

该控制项旨在检查组织在其内部是否识别并定义云服务管理的角色及其安全职责，特别关注是否涉及与客户、云服务提供商共同确定的涉及云计算服务的安全职责，同时检查职责设置的合理性。

3. 信息安全等级保护落实检查

该控制项旨在检查组织部署的云服务平台是否依据等保要求定级备案，并定期开展等保的落实检查工作。

4. 资源保障

该控制项旨在检查组织是否为云服务平台的开发部署和后期运行从制度层面提供保证机制并检查工作的落实情况。

（三）常见问题和风险

1. 云服务平台安全管理策略与制度不健全，无法有效发挥安全监督作用。

2. 云服务安全管理角色及责任定义不清晰，无法有效落实云平台安全管控要求。

3. 未定期开展信息安全等级保护检查，无法及时发现现有控制措施与等保的差距，同时存在合规风险。

（四）审计的主要方法和程序

1. 合规识别与制度制定

（1）检查组织是否制定了云服务平台安全管理的规章制度，查看其内容是否至少包括云服务平台的安全制度与策略、安全组织与人员的相关规程、评审和更新信息安全规章制度的频率。

（2）访谈系统安全负责人、外部服务提供商、开发商或客户等内外部相关人员，询问传达信息安全规章制度的情况，信息安全规章制度的评审和更新的情况，并检查是否按要求进行了信息安全规章制度的评审和更新。

（3）检查组织是否收集和整理相关的法律、法规、政策和标准要求，并形成合规文件清单。

2. 云服务安全管理角色及责任

（1）调阅安全组织与人员策略与规程等相关文档，查看是否明确岗位信息安全职责要求，定义需进行分离的关键职责从而满足关键职责分离要求。

（2）访谈系统管理员、账号管理员或安全管理员等相关人员，询问通过访问控制措施进行职责分离落实的情况。

（3）检查岗位信息安全职责的相关文档，查看其是否有与客户和云服务提供商共同确定涉及云计算服务的安全职责。

（4）检查组织是否对已确立的责任，包括组织自身、客户和云服务提供商进行监管与检查，从而确保安全责任的落实。

3. 信息安全等级保护落实检查

（1）检查组织是否基于已部署的云服务平台上存储数据和运行的重要性及受到侵害的程度对其进行等保定级。

（2）检查组织是否基于云服务平台的等保级别定期开展等保落实检查工作，并调阅相关检查文档。

4. 资源保障

（1）查阅组织的云服务管理制度文档，检查是否有为云服务平台开发部署和后期运行提供资源保障的承诺描述。

（2）检查工作计划、预算管理过程文档，查看是否有为保护信息系统和服务提供所需资源(如有关资金、场地、人力等)的项目。

（3）访谈信息安全负责人或系统安全负责人等相关人员，询问为保护信息系统和服务所需资源的落实情况。

五、云计算平台的迁移与部署审计

（一）业务概述

是指组织根据自身的安全需求和云计算服务的安全能力要求，制定云计算服务迁移与部署计划并加以实施，确保数据和业务可以安全地向云计算平台进行迁移与部署。

（二）审计目标和内容

1. 迁移计划

该控制项旨在检查组织在进行云服务平台迁移、部署前是否制定完善的迁移方案并对迁移过程可能产生的风险进行分析并制定应对方案，从而为后期执行迁移部署提供保证。

2. 平台迁移测试与部署

该控制项旨在检查组织是否依据已制定的迁移方案进行部署前的测试，并在部署完成后进行云服务平台的运行测试，从而保证云服务平台满足既定的各项服务指标。

（三）常见问题和风险

1. 未制定迁移部署方案或未严格执行迁移部署方案，导致迁移失败或迁移过程中业务中断和数据丢失。

2. 未开展针对迁移部署过程的风险分析，无法根据识别出的风险制定应对方案和回退策略。

3. 云服务平台部署后，未依据既定的验收标准对平台的功能、性能和安全性进行测试，平台功能未满足预期要求并存在安全隐患。

（四）审计的主要方法和程序

1. 迁移计划

（1）检查组织是否制定迁移部署方案（一次性迁移、阶段性迁移）和实施进度计划表，明确参与人员及职责，并查阅方案是否经过审批。

（2）是否制定迁移部署的培训计划并对参与人员进行相关培训。

（3）是否开展针对迁移部署过程的风险分析，如数据丢失、业务中断、部署过程中组织客户数据和资源权限的泄露等，并根据识别出的风险制定应对方案和回退策略。

2. 平台迁移测试与部署

（1）检查组织是否根据事前制定的平台迁移测试计划，组织技术力量或委托第三方对云服务平台的迁移（包括数据和系统）进行部署前的测试，查看测试评估报告和整改建议并检查具体整改措施的执行情况。

（2）检查组织是否采取技术手段，确保迁移前后数据的完整性与保密性，并调阅数据完整性测试报告。

（3）检查组织在云服务平台部署后，是否依据既定的验收标准和监控指标对平台的功能、性能和安全性进行监控与测试，在满足要求后投入运行，并调阅运行验收测试报告。

六、云计算平台的安全运维审计

（一）业务概述

云平台投入运行后，虽然客户将部分控制和管理任务转移给云服务商，但最终安全责任还是由客户自身承担。因此需要对自身的云计算服务运维进行良好的安全管理。

（二）审计目标和内容

1. 网络与通信安全

该控制项旨在从两种视角，针对网络与通信安全，检查组织或云服务商是否采取有效的措施，保证云服务平台的安全，包括实施物理和虚拟网络及主机的安全区域划分、安全隔离、安全防护，并采取管理和技术措施确保网络与通信的安全性和可用性。

2. 身份鉴别

该控制项旨在检查组织或云服务提供者是否在云计算环境中，针对云用户、租户和管理员采取多种身份鉴别手段，并确保在系统整个生命周期内用户标识的唯一性，以及对主机、虚拟机监视器和管理平台采用证书技术，确保证书的可信度和系统的抗抵赖性，检查整个身份鉴别机制的相关配置是否受到统一控制。

3. 访问控制

该控制项旨在检查组织或云服务商是否针对物理资源、虚拟资源、网络与通信和用户与管理员制定相应的访问控制策略并据此执行。

4. 恶意代码与入侵防范

该控制项旨在检查组织或云服务商的云服务平台是否具有从基础设施层到资源抽象层的区域边界和恶意代码防护功能，并部署相应的产品；是否制定恶意代码库的升级策略并主动进行更新，并对恶意代码进行自动检测、防范和响应。

5. 应用与数据安全

该控制项旨在检查云服务商或组织是否采取措施对云服务平台涉及的重要数据进行有效识别和分类，并从平台数据静态存储、动态传输与数据调用等三方面，检查是否采取措施确保数据的机密性和完整性，以及为确保已识别出的重要数据的可用性采取备份与恢复措施，同时检查云服务平台对外接口的安全性。

6. 安全监控与审计

该控制项旨在检查组织或云服务商是否对云服务平台制定安全监测的制度规范与策略，明确安全监控指标和监控对象，至少应包括资源类、安全事件和操作行为，并就云服务平台的运营管理开展安全审计。（建立日志留痕记录）

（三）常见问题和风险

1. 云计算服务系统安全区域划分不合理，导致安全要求覆盖不全面，存在安全风险隐患。

2. 云计算服务系统未部署流量检测和清洗设备，无法对异常流量的监控和统计分析，受异常流量影响，导致网络不可用。

3. 云计算服务系统身份鉴别机制不严格，导致身份认证机制被绕过，造成重要数据或敏感信息的泄露。

4. 云计算服务系统审计功能未开启或审计日志未定期查看，无法及时发现存在的违规操作或风险隐患。

（四）审计的主要方法和程序

1. 网络与通信安全

（1）查阅网络拓扑图，并访谈安全管理人员，了解组织或云服务提供商是否对云计算服务系统根据业务安全需要对平台资源层、服务层和应用层进行安全区域的划分，并在安全边界进行隔离防护，同时，云租户之间及租户内部也应根据安全业务需要、等级保护原则和业务生命周期进一步划分安全区域，制定各区域的安全策略并部署隔离防护设施，从而实现网络隔离和虚拟机之间的隔离。（区域边界划分、网络安全隔离与防护、虚拟安全域划分）

（2）检查虚拟机监视器、云管理平台，查看同一宿主机内虚拟机之间、虚拟机与物理机之间流量是否能被识别、监控，并查看不同宿主机的虚拟机之间、虚拟机与物理机之间流量是否能被识别、监控。（流量监管）

（3）检查网络架构、配置策略和云管理平台，查看是否实现管理流量和业务流量的分离，以及云平台管理流量与云租户业务流量的分离。（流量分离）

（4）检查云服务提供商或组织是否对云计算系统各组成部分之间、虚拟机之间、云计算系统内部通信网络，通过通信完整性校验、密码技术和VPN技术确保网络和通信的完整性与安全性。（网络安全性）

（5）检查云服务提供商或组织是否部署流量检测和清洗设备，实现对异常流量的监控和统计分析，防止因异常流量造成的网络不可用。（网络可用性）

（6）查阅网络拓扑图，检查服务商或组织对网络是否采用冗余技术，对关键链路、主要物理网络设备、虚拟网络设备、网络核心和汇聚层等部署冗余设备，并根据租户、主机和应用的业务重要程度，划分对应的网络带宽优先级，从而确保网络的可用性。（网络可用性）

2. 身份鉴别

（1）检查组织是否制定身份认证和账号策略，包括用户身份与终端绑定、完整性验证检查、账号锁定、账号时效、禁止重复登录等策略，并采取两种及两种以上组合机制对用户身份进行验证，对系统管理员和安全管理员是否采用单点登录的集中用户验证机制。（单点登录、集中用户认证）

（2）检查用户的验证信息是否加密存储，限制登录口令最小长度和更换周期。

（3）检查云管理平台，在进行远程管理时，是否对管理终端和云平台边界设备之间建立双向身份验证机制（如证书、共享密钥等），并限制访问重要物理资源及虚拟资源、安全管理中心的远程登录地址。（远程登录身份认证）

（4）检查网络策略控制器和网络设备（或设备代理）之间是否建立双向身份验证机制，并验证网络设备防护能力是否符合要求。（设备间的身份鉴别）

3. 访问控制

（1）检查服务商或组织是否基于系统业务类型、重要性或信息的重要程度，根据安全域的划分，制定访问控制策略，并检查不同安全等级网络区域边界访问控制机制部署情况及访问控制规则，从而判断针对边界访问控制机制或边界访问控制设备、不同虚拟机间访问控制、虚拟机迁移是否得到有效控制。（网络访问控制，虚拟资源访问控制）

（2）检查服务商或组织是否对特权用户、系统管理员、用户和云租户依据"最小授权"原则和"职责分离"原则进行访问控制权限的设置。

（3）检查服务商或组织是否对包括用户、访问协议实现对云服务平台的网络设备访问进行控制。

（4）检查服务商或组织是否制定并部署针对虚拟机和多租户的访问控制策略，并允许租户在自身虚拟机上部署各自的访问控制策略，或通过在虚拟机监视器上集中部署访问控制策略。（虚拟化和多租户访问控制）

4. 恶意代码与入侵防范

（1）检查云服务提供商或组织内部是否制定恶意代码和入侵防范系统特征库的更新策略，并检查恶意代码版本和入侵防范系统特征库是否与其服务提供商的最新版本相一致。

（2）检查恶意代码防护系统是否采取集中管理、统一部署的方式，可自动对恶意代码感染及其在虚拟机之间的蔓延进行检测和告警，并在监测到破坏后进行修复，同时为确保虚拟机安全系统建立恶意代码传播路径的追踪和安全隔离。（恶意代码防范）

（3）检查恶意代码保护和入侵防范的对象，在基础设施层到资源抽象层是否针对包括宿主机和虚拟主机以及虚拟机监视器和云管理平台。

（4）检查云服务提供商或组织内部是否在（高风险）区域边界和关键网络节点处部署恶意代码防护系统，从而实现对终端、web应用、邮件系统、数据库、中间件、网络虚拟化软件、虚拟机监视器或云管理平台恶意代码检测与清除，特别是虚拟服务器之间数据交换和云终端接入通信。

（5）检查云服务提供商或组织内部是否在区域边界、关键业务系统采取相关技术措施，根据风险大小，在其附近部署入侵检测与防范系统，从而实现对用户行为、恶意流量、恶意攻击、恶意扫描及异常流量和未知威胁的识别、监控、防护，同时对上述活动进行数据收集、存储和分析。（入侵防范）

（6）检查部署的入侵检测与防范系统日志，审计日志记录内容是否与审计信息相关及是否受到安全保护和定期备份，防止非预期的修改、删除和覆盖，并检查云服务提供商或组织是否对日志进行关联分析并进行关联响应。

5. 应用与数据安全

（1）检查组织是否制定针对云服务平台对外接口的安全策略，并检查接口设计文档或开放性服务技术文档，查看是否符合开放性及安全性要求。

（2）检查组织是否对云服务平台对外接口进行渗透测试或代码审计并调阅测试或审计报告，从而验证是否存在安全漏洞或安全隐患。

（3）检查云服务商或组织是否针对系统管理数据（如镜像文件、快照）、鉴别信息和重要业务数据，在存储、传输过程（包括云计算系统内部和虚拟机之间的通信）中，使用具有完整性校验和加密的技术与工具进行完整性校验，从而防止在存储和传输过程中遭到破坏、恶意篡改和泄露，并对不一致的数据进行恢复。（镜像与快照保护）

（4）检查是否采用完整性校验算法和工具防止被恶意篡改。

（5）检查云服务商或组织是否使用统一的调用接口，对存储和使用环节的数据进行完整性检查。

（6）检查云服务商或组织对上层提供接口、操作云服务控制平台、向云主机或云存储系统及数据库传输数据是否采用加密技术，包括加密协议、算法。

（7）检查云服务商或组织是否针对云服务系统涉及的本地数据、在线数据、重要业务信息及软件系统，根据重要程度和数据敏感性，制定分类分级策略及相应的备份恢复策略，对不同等级的数据进行备份与恢复。

（8）检查是否制定并实施针对虚拟资源数据级、系统级和应用级的冗余备份。

6. 安全监控与安全审计

（1）访谈系统安全负责人，询问制定哪些相关策略从而对安全措施有效性进行持续监控，并检查云平台对安全措施有效性进行持续监控，监控应至少包括漏洞与补丁监控、宿主

机监控、网络监控、用户/租户/管理员的操作行为监控、网络安全事件监控和系统行为监控。（安全监控）

（2）检查审计策略与规程等相关文档，查看是否可对上述监控对象进行审计，并定义可（连续）审计事件，是否制定并维护该审计事件清单，及是否定义了需连续审计事件的审计频率。（连续性审计）

（3）检查审计范围是否包括重要用户行为、系统安全事件、数据库行为、虚拟机的迁移、虚拟资源申请、虚拟资源调度、虚拟资源分配、虚拟资源异常使用和重要命令进行安全审计，以及是否可以实现集中审计或第三方审计。

（4）检查审计策略与规程等相关文档，查看是否对审计记录内容提出要求，应至少包含：事件类型、事件发生的时间和地点、事件来源、事件结果以及与事件相关的用户或主体的身份等相关信息，并检查日志的存储安全和存储周期是否符合审计策略与规程。

（5）检查审计策略与规程等相关文档，查看是否建立了与其他组织针对安全审计的协调机制。（外部审计协调）

（6）检查组织是否根据不同的审计对象部署审计产品，并登录查看审计功能是否开启并基于审计策略进行配置，查看审计记录是否包含所规定的审计内容。

（7）检查审计记录存储容量配置信息，查看是否按照要求配置了相应的存储容量。

（8）检查审计策略与规程等相关文档，查看是否定义了当审计过程失败时接收报警信息的人员（角色）清单。

（9）检查审计系统配置信息，查看是否有系统审计过程失败的报警机制，并访谈云服务商定义的人员或角色，询问接收到审计失败告警信息的情况和处理机制与流程。

（10）检查审计策略与规程、系统设计说明书等相关文档，查看是否提供审计处理和审计报告生成的机制，以及是否支持实时或准实时的审查、分析和报告，并对安全事件的事后调查。

（11）检查审计策略与规程等相关文档，查看是否定义了在线保存审计记录的时间段，是否要求支持安全事件的事后调查，是否要求符合法律法规及客户的信息留存的要求，并检查记录留存的时间配置信息，查看是否与定义的时间段一致。

七、服务关闭与数据迁移审计

（一）业务概述

是指组织在云服务关闭与数据迁移前应当制定关闭当前云服务平台或向其他云服务平台迁移时相关流程，从而确保组织完整退出当前云服务阶段，同时确保原云服务商的相关责任和义务得到履行。

（二）审计目标和内容

1. 关闭和迁移规划

该控制项旨在检查组织是否就云服务平台关闭及其所涉及的平台数据迁移制定相应的规划方案和应急预案，从而确保数据迁移的妥善执行以及服务的连续性、可用性。

2. 数据迁移及完整性和保密性保障该控制项旨在检查组织在云服务平台关闭时所进行的平台数据迁移操作是否有效确保组织数据的完整性和保密性。

（三）常见问题和风险

1. 原有云平台上存储的数据完全未返回组织或执行彻底清除程序，导致残留数据泄露。

2. 未制定云平台数据迁移和资料移交清单，导致迁移数据不完整或资料不全面，影响迁移效果，也不利于迁移资料的规范化管理。

（四）审计的主要方法和程序

1. 关闭和迁移规划

（1）检查组织是否制定云服务平台关闭及其数据迁移的规划、方案、流程，从而确保平台数据和业务的可用性、连续性，如是否制定回退方案和应急预案等。

（2）检查组织是否对回退方案或应急预案进行测试并调阅测试报告。

2. 数据迁移及完整性和保密性保障

（1）检查组织是否制定平台数据迁移和资料移交清单，包括客户移交给云服务商的数据和资料，以及客户业务系统在云计算平台上运行期间产生、收集的数据以及相关文档资料，如数据文件、程序代码、说明书、技术资料、运行日志等。

（2）检查组织是否为确保迁移数据的完整性和保密性而采取相应的措施。

（3）调阅组织平台数据迁移的历史记录和迁移数据完整性、有效性测试报告。

（4）调阅原有云服务合同，了解组织对于原云服务商平台数据存储的时限要求和删除要求，并查阅相关数据删除与介质销毁的历史记录，判断是否符合组织数据与介质销毁的服务要求。

第五节　数据安全审计

伴随互联网、云计算、移动互联网等新技术的迅猛发展，无处不在的移动设备、无线传感器等设备以及数以亿计的互联网用户和企业产生的消费数据及经营数据使得各类信息呈现爆炸式增长。同时，数据的高度集中，共享开放和交叉使用以及数据流动的趋势也在不断加剧。组织由于数据管理、安全隔离、访问控制及数据加密等措施不充分而面临的网络入侵和信息泄露风险越来越大。

一旦数据的机密性、完善性和可用性受到损害，将不能支撑组织业务的健康运行；随着网络安全法的实施，国家对重要业务数据和个人敏感信息保护的力度也在加强，数据安全的违规成本也越来越高。因此，数据安全是数字经济时代生产力要素的必要属性，持续性开展数据安全审计已成为信息系统审计的重要内容。

本节所涉及的数据包括了日常数据和大数据（按结构化程度和数据规模）、个人信息和重要数据（按数据对象类型）的相关内容。本节将从数据安全治理、数据安全管理、数据生命周期安全管理、个人信息安全管理、重要数据安全管理、数据平台与技术安全管理等方面对数据安全的审计方法和步骤进行描述。

一、数据安全治理审计

（一）业务概述

数据是指对客观事件进行记录并可以鉴别的符号，是对客观事物的性质、状态以及相互关系等进行记载的物理符号或这些物理符号的组合。

数据安全风险涉及面较广，既体现在组织在治理层面的治理风险，还体现在数据在其生命周期和服务过程中的管理风险，以及伴随的个人信息和重要数据等敏感信息泄露和跨境流通风险。

（二）审计目标和内容

1. 董事会的职责

该控制项旨在从组织的治理层面，检查组织是否将数据的安全治理工作纳入组织治理工作范畴，建立健全包括风险管理和数据安全审计监督在内的架构体系，从而完善数据的安全合规管理。

2. 战略规划与价值实现

该控制项旨在检查组织是否依据董事会所明确的数据安全治理目标制定相关的安全战略。

3. 数据安全合规管理

该控制项旨在检查组织是否基于数据安全战略规划，建立健全数据安全管理制度体系，满足合规监管要求。

4. 数据风险管理

该控制项旨在检查组织是否从数据、人员、产品与服务等方面，建立并完善数据安全风险管理体系，并将其纳入组织风险管理体系当中。

5. 数据安全审计监督

该控制项旨在检查组织是否将数据的安全审计工作纳入组织的安全审计体系范畴内，建立并完善针对数据安全审计的专项工作。

（三）常见问题和风险

1. 未建立数据安全治理组织架构及职责，无法自上而下推动相关数据安全治理工作的有序开展。

2. 未建立组织级数据战略规划，无法有效覆盖网络安全法及等级保护等相关法规与标准的要求，无法指明数据整体的发展目标和规划，不利于数据长远发展。

3. 未制定数据安全相关管理制度及流程，导致数据安全管控要求无法有效落实。

4. 数据安全风险评估执行不到位，未识别出重要的数据安全风险，不利于数据安全治理体系的持续优化。

（四）审计的主要方法和程序

1. 董事会的职责

（1）检查组织董事会和执行管理部门职责，是否将数据安全治理工作纳入组织综合治理工作范畴当中，明确数据安全治理职责并对其安全治理予以承诺和支持，从战略、组织、架构和实施等多个环节提供保障。

（2）查阅组织数据治理的规章制度，明确数据安全治理需要达到的目标和定位，判断其治理目标是否与组织战略、业务战略、业务目标、业务需求相一致。

（3）检查组织是否建立跨部门的数据安全管理委员会和风险管理委员会，明确安全治理的角色和责任。

（4）检查组织是否建立基于满足业务战略的数据架构，并进行持续的评估、监督和改进。

（5）访谈组织信息科技治理负责人，了解组织是否已经或即将部署云服务平台，以及是否将基于云平台中的数据安全治理列入主要治理目标和任务当中。

2. 战略规划与价值实现

（1）访谈战略规划负责人或查阅组织经营战略规划，判断数据战略规划是否满足经营战略需要。（经营战略一致性）

（2）查阅组织数据战略规划，判断其战略内容是否与组织数据治理目标相一致，检查内容上是否包括数据服务战略、数据平台与应用战略，且战略规划内容是否涉及数据安全，体现《网络安全法》和网络安全等级保护等制度对于数据安全的相关要求。

（3）访谈信息系统战略规划负责人，了解组织信息化及信息安全战略规划要求，判断数据安全战略是否与信息系统安全战略和需求相一致。（信息系统安全战略一致性）

（4）查阅数据安全战略规划，判断其从内容上是否体现组织对于个人信息（隐私）保护和重要数据保护治理方面的要求。

3. 数据安全合规管理

（1）查阅组织制定的与数据管理相关的制度与规范，从而判断其是否符合数据安全相关的政策、法律、法规等各项监管要求。

（2）检查组织的数据安全管理相关制度与规范，查看其内容是否涵盖国家和社会生产的重要数据的安全管理要求，个人信息的保护要求，数据跨境传输与共享的安全管理要求，以及密码使用要求。

4. 数据风险管理访谈组织风险管理负责人，询问组织是否将数据风险管理纳入组织风险管理体系当中，重点突出数据、人员、产品/服务三个方面，并建立数安全内控体系；数据方面，以数据生命周期为出发点，识别全周期面临的威胁和自身脆弱性，分析数据服务安全风险和应对措施需求；人员方面，基于数据安全管理需要，基于员工日常数据操作行为，识别风险并建立风险量化机制和信息安全评价指标体系；产品／服务方面，以对个人信息和重要数据保护为目的，构建产品／服务提供商在组织、规范、设计、流程、监控等一系列的安全风险评价体系和控制机制。

5. 数据安全审计监督

（1）访谈组织审计负责人，询问组织是否将数据安全管理审计纳入组织安全审计管理体系内。

（2）访谈组织审计负责人或信息安全审计负责人，了解组织是否建立负责数据安全监督与审计管理的职能机构及制度与规范，了解组织对数据服务及其用户操作行为审计的方法和内容。

（3）查阅组织有关数据安全审计的制度和规范，了解针对数据安全审计的方法、频率和周期，并查阅相关审计报告。

二、数据安全管理审计

（一）业务概述

数据安全管理是指保护数据免受威胁的影响，确保业务的连续性，降低业务可能面临的风险，为业务部门提供有力保障。

（二）审计目标和内容

1. 数据安全组织管理

该控制项旨在检查组织为落实数据安全治理工作及其战略规划，是否从组织层面设置跨部门的数据安全管理机构及负责人，明确安全管理职责。

2. 人员与意识管理

该控制项旨在基于组织对数据安全管理的要求和需求，从人员安全管理、资源建设与技能培养、职责落实与考核等三方面进行检查，判断人员综合管理的落实情况。

3. 制度与规范管理

该控制项旨在从制度层面检查组织是否制定并完善数据安全管理的制度体系及其落实情况。

4. 元数据安全管理

该控制项旨在从元数据的安全管理角度，检查组织是否建立完善的元数据安全管理规范，并从技术层面予以安全保障。

5. 数据及平台（系统）管理

该控制项旨在从数据平台（系统）管理角度，检查组织是否对平台（系统）及其管理之下的数据制定相应的安全规范与标准，实现统一管理，并与组织经营战略中的安全需求相一致。

6. 服务接口安全管理该控制项旨在从服务接口角度，检查组织是否完善接口安全管理的制度和规范，并用技术手段保障接口间数据传输的安全性。

7. 数据供应链安全管理

该控制项旨在从供应链安全管理角度，检查组织在存在上下游数据交换的前提下，制定相关管理规范，满足合规监管要求。

8. 数据安全审计管理

该控制项旨在从审计角度，检查组织是否落实数据安全审计与监督的要求，对组织的数据服务开展安全审计，同时确保国家对于日志管理的安全合规要求。

（三）常见问题和风险

1. 数据安全组织架构及责任人缺失，导致数据安全管控要求无法落实。

2. 未定期开展数据安全意识宣贯，由于安全意识不足，导致数据不经意的泄露。

3. 元数据安全管控不到位，导致元数据血缘关系模糊、可追溯性不强，影响元数据与数据标准的结合。

4. 未部署数据管控平台，无法对数据标准、数据质量、元数据进行规范化管控和技术实现。

5. 数据服务接口与应用在其内部跨安全域间的接口调用未采用包括安全通道、加密传输等安全机制可能带来的风险。

6. 未建立数据供应链安全管理方针，无法落实上下游供应链间数据交换和使用的要求，不利于供应商之间的数据交换与共享。

（四）审计的主要方法和程序

1. 数据安全组织管理

（1）访谈组织人力管理部门或信息安全管理部门负责人，了解组织是否设置专门的数据安全管理机构和责任人及其相关的部门和岗位。

（2）访谈数据安全管理机构负责人，了解组织目前是否制定与数据安全相关的包括数据服务安全追责在内的规章制度，并定期对责任部门和安全岗位组织安全检查，形成检查报告；组织目前数据及其服务平台与应用的安全规划、安全建设、安全运营和系统维护工作整体情况；组织是否清楚地界定服务提供者、数据使用者（包括终端用户与设备）；是否设置专职的数据服务安全岗位，建立规范化的数据服务安全保护、评估及考核专职队伍。

2. 人员安全管理

（1）访谈人力资源管理和数据安全管理负责人，了解组织是否基于数据生命周期各阶段数据服务和系统服务相关的工作范畴和安全管控措施，制定数据服务人力资源安全策略。

（2）访谈数据安全管理负责人，了解是否明确数据服务相关重要岗位及其角色安全要求，建立重要岗位角色清单和授权机制。

（3）访谈人力资源管理负责人，是否就数据安全管理的关键岗位做好人力资源培养和储备工作。

（4）访谈人力资源管理负责人，是否在组织内部针对所有接触个人信息和重要数据等敏感信息的全职员工签署保密协议，知晓组织对于数据安全管理的规范制度与操作须知，并抽检保密协议和制度知晓的记录。

（5）访谈人力资源管理负责人，了解组织是否建立第三方人员安全管理制度，对接触个人信息、重要数据等数据的人员进行审批和登记，并要求签署保密协议，定期对这些人员行为进行安全审查，并调阅相关管理制度、保密协议和历史审批与登记记录。

（6）检查组织是否建立数据安全教育培训机制，分别针对数据操作人、数据安全管理人员和第三方人员制定培训计划，并定期对全员，特别是关键岗位人员进行能力检查和考核，考核应纳入个人与组织的绩效考核体系当中，查阅教育培训与考核的历史记录。

3. 制度与规范管理

（1）调阅并检查组织是否制定包括数据服务在内的数据安全管理制度和规范、数据分类分级规范和标准、数据安全人员能力要求及向第三方提供或共享数据时的安全管理制度和标准，其中，制度在范围上应覆盖数据全生命周期。

（2）检查制度和标准是否得到定期评审和更新，并分发至机构数据服务部门和操作人员，抽样访谈数据操作和管理人员，了解其对制度规范的知晓情况并查阅制度规范的更新记录。

4. 元数据安全管理

（1）检查组织是否建立与数据服务相关的元数据及其管理规范、与数据服务安全架构相应的安全元数据管理规范和数据访问控制策略，从而明确元数据管理角色及其授权控制机制和查询限制。

（2）检查元数据的安全管理制度和规范是否包括：依据资产分类分级策略所建立的元数据安全属性的自动/手工分级机制；可依据元数据安全属性建立标记的策略及标记定义和管理机制。

（3）检查组织是否从技术手段上实现：对表字段、表与上下游表的血缘关系查询进行安全设置和查询限制。可对表访问操作权限进行限制。

（4）检查组织是否建立针对元数据操作的审计制度，并确保对元数据的操作具有可追溯性。

5. 数据及平台（系统）管理

（1）检查组织是否建立数据资产安全管理规范和数据资产分类、分级方法、标准、操作指南、数据资产分类分级变更审批流程，并对其进行定期审核和更新。

（2）检查组织是否对数据资产实施登记制度，其应明确数据资产管理相关方及管理责任、数据资产管理范围和属性，并调阅数据资产登记目录清单。

（3）检查组织是否在技术上建立综合的数据管理平台或系统，实现对数据资产的统一管理，包括：是否制定数据系统平台资产安全管理规范，并明确安全管理的目标和原则；数据系统平台的规划和建设应与组织经营战略和平台（系统）全生命周期的安全需求相一致。可依据数据资产和数据主体安全分级要求建立相应的标记策略、访问控制、数据加解密、数据脱敏等安全机制和管控措施。

6. 服务接口安全管理

（1）检查组织是否制定与数据服务接口安全管理有关的控制策略和安全规范。

（2）检查组织的数据平台与应用在其内部跨安全域间的接口调用是否采用包括安全通道、加密传输等安全机制。

7. 数据供应链安全管理

（1）访谈组织数据管理部门负责人，了解组织目前是否存在数据供应链上下游间数据交换和使用的现象，若存在，则了解并查看：组织是否建立与数据供应链安全管理有关的规范和安全方针，其应明确数据供应链安全目标、原则和范围，并对其进行查阅；组织是否识别并建立数据供应链上下游间数据交换和使用的合规要求及合规目录，从而确保其数据交换和使用的合规；建立数据供应链目录和相关数据源数据字典，明确数据供应链的责任部门和人员。

（2）查阅组织与上下游数据供应链服务商签署的合作协议，检查协议是否：明确数据供应链上下游责任和义务，并检查是否采用安全技术保障措施确保数据供应链上下游对数据交换、使用的安全、可靠与合规；明确数据供应链中数据的使用目的、供应方式、保密约定等内容。

（3）检查组织是否对数据供应链上下游的数据服务提供者和数据使用者的行为进行合规性审核和分析，并查阅相关记录和报告。

8. 数据安全审计管理

（1）访谈组织负责数据审计的负责人，询问组织是否明确对于数据安全审计的要求、审计范围、审计方式。

（2）访谈组织负责数据审计的负责人，询问对数据服务平台（系统）部署审计产品，登录安全审计产品并查看审计日志是否完整，其保存期限是否符合国家强制要求并具有防篡改的功能。

（3）查阅历史审计报告，了解审计对象是否包括与数据相关的物理环境、网络传输、平台/系统、数据库及存储介质，以及基于数据平台/提供者，数据提供者，服务提供者和内部服务/数据使用者针对主要操作、敏感行为、敏感数据流通等安全事件。

三、数据生命周期安全管理审计

（一）业务概述

数据生命周期管理是指在数据采集、传输、存储、处理、交换（共享、应用）、销毁等阶段下对流动的数据进行综合管理。

（二）审计目标和内容

1. 数据收集

该控制项旨在针对数据收集过程，检查组织是否依据收集数据的敏感性对其进行数据标识，从而基于该标识进行后续数据操作处理的监控。

2. 数据传输

该控制项旨在针对数据传输过程，检查组织是否根据传输过程的安全性划分安全域，并根据安全域的级别采取相应的安全控制措施，防范数据遭受窃听或泄露，确保数据的完整性。

3. 数据存储与恢复

该控制项旨在针对数据存储，检查组织是否对所存储的数据采取安全措施，确保其安全性和完整性，同时，根据组织对于数据可用性的要求，检查组织是否采取备份措施。

4. 数据处理与加工

该控制项旨在针对处理和加工过程，检查组织是否对可接触到数据的人员基于角色采取身份验证和访问控制，并对该过程采取加密和脱敏处置措施，防范数据非法访问或敏感信息遭到泄露。

5. 数据使用与安全审计

该控制项旨在针对数据使用过程，检查组织是否采取身份验证和访问控制措施，防止人员对于数据的非法访问，并采取加密和脱敏等技术手段，防止在使用环节造成信息泄露并对使用环节进行安全审计。

6. 数据共享与流动

该控制项旨在针对组织存在数据共享与流动，特别是跨境流动时，是否制定相应的规范制度和审批流程，满足国家合规监管要求。

7. 数据归档与销毁

该控制项旨在检查组织是否针对数据归档与销毁过程，并基于数据敏感程度制定完善的管理制度与规范流程，防范在该过程中出现数据泄露。

（三）常见问题和风险

1. 在数据生命周期管理期间，由于在人员、管理、技术三个层面没有建立适用的数据安全管理体系，使得数据安全管理的效率与效果低下。

2. 未实现数据分类分级管理或分级方法不合理，导致未按照不同类别建立不同的安全控制措施，导致保护过重或保护不当。

3. 数据在收集、传输、存储和恢复、处理和加工、使用与审计、归档与销毁等过程中，由于缺乏有效的数据加密和访问控制，容易导致数据泄露风险。

4. 数据在共享与流动，特别是跨边界和跨境流动时，由于未制定相应的安全规范制度和审批流程，容易产生违规风险。

5. 数据销毁机制不健全或执行不严格，导致销毁过程中敏感数据的泄露。

（四）审计的主要方法和程序

1. 数据收集

（1）检查组织是否根据数据分级分类管理制度中定义的数据类型、安全等级对所收集的数据进行标识，特别是敏感数据，并根据数据标识和合规要求进行后续传输、存储等流程的跟踪和监控。

（2）对收集的数据进行抽查，检查是否对已收集的数据进行标记。

2. 数据传输

（1）访谈网络安全管理员，询问组织是否在数据传输过程中进行安全域的划分。

（2）访谈网络安全管理员，询问数据在跨域传输，特别是在非安全域传输时是否采用安全加密机制确保传输链路的安全可靠和对数据进行安全加密，查阅组织网络拓扑图并进行实质性查验。

（3）通过执行渗透，获取传输数据包，查验数据包的完整性和保密性措施是否有效。

3. 数据存储与恢复

（1）访谈数据安全管理员，询问组织为确保静态数据的安全性和完整性所采取的安全措施、加密手段与方式、完整性校验手段与方式有哪些。

（2）访谈组织核心业务部门负责人对于数据可用性的要求，并查阅组织业务连续性计划，了解组织业务对关键数据的可用性指标。

（3）访谈数据安全管理员，询问组织为确保静态数据的可用性，所采取的存储架构、技术手段和工具有哪些，以及是否部署实现集群异地灾备，判断数据存储和恢复是否满足业务需求。

（4）查阅数据完整性测试报告和异地数据恢复的测试报告。

4. 数据处理与加工

（1）访谈数据安全管理员，询问在对数据进行操作处理过程中是否采用安全的身份验证和加密措施，确保数据交换和处理过程中的安全、可靠。

（2）访谈数据安全管理员，询问在对数据进行操作处理过程中涉及敏感信息时，是否对其脱敏处理。

5. 数据使用与安全审计

（1）访谈数据安全管理员或系统管理员，询问在进行数据展示时，是否对敏感数据进行不可逆加密、区间随机、掩码替换等脱敏手段。

（2）访谈系统管理员，询问是否基于数据安全管理员或系统管理员，基于角色和"按需所知"原则做到对数据表列级的访问和操作权限控制。

（3）访谈数据安全管理员或系统管理员，询问用户在对数据进行操作和管理的过程中，是否基于制定的访问权限，建立统一的身份识别和权限管理系统，实现对各类业务系统、数据库等账号实现统一管理，并对数据的访问和使用进行安全审计。

6. 数据共享与流动

（1）访谈数据应用或管理部门的负责人，询问组织是否基于业务战略和信息安全战略制定数据共享和流动的安全评估和处理流程、审批制度、安全策略等规范制度，调阅制度并检查其内容是否符合对于数据共享与跨境传输的合规要求。

（2）访谈数据应用或管理部门的负责人，询问并查阅组织在进行日常数据服务时：是否与第三方签订数据服务合同，审查合同是否约定数据接收方的数据处理目的、方式和采取的安全措施以及数据接收方应配合组织对数据出境活动进行调查等关键内容；合同是否约定在未获得数据发送方的授权前提下，数据接收方不得对数据进行公开披露及再转移；是否约定数据接收方使用、留存数据的合法周期及超出合法周期后数据接收方对数据所采取的处理措施；是否约定数据接收方应配合数据发送方履行的安全责任和义务。

（3）访谈数据应用或管理部门的负责人，询问组织日常数据共享与流动若涉及跨境传输，是否开展如下活动并调阅相关操作文档：在数据出境前应制定出境计划，满足合法性、正当性和必要性的要求；在数据跨境传输前开展安全风险评估，并周期性地开展安全评估，评估应包括安全自评估和主管部门评估；在开展数据共享或跨境传输前，是否对数据接受方的背景、资质进行安全审查和检查，并基于国家关于个人信息和重要数据出境安全评估相关条件进行安全评估；对数据出境的全过程进行记录并保留所有操作流程，操作日志应保存不少于2年；当发生数据出境安全事件时，是否制定安全事件的通报机制和手段；访谈数据应用或管理部门的负责人，询问组织是否制定数据共享与流动的安全事件应急预案，并进行应急演练，审查应急预案是否包含应急处置、安全事件告知和上报等相关内容。

（4）当发生数据出境安全事件时，应按照国家有关规定及时向国家网信部门或行业主管部门上报数据出境安全事件，上报内容包括但不限于：安全事件发生的时间、数据类型、数量、范围、可能造成的影响、已采取或将要采取的处置措施，事件处置相关人员的联系方式。

7. 数据归档与销毁

（1）检查组织是否基于数据分类分级标准制定数据及存储介质销毁相关的管理制度和安全策略，明确销毁对象、流程、方式及审批、监督和评价机制。

（2）访谈组织目前本地和网络分布式存储数据的销毁方式与技术手段，并查阅历史销毁记录。

四、个人信息安全管理审计

（一）业务概述

个人信息，是指以电子或者其他方式记录的能够单独或者与其他信息结合识别自然人个人身份的各种信息，包括但不限于自然人的姓名、出生日期、身份证件号码、个人生物识别信息、住址、电话号码等。

规范个人信息控制者在收集、保存、使用、共享、转让、公开披露等信息处理环节中的相关行为。旨在遏制个人信息非法收集、滥用、泄漏等乱象，最大限度地保障个人的合法权益和社会公共利益。

（二）审计目标和内容

1. 通用管理

该控制项旨在检查组织是否针对个人信息，建立健全个人信息保护的管理体系和风险管理体系，并提供个人信息泄露或非法使用的申诉管理机制和举报渠道。

2. 个人信息的收集

该控制项旨在检查组织在个人信息收集环节，是否制定完善的安全策略和规范，满足《网络安全法》中关于个人信息保护的合规要求。

3. 个人信息的传输与存储

该控制项旨在检查组织在个人信息传输与存储环节，是否采取管理与技术手段，确保个人信息境内存储和离境前安全与风险评估的合规要求，以及个人敏感信息不被泄露。

4. 个人信息的处理

该控制项旨在检查组织在个人信息处理环节，是否采取技术手段防范个人信息主体被识别和还原。

5. 个人信息的使用

该控制项旨在检查组织是否在个人信息使用环节，采取访问控制措施防范对其非法访问，并在个人信息控制权发生转移时对接收方进行安全评估，并获得其安全使用的承诺。

6. 个人信息的变更与销毁

该控制项旨在检查组织在个人信息变更和销毁环节，是否为个人信息主体提供合法变更的渠道，或在完成所收集个人信息使用目的后，规范个人信息的删除流程和途径。

（三）常见问题和风险

1. 未建立个人信息保护组织或缺乏相关负责人，不利于个人信息保护工作的推广和执行，也无法有效落实个人信息保护的责任。

2. 未建立规范化的个人信息保护制度和流程，可能造成个人信息的收集、存储、使用、变更、销毁等操作不合法的情况。

3. 组织在使用个人信息时，没有开展安全影响评估，无法判断个人信息使用与保护的程度，容易造成侵权与违规风险。

4. 在收集个人信息时，没有注意最小化要求，或者在没有得到允许的情况下公开披露个人信息，容易造成侵权与违规风险。

5. 组织在处理个人敏感信息时，个人信息的传输、处理、存储、销毁未采用加密、访问控制等安全措施，容易造成泄露个人敏感信息的风险。

（四）审计的主要方法和程序

1. 通用管理

（1）访谈组织数据管理部门，了解是否基于业务量和个人信息处理数量，设立专职的个人信息保护负责机构与负责人，并明确相关工作职责。

（2）访谈组织数据管理部门，了解组织是否制定关于个人信息和个人隐私保护的管理规范，其明确定义个人敏感信息的识别范围、类别，以及对个人信息进行匿名化处理的条件和定期评审更新机制。

（3）访谈组织数据管理部门或风险管理部门，询问是否建立针对个人信息安全影响的风险评估制度并定期开展个人信息安全影响评估，并查阅历史风险评估记录。

（4）访谈组织数据管理部门，询问是否制定个人信息安全事件应急预案并定期开展应急响应培训和应急演练，包括当发生个人信息泄露时通知个人信息主体的方式、方法与内容。

（5）访谈人力资源管理部门，询问从事或接触个人信息处理岗位的人员（包括第三方人员），在录用时是否进行背景审查并签署保密协议，在调离岗位或终止劳动合同时是否要求继续履行保密义务，并对上述人员开展个人信息安全专业化培训和考核，确保相关人员熟练掌握隐私政策和相关规程。

（6）访谈组织数据管理部门，是否建立个人信息泄露或非法使用的申诉管理机制和举报渠道，并对造成安全事件违反安全使用的人员制定处罚机制。

2. 个人信息的收集

（1）访谈个人信息收集岗位的负责人，了解在进行个人信息收集前，组织是否以明示的方式（如隐私政策）向个人信息主体说明收集、使用的目的、收集方式和频率、存放地域、存储期限、自身的数据安全能力、对外共享、转让、公开披露的有关情况等，确保个人信息主体的知情权并得到其授权，同时抽查信息收集说明和信息主体的授权确认信息。

（2）抽查年满14周岁的未成年人个人信息收集记录，查看是否征得未成年人或其监护人的明示同意；不满14周岁的，应征得其监护人的明示同意。

（3）访谈个人信息收集岗位的负责人，了解组织间接获得的个人信息，是否获得个人信息提供方就个人信息来源的书面确认，确保来源的合法性，包括个人信息提供方已获得的个人信息处理的授权同意范围，包括使用目的、个人信息主体是否授权同意转让、共享、公开披露等。

（4）访谈个人信息收集岗位的负责人，了解组织是否向个人信息主体提供撤回收集、使用其个人信息同意授权的途径和方法。

3. 个人信息的传输与存储

（1）分别访谈数据安全管理者及数据存储管理员，了解组织在传输和存储个人敏感信息时是否采用加密等安全措施，对于个人生物识别信息，询问是否采用技术措施处理后再进行存储，例如仅存储个人生物识别信息的摘要。

（2）访谈数据存储管理员，询问组织所收集和产生的个人信息是否在中华人民共和国境内存储。

（3）分别访谈数据安全管理者及数据存储管理员，了解组织若涉及个人信息的跨境传输与存储业务，是否制定相应的审批流程，并在进行跨境传输与存储时，按照合规监管要求进行安全检查和安全评估，调阅并查看相关的审批、审查和评估历史文档。

4. 个人信息的处理

（1）访谈数据安全管理负责人，了解组织是否制定针对个人信息去标识化的规范与流程，由专人、专岗负责。

（2）访谈个人信息去标识化负责人，了解所使用的个人信息匿名化、去标识化和加密手段，并抽查去标识化后的个人信息是否可被识别、复原，或在不借助额外信息的情况下，无法识别个人信息主体。

（3）访谈个人信息去标识化负责人，了解对不满足隐私保护的数据项进行删除时应采用的抑制技术。

5. 个人信息的使用

（1）访谈数据安全负责人或个人信息安全负责人，了解组织是否在将其个人信息控制权向另一个控制者转移时，对其安全管理环境进行风险评估，并以书面形式获得转移方的安全评估结果和使用承诺，查阅历史风险评估记录、接受方的安全评估结果和使用承诺书。

（2）访谈数据安全负责人或个人信息安全负责人，了解组织对内部个人信息使用者、管理者和操作者是否基于业务需要和角色对个人敏感信息的访问、修改等行为进行访问权限设置，并对涉及个人信息的重要操作应设置内部审批流程。

6. 个人信息的变更与销毁

（1）访谈个人信息安全负责人，了解组织是否在收集到有错误或不完整的个人信息主体修改请求时，提供更正或补充信息的方法或渠道，并对其进行验证。

（2）访谈个人信息安全负责人，了解组织是否制定个人信息销毁的规范与流程，向通过注册账户获得个人信息的个人信息主体提供注销账户的方法，并删除其个人信息或做匿名化处理。

五、重要数据安全管理审计

（一）业务概述

重要数据，一方面是指与国家安全、经济发展，以及社会公共利益密切相关的数据，具体范围参照国家有关标准和重要数据识别指南；另一方面是指企事业单位的战略规划、管理方法、商业模式、财务信息等经营信息和设计程序、产品配方、制作工艺、技术诀窍等技术信息。

规范重要数据在收集、保存、使用、传输、共享等信息处理环节中的相关行为。旨在遏制数据非授权收集、滥用、泄漏等乱象，最大限度地保障重要数据的安全。

（二）审计目标和内容

1. 通用管理

该控制项旨在检查组织针对其重要数据是否建立健全完善的管理体系，包括制度体系、组织与人员体系、应急管理体系，并提供重要数据安全事件的申诉渠道。

2. 重要数据识别与分类分级

该控制项旨在检查组织是否就所属行业和经营业务制定重要数据识别及分类分级的制度规范、标准以及变更和审批流程，从而为后续重要数据操作和处理提供依据。

3. 跨境传输与存储前安全风险评估

该控制项旨在检查组织在其存在重要数据跨境传输与境外存储的背景下，是否建立完善的安全风险评估与审批流程，满足国家合规监管要求。

4. 应急管理

该控制项旨在检查组织依据建立的重要数据安全事件应急管理体系，制定并完善应急管理制度并定期开展应急演练，在满足合规要求的同时，确保安全事件发生时得到有效、迅速地遏制，防范事件蔓延。

（三）常见问题和风险

1. 未建立重要数据保护工作机构或指定负责人，不利于重要数据的保护和管理，同时无法有效落实重要数据保护的责任。

2. 未实现重要数据分类分级管理，无法有效对重要数据建立针对性的保护措施，由于保护机制不到位，造成的重要数据泄露或非法访问。

3. 未建立规范化的重要数据保护制度和流程，可能造成重要数据的收集、存储、使用、变更、销毁等操作不合法的情况。

4. 组织在使用重要数据时，没有开展安全风险评估，无法判断重要数据的使用与保护的程度，容易造成侵权与违规风险。

5. 组织在处理重要数据时，数据的传输、处理、存储、销毁未采用加密、访问控制等安全措施，容易造成重要数据泄露的风险。

6. 未建立数据应急预案，无法有效制定数据丢失、数据泄露等重要场景的处置措施，不利于重要数据发生异常的处置和恢复。

（四）审计的主要方法和程序

1. 通用管理

（1）访谈组织负责数据安全管理的负责人，询问了解组织是否在其内部成立重要数据保护的工作机构、日常办事机构，并指定专门的安全管理人员。

（2）访谈组织负责数据安全管理的负责人，询问了解组织目前是否建立关于重要数据保护的管理体系和相应的规章制度，并基于合规和监管要求，对组织日常经营活动所涉及的重要数据进行了识别，并明确定义了对重要数据进行匿名化处理的条件。

（3）访谈组织负责数据安全管理的负责人，询问了解组织是否建立针对重要数据安全事件的处置、应急响应和事后调查的流程与机制，记录事件的处置与调查全过程，及时发现并消除重要数据的违规使用和滥用等情况，同时查看有关处置方案和历史记录。

（4）访谈组织负责数据安全管理的负责人，询问了解组织是否建立申诉管理机制和渠道。

2. 重要数据识别与分类分级

（1）访谈组织数据安全管理的负责人，询问了解是否基于行业监管要求制定重要数据识别的管理制度与规范。

（2）访谈组织负责数据安全管理的负责人，询问了解组织是否制定针对重要数据的分类分级策略和管理制度与规范，查看是否对各类重要数据的保护期限和标记做出明确规定。

（3）访谈组织负责数据安全管理的负责人，询问了解组织是否制定重要数据保护范围和分类分级的变更与审批流程，并查看历史变更和审批记录。

3. 跨境传输与存储前安全风险评估

（1）访谈组织负责数据安全管理的负责人，询问了解组织重要数据的存储位置及是否涉及跨境流动和存储。

（2）访谈组织负责数据安全管理的负责人，询问了解组织对涉及跨境传输与存储的重要数据是否进行安全检查与风险评估，并建立完善的审批流程，同时查看历史相关记录，判断记录的完整性与合规性。

4. 应急管理

（1）访谈负责数据安全管理的负责人，询问了解组织是否制定针对重要数据安全事件应急预案并定期开展应急响应培训和应急演练。

（2）调阅并查看应急预案，检查其内容是否明确安全事件的具体处置措施、上报和信息披露流程，并查看培训和演练的历史记录。

六、数据平台与技术安全管理审计

（一）业务概述

数据平台是指为数据应用提供资源和服务的支撑集成环境，包括基础设施层、数据平台层和计算分析层。重点关注数据平台基础设施安全、网络与通信安全、应用安全及安全审计工具使用等内容。

（二）审计目标和内容

1. 平台基础设施安全

该控制项旨在检查组织为确保数据平台基础设施安全，除对其所处的物理环境进行安全检查外，还应检查是否采取技术措施与工具，监控并防范平台受到恶意代码等非法攻击。

2. 网络与通信安全

该控制项旨在检查组织为确保数据平台的网络与通信安全，是否制定访问控制策略并在网络隔离设备上部署、实施，同时，检查为确保通信链路的安全是否采取相应的安全监控与链路加密手段。

3. 应用安全

该控制项旨在检查组织在应用层面针对应用接口、平台服务和平台资源是否采取相应的安全控制措施。

4. 安全审计

该控制项旨在检查组织针对数据平台的日常服务和运维是否开展安全审计，并验证安全审计是否具有自动分析和报警的功能。

（三）常见问题和风险

1. 数据平台或系统安全保护措施部署不到位，导致数据泄露或非法访问。
2. 数据平台与其他平台交换数据未实施加密，导致数据外泄。
3. 未部署独立的数据库审计系统，无法对数据违规操作行为进行跟踪分析，不利于数据的规范化管理。

（四）审计的主要方法和程序

1. 平台基础设施安全

（1）访谈负责数据平台或系统的负责人，询问是否对各类基础设施采用防病毒、边界防护、入侵防护、态势感知、威胁情报等手段保障其设备安全，并调阅查看最新网络拓扑图，检查符合性。

（2）访谈负责数据平台物理基础设施安全的负责人，了解对数据平台依赖的机房环境所采取的具体安全保障措施并进行实际走查和传感器监控数据的抽查。

（3）检查是否对平台系统和主机制定预警策略，并对漏洞爆发等威胁进行自动预警和漏洞修复。

（4）检查是否定期组织第三方机构对应用系统进行渗透测试，及时发现并修复应用层安全漏洞。

（5）检查组织是否根据识别出的数据关键业务，对其安全基线检查及后续加固。

2. 网络与通信安全

（1）访谈网络安全管理员，了解为确保数据平台所进行的网络安全规划和具体措施，检查是否至少在业务层面与管理层面采用隔离措施和工具。

（2）访谈网络安全管理员，是否为采取的安全隔离措施制定访问控制策略，并登录隔离设备查看隔离策略的配置与运行情况。

（3）访谈网络安全管理员，是否在数据平台网络边界出口部署流量控制系统，对异常流量实现实时阻断。

（4）访谈网络安全管理员，了解针对数据平台的日常管理维护和开发测试的人员接入平台的方式，判断接入链路是否安全，操作行为是否受控并对其进行安全审计。

（5）访谈网络安全管理员，了解为确保客户端与数据库服务器间通信安全所采取的加密安全措施。

3. 应用安全

访谈应用系统安全管理员，询问为确保数据平台应用安全：应用接口是否采用身份认证、权限控制等安全措施；对数据平台服务用户是否采用安全认证方式并对密钥采取全生命周期的安全管理；访谈数据平台负责基础设施资源或应用管理员，询问是否对平台资源的分配和使用进行安全监控并实施最大限额管理，并在超过设定的资源配置阈值时，对用户使用行为进行限制；访谈数据平台应用安全管理员，询问组织在分布式环境下，是否对用户进行的数据资源访问以及对数据资源执行的操作批量授权管理，以及与原有平台认证体系的完全独立，确保节点不会被冒充，保证集群中的服务的身份可靠性。

4. 安全审计

（1）检查是否对数据平台部署独立、实时的审计系统，从而确保对登录主机的用户操作行为、对流量层及包括服务器终端命令等内容进行安全审计，同时确保审计记录在数据库系统运行时的访问控制安全以及对被审计安全事件的自动分析和报警。（安全审计）

（2）验证数据平台的安全审计系统是否具有日志自动分析功能，并在遭受危害平台安全的操作时是否触发安全报警。

第六节 移动互联网安全审计

移动通讯及互联网技术的快速发展以及平台和商业模式的巨大转变，显著推动了移动互联网的发展并呈现出一种加速化和扩大化的特征，以移动互联技术为基础的新业务和创新技术也逐步成为日常工作和生活中不可或缺的组成部分。

移动互联网由移动终端、移动应用和无线网络三部分组成。移动互联网由于其边界的不确定性及设备的移动性等特点，与有线网络相比，不仅仅表现为安全风险更大，而且需要在易用性和安全性之间取得平衡。

本节将从制度与人员、移动无线网络物理与环境安全、网络与通信安全、安全区域边界管理、设备和计算安全、应用与数据安全、安全审计等方面对移动互联网安全审计的方法与步骤进行描述。

一、制度与人员管理审计

（一）业务概述

移动互联网的安全管理包括日常管理机制的建立以及对于人员的安全管理。

（二）审计目标和内容

1. 制度管理

该控制项旨在检查组织是否将移动互联网安全管理纳入组织整体网络及信息安全管理体系当中，制定相关制度规范。

2. 岗位设置与人员配备

该控制项旨在检查组织是否根据移动互联网安全管理的需要，设立专职管理部门及各安全管理岗位，明确部门及安全岗位负责人的职责，配备相应的专职管理员、操作员和审计人员。

3. 安全意识教育与技能培训

该控制项旨在检查组织是否将移动互联网安全意识培训与教育纳入组织整体意识培训与教育规划当中。

（三）常见问题和风险

1. 未建立移动互联网安全管理制度，无法有效落实移动互联网安全管控的各项要求。

2. 未明确移动互联网安全管理专职部门或岗位，无法有效落实移动互联网的安全管控责任，不利于移动互联网安全工作的落实。

（四）审计的主要方法和程序
1. 制度管理
（1）访谈信息安全管理负责人，询问是否将移动互联网安全管理纳入组织整体网络与信息安全管理范畴当中，并制定相应的管理规范。
（2）查看移动互联网安全管理制度，审查管理制度是否包括人员日常管理操作规程。
（3）访谈管理人员或移动终端操作人员，询问是否知晓基本的操作规程。
2. 岗位设置与人员配备
（1）访谈信息安全负责人，询问是否设置移动互联网安全管理专职部门及相关安全管理岗位，明确部门和各岗位职责，同时查看部门及岗位安全职责说明书。
（2）查阅移动互联网安全管理部门人员清单，检查是否与岗位规划和人员数量需求相一致。
3. 安全意识教育与技能培训
（1）访谈信息安全负责人，询问是否对各类人员进行移动互联网安全教育和岗位技能培训，告知相关的安全知识、安全责任和惩戒措施等。
（2）访谈信息安全负责人，询问是否对移动终端管理服务端的专职管理员、操作员进行移动互联网安全教育和岗位技能培训，告知相关的安全知识、安全责任和惩戒措施等。
（3）调阅并查看安全意识教育与培训规划和历史记录，检查培训人员与培训内容是否与规划相符。

二、移动无线网络物理与环境安全审计
（一）业务概述
是指移动无线接入网络与设备的安装应选择合理的物理位置，避免不合理的覆盖区域和电磁干扰。
（二）审计目标和内容
该控制项旨在检查移动无线网络所处物理环境是否符合安全传输要求，防止对无线网络的传输信号产生影响。
（三）常见问题和风险
1. 未建立移动无线网络电磁干扰设施，导致无线网络被电磁干扰，导致网络不可用。
2. 无线网络设备覆盖范围未满足业务需求，无法有效为业务发展提供助力和支撑，可能会影响业务的正常运营。
（四）审计的主要方法和程序
访谈网络管理员，询问移动无线网络与设备所处的物理环境是否存在电磁干扰，测试所处物理环境或查验验收报告；访谈网络管理员，询问移动无线网络与设备的覆盖范围与处理能力能否满足业务需求，并检查无线接入设备的物理位置与无线信号的覆盖范围是否在合理区域内。

三、网络与通信安全审计
（一）业务概述
是指移动无线网络与通信的结构安全、通信的完整性的保密性、无线网络设备防护等内容。
（二）审计目标和内容
1. 结构安全
该控制项旨在检查组织的移动无线接入设备在设计使用时，其处理能力和网络带宽能否满足业务高峰需要，且是否采用符合国家强制安全要求的产品。
2. 无线网络通信完整性与保密性
该控制项旨在检查组织是否对传输数据的无线通信网络采取加密技术，确保传输数据

的完整性与保密性，并验证加密措施的合规及有效性。

3. 无线网络设备防护

该控制项旨在检查是否对接入组织的移动无线网络终端设备及接入网关进行安全管理，防范对所接入的无线网络构成安全威胁。

（三）常见问题和风险

1. 无线接入网关的业务处理能力不满足业务需求，导致高峰期业务受阻或中断，影响业务的正常开展。

2. 无线网络通信加密机制不严格，造成无线网络传输过程中重要数据外泄。

3. 无法网络可信验证机制不健全，导致其他网络的非法接入，造成网络不可用或敏感信息的外泄。

（四）审计的主要方法和程序

1. 结构安全

（1）访谈网络管理员，询问无线接入网关的业务处理能力能否满足基本业务需求，并查看在业务高峰期接入网关的 CPU 和内存使用情况。

（2）访谈网络管理员，询问无线接入设备的网络带宽，并检查业务高峰时期内带宽使用峰值，判断是否满足业务需求。

（3）查看无线接入设备是否开启符合国密算法的接入认证功能。

2. 无线网络通信完整性与保密性

（1）访谈网络管理员，询问是否采用加密技术保证无线网络通信过程中数据的完整性，并查阅设计、验收文档或源代码，查看是否有采用加密技术保护无线通信完整性的描述。

（2）访谈网络管理员，询问是否采用加密技术保证无线网络通信过程中数据的保密性，并查阅设计、验收文档或源代码，查看是否有采用国产加密技术保护无线通信保密性的描述，同时测试无线通信过程中重要数据是否进行了安全加密。

3. 无线网络设备防护

（1）访谈网络管理员，询问是否通过基于密码的可信网络连接机制，通过对连接到通信网络的设备进行可信检验，确保接入通信网络的设备真实可信，防止设备的非法接入。（通信网络设备真实性验证）

（2）查阅组织是否针对无线接入设备和无线接入网关等设备制定补丁管理制度，访谈网络管理员，询问是否对上述设备采取补丁管理，定期对其补丁进行更新，并检查上述设备。

（3）访谈网络管理员，询问并检查无线接入设备和无线接入网关是否关闭了"SSID 广播、WEP 认证"等存在风险的功能。

（4）访谈网络管理员，询问并检查无线接入设备是否分别使用了不同的鉴别密钥。

四、安全区域边界管理审计

（一）业务概述

对移动计算节点安全区域的安全设置，制定和实施的访问控制策略，防止非授权访问数据信息。

（二）审计目标和内容

1. 移动计算节点区域边界安全管理

该控制项旨在检查是否对移动计算节点安全区域进行安全设置，制定并实施访问控制策略，从而对进出该安全区域的数据信息进行控制，防止非授权访问。

2. 传统计算节点区域边界安全管理

该控制项旨在检查对传统计算节点安全区域进行安全设置，制定并实施访问控制策略，从而对进出该安全区域的数据信息进行控制，防止非授权访问。

3. 无线和有线网络间的边界安全管理

该控制项旨在检查有线网络与无线网络边界之间的访问和数据流是否通过无线接入网关设备。

（三）常见问题和风险

1. 移动网络的区域边界访问控制不严格，遭受非法入侵或网络攻击，引起网络异常或中断。

2. 进出网络的信息内容过滤不严格，导致注入攻击、网络入侵、恶意代码入侵的发生，影响网络的安全性和稳定性。

（四）审计的主要方法和程序

1. 移动计算节点区域边界安全管理

（1）针对移动网络的区域边界访问控制：访谈网络管理员，询问是否对接入系统的移动终端，采取基于 SIM 卡、证书等信息的强认证措施，并对源地址、目的地址、源端口、目的端口和协议等进行检查，以允许/拒绝数据包出入；访谈网络管理员询问是否能限制移动设备在不同工作场景下对 WIFI、3G、4G 等网络的访问能力。

（2）针对移动网络的边界入侵防范：访谈网络管理员，询问是否在区域边界采取相关技术措施，对无线接入点的网络扫描、DoS 攻击、密钥破解、中间人攻击和欺骗攻击等行为进行检测、记录、分析定位，防止网络入侵、恶意代码入侵等攻击行为；检查是否对部署的边界防护设备进行定期升级和更新，并检测特征库是否为最新版本。

（3）针对移动网络的边界完整性保护：访谈网络管理员，询问是否对区域边界设置完整性保护机制，探测非法网络连接（内联和外联）和网络入侵行为；访谈网络管理员，询问并验证移动终端区域边界检测设备监控范围是否完整覆盖移动终端办公区，并具备无线路由器设备位置检测功能，且对非法无线路由器设备接入进行报警和阻断。

2. 传统计算节点区域边界安全管理

（1）针对传统网络的区域边界访问控制：访谈网络管理员，询问是否对源地址、目的地址、源端口、目的端口和协议等进行检查，以允许/拒绝数据包出入；访谈网络管理员，询问是否对进出网络的信息内容进行过滤，实现对应用层 HTTP、FTP、TELNET、SMTP、POP3 等协议命令级的控制；访谈网络管理员，询问是否知道网络最大流量数及网络连接数。

（2）针对传统网络的边界入侵防范：访谈网络管理员，询问是否在区域边界采取相关技术措施，对无线接入点的网络扫描、DoS 攻击、密钥破解、中间人攻击和欺骗攻击等行为进行检测、记录、分析定位，防止网络入侵、恶意代码入侵等攻击行为；检查是否对部署的边界防护设备进行定期升级和更新，并检测特征库是否为最新版本。

（3）针对传统网络的边界完整性保护，访谈网络管理员，询问是否对区域边界设置完整性保护机制，探测非法网络连接（内联和外联）和网络入侵行为。

3. 无线和有线网络间的边界安全管理

访谈网络安全管理员，询问并检查是否在有线网络与无线网络边界之间部署无线接入网关设备。

4. 通过对移动网络边界进行安全工具扫描和渗透测试，验证其安全防护能力和防护效果满足网络保护要求。

五、设备和计算安全审计

（一）业务概述

移动终端及其管理系统应该使用采取身份标识和身份鉴别等管理措施，确保移动终端的应用软件符合安全管理的要求并处于受控环境。

（二）审计目标和内容

1. 设备身份鉴别

该控制项旨在检查组织是否对移动终端及其管理系统使用采取身份标识和身份鉴别等管理措施。

2. 终端应用管控

该控制项旨在检查组织是否对移动终端的应用采取安全管控措施，确保移动终端的应用软件安装符合安全管理要求并处于受控环境。

3. 终端入侵及恶意代码防范

该控制项旨在检查组织是否对移动终端采取恶意代码防护及漏洞管理措施，并确保漏洞补丁及恶意代码防范软件均处于最新状态。

（三）常见问题和风险

1. 移动用户及登录终端身份鉴别机制不严格，导致身份验证机制被绕过，存在敏感信息泄露或交易被篡改的风险。

2. 移动终端默认配置修改不及时，导致端口或服务被利用，造成移动终端被越权或敏感信息泄露。

（四）审计的主要方法和程序

1. 设备身份鉴别

（1）访谈系统管理员，询问是否制定移动用户及登录终端、移动终端管理系统登录的身份鉴别策略及主要主、客体的安全标记策略和规范，检查是否部署身份鉴别设施并基于身份及鉴别策略进行身份鉴别和操作控制。

（2）检查是否对移动用户及登录终端进行身份的唯一标识。

（3）访谈系统管理员，询问并测试移动终端、移动终端管理系统的登录口令复杂度及是否采用不少于两种的身份验证手段。

（4）访谈系统管理员，询问并测试移动终端是否启用了登录失败处理功能及移动终端的登录失败处理功能。

2. 终端应用管控

（1）访谈安全管理员，询问是否制定移动终端管理的全流程管理策略，明确必要的业务应用安装。

（2）检查移动终端管理系统，查看移动终端客户端软件的安装、注册与管理策略。

（3）检查终端是否遵循最小安装的原则，仅安装需要的组件和业务应用程序。

（4）访谈安全管理员，询问移动终端管理客户端是否具有软件白名单功能，并测试使用白名单控制应用软件安装、运行。

（5）访谈安全管理员，询问移动终端管理客户端是否具有应用软件权限控制功能，并测试是否可以对移动终端中资源的访问进行限制。

（6）检查移动终端管理客户端所允许使用的签名证书。

（7）访谈安全管理员，询问移动终端管理客户端是否具有接受移动终端管理服务端推送的移动应用软件管理策略，并根据该策略对软件实施管控的能力。

3. 终端入侵及恶意代码防范

（1）访谈安全管理员，询问是否制定终端补丁及恶意代码防护的管理制度、策略及系统和软件的安装配置基线。

（2）检查移动终端是否应关闭不需要的系统服务、默认共享和高危端口。

（3）检查移动终端操作系统版本，查看补丁是否得到了及时更新。

（4）检查移动终端是否安装恶意代码的防护软件并查看代码库是否为最新版本。

六、应用与数据安全审计

（一）业务概述

应用在开发测试等方面的安全管理，数据在完整性、机密性、可用性三方面的安全管理。

（二）审计目标和内容

1. 应用软件安全测评

该控制项旨在检查组织是否对移动终端应用软件的开发、测试和使用进行安全测评，防范漏洞及违规信息收集现象的存在。

2. 数据安全管理

该控制项旨在检查移动终端应用程序是否具有确保数据安全存储、完整性保护和残余信息清除等功能。

3. 数据备份

该控制项旨在检查组织是否采取安全措施对移动终端存储的重要信息进行及时安全备份并制定相关的备份管理制度规范与安全策略。

（三）常见问题和风险

1. 对应用软件的开发、测试和使用阶段的安全措施部署及安全测评不到位，造成软件系统有较大的安全漏洞。

2. 采集、使用和保存的个人数据不符合国家及行业有关个人信息保护的要求，造成个人敏感泄露和非授权使用。

3. 未执行有效的备份与恢复程序，导致备份数据不可用。

（四）审计的主要方法和程序

1. 应用软件安全测评

（1）访谈应用软件开发负责人，询问是否在移动应用软件开发结束后至发布前进行了安全检测并查阅测评报告。

（2）查阅测评报告并检查移动应用软件，检查移动应用软件所采集和保存的用户个人信息是否为业务必须，防范存在过度信息收集现象。

（3）查阅测评报告并检查移动应用软件，检查移动应用软件是否存在安全漏洞。

2. 数据安全管理

（1）访谈应用管理员，询问移动应用软件应采用哪种密码技术保证通信过程中数据的完整性，查阅移动应用软件设计、验收文档或源代码，查看是否有关于能检测数据通信和存储过程中完整性受到破坏的描述，并测试移动应用软件是否可对通信报文中进行完整性保护。

（2）检查移动应用软件，查看其鉴别信息和主要数据是否采用加密或其他有效措施实现本地存储保密性。

（3）测试移动应用软件，验证移动应用软件之间的重要数据是否能被互操作。

（4）查阅设计、验收文档或源代码，检查是否有关于系统在释放或再分配数据文件所在存储空间给其他用户前，如何将其进行完全清除的描述，并验证不同用户登录移动终端系统提供的剩余信息保护功能是否正确。（确保系统内的文件、目录和数据库记录等资源所在的存储空间，被释放或重新分配给其他用户前得到完全清除）

3. 数据备份

访谈系统运维负责人，询问是否识别需要定期备份移动应用软件中的重要信息，包括但不限于业务信息、系统数据和软件系统；询问是否制定重要信息的备份策略，如：定时批量传送的备用位置、备份方式（如是否为完全数据备份）、频率和介质存放方式等。

七、安全审计

（一）业务概述

根据有关法律法规、财产所有者的委托和管理当局的授权，对计算机网络环境下的有关活动或行为进行系统的、独立的检查验证,并作出相应评价。

(二)审计目标和内容

1. 移动互联网安全审计制度

该控制项旨在检查组织是否就移动互联网安全审计制定专项的审计规范、策略并据此部署和开展安全审计。

2. 移动互联网安全审计工具

该控制项旨在检查组织所部署的移动互联审计工具所具备的功能是否有效支撑日常安全审计工作。

(三)常见问题和风险

1. 未定期开展移动互联网安全审计,无法及时发现存在的安全风险与隐患,不利于移动互联网管控措施的持续改进。

2. 未部署移动互联网安全审计工具,无法对移动互联网重要操作和异常行为进行持续监控。

(四)审计的主要方法和程序

1. 移动互联网安全审计制度

(1)检查组织是否制定针对移动互联网(或无线网络)及其终端安全的审计规范和审计策略,以及是否部署安全审计的工具或平台。

(2)查看安全审计规范,检查其内容:是否对审计对象(如行为审计、流量审计、日志审计、移动应用审计)、格式、访问、存储和安全报警事件进行明确要求,并对审计日志进行抽样检查,检查其日志管理要求是否符合制度规范要求;是否对审计记录的存储、管理和查询进行明确要求,防止非授权访问和破坏,并验证保存时间是否符合规范要求。(审计存储)

(3)查看审计策略,检查其内容:是否定义安全相关事件,明确安全事件的主体、客体、时间、类型和结果等内容;是否定义事件采集、记录、分析、存储、告警等各种安全相关事件的规则,如黑白名单定制和管控策略定制。

2. 移动互联网安全审计工具

检查并测试部署的审计工具是否可对移动互联网络的设备运行状况、网络流量、管理账户的登录及重要操作进行审计;是否具备对安全审计域正在发生的所有联网行为进行实时监控、响应和记录;是否具备日志收集(特别是移动终端)、关联分析及存储备份的功能;是否具有采用数据流跟踪、特征分析等方法检测移动应用(App)的安全漏洞、编码隐患等功能,如 App 程序安全、应用数据安全、业务逻辑安全、系统环境安全、集成插件安全等。

第七节 工控系统安全审计

工业控制系统(ICS)是数据采集与监视控制系统(SCADA)、集散控制系统(DCS)和其他控制系统(例如可编程逻辑控制器 PLC)的总称。工业控制系统主要由过程级、操作级以及各级之间和内部的通信网络构成。对于大规模的控制系统,也包括管理级。工控系统的脆弱性分布较广,但主要集中在系统安全管理的策略和程序、工控平台与工业网络等方面。

本节将从工控系统的安全策略与制度规范审计、机构与人员管理审计、安全建设与管理审计、平台及数据安全审计、边界与网络通信安全审计、安全管理中心及安全审计等方面对工控系统安全的审计方法和步骤进行描述。

一、安全策略与制度规范审计

(一)业务概述

是指制定工控系统的安全战略与安全规划、编写安全管理制度与规范并予以发布与执行。

（二）审计目标和内容
1. 安全战略与规划
该控制项旨在检查组织是否将工控网络的信息安全纳入组织信息安全管理体系当中，制定相应的安全战略与规划，从而判断与组织整体信息安全战略的一致性。
2. 安全管理制度与规范
该控制项旨在检查组织是否根据既定的工控安全战略和规划建立相应的安全管理制度体系，并检查相关制度与规范的完整性。
3. 制度发布与修订
该控制项旨在检查组织是否根据既定的制度管理规范，对工控安全制度规范的发布、评审和修订进行管理。
（三）常见问题和风险
1. 未建立工控系统安全战略规划，无法有效指导工控系统安全总体发展目标和思路，不利于工控系统安全管控工作的有序开展。
2. 未建立工控系统安全管理制度和流程，不利于有效落实安全管控各项要求。
（四）审计的主要方法和程序
1. 安全战略与规划
（1）调阅组织信息安全工作的总体方针和安全策略，了解组织安全工作的总体目标、范围、原则和安全框架等内容。
（2）调阅组织工业控制系统的安全规划和方针策略，了解其安全工作的目标、范围、原则，并审查与组织信息安全工作总体方针和安全战略的一致性。
2. 安全管理制度与策略
（1）检查组织是否建立完善的工控信息安全制度体系，其应包括安全策略、管理制度、操作规程、记录表单等内容。
（2）调阅组织工业控制信息系统的安全管理制度，检查是否将工控系统安全防护及其信息报送纳入日常安全生产管理体系，并在内容上覆盖物理、网络、主机系统、数据、应用、建设和运维等层面。
（3）检查组织是否制定管理人员或操作人员执行的日常管理操作规程。
（4）检查组织的安全策略是否针对工业网络的特定领域、安全架构与设计、网络变更、业务连续性或灾难恢复、安全审计等内容。
3. 制度发布与修订
（1）访谈安全主管，询问是否由专门的部门或人员负责安全管理制度的制定、发布与定期评审。
（2）查阅组织有关制度制定和发布要求的管理文档，查看文档是否说明安全管理制度的制定和发布程序、格式要求及版本编号等相关内容。
（3）查阅组织已发布的工控安全管理制度，检查其是否定期接受修订并查看修订记录和版本号。

二、机构与人员管理审计

（一）业务概述
是指工控安全管理组织的岗位设置、人员与资金保障、安全检查与核查工作开展情况。
（二）审计目标和内容
1. 岗位设置
该控制项旨在检查在组织层面是否建立工控信息安全组织及负责人，明确相应安全职责。
2. 人员与资金保障
该控制项旨在从资金、人员配置与人员技能方面，检查组织是否为其工控安全提供相应的保障。

3. 安全检查与核查

该控制项旨在检查组织是否对其工控安全开展定期安全检查和核查工作，明确检查与核查内容，并对不符合项进行整改。

4. 人员安全

该控制项旨在检查组织是否对包括第三方人员在内的工控安全管理人员在招聘、录用和离职（转岗）各环节开展相应的安全检查并根据其安全职责分配对应的访问权限，从而确保人员安全。

（三）常见问题和风险

1. 安全管控职责落实不到位，无法有效执行工控系统信息安全管控要求，落实管控责任。
2. 人员与资金保障不足，导致工控系统安全管控机制和要求落实不到位，影响工控系统安全管控工作的有序推进。

（四）审计的主要方法和程序

1. 岗位设置

（1）访谈信息安全主管，了解组织是否成立专门的工控信息安全工作委员会（领导小组），或由信息安全工作委员会（领导小组）统一管理，其最高领导由单位主管领导委任或授权，并定期组织开展信息安全工作。

（2）查看工作委员会或领导小组的构成情况和相关职责描述，及其会议纪要或相关记录。

（3）访谈信息安全主管，确认是否由主管安全生产的领导作为工控系统安全防护的主要责任人，并查看其岗位职责说明书。

（4）访谈信息安全主管或人力资源主管，了解是否成立负责工控安全的部门及负责人，并查看部门职责和负责人岗位职责说明。

（5）访谈工控安全负责人，了解是否划分部门内部的安全管理岗位并定义其岗位职责，查看相关岗位职责说明书。

2. 人员与资金保障

（1）检查工控安全管理制度中是否有保障工控系统安全建设、运维、核查、等级保护测评及其他信息安全资金的内容。

（2）访谈信息安全主管关于工控系统安全建设、运维、核查、等级保护测评及其他信息安全资金预算及实际投入情况，

从而判断是否获得组织的资金保障。

（3）访谈工控信息安全负责人，了解各岗位人员配备情况，核查人员配备文档，查看并确认各岗位实际人员配备情况。

（4）调阅工控安全各岗位的技能需求，并查阅相关岗位人员学历、技能证书，从而确保技能需求与人员实际情况相符。

3. 检查与核查

（1）访谈信息安全主管，确认是否定期对组织工控系统的常规安全开展检查工作，检查内容至少应包括系统日常运行、系统漏洞和数据备份等情况，检查历史核查记录是否完整并对安全检查结果进行通报，对不符合项进行整改。

（2）访谈信息安全主管，确认是否定期开展全面安全核查，核查内容包括现有安全技术措施的有效性、安全配置与安全策略的一致性、安全管理制度的执行情况等，检查历史核查记录是否完整并对安全核查结果进行通报，对不符合项进行整改。

4. 人员安全

具体审计程序可参考"信息系统一般控制审计"中"信息安全审计—人员安全"审计

项及审计程序。

三、安全建设与管理审计

（一）业务概述

工控系统的项目建设需要将安全方案的规划与设计纳入其中，需要对工控产品与服务的供应商采取有效的安全管理。

（二）审计目标和内容

1. 安全方案规划与设计

该控制项旨在检查组织在开展工控系统项目建设时，是否将安全规划设计纳入整体设计方案当中，并经过安全评估和主管单位的审批与备案。

2. 安全检查及服务商管理

该控制项旨在检查组织对工控系统的产品和服务采购是否进行安全检查和测试，并对供应商采取有效的安全管理。

3. 工程实施与验收

该控制项旨在检查组织在工控系统的安全建设过程中，是否对其进行包括进度、质量和过程文档等方面的严格管理，制定系统安全测试方案并履行执行和结果审批。

4. 工程交付

该控制项旨在检查组织对工控系统安全建设项目在交付收尾阶段是否按照既定的交付清单进行验收，并开展相应的技术培训以确保后期运维等工作的顺利开展。

（三）常见问题和风险

1. 工控系统建设未有效落实安全需求与规划设计，导致安全与建设不同步，安全需求严重滞后。

2. 工控系统选取的密码产品，不满足国家安全要求，存在合规风险。

3. 工控系统项目交付审批程序不严格，造成功能和性能不满足预期，未实现有效的知识转移及培训，验收程序存在较大管理漏洞。

（四）审计的主要方法和程序

1. 安全方案规划与设计

（1）检查组织在开展工控系统建设前是否经过安全需求及其合理性和正确性的论证和评审，形成配套的安全整体规划和设计方案经上级并经主管部门或本单位相关部门审批，检查安全规划和设计方案及其历史审批记录。

（2）检查工控系统的建设是否经过定级和备案，检查历史备案材料报告和备案记录。

2. 安全检查及服务商管理

（1）访谈建设负责人，询问工控系统使用的有关信息安全产品和服务是否符合国家安全规定并通过国家安全检查和安全测试，查阅相关产品的测试报告；询问工控系统是否采用密码产品，以及密码产品的采购和使用是否符合国家密码主管部门的要求；询问是否制定服务商安全管理、服务商评价和审核制度及服务商目录清单，审查供应商是否符合国家有关标准。

（2）检查是否具有与安全服务商签订的服务合同或安全责任合同书、服务协议，合同或协议应明确整个服务供应链各方需履行的信息安全相关义务、后期的技术支持和服务承诺等内容、符合指标要求及其服务变更控制要求。

3. 工程实施与验收

（1）访谈建设负责人，询问工控系统的安全建设是否由专门部门或人员实施进度和质量控制。

（2）检查工程实施方案，查看其是否包括工程时间限制、进度控制和质量控制等方面内容，并按照工程实施方面的管理制度进行各类控制，同时产生阶段性文档等。

（3）检查工控系统安全建设是否制定测试验收方案，查看是否明确说明参与测试的部门、人员、测试验收内容和现场操作过程等内容。

（4）检查上线前的验收测试报告，查看是否具有相关部门和人员对工控系统安全测试验收报告的审定意见。

4. 工程交付

（1）查阅工控安全建设设备采购合同，核查是否明确交付清单，其应明确交付的各类设备、软件、文档等，并查验交付验收记录。

（2）检查工程交付过程是否有系统交付的技术培训记录和运维文档，查看培训记录是否包括培训内容、培训时间和参与人员等。

四、平台及数据安全审计

（一）业务概述

是指工控系统平台及数据相关的物理环境安全、身份鉴别与访问控制、安全配置管理、恶意代码防护与数据安全保护。

（二）审计目标和内容

1. 物理与环境安全

该控制项旨在检查组织是否为确保工控网络和系统平台所处物理环境的安全而采取相应的安全控制措施。

2. 身份鉴别与访问控制

该控制项旨在检查是否对组织工控系统中用户、重要主机设备和工控设备的身份进行鉴别并根据安全控制原则制定访问控制策略，实施相应的访问控制。

3. 安全配置管理

该控制项旨在检查组织是否对重要主机和工控系统进行安全设置并对安全配置的基线进行定期安全备份和审核。

4. 恶意代码防护

该控制项旨在检查组织是否对工控网络环境下的主机、工控系统和终端部署恶意代码防护设备与入侵检测设备，并定期开展漏洞扫描和代码库的升级与更新工作，验证防护设备有效性。

5. 工控系统数据安全该控制项旨在检查组织是否为确保工控网络和系统平台传输、处理和存储的用户数据、系统管理数据、鉴别信息及重要控制数据安全性而从完整性、保密性及重用性等角度而采取的安全控制措施。

（三）常见问题和风险

1. 工控系统恶意代码防范措施不严格，导致恶意代码入侵系统，给系统安全性和稳定性产生较大影响。

2. 工控系统数据安全分类分级不严格，无法针对不同级别数据建立不同的安全措施，导致个别数据保护过当或保护不足。

（四）审计的主要方法和程序

1. 物理与环境安全

具体审计程序可参考"信息系统一般控制审计"中"信息安全审计—物理安全"审计项及审计程序。

2. 身份鉴别与访问控制

（1）查阅组织的安全控制策略，访谈主机、工控系统安全管理员，询问并检查是否对登录操作重要主机系统、工控设备的操作系统、数据库系统和通用程序的用户进行身份标识和鉴别；询问是否支持对重要主机和工控设备的身份标识和鉴别，并防止未经授权的更改；询问是否对用户和设备身份鉴别的信息在存储和传输时采用加密方式；询问是否根据设备的安全保障需求制定相应的访问控制策略，实现相应的访问控制方式，设置对访问客体的操作粒度，确保合法操作。

（2）查阅是否制定用户账号与口令的管理策略，检查是否采用单一登录和双重（多重）身份验证手段对登录用户进行身份有效性验证，并确保账号在系统整个生命周期的唯一性。

3. 安全配置管理

（1）访谈主机和工控系统安全管理员，询问了解是否制定安全配置基线并依据"最小化安全原则"，对重要主机和工控系统统一安装只与自身业务相关的操作系统组件和应用组件。

（2）检查是否对安全基线及其相应的安全配置进行定期审核，并对关键配置进行定期备份，查看历史审核和备份记录。

4. 恶意代码防护

（1）检查是否对主机服务器、工控系统和终端安装防病毒软件并定期对其进行更新及在监测出恶意代码后及时报警，查验其版本和代码库是否与服务商提供的最新版本相一致以及报警记录。

（2）检查是否对主机服务器、工控系统部署漏洞扫描系统从而对其进行定期的漏洞扫描，查验历史漏洞扫描记录。

（3）检查是否对主机服务器、工控系统部署入侵检测，查验历史记录判断是否对监测出的入侵行为或异常业务操作异常分析和报警。

（4）访谈主机和工控系统安全管理员，询问是否对主机服务器、工控系统进行防恶意代码库和补丁漏洞升级与修补前进行安全测试并制定回退计划，并查阅历史更新记录。

5. 工控系统数据安全

（1）访谈工控安全负责人，询问是否制定了工控网络中受保护数据的安全管理制度，明确数据分类和分级策略；询问是否为确保信息不被泄露，明确了需对存储空间和内存进行清除的客体资源对象，并查验是否对其部署了具有安全客体重用功能的系统软件或具有相应功能的信息技术产品。（客体安全重用）

（2）检查是否对工控环境下的现场设备数据完整性采取保护措施，并对点对点的通信过程采取会话认证。

（3）其他审计程序可参考"信息系统一般控制审计"中"信息安全审计—数据"审计项及审计程序。

五、边界与网络通信安全审计

（一）业务概述

根据工控网络及业务安全需求进行层级和安全域的划分，并据此对其部署和实现边界访问控制。

（二）审计目标和内容

1. 安全区域边界访问控制

该控制项旨在检查组织是否根据组织工控网络限制及业务安全需求，对其进行层级和安全域的划分，并据此对其部署和实现边界访问控制。

2. 安全区域边界防护

该控制项旨在检查组织是否根据已划分的工控网络层级和安全域，部署边界防护设备，实现边界防护。

3. 网络通信安全管理

该控制项旨在检查组织是否为确保工控网络（包括工控无线网络）及数据传输的完整性、保密性采取安全控制手段及其传输鉴别保护手段，防范传输数据遭到非法访问或修改，并对网络进行安全监控。

4. 无线网络防护

该控制项旨在检查组织在部署工控无线网络前是否进行安全风险分析并制定相应的管

理制度，采取必要的安全防护措施确保工控无线网络安全。

（三）常见问题和风险

1. 工控系统安全区域边界访问控制不严格，遭受非法入侵或网络攻击，引起网络异常或中断。

2. 工控系统边界防护能力较弱，导致注入攻击、网络入侵、恶意代码入侵的发生，影响网络的安全性和稳定性。

（四）审计的主要方法和程序

1. 安全区域边界访问控制

（1）访谈工控系统安全负责人，询问是否对组织工控系统采取分层和安全域的管理方式，并对各层和各安全域之间基于安全要求制定访问控制策略，部署相应访问控制设备。

（2）查阅工控网络拓扑图，验证部署的设备（如工业防火墙）位置是否能起到边界访问控制目的。

（3）访谈组织是否制定访问控制策略，并检查其是否设置于部署的访问控制设备上，实现区域边界访问控制、边界防护隔离、边界防护安全管道通信和消息来源、用户、设备身份鉴别及访问控制。（区域边界访问控制）

（4）检查组织是否基于访问控制策略实现对访问源地址、目的地址、源端口、目的端口、协议的检查，从而实现对安全区域间的数据包过滤、安全域之间的路由控制和层间的会话控制。（区域边界包过滤）

2. 安全区域边界防护

（1）检查组织是否制定恶意代码防范的规章制度和安全控制策略，其内容至少应包括恶意病毒库的升级与更新策略，针对恶意入侵行为的分类、报警、处置等防护规则和处置流程。

（2）检查组织是否部署探测器，实现对非法外联行为（如非授权设备私自连接到内网，或内部网络用户私自连接到外部其他网络）进行准确定位和有效阻断，并对探测设备进行有效性验证。（边界完整性防护）

（3）检查组织是否采用验证机制，对重要控制指令和现场数据在存储和传输过程中的完整性进行有效验证和适当的恢复、修复等处置措施，并验证处置措施的有效性。

（4）检查组织是否在区域边界部署恶意代码检测和防范设备，实现如端口扫描等恶意代码入侵行为进行监视、报告和有效监测与清除。

（5）验证恶意代码防范设备的代码库是否及时升级和更新，以及设备间是否对攻击行为进行定位并提供相应的报警和自动处置，防止恶意代码传播。

3. 网络通信安全管理

（1）访谈工控网络安全管理员，询问是否对工控数据传输网络采取密码技术等完整性校验机制，保证传输过程中数据传输的完整性并对其进行完整性校验以及在遭到破坏时进行恢复；询问是否对工控数据传输网络采取密码技术和加密算法与加密设备，从而保证传输过程中数据传输的保密性，实现对会话初始化验证、报文或会话加密、传输保密性保护等安全要求；询问是否对工控数据传输网络采取密码技术，实现对数据来源的鉴别，从而实现对非法的数据访问和数据修改予以拒绝；询问是否对工控网络部署网络监控设备或软件，对网络数据、程序、操作和控制命令进行识别和监测，对恶意行为、攻击、异常流量进行识别、监测、记录、定位，以及对恶意流量进行阻断。

（2）验证加密算法和设备的合规性，以及传输加密的速度和加密有效性是否符合业务要求。

4. 无线网络防护

（1）访谈工控网络安全负责人，了解目前组织在工控网络是否部署无线网络并对其存在的威胁和潜在风险进行分析，查看风险评估报告；了解是否制定工控无线网络的安全管理制度、规范及安全控制策略。

（2）查看工控无线网络的管理制度及规范，检查是否明确其保护措施（如物理防护、电磁屏蔽），并查验保护措施的实际部署情况（如无线防火墙）。

六、安全管理中心及安全审计

（一）业务概述

工控安全建立安全管理中心，实现对工控系统资源、安全运行的集中、统一管理，同时对工控系统涉及的主客体制定统一的安全策略。

（二）审计目标和内容

1. 安全管理中心建设与管理

该控制项旨在检查组织是否为确保工控安全建立安全管理中心，实现对工控系统资源、安全运行的集中、统一管理，同时对工控系统涉及的主客体制定统一的安全策略，执行包括身份鉴别、系统与安全事件监控、安全管理与维护，以及自动化的安全监测与预警。

2. 安全审计管理与实施

该控制项旨在检查组织是否就工控涉及的主机和系统制定相应的安全审计规范、策略，并将其部署至安全管理中心，基于其具有的审计管理功能对工控平台主机系统和工控网络及其相关管理操作实施安全审计。

（三）常见问题和风险

1. 工控系统安全管理过于分散，无法实现有效集中管控，增加管理负担和管理成本。

2. 重要工控主机和系统未部署安全审计工具，无法对操作行为进行记录，不利于及时发现存在的违规操作，不利于工控系统的安全发展。

（四）审计的主要方法和程序

1. 安全管理中心建设与管理

（1）查阅组织工控安全管理战略规划及其相关安全管理制度与安全策略，了解组织对于工控安全管理的基本要求。

（2）访谈工控安全负责人，询问是否建立统一、集中的工控安全管理中心并了解其功能和实现方式。

（3）查阅安全管理中心建设的规划和验收报告，综合组织对于工控安全管理和基本要求以及当前工控安全管理中的功能，判断安全管理中心所具有的功能是否可以满足组织对于工控安全管理的要求。

（4）检查安全管理中心是否具备：对工控系统资源和运行的配置、控制和管理的系统管理功能，并具有运行监控与告警、系统日志记录等功能，同时实现用户身份管理、系统运行异常处理、灾难备份与恢复和对系统管理操作进行安全审计的功能；对工控系统设备的可用性、安全性实施监控与告警，设备集中管理与维护，漏洞扫描与配置加固以及安全预警的安全管理功能。

（5）检查安全管理中心的管理制度与安全策略：是否对日志收集及其内容、格式、访问、存储进行要求，并验证安全日志数据采集的记录项是否符合制度规范要求，以及对日志的访问和保存是否采用校验机制并实现异地、冗余存放，保存周期不低于6个月；是否定义工控数据采集、内容监测、恶意（异常）行为判断标准、事件和行为处理标准以及事件监测、预警、处置、响应是否符合既定的标准与规范，验证安全管理中心是否可对安全事件进行监测报警和处置，并审查历史安全事件的处置记录是否符合既定的流程规范；检查安全管理中心的漏洞扫描与加固历史记录，验证关键漏洞是否已得到安全加固。

2. 安全审计管理与实施

（1）查阅并检查组织是否制定安全审计规范与审计策略。

（2）检查工控安全管理中心的安全审计策略配置是否运行有效。

（3）检查组织是否对重要工控主机和系统部署安全审计工具，并部署在各关键主机和系统之上且在安全管理中心对所收集的日志实施集中、独立的安全审计。

（4）询问安全管理中心负责人，了解安全管理中心是否支持安全信息的分类管理与查询以及安全审计功能是否支持二次开发和报警与日志信息的关联分析，并调阅审计报告验证其功能。

第八节 物联网安全审计

物联网通常从架构上可分为三个逻辑层，即感知层、网络传输层和处理应用层。对大型物联网来说，处理应用层一般是云计算平台和业务应用终端设备。物联网安全的风险着重体现在感知节点及其所处物理环境的安全，物联网及其异构传输网络的通信和结构安全（如是否采取安全加密机制、网络安全防护），用户/设备鉴别信息和感知节点数据采集信息的安全和服务中断等多种风险。

本节将从物联网的感知设备物理与环境安全、网络与通信安全、安全区域边界、设备和计算安全、应用与数据安全、安全审计等方面对物联网安全的审计方法和步骤进行描述。

一、感知设备物理与环境安全审计

（一）业务概述

是指感知层终端节点所处的物理环境对其安全产生的影响，以及所采取的相关安全防护措施是否充分。

（二）审计目标和内容

1.终端感知节点物理与环境安全

该控制项旨在检查感知层终端节点所处的物理环境是否对其安全产生影响，以及是否受到安全防护措施及其措施的有效性。

2.感知层网关节点物理与环境安全

该控制项旨在检查感知层网关节点所处物理环境是否对其安全产生影响，以及是否受到安全防护措施并审查防护措施的有效性。

3.感知设备访问控制

该控制项旨在检查感知层网的节点、网关设备及其网络资源采取访问控制措施，确保上层用户对上述资源的合法访问与使用。

4.感知设备恶意代码与入侵防护

该控制项旨在检查组织是否对终端感知节点和感知网关节点部署恶意代码防护设备与入侵检测设备，并定期开展漏洞扫描和代码库的升级与更新工作，验证防护措施有效性。

（三）常见问题和风险

1.终端感知节点物理环境安全管控不严格，导致意外断电、电磁干扰、发生火灾等情况，影响终端感知的正常运行。

2.终端感知节点和感知网关节点未安装恶意代码防护设备，导致恶意代码入侵系统或恶意代码在网络传播，造成网络中断和感知状态中断。

（四）审计的主要方法和程序

1.终端感知节点物理与环境安全

访谈物理安全负责人，询问终端感知节点的物理安全需求及环境现状（或实地查看），判断是否对其产生物理破坏；询问针对感知节点所处的物理环境，采取哪些防范措施以确保其物理环境安全（如非法物理访问、防雷、防电磁干扰等），并检查是否与实际情况相一致；询问感知节点是否可以准确反映其所处物理环境状态，并对其所获取的物理数据与实际环境数据进行验证，或者查阅物理环境的设计和验收文档；询问感知节点是否设置备用电源从而满足其最低电力供应需求，并验证电力供应系统是否可在规定时间内正常启动和供电；询问是否对感知节点进行物理加固并设置明显、不易去除的标志，且确保标识的唯一性。

2. 感知层网关节点物理与环境安全

（1）访谈物理安全负责人，询问感知层网关节点的物理安全需求（如防火、防静电等）及其为满足安全需求所采取的安全防护措施；询问感知层关键网关节点所在物理环境是否具有良好的信号收发能力，并检查是否对其所在物理环境部署反屏蔽设施，验证所在物理环境的信号收发能力。

（2）查看感知层网关节点的实际物理环境，验证物理防护措施的有效性。

（3）检查感知层网关节点的主要部件是否接受安全固定，防止被移动或被搬走；是否有明显的不易除去的标记；是否设置短期备用电源从而满足其最低电力供应需求，并验证电力供应系统是否可在规定时间内正常启动和供电。

3. 感知设备访问控制

访谈网络管理员，询问针对物联网终端及感知节点设备，是否采取必要的技术手段防止其非法下载软件应用，且对合法用户的身份及其访问控制权限进行识别，确保对感知网资源和设备的合法访问与使用，并对技术手段的有效性进行验证；（感知设备/节点的访问控制）

4. 感知设备恶意代码与入侵防护

（1）访谈安全管理员，询问是否对终端感知节点和感知网关节点安装恶意代码防护设备，并定期对其进行更新且在监测出恶意代码后及时报警。

（2）检查是否定期对终端感知节点和感知网关节点进行漏洞扫描，防范被用于木马、病毒的攻击，使得终端节点被非法控制或处于不可用状态，从而获取未授权的访问实施攻击或成为网络渗透入口，并查验历史漏洞扫描记录。

二、网络与通信安全审计

（一）业务概述

是指物联网的感知设备的身份认证、访问控制、无线接入的安全，以及通讯网络安全管理、数据安全传输等措施的实施。

（二）审计目标和内容

1. 入网感知设备安全认证

该控制项旨在检查是否对接入物联网的感知设备进行认证，以确保感知设备及其数据收集、传输的安全可靠。

2. 感知设备访问控制

该控制项旨在检查是否对感知设备/节点及其传感网的接入网络采取必要的安全访问控制措施，防止对感知设备/节点及其感知网资源的非法访问与使用。

3. 无线网的安全接入

该控制项旨在检查组织是否存在通过无线网络接入的感知终端，并验证是否对其采取必要的安全工作措施确保无线网络的安全性。

4. 异构网的安全接入与保护

该控制项旨在检查组织是否存在异构网的物联网接入，并验证是否对其采取必要的安全工作措施确保异构网数据传输的完整性和保密性。

5. 网络数据传输保护

该控制项旨在重点检查是否为确保物联网传输数据的完整性、保密性和新鲜度采取控制措施，并对接入物联网的通信设备进行可信验证，防止非法接入。

6. 通信网络安全管理

该控制项旨在检查组织是否对物联网通信网络采取安全监控、应急等安全管理措施，防范因传输链路故障造成数据传输失效及服务不可用。

（三）常见问题和风险

1. 入网感知设备安全认证机制不完善，导致安全认证机制被绕开或非法的物联网终端接入，对感知设备运行造成安全影响。

2. 网络数据传输保护机制不严格，导致感知层感知数据在传输过程中外泄或数据传输过程中被篡改。

（四）审计的主要方法和程序

1. 入网感知设备安全认证

访谈网络管理员，询问是否对感知终端接入网络时采取设备认证机制以及所采取认证的具体措施；是否制定感知终端认证的策略文档，查看是否包括防止非法的物联网终端接入网络的机制描述；询问是否存在较大数量物联网终端设备接入网络的应用以及是否提供组认证的机制及其相关举措。

2. 感知设备访问控制

访谈网络管理员，询问是否制定访问控制策略对传感网入网采取必要的访问控制措施，并了解访问控制措施的具体内容，查看相应的控制策略文档；询问是否对感知终端设备的网络接入制定相应访问控制策略并检查传感网入网访问控制设备，验证访问控制策略的配置情况；询问是否允许远程配置物联网感知终端和节点设备上的软件应用，以及是否制定相应的远程访问安全控制机制并采取安全防护措施，了解安全机制是否覆盖对资源访问相关的主体、客体及它们之间的操作。

3. 无线网的安全接入

访谈网络管理员，询问组织目前是否存在无线网接入的感知终端，或通过无线网进行采集信息的传输；询问并查阅是否对制定无线网安全管理制度及安全策略；询问是否定期根据无线网络脆弱性对其进行安全风险评估和安全检查。

4. 异构网的安全接入与保护

访谈网络管理员，询问组织目前的联网是否存在异构网络的接入需要及其各接入网的工作职能、重要性和所涉及信息的重要程度等因素；询问是否对各异构网的接入网网关进行子网或网段的划分，了解各安全划分子网/网段的功能，并查看接入网关的安全配置；询问并查阅是否对异构网的物联网接入制定相应安全管理制度及安全策略；询问是否对异构网接入时的数据转发采取安全措施（如加密及完整性校验）确保数据完整性和保密性，了解保密性保护机制是否符合国家密码行政主管部门规定，验证安全措施的有效性并调阅测试报告；询问是否采用入侵检测等技术拒绝恶意设备的接入，保证合法设备不被恶意设备攻击而被拒绝接入，保证网络资源的可使用性。

5. 网络数据传输保护

访谈网络管理员，询问为确保包括感知层感知数据在内的数据传输的完整性和保密性所采取的加密算法和完整性机制，了解是否符合国家密码管理的相关规定并验证在发现完整性被破坏时进行恢复；询问为确保感知层感知数据的新鲜度所采取的控制措施；询问是否对连接到通信网络的设备进行可信检验，从而确保接入通信网络的设备真实可信，防止设备的非法接入。

6. 通信网络安全管理

（1）访谈网络管理员，询问终端感知设备进行数据传输的网络现状，如服务商数量（若存在外部网络运营服务商）、传输链路数量，从而判断是否存在单点故障；询问是否对感知终端的数据传输网络流量进行监控并制定流量应急管控方案，防范传输流量过大造成的网络拥塞；询问是否对连接感知终端与服务端的通信网络增加流量分析、态势感知等安全策略。

（2）访谈物联网管理负责人，询问是否制定通信网络的专项应急预案，并进行定期应急演练，查看历史记录并检查是否将外部网络运营商纳入应急演练参与者当中。

三、安全区域边界审计

（一）业务概述

是指为物联网建立安全区域边界，对安全区域边界进行访问控制，对进出边界的数据进行安全过滤，对进入物联网的设备采用准入控制等安全措施。

（二）审计目标和内容

1. 安全区域边界访问控制

该控制项旨在检查组织是否对物联网进行安全区域的划分，并对其制定相应的访问控制策略及开展安全访问控制。

2. 区域边界过滤与控制

该控制项旨在检查组织是否基于已制定的访问控制策略，对进出区域边界的数据包和报文实施过滤机制。

3. 区域边界完整性保护和准入控制

该控制项旨在检查是否采取安全控制措施以确保区域边界的完整性并对其实施准入的控制措施。

（三）常见问题和风险

1. 物联网安全区域边界访问控制不严格，遭受非法入侵或网络攻击，引起网络异常或中断。

2. 物联网区域边界完整性保护不足，容易导致非法外联和入侵行为，影响感知设备的正常使用。

（四）审计的主要方法和程序

1. 安全区域边界访问控制

访谈网络管理员，询问是否对信息系统进行安全区域的划分，了解各区域的访问控制方式及是否制定相应的访问控制策略，从而对进出安全区域边界的数据信息进行控制，防止非授权访问；询问是否对物联网区域实施边界访问控制，制定针对数据、协议、流量和最大连接数等内容的访问控制策略。

2. 区域边界过滤与控制

访谈网络管理员，询问是否根据区域边界安全控制策略，通过检查数据包的源地址、目的地址、传输层协议、请求的服务等，确定是否允许该数据包进出该区域边界；询问是否在安全区域边界设置协议过滤，从而对物联网通信内容进行过滤，并对通信报文进行合规检查，以及根据协议特性，设置相对应控制机制。（区域边界协议过滤与控制）

3. 区域边界完整性保护和准入控制

访谈网络安全管理员，询问是否制定物联网边界区域完整性保护的策略及相关安全措施；询问是否制定安全区域边界的准入控制机制对接入设备进行有效标识、识别，从而保证合法设备接入，拒绝恶意设备或非法接入；询问是否在区域边界设置探测器或探测软件，探测非法外联和入侵行为并及时报告，同时验证非法接入识别的有效性；询问是否在区域边界设置轻量级的双向认证机制，能够保证防止数据的违规传输；询问是否可对感知设备的健康数据进行收集（如固件版本、标识、配置信息校验值等），从而对接入的感知设备进行健康性检查，拒绝非健康设备的接入。

四、设备和计算安全审计

（一）业务概述

是指对物联网系统设备身份进行鉴别与访问控制，对设备数据进行安全管理，以及对其进行安全监测及恶意代码和漏洞防护。

（二）审计目标和内容

1. 设备身份鉴别与访问控制

该控制项旨在检查是否分别对物联网系统的设备身份进行有效标识和鉴别，并确保其唯一性和鉴别信息的保密性与完整性；同时，检查是否制定相应的访问控制策略和访问操作权限。

2. 设备数据信息安全管理

该控制项旨在检查组织对物联网系统的设备信息及其收集、处理和存储的重要数据信息采取安全控制措施，确保数据安全，同时审核所采取的安全技术手段是否符合国家的安全规定。

3. 安全监测及恶意代码和漏洞防护

该控制项旨在检查组织是否采取安全控制手段，对应用端服务器进行安全监测，部署恶意代码防护工具，同时开展漏洞扫描和渗透测试。

（三）常见问题和风险

1. 终端感知节点（包括RFID标签）和感知层网关节点（包括RFID读写器）未建立统一的身份标识和鉴别机制，造成身份认证混乱或身份认证机制被破解，影响设备的正常运行。

2. 物理网设备对于生存信息、鉴别信息、隐私性数据和重要业务数据的保护力度不足，造成数据传输过程中被非法访问或泄露。

3. 关注设备数据信息安全风险，安全技术手段不符合国家安全规定的风险。

（四）审计的主要方法和程序

1. 设备身份鉴别与访问控制

访谈系统管理员，询问是否对终端感知节点（包括RFID标签）和感知层网关节点（包括RFID读写器）进行统一身份标识和鉴别管理，并确保在系统整个生存周期设备标识的唯一性；询问是否对设备的身份鉴别信息在传输与存储过程中采取必要的安全措施，确保其机密性和完整性，并对感知设备发送的数据进行鉴别，确保防范虚假信息的恶意注入，并核查加密算法是否符合国家规范；询问身份鉴别管理系统是否可对合法的连接设备（包括终端节点、路由节点、数据处理中心）进行有效鉴别，并可识别非法节点和伪造节点，过滤其发送的数据和重放合法节点的历史数据；询问是否针对感知设备和其他设备（感知层网关、其他感知设备）间的通信，制定访问控制策略，确保权限检查通过后才允许设备间开始通信或对用户进行权限检查，只有经过授权的合法用户才能通过外部接口对感知设备进行更新配置、下载软件等。

2. 设备数据信息安全管理

（1）访谈系统管理员，是否对物理网设备的生存信息、鉴别信息、隐私性数据和重要业务数据在存储过程中采用密码等技术进行完整性校验，确保校验信息在其受到破坏时能够进行恢复、重传，以及使用符合国家密码行政主管部门规定的数字摘要算法、签名算法等；询问是否对物理网设备的生存信息、鉴别信息、隐私性数据和重要业务数据在存储过程中采用密码等技术进行加密，并检查加密算法是否符合国家规定。

（2）访谈数据库安全管理员，询问感知终端数据的存储模式，以及是否对网络服务端的数据管理系统做到系统加固、漏洞检测与修复、防黑客、抗DDoS攻击、安全审计、行为检测等服务器安全防护，以防发生由于主机被攻破导致的数据泄漏、数据篡改等安全问题。

3. 安全监测及恶意代码和漏洞防护

（1）访谈主机和工控系统安全管理员，询问并检查是否对工业主机服务器和工控系统：部署入侵检测系统并查验历史记录，判断系统是否可对监测出的入侵行为或异常业务操作进行异常分析和报警；部署并进行防恶意代码库和补丁漏洞的升级与修补，并在此之前进行安全测试及制定回退计划，并查阅相关历史记录。

（2）访谈系统管理员，询问是否对应用端的服务器采取：设置安全基线，制定防篡改、防挂马安全规范，提出监测、防护与处置机制和要求；对应用服务器部署自动检测工具并定期开展漏洞扫描、渗透测试等检查工作；安装防病毒、通讯监视等软件。

五、应用与数据安全审计

（一）业务概述

是指物联相关应用在身份鉴别与访问控制等方面的安全管理，相关数据在完整性、机密性、可用性等方面的安全管理。

（二）审计目标和内容

1. 用户身份鉴别与访问控制

该控制项旨在检查组织是否采取有效的控制措施，对物联网系统的用户身份进行鉴别并确保鉴别信息的安全，同时检查是否根据用户身份制定访问控制策略确保操作合规可控。

2. 用户及业务数据信息安全管理

该控制项旨在检查组织是否对物联网系统用户数据和重要业务数据制定数据安全管理策略并采取安全控制措施，确保数据的保密性与可用性。

3. 抗数据重放

该控制项旨在检查组织是否采取安全控制手段，在确保数据新鲜性的同时，监测并防范历史数据被重放。

（三）常见问题和风险

1. 物联网系统访问控制机制不严格，导致重要或敏感数据被非授权访问，造成重要或敏感数据的破坏或泄露。

2. 感知节点数据新鲜性保护措施不足，导致系统遭到重放攻击，认证凭据被非法篡改。

（四）审计的主要方法和程序

1. 用户身份鉴别与访问控制

访谈系统管理员，询问是否对物联网系统的用户进行标识和鉴别，确保在系统整个生存周期用户标识的唯一性以及采用统一、集中且不少于两种组合机制进行身份鉴别，同时，可对假冒用户使用未授权的业务应用或者合法用户使用未定制的业务应用进行鉴别；询问是否对用户身份鉴别信息、口令、密钥在传输与存储过程中采取必要的安全措施，确保其机密性和完整性；询问是否针对物联网用户和管理员制定访问控制策略，明确访问控制规则、访问控制的颗粒度及操作权限；询问是否提供对远程登录用户的认证功能，以及认证的方式有哪些，并验证远程登录用户的认证功能。

2. 用户及业务数据信息安全管理

（1）访谈系统管理员，是否对存储和处理的用户数据及重要数据（指令控制数据、业务数据）采用密码等技术进行完整性校验机制和保密机制，发现完整性受破坏的数据并对重要数据进行恢复，同时确保数据的保密性。

（2）访谈网络管理员，询问是否对感知层重要业务数据进行本地备份，以及是否制定备份策略和数据重传策略，并检查感知层重要业务数据的本地备份和重传功能，其配置是否正确，查看其备份结果是否与备份策略一致，重传策略是否生效。（数据可用性）

3. 抗数据重放

（1）访谈安全管理员，询问针对感知节点数据新鲜性的保护措施有哪些。

（2）检查感知节点鉴别数据新鲜性的措施，并尝试将感知节点设备历史数据进行重放，验证其保护措施是否生效。

（3）访谈安全管理员，询问针对防范历史数据被非法修改的防护和检测措施有哪些。

（4）检查感知层是否配备检测感知节点历史数据被非法篡改的措施，并验证检测措施的有效性是否能够避免数据的修改重放攻击，以及在检测到被修改时是否能采取必要的恢复措施。

六、安全审计

（一）业务概述

是指制定物联网相关安全审计规范和安全审计策略，部署安全审计平台和工具，开展安全审计工作。

（二）审计目标和内容

1. 安全审计的管理

该控制项旨在检查组织是否就物联网安全制定专项的安全审计规范和安全审计策略并据此部署和开展安全审计工作。

2. 安全审计的实施

该控制项旨在检查组织是否根据既定的安全审计规范与策略开展安全审计，并检查安全审计的内容是否涵盖物联网通信安全、边界安全及系统安全，同时验证集中式安全管理中心是否对已定义的安全事件及时发现并报警。

（三）常见问题和风险

1. 未制定物联网安全专项审计规范和策略，无法有效落实物联网安全审计要求，不利于物联网管控措施的持续改进。

2. 未针对分布在物联网上的系统部署安全审计工具，无法有效监控各系统的状态和异常，无法及时发现系统的攻击行为和非授权访问和破坏。

（四）审计的主要方法和程序

1. 安全审计的管理

（1）检查组织是否制定物联网安全专项审计规范和审计策略，并部署安全审计工具或平台。

（2）查看物联网安全审计规范，检查其内容是否对审计日志的内容、格式、访问、存储和安全报警事件进行明确要求，并对审计日志进行抽样检查，检查其日志管理要求是否符合制度规范要求；检查其内容是否对物联网安全事件进行定义、分类，明确安全事件的主体、客体、时间、类型和结果等内容；检查其内容是否对审计记录的存储、管理和查询进行明确要求，防止非授权访问和破坏，并验证保存时间是否符合规范要求。

（3）访谈信息安全审计负责人，询问是否对分布在物联网系统的各个重要组件部署安全审计工具并实现集中管理，且具有：为集中安全管理工具或平台提供接口；可按时间段开启和关闭相应类型的安全审计功能；对审计记录的查询、分类、分析和存储保护的功能，并根据分析结果进行处理；对安全审计员进行身份鉴别，且只允许其通过特定的命令或操作界面进行安全审计操作的功能。

2. 安全审计的实施

（1）查看物联网安全审计规范，审查其内容是否对物联网通信网络提出审计要求，查阅审计记录，判断并验证是否对通信网络设置审计机制，并由安全管理中心集中管理，且对确认的违规行为进行报警。

（2）审查其内容是否对物联网区域边界安全提出审计要求，查阅审计记录，判断并验证是否对安全区域边界设置审计机制，由安全管理中心集中管理，并对确认的违规行为及时报警。

（3）审查其内容是否对系统安全审计提出审计要求，查看系统安全审计工具，检查其是否具备对不能由系统独立处理的安全事件，提供由授权主体调用的接口，并验证其是否可由安全管理中心集中管理，且对确认的违规行为及时报警。

第六章 信息系统审计质量控制

第一节 信息系统审计质量控制

一、信息系统审计质量概述

为了确保信息系统审计的质量,组织应建立信息系统审计质量控制策略、程序、方法,明确内部审计人员职责,遵循国家法律法规、信息系统审计操作规范和组织内部审计工作规定;审计工作底稿、审计报告、审计决定等审计文书的格式、要素和内容应当符合组织内部审计规范的要求;组织信息系统管理和应用方面存在的重大问题得以充分揭示,并提出建议,以合理保证审计目标的实现。

信息系统审计项目质量控制主要包括对审计计划、审计实施、审计终结等阶段的全过程质量控制。

二、审计质量控制内容

（一）质量控制制度建设

信息系统审计的质量控制应当按照国家审计准则、中国内部审计准则、参照国内外信息系统审计标准和规范,建立起包含质量责任、职业道德、职业胜任能力、业务执行和质量监控等在内的质量控制制度,同时,应制定适用本组织的信息系统审计流程、标准和规范。

（二）审计全过程质量控制

1. 审计计划质量控制

计划立项和审前准备阶段需要对组织的信息系统进行初步调查,主要获取组织业务流程对信息化的依赖程度;与信息系统有关的管理机构及管理方式,根据掌握的信息系统基本情况,确定审计目标与重要性水平,在制定审计实施方案时,应充分考虑以下因素：

（1）组织高度依赖信息技术、信息系统的关键业务流程及相关的组织战略目标。

（2）信息技术管理的组织架构。

（3）信息系统框架和信息系统的长期发展规划及近期发展计划。

（4）信息系统及其支持的业务流程的变更情况。

（5）以前年度信息系统内外部审计等相关的审计发现及后续审计情况。

（6）其他影响信息系统审计的因素。

2. 审计实施质量控制

（1）控制测试质量控制

控制测试是为测试组织对控制程序的符合性而收集证据,验证控制的执行是否符合管理政策和规程要求。根据组织确定的内部控制缺陷标准及风险评估标准,对组织的内部控制实施控制测试。应当采用抽样执行的控制测试包括用户访问权限、程序变更控制流程、文件流程、编程文档、例外跟踪、日志检查、软件许可审计等。根据控制测试的结果决定实质性测试的时间、范围和性质。

在实质性测试时,内部审计人员要对交易和事项的安全控制措施进行测试,对信息系统的安全性、可靠性和经济性进行评价。为保证评价的质量,内部审计人员要对交易或事项进行测试,在验证数据库可靠性时,应对交易日志中的查询进行抽样审查,以评价该查询操作的可靠性,在评价信息系统的效率性时,内部审计人员要评价提交作业到执行后结果返回用户所评价周转时间是否在可接受范围内。

在进行审计时要根据情况确定审计抽样的方法及测试的范围。采用随机、统计、判断等抽样方法,并合理确定样本量,根据抽样样本的实质性测试结果,评价信息系统控制是否达到控制目标。当抽样不能达到审计目标时还应采用替代程序。

（2）审计证据质量控制

明确审计取证的范围，审计证据要足以支持审计报告和审计结论中揭示的问题；为保障审计证据的充分性、相关性和可靠性，应规范审计取证的方法，除通用证据获取方法外，应根据信息系统取证的要求，侧重于利用数据工具、安全工具、测评工具、系统运行监测、系统监控检测等方法取证，以规范审计取证行为。应恰当处理和评价审计证据，要求证据的提供部门确认其来源真实。评价审计证据时，应当考虑电子数据、纸质数据、结构化数据、非结构化数据之间的相互印证及证据来源的可靠程度。

3. 审计报告质量控制

（1）审计工作底稿复核

审计工作底稿是内部审计人员在审计过程中形成的审计工作记录和获取的资料。审计工作底稿是审计证据的载体，是联系审计证据和审计结论的桥梁。审计工作底稿的全部内容，是内部审计人员形成审计结论、发表审计意见的直接依据。审计工作底稿必须进行复核，以保证审计意见的正确性和审计工作底稿的规范性。

（2）审计报告编制、复核与交换意见

内部审计人员应对审计发现进行分析，使用职业判断，确定哪些审计发现应提交给哪个层级的管理人员。向管理层提交审计报告。审计报告具有如下特征：

①足够重要、值得向管理层报告。
②事实清楚、证据充分。
③描述客观、公正。
④与所审计的事实相关。
⑤有充分的说服力，促使组织采取纠正措施等。

除了对信息系统的安全性、可靠性、经济性发表意见外，还需要对信息系统所承载的业务信息的真实性、完整性、正确性发表意见。

在与高级管理层沟通审计结果前，内部审计人员应当首先与被审计组织的管理人员讨论审计发现的问题，在审计报告征求意见过程中，内部审计人员和被审计组织应当针对审计建议、预定实施日期等内容进行讨论，明确影响实施的各种因素。被审计组织管理层应当对审计报告中描述的审计发现制定整改计划，陈述将要采取的整改措施及整改时间等，促进双方达到一致性观点。当不能达成一致时，内部审计人员应当详细描述审计发现的重要性。确保报告中反映的情况是真实的，相关建议切实可行且符合成本效益，针对建议的实施日期与管理层进行讨论等。

（3）审计报告正式上报前需要考虑的质量问题

在出具正式审计报告之前，内部审计人员应考虑在此期间被审计组织及其信息系统活动是否会发生导致重大变化的事项（如机房搬迁、更新原有模块等）。针对这种情况，审计人员应当判断这些事项对审计结论和建议的影响，并采取增加审计程序、修改审计意见等措施，提醒报告使用者注意上述影响。

4. 归档质量的控制

内部审计机构应当制定保管、保留和发布审计文档的相关政策。各审计主体在实际工作中，应根据相关规范的要求管理审计文档。

5. 后续审计质量控制实施后续审计，主要应考虑：

（1）审计意见和建议的重要性。
（2）整改措施的复杂性。
（3）落实整改措施所要的时间和成本。
（4）整改措施失败可能产生的影响。后续审计的质量管理控制包括：
（1）制定跟踪程序以确认既定的整改措施是否已经落实。
（2）审计实施管理，合理确定跟踪检查的程度。

（3）合理确定跟踪时间。
（4）与适当层级的管理人员沟通跟踪结果。

通过上述信息系统审计全过程质量控制活动，达到规范审计行为，规避审计风险，提高审计质量的质量控制目标。

第二节　信息系统审计人员胜任能力

一、审计机构人员素质保障。基于信息系统审计的特殊性和复杂性，作为组织的审计机构，要求人才结构合理配置，包含审计业务骨干、信息技术专家、信息系统管理专家，同时，应考虑建立信息系统审计兼职业务专家团队。

二、审计项目团队素质保障。制定信息系统审计项目计划时，根据审计项目的特点，充分评估审计人员的知识结构、年龄结构、实际操作能力，合理确定审计组长、主审人、审计成员等，审计组应包括审计业务人员、计算机专业人员、信息系统开发人员、网络管理、系统运维管理人员等，必要时信息系统项目审计可以对外聘请具有相应资质的外部信息系统审计机构或具备相应能力的技术专家参与或独立开展审计，以防范审计风险。

三、强化审计项目团队的培训。有针对性的培训是项目顺利实施，按质量实现审计目标的重要保证，包括对审计信息化知识和技术的培训、对相关制度规范的培训等。

四、内部审计机构与人员责任落实。在信息系统审计实施过程中，审计组长、主审、审计人员等应各司其职，确保审计过程中的质量。相关业务部门人员、质量复核人员、审计机构负责人应承担相应的质量控制责任，确保信息系统审计质量控制措施得到贯彻执行。

附录1：相关术语

· 信息系统

信息系统是由计算机硬件、网络和通讯设备、计算机软件、信息资源、信息用户和规章制度组成的以处理信息流为目的的，通过对信息的收集、传输、加工、存储、更新和维护，以组织战略竞优、提高效益和效率为目的，支持组织高层决策、中层控制、基层运作的集成化的人机系统。

· 信息系统审计

信息系统审计是指内部审计机构和内部审计人员对组织的信息系统建设的合法合规性及其相关信息技术内部控制的有效性、信息系统的安全性、业务流程合理有效性、信息系统运行的经济性所进行的检查与评价活动。

· 联网审计

联网审计是指内部审计机构与被审计单位进行网络互连后，在对被审计单位财政财务管理相关信息系统进行测评和高效率的数据采集与分析的基础上，对被审计单位财政财务收支的真实、合法、效益进行实时、远程检查监督的行为。通过联网审计，内部审计人员可以非现场实时或定时地监督被审计单位的业务活动、内部控制和风险管理。

· 大数据审计

大数据审计主要指运用大数据思维，归集不同行业和部门的数据，进行分析、挖掘，进而发现数据之间的内在联系，提高问题的洞察力，是提高审计质量、提高审计效率和实现审计全覆盖的关键所在。

· 信息系统生命周期

信息系统生命周期是指信息系统在使用过程中随着其生存环境的变化而变化，信息系统的生命周期可分为立项、开发、运维和消亡四个阶段。

- 组织控制审计

组织控制审计是指对组织层面建立并实施的信息系统相关控制开展的审计。

- 一般控制审计

一般控制审计是指为了保证信息系统安全、稳定地运行，对整个信息系统以及外部各种环境要素实施的、对所有的应用或控制模块具有普遍影响的控制审计。

- 应用控制审计

应用控制审计是指业务流程层面为合理保证应用系统准确、完整、及时地完成业务数据的生成、记录、处理、报告等功能而设计、执行的控制审计。

- 安全审计

安全审计是指按照一定的安全策略，利用操作记录、系统活动和用户活动等日志信息，通过检查、审查和检验操作事件的环境及活动，从而发现系统漏洞、入侵行为或改善系统性能的过程。安全审计从审计级别上可分为三种类型：系统级审计、应用级审计和用户级审计。

- 信息系统可靠性

信息系统可靠性是指信息系统在遭受非人为因素破坏或误操作情况下仍然能正常运行的概率。威胁信息系统可靠性的因素包括自然灾害对硬件和环境的破坏、误操作对软件和硬件的破坏以及设备故障、软件故障等。

- 信息系统稳定性

信息系统稳定性是指信息系统要素在外界影响下表现出的某种稳定状态。包括但不限于外界自然条件、城市基础设施、信息系统所依赖的各类资源等各种变化、干扰。

- 信息系统安全性

信息系统安全性是指信息系统在遭受各种人为因素破坏的情况下仍然能正常运行的概率。威胁信息系统安全性的因素可能来自信息系统和组织外部和内部。外部包括但不限于黑客入侵、病毒攻击、线路侦听、木马、非法用户访问等，内部包括授权用户的越权访问、修改、删除等操作。

- 数据处理的完整性和准确性

数据处理的完整性和准确性是指信息系统中的数据不被偶然或蓄意地删除、修改、伪造、乱序、重放、插入等破坏和丢失的特性，能够如实地反映组织实际生产经营活动。通过一系列技术手段可以确保数据的真实、准确，包括但不限于数字签名、时间戳、不可否认协议、不可修改存储装置等。

- 软件配置费

软件配置费包括但不限于：购买操作系统、数据库、工具软件、应用软件等的费用。

- 硬件配置费

硬件配置费包括但不限于：购买服务器、计算机、打印机、扫描仪、接口等硬件设备的费用。

- 网络建设费

网络建设费包括但不限于：购买交换机、路由器、光缆、配件及布线、集成等网络建设的费用。

- 技术服务费

技术服务费包括但不限于：软件设计、开发、采集数据、建模、安装、调试、集成、实施、咨询等技术服务类的人工费用。

- 培训管理费、所属单位配套实施管理费、其他费用

这些费用一般包括但不限于：用户单位的项目实施人员、系统使用人员、系统维护人员的国内外技术培训所需费用；用于维持项目基本运行所必需的各项办公、日常用品等项目费用以及所属组织在项目实施中发生的相关管理费用。

- **不可预见费**

不可预见费指为保证项目正常进行，避免上述各项费用预算出现差异而列示的项目机动费用。

- **咨询费用**

咨询费用指系统建设与运行维护中支付给咨询单位或专家的费用。

- **链路租赁费**

链路租赁费指支付给内、外部通信运营商的链路租赁费用。

- **场地租赁费**

场地租赁费指数据中心、办公场地租赁费用。

- **折旧及摊销费用**

折旧及摊销费用指房屋、服务器等固定资产折旧以及无形资产摊销费用及其他专项费用。

附录2：主要参考法规与标准

1. 第2203号内部审计具体准则——信息系统审计.中国内部审计协会
2. 信息技术服务治理第4部分：审计导则（GB/T34960.4—2017）
3. 信息技术软件生存周期过程(GB/T8566—2007 或 GB/T8566—2007)
4. 中国内部审计准则.中国内部审计协会（2013年第1号公告）
5. 信息系统审计指南——计算机审计实务公告第34号.中华人民共和国审计署（审计发〔2012〕11号）
6. 国家电子政务信息系统审计实务指南.中国审计学会计算机审计分会，2015年9月
7. 审计署关于内部审计工作的规定.中华人民共和国审计署（审计署令第11号）
8. 中央企业全面风险管理指引.国务院国有资产监督管理委员会（国资发改革〔2006〕108号）
9. 企业内部控制基本规范.中华人民共和国财政部（财会〔2008〕7号）
10. 企业内部控制审计指引.中华人民共和国财政部（财会〔2010〕11号）
11. 国家法律《中华人民共和国网络安全法》
12. 国家标准《信息安全技术—网络安全等级保护基本要求》
13. 国家标准《关键信息基础设施网络安全保护基本要求》（报批稿）
14. 国家标准《云计算服务安全指南》
15. 国家标准《云计算服务安全能力要求》
16. 国家标准《大数据服务安全能力要求》
17. 国际标准《ISO27001信息安全管理体系》
18. 国际标准《ISO20000IT服务管理体系》
19. 国际标准《ISO22301业务连续性管理体系》

附录3：参考文献

1. 《管理信息系统》.上海国家会计学院CFO丛书 经济科学出版社 2011年7月
2. 《公司治理与内外部审计》.秦荣生 化学工业出版社 2013年6月
3. 《现代内部审计学》.秦荣生 立信会计出版社2017年8月
4. 《信息系统审计研究报告》.中国审计学会计算机审计分会.中国时代经济出版社

2015 年 11 月

5.《信息系统审计之道》.高林、俞文平、周平　清华大学出版社　2016 年 6 月

附录 4：信息系统审计文档示例

·信息系统审计计划示例

关于××（组织）信息化投入及管理情况的专项审计调查审计计划

一、组织方式、工作分工及时间安排

此项审计调查由×统一组织实施，×月重点检查×公司；×月重点检查×公司；×月，×对检查结果进行归纳汇总和综合分析，撰写并提交综合检查报告。

二、信息系统审计调查的主要工作分工

1.×主要负责了解信息化投入的总体情况和制度建设情况，信息系统的立项与计划、预算与执行。

2.×主要负责投资及费用管理及供应商的招投标、合同的签订。

3.×主要负责经营管理类系统的开发、测试、验收上线、运行与维护管理审计，×协助。

4.×主要负责生产运营类、基础建设类系统的运行管理，×协助，重点关注硬件的采购。

三、具体工作要求

（一）审计组成员要严格按照《审计业务流程》《审计项目质量考核办法》等规定以及审计实施方案的分工和要求开展工作。对审计发现的问题要注意落实相关责任。

（二）审计人员在审计期间要遵守审计局和被审计单位的有关规定，严格执行审计"八不准"等审计纪律，遵守劳动纪律，自觉维护审计人员的良好形象。

·信息系统审计方案示例

关于组织信息化投入及管理情况的专项审计调查方案

一、专项审计调查的目的

通过调查了解××年信息系统投入及管理运行情况，总结相关应用经验，评价其主要信息系统的安全性、可靠性、有效性、经济性，揭示信息系统管理中存在的问题并分析问题产生的原因，进一步促进×单位信息化建设严格、规范和高效。

二、专项审计调查的主要依据

（一）项目实施依据

1.×公司《内部审计工作规定》。

2.×公司《×年审计工作计划》。

（二）检查评价依据

1.《第 2203 号内部审计具体准则——信息系统审计》

2.《×信息化项目规章制度》（×〔2011〕60×号）

3.《×信息技术风险评估规章制度》（×〔2011〕3×号）

4.《×信息系统应用与运维规章制度》（×〔2011〕86×号）

5.《×信息系统供应商管理实施细则》（×）

6.其他信息化规章制度及相关的投资、内控、财务等其他规章制度见附件。

三、专项审计调查的范围

对×单位×至×年底各类信息化建设项目的投入及管理情况进行审计调查，重大问题延伸至审计日或追溯到以前年度。

四、本次专项审计调查的重点内容

（一）审前调查了解到的主要内容

通过对×单位信息化管理部的调研了解到，目前信息化建设项目按业务类型可划分为

×类；如：××类、×××类×××类等；按管理层级可划分为××和××类。总部项目是指总部统一组织开发、推广或在组织试点的项目，主要由股份公司负担软件开发费用，股份公司及组织共同承担硬件设施和实施管理费用；组织项目指组织自行开发的项目，主要是组织对软件开发进行自主招投标，自行承担硬件及管理实施费用。本次审计的重点主要包括年后验收的新建项目及×年前验收、截至2013年底仍在运行的项目。

通过对×单位的审前调查了解到，×单位上报×年至×年共新建系统×个，其中资金来源为总部或组织投资的共×个，资金来源为科技开发费的共×个，资金来源为运维费用的共×个。经应用"投资项目抽样–基于项目定义"程序检查，总部或组织投资的×个项目中共有×个与×系统中项目核对无误，其余×个项目均未在×系统投资模块中反映；经应用"内部订单分类明细清单"程序检查，计入"科技开发费"的×个项目中有×个与×系统核对无误，有×个未在×系统中发现，另有疑似×个信息系统未上报；经应用"科目余额表"程序检查，计入"信息系统运行维护费"中的×个项目均与×系统核对无误。

此外，经审前调查了解，组织或将新建项目列入"修理费""其他费用"等费用类科目，或转资形成资产，计入"固定资产""无形资产"等资产类科目，审计组已对相关科目进行了远程检查。

（二）本次专项审计调查的关注重点

根据以上审前调查发现的结果，结合近几年信息化审计发现的问题，特提出以下重点内容。

1. 总体管理情况

一是重点了解组织建立的信息化管理制度、规范和规章制度，是否涵盖了信息化管理的全流程；内控制度中信息流程制定的完整性，执行的有效性；二是重点了解组织的信息化管理体制机制，组织机构的设置，人员力量的配备等；三是依据审前调查的结果，核实组织在审计期间新建信息项目的数量及投入的总体情况。

2. 信息化投入情况

结合审前调查的结果，本次调查重点关注组织已在审前调查表中上报但未通过×系统×模块反映的19个新建项目、组织未在审前调查表中上报的各类自行组织开发项目，及部分合同金额较大的组织项目，对总部项目和已在审前调查表中上报的组织项目将采取审计抽样的方式进行内控测试，如发现疑点再进一步追踪并进行实质性检查。对上述项目，主要检查以下几个方面：

一是项目的可研和立项过程。重点检查未履行审批程序，自行开发的信息项目，按总部或组织管理要求履行内控审批流程的执行情况，可研报告中建设开发目的、功能、效用与其他项目的重叠性，是否存在重复开发。

二是项目的招投标和合同管理情况。重点检查供应商是否具备资质、招投标程序的规范性、询比价过程的合规性和招标结果的公平性；合同是否符合制度规定流程、授权签订，是否存在重大变更，合同规定的质量、安全、工期等事项是否履行到位。

三是项目实施与验收情况。重点检查项目的开发内容与可研报告的一致性，阶段性验收、试点运行和系统用户培训各过程的确认；组织是否对信息项目进行了竣工验收，各类文档资料是否完整、齐全。

四是项目投资执行、资金管理和成本核算情况。重点检查项目的投资执行过程与可研报告的一致性，是否存在截留、挤占、挪用项目经费的问题，侧重是否存在不同信息化建设项目之间相互挤占费用的情况，重点关注在运维费、科研费中列支的项目资金来源的合规性。投资成本的归集及核算是否规范、真实、准确。

3. 信息系统运行和安全管理情况

一是重点关注组织当前运维管理体制的科学性，对自行运维的组织，运维人员、技术力量的配置是否充足；对外包的组织，是否对承担系统运维的供应商进行了有效管理、有效约束，运维文档是否完整。

二是重点关注信息系统的安全性。对软硬件、系统数据采取的安全保护措施，系统权限的管理有效性，系统账号与权限的新增或变更是否履行了内控流程，离职或工作调动人员账号是否已按规定删除或者禁用。

此外，还要对系统运行的效率和效果进行调查了解，关注信息系统在组织经营管理方面发挥的实际作用，是否达到可研计划中的预期效益分析结果。

五、专项审计调查方法

一是查阅文档法。文档包括纸质文档、电子文档或者其他介质的记录。主要包括：组织的信息技术规划、内控手册，各类信息系统的项目开发合同及技术附件、可行性研究报告、开发各阶段的文档资料、系统评审或者验收记录、系统日志文件、系统运维记录等。

二是访谈法。访谈重点了解组织对信息系统的认识，评价系统用户对系统的应用能力，判断系统的实际效益。

三是实地观察法。观察信息环境下的业务活动、内部控制执行情况、设备存放的物理环境、计算机系统操作使用过程、数据备份与存储过程。

四是审计抽样法。对系统账号清单或员工离职清单进行抽样，检查用户权限的恰当性，或者离职用户的账号和密码是否按规定及时终止所有访问权。

五是穿行测试法。选取部分信息项目进行全流程穿行测试，包括立项审批流程、招投标流程、实施开发过程及运维管理情况等项目所有环节。

· 信息系统审计底稿示例

× 单位审计工作底稿

编号：　　　　　　　　　　　　　　　　　　　　　　　　共　　页第　　页

被审计单位名称：× 公司	
审计项目名称：组织信息化投入及管理情况	审计事项：信息系统立项及建设过程的合规性
审计事项期间：× 年 1 月至 × 年 12 月	
审计事实描述	统建设配套的计算机购置问题 审计组抽查了 × 公司 × 项目投资计划管理信息系统（一期）等 × 套系统，购置便携式电脑 × 台，台式机 × 台，合计 × 台。其中列入相关部门管理的资产中便携式电脑 × 台，台式机 × 台，列入信息中心管理的资产中便携式电脑 × 台，台式机 × 台，经审核相关会计账簿和凭证，上述计算机资产都按要求进行了转资。（详见附件） 附件
	审计人员：×××　　　　　　编制日期：20×× 年 × 月 × 日
复核意见	复核人员：×××　　　　　　复核日期：20×× 年 × 月 × 日
被审计单位意见	签字：　　　　　　　　　　　盖章：

×审计工作底稿

编号：　　　　　　　　　　　　　　　　　　　　　　　　　　　共页第页

审计结论及依据	目建设内容与立项内容不符 审计组对相关信息系统的可行性研究报告、立项批复、商务合同及合同技术附件进行核对，均未发现有购置便携式电脑和台式电脑的内容，因此上述×台电脑购置与信息系统建设的立项内容不符，但没有超出立项批复的计划金额。不符合《×信息化规章制度》（×〔20××〕×号）："3.3.11项目承建单位在开发实施中，不得擅自修改设计方案。若有重大技术方案或其他变更，由变更提出方提交书面变更申请，说明变更原因、内容、对整个项目的影响等，报信息部门审批"的规定。 审计建议： 一是在信息系统建设中要严格按照可研批复内容、设计方案实施。 二是在信息系统建设和应用中如确实需要配套购置便携式电脑和台式机，也应实事求是在设计方案中如实反映，并按固定资产购置的程序进行采购、核算和管理。	
	审计人员：×	编制日期：20××年×月×日
复核意见		
	复核人员：×	复核日期：20××-11-20××年

· **信息系统审计报告示例**

信息化投入及管理情况的专项审计调查报告

按照×年审计工作计划安排，×派出审计组一行×人，于×年×月×日至×日，对×公司×年至×年信息化投入及管理情况进行了审计调查……。审计调查结果如下：

一、信息化投入情况

（一）资金投入情况

……

（二）信息系统建设和使用情况

……

二、主要管理经验

（一）建立了相对完善、规范的信息化制度和标准体系。

……

（二）信息化建设符合生产管理实际需要，成效明显。

……

（三）持续完善经营管理平台和集中集成建设，强化服务共享及业务协同。

……

三、审计发现的主要问题

（一）信息系统建设管理问题

1.部分信息系统可研目标与实际存在差异，且个别系统存在功能重叠现象，增大了投资成本。……

（二）信息系统应用管理问题

1.服务器整合集中利用率不高。……

2.各系统之间集成和数据共享度不高，信息孤岛仍未完全消除。……

（三）信息系统安全运行问题
1. 机房环境及配套设施存在安全隐患。……
2.ERP角色变更流程。……
四、审计意见和建议
针对审计发现的上述问题，为严格规范管理和防控风险，提出以下审计处理意见和建议：
……

20××年×月×日

内部审计实务指南第 4 号——高校内部审计

（中内协〔2009〕19 号）

第一章 总 则

第一条 为了规范高校内部审计的内容、程序与方法，根据内部审计基本准则与具体准则制定本指南。

第二条 本指南所称高校内部审计，是指高校内部审计机构和人员通过对学校与资源利用有关的业务活动及其内部控制的适当性、合法性和有效性的审查，并进行确认、评价、咨询，旨在促进完善管理控制、防范风险、创造效益，从而促进学校事业目标的实现。

第三条 高校应设置内部审计机构，规模较大的高校（年收入 5 亿元以上或教职工人数在 3 000 人以上）应设置独立的内部审计机构。

第四条 高校内部审计机构应配备足够的内部审计人员，内部审计人员数量应不低于教职工总数的 2‰。内部审计队伍应由具备经济、管理、法律、建设工程、信息系统等方面专业素质的人员组成，并具备必要的职业资格。

第五条 高校内部审计应遵循以下原则：

（一）高校内部审计应关注学校资源，对本单位利用资源、开展业务、取得绩效的过程和结果进行审计。

（二）高校内部审计应坚持业务活动审查与财务活动审查相结合，运用业务入手审计方法，开展财务审计与业务审计相结合的综合管理审计。

（三）高校内部审计应坚持审计控制与审计评价相结合，根据业务特点，采取事前审计、事中审计、事后审计等方式组织审计业务。

（四）高校内部审计应根据学校治理结构、管理体制等有关内部环境和内部审计资源状况，把握总体、突出重点，科学合理地确定内部审计业务战略。

（五）高校内部审计应着眼于促进问题解决，立足于促进机制建设，通过与相关部门合作促进学校事业发展。

第六条 高校内部审计机构应加强审计质量控制，定期接受各级教育行政主管部门内部审计机构对所属高校内部审计工作进行的质量评估。

第七条 本指南适用于高校的内部审计机构、内部审计人员及其从事的内部审计活动，其他教育部门和单位可以参照执行。

第二章 内部控制审计

第一节 一般原则

第八条 本指南所称内部控制是指为了实现教育事业发展目标，保证资金、资产、资源安全、完整,并得到合理有效利用;保证会计信息真实、准确,保证有关法律、法规、规章的贯彻实施而制定与实施的一系列控制方法、保证措施和业务程序。

第九条 本指南所称内部控制审计是指内部审计机构为了促进完善内部控制,保证其有效执行而对本单位内部控制体系的健全性、有效性所进行的了解、测试和评价活动。

第十条 本指南所称内部控制审计的内容主要包括对教学管理、科研管理、财务管理、资产管理、采购管理等活动中内部控制体系的健全性、有效性进行的审查和评价。

第十一条 被审计单位的各项业务的内部控制体系主要由控制环境、风险管理、控制活动、信息与沟通、监督等要素组成,对高等学校各项业务的内容控制审计主要围绕这些要素来进行。

第十二条 在开展内部控制审计时,要考虑成本效益原则,结合本单位内部审计资源和实际情况,既可以对单位内部控制进行全面审计与评价,也可以对单位内部控制的组成部分进行审计与评价。

第十三条 开展内部控制审计工作时应遵循以下原则与方法。

(一)内部控制审查与业务活动、财务活动审查相结合;

(二)内部控制审查与风险管理审查相结合;

(三)内部控制审查与促进推动内部控制自我评估相结合;

(四)根据不同的审计对象,审计目标和审计所需的证据选择不同的方法,以保证审计工作的质量和审计资源的有效配置。

第十四条 内部控制自我评估是高校完善内部控制体系的有效方式之一。开展内部控制审计应充分关注这一有效方式,利用、指导、推动内部控制自我评估的开展,促进完善内部控制体系建设。

第二节 控制自我评估的应用

第十五条 控制自我评估,是指由对内部控制的制定与执行负有责任的组织相关管理人员对内部控制进行评价的过程。内部审计人员可以应用控制自我评估法来协助内部控制的审查和评价。

第十六条 内部审计人员在实施内部控制审查与评价之前应适当应用控制自我评估法,根据控制自我评估报告考虑审计重点,以提高审计效率,促进内部控制审计目的的实现。

第十七条 内部审计人员应当制定控制自我评估计划,召集组织相关管理人员对内部控制进行自我评估,并做好组织、协调与记录工作。

第十八条 内部审计人员可以根据内部控制审计的目的与范围,确定控制自我评估的内容。控制自我评估主要包括以下内容:

(一)确定组织整体或职能部门的目标,识别其主要风险;

(二)评估组织内部控制的适当性、合法性及有效性;

(三)确认内部控制重大缺陷或存在严重风险的业务环节;

(四)评估组织非正式的控制及其有效性;

(五)评估组织的业务流程及其运作效率;

(六)对控制自我评估中发现的问题提出改进建议。

第十九条 内部审计人员在应用控制自我评估法时,一般包括以下主要程序:

(一)制订控制自我评估的计划;

(二)与组织相关管理人员就控制自我评估的目的、内容及程序进行事先沟通和交流;

(三)确定控制自我评估的时间与方法;

(四)召集组织相关管理人员开展控制自我评估;

（五）在控制自我评估过程中做好协调与记录工作；

（六）在控制自我评估过程结束后，及时反馈并提交控制自我评估报告。

第二十条 内部审计人员应用控制自我评估法时，应当根据部门或单位特点、组织文化、管理风格、员工素质等灵活选用适当的方法。控制自我评估的主要方法包括：专题讨论会、问卷调查法和管理分析法。

（一）专题讨论会是指内部审计人员召集组织相关管理人员就内部控制的特定方面或过程进行讨论及评估的一种方法。

（二）问卷调查法是指内部审计人员就内部控制的特定方面或过程以书面问卷的形式向组织相关管理人员收集意见的一种方法。

（三）管理分析法是指内部审计人员就内部控制的特定方面或过程向相关管理人员收集信息，并将之与其他来源的信息一起进行综合分析的一种方法。

第二十一条 内部审计人员应当将控制自我评估过程中相关管理人员对内部控制的意见、建议以及评估结论等记录于工作底稿中，并据此提出改进内部控制的建议，编制控制自我评估报告。

第二十二条 内部审计人员应当将控制自我评估报告及时反馈给参与内部控制评估的相关管理人员。必要时，也可提交给学校领导，以便其及时采取有效措施改善有关业务活动及其内部控制。

第三节　教学管理内部控制审计

第二十三条 教学管理内部控制审计是指内部审计机构为保证本单位教学（包括本科生、研究生和继续教育教学等）资金的安全完整、教学资源得到合理有效配置、降低单位教学风险、保证单位遵守教学活动相关法律法规，而对单位教学管理内部控制体系的健全性和有效性进行的分析、测试和评价活动。

第二十四条 教学管理内部控制审计应获取的资料主要有：

（一）学校教务部门、招生部门及学生管理部门的组织结构图，部门职责、岗位职责及工作手册；

（二）各类教学管理规章制度，包括招生、教学实验基地、教学中心、函授站、校际交流、合作办学、助学、助教、助研管理、教学经费管理等方面规章制度；

（三）收费许可证，涉及教学活动及学生管理的各项收费项目、收费标准及审批文件；

（四）各类学生招生计划，招生广告，自主招生方案，自主招生标准，委托招生协议，招生总结报告；

（五）教学实验基地及教学中心可行性论证，建设标准，合作建设协议，资产移交清单，资产管理办法，建设成果报告；

（六）校际交流协议、合作办学协议、合作办学审批表、校际交流及合作办学结算报告；

（七）学生管理信息数据库设计文档，升级文档、数据结构、业务流程；

（八）在校生名单、毕业生名单、结业生名单；

（九）助学金、助研费、助教费发放名册及审批文件；

（十）教学管理经费收支报表、会计账簿及会计凭证等会计资料；

（十一）其他有关资料。

第二十五条 教学管理内部控制审计的内容主要有：

（一）教学管理的控制环境

1.是否建立"三重一大"事项集体决策机制并形成相关记录；

2.管理层的分工是否明确，是否严格在授权范围内处理相关事项，分管领导不能处理相关事项时，是否授权其他领导进行处理，授权范围及期限是否明确；

3. 是否贯彻教学廉政责任制，是否在教学管理过程中贯彻遵纪守法思想，并制订了惩防措施；

4. 教学管理内部组织机构的设置是否合理，部门职责及岗位职责是否明确，不相容的职责是否进行了分离，相关业务是否由相关的部门进行处理，处理流程是否清晰；

5. 各项教学管理规章制度是否健全，奖惩措施是否得当；

6. 是否依照有关程序对员工进行招聘和培训；

7. 考核激励机制是否切实可行，是否严格执行此考核激励机制；

8. 是否制订了从业人员职业道德规范，职业道德规范的内容是否明确、切实可行，并得到有效执行。

（二）教学管理的风险管理

1. 是否对不同的教学管理业务建立了不同的风险管理目标，风险管理目标是否明确并切实可行；

2. 是否采取措施加强对乱办班、乱收费、乱发证进行管理；

3. 是否建立定期或不定期的风险评估机制，对风险的考虑是否全面；

4. 是否建立风险预警机制或风险预案，对风险的管理是否灵活有效。

（三）教学管理的控制活动

1. 招生

（1）是否采用各种媒体发布招生广告，是否签订发布协议，是否按发布协议指定的时间和方式发布招生广告；

（2）发布的招生广告是否学校主管部门审批，内容是否清楚，有无存在误导性语言和虚假陈述；

（3）是否采用委托招生方式，是否签订委托招生协议，委托招生协议是否报学校主管部门审批，双方的权利义务规定是否明确；

（4）委托招生协议中是否有最低人数限制条款，是否规定了招生达不到最低人数时的处理措施；

（5）是否按委托招生协议结算相关费用，费用的调整是否补充签订相关协议；

（6）是否存在自主招生模式，是否有自主招生方案，自主招生计划是否符合规定，是否制订明确的自主招生标准，是否严格按自主招生标准执行；

（7）是否组织招生入学考试，是否收取报名费、考务费，是否按规定的标准收取，是否纳入学校统一核算、统一管理；

（8）是否将捐资办学与招生名额相挂钩，是否存在点招现象；

（9）招生过程中是否收费相关费用，收费标准是否按有关规定执行，是否纳入学校统一核算，统一管理。

2. 教学实验基地建设

（1）对教学实验基地建设是否进行可行性研究；

（2）教学实验基地建设目标是否明确，是否存在重复建设情况，是否符合学校的总体战略；

（3）设立教学实验基地是否经学校主管部门批准；

（4）是否签订教学实验基地合作建设协议，协议中双方的责权利是否明确；

（5）协议的签订是否经过授权审批，到期的合同是否及时进行续订，对变化了的情况是否及时对协议进行修改；

（6）是否建立了教学实验基地考核指标，是否对教学实验基地进行定期考核，对考核不合格的实验基地是否有相应的处理措施；

（7）实验基地的资产调拨是否履行相关手续；

（8）是否按协议的约定足额从实验基地收取相关费用。

3. 校际交流

（1）校际交流单位的确定是否符合学校总体目标，目的是否明确；

（2）是否制订了校际交流协议，交流活动是否有专门部门归口管理，交流协议的签订是否得到授权；

（3）交流单位与交流内容是否存在重复建设问题；

（4）交流协议内容是否明确，是否有明确的交流项目及实施措施，交流项目是否有资金及资产的保障并且不违反国家政策；

（5）交流协议是否得到有效执行，执行中是否存在争议，争议是否得到妥善解决；

（6）交流是否收取相关费用，费用的收取是否按协议执行，是否纳入统一核算、统一管理。

4. 合作办学

（1）是否设立专门的合作办学主管机构，合作办学业务是否纳入该部门统一管理；

（2）是否签订合作办学协议，协议的签订是否经过审批，合作双方的责权利是否明确；

（3）合作办学的主体资格是否明确，是否存在不具备办学主体资格的单位开展合作办学业务，业务主管部门审批时是否严格按标准审批；

（4）合作办学的收费标准是否经过相关部门审批，是否存在低价竞争现象，是否规定了最低收费标准；

（5）合作办学的学生缴费收入是否全额上交学校，并开具正式票据；

（6）合作办学的收入分配比例是否符合学校相关规定，是否按规定的比例与合作单位结算合作办学价款；

（7）合作办学双方费用的分摊是否明确，是否存在合作方用票据套取资金现象；

（8）是否存在未缴学费学生，免缴学费是否经过适当的审批，是否制订了适当的措施收缴欠缴学生学费；

（9）是否存在合作办学纠纷，合作纠纷是否得到有效处理；

（10）合作办学结束后，是否采取措施限制合作方以学校的名义开展其他业务；

（11）合作办学结束后，是否及时对相关档案进行整理，是否对盈亏状况进行分析。

5. 证书管理

（1）证书的发放是否实行归口管理，不具备发放证书的部门是否发放证书；

（2）空白证书是否连续编号，是否由专人进行管理，是否设置了空白证书收发存明细账；

（3）证书发放是否由专人进行审核，审核流程是否清晰，审核重点内容是否明确，已发放证书是否登记备查；

（4）证书发放时是否核对收费情况，欠缴费用的学生是否落实了还款措施，免缴费用的学生是否履行了必要的审批手续；

（5）证书发放前是否审核学生的学习任务完成情况，是否将证书发放给未完成学习任务的学生；

（6）证书发放过程中是否收取相关费用，收费标准是否经过审批，所收取的费用是否全部已纳入单位统一核算、统一管理。

6. 助学、助教、助研管理

（1）是否制订了助学、助教、助研相关实施办法，国家的相关政策是否得到有效落实；

（2）是否制订助学、助教、助研年度总体规划，是否制订资助对象分配方案；

（3）助学、助教、助研学生的申请标准是否明确，是否按此标准执行；

（4）是否有专门的部门对助学、助教、助研学生的申请进行审核，审核的标准与程序是否明确；

（5）受资助学生名单是否在一定范围内经过公示，是否指定部门对公示期内的异议进行处理，公示后的名单是否经相关部门批准；

（6）资助的资金是否落实到位，是否足额及时发放到受资助学生；

（7）是否建立受资助学生档案，档案内容是否得到及时更新；

（8）是否对受资助学生定期不定期进行评估，对不具备资助标准的学生是否按规定程序取消资助；

（9）资助过程中是否收取相关费用，收费标准是否得到批准，收取的费用是否纳入学校统一核算、统一管理。

7.教学经费管理

（1）是否有收费许可证，是否将收费许可证进行公示，并严格按照收费许可证上列明的收费范围和标准收取相关费用；

（2）是否违反规定向全日制学生跨学年收费，收取重修费、专升本费、转专业费及旁听费、辅修费等费用；

（3）是否收取学生的讲义复印费、上机费及教材代办费，收取代办费的过程中是否有佣金及回扣收入，收取的各项代办费用和佣金、回扣收入是否纳入单位统一核算与管理；

（4）是否以进价向学生销售教材，在销售教材的过程中是否存在差价；

（5）部分特殊类学生国家相关部门是否定向下拨专款，是否对以定向下拨专款的学生重复收取培养费；

（6）教学经费是否实行预算管理，是否严格执行预算，对预算的调整是否经过审批；

（7）教学管理过程中收取的各项收入是否在校系二级进行分配，分配标准是否明确；

（8）在教学活动中是否存在教室出租、实验室设备出租等情况，是否签订了出租协议，协议的签订是否得到审批，出租收入是否纳入单位统一核算与管理；

（9）是否取得教学捐赠钱物，有无捐赠协议，专项捐赠的使用是否按协议执行，收取的资金是否纳入单位统一核算，收取的实物是否已办理过户手续，并纳入单位统一管理；

（10）教学支出中有无专项支出，支出范围及标准是否明确，单位是否严格按规定的范围与标准执行，教学支出项目核算是否准确，教学活动支出与其他支出是否有明确划分，如果不能明确划分，是否与其他支出进行了合理分摊；

（11）学生管理数据库是否与财务部门数据库共享，财务部门是否根据共享数据库对学费收缴情况进行核对与分析，并通知教学管理部门对欠缴学费及时进行追缴，确保学生收费收入的真实与完整。

（四）教学管理的信息与沟通

1.重大决策是否形成会议记录，会议记录是否完整；

2.各项制度及签订的各项协议是否装订成册，是否根据情况变化及时进行修订；

3.学生管理信息系统与财务信息系统是否完善，是否安全可靠，两个信息系统是否进行数据共享；

4.各项信息录入流程是否清晰，修改是否得到授权，对有关信息的接触是否制订了限制规定；

5.学生管理信息系统与财务信息系统是否定期形成一定的报表，报表内容的设计是否合理，是否将上述报表报送相关人员；

6.是否依据相关规定将有关信息在一定范围内进行公告。

（五）教学管理的监督

1. 是否定期不定期地对教学管理中的控制环境、风险管理、控制活动、信息与沟通中的相关内容进行评估；

2. 评估的内容是否全面、充分并突出重点，评估的目标是否着眼于内容控制体系的健全、有效；

3. 是否根据评估结果对教学管理中的相关内容加以改进，并对改进的内容进一步评估，在评估的基础上进一步改进，形成一种良性循环机制；

4. 是否将财务部门、资产管理部门等相关部门的检查处理意见落实到位。

第二十六条 教学管理内部控制审计主要采用观察作业现场、询问相关人员、审阅学生管理数据库、审查教学经费收支会计资料、研究分析教学管理制度、对教学管理流程进行穿行测试等方法对内部控制进行了解和测试。

第二十七条 通过对教学管理内部控制的了解、记录和对教学管理内部控制的多项测试后，审计人员在审计报告中要对教学管理内部控制设计的健全性和是否有效运行做出评价，说明内部控制薄弱环节及风险因素，并提出改进措施。

第四节　科研管理内部控制审计

第二十八条 科研管理内部控制审计是指内部审计机构为保证学校科研资金（包括横向科研和纵向科研）和知识产权的安全完整、降低学校科研风险、保证学校遵守科研管理法规制度和提高学校科研资金、资产、资源使用效益，而对学校科研管理内部控制体系的健全性和有效性进行的分析、测试和评价活动。

第二十九条 科研管理内部控制审计应获取的资料主要有：

（一）科研管理机构及科研相关单位的岗位职责、工作手册；

（二）科研申报、立项、实施、结题等制度或程序性文件；

（三）各类科研经费管理制度；

（四）科技合同管理制度；

（五）科技成果鉴定、验收（评审）、奖励制度；

（六）知识产权管理制度；

（七）科研经费收支报表、账簿、凭证等会计资料；

（八）各类科研项目档案，包括申报文件、合同书（任务书）、实施过程记录、科研成果文件等等；

（九）其他有关资料。

第三十条 科研管理内部控制审计的内容主要有：

（一）科研管理的控制环境

1. 学校是否有明确的中长期科研发展规划或目标，并有具体可行的操作计划；

2. 管理层的分工是否明确，是否严格在授权范围内处理相关事项，分管领导不能处理相关事项时，是否授权其他领导进行处理，授权范围及期限是否明确；

3. 是否贯彻科研廉政责任制，是否在科研管理过程中贯彻遵纪守法思想，并制订了惩防措施；

4. 科研管理机构职责是否明确，与校内相关部门、院系等单位之间的科研管理职责划分是否合理；

5. 科研管理机构和校内相关部门、院系等单位的科研管理岗位设置是否合理，各岗位工作人员是否明确自身职责，是否胜任；

6. 科研管理机构是否针对各类科研管理业务制定了完整的业务流程，并能让校内相关部门、单位和人员知悉；

7. 是否依照有关程序对员工进行招聘和培训；

8. 各项科研管理规章制度是否健全，奖惩措施是否得当；

9. 学校是否定期组织人员对校内相关部门、院系等单位的科研管理情况进行检查评估，成效如何；

10. 学校是否有科研人员科研业绩考核评价制度或措施，执行情况如何；是否有完善的考核评价信息系统；

11. 是否制订了从业人员职业道德规范，职业道德规范的内容是否明确、切实可行，并得到有效执行。

（二）科研管理的风险管理

1. 是否对不同的科研管理业务建立了不同的风险管理目标，风险管理目标是否明确并切实可行；

2. 是否采取措施加强对随意编报科研预算、挤占挪用科研经费进行管理；

3. 是否建立定期或不定期的风险评估机制，对风险的考虑是否全面；

4. 是否建立风险预警机制或风险预案，对风险的管理是否灵活有效。

（三）科研管理的控制活动

1. 合作

（1）对横向科研合作与纵向科研合作是否制订了不同的管理措施；

（2）科研合作是否都签订了相关协议，责权利是否明确；

（3）重大的科研合作合同是否经过审批；

（4）是否建立科研合作协调机制，是否对科研合作各方的科研进度进行协调；

（5）对外科研合作拨款是否严格按合同执行，并取得合作单位收款收据；

（6）是否收取科研合作费用，科研费用的收取是否按相关合同执行；

（7）科研合作经费支出是否按预算或科研合作合同执行，科研经费支出是否与其他支出相区别。

2. 项目调整

（1）是否制订项目调整审批流程，该流程是否切实可行；

（2）项目的调整是否有充足的理由，是否得到原审批机关的批准；

（3）项目调整方案是否与原审批文件一起归档保存；

（4）项目调整方案涉及科研资金追加的，追加资金是否得到落实；

（5）项目调整方案涉及减少科研资金的，节省的科研资金是否按有关规定进行了处理。

3. 基地建设

（1）学校成立科研机构，是否有制度规定，明确指导方针、成立条件和审批程序；执行情况如何；

（2）学校是否有与科研发展规划或目标相适应的实验室重点建设计划；是否制定重点建设实验室的申请、遴选、审批制度，是否有建设经费的使用和管理办法、建设验收的管理办法或措施，执行情况如何；

（3）拟进行的实验室重点建设项目是否经过可行性论证，相关的科研人员、建设经费、房屋及水电等资源保障是否充分；

（4）学校是否有检查和评估实验室等各类科研机构的制度或措施，明确评估标准、办法和程序；执行情况如何；

（5）学校是否有实验室设备管理制度，执行情况如何；各类实验室是否有适当的实验技术人员管理仪器设备，各类仪器设备的管理责任是否落实到人；学校是否有仪器设备使用效益的管理评价办法，执行情况如何；是否有机构负责仪器设备的调配，调配效果如何；

（6）国家、部级重点实验室是否有相对独立的人事权和财务权，制定了完善的资产、经费、课题等建设和管理制度；是否按规定成立了建设管理委员会、学术委员会等机构，形成了完善的学校领导下的主任负责制，并按规定配备专职副主任和专职秘书；

（7）学校是否按建设项目任务书的要求安排国家、部级重点实验室的建设配套资金和必要的运行费用；其建设经费是否按规定主要用于先进仪器设备的购置，仪器设备的更新是否纳入学校的重点建设范畴；是否按规定设立主任基金和开放课题研究基金，并按规定使用；财务管理制度是否健全，财务机构的核算和管理是否规范。

4. 验收

（1）学校是否有科研成果鉴定、项目验收（评审）和结题的管理办法，具体规定科研成果鉴定、项目验收（评审）和结题的工作程序和要求，是否严格按程序和要求执行；

（2）按照制度规定需要进行成果鉴定或验收（评审）的科研项目，科研管理机构是否按规定组织鉴定或验收（评审）；

（3）项目结束后，项目负责人是否及时向科研管理机构提交结题申请和最终成果；经过鉴定或验收（评审）的，是否提交鉴定文件或验收报告（评审文件）；

（4）所有结题的横向课题是否都有结题报告，并报科研管理机构备案；结题报告是否经所在校内单位、科研管理机构审查，并加盖所在校内单位、科研管理机构和学校法人印章；

（5）学校是否有完善的科研档案管理制度；所有结题的科研项目，科研管理机构能否及时归档；应由校内相关部门、院系等单位提供的科研档案，提供单位是否对档案材料进行了认真审查、核实；项目所有的实验报告、记录、图纸、手稿等原始资料是否齐备；

（6）验收结束后的科研项目资金是否按规定进行处理，是否按规定进行上缴，是否作为发展基金补充事业发展基金的不足，有无将结余资金发放奖金津贴现象。

5. 成果管理

（1）学校是否有科研成果审核登记制度，明确科研成果审核登记的程序和要求，执行情况如何；

（2）科研管理机构是否有统一的申报和登记文件，统一登记管理学校取得的科研成果；学校工作人员和学生取得的科研成果，以及校外人员以学校名义取得的科研成果，报送前是否都经所在部门、院系等单位审核批准；

（3）学校是否有完善的科研成果奖励制度，详细规定申报条件、申报程序和评审办法，执行情况如何；

（4）学校是否制定知识产权管理制度，明确相关人员在各种条件下取得的知识产权的产权归属，执行情况如何；制度制订是否符合国家相关法规、制度的规定；

（5）项目负责人在科研管理中所作的职务发明创造和形成的职务技术成果，是否及时向科研管理机构提出申请专利的书面文件；科研管理机构是否对其提供的材料进行严格审查，可申请专利的及时申请专利，不宜申请专利的采取措施保护；

（6）学校下属单位对外进行知识产权转让或许可使用，相关协议是否经科研管理机构审查，并报学校批准；校内单位与外单位或个人开展合作科研，涉及知识产权转让或许可使用的，合作双方是否依法签订合同，知识产权的权属及双方权利义务是否规定明确；学校取得的知识产权转让或许可使用收入是否纳入学校财务统一核算与管理；

（7）学校教职工或学生申请非职务专利，登记非职务计算机软件，进行非职务知识产权转让或许可使用的，是否都向科研管理机构申报，科研管理机构是否予以认真审查；

（8）学校是否有促进科技成果转化的制度或措施，执行情况如何；

（9）学校是否有畅通的沟通渠道，及时获得申报科技成果奖励的信息，并及时使校内相关单位和个人知悉；

（10）申报奖励的成果是否已经鉴定或验收，是否已在科研管理机构登记；奖励申请是否经所在单位审核并签署意见，经科研管理机构审批，由科研管理机构代表学校统一申报；

（11）学校所属单位或个人以剽窃、篡改、非法占有等方式侵害他人科研成果，私自转让或许可使用学校知识产权，泄露学校技术秘密，学校是否制定处罚措施，执行情况如何；

（12）学校是否设置有专门用途的专利基金，用途是否明确，是否按规定的用途进行使用。

6.科研经费管理

（1）所有科研项目经费是否都统一在财务机构管理，且按项目设立专门账号或明细科目进行收支核算；

（2）学校是否有合理的经费到账通知凭证，在科研管理机构、财务机构、项目所在单位及项目负责人之间流转，确认、证明和记录已进账的科研经费；流转程序是否合理，流转凭证是否统一编号；

（3）科研经费不按规定及时到账的，科研管理机构是否积极组织项目负责人进行协调；需要学校配套资金的项目，学校是否按规定拨付配套资金；

（4）财务机构能否提供各项目经费具体收支情况的查询服务，能否定期向科研管理机构、项目所在单位提供科研项目经费收支情况的报告；

（5）科研经费支出是否经项目负责人和所在单位授权的人员签字批准；重大、特殊科研经费支出或向外单位转出科研经费是否按规定经项目所在单位、科研管理机构和财务机构授权的人员签字批准；向外单位转出科研经费是否有合理理由，并有合同等有效财务凭据；

（6）学校是否建立和完善全额成本核算制度，并制定了科研经费管理办法，对从各类科研经费中提取管理费、条件占用费、支出固定资产购置费、人员费等进行具体规定，执行情况如何；学校从科研经费中提取管理费、条件占用费的办法是否符合国家的规定；

（7）科研经费是否按照法规、制度或合同规定使用，纵向科研经费未用于罚款、捐款、赞助、投资、福利等国家规定禁止列支的支出；

（8）用科研经费购置的固定资产是否纳入学校资产进行管理，或按合同规定处理；按合同规定处理的，是否取得合同对方的确认，无损害学校利益的行为；

（9）学校是否设置控制措施，保证科研经费不超预算；

（10）学校是否经常委托社会审计或内部审计对各类科研经费进行专门审计；

（11）学校是否有科研经费结账管理办法，明确项目结账时间和剩余经费的用途，执行情况如何；

（12）所有结题项目的经费决算报表是否都经学校财务机构的审核并签章，按规定需内部审计机构审签的，是否都经内部审计机构审签；

（13）科研项目结题后，是否有书面文件通知财务机构办理结账手续；学校财务是否按规定及时办理结账手续。

（四）科研管理的信息与沟通

1.重大决策是否形成会议记录，会议记录是否完整；

2.各项制度及签订的各项协议是否装订成册，是否根据情况变化及时进行修订；

3.是否有科研管理信息系统，科研管理信息系统与财务信息系统是否完善，是否安全可靠，两个信息系统是否进行数据共享；

4. 各项信息录入流程是否清晰，修改是否得到授权，对有关信息的接触是否制订了限制规定；

5. 科研管理信息系统与财务信息系统是否定期形成一定的报表，报表内容的设计是否合理，是否将上述报表报送相关人员；

6. 是否依据相关规定和程序进行信息公开。

（五）科研管理的监督

1. 是否定期不定期地对科研管理中的控制环境、风险管理、控制活动、信息与沟通中的相关内容进行评估；

2. 评估的内容是否全面、充分并突出重点，评估的目标是否着眼于内容控制体系的健全、有效；

3. 是否根据评估结果对科研管理中的相关内容加以改进，并对改进的内容进一步评估，在评估的基础上进一步改进，形成一种良性循环机制；

4. 是否将财务部门、资产管理部门等相关部门的检查处理意见及时落实到位。

第三十一条　科研管理内部控制审计主要采用观察作业现场、询问相关人员、审阅科研档案、审查科研经费收支会计资料、研究分析科研管理制度、对科研管理流程进行穿行测试等方法对内部控制进行了解和测试。

第三十二条　通过对科研管理内部控制的了解、记录和对科研管理内部控制的多项测试后，审计人员应在审计报告中对科研管理内部控制设计的健全性和是否有效运行做出评价，说明内部控制薄弱环节及风险因素，并提出改进措施。

第五节　财务管理内部控制审计

第三十三条　财务管理内部控制审计是内部审计机构为保证学校财务信息的真实可靠、资产资金安全完整、财务资源得到合理配置、提高资金使用效率效果、降低财务风险、保证学校遵守有关财经法规制度，而对学校财务管理内部控制系统的健全性和有效性进行分析、测试和评价的活动。本指南所述财务管理活动包括货币资金、预算、收入、支出、分配、投资、筹资。

第三十四条　财务管理内部控制审计应获取的资料主要有：

（一）学校制定的财务管理制度；

（二）学校各类财经业务的流程设计；

（三）学校的财务管理相关岗位设置、岗位职责及人员配备文件；

（四）学校制定的与财经业务相关的授权审批制度；

（五）学校预算资料及相关会计凭证、账簿、报表等；

（六）会计核算信息系统的相关资料；

（七）与经济决策有关的会议记录、纪要、形成的文件等；

（八）学校签订的与财经业务相关的经济合同；

（九）学校制定的财务风险控制措施、办法等；

（十）学校制定的与财经业务相关的内部报告制度；

（十一）其他有关资料。

第三十五条　财务管理内部控制审计的内容主要有：

（一）财务管理的控制环境

1. 学校是否有与学校发展规划相适应的中长期财务计划；

2. 学校是否设立了财经领导小组、预算管理委员会、收费立项审核委员会、收费标准审批领导小组、分配审查委员会等经济决策机构，是否有完善的议事和决策制度，各决策机构权限是否合理分散；

3. 学校是否设立健全的财务管理内部控制制度，制度运行是否有效；

4. 学校是否建立管理层约束监督机制，各部门财务负责人是否在其权限范围内执行职责；

5. 学校是否针对各类经济业务制定了完整的财务处理流程，并能让校内相关单位和人员知悉；

6. 学校所采用的会计电算化软件是否经过国家权威部门的认证，各类财务数据的安全能否得到保障，是否配备了一定资质的管理和维护人员；

7. 财务机构各类人员招聘是否履行相关程序，各财务人员是否具备规定的上岗资格，是否定期进行业务培训或后续教育；

8. 财务机构是否制定合理的业绩考核与激励机制；

9. 是否制定从业人员的职业道德规范，职业道德规范内容是否明确、切实可行，并是否得到有效执行。

（二）财务管理的风险管理

1. 风险管理目标是否明确并切实可行；

2. 是否建立识别财务管理风险的适当机制；有无识别财务管理风险的适当办法；

3. 是否有适当层次的管理部门建立财务管理风险的评估机制；对财务管理风险的评估是否全面；是否对人事、控制程序等变化设立反应机制；

4. 是否及时进行风险管理；是否建立财务管理风险的控制机制，包括风险管理的预警机制、监控机制、应急措施等；各项风险管理机制是否有效执行。

（三）财务管理的控制活动

1. 货币资金

（1）学校是否建立货币资金业务的岗位责任制；是否制定了货币业务的不相容岗位相互分离、制约和监督的制度；是否对货币资金业务配备了合适的人员，并根据具体要求进行岗位轮换；

（2）是否建立货币资金收支控制制度，该制度是否得到严格执行；

（3）现金日记账是否如实序时逐笔登记，是否做到日清月结，现金日记账与总账余额是否相符，账实是否相符；

（4）现金结算额度是否符合现金结算规定的标准；是否严格执行现金库存限额管理制度，将超过库存限额现金及时存入银行；现金收入是否及时入账，有无私设"小金库"；

（5）库存现金保管地是否安全，是否仅由指定人员接触，是否进行定期或不定期清点，是否保存盘点记录；

（6）银行存款日记账是否序时如实逐笔登记；银行存款日记账是否与总账余额相符；银行存款日记账与银行对账单是否定期及时核对，是否由出纳员以外的人员来执行；

（7）学校是否严格遵守国家及相关部门关于银行账户管理制度；是否定期检查、清理银行账户的开立与使用情况；是否存在违规开立和使用银行账户的现象；是否存在出租、出借或转让银行账号的现象；是否存在以个人名义存放单位资金或为个人或其他单位提供信用的现象；

（8）是否对银行对账单实行"双签"制度，即每月的银行对账单是否由财务处长审核签字后，再由审计机构负责人复核签字，并报经主管财务的校长或总会计师审签后与当月的会计凭证一同保存；

（9）二级核算单位在银行或非金融机构开立的账户、账号以及有关会计资料，是否主动上交财务及审计部门备案；是否存在挪用公款、公款私存现象；

（10）是否严格遵守银行结算纪律，学校签发支票的人员是否经过授权；学校是否存在签发无资金保障票据的现象；是否存在无真实交易票据；非金融机构签发的外来票据是否经仔细的审核验证后才接收；

（11）学校是否集中统一管理全校的行政事业性收费票据和其他合法票据；是否建立明确的票据的购领、使用登记、背书转让、检查和核销等管理制度和程序；

（12）行政事业性收费是否按规使用收费票据，是否与其他票据互相串用；对收费票据存根是否妥善保管；

（13）票据的销毁是否经过校财务部门或其委托的票据管理机构核准；收费单位是否存在私自转让、转借或销毁收费票据现象；

（14）学校是否设置票据登记簿正确登记票据，空白收据、发票是否有专人保管和登记，作废的收据和发票是否加盖"作废"戳记，并连同存根一并保存；收付款后，是否在收付款凭证及其所附原始凭证上加盖"收讫""付讫"戳记；每张付款凭证的制单、复核、审批、付款是否经有关人员盖章；

（15）财务专用章、法人章是否由经授权的专人分开保管，个人名章是否授权他人保管；支付款项的全部印章是否分开保管。

2. 预算

（1）预算编制、审批、执行、复核等岗位是否分离，各岗位之间职责、权限是否明确；

（2）学校是否制定了预算授权批准制度，是否明确审批人、经办人的职责，审批人、经办人是否在授权范围内履行职责；

（3）学校是否制定预算编制手册，预算编制是否符合学校发展战略、经营目标、投资计划和其他重大决议；预算编制是否坚持"量入为出，收支平衡"的原则；

（4）学校是否建立了预算编报质询制度，即由预算编制单位向预算委员会、预算领导小组等专门机构就编报理由进行解释和答辩；

（5）预算管理部门是否对各预算执行单位的预算方案进行严格审查，并将审核意见反馈给有关单位予以修正；

（6）学校是否建立预算调整批准程序，是否按照所制定程序进行预算调整；即学校预算调整是否先由预算执行单位递交调整申请，再由学校预算管理部门对其进行审核，审核通过后，集中编制学校年度预算调整方案，提交学校预算决策机构审议批准执行；

（7）学校预算管理部门是否根据预算编制单位调修正后的预算，编制出学校年度预算方案；学校年度预算是否及时提交学校预算审批领导小组等专门机构进行审批；预算经批准后，是否及时下达各预算执行单位执行；

（8）学校是否建立预算执行责任制度，相关部门及人员的责权是否明确；

（9）学校是否将各项收入纳入了学校预算管理，对补助收入、事业收入、经营收入、附属单位上缴款和其他收入等均纳入学校预算，实行统一管理、统一核算；是否建立相关措施和办法保证各项收入及时足够到位；

（10）纳入学校预算的资金拨付，是否按照授权审批程序拨付；各预算支出项目是否按预算标准执行，是否存在擅自调整预算项目额度的现象；是否存在列支未纳入单位预算的支出项目或虽已纳入单位预算，但支付手续不健全、凭证不合规的支出项目；是否存在无预算、超预算的支出；

（11）是否建立预算执行情况报告制度，及时掌握预算执行动态；即预算管理部门是否定期或不定期对预算执行单位的预算执行情况进行监控和分析，并将预算执行进度、执行差异及其对单位预算目标的影响、存在的问题和改进措施等报告给学校决策机构，并反馈给各预算执行单位；

（12）是否建立预算执行结果质询制度，对预算执行结果和实际结果之间的重大差异进行解释和答辩；

（13）学校是否建立预算执行情况分析考核制度，是否落实预算责任制，奖惩措施；预算管理部门是否在年度终了后，对预算执行单位进行考核；考核是否坚持了公开、公平、公正的原则，是否有完整的考核记录，考核结果是否是下年度预算的确定依据之一。

3. 收入

（1）学校各项收费是否获得收费许可证，是否存在乱收费现象；各项收费是否"统一管理、统一核算"，是否严格执行相关收费标准；是否存在擅自扩大收费征收范围、提高征收标准的现象；特殊的收费项目是否经收费标准审批领导小组批准，并按标准收取；收费时是否出具由学校财务机构管理的合法收据；

（2）集中收费项目是否集中办理；退费时审批、复核等手续是否齐全，收据是否回收；学校收费是否实行公示制度，建立收费透明制度，即将学校的收费项目、收费标准、收费资金的使用情况和投诉电话等向社会公示，主动接受学生、家长和社会的监督；

（3）学生学费、宿费收入是否按照国家规定的收费项目和收费标准收费；收费收入是否按规定上缴财政专户或国库，实行"收支两条线"管理；对特殊学生的收费减免是否由指定部门审核，报学校审批后交财务管理部门备案；是否向学生收取各种押金；代收性收费项目是否实行专项管理；

（4）学校是否制定科研经费分配管理制度，以实现科研经费在学校、项目人工费支出和其他支出之间合理分配；分配管理制度是否经过合理程序，决策机构集体决定；分配时是否通过审批，审批是否在授权范围内；科研项目是否按规进行验收或考核，结题后剩余经费是否在有效期限办理财务结题，是否按规定进行再次分配，如不进行分配，是否及时结转为事业发展经费或按项目合并；

（5）对学校承接科技项目、开展科研协作、转让科技成果、进行科技咨询等收入是否建立相应管理制度，以控制收入进款额是否与服务合同金额相一致；

（6）学校其他教学服务收费是否按照合规程序办理收费立项申请，是否经物价部门批准或备案，是否按照收费标准进行收费；

（7）学校取得的捐赠收入、利息收入、固定资产出租转让收入及其他零星收入等是否合理、合法，是否符合国家相关规定；是否存在损害国家及学校利益的行为；

（8）基层收款单位的收入款项是否及时足额按规定比例上缴学校统一管理，各单位是否存在截流、谎报收入、拖欠、以收抵支、公款私存、私设"账外账""小金库"等现象；收入分配制度是否合理；是否经学校相关决策机构审议通过；是否进行定期修正，以保证收入分配的合理、合规；

（9）学校是否经常组织人员清查各基层单位的收入管理情况，并分析清查结果，编制清查报告；

（10）学校是否建立了签署附属单位缴款任务书管理制度，以确定附属单位当年应缴款额或计提的比例；是否有专职人员负责对附属单位缴款情况进行监督检查和催缴；是否有职能部门对附属单位缴款情况进行监控，并于年末向学校最高决策层报告；

（11）校办企业是否及时、足额按规定比例上缴利润；

（12）学校签订的与取得收入有关的经济合同是否符合相关法规和学校有关规定；是否经单位负责人、学校主管部门及学校领导审批；签订的合同是否有专人登记、保管、归档；

（13）收入科目设置是否合理，核算是否准确；收入的款项是否及时入账；"应缴财政专户"核算的款项，其上缴与返还是否履行完备手续；应收未收的款项是否设置了登记簿进行记录。

4. 支出

（1）学校是否建立了资金支付的分层授权审批制度；各项支出是否由指定人员审批；审批人是否在授权范围审批，经办人是否在职责范围内办理业务；对于超出会计人员审核权限范围的，是否报经授权的人员审批；货币资金支付业务是否经过申请、审批、复核程序，支付业务的全过程是否进行恰当分工，是否存在一个人办理支付业务全过程的现象；

（2）对于大额资金的流动，以及非常规资金支付业务（如借出款、为外单位垫款、超预算付款等），是否建立集体讨论决策制度；即先由学校财务机构对其真实性、合理性、合法性进行审查，并根据校内用款部门的书面申请提出初步意见，报校财经领导小组等决策机构审查、讨论和决策；财务机构是否依据决策办理；是否建立责任追究制度；

（3）是否根据实有人数和规定标准发放工资、津贴、补贴和抚恤救济费等；是否取得由本人签字或有法律效力的证明凭证；是否存在擅自增加人数和任意改变标准的现象；

（4）学校每月是否按规定标准和实有人数计提社会保障费、职工福利费和工会经费等；

（5）学校是否建立了报销审核制度；各项费用是否都取得了合法的原始凭证，手续是否完备；是否按照审核报销制度和相应的支出标准列支；费用报销时是否有相关的审批人签字；超过支出标准的，是否经相应主管部门审批；是否存在以领代报、以拨代支等现象；

（6）专项资金（如"985工程"、"211工程"、高校修购等）是否严格按照专项资金有关管理办法和教育部、财政部批准的预算和项目执行，是否实行专款专用、按项核算；是否存在违规挤占、挪用等现象，其中必须实行政府采购或公开招投标的项目或内容，是否按有关规定和程序执行；管理层是否对资金使用的合法性、合理性和有效性实施全面监督，是否及时、准确地反映项目执行情况；

（7）学校有关部门是否对重大支出项目的支出效果进行效益评价，并向学校决策层提交评价报告；

（8）暂付款是否由专人进行管理；是否建立暂付款卡片；是否正确记录暂付款的单位、日期、借款期限、借款用途及借款人；是否定期、及时对暂付款进行催收、处理；

（9）支出科目设置是否合理；是否准确划分各项支出的界限；是否按规定填写年度决算报表各支出项目，是否存在人员支出占用公用支出等违规现象。

5. 分配

（1）是否按照规定的程序、方法对学校结余合理进行结转、分配；事业结余是否全额转入事业基金；经营结余是否单独反映，经营结余是否按照规定弥补以前年度亏损、提取有关专用基金后，将结余转入事业基金；专项基金是否如实结转；

（2）是否制定各项基金提取比例标准；是否按照规定比例提取各项基金；

（3）是否制定各项基金管理制度；是否存在收入、支出直接增加、减少事业基金的现象；是否存在将专用基金占用、挪用等违规现象。

6. 投资

（1）学校对外投资业务岗位设置是否科学、合理，是否存在不相容职务混岗现象，人员配备是否合理；

（2）学校是否建立对外投资业务授权批准制度，是否存在越权行为；是否建立责任追究制度；

（3）学校对外投资（包括对校办产业投资）是否经过严格、科学的可行性论证和专家评议，经学校财经领导小组等决策机构集体讨论决策，并指定责任部门和责任人对投资项目进行管理；

（4）学校是否建立对外投资执行控制制度，实际投资内容与发生额是否与批准文件、投资协议等相吻合；是否对投资项目进行跟踪管理，是否定期或不定期与被投资单位核对投资项目，进行对外投资质量分析；对外投资实施方案变更时，是否经学校财经领导小组等决策机构审查批准；

（5）学校是否存在进行股票和风险性债券投资的违规行为；

（6）是否存在将国家拨款、上级补助或者维持事业正常发展、保证完成事业任务的资产转作投资使用的违规行为；是否按照国家有关规定的程序对非经营性资产转经营性资产进行报批；

（7）对校办产业的投资手续是否齐全，是否制定了投资项目管理制度和办法，是否定期对校办产业的经营状况、运营风险、管理情况等进行评价；

（8）投资是否按形式分类列示，是否同时反映了因发生投资活动而导致的资产用途的改变；

（9）学校是否有专门的组织或人员负责对其他对外投资收益核算及监控；年末是否有对各项其他对外投资项目收益情况的监控报告；是否定期清查各项对外投资，是否建立及时有效的控制措施处理经营不善、管理混乱、出现亏损等情况的投资项目；是否及时将投资收益纳入单位统一管理与核算；

（10）对外投资的处置（收获、转让、核销等）是否经过集体决策，是否符合授权批准程序，投资资产的处置是否真实、合法、完整，对外转让时资产是否经过有关机构和专家合理确认价格。

7. 筹资

（1）学校是否建立筹资业务的岗位责任制，明确相关部门和岗位的职责与权限，是否存在由同一部门或个人办理筹资业务全过程的现象；办理筹资业务的人员是否胜任合格；

（2）筹资方案是否符合筹资预算的要求；筹资业务是否建立授权批准制度，明确授权批准方式、程序和相关控制措施；是否存在越权审批现象；

（3）筹资业务是否经过财经领导小组等机构集体决策；是否建立筹资决策责任追究制度，并定期或不定期进行检查。

（4）筹资合同是否按照规定程序签订；重大筹资合同的订立是否征询了法律顾问和专家的意见，筹资合同的变更是否按照原授权审批程序进行；单位是否对筹资合同的合法、合规、完整性进行审核；

（5）是否按照批准的筹资方案办理筹资业务；单位是否及时取得筹资资产，对取得的非货币资产是否合理确认价格；是否合规支付筹资费用；

（6）学校贷款是否有可行性研究报告和明确的使用方向；是否有明确的贷款额和贷款期限；是否制订了举借计划，是否签订了借款合同；

（7）学校是否建立了贷款还款计划和偿债应急计划；是否按合同规定还本付息；

（8）贷款资金是否按计划或方案使用，是否做到专款专用；是否存在超标准、超计划使用资金的现象；是否存在将贷款资金用于对外投资（含对校办产业投资）、科技开发、捐赠、支付罚没款项及平衡预算抵补日常经费开支不足等违反高等学校贷款资金使用方向相关规定的行为；

（9）大额贷款项目是否报主管部门备案，即将所有贷款余额达到本校近三年平均总收入10%的贷款项目的可行性研究报告、分年度贷款额度方案、具体还贷计划和措施等相关材料报送主管部门备案；

（10）学校是否存在为其他单位（包括校办企业）或个人的经济活动提供担保的违法行为。

（四）财务管理的信息与沟通
1. 重大决策是否形成会议记录，会议记录是否完整；
2. 各项制度及签订的各项协议是否装订成册，是否根据情况变化及时进行修订；
3. 财务信息的获取是否及时、完整，财务信息的编制是否规范、恰当、真实；
4. 是否建立信息数据库，信息录入流程是否清晰，修改是否得到授权，对有关信息的接触是否制订了限制规定；是否按照有关规定和程序进行信息公开；
5. 信息系统是否定期形成一定的报表，报表内容的设计是否合理，是否将上述报表报送相关人员，是否对反馈意见及时妥善处理。

（五）财务管理的监督
1. 是否对各财务管理情况定期进行自我评估、自我调整；评估的内容是否全面、充分并突出重点，评估的目标是否着眼于内容控制体系的健全、有效；
2. 是否根据评估结果对相关内容加以改进，并对改进的内容进一步评估，在评估的基础上进一步改进，形成一种良性循环机制；
3. 是否对相关部门的检查处理意见及时落实到位；
4. 财务机构管理层对资金管理的关键岗位和薄弱环节是否实施稽核，并组织定期、不定期或突击式的抽查、检查。

第三十六条　财务管理内部控制审计主要采用观察作业现场、询问相关财务人员、审查会计资料、查阅决策文件、研究分析财务管理制度、对财务管理流程进行穿行测试等方法对财务管理内部控制进行了解和测试。

第三十七条　通过对财务管理内部控制的了解、记录和对财务管理内部控制的多项测试后，审计人员应在审计报告中对财务管理内部控制设计的健全性和是否有效运行作出评价，说明内部控制薄弱环节及风险因素，并提出改进措施。

第六节　房产管理内部控制审计

第三十八条　房产管理内部控制审计是指内部审计机构为保证学校房产资产信息的真实可靠、资产安全完整、房产资源得到合理有效配置、降低单位房产管理风险、保证学校遵守房产管理活动相关法律法规，而对单位房产管理内部控制体系的健全性和有效性进行的分析、测试和评价活动。本指南所指的房产指对单位有实际控制权的所有房产以及管理的房产。

第三十九条　房产管理内部控制审计应获取的资料主要有：
（一）房产建设发展规划；
（二）房产管理机构及相关单位的部门职责、岗位职责及工作手册；
（三）各类房产管理法律法规及相关制度文件；
（四）房产管理数据库资料；
（五）房产经费收支报表、会计账簿及会计凭证等会计资料；
（六）房产出租协议及修缮合同；
（七）其他有关资料。

第四十条　房产管理内部控制审计的内容主要有：
（一）房产管理的控制环境
1. 单位是否有明确的房产建设发展规划或目标，并有具体可行的操作计划；
2. 房产管理制度建设是否健全，是否根据情况变化及时进行修改；
3. 房产管理部门职责是否明确，与单位其他部门之间的职责划分是否合理；
4. 房产管理内部岗位设置是否合理，岗位职责是否明确；

5. 是否针对不同的房产管理业务活动制定了完整的业务流程，并为各部门及其员工所熟知；

6. 人员招聘是否履行相关程序，对员工是否定期进行培训，及时更新和拓展知识结构，提高其房产管理能力；是否建立明确的奖罚激励机制；

7. 是否制定从业人员的职业道德规范，职业道德规范内容是否明确、切实可行，并是否得到有效执行。

（二）房产管理的风险管理

1. 风险管理目标是否明确并切实可行；

2. 是否建立识别房产管理风险的适当机制；

3. 是否有适当层次的管理部门建立房产管理风险的评估机制；对房产管理风险的评估是否全面；是否对人事、控制程序等变化设立反应机制；

4. 是否及时进行风险管理；是否建立房产管理风险的控制机制，包括风险管理的预警机制、监控机制、应急措施等，比如是否有应对房产紧张的有效办法、是否有房产安全管理措施、是否对特殊房产进行投保等；各项风险管理机制是否有效。

（三）房产管理的控制活动

1. 取得与验收

（1）学校是否设立专门的房产管理部门进行房产管理，是否建立岗位责任制，明确各部门和岗位的职责与权限，是否存在不相容职务混岗的现象；

（2）是否建立授权批准制度，在办理房产资产取得、验收、日常管理和处置的程序中是否严格遵守审批程序和相关规章制度，是否存在越权审批行为；

（3）是否根据学校总体规划要求取得房产，取得房产程序是否合规；

（4）自建房产在征地过程中是否符合相关规定，是否经过相关决策机构集体决策；土地开发费用等支出是否经过规定程序批准支付；自建房产过程中资金、质量等控制是否符合工程项目全过程审计的有关规定；

（5）购置房产是否经决策机构集体决策，购置房产是否通过合规程序；是否及时办理产权证；是否经过相关机构进行价格评估；是否进行风险评估；

（6）是否存在擅自修建、改造房产现象；

（7）房产是否及时验收，填制交接单，验收时是否成立验收小组，小组的组成人员是否合理，是否根据工程设计施工图纸进行验收；

（8）验收中存在的问题是否明确责任并得到及时处理；

（9）验收结束后是否有验收结果报告，结果报告上的签名是否完备，结果报告是否作为来房产管理档案进行保存；

（10）验收结束后是否及时办理房产产权和土地使用权证；产权证和土地使用权证是否作为房产管理档案进行保存；是否及时将验收资料交房产数据管理人员，是否将及时进行更新和维护；是否根据有关规定按照不同使用用途建立房产固定资产卡片。

2. 日常管理

（1）是否设立专门部门或人员负责房产的记录、分配使用、保管、维修、处置；房产管理部门是否有明确的职责范围及批准程序；是否存在越权行为；

（2）是否制定了各类房产的使用分配标准及程序，如有量化的使用分配指标是否严格按量化的指标进行分配；

（3）是否制订房产调配使用制度，调配使用是否经专门的部门或机构审批，调配使用程序是否得到有效执行；

（4）是否制订完善的各类房产管理细则，制度是否有效执行；

（5）学校是否定期检查分配给各单位房产的使用情况，并进行不定期抽查；其他单位是否擅自进行房屋调配，是否擅自改变公房结构和使用性质，是否转让或出租，是否将公房作为资产进行投资、入股、抵押；

（6）房产管理部门是否对分配出去而闲置的房产规定处理方法；是否制定违规占房的处理条款；

（7）是否制订房产出租、出借制度及审批程序；出租、出借房产，是否经授权部门或人员按审批程序办理，是否签订出租、出借合同，合同是否明确资产出租、出借期间的修缮保养、税赋缴纳、租金及运杂费的收付、归还期限等事项；特殊情况是否经专门部门或机构审批，如有授权内容，是否在授权范围内进行处理；

（8）是否制订了房产盘点制度，是否定期或不定期地对单位房产进行清理、盘点，了解房产资产的变动情况；盘点小组的组成人员是否合理，是否有明确的盘点计划和盘点程序，盘点结束是否提供盘点报告，盘点报告是否送达给适当的管理层，对盘盈盘亏是否分清责任并及时进行处理；

（9）是否制订房产管理责任追究制度，责任界定内容是否明确，事故原因是否及时查明并处理相关责任人，事故处理报告是否已上报适当管理层；

（10）房产产权证与土地使用权证是否设置专人进行管理，房产产权及土地使用权的任何变动是否及时进行了变更登记；

（11）是否制订房产维护保养制度，防止因各种自然和人为的因素而遭受损失，以延长其使用寿命；

（12）重大修缮施工单位的选择是否符合招投标文件的有关规定，修缮工程完工后是否组织相关部门进行验收并采取一定的质保措施；

（13）是否提供年度房产报告，年度报告是否已提供给适当管理层，年度报告的内容反应是否全面，所涉及问题是否得到及时解决。

3. 处置

（1）对拟出售的房产，学校是否经过财经领导小组等决策机构审核批准；出售依据是否充分，处置方式是否适当，处置价格是否合理，是否符合国家有关政策，保护资产的安全完整；

（2）投资转出的房产，是否经决策部门审核批准，是否对其价格进行评估，分析其效益，是否按照对外投资有关规定进行控制；

（3）对需改建的房产，改建是否符合学校总体规划要求，是否经相关规定批准，是否存在擅自改建等违规行为；

（4）处置的房产是否及时更新房产数据，相关财务信息资料是否完备。

4. 房产经费管理

（1）房产修缮经费是否实行预算制度，对实际支出与预算之间有差异或未列入预算的特殊项目，是否采用特别的审批手续；

（2）修缮经费的支付是否按修缮合同的规定付款，修缮工程结束经验收后是否预留一定的工程质保金；是否对大额维修费用进行评估和经单位负责人或其授权人员批准实施，维修保养费用是否纳入单位预算，并在经批准的预算额度内执行；

（3）修缮经费是否存在长期未执行情况，修缮经费的预算制订是否合理；

（4）各类房产的出租收入是否足额收取并纳入单位统一核算与管理，房租收入汇总表是否经过复核，复核错误是否查明原因并及时进行更正；

（5）房产处置是否符合国家有关政策，货币性房产处置收入是否全部及时纳入单位统一核算与管理，有无长期挂账现象；非货币性房产处置是否合规，取得的各类房产是否纳入房产管理信息系统进行统一核算与管理；

（6）是否对占房行为进行罚款，罚款是否符合有关政策，罚款收入是否纳入统一核算与管理。

（四）房产管理的信息与沟通

1. 重大决策是否形成会议记录，会议记录是否完整；

2. 各项制度及签订的各项协议是否装订成册，是否根据情况变化及时进行修订；

3. 是否已建立房产管理信息系统，系统数据是否能满足管理层的需要，信息录入流程是否清晰；

4. 是否定期或不定期对系统资料（如房产数量、金额、分布及使用状况）进行检查、分析、研究和汇总，是否按有关规定如期、准确上报各类统计数据，并及时处理反馈意见，是否按照有关规定和程序进行信息公开；

5. 系统数据是否及时更新，更新是否有相关资料进行支持，数据的接触与修改是否经过适当授权与批准，是否定期与财务部门的记录进行核对。

（五）房产管理的监督

1. 房产管理部门和各部门对房产的使用情况是否定期进行自我评估、自我调整；评估的内容是否全面、充分并突出重点，评估的目标是否着眼于内容控制体系的健全、有效；

2. 是否根据评估结果对相关内容加以改进，并对改进的内容进一步评估，在评估的基础上进一步改进，形成一种良性循环机制；

3. 房产管理部门是否定期或不定期对各单位房产管理情况进行检查、评估、考核；

4. 各部门是否对房产管理部门、财务部门等部门的检查处理意见及时落实到位。

第四十一条 房产管理内部控制审计主要采用观察作业现场、询问相关人员、审阅房产档案、审查房产修缮经费收支会计资料、研究分析房产管理制度、对房产管理流程进行穿行测试等方法对内部控制进行了解和测试。

第四十二条 通过对房产管理内部控制的了解、记录和对房产管理内部控制的多项测试后，审计人员应在审计报告中对房产管理内部控制设计的健全性和是否有效运行作出评价，说明内部控制薄弱环节及风险因素，并提出改进措施。

第七节 设备管理内部控制审计

第四十三条 设备管理内部控制审计是指内部审计机构为保证学校设备信息的真实可靠、资产安全完整、设备资源得到合理有效配置、降低单位设备管理风险、保证学校遵守设备管理相关法律法规，而对单位设备管理内部控制体系的健全性和有效性进行的分析、测试和评价活动。

第四十四条 设备管理内部控制审计应获取的资料主要有：

（一）设备建设发展规划；

（二）设备管理机构及相关单位的部门职责、岗位职责及工作手册；

（三）各类设备管理法律法规及相关制度文件；

（四）设备管理数据库资料；

（五）设备经费收支报表、会计账簿及会计凭证等会计资料；

（六）设备采购合同和出租协议；

（七）其他有关资料。

第四十五条 设备管理内部控制审计的内容主要有：

（一）设备管理的控制环境

1. 单位是否有明确的设备建设发展规划或目标，并有具体可行的操作计划；

2. 设备管理制度建设是否健全，是否根据情况变化及时进行修改；

3. 是否针对不同的设备管理业务活动制定了完整的业务流程，并为校内各单位所熟知；

4. 设备管理部门职责是否明确，与单位其他部门之间的职责划分是否合理；

5. 设备管理内部岗位设置是否合理，是否配备具有一定专业技术的合格人员，岗位职责是否明确；

6. 人员招聘是否履行相关程序，对员工是否定期进行培训，及时更新和拓展知识结构，提高其设备管理能力；

7. 是否定期对设备管理情况进行考核，并将考核结果进行公布，是否对使用和管理情况制定合理的奖惩制度；

8. 是否制定从业人员的职业道德规范，职业道德规范内容是否明确、切实可行，并是否得到有效执行。

（二）设备管理的风险管理

1. 风险管理目标是否明确并切实可行；

2. 是否建立识别设备管理风险的适当机制；

3. 是否有适当层次的管理部门建立设备管理风险的评估机制；对设备管理风险的评估是否全面；是否对人事、控制程序等变化设立反应机制；

4. 是否及时进行风险管理；是否建立设备管理风险的控制机制，包括风险管理的预警机制、监控机制、应急措施等，比如是否对重大设备进行投保、是否建立设备丢失损坏赔偿办法，对责任事故追求责任、是否制定合理的赔偿制度等；各项风险管理机制是否有效。

（三）设备管理的控制活动

1. 取得与验收

（1）学校是否设立专门的设备管理部门进行设备管理，是否建立设备申请、审批、购置、验收、使用、保养、维修等管理制度，是否明确各部门和个人的职责权限；

（2）学校是否根据教育事业和学科的发展规划，制定设备的购置方案；

（3）国内购置设备时是否通过相应的审批程序，其中大型仪器设备的采购是否进行可行性论证报告，是否组织相关学科专家和有关人员进行论证，并报相关负责人或部门审批或评审；是否合理选择供应商，对符合招标范围的仪器设备采购是否按规定程序进行招、投标采购；

（4）国外购置设备时是否按照金额进行分级论证；是否按规定进行招标采购等竞争性谈判采购；是否按国家规定，通过国家有关审批部门的进口批准；对带有放射性源的设备是否到学校环境保护部门办理相关手续，并经主管部门批准后办理进口审批手续；外贸合同是否经学校规定的有效部门委托合法的对外贸易经营权法人或组织签订；采购免税的科教用品是否按规定进行免税申报；属国家法定检验范围内的科教用品，是否按国家有关规定报国家商品检验检疫机构报验；

（5）根据不同专项资金（"211"工程和"985"工程等）购置设备时，是否严格执行相应的专项资金设备购置管理办法；

（6）接受赠送的仪器是否有正式书面的赠送函，捐赠设备的接收流程是否明确，是否经学校有关部门和领导审核批准，是否及时建账、建卡；

（7）其他方式取得的设备（自建、调拨等）是否及时建账、建卡，是否及时办理相关手续；

（8）设备验收时是否成立验收小组，小组的组成人员是否合理，是否根据采购合同进行验收，如属于技术性很强的设备进行验收，验收小组成员中是否包括技术专家；

（9）学校采购仪器设备是否在索赔期完成验收工作，不合格的是否及时提出索赔报告或退货处理；

（10）验收结束后是否出具验收结果报告，验收小组成员是否在结果报告上的签名，结果报告是否与采购发票一起作为财务人员处理的依据；

（11）验收结束后是否及时做好文件归档，是否将验收资料交设备数据库管理人员及时更新设备管理数据库，是否及时建卡、入账；放射性源的仪器设备是否将相关资料向学校环境保护办公室备案。

2. 日常管理

（1）是否对设备的记录、保管、维修、调拨等日常管理根据不同类设备制定管理制度；各部门是否有专门人员负责设备的日常管理；学校设备管理部门是否对设备日常管理起督促作用，是否在权限范围内进行日常管理；

（2）是否制订设备责任追究制度，事故原因是否及时查明并分清责任后进行处理，事故结果报告是否上报适当管理层；

（3）是否建立设备使用登记制度，是否根据使用登记资料提供年度设备使用情况报告，对利用率低的设备是否进行了原因分析，并提出了切实可行的改进措施；

（4）是否制订大型设备开放测试管理办法，开放测试的设备范围是否经过审批，是否采取措施保证开放测试的设备处于最佳使用状态；

（5）设备对外开放服务是否按学校规定统一收费；

（6）是否存在闲置浪费、公物私化、私自转让、丢弃等行为；设备拆改或分解使用，是否经过有关程序审批；

（7）离退休的教学、科研人员，因科研项目仍需继续使用仪器设备的，是否经过相应审批程序批准；

（8）免税进口的设备，是否在海关监管期内存在挪作他用、转移监管地点、擅自转让等违规行为；

（9）是否制订设备盘点制度，是否定期或不定期对单位设备进行盘点，盘点小组的组成人员是否合理，是否有明确的盘点计划和盘点程序，盘点结束是否提供盘点报告，盘点报告是否送达给适当的管理层，对盘盈盘亏是否分清责任并及时进行处理；

（10）设备借用（校内、外）是否经相关部门的批准，并办理借用手续；其中免税进口的仪器设备借用，是否向海关办理相关手续；借出的仪器设备如出现损坏、遗失等问题，是否按规定获得赔偿；借出后设备管理数据库是否及时更新；

（11）设备调拨（校内、外）是否按规定经相关部门或负责人批准后办理调拨手续，调拨手续是否完善合规，校内各单位的调拨是否及时办理过户手续，向校外调拨设备是否经过设备管理部门批准；免税进口仪器设备的对外调拨，是否经设备管理部门批准后并向海关申请监管变更或办理补交税款等手续。校内、外设备的有价调拨是否及时办理财务手续，数据库数据是否及时更新；

（12）对多余或积压的仪器设备是否按程序及时进行处理；

（13）是否制订设备维护保养制度，防止因各种自然和人为的因素而遭受损失，以延长其使用寿命；是否按照国家技术监督局有关规定，定期对仪器设备的性能、指标进行校检和标定，对精度和性能降低的设备是否及时进行修复；

（14）对于需维修的设备是否及时进行维修，是否存在处于保修期的设备故意拖延至保修期外进行维修；

（15）设备在维修前损坏原因是否查明，是否已追究相关人员责任；

（16）维修单位是否具有相关资质，是否存在选择不具有维修资质的单位进行维修，无法完成维修任务情况。

3. 处置

（1）对技术落后、损坏、无零配件或维修费过高等原因需降档或报废的仪器设备，是否及时做降档或报废处理；

（2）设备报损、报废是否按照金额、类别的不同制定相应制度，是否经过审批程序，即由设备所属单位提交报废申请，学校设备管理部门组织有关专家审议，提出技术鉴定报告和意见，其中重大设备的处置是否报上级领导审批；审批程序是否存在越权现象；是否有单位或个人自行处置设备；

（3）报废的仪器设备如系带有放射性同位素的含源装置或射线装置，是否到环境保护办公室及辐射防护办公室办理相关手续；免税进口仪器设备在报废前是否办理撤除海关监管手续；

（4）大批设备的处置是否采用招投标等竞争性谈判方式进行处理。

4. 设备经费管理

（1）设备修理经费是否实行预算制度，对实际支出与预算之间有差异或未列入预算的特殊项目，是否采用特别的审批手续；

（2）修理经费是否存在长期未执行情况，修理经费的预算制订是否合理；

（3）修理经费的使用是否经过审批，是否存在处于保修期的设备故意拖延至保修期外进行维修，以支付修理现象；

（4）开放测试项目是否按已审批的标准进行足额收费，收取的费用是否全部纳入单位统一核算与管理，减免收费是否报经相关部门审批；

（5）设备进行处置时，处置人、收款人与开票人员是否分离，处置收入是否全部纳入单位进行统一核算与管理；

（6）因赔偿获取的经费是否用于补偿仪器设备损坏、遗失，是否纳入账内统一核算。

（7）报废仪器设备收回的残值，是否返回规定部门，是否纳入学校年度设备经费。

（四）设备管理的信息与沟通

1. 重大决策是否形成会议记录，会议记录是否完整；
2. 各项制度及签订的各项协议是否装订成册，是否根据情况变化及时进行修订；
3. 是否建立设备管理信息系统，系统数据录入是否真实、完整；是否建立技术档案，登记设备使用、维修等情况；
4. 是否定期或不定期对系统资料（如设备的种类、数量、金额、分布及使用状况）进行检查、分析、研究和汇总，是否按有关规定如期、准确上报各类统计数据，并对反馈意见及时进行处理，是否按照有关规定和程序进行信息公开；
5. 系统数据是否及时更新，更新是否有相关资料进行支持，数据的接触与修改是否经过适当授权与批准，是否定期与财务部门的记录进行核对。

（五）设备管理的监督

1. 设备管理部门和各部门对设备的使用情况是否定期进行自我评估、自我调整；评估的内容是否全面、充分并突出重点，评估的目标是否着眼于内容控制体系的健全、有效；
2. 是否根据评估结果对相关内容加以改进，并对改进的内容进一步评估，在评估的基础上进一步改进，形成一种良性循环机制；
3. 设备管理部门是否定期或不定期对各单位房地产管理情况进行检查、评估、考核；
4. 各部门是否对设备管理部门、财务部门等部门的检查处理意见及时落实到位。

第四十六条 设备管理内部控制审计主要采用观察作业现场、询问相关人员、审阅设备档案、审查设备经费收支会计资料、研究分析设备管理制度、对设备管理流程进行穿行测试等方法对内部控制进行了解和测试。

第四十七条 通过对设备管理内部控制的了解、记录和对设备管理内部控制的多项测试后，审计人员应在审计报告中对设备管理内部控制设计的健全性和是否有效运行作出评价，说明内部控制薄弱环节及风险因素，并提出改进措施。

第八节 物资采购管理内部控制审计

第四十八条 物资采购内部控制审计是指内部审计机构为保证本单位物资采购信息的可靠透明、资金的安全完整、物资采购资源得到合理有效配置、降低单位物资采购风险、保证遵守物资采购活动相关法律法规，而对单位物资采购内部控制体系的健全性和有效性进行的分析、测试和评价活动。物资采购包括设备采购、图书采购、药品采购等大宗物资采购，但不包括对建设工程等服务采购。

第四十九条 物资采购内部控制审计应获取的资料主要有：
（一）物资采购管理机构及相关单位的部门职责、岗位职责及工作手册；
（二）各类物资采购管理法律法规及相关制度文件；
（三）物资采购申请表、物资采购招标文件、大型设备采购论证文件；
（四）物资采购经费收支报表、会计账簿及会计凭证等会计资料；
（五）物资采购合同；
（六）其他有关资料。

第五十条 物资采购内部控制审计的内容主要有：
（一）物资采购的控制环境
1. 管理部门是否建立物资采购管理制度，是否根据情况变化及时进行修改；
2. 物资采购管理部门职责是否明确，与单位其他部门之间的职责划分是否合理；
3. 物资采购内部岗位设置是否合理，是否对关键岗位进行分工，岗位职责是否明确；
4. 是否针对不同的物资采购活动制定了完整的业务流程，并为单位员工所熟知；
5. 人员招聘是否履行相关程序，是否定期组织员工培训，提高其道德素质和专业能力，是否对员工进行定期考核，是否制定明确的奖罚制度；
6. 是否制定从业人员的职业道德规范，职业道德规范内容是否明确、切实可行，并是否得到有效执行。

（二）物资采购的风险管理
1. 风险管理目标是否明确并切实可行。
2. 是否建立识别物资采购管理风险的适当机制。
3. 是否有适当层次的管理部门建立物资采购管理风险的评估机制；对物资采购管理风险的评估是否全面；是否对人事、控制程序等变化设立反应机制。
4. 是否及时进行风险管理；是否建立物资采购管理风险的控制机制，包括风险管理的预警机制、监控机制、应急措施等，比如是否对重大设备进行投保、是否建立设备丢失损坏赔偿办法，对责任事故；各项风险管理机制是否有效。
5. 风险管理机制是否包括对物资采购流程的监控，比如是否审核供应商资质，是否评估供应商信誉、资质和财务状况，是否对供应商生产产品进行质量检验，是否检查采购人员素质，是否对采购活动流程设计监督机制，是否对采购物质进行验收，验收单的价格和数量是否与采购单一致，付款手续是否健全。
6. 是否设计应急计划回避、降低、防范物资积压和短缺等情况；是否设立了备选供货商团队。

（三）物资采购的控制活动
1. 物资采购计划
（1）采购计划的编制是否符合单位需求，采购申请所要求的技术指标是否明确，是否有采购经费予以保障；采购申请表是否有库管人员的签字，是否已考虑到单位实际库存量状况；

（2）各部门负责人是否按职责分工和授权范围对提交的采购申请进行分类初审，对口把关；

（3）对不符合规定的采购申请，有无要求请购部门或人员调整采购内容或拒绝批准其采购申请；对于紧急采购情况，是否在规定日期内补办相关手续；

（4）对于重要的和技术性较强的物资采购，是否组织专家进行论证，实行集体决策和审批；

（5）大型仪器设备采购计划中所要求的配套设施是否符合设备需要，并已准备到位；

（6）采购计划所列的价格和物质数量是否合理；

（7）是否按要求进行招标采购，招标过程是否公平、公开、公正；是否建立供应商评价小组，小组人员组成是否合理，是否经集体决策择选供货商名单；是否定期调查和复核供货商名单。

2. 物资采购申报价格

（1）是否按照规定程序进行价格申报，是否根据不同的物资采购方式确定申报价；申报价是否高估虚报；申报价格是否经过合理程序进程核定；

（2）申报单中所列物资品种是否在采购计划范围内，是否列入采购预算；是否存在随意压价而忽视物资质量的现象。

3. 物资采购合同

（1）供货商是否具有签约资格；

（2）合同的签订程序是否合规，市场调查阶段是否按"货比三家"的原则进行市场调查，是否取得供货商完整的档案资料以确认供货商的信誉和履约能力，参与业务谈判的代表的业务能力和技术水平是否具备，是否由两人以上参与谈判，合同变更、解除或终止的理由是否充分，是否签署了书面变更协议并履行了审批手续，对于已发现的将严重损害组织利益的已签署合同，是否及时采取了纠正措施；

（3）合同内容是否得到全面、严格的履行，有无合同违约，如对方违约，是否及时组织索赔，如本单位违约，是否追究相关人员的责任；

（4）有无专门合同管理机构，合同的归档和保管是否完整，是否包括采购合同正本、合同补充协议、技术协议、采购订单、合同评审表及其他合同附件。

4. 物资采购计划执行

（1）是否按采购计划、采购申请单确定的采购方式和供货商进行采购；对基建工程和设备、教材、图书等大宗物资的采购，是否按规定实行政府采购或公开招标；

（2）是否设置有独立的部门或人员进行采购验收，是否制定适当措施防止采购人员、质检人员与保管人员串通舞弊；是否存在验收不严造成以好充次等现象；验收是否根据货运单、发票和经过批准的采购合同副本、采购价格申报单、采购计划进行；验收是否签署顺序编号的验收报告；

（3）是否严格按照合同规定进行验收，超过采购合同的进货数量和提前到货的采购是否经过适当批准；逾期未交货者，有无按合同规定给予罚款或没收违约金；短缺物资和不符合质量要求的物资是否根据不同情况及时组织索赔；

（4）审查发票、货运单、验收单等原始资料上载明的价格是否与价格申报单、采购计划、采购合同一致，价格的变动是否经过核准；运费是否符合确定的价格标准；

（5）是否在物资采购申请单、验收单、供货商发票等核对无误的基础上出具付款申请单，财会部门是否是对所有单据进一步审核后编制记账凭证，登记付款凭单登记簿或应付账款明细账，确认负债；

（6）付款是否符合资金结算制度的要求；付款是否在会计人员审核的基础上，经过授权人审批；是否按确定的付款方式付给指定的收款人；核实付款金额和收款人是否正确；有无使用空白支票；已付货款是否在发票上加盖"付讫"戳记等；

（7）预付账款是否经过申请、审批；收到采购物资后，是否根据供应商发票及时冲减预付账款；是否与供货商定期对账；

（8）是否定期编制应付账款账龄分析表、物资已收发票未到情况汇总表；是否每月计算主要业绩指标据以监控应付账款状况；采用分析性复核方法，通过比较本期与上期各应付账款明细账户余额、相关比率和相关费用账户金额，确定应付账款有无异常变动。

5. 物资采购经费管理

（1）专项采购经费是否实行专项管理，有无挪用；

（2）有无长期未使用的采购经费，采购经费预算是否合理；

（3）是否由采购人员以外的人员定期与供货单位进行对账，核对采购及欠款情况；

（4）物资采购的过程中对给予折扣的经营者，是否明示并如实入账，是否存在暗扣情况，收取的回扣收入是否纳入单位统一核算与管理。

（四）物资采购的信息与沟通

1. 重大决策是否形成会议记录，会议记录是否完整；

2. 各项制度及签订的各项协议是否装订成册，是否根据情况变化及时进行修订，相关制度是否按规定公开；

3. 是否建立物资采购信息管理系统，信息录入流程是否清晰，是否投入充分的资源来支持对信息系统的开发和修改，修改是否得到授权，对有关信息的接触是否制订了限制规定；

4. 采购系统是否定期生成报告对报告信息与其他信息（比如财务信息等）存在的差异是否及时妥善处理，是否将调查结果向管理层提交，是否及时妥善处理管理层反馈意见；是否按规定程序进行信息公开；

5. 有无通畅的例外情况报告渠道，员工的反馈以及供货商的投诉渠道是否畅通，员工是否能在信息畅通的环境下有效履行职责。

（五）物资采购的监督

1. 是否建立适当管理程序保证物资采购控制的运行；是否定期或不定期评估运行效果；并对运行的效果进行评估；评估的内容是否全面、充分并突出重点，评估的目标是否着眼于内容控制体系的健全、有效；

2. 是否根据评估结果对相关内容加以改进，并对改进的内容进一步评估，在评估的基础上进一步改进，形成一种良性循环机制；

3. 是否对相关部门的检查处理意见及时落实到位；

4. 是否对建立物资采购流程持续监督机制，是否定期向管理层汇报监督情况，是否定期对监督机制进行评估更新；采购程序稽核和监督人员是否独立。

第五十一条　物资采购内部控制审计主要采用观察作业现场、询问相关人员、审阅物资采购档案、审查物资采购经费收支会计资料、研究分析物资采购管理制度、对物资采购流程进行穿行测试等方法对内部控制进行了解和测试。

第五十二条　通过对物资采购内部控制的了解、记录和对物资采购内部控制的多项测试后，审计人员应在审计报告中对物资采购内部控制设计的健全性和是否有效运行作出评价，说明内部控制薄弱环节及风险因素，并提出改进措施。

第三章　预算执行和决算审计

第一节　一般原则

第五十三条　本指南所称预算，是指高校根据事业发展计划和任务编制的年度财务收支计划。预算分收入预算和支出预算。

第五十四条 本指南所称决算，是指高校根据年度预算执行的结果而编制的年度财务决算报告，包括决算报表和决算情况说明书。决算是反映学校年度财务状况、年度收支情况和事业发展状况的书面总结文件。

第五十五条 本指南所称预算执行与决算审计，是指由高校内部审计机构依法独立对预算执行与决算的真实性、合法性、效益性进行的审查和评价活动。

第五十六条 高校内部预算执行和决算审计的目标是促进规范学校预算管理，提高预算编制工作的科学性、准确性和透明度，促进更加合理地分配学校资源，提高资源的配置和利用效益。

第五十七条 高校内审部门对预算执行情况进行审计，应做到事前审计、事中审计、事后审计相结合。高校内部审计机构应在预算编制阶段事前介入，了解预算编制和调整情况；在年度预算执行期间对其执行情况进行期中审计；在次年上半年内对上一年度预算执行情况进行事后审计。

第五十八条 高校内审部门应根据上级主管部门的相关政策、学校的具体情况，在预算执行和决算审计中确定重点审计内容。

第五十九条 高校内审部门对预算执行情况进行审计，应将对二级预算单位的延伸审计与本部门所开展的其他类型的审计相结合，相互利用审计成果，提高审计工作效率与效果。

第二节 预算执行审计

第六十条 预算执行审计是在预算内部控制测评的基础上，对预算管理、收入预算执行、支出预算执行等进行的审查和评价。

第六十一条 预算管理审计

预算管理审计是对预算的编制原则、编制程序、编制方法、预算调整、经济责任制等相关管理活动的合法性、适当性和有效性的审查和评价。

（一）应获取的相关资料

相关资料主要包括预算政策、预算编制计划、专项经费管理办法、预算管理办法和经济责任制等。

（二）应关注的风险领域

关注的风险主要包括预算程序失控的风险、预算管理依据不当的风险、预算管理职责不到位的风险等。

（三）审计内容

1. 预算管理中的内部控制制度和各级经济责任制是否健全，是否有效。

2. 预算编制是否遵循"量入为出，收支平衡"的原则，收入预算是否贯彻积极稳妥的原则，支出预算是否贯彻统筹兼顾、保证重点、勤俭节约的原则；预算编制的方法是否符合上级主管部门及本校的规定。

3. 预算方案的编制是否真实、合法、有效；是否编制超越学校财力的赤字预算；预算是否按照规定程序审批；预算经费是否按规定时间足额下达。

4. 预算调整有无确需调整的原因及明确的调整项目、数额等措施有关说明，预算调整是否编制追加和调整方案，并经法定程序审批后执行。

5. 预算下达后是否存在不经法定程序随意调整现象，预算支出有无随意增减项目或项目之间随意调剂使用情况。

（四）审计方法

预算管理审计可以采用检查、调查、分析性复核、复算、鉴证和询问等方法。

第六十二条 收入预算执行审计

收入预算执行审计是对收入预算执行的真实性、合法性和完整性进行审查和评价。

（一）应获取的相关资料

相关资料主要包括上级主管部门拨款控制数和预算批复数文件、有关部门的收费批文、学费收费通知和记录、学费收据存根联、预算外资金上缴的相关凭证、收入核算的相关会计资料等。

（二）应关注的风险领域

关注的风险主要包括收入项目不完整、学费收入依据不当、预算外收入上缴不完整和不及时、收入核算不正确等。

（三）审计内容

1. 各项收入是否全部纳入预算，实行统一管理。

2. 各项收入是否真实、合法、完整，有无隐瞒、少列收入、推迟或提前确认收入行为；各项收入的款项是否及时足额到位。

3. 是否按预算目标积极组织收入，有上缴任务的单位或部门是否将应上缴的预算收入按规定及时上缴学校，有无截留、挪用预算收入或私设"小金库"行为。

4. 各项收入，包括财务补助收入、上级补助收入、事业收入、经营收入、附属单位上缴收入和其他收入，是否准确分类。

5. 收费的项目、标准和范围是否报经上级主管部门批准，有无擅自增加收费项目、扩大收费范围和提高收费标准等问题；是否贯彻"收支两条线"原则。

6. 收入的会计处理是否合规。有无利用应付及暂存、代管项目等过渡性会计科目挂账隐瞒收入或直接列收列支等问题。

7. 学校是否制订保证收入预算目标实现的控制措施和办法。

8. 分析收入预算的执行情况及其与收入预算之间的差异和原因。

（四）审计方法

收入预算执行审计可以采用调查、审核、观察、函证、计算、分析性复核、抽样和询问等方法。

第六十三条 支出预算执行审计

支出预算执行审计是对支出预算执行的真实性、合法性和有效性进行审查和评价。

（一）应获取的相关资料

主要包括支出预算明细表、预算下拨文件、支出核算的相关会计资料等。

（二）应关注的风险领域

主要包括支出项目不合法、支出项目不真实、支出标准不合规、专项经费未专款专用、支出核算不正确等。

（三）审计内容

1. 支出预算是否严格按照预算确定的经费项目、支出标准和支出用途进行开支或拨付经费，是否严格执行国家有关财务制度以及上级主管部门和学校有关财务规章制度规定，是否存在擅自扩大支出范围和提高开支标准的行为。

2. 各项支出是否真实、合法，有无随意改变支出的确认标准或计价方法，多列、不列或少列支出；支出中有无虚列支出、以领代报、以购代支现象，有无挤占、挪用、损失浪费、滥发钱物、变相对外投资等行为。

3. 各项支出，包括事业支出、经营支出、自筹基本建设支出/和对附属单位补助支出分类是否准确、合规；是否正确划清各类支出的界限，支出是否真实并严格按预算执行，有无预算外或超预算等问题；是否按照标准考核、监督支出。

4. 专项资金是否按特定项目或用途专款专用，有无挤占或虚列行为。

5. 支出的会计核算是否合规、准确。有无利用应收及暂付、应付及暂存、代管项目等过渡性会计科目挂账隐瞒支出或直接列收列支等问题。

6. 支出预算中是否有保证预算目标实现的控制措施和办法。

7. 分析支出预算的执行情况与支出预算之间的差异和原因。

8. 分析与评价支出预算执行的效益和效果。

（四）审计方法

支出预算执行审计可以采用调查、审核、监盘、观察、函证、计算、分析性复核、抽样和询问等方法。

第三节 决算审计

第六十四条 决算审计是对决算报表及其资产、负债、净资产、收入和支出进行的审查和评价。

第六十五条 决算报表审计

决算报表审计是对决算报表的真实性、合法性和完整性进行审查和评价。

（一）应获取的相关资料

相关资料主要包括年度预算及其编制与调整说明和批准文件，包括上级主管部门批准的年度预算通知和预算追加调整通知；年度财务决算报表及其编制说明和上级主管部门关于年度决算编报的通知；年度会计账簿、会计凭证及有关的重要经济合同协议、会议记录等资料；学校国有资产处置（包括固定资产与存货的报废、转作投资、无偿调拨、毁损、丢失和坏账处理等）的审批文件和相关资料；其他有关资料。

（二）应关注的风险领域

关注的风险主要包括报表存在不合法项目的风险、收入和支出中存在不真实项目的风险、支出标准不合规定的风险、专项经费未专款专用的风险、支出核算不正确的风险等。

（三）审计内容

1. 审查财务决算报表是否完整，并进行复核性检查。包括：财务决算报表是否齐全，符合上级主管部门的统一要求；每张报表内容填列是否完整、正确；项目填列是否齐全，表内对应项目之间数据钩稽关系是否正确，应当填写的"报表附注"是否填列；对应报表之间数据钩稽关系是否正确；是否有年度财务情况说明（文字部分）；是否按有关规定签名盖章。

2. 核对报表项目数据填列与对应的账户余额或发生额是否一致，检查表、账是否相符。按照报表所列项目，逐一与会计账簿进行核对。

3. 对报表项目内容的真实性进行检查验证，应用预算执行审计成果对收入、支出类项目进行分析性复核；检查各项资产的实有数与报表填列数是否一致；审查各项净资产的形成过程，分别进行验算。

4. 对会计核算情况进行检查，是否符合《会计法》和《高校会计制度》的规定；是否定期将会计账簿记录与实物、款项（货币资金、有价证券等）及有关报表、资料相互核对、账实、账账、账表是否相符；采用的会计处理方法是否前后期一致，有无随意变更；确有必要变更，是否将变更的原因及影响在年度决算报表情况说明中反映；学校财务管理与会计核算中的内部控制制度是否健全、有效。

5. 审查财务分析指标，包括经费自给率、预算收支完成率、人员支出与公用支出分别占事业支出的比率、资产负债率、生均支出增减率以及其他财务指标等是否真实、准确，能否恰当地反映学校的财务状况、收支结果和事业发展情况。

（四）审计方法

财务决算报表审计可以采用审核、观察、计算、分析性复核和询问等方法。

第六十六条 资产审计

资产审计是对资产的真实性、合法性和效益性进行审查和评价。

（一）应获取的相关资料

相关资料主要包括财务报表和相关会计记录、学校固定资产报表和盘点表、报废固定资产清单、银行对账单、库存现金盘点表、对外投资的资料、全资企业的审计报告等。

（二）应关注的风险领域

关注的风险主要包括购置资产未入账的风险、报废固定资产未冲销的风险、资产账实不符的风险等。

（三）审计内容

1. 资产的存在是否真实、完整，资产的管理是否安全，资产的变动是否合法，资产的计价是否合理、正确，有无随意改变资产的确认标准或计价方法，虚列、多列、不列或者少列资产的行为。

2. 货币资金和有价证券的管理和使用是否符合规定，内部控制制度是否健全、有效。银行开户是否合规，有无出租、出借或转让等问题；有无公款私存、挪用、白条顶库、非法融资以及舞弊盗用的情况；定期存款是否合规合理，货币资金是否安全完整。

3. 应收及暂付款项、借出款的发生、增减变化是否真实、合法，是否及时清理结算，有无长期挂账、虚挂账等问题，有无呆账、坏账情况；对确实无法收回的应收及暂付款、借出款是否查明原因、分清责任、按规定程序批准后核销。

4. 财产物资的收发、管理和使用是否真实、合法、安全、完整，不相容岗位是否分离，购置有无计划和审批手续，有无被无偿占用、流失、损失浪费等问题，大宗物资的采购是否建立招标制度和集中采购制度；会计核算是否符合规定，内部控制制度是否健全、有效，对固定资产、材料是否进行定期的清查盘点，做到账实相符，盘盈、盘亏是否及时调整和处理。

5. 对外投资是否进行可行性研究，是否履行了法定审批程序；以实物对外投资是否按规定进行资产评估；投资款项的发生和增减变化是否真实、合法、完整；是否责成有关部门或专人对投资项目进行监控、管理，是否及时对投资本金和投资收益进行回收，有无投资失误和损失问题，是否建立目标经济效益项目责任制；投资及其收益的会计核算是否恰当、合规。

6. 无形资产的取得、管理、核算、转让是否符合规定。

（四）审计方法

资产审计可以采用审核、监盘、观察、调查、函证、计算、分析性复核和询问等方法。

第六十七条 负债审计

负债审计是对负债的真实性、合法性和效益性进行审查和评价。

（一）应获取的相关资料

相关资料主要包括财务报表和与负债相关的会计记录、账龄分析表、银行贷款合同、贷款项目可行性分析报告等。

（二）应关注的风险领域

关注的风险主要包括负债资金到位不及时的风险、贷款利息成本过高的风险、不能按时还本付息的风险等。

（三）审计内容

1. 负债的形成、存在是否真实、合法、完整，有无随意改变负债的确认标准或者计价方法，虚列、多列、不列或者少列负债的行为。

2. 对各项负债包括借入款、应付及暂存款、应缴款项、代管款项等分类和会计核算是否合理、合规，是否按规定权限对各项负债进行处理。

3. 对各项负债是否及时清理,按照规定办理结算,并在规定期限内归还或上缴应缴款项,有无长期挂账现象。

4. 学校为发展举债搞建设是否有偿还来源和能力,是否控制在一定的规模内,有无潜在的财务危机。

5. 是否存在未决诉讼案或有关事项。

(四)审计方法

负债审计可以采用调查、审核、函证、计算、分析性复核、抽样和询问等方法。

第六十八条 净资产审计

净资产审计是对净资产的真实性、合法性和效益性进行审查和评价。

(一)应获取的相关资料

相关资料主要包括财务报表和与净资产相关的会计记录等。

(二)应关注的风险领域

关注的风险主要包括基金分类不正确的问题、基金列支不适当的问题、事业基金长期透支的风险等。

(三)审计内容

1. 净资产的存在、发生是否真实、合法、完整,有无随意调节收支配比余额。有无编造虚假或隐瞒事业基金、专用基金、固定基金的余额和增减变化情况,财务结果、收支差额的计算是否正确,有无随意改变净资产的确认标准或者计价方法。

2. 各项结余的分类是否合理、合规,经营收支结余是否单独反映,会计核算与处理是否符合规定;结余分配及比例是否符合国家的有关规定。

3. 事业基金和专用基金的设置、分类、结余、增减变化是否准确、合规,会计核算与处理是否符合规定,是否严格按规定的用途使用,使用效果如何,有无挤占、挪用或虚列的行为;各项专用基金的计入、提取及比例是否符合国家的有关规定,是否及时足额到位。

(四)审计方法

净资产审计可以采用审核、计算、分析性复核、抽样和询问等方法。

第六十九条 收入与支出审计,参照第十一条、第十二条内容执行。

第四章 建设工程项目审计

第一节 一般原则

第七十条 本指南所称建设工程项目审计,是指高等学校内部审计机构依据有关法律法规和制度规范,对建设工程项目各阶段业务管理活动的合法性、适当性、有效性所进行的确认和评价活动。

第七十一条 建设工程项目审计的内容包括对建设工程项目投资立项、勘察设计、施工准备、施工过程、竣工验收等各阶段业务管理活动的审查和评价。

第七十二条 建设工程项目审计的目的是促进有效控制工程造价和有效改善建设工程管理,促进学校建设工程目标的实现。

第七十三条 开展建设工程项目审计,应根据重要性和成本效益原则,结合学校实际情况和内部审计资源状况,既可以进行工程项目全部阶段或环节的审计,也可以进行工程项目部分阶段或环节的审计。

第七十四条 建设工程项目审计应遵循以下原则和方法:

(一)事前审计、事中审计和事后审计相结合;

(二)技术经济审查与审计控制和审计评价相结合;

（三）以促进控制工程造价和规范工程管理为重点，并充分关注造价、工期、质量三者关系；

（四）注意与建设工程管理部门、工程监理机构、造价咨询机构的协调与沟通。

第七十五条 建设工程项目审计由内部审计机构独立实施，也可由内部审计机构委托具有相应资质的工程造价咨询机构实施。委托造价咨询机构应当按照国家或学校相关规定办理，委托费用按规定列入工程建设成本。

第二节 投资立项阶段的审计

第七十六条 投资立项阶段的审计主要是通过参与建设工程项目的立项论证过程、审查与评价拟上报的可行性研究报告或项目申请报告（实行核准制的非政府投资项目）的真实性、完整性，为领导层提供决策依据，规避投资风险，提高投资效益。

第七十七条 在投资立项阶段的审计中，应主要依据国家有关部门发布的《投资项目可行性研究指南》《教育部直属单位建设项目核准暂行办法》及地方政府相关规定，以及学校的事业发展规划、学科发展规划和校园建设总体规划。

第七十八条 投资立项阶段审计的主要内容：

（一）可行性研究前期工作的审查与评价。审计机构通过参与项目立项论证工作，分析拟建项目的建设规模、建设功能是否符合学校事业发展规划、学科发展规划和校园建设总体规划，选址是否合理，投资规模是否适度，有否超出学校财力的可支配能力。

（二）可行性研究报告或项目申请报告真实性的审查与评价。主要检查可行性研究报告或项目申请报告编制的依据是否真实；拟建项目建成后的经济、社会、办学效益分析是否客观、真实；投资估算是否准确，工程内容和费用是否齐全，建筑工程费、设备购置费、安装工程费以及其他建设费用和各类预备费的估算是否合理，与类似已建成项目比较是否存在建设标准过高导致浪费或估算偏低导致工程质量难以保证等问题；资金筹措的安排是否合理，投资计划安排是否得当，是否存在因资金不到位而导致工程建设风险等问题。

（三）可行性研究报告或项目申请报告完整性的审查与评价。主要检查可行性研究报告或项目申请报告是否具备国家有关部门发布的《投资项目可行性研究指南》《教育部直属单位建设项目核准暂行办法》或地方政府相关规定的内容；是否说明建设项目的目的、依据、与单位事业发展规划的关系；是否对资源的需求和经济、社会、办学效益做出分析等。

第三节 勘察设计阶段的审计

第七十九条 勘察设计阶段的审计主要是对工程项目建设过程中勘察、设计阶段各环节业务管理活动的真实、合法和效益进行的审查和评价，目的是提高勘察设计阶段内部控制及风险管理的适当性和有效性，保证勘察、设计资料的充分性和可靠性。

第八十条 勘察设计阶段审计应依据以下主要资料：

（一）经批准的可行性研究报告或经核准的项目申请报告及估算；
（二）概预算编制原则、计价依据等基础资料；
（三）勘察和设计招标投标资料；
（四）勘察和设计合同；
（五）初步设计审查会议纪要等相关文件；
（六）建设工程管理部门与勘察、设计商往来函件；
（七）经批准的初步设计文件及概算；
（八）施工图会审会议纪要等相关文件；
（九）经会审的施工图设计文件。

第八十一条 勘察设计阶段审计的主要内容：

（一）工程勘察的审查与评价

1. 委托勘察与招投标的审查与评价

（1）委托勘察的范围是否符合已报经批准的可行性研究报告或已核准的项目申请报告；

（2）是否采用招投标方式选择勘察单位，招标方式的选择是否合理，是否存在规避招投标等违规操作风险；

（3）招标文件的内容是否合法合规，是否完整、严密，是否全面准确地表述招标项目的实际状况和招标人的实质性要求；

（4）招投标的程序是否符合有关法规和制度的规定，是否存在因有意违反招投标程序而导致的串标风险；

（5）投标单位有无超越其资质等级范围或借其他勘察单位名义投标的情况；

（6）招投标结果是否符合规定，有无因选择勘察单位不当而导致的委托风险。

2. 勘察合同的审查与评价

（1）订立合同的主体是否合格；合同的内容是否合法合规，是否与招标文件规定的范围、内容、要求相符，是否存在有悖于招标文件实质性内容的情况；

（2）是否对勘察单位的服务项目、服务内容、服务质量等做出明确规定；

（3）勘察收费的计费依据、收费标准是否符合规定，计算是否正确，合同确定的勘察收费是否与中标报价相符，支付方式是否妥当；

（4）合同是否明确规定协作条款和违约责任条款。

（二）工程设计的审查与评价

1. 委托设计与招投标的审查与评价

（1）设计的范围是否符合已报经批准的可行性研究报告或已核准的项目申请报告；

（2）是否采取招投标方式选择设计单位，招标方式的选择是否合理，是否存在规避招投标等违规操作风险；

（3）招标文件的内容是否合法合规，是否完整、严密，是否全面准确地表述招标项目的实际状况和招标人的实质性要求；

（4）招投标的程序以及定标结果是否符合有关法规和制度规定。

2. 设计方案选定的审查与评价

（1）设计方案的选定是否符合规定程序，是否经过招标竞争或多方案评选优化确定；

（2）选定的设计方案是否符合可行性研究报告或项目申请报告确定的标准和规模；

（3）设计方案是否体现了经济合理、方案可行的要求。

3. 设计合同的审查与评价

（1）订立合同的主体是否合格；合同的内容是否合法合规，是否与招标文件规定的范围、内容、要求相符合，是否存在有悖于招标文件实质性内容的情况；

（2）是否对设计单位的服务项目、服务内容、服务质量等做出明确规定，特别是对限额设计是否做出具体规定；

（3）设计收费的计费依据、收费标准是否符合规定，计算是否正确；合同确定的设计收费是否与中标报价相符，支付方式是否妥当；

（4）合同是否明确规定协作条款和违约责任条款。

4. 初步设计和概算的审查与评价

（1）初步设计方案和概算是否符合经批准的可行性研究报告或核准的项目申请报告及估算；

（2）初步设计的项目是否齐全，是否采取限额设计、方案优化等控制工程造价的措施；

（3）初步设计是否实施了规范的内部审查程序，结果是否得到落实；

（4）概算编制是否准确，经济评价是否合理，方案比较是否全面；设备投资是否合理，主要设备价格是否符合当前市场价格；

（5）修正概算的依据是否有效，内容是否完整，数据是否准确，是否按规定办理相关审批手续；

（6）分析和评价初步设计完成时间及其对建设项目进度的影响。

5.施工图设计和预算的审查与评价

（1）施工图设计是否贯彻了限额设计的要求，是否按照批准的初步设计的原则、范围、内容、项目及投资额进行；

（2）施工图设计深度是否符合规定，有无因设计深度不足而造成投资失控的风险；

（3）施工图设计完成的时间及其对建设项目进度的影响，有无因设计图纸拖延交付而导致影响工程进度的风险；

（4）施工图预算是否符合经批准的初步设计方案、概算及标准，有无施工图预算超概算的情况；

（5）施工图交底、施工图会审的情况以及施工图会审后的修改情况。

第四节　施工准备阶段的审计

第八十二条　施工准备阶段的审计主要是对工程项目建设前期的征地、拆迁，组织施工、监理、设备材料采购的招投标以及合同管理等各环节业务管理活动的真实、合法和效益的审查与评价，目的是保证征地拆迁工作的合法性和适当性，促进招投标各环节的内部控制及风险管理的有效性，实现招投标程序及结果的真实、公正，保证工程发包和合同管理的合法、规范。

第八十三条　施工准备阶段审查与评价所依据的主要资料：

（一）征地、拆迁协议；

（二）招标文件和招标答疑文件；

（三）标底文件或施工图预算；

（四）投标文件和投标人资质证明文件；

（五）投标保函；

（六）评标记录和定标记录；

（七）中标通知书；

（八）专项合同书及其各项支撑材料等。

第八十四条　施工准备阶段审计的主要内容：

（一）征地、拆迁等的审查与评价

1.征地报批程序是否合法，征地协议内容是否合法合规，征地补偿费用是否经过行政主管部门审核，是否在规定时间内付款并及时得到被征用土地；

2.是否取得拆迁许可证，拆迁费用支出是否真实、合理；

3.现场"三通一平"、相邻建筑物保护等费用支出是否真实、合理。

（二）招投标的审查与评价

1.施工招投标的审查与评价

（1）招投标前准备工作的审查与评价。主要检查招标项目是否具备相关法规和制度中规定的必要条件，招投标的程序和方式是否符合有关法规和制度的规定；是否存在人为肢解工程项目、规避招投标等违规操作风险；标段的划分是否适当，有否标段划分过细增加工程和管理成本的问题。

（2）招标文件的审查与评价。主要检查招标文件的内容是否合法合规，是否完整、严密，是否全面准确地表述招标项目的实际状况和招标人的实质性要求。

（3）标底文件的审查与评价。采取工程量清单报价方式时，是否按《建设工程工程量清单计价规范》的规定编制，分部分项工程量及项目特征描述是否准确，有否漏、错，综合单价计算是否合理、准确；采取施工图预算报价方式时，检查其编制依据是否有效、内容是否完整，重点检查工程量计算、单价套用、费用和利润及税金计取是否合理、准确。

（4）开标、评标、定标的审查与评价。主要检查开标程序是否合规；评标时是否对投标人投标策略进行评估，是否对投标报价的合理性和完整性进行分析和比较，定标程序及结果是否符合规定。

2.监理招投标的审查与评价

（1）招标文件内容是否合法合规，是否全面准确表述招标人的实质性要求；

（2）开标程序是否符合相关法规和制度的规定，评标标准是否公正，定标的程序及结果是否符合规定。

3.主要材料和设备招投标的审查与评价

（1）招标文件的内容是否合法合规，是否全面准确地表述招标项目的基本要求，招标材料、设备的清单和技术要求是否齐全；

（2）开标程序是否符合相关法规和制度的规定，评标标准是否公正，是否受设计单位推荐厂家意见的限制；

（3）投标单位对其内容澄清解释时是否对投标内容做实质性修改，澄清解释内容是否真实、合理；

（4）定标的程序及结果是否符合规定。

4.分包工程招投标的审查与评价

（1）招标文件的内容是否合法合规，是否全面准确地表述招标项目的实际状况和招标人的实质性要求；

（2）总包单位是否有意违反招投标程序，恶意串标欺骗建设单位；

（3）评标标准是否公正，定标的程序及结果是否符合规定。

（三）合同的审查与评价

1.合同通用内容的审查与评价

（1）订立合同的主体是否合格，合同内容是否符合相关法律和法规的规定，是否与招标文件的要求相符合；

（2）合同条款是否全面、合理，有无遗漏关键性内容，有无不合理的限制性条件；

（3）合同是否明确规定当事人双方的权利和义务；

（4）合同是否存在损害国家、集体或第三者利益等导致合同无效的风险。

2.合同其他内容的审查与评价

（1）施工合同的审查与评价。主要检查合同是否明确规定工程承包范围、工期、质量等，是否与投标承诺一致；合同工程造价计价原则、计费标准及其确定办法是否合理；合同是否明确规定设备和材料供应的责任及其质量标准、检验方法；合同规定的付款和结算方式是否合适，质量保证期是否符合有关规定；合同所规定的双方权利和义务是否对等，有无明确的协作条款和违约责任。

（2）监理合同的审查与评价。主要检查监理单位的资质与工程项目的建设规模是否相符；监理的业务范围、责任及应提供的工程资料和时间要求是否明确；监理报酬的计算方法和支付方式是否符合有关规定；有无明确的协作条款和违约责任。

（3）主要材料和设备合同的审查与评价。主要检查材料和设备的规格、品种、质量、数量、单价、结算方式、运输方式、交货地点、期限、总价和违约责任等条款是否齐全；新材料、新型设备的价格是否合理，专利权是否真实；检查采购合同与财务结算、计划、设计、施工、工程造价等各个环节是否存在脱节的问题。

（4）分包工程合同的审查与评价。主要检查合同是否明确规定工程范围、内容、工期和质量标准；工程计价原则、计费标准及其确定办法是否合理；分包工程中间验收、交工验收是否符合有关规定；合同规定的付款和结算方式是否合适；分包工程质量保证期是否符合有关规定；所规定的双方权利和义务是否对等，有无明确的协作条款和违约责任。

第五节 施工阶段的审计

第八十五条 施工阶段的审计主要是对建设工程项目实施过程中隐蔽工程的勘验、主要材料及设备的价格确认、工程进度款的拨付、设计变更和施工签证的认定以及索赔事项的核实等各环节业务管理活动的真实、合法和效益进行的审查和评价，目的是促进施工过程规范管理，有效控制工程造价。

第八十六条 施工阶段审查与评价所依据的主要资料：

（一）施工图纸；

（二）招标文件、招标答疑文件及投标文件；

（三）与工程相关的专项合同；

（四）设计变更、工程签证的相关资料；

（五）相关会议纪要等。

第八十七条 施工阶段审计的主要内容：

（一）主要隐蔽工程勘验的审查与评价

1. 主要隐蔽工程及其勘验的审查与评价的主要内容：检查综合单价中的项目特征、工作内容是否发生改变，实际施工是否与图纸或变更相一致。

2. 主要隐蔽工程的勘验应由建设工程管理部门、施工单位、监理单位和审计机构参加，未经审计机构参与验收的工程应不予审计和增加费用；勘验不合格的项目审计机构应及时建议建设工程管理部门妥善处理，并明确划分相关责任。

（二）主要材料及设备价格确认的审查与评价

主要材料及设备价格确认的审查与评价的主要内容：

1. 投标文件中对主要材料和设备已明确"厂家、规格、单价"的，进场使用前应由建设工程管理部门、监理单位和审计机构确认。"厂家、规格"与投标文件不同时，经建设工程管理部门、监理单位和审计机构确认和同意使用后，重新确认单价；

2. 投标文件中对主要材料和设备没有明确"厂家、规格"，但材料单价已明确的，进场使用前应由施工单位提供"厂家、规格、单价"，建设工程管理部门、监理单位和审计机构共同对"厂家、规格、单价"进行核实，如果实际价格低于投标价格较多的，应与施工单位共同定价和洽商确认；

3. 招标文件中规定暂估价的主要材料、设备，应由建设工程管理部门按有关规定组织招标；不须招标的应由建设工程管理部门和审计机构分别询价后共同确定；

4. 主要材料及设备在进场使用和安装前，建设工程管理部门、监理单位和审计机构应进行验收。

（三）工程进度款支付的审查与评价

1. 工程进度款支付的审查与评价的主要内容：

（1）工程实际进度与计划进度的偏差，分析由此对工程造价和工期的影响；

（2）施工单位填报并经建设工程管理部门审核后的月度工程价款结算书是否真实、准确，是否与实际完成的工程量相符；

（3）检查工程设计变更和施工签证的真实性，并审核计价方式是否与投标报价一致，当实物工程量与施工图纸不符、施工项目与施工合同不符、施工材料发生变化时，应在洽商基础上对工程进度款进行据实调整。

2. 未经审计机构审核认定的月度工程价款结算书，应不予支付工程进度款。

（四）设计变更和施工签证的审查与评价

1. 设计变更和施工签证审查与评价的主要内容是：

（1）设计变更的程序是否合理、合规，分析变更理由是否充分；对施工单位提出的变更应严格审查，防止施工单位利用变更增加工程造价；对设计单位提出的设计变更应进行分析，属于设计粗糙、错误等原因造成的变更应提出索赔；对建设单位提出的工程变更，应分析变更的理由是否充分，并对不同的变更方案进行测算和筛选，为领导决策提供依据。

（2）检查设计变更的真实性，分析设计变更对工程造价的影响；对工程量清单报价工程，合同中有相同或类似于变更子目的综合单价，按合同中单价执行；合同中没有的价格按招标文件及合同约定执行；只是项目用料（包括规格）改变时按相似或相近项目的综合单价进行换算，且只计算主要材料价差；对综合单价中的项目特征、工作内容发生改变的，应相应调整其单价。

（3）施工签证的发生是否真实，是否为施工图预算或工程量清单中未包括的内容；施工签证反映的事项是否准确，涉及工程量核算的计算式及图纸是否完整；施工签证内容是否规范，是否存在既签量又签价、既签量又签消耗、既签单价又签总价的问题。

2. 凡涉及费用变动的设计变更、施工签证，审计机构应及时核实和确认，对未经审计机构核实和确认的设计变更和施工签证，应不予增加工程费用。

（五）索赔费用的审查与评价

1. 索赔费用的审查与评价的主要内容：

（1）施工单位提出的索赔事项是否真实，是否实际发生；索赔的内容是否准确，责任是否划分清楚；索赔的程序是否规范；

（2）索赔的证据是否真实，各类索赔费用的计算是否准确，依据是否充分。

2. 对未经审计机构审核确认的索赔事项，应不予办理索赔款项的支付。

3. 对由于施工单位、设计单位的过失造成的工期延误及费用的增加，审计机构应向建设工程管理部门提出赔偿的建议和依据。

第八十八条 审计机构应根据施工阶段审计中发现的工程施工和工程管理中存在的主要问题，及时与建设工程管理部门、监理单位等进行沟通，定期或不定期地出具审计报告，提出加强和改进管理的意见与建议。

第六节 竣工验收阶段的审计

第八十九条 竣工验收阶段的审计主要是对建设工程项目的合同履行、工程结算以及工程项目决算等各环节业务管理活动的真实、合法和效益进行的审查和评价，目的是保证工程项目结算和决算的真实、完整、准确，防止虚列工程、套取资金、弄虚作假、高估冒算等行为的发生，促进合同的有效执行，维护学校的合法权益。

第九十条 竣工验收阶段审计依据的主要资料：

（一）经批准的可行性研究报告；

（二）勘察合同和勘察报告；

（三）设计合同和施工图、竣工图；

（四）有关管理部门审批、修改、调整的相关文件；

（五）招标文件、投标文件、中标通知书；

（六）各类施工合同和材料采购合同；

（七）施工图交底和会审会议纪要；

（八）设计变更、施工签证；

（九）工程价款支付文件

（十）工程索赔文件；

（十一）工程结算书及相关资料。

第九十一条 竣工验收阶段审计的主要内容：

（一）工程结算的审查与评价

1.工程结算的编制依据是否有效，内容是否完整；

2.工程结算的方式是否正确，是否符合合同的约定；

3.检查工程设计变更、施工签证内容是否真实，手续是否齐全，资料是否符合要求；

4.检查工程设计变更、施工签证的结算增减项目及工程量计算是否准确，是否存在工程项目和工程量只增不减从而提高工程造价的风险；

5.检查工程设计变更、施工签证的结算项目单价是否准确、合理，合同中有相应单价的，应执行相应的单价；合同中没有相应单价的，应参照相似或相近项目单价进行调整；合同中没有相似或相近项目单价的，应重新确定项目单价；

6.检查工程设计变更、施工签证的取费标准是否准确，是否与合同相符；

7.检查合同报价中未做项目是否已做减项处理，计算是否准确；材料价差的调整是否合理。

（二）合同履行、变更和终止的审查与评价

1.合同履行。主要检查是否全面、真实地履行合同，合同履行中的差异及产生差异的原因是否合理、合规，有无违约行为及其处理结果是否符合有关规定。

2.合同变更。主要检查合同变更的原因是否真实，合同变更的程序是否合规，索赔及反索赔的处理是否合理、合规；检查合同变更对成本、工期及其他合同条款影响的处理是否合理；合同变更后的文件处理有无影响合同继续生效的漏洞。

3.合同终止。主要检查终止合同是否经过确认和验收；检查最终合同费用及其支付情况；检查索赔及反索赔的处理是否合理、合规，是否符合合同的有关规定。

（三）工程竣工财务决算的审查与评价

1.竣工财务决算报表的审查与评价。主要检查竣工财务决算报表的填制是否齐全并符合钩稽关系要求，账表是否一致；检查决算说明书反映的数据和情况是否真实、准确，有无将不具备竣工决算编制条件的建设工程项目提前或强行编制竣工财务决算的问题。

2.项目投资计划执行情况的审查与评价。主要检查各种资金渠道投入的实际金额，有无建设资金不到位问题，分析资金不到位的原因及其影响；核实计划总投资和实际投资完成额，重点检查投资计划调整是否合规，决算的建筑安装工程投资、设备投资、其他投资的核算是否真实，待摊投资支出内容和分摊办法是否合规；分析工程项目完成投资是否超概算，如有超概算的情况应核实其金额并分析产生的原因。

3. 交付使用资产的审查与评价。主要检查交付的资产是否符合交付条件，移交手续是否齐全、合规，有无资产流失问题；检查交付使用资产的核算是否准确。

4. 结余资金的审查与评价。主要检查建设工程项目结余资金及剩余材料、设备等物资的真实性和处置情况，包括核实库存设备、专用材料账实是否相符；银行存款余额是否与银行对账单余额相符，库存现金数额是否与现金日记账账面余额相符，有无"白条"抵库现象；检查应收、应付款项的真实性，债权债务是否及时进行清理，有无虚列往来账隐瞒、转移、挪用结余资金的行为；是否按合同规定预留了承包商在工程质量保证期间的保证金。

5. 按照国家（地方）有关规定，建设工程项目竣工财务决算需委托社会中介机构进行审核的，应由审计机构委托。

第九十二条　审计机构应根据建设工程项目全过程审计的实施情况，对工程建设各阶段的管理情况及其结果进行分析和评价，并出具审计报告。分析和评价的主要内容：

（一）建设项目的实际效益与项目立项决策阶段预测的效益是否存在偏差，分析产生偏差的原因。

（二）勘察工作的深度及其成果是否满足设计、施工的技术要求；设计周期和供图进度是否符合合同规定的要求，设计质量是否满足工程建设的要求，有无因设计深度不够或设计差错造成工期延长、投资增加及损失浪费的情况。

（三）建设工程项目的工期目标是否控制在规定的范围内，实际建设工期与计划工期是否存在偏差，分析偏差的程度和产生偏差的原因；建设工程质量是否达到合同规定的要求。

（四）建设工程项目的工程决（结）算造价是否控制在概（预）算范围内，工程决（结）算造价的构成是否与概（预）算相符，有无存在结构上的变化；分析工程决（结）算造价与概（预）算之间的差异程度及其产生的原因。

（五）对工程建设过程中各阶段内部管理的规范性和内部控制的有效性进行分析和评价，找出内部管理和内部控制中的薄弱环节，提出加强和完善管理的意见与建议。

第五章　领导干部经济责任审计

第一节　一般原则

第九十三条　本指南所称领导干部经济责任是指领导干部任职期间对其所在部门、单位财务收支以及有关经济活动真实性、合法性和效益性应当负有的责任。

本指南所称领导干部经济责任审计是指高校内部审计机构通过对学校内部领导干部所在部门、单位财务收支以及相关经济活动的审计，鉴证和评价领导干部经济责任履行情况的行为。

第九十四条　高校的领导干部任期届满，或者任期内办理调任、转任、轮岗、免职、辞职、退休等事项前，应当接受经济责任审计。遇有特殊情况，需要离任后审计、暂缓审计或在任期内审计的，由干部管理和监督部门提出意见，报请学校主管领导批准后执行。

第九十五条　高校的领导干部经济责任审计工作根据干部管理部门的委托，一般由内部审计机构组织实施。如需委托社会审计机构实施，应由内部审计机构办理委托事宜。校级领导干部的经济责任审计由上级干部主管部门组织实施。

第九十六条　高校应建立经济责任审计联席会议制度，联席会议一般由组织、人事、纪检、监察、审计等部门组成。

联席会议的主要职责一般包括：

（一）制定年度经济责任审计计划；
（二）指导、检查、协调本单位的经济责任审计工作；
（三）交流和通报经济责任审计情况；
（四）研究、解决经济责任审计中的困难与问题；
（五）其他相关职责。

第二节 经济责任审计的计划、立项和实施

第九十七条 高校的内部审计机构应当制定年度经济责任审计计划。经济责任审计计划应按以下程序制定：

（一）每年年底，由组织、人事、纪检、监察等有关部门向联席会议提出下一年度经济责任审计项目初步意见；

（二）召开经济责任审计工作联席会议，根据有关部门提出的下一年度经济责任审计项目的初步意见，拟定经济责任审计计划；

（三）经济责任审计计划经学校主管领导（或经济责任审计工作领导小组）同意后，以联席会议文件的形式加以确定，列入内部审计机构的审计工作计划；

（四）干部管理部门根据确定的审计工作计划以书面形式委托内部审计机构实施经济责任审计。

第九十八条 下列无法正常实施经济责任审计的情况，一般不安排经济责任审计：

（一）领导干部任职的单位已被撤并，有关当事人已经无法找到的；
（二）领导干部已定居国外或死亡的；
（三）领导干部已离开任职岗位二年以上的；
（四）领导干部已被纪检监察部门或司法部门立案调查的；
（五）领导干部已被提拔或任用到可能影响经济责任审计公正进行的岗位的；
（六）其他不宜安排经济责任审计的情况。

第九十九条 审计机构对领导干部进行经济责任审计，应当按照干部管理部门的委托进行。经济责任审计委托书的内容主要包括：

（一）委托审计的领导干部姓名及简要情况；
（二）被审计领导干部所在单位的名称及简要情况；
（三）审计期间；
（四）审计范围；
（五）审计重点或应当关注的有关事项；
（六）审计时限；
（七）其他有关事项。

第一百条 审计机构按照干部管理部门的委托进行立项，没有特殊情况，不应变更或调整。因特殊情况确实需要调整时，应经委托部门核准。

第一百零一条 经济责任审计立项后，审计机构应当根据审计工作量和实际工作的需要，安排与审计任务相适应的审计人员组成审计组，并指定审计组组长，明确审计人员分工。审计组实行组长负责制。

第一百零二条 实施经济责任审计的程序主要包括：

（一）进行审前调查；
（二）编制项目审计实施方案；
（三）送达审计通知书；
（四）实施经济责任审计；

（五）起草审计报告并征求被审计领导干部所在部门、单位和被审计领导干部本人的意见；

（六）出具审计结果报告等文书。

第一百零三条 审计组在编制审计实施方案前，应当进行审前调查，了解被审计领导干部所在部门、单位和被审计领导干部的基本情况。审前调查可以采取召开座谈会、实地考察、查阅档案、收集资料等多种方式进行。编制审计实施方案应当根据重要性和谨慎性原则，在评估审计风险的基础上，围绕审计目标确定审计的范围、内容、步骤和方法。

审计实施方案应明确的内容是：编制的依据、被审计领导干部所在部门、单位的名称和基本情况、审计目标、审计的范围以及内容和重点、审计要求、审计方式、延伸审计单位、预定的审计工作起止日期、审计组组长和审计组成员及分工、编制的日期及其他有关内容。

第一百零四条 在审计组实施审计前，应当要求被审计领导干部及其所在部门、单位对所提供的与审计事项有关的资料的真实性、完整性作出书面承诺。

第一百零五条 审计组在实施审计工作前应召开进点会。审计进点会一般由经济责任审计委托部门和审计部门联合召开，通报审计工作具体安排和要求。

经济责任审计进点会议一般由下列人员参加：

（一）经济责任审计委托部门的有关人员以及审计组成员；

（二）被审计的领导干部及相关的领导班子成员。如果被审计的领导干部已经离职，被审计单位的现任领导干部应参加进点会；

（三）被审计领导干部所在部门、单位内部相关部门负责人和财务人员；

（四）审计组或被审计领导干部认为需要参加会议的其他人员。

第一百零六条 审计组应当要求被审计领导干部提交任职期间履行经济管理职责情况的书面材料，并于审计工作开始后5日内送交审计组。

书面材料的内容主要包括：

（一）被审计领导干部经济管理职责范围和分工；

（二）与目标责任制有关的各项经济指标完成情况；

（三）利用资源开展业务的效益、效果情况；

（四）重大经济决策及相关项目情况；

（五）国有资产的安全完整情况；

（六）部门、单位内部控制制度的建立、健全及其执行情况；

（七）部门、单位及本人遵守国家财经法规和领导干部廉政规定的情况；

（八）本人认为在经济责任方面存在的问题及建议；

（九）需要说明的其他情况。

第一百零七条 在经济责任审计过程中，审计人员还可以运用以下审计方法收集了解有关情况：

（一）查阅党委、行政及有关部门与审计事项相关的文件、会议记录、纪要、函件、通知等相关资料；

（二）分别与副职、教职工代表及相关人员进行个别谈话，广泛听取他们对被审计领导干部的反映和评价；

（三）召开教职工座谈会，听取对被审计领导干部的评价，并了解有关情况；

（四）对领导干部进行民主测评，就领导干部经济责任审计内容中的有关问题，以问卷的形式进行审计调查。

第三节 经济责任审计的内容

第一百零八条 高校领导干部经济责任审计的内容应根据被审计领导干部的岗位职责等情况确定。

（一）高校财务部门负责人经济责任审计的主要内容：

1. 是否依法依规履行经济管理职责，经济责任目标的完成情况；
2. 内部控制是否健全、合理、有效；
3. 是否根据国家政策和财经法规，制定、完善和实施经济政策、财务制度，明确财务管理的主要任务，规范校内经济秩序；
4. 是否根据《预算法》《高校财务制度》的要求编制学校年度财务预算方案，并严格按照国家有关政策规定依法组织收入，控制、监督支出；
5. 是否按《会计法》要求，对有关经济业务事项进行会计核算，财务报告及有关的会计账簿、会计凭证等会计资料是否完整、真实、合法；
6. 专项资金是否专款专用、专项核算；
7. 资金管理是否符合规定，有无乱设银行账户，出租、出借银行账户，现金、转账支票、本票、汇票管理是否安全、合规，筹资、融资、投资活动是否按规定办理；
8. 是否及时清理应收和预付款，对长期应收、预付款项是否督促有关部门查明原因，分清责任，及时处理；
9. 重大经济决策是否按规定程序进行，效果如何，有无重大失误；
10. 是否配合资产管理部门做好资产管理工作，定期核对账目，督促有关部门完善固定资产管理制度；
11. 单位各类资产是否安全完整，使用效益如何；
12. 有无账外账、私设"小金库"问题；
13. 债权、债务是否清楚，有无纠纷和遗留问题；
14. 单位和本人遵守财经法规、财务制度以及廉政规定的情况；
15. 委托部门或审计机构认为需要审计的其他事项。

（二）高校资产管理部门负责人经济责任审计的主要内容：

1. 是否依法依规履行经济管理职责，经济责任目标的完成情况；
2. 财经管理制度和内部控制是否健全、有效，是否建立健全设备的购置、领用、使用、保管、修理、转让、投资、报废、清查等制度，是否定期检查设备使用效益；
3. 重大经济决策是否按规定程序进行，效果如何，有无重大失误；
4. 是否按规定定期进行全面的资产清查盘点，账、卡、物是否相符，是否定期与财务部门对账；
5. 预算经费的使用是否符合国家财经法规和学校制度；
6. 债权、债务是否清楚，有无经济纠纷和遗留问题；
7. 设备处理收入及其他收入是否按规定入账，有无账外账、私设"小金库"问题；
8. 单位和本人是遵守财经法规、财务制度以及廉政规定的情况；
9. 委托部门或审计机构认为需要审计的其他事项。

（三）高校建设工程管理部门负责人经济责任审计的主要内容：

1. 是否依法依规履行经济管理职责，经济责任目标的完成情况；
2. 内部管理制度和内部控制是否健全、有效；
3. 建设工程项目是否纳入计划管理，是否按批准的建设工程项目计划和建设工程投资计划组织开展基本建设工作，有无计划外工程项目和超计划工程项目，有无自行改变批建设项目或扩大建筑面积、提高建筑标准等问题；

4. 建设工程经费是否落实，资金来源是否真实、合法；

5. 工程招标、对外签订承包合同及建设工程材料物资采购合同等是否符合规定程序，手续是否完备、合法，合同协议的执行情况如何；

6. 设计变更、施工签证是否真实；

7. 建设工程经费管理和使用是否符合规定，有无截留、挪用等问题，经费使用效益如何；财务决算报表是否真实、合法；有无超预（概）算工程项目和长期未完工项目；竣工项目是否按期交付使用，并办理相关手续；

8. 工程竣工决算是否真实、合法，是否经过审计后结算工程款；

9. 各项收支是否纳入学校财务部门管理和核算，有无账外账、私设"小金库"问题；

10. 重大经济决策是否按规定程序进行，效果如何，有无重大失误；

11. 债权、债务是否清楚，有无经济纠纷和遗留问题；

12. 单位各类资产是否安全完整，使用效益如何；

13. 单位和本人遵守财经法规、财务制度以及廉政规定的情况；

14. 委托部门或审计机构认为需要审计的其他事项。

（四）高校院、系、所、中心等负责人经济责任审计的主要内容：

1. 是否依法依规履行经济管理职责，经济责任目标的完成情况；

2. 财经管理制度和内部控制制度是否健全、有效；

3. 各项收入是否全部纳入财务部门管理和核算，有无截留收入、公款私存、私设"小金库"等问题；各项支出是否真实、合法，效益如何，有无损失浪费；

4. 重大经济决策是否按规定程序进行，效果如何，有无重大失误；

5. 单位各类资产是否安全完整，使用效益如何；

6. 单位和本人遵守财经法规、财务制度以及廉政规定的情况；

7. 委托部门或审计机构认为需要审计的其他事项。

（五）附属中、小学校长经济责任审计的主要内容：

1. 是否依法履行经济管理职责，经济责任目标是否完成；

2. 财经管理制度和内部控制制度是否健全、有效；

3. 是否按《会计法》要求，对有关经济业务事项进行会计核算，财务报告及有关的会计账簿、会计凭证等会计资料是否完整、真实、合法。

4. 预算经费的使用是否符合国家的财经法规和财务管理制度；

5. 各项经费收支是否真实、合法，各项收费是否符合规定，是否及时、足额纳入财务部门管理和核算，有无账外账、私设"小金库"问题；

6. 经济决策是否按规定程序进行，效益如何，有无重大失误；

7. 单位各类资产是否安全完整，使用效益如何；

8. 债权、债务是否清楚，有无经济纠纷和遗留问题；

9. 单位和本人遵守财经法规、财务制度以及廉政规定的情况；

10. 委托部门或审计机构认为需要审计的其他事项。

（六）高校其他部门或单位负责人经济责任审计可参照上述审计内容实施。

第四节　经济责任审计的评价

第一百零九条　对领导干部经济责任审计，应通过对其所在部门、单位的财务收支以及有关经济活动真实性、合法性和效益性的审计，对其经济责任履行的情况进行综合评价。审计评价应遵循"依法评价、实事求是、客观公正"的基本原则。

第一百一十条 经济责任审计评价的方法主要有：

（一）业绩比较法。包括纵向比较法（即上任时与离任时业绩比较或先确定比较基期再将比较期与之对比的方法）和横向比较法（即将相关业绩与同行业一般状况进行比较的方法）。

（二）量化指标法。即运用能够反映领导干部履行经济责任情况的相关经济指标，分析其完成情况来评价相关经济责任的方法。

（三）环境分析法。将领导干部履行其经济责任的行为放入相关的社会政治、经济环境中加以分析，作出实事求是的客观评价。

（四）主客观因素分析法。即对具体行为或事项进行主客观分析，推究其具体的主客观成因，分析该具体行为或事项是成因于领导干部主观过错或主观创造力，还是成因于客观因素的影响，进而作出审计评价。

（五）责任区分法。包括区分现任责任与前任责任、个人责任与集体责任、主管责任与直接责任、管理责任与领导责任等，正确区分不同责任之间的界限和不同责任人之间的界限，使审计评价做到责任清楚、明确。

第一百一十一条 领导干部任职期间对其所在部门、单位有关经济活动应当负有的责任包括直接责任和主管责任，主管责任又包括管理责任和领导责任，在进行审计评价时应当加以区分。

（一）直接责任

直接责任是指领导干部对其任职期间的下列行为应当负有的责任：

1.直接违反国家财经法规的行为；

2.授意、指使、强令、纵容、包庇下属人员违反国家财经法规的行为；

3.失职、渎职的行为；

4.其他违反国家财经纪律的行为。

（二）主管责任

主管责任是指领导干部在其任职期间基于其特定的职责而应当负有的除直接责任以外的管理责任和领导责任。

管理责任是指领导干部基于所在部门、单位管理的内部分工而由自己负责管理的事项，进而应负有的相关经济责任。

领导责任即指虽然领导干部按所在部门、单位管理的内部分工没有直接管理有关部门或事项，但由于该单位的所有行为都在其职责范围内，进而应负有的相关经济责任。

第一百一十二条 对被审计领导干部所在部门、单位财务收支真实性、合法性确认和评价：

（一）被审计领导干部所在部门、单位提供的会计资料数据与审计后的认定数据相符，可视为会计资料真实地反映了被审计领导干部所在部门、单位财务收支情况；凡未发现财务收支方面违规事实的，则认定被审计领导干部所在部门、单位财务收支符合财经法规的规定。

（二）被审计领导干部所在部门、单位提供的会计资料数据与审计后的认定数据基本相符，可视为被审计领导干部所在部门、单位提供的会计资料基本真实地反映了财务收支情况；凡财务收支方面有违规事实，但数额较小，情节轻微的，应当揭示违规事实，认定被审计领导干部所在部门、单位财务收支基本符合财经法规的规定，但有一定的违规行为。

（三）被审计领导干部所在部门、单位提供的会计资料数据与审计认定的数据差距较大，可视为被审计领导干部所在部门、单位提供的会计资料未能真实地反映财务收支情况；

凡财务收支方面有违规事实的，应当揭示违规事实，视违规行为的情节轻重，认定被审计领导干部所在部门、单位有违反财经法规的行为或严重违反财经法规的行为。

第一百一十三条 采用定量评价方法时，可以参考以下指标：

（一）预算收入完成率

（二）预算支出完成率

（三）收入结余率

（四）人员经费支出比率

（五）公用经费支出比率

（六）资产增长率

（七）负债增长率

（八）净资产（所有者权益）增长率

（九）资产负债率

（十）上缴款项完成率

（十一）科研经费收入年均增长率

（十二）基本建设投资计划完成率

（十三）固定资产交付使用率

（十四）在建工程资金占用率

（十五）工程结算审计审减率

（十六）学生人均经费支出额

（十七）师生比

（十八）长期投资收益率

（十九）暂付款占全部流动资产比率

（二十）违规资金比率

第五节 经济责任审计的结果

第一百一十四条 经济责任审计事项终结后，审计机构应出具审计报告。经济责任审计报告应包含以下主要内容：

（一）实施该经济责任审计项目的法律法规依据和委托、授权依据；

（二）被审计领导干部的职责范围等基本情况，被审计领导干部所在部门、单位的经济性质、管理体制、财务隶属关系等；

（三）被审计领导干部所在部门、单位财务状况，各项工作目标、任务完成情况等；

（四）审计发现的被审计领导干部及所在部门、单位违反财经法规和领导干部廉政规定的主要问题；

（五）对被审计领导干部所在部门、单位财务收支等有关经济活动的真实、合法、效益情况的评价，以及被审计领导干部对审计发现的违反财经法规和廉政规定的问题应当负有的主管责任和直接责任；

（六）对被审计领导干部及所在部门、单位违反财经法规问题的定性、处理、处罚意见及依据，有关改进建议；

（七）需要反映的其他情况。

第一百一十五条 审计机构审定审计报告后，应当向委托部门提交经济责任审计结果报告。

第一百一十六条 审计机构对领导干部及所在部门、单位违反国家财经法规和廉政规定，认为需要依法予以处理、处罚的，应在职权范围内作出处理决定；认为需要依法给予党纪政纪处分的，应移交干部管理和监督部门处理；认为触犯刑律应当追究法律责任的，应建议移交司法机关处理。

第一百一十七条 审计机构应建立被审计领导干部所在部门、单位的基本情况数据库，确定领导干部新任期的基期数据，有利于对下一任期经济责任审计工作的开展，同时也为相关审计事项提供基础性审计资料。

第六章 附　　则

第一百一十八条 本指南由中国内部审计协会发布并负责解释。

第一百一十九条 本指南自2009年9月1日起施行。

审计署关于内部审计工作的规定

（审计署令第11号，2018年1月12日）

第一章 总　　则

第一条 为了加强内部审计工作，建立健全内部审计制度，提升内部审计工作质量，充分发挥内部审计作用，根据《中华人民共和国审计法》《中华人民共和国审计法实施条例》以及国家其他有关规定，制定本规定。

第二条 依法属于审计机关审计监督对象的单位（以下统称单位）的内部审计工作，以及审计机关对单位内部审计工作的业务指导和监督，适用本规定。

第三条 本规定所称内部审计，是指对本单位及所属单位财政财务收支、经济活动、内部控制、风险管理实施独立、客观的监督、评价和建议，以促进单位完善治理、实现目标的活动。

第四条 单位应当依照有关法律法规、本规定和内部审计职业规范，结合本单位实际情况，建立健全内部审计制度，明确内部审计工作的领导体制、职责权限、人员配备、经费保障、审计结果运用和责任追究等。

第五条 内部审计机构和内部审计人员从事内部审计工作，应当严格遵守有关法律法规、本规定和内部审计职业规范，忠于职守，做到独立、客观、公正、保密。

内部审计机构和内部审计人员不得参与可能影响独立、客观履行审计职责的工作。

第二章　内部审计机构和人员管理

第六条 国家机关、事业单位、社会团体等单位的内部审计机构或者履行内部审计职责的内设机构，应当在本单位党组织、主要负责人的直接领导下开展内部审计工作，向其负责并报告工作。

国有企业内部审计机构或者履行内部审计职责的内设机构应当在企业党组织、董事会（或者主要负责人）直接领导下开展内部审计工作，向其负责并报告工作。国有企业应当按照有关规定建立总审计师制度。总审计师协助党组织、董事会（或者主要负责人）管理内部审计工作。

第七条 内部审计人员应当具备从事审计工作所需要的专业能力。单位应当严格内部审计人员录用标准，支持和保障内部审计机构通过多种途径开展继续教育，提高内部审计人员的职业胜任能力。

内部审计机构负责人应当具备审计、会计、经济、法律或者管理等工作背景。

第八条 内部审计机构应当根据工作需要，合理配备内部审计人员。除涉密事项外，可以根据内部审计工作需要向社会购买审计服务，并对采用的审计结果负责。

第九条 单位应当保障内部审计机构和内部审计人员依法依规独立履行职责，任何单位和个人不得打击报复。

第十条 内部审计机构履行内部审计职责所需经费，应当列入本单位预算。

第十一条 对忠于职守、坚持原则、认真履职、成绩显著的内部审计人员，由所在单位予以表彰。

第三章 内部审计职责权限和程序

第十二条 内部审计机构或者履行内部审计职责的内设机构应当按照国家有关规定和本单位的要求，履行下列职责：

（一）对本单位及所属单位贯彻落实国家重大政策措施情况进行审计；

（二）对本单位及所属单位发展规划、战略决策、重大措施以及年度业务计划执行情况进行审计；

（三）对本单位及所属单位财政财务收支进行审计；

（四）对本单位及所属单位固定资产投资项目进行审计；

（五）对本单位及所属单位的自然资源资产管理和生态环境保护责任的履行情况进行审计；

（六）对本单位及所属单位的境外机构、境外资产和境外经济活动进行审计；

（七）对本单位及所属单位经济管理和效益情况进行审计；

（八）对本单位及所属单位内部控制及风险管理情况进行审计；

（九）对本单位内部管理的领导人员履行经济责任情况进行审计；

（十）协助本单位主要负责人督促落实审计发现问题的整改工作；

（十一）对本单位所属单位的内部审计工作进行指导、监督和管理；

（十二）国家有关规定和本单位要求办理的其他事项。

第十三条 内部审计机构或者履行内部审计职责的内设机构应有下列权限：

（一）要求被审计单位按时报送发展规划、战略决策、重大措施、内部控制、风险管理、财政财务收支等有关资料（含相关电子数据，下同），以及必要的计算机技术文档；

（二）参加单位有关会议，召开与审计事项有关的会议；

（三）参与研究制定有关的规章制度，提出制定内部审计规章制度的建议；

（四）检查有关财政财务收支、经济活动、内部控制、风险管理的资料、文件和现场勘察实物；

（五）检查有关计算机系统及其电子数据和资料；

（六）就审计事项中的有关问题，向有关单位和个人开展调查和询问，取得相关证明材料；

（七）对正在进行的严重违法违规、严重损失浪费行为及时向单位主要负责人报告，经同意作出临时制止决定；

（八）对可能转移、隐匿、篡改、毁弃会计凭证、会计账簿、会计报表以及与经济活动有关的资料，经批准，有权予以暂时封存；

（九）提出纠正、处理违法违规行为的意见和改进管理、提高绩效的建议；

（十）对违法违规和造成损失浪费的被审计单位和人员，给予通报批评或者提出追究责任的建议；

（十一）对严格遵守财经法规、经济效益显著、贡献突出的被审计单位和个人，可以向单位党组织、董事会（或者主要负责人）提出表彰建议。

第十四条 单位党组织、董事会（或者主要负责人）应当定期听取内部审计工作汇报，加强对内部审计工作规划、年度审计计划、审计质量控制、问题整改和队伍建设等重要事项的管理。

第十五条 下属单位、分支机构较多或者实行系统垂直管理的单位，其内部审计机构应当对全系统的内部审计工作进行指导和监督。系统内各单位的内部审计结果和发现的重大违纪违法问题线索，在向本单位党组织、董事会（或者主要负责人）报告的同时，应当及时向上一级单位的内部审计机构报告。

单位应当将内部审计工作计划、工作总结、审计报告、整改情况以及审计中发现的重大违纪违法问题线索等资料报送同级审计机关备案。

第十六条 内部审计的实施程序，应当依照内部审计职业规范和本单位的相关规定执行。

第十七条 内部审计机构或者履行内部审计职责的内设机构，对本单位内部管理的领导人员实施经济责任审计时，可以参照执行国家有关经济责任审计的规定。

第四章 审计结果运用

第十八条 单位应当建立健全审计发现问题整改机制，明确被审计单位主要负责人为整改第一责任人。对审计发现的问题和提出的建议，被审计单位应当及时整改，并将整改结果书面告知内部审计机构。

第十九条 单位对内部审计发现的典型性、普遍性、倾向性问题，应当及时分析研究，制定和完善相关管理制度，建立健全内部控制措施。

第二十条 内部审计机构应当加强与内部纪检监察、巡视巡察、组织人事等其他内部监督力量的协作配合，建立信息共享、结果共用、重要事项共同实施、问题整改问责共同落实等工作机制。

内部审计结果及整改情况应当作为考核、任免、奖惩干部和相关决策的重要依据。

第二十一条 单位对内部审计发现的重大违纪违法问题线索，应当按照管辖权限依法依规及时移送纪检监察机关、司法机关。

第二十二条 审计机关在审计中，特别是在国家机关、事业单位和国有企业三级以下单位审计中，应当有效利用内部审计力量和成果。对内部审计发现且已经纠正的问题不再在审计报告中反映。

第五章 对内部审计工作的指导和监督

第二十三条 审计机关应当依法对内部审计工作进行业务指导和监督，明确内部职能机构和专职人员，并履行下列职责：

（一）起草有关内部审计工作的法规草案；

（二）制定有关内部审计工作的规章制度和规划；

（三）推动单位建立健全内部审计制度；

（四）指导内部审计统筹安排审计计划，突出审计重点；

（五）监督内部审计职责履行情况，检查内部审计业务质量；

（六）指导内部审计自律组织开展工作；

（七）法律、法规规定的其他职责。

第二十四条　审计机关可以通过业务培训、交流研讨等方式，加强对内部审计人员的业务指导。

第二十五条　审计机关应当对单位报送的备案资料进行分析，将其作为编制年度审计项目计划的参考依据。

第二十六条　审计机关可以采取日常监督、结合审计项目监督、专项检查等方式，对单位的内部审计制度建立健全情况、内部审计工作质量情况等进行指导和监督。

对内部审计制度建设和内部审计工作质量存在问题的，审计机关应当督促单位内部审计机构及时进行整改并书面报告整改情况；情节严重的，应当通报批评并视情况抄送有关主管部门。

第二十七条　审计机关应当按照国家有关规定对内部审计自律组织进行政策和业务指导，推动内部审计自律组织按照法律法规和章程开展活动。必要时，可以向内部审计自律组织购买服务。

第六章　责任追究

第二十八条　被审计单位有下列情形之一的，由单位党组织、董事会（或者主要负责人）责令改正，并对直接负责的主管人员和其他直接责任人员进行处理：

（一）拒绝接受或者不配合内部审计工作的；

（二）拒绝、拖延提供与内部审计事项有关的资料，或者提供资料不真实、不完整的；

（三）拒不纠正审计发现问题的；

（四）整改不力、屡审屡犯的；

（五）违反国家规定或者本单位内部规定的其他情形。

第二十九条　内部审计机构或者履行内部审计职责的内设机构和内部审计人员有下列情形之一的，由单位对直接负责的主管人员和其他直接责任人员进行处理；涉嫌犯罪的，移送司法机关依法追究刑事责任：

（一）未按有关法律法规、本规定和内部审计职业规范实施审计导致应当发现的问题未被发现并造成严重后果的；

（二）隐瞒审计查出的问题或者提供虚假审计报告的；

（三）泄露国家秘密或者商业秘密的；

（四）利用职权谋取私利的；

（五）违反国家规定或者本单位内部规定的其他情形。

第三十条　内部审计人员因履行职责受到打击、报复、陷害的，单位党组织、董事会（或者主要负责人）应当及时采取保护措施，并对相关责任人员进行处理；涉嫌犯罪的，移送司法机关依法追究刑事责任。

第七章　附　则

第三十一条　本规定所称国有企业是指国有和国有资本占控股地位或者主导地位的企业、金融机构。

第三十二条　不属于审计机关审计监督对象的单位的内部审计工作，可以参照本规定执行。

第三十三条　本规定由审计署负责解释。

第三十四条　本规定自2018年3月1日起施行。审计署于2003年3月4日发布的《审计署关于内部审计工作的规定》（2003年审计署第4号令）同时废止。

内部审计人员岗位资格证书实施办法

(中内协发〔2003〕22号,2003年5月22日)

第一条 为了适应内部审计工作的需要,提高内部审计人员的素质,根据《审计署关于内部审计工作的规定》及有关规定,制定本办法。

第二条 内部审计人员岗位资格证书(以下简称资格证书)是从事内部审计工作的专兼职人员应具备的任职资格证明。

第三条 资格证书的取得采取资格认证和考试两种办法。

(一)凡具备下列条件之一者,经省级内部审计(师)协会审批,报中国内部审计协会备案后,可发给资格证书:

1. 具有审计、会计、经济及相关专业中级及中级以上专业技术职称的人员;
2. 具有国际注册内部审计师证书的人员;
3. 具有注册会计师、造价工程师、资产评估师等相关执业证书的人员;
4. 审计、会计及相关专业本科以上学历工作满两年以上,以及大专学历工作满4年以上的人员。

对已取得省(行业)级内部审计(师)协(学)会颁发的内部审计资格证书,时间不超过两年的人员,在本办法实施后可进行一次性的确认,发给资格证书。

(二)不具备上述第(一)款条件者,须参加中国内部审计协会统一组织的资格考试,考试合格者发给资格证书。

第四条 资格证书考试内容:

(一)内部审计原理与技术;

(二)有关法律法规与内部审计准则;

(三)计算机基础知识与应用。

第五条 资格考试一般每年统一举行一次,时间为每年9月第三周的星期六。开始施行阶段,也可由中国内部审计协会授权省级内部审计(师)协会根据实际情况做出考试安排。

第六条 资格证书审核发放程序。凡具备取得资格证书条件的人员,由本人填写《内部审计人员岗位资格证书申请表》(见附件),经所在单位审核签章后,连同资格证明文件(职称证、执业资格证、学历证、人事部门出具的工作年限证明、考试合格证明)原件及复印件、免冠2寸彩色照片,报省级内部审计(师)协会审核后,发给资格证书。

第七条 资格证书实行年检注册制度,每两年为一个年检注册周期。

符合下列条件的可通过年检,并进行注册:

(一)遵守国家的法律法规;

(二)严格执行《内部审计准则》;

(三)遵守内部审计职业道德;

(四)按照有关规定完成后续教育。

第八条 因借调、出国等原因不能参加后续教育或年检的人员,须持本单位人事部门出具的证明,向所在省的内部审计(师)协会提出延缓年检注册的申请。

第九条 对无故不参加年检和注册的人员,应收回并注销其资格证书。

第十条 因违法犯罪被追究刑事责任或弄虚作假骗取资格证书的人员,一律吊销其资格证书。

第十一条 对已调离内部审计工作岗位满两年和已办理退休手续的人员，须收回其资格证书。

第十二条 中国内部审计协会负责统一组织资格证书的考试、考试大纲的拟定和教材的编写、考试的命题和资格证书的印制，以及对违反本办法人员的处理。

省级内部审计（师）协会负责组织资格证书考前培训，考试的实施，资格证书的发放、管理和年检注册，对违反本办法人员向中国内部审计协会提出查处意见。

第十三条 资格证书不得涂改、转让，资格证书遗失后应及时到省级内部审计（师）协会挂失，经查实后可予以补发。

第十四条 本办法由中国内部审计协会负责解释。

第十五条 本办法自2003年7月1日起施行。

内部审计人员后续教育办法（试行）

（中内协发〔2014〕4号，2014年1月10日）

第一章 总 则

第一条 为加强内部审计工作，保持和提高内部审计人员的专业胜任能力，根据中国内部审计协会发布的《第1101号——内部审计基本准则》和《第1201号——内部审计人员职业道德规范》，制定本办法。

第二条 本办法所称内部审计人员，是指在中华人民共和国境内从事内部审计工作的专（兼）职人员。

第三条 本办法所称后续教育，是指内部审计人员为保持和提高专业胜任能力，根据职业发展需要而进行的相关新知识、新技能和新法规的学习与研究。

第四条 内部审计协会应履行审计机关赋予的业务指导和监督职责，提供适当的后续教育方式，使内部审计人员了解和掌握内部审计的相关知识与技能。

第二章 内容与方式

第五条 内部审计人员的后续教育应当不断适应内部审计事业的发展需要，学以致用，讲求实效，主要内容包括：

（一）国家颁布的有关法律法规和规章；

（二）行业发布的内部审计规定和办法等；

（三）中国内部审计准则；

（四）现代内部审计理论与实务；

（五）国内外具有前瞻性的内部审计理念；

（六）其他相关专业知识与技能。

第六条 内部审计人员的后续教育分为内部审计机构负责人和一般内部审计人员两个层次。具体内容包括：

（一）内部审计机构负责人应当学习和研究组织领导本单位（部门）内部审计人员开展内部审计工作的知识和技能，包括：相关法律法规和规章，内部审计准则，内部审计在组织治理、内部控制、风险管理等方面的流程、作用，审计关系处理与协调，审计管理案例，组织文化与政策，自我控制与评价，开展咨询服务业务的有关理论和实务等。

（二）一般内部审计人员应当学习和研究实施审计项目所需的知识和技能，包括：相关法律法规和规章，内部审计准则，财务管理、经济管理等方面的知识，审计方案编制、审计取证、审计评价、审计报告撰写、审计案例分析、人际关系沟通等方面的技术和方法。

第七条　内部审计人员的后续教育形式主要包括参加有组织的后续教育和其他形式的后续教育。

第八条　有组织的后续教育包括：

（一）参加现场培训。主要包括参加中国内部审计协会和省级内部审计（师）协会组织的现场培训，以及其他具备教育场所和设施、拥有相应师资队伍和管理力量的机构组织的现场培训。

（二）参加网络培训。主要包括参加中国内部审计协会或省级内部审计（师）协会开办的网络培训。

（三）参加专业会议。主要包括参加国际内部审计师协会、亚洲内部审计师协会联合会组织的专业会议，中国内部审计协会、省级内部审计（师）协会举办的专业会议和经验交流活动。

第九条　其他形式的后续教育包括：

（一）参与省级以上内部审计（师）协会组织的课题研究，并通过结项验收。

（二）公开出版审计类专业著作或在中文核心期刊上发表审计类专业论文。

（三）翻译内部审计专业著作或学术文章，并公开出版或发表。

（四）参加中国内部审计协会、省级内部审计（师）协会组织的理论研讨，并获得一、二、三等奖。

（五）获得专业资格。主要包括考取国际注册内部审计师、内部控制自我评估专业资格等国际内部审计师协会主办的各种专业资格，以及其他中国内部审计协会认可的相关专业资格。

（六）在内部审计（师）协会任职。

（七）成为国际内部审计师协会或省级以上内部审计（师）协会个人会员。

（八）其他中国内部审计协会认可的形式。

第三章　学 时 认 定

第十条　后续教育学时的标准，按内部审计人员接受后续教育的时间计算。内部审计人员每年参加后续教育的学时数累计不得少于40学时。

第十一条　内部审计人员参加本办法第八条所列有组织的后续教育时，具体学时计算方法如下：

（一）参加第八条第（一）（三）项所列后续教育的，按其设定的学时数计算。

（二）参加第八条第（二）项所列后续教育的，按网络课件设定的学时数计算。

第十二条　内部审计人员参加本办法第九条所列其他形式的后续教育时，具体学时计算方法如下：

（一）参加第九条第（一）（三）（四）项所列后续教育的，按每千字5学时计算。

（二）参加第九条第（五）项所列后续教育的，当年取得有关资格证书或已全科通过的，按40学时计算；当年未取得有关资格证书但通过部分科目的，按每科10学时计算。其中，第九条相关专业资格是指中华人民共和国人力资源和社会保障部专业技术人员管理部门认可的准入类职业资格和水平评价类职业资格。

（三）在县级以上内部审计（师）协会、中国内部审计协会分会工作或担任理事、专业委员会委员的，按10学时计算。

（四）成为国际内部审计师协会或省级以上内部审计（师）协会个人会员的，按10学时计算。

（五）参加第九条第（八）项其他中国内部审计协会认可形式的后续教育的，由中国内部审计协会按照实际情况核定学时。

第十三条 内部审计人员取得的后续教育学时只在当前年度内有效。

第十四条 有下列情形之一的，后续教育学时数可以减半或免除：

（一）年度内在境外工作的；

（二）年度内休病假的；

（三）年度内休产假的；

（四）其他中国内部审计协会认可的特殊情形。

上述情形中，三个月以上六个月以下的，当年后续教育学时可以减半；六个月以上的，属于第（二）（三）（四）项情形的当年后续教育学时可以免除，属于第（一）项情形的后续教育应在境外进行。内部审计人员当年后续教育需要减半或免除的，应当提供卫生部门或所在单位人事、外事部门的证明。

第四章 管理职责

第十五条 内部审计机构应当支持、督促本单位（部门）内部审计人员参加后续教育，并履行下列职责：

（一）按照本办法的有关要求，制定本单位（部门）内部审计人员的后续教育计划；

（二）积极组织内部审计人员参加后续教育，保证内部审计人员参加后续教育的时间，并给予必要的保障；

（三）建立后续教育档案，详细记录内部审计人员参加后续教育的情况；

（四）接受审计机关和内部审计协会的指导与监督。

第十六条 内部审计协会负责所在地区内部审计人员后续教育的组织管理工作。

中国内部审计协会负责指导和监督全国内部审计人员的后续教育情况；各省级内部审计（师）协会负责指导和监督所在地区内部审计人员的后续教育情况。

第十七条 内部审计协会应当采取适当方式对每年内部审计人员参加后续教育的学时进行监督检查，并将内部审计机构所属内部审计人员参加后续教育情况、学时档案资料库建立情况作为评选内部审计先进单位和先进工作者、实施内部审计质量评估的重要依据。

第五章 附 则

第十八条 本办法由中国内部审计协会发布并负责解释。

第十九条 本办法自发布之日起施行。

内部审计质量评估办法

（中内协2014年8月14日发布）

第一条 为规范内部审计质量评估工作，提高内部审计工作质量，推动内部审计的职业化发展，根据《第1101号——内部审计基本准则》，制定本办法。

第二条 本办法所称内部审计质量评估，是指由具备职业胜任能力的人员，以内部审计准则、内部审计人员职业道德规范为标准，同时参考风险管理、内部控制等方面的法律法规，对组织的内部审计工作进行独立检查和客观评价的活动。

第三条 内部审计质量评估的目标是帮助组织改善内部审计环境，提升内部审计水平，防范内部审计风险，增强内部审计的有效性，促进内部审计的规范化和制度化建设。

第四条 组织应当建立内部审计质量评估制度，定期开展内部审计质量评估工作。

第五条 中国内部审计协会负责指导和管理全国内部审计质量评估工作。

第六条 内部审计质量评估包括内部评估和外部评估两种形式，由组织根据情况选择实施。

第七条 内部评估由组织内部的人员按照外部质量评估的要求实施，可以由内部审计、人力资源、内部控制、风险管理等部门的人员参与。

第八条 外部评估由中国内部审计协会或者其核准的机构实施。

第九条 选择实施外部评估的组织，应当向中国内部审计协会或者其核准的机构提出书面申请，由双方协商评估范围、评估时间、评估人员、评估费用等事宜。

第十条 参与外部评估的人员应当具备良好的审计职业道德和一定的审计工作经历，具有被评估组织所在行业、领域的相关知识或者经验，接受过中国内部审计协会组织的内部审计质量评估培训，具备从事评估工作的专业胜任能力。

第十一条 内部审计质量评估的内容主要包括以下方面：

（一）内部审计准则和内部审计人员职业道德规范的遵循情况；

（二）内部审计组织结构及运行机制的合理性、健全性；

（三）内部审计人员配置及专业胜任能力；

（四）内部审计业务开展及项目管理的规范程度；

（五）各利益相关方对内部审计的认可程度和满意程度；

（六）内部审计增加组织价值、改善组织运营的情况。

第十二条 内部审计质量评估的程序包括前期准备、现场实施和出具评估报告三个阶段。评估可以运用问卷调查、访谈、现场查阅文档等方法。

第十三条 内部审计质量评估的结论分为合格与不合格两类。对评估合格的组织还应进行评级，由高至低依次分为AAA级、AA级和A级。

第十四条 外部评估结果由中国内部审计协会统一公布。经中国内部审计协会核准的机构实施的外部评估的结果，应报送中国内部审计协会备案。

第十五条 内部审计质量评估结果可以作为考核被评估组织内部审计工作质量和做出相关决策的依据。

第十六条 中国内部审计协会制定的《内部审计质量评估手册》是开展质量评估的技术指南，对评估程序、评估方法和评估要求提供具体指引。

第十七条 本办法由中国内部审计协会负责解释。

第十八条 本办法自2014年9月1日起施行。

内部审计质量评估机构管理暂行办法

（中内协2012年10月10日发布）

第一条 为加强对内部审计质量评估机构的管理，规范内部审计质量外部评估工作，根据《内部审计质量评估办法（试行）》，制定本办法。

第二条 本办法所称内部审计质量评估机构，是指经中国内部审计协会核准，具备内部审计质量外部评估资格的地方内部审计（师）协会和会计师事务所、财务咨询公司等中介机构。

第三条 内部审计质量评估机构应当具备以下条件：

（一）从事地方或行业内部审计管理工作或提供内部审计咨询服务；

（二）拥有一定数量具备内部审计质量评估资格的人员；

（三）中国内部审计协会会员单位。

第四条 中国内部审计协会负责内部审计质量评估机构业务资格的核准和监管。

第五条 符合本办法第三条规定条件的机构可以向中国内部审计协会申请内部审计质量外部评估业务资格，申请机构应当提交下列书面材料：

（一）内部审计质量评估业务资格申请表；

（二）机构组织法人登记证书或营业执照（复印件）；

（三）具备内部审计质量评估资格的人员的相关职业资格及技术职称证明材料（复印件）；

（四）机构组织章程和有关管理制度。

第六条 中国内部审计协会应当自收到申请材料后30日内进行审查。经审查符合条件的，核准其内部审计质量外部评估业务资格。

第七条 内部审计质量外部评估业务资格有效期为3年。申请延续业务资格的机构，应当在有效期满前30日，向中国内部审计协会提交以下材料，提出延续申请：

（一）延续申请表；

（二）3年内完成的内部审计质量评估项目情况，包括被评估对象、评估时间、评估结果等；

（三）3年内从事内部审计质量外部评估人员的情况，包括姓名、年龄、工作单位、专业技术职称、职业资格、是否担任评估组组长等。

第八条 内部审计质量评估机构在业务资格有效期内，如机构业务范围、人员情况发生变化，必须及时告知中国内部审计协会。中国内部审计协会可以视情况重新核准其内部审计质量外部评估业务资格。

第九条 内部审计质量评估机构必须按照《中国内部审计质量评估手册（试行）》规定的程序和方法开展评估工作。

第十条 内部审计质量评估机构开展质量评估项目前，应当与被评估单位签署协议，确定评估范围、实施时间、评估人员和费用等事宜，并于协议签署后7日内向中国内部审计协会备案。

第十一条 内部审计质量评估机构应当根据评估项目的规模、评估人员构成、评估所需时间等情况，与被评估单位协商确定评估费用。

第十二条 内部审计质量评估机构向被评估单位出具评估报告后，应当于7日内将评估报告报送中国内部审计协会备案。

第十三条 中国内部审计协会应当定期公布内部审计质量外部评估结果。对于评估结果为"总体遵循准则"的，由中国内部审计协会向被评估单位颁发评估结果证书。

第十四条 中国内部审计协会有权对评估机构开展的内部审计质量外部评估工作进行检查，发现评估机构未按照《质量评估办法（试行）》和《中国内部审计质量评估手册（试行）》要求开展评估工作的，应当要求其改正，并可取消其评估业务资格。

第十五条 本办法由中国内部审计协会负责解释。

第十六条 本办法自发布之日起施行。

教育系统内部审计工作规定

（中华人民共和国教育部令第 47 号）

《教育系统内部审计工作规定》已经 2020 年 2 月 25 日教育部第 2 次部务会议审议通过，现予公布，自 2020 年 5 月 1 日起施行。

教育部部长　陈宝生
2020 年 3 月 20 日

教育系统内部审计工作规定

第一章　总　　则

第一条　为加强教育系统内部审计工作，提升内部审计工作质量，充分发挥内部审计作用，推动教育事业科学发展，根据《中华人民共和国教育法》《中华人民共和国审计法》《中华人民共和国审计法实施条例》《审计署关于内部审计工作的规定》及其他有关法律法规，制定本规定。

第二条　依法属于审计机关审计监督对象的各级教育行政部门、学校和其他教育事业单位、企业等（以下简称单位）内部审计工作适用本规定。

第三条　本规定所称内部审计，是指对本单位及所属单位财政财务收支、经济活动、内部控制、风险管理等实施独立、客观的监督、评价和建议，以促进单位完善治理、实现目标的活动。

第四条　单位应当依照有关法律法规、本规定和内部审计职业规范，结合本单位实际情况，建立健全内部审计制度，明确内部审计工作的领导体制、职责权限、工作机构、人员配备、经费保障、审计结果运用和责任追究等。

单位应当加强本单位党组织对内部审计工作的领导，健全党领导相关工作的体制机制。

第五条　教育系统内部审计工作应当接受国家审计机关的业务指导和监督。

第二章　内部审计机构和人员

第六条　单位应当根据国家编制管理相关规定和管理需要，设置独立的机构或明确相关内设机构作为内部审计机构，履行内部审计职责。

第七条　内部审计机构应当在本单位主要负责人的直接领导下开展内部审计工作，向其负责并报告工作。

第八条　单位可以根据工作需要成立审计委员会，加强党对审计工作的领导，负责部署内部审计工作，审议年度审计工作报告，研究制定内部审计改革方案、重大政策和发展战略，审议决策内部审计重大事项等。

第九条　单位可以根据工作需要建立总审计师制度。总审计师协助主要负责人管理内部审计工作。

第十条 单位应当保证内部审计工作所需人员编制,严格内部审计人员录用标准,合理配备具有审计、财务、经济、法律、管理、工程、信息技术等专业知识的内部审计人员。总审计师、内部审计机构负责人应当具备审计、财务、经济、法律、管理等专业背景或工作经历。

第十一条 单位应当根据内部审计工作特点,完善内部审计人员考核评价制度和专业技术岗位评聘制度,保障内部审计人员享有相应的晋升、交流、任职、薪酬及相关待遇。

第十二条 单位应当支持和保障内部审计人员通过参加业务培训、考取职业资格、以审代训等多种途径接受继续教育,提高专业胜任能力。

第十三条 内部审计机构的变动和总审计师、内部审计机构负责人的任免或调动,应当向上一级内部审计机构备案。

第十四条 内部审计机构和内部审计人员依法独立履行职责,任何单位和个人不得干涉和打击报复。

第十五条 内部审计机构履行内部审计职责所需经费,应当列入本单位预算。

第十六条 内部审计人员应当严格遵守有关法律法规和内部审计职业规范,独立、客观、公正地履行职责,保守工作秘密。

第十七条 内部审计机构和内部审计人员不得参与可能影响独立、客观履行审计职责的工作,不得参与被审计单位业务活动的决策和执行。

第十八条 在不违反国家保密规定的情况下,内部审计机构可以根据工作需要向社会中介机构购买审计服务。内部审计机构应当对中介机构开展的受托业务进行指导、监督、检查和评价,并对采用的审计结果负责。

第十九条 单位应当对认真履职、成绩显著的内部审计人员予以表彰。

第三章 内部审计职责权限

第二十条 内部审计机构应当按照国家有关规定和本单位的要求,对本单位及所属单位以下事项进行审计:

(一)贯彻落实国家重大政策措施情况;
(二)发展规划、战略决策、重大措施和年度业务计划执行情况;
(三)财政财务收支和预算管理情况;
(四)固定资产投资项目情况;
(五)内部控制及风险管理情况;
(六)资金、资产、资源的管理和效益情况;
(七)办学、科研、后勤保障等主要业务活动的管理和效益情况;
(八)本单位管理的领导人员履行经济责任情况;
(九)自然资源资产管理和生态环境保护责任的履行情况;
(十)境外机构、境外资产和境外经济活动情况;
(十一)国家有关规定和本单位要求办理的其他事项。

第二十一条 内部审计机构应当协助本单位主要负责人督促落实审计发现问题的整改工作。

第二十二条 教育部负责指导和监督全国教育系统内部审计工作。地方各级教育行政部门负责指导和监督本行政区域内教育系统内部审计工作。

教育行政部门指导和监督内部审计工作的主要职责是:

(一)制定内部审计规章制度;

（二）督促建立健全内部审计制度；
（三）指导开展内部审计工作，突出审计重点；
（四）监督内部审计职责履行情况，检查内部审计业务质量；
（五）开展业务培训、组织内部审计工作交流研讨；
（六）指导教育系统内部审计自律组织开展工作；
（七）维护内部审计机构和内部审计人员的合法权益；
（八）法律、法规规定的其他职责。

第二十三条 内部审计机构应当对所属单位内部审计工作进行管理、指导和监督。

第二十四条 内部审计机构具有下列权限：
（一）要求被审计单位按时报送审计所需的有关资料、相关电子数据，以及必要的计算机技术文档；
（二）参加或列席有关会议，召开与审计事项有关的会议；
（三）参与研究有关规章制度，提出制定内部审计规章制度的建议；
（四）检查有关财政财务收支、经济活动、内部控制、风险管理的资料、文件和现场勘察实物；
（五）检查有关计算机系统及其电子数据和资料；
（六）就审计事项中的有关问题，向有关单位和个人开展调查和询问，取得相关证明材料；
（七）对正在进行的严重违法违规、严重损失浪费行为及时向单位主要负责人报告，经同意作出临时制止决定；
（八）对可能被转移、隐匿、篡改、毁弃的会计凭证、会计账簿、会计报表以及与经济活动有关的资料，经本单位主要负责人批准，有权予以暂时封存；
（九）提出纠正、处理违法违规行为的意见和改进管理、提高绩效的建议；
（十）对违法违规和造成损失浪费的被审计单位和人员，给予通报批评或者提出追究责任的建议；
（十一）对严格遵守财经法规、管理规范有效、贡献突出的被审计单位和个人，可以向单位党组织、主要负责人提出表彰建议。

第四章 内部审计管理

第二十五条 单位主要负责人应当定期听取内部审计工作汇报，加强对内部审计发展战略、年度审计计划、审计质量控制、审计发现问题整改和审计队伍建设等重要事项的管理。总审计师、内部审计机构负责人应当及时向本单位主要负责人报告内部审计结果和重大事项。

第二十六条 内部审计机构应当依照审计法律法规、行业准则和实务指南等建立健全内部审计工作规范，并按规范实施审计。

第二十七条 内部审计机构应当根据单位发展目标、治理结构、管理体制、风险状况等，科学合理地确定内部审计发展战略、制定内部审计计划。

第二十八条 内部审计机构应当运用现代审计理念和方法，坚持风险和问题导向，优化审计业务组织方式，加强审计信息化建设，全面提高审计效率。

第二十九条 内部审计机构应当着眼于促进问题解决，立足于促进机制建设，对审计发现问题做到事实清楚、定性准确，并在分析根本原因的基础上提出审计建议，通过与相关单位合作促进单位事业发展。

第三十条 内部审计机构应当加强自身内部控制建设，合理设置审计岗位和职责分工、优化审计业务流程，完善审计全面质量控制。

第三十一条 内部审计机构应当建立健全本单位及所属单位内部审计工作评价制度，促进提升审计业务与审计管理的专业化水平。

第三十二条 内部审计机构实施领导人员经济责任审计时，应当参照执行国家有关经济责任审计的规定。

第五章 内部审计结果运用

第三十三条 单位应当建立健全审计发现问题整改机制，明确被审计单位主要负责人为整改第一责任人，完善审计整改结果报告制度、审计整改情况跟踪检查制度、审计整改约谈制度，推动审计发现问题的整改落实。

第三十四条 单位应当建立健全审计结果及整改情况在一定范围内公开制度。

第三十五条 单位应当对审计发现的典型性、普遍性问题，及时分析研究，制定和完善相关管理制度，建立健全内部控制措施；对审计发现的倾向性问题，开展审计调查，出具审计管理建议书，为科学决策提供建议。

第三十六条 单位应当加强内部审计机构、纪检监察、巡视巡察、组织人事等内部监督力量的协作配合，建立信息共享、结果共用、重要事项共同实施、整改问责共同落实等工作机制。

第三十七条 单位应当将内部审计结果及整改情况作为相关决策、预算安排、干部考核、人事任免和奖惩的重要依据。

第三十八条 单位在对所属单位开展审计时，应当有效利用所属单位内部审计力量和成果。对所属单位内部审计发现且已经纠正的问题不再在审计报告中反映。

第三十九条 对内部审计发现的重大违纪违法问题线索，在向本单位党组织、主要负责人报告的同时，应当及时向上一级内部审计机构报告，并按照管辖权限依法依规及时移送纪检监察机关、司法机关。

第六章 法律责任

第四十条 被审计单位有下列情形之一的，由单位党组织、主要负责人责令改正，并对直接负责的主管人员和其他直接责任人员进行处理：

（一）拒绝接受或者不配合内部审计工作的；

（二）拒绝、拖延提供与内部审计事项有关的资料，或者提供资料不真实、不完整的；

（三）拒不纠正审计发现问题的；

（四）整改不力、屡审屡犯的；

（五）违反国家规定或者本单位内部规定的其他情形。

第四十一条 内部审计机构和内部审计人员有下列情形之一的，由单位对直接负责的主管人员和其他直接责任人员进行处理；涉嫌犯罪的，依法追究刑事责任：

（一）玩忽职守、不认真履行审计职责造成严重后果的；

（二）隐瞒审计查出的问题或者提供虚假审计报告的；

（三）泄露国家秘密或者商业秘密的；

（四）利用职权谋取私利的；

（五）违反国家规定或者本单位内部规定的其他情形。

第四十二条 内部审计人员因履行职责受到打击、报复、陷害的，主要负责人应当及时采取保护措施，并对相关责任人员进行处理；涉嫌犯罪的，移送司法机关依法追究刑事责任。

第七章 附 则

第四十三条 单位可以根据本规定，制定本地方、本单位内部审计管理规定。民办学校可以根据实际情况参照本规定执行。

第四十四条 本规定所称企业是指教育行政部门、学校及其他教育事业单位管理的国有和国有资本占控股地位或主导地位的企业。

第四十五条 本规定由教育部负责解释。

第四十六条 本规定自 2020 年 5 月 1 日起施行。教育部于 2004 年 4 月 13 日发布的《教育系统内部审计工作规定》（教育部令第 17 号）同时废止。

中央企业内部审计管理暂行办法

（国务院国有资产监督管理委员会令第 8 号，2004 年 8 月 23 日）

第一章 总 则

第一条 为加强对国务院国有资产监督管理委员会（以下简称国资委）履行出资人职责企业（以下简称企业）的内部监督和风险控制，规范企业内部审计工作，保障企业财务管理、会计核算和生产经营符合国家各项法律法规要求，根据《企业国有资产监督管理暂行条例》和国家有关法律法规，制定本办法。

第二条 企业开展内部审计工作，适用本办法。

第三条 本办法所称企业内部审计，是指企业内部审计机构依据国家有关法律法规、财务会计制度和企业内部管理规定，对本企业及子企业（单位）财务收支、财务预算、财务决算、资产质量、经营绩效，以及建设项目或者有关经济活动的真实性、合法性和效益性进行监督和评价工作。

第四条 企业应当按照国家有关规定，依照内部审计准则的要求，认真组织做好内部审计工作，及时发现问题，明确经济责任，纠正违规行为，检查内部控制程序的有效性，防范和化解经营风险，维护企业正常生产经营秩序，促进企业提高经营管理水平，实现国有资产的保值增值。

第五条 国资委依法对企业内部审计工作进行指导和监督。

第二章 内部审计机构设置

第六条 企业应当按照国家有关规定，建立相对独立的内部审计机构，配备相应的专职工作人员，建立健全内部审计工作规章制度，有效开展内部审计工作，强化企业内部监督和风险控制。

第七条 国有控股公司和国有独资公司，应当依据完善公司治理结构和完备内部控制机制的要求，在董事会下设立独立的审计委员会。企业审计委员会成员应当由熟悉企业财务、会计和审计等方面专业知识并具备相应业务能力的董事组成，其中主任委员应当由外部董事担任。

第八条 企业审计委员会应当履行以下主要职责：

（一）审议企业年度内部审计工作计划；

（二）监督企业内部审计质量与财务信息披露；

（三）监督企业内部审计机构负责人的任免，提出有关意见；

（四）监督企业社会中介审计等机构的聘用、更换和报酬支付；

（五）审查企业内部控制程序的有效性，并接受有关方面的投诉；

（六）其他重要审计事项。

第九条 未建立董事会的国有独资公司及国有独资企业，应当按照加强财务监督和完善内部控制机制的要求，依据国家的有关规定，加强内部审计工作的组织领导，明确工作责任，强化企业内部审计工作，做好内部审计机构与内部监察（纪检）、财务、人事等有关部门的协调工作。

第十条 企业内部审计机构依据国家有关规定开展内部审计工作，直接对企业董事会（或主要负责人）负责；设立审计委员会的企业，内部审计机构应当接受审计委员会的监督和指导。

第十一条 企业所属子企业应当按照有关规定设立相应的内部审计机构；尚不具备条件的应当设立专职审计人员。

第十二条 企业内部审计人员应当具备审计岗位所必备的会计、审计等专业知识和业务能力；内部审计机构的负责人应当具备相应的专业技术职称资格。

第三章 内部审计机构主要职责

第十三条 根据国家有关规定，结合出资人财务监督和企业管理工作的需要，企业内部审计机构应当履行以下主要职责：

（一）制定企业内部审计工作制度，编制企业年度内部审计工作计划；

（二）按企业内部分工组织或参与组织企业年度财务决算的审计工作，并对企业年度财务决算的审计质量进行监督；

（三）对国家法律法规规定不适宜或者未规定须由社会中介机构进行年度财务决算审计的有关内容组织进行内部审计；

（四）对本企业及其子企业的财务收支、财务预算、财务决算、资产质量、经营绩效以及其他有关的经济活动进行审计监督；

（五）组织对企业主要业务部门负责人和子企业的负责人进行任期或定期经济责任审计；

（六）组织对发生重大财务异常情况的子企业进行专项经济责任审计工作；

（七）对本企业及其子企业的基建工程和重大技术改造、大修等的立项、概（预）算、决算和竣工交付使用进行审计监督；

（八）对本企业及其子企业的物资（劳务）采购、产品销售、工程招标、对外投资及风险控制等经济活动和重要的经济合同等进行审计监督；

（九）对本企业及其子企业内部控制系统的健全性、合理性和有效性进行检查、评价和意见反馈，对企业有关业务的经营风险进行评估和意见反馈；

（十）对本企业及其子企业的经营绩效及有关经济活动进行监督与评价；

（十一）对本企业年度工资总额来源、使用和结算情况进行检查；

（十二）其他事项。

第十四条 企业内部审计机构对年度财务决算的审计质量监督应当根据企业的内部职责分工，依据独立、客观、公正的原则，保障企业财务管理、会计核算和生产经营符合国家各项法律法规要求。

第十五条 为保证企业年度财务决算报告的真实和完整，企业内部审计机构应按照国资委相关工作要求，对下列特殊情形的子企业组织进行定期内部审计工作：

（一）按照国家有关规定，涉及国家安全不适宜社会中介机构审计的特殊子企业；

（二）依据所在国家及地区法律规定，在境外进行审计的境外子企业；

（三）国家法律、法规未规定须委托社会中介机构审计的企业内部有关单位。

第十六条 企业内部审计机构对本企业及其子企业的经营绩效及有关经济活动的评价工作，依据国家有关经营绩效评价政策进行。

第十七条 企业内部审计机构应当加强对社会中介机构开展本企业及其子企业有关财务审计、资产评估及相关业务活动工作结果的真实性、合法性进行监督，并做好社会中介机构聘用、更换和报酬支付的监督。

第十八条 企业内部审计机构相关审计工作应当与外部审计相互协调，并按有关规定对外部审计提供必要的支持和相关工作资料。

第十九条 企业应当依据国家有关法律法规，完善内部审计管理规章制度，保障内部审计机构拥有履行职责所必需的权限：

（一）参加企业有关经营和财务管理决策会议，参与协助企业有关业务部门研究制定和修改企业有关规章制度并督促落实；

（二）检查被审计单位会计账簿、报表、凭证和现场勘察相关资产，有权查阅有关生产经营活动等方面的文件、会议记录、计算机软件等相关资料；

（三）对与审计事项有关的部门和个人进行调查，并取得相关证明材料；

（四）对正在进行的严重违法违规和严重损失浪费行为，可作出临时制止决定，并及时向董事会（或企业主要负责人）报告；

（五）对可能被转移、隐匿、篡改、毁弃的会计凭证、会计账簿、会计报表以及与经济活动有关的资料，经企业主要负责人或有关权力机构授权可暂予以封存；

（六）企业主要负责人或权力机构在管理权限范围内，应当授予内部审计机构必要的处理权或者处罚权。

第四章 内部审计工作程序

第二十条 企业内部审计机构应当根据国家有关规定，结合企业实际情况，制定企业年度审计工作计划，对内部审计工作作出合理安排，并报经企业主要负责人或审计委员会审核批准后实施。

第二十一条 企业内部审计机构应当充分考虑审计风险和内部管理需要，制定具体项目审计计划，做好审计准备。

第二十二条 企业内部审计机构应当在实施审计前5个工作日，向被审计单位送达审计通知书。对于需要突击执行审计的特殊业务，审计通知书可在实施审计时送达。

被审计单位接到审计通知书后，应当做好接受审计的各项准备。

第二十三条 企业内部审计人员在出具审计报告前应当与被审计单位交换审计意见。被审计单位有异议的，应当自接到审计报告之日起10个工作日内提出书面意见；逾期不提出的，视为无异议。

第二十四条 被审计单位若对审计报告有异议且无法协调时，设立审计委员会的企业，应当将审计报告与被审计单位意见一并报审计委员会协调处理；尚未设立审计委员会的企业，应当将审计报告与被审计单位意见一并报企业主要负责人协调处理。

第二十五条 审计报告上报企业董事会或主要负责人审定后，企业内部审计机构应当根据审计结论，向被审计单位下达审计意见（决定）。

对于报请审计委员会、主要负责人协调处理的审计报告，应当根据审计委员会、主要负责人的审定意见，向被审计单位下达审计意见（决定）。

第二十六条　企业内部审计机构对已办结的内部审计事项，应当按照国家档案管理规定建立审计档案。

第二十七条　企业内部审计机构应当每年向本企业董事会（或主要负责人）和审计委员会提交内部审计工作总结报告。

第二十八条　企业内部审计机构对主要审计项目应当进行后续审计监督，督促检查被审计单位对审计意见的采纳情况和对审计决定的执行情况。

第五章　内部审计工作要求

第二十九条　企业内部审计机构应当根据国家有关规定和企业内部管理需要有效开展内部审计工作，加强内部监督，纠正违规行为，规避经营风险。

第三十条　企业内部审计机构应当对违反国家法律法规和企业内部管理制度的行为及时报告，并提出处理意见；对发现的企业内部控制管理漏洞，及时提出改进建议。

第三十一条　对于被审计单位及相关工作人员不及时落实内部审计意见，给企业造成损失浪费的，企业应当追究相关人员责任；对于给企业造成重大损失的，还应当按有关规定向上一级机构及时反映情况。

第三十二条　企业内部审计机构下列工作事项应当报国资委备案：

（一）企业年度内部审计工作计划和工作总结报告；

（二）重要子企业负责人及企业财务部门负责人的经济责任审计报告；

企业内部审计工作中发现的重大违法违纪问题、重大资产损失情况、重大经济案件及重大经营风险等，应向国资委报送专项报告。

第三十三条　根据出资人财务监督工作需要，企业内部审计机构按照国资委有关工作要求，对企业及其子企业发生重大财务异常等情况组织进行的专项经济责任审计，应当向国资委提交审计报告。

第三十四条　企业内部审计机构要不断提高内部审计业务质量，并依法接受国资委、国家审计机关对内部审计业务质量的检查和评估。

第三十五条　企业内部审计机构应当根据本办法组织开展内部审计工作，并对其出具的内部审计报告的客观真实性承担责任。

第三十六条　为保证内部审计工作的独立、客观、公正，企业内部审计人员与审计事项有利害关系的，应当回避。

第三十七条　企业内部审计人员应当严格遵守审计职业道德规范，坚持原则、客观公正、恪尽职守、保持廉洁、保守秘密，不得滥用职权，徇私舞弊，泄露秘密，玩忽职守。

第三十八条　企业内部审计人员在实施内部审计时，应当在深入调查的基础上，采用检查、抽样和分析性复核等审计方法，获取充分、相关、可靠的审计证据，以支持审计结论和审计建议。

第三十九条　企业董事会（或主要负责人）应当保障内部审计机构和人员依法行使职权和履行职责；企业内部各职能机构应当积极配合内部审计工作。任何组织和个人不得对认真履行职责的内部审计人员进行打击报复。

第四十条　企业对于认真履行职责、忠于职守、坚持原则、作出显著成绩的内部审计人员，应当给予奖励。

第四十一条　企业应当保证内部审计机构所必需的审计工作经费，并列入企业年度财务预算。企业内部审计人员参加国家统一组织的专业技术职务资格的考评、聘任和后续教育，企业应当按照国家有关规定予以执行。

第六章 罚 则

第四十二条 对于企业出现重大违反国家财经法纪的行为和企业内部控制程序出现严重缺陷，除按规定依法追究企业主要负责人、总会计师（或者主管财务工作负责人）及财务部门负责人的有关责任外，同时还相应追究企业审计委员会及内部审计机构相关人员的监督责任。

第四十三条 对于滥用职权、徇私舞弊、玩忽职守、泄露秘密的内部审计人员，由所在单位依照国家有关规定给予纪律处分；涉嫌犯罪的，依法移交司法机关处理。

第四十四条 对于打击报复内部审计人员问题，企业应及时予以纠正；涉嫌犯罪的，依法移交司法机关处理。受打击报复的企业内部审计人员有权直接向国资委报告相关情况。

第四十五条 被审计单位相关人员不配合企业内部审计工作、拒绝审计或者不提供资料、提供虚假资料、拒不执行审计结论的，企业应当给予纪律处分；涉嫌犯罪的，依法移交司法机关处理。

第七章 附 则

第四十六条 各中央企业可结合本企业实际情况，制定具体实施细则。

第四十七条 各省、自治区、直辖市国有资产监督管理机构可参照本办法，结合本地区实际制定本地区相关工作规范。

第四十八条 本办法自2004年8月30日起施行。

中央企业财务决算审计工作规则

（国资发评价〔2004〕173号，2004年2月5日）

目 录

第一章 总则
第二章 审计机构委托
第三章 审计工作要求
第四章 审计事项披露
第五章 审计意见处理
第六章 审计工作责任
第七章 附则

第一章 总 则

第一条 为加强中央企业（以下简称企业）财务监督，规范企业年度财务决算审计工作，促进提高企业会计信息质量，依据《企业国有资产监督管理暂行条例》和国家有关财务会计制度规定，制定本规则。

第二条 本规则所称年度财务决算审计，是指按照有关规定委托具有资质条件的会计师事务所及注册会计师，以国家财务会计制度为依据，对企业编制的年度财务决算报告及经济活动进行审查并发表独立审计意见的监督活动。

第三条 本规则所称年度财务决算报告，是指企业按照国家财务会计制度规定，根据统一的编制口径、报表格式和编报要求，依据有关会计账簿记录和相关财务会计资料，编制上报的反映企业年末结账日资产及财务状况和年度经营成果、现金流量、国有资本保值增值等基本经营情况的文件。企业年度财务决算审计报告是企业年度财务决算报告的必备附件。

第四条 国务院国有资产监督管理委员会（以下简称国资委）依法对企业年度财务决算的审计工作进行监督。

第二章 审计机构委托

第五条 为保障企业年度财务状况及经营成果的真实性，根据财务监督工作的需要，国资委统一委托会计师事务所对企业年度财务决算进行审计。

第六条 国资委统一委托会计师事务所，按照"公开、公平、公正"的原则，采取国资委公开招标或者企业推荐报国资委核准等方式进行。其中，国有控股企业采取企业推荐报国资委核准的方式进行。

第七条 国资委暂未实行统一委托会计师事务所进行年度财务决算审计工作的企业，应当按照"统一组织、统一标准、统一管理"的工作原则，经国资委同意，由企业总部按照有关规定，采用公开招标等方式，委托会计师事务所对企业及各级子企业年度财务决算进行审计。

第八条 对于企业总部统一委托会计师事务所的企业，应当事先报国资委同意，并在与所委托会计师事务所签订年度财务决算审计业务约定书之日起15日内，将约定书及会计师事务所有关资质证明材料报国资委审核备案。

（一）业务约定书应当明确企业与会计师事务所双方在年度财务决算审计工作中的权利、义务和责任。

业务约定书应当明确规定，会计师事务所不得将承揽企业的年度财务决算审计业务再转包或分包给其他会计师事务所。会计师事务所下属分所不得单独出具企业年度财务决算审计报告。

（二）会计师事务所相关资质证明材料包括：

1. 会计师事务所营业执照、执业证书复印件；
2. 注册会计师名单；
3. 会计师事务所最近3年执业情况总结；
4. 要求提供的其他有关证明材料。

第九条 企业年度财务决算审计工作，原则上统一委托1家会计师事务所承办；对于所属子企业分布地域较广的，可由企业总部委托多家会计师事务所共同承办（一般不超过5家）。

第十条 委托多家会计师事务所共同承办年度财务决算审计业务的，应当明确由承办企业总部审计业务的会计师事务所担任主审会计师事务所。主审会计师事务所承担的审计业务量一般不得低于50%（特殊情形企业另行规定），同时负责该企业全部审计工作的组织、质量控制及集团合并报表的审计，并对出具的该企业年度财务决算审计报告负责。

对于多家会计师事务所共同承办年度财务决算审计的，企业应当做好主审会计师事务所与参审会计师事务所的分工协作，并在业务约定书中予以明确。

第十一条 企业委托的会计师事务所应当连续承担不少于2年的企业年度财务决算审计业务，因特殊情形需变更会计师事务所的，应当将变更原因及重新委托的会计师事务所有关情况及时报国资委同意。

被更换会计师事务所对变更有异议的，可以向国资委提交陈述报告。

第十二条 同一会计师事务所承办企业年度财务决算审计业务不应连续超过5年。

第十三条 企业与承办企业年度财务决算审计业务的会计师事务所及注册会计师之间不应当存在利害关系。

第十四条 承办企业年度财务决算审计的会计师事务所（含参审会计师事务所）应当具有较完善的内部执业质量控制管理制度，执业质量应当符合国家有关规定要求，并且其资质条件应当与企业规模相适应。

第三章 审计工作要求

第十五条 承办企业年度财务决算审计业务的会计师事务所及注册会计师实施审计的范围应当包括：

（一）资产负债表、利润及利润分配表、现金流量表、所有者权益变动表；

（二）会计报表附注；

（三）国资委要求的专项审计事项；

（四）企业要求的其他专项审计事项。

第十六条 企业应当为会计师事务所及注册会计师开展年度财务决算审计、履行必要审计程序、取得充分审计证据提供必要条件，不得干预会计师事务所及注册会计师的审计活动，以保证审计结论的独立、客观、公正。

第十七条 承办企业年度财务决算审计业务的会计师事务所及注册会计师，应当认真遵照《独立审计准则》以及其他职业规范，并按照国家有关财务会计制度规定和国资委对年度财务决算的统一工作要求，对企业年度财务决算实施审计。

第十八条 会计师事务所及注册会计师对企业年度财务决算出具的审计结论及意见应当准确恰当，审计结论与审计证据对应关系应当适当、严密，审计结论披露信息应当全面完整。

第十九条 会计师事务所应当在企业年度财务决算报告规定上报时间前完成审计业务工作，并出具审计报告。对不能按期完成企业年度财务决算审计工作的会计师事务所，企业报国资委同意后可予以更换。

第二十条 承办企业年度财务决算审计业务的会计师事务所，应当按照国家有关规定，妥善保管好年度财务决算审计工作底稿及相关材料，并做好归档管理工作，以备查用。

第二十一条 企业及各级子企业应当根据会计师事务所及注册会计师提出的审计意见进行财务决算调整；企业对审计意见或审计结论存有异议未进行财务决算调整的，应当在上报年度财务决算报告中向国资委专门说明。

第二十二条 企业总部设在港澳地区的企业年度财务决算审计工作，以所在地区法律规定为依据。

第二十三条 企业对下列特殊情形的子企业，应当建立完善的内部审计制度，并出具内部审计报告，以保证年度财务决算的真实、完整。

（一）按照国家有关规定，涉及国家安全不适宜会计师事务所审计的特殊子企业；

（二）依据所在国家及地区法律规定进行审计的境外子企业；

（三）国家法律、法规未规定须委托会计师事务所审计的有关单位。

第四章 审计事项披露

第二十四条 承办企业年度财务决算审计业务的会计师事务所及注册会计师，在审计工作中要按照国家有关财务会计制度、独立审计准则和年度财务决算工作要求，对企业重要财务会计事项予以关注，并在审计报告中予以披露；对于国资委提出的专项工作要求，可以专项报告的形式予以披露。

第二十五条 会计师事务所及注册会计师在年度财务决算审计中，应当重点关注企业年度财务决算编报范围是否齐全、报表合并口径和方法是否正确、合并内容是否完整及对资产和财务状况的影响，并应当对应纳入而未纳入合并范围的子企业对资产和财务状况的影响作重点说明。主要说明内容包括：

（一）未按照规定纳入合并报表范围的所属子企业户数情况；

（二）未按照规定将企业所属实行金融或者事业会计制度的子企业或者单位资产及效益并入年度财务决算报表情况；

（三）企业所属境外子企业和分支机构资产及效益是否并入年度财务决算报表情况；

（四）未按照规定对具有控制权或者重大影响力的长期投资情况进行权益法核算；

（五）其他需要说明的事项。

第二十六条 主审会计师事务所应当关注与披露企业所属各子企业的分户年度财务决算审计情况，逐户列明审计机构、审计结论及审计保留事项的原因，以及对企业财务状况的影响程度或金额。

第二十七条 会计师事务所及注册会计师应当关注与披露企业实际发生的各项经济业务是否按照国家统一的财务会计制度规定予以确认、计量和登记，会计核算方法和会计政策是否符合国家财务会计制度规定。具体披露内容应当包括：

（一）采用的会计核算方法和会计政策是否正确，年度间是否一致，发生变更是否经过核准或者备案；

（二）资产、负债和所有者权益的确认标准和计量方法是否准确；

（三）固定资产主要类型及计提折旧情况，在建工程项目及结算情况；

（四）各种资产损失情况及处理办法；

（五）各项减值准备的计提方法、变更情况及减值准备转回情况；

（六）企业从事高风险投资经营情况，如证券买卖、期货交易、房地产开发等业务占用资金和效益情况；

（七）财产抵押、对外担保、未决诉讼等或有事项，是否如实在年度财务决算中予以反映；

（八）财务成果的核算是否真实、完整，影响企业财务经营成果的各种因素是否合理及其金额；

（九）所有者权益增减变动因素是否真实可靠。

第二十八条 会计师事务所及注册会计师在审计过程中发现企业内部会计控制制度存在重大缺陷的，应当予以披露，并按照要求出具管理建议书。

第二十九条 会计师事务所及注册会计师在年度财务决算审计报告或者报告附件中，根据国资委要求应当关注和披露下列有关专项审计事项：

（一）国有资本保值增值及主客观因素变动情况；

（二）企业年度财务决算中主要指标年初数与上年年末数不一致的情况及主要原因；

（三）按照国家政策开展清产核资、主辅分离、债务重组、改制改组、破产出售、资产处置、债转股等工作的企业，依据有关部门批复文件调整会计账务情况；

（四）企业本年度财务决算中依据会计师事务所对上年度财务决算出具的审计意见予以会计账务调整情况；

（五）企业本年度财务决算中依据会计师事务所审计意见所进行的主要账务调整事项；

（六）其他需要关注和披露事项。

第五章　审计意见处理

第三十条　企业对会计师事务所及注册会计师对年度财务决算出具的审计报告中提出的意见和问题，应当依据国家有关财务会计制度，认真对照检查，对确实存在问题的，应当采取有效整改措施。

第三十一条　对会计师事务所及注册会计师出具的审计结论有不同意见的，应当在年度财务决算报告中予以说明；存在较大分歧的，应当向国资委提交专项报告予以说明。

第三十二条　对会计师事务所及注册会计师出具的审计报告为保留意见的，企业应当在年度财务决算报告中，对保留事项予以说明。

第三十三条　对会计师事务所及注册会计师出具审计报告属否定意见和无法表示意见的，企业应当在上报年度财务决算报告时提交专项报告予以说明。

第六章　审计工作责任

第三十四条　企业应当对向会计师事务所及注册会计师提供的会计记录和财务数据的真实性、合法性和完整性承担责任。会计师事务所及注册会计师应当对出具的审计报告承担相应责任。

对按照国家有关规定不适宜会计师事务所审计的子企业或所属单位，注册会计师和会计师事务所可以依据内部审计报告发表审计意见。企业应对内部审计报告的真实性、完整性承担责任。

第三十五条　会计师事务所及注册会计师对企业年度财务决算的审计工作或者审计质量不符合统一工作要求，国资委可要求补充相关资料或者重新审计；审计结论及意见不准确或审计质量存在较多问题的，国资委可更换或者要求企业更换会计师事务所重新审计。

第三十六条　企业拒绝或者故意不提供有关财务会计资料和文件，影响和妨碍注册会计师正常审计业务，会计师事务所应当及时向国资委反映情况。

第三十七条　国资委将建立企业年度财务决算审计工作质量档案管理制度，对于在企业年度财务决算审计工作中存在以下问题或行为的会计师事务所，将予以通报或者限制其审计业务：

（一）对企业年度财务决算审计程序、范围、依据、内容、审计工作底稿等存在问题和缺陷，以及审计结论避重就轻、含糊其词、依据严重不足的，予以内部通报；

（二）对连续2年（含2年）或者同一年度承担的两家企业年度财务决算审计工作均被给予通报的，3年内不得承担企业有关审计业务；

（三）在企业年度财务决算审计中存在重大错漏，应当披露未披露重大财务事项，或者发生重大违法违规行为的，今后不得承担企业有关审计业务。

第三十八条　会计师事务所和注册会计师违反《中华人民共和国注册会计师法》等有关法律法规，与企业及相关人员串通，弄虚作假，出具不实或虚假内容的审计报告的，国资委将通报有关部门依法予以处罚。

第三十九条 国资委通过企业年度财务决算审核和监事会稽核等工作制度，对企业年度财务决算审计质量进行监督。

第七章 附 则

第四十条 各省、自治区、直辖市国有资产监督管理机构可以参照本规则，制定本地区相关工作规范。

第四十一条 本规则自公布之日起施行。

公路水路行业内部审计工作规定

（交通运输部令 2019 年第 7 号，2019 年 2 月 5 日）

第一章 总 则

第一条 为加强公路水路行业内部审计工作，建立健全内部审计制度，提升内部审计工作质量，促进公路水路事业健康发展，根据《中华人民共和国审计法》《中华人民共和国审计法实施条例》等法律法规，制定本规定。

第二条 各级交通运输主管部门及所属单位和国有企业（含驻外单位，以下统称交通运输单位）开展内部审计工作，适用本规定。

本规定所称国有企业是指各级交通运输主管部门所属单位投资设立的国有和国有资本占控股地位或者主导地位的企业，以及各级交通运输主管部门管理的企业。

第三条 本规定所称的公路水路行业内部审计（以下简称内部审计），是指交通运输单位对本单位及所属单位的财政财务收支、经济活动、内部控制、风险管理实施独立、客观的监督、评价和建议，以促进单位完善治理、实现目标的活动。

第四条 交通运输部内部审计机构负责交通运输部机关及直属单位的内部审计工作，指导公路水路行业内部审计工作。

省级及以下交通运输主管部门内部审计机构应当按照行政管理关系和职责指导本地区行业内部审计工作。

第五条 交通运输单位应当依照有关法律法规、本规定和内部审计职业规范，结合本单位实际情况，建立健全内部审计制度，明确内部审计工作的领导体制、职责权限、人员配备、经费保障、审计结果运用和责任追究等。

第六条 单独设立的内部审计机构或者履行内部审计职责的内设机构（以下简称内部审计机构）和内部审计人员，从事内部审计工作应当严格遵守有关法律法规、本规定和内部审计职业规范，忠于职守，做到独立、客观、公正、保密。

内部审计机构和内部审计人员不得参与可能影响独立、客观履行审计职责的工作。

第七条 内部审计机构应当不断创新审计工作方法，充分利用先进的审计技术，促进内部审计业务质量不断提高。

第二章 内部审计机构和人员

第八条 各级交通运输主管部门及其所属行政事业单位的内部审计机构，应当在本单位党组织、主要负责人的直接领导下开展内部审计工作，向其负责并报告工作。

国有企业的内部审计机构应当在企业党组织、董事会（或者主要负责人）直接领导下开展内部审计工作，向其负责并报告工作。国有企业应当按照有关规定建立总审计师制度。总审计师协助党组织、董事会（或者主要负责人）管理内部审计工作。

第九条 下属单位或者分支机构较多，以及实行垂直管理的交通运输部所属单位，应当强化内部审计机构建设。未单独设立内部审计机构的交通运输部所属单位，应当指定履行内部审计职责的内设机构，设置内部审计岗位，配备专职的内部审计人员。

第十条 内部审计人员应当具备从事审计工作所需要的专业能力。交通运输单位应当严格内部审计人员录用标准。

内部审计机构的负责人应当具备审计、会计、经济、法律或者管理等工作背景之一，并按照有关规定任免。交通运输部所属单位内部审计机构的负责人任免前应当征求上级主管单位内部审计机构的意见。

第十一条 内部审计机构应当根据工作需要，合理配备内部审计人员并保持相对稳定。除涉密事项外，可以根据内部审计工作需要向社会购买审计服务，并对采用的审计结果负责。

第十二条 交通运输单位应当保障内部审计机构和内部审计人员依法依规独立履行职责，任何单位和个人不得打击报复。

第十三条 内部审计机构履行内部审计职责所需经费，应当列入本单位预算。

第十四条 交通运输单位应当支持和保障内部审计机构通过业务培训、交流研讨等多种途径开展继续教育，提高内部审计人员的职业胜任能力。

第十五条 对忠于职守、坚持原则、认真履职、成绩显著的内部审计人员和内部审计机构，由上级主管部门或者所在单位予以表彰。

第三章 内部审计职责

第十六条 内部审计机构应当按照国家有关规定和本单位的要求，履行下列职责：

（一）对贯彻落实国家重大政策措施情况进行审计；

（二）对发展规划、战略决策、重大措施以及年度业务计划执行情况进行审计；

（三）对财政财务收支进行审计；

（四）对固定资产投资项目进行审计，包括对公路、水路国家重点基本建设项目进行的绩效审计；

（五）对境外机构、境外资产和境外经济活动进行审计；

（六）对经济管理和效益情况进行审计；

（七）对自然资源资产管理和生态环境保护责任的履行情况进行审计；

（八）对内部控制及风险管理情况进行审计；

（九）对本单位内部管理的领导人员履行经济责任情况进行审计；

（十）协助本单位主要负责人督促落实审计发现问题的整改工作；

（十一）对所属单位的内部审计工作进行指导、监督和管理；

（十二）国家有关规定和本单位要求办理的其他事项。

第十七条 内部审计机构履行内部审计职责，可以行使以下权限：

（一）要求被审计单位按时报送发展规划、战略决策、重大措施、内部控制、风险管理、财政财务收支等有关资料（含相关电子数据，下同），以及必要的计算机技术文档；

（二）参加有关会议，召开与审计事项有关的会议；

（三）参与研究制定有关的规章制度，提出制定内部审计规章制度的建议；

（四）检查有关财政财务收支、经济活动、内部控制、风险管理的资料、文件和现场勘察实物；

（五）检查有关计算机系统及其电子数据和资料；

（六）就审计事项中的有关问题，向有关单位和个人开展调查和询问，取得相关证明材料；

（七）对发现的正在进行的严重违法违规、严重损失浪费行为及时向单位主要负责人报告，经同意作出临时制止决定；

（八）对可能转移、隐匿、篡改、毁弃会计凭证、会计账簿、会计报表以及与经济活动有关的资料，经批准，有权予以暂时封存；

（九）提出纠正、处理违法违规行为的意见和改进管理、提高绩效的建议；

（十）对违法违规和造成损失浪费的被审计单位和人员，给予通报批评或者提出追究责任的建议；

（十一）对严格遵守财经法规、经济效益显著、贡献突出的被审计单位和个人，可以向单位党组织、董事会（或者主要负责人）提出表彰建议。

第十八条 内部审计机构对本单位及所属单位的内部审计结果和发现的重大违纪违法问题线索，在向本单位党组织、董事会（或者主要负责人）报告的同时，应当及时向上级单位的内部审计机构报告。

第十九条 上级单位内部审计机构根据工作需要，可以委托下级单位内部审计机构办理审计事项，并指导审计工作开展。下级单位内部审计机构应当按要求及时办理，接受指导并报告工作。

第二十条 内部审计机构应当按要求向上级单位内部审计机构报送下列资料：

（一）内部审计工作发展规划、年度审计工作计划及工作总结；

（二）交通运输审计统计报表；

（三）审计决定及审计报告；

（四）重大违纪违法问题的专项审计报告；

（五）本单位内部审计工作制度；

（六）内部审计工作信息、经验材料；

（七）其他上级单位内部审计机构要求的有关资料。

第四章 内部审计程序

第二十一条 内部审计工作的一般程序是：

（一）内部审计机构根据上级部署和本单位的具体情况，编制年度审计工作计划，按照本单位规定的程序审定后实施。

（二）内部审计机构在实施项目审计前组成审计组，审计组由审计组组长和其他成员组成。审计组实行组长负责制。

（三）审计组调查了解被审计单位的情况，编制审计方案，确定审计范围、内容、方式和进度安排。

（四）内部审计机构在实施审计3日前向被审计单位或者相关人员送达审计通知书。特殊审计业务可在实施审计时送达审计通知书。

（五）内部审计人员获取的被审计单位存在违反国家规定的财政、财务收支行为以及其他重要审计事项的证据材料，由提供材料的有关人员签名或者单位盖章；不能取得签名或者盖章的，内部审计人员注明原因。

（六）内部审计人员根据获取的审计证据材料，编制审计工作底稿。

（七）审计组在实施审计程序后，编制审计报告，征求被审计单位的意见，经济责任审计报告还应当征求被审计人员的意见。被审计单位或者相关人员自收到审计报告征求意见稿之日起10日内，提出书面反馈意见。在规定时间内未提出书面反馈意见的，视同无异议。被审计单位或者有关人员对征求意见的审计报告有异议的，审计组进一步核实后，根据核实情况对审计报告作出必要的修改。

（八）审计组对被审计单位违反国家规定的财政收支、财务收支行为，需要进行处理的，起草审计决定。

（九）审计组将征求意见后的审计报告、审计工作底稿、审计证据材料、被审计单位或者相关人员的书面反馈意见、起草的审计决定送内部审计机构负责人或者其授权人员进行复核。复核完毕，审计组起草正式审计报告或者审计决定，连同被审计单位的书面意见，一并报送内部审计机构或者本单位负责人审批。

（十）内部审计机构将经批准的审计报告或者审计决定送达被审计单位或者相关人员；被审计单位或者相关人员予以执行，并在规定的期限内以书面形式报告执行结果。

（十一）被审计单位或者相关人员对经批准的审计报告或者审计决定有异议的，可以向内部审计机构所在单位申请审计复核；在未作出新的决定之前，原经批准的审计报告和审计决定仍然有效。

（十二）内部审计机构检查或者了解被审计单位或者其他有关单位的整改情况并取得相关证据材料，必要时应当进行后续审计。

第二十二条 特殊情况下，经单位党组织、董事会（或者主要负责人）批准，可以适当简化内部审计工作的一般程序。

第二十三条 被审计单位应当配合内部审计机构开展内部审计工作。

第二十四条 内部审计机构对办理的审计事项，应当建立审计档案，并按档案管理的有关规定执行。

第二十五条 内部审计机构对本单位内部管理的领导人员实施经济责任审计时，参照国家有关经济责任审计的规定执行。

第五章　内部审计结果运用

第二十六条 交通运输单位应当建立健全内部审计问题整改机制，明确单位主要负责人为问题整改第一责任人。对内部审计发现的问题和提出的建议，被审计单位应当及时整改，并将整改结果书面告知内部审计机构。

第二十七条 交通运输单位对内部审计发现的典型性、普遍性、倾向性问题，应当及时分析研究，制定和完善相关管理制度，建立健全内部控制措施。

第二十八条 内部审计机构应当加强与内部纪检、巡视巡察、组织人事等其他内部监督力量的协作配合，建立信息共享、结果共用、重要事项共同实施、问题整改问责共同落实等工作机制。

内部审计结果及整改情况应当作为考核、任免、奖惩干部，年度预算和项目资金安排等相关决策的重要依据。

第二十九条　内部审计机构对内部审计发现的重大违纪违法问题，应当按照管理权限，移交本单位纪检、人事部门或者被审计单位处理。纪检、人事部门或者被审计单位应当及时将问题处理结果反馈内部审计机构。

第三十条　交通运输单位对内部审计发现的重大违纪违法问题线索，应当按照管辖权限，依法依规及时移送有关纪检监察机关、司法机关。

第三十一条　交通运输单位在履行内部审计监督职责时，应当有效利用内部审计力量和各类审计成果。对所属单位内部审计发现且已经纠正的问题，可视情况不再在审计报告中反映。

第六章　指导监督

第三十二条　内部审计机构应当接受审计机关的指导和监督，按要求向同级审计机关备案有关审计资料。

第三十三条　内部审计机构对内部审计工作进行指导、监督，履行下列职责：

（一）研究制定内部审计工作的制度和规划；

（二）检查、督促所属单位，指导本行业按照国家有关规定建立健全内部审计制度，开展内部审计工作；

（三）指导内部审计机构统筹安排审计计划，突出审计重点；

（四）组织开展专项审计和审计调查；

（五）监督所属单位内部审计机构职责履行情况，检查内部审计业务质量。

第三十四条　内部审计机构可以采取日常监督、结合审计项目监督等方式，对所属单位的内部审计制度建立健全情况、内部审计工作质量情况等进行指导和监督。

对内部审计制度建设和内部审计工作质量存在问题的，内部审计机构应当督促所属单位内部审计机构及时进行整改并书面报告整改情况；情节严重的，应当通报批评并视情况抄送上级单位内部审计机构。

第三十五条　内部审计机构应当对下级单位内部审计机构报送的有关材料进行分析，将其作为编制年度审计项目计划的参考依据。

交通运输单位党组织、董事会（或者主要负责人）应当定期听取内部审计工作汇报，加强对内部审计工作规划、年度审计计划、审计质量控制、问题整改和队伍建设等重要事项的管理。

第七章　责任追究

第三十六条　被审计单位有下列情形之一的，由单位党组织、董事会（或者主要负责人）责令改正，并依法依规对直接负责的主管人员和其他直接责任人员进行处理：

（一）拒绝接受或者不配合内部审计工作的；

（二）拒绝、拖延提供与内部审计事项有关的资料，或者提供资料不真实、不完整的；

（三）拒不纠正审计发现问题的；

（四）整改不力、屡审屡犯的；

（五）违反国家规定或者本单位内部规定的其他情形。

第三十七条　内部审计机构和内部审计人员有下列情形之一的，由单位依法依规对直接负责的主管人员和其他直接责任人员进行处理；涉嫌犯罪的，移送司法机关依法追究刑事责任：

（一）未按有关法律法规、本规定和内部审计职业规范实施审计导致应当发现的问题未被发现并造成严重后果的；

（二）隐瞒审计查出的问题或者提供虚假审计报告的；

（三）泄露国家秘密或者商业秘密的；

（四）利用职权谋取私利的；

（五）违反国家规定或者本单位内部规定的其他情形。

第三十八条 内部审计人员因履行职责受到打击、报复、陷害的，单位党组织、董事会（或者主要负责人）应当及时采取保护措施，并对相关责任人员进行处理；涉嫌犯罪的，移送司法机关依法追究刑事责任。

第八章　附　　则

第三十九条 本规定自2019年4月1日起施行。2004年11月19日发布的《交通行业内部审计工作规定》（交通部令2004年第12号）同时废止。

民政部内部审计工作规定

（民办发〔2005〕7号，2005年5月27日）

第一条 为了建立健全民政部内部审计制度，加强民政部的内部审计工作，根据《中华人民共和国审计法》和《审计署关于内部审计工作的规定》，结合民政部实际，制定本规定。

第二条 内部审计是独立监督和评价本单位及所属单位财政收支、财务收支、经济活动的真实性、合法性和效益情况的行为。

各直属单位、部管社团和代管单位，应当依法实行内部审计制度，严格内部管理和监督，强化约束机制，遵守国家财经法纪，促进廉政建设，加强财务管理和提高经济效益，维护本单位的经济利益和合法权益，保障国有资产的安全完整和保值增值，为民政事业改革和发展服务。

第三条 财务和机关事务司依法设立内部审计机构，履行内部审计职责。

第四条 民政部内部审计机构依法履行下列职责：

（一）对部直属单位、部管社团和代管单位的财政收支、财务收支，经济活动进行审计，一般每3年审计1次；

（二）对部直属单位、部管社团和代管单位的主要领导干部进行任期经济责任审计；

（三）开展部直属单位、部管社团和代管单位的专项审计；

（四）对部直属单位、部管社团和代管单位内部控制制度的健全性和有效性以及风险管理进行评审；

（五）对部直属单位、部管社团和代管单位的经济管理和效益情况进行审计；

（六）指导和监督部直属单位、部管社团和代管单位的内部审计工作、部审计人员的业务培训；根据各单位规模大小、人员多少等具体情况，指导各单位科学合理设置内审机构或专职内审人员；

（七）按照法律法规要求，结合民政部实际，建立健全内部审计制度；

（八）每年向部长提交内部审计工作报告；

（九）完成部领导交办的其他审计事项。

第五条 部内部审计机构的主要权限：

（一）要求被审计单位按时报送财务收支计划、预算执行情况、决算、会计报表和其他有关文件、资料；

（二）根据需要召开与审计事项有关的会议，向有关单位和个人进行调查，并取得证明材料；

（三）提出纠正、处理违法违规行为的意见以及改进经营管理、提高经济效益的建议；

（四）对在审计中发现的正在进行的违法违规行为，依法制止；

（五）对违法违规和造成损失浪费的单位和人员，给予通报批评或者提出追究责任的建议；

（六）对遵守财经法规、经济效益显著、贡献突出的集体和个人，向部领导提出表扬和奖励的建议。

第六条 部内部审计机构的工作程序：

（一）拟定年度审计工作计划，经领导审核批准后实施；

（二）成立审计小组，实行审计组长负责制，拟定审计工作方案，经领导审核后组织实施；

（三）审计通知书应当在实施审计 3 日前，送达被审计单位；

（四）审计终结，提出审计报告，征求被审计单位意见，被审计单位应当在 10 日内将书面意见送交审计组。审计组将审计报告和被审计单位书面意见，一并报送财务和机关事务司主要负责人审核后报分管部长审批。经批准的审计意见书和审计决定送被审计单位执行；

（五）被审计单位对审计意见书和审计决定如有异议，可向财务和机关事务司提出申诉，财务和机关事务司应当及时处理并在 30 日内答复；

（六）对审计项目进行后续审计或追踪调查，检查审计意见和决定的执行情况；

（七）在审计过程中，及时收集证明材料，编写工作底稿，建立档案，加强管理。

第七条 内部审计机构和人员的职责：

（一）内部审计机构应当遵守国家审计法律、法规以及内部审计准则、规定，按照要求实施审计；

（二）内部审计机构应当不断提高内部审计工作水平；

（三）内部审计人员应当具备良好的政治素质和较高的政策水平，具备与从事内部审计工作相适应的业务能力和专业知识，以及其他必备的有关知识；

（四）内部审计人员办理审计事项、应当严格遵守内部审计职业规范，忠于职守，做到独立、公正、保密。内部审计人员与被审计单位或审计事项有利害关系的，应当回避。

第八条 内部审计人员依法行使职权受国家法律保护，任何单位和个人不得打击报复。

对认真履行职责，坚持原则，做出显著成绩的内部审计人员，可以给予精神或者物质奖励；对滥用职权、玩忽职守、泄露秘密的内部审计人员，按照有关规定予以处理。

中国保监会关于印发《保险公司董事及高级管理人员审计管理办法》的通知

（保监发〔2010〕78号，2010年9月2日）

各保险公司、各保监局：

为加强对保险公司董事及高级管理人员的监督管理，促进保险公司建立健全风险防范机制，规范相关审计工作，我会制定了《保险公司董事及高级管理人员审计管理办法》，现予印发，请遵照执行。

中国保险监督管理委员会
二〇一〇年九月二日

保险公司董事及高级管理人员审计管理办法

第一章 总 则

第一条 为加强保险公司董事及高级管理人员的监督管理，促进保险公司建立健全风险防范机制，规范相关审计工作，根据《中华人民共和国保险法》和其他规定，制定本办法。

第二条 本办法所称董事及高级管理人员审计，是指对保险公司董事及高级管理人员在任职期间所进行的经营管理活动进行审计检查，客观评价其依据职责所应承担责任的审计活动。包括任中审计、离任审计和专项审计。

任中审计是指按照规定的间隔期限，对在任董事及高级管理人员进行的阶段性审计。

离任审计是指对因任期届满、工作调动、辞职、免职、撤职、退休等原因离开工作岗位的董事及高级管理人员，对其在本岗位任职期间的职务行为进行的评价性审计。

专项审计是指因公司出现重大违规、财务异常或舞弊等情形，对可能负有责任的董事及高级管理人员进行的特定审计。

第三条 保险公司董事及高级管理人员审计对象包括下列人员：

（一）董事长及其他执行董事；

（二）总公司管理层成员；

（三）省级分公司总经理、副总经理、总经理助理；

（四）分公司或中心支公司总经理；

（五）具有与上述人员相同职权的其他人员。

鼓励保险公司按照本办法的规定，对其他高级管理人员或关键岗位管理人员进行审计。

第四条 保险公司董事及高级管理人员审计内容主要包括审计对象在特定期间及职权范围内对以下事项所承担的责任：

（一）经营成果真实性；

（二）经营行为合规性；

（三）内部控制有效性。

鼓励保险公司在完成以上审计内容的同时，对审计对象进行经营决策科学性和经营绩效评价。

第五条 保险公司应当根据本办法要求，制定本公司董事及高级管理人员审计实施细则，加强董事及高级管理人员审计规划，合理配置审计资源，避免重复审计和审计遗漏。

保险公司应当将审计结果与董事及高级管理人员的考核、任用、奖惩挂钩，提高审计工作的权威性。

第二章　审计的组织与实施

第六条 对保险公司董事长、总经理和审计责任人进行审计，应当聘请外部审计机构实施。其中，对保险集团公司下属保险子公司和保险资产管理公司董事长和总经理进行审计的，可以由其集团公司审计部门组织实施。

对其他高级管理人员进行审计，由保险公司内部审计部门或外部审计机构组织实施。

未实行审计集中制的保险公司，应当按照下审一级的原则确定具体审计机构和人员。

第七条 实施保险公司董事及高级管理人员审计的外部审计机构应当由保险公司董事会负责选聘。董事会审计委员会应当对外部审计机构的独立性出具书面意见。

第八条 受聘进行保险公司董事及高级管理人员审计的外部审计机构应当具备以下条件：

（一）具备足够数量熟悉保险业务和保险监管规定、胜任该项审计工作的专业人员；

（二）与审计对象没有利害关系；

（三）有良好的职业声誉，最近3年未因执业行为受到处罚；

（四）中国保监会规定的其他条件。

第九条 保险公司应当制定董事及高级管理人员任中审计年度计划。对高管人员实施任中审计的间隔时间不得超过三年。

离任审计应当根据人员变动情况及时进行，原则上实行先审计后离任的原则。确有理由不能事先审计的，应当在审计对象离任3个月内完成审计并出具审计报告。聘用外部审计机构进行审计的，可适当延长审计时间，但最长不得超过6个月。

专项审计由公司根据实际情况确定审计时间和时限。

第十条 保险公司董事及高级管理人员在任中审计现场部分结束后3个月内出现需要进行离任审计情形的，可以不再单独组织实施离任审计。

对保险公司董事及高级管理人员进行审计时，其他审计项目已经审计过的内容，原则上可以借鉴其审计结论，不再重复审计，但有线索表明原有审计工作可能存在瑕疵的除外。

第三章　审计报告

第十一条 审计结束后，审计机构应当出具董事及高级管理人员审计报告。审计报告包括以下内容：

（一）审计依据、审计对象及其职责范围、审计人员；

（二）审计的范围、内容、方法；

（三）审计结果，主要指审计发现的问题及责任界定。

审计机构出具审计报告之前，应当征求审计对象的意见。审计对象的反馈意见作为审计报告的附件。

审计机构应当对审计报告的真实性、合法性和客观性负责。

第十二条 保险公司董事及高级管理人员审计报告应当区分审计对象的直接责任和领导责任。

直接责任是指审计对象对其职权范围内发生下列行为时应承担的责任：

（一）直接实施违反国家法律法规、监管规定及保险公司内部管理规定行为的；

（二）强令、指使、授意、纵容、包庇下属人员实施上述行为的；

（三）失职、渎职的；

（四）其他直接违法违规行为。

领导责任是指审计对象在其任期内对其职权范围内负有直接责任以外的管理责任。

第十三条 对总公司董事长和管理层成员的审计报告，应当按照规定程序和时限提交公司董事会，并同时提交监事会。审计报告经董事会审议后，在20个工作日内报中国保监会。

其他高级管理人员审计报告应当按照《关于向保监会派出机构报送保险公司分支机构内部审计报告有关事项的通知》（保监发〔2008〕56号）规定的程序和时限报所在地保监局。

第十四条 保险公司应当将董事及高级管理人员审计报告列入审计对象的人事信息管理，作为对其考核、任用、奖惩的重要依据。

对审计发现的问题，保险公司应当按规定程序追究相关责任人的责任，及时组织整改。

第十五条 中国保监会及其派出机构应当将保险公司董事及高级管理人员审计报告纳入高级管理人员信息系统进行归档管理。

中国保监会及其派出机构在董事及高级管理人员任职资格审查时，可以要求其原任职保险公司提交最近任职岗位的离任报告，也可以参考其过往任职期间审计报告的审计结论。

第四章　法　律　责　任

第十六条 保险公司、外部审计机构及相关人员在进行董事及高级管理人员审计过程中，不得有下列行为：

（一）保险公司未按照本办法规定的范围、时限和要求，对保险公司董事及高级管理人员进行审计，并向中国保监会或其派出机构提交审计报告；

（二）保险公司向中国保监会或其派出机构报送的审计报告及相关材料存在虚假陈述，或者故意隐瞒或遗漏审计发现问题；

（三）中国保监会或其派出机构在任职资格审查时，要求被审查高管人员的原任职保险公司提交离任审计报告，原任职保险公司未按期提交或提交虚假报告；

（四）审计人员在审计过程中，因故意或重大过失，导致审计对象的重大责任未被发现，或者故意隐瞒审计发现的问题；

（五）审计对象及其所在保险机构拒绝、阻碍审计，或者转移、隐匿、伪造、毁弃审计所需的资料或者证明材料，或者打击报复审计工作人员、检举人、证明人或者资料提供人。

保险公司及相关人员发生上述行为之一的，由中国保监会或其派出机构依照《保险法》第一百七十一条、第一百七十三条及其他监管规定予以处罚。

外部审计机构发生前款第（四）项所列情形的，中国保监会或其派出机构可以向其主管部门予以通报，并在行业内公布该审计机构名称，其他保险公司不得委托该审计机构实施审计。

第十七条 对于审计报告揭示的违反监管规定的问题，或者认为保险公司提交的审计报告未真实反映被审计对象问题的，中国保监会或其派出机构可以采取以下方式予以查明：

（一）要求审计机构进行说明；

（二）听取审计对象的陈述；

（三）委托外部审计机构进行复核审计，审计费用由保险公司承担；

（四）立案调查。

第十八条 对于审计报告揭示的违反监管规定的问题，中国保监会及其派出机构可以在调查取证后，依照《行政处罚法》的相关规定，采取以下方式处理：

（一）违规行为较轻，没有造成危害的，免于处罚；

（二）保险公司整改及时，处理到位，主动消除或者减轻违规行为危害后果的，可酌情减轻或免于处罚；

（三）配合监管机构查处违规行为有立功表现的，从轻或者减轻处罚；

（四）对审计发现问题不追究责任或不认真组织整改的，依法从重处罚。

第五章 附 则

第十九条 保险集团公司和保险资产管理公司适用本办法。

外国保险公司分公司适用本办法，但涉及董事会或董事长的有关规定除外。

第二十条 本办法自 2011 年 1 月 1 日起施行。

保监会就《保险公司董事及高级管理人员审计管理办法》答记者问

近日，《保险公司董事及高级管理人员审计管理办法》（以下简称《审计办法》）发布，并将于 2011 年 1 月 1 日起施行。日前，中国保监会有关部门负责人就《审计办法》回答了记者提问。

问：《审计办法》出台的背景和目的是什么？

答：近年来，随着保险监管的深入，全行业越来越充分认识到，加强对保险公司董事和高管人员履职过程的监管，真正"管住人"，是落实监管措施、实现有效监管的关键和重点。建立高管审计制度是加强高管人员监管的必要措施。从全行业目前实际看，大部分公司对高管人员都建立了审计制度，也开展了离任审计等工作，但普遍存在不规范问题。各公司对高管审计的范围、频率、内容和组织方式各不相同，审计结果的运用也不统一，客观上影响了审计工作的效果。此外，部分保险公司总公司的董事长、执行董事和高管人员长期任职但从未进行过有针对性的审计，也存在一定的制度空白。制定《审计办法》，目的正在于规范和统一对各公司高管审计的范围、程序和内容，并对审计结果如何运用进行统一要求。通过内外部审计的方式，建立保险公司董事和高管人员的履职监督机制。

同时，我们也想通过《审计办法》的发布，加强对保险公司内部审计活动的监督。通过对保险公司内部审计的监管，督促其建立有效的内部监督机制，既是国内外的金融监管的普遍实践，也是国际规则的基本要求。国际保险监督官协会《保险监管核心原则》明确规定，"监管机构应当要求保险公司建立与其业务性质和规模相适应的内部审计体系"，"监管机构应当对内部审计的健全性和有效性进行审核，应当能够查阅保险公司内部审计报告"。2007年，我会借鉴《核心原则》，制定了《保险公司内部审计指引》，要求保险公司按照现代公司治理的要求，建立健全内部审计体系。《审计办法》是在《指引》的体制框架之下，对公司重要审计业务活动进行指导，是对《指引》有关原则规定的延伸和细化，目的在于加强对内部审计的监督，进一步做实内部审计，促使其更有效地发挥辅助监管的作用。

问：高管人员审计和通常所说的经济责任审计有什么区别？

答：根据国家有关规定，经济责任审计主要是从党管干部或者国有资产管理的角度，由国有出资人对国资经营者进行经营绩效评判而实行的审计，着重强调经营决策科学性和经营绩效评价，只针对国有企业的主要负责同志。《审计办法》规定的高管人员审计，则是从监管的角度，根据监管的目标，对各种所有制形式的保险公司的经营成果真实性、经营行为合规性以及内部控制有效性等内容进行审计。两者在性质、目的、内容等方面都有很大区别。对于既要实施高管人员审计，又要实施主要负责人的经济责任审计的国有保险公司，为了避免重复审计造成资源浪费，《审计办法》规定对于可能重叠的具体审计内容，高管审计可以借鉴包括经济责任审计在内的其他审计的有效结论。

问：《审计办法》规定的审计对象和内容是什么？

答：为加强对重点监管对象的监管，《审计办法》规定，审计对象包括四个层次，一是保险公司董事长及其他执行董事。二是管理层成员。三是省级分公司总经理、副总经理和总经理助理。四是分公司或中心支公司总经理，以及具有与上述人员相同职权的其他人员。对于《保险公司董事及高管人员任职资格管理办法》规定的中心支公司副总经理、总经理助理及营销服务部负责人等其他高管人员，我们考虑这类基层负责人员数量庞大，如果全部要求进行审计，公司负担过重，而且审计部门对其上级进行审计时，一般也会涉及这些人员，因此《审计办法》没有将其纳入审计对象范围。同时，根据公司自身实际需要，《审计办法》鼓励保险公司将其他高管人员纳入审计对象，按照本《办法》进行审计。

基于加强监管的目的，《审计办法》规定的审计内容主要包括，审计对象在特定期间及其职权范围内对公司经营成果真实性、经营行为合规性和内部控制有效性。我们认为，这三项是从监管角度评价和考察一个高管人员的主要方面。

问：在什么情况下保险公司需要对董事及高管人员实施审计？

答：《审计办法》规定的保险公司董事及高管人员审计包括任中审计、离任审计和专项审计三大类。对于在一个岗位长期任职的高管人员，《审计办法》规定保险公司应当实施任中审计，任中审计的间隔不得超过三年。这个规定的目的在于给董事及高管人员一个明确的接受审计的预期，减少其违规经营的侥幸心理。凡因任期届满、工作调动、辞职、免职、撤职、退休等原因离开工作岗位的董事及高管人员，都要实施离任审计。鉴于离任审计报告是保险公司董事及高管人员任职资格审查的重要参考材料，而这一报告由离职人员原任职单位出具，为避免原任职单位故意拖延审计进程，同时防止董事及高管人员带"病"离职，《审计办法》规定离任审计应当根据人员变动情况及时进行，原则上实行先审计后离任，对确有理由不能事先审计的，应当在离任后3个月内完成审计并出具审计报告。对于因公司出现重大违规、财务异常或舞弊等情形，对可能负有责任的董事及高管人员，可以实施专项审计。

问：董事及高管人员审计的审计主体如何确定？

答：董事长和总经理是公司的主要负责人，审计责任人是公司的主要监督职责履行者，如何加强对他们的审计监督是一个难题。由公司内部审计部门对其进行审计，难以保证审计结果的公正性，而由监管部门进行审计操作难度较大。为此，《审计办法》规定对保险公司董事长、总经理以及审计责任人的审计应当聘请具有一定资质条件的外部审计机构实施，外部审计机构的选聘由董事会负责。

鉴于保险集团公司可以对其保险子公司和资产管理公司进行直接管理，其内部审计机构可以负责对下属子公司的审计，因此《审计办法》规定，对保险集团公司下属保险子公司和资产管理公司董事长、总经理以及审计责任人进行审计的，可以由其集团公司的审计部门组织实施。

对其他高管人员的审计，《审计办法》规定由公司内部审计机构组织实施。同时为提高审计的独立性，《审计办法》进一步规定，没有实行审计集中或垂直管理的保险公司，则必须按照"下审一级"的原则来确定具体的审计机构和人员。

问：董事及高管人员审计报告和审计结果如何运用？

答：《审计办法》针对不同审计对象规定了不同的审计报告路线。对总公司董事长和管理层成员的审计报告，要按照规定的程序和时限提交公司董事会，在经公司董事会审议后的20个工作日内报中国保监会。对分支机构的高管人员的审计报告，要按照规定的程序和时限报公司内部相关机构及分支机构所在地保监局。

关于审计结果运用，《审计办法》从保险公司和监管机构两方面做了原则性规定。首先，保险公司应当将董事及高管人员审计报告列入审计对象的人事档案管理，作为对其考核、任用、奖惩的重要依据。对审计发现的问题，要及时组织整改并按规定的程序追究相关责任人的责任。其次，保险监管部门应当将保险公司董事及高管人员审计报告纳入高管人员信息系统进行归档管理，在董事及高管人员任职资格审查时，可以参考其过往任职期间审计报告的审计结论，也可以要求其原任保险公司提交最近任职岗位的离任报告。

问：对于违反《审计办法》的行为，有哪些处罚措施？

答：《审计办法》作为一般规范性文件，没有直接规定处罚措施，而是按照《保险法》的相关规定予以处罚。《审计办法》规定，保险公司未按照规定的范围、时限和要求，对保险公司董事及高管人员进行审计并提交审计报告，或者提交存在虚假陈述、故意隐瞒或遗漏审计发现问题的报告的，将按照《保险法》第一百七十一条及第一百七十三条的规定进行处罚。对于其他违规行为，《审计办法》也作了列举，同样根据《保险法》的相关规定进行处罚。

对于外部审计机构发生故意隐瞒审计发现问题等情形的，《审计办法》规定中国保监会或其派出机构可以向其主管部门予以通报，并在行业内公布该审计机构名称，其他保险公司不得委托该审计机构实施审计。

国家卫生健康委办公厅关于印发卫生健康行业内部审计基本指引（试行）等7个工作指引的通知

（国卫办财务函〔2023〕416号）

各省、自治区、直辖市及新疆生产建设兵团卫生健康委，国家卫生健康委直属和联系单位、预算单位：

为贯彻落实《进一步加强卫生健康行业内部审计工作的若干意见》（国卫财务发〔2022〕9号），指导和规范各级卫生健康行政部门及属管单位开展审计业务，更好发挥内部审计作用，我委研究制定了《卫生健康行业内部审计基本指引（试行）》等7个工作指引，现予以印发，供各地各单位开展内部审计工作时参考。执行过程中如遇问题请及时反馈至国家卫生健康委财务司。

附件：1. 卫生健康行业内部审计基本指引（试行）
2. 大型医用设备绩效专项审计指引（试行）
3. 高值医用耗材专项审计指引（试行）
4. 采购管理专项审计指引（试行）
5. 建设项目专项审计指引（试行）
6. 合同管理专项审计指引（试行）
7. 内部控制评价工作指引（试行）

国家卫生健康委办公厅
2023年11月14日

附件1

卫生健康行业内部审计基本指引（试行）

第一条 为进一步指导和规范卫生健康行业内部审计工作，提高审计工作质量，根据《审计署关于内部审计工作的规定》《卫生计生系统内部审计工作规定》《进一步加强卫生健康行业内部审计工作的若干意见》等相关规定，结合审计实践，制定本指引。

第二条 本指引供各级卫生健康行政部门及属管单位开展审计业务时参考使用。

第三条 开展审计业务时，应当遵守职业道德，具备相应的专业胜任能力，履行保密义务，独立、客观、公正地开展审计监督和评价，关注相关经济风险，并对审计质量实施有效控制。严格遵守保密规定，不得泄露在审计中获知的国家秘密、商业秘密、工作秘密、个人隐私和内部信息。

第四条 根据年度审计计划确定的审计项目及实施时间，开展审前调查，收集项目资料，评估工作量，统筹审计资源。

第五条 编制审计方案，明确审计目标、范围、内容、程序和方法，组建审计组，合理安排人员分工、时间，制定并送达审计通知书。

第六条 审计组全面了解审计项目，开展内部控制测试，发现制度是否存在缺失、未执行或执行不严格等情况。

第七条 审计组依据项目特点和审计目标综合运用恰当的审计方法，使用现代信息技术，发现审计线索，获取审计证据。审计方法一般包括审核、观察、监盘、访谈、调查、函证、计算和分析程序等。

第八条 审计组在审计工作中发现重大的问题线索，及时按程序向单位党组织、主要负责人请示报告。

第九条 审计组在审计工作中编制审计工作底稿，记录审计程序，归纳审计证据，形成审计结论。建立审计工作底稿分级复核制度，明确各级复核人员的职责和要求。

第十条 审计组汇总分析审计证据，提出审计建议，形成审计报告初稿，经规定程序复核后，征求被审计单位合理意见。研究采纳情况并按程序审定后，出具审计报告，送达被审计单位。

第十一条 按照立行立改、分阶段整改、持续整改的要求，督促被审计单位采取措施推动审计整改。

第十二条 加强内部审计与纪检监察、巡视巡察、组织人事、财会监督等其他监督力量协作配合，做好问题线索移送、责任追究等工作。

第十三条 审计组在项目结束后，及时收集审计材料，按规定归类整理、编目装订、组合成卷和定期归档。具备条件的，可以建立电子审计档案。

第十四条 本指引不能替代相关法律法规、部门规章、规范性文件及审计职业判断。对未涉及事项，需参考相关内部审计准则、指南、指引等。

第十五条 本指引由国家卫生健康委财务司负责解释。

附件 2

大型医用设备绩效专项审计指引（试行）

第一条 为进一步指导和规范各级卫生健康行政部门及属管单位开展大型医用设备绩效专项审计业务，提高内部审计工作质量，根据《医疗器械监督管理条例》《卫生计生系统内部审计规定》《医疗器械临床使用管理办法》《大型医用设备配置与使用管理办法（试行）》等相关规定，结合审计实践，制定本指引。

第二条 大型医用设备绩效审计应当聚焦纳入监督管理考核范围的设备，包括使用技术复杂、资金投入量大、运行成本高、对医疗费用影响大且纳入目录管理的大型医疗器械，纳入财政预算绩效管理的医用设备，以及根据单位内部管理需要纳入监督考核的医用设备。

第三条 审计时运用观察、检查、询问、重新计算、重新执行、穿行测试等，开展内部控制测试和实质性程序。

第四条 设计和实施内部控制测试时，重点关注以下内容：

（一）机构与职责。查阅内设机构及职能设置文件、会议纪要等，了解机构设置、职责分工及落实情况。包括是否明确归口管理部门，是否履行职责；是否建立健全议事决策机制、岗位责任制、内部监督等机制，其中岗位责任制是否明确岗位办理业务和事项的权限范围、审批程序和责任。

（二）人员管理。查阅岗位职责等资料，访谈相关人员，了解关键岗位人员管理情况。包括大型医用设备使用人员是否具备相应资质、能力；设备采购预算编制与审定、采购需求制定与内部审批、招标文件准备与复核、合同签订与验收、验收与保管、增减设备执行与审批、设备保管与登记、设备实物管理与会计记录、设备保管与清查等不相容岗位是否相互分离；是否对设备管理关键岗位人员建立培训、评价、轮岗等机制；不具备轮岗条件的是否采取专项审计等控制措施等。

（三）制度建设。查阅大型医用设备管理制度、业务流程、内部控制评价报告等资料，了解制度体系健全、合规情况。包括是否明确大型医用设备管理范围；是否建立健全大型医用设备管理制度，是否明确配置、采购、安装、验收、使用、维护、维修、盘点、处置、核算、监督、绩效评价等内容；是否符合国家及属地有关规定；是否明确审核审批事项，是否建立授权审批控制；相关制度是否有效执行等。

（四）信息化建设。查看单位资产管理信息系统及其他相关信息系统，查阅内部控制评价报告等资料，了解信息化建设及运行情况，包括是否建立设备管理系统，是否嵌入内部控制要求；系统是否可以覆盖大型医用设备管理各环节；是否与内部其他相关信息系统互联互通；录入信息是否完整、准确等。

第五条 审计采购管理情况时，重点关注以下内容：

（一）管理制度。查阅医用设备管理、采购管理制度，审计是否明确配置论证、采购执行的业务流程、审批权限等管理要求。

（二）配置论证。查阅大型医用设备采购申请论证资料、相关会议纪要等，审计申请、审核、论证、审批程序及资料是否完备；是否按规定履行政府采购需求管理；是否按规定履行重大经济事项集体决策程序等。

（三）采购执行。查阅采购文件，审计采购方式、采购程序、信息公开等是否符合有关规定；采购资料内容是否完整、合规；是否按照权限履行审核审批程序等。

（四）采购合同。查阅中标或成交通知书、采购合同等采购文件，审计各类资料记载单位、数量、金额等信息是否一致；合同要素是否齐全等。

第六条 审计资产管理情况时，重点关注以下内容：

（一）管理制度。查阅资产管理制度，审计是否规定验收、出入库、盘点对账、维修维护、处置等业务流程、审批权限等管理要求。

（二）验收管理。查阅采购合同、送货清单、验收记录并对比分析，审计各类单据记载信息是否一致；是否成立验收小组，按照合同约定开展安装、调试、验收等工作；验收记录内容是否完整；验收完成后是否及时登记入库等。

（三）使用管理。查阅资产账卡、维修维护记录、医疗器械注册证、产品说明书及采购、维修维护合同等资料，现场查看实物保管情况，审计存放地点是否符合有关规定；是否按照合同约定定期检查、检验、校准、保养、维护；医用设备是否按照注册证规定的范围使用；设备产生的检查收入是否存在与医务人员绩效工资挂钩的情况等。

（四）盘点对账。查阅盘点记录、资产账等资料，开展监盘，查看资产管理信息系统并对比分析，审计是否定期开展盘点工作；账实、账账是否相符；是否依据盘点结果查明盘盈盘亏原因并按规定处理等。

（五）资产处置。查阅相关会议纪要、审核审批记录、财务账等资料，审计是否履行重大经济事项集体决策程序，是否按规定报送上级有关部门备案或审批；处置流程是否符合程序；处置收入是否按照政府非税收入等有关规定及时上缴国库等。

第七条 审计绩效管理情况时，依据批复的预算绩效目标、单位制定的大型医用设备评价指标等，结合单位实际情况选取指标。

（一）工作效率。现场查看设备使用情况，查阅使用记录、设备管理信息系统数据，了解设备启用日期、每日运行时间、工作量，计算开机率、年功效利用率等，审计设备是否闲置、低效运转等。

$$开机率 = 实际开机时间 \div 应工作时间 \times 100\%$$

$$年功效利用率 = 年实际工作量 \div (日满负荷工作量 \times 年开机天数) \times 100\%$$

（二）收费执行。查看医院管理信息系统（HIS系统）、电子病历系统，对比分析收费数据、业务数据，审计收费项目和收费标准执行是否合规；是否存在多收或少收等情况。

（三）运营效益。查看HIS、财务管理等信息系统中设备收入和成本数据，计算设备投资回收期和收支结余率等，审计是否达到预期目标。

$$设备投资回收期 = \frac{现金净流量累计}{正值前一年的年限} + \frac{现金净流量累计为正值当年年初未收回的投资额}{该年现金净流量}$$

$$设备收支结余率 = (设备项目总收入 - 设备运营总支出) \div 设备项目总收入 \times 100\%$$

（四）社会效益。调查检查或术前等候时间、患者满意度等，计算大型医用设备检查阳性率等，审计是否达到预期目标。

$$大型医用设备检查阳性率 = \frac{大型医用设备检查阳性数}{同期大型医用设备检查人次数} \times 100\%$$

（五）科教效益。查阅相关科研教学成果、论文著作、成果转化等资料，了解科研教学任务完成情况，审计是否达到预期目标。

（六）生态效益。审计在购置、使用和处置等各环节是否遵守环境保护、环境影响评价、放射性污染防治、水污染防治、医疗废物管理相关法律法规；是否受到相关行政处罚等。

第八条 审计财务管理情况时，查阅批复预算、会计账簿、会计凭证、采购合同等资料，重点关注大型医用设备采购预算是否纳入年度部门预算；是否按规定开展预算绩效自评，评价结果是否有效运用；是否按照中小企业款项支付政策及合同约定履行付款义务；是否按照国家及属地规定、合同约定收付履约保证金等。

第九条 审计设备档案管理情况时，查看设备管理信息系统及档案，重点关注是否按照台（件）建立设备管理档案，记录采购、安装、验收、使用、维护、维修、质量控制等事项信息；采购文件是否按规定期限保管等。

第十条 大型医用设备绩效专项审计业务涉及采购、合同、资产、捐赠、财务、绩效审计等内容的，需参考国家有关规定及其他审计指引等。

第十一条 本指引由国家卫生健康委财务司负责解释。

附件3

高值医用耗材专项审计指引（试行）

第一条 为进一步指导和规范各级卫生健康行政部门及属管单位开展高值医用耗材专项审计业务，提高内部审计工作质量，根据《治理高值医用耗材改革方案》《卫生计生系统内部审计工作规定》《医疗机构医用耗材管理办法（试行）》《国家卫生健康委办公厅关于印发第一批国家高值医用耗材重点治理清单的通知》等相关规定，结合审计实践，制定本指引。

第二条 高值医用耗材具有直接作用于人体、对安全性有严格要求、临床使用量大、价格相对较高等特点，审计组应当遵照国家及属地管理要求，结合被审计单位实际，确定审计内容。

第三条 审计时运用观察、检查、询问、重新计算、重新执行、穿行测试等，开展内部控制测试和实质性程序。

第四条 设计和实施内部控制测试时，重点关注以下内容：

（一）机构与职责。查阅内设机构及职能设置文件、会议纪要等，了解机构设置、职责分工及落实情况。包括是否按规定设立医用耗材管理委员会，是否履行职责；医用耗材管理部门、医务管理部门是否履行职责；是否建立健全议事决策机制、岗位责任制、内部监督等机制，其中岗位责任制是否明确岗位办理业务和事项的权限范围、审批程序和责任。

（二）人员管理。查阅岗位职责、轮岗记录等资料，访谈相关人员，了解关键岗位人员管理情况。包括从事医用耗材管理相关工作的人员是否具备与管理工作相适应的专业学历、技术职称；不相容岗位是否相互分离；是否对医用耗材管理关键岗位人员建立培训、评价、轮岗等机制；不具备轮岗条件的是否定期采取专项审计等控制措施等。

（三）制度建设。查阅医用耗材管理制度、业务流程、内部控制评价报告等资料，了解制度体系健全、合规情况。包括是否界定高值医用耗材管理范围；是否建立健全医用耗材管理制度，是否明确遴选、采购、库存、收费、财务、信息化建设、使用评价等内容；是否符合国家及属地有关规定；是否明确审核审批事项，是否建立授权审批控制；相关制度是否有效执行等。

（四）信息化建设。查看耗材管理系统及其他相关信息系统，查阅内部控制评价报告等资料，了解信息化建设及运行情况，包括是否建立耗材管理系统，是否嵌入内部控制要求，是否可以覆盖高值医用耗材管理各环节；是否与内部其他相关信息系统互联互通；录入信息是否全面、完整、准确等。

第五条 审计遴选管理情况时，重点关注以下内容：

（一）管理制度。查阅医用耗材、供货商遴选、耗材准入等管理制度，审计是否规定耗材及供应商遴选和准入的流程、资质要求、审核审批权限等内容，是否明确对耗材目录动态管理的要求等。

（二）准入遴选。查阅新增耗材准入遴选相关记录、会议纪要、医疗机构医用耗材供应目录（以下简称供应目录）等资料，对比分析集中采购管理平台数据，审计耗材品目信息是否一致；新耗材准入是否按照权限履行审核审批程序，审批结果记录是否完整等。

（三）供应商管理。查阅供应目录、医疗器械经营企业许可证、企业法人营业执照、授权代理证明、产品注册证及附页等资料，审计供应商及产品资质是否合规、有效，调整审批记录是否完整；实际执行的供应商是否在供应目录范围内等。

（四）目录管理。查阅供应目录，审计属于国家或省市医用耗材集中采购目录的是否从中遴选，是否包含耗材、供应商等信息，是否定期调整等。

第六条　审计采购管理情况，重点关注以下内容：

（一）管理制度。查阅采购管理制度，审计是否规定采购方式、流程、审批权限等内容。

（二）采购执行。查阅采购申请审批表、采购资料、采购合同及台账等，查看集中采购管理平台，审计集中采购的高值医用耗材是否在规定的平台上采购，成交价格与平台价格是否存在差异；一年内重复多次临时采购的高值医用耗材是否按程序审批并及时纳入供应目录；集中采购目录外高值医用耗材的采购程序、采购方式是否符合有关规定；是否按照权限履行审核审批程序等。

（三）采购合同。查阅采购合同等资料，审计是否签订采购合同，合同要素、条款是否完整，合同条款是否合理等。

第七条　审计库存管理情况时，重点关注以下内容：

（一）管理制度。查阅库存管理制度，审计是否规定验收、出入库、存储转运、盘点对账等内容。

（二）出入库管理。查阅采购、验收、出入库记录和发票、送货清单并对比分析，审计是否按规定及合同约定开展验收确认；各类单据记载信息是否一致；出入库手续是否完备、合规，耗材是否在效期内；是否按规定保管送货及出入库单据等。

（三）实物管理。查阅资产账、出入库记录等资料，现场查看实物保管情况，审计各级库房是否安排专人管理并记录明细台账；各级库房、转运消毒中心等交接记录是否完整；是否违规使用供应目录外高值医用耗材等。

（四）盘点对账。查阅盘点记录、资产账等资料，开展监盘，查看耗材管理信息系统、医院管理信息系统（HIS系统）并对比分析，审计是否指定专人定期盘点对账；账实、账账是否相符；是否依据盘点结果查明盘盈盘亏原因并按规定处理等。

第八条　审计收费和价格管理情况时，重点关注以下内容：

（一）管理制度。查阅收费和价格管理制度，审计是否规定收费和退费流程、审批权限、成本测算及控制、调价管理、价格公示、费用清单等内容。

（二）政策落实。查看并对比分析耗材管理信息系统、HIS系统中收费项目数据，审计是否执行国家及属地规定的"零差率"、医保基金使用、价格行为管理等政策，是否存在未经价格管理部门备案或批复的医疗服务项目；医疗服务价格是否及时调整；是否根据巡视巡察、审计、飞行检查等监督检查发现问题及时整改等。

（三）收费合规。查看耗材管理系统、HIS系统，对比分析收费、病历、出库记录和耗材条码信息等，审计记载信息是否一致；是否存在重复收费、超范围收费、超标准收费、分解项目收费、串换医用耗材、虚假收费等情况。

（四）退费管理。查阅费用减免、退费管理等制度、业务流程、业务审批单等资料，查看耗材管理系统、HIS系统，审计是否按照权限履行审核审批程序，事由是否合理，单据内容是否完整等。

第九条　审计财务管理情况时，查阅部门预算文件、会计账簿、会计凭证、采购合同、资产账、盘点记录等资料，重点关注高值医用耗材采购是否纳入年度部门预算；是否按照中小企业款项支付政策及合同约定履行付款义务；相关信息是否一致；是否及时进行账务处理；是否定期与耗材管理部门核对账务。

第十条　审计使用评价情况时，查阅内部制度和出入库、病历、收费记录等资料，重点关注内部制度是否规定高值医用耗材临床应用质量安全事件报告、不良反应监测、重点监控、超常预警和评价等内容，执行是否有效；相关信息记录是否完整、一致，是否可追溯等。

第十一条 关注采用供应链延伸服务（SPD）模式管理高值医用耗材的相关风险。查阅内部制度、服务合同、财务账簿、会计凭证、会议纪要等资料，查看相关信息系统，访谈相关人员，了解单位使用SPD模式的决策情况，对配送商、供应商的监管措施及执行情况，相关信息系统安全性、数据所有权归属等情况。

审计采购方式是否适当，合同是否约定单位、配送商、供应商的权利义务、违约责任等内容，是否强制供应商使用相关信息系统；是否按规定及合同约定结算货款和服务费；单位工作人员是否参与耗材验收；发票是否真实、准确，是否符合"两票制"改革导向等。

第十二条 高值医用耗材专项审计业务涉及采购、合同、财务、资产等内容的，需参考国家有关规定及其他审计指引等。

第十三条 本指引由国家卫生健康委财务司负责解释。

附件4

采购管理专项审计指引（试行）

第一条 为进一步指导和规范各级卫生健康行政部门及属管单位开展采购管理专项审计业务，提高内部审计工作质量，根据《中华人民共和国政府采购法》《卫生计生系统内部审计规定》《行政事业单位内部控制规范（试行）》等相关规定，结合审计实践，制定本指引。

第二条 本指引所称采购包括政府采购，政府采购限额标准以下且集中采购目录以外的货物、服务、工程采购（以下简称限额以下且目录以外采购）。审计组应当遵照国家及属地管理要求，结合被审计单位实际，确定审计内容。

第三条 审计时运用观察、检查、询问、重新计算、重新执行、穿行测试等，开展内部控制测试和实质性程序。

第四条 设计和实施内部控制测试时，重点关注以下内容：

（一）机构与职责。查阅内设机构及职能设置文件、会议纪要等，了解机构设置、职责分工及落实情况。包括是否明确归口管理部门及权限划分，是否履行职责；是否建立健全议事决策机制、岗位责任制、内部监督等机制。其中岗位责任制是否明确岗位办理业务和事项的权限范围、审批程序和责任。

（二）人员管理。查阅岗位职责、轮岗记录等资料，访谈相关人员，了解关键岗位人员管理情况。包括从事采购管理工作的人员是否具备相应资质、能力；采购需求制定与内部审批、采购文件编制与复核、合同签订与验收等不相容岗位是否相互分离；是否建立政府采购多人参与、在岗监督、离岗审查和项目责任追溯制度；是否对采购管理关键岗位人员建立培训、评价、轮岗等机制；不具备轮岗条件的是否定期采取专项审计等控制措施等。

（三）制度建设。查阅采购管理制度、业务流程、内部控制评价报告等资料，了解制度体系健全、合规情况。包括是否建立健全政府采购、限额以下且目录以外采购管理制度，且涵盖货物、服务、工程等内容；是否明确采购预算、需求、计划、方式、程序、合同、验收、结算、供应商管理、信息公开、档案、监督评价、争议处理、委托代理、政策功能、所属单位采购管理等要求；是否符合国家、属地及上级单位有关规定；是否明确审核审批事项，是否建立授权审批控制；相关制度是否有效执行等。

（四）信息化建设。查看采购管理系统，查阅系统操作记录、内部控制评价等资料，了解人员身份验证、岗位业务授权、系统操作记录、电子档案管理等功能建设及执行情况。

第五条 审计政府采购管理情况时，重点关注以下内容：

（一）采购当事人管理。查阅采购人法人证书、采购合同、供应商营业执照、资质资格证明、违法记录、采购代理机构委托代理协议等资料，审计是否为政府采购活动；采购人、供应商、采购代理机构等采购当事人是否属于政府采购法适用对象，是否具备履约能力；是否按规定选定采购代理机构，是否存在应委托未委托集中采购代理机构等情形，委托代理协议是否符合法定要求；审查供应商是否具备参加政府采购活动的条件，是否存在关联交易、串通舞弊、不正当竞争、转包、违法分包以及谋取不正当利益等违法情形。

（二）需求管理。查阅采购需求调查记录等文件资料，审计需求要素是否完整、准确、合规，是否符合采购项目特点和实际，是否依据部门预算（工程项目概预算）确定；是否按规定开展需求调查；是否对规定的采购项目开展需求论证；是否开展一般性需求审查；应当开展重点审查的，是否审查非歧视性、竞争性、采购政策、履约风险等；采购需求与采购文件等有关内容是否一致等。

（三）实施计划管理。查阅政府采购实施计划等资料，审计实施计划内容是否完整；采购包划分是否合理；供应商资格条件是否与采购标的、履约能力直接相关，是否存在歧视性条件等；采购方式是否合规，符合条件但未公开招标的是否依法取得批准；定价方式是否合理，是否在采购估算价值额度内合理设置采购最高限价；评审方法是否客观、合规；合同类型和文本是否依规使用标准合同文本；履约验收方案是否完整、合理、合规；风险处置措施和替代方案是否存在应当设置而未设置的情形；政策功能落实是否按规定执行；时间安排是否有序合理；实施计划文本是否经单位内部审核后报同级财政部门备案等。

（四）预算管理。查阅政府采购预算、部门预决算、采购文件、会计账簿等资料，审计预算编制是否准确完整填报，是否存在与部门预算、采购计划等不一致情况；预算执行是否存在超预算或无预算执行情况，是否存在超预算采购的情况；预算调整是否按照规定报同级财政部门审核批准，是否存在未批先行情况，是否相应调整采购实施计划等。

（五）组织形式管理。查阅采购文件、会计账簿、批量集中采购计划、协议供货目录等资料，审计集中采购是否按规定办理，采购手续是否合规；定点采购是否合规；协议供货是否规范执行，供货数量是否符合相关规定。

（六）方式管理。查阅采购需求、采购文件等资料，审计公开招标采购是否符合规定，采购标的是否有详细的技术规格标准、服务具体要求，公开招标限额标准以上货物服务工程采购是否采用公开招标方式等；竞争性谈判、竞争性磋商、询价、单一来源采购是否合规，是否存在化整为零规避公开招标、使用竞争性磋商方式采购一般货物、竞争性谈判和竞争性磋商方式混用等情况；实施框架协议采购的，是否按照集中采购代理机构、主管预算单位规定的执行方式、采购流程完成采购；采购方式变更是否符合财政部门相关规定等。

（七）程序管理。查阅评标文件、记录、谈判文件、询价通知书，采购档案等资料，审计公开招标是否按照规定程序执行，招标文件等材料是否真实完整规范，招标文件提供期限、开标时间、中标公告时间等是否符合时间性要求，评标委员会构成是否规范等；竞争性谈判是否按照规定成立谈判小组并制定谈判文件，邀请供应商是否规范，谈判文件、记录、成交通知书等是否真实完整规范；竞争性磋商是否按规定成立磋商小组并制定磋商文件，邀请供应商是否规范，磋商文件、记录、成交通知书等是否真实完整规范；询价是否按照规定程序执行，询价通知书、记录、成交文件等内容是否完整规范；单一来源采购是否按照规定程序执行，采购原因及说明、论证意见、公示文件、协商记录文件等是否真实完整规范；专家抽取是否按照规定方式执行等。

（八）合同管理。查阅政府采购合同台账、档案、会计账簿等资料，审计是否按照中标、成交通知书确定的事项签订采购合同，是否实质性响应采购需求全部内容；合同定价是否合理；核实变更、中止、解除合同原因是否正常，是否履行相关审核审批程序；追加与合同标的相同的补充采购合同是否超过原合同采购金额的10%；履约保证金、质量保证金等缴纳和退还是否合规，履约保证金是否超过国家及属地规定的比例等。

（九）信息公开管理。查阅采购公告等采购文件，审计采购意向、采购公告和资格预审公告、采购预算、采购结果、采购更正、采购合同、单一来源方式采购、政府购买服务信息等是否公开；公开渠道、内容、时间是否符合要求等。

（十）验收管理。查阅采购合同、书面验收意见等采购文件，审计验收组织是否按照要求组建验收小组且符合不相容岗位相互分离要求，委托采购代理机构履约验收是否对验收结果书面确认；验收方式是否由2人以上共同办理履约验收，是否邀请实际使用人参与验收，第三方专业机构及专家等参与验收的是否形成书面验收意见，政府提供公共服务项目是否邀请服务对象参与验收、出具意见并公告验收结果；验收过程是否按照合同约定对每一项技术、服务、安全标准的履约情况进行确定；验收报告是否列明各项标准的验收情况及总体评价，是否由验收各方共同签署，验收结果是否与资金支付和履约保证金返还条件挂钩等；验收责任是否对验收合格项目按照合同约定及时结算，是否对验收不合格项目及违法违规情形按照相关法律法规及合同约定及时处理等。

（十一）付款管理。查阅成交结果、采购合同、合同台账、验收意见、会计账簿、履约保证金和质量保证金台账、往来款项对账记录等资料，审计是否按照合同约定付款，提前或滞后付款原因是否合理；合同原件等付款资料是否齐全，涉及合同调整是否根据补充合同付款；是否符合预算一体化资金支付、公务卡支付结算等规定，履约保证金和质量保证金是否按原渠道退回；票据是否符合财政、税务相关规定；是否符合单位审批流程和权限规定，是否存在超范围支出事项等。

（十二）争议管理。查阅书面质疑、采购合同、采购文件等资料，审计供应商询问是否及时作出答复；供应商质疑处理是否在收到书面通知后，按照相关规定规范做出答复等；供应商投诉处理是否在投诉处理期按照时间要求暂停采购活动；政府采购涉及控告和检举的，是否得到及时处理等。

（十三）监督管理。查阅采购内部控制评价报告、权力运行监控检查、政府采购自查、外部审计巡视等监督检查报告，审计监督机制是否由审计纪检部门共同参与；监督内容是否完整规范；监督措施是否公开纪检部门电话，是否畅通问题反馈和受理渠道等；监督整改是否针对监督检查提出的采购管理问题整改到位，是否建立长效机制等。

（十四）政策功能管理。查阅采购文件、采购合同、会计账簿等资料，审计正版软件采购是否纳入政府采购预算和计划，计算机办公设备购置是否符合采购要求等；进口产品采购是否未经批复或备案擅自采购；节能产品采购是否属于政府采购清单范围，是否落实优先采购或强制采购要求；信息安全产品采购是否属于国家相关目录，是否获得国家信息安全认证等；中小企业采购是否收取中小企业声明函、残疾人福利性单位声明函或监狱企业证明文件，是否预留采购份额或给予价格扣除优惠；脱贫地区农副产品采购是否落实国家乡村产业振兴有关政策；绿色建材采购是否符合相关实施指南的要求等。

（十五）专项管理。查阅会计账簿、采购合同、会议纪要等资料，审计公务机票采购是否属于规定范围内情形，是否优先选择国内航空公司，是否按程序确定公务机票服务商，是否超标准购买等；会议定点采购是否在党政机关定点场所举办现场会议，电子结算单和费用原始明细单据等是否真实，是否与会议通知、签到表、年度会议计划、会议费预算等相关内容一致等；疫情防控便利化采购是否建立健全紧急采购内控机制，是否执行分级授权审批，是否按规定留存疫情防控采购项目相关文件等；医用高值耗材采购是否建立准入遴选机制，目录内采购是否在阳光采购平台集中采购，目录以外采购是否符合相关采购规定，临时采购是否按规定审批，验收是否规范等；药品采购是否属于集中采购范围，采购方式是否符合规定，采购合同要素是否明确，是否存在违规网下采购、拖欠货款、虚假发票等情况。

第六条 审计限额以下且目录以外采购时，重点关注以下内容：

（一）采购执行。查阅采购预算、申请审批表、投标书或报价函、中选通知书等采购文件，审计采购方式是否符合单位内部规定，采购程序是否规范，是否按照权限履行审核审批等。

（二）采购合同。查阅采购合同及台账等资料，审计合同要素是否齐全，是否存在未经授权对外签订合同的情况；印章管理是否符合单位内部规定；合同执行偏差、缓慢、纠纷等原因是否合理等。

（三）采购验收。查阅出入库记录、验收报告等资料，审计是否由指定部门或专人对所购物品的品种、规格、数量、质量和其他相关内容进行验收，并出具验收证明；是否按照合同约定对供应商进行履约评价等。

（四）采购监督。查阅内部控制评价报告、权力运行监控报告等资料，审计是否对采购部门职责履行、采购计划执行、采购合同履约等开展内部监督检查，是否对采购权力运行进行监控，是否对采购内部控制进行评价等。

第七条 审计采购核算时，重点关注以下内容：（一）采购结算。查阅采购合同、验收意见、会计账簿、会计凭证等资料，审计是否按照合同约定履行付款，是否符合中小企业款项支付等政策要求，是否及时取得真实、准确的发票；是否按照权限履行审核审批等。

（二）会计核算。查阅会计账簿、资产账、会计凭证等资料，审计相关记载信息是否一致；会计核算是否正确；是否定期盘点，进行账账、账实、账表核对等。

第八条 审计采购后续管理时，重点关注以下内容：

（一）档案管理。查阅采购需求、采购实施计划等采购文件（含电子档案），审计档案保管、交接是否完整规范，是否符合规定的保管期限等。

（二）绩效管理。查阅政府采购信息统计报表、内部控制报告、预算绩效报告、部门决算、政府财务报告、卫生财务年报等资料，审计采购预算资金是否实现既定采购目标，是否保障完成相应履职任务，是否促进实现相关经济效益和社会效益，是否提高服务对象满意度，是否存在闲置浪费、质次价高、低配高价等情况。

第九条 采购管理专项审计业务涉及财务、资产、合同、高值医用耗材、药品、建设项目等内容的，需参考国家有关规定及其他审计指引等。

第十条 本指引由国家卫生健康委财务司负责解释。

附件5

建设项目专项审计指引（试行）

第一条 为进一步指导和规范各级卫生健康行政部门及属管单位开展建设项目专项审计业务，提高内部审计工作质量，根据《卫生计生系统内部审计工作规定》《基本建设财务规则》《建设工程价款结算暂行办法》等相关规定，结合审计实践，制定本指引。

第二条 本指引所称建设项目包括单位作为投资主体或建设主体，在自有土地或新征用地上新建、改扩建、迁建以及应当纳入基本建设投资管理范围的工程。审计组应当遵照国家及属地管理要求，结合单位实际，选择全部过程、部分阶段或重要环节，确定审计内容。

第三条 审计时运用观察、检查、询问、现场踏勘、询价、分析性复核等，开展内部控制测试和实质性程序。

第四条 设计和实施内部控制测试时，重点关注以下内容：

（一）机构与职责。查阅内设机构及职能设置文件、会议纪要等，了解机构设置、职责分工及落实情况。包括是否明确归口管理部门，是否履行职责；是否建立健全议事决策机制、岗位责任制、内部监督等机制，其中岗位责任制是否明确岗位办理业务和事项的权限范围、审批程序和责任。

（二）制度建设。查阅建设项目管理制度、业务流程、内部控制评价报告等资料，了解制度体系健全、合规情况。包括是否明确建设项目管理范围，是否建立健全进度管理、质量管理、安全管理、投资控制、廉政管理、日常办公等管理制度，且涵盖施工管理、设计管理、物资材料管理等重要环节的操作规程规范；是否符合国家、属地及行业规定；是否明确审核审批事项，是否建立授权审批控制；相关制度是否有效执行等。

（三）人员管理。查阅岗位职责、轮岗记录等资料，访谈相关人员，了解关键岗位人员管理情况。包括从事建设项目管理工作的人员是否具备相应资格、能力；项目建议和可行性研究与项目决策、概预算编制与审核、项目实施与价款支付、竣工决算与竣工审计等不相容岗位是否相互分离；是否对建设项目管理关键岗位人员建立培训、评价、轮岗等机制；不具备轮岗条件的是否采取专项审计等控制措施等。

（四）信息化建设。查看建设项目管理信息系统，查阅系统操作记录、内部控制评价报告等资料，了解人员身份验证、岗位业务授权、系统操作记录、电子档案管理等功能建设及执行情况。

第五条 审计建设项目前期决策情况时，重点关注以下内容：

（一）项目建议书管理。查阅项目建议书（含附件）等资料，审计项目立项是否从国家和项目所在地区医疗卫生服务、教学、科研、疾控等设施及工作现状等方面论述项目必要性；编制依据是否充分、合规；内容是否完整，是否包括项目总论、项目建设的必要性与初步可行性、项目功能定位与需求分析、建设规模测算、项目选址及建设条件、建设方案等；资料来源是否真实、完整；建设规模测算、投资估算是否合理，资金来源是否明确；是否经过相关部门审批。

（二）可行性研究报告管理。查阅可行性研究报告等资料，审计项目建设可行性是否经过单位内部充分研究、讨论，医疗、教学、科研、疾控等业务工作空间是否满足需求；编制依据是否充分、合规；可行性研究报告要素及内容是否完整；资料来源是否真实、完整；是否经多方案比较后确定建设方案；投资估算编制是否满足项目建议书批复意见，资金筹措方案是否完善；是否经过相关部门审批；是否满足规划要求。

（三）报批报建管理。查阅建设项目报批报建相关资料，审计建设项目是否取得行政许可文件（含项目选址规划意见书、建设用地规划许可证、工程规划许可证、土地使用审批、环保审批、消防审批、工程质量监督和施工许可证等）；办理程序是否合规，是否存在办理进度缓慢导致项目不能按计划投入使用等情况。

第六条 审计建设项目勘察设计情况时，重点关注以下内容：

（一）勘察设计管理。查阅勘察设计采购文件、响应文件、采购合同、勘察报告、设计方案等资料，审计勘察设计采购文件是否完整、合规；勘察设计单位资质是否满足建设项目需要；设计方案是否符合采购文件要求及相关规范；勘察报告、设计方案内容是否完整、合规等。

（二）初步设计和投资概算管理。查阅初步设计方案、投资概算等资料，审计初步设计方案编制单位是否具备相应资质,编制依据是否充分、合规,要素及内容是否完整;医院感染重点部门建设项目是否符合建筑卫生学审查要求,净化、放射性防护、磁屏蔽、反渗透纯水及酸化水供应、医用气体、医疗废弃物处理、医用污水处理等医疗专项设计是否合规;资料来源是否真实、完整;投资概算是否真实、客观地反映项目建设实际需要;是否经过相关部门审批。

(三)施工图设计管理。查阅施工图设计文件等资料,审计施工图设计文件是否完整、规范、准确;施工图预算编制依据是否充分、内容是否完整;施工图设计内容和施工图预算是否符合经批准的初步设计方案、概算及标准,是否严格按照核定的投资概算实行限额设计。

第七条 审计建设项目采购情况时,重点关注以下内容:

(一)招标投标管理。

1. 查阅招标公告、资格预审文件、招标文件、招标答疑等资料,审计招标方式、范围和程序是否合规;招标文件内容是否符合《中华人民共和国招标投标法》第十九条等规定;是否存在将依法必须进行招标的项目化整为零或以其他任何方式规避招标的行为;是否在规定渠道公开发布招标公告等。

2. 查阅招标工程量清单等资料,审计招标工程量清单编制是否符合《建设工程工程量清单计价规范》及招标文件、设计图纸等要求;清单项目及特征描述是否完整、准确;工程计量是否准确,是否存在多算、漏算、错算等情况;暂列金额、暂估价测算是否合理;清单中给定暂估价的材料、工程设备、专业工程属于依法必须招标的,是否以招标方式选择供应商或专业分包人等。

3. 查阅招标控制价文件,审计招标控制价是否由具有编制能力的建设单位或受其委托的工程造价咨询机构编制;编制依据是否符合要求,编制说明是否完整;工程计量是否准确,定额子目套用是否正确,各项费率计取、主要材料价格取定是否合规。

4. 查阅投标文件,审计投标文件编制是否合规,是否对招标工程量清单等招标文件提出的实质性要求和条件作出响应,是否存在错项、漏项、不平衡报价;投标人是否符合国家或者招标文件规定的资格条件,是否存在《中华人民共和国招标投标法实施条例》第三十九条至第四十二条等规定的情形;投标保证金提交是否合规等。

5. 查阅开标记录、评标报告、中标通知书等资料,审计招标文件提供期限、开标时间、中标公告时间等是否符合时间性要求,评标委员会构成是否规范;开标、评标程序是否合规,是否存在招标人非法限制投标人竞争、招标事项涉嫌串通等情况;是否未按照招标文件规定的标准进行评审;是否违法进行实质性谈判;是否未按规定确定中标人;是否在规定渠道公开发布中标结果;是否未按规定执行废标等。

(二)其他采购方式管理。以竞争性谈判、竞争性磋商、询价或单一来源方式采购的,查阅项目前期报批文件、采购文件、响应文件、评审记录等,审计采购组织管理是否规范,采购方式是否合规,是否存在化整为零规避公开招标等情况;采购程序是否合规,是否存在以不合理的条件对供应商实行差别待遇或者歧视待遇等情况;采购文件是否真实完整规范,是否符合建设项目特点和单位实际需求,是否存在擅自提高经费预算和资产配置等采购标准等情况;响应文件内容是否完整,是否实质性响应采购文件;谈判小组、磋商小组、询价小组等成立、单一来源方式专家抽取是否按规定方式执行等。

第八条 审计建设项目合同签订情况时,查阅合同台账、档案、审核审批记录等资料,审计是否按照采购文件、中标、成交通知书等确定的事项签订采购合同;合同要素是否齐全;是否履行相关审核审批、授权委托手续;履约保证金、质量保证金等收取和退还是否合规,履约保证金是否超过国家及属地规定的比例等;合同是否按规定归档等。

另外,审计中需要结合不同类型合同特点,重点关注以下内容:

（一）勘察设计合同。是否明确工作内容（含建设单位需提供的基础资料、设计单位交付的设计成果等）、进度、质量、技术标准、违约责任及相关赔偿、知识产权、保密要求等内容，付费标准是否符合有关规定。

（二）监理合同。是否约定工程监理单位在施工阶段对建设工程质量、进度、造价进行控制，对合同、信息进行管理，对工程建设相关方的关系进行协调，并履行建设工程安全生产管理法定职责；是否明确监理范围和内容，监理单位驻场人员数量、资质、职责、更换情形及流程，监理单位提交资料种类、数量、期限、违约责任及相关赔偿、著作权、保密要求等内容。

（三）造价咨询合同。是否约定酬金及计取方式，是否明确造价咨询的范围、内容、服务类别，造价咨询机构人员数量、资质、职责、更换情形及流程，造价咨询机构提交成果种类、数量、期限、违约责任及相关赔偿、知识产权、保密要求等内容。

（四）施工合同。是否明确工程范围、建设工期、工程质量、工程价款、竣工验收标准，施工单位项目经理的职责资质、更换情形及流程，施工单位人员管理措施，竣工结算原则、计费标准、结算方式，隐蔽工程、工程变更、质量保证期、违约情形及责任、不可抗力等内容，是否存在《最高人民法院关于审理建设工程施工合同纠纷案件适用法律问题的解释（一）》第一条规定的情形等情况；约定的工程质量保证金是否符合国家及属地涉企保证金有关规定，建设工程进度款是否符合建设工程价款结算有关规定等。

（五）材料设备采购合同。是否明确材料设备的规格、型号、技术参数、单价、数量、总价、结算方式、付款方式、包装及运输方式，交货时间、地点、方式，到场验收的标准、流程、时间、地点，材料设备质量标准、质量保证期限、保修方式、风险分担，违约责任及相关赔偿等内容。

第九条 审计建设项目施工情况时，重点关注以下内容：

（一）进度款管理。查阅工程管理台账、进度款申请书、计价文件、形象进度说明、进度款报审表、材料设备到场验收清单、监理单位出具的进度款支付证书、造价咨询机构出具的进度款支付意见书等资料，审计进度款资料是否完整，是否履行审核审批程序；进度款支付节点、计价原则和方法是否符合有关规定及合同约定，监理单位、工程管理部门是否出具阶段性或竣工验收报告；施工进度与报审进度是否一致，预付款是否按照合同约定抵扣；涉及工程变更的，是否组织论证，变更签证手续是否齐全、合规，价款调整方式和付款要求是否符合合同约定；工程管理部门是否建立工程管理台账，载明建设项目合同金额、完成产值、进度款支付金额、抵扣情况等。

（二）变更事项管理。

1. 变更及签证管理。查阅变更通知单、变更洽谈记录、设计变更图纸、工作联系函、现场签证单、工程量核定单等资料，审计工程变更、签证办理是否及时、合理，内容是否真实、完整、准确；是否履行审核审批程序，是否存在工程管理部门、监理单位未出具审核意见、重复计算不同施工单位签证内容和工作量等情况；施工单位是否按照审批后变更、签证等要求施工。

2. 合同变更管理。查阅合同档案、变更申请、变更审批记录、会议纪要等资料，审计合同变更原因是否合理，变更内容（含合同价格、结算方式、付款方式、工程范围、工期等）是否合规且经各方当事人协商一致；是否履行审核审批程序等。

（三）材料设备管理。

1. 查阅材料设备发货单、运输保险单、报关单（进口货物）、合格证、说明书、验收记录、验收报告等资料，审计材料设备验收程序是否合规，是否按照合同约定的品种、规格、数量、质量标准、交货时间等交付使用。

2. 材料设备出现调整、更换或增加等情况时，查阅材料设备变更申请、变更通知书、变更审批表、会议纪要等资料，采用询价核价（按照市场调查取得价格信息进行计算）等方式，审计材料设备变更后价格调整是否合理，合同变更是否履行审核审批程序等。

（四）隐蔽工程管理。查阅隐蔽工程施工工艺、验收记录、文字影像等资料，审计隐蔽工程施工是否与施工图、设计变更、施工规范等内容一致；验收程序是否合规，是否存在先隐蔽后通知等情况；隐蔽材料的质量检测资料是否齐全；是否存在偷工减料、以次充好、替换材质等情况。

（五）索赔费用管理。查阅索赔申请书、索赔支付证书等资料，审计赔偿损失的责任认定及费用是否符合有关规定及合同约定，索赔证据是否完整，索赔程序是否合规等。

（六）竣工验收管理。查阅竣工验收报告、竣工图、设计文件、工程质量检测报告、安全验收报告、监理报告等资料，审计竣工验收程序是否合规，验收资料是否齐全，涉及人防、消防、安防、环境验收的，相关手续是否齐全、有效；是否按照合同约定的范围、质量、进度完工；竣工试运行期间发现的问题是否整改；竣工档案是否完整、规范；是否在建设部门备案并取得备案文件等。

第十条 建设项目结算分为过程结算和竣工结算。审计建设项目竣工结算时，重点关注以下内容：

查阅工程结算书（含工程管理部门、监理单位意见等）、施工合同、采购文件、响应文件、施工图、竣工图、工程量计算式、工作联系函、技术资料和技术设备说明书、隐蔽工程记录、开工报告、验收报告、会议纪要等资料，审计工程结算编制依据是否充分；工程计量是否准确，包括施工单位是否按照施工图计算各分部分项工程量并提供计算公式，是否按照合同约定进行工程计量等；各项费率、税金计算基础是否合规；工程造价是否准确，包括工程变更、签证、工程索赔发生的费用、奖励及违约费用的计算是否正确，材料价差调整依据是否充分，合同涉及工程质量、工期、安全文明施工奖罚等内容是否执行到位等。

另外，建设项目符合财政部《关于完善建设工程价款结算有关办法的通知》要求的，可以开展过程结算审计。

第十一条 审计建设项目竣工财务决算情况时，重点关注以下内容：

查阅项目立项审批、内部管理文件、采购文件、响应文件、合同档案、工程结算文件、财务决算报表、在建工程明细账等资料，审计竣工财务决算是否按规定时间编报；项目立项审批、招标投标程序、合同签订及履行、资金来源及到位情况是否合规；建筑安装工程费用、与项目相关的设备是否按照合同约定、结算审计确定的金额支付；是否完成债权债务、财产物资的清理；建设单位管理费用列支是否合理，与项目相关的勘察费、设计费、评估费、检测费、监理费、审计费等费用是否按照合同约定、经审核确定的金额支付，土地征用及迁移补偿费是否按照合同约定金额支付、是否记入决算金额，待摊投资归类是否正确、分摊是否准确合理；待核销基建支出和转出投资列支依据是否合理，手续是否完备，内容是否真实、完整，核算是否合规；尾工工程是否真实，预留费用是否合理；确定交付使用资产明细，检查价值分配原则是否合理；财务决算内容是否完整，是否按批准的概算内容执行，是否存在超概算、擅自提高建设标准和扩大建设规模、挤占或者虚列工程成本等情况，是否履行变更审批程序；分析概算执行情况，对比批复概算与项目实际投资，节约或超支原因是否合规、合理。

第十二条 建设项目专项审计业务涉及采购、合同、财务、绩效审计等内容的，需参考国家有关规定及其他审计指引等。各单位开展修缮工程、零星工程专项审计的，可以参考使用本指引。

第十三条 本指引由国家卫生健康委财务司负责解释。

附件6

合同管理专项审计指引（试行）

第一条 为进一步指导和规范卫生健康行业行政部门及属管单位开展合同管理专项审计业务，提高内部审计工作质量，根据《中华人民共和国民法典》《卫生计生系统内部审计规定》《行政事业单位内部控制规范（试行）》等相关规定，结合审计实践，制定本指引。

第二条 本指引所称合同是指与经济活动有关的合同，重点审计签订、履约、结算、归档等内容。

第三条 审计时运用观察、检查、询问、重新计算、重新执行、穿行测试等，开展内部控制测试和实质性程序。

第四条 设计和实施内部控制测试时，重点关注以下内容：

（一）机构与职责。查阅内设机构及职能设置文件、会议纪要等，了解机构设置、职责分工及落实情况。包括是否明确归口管理部门，是否履行职责；是否建立健全议事决策机制、岗位责任制、内部监督等机制，其中岗位责任制是否明确岗位办理业务和事项的权限范围、审批程序和责任。

（二）制度建设。查阅合同管理制度、业务流程、内部控制评价报告等资料，了解制度体系健全、合规情况。包括是否建立健全合同管理制度，是否明确签订合同的经济活动范围和条件，是否明确签订、变更、转让、履约、结算、用印、档案（保管期限等）、监督审查、纠纷协调等管理要求；是否明确审核审批事项，是否建立授权审批控制；合同签订与合同审批、合同签订与付款审批、合同执行与付款审批、合同签订与合同用章保管等不相容岗位是否相互分离；是否符合国家、属地及上级单位有关规定；相关制度是否有效执行等。

（三）信息化建设。查看合同管理信息系统及其他相关信息系统，查阅内部控制评价报告等资料，了解信息化建设及运行情况。包括是否建立合同管理信息系统，是否嵌入内部控制要求；录入信息是否完整、准确；系统是否覆盖合同管理各环节，是否有效监控合同履行情况；是否与其他相关信息系统互联互通；是否采取有效的安全措施等。

第五条 审计签订管理情况时，查阅合同文本、审核审批记录、预算、采购资料、会议纪要等资料，重点关注各类资料记载单位、金额等信息是否一致；合同要素是否齐全，是否符合《中华人民共和国民法典》合同编第四百七十条等有关规定；合同标的是否符合合同约定，其中采购合同与采购资料是否一致；对方单位是否具备符合项目需求的资质及能力；是否履行单位重大经济事项集体决策程序；是否按照权限履行审核审批程序，是否存在拆分合同、先履约后签订合同、先签订后审批合同、未经批准签订或变更合同等情况；是否在规定时限内签订合同等。

第六条 审计合同履约管理时，查阅合同文本、相关成果、验收材料等资料，查看合同管理信息系统或台账，重点关注单位是否对合同履行情况实施有效监控；是否按照有关规定及合同约定组织验收；无法依照原合同约定履行的，是否采取变更或解除合同等应对措施；因对方单位原因造成经济损失的，是否及时追回资金、提出经济赔偿等。

审计中发现合同属于《中华人民共和国民法典》第一百四十七条至第一百五十一条等情况的，应当按程序及时报告并建议单位按照有关规定执行变更或撤销程序。

第七条 审计结算管理情况时，查阅会计账簿及凭证、结算资料、合同文本等，重点关注结算是否符合中小企业款项支付等规定；是否根据合同履行情况办理价款结算和账务处理等。

第八条 审计档案管理情况时，查阅合同档案，查看合同管理信息系统，是否包含合同文本、审核审批记录、会议纪要、采购资料、裁判文书及合同变更、解除等资料；归口管理部门是否定期进行统计、分类和归档，登记合同订立、履行和变更情况等。

第九条 审计中需要结合不同类型合同特点，重点关注以下内容：

（一）采购合同。政府采购补充合同的采购金额是否超过原合同采购金额的10%；进口科研设备采购合同是否约定免税条款；医疗器械、药品采购合同是否约定不良事件处理和责任划分条款；医疗器械、药品等采购合同是否约定临期或过期货物的退换程序；毒麻精放类药品采购合同是否约定交接程序和责任划分条款等；物业、保安、保洁等服务采购合同是否约定服务内容、服务期限、服务验收等。维修保养服务采购合同是否约定维修或更换低值易耗品的费用及承担方等。

（二）科研及成果转化合同。是否约定合同标的产权归属、产权保护、侵权责任等，是否约定成果登记、转化程序、收益分配、异议处理等；是否约定科技人员奖励和报酬方式、数额及时限。

（三）捐赠合同。接受捐赠合同是否违规约定捐赠与采购挂钩，合同约定是否涉及营利性活动、商业贿赂或不正当竞争。对外捐赠合同是否明确标的名称、金额、数量、捐赠用途等。

（四）房屋租赁合同。出租合同标的是否经过审批或备案，约定的租金是否明显低于同一或相似条件市场价格，合同是否约定租金收取、费用结算、违约责任等。租入合同约定内容是否符合采购有关规定等。

（五）信息系统建设合同。合同是否约定建设周期、软件所有权、维保期限、后续培训、售后服务、数据安全、验收标准等内容。

（六）建设项目合同。勘察设计合同是否约定工作内容、进度、质量和技术标准等内容，付费标准是否符合有关规定；监理合同是否约定工程监理单位按规定履行职责；造价咨询合同是否约定酬金及计取方式、服务范围和工作内容等；施工合同是否约定工程范围、建设工期、工程质量、工程价款、竣工结算原则、计费标准、隐蔽工程、工程变更、质量保证期、违约责任等；约定的工程质量保证金是否符合国家及属地涉企保证金有关规定，建设工程进度款是否符合建设工程价款结算有关规定等。

（七）医疗服务合作合同。医联体、医共体服务合作合同是否明确管理模式、运行机制、激励机制，是否约定合作内容、医疗服务范围、绩效与利益分配、医疗损害风险和责任分担等。

第十条 合同管理专项审计业务涉及采购、建设项目、财务、资产等内容的，需参考国家有关规定及其他审计指引等。

第十一条 本指引由国家卫生健康委财务司负责解释。

附件7

内部控制评价工作指引（试行）

第一条 为进一步指导和规范卫生健康行业行政部门及属管单位开展内部控制评价工作，提高工作质量，根据《卫生计生系统内部审计工作规定》《行政事业单位内部控制规范（试行）》等相关规定，结合工作实践，制定本指引。

第二条 单位内部控制评价分为内部控制设计有效性评价和内部控制运行有效性评

价。内部审计机构应当结合单位实际，从单位层面和业务层面开展本单位内部控制评价。

第三条 开展单位层面内部控制评价时，重点关注以下内容：

（一）机构与职责。查阅内设机构及职能设置文件、内部控制机制文件、会议纪要等资料，评价单位内部控制工作机制、机构设置、职责分工及落实情况。包括是否明确内部控制职能部门或牵头部门的设置及履职情况；是否明确其他内设机构的设置及职责分工情况；是否建立健全议事决策机制、岗位责任制、内部监督等机制，其中岗位责任制是否明确所有内部控制关键岗位办理业务和事项的权限范围、审批程序和责任等。

（二）制度建设。查阅单位内部管理制度、业务流程、风险评估报告等资料，评价内部管理制度建立健全情况，包括是否符合国家相关政策规定；是否覆盖本单位经济活动；重大政策落实、重要经济活动、重大风险、关键部门和岗位是否建立控制措施；是否明确审核审批程序，是否建立授权审批控制；相关制度是否有效执行等。

（三）关键岗位及人员。查阅岗位职责、轮岗记录、培训记录等资料，访谈相关人员，评价是否明确不相容岗位相互分离；关键岗位人员是否建立培训、评价和轮岗等机制；不具备轮岗条件的是否采取专项审计等控制措施；工作人员是否具备与岗位要求相适应的资格和能力。

（四）信息化建设。查看单位信息系统管理资料，评价单位信息化建设及运行情况。包括是否明确归口管理部门及职责；信息系统是否嵌入内部控制流程、关键点和不相容岗位要求，是否实施信息安全控制措施；主要信息系统是否实现互联互通、信息共享等。

（五）监督管理。查阅单位内部控制评价报告、审计报告等监督检查报告，评价内部审计机构和纪检监察部门是否开展内部控制监督等。

第四条 开展业务层面内部控制评价时，重点关注各类经济活动及相关业务活动在评价期内是否按照规定得到持续、一致的执行，是否有效防范重大风险。

第五条 开展预算业务控制评价时，重点关注以下内容：

（一）管理制度。查阅单位预算管理制度、业务流程等资料，评价内部制度是否涵盖预算编制、审批、执行、调整、决算和绩效评价等内容；是否明确预算管理委员会、归口管理部门、预算执行部门及职责等。

（二）岗位人员管理。查阅预算管理岗位职责、轮岗记录、培训记录等资料，评价是否明确关键岗位，是否按规定定期轮岗；预算编制与预算审批、预算审批与预算执行、预算执行与预算考核、决算编制与审核、决算审核与审批、财务报告的编制、审核与审批等不相容岗位是否相互分离等。

（三）预决算编制、调整与执行。查阅预算编制及批复文件（含预算追加调整）、决算报告等资料，必要时开展穿行测试，评价预决算编制、调整及执行情况。包括预算编制、调整和执行是否严格履行审核审批程序；收入支出是否全部纳入单位预算管理；预算编制与资产配置是否一致；是否对照批复预算细化分解预算指标；是否按照批复的额度和开支范围执行预算，是否达到序时进度，是否存在无预算或超预算支出、未经批准调整预算等情况；决算编报是否真实、完整、准确、及时，是否分析、上报与预算差异较大情况等。

（四）预算绩效。查阅预算绩效编制文本、预算绩效报告等资料，评价是否按照规定设置单位项目绩效目标等，自评标准设置是否合理；是否按照规定开展绩效自评，自评结果是否真实、准确；是否开展绩效运行监控，发现问题是否及时纠偏等。

第六条 开展收支业务控制评价时，重点关注以下内容：

（一）管理制度。查阅单位收支业务管理制度、业务流程等资料，评价内部制度建立健全情况。包括是否明确各类收入、支出的归口管理部门及职责等；是否涵盖收入方面的价格确定、价格执行、票据管理、款项收缴、收入核算，支出方面的预算与计划、范围与标准确定、审批权限与审批流程、支出核算等内容。

（二）岗位人员管理。查阅收支业务岗位职责、轮岗记录、培训记录等资料，评价是否明确关键岗位，是否按规定定期轮岗；医疗服务收入的价格确认和执行、支出事项申请与审批、支出事项审批与付款、付款审批与付款执行、业务经办与会计核算、款项收付与稽核、款项收付与会计核算等不相容岗位设置是否相互分离等。

（三）收入业务管理。查看医院管理信息系统（HIS），查阅会计账簿、票据、合同、价格管理相关资料等，评价各项收入是否合规；医疗收入、票据管理、退费管理等关键环节控制是否有效；价格、医保政策执行是否到位；票据、印章使用管理是否合规；是否按规定确认接受捐赠、出租出借等收入；是否存在设立账外账或"小金库"、超越行政许可范围收取额外收入等情况。

（四）支出业务管理。查阅会计账簿、合同、各类支出凭证等资料，评价支出业务管理情况。包括支出是否履行审核审批程序；涉及现金、公务卡、国库集中支付的，是否按照有关规定执行等；支出事项是否履行审核审批程序；是否按规定报销因公出国（境）经费、公务接待费、公务用车购置及运行费、差旅费、会议费、培训费、劳务费等支出，是否存在超范围超标准或未在规定渠道列支相关支出、虚报支出；是否按照规定标准和范围发放津补贴等。

（五）成本管理。查阅全国卫生财务年报、成本核算及监测相关资料，评价是否按照规定明确成本核算部门、确定成本核算对象、设定成本项目和范围、归集分配业务活动成本、编制成本报告等。

第七条 开展采购业务控制评价时，重点关注以下内容：

（一）管理制度。查阅单位采购业务管理制度、业务流程等资料，评价是否建立健全货物、服务、工程的政府采购、限额以下且目录以外采购管理制度，明确采购预算与计划、需求申请与审批、过程管理、验收入库等内容；是否明确归口管理部门及职责，内部审计机构不得从事采购或招投标评审；公立医院是否明确药事管理委员会、耗材管理委员会等。

（二）岗位人员管理。查阅采购业务关键岗位职责、轮岗记录及培训记录等资料，评价采购业务岗位及人员管理情况。包括是否明确关键岗位，是否按规定定期轮岗；采购预算编制与审定、采购需求制定与内部审批、招标文件准备与复核、合同签订与验收、采购验收与保管、付款审批与付款执行、采购执行与监督检查等不相容岗位是否相互分离。

（三）采购业务实施。查阅采购项目台账、采购文件等资料，通过穿行测试，评价采购需求、采购组织、采购合同、履约验收、质疑投诉答复、信息公开、档案管理等环节是否按规定执行；集中采购目录内或者限额标准以上的货物、工程和服务是否执行政府采购政策；公立医院是否按照规定执行药品、耗材等集中采购政策等；是否存在化整为零规避公开招标、未按规定执行开标评标程序、未按规定开展采购需求调查、未按规定时间和内容签订采购合同等情况。

第八条 开展资产业务控制评价时，重点关注以下内容：

（一）管理制度。查阅单位资产管理制度、业务流程等资料，评价资产管理制度建立健全情况。包括制度涉及的资产业务种类是否满足单位管理需要，是否涵盖资产购置、保管、使用、核算、处置等环节，明确出租出借、对外投资、所属单位监管、无形资产、在建工程等内容。

（二）岗位人员管理。查阅关键岗位职责、轮岗记录、培训记录等资料，评价关键岗位及人员管理情况。包括是否明确关键岗位，是否按规定定期轮岗；增减资产执行与审批、资产保管与登记、资产实物管理与会计记录、资产保管与清查等不相容岗位是否相互分离等。

（三）资产日常管理。查阅各类资产账、会计账簿、产权证书、清查盘点记录、维修保养记录等资料，通过访谈、穿行测试、监盘等，评价货币资金等流动资产是否按规定核查盘点，银行账户管理是否合规，应收及预付款项是否及时清理，是否及时与第三方支付平台对账结算等；非流动资产验收入库、保管与使用、维护保养及维修管理、借用代管试用管理、贵重及特殊资产管理等是否履行内部制度规定，是否存在出入库手续办理不及时不齐全、资产闲置或低效运转、账实不符、未定期盘点清查资产、未确认无形资产等情况；公立医院是否按照有关规定使用管理毒麻精放等特殊药品、高值医用耗材；是否按照规定确定资产出租出借方式、价格和期限，是否实行公开竞价招租，是否存在未经批准将国有资产无偿提供他人使用等情况。

（四）对外投资管理。查看国家企业信用信息平台，查阅资产账、会计账簿、合同、会议纪要等资料，通过访谈、穿行测试等，必要时延伸审计被投资单位，评价是否履行审核审批程序；使用非货币性资产开展对外投资是否履行资产评估程序，是否存在利用财政资金对外投资的情形，是否存在买卖期货股票，购买企业债券和投资基金等情形；对外投资的可行性研究与评估、对外投资决策与执行、对外投资处置的审批与执行等不相容岗位是否相互分离；是否按规定记录对外投资的价值变动和投资收益；是否对被投资单位监督管理等。

（五）资产处置管理。查阅资产处置批复文件、会计账簿、会议纪要、行政处罚决定书等相关资料，评价资产处置是否履行审核审批权限；是否按规定办理资产评估手续、确定处置方式和价格；处置收入是否按规定上缴国库；是否按照规定报废资产，核销盘亏、毁损、非正常损失资产；是否按照规定处置医疗废物，是否存在因处置不当，受到行政处罚等情况。

第九条 开展基本建设内部控制评价时，重点关注以下内容：

（一）管理制度。查阅单位基本建设管理制度、业务流程等资料，评价内部制度是否涵盖立项、设计、概预算、招标、建设和竣工决算等内容；是否明确建设项目决策机构、归口管理部门、相关部门职责权限；是否明确工程建设监理、建设项目全过程跟踪审计等内容。

（二）岗位人员管理。查阅关键岗位职责、轮岗记录、培训记录等资料，评价是否明确关键岗位，是否按规定定期轮岗；项目建议和可行性研究与项目决策、概预算编制与审核、项目实施与价款支付、竣工决算与竣工审计等不相容岗位是否相互分离等。

（三）项目日常管理。查阅基本建设项目台账，项目立项审批资料、采购文件、施工合同、洽商变更单、进度款支付报告、竣工验收报告、结算审计报告、竣工决算报告、项目档案等资料，通过访谈、穿行测试，评价是否按照批复的概预算实施基本建设项目，是否严格履行审核审批程序，是否存在截留、挤占、挪用、套取建设项目资金的情形；是否按照合同约定和工程价款结算程序支付工程款；预留质量保证金是否符合国家规定；是否按照规定开展工程审计；是否及时办理竣工结算和财务决算，是否存在转固不及时、资本性支出按照费用处理等情况。

第十条 开展合同业务控制评价时，重点关注以下内容：

（一）管理制度。查阅单位合同管理制度、业务流程等资料，评价是否涵盖合同订立、审核与审批、履行与变更、解除、争议与纠纷处理、档案管理、印章管理等内容；是否明确应当签订合同的经济活动范围和条件；是否明确归口管理部门及职责，内部审计机构不得从事合同归口管理等内容。

（二）岗位人员管理。查阅关键岗位职责、轮岗记录、培训记录等资料，评价是否明确关键岗位，是否按规定定期轮岗；合同签订与合同审批、合同签订与付款审批、合同执行与付款审批、合同签订与合同用章保管等不相容岗位是否相互分离等。

（三）合同日常管理。查阅合同台账、合同文本、内部审核审批记录、授权委托书、纠纷处理记录、验收记录等资料，通过访谈、穿行测试等，评价是否履行审核审批程序；合同要素是否齐全，是否符合有关规定，是否存在先履约后签订合同的情形；合同履行是否执行过程监管，是否存在未按照合同约定履行的情形；合同台账登记是否完整；是否按照规定变更、中止、解除合同等。

（四）债权债务管理。查阅会计账簿、合同、账龄分析报告、会议纪要等资料，评价是否按时支付中小企业款项；是否按照合同约定管理债权债务，是否定期清理并编制账龄分析报告；是否履行审核审批程序；坏账审批及处理是否符合内部规定等。

第十一条　开展科研教学业务控制评价时，重点关注以下内容：

（一）管理制度。查阅单位科研、教学管理制度、业务流程等资料，评价科研业务方面是否涵盖科研项目申请、立项、执行、调整、结题验收、成果保护与转化、资金管理等内容，是否落实科研"放管服"政策；教学业务方面是否涵盖教学项目申请、立项、执行、调整、结业考核、资金管理、绩效评价等内容。

（二）岗位人员管理。查阅关键岗位职责、轮岗记录、培训记录等资料，评价是否明确科研业务项目预算编制与审核、项目审批与实施、项目资金使用与付款审核、项目验收与评价等不相容岗位相互分离；是否明确教学业务预算编制与审核、教学资金使用与付款审批等不相容岗位相互分离。

（三）科研项目管理。查阅科研项目台账、项目任务书、预算、合同、会计账簿等资料，评价是否履行审核审批程序；项目立项论证是否充分；是否按照批复预算和合同约定使用科研资金，是否按照规定的开支范围、用途和标准执行，是否专款专用，是否存在挤占、挪用科研资金，承诺的配套资金未及时足额到位，违规转拨科研资金等情况；项目结题验收后，是否按规定统筹结余资金；科研项目台账登记是否完整；科研成果形成资产的，是否按规定及时入账等。

（四）教学项目管理。查阅教学项目台账、项目任务书、预算、合同、会计账簿等资料，评价是否履行审核审批程序；项目立项论证是否充分；是否按照批复预算使用教学项目资金，是否按照规定的开支范围、用途和标准执行，是否专款专用，是否存在挤占、挪用教学项目资金，承诺的配套资金未及时足额到位，违规转拨教学项目资金等情况；项目台账登记是否完整；教学成果形成资产的，是否按规定及时入账等。

第十二条　内部审计机构根据内部控制评价结果，编制内部控制评价报告，内容包括但不限于：真实性声明、总体情况、评价依据、评价范围、评价程序和方法、评价结论等。

第十三条　本指引涉及财务、资产、合同、采购、高值医用耗材、大型医用设备绩效、建设项目等内容的，需参考国家有关规定及其他审计指引等。公立医院开展医疗、临床试验、互联网医疗、医联体、信息化建设业务等内部控制评价、风险评估，需参考《公立医院内部控制管理办法》（国卫财务发〔2020〕31号）。

第十四条　本指引由国家卫生健康委财务司负责解释。

第五部分

外部审计准则与政策解读

中国注册会计师执业准则指南简介

（2007年1月1日）

中国注册会计师执业准则已于2006年2月15日由财政部发布，自2007年1月1日起在所有会计师事务所施行。为了帮助广大注册会计师正确理解和运用注册会计师执业准则，中国注册会计师协会在注册会计师执业准则框架下，制定了实施指南。准则指南覆盖所有准则项目，共48项，计100余万字，自2007年1月1日起与中国注册会计师执业准则同步施行。

一、起草过程

在审计准则体系发布后，中注协开始着手指南起草工作。指南起草工作大体上经历了以下几个阶段：

一是初稿起草阶段。审计准则一发布，中注协即投入了指南制定工作。成立了指南起草工作组，制定了工作方案，提出了每个指南的框架、总体要求、工作步骤和任务分工等。起草工作组由审计准则委员会委员、外国及港澳台专家咨询组成员和审计准则组成员组成，既有理论界的权威，又有实务界的专家。在时间紧、任务重的情况下，起草工作组成员加班加点，连续作战，工作富有成效，4月中旬形成了指南初稿。4月下旬至6月上旬，组织专家对指南初稿进行审议和修改，形成了内部征求意见稿。

二是研讨论证阶段。中注协于6月中旬至7月上旬在北京举行了两期研讨班，每期10天。来自具有执行证券期货业务资格的会计师事务所64名主管技术的负责人参加了研讨。研讨班采取了边宣讲、边研讨的模式，对指南内部征求意见稿的体例、可操作性和适用性等进行论证。

7月下旬，中注协又召开为期14天的定向征求意见会，邀请15名资深注册会计师，对指南内部征求意见稿进行仔细推敲和斟酌。

7月至8月，利用举办三期中国注册会计师执业准则培训面授班的机会，中注协把指南内部征求意见稿以讲义的形式印发，由起草人讲授，同时听取学员意见。

通过研讨论证，起草组成员了解了指南内部征求意见稿修改的方向和重点，经过加班加点、日夜苦干、反复修改、数易其稿，形成了征求意见稿。

三是公开征求意见阶段。8月15日，中注协印发指南征求意见稿，向社会公开征求意见，收到各地注协和相关部门意见80多份。

四是审计准则委员会审议阶段。10月8日召开财政部会计准则委员会暨中注协审计准则委员会联席会议。会上，各位委员对指南的质量表示认可，同时也提出了技术上的完善意见。会后，中注协又将完善后的指南向审计准则委员会和相关部门第二次征求意见。各位委员和相关部门对指南草案表示肯定，建议发布。

二、指南的特点

指南是对注册会计师执业准则的细化、深化和具体化，为注册会计师如何正确理解和运用准则提供可操作性的指导意见，与注册会计师执业准则构成一个完整的注册会计师执业规范体系。指南具有以下特点：

第一，内容全面。中国注册会计师执业准则包括鉴证业务基本准则、审计准则、审阅准则、其他鉴证业务准则、相关服务准则和会计师事务所质量控制准则，共计48项。执业准则按其功能区分为两大类型,一是具有概念框架功能的准则,重点阐明执业的目标、一般原则、理念和方法论。二是具有实务操作功能的准则。为了使注册会计师掌握不同类别准则的要旨,将所有准则转化为正确的执业理念和行为,针对每项准则,都起草了相应的指南。

第二,可操作性强。增强可操作性是指南的基本定位。与体例相适应,准则主要规范注册会计师应当做什么,不应当做什么,而没有阐明为什么这样规定和怎样操作。指南利用体例相对灵活的特点,对于具有概念框架功能的准则,系统阐述准则的理论基础、规范的理由和对执业的影响,指导注册会计师如何理解执业理念和方法论;对于具有实务操作功能的准则,重点阐述准则的核心程序和具体方法,增加大量的解释、说明、举例和图示,指导注册会计师如何正确运用程序和具体方法。为了方便读者阅读和检索,指南尽可能做到与准则对应,指出准则的条目。

第三,贴近实务。由于执业准则在理念和方法上变化较大,指南密切结合我国目前的执业环境和以往的执业实践,以使注册会计师顺利实现由老准则向新准则过渡。例如,为了指导注册会计师正确运用审计风险准则,提高注册会计师识别、评估和应对重大错报风险的能力,指南通过举例方式系统讲解了注册会计师如何设计和实施风险评估程序、控制测试和实质性程序,以及如何通过工作底稿贯彻风险导向审计的理念,把重大错报风险评估与应对的过程用工作底稿进行钩稽。同时,指南中提供了大量范例,如新版的业务约定书、前后任注册会计师沟通函、各类询证函、管理层声明书、业务报告、风险评估程序工作底稿等,具有很强的实用性。

第四,坚持国际趋同的要求。执业准则在框架体系、项目构成和核心内容等方面体现了与国际准则趋同的要求。例如在审计准则的内容上,充分采用了国际审计准则所有的基本原则和核心程序,在审计的目标与原则、风险的评估与应对、审计证据的获取和分析、审计结论的形成和报告等所有重大方面,与国际审计准则保持一致。对国际审计准则中包含的举例等解释说明性材料,由于我国准则是财政部规范性文件,未能写入准则正文。在此次起草指南时,根据中国审计准则委员会与国际审计与鉴证准则理事会发表联合声明的精神,将国际审计准则解释说明性材料写入指南,以进一步体现与国际审计准则趋同的要求。

三、指南的成果

指南以执业准则为依据,结合审计理论和实务成果,重点解决了注册会计师在运用准则时面临的问题。

——如何运用审计风险模型。审计风险准则确立了新的审计风险模型,以明确注册会计师识别、评估和应对财务报表重大错报风险的思路。审计风险模型构成了风险导向审计方法的基础,在审计实务中不易把握,指南详细阐述了注册会计师如何使用审计风险模型开展审计工作。

——如何计划审计工作。计划审计工作包括制定总体审计策略和具体审计计划两个层面。指南对总体审计策略进行了细化,对实务中如何确定审计范围、时间和方向列出了具体考虑因素。借助于风险评估程序和进一步审计程序工作底稿示例,指南详细演示了具体审计计划的制定。

——如何进行风险评估。对重大错报风险识别和评估是审计准则建设中新增的重点内容,也是一个难点。指南从六个方面系统阐述了注册会计师如何识别和评估重大错报风险,特别是利用审计程序举例的方式,详细讲解了进行风险评估的过程和关键环节。

——如何实施控制测试。由于我国内部控制理论和实践相对滞后,注册会计师在实施控制测试时或者不知从何下手,或者具有很大的盲目性,不能为审计提供有价值的基础。指南指导注册会计师从宏观层面和业务流程层面对内部控制进行测试,具有很强的适用性。同时，通过"认定"的概念和审计风险模型，把控制测试和实质性程序贯通起来。

——如何应对舞弊风险。指南以重大错报风险的识别、评估和应对为基础，系统阐述了企业管理层财务舞弊的动机和风险因素，针对新形势下财务舞弊的特点，有针对性地提供了应对舞弊风险的技巧、方法和案例，为注册会计师发现舞弊提供全方位的指导。

——如何编制工作底稿。风险导向审计方法重塑了审计流程，严格了审计程序，要求注册会计师对实施的风险评估程序、控制测试和实质性程序形成恰当的工作记录。针对这个问题，指南系统地讲解了风险导向审计模式下如何编制工作底稿，特别是如何建立风险评估结果与实施进一步审计程序的联系，风险评估工作底稿如何与进一步审计程序工作底稿相钩稽。

——如何运用重要性水平。重要性水平是衡量注册会计师出具恰当审计报告的依据，也是影响财务报表使用者正确决策的关键因素。在审计实务中，注册会计师从定量角度运用重要性水平比较到位，但从定性角度运用有所欠缺，指南细化了如何从定量角度运用重要性水平，并详细介绍了从定性角度运用重要性水平的原理。

——如何确定抽样规模。正确运用审计抽样原理，是注册会计师获取充分、适当审计证据的关键。指南系统阐述了在控制测试和实质性程序中如何确定恰当的样本规模，如何评价样本结果，以提高审计效率和效果。

——如何确定审计意见。指南总结最近几年证券市场审计意见存在的缺陷，系统阐述了注册会计师如何评价财务报表的合法性和公允性，如何针对具体情况确定恰当审计意见类型，防止随意调控审计意见，并列举了各种类型审计报告的参考格式。

——如何审计新兴和复杂领域。目前企业会计核算中判断和估计事项日益复杂，会计确认、计量和报告涉及领域日益宽广，针对公允价值、金融工具等新兴和复杂领域，指南提供了详细的应对程序和方法。

中国注册会计师协会关于修订印发《中国注册会计师行业人才胜任能力指南》的通知

各省、自治区、直辖市注册会计师协会：

为全面贯彻落实习近平总书记关于做好新时代人才工作的重要思想和党中央国务院重大决策部署，全面落实财政部党组关于行业人才建设的具体要求，指导行业人才适应我国经济社会发展对行业人才胜任能力提出新要求，在广泛征求意见的基础上，对原《中国注册会计师胜任能力指南》进行了修订，形成《中国注册会计师行业人才胜任能力指南》。经中国注册会计师协会第六届常务理事会第十次会议审议通过，现予印发，自2023年1月1日起施行。

附件：中国注册会计师行业人才胜任能力指南

中国注册会计师协会
2022年12月26日

中国注册会计师行业人才胜任能力指南

目 录

第一章　总则
第二章　有意愿进入会计师事务所从业的人员的胜任能力
第三章　会计师事务所助理人员的胜任能力
第四章　注册会计师的胜任能力
第五章　非管理合伙人的胜任能力
第六章　管理合伙人的胜任能力
第七章　特定环境、特定行业或特定业务对胜任能力的特别要求
第八章　职业继续教育
第九章　附则
附录1：行业人才梯队结构图（略）
附录2：胜任能力体系结构图（略）
附录3：知识体系结构图（略）
附录4：各成长阶段行业人才胜任能力对比表（略）

第一章　总　　则

第一条　（培养目标）为贯彻落实《关于进一步规范财务审计秩序 促进注册会计师行业健康发展的意见》（国办发〔2021〕30号）、《关于加强新时代注册会计师行业人才工作的指导意见》（财会〔2022〕21号），紧紧围绕服务国家建设这个主题和诚信建设这条主线，不断满足经济社会发展对中国注册会计师行业人才胜任能力日益提高的要求，进一步优化行业人才梯队、胜任能力体系和知识体系建设，指导注册会计师行业全生命周期人才培养工作，制定本指南。

第二条　（适用范围）本指南适用于有意愿进入注册会计师行业或已经进入注册会计师行业从业的个人，以及承担注册会计师行业人才培养工作的组织和机构。

第三条　（培养主体）承担注册会计师行业人才培养工作的组织和机构包括各级财政部门、各级注册会计师协会、会计师事务所、国家会计学院、开设财经类专业的院校等。

财政部是全国注册会计师行业主管部门，负责全国行业人才培养工作的统筹与指导。省级财政部门是地方注册会计师行业主管部门，负责本地区行业人才培养工作。其余主体构成多层次、系统性的行业人才培养工作实施体系，其中，中国注册会计师协会负责总抓、地方注册会计师协会作为支柱、会计师事务所作为主体、国家会计学院和开设财经类专业的院校作为主要依托。

第四条　（行业人才梯队）本指南所指注册会计师行业人才梯队包括有意愿进入会计师事务所从业的人员（含在校大学生，下同）、助理人员、注册会计师、非管理合伙人和管理合伙人。其中，有意愿进入会计师事务所从业的人员，包括在校大学生；助理人员，即已经在会计师事务所从业但尚未取得注册会计师执业资格的人员；注册会计师，即除合伙人以外的依法取得注册会计师证书并接受委托从事审计和会计咨询、会计服务业务的执业人员；非管理合伙人，即除管理合伙人以外的合伙人；管理合伙人，即在会计师事务所管理委员会或类似机构担任职务的合伙人（股东）。

第五条 （胜任能力体系）注册会计师行业人才胜任能力包括政治能力、职业道德、专业胜任能力、实务经历和国际化能力。注册会计师行业人才胜任能力的培养贯穿于注册会计师行业人才职业生涯的全过程。

（一）政治能力，是对新时代注册会计师行业人才能力的第一要求，是保持中国注册会计师行业正确发展方向的根本保证。新时代中国注册会计师行业人才政治能力的基本要求是：坚持党的基本理论、基本路线、基本方略，坚定拥护中国共产党的领导、坚定拥护社会主义制度、坚定拥护改革开放，深刻领悟"两个确立"的决定性意义，切实增强"四个意识"、坚定"四个自信"，不断增强坚决做到"两个维护"的思想自觉、政治自觉、行动自觉，始终在政治立场、政治方向、政治原则、政治道路上同以习近平同志为核心的党中央保持高度一致。

（二）职业道德，是指注册会计师行业人才特有的职业行为和特征。具体包括职业怀疑和职业判断、职业道德守则及相关规范、维护社会公众利益。职业道德是区分注册会计师行业人才与其他行业人才的重要标志。

（三）专业胜任能力，是指注册会计师行业人才能够根据相关法律法规从事职业活动的能力，包括技术胜任能力、职业技能以及管理能力。

（四）实务经历，是指注册会计师行业人才基于所接受的通识教育和职业教育，从事的能够提升其胜任能力的日常工作和其他活动。其中，通识教育是指大学生均应接受的包括人文科学、社会科学、自然科学和技术、艺术等基本知识的教育，即职业性和专业性以外的教育。职业教育是指以通识教育为基础，培养职业道德和专业胜任能力的教育和培训。

（五）国际化能力，是指注册会计师行业人才培养国际化思维、面向国际市场，服务中国企业走出去、境外企业走进来的能力，包括适应国际化发展的技术胜任能力、职业技能、管理能力和实务经历。国际化能力是注册会计师行业人才胜任能力在国际化发展方面的综合体现。

第六条 （知识体系）注册会计师行业人才的专业胜任能力涉及的知识体系主要包括：

（一）技术胜任能力，是指运用专业知识，根据相关法律法规从事职业活动的能力。专业知识，是指构成注册会计师行业人才知识主体的会计、审计、财务、税务、管理、相关法律法规、商业和组织环境、信息和通信技术以及其他相关知识。

注册会计师行业人才应当达到相应的技术胜任能力水平，以便能够在日益复杂、不断变化的职业环境中胜任工作。注册会计师行业人才需要掌握的技术胜任能力是不断变化的，从事特定环境、特定行业或特定业务所需要的技术胜任能力也存在差异，因此，应当持续更新其专业知识，提升技术胜任能力。

（二）职业技能，是指注册会计师行业人才从事职业活动时，能够合理有效地运用智力技能、人际关系和沟通技能、个人技能、组织技能和办公技能等。

职业技能可以通过通识教育、职业教育和实务经历等多种途径获得，并通过贯穿职业生涯的学习不断拓展。

（三）管理能力，是指在工作中充分地利用人力和客观条件以最小的成本达成目标，以提高整个团队办事效率的能力，包括自我认知、自我管理、自我发展、团队管理、组织管理、战略管理等能力要素。

第七条 （评估）为确保注册会计师行业人才达到相应的胜任能力水平，由相关主体对各成长阶段行业人才的胜任能力进行评估。

实施评估的相关主体包括各级财政部门、各级注册会计师协会、会计师事务所、开设财经类专业的院校等。

评估方式主要包括：院校课程考试（考核）、注册会计师全国统一考试、注册会计师行业评选、执业质量检查、定期检查职业道德档案、实务经历、出具案例分析报告、会计师事务所内部胜任能力考评等。

第八条 （普适性要求）注册会计师行业人才处于第四条所指人才梯队的各成长阶段掌握的胜任能力领域学习成果，应当分别达到基础、初级、中级和高级熟练程度。

（一）基础程度：

1. 能够认识到职业道德的重要性；
2. 能够阐明和解释技术胜任能力相关领域的基本原则和理论，并在适当的监督下完成任务；
3. 能够运用适当的职业技能辅助完成分配的任务；
4. 能够通过口头和书面沟通，传递基本信息并表达想法；
5. 能够解决简单的问题，并能将复杂的任务或问题转交给具有相应职责的上级或具有专业知识的专家。

（二）初级程度：

1. 能够在注册会计师的指导下，遵守职业道德完成工作任务；
2. 能够在注册会计师的指导下，应用、比较和分析技术胜任能力相关领域中的基本原则和理论，完成工作任务；
3. 能够在注册会计师的指导下，运用职业技能辅助完成工作任务；
4. 能够通过口头和书面沟通，传递有效信息并表达想法；
5. 能够解决一般的问题，并能在解决复杂的任务或问题中提出意见建议。

（三）中级程度：

1. 能够独立地在工作任务中遵守职业道德；
2. 能够独立地应用、比较和分析技术胜任能力相关领域中的基本原则和理论，完成工作任务并作出决策；
3. 能够独立地运用职业技能完成工作任务；
4. 能够通过口头和书面沟通，向利益相关者清晰全面地传递信息并表达想法；
5. 能够与具有相应职责的上级或具有专业知识的专家共同解决复杂的任务或问题。

（四）高级程度：

1. 能够根据职业道德，对行动方案是否适当作出判断；
2. 能够选择并整合不同领域技术胜任能力的原则和理论，管理、领导项目和工作任务，并向利益相关者提出恰当的建议；
3. 能够整合职业技能，管理、领导项目和工作任务；
4. 能够在有限的监督下评估、研究并解决复杂的问题；
5. 能够始终以有说服力的方式向利益相关者展示和解释相关信息；
6. 能够预测、提供适当咨询并制定复杂问题的解决方案。

第二章 有意愿进入会计师事务所从业的人员的胜任能力

第九条 有意愿进入会计师事务所从业的人员应当具备一定的政治能力、职业道德、专业胜任能力，并具有相关的实务经历。

有意愿进入会计师事务所从业的人员应当达到基础熟练程度的胜任能力水平。

第十条 有意愿进入会计师事务所从业的人员应当达到第五条规定的新时代中国注册会计师行业人才政治能力的基本要求，政治能力相应的学习成果主要包括：

能够了解党中央相关重大决策部署以及对注册会计师行业的影响。

运用适当的评估活动评估有意愿进入会计师事务所从业的人员的政治能力，评估活动主要包括：

专题学习研讨。

第十一条 有意愿进入会计师事务所从业的人员应当掌握的职业道德领域以及达到的熟练程度主要包括：

（一）职业怀疑和职业判断（基础）；

（二）职业道德守则及相关规范（基础）；

（三）维护社会公众利益（基础）。

鼓励有意愿进入会计师事务所从业的人员在不同职业道德领域取得相应的学习成果：

（一）职业怀疑和职业判断，相应的学习成果主要包括：

1. 能够达到职业怀疑和职业判断的基本要求；
2. 运用批判思维解决专业学习和实践中的问题；
3. 能够培养并运用职业怀疑。

（二）职业道德守则及相关规范，相应的学习成果主要包括：

1. 能够坚持职业操守和职业道德规范；
2. 能够了解违反职业操守和职业道德规范的严重后果。

（三）维护社会公众利益，相应的学习成果主要包括：

1. 能够知晓专业工作对社会公众利益的影响；
2. 能够知晓维护社会公众利益的必要性和重要性；
3. 能够了解损害社会公众利益的后果和应当承担的责任。

运用适当的评估活动评估有意愿进入会计师事务所从业的人员的职业道德，评估活动主要包括：

1. 笔试；
2. 案例分析、研讨和分享。

第十二条 有意愿进入会计师事务所从业的人员应当掌握的技术胜任能力领域以及达到的熟练程度主要包括：

（一）财务会计和报告（基础）；

（二）管理会计（基础）；

（三）财务管理（基础）；

（四）税务（基础）；

（五）审计与其他鉴证（基础）；

（六）治理、风险管理和内部控制（基础）；

（七）商业法律法规（基础）；

（八）信息和通信技术（基础）；

（九）商业和组织环境（基础）；

（十）经济学（基础）；

（十一）商业策略与管理（基础）。

鼓励有意愿进入会计师事务所从业的人员在不同技术胜任能力领域取得相应的学习成果：

（一）财务会计和报告，相应的学习成果主要包括：

1. 能够掌握财务会计的基本理论、知识与逻辑关系；
2. 能够掌握企业日常经济业务的会计处理方法；
3. 能够掌握企业财务会计报告的编制方法；
4. 能够了解不同会计政策处理的经济后果，掌握财务会计确认、计量方法的选择与财务报告信息披露的相互关系以及对公司财务报告的影响。

（二）管理会计，相应的学习成果主要包括：

1. 能够理解管理会计的基本内涵、目标和职责；

2. 能够掌握成本分类、成本计算方法等相关知识;
3. 能够掌握短期经营决策、长期投资决策、全面预算编制和责任会计的相关知识;
4. 能够具备利用经济信息进行预测、决策,对经营业务进行分析评价的能力。

(三)财务管理,相应的学习成果主要包括:
1. 能够了解经济、法律等环境和资本市场运作机制,掌握现代财务管理的基本理论;
2. 能够掌握财务分析的基本方法,通过比率分析等方法找出企业财务以及相关管理方面存在问题的原因,并提出改进措施;
3. 能够掌握企业筹资、投资、营运资金管理和股利分配等财务活动的具体决策方法;
4. 能够利用基础理论解释企业资金运动的现象,利用财务管理工具实施财务决策。

(四)税务,相应的学习成果主要包括:
1. 能够掌握税收、税法理论知识和我国税收法律制度,理解税制背后的税法基本原理、方法和逻辑;
2. 能够掌握我国主要税种应纳税额和税收优惠计算的基本方法;
3. 能够了解国际税收、税收管理体制和税收行政法制基本内容;
4. 初步具备利用相关理论分析和解决税收征缴问题的能力。

(五)审计与其他鉴证,相应的学习成果主要包括:
1. 掌握审计的基本理论和方法,熟悉审计准则;
2. 熟悉审计活动的各业务环节和过程,掌握并运用一定的审计技术方法获取审计证据,编写审计工作底稿,熟练完成审计流程中的主要业务环节;
3. 能够利用审计的逻辑分析框架,在商业环境中识别、评估和应对风险,正确运用审计标准与重要性原则得出审计结论。

(六)治理、风险管理和内部控制,相应的学习成果主要包括:
1. 能够了解公司治理的基本理论以及不同治理模式的运行原理;
2. 能够了解风险管理的相关技术和工具;
3. 能够了解内部控制基础理论,以及内部控制设计和运行的原理及方法,并对企事业单位风险管理作出分析和评价。

(七)商业法律法规,相应的学习成果主要包括:
1. 能够掌握我国商业法律基础理论;
2. 能够了解最新的商业法律法规和司法解释、案例,以及相关法律的最新理论成果;
3. 能够初步运用所学知识分析相应的法律实际问题。

(八)信息和通信技术,相应的学习成果主要包括:
1. 能够熟练使用与审计、会计和财务管理等工作相关的信息和通信软件或工具;
2. 能够了解实践中与信息技术相关的最新知识和技术发展成果。

(九)商业和组织环境,相应的学习成果主要包括:
1. 能够掌握商业和组织环境分析的基础理论知识,熟悉其分析框架;
2. 能够系统分析影响企业运营的商业环境和市场中的机会与威胁。

(十)经济学,相应的学习成果主要包括:
1. 能够理解经济学的基本原理;
2. 能够运用经济学方法观察经济现象,分析经济问题。

(十一)商业策略与管理,相应的学习成果主要包括:
1. 能够掌握商业组织中的个体行为、群体行为、领导行为和组织行为的相关理论;
2. 能够掌握运用科学的方法观察、分析组织中人的各种行为现象,进而提高沟通的效率和效果。

运用适当的评估活动评估有意愿进入会计师事务所从业的人员的技术胜任能力,评估活动主要包括：

1. 考试；
2. 实务经历。

其中，在校大学生可按照专业社会实践、毕业实习等课程要求进入会计师事务所实习，取得审计领域的实务经历。

第十三条 有意愿进入会计师事务所从业的人员应当掌握的职业技能领域以及达到的熟练程度主要包括：

（一）智力技能（基础）；

（二）人际关系和沟通技能（基础）；

（三）个人技能（基础）；

（四）组织技能（基础）；

（五）办公软件操作技能（基础）。

鼓励有意愿进入会计师事务所从业的人员在不同职业技能领域取得相应的学习成果：

（一）智力技能，相应的学习成果主要包括：

1. 能够通过课堂、文献、网络、实习实践等渠道获取知识和信息；
2. 能够学习和吸收专业知识和经验，构建自己的知识体系；
3. 能够应用管理理论、经济理论等理论和方法分析并解决简单的实践问题。

（二）人际关系和沟通技能，相应的学习成果主要包括：

1. 能够积极主动地与他人交往，具备良好的人际关系；
2. 能够具有团队合作意识；
3. 能够运用语言和文字清晰地表达自己的观点和意见；
4. 能够与团队和他人沟通，辅助实现参与项目的目标，主要包括陈述和处理会计与审计事项，获得相关的、充分、适当的审计证据。

（三）个人技能，相应的学习成果主要包括：

1. 能够制定短期个人职业发展目标，并对职业发展形成初步设想；
2. 能够形成持续学习的意识，并督促自己养成持续学习的习惯；
3. 能够自我挑战和自我激励，尝试承担多任务的实践工作；
4. 能够进行批判性思考，尝试理论或实践创新。

（四）组织技能，相应的学习成果主要包括：

1. 能够做好规划，顺利完成各项要求；
2. 能够组织其他人完成具体的项目和任务。

（五）办公软件操作技能，相应的学习成果主要包括：

1. 能够了解并能够使用基础的文字处理软件；
2. 能够尝试将信息化相关知识在实践中运用。

有意愿进入会计师事务所从业的人员应当通过会计师事务所实习取得实务经历，实务经历是评估其职业技能的主要方式，主要包括：

1. 参与会计师事务所的一个或多个工作项目；
2. 准确、高效地完成实习项目分配的内容；
3. 实习报告。

第十四条 有意愿进入会计师事务所从业的人员应当掌握的管理能力领域以及达到的熟练程度主要包括：

（一）自我认知（基础）；

（二）自我管理（基础）；

（三）自我发展（基础）；

（四）团队管理（基础）。

鼓励有意愿进入会计师事务所从业的人员在不同管理能力领域取得相应的学习成果：

（一）自我认知，相应的学习成果主要包括：

1.对自身的专业知识和综合胜任能力水平有清晰的认知和了解；

2.客观看待自身的优势和劣势。

（二）自我管理，相应的学习成果主要包括：

1.合理安排自己的时间；

2.能够控制自己的情绪，找到合理的疏导方式。

（三）自我发展，相应的学习成果主要包括：

1.对自身未来的发展有清晰的规划和思考；

2.针对自身存在的不足，采取积极有效的提升手段。

（四）团队管理，相应的学习成果主要包括：

1.积极融入团队，努力营造和谐、融洽的团队氛围；

2.能够结合自身和他人的优势，参与团队合作，提升团队的整体效能。

运用适当的评估活动评估有意愿进入会计师事务所从业的人员的管理能力，评估活动主要包括：

1.无领导小组讨论；

2.管理能力测评。

第三章　会计师事务所助理人员的胜任能力

第十五条　会计师事务所助理人员应当不断提升政治能力、职业道德、专业胜任能力，并积累相关实务经历。

会计师事务所助理人员应当达到初级熟练程度的胜任能力水平。

第十六条　会计师事务所助理人员在达到有意愿进入会计师事务所从业的人员要求基础上，政治能力相应的学习成果主要包括：

（一）能够了解注册会计师行业以及会计师事务所贯彻落实党中央相关重大决策部署所制定的政策和采取的措施；

（二）能够正确执行相关的政策和措施。

运用适当的评估活动评估会计师事务所助理人员的政治能力，评估活动主要包括：

1.专题学习研讨；

2.年度考核自评与互评。

第十七条　会计师事务所助理人员应当掌握的职业道德领域以及达到的熟练程度主要包括：

（一）职业怀疑和职业判断（初级）；

（二）职业道德守则及相关规范（初级）；

（三）维护社会公众利益（初级）。

会计师事务所助理人员在不同职业道德领域应当取得相应的学习成果：

（一）职业怀疑和职业判断，在达到有意愿进入会计师事务所从业的人员要求基础上，相应的学习成果主要包括：

1.能够阐明职业怀疑与职业道德基本原则的关联；

2.能够在执业过程中有意识地保持职业怀疑；

3.能够运用批判性思维理解审计策略。

（二）职业道德守则及相关规范，在达到有意愿进入会计师事务所从业的人员要求基础上，相应的学习成果主要包括：

1. 能够遵守职业道德守则及相关规范；
2. 能够了解对遵守职业道德基本原则形成威胁的情形或事项；
3. 能够知晓形成威胁的情形或事项对遵守职业道德基本原则的严重性。

（三）维护社会公众利益，在达到有意愿进入会计师事务所从业的人员要求基础上，相应的学习成果主要包括：
1. 能够知晓遵守职业道德对维护社会公众利益的作用和重要性；
2. 能够知晓遵守职业道德基本原则在维护良好的商业关系和保持良好治理方面的作用和重要性；
3. 能够了解职业道德与法律之间的关系；
4. 能够知晓违反职业道德的行为对个人、注册会计师行业和社会公众所造成的后果。

运用适当的评估活动评估会计师事务所助理人员的职业道德，评估活动主要包括：
1. 笔试；
2. 会计师事务所内部研讨和分享；
3. 建立职业道德档案，对职业道德档案进行自查与抽查。

第十八条 会计师事务所助理人员应当掌握的技术胜任能力领域以及达到的熟练程度主要包括：
（一）财务会计和报告（初级）；
（二）管理会计（初级）；
（三）财务管理（初级）；
（四）税务（初级）；
（五）审计与其他鉴证（初级）；
（六）治理、风险管理和内部控制（初级）；
（七）商业法律法规（初级）；
（八）信息和通信技术（初级）；
（九）商业和组织环境（初级）；
（十）经济学（初级）；
（十一）商业策略与管理（初级）。

会计师事务所助理人员在不同技术胜任能力领域应当取得相应的学习成果：
（一）财务会计和报告，在达到有意愿进入会计师事务所从业的人员要求基础上，相应的学习成果主要包括：
1. 熟悉相关会计制度；
2. 能够在简单交易和其他事项中应用相关会计制度；
3. 掌握单体财务报表或简单合并财务报表的编制方法和过程；
4. 能够根据企业的实际业务情况判断会计分录编制的合理性、适当性；
5. 能够熟练运用相关会计制度复核企业的各项财务数据。

（二）管理会计，在达到有意愿进入会计师事务所从业的人员要求基础上，相应的学习成果主要包括：
1. 能够在计划和预算、成本管理、质量控制、绩效衡量和比较分析等方面统计相应数据；
2. 能够对成本习性和成本动因作简要分析；
3. 能够定量分析各项指标的变动因素影响；
4. 能够比较不同部门、不同产品等的各项指标差异原因；
5. 能够复核企业制定的年度成本费用预算，并分析其合理性；
6. 能够运用各类成本核算方法复核企业成本。

（三）财务管理，在达到有意愿进入会计师事务所从业的人员要求基础上，相应的学习成果主要包括：

1. 能够理解各类常用财务指标的含义；
2. 能够根据企业报表计算企业各项财务指标，并进行分析；
3. 能够梳理企业抵质押担保情况；
4. 对企业保理、保函、信用证、票据等融资工具有一定的理解。

（四）税务，在达到有意愿进入会计师事务所从业的人员要求基础上，相应的学习成果主要包括：

1. 能够了解国家税收相关法律法规；
2. 能够阐明各项税种的适用条件和计算方式；
3. 能够对照税收相关法律法规，发现企业日常税务处理的不规范事项；
4. 清楚常规纳税调整事项，对于非常规税务处理和会计处理产生的差异能够主动查询相关信息并予以讨论；
5. 能够了解各项税率并计算应缴税金；
6. 能够通过查阅信息了解其他国家相关税收规则；
7. 能够根据企业提供的资料复核企业计提缴纳的相关税费是否正确。

（五）审计与其他鉴证，在达到有意愿进入会计师事务所从业的人员要求基础上，相应的学习成果主要包括：

1. 能够按照审计准则要求执行相应的审计与其他鉴证程序；
2. 能够根据各报表项目的特性选择合适的审计程序，并获取相关审计证据，完成审计底稿。
3. 发现异常现象能够主动了解背景以及详细过程，并向项目负责人汇报相关信息；
4. 能够通过审计程序判断企业内部控制设计是否合理，执行是否有效。

（六）治理、风险管理和内部控制，在达到有意愿进入会计师事务所从业的人员要求基础上，相应的学习成果主要包括：

1. 能够理解基本的内部控制要求；
2. 了解COSO等内部控制模型并分析企业内部控制流程是否有效；
3. 能够运用SWOT分析法分析企业内外部环境和自身优劣势。

（七）商业法律法规，在达到有意愿进入会计师事务所从业的人员要求基础上，相应的学习成果主要包括：

1. 能够了解商业法律法规相关内容；
2. 能够主动搜索查询相关商业法律法规并学习；
3. 能够根据相关商业法律法规，阅读企业合同并提取信息。

（八）信息和通信技术，在达到有意愿进入会计师事务所从业的人员要求基础上，相应的学习成果主要包括：

1. 能够熟练使用信息和通信相关软件或工具；
2. 能够了解与信息技术相关的知识和技术发展；
3. 能够利用信息和通信技术分析数据和信息；
4. 能够利用信息和通信技术提高通信效率和有效性。

（九）商业和组织环境，在达到有意愿进入会计师事务所从业的人员要求基础上，相应的学习成果主要包括：

1. 能够了解各类客户所处商业环境；
2. 能够了解各类客户内部组织环境。

（十）经济学，在达到有意愿进入会计师事务所从业的人员要求基础上，相应的学习成果主要包括：

1. 具备经济学相关理论知识;
2. 能够以经济学观点分析审计过程中的相关问题。

(十一)商业策略与管理,在达到有意愿进入会计师事务所从业的人员要求基础上,相应的学习成果主要包括:

1. 具备组织行为学相关理论知识;
2. 能够以组织行为学观点分析审计过程中的相关问题。

会计师事务所主要通过实务经历评估助理人员的技术胜任能力。

第十九条 会计师事务所助理人员应当掌握的职业技能领域以及达到的熟练程度主要包括:

(一)智力技能(初级);
(二)人际关系和沟通技能(初级);
(三)个人技能(初级);
(四)组织技能(初级);
(五)办公软件操作技能(初级)。

会计师事务所助理人员在不同职业技能领域应当取得相应的学习成果:

(一)智力技能,在达到有意愿进入会计师事务所从业的人员要求基础上,相应的学习成果主要包括:

1. 能够识别、获取、理解各种来源的数据和信息;
2. 能够向注册会计师请教并学习,结合工作经历进行反思和应用;
3. 能够在团队探讨方案时提出有助于形成良好方案的个人意见。

(二)人际关系和沟通技能,在达到有意愿进入会计师事务所从业的人员要求基础上,相应的学习成果主要包括:

1. 能够快速融入团队,与他人协商共事;
2. 能够用流畅易懂的语言表达自己的意见;
3. 能够主动热情地与他人交往;
4. 能够积极响应他人的建议与要求;
5. 能够根据不同情况采用相适应的沟通风格;
6. 能够与被审计单位高效沟通,及时完整地取得审计证据;
7. 能够以明确简洁或结构式的方式进行书面沟通。

(三)个人技能,在达到有意愿进入会计师事务所从业的人员要求基础上,相应的学习成果主要包括:

1. 能够接收他人对自身表现的反馈意见,制定个人发展规划;
2. 能够在职业生涯中保持持续学习的习惯;
3. 能够利用信息化手段,提高工作效率,提升执行力;
4. 能够逐步承担更多重要的任务;
5. 能够利用自身优势,主动解决问题。

(四)组织技能,在达到有意愿进入会计师事务所从业的人员要求基础上,相应的学习成果主要包括:

1. 能够根据工作的重要性程度和紧急程度,在有限的资源中选择和配置相应资源,按时完成工作;
2. 能够协助项目组完成企业 IPO、各类企业年报审计、资产重组和企业并购等项目。

(五)办公软件操作技能,在达到有意愿进入会计师事务所从业的人员要求基础上,相应的学习成果主要包括:

能够熟练操作办公软件、审计作业软件以及相关数据处理软件。

实务经历是评估会计师事务所助理人员职业技能的主要方式，主要包括：

1. 完整参与不同类型的工作项目；
2. 通过在工作中不断学习和吸收相关的专业知识和团队其他成员的工作经验和工作方法，不断完善自己的专业知识体系，形成自己的专业实务操作经验和方法；
3. 及时、准确、高效地完成在项目中分配的工作。

第二十条 会计师事务所助理人员应当掌握的管理能力领域以及达到的熟练程度主要包括：

（一）自我认知（初级）；

（二）自我管理（初级）；

（三）自我发展（初级）；

（四）团队管理（初级）。

会计师事务所助理人员在不同管理能力领域应当取得相应的学习成果：

（一）自我认知，在达到有意愿进入会计师事务所从业的人员要求基础上，相应的学习成果主要包括：

清晰了解本职级人员的主要工作职责和绩效考核指标。

（二）自我管理，在达到有意愿进入会计师事务所从业的人员要求基础上，相应的学习成果主要包括：

1. 每天按照计划完成相应工作；
2. 能够识别压力，分析压力产生的原因，并采取适当的方法疏解压力；
3. 能够感知并适当表达自己的情绪，了解负面情绪的危害，能够采取有效措施调整和控制负面情绪。

（三）自我发展，在达到有意愿进入会计师事务所从业的人员要求基础上，相应的学习成果主要包括：

积极学习和掌握岗位专业知识和通用技能，并善于实践与总结。

（四）团队管理，在达到有意愿进入会计师事务所从业的人员要求基础上，相应的学习成果主要包括：

1. 能够完成团队分配的任务；
2. 能够指导团队中低级别同事或实习生。

运用适当的评估活动评估会计师事务所助理人员的管理能力，评估活动主要包括：

1. 实务经历；
2. 管理能力测评。

第二十一条 会计师事务所助理人员在取得执业资格前应当具备足够的实务经历（以下简称资格前实务经历），且该实务经历的时长和强度应当足以证明其已具备胜任注册会计师工作所必须的职业道德和专业胜任能力。资格前实务经历应当为从事审计业务工作至少两年。

第二十二条 会计师事务所应当根据注册会计师协会规定的资格前实务经历要求，为申请人制定资格前实务经历计划。资格前实务经历应当有助于会计师事务所助理人员：

（一）了解提供服务的环境；

（二）了解组织、商业运作及工作关系；

（三）将会计工作与其他业务职能及活动相联系；

（四）培养在实务环境中保持职业道德并运用技术胜任能力、职业技能的能力；

（五）在适当的监督下，逐步承担更大的工作责任。

第二十三条 会计师事务所合伙人应当对申请人的资格前实务经历提供必要的监督和指导，并对申请人参与的项目进行考评。

会计师事务所应当定期评价申请人的资格前实务经历记录，与事先制定的资格前实务经历计划进行对比，并评估计划的进度，在必要时考虑调整计划或进度。

第四章　注册会计师的胜任能力

第二十四条　注册会计师应当具备一定的政治能力、职业道德、专业胜任能力和相应的实务经历。

注册会计师应当达到中级熟练程度的胜任能力水平。

第二十五条　注册会计师在达到助理人员要求基础上，政治能力相应的学习成果主要包括：

（一）能够熟悉党中央重大决策部署，尤其是有关业务领域的重大决策部署，及其对注册会计师行业的影响；

（二）能够熟悉注册会计师行业以及会计事务所深入学习贯彻党中央重大决策部署所制定政策、采取措施的目标、作用和实施路径，带领业务团队执行相关政策和部署；

（三）能够了解党中央有关注册会计师行业发展的重要精神。

运用适当的评估活动评估注册会计师的政治能力，评估活动主要包括：

1. 专题学习研讨；
2. 年度考核自评与互评；
3. 注册会计师行业评选。

第二十六条　注册会计师应当掌握的职业道德领域以及达到的熟练程度主要包括：

（一）职业怀疑和职业判断（中级）；

（二）职业道德守则及相关规范（中级）；

（三）维护社会公众利益（中级）。

注册会计师在不同职业道德领域应当取得相应的学习成果：

（一）职业怀疑和职业判断，在达到助理人员要求基础上，相应的学习成果主要包括：

1. 能够在收集、评估数据和信息时保持质疑的态度；
2. 能够在解决问题、作出判断、作出决定和得出合理结论时减少偏见；
3. 能够运用批判性思维识别并评估替代方案，确定适当的行动方案。

（二）职业道德守则及相关规范，在达到助理人员要求基础上，相应的学习成果主要包括：

1. 能够深刻理解职业道德的本质；
2. 能够识别对遵守职业道德基本原则产生或形成威胁的事项或情形；
3. 能够评估形成或产生威胁的事项或情形对遵守职业道德基本原则的严重性，并作出适当决策；
4. 能够在收集、生成、存储、访问、使用或共享数据和信息时，遵循职业道德基本原则；
5. 能够将相关职业道德要求应用于符合审计准则的职业行为上。

（三）维护社会公众利益，在达到助理人员要求基础上，相应的学习成果主要包括：

1. 能够阐明职业道德的作用和重要性，以及与社会责任的关系；
2. 能够阐明职业道德基本原则在维护良好的商业关系和保持良好治理方面的作用和重要性；
3. 能够分析职业道德与法律之间的关系，包括职业道德和法律与社会公众利益之间的关系；
4. 能够分析违反职业道德行为对个人、注册会计师行业和社会公众所造成的后果。

运用适当的评估活动评估注册会计师的职业道德，评估活动主要包括：

1. 笔试；

2. 案例分析报告；

3. 实务经历；

4. 建立职业道德档案，对职业道德档案进行自查与抽查。

案例分析评估主要包括：

1. 建立案例研究资料库，并要求注册会计师根据案例研究完成测试；

2. 使用案例分析系统，要求注册会计师记录特定领域案例的日志和备忘；

3. 通过案例研究小组的作业和研讨进行评估分析。

实务经历评估主要包括：

1. 讨论并协助解决日常工作中出现的职业道德威胁；

2. 职业道德决策审查与工作目标审查相结合。

第二十七条 注册会计师应当掌握的技术胜任能力领域以及达到的熟练程度主要包括：

（一）财务会计和报告（中级）；

（二）管理会计（中级）；

（三）财务管理（中级）；

（四）税务（中级）；

（五）审计与其他鉴证（中级）；

（六）治理、风险管理和内部控制（中级）；

（七）商业法律法规（中级）；

（八）信息和通信技术（中级）；

（九）商业和组织环境（中级）；

（十）经济学（基础）；

（十一）商业策略与管理（中级）。

注册会计师在不同技术胜任能力领域应当取得相应的学习成果：

（一）财务会计和报告，在达到助理人员要求基础上，相应的学习成果主要包括：

1. 能够在不同的交易和其他事项中应用相应的相关会计制度；

2. 能够评估用于编制财务报表的会计政策的适当性；

3. 能够理解并解释财务报表和各项披露信息；

4. 能够解释包含非财务数据和信息的报告；

5. 能够准确编制完整的财务报表，包括了解合并财务报表编制的内在逻辑，掌握合并范围变更时合并层面所需进行的会计处理；

6. 能够识别重要的非财务信息，例如重大未决诉讼、重大承诺事项等，确保重要的非财务信息在财务报表附注中作出恰当披露。

（二）管理会计，在达到助理人员要求基础上，相应的学习成果主要包括：

1. 能够利用适当的定量技术来分析成本习性和成本动因；

2. 能够通过分析数据和信息，支持管理层制定决策；

3. 能够评估产品和业务部门的绩效；

4. 能够识别企业成本中心，通过对各成本中心的成本习性进行分析，为管理层成本控制提供建议。

（三）财务管理，在达到助理人员要求基础上，相应的学习成果主要包括：

1. 能够比较被审计单位可利用的各种融资来源，包括银行融资、金融工具、债券、股权和国债市场；

2. 能够分析被审计单位现金流和营运资金需求；

3. 能够评估用于计算被审计单位资本成本的要素的适当性；

4. 能够在资本投资决策的评估中运用资本预算技术；

5. 能够熟练运用各项指标分析被审计单位当前和未来的财务状况；

6. 能够理解各类估值方法及对财务报表的影响结果；

7. 能够通过被审计单位与可比企业各类财务比率的对比分析，对被审计单位偿债能力、盈利能力等形成初步的了解和认识；

8. 通过比较被审计单位不同时期的财务比率，识别被审计单位存在的潜在经营风险，并发表自己的见解。

（四）税务，在达到助理人员要求基础上，相应的学习成果主要包括：

1. 能够阐明国家税收相关法律法规；

2. 能够计算直接税和间接税；

3. 能够分析一般的国内和国际交易有关的税收问题；

4. 能够阐明税收筹划、避税和逃税之间的区别；

5. 能够清楚了解国家税收体系和各类税收优惠；

6. 能够具有税收筹划意识；

7. 能够结合财务会计处理方式识别企业可能存在的税务风险。

（五）审计与其他鉴证，在达到助理人员要求基础上，相应的学习成果主要包括：

1. 能够描述执行财务报表审计所涉及的目标和阶段；

2. 能够使用审计准则或适用的财务报表审计的其他相关审计准则、法律法规来执行财务报表审计；

3. 能够评估财务报表中的重大错报风险，并考虑其对审计策略的影响；

4. 能够应用审计业务中使用的定量和定性分析方法；

5. 能够确定审计证据的相关性，提供判断依据，作出决策并得出合理的结论；

6. 能够得出是否已获得充分、适当的审计证据的结论；

7. 能够阐明鉴证业务的关键因素以及与此类鉴证业务相关的适用准则；

8. 能够了解审计准则相关体系，清楚各审计阶段工作内容和各项审计程序的目标；

9. 能够判断错报的影响及审计程序是否充分、适当，是否能支持审计结论；

10. 能够独立安排完成单个项目组工作，指导项目组成员，复核底稿；

11. 能够区分审计责任与会计责任；

12. 能够完成一般企业的底稿复核，并发现存在的问题，提出合理的复核意见。

（六）治理、风险管理和内部控制，在达到助理人员要求基础上，相应的学习成果主要包括：

1. 能够阐明良好治理的原则，包括所有者、投资者、治理层的权利和责任，以及利益相关者在治理、披露和透明度要求中的作用；

2. 能够分析被审计单位治理框架的组成部分；

3. 能够使用风险管理框架分析被审计单位的风险和机会；

4. 能够分析与财务报告有关的内部控制组成部分；

5. 能够分析系统、流程及其控制的适当性，用以收集、生成、存储、访问、使用或共享数据和信息；

6. 能够通过了解企业内控制度，结合行业特点及业务模式，识别关键控制节点，评价企业内控制度设计是否合理，执行是否有效；

7. 能够评价企业内部控制制度规范性，发现缺陷并提出建议。

（七）商业法律法规，在达到助理人员要求基础上，相应的学习成果主要包括：

1. 能够阐明适用不同类型法律实体的法律法规；

2. 能够阐明适用于注册会计师职业环境的法律法规；

3. 能够应用相关法律法规收集、生成、存储、访问、使用或共享数据和信息；

4. 能够主动搜集或整理相关法律法规知识以便日常工作的应用，在接触新客户新行业时主动查询相关法律法规要求。

（八）信息和通信技术，在达到助理人员要求基础上，相应的学习成果主要包括：

1. 能够阐明信息和通信技术的发展对组织环境和商业模式的影响；

2. 能够阐明信息和通信技术如何支持数据分析和决策制定；

3. 能够阐明信息和通信技术如何支持被审计单位风险的识别、报告和管理；

4. 能够利用信息和通信技术提高组织中系统的效率和有效性；

5. 能够有效识别信息系统审计专家工作的范围和内容，并有效开展专家评价工作。

（九）商业和组织环境，在达到助理人员要求基础上，相应的学习成果主要包括：

1. 能够描述组织运行的环境，主要包括政治、经济、社会、文化、法律、技术和生态等方面；

2. 能够分析影响国际贸易和金融的全球环境；

3. 能够确定全球化的特征，包括跨国企业和新兴市场的职责。

（十）经济学，在达到助理人员要求基础上，相应的学习成果主要包括：

1. 能够描述微观经济学和宏观经济学的基本原理；

2. 能够描述宏观经济指标的变化对商业活动的影响；

3. 能够阐明不同类型的市场结构，包括完全竞争、垄断性竞争、垄断和寡头垄断。

（十一）商业策略与管理，在达到助理人员要求基础上，相应的学习成果主要包括：

1. 能够阐明可用于设计和构建组织的各种方式；

2. 能够阐明组织内不同类型功能和业务领域的目的和重要性；

3. 能够分析可能影响组织战略的外部和内部因素；

4. 能够阐明可用于制定和实施组织战略的程序；

5. 能够阐明如何使用组织行为理论来提高个人、团队和组织的绩效。

运用适当的评估活动评估注册会计师的技术胜任能力，评估活动主要包括：

1. 笔试；

2. 案例分析报告；

3. 实务经历。

第二十八条 注册会计师应当掌握的职业技能领域以及达到的熟练程度主要包括：

（一）智力技能（中级）；

（二）人际关系和沟通技能（中级）；

（三）个人技能（中级）；

（四）组织技能（中级）；

（五）办公软件操作技能（中级）。

注册会计师在不同职业技能领域应当取得相应的学习成果：

（一）智力技能，在达到助理人员要求基础上，相应的学习成果主要包括：

1. 能够通过研究、整合和分析，评估从不同来源和视角获取的数据及信息；

2. 能够运用批判性思维解决问题、形成判断、作出决策并得出合理的结论；

3. 能够根据需要适时咨询专家；

4. 能够提出解决非结构化的多元问题的方案；

5. 能够有效应对不断变化的环境或新信息，从而解决问题、形成判断、作出决策并得出合理的结论。

（二）人际关系和沟通技能，在达到助理人员要求基础上，相应的学习成果主要包括：

1. 能够通过协作实现组织目标；
2. 能够在各种场合完成清晰、简洁的演示、讨论和报告；
3. 能够充分意识到文化差异和语言差异对沟通的影响；
4. 能够做到积极倾听和有效访谈；
5. 能够通过谈判获得解决方案和达成协议；
6. 能够通过咨询，最大程度减少或化解冲突、解决问题；
7. 能够提出观点影响他人，并获得支持和承诺。

（三）个人技能，在达到助理人员要求基础上，相应的学习成果主要包括：
1. 能够作出持续学习的承诺；
2. 能够依据自我反思活动和他人反馈设定较高的个人工作目标并进行跟踪检查；
3. 能够有效管理时间和高效利用资源；
4. 能够预测困难并制定可行的解决方案；
5. 能够以开放的心态迎接新的机遇；
6. 能够识别个人和组织意见的潜在影响；
7. 能够具备相应的文字表达和提炼总结能力。

（四）组织技能，在达到助理人员要求基础上，相应的学习成果主要包括：
1. 能够按照既定行动方案在规定期限内完成任务；
2. 能够复核自己和他人的工作是否符合组织设定的质量标准；
3. 能够运用人员管理技能激励和培养他人；
4. 能够合理、有效地分配任务；
5. 能够运用领导能力影响他人，实现组织目标。

（五）办公软件操作技能，在达到助理人员要求基础上，相应的学习成果主要包括：
1. 熟练运用办公软件；
2. 能够使用复杂的数据处理工具；
3. 能够根据需要适时地咨询专家。

实务经历是评估注册会计师职业技能的主要方式，主要包括：
1. 坚持写工作日志；
2. 接受上下级和同级的评估；
3. 编制学习成果证明材料；
4. 接受具有相应职责的上级的监督指导。

第二十九条 注册会计师应当掌握的管理能力领域以及达到的熟练程度主要包括：
（一）自我认知（中级）；
（二）自我管理（中级）；
（三）自我发展（中级）；
（四）团队管理（中级）；
（五）组织管理（中级）；
（六）战略管理（中级）。

注册会计师在不同管理能力领域应当取得相应的学习成果：
（一）自我认知，在达到助理人员要求基础上，相应的学习成果主要包括：
清晰了解本职级人员的主要工作职责和绩效考核指标。
（二）自我管理，在达到助理人员要求基础上，相应的学习成果主要包括：
1. 能够分解复杂任务、制定阶段性时间计划，并能监督团队达成目标，及时复盘；
2. 能够有效开展优先级管理，统筹协调相关工作并按时间计划完成多项任务目标。

（三）自我发展，在达到助理人员要求基础上，相应的学习成果主要包括：

能够清晰认识到自己擅长的行业领域以及感兴趣的行业领域，并有计划地优化相关知识框架和内容。

（四）团队管理，在达到助理人员要求基础上，相应的学习成果主要包括：

1. 具备培养项目团队成员的能力，能够知晓团队成员的优势与不足，取长补短，统筹安排工作，促进团队成员完成相关工作；

2. 营造项目团队正能量，识别团队负面情绪并有效处理；

3. 营造良好的项目团队合作氛围，公平客观，主动关心每个成员，对成员采取有效激励，提高项目组工作效率。

（五）组织管理，相应的学习成果主要包括：

1. 能够协助会计师事务所选人识人，引入优质人才；

2. 能够不断积累知识和经验，并善于总结和提炼；

3. 能够分享和传播知识。

（六）战略管理，相应的学习成果主要包括：

1. 能够了解公司战略并进行目标分解，制定计划并高效执行；

2. 能够拥抱挑战和变革。

运用适当的评估活动评估注册会计师的管理能力，评估活动主要包括：

1. 所管理团队的关键绩效指标评估；

2. 所管理团队的敬业度评估；

3. 360 度评价；

4. 场景模拟测试；

5. 管理能力测评。

第五章 非管理合伙人的胜任能力

第三十条 非管理合伙人应当具备高于一般注册会计师水平的政治能力、职业道德、专业胜任能力以及实务经历，以达到以下目标：

（一）提高审计质量；

（二）提高非管理合伙人的工作水平；

（三）提高注册会计师行业的公信力；

（四）维护社会公众利益。

非管理合伙人应当达到高级熟练程度的胜任能力水平。

第三十一条 非管理合伙人在达到注册会计师要求基础上，政治能力相应的学习成果主要包括：

（一）能够掌握党中央相关重大决策部署，并准确向业务团队宣讲；

（二）能够掌握党中央有关注册会计师行业发展的重要精神，并带领业务团队加以落实；

（三）能够敏锐把握业务团队意识形态领域动态变化，带领团队沿着正确的方向开展业务。

运用适当的评估活动评估非管理合伙人的政治能力，评估活动主要包括：

1. 专题学习研讨；

2. 年度考核自评与互评；

3. 注册会计师行业评选。

第三十二条 非管理合伙人应当掌握的职业道德领域以及达到的熟练程度主要包括：

（一）职业怀疑和职业判断（高级）；

（二）职业道德守则及相关规范（高级）；

（三）维护社会公众利益（高级）。

非管理合伙人在不同职业道德领域应当取得相应的学习成果：

（一）职业怀疑和职业判断，在达到注册会计师要求基础上，相应的学习成果主要包括：

1. 能够在计划和执行审计业务时运用职业判断，并在此基础上得出审计意见；
2. 能够在审计业务的所有阶段强调保持职业怀疑的重要性；
3. 能够保持职业怀疑态度，批判性地评估在审计过程中获得的审计证据，并得出合理的结论；
4. 能够评估个人和组织的意见对运用职业怀疑能力的影响；
5. 能够运用职业判断评估被审计单位管理层的认定和陈述；
6. 能够运用批判性思维解决审计问题，考虑备选方案并分析结果。

（二）职业道德守则及相关规范，在达到注册会计师要求基础上，相应的学习成果主要包括：

1. 能够强调遵守职业道德基本原则的重要性；
2. 能够评估并应对审计过程中可能出现的对独立性的不利影响。

（三）维护社会公众利益，在达到注册会计师要求基础上，相应的学习成果主要包括：

能够确保提高审计质量、遵守执业标准和监管要求，以维护社会公众利益。

运用适当的评估活动评估非管理合伙人的职业道德，评估活动主要包括：

1. 内部考评；
2. 建立职业道德档案，对职业道德档案进行自查与抽查；
3. 案例分析报告。

第三十三条 非管理合伙人应当掌握的技术胜任能力领域以及达到的熟练程度主要包括：

（一）财务会计和报告（高级）；

（二）管理会计（高级）；

（三）财务管理（高级）；

（四）税务（高级）；

（五）审计与其他鉴证（高级）；

（六）治理、风险管理和内部控制（高级）；

（七）商业法律法规（高级）；

（八）信息和通信技术（高级）；

（九）商业和组织环境（高级）；

（十）经济学（高级）；

（十一）商业策略与管理（高级）。

非管理合伙人在不同技术胜任能力领域应当取得相应的学习成果：

（一）财务会计和报告，在达到注册会计师要求基础上，相应的学习成果主要包括：

1. 能够评估一个实体是否在所有重大方面按照适用的财务报告编制基础编制财务报表；
2. 能够根据适用的财务报告编制基础，评估财务报表中交易和事项的确认、计量、列报和披露；
3. 能够评估被审计单位管理层作出的会计判断和估计；
4. 能够根据被审计单位的业务性质、经营环境和持续经营能力评估财务报表是否公允反映；
5. 能够通过阅读财务报表，了解被审计单位的财务和经营状况，分析其中存在的问题，针对重大非常规交易确定合适的会计处理；

6. 能够了解不同期间相关行业和单个企业市场关注度，充分考虑披露的重要信息对各类报告使用者可能的影响，并作出相应应对；

7. 能够熟练掌握并灵活应用相关会计制度，具有扎实的专业知识，能够应对各类疑难、复杂的会计问题，并提出较好的解决方案；

8. 能够熟练掌握并分析财务数据及相关业务数据，识别财务报表存在的重大错报风险，与被审计单位管理层、治理层进行有效沟通。

（二）管理会计，在达到注册会计师要求基础上，相应的学习成果主要包括：

1. 能够在不同的方案中，综合考虑目标、可行性、成本等因素，选择合适的执行方案；

2. 了解国家宏观经济政策、重大经济改革措施和国内外会计或相关专业的发展动态；

3. 能够为重大关联交易事项提供财务方面的决策咨询或建议；

4. 能够发现并识别被审计单位成本管理等方面的缺陷，并提出整改措施。

（三）财务管理，在达到注册会计师要求基础上，相应的学习成果主要包括：

1. 能够评估企业可用的各种融资来源和所使用的金融工具，以确定对总体审计策略的影响；

2. 能够评估企业的现金流、预算和预测，以及营运资金需求，以确定对总体审计策略的影响；

3. 充分了解资本市场变动趋势并形成自我见解，对未来有一定的预判；

4. 具有财务决策及参与其他战略决策的能力；

5. 具有领导团队实施财务战略、实现财务功能、建立会计系统和财务流程的能力；

6. 能够运用预算管理、成本管理、风险管理等手段，控制既定业绩目标实现过程。

（四）税务，在达到注册会计师要求基础上，相应的学习成果主要包括：

1. 能够评估为应对税务相关的财务报表重大错报风险而采取的措施，以确定对总体审计策略的影响；

2. 充分了解税收体系并及时关注政策变动，对新政策具有解读能力，并能应用于税收筹划等日常工作。

（五）审计与其他鉴证，在达到注册会计师要求基础上，相应的学习成果主要包括：

1. 能够在识别和评估重大错报风险过程中发挥领导作用；

2. 能够制定应对识别出的重大错报风险的审计计划；

3. 能够识别被审计单位的重要风险领域，制定重大错报风险的应对措施；

4. 能够对所有相关审计证据的充分性和适当性作出结论；

5. 能够评估审计是否按照审计准则或适用于财务报表审计的其他相关审计准则、法律法规执行；

6. 能够形成恰当的审计意见并撰写相关审计报告；

7. 能够在审计业务的其他所有阶段积极发挥领导作用。

（六）治理、风险管理和内部控制，在达到注册会计师要求基础上，相应的学习成果主要包括：

1. 在制定总体审计策略过程中，能够评估影响财务报表的企业治理结构和风险；

2. 能够识别项目层面的审计风险，熟悉客户在财务、法律等各方面的规定，对企业的经营风险提出防范意见；

3. 熟悉各类业务活动的关键控制点，能够识别被审计单位内部控制方面存在的重大或重要缺陷；

4. 能够根据被审计单位面临的内外部环境分析识别其重要的经营风险及财务风险等，并提出有效的应对方案。

（七）商业法律法规，在达到注册会计师要求基础上，相应的学习成果主要包括：

1. 能够评估识别出的、或可能存在的违反法律法规的行为，以确定其对总体审计策略和审计意见的影响；
2. 熟悉适用于注册会计师职业环境的法律法规；
3. 了解行业监管要求，并按照各项要求执行，提高审计质量，降低审计风险。

（八）信息和通信技术，在达到注册会计师要求基础上，相应的学习成果主要包括：
1. 能够评估信息和通信技术环境，识别与财务报表重大错报风险有关的控制点，以确定对总体审计策略的影响；
2. 能够利用信息技术、大数据分析、挖掘技术等，识别审计风险并进行分析和决策；
3. 能够基于审计准则要求，合理识别、管理、评估注册会计师利用信息技术、数据专家的工作范围、内容和工作成果。

（九）商业和组织环境，在达到注册会计师要求基础上，相应的学习成果主要包括：
能够分析相关的行业、监管和其他外部因素，如市场、竞争、产品技术和环境保护要求等，并将这些因素用于审计风险评估。

（十）经济学，在达到注册会计师要求基础上，相应的学习成果主要包括：
1. 能够结合宏观经济形势，分析识别审计项目的关键审计事项和重要审计风险；
2. 充分关注宏观经济形势以及被审计单位行业发展趋势，对被审计单位经营情况及财务状况形成一定的预期，运用到风险评估程序中。

（十一）商业策略与管理，在达到注册会计师要求基础上，相应的学习成果主要包括：
能够针对被审计单位内部组织形式，分析识别审计项目的关键审计事项和重要审计风险。

运用适当的评估活动评估非管理合伙人的技术胜任能力，评估活动主要包括：
1. 实务经历；
2. 案例分析报告；
3. 会计师事务所内部评选。

第三十四条 非管理合伙人应当掌握的职业技能领域以及达到的熟练程度主要包括：
（一）智力技能（高级）；
（二）人际关系和沟通技能（高级）；
（三）个人技能（高级）；
（四）组织技能（高级）；
（五）办公软件操作技能（高级）。

非管理合伙人在不同职业技能领域应当取得相应的学习成果：
（一）智力技能，在达到注册会计师要求基础上，相应的学习成果主要包括：
1. 能够熟练掌握专业知识、政策、法规；
2. 能够对各类行业的发展情况、运营模式、行业风险点等跨行业知识有深入的研究；
3. 能够以更高视角防范审计风险；
4. 能够对国际准则和国际业务有一定的研究和理解，具有国际视野。

（二）人际关系和沟通技能，在达到注册会计师要求基础上，相应的学习成果主要包括：
1. 能够与项目组、被审计单位管理层和治理层进行有效且适当的沟通；
2. 能够评估文化和语言差异对执行审计业务的潜在影响；
3. 能够通过有效的协商解决审计问题。

（三）个人技能，在达到注册会计师要求基础上，相应的学习成果主要包括：
1. 能够敦促项目组保持持续学习的习惯；
2. 能够作为项目组的榜样；
3. 能够指导或辅导项目组工作。

（四）组织技能，在达到注册会计师要求基础上，相应的学习成果主要包括：

1. 能够评估项目组是否具备执行审计业务的独立性和专业胜任能力；
2. 能够领导项目组和管理审计业务。

（五）办公软件操作技能，在达到注册会计师要求基础上，相应的学习成果主要包括：能够指导团队提升相关办公技能。

实务经历是评估非管理合伙人职业技能的主要方式，主要包括：

1. 熟悉注册会计师行业政策和法规，严格执行审计准则和会计师事务所的质量控制制度，严格把控项目质量，防范审计风险；
2. 能够同时推进多个项目，对人员和任务进行合理的分配和调度，确保项目高效运行。

第三十五条 非管理合伙人应当掌握的管理能力领域以及达到的熟练程度主要包括：

（一）自我认知（高级）；

（二）自我管理（高级）；

（三）自我发展（高级）；

（四）团队管理（高级）；

（五）组织管理（高级）；

（六）战略管理（高级）。

非管理合伙人在不同管理能力领域应当取得相应的学习成果：

（一）自我认知，在达到注册会计师要求基础上，相应的学习成果主要包括：清晰了解本职级人员的主要工作职责和绩效考核指标。

（二）自我管理，在达到注册会计师要求基础上，相应的学习成果主要包括：有效地管理与调节自身的工作时间与生活时间，实现工作与生活的平衡。

（三）自我发展，在达到注册会计师要求基础上，相应的学习成果主要包括：成为注册会计师行业专家。

（四）团队管理，在达到注册会计师要求基础上，相应的学习成果主要包括：

1. 具备管理者相应素质；
2. 能够在管理中发挥领导作用，善于影响和激励团队成员，推动工作优质高效完成。

（五）组织管理，在达到注册会计师要求基础上，相应的学习成果主要包括：

1. 具备培养员工的能力，能够识别员工的胜任能力要求，并能根据员工能力现状开展相关培训；
2. 打造合理员工梯队；
3. 能够营造良好组织氛围，并采取合理的激励考核措施，促进员工良性流动，留住核心员工。

（六）战略管理，在达到注册会计师要求基础上，相应的学习成果主要包括：

1. 能够了解公司战略并进行目标分解，制定计划并监督执行；
2. 加强多方协作，及时发现问题、解决问题。

运用适当的评估活动评估非管理合伙人的管理能力，评估活动主要包括：

1. 所管理团队的关键绩效指标评估；
2. 所管理团队的敬业度评估；
3. 360度评价；
4. 场景模拟测试；
5. 管理能力测评。

第三十六条 具有中国资产评估师、中国税务师、中国造价工程师职业资格的人员担任特殊普通合伙会计师事务所合伙人（含管理合伙人）的，其胜任能力按照相关职业资格的胜任能力要求予以规范。

第六章 管理合伙人的胜任能力

第三十七条 管理合伙人应当具备更高水平的政治能力、职业道德、专业胜任能力以及实务经历，以达到以下目标：

（一）提高管理合伙人的工作水平；

（二）提升会计师事务所内部治理能力；

（三）增强注册会计师行业的公信力；

（四）维护社会公众利益。

管理合伙人应当达到高级熟练程度的胜任能力水平。

第三十八条 管理合伙人在达到非管理合伙人要求基础上，政治能力相应的学习成果主要包括：

（一）能够深学细悟践行习近平新时代中国特色社会主义思想，自觉运用蕴含其中的立场观点方法思考问题、谋划工作，并组织会计师事务所加以落实；

（二）能够自觉站在服务国家建设和促进注册会计师行业健康发展高度，把党中央相关重大决策部署，以及党中央有关注册会计师行业发展的重要精神，转化成推动会计师事务所或者注册会计师行业发展的切实可行的政策和举措；

（三）能够敏锐把握会计师事务所意识形态领域动态变化，带领会计师事务所并协助推动注册会计师行业沿着正确的方向开展业务。

运用适当的评估活动评估管理合伙人的政治能力，评估活动主要包括：

1. 专题学习研讨；

2. 年度考核自评与互评；

3. 注册会计师行业评选。

第三十九条 管理合伙人应当掌握的职业道德领域以及达到的熟练程度主要包括：

（一）职业怀疑和职业判断（高级）；

（二）职业道德守则及相关规范（高级）；

（三）维护社会公众利益（高级）。

管理合伙人在不同职业道德领域应当取得相应的学习成果：

（一）职业怀疑和职业判断，在达到非管理合伙人要求基础上，相应的学习成果主要包括：

能够在审计业务所有阶段强调保持职业怀疑的重要性，并积极影响团队保持职业怀疑。

（二）职业道德守则及相关规范，在达到非管理合伙人要求基础上，相应的学习成果主要包括：

1. 能够重视职业道德基本原则的内部宣传，积极引导团队成员遵守职业道德；

2. 倡导诚信为本、质量至上的企业文化；

3. 摒弃以经济效益为核心指标的考核模式。

（三）维护社会公众利益，在达到非管理合伙人要求基础上，相应的学习成果主要包括：

能够重视职业道德基本原则的内部宣传，积极引导团队成员维护社会公众利益。

运用适当的评估活动评估管理合伙人的职业道德，评估活动主要包括：

1. 继续教育培训；

2. 会计师事务所内部检查；

3. 建立职业道德档案，对职业道德档案进行自查与抽查；

4. 注册会计师行业检查。

第四十条 管理合伙人应当掌握的技术胜任能力领域以及达到的熟练程度主要包括：

（一）财务会计和报告（高级）；

（二）管理会计（高级）；
（三）财务管理（高级）；
（四）税务（高级）；
（五）审计与其他鉴证（高级）；
（六）治理、风险管理和内部控制（高级）；
（七）商业法律法规（高级）；
（八）信息和通信技术（高级）；
（九）商业和组织环境（高级）；
（十）经济学（高级）；
（十一）商业策略与管理（高级）。

管理合伙人在不同技术胜任能力领域应当取得相应的学习成果：
（一）财务会计和报告，在达到非管理合伙人要求基础上，相应的学习成果主要包括：
1.能够为相关会计制度的国际化向财政部等政府部门提供合理的建议；
2.对相关会计制度等有见解，能够为相关会计制度的修订提供有效建议；
3.随着新经济、新业态、新交易的出现和发展，能够根据业务实质提出适当的会计处理原则和处理方法。
（二）管理会计，在达到非管理合伙人要求基础上，相应的学习成果主要包括：
1.能够为管理会计相关应用法规的修订工作提供建议；
2.能够对应用新兴行业的主要管理会计指标提出指导性的意见。
（三）财务管理，在达到非管理合伙人要求基础上，相应的学习成果主要包括：
1.能够基于企业的财务指标，发现企业存在的重大问题；
2.能够处理和化解会计师事务所层面的审计重大问题和风险。
（四）税务，在达到非管理合伙人要求基础上，相应的学习成果主要包括：
能够为税收法律法规的修订提出合理建议。
（五）审计与其他鉴证，在达到非管理合伙人要求基础上，相应的学习成果主要包括：
1.具备良好的洞察力和判断力，能够作出正确决策，尤其是属于法律未明确规定的问题；
2.能够为制定审计与其他鉴证准则提出专家建议。
（六）治理、风险管理和内部控制，在达到非管理合伙人要求基础上，相应的学习成果主要包括：
能够在不同的经济环境下，向监管部门提出公司治理、风险管理及内部控制的更新建议。
（七）商业法律法规，在达到非管理合伙人要求基础上，相应的学习成果主要包括：
能够积极参与各类法律法规的修订，为相关部门提出合理化建议。
（八）信息和通信技术，在达到非管理合伙人要求基础上，相应的学习成果主要包括：
1.能够在注册会计师行业信息化建设中，提供信息化或数字化应用场景需求建议；
2.能够引导会计师事务所进行信息化和数字化转型建设，提高运营效率，增强数据安全；
3.能够为会计师事务所信息化建设提供并协调配置必要资源。
（九）商业和组织环境，在达到非管理合伙人要求基础上，相应的学习成果主要包括：
能够对行业整体环境和企业组织环境作出专业判断和评估。
（十）经济学，在达到非管理合伙人要求基础上，相应的学习成果主要包括：
能够运用经济学理论，对整体经济形势进行评估分析。
（十一）商业策略与管理，在达到非管理合伙人要求基础上，相应的学习成果主要包括：
能够运用组织行为学理论，对企业进行多维度评估分析。

运用适当的评估活动评估管理合伙人的技术胜任能力，评估活动主要包括：
1.实务经历；

2. 注册会计师行业评选。

第四十一条 管理合伙人应当掌握的职业技能领域以及达到的熟练程度主要包括:

(一)智力技能(高级);

(二)人际关系和沟通技能(高级);

(三)个人技能(高级);

(四)组织技能(高级);

(五)办公软件操作技能(基础)。

管理合伙人在不同职业技能领域应当取得相应的学习成果:

(一)智力技能,在达到非管理合伙人要求基础上,相应的学习成果主要包括:

1. 能够对注册会计师行业标准的建设与行业准则、行业动态、行业发展有自身的见解和思路;

2. 能够在专业理论方面有突破和创新,有一定的研究成果和相应的论文数量。

(二)人际关系和沟通技能,在达到非管理合伙人要求基础上,相应的学习成果主要包括:

1. 能够与主管部门以及各类社会人士有顺畅的沟通和交流;

2. 能够传递注册会计师行业与会计师事务所的发展理念。

(三)个人技能,在达到非管理合伙人要求基础上,相应的学习成果主要包括:

1. 能够对注册会计师行业在多个维度、多种社会场合作出显著的贡献;

2. 能够向社会彰显注册会计师行业的影响力;

3. 能够将自身的影响力转化为注册会计师行业整体发展的动力;

4. 能够为注册会计师行业发展提供理论创新与社会资源。

(四)组织技能,在达到非管理合伙人要求基础上,相应的学习成果主要包括:

1. 能够塑造团队管理理念;

2. 能够为会计师事务所的决策和发展提出专业建议;

3. 能够引领会计师事务所文化。

(五)办公软件操作技能,相应的学习成果主要包括:

满足日常管理需求。

实务经历是评估管理合伙人职业技能的主要方式,主要包括:

1. 具备带领会计师事务所发展的长远战略眼光和战略执行能力;

2. 能够积极传递注册会计师行业与会计师事务所的发展理念;

3. 塑造、引领会计师事务所文化。

第四十二条 管理合伙人应当掌握的管理能力领域以及达到的熟练程度主要包括:

(一)自我认知(高级);

(二)自我管理(高级);

(三)自我发展(高级);

(四)团队管理(高级);

(五)组织管理(高级);

(六)战略管理(高级)。

管理合伙人在不同管理能力领域应当取得相应的学习成果:

(一)自我认知,在达到非管理合伙人要求基础上,相应的学习成果主要包括:

清晰了解本职级人员的主要工作职责和绩效考核指标。

(二)自我管理,在达到非管理合伙人要求基础上,相应的学习成果主要包括:

有效地管理与调节自身的工作时间与生活时间,实现工作与生活的平衡。

(三)自我发展,在达到非管理合伙人要求基础上,相应的学习成果主要包括:

成为注册会计师行业资深专家。

（四）团队管理，在达到非管理合伙人要求基础上，相应的学习成果主要包括：能够合理授权。

（五）组织管理，在达到非管理合伙人要求基础上，相应的学习成果主要包括：促进员工高效达成组织目标的同时能够成就员工。

（六）战略管理，在达到非管理合伙人要求基础上，相应的学习成果主要包括：

1. 鼓励创新；

2. 具有战略眼光及变革的勇气和担当，并能够清晰地表达战略目标、实施路径和关键指标，进行合理规划。

运用适当的评估活动评估管理合伙人的管理能力，评估活动主要包括：

1. 所管理团队的关键绩效指标评估；

2. 所管理团队的敬业度评估。

第七章 特定环境、特定行业或特定业务对胜任能力的特别要求

第四十三条 在特定环境（如跨境审计业务）、特定行业（如金融行业）执行历史财务信息审计业务，或执行特定业务（如ESG鉴证业务、可持续发展信息鉴证业务、信息系统审计业务）时，项目组应当具备相应的技术胜任能力和实务经历。

第四十四条 特定环境、特定行业可能存在不同的财务会计报告标准及惯例，特定业务存在不同的执业标准或要求，项目组应当根据特定环境、特定行业或特定业务的具体情况，开展必要的进场前学习培训，提升相应的技术胜任能力。

第四十五条 项目组执行跨境审计业务至少应当具备下列领域的技术胜任能力：

（一）能够确定并精通适用的会计准则和审计准则；

（二）能够确定并熟悉适用的上市要求或所执行跨境业务背景知识；

（三）能够确定并熟悉适用的公司治理要求；

（四）能够确定并熟悉适用的当地监管规定；

（五）能够熟悉全球和当地的经济与商业环境。

在执行跨境审计业务时，项目组应当意识到对职业道德的应用可能受到不同文化背景、经济环境、法律法规、交易习惯的影响而更加复杂，并具备对复杂环境的应变能力。

第四十六条 项目组执行金融行业审计业务至少应当具备下列领域的技术胜任能力：

（一）能够确定并熟悉金融机构的业务、产品以及相应的金融风险管理体系；

（二）根据金融机构的业务、产品以及金融风险管理体系，能够确定并精通金融行业及金融工具相关的会计制度；

（三）具备对金融机构的计算机信息系统进行审计的基础知识和应用能力；

（四）具备对金融机构特定财务报表项目进行审计的基础知识和应用能力；

（五）能够确定并熟悉金融行业适用的公司治理要求；

（六）能够确定并熟悉金融行业适用的相关法律法规和行业监管体系；

（七）能够熟悉金融行业宏观经济政策与商业环境。

第四十七条 会计师事务所应当加强对ESG鉴证业务、可持续发展信息鉴证业务的研究，设立相关鉴证业务程序体系及质量复核体系，并根据业务需求建立多专业人才招聘机制和培训机制、利用相关专家的工作机制。项目组至少应当具备下列领域的技术胜任能力：

（一）了解可持续发展信息的披露准则制定、修订以及相关解释；

（二）了解环境科学相关理论及法律法规，包括温室气体排放及核算、能源管理及消耗、碳达峰碳中和标准计量体系等；

（三）熟悉企业内部控制规范，并了解企业内部控制流程、相关行业生产线或行业上

下游与可持续发展管理体系、生产制造管理、产品质量管理、气候及环境资源管理等相关知识；

（四）能够利用信息技术对可持续发展相关数据的采集系统、加工过程进行验证。

第四十八条　项目组执行信息系统审计业务至少应当具备下列领域的技术胜任能力：

（一）了解信息系统治理与管理；

（二）了解信息系统的购置、开发与实施；

（三）了解信息系统的操作、维护与支持；

（四）了解信息资产的保护；

（五）掌握信息系统审计的流程以及相关审计技术。主要包括：能够分析相关信息和通信技术应用软件的流程及其控制的适当性，能够适当改进相关信息和通信技术应用软件的流程及其控制。

第八章　职业继续教育

第四十九条　注册会计师应当树立贯穿职业生涯全过程的学习理念，在取得执业资格之后通过职业继续教育保持并不断提高胜任能力，以持续提供高质量的专业服务，加强社会公众对注册会计师行业的信任。

注册会计师继续教育的内容应当体现党的路线、方针、政策，职业发展目标，所处的职业领域和发展阶段的差异以及职业环境的变化，包括保持和提升职业道德、专业胜任能力以及实务经历等。

第五十条　保持并不断提高胜任能力的主要责任在于注册会计师自身。

会计师事务所应当为注册会计师获得职业继续教育提供适当的机会、资源，并予以规范和指导。

注册会计师协会应当引导注册会计师增强持续学习的意识，为其履行该责任提供适当的机会、资源，并予以规范、指导及评估。

第五十一条　注册会计师可以参加投入法形式和产出法认可的其他形式的职业继续教育。投入法形式的职业继续教育是指注册会计师参加面授培训和网络录播培训。产出法认可的其他形式的职业继续教育是指与执业相关的专业活动及成果。

第五十二条　当中断执业且仍有意愿继续执业时，注册会计师应当在执业中断期间，按照注册会计师协会的要求完成职业继续教育，以保持胜任能力。

第五十三条　职业继续教育应当是相关的、可计量的、可验证的、且需要经过确认的学习活动。

职业继续教育应当是相关的，即通过职业继续教育培养的职业道德和专业胜任能力，应当与注册会计师当前及未来的职业工作和责任相关。

职业继续教育应当是可计量的，即通过投入法形式、产出法认可的其他形式或两者兼用的方法计量，既可以通过学习时间或强度计量，又能够通过学习效果加以计量。

职业继续教育应当是可验证的，即学习活动能够通过可靠的信息来源得以客观验证。

第五十四条　职业继续教育应当经过注册会计师协会的确认，以确保注册会计师的职业继续教育符合相关要求。职业继续教育的确认应当综合考虑注册会计师参加职业继续教育的投入和产出情况。

（一）职业继续教育的投入情况是通过设置一定的学习活动量加以计量的，且设定的学习活动量应当能够保持和提高注册会计师的胜任能力。学习活动量通过学时计量，包括按照注册会计师协会设定的折合标准将其他计量单位折合为学时。

（二）职业继续教育的产出情况需要注册会计师通过提供各种形式的职业继续教育学习成果，用以证明其胜任能力得到保持和提高。职业继续教育学习成果主要包括特定学习活动的结果、取得的工作成绩等。

第五十五条 注册会计师应当真实、完整地保管与职业继续教育的投入和产出情况有关的记录和证明材料，并按照注册会计师协会的要求提交相关记录和证明材料。

第五十六条 注册会计师和会计师事务所应当接受注册会计师协会定期或不定期开展的职业继续教育情况检查。

第五十七条 非执业会员应当树立贯穿职业生涯全过程的学习理念，通过继续教育保持并不断提高胜任能力。继续教育的组织管理及具体要求，在《中国注册会计师协会非执业会员继续教育制度》中专门规范。

第九章 附 则

第五十八条 非执业会员的胜任能力按照相关行业胜任能力要求予以规范。

第五十九条 本指南由中国注册会计师协会负责解释。

中国注册会计师鉴证业务基本准则

（2022 年 1 月 5 日修订）

第一章 总 则

第一条 为了规范注册会计师执行鉴证业务，明确鉴证业务的目标和要素，确定中国注册会计师审计准则、中国注册会计师审阅准则、中国注册会计师其他鉴证业务准则（分别简称审计准则、审阅准则和其他鉴证业务准则）适用的鉴证业务类型，根据《中华人民共和国注册会计师法》，制定本准则。

第二条 鉴证业务包括历史财务信息审计业务、历史财务信息审阅业务和其他鉴证业务。

注册会计师执行历史财务信息审计业务、历史财务信息审阅业务和其他鉴证业务时，应当遵守本准则以及依据本准则制定的审计准则、审阅准则和其他鉴证业务准则。

第三条 本准则所称注册会计师，是指取得注册会计师证书并在会计师事务所执业的人员，有时也指其所在的会计师事务所。

本准则所称鉴证业务要素，是指鉴证业务的三方关系、鉴证对象、标准、证据和鉴证报告。

第四条 注册会计师执行鉴证业务时，应当遵守相关职业道德要求和会计师事务所质量管理相关准则。

第二章 鉴证业务的定义和目标

第五条 鉴证业务是指注册会计师对鉴证对象信息提出结论，以增强除责任方之外的预期使用者对鉴证对象信息信任程度的业务。

鉴证对象信息是按照标准对鉴证对象进行评价和计量的结果。如责任方按照会计准则和相关会计制度（标准）对其财务状况、经营成果和现金流量（鉴证对象）进行确认、计量和列报（包括披露，下同）而形成的财务报表（鉴证对象信息）。

第六条 鉴证对象信息应当恰当反映既定标准运用于鉴证对象的情况。如果没有按照既定标准恰当反映鉴证对象的情况，鉴证对象信息可能存在错报，而且可能存在重大错报。

第七条 鉴证业务分为基于责任方认定的业务和直接报告业务。

在基于责任方认定的业务中，责任方对鉴证对象进行评价或计量，鉴证对象信息以责任方认定的形式为预期使用者获取。如在财务报表审计中，被审计单位管理层（责任方）对财务状况、经营成果和现金流量（鉴证对象）进行确认、计量和列报（评价或计量）而形成的财务报表（鉴证对象信息）即为责任方的认定，该财务报表可为预期报表使用者获取，注册会计师针对财务报表出具审计报告。这种业务属于基于责任方认定的业务。

在直接报告业务中，注册会计师直接对鉴证对象进行评价或计量，或者从责任方获取对鉴证对象评价或计量的认定，而该认定无法为预期使用者获取，预期使用者只能通过阅读鉴证报告获取鉴证对象信息。如在内部控制鉴证业务中，注册会计师可能无法从管理层（责任方）获取其对内部控制有效性的评价报告（责任方认定），或虽然注册会计师能够获取该报告，但预期使用者无法获取该报告，注册会计师直接对内部控制的有效性（鉴证对象）进行评价并出具鉴证报告，预期使用者只能通过阅读该鉴证报告获得内部控制有效性的信息（鉴证对象信息）。这种业务属于直接报告业务。

第八条 鉴证业务的保证程度分为合理保证和有限保证。

合理保证的鉴证业务的目标是注册会计师将鉴证业务风险降至该业务环境下可接受的低水平，以此作为以积极方式提出结论的基础。如在历史财务信息审计中，要求注册会计师将审计风险降至可接受的低水平，对审计后的历史财务信息提供高水平保证（合理保证），在审计报告中对历史财务信息采用积极方式提出结论。这种业务属于合理保证的鉴证业务。

有限保证的鉴证业务的目标是注册会计师将鉴证业务风险降至该业务环境下可接受的水平，以此作为以消极方式提出结论的基础。如在历史财务信息审阅中，要求注册会计师将审阅风险降至该业务环境下可接受的水平（高于历史财务信息审计中可接受的低水平），对审阅后的历史财务信息提供低于高水平的保证（有限保证），在审阅报告中对历史财务信息采用消极方式提出结论。这种业务属于有限保证的鉴证业务。

第三章 业务承接

第九条 在接受委托前，注册会计师应当初步了解业务环境。

业务环境包括业务约定事项、鉴证对象特征、使用的标准、预期使用者的需求、责任方及其环境的相关特征，以及可能对鉴证业务产生重大影响的事项、交易、条件和惯例等其他事项。

第十条 在初步了解业务环境后，只有认为符合独立性和专业胜任能力等相关职业道德规范的要求，并且拟承接的业务具备下列所有特征，注册会计师才能将其作为鉴证业务予以承接：

（一）鉴证对象适当；

（二）使用的标准适当且预期使用者能够获取该标准；

（三）注册会计师能够获取充分、适当的证据以支持其结论；

（四）注册会计师的结论以书面报告形式表述，且表述形式与所提供的保证程度相适应；

（五）该业务具有合理的目的。如果鉴证业务的工作范围受到重大限制，或委托人试图将注册会计师的名字和鉴证对象不适当地联系在一起，则该业务可能不具有合理的目的。

第十一条 当拟承接的业务不具备本准则第十条规定的鉴证业务的所有特征，不能将其作为鉴证业务予以承接时，注册会计师可以提请委托人将其作为非鉴证业务（如商定程序、代编财务信息、管理咨询、税务服务等相关服务业务），以满足预期使用者的需要。

第十二条 如果某项鉴证业务采用的标准不适当，但满足下列条件之一时，注册会计师可以考虑将其作为一项新的鉴证业务：

（一）委托人能够确认鉴证对象的某个方面适用于所采用的标准，注册会计师可以针对该方面执行鉴证业务，但在鉴证报告中应当说明该报告的内容并非针对鉴证对象整体；

（二）能够选择或设计适用于鉴证对象的其他标准。

第十三条 对已承接的鉴证业务，如果没有合理理由，注册会计师不应将该项业务变更为非鉴证业务，或将合理保证的鉴证业务变更为有限保证的鉴证业务。

当业务环境变化影响到预期使用者的需求，或预期使用者对该项业务的性质存在误解时，注册会计师可以应委托人的要求，考虑同意变更该项业务。如果发生变更，注册会计师不应忽视变更前获取的证据。

第四章 鉴证业务的三方关系

第十四条 鉴证业务涉及的三方关系人包括注册会计师、责任方和预期使用者。

责任方与预期使用者可能是同一方，也可能不是同一方。

第十五条 注册会计师可以承接符合本准则第十条规定的各类鉴证业务。

如果鉴证业务涉及的特殊知识和技能超出了注册会计师的能力，注册会计师可以利用专家协助执行鉴证业务。在这种情况下，注册会计师应当确信包括专家在内的项目组整体已具备执行该项鉴证业务所需的知识和技能，并充分参与该项鉴证业务和了解专家所承担的工作。

第十六条 责任方是指下列组织或人员：

（一）在直接报告业务中，对鉴证对象负责的组织或人员；

（二）在基于责任方认定的业务中，对鉴证对象信息负责并可能同时对鉴证对象负责的组织或人员。

责任方可能是鉴证业务的委托人，也可能不是委托人。

第十七条 注册会计师通常提请责任方提供书面声明，表明责任已按照既定标准对鉴证对象进行评价或计量，无论该声明是否能为预期使用者获取。

在直接报告业务中，当委托人与责任方不是同一方时，注册会计师可能无法获取此类书面声明。

第十八条 预期使用者是指预期使用鉴证报告的组织或人员。责任方可能是预期使用者，但不是唯一的预期使用者。

注册会计师可能无法识别使用鉴证报告的所有组织和人员，尤其在各种可能的预期使用者对鉴证对象存在不同的利益需求时。注册会计师应当根据法律法规的规定或与委托人签订的协议识别预期使用者。

在可行的情况下，鉴证报告的收件人应当明确为所有的预期使用者。

第十九条 在可行的情况下，注册会计师应当提请预期使用者或其代表，与注册会计师和责任方（如果委托人与责任方不是同一方，还包括委托人）共同确定鉴证业务约定条款。

无论其他人员是否参与，注册会计师都应当负责确定鉴证业务程序的性质、时间和范围，并对鉴证业务中发现的、可能导致对鉴证对象信息作出重大修改的问题进行跟踪。

第二十条 当鉴证业务服务于特定的使用者，或具有特定目的时，注册会计师应当考虑在鉴证报告中注明该报告的特定使用者或特定目的，对报告的用途加以限定。

第五章 鉴 证 对 象

第二十一条 鉴证对象与鉴证对象信息具有多种形式，主要包括：

（一）当鉴证对象为财务业绩或状况时（如历史或预测的财务状况、经营成果和现金流量），鉴证对象信息是财务报表；

（二）当鉴证对象为非财务业绩或状况时（如企业的运营情况），鉴证对象信息可能是反映效率或效果的关键指标；

（三）当鉴证对象为物理特征时（如设备的生产能力），鉴证对象信息可能是有关鉴证对象物理特征的说明文件；

（四）当鉴证对象为某种系统和过程时（如企业的内部控制或信息技术系统），鉴证对象信息可能是关于其有效性的认定；

（五）当鉴证对象为一种行为时（如遵守法律法规的情况），鉴证对象信息可能是对法律法规遵守情况或执行效果的声明。

第二十二条　鉴证对象具有不同特征，可能表现为定性或定量、客观或主观、历史或预测、时点或期间。这些特征将对下列方面产生影响：

（一）按照标准对鉴证对象进行评价或计量的准确性；

（二）证据的说服力。

鉴证报告应当说明与预期使用者特别相关的鉴证对象特征。

第二十三条　适当的鉴证对象应当同时具备下列条件：

（一）鉴证对象可以识别；

（二）不同的组织或人员对鉴证对象按照既定标准进行评价或计量的结果合理一致；

（三）注册会计师能够收集与鉴证对象有关的信息，获取充分、适当的证据，以支持其提出适当的鉴证结论。

第六章　标　　准

第二十四条　标准是指用于评价或计量鉴证对象的基准，当涉及列报时，还包括列报的基准。

标准可以是正式的规定，如编制财务报表所使用的会计准则和相关会计制度；也可以是某些非正式的规定，如单位内部制定的行为准则或确定的绩效水平。

第二十五条　注册会计师在运用职业判断对鉴证对象作出合理一致的评价或计量时，需要有适当的标准。

适当的标准应当具备下列所有特征：

（一）相关性：相关的标准有助于得出结论，便于预期使用者作出决策；

（二）完整性：完整的标准不应忽略业务环境中可能影响得出结论的相关因素，当涉及列报时，还包括列报的基准；

（三）可靠性：可靠的标准能够使能力相近的注册会计师在相似的业务环境中，对鉴证对象作出合理一致的评价或计量；

（四）中立性：中立的标准有助于得出无偏向的结论；

（五）可理解性：可理解的标准有助于得出清晰、易于理解、不会产生重大歧义的结论。

注册会计师基于自身的预期、判断和个人经验对鉴证对象进行的评价和计量，不构成适当的标准。

第二十六条　注册会计师应当考虑运用于具体业务的标准是否具备本准则第二十五条所述的特征，以评价该标准对此项业务的适用性。在具体鉴证业务中，注册会计师评价标准各项特征的相对重要程度，需要运用职业判断。

标准可能是由法律法规规定的，或由政府主管部门或国家认可的专业团体依照公开、适当的程序发布的，也可能是专门制定的。采用标准的类型不同，注册会计师为评价该标准对于具体鉴证业务的适用性所需执行的工作也不同。

第二十七条　标准应当能够为预期使用者获取，以使预期使用者了解鉴证对象的评价或计量过程。标准可以通过下列方式供预期使用者获取：

（一）公开发布；

（二）在陈述鉴证对象信息时以明确的方式表述；

（三）在鉴证报告中以明确的方式表述；

（四）常识理解，如计量时间的标准是小时或分钟。

如果确定的标准仅能为特定的预期使用者获取，或仅与特定目的相关，鉴证报告的使用也应限于这些特定的预期使用者或特定目的。

第七章 证 据

第一节 总体要求

第二十八条 注册会计师应当以职业怀疑态度计划和执行鉴证业务，获取有关鉴证对象信息是否不存在重大错报的充分、适当的证据。

注册会计师应当及时对制定的计划、实施的程序、获取的相关证据以及得出的结论作出记录。

第二十九条 注册会计师在计划和执行鉴证业务，尤其在确定证据收集程序的性质、时间和范围时，应当考虑重要性、鉴证业务风险以及可获取证据的数量和质量。

第二节 职业怀疑态度

第三十条 职业怀疑态度是指注册会计师以质疑的思维方式评价所获取证据的有效性，并对相互矛盾的证据，以及引起对文件记录或责任方提供的信息的可靠性产生怀疑的证据保持警觉。

第三十一条 鉴证业务通常不涉及鉴定文件记录的真伪，注册会计师也不是鉴定文件记录真伪的专家，但应当考虑用作证据的信息的可靠性，包括考虑与信息生成和维护相关的控制的有效性。

如果在执行业务过程中识别出的情况使其认为文件记录可能是伪造的或文件记录中的某些条款已发生变动，注册会计师应当作出进一步调查，包括直接向第三方询证，或考虑利用专家的工作，以评价文件记录的真伪。

第三节 证据的充分性和适当性

第三十二条 证据的充分性是对证据数量的衡量，主要与注册会计师确定的样本量有关。证据的适当性是对证据质量的衡量，即证据的相关性和可靠性。

所需证据的数量受鉴证对象信息重大错报风险的影响，即风险越大，可能需要的证据数量越多；所需证据的数量也受证据质量的影响，即证据质量越高，可能需要的证据数量越少。

尽管证据的充分性和适当性相关，但如果证据的质量存在缺陷，注册会计师仅靠获取更多的证据可能无法弥补其质量上的缺陷。

第三十三条 证据的可靠性受其来源和性质的影响，并取决于获取证据的具体环境。

注册会计师通常按照下列原则考虑证据的可靠性：

（一）从外部独立来源获取的证据比从其他来源获取的证据更可靠；

（二）内部控制有效时内部生成的证据比内部控制薄弱时内部生成的证据更可靠；

（三）直接获取的证据比间接获取或推论得出的证据更可靠；

（四）以文件记录形式（无论是纸质、电子或其他介质）存在的证据比口头形式的证据更可靠；

（五）从原件获取的证据比从传真或复印件获取的证据更可靠。

在运用本条第二款第（一）项至第（五）项所述原则评价证据的可靠性时，注册会计师应当注意可能出现的重大例外情况。

第三十四条 如果针对某项认定从不同来源获取的证据或获取的不同性质的证据能够相互印证，与该项认定相关的证据通常具有更强的说服力。

如果从不同来源获取的证据或获取的不同性质的证据不一致，可能表明某项证据不可靠，注册会计师应当追加必要的程序予以解决。

第三十五条 针对一个期间的鉴证对象信息获取充分、适当的证据，通常要比针对一个时点的鉴证对象信息获取充分、适当的证据更困难。

针对过程提出的结论通常限于鉴证业务涵盖的期间，注册会计师不应对该过程是否在未来以特定方式继续发挥作用提出结论。

第三十六条 注册会计师可以考虑获取证据的成本与所获取信息有用性之间的关系，但不应仅以获取证据的困难和成本为由减少不可替代的程序。

在评价证据的充分性和适当性以支持鉴证报告时，注册会计师应当运用职业判断，并保持职业怀疑态度。

第四节 重 要 性

第三十七条 在确定证据收集程序的性质、时间和范围，评估鉴证对象信息是否不存在错报时，注册会计师应当考虑重要性。在考虑重要性时，注册会计师应当了解并评估哪些因素可能会影响预期使用者的决策。

注册会计师应当综合数量和性质因素考虑重要性。在具体业务中评估重要性以及数量和性质因素的相对重要程度，需要注册会计师运用职业判断。

第五节 鉴证业务风险

第三十八条 鉴证业务风险是指在鉴证对象信息存在重大错报的情况下，注册会计师提出不恰当结论的可能性。

在直接报告业务中，鉴证对象信息仅体现在注册会计师的结论中，鉴证业务风险包括注册会计师不恰当地提出鉴证对象在所有重大方面遵守标准的结论的可能性。

第三十九条 在合理保证的鉴证业务中，注册会计师应当将鉴证业务风险降至具体业务环境下可接受的低水平，以获取合理保证，作为以积极方式提出结论的基础。

在有限保证的鉴证业务中，由于证据收集程序的性质、时间和范围与合理保证的鉴证业务不同，其风险水平高于合理保证的鉴证业务；但注册会计师实施的证据收集程序至少应当足以获取有意义的保证水平，作为以消极方式提出结论的基础。

当注册会计师获取的保证水平很有可能在一定程度上增强预期使用者对鉴证对象信息的信任时，这种保证水平是有意义的保证水平。

第四十条 鉴证业务风险通常体现为重大错报风险和检查风险。

重大错报风险是指鉴证对象信息在鉴证前存在重大错报的可能性。

检查风险是指某一鉴证对象信息存在错报，该错报单独或连同其他错报是重大的，但注册会计师未能发现这种错报的可能性。

注册会计师对重大错报风险和检查风险的考虑受具体业务环境的影响，特别受鉴证对象性质，以及所执行的是合理保证鉴证业务还是有限保证鉴证业务的影响。

第六节 证据收集程序的性质、时间和范围

第四十一条 证据收集程序的性质、时间和范围因业务的不同而不同。注册会计师应

当清楚表达证据收集程序,并以适当的形式运用于合理保证的鉴证业务和有限保证的鉴证业务。

第四十二条 在合理保证的鉴证业务中,为了能够以积极方式提出结论,注册会计师应当通过下列不断修正的、系统化的执业过程,获取充分、适当的证据:

(一)了解鉴证对象及其他的业务环境事项,在适用的情况下包括了解内部控制;

(二)在了解鉴证对象及其他的业务环境事项的基础上,评估鉴证对象信息可能存在的重大错报风险;

(三)应对评估的风险,包括制定总体应对措施以及确定进一步程序的性质、时间和范围;

(四)针对已识别的风险实施进一步程序,包括实施实质性程序,以及在必要时测试控制运行的有效性;

(五)评价证据的充分性和适当性。

第四十三条 合理保证提供的保证水平低于绝对保证。由于下列因素的存在,将鉴证业务风险降至零几乎不可能,也不符合成本效益原则:

(一)选择性测试方法的运用;

(二)内部控制的固有局限性;

(三)大多数证据是说服性而非结论性的;

(四)在获取和评价证据以及由此得出结论时涉及大量判断;

(五)在某些情况下鉴证对象具有特殊性。

第四十四条 合理保证的鉴证业务和有限保证的鉴证业务都需要运用鉴证技术和方法,收集充分、适当的证据。与合理保证的鉴证业务相比,有限保证的鉴证业务在证据收集程序的性质、时间、范围等方面是有意识地加以限制的。

无论是合理保证还是有限保证的鉴证业务,如果注意到某事项可能导致对鉴证对象信息是否需要作出重大修改产生疑问,注册会计师应当执行其他足够的程序,追踪这一事项,以支持鉴证结论。

第七节 可获取证据的数量和质量

第四十五条 可获取证据的数量和质量受下列因素的影响:

(一)鉴证对象和鉴证对象信息的特征;

(二)业务环境中除鉴证对象特征以外的其他事项。

第四十六条 对任何类型的鉴证业务,如果下列情形对注册会计师的工作范围构成重大限制,阻碍注册会计师获取所需要的证据,注册会计师提出无保留结论是不恰当的:

(一)客观环境阻碍注册会计师获取所需要的证据,无法将鉴证业务风险降至适当水平;

(二)责任方或委托人施加限制,阻碍注册会计师获取所需要的证据,无法将鉴证业务风险降至适当水平。

第八节 记 录

第四十七条 注册会计师应当记录重大事项,以提供证据支持鉴证报告,并证明其已按照鉴证业务准则的规定执行业务。

第四十八条 对需要运用职业判断的所有重大事项,注册会计师应当记录推理过程和相关结论。

如果对某些事项难以进行判断,注册会计师还应当记录得出结论时已知悉的有关事实。

第四十九条 注册会计师应当将鉴证过程中考虑的所有重大事项记录于工作底稿。

在运用职业判断确定工作底稿的编制和保存范围时，注册会计师应当考虑，使未曾接触该项鉴证业务的有经验的专业人士了解实施的鉴证程序，以及作出重大决策的依据。

第八章 鉴证报告

第五十条 注册会计师应当出具含有鉴证结论的书面报告，该鉴证结论应当说明注册会计师就鉴证对象信息获取的保证。

注册会计师应当考虑其他报告责任，包括在适当时与治理层沟通。

第五十一条 在基于责任方认定的业务中，注册会计师的鉴证结论可以采用下列两种表述形式：

（一）明确提及责任方认定，如"我们认为，责任方作出的'根据×标准，内部控制在所有重大方面是有效的'这一认定是公允的"。

（二）直接提及鉴证对象和标准，如"我们认为，根据×标准，内部控制在所有重大方面是有效的"。

在直接报告业务中，注册会计师应当明确提及鉴证对象和标准。

第五十二条 在合理保证的鉴证业务中，注册会计师应当以积极方式提出结论，如"我们认为，根据×标准，内部控制在所有重大方面是有效的"或"我们认为，责任方作出的'根据×标准，内部控制在所有重大方面是有效的'这一认定是公允的"。

在有限保证的鉴证业务中，注册会计师应当以消极方式提出结论，如"基于本报告所述的工作，我们没有注意到任何事项使我们相信，根据×标准，×系统在任何重大方面是无效的"或"基于本报告所述的工作，我们没有注意到任何事项使我们相信，责任方作出的'根据×标准，×系统在所有重大方面是有效的'这一认定是不公允的"。

第五十三条 当存在本准则第五十四条至第五十六条所述情况时，注册会计师应当对其影响程度作出判断。如果这些情况影响重大，注册会计师不能出具无保留结论的报告。

第五十四条 对任何类型的鉴证业务，如果注册会计师的工作范围受到限制，注册会计师应当视受到限制的重大与广泛程度，出具保留结论或无法提出结论的报告。

在某些情况下，注册会计师应当考虑解除业务约定。

第五十五条 如果存在下列情形，注册会计师应当视其影响的重大与广泛程度，出具保留结论或否定结论的报告：

（一）注册会计师的结论提及责任方的认定，且该认定未在所有重大方面作出公允表达；

（二）注册会计师的结论直接提及鉴证对象和标准，且鉴证对象信息存在重大错报。

第五十六条 在承接业务后，如果发现标准或鉴证对象不适当，可能误导预期使用者，注册会计师应当视其重大与广泛程度，出具保留结论或否定结论的报告。

如果发现标准或鉴证对象不适当，造成工作范围受到限制，注册会计师应当视受到限制的重大与广泛程度，出具保留结论或无法提出结论的报告。

在某些情况下，注册会计师应当考虑解除业务约定。

第五十七条 当注册会计师针对鉴证对象信息出具报告，或同意将其姓名与鉴证对象联系在一起时，则注册会计师与该鉴证对象发生了关联。

如果获知他人不恰当地将其姓名与鉴证对象相关联，注册会计师应当要求其停止这种行为，并考虑采取其他必要的措施，包括将不恰当使用注册会计师姓名这一情况告知所有已知的使用者或征询法律意见。

第九章 附 则

第五十八条 注册会计师执行司法诉讼中涉及会计、审计、税务或其他事项的鉴定业务，除有特定要求者外，应当参照本准则办理。

第五十九条 某些业务可能符合本准则第五条鉴证业务的定义，使用者可能从业务报告的意见、观点或措辞中推测出某种程度的保证，但如果满足下列所有条件，注册会计师执行这些业务不必遵守本准则：

（一）注册会计师的意见、观点或措辞对整个业务而言仅是附带性的；

（二）注册会计师出具的书面报告被明确限定为仅供报告中所提及的使用者使用；

（三）与特定预期使用者达成的书面协议中，该业务未被确认为鉴证业务；

（四）在注册会计师出具的报告中，该业务未被称为鉴证业务。

第六十条 本准则自 2022 年 1 月 5 日起施行。

中国注册会计师审计准则第 1101 号——注册会计师的总体目标和审计工作的基本要求

（2022 年 12 月 22 日修订）

第一章 总 则

第一条 为了规范注册会计师按照中国注册会计师审计准则（简称审计准则）执行财务报表审计工作，确立注册会计师的总体目标，明确注册会计师为实现总体目标而需要执行审计工作的性质和范围，以及在执行财务报表审计业务时承担的责任，制定本准则。

第二条 审计准则适用于注册会计师执行财务报表审计业务。当执行其他历史财务信息审计业务时，注册会计师可以根据具体
情况遵守适用的相关审计准则，以满足此类业务的要求。

第二章 定 义

第三条 注册会计师，是指取得注册会计师证书并在会计师事务所执业的人员，通常是指项目合伙人或项目组其他成员，有时也指其所在的会计师事务所。

当审计准则明确指出应由项目合伙人遵守的规定或承担的责任时，使用"项目合伙人"而非"注册会计师"的称谓。

第四条 本准则所称财务报表，是指依据某一财务报告编制基础对被审计单位历史财务信息作出的结构性表述，旨在反映某一时点的经济资源或义务，或者某一时期经济资源或义务的变化。财务报表通常是指整套财务报表，有时也指单一财务报表。披露包括财务报告编制基础所要求的、明确允许的或者由于其他原因（如实务惯例）作出的解释性或描述性信息。披露是财务报表不可分割的组成部分，通常包括在财务报表附注中，也可能在财务报表表内反映，或者通过财务报表的交叉索引作出提示。

第五条 历史财务信息，是指以财务术语表述的某一特定实体的信息，这些信息主要来自特定实体的会计系统，反映了过去一段时间内发生的经济事项，或者过去某一时点的经济状况或情况。

第六条 适用的财务报告编制基础，是指法律法规要求采用的财务报告编制基础；或者管理层和治理层（如适用）在编制财务报表时，就被审计单位性质和财务报表目标而言，采用的可接受的财务报告编制基础。

财务报告编制基础分为通用目的编制基础和特殊目的编制基础。通用目的编制基础，

是指旨在满足广大财务报表使用者共同的财务信息需求的财务报告编制基础，主要是指会计准则和会计制度。特殊目的编制基础，是指旨在满足财务报表特定使用者财务信息需求的财务报告编制基础，包括计税核算基础、监管机构的要求和合同约定等。

第七条 管理层，是指对被审计单位经营活动的执行负有经营管理责任的人员。在某些被审计单位，管理层包括部分或全部的治理层成员，如治理层中负有经营管理责任的人员，或参与日常经营管理的业主（以下简称业主兼经理）。

第八条 治理层，是指对被审计单位战略方向以及管理层履行经营管理责任负有监督责任的人员或组织。治理层的责任包括监督财务报告过程。在某些被审计单位，治理层可能包括管理层，如治理层中负有经营管理责任的人员，或业主兼经理。

第九条 与管理层和治理层责任相关的执行审计工作的前提（以下简称执行审计工作的前提），是指管理层和治理层（如适用）认可并理解其应当承担下列责任，这些责任构成注册会计师按照审计准则的规定执行审计工作的基础：

（一）按照适用的财务报告编制基础编制财务报表，并使其实现公允反映（如适用）；

（二）设计、执行和维护必要的内部控制，以使财务报表不存在由于舞弊或错误导致的重大错报；

（三）向注册会计师提供必要的工作条件，包括允许注册会计师接触与编制财务报表相关的所有信息（如记录、文件和其他事项），向注册会计师提供审计所需的其他信息，允许注册会计师在获取审计证据时不受限制地接触其认为必要的内部人员和其他相关人员。

第十条 错报，是指某一财务报表项目的金额、分类或列报，与按照适用的财务报告编制基础应当列示的金额、分类或列报之间存在的差异。错报可能是由于错误或舞弊导致的。

当注册会计师对财务报表是否在所有重大方面按照适用的财务报告编制基础编制并实现公允反映发表审计意见时，错报还包括根据注册会计师的判断，为使财务报表在所有重大方面实现公允反映，需要对金额、分类或列报作出的必要调整。

第十一条 审计证据，是指注册会计师为了得出审计结论和形成审计意见而使用的信息。审计证据包括构成财务报表基础的会计记录所含有的信息和其他的信息。

审计证据的充分性，是对审计证据数量的衡量。注册会计师需要获取的审计证据的数量受其对重大错报风险评估的影响，并受审计证据质量的影响。

审计证据的适当性，是对审计证据质量的衡量，即审计证据在支持审计意见所依据的结论方面具有的相关性和可靠性。

第十二条 合理保证，是指注册会计师在财务报表审计中提供的一种高度但非绝对的保证。

第十三条 审计风险，是指当财务报表存在重大错报时，注册会计师发表不恰当审计意见的可能性。审计风险取决于重大错报风险和检查风险。

第十四条 重大错报风险，是指财务报表在审计前存在重大错报的可能性。重大错报风险分为财务报表层次的重大错报风险和认定层次的重大错报风险。认定层次的重大错报风险由固有风险和控制风险两部分组成。

固有风险，是指在不考虑控制的情况下，交易类别、账户余额和披露的某一认定易于发生错报（无论该错报是舞弊还是错误导致）的可能性。

控制风险，是指交易类别、账户余额和披露的某一认定发生了错报，该错报单独或连同其他错报可能是重大的，但控制没有及时防止或发现并纠正这个错报的可能性。

第十五条 检查风险，是指如果存在某一错报，该错报单独或连同其他错报可能是重大的，注册会计师为将审计风险降低到可接受的低水平而实施程序后没有发现这种错报的风险。

第十六条 职业判断,是指在审计准则、财务报告编制基础和职业道德要求的框架下,注册会计师综合运用相关知识、技能和经验,作出适合审计业务具体情况、有根据的行动决策。

第十七条 职业怀疑,是指注册会计师执行审计业务的一种态度,包括采取质疑的思维方式,对可能表明由于错误或舞弊导致错报的迹象保持警觉,以及对审计证据进行审慎评价。

第三章 财务报表审计

第十八条 审计的目的是提高财务报表预期使用者对财务报表的信赖程度。这一目的可以通过注册会计师对财务报表是否在所有重大方面按照适用的财务报告编制基础编制发表审计意见得以实现。就大多数通用目的财务报告编制基础而言,注册会计师针对财务报表是否在所有重大方面按照财务报告编制基础编制并实现公允反映发表审计意见。注册会计师按照审计准则和相关职业道德要求执行审计工作,能够形成这样的意见。

第十九条 财务报表是由被审计单位管理层在治理层的监督下编制的。审计准则不对管理层或治理层设定责任,也不超越法律法规对管理层或治理层责任作出的规定。

管理层和治理层(如适用)认可与财务报表相关的责任,是注册会计师执行审计工作的前提,构成注册会计师按照审计准则的规定执行审计工作的基础。

财务报表审计并不减轻管理层或治理层的责任。

第二十条 注册会计师应当按照审计准则的规定,对财务报表整体是否不存在舞弊或错误导致的重大错报获取合理保证,以作为发表审计意见的基础。

合理保证是一种高水平保证。当注册会计师获取充分、适当的审计证据将审计风险降低到可接受的低水平时,就获取了合理保证。

由于审计存在固有限制,注册会计师据以得出结论和形成审计意见的大多数审计证据是说服性而非结论性的,因此,审计只能提供合理保证,不能提供绝对保证。

第二十一条 在计划和执行审计工作,以及评价识别出的错报对审计的影响和未更正的错报(如有)对财务报表的影响时,注册会计师应当运用重要性概念。

如果合理预期某一错报(包括漏报)单独或连同其他错报可能影响财务报表使用者依据财务报表作出的经济决策,则该项错报通常被认为是重大的。

重要性取决于在具体环境下对错报金额或性质的判断,或同时受到两者的影响,并受到注册会计师对于财务报表使用者对财务信息需求的了解的影响。

注册会计师针对财务报表整体发表审计意见,因此没有责任发现对财务报表整体影响并不重大的错报。

第二十二条 审计准则旨在规范和指导注册会计师对财务报表整体是否不存在重大错报获取合理保证,要求注册会计师在整个审计过程中运用职业判断和保持职业怀疑。

需要运用职业判断并保持职业怀疑的重要审计环节主要包括:

(一)通过了解被审计单位及其环境、适用的财务报告编制基础和被审计单位内部控制体系,识别和评估舞弊或错误导致的重大错报风险;

(二)通过对评估的风险设计和实施恰当的应对措施,针对是否存在重大错报获取充分、适当的审计证据;

(三)根据从获取的审计证据中得出的结论,对财务报表形成审计意见。

第二十三条 注册会计师发表审计意见的形式取决于适用的财务报告编制基础以及相关法律法规的规定。

第二十四条 按照审计准则和相关法律法规的规定,注册会计师还可能就审计中出现的事项,负有与管理层、治理层和其他财务报表使用者进行沟通和向其报告的责任。

第四章 总体目标

第二十五条 在执行财务报表审计工作时，注册会计师的总体目标是：

（一）对财务报表整体是否不存在由于舞弊或错误导致的重大错报获取合理保证，使得注册会计师能够对财务报表是否在所有重大方面按照适用的财务报告编制基础编制发表审计意见；

（二）按照审计准则的规定，根据审计结果对财务报表出具审计报告，并与管理层和治理层沟通。

第二十六条 在任何情况下，如果不能获取合理保证，并且在审计报告中发表保留意见也不足以实现向财务报表预期使用者报告的目的，注册会计师应当按照审计准则的规定出具无法表示意见的审计报告，或者在法律法规允许的情况下终止审计业务或解除业务约定。

第五章 要 求

第一节 与财务报表审计相关的职业道德要求

第二十七条 注册会计师应当遵守与财务报表审计相关的职业道德要求，包括遵守有关独立性的要求。

第二节 职业怀疑

第二十八条 在计划和实施审计工作时，注册会计师应当保持职业怀疑，认识到可能存在导致财务报表发生重大错报的情形。

第三节 职业判断

第二十九条 在计划和实施审计工作时，注册会计师应当运用职业判断。

第四节 审计证据和审计风险

第三十条 为了获取合理保证，注册会计师应当获取充分、适当的审计证据，以将审计风险降低到可接受的低水平，使其能够得出合理的结论，作为形成审计意见的基础。

第五节 按照审计准则的规定执行审计工作

第三十一条 注册会计师应当遵守与审计工作相关的所有审计准则。如果某项审计准则有效且所适用的情形存在，则该项审计准则与审计工作相关。

第三十二条 注册会计师应当掌握审计准则及应用指南的全部内容，以理解每项审计准则的目标并恰当地遵守其要求。

第三十三条 除非注册会计师已经遵守本准则以及与审计工作相关的其他所有审计准则，否则，注册会计师不得在审计报告中声称遵守了审计准则。

第三十四条 为了实现注册会计师的总体目标，在计划和实施审计工作时，注册会计师应当运用相关审计准则规定的目标。在运用规定的目标时，注册会计师应当认真考虑各项审计准则之间的相互关系，以采取下列措施：

（一）为了实现审计准则规定的目标，确定是否有必要实施除审计准则规定以外的其他审计程序；

（二）评价是否已获取充分、适当的审计证据。

第三十五条 除非存在下列情况之一，注册会计师应当遵守审计准则的所有要求：

（一）某项审计准则的全部内容与具体审计工作不相关；

（二）由于审计准则的某项要求存在适用条件，而该条件并不存在，导致该项要求不适用。

第三十六条 在极其特殊的情况下，注册会计师可能认为有必要偏离某项审计准则的相关要求。在这种情况下，注册会计师应当实施替代审计程序以实现相关要求的目的。只有当相关要求的内容是实施某项特定审计程序，而该程序无法在具体审计环境下有效地实现要求的目的时，注册会计师才能偏离该项要求。

第三十七条 如果不能实现相关审计准则规定的目标，注册会计师应当评价这是否使其不能实现总体目标。如果不能实现总体目标，注册会计师应当按照审计准则的规定出具非无保留意见的审计报告，或者在法律法规允许的情况下解除业务约定。

不能实现相关审计准则规定的目标构成重大事项，注册会计师应当按照《中国注册会计师审计准则第 1131 号——审计工作底稿》的规定予以记录。

第六章 附 则

第三十八条 本准则自 2023 年 7 月 1 日起施行。

中国注册会计师审计准则第 1111 号——就审计业务约定条款达成一致意见

（2022 年 1 月 5 日修订）

第一章 总 则

第一条 为了规范注册会计师确定审计的前提条件是否存在，以及与管理层就审计业务约定条款达成一致意见，制定本准则。

第二条 本准则规范被审计单位控制范围内的，注册会计师与管理层有必要达成一致意见的事项。《中国注册会计师审计准则第 1121 号——对财务报表审计实施的质量管理》规范注册会计师控制范围内的业务承接的有关事项。

第二章 定 义

第三条 审计的前提条件，是指管理层在编制财务报表时采用可接受的财务报告编制基础，以及管理层对注册会计师执行审计工作的前提的认同。

第四条 在本准则中单独提及的管理层，应当理解为管理层和治理层（如适用）。

第三章 目 标

第五条 注册会计师的目标是，只有通过实施下列工作就执行审计工作的基础达成一致意见后，才承接或保持审计业务：

（一）确定审计的前提条件存在；

（二）确认注册会计师和管理层已就审计业务约定条款达成一致意见。

第四章 要 求

第一节 审计的前提条件

第六条 为了确定审计的前提条件是否存在，注册会计师应当：

（一）确定管理层在编制财务报表时采用的财务报告编制基础是否是可接受的；

（二）就管理层认可并理解其责任与管理层达成一致意见。

管理层的责任包括：

（一）按照适用的财务报告编制基础编制财务报表，并使其实现公允反映（如适用）；

（二）设计、执行和维护必要的内部控制，以使财务报表不存在由于舞弊或错误导致的重大错报；

（三）向注册会计师提供必要的工作条件，包括允许注册会计师接触与编制财务报表相关的所有信息（如记录、文件和其他事项），向注册会计师提供审计所需要的其他的信息，允许注册会计师在获取审计证据时不受限制地接触其认为必要的内部人员和其他相关人员。

第七条　如果管理层或治理层在拟议的审计业务约定条款中对审计工作的范围施加限制，以致注册会计师认为这种限制将导致其对财务报表发表无法表示意见，注册会计师不应将该项业务作为审计业务予以承接，除非法律法规另有规定。

第八条　如果审计的前提条件不存在，注册会计师应当就此与管理层沟通。在下列情况下，除非法律法规另有规定，注册会计师不应承接拟议的审计业务：

（一）除本准则第十九条规定的情形外，注册会计师确定被审计单位在编制财务报表时采用的财务报告编制基础不可接受；

（二）注册会计师未能与管理层达成本准则第六条第一款第（二）项提及的一致意见。

第二节　就审计业务约定条款达成一致意见

第九条　注册会计师应当就审计业务约定条款与管理层或治理层（如适用）达成一致意见。

第十条　注册会计师应当将达成一致意见的审计业务约定条款记录于审计业务约定书或其他适当形式的书面协议中。审计业务约定条款应当包括下列主要内容：

（一）财务报表审计的目标与范围；

（二）注册会计师的责任；

（三）管理层的责任；

（四）指出用于编制财务报表所适用的财务报告编制基础；

（五）提及注册会计师拟出具的审计报告的预期形式和内容，以及对在特定情况下出具的审计报告可能不同于预期形式和内容的说明。

第十一条　如果法律法规足够详细地规定了审计业务约定条款，注册会计师除了记录适用的法律法规以及管理层认可并理解其责任的事实外，不必将本准则第十条规定的事项记录于书面协议。

第十二条　如果法律法规规定的管理层的责任与本准则第六条第二款的规定相似，注册会计师根据判断可能确定法律法规规定的责任与本准则第六条第二款的规定在效果上是等同的。如果等同，注册会计师可以使用法律法规的措辞，在书面协议中描述管理层的责任；如果不等同，注册会计师应当使用本准则第六条第二款的措辞，在书面协议中描述这些责任。

第三节　连续审计

第十三条　对于连续审计，注册会计师应当根据具体情况评估是否需要对审计业务约定条款作出修改，以及是否需要提醒被审计单位注意现有的条款。

第四节　审计业务约定条款的变更

第十四条　在缺乏合理理由的情况下，注册会计师不应同意变更审计业务约定条款。

第十五条　在完成审计业务前，如果被审计单位或委托人要求将审计业务变更为保证程度较低的业务，注册会计师应当确定是否存在合理理由予以变更。

第十六条　如果审计业务约定条款发生变更，注册会计师应当与管理层就新的业务约定条款达成一致意见，并记录于业务约定书或其他适当形式的书面协议中。

第十七条　如果注册会计师不同意变更审计业务约定条款，而管理层又不允许继续执行原审计业务，注册会计师应当：

（一）在适用的法律法规允许的情况下，解除审计业务约定；

（二）确定是否有约定义务或其他义务向治理层、所有者或监管机构等报告该事项。

第五节　业务承接时的其他考虑

第十八条　如果相关部门对涉及财务会计的事项作出补充规定，注册会计师在承接审计业务时应当确定该补充规定是否与财务报告编制基础存在冲突。

如果存在冲突，注册会计师应当与管理层沟通补充规定的性质，并就下列事项之一达成一致意见：

（一）在财务报表中作出额外披露能否满足补充规定的要求；

（二）对财务报表中关于适用的财务报告编制基础的描述是否可以作出相应修改。

如果无法采取上述任何措施，按照《中国注册会计师审计准则第1502号——在审计报告中发表非无保留意见》的规定，注册会计师应当确定是否有必要发表非无保留意见。

第十九条　如果相关部门要求采用的财务报告编制基础不可接受，只有同时满足下列所有条件，注册会计师才能承接该项审计业务：

（一）管理层同意在财务报表中作出额外披露，以避免财务报表产生误导；

（二）在审计业务约定条款中明确，注册会计师按照《中国注册会计师审计准则第1503号——在审计报告中增加强调事项段和其他事项段》的规定，在审计报告中增加强调事项段，以提醒使用者关注额外披露；注册会计师在对财务报表发表的审计意见中不使用"财务报表在所有重大方面按照［适用的财务报告编制基础］编制，公允反映了……"等措辞，除非法律法规另有规定。

第二十条　如果不具备本准则第十九条规定的条件，但相关部门要求注册会计师承接该项审计业务，注册会计师应当：

（一）评价财务报表误导的性质对审计报告的影响；

（二）在审计业务约定条款中适当提及该事项。

第二十一条　如果相关部门规定的审计报告的结构或措辞与审计准则要求的明显不一致，注册会计师应当评价：

（一）使用者是否可能误解从财务报表审计中获取的保证；

（二）如果可能存在误解，审计报告中作出的补充解释是否能够减轻这种误解。

如果认为审计报告中作出的补充解释不能减轻可能的误解，除非法律法规另有规定，注册会计师不应承接该项审计业务。

按照相关部门的这类规定执行的审计工作，并不符合审计准则的要求。因此，注册会计师不应在审计报告中提及已按照审计准则的规定执行了审计工作。

中国注册会计师审计准则第 1121 号——对财务报表审计实施的质量控制

（2020 年 11 月 19 日修订）

第一章 总 则

第一条 为了规范注册会计师在项目层面对财务报表审计实施质量管理的具体责任，以及项目合伙人与之相关的责任，制定本准则。

第二条 注册会计师在使用本准则时，需要同时考虑相关职业道德要求。

第三条 会计师事务所负责设计、实施和运行质量管理体系。根据《会计师事务所质量管理准则第 5101 号——业务质量管理》的规定，会计师事务所的目标是，针对所执行的财务报表审计业务、财务报表审阅业务、其他鉴证业务和相关服务业务，设计、实施和运行质量管理体系，为会计师事务所在下列方面提供合理保证：

（一）会计师事务所及其人员按照适用的法律法规和职业准则的规定履行职责，并根据这些规定执行业务；

（二）会计师事务所和项目合伙人出具适合具体情况的报告。

第四条 会计师事务所受《会计师事务所质量管理准则第 5101 号——业务质量管理》和《会计师事务所质量管理准则第 5102 号——项目质量复核》的约束，是本准则的适用前提。

第五条 审计项目组在项目合伙人的领导下，在会计师事务所质量管理体系的框架下，通过遵守本准则的要求，承担下列责任：

（一）利用会计师事务所传递或从会计师事务所获取的信息，实施会计师事务所政策和程序所要求的、适用于该审计项目的应对措施，以应对质量风险；

（二）考虑审计项目的性质和具体情况，确定除会计师事务所的政策和程序外，是否需要在项目层面设计和采取其他应对措施；

（三）与会计师事务所沟通来自审计项目的信息，或按照会计师事务所的政策和程序应予沟通的信息，以支持会计师事务所质量管理体系的设计、实施和运行。

第六条 遵守其他中国注册会计师审计准则的要求，可能能够为项目层面实施质量管理提供相关的信息。

第七条 对于每项审计业务，注册会计师都实现本准则及其他审计准则的目标，以持续高质量地执行审计业务，是服务公众利益的内在要求。实现审计业务的高质量，需要会计师事务所执业人员按照适用的法律法规和职业准则的规定计划和执行审计工作并出具审计报告。遵守适用的法律法规的规定并实现职业准则的目标需要运用职业判断，保持职业怀疑。

第八条 根据《中国注册会计师审计准则第 1101 号——注册会计师的总体目标和审计工作的基本要求》的规定，审计项目组应当在计划和执行审计工作时运用职业判断并保持职业怀疑。职业判断用于根据审计项目的性质和具体情况，作出适合管理和实现高质量的、知情的行动决策。职业怀疑为审计项目组作出高质量的职业判断提供支持，并通过这些判断，支持审计项目组在项目层面实现高质量的总体效果。保持职业怀疑可以通过审计项目组的行动和沟通展示出来。这些行动和沟通可能包括一些具体的步骤，以应对可能导致难以运用职业怀疑的障碍，如无意识的倾向或资源上的限制。

第九条 本准则中的各项要求需要结合每项审计项目的性质和具体情况加以运用。例如：

（一）如果某个审计项目完全由项目合伙人执行（如对较不复杂实体的审计），本准则中的某些要求可能与该情形不相关，因为这些要求适用于审计项目组其他成员参与审计项目的情形；

（二）如果某个审计项目并非完全由项目合伙人执行，或被审计单位的性质和具体情况较为复杂，项目合伙人可能将设计或实施某些审计程序的任务分配给审计项目组其他成员。

第十条 项目合伙人对遵守本准则的各项要求承担最终责任。当本准则某些条款采用"项目合伙人应当负责……"的措辞时，表明本准则允许项目合伙人将设计或实施某些审计程序的任务分配给审计项目组中具有适当的专业知识、技能和经验的成员。对于未采用该措辞的条款，则表明该条款中的要求或责任应当由项目合伙人亲自遵守或承担，但项目合伙人可以从会计师事务所或审计项目组其他成员获取信息。

第二章　定　义

第十一条 项目合伙人，就中国注册会计师审计准则而言，是指会计师事务所中负责某项审计项目及其执行，并代表会计师事务所在出具的审计报告上签字的合伙人。

第十二条 项目质量复核，是指在报告日或报告日之前，项目质量复核人员对项目组作出的重大判断及据此得出的结论作出的客观评价。

第十三条 项目质量复核人员，是指会计师事务所中实施项目质量复核的合伙人或其他类似职位的人员，或者由会计师事务所委派实施项目质量复核的外部人员。

第十四条 审计项目组，是指执行某项审计业务的所有合伙人和员工，以及为该项业务实施审计程序的所有其他人员，但不包括外部专家，也不包括为审计项目组提供直接协助的内部审计人员。

第十五条 网络，是指由多个实体组成，旨在通过合作实现下列一个或多个目的的联合体：

（一）共享收益、分担成本；

（二）共享所有权、控制权或管理权；

（三）执行统一的质量管理政策和程序；

（四）执行同一经营战略；

（五）使用同一品牌；

（六）共享重要的专业资源。

第十六条 网络事务所，对于某会计师事务所来说，是指该会计师事务所所在网络中的其他会计师事务所或实体。

第十七条 人员，是指会计师事务所的合伙人和员工。其中，对于非合伙制会计师事务所，合伙人是指类似职位的人员。

第十八条 员工，是指合伙人以外的专业人员，包括会计师事务所的内部专家。

第十九条 职业准则，是指执业准则和相关职业道德要求。其中，执业准则包括中国注册会计师鉴证业务基本准则、中国注册会计师审计准则、中国注册会计师审阅准则、中国注册会计师其他鉴证业务准则、中国注册会计师相关服务准则和会计师事务所质量管理准则。

第二十条 相关职业道德要求，就中国注册会计师审计准则而言，是指在执行财务报表审计业务时，应当遵守的职业道德原则和要求，包括独立性要求（如适用）。

第二十一条 应对措施，就会计师事务所质量管理体系而言，是指会计师事务所为了应对质量风险而设计和实施的政策和程序。其中：

（一）政策，是指会计师事务所为应对质量风险而作出的应当或不应当采取某种措施的规定，这种规定可能以成文的方式存在，也可能通过讯息予以明示，或者暗含于行动或决策中；

（二）程序，是指为执行政策而采取的行动。

第三章 目 标

第二十二条 注册会计师的目标是，在审计项目层面实施质量管理，以就实现高质量获取合理保证。包括下列具体目标：

（一）注册会计师按照适用的法律法规和职业准则的规定履行审计职责，并根据这些规定执行审计业务；

（二）注册会计师出具适合具体情况的审计报告。

第四章 要 求

第一节 管理和实现审计质量的领导责任

第二十三条 项目合伙人应当对管理和实现审计项目的高质量承担总体责任，包括为审计项目组营造强调会计师事务所文化和审计项目组成员行为期望的环境。在此过程中，项目合伙人应当充分、适当地参与整个审计过程，从而能够根据审计项目的性质和具体情况，确定审计项目组作出的重大判断和据此得出的结论是否适当。

第二十四条 在营造本准则第二十三条所述的环境时，项目合伙人应当采取明确、一致和有效的行动，以体现会计师事务所对质量的重视，并确定和沟通对审计项目组成员的行为期望，包括强调下列方面：

（一）审计项目组所有成员都有责任为在项目层面管理和实现业务的高质量作出贡献；

（二）审计项目组成员的职业价值观、职业道德和职业态度的重要性；

（三）在审计项目组内部进行开放、顺畅、深入沟通的重要性，同时，进行沟通能够支持审计项目组成员提出自己的质疑，而不怕遭受报复；

（四）审计项目组成员在整个审计项目中保持职业怀疑的重要性。

第二十五条 如果项目合伙人为了遵守本准则中的某项要求，将设计或实施某些审计程序、执行某些审计工作或采取某些行动的任务分配给审计项目组其他成员，项目合伙人仍然应当通过指导、监督这些审计项目组成员并复核其工作，对管理和实现审计项目的高质量承担总体责任。

第二节 相关职业道德要求

第二十六条 项目合伙人应当了解适用于审计业务的性质和具体情况的相关职业道德要求，包括与独立性相关的要求。

第二十七条 项目合伙人应当负责确保审计项目组其他成员知悉适用于审计业务的性质和具体情况的相关职业道德要求，以及会计师事务所的相关政策和程序，包括与下列方面相关的政策和程序：

（一）识别、评估和应对对遵守相关职业道德要求（包括与独立性相关的要求）的不利影响；

(二)可能导致违反相关职业道德要求(包括与独立性相关的要求)的情形,以及当审计项目组成员意识到这种违反时应当承担的责任;

(三)当审计项目组成员意识到被审计单位存在违反法律法规的迹象时应当承担的责任。

第二十八条 如果项目合伙人注意到某些事项,这些事项表明存在对遵守相关职业道德要求的不利影响,项目合伙人应当通过对照会计师事务所的政策和程序,利用来自会计师事务所、审计项目组或其他来源的相关信息,对这些不利影响作出评价,并采取适当行动。

第二十九条 项目合伙人应当通过观察和必要的询问,在整个审计过程中对审计项目组成员违反相关职业道德要求或会计师事务所相关政策和程序的情形保持警觉。

第三十条 如果项目合伙人通过会计师事务所质量管理体系或其他来源获得的信息,注意到某些事项表明适用于审计业务的性质和具体情况的相关职业道德要求未得到遵守,项目合伙人应当在咨询会计师事务所相关人员后,立即采取适当行动。

第三十一条 在签署审计报告之前,项目合伙人应当负责确定相关职业道德要求(包括与独立性相关的要求)已经得到遵守。

第三节 客户关系和审计业务的接受与保持

第三十二条 项目合伙人应当确定会计师事务所就客户关系和审计业务的接受与保持制定的政策和程序已得到遵守,并且得出的相关结论是适当的。

第三十三条 当按照审计准则的规定计划和执行审计工作以及遵守本准则的要求时,项目合伙人应当考虑在客户关系和审计业务的接受与保持环节获取的信息。

第三十四条 如果审计项目组在接受或保持某项客户关系或审计业务后获知了某些信息,并且,如果这些信息在接受或保持之前获知,可能会导致会计师事务所拒绝接受或保持该客户关系或审计业务,则项目合伙人应当立即与会计师事务所沟通该信息,以使会计师事务所和项目合伙人能够立即采取必要的行动。

第四节 业务资源

第三十五条 项目合伙人应当结合审计项目的性质和具体情况、会计师事务所的政策和程序,以及在执行审计项目过程中可能发生的任何变化,确定充分、适当的资源已被及时分配给审计项目组用于执行审计项目,或使审计项目组能够及时获取这些资源。

第三十六条 项目合伙人应当确保审计项目组成员以及审计项目组成员以外提供直接协助的外部专家或内部审计人员,作为一个集体拥有适当的胜任能力,包括充足的时间执行审计项目。

第三十七条 针对本准则第三十五条至第三十六条的规定,如果项目合伙人确定所分配的资源或审计项目组能够获取的资源对于审计项目的性质和具体情况来说是不充分、不适当的,项目合伙人应当采取适当的行动,包括与适当的人员沟通,以向审计项目组分配或提供额外的资源或替代资源。

第三十八条 项目合伙人应当负责根据审计项目的性质和具体情况,适当使用向审计项目组分配或提供的资源。

第三十九条 项目合伙人应当在考虑审计项目的性质和具体情况的基础上,制定合理的时间预算,以保证项目合伙人和审计项目组其他成员投入充分时间参与审计项目。

第五节 业务执行

第四十条 项目合伙人应当负责对审计项目组成员进行指导、监督并复核其工作。

第四十一条 项目合伙人应当确定指导、监督和复核的性质、时间安排和范围符合下列要求：

（一）按照适用的法律法规和职业准则的规定，以及会计师事务所的政策和程序进行计划和执行；

（二）符合审计项目的性质和具体情况，并与会计师事务所向审计项目组分配或提供的资源相匹配。

第四十二条 项目合伙人应当在审计过程中的适当时点复核审计工作底稿，包括与下列方面相关的工作底稿：

（一）重大事项；

（二）重大判断，包括与在审计中遇到的困难或有争议事项相关的判断，以及得出的结论；

（三）根据项目合伙人的职业判断，与项目合伙人的职责有关的其他事项。

第四十三条 项目合伙人应当确定，审计项目组成员在审计项目执行过程中，将职业准则以及会计师事务所的政策和程序从实质上执行到位，避免审计项目组成员仅简单勾画程序表格而未实质性执行程序、程序与目标不一致、程序执行不到位、审计工作底稿记录不完整等问题，确保审计项目组成员恰当记录判断过程、程序执行情况及得出的结论。

第四十四条 在审计报告日或审计报告日之前，项目合伙人应当通过复核审计工作底稿以及与审计项目组讨论，确保已获取充分、适当的审计证据，以支持得出的结论和拟出具的审计报告。

第四十五条 在签署审计报告前，为确保拟出具的审计报告适合审计项目的具体情况，项目合伙人应当复核财务报表、审计报告以及相关的审计工作底稿，包括对关键审计事项的描述（如适用）。

第四十六条 项目合伙人应当在与管理层、治理层或相关监管机构签署正式书面沟通文件之前对其进行复核。

第四十七条 针对审计项目中需要咨询的事项，项目合伙人应当承担下列责任：

（一）对审计项目组就下列事项进行咨询承担责任：

1.困难或有争议的事项，以及会计师事务所政策和程序要求咨询的事项；

2.项目合伙人根据职业判断认为需要咨询的其他事项。

（二）确定审计项目组成员已在审计过程中就相关事项进行了适当咨询，咨询可能在审计项目组内部进行，或者在审计项目组与会计师事务所内部或外部的其他适当人员之间进行。

（三）确定已与被咨询者就咨询的性质、范围以及形成的结论达成一致意见。

（四）确定咨询形成的结论已得到执行。

第四十八条 对于需要实施项目质量复核的审计项目，项目合伙人应当承担下列责任：

（一）确定会计师事务所已委派项目质量复核人员；

（二）配合项目质量复核人员的工作，并告知审计项目组其他成员配合项目质量复核人员工作的责任；

（三）与项目质量复核人员讨论在审计中遇到的重大事项和重大判断，包括在项目质量复核过程中识别出的重大事项和重大判断；

（四）只有完成项目质量复核，才签署审计报告。

第四十九条 审计项目组内部、审计项目组与项目质量复核人员之间（如适用），或者审计项目组与在会计师事务所质量管理体系内执行相关活动的人员（包括提供咨询的人员）之间如果出现意见分歧，审计项目组应当遵守会计师事务所处理及解决意见分歧的政策和程序。

第五十条 针对意见分歧，项目合伙人应当承担下列责任：

（一）对按照会计师事务所的政策和程序处理和解决意见分歧承担责任；

（二）确定咨询得出的结论已经记录并得到执行；

（三）在所有意见分歧得到解决之前，不得签署审计报告。

第六节 监控与整改

第五十一条 项目合伙人应当负责下列方面：

（一）了解从会计师事务所的监控和整改程序获取的信息，这些信息可能是由会计师事务所提供的，也可能来自网络和网络事务所的监控和整改程序（如适用）；

（二）确定上述第（一）项提及的信息与审计项目的相关性及其对审计项目的影响，并采取适当行动；

（三）在整个审计过程中，对可能与会计师事务所的监控和整改程序相关的信息保持警觉，并将此类信息通报给对监控和整改程序负责的人员。

第七节 对管理和实现高质量承担总体责任

第五十二条 在签署审计报告之前，项目合伙人应当确定其已对管理和实现审计项目的高质量承担责任。在此过程中，项目合伙人应当确定下列事项：

（一）项目合伙人充分、适当地参与了审计项目的全过程，以使其能够确定，根据审计项目的性质和具体情况，审计项目组作出的重大判断和据此得出的结论是适当的；

（二）在遵守本准则的要求时，已考虑了审计项目的性质和具体情况、发生的任何变化，以及会计师事务所与之相关的政策和程序。

第八节 审计工作底稿

第五十三条 注册会计师应当在审计工作底稿中记录下列事项：

（一）针对下列方面识别出的事项、与相关人员进行的讨论以及得出的结论：

1. 履行与遵守相关职业道德要求（包括与独立性相关的要求）相关的责任；

2. 客户关系和审计业务的接受与保持。

（二）在审计过程中进行咨询的性质、范围、得出的结论，以及这些结论是如何得到执行的。

（三）如果审计项目需要实施项目质量复核，则应当记录项目质量复核已经在审计报告日或之前完成。

中国注册会计师审计准则第1131号——审计工作底稿

（2022年12月22日修订）

第一章 总 则

第一条 为了规范审计工作底稿的格式、内容和范围以及审计工作底稿的归档，明确注册会计师在财务报表审计中编制审计工作底稿的责任，制定本准则。

第二条 本准则附录中列示的其他审计准则，对在特定情况下就相关事项编制审计工作底稿提出具体要求，但并不构成对本准则普遍适用性的限制。相关法律法规也可能对编制审计工作底稿提出额外要求。

第三条 在符合本准则和其他相关审计准则要求的情况下，审计工作底稿能够实现下列目的：

（一）提供证据，作为注册会计师得出实现总体目标结论的基础；

（二）提供证据，证明注册会计师按照审计准则和相关法律法规的规定计划和执行了审计工作。

第四条 审计工作底稿还可以实现下列目的：

（一）有助于项目组计划和执行审计工作；

（二）有助于负责督导的项目组成员按照《中国注册会计师审计准则第1121号——对财务报表审计实施的质量管理》的规定，履行指导、监督与复核审计工作的责任；

（三）便于项目组说明其执行审计工作的情况；

（四）保留对未来审计工作持续产生重大影响的事项的记录；

（五）便于会计师事务所实施项目质量复核、其他类型的项目复核以及质量管理体系中的监控活动；

（六）便于监管机构和注册会计师协会根据相关法律法规或其他相关要求，对会计师事务所实施执业质量检查。

第二章 定 义

第五条 审计工作底稿，是指注册会计师对制定的审计计划、实施的审计程序、获取的相关审计证据，以及得出的审计结论作出的记录。

第六条 审计档案，是指一个或多个文件夹或其他存储介质，以实物或电子形式存储构成某项具体业务的审计工作底稿的记录。

第七条 有经验的专业人士，是指会计师事务所内部或外部的具有审计实务经验，并且对下列方面有合理了解的人士：

（一）审计过程；

（二）审计准则和相关法律法规的规定；

（三）被审计单位所处的经营环境；

（四）与被审计单位所处行业相关的会计和审计问题。

第三章 目 标

第八条 注册会计师的目标是，编制审计工作底稿以便：

（一）提供充分、适当的记录，作为出具审计报告的基础；

（二）提供证据，证明注册会计师已按照审计准则和相关法律法规的规定计划和执行了审计工作。

第四章 要 求

第一节 及时编制审计工作底稿

第九条 注册会计师应当及时编制审计工作底稿。

第二节 记录实施的审计程序和获取的审计证据

第十条 注册会计师编制的审计工作底稿，应当使得未曾接触该项审计工作的有经验的专业人士清楚了解：

（一）按照审计准则和相关法律法规的规定实施的审计程序的性质、时间安排和范围；

（二）实施审计程序的结果和获取的审计证据；

（三）审计中遇到的重大事项和得出的结论，以及在得出结论时作出的重大职业判断。

第十一条 在记录已实施审计程序的性质、时间安排和范围时，注册会计师应当记录：

（一）测试的具体项目或事项的识别特征；

（二）审计工作的执行人员及完成审计工作的日期；

（三）审计工作的复核人员及复核的日期和范围。

第十二条 注册会计师应当记录与管理层、治理层和其他人员对重大事项的讨论，包括所讨论的重大事项的性质以及讨论的时间、地点和参加人员。

第十三条 如果识别出的信息与针对某重大事项得出的最终结论不一致，注册会计师应当记录如何处理该不一致的情况。

第十四条 在极其特殊的情况下，如果认为有必要偏离某项审计准则的相关要求，注册会计师应当记录实施的替代审计程序如何实现相关要求的目的以及偏离的原因。

第十五条 在某些例外情况下，如果在审计报告日后实施了新的或追加的审计程序，或者得出新的结论，注册会计师应当记录：

（一）遇到的例外情况；

（二）实施的新的或追加的审计程序，获取的审计证据，得出的结论，以及对审计报告的影响；

（三）对审计工作底稿作出相应变动的时间和人员，以及复核的时间和人员。

第十六条 编制审计工作底稿的文字应当使用中文。少数民族自治地区可以同时使用少数民族文字。中国境内的中外合作会计师事务所、国际会计公司成员所可以同时使用某种外国文字。会计师事务所执行涉外业务时可以同时使用某种外国文字。

第三节 审计工作底稿的归档

第十七条 注册会计师应当在审计报告日后及时将审计工作底稿归整为审计档案，并完成归整最终审计档案过程中的事务性工作。

审计工作底稿的归档期限为审计报告日后六十天内。

如果注册会计师未能完成审计业务，审计工作底稿的归档期限为审计业务中止后的六十天内。

第十八条 在完成最终审计档案的归整工作后，注册会计师不应在规定的保存期限届满前删除或废弃任何性质的审计工作底稿。

第十九条 会计师事务所应当自审计报告日起，对审计工作底稿至少保存十年。

如果注册会计师未能完成审计业务，会计师事务所应当自审计业务中止日起，对审计工作底稿至少保存十年。

第二十条 除本准则第十五条规定的情况外，在完成最终审计档案归整工作后，如果注册会计师发现有必要修改现有审计工作底稿或增加新的审计工作底稿，无论修改或增加的性质如何，注册会计师均应当记录：

（一）修改或增加审计工作底稿的理由；

（二）修改或增加审计工作底稿的时间和人员，以及复核的时间和人员。

附录

其他审计准则对编制审计工作底稿的具体要求

本附录列示了其他审计准则对注册会计师在特定情况下就相关事项编制审计工作底稿的具体要求。考虑本附录中列示的事项，并不能代替考虑本准则和应用指南中的规定。

1.《中国注册会计师审计准则第1111号——就审计业务约定条款达成一致意见》第十条至第十二条；

2.《中国注册会计师审计准则第1121号——对财务报表审计实施的质量管理》第五十三条；

3.《中国注册会计师审计准则第1141号——财务报表审计中与舞弊相关的责任》第四十八条至第五十一条；

4.《中国注册会计师审计准则第1142号——财务报表审计中对法律法规的考虑》第二十九条；

5.《中国注册会计师审计准则第1151号——与治理层的沟通》第二十四条；

6.《中国注册会计师审计准则第1201号——计划审计工作》第十一条；

7.《中国注册会计师审计准则第1211号——重大错报风险的识别和评估》第四十四条；

8.《中国注册会计师审计准则第1221号——计划和执行审计工作时的重要性》第十四条；

9.《中国注册会计师审计准则第1231号——针对评估的重大错报风险采取的应对措施》第二十八条至第三十条；

10.《中国注册会计师审计准则第1251号——评价审计过程中识别出的错报》第十六条；

11.《中国注册会计师审计准则第1321号——会计估计和相关披露的审计》第三十五条；

12.《中国注册会计师审计准则第1323号——关联方》第二十九条；

13.《中国注册会计师审计准则第1401号——对集团财务报表审计的特殊考虑》第六十三条；

14.《中国注册会计师审计准则第1411号——利用内部审计人员的工作》第三十六条至第三十七条；

15.《中国注册会计师审计准则第1521号——注册会计师对其他信息的责任》第二十五条。

中国注册会计师审计准则第1141号——财务报表审计中与舞弊相关的责任

（2022年12月22日修订）

第一章 总　　则

第一条 为了规范注册会计师在财务报表审计中与舞弊相关的责任，制定本准则。

第二条 在涉及识别、评估和应对舞弊导致的重大错报风险时，本准则是对注册会计师如何应用《中国注册会计师审计准则第1211号——重大错报风险的识别和评估》和《中国注册会计师审计准则第1231号——针对评估的重大错报风险采取的应对措施》的进一步扩展。

第三条 财务报表的错报可能由于舞弊或错误所致。舞弊和错误的区别在于，导致财务报表发生错报的行为是故意行为还是非故意行为。

第四条 舞弊是一个宽泛的法律概念，但注册会计师关注的是导致财务报表发生重大错报的舞弊。

与财务报表审计相关的故意错报，包括编制虚假财务报告导致的错报和侵占资产导致的错报。

尽管注册会计师可能怀疑被审计单位存在舞弊，甚至在极少数情况下识别出发生的舞弊，但注册会计师并不对舞弊是否已实际发生作出法律意义上的判定。

第五条 被审计单位治理层和管理层对防止或发现舞弊负有主要责任。

管理层在治理层的监督下，高度重视对舞弊的防范和遏制是非常重要的。对舞弊进行防范可以减少舞弊发生的机会；对舞弊进行遏制，即发现和惩罚舞弊行为，能够警示被审计单位人员不要实施舞弊。对舞弊的防范和遏制需要管理层营造诚实守信和合乎道德的文化，并且这一文化能够在治理层的有效监督下得到强化。

治理层的监督包括考虑管理层凌驾于控制之上或对财务报告过程施加其他不当影响的可能性，例如，管理层为了影响分析师对被审计单位业绩和盈利能力的看法而操纵利润。

第六条 在按照审计准则的规定执行审计工作时，注册会计师有责任对财务报表整体是否不存在舞弊或错误导致的重大错报获取合理保证。

由于审计的固有限制，即使注册会计师按照审计准则的规定恰当计划和执行了审计工作，也不可避免地存在财务报表中的某些重大错报未被发现的风险。

第七条 在舞弊导致错报的情况下，固有限制的潜在影响尤其重大。舞弊导致的重大错报未被发现的风险，大于错误导致的重大错报未被发现的风险。其原因是舞弊可能涉及精心策划和蓄意实施以进行隐瞒（如伪造证明或故意漏记交易），或者故意向注册会计师提供虚假陈述。如果涉及串通舞弊，注册会计师可能更加难以发现蓄意隐瞒的企图。串通舞弊可能导致原本虚假的审计证据被注册会计师误认为具有说服力。

注册会计师发现舞弊的能力取决于舞弊者实施舞弊的技巧、舞弊者操纵会计记录的频率和范围、舞弊者操纵的每笔金额的大小、舞弊者在被审计单位的职位级别、串通舞弊的程度等因素。

即使可以识别出实施舞弊的潜在机会，但对于诸如会计估计等判断领域的错报，注册会计师也难以确定这类错报是舞弊还是错误导致的。

第八条 管理层舞弊导致的重大错报未被发现的风险，大于员工舞弊导致的重大错报未被发现的风险。其原因是管理层往往可以利用职务之便，直接或间接操纵会计记录，提供虚假的财务信息，或凌驾于为防止其他员工实施类似舞弊而建立的控制之上。

第九条 在获取合理保证时，注册会计师有责任在整个审计过程中保持职业怀疑，考虑管理层凌驾于控制之上的可能性，并认识到对发现错误有效的审计程序未必对发现舞弊有效。本准则的规定旨在帮助注册会计师识别和评估舞弊导致的重大错报风险，以及设计用以发现这类错报的审计程序。

根据法律法规或相关职业道德要求，对于被审计单位的违反法律法规行为（包括舞弊），注册会计师可能承担额外责任。这些责任可能与本准则和其他审计准则不同，或超出了本准则和其他审计准则的规定，例如：

（一）应对识别出的或怀疑存在的违反法律法规行为，包括要求与管理层和治理层专门进行沟通，评价其对违反法律法规行为所作应对的适当性，并确定是否需要采取进一步行动；

（二）向其他注册会计师（例如，在集团财务报表审计中）沟通识别出的或怀疑存在的违反法律法规行为；

（三）对识别出的或怀疑存在的违反法律法规行为的记录要求。对额外责任的履行，可能提供与注册会计师按照本准则和其他审计准则执行工作相关的进一步信息（如与管理层和治理层诚信相关的信息）。

第二章 定 义

第十条 舞弊，是指被审计单位的管理层、治理层、员工或第三方使用欺骗手段获取不当或非法利益的故意行为。

第十一条 舞弊风险因素，是指表明实施舞弊的动机或压力，或者为实施舞弊提供机会的事项或情况。

第三章 目 标

第十二条 注册会计师的目标是：

（一）识别和评估舞弊导致的财务报表重大错报风险；

（二）通过设计和实施恰当的应对措施，针对评估的舞弊导致的重大错报风险，获取充分、适当的审计证据；

（三）恰当应对审计过程中识别出的舞弊或舞弊嫌疑。

第四章 要 求

第一节 职业怀疑

第十三条 按照《中国注册会计师审计准则第1101号——注册会计师的总体目标和审计工作的基本要求》的规定，注册会计师应当在整个审计过程中保持职业怀疑，认识到存在舞弊导致的重大错报的可能性，而不应受到以前对管理层、治理层正直和诚信形成的判断的影响。

第十四条 除非存在相反的理由，注册会计师可以将文件和记录作为真品。但如果在审计过程中识别出的情况使注册会计师认为文件可能是伪造的或文件中的某些条款已发生变动但未告知注册会计师，注册会计师应当作出进一步调查。

第十五条 如果管理层或治理层对询问作出的答复相互之间不一致或与其他信息不一致，注册会计师应当对这种不一致加以调查。

第二节 项目组内部的讨论

第十六条 按照《中国注册会计师审计准则第1211号——重大错报风险的识别和评估》的规定，项目组成员之间应当进行讨论，并由项目合伙人确定将哪些事项向未参与讨论的项目组成员通报。

项目组内部讨论的重点应当包括财务报表易于发生舞弊导致的重大错报的方式和领域，包括舞弊可能如何发生。

在讨论过程中，项目组成员不应假定管理层和治理层是正直和诚信的。

第三节 风险评估程序和相关活动

第十七条 当按照《中国注册会计师审计准则第1211号——重大错报风险的识别和评估》的规定实施风险评估程序和相关活动，以了解被审计单位及其环境、适用的财务报告编制基础和被审计单位内部控制体系时，注册会计师应当实施本准则第十八条至第二十五条规定的审计程序，以获取用以识别舞弊导致的重大错报风险的信息。

第十八条 注册会计师应当向管理层询问：

（一）管理层对财务报表可能存在舞弊导致的重大错报风险的评估，包括评估的性质、范围和频率等；

（二）管理层对舞弊风险的识别和应对过程，包括管理层识别出的或注意到的特定舞弊风险，或可能存在舞弊风险的各类交易、账户余额或披露；

（三）管理层就其对舞弊风险的识别和应对过程向治理层的通报；

（四）管理层就其经营理念和道德观念向员工的通报。

第十九条 注册会计师应当询问管理层和被审计单位内部的其他人员（如适用），以确定其是否知悉任何影响被审计单位的舞弊事实、舞弊嫌疑或舞弊指控。

第二十条 如果被审计单位设有内部审计，注册会计师应当询问内部审计人员，以确定其是否知悉任何影响被审计单位的舞弊事实、舞弊嫌疑或舞弊指控，并获取这些人员对舞弊风险的看法。

第二十一条 除非治理层全部成员参与管理被审计单位，注册会计师应当了解治理层如何监督管理层对舞弊风险的识别和应对过程，以及为降低舞弊风险而建立的控制。

第二十二条 除非治理层全部成员参与管理被审计单位，注册会计师应当询问治理层，以确定其是否知悉任何影响被审计单位的舞弊事实、舞弊嫌疑或舞弊指控。治理层对这些询问的答复，还可在一定程度上作为管理层答复的佐证信息。

第二十三条 注册会计师应当评价在实施分析程序时识别出的异常或偏离预期的关系（包括与收入账户有关的关系），是否表明存在舞弊导致的重大错报风险。

第二十四条 注册会计师应当考虑获取的其他信息是否表明存在舞弊导致的重大错报风险。

第二十五条 注册会计师应当评价通过其他风险评估程序和相关活动获取的信息，是否表明存在舞弊风险因素。

存在舞弊风险因素并不必然表明发生了舞弊，但在舞弊发生时通常存在舞弊风险因素，因此，舞弊风险因素可能表明存在舞弊导致的重大错报风险。

第四节 识别和评估舞弊导致的重大错报风险

第二十六条 按照《中国注册会计师审计准则第1211号——重大错报风险的识别和评估》的规定，注册会计师应当在财务报表层次和各类交易、账户余额、披露的认定层次识别和评估舞弊导致的重大错报风险。

第二十七条 在识别和评估舞弊导致的重大错报风险时，注册会计师应当基于收入确认存在舞弊风险的假定，评价哪些类型的收入、收入交易或认定将导致舞弊风险。

如果认为收入确认存在舞弊风险的假定不适用于业务的具体情况，从而未将收入确认作为舞弊导致的重大错报风险领域，注册会计师应当按照本准则第五十一条的规定形成相应的审计工作底稿。

第二十八条 注册会计师应当将评估的舞弊导致的重大错报风险作为特别风险。如果此前未识别与此类风险相关的控制，注册会计师应当识别被审计单位用于应对该特别风险的控制，评价控制的设计，并确定控制是否得到执行。

第五节 应对评估的舞弊导致的重大错报风险

第二十九条 按照《中国注册会计师审计准则第1231号——针对评估的重大错报风险

采取的应对措施》的规定，注册会计师应当针对评估的舞弊导致的财务报表层次重大错报风险确定总体应对措施。

第三十条　在针对评估的舞弊导致的财务报表层次重大错报风险确定总体应对措施时，注册会计师应当：

（一）在分派和督导项目组成员时，考虑承担重要业务职责的项目组成员所具备的知识、技能和能力，并考虑舞弊导致的重大错报风险的评估结果；

（二）评价被审计单位对会计政策（特别是涉及主观计量和复杂交易的会计政策）的选择和运用，是否可能表明管理层通过操纵利润对财务信息作出虚假报告；

（三）在选择审计程序的性质、时间安排和范围时，增加审计程序的不可预见性。

第三十一条　按照《中国注册会计师审计准则第1231号——针对评估的重大错报风险采取的应对措施》的规定，注册会计师应当设计和实施进一步审计程序，审计程序的性质、时间安排和范围应当能够应对评估的舞弊导致的认定层次重大错报风险。例如，针对舞弊导致的认定层次重大错报风险，注册会计师应当考虑实施函证程序以获取更多的相互印证的信息。

第三十二条　管理层处于实施舞弊的独特地位，其原因是管理层有能力通过凌驾于控制之上操纵会计记录并编制虚假财务报表，而这些控制却看似有效运行。

尽管管理层凌驾于控制之上的风险水平因被审计单位而异，但所有被审计单位都存在这种风险。

由于管理层凌驾于控制之上的行为发生方式不可预见，这种风险属于舞弊导致的重大错报风险，从而也是一种特别风险。

第三十三条　无论对管理层凌驾于控制之上的风险的评估结果如何，注册会计师都应当设计和实施审计程序，用以：

（一）测试日常会计核算过程中作出的会计分录以及编制财务报表过程中作出的其他调整是否适当；

（二）复核会计估计是否存在偏向，并评价产生这种偏向的环境是否表明存在舞弊导致的重大错报风险；

（三）对于超出被审计单位正常经营过程的重大交易，或基于对被审计单位及其环境的了解以及在审计过程中获取的其他信息而显得异常的重大交易，评价其商业理由（或缺乏商业理由）是否表明被审计单位从事交易的目的是为了对财务信息作出虚假报告或掩盖侵占资产的行为。

第三十四条　在设计和实施审计程序，以测试日常会计核算过程中作出的会计分录以及编制财务报表过程中作出的其他调整是否适当时，注册会计师应当：

（一）向参与财务报告过程的人员询问与处理会计分录和其他调整相关的不恰当或异常的活动；

（二）选择在报告期末作出的会计分录和其他调整；

（三）考虑是否有必要测试整个会计期间的会计分录和其他调整。

第三十五条　在复核会计估计是否存在偏向时，注册会计师应当：

（一）评价管理层在作出会计估计时所作的判断和决策是否反映出管理层的某种偏向（即使判断和决策孤立地看是合理的），从而可能表明存在舞弊导致的重大错报风险。如果存在偏向，注册会计师应当从整体上重新评价会计估计；

（二）追溯复核与以前年度财务报表反映的重大会计估计相关的管理层判断和假设。

第三十六条　当按照本准则第三十三条至第三十五条实施的程序无法涵盖特定的管理层凌驾于控制之上的其他风险时，注册会计师还应当确定是否有必要实施其他审计程序，以应对识别出的管理层凌驾于控制之上的风险。

第六节 评价审计证据

第三十七条 在就财务报表与所了解的被审计单位的情况是否一致形成总体结论时,注册会计师应当评价在临近审计结束时实施的分析程序,是否表明存在此前尚未识别的舞弊导致的重大错报风险。

第三十八条 如果识别出某项错报,注册会计师应当评价该项错报是否表明存在舞弊。

如果存在舞弊的迹象,鉴于舞弊不太可能是孤立发生的事项,注册会计师应当评价该项错报对审计工作其他方面的影响,特别是对管理层声明可靠性的影响。

第三十九条 如果识别出某项错报,并有理由认为该项错报是或可能是舞弊导致的,且涉及管理层,特别是涉及较高层级的管理层,无论该项错报是否重大,注册会计师都应当重新评价对舞弊导致的重大错报风险的评估结果,以及该结果对旨在应对评估的风险的审计程序的性质、时间安排和范围的影响。

在重新考虑此前获取的审计证据的可靠性时,注册会计师还应当考虑相关的情形是否表明可能存在涉及员工、管理层或第三方的串通舞弊。

第四十条 如果确认财务报表存在舞弊导致的重大错报,或无法确定财务报表是否存在舞弊导致的重大错报,注册会计师应当评价这两种情况对审计的影响。

第七节 无法继续执行审计业务

第四十一条 如果舞弊或舞弊嫌疑导致出现错报,致使注册会计师遇到对其继续执行审计业务的能力产生怀疑的异常情形,注册会计师应当:

(一)确定适用于具体情况的职业责任和法律责任,包括是否需要向审计业务委托人或监管机构报告;

(二)在相关法律法规允许的情况下,考虑是否需要解除业务约定。

第四十二条 如果决定解除业务约定,注册会计师应当采取下列措施:

(一)与适当层级的管理层和治理层讨论解除业务约定的决定和理由;

(二)考虑是否存在职业责任或法律责任,需要向审计业务委托人或监管机构报告解除业务约定的决定和理由。

第八节 书面声明

第四十三条 注册会计师应当就下列事项向管理层和治理层(如适用)获取书面声明:

(一)管理层和治理层认可其设计、执行和维护内部控制以防止和发现舞弊的责任;

(二)管理层和治理层已向注册会计师披露了管理层对舞弊导致的财务报表重大错报风险的评估结果;

(三)管理层和治理层已向注册会计师披露了已知的涉及管理层、在内部控制中承担重要职责的员工以及其他人员(在舞弊行为导致财务报表出现重大错报的情况下)的舞弊或舞弊嫌疑;

(四)管理层和治理层已向注册会计师披露了从现任和前任员工、分析师、监管机构等方面获知的、影响财务报表的舞弊指控或舞弊嫌疑。

第九节 与管理层和治理层的沟通

第四十四条 如果识别出舞弊或获取的信息表明可能存在舞弊,除非法律法规禁止,注册会计师应当及时与适当层级的管理层沟通此类事项,以便管理层告知对防止和发现舞弊事项负有主要责任的人员。

第四十五条 如果确定或怀疑舞弊涉及下列人员，注册会计师应当及时与治理层沟通此类事项，除非治理层全部成员参与管理被审计单位：

（一）管理层；

（二）在内部控制中承担重要职责的员工；

（三）其他人员（在舞弊行为导致财务报表重大错报的情况下）。如果怀疑舞弊涉及管理层，除非法律法规禁止，注册会计师应当

与治理层沟通这一怀疑，并与其讨论为完成审计工作所必需的审计程序的性质、时间安排和范围。

第四十六条 如果根据判断认为还存在与治理层职责相关的、涉及舞弊的其他事项，除非法律法规禁止，注册会计师应当就此与治理层沟通。

第十节　向被审计单位之外的适当机构报告舞弊

第四十七条 如果识别出或怀疑存在舞弊，注册会计师应当确定法律法规或相关职业道德要求是否：

（一）要求注册会计师向被审计单位之外的适当机构作出报告；

（二）规定了相关责任，基于该责任，注册会计师向被审计单位之外的适当机构报告在具体情形下可能是适当的。

第十一节　审计工作底稿

第四十八条 针对《中国注册会计师审计准则第1211号——重大错报风险的识别和评估》所规定的重大错报风险的识别和评估，注册会计师应当将下列内容形成审计工作底稿：

（一）项目组内部就舞弊导致财务报表重大错报的可能性进行讨论所得出的重要结论；

（二）识别和评估的舞弊导致的财务报表层次和认定层次重大错报风险；

（三）在控制活动中识别出的，用于应对评估的舞弊导致的重大错报风险的控制。

第四十九条 《中国注册会计师审计准则第1231号——针对评估的重大错报风险采取的应对措施》规定注册会计师应当记录对评估的重大错报风险采取的应对措施。注册会计师应当将下列内容形成审计工作底稿：

（一）对评估的舞弊导致的财务报表层次重大错报风险采取的总体应对措施；

（二）审计程序的性质、时间安排和范围；

（三）审计程序与评估的舞弊导致的认定层次重大错报风险之间的联系；

（四）实施审计程序（包括用于应对管理层凌驾于控制之上的风险而实施的审计程序）的结果。

第五十条 注册会计师应当在审计工作底稿中记录与管理层、治理层、监管机构或其他相关各方就舞弊事项进行沟通的情况。

第五十一条 如果认为收入确认存在舞弊风险的假定不适用于业务的具体情况，注册会计师应当在审计工作底稿中记录得出该结论的理由。

第五章　附　　则

第五十二条 本准则自2023年7月1日起施行。

中国注册会计师审计准则第 1142 号——财务报表审计中对法律法规的考虑

（2022 年 12 月 22 日修订）

第一章 总 则

第一条 为了规范注册会计师在财务报表审计中对法律法规的考虑，制定本准则。

第二条 本准则不适用于注册会计师接受专项委托，对被审计单位遵守特定法律法规进行单独测试并出具报告的其他鉴证业务。

第三条 不同的法律法规对财务报表的影响差异很大。被审计单位需要遵守的所有法律法规，构成注册会计师在财务报表审计中需要考虑的法律法规框架。

某些法律法规的规定对财务报表有直接影响，决定财务报表中的金额和披露。而有些法律法规需要管理层遵守，或规定了允许被审计单位开展经营活动的条件，但不会对财务报表产生直接影响。某些被审计单位属于高度管制的行业，如银行或化工企业等。而有些被审计单位仅受到通常与经营活动相关的法律法规的制约，如安全生产和公平就业等。

违反法律法规可能导致被审计单位面临罚款、诉讼或其他对财务报表产生重大影响的后果。

第四条 在治理层的监督下，保证被审计单位按照法律法规的规定开展经营活动（包括遵守那些决定财务报表中的金额和披露的法律法规的规定），是管理层的责任。

第五条 本准则旨在帮助注册会计师识别由于违反法律法规导致的财务报表重大错报。注册会计师没有责任防止被审计单位违反法律法规行为，也不能被期望发现所有的违反法律法规行为。

第六条 注册会计师有责任对财务报表整体不存在舞弊或错误导致的重大错报获取合理保证。

在执行财务报表审计时，注册会计师需要考虑适用于被审计单位的法律法规框架。由于审计的固有限制，即使注册会计师按照审计准则的规定恰当地计划和执行审计工作，也不可避免地存在财务报表中的某些重大错报未被发现的风险。

就法律法规而言，由于下列原因，审计的固有限制对注册会计师发现重大错报的能力的潜在影响会加大：

（一）许多法律法规主要与被审计单位经营活动相关，通常不影响财务报表，且不能被与财务报告相关的信息系统所获取；

（二）违反法律法规可能涉及故意隐瞒的行为，如串通、伪造、故意漏记交易、管理层凌驾于控制之上或故意向注册会计师提供虚假陈述；

（三）某行为是否构成违反法律法规，最终只能由法院或其他适当的监管机构认定。

通常情况下，违反法律法规与财务报表反映的交易和事项越不相关，就越难以被注册会计师关注或识别。

第七条 本准则对注册会计师责任的界定，根据被审计单位需要遵守的下列两类不同的法律法规有所区别：

（一）通常对决定财务报表中的重大金额和披露有直接影响的法律法规（如税收和企业年金方面的法律法规）；

（二）对决定财务报表中的金额和披露没有直接影响的其他法律法规，但遵守这些法律法规（如遵守经营许可条件、监管机构对偿债能力的规定或环境保护要求）对被审计单位的经营活动、持续经营能力或避免大额罚款至关重要；违反这些法律法规，可能对财务报表产生重大影响。

第八条　针对本准则第七条提及的两类不同的法律法规，本准则对注册会计师的责任作出不同规定。

针对本准则第七条第（一）项提及的法律法规，注册会计师的责任是，就被审计单位遵守这些法律法规的规定获取充分、适当的审计证据。

针对本准则第七条第（二）项提及的法律法规，注册会计师的责任仅限于实施特定的审计程序，以有助于识别可能对财务报表产生重大影响的违反这些法律法规的行为。

第九条　为了对财务报表形成审计意见而实施的其他审计程序，可能使注册会计师注意到被审计单位违反法律法规的行为，本准则要求注册会计师对这一可能性保持警觉。

考虑到对被审计单位产生影响的法律法规的范围，按照《中国注册会计师审计准则第1101号——注册会计师的总体目标和审计工作的基本要求》的规定，注册会计师在整个审计过程中保持职业怀疑尤为重要。

第十条　根据法律法规或相关职业道德要求，对于被审计单位的违反法律法规行为，注册会计师可能承担额外责任，这些责任可能与本准则不同，或超出了本准则的规定，例如：

（一）应对识别出的或怀疑存在的违反法律法规行为，包括要求与管理层和治理层进行专门沟通，评价其对违反法律法规行为所作应对的适当性，并确定是否需要采取进一步行动；

（二）向其他注册会计师沟通识别出的或怀疑存在的违反法律法规行为（如在集团财务报表审计中）；

（三）对识别出的或怀疑存在的违反法律法规行为的记录要求。对额外责任的履行，可能提供与注册会计师按照本准则和其他审计准则执行工作相关的进一步信息（如与管理层和治理层诚信相关的信息）。

第二章　定　　义

第十一条　本准则所称违反法律法规，是指被审计单位、治理层、管理层，或者为被审计单位工作或受其指使的其他人，有意或无意违背除适用的财务报告编制基础以外的现行法律法规的行为。违反法律法规不包括与被审计单位经营活动无关的个人不当行为。

第三章　目　　标

第十二条　注册会计师的目标是：

（一）针对通常对决定财务报表中的重大金额和披露有直接影响的法律法规的规定，获取被审计单位遵守这些规定的充分、适当的审计证据；

（二）针对其他法律法规，实施特定的审计程序，以有助于识别可能对财务报表产生重大影响的违反这些法律法规的行为；

（三）恰当应对在审计过程中识别出的或怀疑存在的违反法律法规行为。

第四章　要　　求

第一节　注册会计师对被审计单位遵守法律法规的考虑

第十三条　按照《中国注册会计师审计准则第1211号——重大错报风险的识别和评

估》的规定，在了解被审计单位及其环境时，注册会计师应当从总体上了解下列事项：

（一）适用于被审计单位及其所处行业或领域的法律法规框架；

（二）被审计单位如何遵守这些法律法规框架。

第十四条 针对通常对决定财务报表中的重大金额和披露有直接影响的法律法规的规定，注册会计师应当获取被审计单位遵守这些规定的充分、适当的审计证据。

第十五条 注册会计师应当实施下列审计程序，以有助于识别可能对财务报表产生重大影响的违反其他法律法规的行为：

（一）向管理层和治理层（如适用）询问被审计单位是否遵守了这些法律法规；

（二）检查被审计单位与许可证颁发机构或监管机构的往来函件。

第十六条 在审计过程中实施的其他审计程序可能使注册会计师识别出或怀疑存在违反法律法规行为，注册会计师应当对此保持警觉。

第十七条 注册会计师应当要求管理层和治理层（如适用）提供书面声明，以表明被审计单位已向注册会计师披露了所有知悉的、且在编制财务报表时应当考虑其影响的违反法律法规行为或怀疑存在的违反法律法规行为。

第十八条 在未识别出或未怀疑被审计单位违反法律法规的情况下，除执行本准则第十三条至第十七条所述的工作外，注册会计师不必针对被审计单位遵守法律法规实施其他审计程序。

第二节 识别出或怀疑存在违反法律法规行为时实施的审计程序

第十九条 如果注意到与识别出的或怀疑存在的违反法律法规行为相关的信息，注册会计师应当：

（一）了解违反法律法规行为的性质及其发生的环境；

（二）获取进一步的信息，以评价对财务报表可能产生的影响。

第二十条 如果怀疑被审计单位存在违反法律法规行为，注册会计师应当就此与适当层级的管理层和治理层（如适用）进行讨论，除非法律法规禁止。

如果管理层或治理层不能提供充分的信息，证明被审计单位遵守了法律法规，并且注册会计师根据判断认为怀疑存在的违反法律法规行为可能对财务报表产生重大影响，注册会计师应当考虑是否需要征询法律意见。

第二十一条 如果针对怀疑存在的违反法律法规行为不能获取充分的信息，注册会计师应当评价缺乏充分、适当的审计证据对审计意见的影响。

第二十二条 注册会计师应当评价识别出的或怀疑存在的违反法律法规行为对审计的其他方面可能产生的影响，包括对注册会计师风险评估和被审计单位书面声明可靠性的影响，并采取适当措施。

第三节 对识别出的或怀疑存在的违反法律法规行为的沟通和报告

第二十三条 除非治理层全部成员参与管理被审计单位，因而知悉注册会计师已沟通的、涉及识别出的或怀疑存在的违反法律法规行为的事项，注册会计师应当与治理层沟通审计过程中注意到的有关违反法律法规的事项（除非法律法规禁止），但不必沟通明显不重要的事项。

第二十四条 如果根据判断认为本准则第二十三条提及的需要沟通的违反法律法规行为是故意和重大的，注册会计师应当就此尽快与治理层沟通。

第二十五条 如果怀疑违反法律法规行为涉及管理层或治理层，注册会计师应当向被审计单位更高层级的机构（如有）通报，如审计委员会或监事会。

如果不存在更高层级的机构，或者注册会计师认为被审计单位可能不会对通报作出反应，或者注册会计师不能确定向谁报告，注册会计师应当考虑是否需要向外部监管机构（如有）报告或征询法律意见。

第二十六条 如果认为识别出的或怀疑存在的违反法律法规行为对财务报表具有重大影响，且未能在财务报表中得到充分反映，注册会计师应当按照《中国注册会计师审计准则第1502号——在审计报告中发表非无保留意见》的规定，发表保留意见或否定意见。

第二十七条 如果因管理层或治理层阻挠而无法获取充分、适当的审计证据，以评价是否存在或可能存在对财务报表产生重大影响的违反法律法规行为，注册会计师应当按照《中国注册会计师审计准则第1502号——在审计报告中发表非无保留意见》的规定，根据审计范围受到限制的程度，发表保留意见或无法表示意见。

第二十八条 如果由于审计范围受到管理层或治理层以外的其他方面的限制而无法确定被审计单位是否存在违反法律法规行为，注册会计师应当按照《中国注册会计师审计准则第1502号——在审计报告中发表非无保留意见》的规定，评价这一情况对审计意见的影响。

第二十九条 如果识别出或怀疑存在违反法律法规行为，注册会计师应当确定法律法规或相关职业道德要求是否：

（一）要求注册会计师向被审计单位以外的适当机构作出报告；

（二）规定了相关责任，基于该责任注册会计师向被审计单位以外的适当机构报告在具体情形下可能是适当的。

第四节 审计工作底稿

第三十条 注册会计师应当在审计工作底稿中记录识别出的或怀疑存在的违反法律法规行为，以及：

（一）已实施的审计程序、作出的重大职业判断和形成的结论；

（二）与管理层、治理层和其他人员就违反法律法规行为相关的重大事项所作的讨论，包括管理层和治理层（如适用）如何应对这些事项。

第五章 附 则

第三十一条 本准则自2023年7月1日起施行。

中国注册会计师审计准则第1151号——与治理层的沟通

（2022年12月22日修订）

第一章 总 则

第一条 为了明确注册会计师在财务报表审计中与治理层沟通的责任，制定本准则。

第二条 本准则适用于各种治理结构和规模的被审计单位的财务报表审计，并针对治理层全部成员参与管理的情形以及上市实体提出了特殊考虑。本准则并不规范注册会计师与管理层或所有者的沟通，除非他们同时履行治理职责。

第三条 本准则是针对财务报表审计制定的，但对于其他历史财务信息审计，如果治理层对其他历史财务信息的编制负有监督责任，注册会计师可以根据具体情况遵守本准则的相关规定。

第四条 考虑到有效的双向沟通在财务报表审计中的重要性，本准则为注册会计师与治理层的沟通提供了一个基础框架，并明确了应当与其沟通的一些具体事项。

作为对本准则沟通要求的补充，本准则附录列示的其他审计准则对需要沟通的补充事项作出了规定。此外，《中国注册会计师审计准则第1152号——向治理层和管理层通报内部控制缺陷》针对注册会计师向治理层通报在审计过程中识别出的值得关注的内部控制缺陷，提出了具体要求。

法律法规、业务约定或其他规定可能要求沟通本准则或其他审计准则没有规定的其他事项，本准则并不禁止注册会计师就此与治理层沟通。

第五条 本准则主要规范注册会计师向治理层的沟通。但是，有效的双向沟通十分重要，这有助于：

（一）注册会计师和治理层了解与审计相关事项的背景，并建立建设性的工作关系，在建立这种关系时，注册会计师需要保持独立性和客观性；

（二）注册会计师向治理层获取与审计相关的信息，例如，治理层可以帮助注册会计师了解被审计单位及其环境，确定审计证据的适当来源，以及提供有关具体交易或事项的信息；

（三）治理层履行其对财务报告过程的监督责任，从而降低财务报表重大错报风险。

第六条 注册会计师有责任与治理层沟通本准则要求的事项，管理层也有责任就治理层关心的事项与治理层进行沟通，但注册会计师的沟通并不减轻管理层的这种责任。同样，管理层与治理层就应当由注册会计师沟通的事项进行的沟通，也不减轻注册会计师沟通这些事项的责任。但是，管理层就这些事项进行的沟通可能会影响注册会计师与治理层沟通的形式或时间安排。

第七条 清晰地沟通审计准则要求的特定事项是每项审计业务的必要组成部分。但是，审计准则并不要求注册会计师专门实施程序，以识别与治理层沟通的任何其他事项。

第八条 在某些国家和地区，法律法规可能限制注册会计师就某些事项与治理层沟通。法律法规可能明确禁止那些可能不利于适当机构对发生的或怀疑存在的违法行为进行调查的沟通或其他行动（包括引起被审计单位的警觉），例如，当依据反洗钱法令，注册会计师被要求向适当机构报告识别出的或怀疑存在的违反法律法规行为时。在这些情形下，注册会计师考虑的问题可能是复杂的，并可能认为征询法律意见是适当的。

第二章 定 义

第九条 治理层，是指对被审计单位战略方向以及管理层履行经营管理责任负有监督责任的人员或组织。治理层的责任包括对财务报告过程的监督。在某些被审计单位，治理层可能包括管理层成员。

第十条 管理层，是指对被审计单位经营活动的执行负有管理责任的人员。在某些被审计单位，管理层包括部分或全部的治理层成员。

第三章 目 标

第十一条 注册会计师的目标是：

（一）就注册会计师与财务报表审计相关的责任、计划的审计范围和时间安排的总体情况，与治理层进行清晰的沟通；

（二）向治理层获取与审计相关的信息；

（三）及时向治理层通报审计中发现的与治理层对财务报告过程的监督责任相关的重大事项；

（四）推动注册会计师和治理层之间有效的双向沟通。

第四章 要 求

第一节 沟通的对象

第十二条 注册会计师应当确定与被审计单位治理结构中的哪些适当人员进行沟通。

第十三条 如果注册会计师与治理层的下设组织（如审计委员会）或个人沟通，应当确定是否还需要与治理层整体进行沟通。

第十四条 在某些情况下，治理层全部成员参与管理被审计单位，例如，在一家小企业中，仅有的一名业主管理该企业，并且没有其他人负有治理责任。此时，如果就本准则第十七条第（三）项要求沟通的事项已与负有管理责任的人员沟通，且这些人员同时负有治理责任，注册会计师无需就这些事项再次与负有治理责任的相同人员沟通。然而，注册会计师应当确信与负有管理责任人员的沟通能够向所有负有治理责任的人员充分传递应予沟通的内容。

第二节 沟通的事项

第十五条 注册会计师应当与治理层沟通注册会计师与财务报表审计相关的责任，包括：

（一）注册会计师负责对管理层在治理层监督下编制的财务报表形成和发表意见；

（二）财务报表审计并不减轻管理层或治理层的责任。

第十六条 注册会计师应当与治理层沟通计划的审计范围和时间安排的总体情况，包括识别出的特别风险。

第十七条 注册会计师应当与治理层沟通审计中发现的下列事项：

（一）注册会计师对被审计单位会计实务（包括会计政策、会计估计和财务报表披露）重大方面的质量的看法。在适当的情况下，注册会计师应当向治理层解释为何某项在适用的财务报告编制基础下可以接受的重大会计实务，并不一定最适合被审计单位的具体情况；

（二）审计工作中遇到的重大困难；

（三）已与管理层讨论或需要书面沟通的审计中出现的重大事项，以及注册会计师要求提供的书面声明，除非治理层全部成员参与管理被审计单位；

（四）影响审计报告形式和内容的情形（如有）；

（五）审计中出现的、根据职业判断认为与监督财务报告过程相关的所有其他重大事项。

第十八条 如果被审计单位是上市实体，注册会计师还应当与治理层沟通下列内容：

（一）就审计项目组成员、会计师事务所其他相关人员以及会计师事务所和网络事务所按照相关职业道德要求保持了独立性作出声明；

（二）根据职业判断，注册会计师认为会计师事务所、网络事务所与被审计单位之间存在的可能影响独立性的所有关系和其他事项，包括会计师事务所和网络事务所在财务报表涵盖期间为被审计单位和受被审计单位控制的组成部分提供审计、非审计服务的收费总额。这些收费应当分配到适当的业务类型中，以帮助治理层评估这些服务对注册会计师独立性的影响；

（三）为消除对独立性的不利影响或将其降至可接受的水平，已经采取的相关防范措施。

第三节 沟通的过程

第十九条 注册会计师应当就沟通的形式、时间安排和拟沟通的基本内容与治理层沟通。

第二十条 对于审计中发现的重大问题，如果根据职业判断认为采用口头形式沟通不适当，注册会计师应当以书面形式与治理层沟通。书面沟通不必包括审计过程中的所有事项。

第二十一条 注册会计师应当就本准则第十八条要求的注册会计师的独立性，以书面形式与治理层沟通。

第二十二条 注册会计师应当及时与治理层沟通。

第二十三条 注册会计师应当评价其与治理层之间的双向沟通对实现审计目的是否充分。如果认为双向沟通不充分，注册会计师应当评价其对重大错报风险评估以及获取充分、适当的审计证据的能力的影响，并采取适当措施。

第四节 审计工作底稿

第二十四条 如果本准则要求沟通的事项是以口头形式沟通的，注册会计师应当将其包括在审计工作底稿中，并记录沟通的时间和对象。

如果本准则要求沟通的事项是以书面形式沟通的，注册会计师应当保存一份沟通文件的副本，作为审计工作底稿的一部分。

附录（参见本准则第四条）

会计师事务所质量管理准则和其他审计准则对与治理层沟通的具体要求

《会计师事务所质量管理准则第5101号——业务质量管理》和下列审计准则要求注册会计师与治理层沟通特定事项，但其规定并不影响本准则的普遍适用性：

1.《中国注册会计师审计准则第1141号——财务报表审计中与舞弊相关的责任》第二十二条，第四十二条第（一）项，第四十四条 至第四十六条；

2.《中国注册会计师审计准则第1142号——财务报表审计中对法律法规的考虑》第十五条，第二十条，第二十三条至第二十五条；

3.《中国注册会计师审计准则第1152号——向治理层和管理层通报内部控制缺陷》第十条；

4.《中国注册会计师审计准则第1251号——评价审计过程中识别出的错报》第十三条和第十四条；

5.《中国注册会计师审计准则第1312号——函证》第十六条；

6.《中国注册会计师审计准则第1321号——会计估计和相关披露的审计》第三十四条；

7.《中国注册会计师审计准则第1323号——关联方》第二十八条；

8.《中国注册会计师审计准则第1324号——持续经营》第二十四条；

9.《中国注册会计师审计准则第1331号——首次审计业务涉及的期初余额》第九条；

10.《中国注册会计师审计准则第1332号——期后事项》第十条 第二款第（二）项和第（三）项，第十三条第二款第（一）项，第十六条第（二）项，第十七条第二款第（一）项，第二十条；

11.《中国注册会计师审计准则第1401号——对集团财务报表审计的特殊考虑》第六十二条；

12.《中国注册会计师审计准则第1502号——在审计报告中发表非无保留意见》第十三条、第十五条、第二十条和第三十一条；

13.《中国注册会计师审计准则第1503号——在审计报告中增加强调事项段和其他事项段》第十三条；

14.《中国注册会计师审计准则第1504号——在审计报告中沟通关键审计事项》第十七条；

15.《中国注册会计师审计准则第1511号——比较信息：对应数据和比较财务报表》第二十一条；

16.《中国注册会计师审计准则第1521号——注册会计师对其他信息的责任》第十八条至第二十条；

17.《会计师事务所质量管理准则第5101号——业务质量管理》第七十八条。

中国注册会计师审计准则第1152号——向治理层和管理层通报内部控制缺陷

（2022年12月22日修订）

第一章 总 则

第一条 为了规范注册会计师向治理层和管理层恰当通报在财务报表审计中识别出的内部控制缺陷，制定本准则。

第二条 《中国注册会计师审计准则第1211号——重大错报风险的识别和评估》和《中国注册会计师审计准则第1231号——针对评估的重大错报风险采取的应对措施》规范了注册会计师了解内部控制体系以及设计和实施控制测试的责任，本准则不对注册会计师在这方面的责任提出额外要求。

《中国注册会计师审计准则第1151号——与治理层的沟通》进一步规范了注册会计师与治理层沟通审计相关事项的责任。

第三条 在识别和评估重大错报风险时，审计准则要求注册会计师了解被审计单位的内部控制体系。在进行风险评估时，注册会计师了解被审计单位内部控制体系的目的是设计适合具体情况的审计程序，而不是对内部控制的有效性发表意见。

无论在风险评估过程中，还是在审计工作的其他阶段，注册会计师都有可能识别出内部控制缺陷。本准则具体规定了注册会计师应当向治理层和管理层通报哪些识别出的内部控制缺陷。

第四条 本准则并不禁止注册会计师向治理层和管理层通报在审计过程中识别出的其他内部控制事项。

第二章 定 义

第五条 内部控制缺陷，是指在下列任一情况下内部控制存在的缺陷：

（一）某项控制的设计、执行或运行不能及时防止或发现并纠正财务报表错报；

（二）缺少用以及时防止或发现并纠正财务报表错报的必要控制。

第六条 值得关注的内部控制缺陷，是指注册会计师根据职业判断，认为足够重要从而值得治理层关注的内部控制的一个缺陷或多个缺陷的组合。

第三章 目 标

第七条 注册会计师的目标是，向治理层和管理层恰当通报注册会计师在审计过程中识别出的，根据职业判断认为足够重要从而值得治理层和管理层各自关注的内部控制缺陷。

第四章 要 求

第八条 注册会计师应当根据已执行的审计工作，确定是否识别出内部控制缺陷。

第九条 如果识别出内部控制缺陷，注册会计师应当根据已执行的审计工作，确定该缺陷单独或连同其他缺陷是否构成值得关注的内部控制缺陷。

第十条 注册会计师应当以书面形式及时向治理层通报审计过程中识别出的值得关注的内部控制缺陷。

第十一条 注册会计师还应当及时向相应层级的管理层通报下列内部控制缺陷：

（一）已向或拟向治理层通报的值得关注的内部控制缺陷，除非在具体情况下不适合直接向管理层通报；

（二）在审计过程中识别出的、其他方尚未向管理层通报而注册会计师根据职业判断认为足够重要从而值得管理层关注的内部控制其他缺陷。

本条第一款第（一）项所述事项应当采取书面方式通报。

第十二条 值得关注的内部控制缺陷的书面沟通文件应当包括以下内容：

（一）对缺陷的描述以及对其潜在影响的解释；

（二）使治理层和管理层能够了解沟通背景的充分信息。在向治理层和管理层提供信息时，注册会计师应当特别说明下列事项：

（一）注册会计师执行审计工作的目的是对财务报表发表审计意见；

（二）审计工作包括考虑与财务报表编制相关的内部控制，其目的是设计适合具体情况的审计程序，并非对内部控制的有效性发表意见（如果结合财务报表审计对内部控制的有效性发表意见，应当删除"并非对内部控制的有效性发表意见"的措辞）；

（三）报告的事项仅限于注册会计师在审计过程中识别出的、认为足够重要从而值得向治理层报告的缺陷。

第五章 附 则

第十三条 本准则自 2023 年 7 月 1 日起施行。

中国注册会计师审计准则第 1153 号——前任注册会计师和后任注册会计师的沟通

（2010 年 11 月 1 日修订）

第一章 总 则

第一条 为了规范前任注册会计师和后任注册会计师在财务报表审计中的沟通责任，制定本准则。

第二条 前任注册会计师和后任注册会计师的沟通通常由后任注册会计师主动发起，但需征得被审计单位的同意。

第三条　前任注册会计师和后任注册会计师的沟通可以采用书面或口头的方式。

第二章　定　　义

第四条　前任注册会计师，是指已对被审计单位上期财务报表进行审计，但被现任注册会计师接替的其他会计师事务所的注册会计师。

接受委托但未完成审计工作，已经或可能与委托人解除业务约定的注册会计师，也视为前任注册会计师。

第五条　后任注册会计师，是指正在考虑接受委托或已经接受委托，接替前任注册会计师对被审计单位本期财务报表进行审计的注册会计师。

如果被审计单位委托注册会计师对已审计财务报表进行重新审计，正在考虑接受委托或已经接受委托的注册会计师也视为后任注册会计师。

第三章　目　　标

第六条　注册会计师的目标是：

（一）在接受委托前，后任注册会计师与前任注册会计师就影响业务承接决策的事项进行必要沟通，以确定是否接受委托；

（二）在接受委托后，后任注册会计师在必要时与前任注册会计师就对审计有重大影响的事项进行沟通，以获取必要的审计证据；

（三）前任注册会计师在征得被审计单位书面同意后，对后任注册会计师提出的沟通要求予以必要的配合。

第四章　要　　求

第一节　接受委托前的沟通

第七条　在接受委托前，后任注册会计师应当与前任注册会计师进行必要沟通，并对沟通结果进行评价，以确定是否接受委托。

第八条　后任注册会计师应当提请被审计单位以书面方式同意前任注册会计师对其询问作出充分答复。

如果被审计单位不同意前任注册会计师作出答复，或限制答复的范围，后任注册会计师应当向被审计单位询问原因，并考虑是否接受委托。

第九条　后任注册会计师向前任注册会计师询问的内容应当合理、具体，至少包括：

（一）是否发现被审计单位管理层存在正直和诚信方面的问题；

（二）前任注册会计师与管理层在重大会计、审计等问题上存在的意见分歧；

（三）前任注册会计师向被审计单位治理层通报的管理层舞弊、违反法律法规行为以及值得关注的内部控制缺陷；

（四）前任注册会计师认为导致被审计单位变更会计师事务所的原因。

第十条　在征得被审计单位书面同意后，前任注册会计师应当根据所了解的事实，对后任注册会计师的合理询问及时作出充分答复。

如果受到被审计单位的限制或存在法律诉讼的顾虑，决定不向后任注册会计师作出充分答复，前任注册会计师应当向后任注册会计师表明其答复是有限的，并说明原因。

如果得到的答复是有限的，或未得到答复，后任注册会计师应当考虑是否接受委托。

第二节　接受委托后的沟通

第十一条　接受委托后，如果需要查阅前任注册会计师的审计工作底稿，后任注册会计师应当征得被审计单位同意，并与前任注册会计师进行沟通。

第十二条 在征得被审计单位同意后，前任注册会计师应当根据情况确定是否允许后任注册会计师查阅相关审计工作底稿以及查阅的内容。

第十三条 在允许查阅审计工作底稿之前，前任注册会计师应当向后任注册会计师获取确认函，就审计工作底稿的使用目的、范围和责任等与后任注册会计师达成一致意见。

第十四条 查阅前任注册会计师审计工作底稿获取的信息可能影响后任注册会计师实施审计程序的性质、时间安排和范围，但后任注册会计师应当对自身实施的审计程序和得出的审计结论负责。

后任注册会计师不应在审计报告中表明，其审计意见全部或部分地依赖前任注册会计师的审计报告或工作。

第三节 发现前任注册会计师审计的财务报表可能存在重大错报时的处理

第十五条 如果发现前任注册会计师审计的财务报表可能存在重大错报，后任注册会计师应当提请被审计单位告知前任注册会计师。必要时，后任注册会计师应当要求被审计单位安排三方会谈，以便采取措施进行妥善处理。

第十六条 如果被审计单位拒绝告知前任注册会计师，或前任注册会计师拒绝参加三方会谈，或后任注册会计师对解决问题的方案不满意，后任注册会计师应当考虑对审计意见的影响或解除业务约定。

第四节 保密义务

第十七条 前任注册会计师和后任注册会计师应当对沟通过程中获知的信息保密。即使未接受委托，后任注册会计师仍应履行保密义务。

第五节 审计工作底稿

第十八条 后任注册会计师应当将沟通的情况记录于审计工作底稿。

第五章 附 则

第十九条 本准则自 2012 年 1 月 1 日起施行。

中国注册会计师审计准则第 1201 号——计划审计工作

（2022 年 12 月 22 日修订）

第一章 总 则

第一条 为了规范注册会计师计划财务报表审计工作，制定本准则。

第二条 本准则基于连续审计业务作出规定，同时也对首次审计业务作出补充规定。

第三条 计划审计工作包括针对审计业务制定总体审计策略和具体审计计划。

按照《中国注册会计师审计准则第 1121 号——对财务报表审计实施的质量管理》的规定在项目层面实施质量管理，并按照本准则的规定充分地计划审计工作，有利于注册会计师执行财务报表审计工作，具体包括：

（一）有助于注册会计师适当关注重要的审计领域；

（二）有助于注册会计师及时发现和解决潜在的问题；

（三）有助于注册会计师恰当地组织和管理审计业务，以有效的方式执行审计业务；

（四）有助于选择具备必要的专业素质和胜任能力的项目组成员应对预期的风险，并有助于向项目组成员分派适当的工作；

（五）有助于指导和监督项目组成员并复核其工作；

（六）在适用的情况下，有助于协调组成部分注册会计师和专家的工作。

第二章 目 标

第四条 注册会计师的目标是，计划审计工作，以使审计工作以有效的方式得到执行。

第三章 要 求

第一节 项目组关键成员的参与

第五条 项目合伙人和项目组其他关键成员应当参与计划审计工作，包括参与项目组成员的讨论。

第二节 初步业务活动

第六条 注册会计师应当在本期审计业务开始时开展下列初步业务活动：

（一）按照《中国注册会计师审计准则第1121号——对财务报表审计实施的质量管理》的规定，针对客户关系和审计业务的接受与保持，实施相应的程序；

（二）按照《中国注册会计师审计准则第1121号——对财务报表审计实施的质量管理》的规定，评价遵守相关职业道德要求（包括独立性要求）的情况；

（三）按照《中国注册会计师审计准则第1111号——就审计业务约定条款达成一致意见》的规定，就审计业务约定条款与被审计单位达成一致意见。

第三节 计划活动

第七条 注册会计师应当制定总体审计策略，以确定审计工作的范围、时间安排和方向，并指导具体审计计划的制定。

第八条 在制定总体审计策略时，注册会计师应当考虑按照《中国注册会计师审计准则第1121号——对财务报表审计实施的质量管理》的要求获取的信息，并采取下列措施：

（一）确定审计业务的特征，以界定审计范围；

（二）明确审计业务的报告目标，以计划审计的时间安排和所需沟通的性质；

（三）根据职业判断，考虑用以指导项目组工作方向的重要因素；

（四）考虑初步业务活动的结果，并考虑项目合伙人对被审计单位执行其他业务时获得的经验是否与审计业务相关（如适用）；

（五）确定执行业务所需资源的性质、时间安排和范围。 第九条 注册会计师应当制定具体审计计划。具体审计计划应当包括下列内容：

（一）计划对项目组成员实施指导、监督并复核其工作的性质、时间安排和范围；

（二）按照《中国注册会计师审计准则第1211号——重大错报风险的识别和评估》的规定，计划实施的风险评估程序的性质、时间安排和范围；

（三）按照《中国注册会计师审计准则第1231号——针对评估的重大错报风险采取的

应对措施》的规定，在认定层次计划实施的进一步审计程序的性质、时间安排和范围；

（四）根据审计准则的规定，计划应当实施的其他审计程序。

第十条 在审计过程中，注册会计师应当在必要时对总体审计策略和具体审计计划作出更新和修改。

第四节 审计工作底稿

第十一条 注册会计师应当就下列事项形成审计工作底稿：

（一）总体审计策略；

（二）具体审计计划；

（三）在审计过程中对总体审计策略或具体审计计划作出的任何重大修改及其理由，包括对项目组成员实施指导、监督和复核的计划作出的重大修改及其理由。

第五节 首次审计业务的补充考虑

第十二条 在首次审计业务开始前，注册会计师应当开展下列活动：

（一）按照《中国注册会计师审计准则第1121号——对财务报表审计实施的质量管理》的规定，针对接受客户关系和审计业务，实施相应的程序；

（二）如果被审计单位变更了会计师事务所，按照相关审计准则和职业道德要求的规定，与前任注册会计师进行沟通。

第四章 附 则

第十三条 本准则自2023年7月1日起施行。

中国注册会计师审计准则第1211号——重大错报风险的识别和评估

（2022年12月22日修订）

第一章 总 则

第一条 为了规范注册会计师识别和评估财务报表重大错报风险，制定本准则。

第二条 重大错报风险可能是错误导致的，也可能是舞弊导致的。除本准则外，《中国注册会计师审计准则第1141号——财务报表审计中与舞弊相关的责任》针对舞弊导致的重大错报风险的识别、评估和应对作了进一步规定。

第三条 本准则适用于注册会计师对不同规模或复杂程度的被审计单位执行的财务报表审计业务。

第二章 定 义

第四条 控制，是指被审计单位为实现控制目标所制定的政策和程序。其中：

（一）政策，是指被审计单位为了实施控制而作出的应当或不应当采取某种措施的规定；

（二）程序，是指为执行政策而采取的行动。

第五条 内部控制体系，是指由治理层、管理层和其他人员设计、执行和维护的体系，以合理保证被审计单位能够实现财务报告的可靠性，提高经营效率和效果，以及遵守适用的法律法规等目标。在本准则的框架下，内部控制体系包含五个相互关联的要素：

（一）内部环境（控制环境）；

（二）风险评估；

（三）内部监督；

（四）信息与沟通（信息系统与沟通）；

（五）控制活动。

第六条 认定，是指管理层针对财务报表要素的确认、计量和列报（包括披露）作出的一系列明确或暗含的意思表达。

注册会计师在识别、评估和应对重大错报风险的过程中，将管理层的认定用于考虑可能发生的不同类型的错报。

第七条 相关认定，是指注册会计师识别出重大错报风险的交易类别、账户余额和披露的认定。当注册会计师针对交易类别、账户余额和披露的某项认定识别出重大错报风险时，该项认定即为相关认定。注册会计师确定某项认定是否属于相关认定，应当依据其固有风险，而不考虑相关控制的影响。

第八条 相关交易类别、账户余额和披露，是指存在相关认定的交易类别、账户余额和披露。

第九条 风险评估程序，是指注册会计师为识别、评估财务报表层次和认定层次的重大错报风险，而设计和实施的审计程序。

第十条 固有风险因素，是指在不考虑控制的情况下，导致交易类别、账户余额和披露的某一认定易于发生错报（无论该错报是舞弊还是错误导致，下同）的因素。固有风险因素可以是定性的，也可以是定量的。固有风险因素包括事项或情况的复杂性、主观性、变化、不确定性，以及管理层偏向和其他舞弊风险因素。

第十一条 经营风险，是指影响被审计单位实现经营目标的不确定性。这种不确定性可能源于下列两个方面：

（一）被审计单位制定了不恰当的目标和战略；

（二）某些重要事项或情况（包括作为或不作为）对被审计单位实现目标和实施战略的能力产生了不利影响。

第十二条 特别风险，是指注册会计师识别出的符合下列特征之一的重大错报风险：

（一）根据固有风险因素对错报发生的可能性和错报的严重程度的影响，注册会计师将固有风险评估为达到或接近固有风险等级的最高级；

（二）根据其他审计准则的规定，注册会计师应当将其作为特别风险。

第十三条 信息处理控制，是指与被审计单位信息系统中下列两方面相关的控制：

（一）信息技术应用程序进行的信息处理；

（二）人工进行的信息处理。这些控制直接应对信息（如交易信息等）完整性、准确性和有效性方面的风险。

第十四条 信息技术一般控制，是指为支持被审计单位信息技术环境持续正常运行而实施的控制，包括为支持信息处理控制持续有效运行，以及确保信息系统中信息的完整性、准确性和有效性而实施的控制。

第十五条 信息技术环境，是指被审计单位用于支持其经营战略和经营活动的信息技术应用程序、支持性信息技术基础设施、信息技术流程以及流程中的相关参与人员。

（一）信息技术应用程序，是指用于生成、处理、记录和报告交易或其他方面信息的程序，包括数据仓库和报告生成工具；

（二）信息技术基础设施，包括网络、操作系统、数据库及相关的硬件和软件；

（三）信息技术流程，是指被审计单位用于管理信息技术环境访问权限、程序更改、信息技术环境变化以及信息技术运行的流程。

第十六条 运用信息技术导致的风险，是指由于被审计单位信息技术一般控制的设计无效或运行无效而导致的下列风险：

（一）信息处理控制的设计无效或运行无效；

（二）信息系统中的信息（如交易信息等）在完整性、准确性和有效性方面存在风险。

第三章 目 标

第十七条 注册会计师的目标是，识别、评估财务报表层次和认定层次重大错报风险，从而为设计和实施应对措施提供依据。

第四章 要 求

第一节 风险评估程序和相关活动

第十八条 注册会计师应当设计和实施风险评估程序，以获取审计证据，为下列方面提供依据：

（一）识别、评估财务报表层次和认定层次重大错报风险，无论该错报是舞弊导致的，还是错误导致的；

（二）按照《中国注册会计师审计准则第1231号——针对评估的重大错报风险采取的应对措施》的规定，设计进一步审计程序。

注册会计师在设计和实施风险评估程序时，不应当偏向于获取佐证性的审计证据，也不应当排斥相矛盾的审计证据。

第十九条 风险评估程序应当包括下列程序：

（一）询问管理层和被审计单位内部其他合适人员，包括内部审计人员；

（二）分析程序；

（三）观察和检查。

第二十条 在根据本准则第十八条的规定获取审计证据时，注册会计师应当考虑从下列方面获取的信息：

（一）客户关系和审计业务的接受与保持；

（二）项目合伙人为被审计单位执行的其他业务。

第二十一条 注册会计师如果利用以前服务被审计单位的经验，或者利用以前审计时实施审计程序获取的信息，应当评价将这些经验和信息作为审计证据是否仍然相关和可靠。

第二十二条 项目合伙人和项目组其他关键成员应当讨论被审计单位财务报表易于发生重大错报的可能性，并讨论如何根据被审计单位的具体情况运用适用的财务报告编制基础的规定。

第二十三条 对于未参与项目组讨论的项目组成员，项目合伙人应当确定向该成员通报的内容。

第二节 了解被审计单位及其环境、适用的财务报告编制基础

第二十四条 注册会计师应当实施风险评估程序，以了解下列方面：

（一）被审计单位及其环境，包括：

1. 组织结构、所有权和治理结构、业务模式（包括该业务模式利用信息技术的程度）；
2. 行业形势、法律环境、监管环境和其他外部因素；
3. 财务业绩的衡量标准，包括内部和外部使用的衡量标准。
（二）适用的财务报告编制基础、会计政策以及变更会计政策的原因。
（三）基于对上述第（一）项和第（二）项的了解，被审计单位在按照适用的财务报告编制基础编制财务报表时，固有风险因素怎样影响各项认定易于发生错报的可能性以及影响的程度。

第二十五条 注册会计师应当评价被审计单位的会计政策是否适当、是否符合适用的财务报告编制基础的规定。

第三节 了解被审计单位内部控制体系各要素

第二十六条 注册会计师为了解与财务报表编制相关的内部环境，应当实施以下风险评估程序：
（一）了解涉及下列方面的控制、流程和组织结构：
1. 管理层如何履行其管理职责，例如，被审计单位的组织文化，管理层是否重视诚信、道德和价值观；
2. 在治理层与管理层分离的体制下，治理层的独立性以及治理层监督内部控制体系的情况；
3. 被审计单位内部权限和职责的分配情况；
4. 被审计单位如何吸引、培养和留住具有胜任能力的人员；
5. 被审计单位如何使其人员致力于实现内部控制体系的目标。
（二）评价下列方面的情况：
1. 在治理层的监督下，管理层是否营造并保持了诚实守信和合乎道德的文化；
2. 根据被审计单位的性质和复杂程度，内部环境是否为内部控制体系的其他要素奠定了适当的基础；
3. 识别出的内部环境方面的控制缺陷是否会削弱被审计单位内部控制体系的其他要素。

第二十七条 注册会计师为了解被审计单位与财务报表编制相关的风险评估工作，应当实施以下风险评估程序：
（一）了解被审计单位的下列工作：
1. 识别与财务报告目标相关的经营风险；
2. 评估上述风险的重要程度和发生的可能性；
3. 应对上述风险。
（二）根据被审计单位的性质和复杂程度，评价其风险评估工作是否适合其具体情况。

第二十八条 如果注册会计师识别出重大错报风险，而管理层未能识别出这些风险，注册会计师应当：
（一）判断这些风险是否是被审计单位风险评估工作应当识别出的风险。如果注册会计师认为，这些风险是被审计单位风险评估工作应当识别出的风险，则应当了解被审计单位风险评估工作未能识别出这些风险的原因。
（二）考虑对本准则第二十七条第（二）项所规定的注册会计师"评价其风险评估工作是否适合其具体情况"的影响。

第二十九条 注册会计师为了解被审计单位对与财务报表编制相关的内部控制体系的监督工作，应当实施以下风险评估程序：

（一）了解被审计单位实施的持续性评价和单独评价，以及识别出控制缺陷的情况和整改的情况；

（二）了解被审计单位的内部审计，包括内部审计的性质、职责和活动；

（三）了解被审计单位在监督内部控制体系的过程中所使用信息的来源，以及管理层认为这些信息足以信赖的依据；

（四）根据被审计单位的性质和复杂程度，评价被审计单位对内部控制体系的监督是否适合其具体情况。

第三十条 注册会计师为了解被审计单位与财务报表编制相关的信息与沟通，应当实施以下风险评估程序：

（一）了解被审计单位的信息处理活动（包括数据和信息），在这些活动中使用的资源，针对相关交易类别、账户余额和披露的信息处理活动的政策。具体包括：

1. 信息在被审计单位信息系统中的传递情况，包括交易如何生成，与交易相关的信息如何进行记录、处理、更正、结转至总账、在财务报表中报告，以及其他方面的相关信息如何获取、处理、在财务报表中披露；

2. 与信息传递相关的会计记录、财务报表特定项目以及其他支持性记录；

3. 被审计单位的财务报告过程；

4. 与上述第1点至第3点相关的被审计单位资源，包括信息技术环境。

（二）了解被审计单位如何沟通与财务报表编制相关的重大事项，以及信息系统和内部控制体系其他要素中的相关报告责任。具体包括：

1. 被审计单位内部人员之间的沟通，包括就与财务报告相关的岗位职责和相关人员的角色进行的沟通；

2. 管理层与治理层之间的沟通；

3. 被审计单位与监管机构等外部各方的沟通。

（三）评价被审计单位的信息与沟通是否能够为被审计单位按照适用的财务报告编制基础编制财务报表提供适当的支持。

第三十一条 注册会计师为了解控制活动，应当实施以下风险评估程序：

（一）识别用于应对认定层次重大错报风险的控制，包括：

1. 应对特别风险的控制；

2. 与会计分录相关的控制，这些会计分录包括用以记录非经常性的、异常的交易，以及用于调整的非标准会计分录；

3. 注册会计师拟测试运行有效性的控制，包括用于应对仅实施实质性程序不能提供充分、适当审计证据的风险的控制；

4. 注册会计师根据职业判断认为适当的、能够有助于其实现本准则第十八条中与认定层次重大错报风险有关目标的其他控制。

（二）基于上述第（一）项中识别的控制，识别哪些信息技术应用程序及信息技术环境的其他方面，可能面临运用信息技术导致的风险。

（三）针对上述第（二）项中识别的信息技术应用程序及信息技术环境的其他方面，进一步识别：

1. 运用信息技术导致的相关风险；

2. 被审计单位用于应对这些风险的信息技术一般控制。

（四）针对上述第（一）项以及第（三）项第2点识别出的每项控制：

1. 评价控制的设计是否有效，即这些控制能否应对认定层次重大错报风险或为其他控制的运行提供支持；

2.询问被审计单位内部人员，并实施其他风险评估程序，以确定控制是否得到执行。

第三十二条 注册会计师应当根据对被审计单位内部控制体系各要素的评价，确定是否识别出控制缺陷。

第四节 识别和评估重大错报风险

第三十三条 注册会计师应当识别重大错报风险，并确定其存在于财务报表层次，还是各类交易、账户余额和披露的认定层次。

第三十四条 注册会计师应当确定相关认定，以及相关交易类别、账户余额和披露。

第三十五条 对于识别出的财务报表层次重大错报风险，注册会计师应当从下列两方面对其进行评估：

（一）评价这些风险对财务报表整体产生的影响；

（二）确定这些风险是否影响对认定层次风险的评估结果。

第三十六条 对于识别出的认定层次重大错报风险，注册会计师应当分别评估固有风险和控制风险。

第三十七条 对于识别出的认定层次重大错报风险，注册会计师应当通过评估错报发生的可能性和严重程度来评估固有风险。在评估时，注册会计师应当考虑：

（一）固有风险因素如何以及在何种程度上影响相关认定易于发生错报的可能性；

（二）财务报表层次重大错报风险如何以及在何种程度上影响认定层次重大错报风险中固有风险的评估。

第三十八条 注册会计师应当确定评估的重大错报风险是否为特别风险。

第三十九条 针对某些认定层次重大错报风险，仅实施实质性程序无法为其提供充分、适当的审计证据，注册会计师应当确定评估出的重大错报风险是否属于该类风险。

第四十条 注册会计师拟测试控制运行有效性时，应当评估控制风险；注册会计师不拟测试控制运行有效性时，应当将固有风险的评估结果作为重大错报风险的评估结果。

第四十一条 对于实施风险评估程序获取的审计证据，能否为识别和评估重大错报风险提供适当依据，注册会计师应当作出评价；如果不能提供适当依据，注册会计师应当实施追加的风险评估程序，直至获取的审计证据能够提供这样的依据。在识别和评估重大错报风险时，注册会计师应当考虑通过实施风险评估程序获取的所有审计证据，无论这些证据是佐证性的还是相矛盾的。

第四十二条 如果能够合理预期，某类交易、账户余额和披露中信息的遗漏、错误陈述或含糊表达，可能影响财务报表使用者依据财务报表整体作出的经济决策，则通常认为该类交易、账户余额和披露是重大的。如果重大的交易类别、账户余额和披露未被确定为相关交易类别、账户余额和披露，即注册会计师认为，这些重大的交易类别、账户余额和披露不存在相关认定，则应当评价这样做是否适当。

第四十三条 如果注册会计师新获取的信息与之前识别或评估重大错报风险时所依据的审计证据不一致，注册会计师应当修正之前对重大错报风险的识别或评估结果。

第五节 审计工作底稿

第四十四条 注册会计师应当遵守《中国注册会计师审计准则第1131号——审计工作底稿》的规定，并就下列事项形成审计工作底稿：

（一）项目组内部进行的讨论以及得出的重要结论；

（二）注册会计师根据本准则第二十四条、第二十六条、第二十七条、第二十九条和第三十条的规定了解到的要点和信息来源，以及实施的风险评估程序；

（三）根据本准则第三十一条的规定，对所识别的控制的设计进行的评价，以及如何确定这些控制是否得到执行；

（四）识别、评估的财务报表层次和认定层次重大错报风险，包括特别风险和仅实施实质性程序不能提供充分、适当的审计证据的风险，以及作出有关重大判断的理由。

第五章 附 则

第四十五条 本准则自 2023 年 7 月 1 日起施行。

中国注册会计师审计准则第 1221 号——计划和执行审计工作时的重要性

（2019 年 2 月 20 日修订）

第一章 总 则

第一条 为了规范注册会计师在计划和执行财务报表审计工作时运用重要性概念，制定本准则。

第二条 《中国注册会计师审计准则第 1251 号——评价审计过程中识别出的错报》规范注册会计师在评价识别出的错报对审计的影响以及未更正错报对财务报表的影响时，如何运用重要性概念。

第三条 财务报告编制基础通常从编制和列报财务报表的角度阐释重要性概念。财务报告编制基础可能以不同的术语解释重要性，但通常而言，重要性概念可从下列方面进行理解：

（一）如果合理预期错报（包括漏报）单独或汇总起来可能影响财务报表使用者依据财务报表作出的经济决策，则通常认为错报是重大的；

（二）对重要性的判断是根据具体环境作出的，并受错报的金额或性质的影响，或受两者共同作用的影响；

（三）判断某事项对财务报表使用者是否重大，是在考虑财务报表使用者整体共同的财务信息需求的基础上作出的。由于不同财务报表使用者对财务信息的需求可能差异很大，因此不考虑错报对个别财务报表使用者可能产生的影响。

第四条 适用的财务报告编制基础对重要性概念的规定，为注册会计师在审计工作中确定重要性提供了参考依据。如果适用的财务报告编制基础未对重要性概念作出规定，本准则第三条为注册会计师确定重要性提供了参考依据。

第五条 注册会计师对重要性的确定属于职业判断，受注册会计师对财务报表使用者对财务信息需求的认识的影响。就审计而言，注册会计师针对财务报表使用者作出下列假定是合理的：

（一）拥有经营、经济活动和会计方面的适当知识，并有意愿认真研究财务报表中的信息；

（二）理解财务报表是在运用重要性水平基础上编制、列报和审计的；

（三）认可建立在对估计和判断的应用以及对未来事项的考虑的基础上的会计计量具有固有的不确定性；

（四）依据财务报表中的信息作出合理的经济决策。

第六条 在计划和执行审计工作，评价识别出的错报对审计的影响，以及未更正错报对财务报表和审计意见的影响时，注册会计师需要运用重要性概念。

第七条 在计划审计工作时，注册会计师需要判断何种情形构成重大错报。

作出的判断为下列方面提供基础：

（一）确定风险评估程序的性质、时间安排和范围；

（二）识别和评估重大错报风险；

（三）确定进一步审计程序的性质、时间安排和范围。

在计划审计工作时确定的重要性（即确定的某一金额），并不必然表明单独或汇总起来低于该金额的未更正错报一定被评价为不重大。即使某些错报低于重要性，与这些错报相关的具体情形可能使注册会计师将其评价为重大。

设计审计程序以发现所有仅因其性质而可能被评价为重大的错报并不可行。然而，考虑披露中潜在错报的性质与设计应对重大错报风险的审计程序相关。此外，注册会计师在评价未更正错报对财务报表的影响时，不仅要考虑未更正错报金额的大小，还要考虑未更正错报的性质以及该错报发生的特定环境。

第二章 定 义

第八条 实际执行的重要性，是指注册会计师确定的低于财务报表整体的重要性的一个或多个金额，旨在将未更正和未发现错报的汇总数超过财务报表整体的重要性的可能性降至适当的低水平。如果适用，实际执行的重要性还指注册会计师确定的低于特定类别的交易、账户余额或披露的重要性水平的一个或多个金额。

第三章 目 标

第九条 注册会计师的目标是，在计划和执行审计工作时恰当地运用重要性概念。

第四章 要 求

第一节 计划审计工作时确定重要性和实际执行的重要性

第十条 在制定总体审计策略时，注册会计师应当确定财务报表整体的重要性。根据被审计单位的特定情况，如果存在一个或多个特定类别的交易、账户余额或披露，其发生的错报金额虽然低于财务报表整体的重要性，但合理预期可能影响财务报表使用者依据财务报表作出的经济决策，注册会计师还应当确定适用于这些交易、账户余额或披露的一个或多个重要性水平。

第十一条 注册会计师应当确定实际执行的重要性，以评估重大错报风险并确定进一步审计程序的性质、时间安排和范围。

第二节 审计过程中修改重要性

第十二条 如果在审计过程中获知了某项信息，而该信息可能导致注册会计师确定与原来不同的财务报表整体重要性或者特定类别的交易、账户余额或披露的一个或多个重要性水平（如适用），注册会计师应当予以修改。

第十三条 如果认为运用低于最初确定的财务报表整体的重要性和特定类别的交易、

账户余额或披露的一个或多个重要性水平（如适用）是适当的，注册会计师应当确定是否有必要修改实际执行的重要性，并确定进一步审计程序的性质、时间安排和范围是否仍然适当。

第三节 审计工作底稿

第十四条 注册会计师应当在审计工作底稿中记录下列金额以及在确定这些金额时考虑的因素：

（一）财务报表整体的重要性；
（二）特定类别的交易、账户余额或披露的一个或多个重要性水平（如适用）；
（三）实际执行的重要性；
（四）随着审计过程的推进，对本条第（一）项至第（三）项内容作出的任何修改。

第五章 附 则

第十五条 本准则自 2019 年 7 月 1 日起施行。

中国注册会计师审计准则第 1231 号——针对评估的重大错报风险采取的应对措施

（2022 年 12 月 22 日修订）

第一章 总 则

第一条 为了规范注册会计师针对评估的重大错报风险设计和实施应对措施，制定本准则。

第二章 定 义

第二条 实质性程序，是指用于发现认定层次重大错报的审计程序。实质性程序包括下列两类程序：

（一）对各类交易、账户余额和披露的细节测试；
（二）实质性分析程序。

第三条 控制测试，是指用于评价内部控制在防止或发现并纠正认定层次重大错报方面的运行有效性的审计程序。

第三章 目 标

第四条 注册会计师的目标是，针对评估的重大错报风险，通过设计和实施恰当的应对措施，获取充分、适当的审计证据。

第四章 要 求

第一节 总体应对措施

第五条 注册会计师应当针对评估的财务报表层次重大错报风险，设计和实施总体应对措施。

第二节 进一步审计程序

第六条 注册会计师应当针对评估的认定层次重大错报风险，设计和实施进一步审计程序，包括审计程序的性质、时间安排和范围。

第七条 在设计拟实施的进一步审计程序时，注册会计师应当：

（一）针对每项相关交易类别、账户余额和披露，考虑评估出认定层次重大错报风险的依据；

（二）评估的风险越高，需要获取越有说服力的审计证据。

上述第（一）项中所述的依据包括：

（一）因相关交易类别、账户余额和披露的具体特征而导致的发生错报的可能性和严重程度（即固有风险）；

（二）风险评估是否考虑了应对重大错报风险的控制（即控制风险），从而要求注册会计师获取审计证据以确定控制是否有效运行（即注册会计师在确定实质性程序的性质、时间安排和范围时拟测试控制运行的有效性）。

第三节 控制测试

第八条 当存在下列情形之一时，注册会计师应当设计和实施控制测试，针对控制运行的有效性，获取充分、适当的审计证据：

（一）在评估认定层次重大错报风险时，预期控制的运行是有效的（即在确定实质性程序的性质、时间安排和范围时，注册会计师拟测试控制运行的有效性）；

（二）仅实施实质性程序并不能够提供认定层次充分、适当的审计证据。

第九条 在设计和实施控制测试时，对控制有效性的信赖程度越高，注册会计师应当获取越有说服力的审计证据。

第十条 在设计和实施控制测试时，注册会计师应当：

（一）将询问与其他审计程序结合使用，以获取有关控制运行有效性的审计证据；

（二）确定拟测试的控制是否依赖其他控制（间接控制）。如果依赖其他控制，确定是否有必要获取支持这些间接控制有效运行的审计证据。

注册会计师获取的有关控制运行有效性的审计证据应当包括：

（一）控制在所审计期间的相关时点是如何运行的；

（二）控制是否得到一贯执行；

（三）控制由谁或以何种方式执行。

第十一条 注册会计师应当按照本准则第十二条和第十五条的规定，测试其拟信赖的特定时点或整个期间的控制，为预期信赖程度提供恰当的依据。

第十二条 如果已获取有关控制在期中运行有效性的审计证据，注册会计师应当：

（一）获取这些控制在剩余期间发生重大变化的审计证据；

（二）确定针对剩余期间还需获取的补充审计证据。

第十三条 在确定利用以前审计获取的有关控制运行有效性的审计证据是否适当，以及再次测试控制的时间间隔时，注册会计师应当考虑下列因素：

（一）被审计单位内部控制体系其他要素的有效性，包括内部环境、被审计单位对内部控制体系的监督工作以及被审计单位的风险评估工作；

（二）控制特征（人工控制还是自动化控制）产生的风险；

（三）信息技术一般控制的有效性；

（四）控制设计及其运行的有效性，包括在以前审计中发现的控制运行偏差的性质和程度，以及是否发生对控制运行产生重大影响的人员变动；

（五）是否存在由于环境发生变化而特定控制缺乏相应变化导致的风险；

（六）重大错报风险和对控制的信赖程度。

第十四条 如果拟利用以前审计获取的有关控制运行有效性的审计证据，注册会计师应当通过获取这些控制在以前审计后是否发生重大变化的审计证据，确定以前审计获取的审计证据是否与本期审计持续相关并且依然可靠。

注册会计师应当通过实施询问并结合观察或检查程序，获取这些控制是否发生重大变化的审计证据，以确认对这些控制的了解，并根据下列情况作出不同处理：

（一）如果已发生变化，且这些变化对以前审计获取的审计证据的持续相关性产生影响，注册会计师应当在本期审计中测试这些控制运行的有效性；

（二）如果未发生变化，注册会计师应当每三年至少对控制测试一次，并且在每年审计中测试部分控制，以避免将所有拟信赖控制的测试集中于某一年，而在之后的两年中不进行任何测试。

第十五条 如果确定评估的认定层次重大错报风险是特别风险，并拟信赖针对该风险实施的控制，注册会计师应当在本期审计中测试这些控制运行的有效性。

第十六条 在评价注册会计师拟信赖的控制的运行有效性时，注册会计师应当评价通过实施实质性程序发现的错报是否表明控制未得到有效运行。但通过实质性程序未发现错报，并不能证明与所测试认定相关的控制是有效的。

第十七条 如果发现拟信赖的控制出现偏差，注册会计师应当进行专门查询以了解这些偏差及其潜在后果，并确定：

（一）已实施的控制测试是否为信赖这些控制提供了适当的基础；

（二）是否有必要实施追加的控制测试；

（三）是否需要针对重大错报风险实施实质性程序。

第四节 实质性程序

第十八条 无论评估的重大错报风险结果如何，注册会计师都应当针对所有重大类别的交易、账户余额和披露，设计和实施实质性程序。

第十九条 注册会计师应当考虑是否将函证程序用作实质性程序。

第二十条 注册会计师实施的实质性程序应当包括下列与财务报表编制完成阶段相关的审计程序：

（一）将财务报表中的信息与其所依据的会计记录进行核对或调节，包括核对或调节披露中的信息，无论该信息是从总账和明细账中获取，还是从总账和明细账之外的其他途径获取；

（二）检查财务报表编制过程中作出的重大会计分录和其他调整。

第二十一条 如果认为评估的认定层次重大错报风险是特别风险，注册会计师应当专门针对该风险实施实质性程序。如果针对特别风险实施的程序仅为实质性程序，这些程序应当包括细节测试。

第二十二条 如果在期中实施了实质性程序，注册会计师应当针对剩余期间实施下列程序之一，以将期中测试得出的结论合理延伸至期末：

（一）结合对剩余期间实施的控制测试，实施实质性程序；

（二）如果认为对剩余期间拟实施的实质性程序是充分的，仅实施实质性程序。

第二十三条 如果期中检查出注册会计师在评估重大错报风险时未预期到的错报，注册会计师应当评价是否需要修改相关的风险评估结果以及针对剩余期间拟实施的实质性程序的性质、时间安排和范围。

第五节 财务报表列报的恰当性

第二十四条 注册会计师应当实施审计程序，评价财务报表的总体列报（包括披露）是否符合适用的财务报告编制基础的规定。在作出这一评价时，注册会计师应当考虑财务报表中的列报方式是否能够：

（一）对财务信息及其依据的交易、事项和状况进行恰当分类和描述；

（二）使财务报表的列报、结构和内容恰当。

第六节 评价审计证据的充分性和适当性

第二十五条 在得出总体结论之前，注册会计师应当根据实施的审计程序和获取的审计证据，评价对认定层次重大错报风险的评估是否仍然适当。

第二十六条 注册会计师应当确定是否已获取充分、适当的审计证据。

在形成审计意见时，注册会计师应当考虑所有相关的审计证据，无论该证据与财务报表认定相互印证还是相互矛盾。

第二十七条 如果对各类交易、账户余额和披露的相关认定没有获取充分、适当的审计证据，注册会计师应当尽可能获取进一步的审计证据。

如果仍然不能获取充分、适当的审计证据，注册会计师应当对财务报表发表保留意见或无法表示意见。

第七节 审计工作底稿

第二十八条 注册会计师应当就下列事项形成审计工作底稿：

（一）针对评估的财务报表层次重大错报风险采取的总体应对措施，以及实施的进一步审计程序的性质、时间安排和范围；

（二）实施的进一步审计程序与评估的认定层次风险之间的联系；

（三）实施进一步审计程序的结果，包括在结果不明显时得出的结论。

第二十九条 如果拟利用在以前审计中获取的有关控制运行有效性的审计证据，注册会计师应当记录信赖这些控制的理由和结论。

第三十条 审计工作底稿应当能够证明财务报表中的信息与其所依据的会计记录是一致的或调节相符的，包括核对或调节披露中的信息，无论该信息是从总账和明细账中获取，还是从总账和明细账之外的其他途径获取。

第五章 附　　则

第三十一条 本准则自 2023 年 7 月 1 日起施行。

中国注册会计师审计准则第 1241 号——对被审计单位使用服务机构的考虑

（2022 年 12 月 22 日修订）

第一章 总　　则

第一条 为了规范注册会计师在被审计单位使用服务机构的服务时获取充分、适当的审计证据的责任，制定本准则。

第二条 《中国注册会计师审计准则第 1211 号——重大错报风险的识别和评估》和《中国注册会计师审计准则第 1231 号——针对评估的重大错报风险采取的应对措施》涉及注册会计师了解被审计单位及其环境（包括与财务报表编制相关的被审计单位内部控制体系），以足以识别和评估重大错报风险，并针对这些风险设计和实施进一步审计程序，本准则是对注册会计师如何应用这些准则的进一步扩展。

第三条 许多被审计单位将部分业务外包给服务机构，这些服务机构提供的服务范围很广，从按照被审计单位的指令执行特定任务，到整体替代被审计单位部分业务单元或职能。服务机构提供的很多服务构成被审计单位业务经营不可或缺的一部分，但并非所有这些服务都与审计相关。

第四条 如果服务机构提供的服务和对服务的控制，构成被审计单位与财务报表编制相关的信息系统的一部分，则服务机构提供的服务与被审计单位财务报表审计相关。服务机构的多数控制可能是与被审计单位财务报表编制相关的信息系统的一部分，或者是与之相关的控制，如与资产安全相关的控制。如果服务机构提供的服务影响到下列任何一项，则该服务被视为构成被审计单位信息系统的一部分：

（一）与相关交易类别、账户余额和披露相关的信息如何在被审计单位信息系统中传递，无论这些信息是从总账和明细账中获取的还是从其他途径获取的，也无论这种传递采用人工方式还是信息技术方式。这包括当服务机构提供的服务影响下列方面时：

1. 被审计单位的交易如何生成，与交易相关的信息如何被记录、处理、进行必要的更正、结转至总账以及在财务报表中报告；

2. 针对与交易以外的事项或情况相关的信息，被审计单位如何在财务报表中获取、处理和披露。

（二）与上述第（一）项中的信息传递过程相关的被审计单位会计记录、财务报表特定账户和其他支持性记录。

（三）将上述第（二）项中所述的记录用于编制被审计单位财务报表（包括财务报表披露以及与相关交易类别、账户余额和披露相关的会计估计）的财务报告过程。

（四）与上述第（一）项至第（三）项相关的被审计单位信息技术环境。

第五条 对于服务机构提供的服务，注册会计师拟执行工作的性质和范围，取决于服务的性质、服务对被审计单位的重要性以及与审计的相关性。

第六条 如果被审计单位在某一金融机构开设账户，该金融机构提供的服务仅限于按照被审计单位的特别授权在该账户下处理交易（如银行对支票账户交易的处理或证券经纪机构对证券交易的处理），则本准则不适用。如果被审计单位拥有其他实体（如合伙企业、股份制企业和合资公司）的所有权经济利益，并且这些实体对所有权经济利益进行会计核算和向所有者报告，本准则不适用于对被审计单位因拥有这些实体所有权经济利益而产生的交易的审计。

第二章 定 义

第七条 服务机构，是指向被审计单位提供服务，并且其服务构成与被审计单位财务报告相关的信息系统组成部分的第三方机构（或第三方机构的分部）。

第八条 使用服务机构的被审计单位，在本准则中简称被审计单位，是指使用服务机构且正在接受财务报表审计的实体。

第九条 被审计单位注册会计师，在本准则中简称注册会计师，是指对被审计单位的财务报表进行审计并出具报告的注册会计师。

第十条 服务机构注册会计师，是指接受服务机构委托，对服务机构的控制出具鉴证报告的注册会计师。

第十一条 针对服务机构对控制的描述和设计出具的报告（本准则中称为第一类报告），内容包括：

（一）由服务机构管理层对服务机构系统、控制目标以及在特定日期已得到设计和执行的相关控制作出的描述；

（二）服务机构注册会计师出具的报告（旨在向使用者提供合理保证），包括针对服务机构对系统、控制目标和相关控制的描述，以及控制的设计对实现特定控制目标的适当性发表的意见。

第十二条 针对服务机构对控制的描述、设计和运行有效性出具的报告（本准则中称为第二类报告），内容包括：

（一）由服务机构管理层作出的描述，涉及服务机构系统、控制目标和相关控制、在特定日期或特定期间控制的设计和执行，以及在某些情况下控制在特定期间运行的有效性；

（二）服务机构注册会计师出具的报告（旨在向使用者提供合理保证），包括：针对服务机构对系统、控制目标和相关控制的描述，控制的设计对实现特定控制目标的适当性，以及控制运行的有效性发表的意见；针对控制测试及其结果作出的描述。

第十三条 服务机构的系统，是指为了向被审计单位提供服务机构注册会计师的报告所涵盖的服务而由服务机构设计、执行和维护的政策和程序。

第十四条 被审计单位的互补性控制，是指服务机构在设计服务时假定将由被审计单位实施的控制。如果这些控制对实现控制目标是必要的，则应当在服务机构系统描述中予以明确。

第十五条 分包服务机构，是指服务机构为向被审计单位提供服务而使用的另一个服务机构，其提供的服务是服务机构应提供服务的一部分，且构成被审计单位与财务报告相关的信息系统的组成部分。

第三章 目 标

第十六条 当被审计单位使用服务机构提供的服务时，注册会计师的目标是：

（一）了解服务机构提供的服务的性质和重要性，及其对被审计单位内部控制体系的影响，从而为识别和评估重大错报风险提供适当依据；

（二）针对识别和评估的重大错报风险，设计和实施审计程序。

第四章 要 求

第一节 了解服务机构提供的服务

第十七条 当按照《中国注册会计师审计准则第1211号——重大错报风险的识别和评估》的规定了解被审计单位时，注册会计师应当了解被审计单位在经营中如何利用服务机构提供的服务，包括：

（一）服务机构提供的服务的性质，以及该服务对被审计单位的重要性，包括对被审计单位内部控制体系产生的影响；

（二）由服务机构处理的交易、受服务机构影响的账户或财务报告过程的性质和重要性；

（三）服务机构与被审计单位之间活动的相互影响程度；

（四）被审计单位与服务机构关系的性质，包括服务机构与被审计单位就提供服务订立的相关合同条款。

第十八条 当按照《中国注册会计师审计准则第1211号——重大错报风险的识别和评

估》的规定了解被审计单位内部控制体系时，注册会计师应当识别控制活动中与服务机构提供服务相关的控制（包括应用于服务机构所处理的交易的控制），评价这些控制的设计，并确定其是否得到执行。

第十九条 注册会计师应当确定，是否已充分了解服务机构提供的服务的性质和重要性，及其对被审计单位内部控制体系的影响，从而为识别和评估重大错报风险提供适当依据。

第二十条 如果不能从被审计单位获得充分的了解，注册会计师应当实施下列一项或多项程序：

（一）获取第一类报告或第二类报告；

（二）通过被审计单位联系服务机构，以获取特定信息；

（三）访问服务机构，并实施可以获取有关服务机构相关控制的必要信息的程序；

（四）利用其他注册会计师实施可以获取有关服务机构控制的必要信息的程序。

第二十一条 当确定第一类报告或第二类报告提供的审计证据的充分性和适当性时，注册会计师应当确信：

（一）服务机构注册会计师具有相应的专业胜任能力并独立于服务机构；

（二）服务机构注册会计师出具第一类报告或第二类报告所依据的标准是适当的。

第二十二条 如果拟利用第一类报告或第二类报告作为审计证据，以支持对服务机构内部控制设计和执行情况的了解，注册会计师应当：

（一）评价对服务机构控制的描述和设计所针对的时点或期间是否适用于注册会计师的审计目的；

（二）对了解服务机构的控制而言，评价报告提供的证据是否充分和适当；

（三）确定服务机构系统描述中明确的被审计单位的互补性控制是否与被审计单位相关；如果相关，了解被审计单位是否设计和执行了此类控制。

第二节 应对评估的重大错报风险

第二十三条 当按照《中国注册会计师审计准则第1231号——针对评估的重大错报风险采取的应对措施》的规定应对评估的重大错报风险时，注册会计师应当：

（一）确定是否能够从被审计单位保存的记录中获取有关财务报表认定的充分、适当的审计证据；

（二）如果不能获取充分、适当的审计证据，则实施进一步审计程序，或利用其他注册会计师代其对服务机构实施这些程序。

第二十四条 如果在评估重大错报风险时预期服务机构的控制的运行是有效的，注册会计师应当实施下列一项或多项程序，以获取有关这些控制运行有效性的审计证据：

（一）获取第二类报告（如可行）；

（二）对服务机构的控制实施适当测试；

（三）利用其他注册会计师代其对服务机构的控制实施测试。

第二十五条 如果根据本准则第二十四条第（一）项的规定拟利用第二类报告作为服务机构内部控制运行有效性的审计证据，注册会计师应当通过实施下列程序，确定服务机构注册会计师的报告是否能够提供有关内部控制运行有效性的充分、适当的审计证据，以支持对重大错报风险的评估：

（一）评价对服务机构控制的描述、设计和运行有效性所针对的时点或期间是否适用于注册会计师的审计目的；

（二）确定服务机构系统描述中明确的被审计单位的互补性控制是否与被审计单位相关；如果相关，了解被审计单位是否设计和执行了此类控制，如是，测试其运行有效性；

（三）评价控制测试的涵盖期间和自实施控制测试以来的时间间隔的适当性；

（四）评价服务机构注册会计师报告中所述的、由服务机构注册会计师实施的控制测试及其结果是否与被审计单位财务报表的认定相关并提供充分、适当的审计证据，以支持注册会计师的风险评估。

第二十六条 如果注册会计师拟利用的第一类报告或第二类报告不涵盖分包服务机构提供的服务，而这些服务与被审计单位财务报表审计相关，针对这些由分包服务机构提供的服务，注册会计师应当遵守本准则的规定。

第二十七条 注册会计师应当询问被审计单位管理层，确定服务机构是否曾经向被审计单位报告，或被审计单位是否以其他方式获知任何影响被审计单位财务报表的舞弊、违反法律法规行为或未更正错报。

注册会计师应当评价这些事项如何影响进一步审计程序的性质、时间安排和范围，并评价对得出的结论和审计报告的影响。

第三节 审计报告

第二十八条 针对服务机构提供的与被审计单位财务报表审计相关的服务，如果无法获取充分、适当的审计证据，注册会计师应当根据《中国注册会计师审计准则第1502号——在审计报告中发表非无保留意见》的规定，在审计报告中发表非无保留意见。

第二十九条 注册会计师不应在无保留意见的审计报告中提及服务机构注册会计师的相关工作，除非法律法规另有规定。如果法律法规要求提及，审计报告应当指出这种提及并不减轻注册会计师对审计意见承担的责任。

第三十条 如果提及服务机构注册会计师的工作与理解注册会计师出具的非无保留意见相关，审计报告应当指出，这种提及并不减轻注册会计师对审计意见承担的责任。

第五章 附 则

第三十一条 本准则自2023年7月1日起施行。

中国注册会计师审计准则第1251号——评价审计过程中识别出的错报

（2022年12月22日修订）

第一章 总 则

第一条 为了规范注册会计师评价识别出的错报对审计的影响以及未更正错报对财务报表的影响，制定本准则。

第二条 《中国注册会计师审计准则第1501号——对财务报表形成审计意见和出具审计报告》规定了在对财务报表形成审计意见时，注册会计师应当针对财务报表整体是否不存在重大错报，确定是否已就此获取合理保证得出结论。

注册会计师按照《中国注册会计师审计准则第1501号——对财务报表形成审计意见和出具审计报告》的规定得出的结论，考虑了对未更正错报的评价及其对财务报表的影响。

《中国注册会计师审计准则第1221号——计划和执行审计工作时的重要性》规范了注册会计师在计划和执行财务报表审计工作时恰当运用重要性概念的责任。

第二章 定 义

第三条 错报,是指某一财务报表项目的金额、分类或列报,与按照适用的财务报告编制基础应当列示的金额、分类或列报之间存在的差异。错报可能是由于错误或舞弊导致的。

第四条 未更正错报,是指注册会计师在审计过程中累积的且被审计单位未予更正的错报。

第三章 目 标

第五条 注册会计师的目标是:
(一)评价识别出的错报对审计的影响;
(二)评价未更正错报对财务报表的影响。

第四章 要 求

第一节 累积识别出的错报

第六条 注册会计师应当累积审计过程中识别出的错报,除非错报明显微小。

第二节 随着审计的推进考虑识别出的错报

第七条 如果出现下列情况之一,注册会计师应当确定是否需要修改总体审计策略和具体审计计划:
(一)识别出的错报的性质以及错报发生的环境表明可能存在其他错报,并且可能存在的其他错报与审计过程中累积的错报合计起来可能是重大的;
(二)审计过程中累积的错报合计数接近按照《中国注册会计师审计准则第1221号——计划和执行审计工作时的重要性》的规定确定的重要性。

第八条 如果管理层应注册会计师的要求,检查了某类交易、账户余额或披露并更正了已发现的错报,注册会计师应当实施追加的审计程序,以确定错报是否仍然存在。

第三节 沟通和更正错报

第九条 除非法律法规禁止,注册会计师应当及时将审计过程中累积的所有错报与适当层级的管理层进行沟通。注册会计师还应当要求管理层更正这些错报。

第十条 如果管理层拒绝更正沟通的部分或全部错报,注册会计师应当了解管理层不更正错报的理由,并在评价财务报表整体是否不存在重大错报时考虑该理由。

第四节 评价未更正错报的影响

第十一条 在评价未更正错报的影响之前,注册会计师应当重新评估按照《中国注册会计师审计准则第1221号——计划和执行审计工作时的重要性》的规定确定的重要性,以根据被审计单位的实际财务结果确认其是否仍然适当。

第十二条 注册会计师应当确定未更正错报单独或汇总起来是否重大。在确定时,注册会计师应当考虑:
(一)相对特定类别的交易、账户余额或披露以及财务报表整体而言,错报的金额和性质以及错报发生的特定环境;
(二)与以前期间相关的未更正错报对有关类别的交易、账户余额或披露以及财务报表整体的影响。

第十三条 除非法律法规禁止，注册会计师应当与治理层沟通未更正错报，以及这些错报单独或汇总起来可能对审计意见产生的影响。注册会计师在沟通时应当逐项指明重大的未更正错报。注册会计师应当要求被审计单位更正未更正错报。

第十四条 注册会计师应当与治理层沟通与以前期间相关的未更正错报对有关类别的交易、账户余额或披露以及财务报表整体的影响。

第五节 书面声明

第十五条 注册会计师应当要求管理层和治理层（如适用）提供书面声明，说明其是否认为未更正错报单独或汇总起来对财务报表整体的影响不重大。这些错报项目的概要应当包含在书面声明中或附在其后。

第六节 审计工作底稿

第十六条 注册会计师应当就下列事项形成审计工作底稿：
（一）设定的某一金额，低于该金额的错报视为明显微小；
（二）审计过程中累积的所有错报，以及是否已得到更正；
（三）注册会计师就未更正错报单独或汇总起来是否重大得出的结论，以及得出结论的基础。

第五章 附 则

第十七条 本准则自 2023 年 7 月 1 日起施行。

中国注册会计师审计准则第 1301 号——审计证据

（2022 年 12 月 22 日修订）

第一章 总 则

第一条 为了规范注册会计师在财务报表审计中确定审计证据的构成，明确注册会计师设计和实施审计程序以获取充分、适当的审计证据的责任，制定本准则。

第二条 本准则适用于注册会计师在审计过程中获取和评价所有审计证据。其他审计准则对获取和评价审计证据提出了进一步要求。例如，《中国注册会计师审计准则第 1211 号——重大错报风险的识别和评估》等准则规范了审计的具体方面对审计证据的要求；《中国注册会计师审计准则第 1324 号——持续经营》等准则规范了针对特定问题需要获取的审计证据；《中国注册会计师审计准则第 1313 号——分析程序》等准则规范了获取审计证据需要实施的具体程序；《中国注册会计师审计准则第 1101 号——注册会计师的总体目标和审计工作的基本要求》和《中国注册会计师审计准则第 1231 号——针对评估的重大错报风险采取的应对措施》等准则规范了对已获取审计证据的充分性和适当性的评价。

第三条 审计证据的可靠性受其来源和性质的影响，并取决于获取审计证据的具体环境。判断审计证据可靠性的一般原则包括：
（一）从被审计单位外部独立来源获取的审计证据比从其他来源获取的审计证据更可靠；
（二）相关控制有效时内部生成的审计证据比控制薄弱时内部生成的审计证据更可靠；
（三）直接获取的审计证据比间接获取或推论得出的审计证据更可靠；

（四）以文件记录形式（包括纸质、电子或其他介质）存在的审计证据比口头形式的审计证据更可靠；

（五）从原件获取的审计证据比从复印、传真或通过拍摄、数字化或其他方式转化成电子形式的文件获取的审计证据更可靠。

通常情况下，注册会计师以函证方式直接从被询证者获取的审计证据，比被审计单位内部生成的审计证据更可靠。通过函证等方式从独立来源获取的相互印证的信息，可以提高注册会计师从会计记录或管理层书面声明中获取的审计证据的保证水平。

第二章 定 义

第四条 审计证据，是指注册会计师为了得出审计结论和形成审计意见而使用的信息。审计证据包括构成财务报表基础的会计记录所含有的信息和从其他来源获取的信息。

第五条 会计记录，是指对初始会计分录形成的记录和支持性记录。例如，支票、电子资金转账记录、发票和合同；总分类账、明细分类账、会计分录以及对财务报表予以调整但未在账簿中反映的其他分录；支持成本分配、计算、调节和披露的手工计算表和电子数据表。

第六条 审计证据的充分性，是对审计证据数量的衡量。注册会计师需要获取的审计证据的数量受其对重大错报风险评估的影响，并受审计证据质量的影响。

第七条 审计证据的适当性，是对审计证据质量的衡量，即审计证据在支持审计意见所依据的结论方面具有的相关性和可靠性。

第八条 管理层的专家，是指在会计、审计以外的某一领域具有专长的个人或组织，其工作被管理层利用以协助编制财务报表。

第三章 目 标

第九条 注册会计师的目标是，通过恰当的方式设计和实施审计程序，获取充分、适当的审计证据，以得出合理的结论，作为形成审计意见的基础。

第四章 要 求

第一节 充分、适当的审计证据

第十条 注册会计师应当根据具体情况设计和实施恰当的审计程序，以获取充分、适当的审计证据。

第二节 用作审计证据的信息

第十一条 在设计和实施审计程序时，注册会计师应当考虑用作审计证据的信息的相关性和可靠性，包括从外部信息来源获取的信息。

第十二条 如果用作审计证据的信息在编制时利用了管理层的专家的工作，注册会计师应当考虑管理层的专家的工作对实现注册会计师目的的重要性，并在必要的范围内实施下列程序：

（一）评价管理层的专家的胜任能力、专业素质和客观性；

（二）了解管理层的专家的工作；

（三）评价将管理层的专家的工作用作有关认定的审计证据的适当性。

第十三条 在使用被审计单位生成的信息时，注册会计师应当评价该信息对实现审计目的是否足够可靠，包括根据具体情况在必要时实施下列程序：

（一）获取有关信息准确性和完整性的审计证据；

（二）评价信息对实现审计目的是否足够准确和详细。

第三节 选取测试项目以获取审计证据

第十四条 在设计控制测试和细节测试时，注册会计师应当确定选取测试项目的方法，以有效实现审计程序的目的。

第四节 审计证据之间存在不一致或对审计证据可靠性存有疑虑

第十五条 如果存在下列情形之一，注册会计师应当确定需要修改或追加哪些审计程序予以解决，并考虑存在的情形对审计其他方面的影响：

（一）从某一来源获取的审计证据与从另一来源获取的不一致；

（二）注册会计师对用作审计证据的信息的可靠性存有疑虑。

中国注册会计师审计准则第1311号——对存货、诉讼和索赔、分部信息等特定项目获取审计证据的具体考虑

（2019年2月20日修订）

第一章 总 则

第一条 为了规范注册会计师在财务报表审计中对存货、诉讼和索赔、分部信息等特定项目的某些方面获取充分、适当的审计证据的具体考虑，制定本准则。

第二条 本准则适用于注册会计师按照《中国注册会计师审计准则第1231号——针对评估的重大错报风险采取的应对措施》《中国注册会计师审计准则第1301号——审计证据》和其他相关审计准则的规定对本准则第一条提及的特定项目的某些方面获取审计证据。

第二章 目 标

第三条 注册会计师的目标是，针对特定项目的下列方面获取充分、适当的审计证据：

（一）存货的存在和状况；

（二）涉及被审计单位的诉讼和索赔事项的完整性；

（三）按照适用的财务报告编制基础对分部信息的列报。

第三章 要 求

第一节 存 货

第四条 如果存货对财务报表是重要的，注册会计师应当实施下列审计程序，对存货的存在和状况获取充分、适当的审计证据：

（一）在存货盘点现场实施监盘（除非不可行）；

（二）对期末存货记录实施审计程序，以确定其是否准确反映实际的存货盘点结果。

在存货盘点现场实施监盘时，注册会计师应当实施下列审计程序：

（一）评价管理层用以记录和控制存货盘点结果的指令和程序；

（二）观察管理层制订的盘点程序的执行情况；

（三）检查存货；

（四）执行抽盘。

第五条 如果存货盘点在财务报表日以外的其他日期进行，注册会计师除实施本准则第四条规定的审计程序外，还应当实施其他审计程序，以获取审计证据，确定存货盘点日与财务报表日之间的存货变动是否已得到恰当的记录。

第六条 如果由于不可预见的情况，无法在存货盘点现场实施监盘，注册会计师应当另择日期实施监盘，并对间隔期内发生的交易实施审计程序。

第七条 如果在存货盘点现场实施存货监盘不可行，注册会计师应当实施替代审计程序，以获取有关存货的存在和状况的充分、适当的审计证据。

如果不能实施替代审计程序，注册会计师应当按照《中国注册会计师审计准则第1502号——在审计报告中发表非无保留意见》的规定，在审计报告中发表非无保留意见。

第八条 如果由第三方保管或控制的存货对财务报表是重要的，注册会计师应当实施下列一项或两项审计程序，以获取有关该存货存在和状况的充分、适当的审计证据：

（一）向持有被审计单位存货的第三方函证存货的数量和状况；

（二）实施检查或其他适合具体情况的审计程序。

第二节 诉讼和索赔

第九条 注册会计师应当设计和实施审计程序，以识别涉及被审计单位的可能导致重大错报风险的诉讼和索赔事项。

这些审计程序包括：

（一）询问管理层和被审计单位内部其他人员，包括询问被审计单位内部法律顾问；

（二）查阅治理层的会议纪要和被审计单位与外部法律顾问之间的往来信函；

（三）复核法律费用账户记录。

第十条 如果评估识别出的诉讼或索赔事项存在重大错报风险，或者实施的审计程序表明可能存在其他重大诉讼或索赔事项，注册会计师除实施其他审计准则规定的审计程序外，还应当寻求与被审计单位外部法律顾问进行直接沟通。注册会计师应当通过亲自寄发由管理层编制的询证函，要求外部法律顾问直接与注册会计师沟通。

如果法律法规禁止被审计单位外部法律顾问与注册会计师进行直接沟通，注册会计师应当实施替代审计程序。

第十一条 如果管理层不同意注册会计师与外部法律顾问沟通或会面，或者外部法律顾问拒绝对询证函恰当回复或被禁止回复，并且注册会计师无法通过实施替代审计程序获取充分、适当的审计证据，注册会计师应当按照《中国注册会计师审计准则第1502号——在审计报告中发表非无保留意见》的规定，在审计报告中发表非无保留意见。

第十二条 注册会计师应当要求管理层和治理层（如适用）提供书面声明，确认已向注册会计师披露所有其知悉的、已经或可能发生的、在编制财务报表时应当考虑其影响的诉讼和索赔事项，并确认已按照适用的财务报告编制基础进行了会计处理和披露。

第三节 分部信息

第十三条 针对被审计单位按照适用的财务报告编制基础列报的分部信息，注册会计师应当实施下列审计程序，获取充分、适当的审计证据：

（一）了解管理层在确定分部信息时使用的方法；

（二）实施分析程序或其他适合具体情况的审计程序。

在了解管理层确定分部信息使用的方法时，注册会计师应当实施下列审计程序：

（一）评价使用的方法是否已使分部信息按照适用的财务报告编制基础列报；

（二）在适当的情况下，测试对这些方法的应用。

第四章 附 则

第十四条 本准则自 2019 年 7 月 1 日起施行。

中国注册会计师审计准则第 1312 号——函证

（2010 年 11 月 1 日修订）

第一章 总 则

第一条 为了规范注册会计师按照《中国注册会计师审计准则第 1231 号——针对评估的重大错报风险采取的应对措施》和《中国注册会计师审计准则第 1301 号——审计证据》的规定使用函证程序，以获取相关、可靠的审计证据，制定本准则。

第二条 本准则不适用于注册会计师对被审计单位诉讼和索赔事项实施询问程序。《中国注册会计师审计准则第 1311 号——对存货、诉讼和索赔、分部信息等特定项目获取审计证据的具体考虑》规定了有关诉讼和索赔的审计程序。

第三条 《中国注册会计师审计准则第 1301 号——审计证据》规定，审计证据的可靠性受其来源和性质的影响，并取决于获取审计证据的具体环境。

判断审计证据可靠性的一般原则包括：

（一）从被审计单位外部独立来源获取的审计证据比从其他来源获取的审计证据更可靠；

（二）直接获取的审计证据比间接获取或推论得出的审计证据更可靠；

（三）以文件记录形式（包括纸质、电子或其他介质）存在的审计证据比口头形式的审计证据更可靠。

通常情况下，注册会计师以函证方式直接从被询证者获取的审计证据，比被审计单位内部生成的审计证据更可靠。

第四条 下列审计准则明确了实施函证程序以获取审计证据的重要性：

（一）《中国注册会计师审计准则第 1231 号——针对评估的重大错报风险采取的应对措施》规定，注册会计师应当针对评估的财务报表层次重大错报风险，设计和实施总体应对措施，针对评估的认定层次重大错报风险，设计和实施进一步审计程序（包括审计程序的性质、时间安排和范围）；无论评估的重大错报风险结果如何，注册会计师都应当针对所有重大类别的交易、账户余额和披露，设计和实施实质性程序；注册会计师应当考虑是否将函证程序用作实质性程序。

（二）《中国注册会计师审计准则第 1231 号——针对评估的重大错报风险采取的应对措施》规定，评估的风险越高，需要获取越有说服力的审计证据。为此，注册会计师可以增加审计证据的数量或者获取更相关、更可靠的审计证据，或将两种方式结合使用。例如，注册会计师更加重视直接从第三方获取审计证据，或从不同的独立来源获取相互印证的审计证据。实施函证程序，可以帮助注册会计师获取可靠性高的审计证据，以应对由于舞弊或错误导致的特别风险。

（三）《中国注册会计师审计准则第 1141 号——财务报表审计中与舞弊相关的责任》

规定，针对由于舞弊导致的认定层次重大错报风险，注册会计师应当考虑实施函证程序以获取更多的相互印证的信息。

（四）《中国注册会计师审计准则第 1301 号——审计证据》规定，通过函证等方式从独立来源获取的相互印证的信息，可以提高注册会计师从会计记录或管理层书面声明中获取的审计证据的保证水平。

第二章 定 义

第五条 函证（即外部函证），是指注册会计师直接从第三方（被询证者）获取书面答复作为审计证据的过程，书面答复可以采用纸质、电子或其他介质等形式。

第六条 积极式函证，是指要求被询证者直接向注册会计师回复，表明是否同意询证函所列示的信息，或填列所要求的信息的一种询证方式。

第七条 消极式函证，是指要求被询证者只有在不同意询证函所列示的信息时才直接向注册会计师回复的一种询证方式。

第八条 未回函，是指被询证者对积极式询证函未予回复或回复不完整，或询证函因未被送达而退回。

第九条 不符事项，是指被询证者提供的信息与询证函要求确认的信息不一致，或与被审计单位记录的信息不一致。

第三章 目 标

第十条 在使用函证程序时，注册会计师的目标是，设计和实施函证程序，以获取相关、可靠的审计证据。

第四章 要 求

第一节 函证程序

第十一条 注册会计师应当确定是否有必要实施函证程序以获取认定层次的相关、可靠的审计证据。在作出决策时，注册会计师应当考虑评估的认定层次重大错报风险，以及通过实施其他审计程序获取的审计证据如何将检查风险降至可接受的水平。

第十二条 注册会计师应当对银行存款、借款（包括零余额账户和在本期内注销的账户）、借款及与金融机构往来的其他重要信息实施函证程序，除非有充分证据表明某一银行存款、借款及与金融机构往来的其他重要信息对财务报表不重要且与之相关的重大错报风险很低。

如果不对这些项目实施函证程序，注册会计师应当在审计工作底稿中说明理由。

第十三条 注册会计师应当对应收账款实施函证程序，除非有充分证据表明应收账款对财务报表不重要，或函证很可能无效。

如果认为函证很可能无效，注册会计师应当实施替代审计程序，获取相关、可靠的审计证据。

如果不对应收账款函证，注册会计师应当在审计工作底稿中说明理由。

第十四条 当实施函证程序时，注册会计师应当对询证函保持控制，包括：

（一）确定需要确认或填列的信息；

（二）选择适当的被询证者；

（三）设计询证函，包括正确填列被询证者的姓名和地址，以及被询证者直接向注册会计师回函的地址等信息；

（四）发出询证函并予以跟进，必要时再次向被询证者寄发询证函。

第二节 管理层不允许寄发询证函

第十五条 如果管理层不允许寄发询证函，注册会计师应当：

（一）询问管理层不允许寄发询证函的原因，并就其原因的正当性及合理性收集审计证据；

（二）评价管理层不允许寄发询证函对评估的相关重大错报风险（包括舞弊风险），以及其他审计程序的性质、时间安排和范围的影响；

（三）实施替代程序，以获取相关、可靠的审计证据。

第十六条 如果认为管理层不允许寄发询证函的原因不合理，或实施替代程序无法获取相关、可靠的审计证据，注册会计师应当按照《中国注册会计师审计准则第1151号——与治理层的沟通》的规定，与治理层进行沟通。注册会计师还应当按照《中国注册会计师审计准则第1502号——在审计报告中发表非无保留意见》的规定，确定其对审计工作和审计意见的影响。

第三节 实施函证程序的结果

第十七条 如果存在对询证函回函的可靠性产生疑虑的因素，注册会计师应当进一步获取审计证据以消除这些疑虑。

第十八条 如果认为询证函回函不可靠，注册会计师应当评价其对评估的相关重大错报风险（包括舞弊风险），以及其他审计程序的性质、时间安排和范围的影响。

第十九条 在未回函的情况下，注册会计师应当实施替代程序以获取相关、可靠的审计证据。

第二十条 如果注册会计师认为取得积极式函证回函是获取充分、适当的审计证据的必要程序，则替代程序不能提供注册会计师所需要的审计证据。在这种情况下，如果未获取回函，注册会计师应当按照《中国注册会计师审计准则第1502号——在审计报告中发表非无保留意见》的规定，确定其对审计工作和审计意见的影响。

第二十一条 注册会计师应当调查不符事项，以确定是否表明存在错报。

第四节 消极式函证

第二十二条 消极式函证比积极式函证提供的审计证据的说服力低。除非同时满足下列条件，注册会计师不得将消极式函证作为唯一实质性程序，以应对评估的认定层次重大错报风险：

（一）注册会计师将重大错报风险评估为低水平，并已就与认定相关的控制的运行的有效性获取充分、适当的审计证据；

（二）需要实施消极式函证程序的总体由大量的小额、同质的账户余额、交易或事项构成；

（三）预期不符事项的发生率很低；

（四）没有迹象表明接收询证函的人员或机构不认真对待函证。

第五节 评价获取的审计证据

第二十三条 注册会计师应当评价实施函证程序的结果是否提供了相关、可靠的审计证据，或是否有必要进一步获取审计证据。

第五章 附 则

第二十四条 本准则自2012年1月1日起施行。

中国注册会计师审计准则第 1313 号——分析程序

(2022 年 12 月 22 日修订)

第一章 总 则

第一条 为了规范注册会计师在财务报表审计中将分析程序用作实质性程序（即实质性分析程序），以及在临近审计结束时设计和实施分析程序以有助于对财务报表形成总体结论，制定本准则。

第二条 除本准则以外，其他审计准则也对注册会计师使用分析程序作出了规定。《中国注册会计师审计准则第 1211 号——重大错报风险的识别和评估》规定了注册会计师将分析程序用作风险评估程序。《中国注册会计师审计准则第 1231 号——针对评估的重大错报风险采取的应对措施》规定了注册会计师针对评估的重大错报风险实施审计程序的性质、时间安排和范围，这些程序可能包括实质性分析程序。因此，注册会计师在审计过程中使用分析程序时，还需要遵守这些准则的规定。

第二章 定 义

第三条 分析程序，是指注册会计师通过分析不同财务数据之间以及财务数据与非财务数据之间的内在关系，对财务信息作出评价。分析程序还包括在必要时对识别出的、与其他相关信息不一致或与预期值差异重大的波动或关系进行调查。

第三章 目 标

第四条 注册会计师的目标是：
（一）在实施实质性分析程序时，获取相关、可靠的审计证据；
（二）在临近审计结束时，设计和实施分析程序，帮助注册会计师对财务报表形成总体结论，以确定财务报表是否与其对被审计单位的了解一致。

第四章 要 求

第一节 实质性分析程序

第五条 在设计和实施实质性分析程序时，无论单独使用或与细节测试结合使用，注册会计师都应当：
（一）考虑针对所涉及认定评估的重大错报风险和实施的细节测试（如有），确定特定实质性分析程序对这些认定的适用性；
（二）考虑可获得信息的来源、可比性、性质和相关性以及与信息编制相关的控制，评价在对已记录的金额或比率作出预期时使用数据的可靠性；
（三）对已记录的金额或比率作出预期，并评价预期值是否足够精确以识别重大错报（包括单项重大的错报和单项虽不重大但连同其他错报可能导致财务报表产生重大错报的错报）；
（四）确定已记录金额与预期值之间可接受的，且无需按本准则第七条的要求作进一步调查的差异额。

第二节 有助于形成总体结论的分析程序

第六条 在临近审计结束时,注册会计师应当设计和实施分析程序,帮助其对财务报表形成总体结论,以确定财务报表是否与其对被审计单位的了解一致。

第三节 调查分析程序的结果

第七条 如果按照本准则的规定实施分析程序,识别出与其他相关信息不一致的波动或关系,或与预期值差异重大的波动或关系,注册会计师应当采取下列措施调查这些差异:
（一）询问管理层,并针对管理层的答复获取适当的审计证据；
（二）根据具体情况在必要时实施其他审计程序。

第五章 附 则

第八条 本准则自 2023 年 7 月 1 日起施行。

中国注册会计师审计准则第 1314 号——审计抽样

（2010 年 11 月 1 日修订）

第一章 总 则

第一条 为了规范注册会计师在实施审计程序时使用审计抽样,制定本准则。

第二条 《中国注册会计师审计准则第 1301 号——审计证据》要求注册会计师设计和实施审计程序,获取充分、适当的审计证据,以得出合理的结论,作为形成审计意见的基础。该准则还要求注册会计师确定用以选取测试项目的方法能够有效实现审计程序的目的,审计抽样是其中的一种方法。

第三条 本准则作为对《中国注册会计师审计准则第 1301 号——审计证据》的补充,规范了注册会计师在设计和选择审计样本以实施控制测试和细节测试,以及评价样本结果时对统计抽样和非统计抽样的使用。

第二章 定 义

第四条 审计抽样（即抽样）,是指注册会计师对具有审计相关性的总体中低于百分之百的项目实施审计程序,使所有抽样单元都有被选取的机会,为注册会计师针对整个总体得出结论提供合理基础。

第五条 总体,是指注册会计师从中选取样本并期望据此得出结论的整个数据集合。

第六条 抽样单元,是指构成总体的个体项目。

第七条 统计抽样,是指同时具备下列特征的抽样方法:
（一）随机选取样本项目；
（二）运用概率论评价样本结果,包括计量抽样风险。
不同时具备前款提及的两个特征的抽样方法为非统计抽样。

第八条 抽样风险,是指注册会计师根据样本得出的结论,可能不同于如果对整个总体实施与样本相同的审计程序得出的结论的风险。
抽样风险可能导致两种类型的错误结论:
（一）在实施控制测试时,注册会计师推断的控制有效性高于其实际有效性；或在实施细节测试时，注册会计师推断某一重大错报不存在而实际上存在。注册会计师主要关注这类错误结论，原因是其影响审计效果，非常有可能导致发表不恰当的审计意见。

（二）在实施控制测试时，注册会计师推断的控制有效性低于其实际有效性；或在实施细节测试时，注册会计师推断某一重大错报存在而实际上不存在。这类错误结论影响审计效率，原因是其通常导致注册会计师实施额外的工作，以证实初始结论是错误的。

第九条 非抽样风险，是指注册会计师由于任何与抽样风险无关的原因而得出错误结论的风险。

第十条 异常误差，是指对总体中的错报或偏差明显不具有代表性的错报或偏差。

第十一条 分层，是指将总体划分为多个子总体的过程，每个子总体由一组具有相同特征（通常为货币金额）的抽样单元组成。

第十二条 可容忍错报，是指注册会计师设定的货币金额，注册会计师试图对总体中的实际错报不超过该货币金额获取适当水平的保证。

第十三条 可容忍偏差率，是指注册会计师设定的偏离规定的内部控制程序的比率，注册会计师试图对总体中的实际偏差率不超过该比率获取适当水平的保证。

第三章 目 标

第十四条 在使用审计抽样时，注册会计师的目标是，为得出有关抽样总体的结论提供合理的基础。

第四章 要 求

第一节 样本设计、样本规模和选取测试项目

第十五条 在设计审计样本时，注册会计师应当考虑审计程序的目的和抽样总体的特征。

第十六条 注册会计师应当确定足够的样本规模，以将抽样风险降至可接受的低水平。

第十七条 注册会计师在选取样本项目时，应当使总体中的每个抽样单元都有被选取的机会。

第二节 实施审计程序

第十八条 注册会计师应当针对选取的每个项目，实施适合具体目的的审计程序。

第十九条 如果审计程序不适用于选取的项目，注册会计师应当针对替代项目实施该审计程序。

第二十条 如果未能对某个选取的项目实施设计的审计程序或适当的替代程序，注册会计师应当将该项目视为控制测试中对规定的控制的一项偏差，或细节测试中的一项错报。

第三节 偏差和错报的性质与原因

第二十一条 注册会计师应当调查识别出的所有偏差或错报的性质和原因，并评价其对审计程序的目的和审计的其他方面可能产生的影响。

第二十二条 在极其特殊的情况下，如果认为样本中发现的某项偏差或错报是异常误差，注册会计师应当对该项偏差或错报对总体不具有代表性获取高度肯定。

在获取这种高度肯定时，注册会计师应当实施追加的审计程序，获取充分、适当的审计证据，以确定该项偏差或错报不影响总体的其余部分。

第四节 推断错报

第二十三条 当实施细节测试时，注册会计师应当根据样本中发现的错报推断总体错报。

第五节 评价审计抽样结果

第二十四条 注册会计师应当对下列方面进行评价：
（一）样本结果；
（二）使用审计抽样是否已为注册会计师针对所测试的总体得出的结论提供合理基础。

第五章 附　　则

第二十五条 本准则自 2012 年 1 月 1 日起施行。

中国注册会计师审计准则第 1321 号——会计估计和相关披露的审计

（2022 年 12 月 22 日修订）

第一章 总　　则

第一条 为了明确注册会计师在财务报表审计中与会计估计和相关披露有关的责任，制定本准则。

第二条 本准则规范的是注册会计师在对会计估计和相关披露进行审计时如何应用相关准则，这些准则包括《中国注册会计师审计准则第 1211 号——重大错报风险的识别和评估》《中国注册会计师审计准则第 1231 号——针对评估的重大错报风险采取的应对措施》《中国注册会计师审计准则第 1251 号——评价审计过程中识别出的错报》《中国注册会计师审计准则第 1301 号——审计证据》等。本准则还对如何评价会计估计和相关披露的错报，以及如何处理可能存在管理层偏向的迹象，作出了规范。

第二章 定　　义

第三条 估计不确定性，是指会计估计在计量时易于产生内在不精确性。
第四条 管理层偏向，是指管理层在编制和列报信息时缺乏中立性。
第五条 管理层的点估计，是指管理层在财务报表中确认和披露会计估计时选择的金额。
第六条 注册会计师的点估计或区间估计，是指注册会计师得出的、用于评价管理层的点估计的某项金额或金额区间。
第七条 会计估计的结果，是指会计估计涉及的交易、事项或情况在了结或者确定时的实际金额。

第三章 目　　标

第八条 注册会计师的目标是，获取充分、适当的审计证据，以确定依据适用的财务报告编制基础，财务报表中的会计估计和相关披露是否合理。

第四章 要　　求

第一节 风险评估程序和相关活动

第九条 在按照《中国注册会计师审计准则第 1211 号——重大错报风险的识别和评估》

的规定，了解被审计单位及其环境、适用的财务报告编制基础、被审计单位的内部控制体系时，注册会计师应当了解与被审计单位会计估计相关的下列方面：

（一）可能需要作出会计估计并在财务报表中确认或披露，或者可能导致会计估计发生变化的交易、事项或情况。

（二）适用的财务报告编制基础，包括：

1.适用的财务报告编制基础中与会计估计相关的规定，包括确认标准、计量基础以及有关列报（包括披露）的规定；

2.结合被审计单位的具体情况，如何运用上述规定，以及固有风险因素如何影响认定易于发生错报的可能性。

（三）与被审计单位会计估计相关的监管因素，包括相关的监管框架。

（四）根据对上述第（一）项至第（三）项的了解，注册会计师初步认为应当反映在被审计单位财务报表中的会计估计和相关披露的性质。

（五）被审计单位针对与会计估计相关的财务报告过程的监督和治理措施。

（六）对是否需要运用与会计估计相关的专门技能或知识，管理层是怎样决策的，以及管理层怎样运用与会计估计相关的专门技能或知识，包括利用管理层的专家的工作。

（七）被审计单位如何识别和应对与会计估计相关的风险。

（八）被审计单位与会计估计相关的信息系统，包括：

1.对于相关交易类别、账户余额和披露涉及的会计估计和相关披露，有关信息是如何在被审计单位的信息系统中传递的。

2.对于相关交易类别、账户余额和披露涉及的会计估计和相关披露，管理层作出会计估计的过程，包括：

（1）管理层如何根据适用的财务报告编制基础，确定适当的方法、假设和数据来源及其是否需要作出变化，包括：

①如何选择或设计并运用方法（包括模型）；

②如何选择假设（包括考虑替代性的假设）并确定重大假设；

③如何选择数据。

（2）管理层如何了解估计不确定性的程度，是否考虑了可能发生的计量结果的区间。

（3）管理层如何应对估计不确定性，包括如何选择财务报表中的点估计并作出相关披露。

（九）在控制活动中识别出的、针对上述第（八）项第2点所述的"管理层作出会计估计的过程"实施的控制。

（十）管理层如何复核以前期间会计估计的结果以及如何应对该复核结果。

注册会计师为了解上述情况而实施的审计程序，应当足以使注册会计师获取为识别和评估财务报表层次和认定层次的重大错报风险提供适当依据的审计证据。

第十条 注册会计师应当复核以前期间会计估计的结果，或者复核管理层对以前期间会计估计作出的后续重新估计，以帮助识别和评估本期的重大错报风险。

注册会计师复核的目的不是质疑以前期间依据当时可获得的信息作出的适当判断。

在确定复核的性质和范围时，注册会计师应当考虑会计估计的特征。

第十一条 在对会计估计进行审计时，注册会计师应当确定，为开展下列工作，项目组是否需要具备专门技能和知识：

（一）实施风险评估程序，以识别和评估重大错报风险；

（二）设计和实施审计程序，以应对重大错报风险；

（三）评价获取的审计证据。

第二节 识别和评估重大错报风险

第十二条 当按照《中国注册会计师审计准则第1211号——重大错报风险的识别和评估》的规定，识别和评估与会计估计和相关披露有关的认定层次重大错报风险（包括分别评估固有风险和控制风险）时，注册会计师应当考虑下列方面，以识别重大错报风险和评估固有风险：

（一）估计不确定性的程度。

（二）复杂性、主观性和其他固有风险因素对下列方面的影响程度：

1. 管理层在作出会计估计时，对方法、假设和数据的选择和运用；

2. 管理层对财务报表中的点估计的选择，以及作出的相关披露。

第十三条 对于按照本准则第十二条的规定识别和评估的重大错报风险，注册会计师应当作出职业判断，确定其是否为特别风险。如果存在特别风险，注册会计师应当识别针对该风险实施的控制，评价这些控制的设计是否有效，并确定其是否得到执行。

第三节 应对评估的重大错报风险

第十四条 按照《中国注册会计师审计准则第1231号——针对评估的重大错报风险采取的应对措施》的规定，注册会计师应当针对评估的认定层次重大错报风险，在考虑形成风险评估结果的依据的基础上，设计和实施进一步审计程序。注册会计师应当实施下列一项或多项审计程序：

（一）从截至审计报告日发生的事项获取审计证据（见本准则第十七条）；

（二）测试管理层如何作出会计估计（见本准则第十八条至第二十三条）；

（三）作出注册会计师的点估计或区间估计（见本准则第二十四条至第二十五条）。

评估的重大错报风险越高，在设计和实施进一步审计程序时，注册会计师需要获取越有说服力的审计证据。注册会计师不应当偏向于获取佐证性的审计证据，也不应当排斥相矛盾的审计证据。

第十五条 按照《中国注册会计师审计准则第1231号——针对评估的重大错报风险采取的应对措施》的规定，如果存在下列情形之一，注册会计师应当设计和实施控制测试，针对控制运行的有效性，获取充分、适当的审计证据：

（一）在评估认定层次重大错报风险时，预期控制的运行是有效的；

（二）仅实施实质性程序并不能够提供认定层次充分、适当的审计证据。

在设计和实施与会计估计相关的控制测试时，注册会计师应当考虑形成重大错报风险评估结果的依据。

对控制有效性的信赖程度越高，注册会计师应当获取越有说服力的审计证据。

第十六条 对于与会计估计相关的特别风险，如果拟信赖针对该风险实施的控制，注册会计师应当在本期测试这些控制运行的有效性。

如果针对特别风险实施的程序仅为实质性程序，这些程序应当包括细节测试。

第十七条 如果进一步审计程序包括从截至审计报告日发生的事项获取审计证据，注册会计师应当评价这些审计证据是否充分、适当，以应对与会计估计相关的重大错报风险。在评价时，注册会计师应当根据适用的财务报告编制基础，考虑事项发生日与计量日之间具体情况的变化是否会影响这些审计证据的相关性。

第十八条 如果测试管理层如何作出会计估计，注册会计师应当根据本准则第十九条至第二十二条的规定，设计和实施进一步审计程序，以针对与下列事项相关的重大错报风险获取充分、适当的审计证据：

（一）管理层在作出会计估计时，对方法、重大假设和数据的选择和运用；

（二）管理层如何选择点估计，并就估计不确定性作出披露。

第十九条 在针对管理层使用的方法运用本准则第十八条的规定时，注册会计师应当针对下列方面设计和实施进一步审计程序：

（一）依据适用的财务报告编制基础，选择的方法是否适当，该方法相对于上期发生的变化是否适当（如适用）。

（二）是否有迹象表明，管理层在选择方法时作出的判断可能存在管理层偏向。

（三）是否按照所选择的方法计算、计算是否准确。

（四）如果运用的方法涉及复杂建模，相关判断是否保持了一贯性，并且：

1.模型的设计是否符合适用的财务报告编制基础中的计量目标，是否适合于具体情况，以及该模型相对于上期发生的变化是否适合于具体情况（如适用）；

2.对模型输出结果的调整是否与适用的财务报告编制基础中的计量目标一致，以及是否适合于具体情况。

（五）在运用方法时是否保持了重大假设和数据的准确性、完整性和有效性。

第二十条 在针对管理层使用的重大假设运用本准则第十八条的规定时，注册会计师应当针对下列方面设计和实施进一步审计程序：

（一）依据适用的财务报告编制基础，重大假设是否适当，重大假设相对于上期发生的变化是否适当（如适用）；

（二）是否有迹象表明，管理层在选择重大假设时作出的判断可能存在管理层偏向；

（三）根据注册会计师在审计中了解到的情况，重大假设之间是否相互一致，重大假设是否与其他会计估计中所使用的假设一致、是否与被审计单位业务活动的其他领域中所使用的相关假设一致；

（四）管理层是否具有采取与重大假设相关的特定行动的意图和能力（如适用）。

第二十一条 在针对管理层使用的数据运用本准则第十八条的规定时，注册会计师应当针对下列方面设计和实施进一步审计程序：

（一）依据适用的财务报告编制基础，数据是否适当，数据相对于上期发生的变化是否适当（如适用）；

（二）是否有迹象表明，管理层在选择数据时作出的判断可能存在管理层偏向；

（三）数据在具体情况下是否相关和可靠；

（四）是否已经恰当理解和解读数据，包括合同条款。

第二十二条 在运用本准则第十八条的规定时，注册会计师应当设计和实施进一步审计程序，以确定管理层是否已根据适用的财务报告编制基础，就下列方面采取适当措施：

（一）了解估计不确定性；

（二）选择适当的点估计，并就估计不确定性作出披露，以应对估计不确定性。

第二十三条 根据获取的审计证据，如果认为管理层没有为了解和应对估计不确定性采取适当措施，注册会计师应当：

（一）要求管理层实施追加程序以了解估计不确定性，或者要求管理层重新考虑对点估计的选择或就估计不确定性作出额外披露以应对估计不确定性，并按照本准则第二十二条的规定评价管理层的应对措施；

（二）如果管理层的上述应对措施不能充分应对估计不确定性，则在可行的范围内，按照本准则第二十四条至第二十五条的规定作出注册会计师的点估计或区间估计；

（三）评价是否存在内部控制缺陷，如果存在内部控制缺陷，则按照《中国注册会计师审计准则第1152号——向治理层和管理层通报内部控制缺陷》的规定进行沟通。

第二十四条 如果注册会计师作出点估计或区间估计，用以评价管理层的点估计和与估计不确定性相关的披露［包括本准则第二十三条第（二）项规定的情形］，注册会计师应当依据适用的财务报告编制基础，评价注册会计师在作出点估计或区间估计时，所使用的方法、假设或数据是否适当。无论使用的是管理层的方法、假设或数据，还是注册会计师的方法、假设或数据，注册会计师均应当就这些方法、假设或数据，针对本准则第十九条至第二十一条中的事项，设计和实施进一步审计程序。

第二十五条 如果注册会计师作出区间估计，注册会计师应当：

（一）确定区间估计范围内的金额均有充分、适当的审计证据支持，并根据适用的财务报告编制基础中的计量目标和其他规定，确定区间估计范围内的金额均是合理的；

（二）针对所评估的、与估计不确定性的披露有关的重大错报风险，设计和实施进一步审计程序，以获取充分、适当的审计证据。

第二十六条 在针对与会计估计相关的重大错报风险获取审计证据时，无论作为审计证据的信息来源如何，注册会计师均应当遵守《中国注册会计师审计准则第1301号——审计证据》的相关规定。对于管理层的专家的工作，本准则第十七条至第二十五条的规定可能有助于注册会计师根据《中国注册会计师审计准则第1301号——审计证据》第十二条第（三）项的规定，评价将管理层的专家的工作用作有关认定的审计证据的适当性。

第四节 与会计估计相关的披露

第二十七条 注册会计师应当针对所评估的、与会计估计相关披露有关的认定层次重大错报风险，设计和实施进一步审计程序，以获取充分、适当的审计证据。其中，针对与估计不确定性相关的披露，注册会计师应当根据具体情况遵守本准则第二十二条第（二）项和第二十五条第（二）项的规定。

第五节 可能存在管理层偏向的迹象

第二十八条 对于管理层就财务报表中的会计估计所作的判断和决策，注册会计师应当评价是否有迹象表明可能存在管理层偏向，即使这些判断和决策孤立地看是合理的。如果识别出可能存在管理层偏向的迹象，注册会计师应当评价这一情况对审计的影响。如果是管理层有意误导，则管理层偏向具有舞弊性质。

第六节 实施审计程序之后的总体评价

第二十九条 注册会计师应当根据已经实施的审计程序以及获取的审计证据，作出下列评价：

（一）认定层次重大错报风险的评估结果是否仍然适当（包括识别出可能存在管理层偏向的迹象时）；

（二）管理层对于财务报表中会计估计的确认、计量和列报（包括披露）作出的决策，是否符合适用的财务报告编制基础的规定；

（三）是否已经获取充分、适当的审计证据。

第三十条 在根据本准则第二十九条第（三）项的规定作出评价时，注册会计师应当考虑已获取的所有相关审计证据，无论这些审计证据是佐证性的，还是相矛盾的。如果无法获取充分、适当的审计证据，注册会计师应当评价这一情况对审计的影响，或者按照《中国注册会计师审计准则第1502号——在审计报告中发表非无保留意见》的规定，评价这一情况对审计意见的影响。

第三十一条 注册会计师应当确定，依据适用的财务报告编制基础，会计估计和相关披露是否合理。如不合理，则构成错报。

第三十二条 注册会计师应当对被审计单位作出的与会计估计相关的披露是否足以使财务报表整体实现公允反映进行评价。

第七节　书面声明

第三十三条 注册会计师应当要求管理层和治理层（如适用）就以下事项提供书面声明：根据适用的财务报告编制基础有关确认、计量或披露的规定，管理层和治理层（如适用）作出会计估计和相关披露时使用的方法、重大假设和数据是适当的。

注册会计师还应当考虑是否需要获取关于特定会计估计（包括所使用的方法、假设或数据）的书面声明。

第八节　与治理层、管理层以及其他相关机构和人员的沟通

第三十四条 按照《中国注册会计师审计准则第 1151 号——与治理层的沟通》和《中国注册会计师审计准则第 1152 号——向治理层和管理层通报内部控制缺陷》的规定，与治理层或管理层进行沟通时，注册会计师应当根据形成重大错报风险评估结果的依据，考虑是否需要沟通与会计估计相关的事项。此外，在特定情况下，法律法规可能要求注册会计师就特定事项与其他相关机构和人员（如监管机构）进行沟通。

第九节　审计工作底稿

第三十五条 注册会计师应当遵守《中国注册会计师审计准则第 1131 号——审计工作底稿》的规定，并就下列事项形成审计工作底稿：

（一）根据本准则第九条的规定了解到的要点；

（二）进一步审计程序与评估的认定层次重大错报风险之间的联系，包括考虑形成认定层次重大错报风险评估结果的依据；

（三）在管理层没有采取适当措施以了解和应对估计不确定性的情况下，注册会计师的应对措施；

（四）与会计估计相关的、可能存在管理层偏向的迹象，以及根据本准则第二十八条的规定就这一情况对审计的影响作出的评价；

（五）依据适用的财务报告编制基础，注册会计师为确定会计估计和相关披露是否合理，而作出的重大判断。

第五章　附　　则

第三十六条 本准则自 2023 年 7 月 1 日起施行。

中国注册会计师审计准则第 1323 号——关联方

（2022 年 12 月 22 日修订）

第一章　总　　则

第一条 为了规范注册会计师在财务报表审计中与关联方关系及其交易相关的责任，制定本准则。

第二条 在涉及与关联方关系及其交易相关的重大错报风险时，本准则是对注册会计师如何应用《中国注册会计师审计准则第1211号——重大错报风险的识别和评估》《中国注册会计师审计准则第1231号——针对评估的重大错报风险采取的应对措施》和《中国注册会计师审计准则第1141号——财务报表审计中与舞弊相关的责任》的进一步扩展。

第三条 许多关联方交易是在正常经营过程中发生的，与类似的非关联方交易相比，这些关联方交易可能并不具有更高的财务报表重大错报风险。但是，在某些情况下，关联方关系及其交易的性质可能导致关联方交易比非关联方交易具有更高的财务报表重大错报风险。例如：

（一）关联方可能通过广泛而复杂的关系和组织结构进行运作，相应增加关联方交易的复杂程度；

（二）信息系统可能无法有效识别或汇总被审计单位与关联方之间的交易和未结算项目的金额；

（三）关联方交易可能未按照正常的市场交易条款和条件进行，例如，某些关联方交易可能没有相应的对价。

第四条 由于关联方之间彼此并不独立，为使财务报表使用者了解关联方关系及其交易的性质，以及关联方关系及其交易对财务报表实际或潜在的影响，许多财务报告编制基础对关联方关系及其交易的会计处理和披露作出了规定。

在适用的财务报告编制基础作出规定的情况下，注册会计师有责任实施审计程序，以识别、评估和应对被审计单位未能按照适用的财务报告编制基础对关联方关系及其交易进行恰当会计处理或披露导致的重大错报风险。

第五条 即使适用的财务报告编制基础对关联方作出很少的规定或没有作出规定，注册会计师仍然需要了解被审计单位的关联方关系及其交易，以足以确定财务报表（就其受到关联方关系及其交易的影响而言）是否实现公允反映。

第六条 由于关联方之间更容易发生舞弊，因此注册会计师了解被审计单位的关联方关系及其交易，与其按照《中国注册会计师审计准则第1141号——财务报表审计中与舞弊相关的责任》的规定评价是否存在一项或多项舞弊风险因素相关。

第七条 由于审计的固有限制，即使注册会计师按照审计准则的规定恰当计划和实施了审计工作，也不可避免地存在财务报表中的某些重大错报未被发现的风险。就关联方而言，由于下列原因，审计的固有限制对注册会计师发现重大错报能力的潜在影响会加大：

（一）管理层可能未能识别出所有关联方关系及其交易，特别是在适用的财务报告编制基础没有对关联方作出规定时；

（二）关联方关系可能为管理层的串通舞弊、隐瞒或操纵行为提供更多机会。

第八条 由于存在未披露关联方关系及其交易的可能性，注册会计师按照《中国注册会计师审计准则第1101号——注册会计师的总体目标和审计工作的基本要求》的规定，在计划和实施与关联方关系及其交易有关的审计工作时，保持职业怀疑尤为重要。

本准则旨在帮助注册会计师识别和评估与关联方关系及其交易有关的重大错报风险，以及设计审计程序以应对评估的风险。

第二章 定 义

第九条 关联方，在适用的财务报告编制基础对关联方作出规定的情况下，是指财务报告编制基础定义的关联方。

第十条 公平交易，是指按照互不关联、各自独立行事且追求自身最大利益的自愿的买方和自愿的卖方达成的条款和条件进行的交易。

第三章 目　标

第十一条 注册会计师的目标是：

（一）无论适用的财务报告编制基础是否对关联方作出规定，充分了解关联方关系及其交易，以便能够确认由此产生的、与识别和评估由于舞弊导致的重大错报风险相关的舞弊风险因素（如有）；根据获取的审计证据，就财务报表受到关联方关系及其交易的影响而言，确定财务报表是否实现公允反映。

（二）如果适用的财务报告编制基础对关联方作出规定，获取充分、适当的审计证据，确定关联方关系及其交易是否已按照适用的财务报告编制基础得到恰当识别、会计处理和披露。

第四章 要　求

第一节 风险评估程序和相关工作

第十二条 《中国注册会计师审计准则第1211号——重大错报风险的识别和评估》和《中国注册会计师审计准则第1141号——财务报表审计中与舞弊相关的责任》规定了注册会计师在审计过程中实施的风险评估程序和相关工作。作为风险评估程序和相关工作的一部分，注册会计师应当实施本准则第十三条至第十八条规定的审计程序和相关工作，以获取与识别关联方关系及其交易相关的重大错报风险的信息。

第十三条 项目组按照《中国注册会计师审计准则第1211号——重大错报风险的识别和评估》和《中国注册会计师审计准则第1141号——财务报表审计中与舞弊相关的责任》的规定进行内部讨论时，应当特别考虑由于关联方关系及其交易导致的舞弊或错误使得财务报表存在重大错报的可能性。

第十四条 注册会计师应当向管理层询问下列事项：

（一）关联方的名称和特征，包括关联方自上期以来发生的变化；

（二）被审计单位和关联方之间关系的性质；

（三）被审计单位在本期是否与关联方发生交易，如发生，交易的类型、定价政策和目的。

第十五条 如果管理层建立了下列与关联方关系及其交易相关的控制，注册会计师应当询问管理层和被审计单位内部其他人员，实施其他适当的风险评估程序，以获取对相关控制的了解：

（一）按照适用的财务报告编制基础，对关联方关系及其交易进行识别、会计处理和披露；

（二）授权和批准重大关联方交易和安排；

（三）授权和批准超出正常经营过程的重大交易和安排。

第十六条 某些安排或其他信息可能显示管理层以前未识别或未向注册会计师披露的关联方关系或关联方交易，在审计过程中检查记录或文件时，注册会计师应当对这些安排或其他信息保持警觉。

注册会计师应当检查下列记录或文件，以确定是否存在管理层以前未识别或未向注册会计师披露的关联方关系或关联方交易：

（一）注册会计师实施审计程序时获取的银行和律师的询证函回函；

（二）股东会和治理层会议的纪要；

（三）注册会计师认为必要的其他记录或文件。

第十七条 在实施本准则第十六条规定的审计程序或其他审计程序时，如果识别出被审计单位超出正常经营过程的重大交易，注册会计师应当向管理层询问这些交易的性质以及是否涉及关联方。

第十八条 在整个审计过程中，注册会计师应当与项目组其他成员分享获取的关联方的相关信息。

第二节 识别和评估与关联方关系及其交易相关的重大错报风险

第十九条 注册会计师应当按照《中国注册会计师审计准则第1211号——重大错报风险的识别和评估》的规定，识别和评估关联方关系及其交易导致的重大错报风险，并确定这些风险是否为特别风险。在确定时，注册会计师应当将识别出的、超出被审计单位正常经营过程的重大关联方交易导致的风险确定为特别风险。

第二十条 如果在实施与关联方有关的风险评估程序和相关工作中识别出舞弊风险因素，包括与能够对被审计单位或管理层施加支配性影响的关联方有关的情形，注册会计师应当按照《中国注册会计师审计准则第1141号——财务报表审计中与舞弊相关的责任》的规定，在识别和评估由于舞弊导致的重大错报风险时考虑这些信息。

第三节 针对与关联方关系及其交易相关的重大错报风险的应对措施

第二十一条 注册会计师应当按照《中国注册会计师审计准则第1231号——针对评估的重大错报风险采取的应对措施》的规定，针对评估的与关联方关系及其交易相关的重大错报风险，设计和实施进一步审计程序，以获取充分、适当的审计证据。这些程序应当包括本准则第二十二条至第二十五条规定的审计程序。

第二十二条 如果识别出可能表明存在管理层以前未识别出或未向注册会计师披露的关联方关系或交易的安排或信息，注册会计师应当确定相关情况是否能够证实关联方关系或关联方交易的存在。

第二十三条 如果识别出管理层以前未识别出或未向注册会计师披露的关联方关系或重大关联方交易，注册会计师应当：

（一）立即将相关信息向项目组其他成员通报；

（二）在适用的财务报告编制基础对关联方作出规定的情况下，要求管理层识别与新识别出的关联方之间发生的所有交易，以便注册会计师作出进一步评价，并询问与关联方关系及其交易相关的控制为何未能识别或披露该关联方关系或交易；

（三）对新识别出的关联方或重大关联方交易实施恰当的实质性程序；

（四）重新考虑可能存在管理层以前未识别出或未向注册会计师披露的其他关联方或重大关联方交易的风险，如有必要，实施追加的审计程序；

（五）如果管理层不披露关联方关系或交易看似是有意的，因而显示可能存在由于舞弊导致的重大错报风险，评价这一情况对审计的影响。

第二十四条 对于识别出的超出正常经营过程的重大关联方交易，注册会计师应当：

（一）检查相关合同或协议（如有）；

（二）获取交易已经恰当授权和批准的审计证据。如果检查相关合同或协议，注册会计师应当评价：

（一）交易的商业理由（或缺乏商业理由）是否表明被审计单位从事交易的目的可能是为了对财务信息作出虚假报告或为了隐瞒侵占资产的行为；

（二）交易条款是否与管理层的解释一致；

（三）关联方交易是否已按照适用的财务报告编制基础得到恰当会计处理和披露。

第二十五条 如果管理层在财务报表中作出认定，声明关联方交易是按照等同于公平交易中通行的条款执行的，注册会计师应当就该项认定获取充分、适当的审计证据。

第四节 评价识别出的关联方关系及其交易的会计处理和披露

第二十六条 当按照《中国注册会计师审计准则第 1501 号——对财务报表形成审计意见和出具审计报告》的规定对财务报表形成审计意见时，注册会计师应当评价：

（一）识别出的关联方关系及其交易是否已按照适用的财务报告编制基础得到恰当会计处理和披露；

（二）关联方关系及其交易是否导致财务报表未实现公允反映。

第五节 书面声明

第二十七条 如果适用的财务报告编制基础对关联方作出规定，注册会计师应当向管理层和治理层（如适用）获取下列书面声明：

（一）已经向注册会计师披露了全部已知的关联方名称和特征、关联方关系及其交易；

（二）已经按照适用的财务报告编制基础的规定，对关联方关系及其交易进行了恰当的会计处理和披露。

第六节 与治理层的沟通

第二十八条 除非治理层全部成员参与管理被审计单位，注册会计师应当与治理层沟通审计工作中发现的与关联方相关的重大事项。

第七节 审计工作底稿

第二十九条 注册会计师应当就识别出的关联方名称、关联方关系的性质以及关联方交易类型和交易要素形成审计工作底稿。

第五章 附 则

第三十条 本准则自 2023 年 7 月 1 日起施行。

中国注册会计师审计准则第 1324 号——持续经营

（2022 年 12 月 22 日修订）

第一章 总 则

第一条 为了规范注册会计师在财务报表审计中与持续经营相关的责任以及对审计报告的影响，制定本准则。

第二条 在持续经营假设下，财务报表是基于被审计单位持续经营并在可预见的将来继续经营下去的假设编制的。

通用目的财务报表是运用持续经营假设编制的，除非管理层计划清算被审计单位、终止运营或别无其他现实的选择。特殊目的财务报表可以根据需要按照（或不按照）与持续经营假设相关的财务报告编制基础编制（例如，在特定国家或地区，持续经营假设与某些按照计税核算基础编制的财务报表无关）。

如果运用持续经营假设是适当的，则被审计单位对其资产和负债的记录是建立在正常经营过程中能够变现资产、清偿债务的基础上的。

第三条 某些财务报告编制基础（如我国企业会计准则）明确要求管理层对被审计单

位持续经营能力作出专门评估,并规定了与此相关的需要考虑的事项和作出的披露。相关法律法规还可能对管理层评估持续经营能力的责任和相关财务报表披露作出具体规定。

第四条 其他财务报告编制基础可能没有明确要求管理层对持续经营能力作出专门评估。然而,如本准则第二条所述,如果持续经营假设是编制财务报表的基本原则,即使其他财务报告编制基础没有对此作出明确规定,管理层也需要在编制财务报表时评估持续经营能力。

第五条 管理层对持续经营能力的评估涉及在特定时点对事项或情况的未来结果作出判断,这些事项或情况的未来结果具有固有不确定性。下列因素与管理层的判断相关:

(一)某一事项或情况或其结果出现的时点距离管理层作出评估的时点越远,与事项或情况的结果相关的不确定性程度将显著增加。因此,大多数明确要求管理层对持续经营能力作出评估的财务报告编制基础规定了管理层应当考虑所有可获得信息的期间;

(二)被审计单位的规模和复杂程度、经营活动的性质和状况以及被审计单位受外部因素影响的程度,将影响对事项或情况的结果作出的判断;

(三)对未来的所有判断都以作出判断时可获得的信息为基础。管理层作出的判断在当时情况下可能是合理的,但之后发生的事项可能导致事项或情况的结果与作出的判断不一致。

第六条 注册会计师的责任是,就管理层在编制财务报表时运用持续经营假设的适当性获取充分、适当的审计证据并得出结论,并根据获取的审计证据就被审计单位持续经营能力是否存在重大不确定性得出结论。

即使编制财务报表时采用的财务报告编制基础没有明确要求管理层对持续经营能力作出专门评估,注册会计师的这种责任仍然存在。

第七条 如果存在可能导致被审计单位不再持续经营的未来事项或情况,审计的固有限制对注册会计师发现重大错报能力的潜在影响会加大。注册会计师不能对这些未来事项或情况作出预测。相应地,注册会计师未在审计报告中提及与被审计单位持续经营能力相关的重大不确定性,不能被视为对被审计单位持续经营能力的保证。

第二章 目 标

第八条 注册会计师的目标是:

(一)就管理层编制财务报表时运用持续经营假设的适当性,获取充分、适当的审计证据,并得出结论;

(二)根据获取的审计证据,就可能导致对被审计单位持续经营能力产生重大疑虑的事项或情况是否存在重大不确定性得出结论;

(三)按照本准则的规定出具审计报告。

第三章 要 求

第一节 风险评估程序和相关活动

第九条 在按照《中国注册会计师审计准则第1211号——重大错报风险的识别和评估》的规定实施风险评估程序时,注册会计师应当考虑是否存在可能导致对被审计单位持续经营能力产生重大疑虑的事项或情况。在进行考虑时,注册会计师应当确定管理层是否已对被审计单位持续经营能力作出初步评估。如果管理层已对持续经营能力作出初步评估,注册会计师应当与管理层进行讨论,并确定管理层是否已识别出单独或汇总起来可能导致对被审计单位持续经营能力产生重大疑虑的事项或情况。如果管理层已识别出这些事项或情况,注册会计师应当与其讨论应对计划。

如果管理层未对持续经营能力作出初步评估，注册会计师应当与管理层讨论其拟运用持续经营假设的理由，询问管理层是否存在单独或汇总起来可能导致对被审计单位持续经营能力产生重大疑虑的事项或情况。

第十条 针对有关可能导致对被审计单位持续经营能力产生重大疑虑的事项或情况的审计证据，注册会计师应当在整个审计过程中保持警觉。

第二节 评价管理层的评估

第十一条 注册会计师应当评价管理层对被审计单位持续经营能力作出的评估。

第十二条 在评价管理层对被审计单位持续经营能力作出的评估时，注册会计师的评价期间应当与管理层按照适用的财务报告编制基础或法律法规（如果法律法规要求的期间更长）的规定作出评估的涵盖期间相同。

如果管理层评估持续经营能力涵盖的期间短于自财务报表日起的十二个月，注册会计师应当提请管理层将其至少延长至自财务报表日起的十二个月。

第十三条 在评价管理层作出的评估时，注册会计师应当考虑该评估是否已包括注册会计师在审计过程中注意到的所有相关信息。

第三节 询问超出管理层评估期间的事项或情况

第十四条 注册会计师应当询问管理层是否知悉超出评估期间的、可能导致对被审计单位持续经营能力产生重大疑虑的事项或情况。

第四节 识别出事项或情况时实施追加的审计程序

第十五条 如果识别出可能导致对持续经营能力产生重大疑虑的事项或情况，注册会计师应当通过实施追加的审计程序（包括考虑缓解因素），获取充分、适当的审计证据，以确定可能导致对被审计单位持续经营能力产生重大疑虑的事项或情况是否存在重大不确定性（以下简称重大不确定性）。

这些程序应当包括：

（一）如果管理层尚未对被审计单位持续经营能力作出评估，提请其进行评估；

（二）评价管理层与持续经营能力评估相关的未来应对计划，这些计划的结果是否可能改善目前的状况，以及管理层的计划对于具体情况是否可行；

（三）如果被审计单位已编制现金流量预测，且在评价管理层未来应对计划时对预测的分析是考虑事项或情况未来结果的重要因素，评价用于编制预测的基础数据的可靠性，并确定预测所基于的假设是否具有充分的支持；

（四）考虑自管理层作出评估后是否存在其他可获得的事实或信息；

（五）要求管理层和治理层（如适用）提供有关未来应对计划及其可行性的书面声明。

第五节 审计结论

第十六条 注册会计师应当评价是否已就管理层编制财务报表时运用持续经营假设的适当性获取了充分、适当的审计证据，并就运用持续经营假设的适当性得出结论。

第十七条 注册会计师应当根据获取的审计证据，运用职业判断，就单独或汇总起来可能导致对被审计单位持续经营能力产生重大疑虑的事项或情况是否存在重大不确定性得出结论。

如果注册会计师根据职业判断认为，鉴于不确定性潜在影响的重要程度和发生的可能性，为了使财务报表实现公允反映，管理层有必要适当披露该不确定性的性质和影响，则表明存在重大不确定性。

第十八条 如果认为管理层运用持续经营假设适合具体情况，但存在重大不确定性，注册会计师应当确定：

（一）财务报表是否已充分披露可能导致对持续经营能力产生重大疑虑的主要事项或情况，以及管理层针对这些事项或情况的应对计划；

（二）财务报表是否已清楚披露可能导致对持续经营能力产生重大疑虑的事项或情况存在重大不确定性，并由此导致被审计单位可能无法在正常的经营过程中变现资产和清偿债务。

第十九条 如果已识别出可能导致对被审计单位持续经营能力产生重大疑虑的事项或情况，但根据获取的审计证据，注册会计师认为不存在重大不确定性，则注册会计师应当根据适用的财务报告编制基础的规定，评价财务报表是否对这些事项或情况作出充分披露。

第六节 对审计报告的影响

第二十条 如果财务报表已按照持续经营假设编制，但根据判断认为管理层在财务报表中运用持续经营假设是不适当的，注册会计师应当发表否定意见。

第二十一条 如果运用持续经营假设是适当的，但存在重大不确定性，且财务报表对重大不确定性已作出充分披露，注册会计师应当发表无保留意见，并在审计报告中增加以"与持续经营相关的重大不确定性"为标题的单独部分，以：

（一）提醒财务报表使用者关注财务报表附注中对本准则第十八条所述事项的披露；

（二）说明这些事项或情况表明存在可能导致对被审计单位持续经营能力产生重大疑虑的重大不确定性，并说明该事项并不影响发表的审计意见。

第二十二条 如果运用持续经营假设是适当的，但存在重大不确定性，且财务报表对重大不确定性未作出充分披露，注册会计师应当按照《中国注册会计师审计准则第1502号——在审计报告中发表非无保留意见》的规定，恰当发表保留意见或否定意见。

注册会计师应当在审计报告"形成保留（否定）意见的基础"部分说明，存在可能导致对被审计单位持续经营能力产生重大疑虑的重大不确定性，但财务报表未充分披露该事项。

第二十三条 如果运用持续经营假设是适当的，但存在重大不确定性，且管理层不愿按照注册会计师的要求作出评估或延长评估期间，注册会计师应当考虑这一情况对审计报告的影响。

第七节 与治理层沟通

第二十四条 注册会计师应当与治理层就识别出的可能导致对被审计单位持续经营能力产生重大疑虑的事项或情况进行沟通，除非治理层全部成员参与管理被审计单位。

与治理层的沟通应当包括下列方面：

（一）这些事项或情况是否构成重大不确定性；

（二）管理层在编制财务报表时运用持续经营假设是否适当；

（三）财务报表中的相关披露是否充分；

（四）对审计报告的影响（如适用）。

第八节 严重拖延对财务报表的批准

第二十五条 如果管理层或治理层在财务报表日后严重拖延对财务报表的批准，注册会计师应当询问拖延的原因。如果认为拖延可能涉及与持续经营评估相关的事项或情况，注册会计师应当实施本准则第十五条所述的有必要实施的追加的审计程序，并考虑对注册会计师根据本准则第十七条的规定，就是否存在重大不确定性得出的结论的影响。

中国注册会计师审计准则第 1331 号——首次审计业务涉及的期初余额

（2022 年 12 月 22 日修订）

第一章 总 则

第一条 为了规范注册会计师在执行首次审计业务时对期初余额的责任，制定本准则。

第二条 当财务报表包括比较财务信息时，《中国注册会计师审计准则第 1511 号——比较信息：对应数据和比较财务报表》的规定同样适用。《中国注册会计师审计准则第 1201 号——计划审计工作》对首次审计业务开始前的活动提出补充要求。

第二章 定 义

第三条 首次审计业务，是指在上期财务报表未经审计，或上期财务报表由前任注册会计师审计的情况下承接的审计业务。

第四条 期初余额，是指期初存在的账户余额。期初余额以上期期末余额为基础，反映了以前期间的交易和事项以及上期采用的会计政策的结果。期初余额也包括期初存在的需要披露的事项，如或有事项和承诺事项。

第五条 前任注册会计师，是指已对被审计单位上期财务报表进行审计，但被现任注册会计师接替的其他会计师事务所的注册会计师。

第三章 目 标

第六条 在执行首次审计业务时，注册会计师针对期初余额的目标是，获取充分、适当的审计证据以确定：

（一）期初余额是否含有对本期财务报表产生重大影响的错报；

（二）期初余额反映的恰当的会计政策是否在本期财务报表中得到一贯运用，或会计政策的变更是否已按照适用的财务报告编制基础作出恰当的会计处理和适当的列报。

第四章 要 求

第一节 审计程序

第七条 注册会计师应当阅读最近期间的财务报表和前任注册会计师出具的审计报告（如有），获取与期初余额相关的信息，包括披露。

第八条 注册会计师应当通过采取下列措施，获取充分、适当的审计证据，以确定期初余额是否包含对本期财务报表产生重大影响的错报：

（一）确定上期期末余额是否已正确结转至本期，或在适当的情况下已作出重新表述；

（二）确定期初余额是否反映对恰当会计政策的运用；

（三）实施一项或多项审计程序。注册会计师实施的一项或多项审计程序包括：

（一）如果上期财务报表已经审计，查阅前任注册会计师的审计工作底稿，以获取有关期初余额的审计证据；

（二）评价本期实施的审计程序是否提供了有关期初余额的审计证据；

（三）实施其他专门的审计程序，以获取有关期初余额的审计证据。

第九条 如果获取的审计证据表明期初余额存在可能对本期财务报表产生重大影响的错报，注册会计师应当实施适合具体情况的追加的审计程序，以确定对本期财务报表的影响。

如果认为本期财务报表中存在这类错报，注册会计师应当按照《中国注册会计师审计准则第1251号——评价审计过程中识别出的错报》的规定，就这类错报与适当层级的管理层和治理层进行沟通。

第十条 注册会计师应当获取充分、适当的审计证据，以确定期初余额反映的会计政策是否在本期财务报表中得到一贯运用，以及会计政策的变更是否已按照适用的财务报告编制基础作出恰当的会计处理和适当的列报。

第十一条 如果上期财务报表已由前任注册会计师审计，并发表了非无保留意见，注册会计师应当按照《中国注册会计师审计准则第1211号——重大错报风险的识别和评估》的规定，在评估本期财务报表重大错报风险时，评价导致对上期财务报表发表非无保留意见的事项的影响。

第二节 审计结论和审计报告

第十二条 如果不能获取有关期初余额的充分、适当的审计证据，注册会计师应当按照《中国注册会计师审计准则第1502号——在审计报告中发表非无保留意见》的规定，对财务报表发表保留意见或无法表示意见。

第十三条 如果认为期初余额存在对本期财务报表产生重大影响的错报，且错报的影响未能得到恰当的会计处理或适当的列报，注册会计师应当按照《中国注册会计师审计准则第1502号——在审计报告中发表非无保留意见》的规定，对财务报表发表保留意见或否定意见。

第十四条 如果认为按照适用的财务报告编制基础与期初余额相关的会计政策未能在本期得到一贯运用，或者会计政策的变更未能得到恰当的会计处理或适当的列报，注册会计师应当按照《中国注册会计师审计准则第1502号——在审计报告中发表非无保留意见》的规定，对财务报表发表保留意见或否定意见。

第十五条 如果前任注册会计师对上期财务报表发表了非无保留意见，并且导致发表非无保留意见的事项对本期财务报表仍然相关和重大，注册会计师应当按照《中国注册会计师审计准则第1502号——在审计报告中发表非无保留意见》和《中国注册会计师审计准则第1511号——比较信息：对应数据和比较财务报表》的规定，对本期财务报表发表非无保留意见。

第五章 附 则

第十六条 本准则自2023年7月1日起施行。

中国注册会计师审计准则第1332号——期后事项

（2016年12月23日修订）

第一章 总 则

第一条 为了规范注册会计师在财务报表审计中对期后事项的责任，制定本准则。对于与注册会计师在审计报告日后获取的其他信息的责任相关的事项,本准则不予规范,而是由《中国注册会计师审计准则第1521号——注册会计师对其他信息的责任》作出规范。然而,这种其他信息可能揭示出本准则范围内的期后事项。

第二条 财务报表可能受到财务报表日后发生的事项的影响。

适用的财务报告编制基础通常专门提及期后事项,将其区分为下列两类:

(一)对财务报表日已经存在的情况提供证据的事项;

(二)对财务报表日后发生的情况提供证据的事项。

审计报告的日期向财务报表使用者表明,注册会计师已考虑其知悉的、截至审计报告日发生的事项和交易的影响。

第二章 定 义

第三条 期后事项,是指财务报表日至审计报告日之间发生的事项,以及注册会计师在审计报告日后知悉的事实。

第四条 财务报表日,是指财务报表涵盖的最近期间的截止日期。

第五条 审计报告日,是指注册会计师按照《中国注册会计师审计准则第1501号——对财务报表形成审计意见和出具审计报告》的规定在对财务报表出具的审计报告上签署的日期。

第六条 财务报表报出日,是指审计报告和已审计财务报表提供给第三方的日期。

第七条 财务报表批准日,是指构成整套财务报表的所有报表(包括相关附注)已编制完成,并且被审计单位的董事会、管理层或类似机构已经认可其对财务报表负责的日期。

第三章 目 标

第八条 注册会计师的目标是:

(一)获取充分、适当的审计证据,以确定财务报表日至审计报告日之间发生的、需要在财务报表中调整或披露的事项是否已经按照适用的财务报告编制基础在财务报表中得到恰当反映;

(二)恰当应对在审计报告日后注册会计师知悉的、且如果在审计报告日知悉可能导致注册会计师修改审计报告的事实。

第四章 要 求

第一节 财务报表日至审计报告日之间发生的事项

第九条 注册会计师应当设计和实施审计程序,获取充分、适当的审计证据,以确定所有在财务报表日至审计报告日之间发生的、需要在财务报表中调整或披露的事项均已得到识别。但是,注册会计师并不需要对之前已实施审计程序并已得出满意结论的事项执行追加的审计程序。

第十条 注册会计师应当按照本准则第九条的规定实施审计程序,以使审计程序能够涵盖财务报表日至审计报告日(或尽可能接近审计报告日)之间的期间。

在确定审计程序的性质和范围时,注册会计师应当考虑风险评估的结果。这些程序应当包括:

(一)了解管理层为确保识别期后事项而建立的程序;

(二)询问管理层和治理层(如适用),确定是否已发生可能影响财务报表的期后事项;

(三)查阅被审计单位的所有者、管理层和治理层在财务报表日后举行会议的纪要,在不能获取会议纪要的情况下，询问此类会议讨论的事项；

（四）查阅被审计单位最近的中期财务报表（如有）。

第十一条 在实施本准则第九条和第十条规定的审计程序后，如果注册会计师识别出需要在财务报表中调整或披露的事项，应当确定这些事项是否按照适用的财务报告编制基础的规定在财务报表中得到恰当反映。

第十二条 注册会计师应当按照《中国注册会计师审计准则第1341——书面声明》的规定，要求管理层和治理层（如适用）提供书面声明，确认所有在财务报表日后发生的、按照适用的财务报告编制基础的规定应予调整或披露的事项均已得到调整或披露。

第二节 注册会计师在审计报告日后至财务报表报出日前知悉的事实

第十三条 在审计报告日后，注册会计师没有义务针对财务报表实施任何审计程序。

在审计报告日后至财务报表报出日前，如果知悉了某事实，且若在审计报告日知悉可能导致修改审计报告，注册会计师应当：

（一）与管理层和治理层（如适用）讨论该事项；

（二）确定财务报表是否需要修改；

（三）如果需要修改，询问管理层将如何在财务报表中处理该事项。

第十四条 如果管理层修改财务报表，注册会计师应当：

（一）根据具体情况对有关修改实施必要的审计程序；

（二）除非本准则第十五条所述的情形适用，将本准则第九条和第十条规定的审计程序延伸至新的审计报告日，并针对修改后的财务报表出具新的审计报告。新的审计报告日不应早于修改后的财务报表被批准的日期。

第十五条 在有关法律法规或适用的财务报告编制基础未禁止的情况下，如果管理层对财务报表的修改仅限于反映导致修改的期后事项的影响，被审计单位的董事会、管理层或类似机构也仅对有关修改进行批准，注册会计师可以仅针对有关修改将本准则第九条和第十条所述的审计程序延伸至新的审计报告日。在这种情况下，注册会计师应当选用下列处理方式之一：

（一）修改审计报告，针对财务报表修改部分增加补充报告日期，从而表明注册会计师对期后事项实施的审计程序仅限于财务报表相关附注所述的修改；

（二）出具新的或经修改的审计报告，在强调事项段或其他事项段中说明注册会计师对期后事项实施的审计程序仅限于财务报表相关附注所述的修改。

第十六条 在某些国家或地区，法律法规或财务报告编制基础可能不要求管理层报出经修改的财务报表，相应地，注册会计师也无须出具经修改的或新的审计报告。然而，如果认为管理层应当修改财务报表而没有修改，注册会计师应当分别以下情况予以处理：

（一）如果审计报告尚未提交给被审计单位，注册会计师应当按照《中国注册会计师审计准则第1502号——在审计报告中发表非无保留意见》的规定发表非无保留意见，然后再提交审计报告；

（二）如果审计报告已经提交给被审计单位，注册会计师应当通知管理层和治理层（除非治理层全部成员参与管理被审计单位）在财务报表作出必要修改前不要向第三方报出。如果财务报表在未经必要修改的情况下仍被报出，注册会计师应当采取适当措施，以设法防止财务报表使用者信赖该审计报告。

第三节 注册会计师在财务报表报出后知悉的事实

第十七条 在财务报表报出后，注册会计师没有义务针对财务报表实施任何审计程序。

在财务报表报出后，如果知悉了某事实，且若在审计报告日知悉可能导致修改审计报告，注册会计师应当：

（一）与管理层和治理层（如适用）讨论该事项；

（二）确定财务报表是否需要修改；

（三）如果需要修改，询问管理层将如何在财务报表中处理该事项。

第十八条 如果管理层修改了财务报表，注册会计师应当：

（一）根据具体情况对有关修改实施必要的审计程序；

（二）复核管理层采取的措施能否确保所有收到原财务报表和审计报告的人士了解这一情况；

（三）除非本准则第十五条所述的情形适用，将本准则第九条和第十条规定的审计程序延伸至新的审计报告日，并针对修改后的财务报表出具新的审计报告，新的审计报告日不应早于修改后的财务报表被批准的日期；

（四）如果本准则第十五条所述的情形适用，应当按照本准则第十五条的规定修改审计报告或提供新的审计报告。

第十九条 注册会计师应当在新的或经修改的审计报告中增加强调事项段或其他事项段，提醒财务报表使用者关注财务报表附注中有关修改原财务报表的详细原因和注册会计师提供的原审计报告。

第二十条 如果管理层没有采取必要措施确保所有收到原财务报表的人士了解这一情况，也没有在注册会计师认为需要修改的情况下修改财务报表，注册会计师应当通知管理层和治理层（除非治理层全部成员参与管理被审计单位），注册会计师将设法防止财务报表使用者信赖该审计报告。

如果注册会计师已经通知管理层或治理层，而管理层或治理层没有采取必要措施，注册会计师应当采取适当措施，以设法防止财务报表使用者信赖该审计报告。

中国注册会计师审计准则第 1341 号——书面声明

（2022 年 12 月 22 日修订）

第一章 总 则

第一条 为了规范注册会计师在财务报表审计中向管理层获取书面声明，制定本准则。

第二条 本准则附录中列示的其他审计准则，对注册会计师在特定情况下就相关事项获取书面声明提出具体要求，但并不构成对本准则普遍适用性的限制。

第三条 审计证据是注册会计师为了得出审计结论和形成审计意见而使用的信息。书面声明是注册会计师在财务报表审计中需要获取的必要信息，也是审计证据。

第四条 尽管书面声明提供必要的审计证据，但其本身并不为所涉及的任何事项提供充分、适当的审计证据。而且，管理层已提供可靠书面声明的事实，并不影响注册会计师就管理层责任履行情况或具体认定获取的其他审计证据的性质和范围。

第二章 定 义

第五条 书面声明，是指管理层向注册会计师提供的书面陈述，用以确认某些事项或支持其他审计证据。

书面声明不包括财务报表及其认定，以及支持性账簿和相关记录。

第六条 在本准则中单独提及管理层时，应当理解为管理层和治理层（如适用）。管理层负责按照适用的财务报告编制基础编制财务报表并使其实现公允反映。

第三章 目 标

第七条 注册会计师的目标是：

（一）向管理层获取其认为自身已履行编制财务报表和向注册会计师提供完整信息的责任的书面声明；

（二）如果注册会计师认为有必要或其他审计准则有要求，通过书面声明支持与财务报表或具体认定相关的其他审计证据；

（三）恰当应对管理层提供的书面声明或管理层不提供注册会计师要求的书面声明的情况。

第四章 要 求

第一节 提供书面声明的管理层

第八条 注册会计师应当要求对财务报表承担相应责任并了解相关事项的管理层提供书面声明。

第二节 针对管理层责任的书面声明

第九条 针对财务报表的编制，注册会计师应当要求管理层提供书面声明，确认其根据审计业务约定条款，履行了按照适用的财务报告编制基础编制财务报表并使其实现公允反映（如适用）的责任。

第十条 针对提供的信息和交易的完整性，注册会计师应当要求管理层就下列事项提供书面声明：

（一）按照审计业务约定条款，已向注册会计师提供所有相关信息，并允许注册会计师不受限制地接触所有相关信息以及被审计单位内部人员和其他相关人员。

（二）所有交易均已记录并反映在财务报表中。

第十一条 注册会计师应当要求管理层按照审计业务约定条款中对管理层责任的描述方式，在本准则第九条和第十条要求的书面声明中对管理层责任进行描述。

第三节 其他书面声明

第十二条 除本准则和其他审计准则要求的书面声明外，如果注册会计师认为有必要获取一项或多项其他书面声明，以支持与财务报表或者一项或多项具体认定相关的其他审计证据，注册会计师应当要求管理层提供这些书面声明。

第四节 书面声明的日期和涵盖的期间

第十三条 书面声明的日期应当尽量接近对财务报表出具审计报告的日期，但不得在审计报告日后。书面声明应当涵盖审计报告针对的所有财务报表和期间。

第五节 书面声明的形式

第十四条 书面声明应当以声明书的形式致送注册会计师。如果法律法规要求管理层就其责任作出书面公开陈述，并且注册会计师认为这些陈述提供了本准则第九条和第十条要求的部分或全部声明，则这些陈述所涵盖的相关事项不必包括在声明书中。

第六节 对书面声明可靠性的疑虑以及管理层不提供要求的书面声明

第十五条 如果对管理层的胜任能力、诚信、道德价值观或勤勉尽责存在疑虑，或者对管理层在这些方面的承诺或贯彻执行存在疑虑，注册会计师应当确定这些疑虑对书面或口头声明和审计证据总体的可靠性可能产生的影响。

第十六条 如果书面声明与其他审计证据不一致，注册会计师应当实施审计程序以设法解决这些问题。如果问题仍未解决，注册会计师应当重新考虑对管理层的胜任能力、诚信、道德价值观或勤勉尽责的评估，或者重新考虑对管理层在这些方面的承诺或贯彻执行的评估，并确定书面声明与其他审计证据的不一致对书面或口头声明和审计证据总体的可靠性可能产生的影响。

第十七条 如果认为书面声明不可靠，注册会计师应当采取适当措施，包括本准则第十九条所提及的按照《中国注册会计师审计准则第1502号——在审计报告中发表非无保留意见》的规定，确定其对审计意见可能产生的影响。

第十八条 如果管理层不提供要求的一项或多项书面声明，注册会计师应当：

（一）与管理层讨论该事项；

（二）重新评价管理层的诚信，并评价该事项对书面或口头声明和审计证据总体的可靠性可能产生的影响；

（三）采取适当措施，包括本准则第十九条提及的按照《中国注册会计师审计准则第1502号——在审计报告中发表非无保留意见》的规定，确定该事项对审计意见可能产生的影响。

第十九条 按照《中国注册会计师审计准则第1502号——在审计报告中发表非无保留意见》的规定，如果存在下列情形之一，注册会计师应当对财务报表发表无法表示意见：

（一）注册会计师对管理层的诚信产生重大疑虑，以至于认为其按照本准则第九条和第十条的要求作出的书面声明不可靠；

（二）管理层不提供本准则第九条和第十条要求的书面声明。

附录：其他审计准则对书面声明的具体要求

下列审计准则要求注册会计师在特定情况下就相关事项获取书面声明，但其规定并不影响本准则的普遍适用性。

1.《中国注册会计师审计准则第1141号——财务报表审计中与舞弊相关的责任》第四十三条；

2.《中国注册会计师审计准则第1142号——财务报表审计中对法律法规的考虑》第十七条；

3.《中国注册会计师审计准则第1251号——评价审计过程中识别出的错报》第十五条；

4.《中国注册会计师审计准则第1311号——对存货、诉讼和索赔、分部信息等特定项目获取审计证据的具体考虑》第十二条；

5.《中国注册会计师审计准则第1321号——会计估计和相关披露的审计》第三十三条；

6.《中国注册会计师审计准则第1323号——关联方》第二十七条；

7.《中国注册会计师审计准则第1324号——持续经营》第十五条第二款第（五）项；

8.《中国注册会计师审计准则第1332号——期后事项》第十二条；

9.《中国注册会计师审计准则第1511号——比较信息：对应数据和比较财务报表》第十二条；

10.《中国注册会计师审计准则第1521号——注册会计师对其他信息的责任》第十四条第（三）项。

中国注册会计师审计准则第 1401 号——对集团财务报表审计的特殊考虑

（2022 年 12 月 22 日修订）

第一章 总 则

第一条 为了规范注册会计师执行集团审计时的特殊考虑，特别是涉及组成部分注册会计师的特殊考虑，制定本准则。

第二条 本准则规范集团审计的特定方面，其他审计准则同样适用于集团审计。

第三条 在执行非集团审计时，如果利用其他注册会计师的工作（如委托其他注册会计师对存放在偏远地点的存货实施监盘或对存放在偏远地点的固定资产实施检查），注册会计师可以根据具体情况遵守本准则的相关规定。

第四条 因法律法规要求或其他原因，组成部分注册会计师可能需要对组成部分财务报表发表审计意见。集团项目组可以决定利用组成部分注册会计师对组成部分财务报表发表审计意见所依据的审计证据，作为集团审计的审计证据，但仍需要遵守本准则的规定。

第五条 按照《中国注册会计师审计准则第 1121 号——对财务报表审计实施的质量管理》的规定，集团项目合伙人应当确保执行集团审计业务的人员（包括组成部分注册会计师）从整体上具备适当的胜任能力和必要素质，包括充足的时间。

集团项目合伙人还需要对指导、监督集团项目组成员并复核其工作承担责任。

第六条 无论是集团项目组还是组成部分注册会计师对组成部分财务信息执行相关工作，集团项目合伙人都需要遵守《中国注册会计师审计准则第 1121 号——对财务报表审计实施的质量管理》的相关规定。当组成部分注册会计师对组成部分财务信息执行相关工作时，本准则有助于集团项目合伙人满足《中国注册会计师审计准则第 1121 号——对财务报表审计实施的质量管理》的要求。

第七条 审计风险取决于重大错报风险和检查风险。在集团审计中，审计风险包括组成部分注册会计师可能没有发现组成部分财务信息存在的错报（该错报导致集团财务报表发生重大错报）的风险，以及集团项目组可能没有发现该错报的风险。

本准则规定了在组成部分注册会计师对组成部分财务信息实施风险评估程序和进一步审计程序时，集团项目组在确定参与组成部分注册会计师工作的性质、时间安排和范围时需要考虑的事项。集团项目组参与组成部分注册会计师工作的目的是为了获取充分、适当的审计证据，以作为形成集团财务报表审计意见的基础。

第二章 定 义

第八条 集团，是指由所有组成部分构成的整体，并且所有组成部分的财务信息包括在集团财务报表中。集团至少拥有一个以上的组成部分。

第九条 集团财务报表，是指包括一个以上组成部分财务信息的财务报表。集团财务报表也指没有母公司但处在同一控制下的各组成部分编制的财务信息所汇总生成的财务报表。

第十条 本准则所称适用的财务报告编制基础，是指适用于集团财务报表的财务报告编制基础。

第十一条 集团管理层，是指负责编制集团财务报表的管理层。

第十二条 集团层面控制，是指集团管理层设计、执行和维护的与集团财务报告相关的控制。

第十三条 集团审计，是指对集团财务报表进行的审计。

第十四条 集团审计意见，是指对集团财务报表发表的审计意见。

第十五条 集团项目合伙人，是指会计师事务所中负责某项集团审计业务及其执行，并代表会计师事务所在对集团财务报表出具的审计报告上签字的合伙人。如果集团项目合伙人以外的其他注册会计师在对集团财务报表出具的审计报告上签字，本准则对集团项目合伙人的规定也适用于该签字注册会计师。

如果联合注册会计师执行集团审计，联合项目合伙人及其项目组整体上构成集团项目合伙人和集团项目组。但是，本准则并不规范联合注册会计师之间的关系，或参与联合审计的一方注册会计师执行的工作与另一方注册会计师执行的工作之间的关系。

第十六条 集团项目组，是指参与集团审计的，包括集团项目合伙人在内的所有合伙人和员工。集团项目组负责制定集团总体审计策略，与组成部分注册会计师沟通，针对合并过程执行相关工作，并评价根据审计证据得出的结论，作为形成集团财务报表审计意见的基础。

第十七条 组成部分，是指某一实体或某项业务活动，其财务信息由集团或组成部分管理层编制并应包括在集团财务报表中。

第十八条 重要组成部分，是指集团项目组识别出的具有下列特征之一的组成部分：

（一）单个组成部分对集团具有财务重大性；

（二）由于单个组成部分的特定性质或情况，可能存在导致集团财务报表发生重大错报的特别风险。

第十九条 组成部分管理层，是指负责编制组成部分财务信息的管理层。

第二十条 组成部分注册会计师，是指基于集团审计目的，按照集团项目组的要求，对组成部分财务信息执行相关工作的注册会计师。

第二十一条 组成部分重要性，是指集团项目组为组成部分确定的重要性。

第二十二条 合并过程，是指：

（一）通过合并、比例合并、权益法或成本法，在集团财务报表中对组成部分财务信息进行确认、计量与列报；

（二）对没有母公司但处在同一控制下的各组成部分编制的财务信息进行汇总。

第三章 目 标

第二十三条 注册会计师的目标是：

（一）确定是否担任集团审计的注册会计师；

（二）如果担任集团审计的注册会计师，就组成部分注册会计师对组成部分财务信息执行工作的范围、时间安排和发现的问题，与组成部分注册会计师进行清晰的沟通；针对组成部分财务信息和合并过程，获取充分、适当的审计证据，以对集团财务报表是否在所有重大方面按照适用的财务报告编制基础编制发表审计意见。

第四章 要 求

第一节 责 任

第二十四条 集团项目合伙人应当按照职业准则和适用的法律法规的规定，负责指导、监督和执行集团审计业务，并确定出具的审计报告是否适合具体情况。注册会计师对集团财务报表出具的审计报告不应提及组成部分注册会计师，除非法律法规另有规定。如果法律法规要求在审计报告中提及组成部分注册会计师，审计报告应当指明，这种提及并不减轻集团项目合伙人及其所在的会计师事务所对集团审计意见承担的责任。

第二节 集团审计业务的承接与保持

第二十五条 在具体运用《中国注册会计师审计准则第1121号——对财务报表审计实施的质量管理》时，集团项目合伙人应当确定是否能够合理预期获取与合并过程和组成部分财务信息相关的充分、适当的审计证据，以作为形成集团审计意见的基础。因此，集团项目组应当了解集团及其环境、集团组成部分及其环境，以足以识别可能的重要组成部分。如果组成部分注册会计师对重要组成部分财务信息执行相关工作，集团项目合伙人应当评价集团项目组参与组成部分注册会计师工作的程度是否足以获取充分、适当的审计证据。

第二十六条 如果集团项目合伙人认为由于集团管理层施加的限制，使集团项目组不能获取充分、适当的审计证据，由此产生的影响可能导致对集团财务报表发表无法表示意见，集团项目合伙人应当视具体情况采取下列措施：

（一）如果是新业务，拒绝接受业务委托，如果是连续审计业务，在法律法规允许的情况下，解除业务约定；

（二）如果法律法规禁止注册会计师拒绝接受业务委托，或者注册会计师不能解除业务约定，在可能的范围内对集团财务报表实施审计，并对集团财务报表发表无法表示意见。

第二十七条 集团项目合伙人应当按照《中国注册会计师审计准则第1111号——就审计业务约定条款达成一致意见》的规定，就集团审计业务约定条款与管理层或治理层（如适用）达成一致意见。

第三节 总体审计策略和具体审计计划

第二十八条 集团项目组应当按照《中国注册会计师审计准则第1201号——计划审计工作》的规定，制定集团总体审计策略和具体审计计划。

第二十九条 集团项目合伙人应当复核集团总体审计策略和具体审计计划。

第四节 了解集团及其环境、集团组成部分及其环境

第三十条 注册会计师应当通过了解被审计单位及其环境、适用的财务报告编制基础和被审计单位内部控制体系，识别和评估财务报表重大错报风险。

集团项目组应当：

（一）在业务承接或保持阶段获取信息的基础上，进一步了解集团及其环境、集团组成部分及其环境，包括集团层面控制；

（二）了解合并过程，包括集团管理层向组成部分下达的指令。

第三十一条 集团项目组应当对集团及其环境、集团组成部分及其环境获取充分的了解，以足以：

（一）确认或修正最初识别的重要组成部分；

（二）评估由于舞弊或错误导致集团财务报表发生重大错报的风险。

第五节　了解组成部分注册会计师

第三十二条　如果计划要求组成部分注册会计师执行组成部分财务信息的相关工作，集团项目组应当了解下列事项：

（一）组成部分注册会计师是否了解并将遵守与集团审计相关的职业道德要求，特别是独立性要求；

（二）组成部分注册会计师是否具备专业胜任能力；

（三）集团项目组参与组成部分注册会计师工作的程度是否足以获取充分、适当的审计证据；

（四）组成部分注册会计师是否处于积极的监管环境中。

第三十三条　如果组成部分注册会计师不符合与集团审计相关的独立性要求，或集团项目组对本准则第三十二条第（一）项至第（三）项所列事项存有重大疑虑，集团项目组应当就组成部分财务信息获取充分、适当的审计证据，而不应要求组成部分注册会计师对组成部分财务信息执行相关工作。

第六节　重　要　性

第三十四条　集团项目组应当确定与重要性相关的下列事项：

（一）在制定集团总体审计策略时，确定集团财务报表整体的重要性。

（二）根据集团的特定情况，如果存在特定类别的交易、账户余额或披露，其发生的错报金额低于集团财务报表整体的重要性，但合理预期将影响财务报表使用者依据集团财务报表作出的经济决策，则确定适用于这些交易、账户余额或披露的一个或多个重要性水平。

（三）如果组成部分注册会计师对组成部分财务信息实施审计或审阅，基于集团审计目的，为这些组成部分确定组成部分重要性。为将未更正和未发现错报的汇总数超过集团财务报表整体的重要性的可能性降至适当的低水平，组成部分重要性应当低于集团财务报表整体的重要性。

（四）设定临界值，不能将超过该临界值的错报视为对集团财务报表明显微小的错报。

第三十五条　如果基于集团审计目的，由组成部分注册会计师对组成部分财务信息执行审计工作，集团项目组应当评价在组成部分层面确定的实际执行的重要性的适当性。

第三十六条　如果因法律法规或其他原因要求对组成部分进行审计，并且集团项目组决定利用该审计为集团审计提供审计证据，集团项目组应当确定下列方面是否符合本准则的规定：

（一）组成部分财务报表整体的重要性；

（二）组成部分层面实际执行的重要性。

第七节　针对评估的风险采取的应对措施

第三十七条　注册会计师应当针对评估的财务报表重大错报风险设计和实施恰当的应对措施。

对于组成部分财务信息，集团项目组应当确定由其亲自执行或由组成部分注册会计师代为执行的相关工作的类型。集团项目组还应当确定参与组成部分注册会计师工作的性质、时间安排和范围。

第三十八条　在确定对合并过程或组成部分财务信息拟执行的工作的性质、时间安排和范围时，如果预期集团层面控制运行有效，或者仅实施实质性程序不能提供认定层次的充分、适当的审计证据，集团项目组应当测试或要求组成部分注册会计师测试这些控制运行的有效性。

第三十九条　就集团而言，对于具有财务重大性的单个组成部分，集团项目组或代表集团项目组的组成部分注册会计师应当运用该组成部分的重要性，对组成部分财务信息实施审计。

第四十条　对由于其特定性质或情况，可能存在导致集团财务报表发生重大错报的特别风险的重要组成部分，集团项目组或代表集团项目组的组成部分注册会计师应当执行下列一项或多项工作：

（一）使用组成部分重要性对组成部分财务信息实施审计；

（二）针对与可能导致集团财务报表发生重大错报的特别风险相关的一个或多个账户余额、一类或多类交易或披露事项实施审计；

（三）针对可能导致集团财务报表发生重大错报的特别风险实施特定的审计程序。

第四十一条　对于不重要的组成部分，集团项目组应当在集团层面实施分析程序。

第四十二条　如果集团项目组认为执行下列工作不能获取形成集团审计意见所依据的充分、适当的审计证据，应当采取本条第二款规定的措施：

（一）对重要组成部分财务信息执行的工作；

（二）对集团层面控制和合并过程执行的工作；

（三）在集团层面实施的分析程序。集团项目组应当选择某些不重要的组成部分，并对已选择的组成部

分财务信息亲自执行或由代表集团项目组的组成部分注册会计师执行下列一项或多项工作：

（一）使用组成部分重要性对组成部分财务信息实施审计；

（二）对一个或多个账户余额、一类或多类交易或披露实施审计；

（三）使用组成部分重要性对组成部分财务信息实施审阅；

（四）实施特定程序。集团项目组应当在一段时间之后更换所选择的组成部分。

第四十三条　如果组成部分注册会计师对重要组成部分财务信息执行审计，集团项目组应当参与组成部分注册会计师实施的风险评估程序，以识别导致集团财务报表发生重大错报的特别风险。集团项目组参与的性质、时间安排和范围受其对组成部分注册会计师所了解情况的影响，但至少应当包括：

（一）与组成部分注册会计师或组成部分管理层讨论对集团而言重要的组成部分业务活动；

（二）与组成部分注册会计师讨论由于舞弊或错误导致组成部分财务信息发生重大错报的可能性；

（三）复核组成部分注册会计师对识别出的导致集团财务报表发生重大错报的特别风险形成的审计工作底稿。审计工作底稿可以采用备忘录的形式，反映组成部分注册会计师针对识别出的特别风险得出的结论。

第四十四条　如果在由组成部分注册会计师执行相关工作的组成部分内，识别出导致集团财务报表发生重大错报的特别风险，集团项目组应当评价针对识别出的特别风险拟实施的进一步审计程序的恰当性。根据对组成部分注册会计师的了解，集团项目组应当确定是否有必要参与进一步审计程序。

第八节　合并过程

第四十五条　根据本准则第三十条的规定，集团项目组应当了解集团层面的控制和合并过程，包括集团管理层向组成部分下达的指令。

根据本准则第三十八条的规定，如果对合并过程执行工作的性质、时间安排和范围基

于预期集团层面控制有效运行，或者仅实施实质性程序不能提供认定层次的充分、适当的审计证据，集团项目组应当亲自测试或要求组成部分注册会计师代为测试集团层面控制运行的有效性。

第四十六条 集团项目组应当针对合并过程设计和实施进一步审计程序，以应对评估的、由合并过程导致的集团财务报表发生重大错报的风险。设计和实施的进一步审计程序应当包括评价所有组成部分是否均已包括在集团财务报表中。

第四十七条 集团项目组应当评价合并调整和重分类事项的适当性、完整性和准确性，并评价是否存在舞弊风险因素或可能存在管理层偏向的迹象。

第四十八条 如果组成部分财务信息没有按照集团财务报表采用的会计政策编制，集团项目组应当评价组成部分财务信息是否已得到适当调整，以满足编制和列报集团财务报表的要求。

第四十九条 集团项目组应当确定，组成部分注册会计师按照本准则第五十四条的规定进行的沟通中提及的财务信息是否就是包括在集团财务报表中的财务信息。

第五十条 如果集团财务报表包括的组成部分财务报表的报告期末不同于集团财务报表，集团项目组应当评价是否已按照适用的财务报告编制基础对这些财务报表作出恰当调整。

第九节　期后事项

第五十一条 如果集团项目组或组成部分注册会计师对组成部分财务信息实施审计，集团项目组或组成部分注册会计师应当实施审计程序，以识别组成部分自组成部分财务信息日至对集团财务报表出具审计报告日之间发生的、可能需要在集团财务报表中调整或披露的事项。

第五十二条 如果组成部分注册会计师执行组成部分财务信息审计以外的工作，集团项目组应当要求组成部分注册会计师告知其注意到的、可能需要在集团财务报表中调整或披露的期后事项。

第十节　与组成部分注册会计师的沟通

第五十三条 集团项目组应当及时向组成部分注册会计师通报工作要求。通报的内容应当明确组成部分注册会计师应执行的工作和集团项目组对其工作的利用，以及组成部分注册会计师与集团项目组沟通的形式和内容。

通报的内容还应当包括：

（一）在组成部分注册会计师知悉集团项目组将利用其工作的前提下，要求组成部分注册会计师确认其将配合集团项目组的工作。

（二）与集团审计相关的职业道德要求，特别是独立性要求。

（三）在对组成部分财务信息实施审计或审阅的情况下，组成部分的重要性和针对特定类别的交易、账户余额或披露采用的一个或多个重要性水平（如适用）以及临界值，超过临界值的错报不能视为对集团财务报表明显微小的错报。

（四）识别出的与组成部分注册会计师工作相关的、由于舞弊或错误导致集团财务报表发生重大错报的特别风险。集团项目组应当要求组成部分注册会计师及时沟通所有识别出的、在组成部分内的其他由于舞弊或错误可能导致集团财务报表发生重大错报的特别风险，以及组成部分注册会计师针对这些特别风险采取的应对措施。

（五）集团管理层编制的关联方清单和集团项目组知悉的任何其他关联方。集团项目组应当要求组成部分注册会计师及时沟通集团管理层或集团项目组以前未识别出的关联方。集团项目组应当确定是否需要将新识别的关联方告知其他组成部分注册会计师。

第五十四条 集团项目组应当要求组成部分注册会计师沟通与得出集团审计结论相关

的事项。沟通的内容应当包括：

（一）组成部分注册会计师是否已遵守与集团审计相关的职业道德要求，包括对独立性和专业胜任能力的要求；

（二）组成部分注册会计师是否已遵守集团项目组的要求；

（三）指出作为组成部分注册会计师出具报告对象的组成部分财务信息；

（四）因违反法律法规而可能导致集团财务报表发生重大错报的信息；

（五）组成部分财务信息中未更正错报的清单（清单不必包括低于集团项目组通报的临界值且明显微小的错报）；

（六）表明可能存在管理层偏向的迹象；

（七）描述识别出的组成部分层面值得关注的内部控制缺陷；

（八）组成部分注册会计师向组成部分治理层已通报或拟通报的其他重大事项，包括涉及组成部分管理层、在组成部分层面内部控制中承担重要职责的员工以及其他人员（在舞弊行为导致组成部分财务信息出现重大错报的情况下）的舞弊或舞弊嫌疑；

（九）可能与集团审计相关或者组成部分注册会计师期望集团项目组加以关注的其他事项，包括在组成部分注册会计师要求组成部分管理层提供的书面声明中指出的例外事项；

（十）组成部分注册会计师的总体发现、得出的结论和形成的意见。

第十一节 评价审计证据的充分性和适当性

第五十五条 集团项目组应当评价与组成部分注册会计师的沟通。集团项目组应当：

（一）与组成部分注册会计师、组成部分管理层或集团管理层（如适用）讨论在评价过程中发现的重大事项；

（二）确定是否有必要复核组成部分注册会计师审计工作底稿的相关部分。

第五十六条 如果认为组成部分注册会计师的工作不充分，集团项目组应当确定需要实施哪些追加的程序，以及这些程序是由组成部分注册会计师还是由集团项目组实施。

第五十七条 注册会计师应当获取充分、适当的审计证据，将审计风险降至可接受的低水平，从而得出合理的结论以作为形成审计意见的基础。

集团项目组应当评价，通过对合并过程实施的审计程序以及由集团项目组和组成部分注册会计师对组成部分财务信息执行的工作，是否已获取充分、适当的审计证据，作为形成集团审计意见的基础。

第五十八条 集团项目合伙人应当评价未更正错报（无论该错报是由集团项目组识别出的还是由组成部分注册会计师告知的）和未能获取充分、适当的审计证据的情况对集团审计意见的影响。

第十二节 与集团管理层和集团治理层的沟通

第五十九条 集团项目组应当按照《中国注册会计师审计准则第1152号——向治理层和管理层通报内部控制缺陷》的规定，确定哪些识别出的内部控制缺陷需要向集团治理层和集团管理层通报。

在确定通报的内容时，集团项目组应当考虑：

（一）集团项目组识别出的集团层面内部控制缺陷；

（二）集团项目组识别出的组成部分层面内部控制缺陷；

（三）组成部分注册会计师提请集团项目组关注的内部控制缺陷。

第六十条 如果集团项目组识别出舞弊或组成部分注册会计师提请集团项目组关注舞弊，或者有关信息表明可能存在舞弊，集团项目组应当及时向适当层级的集团管理层通报，以便管理层告知主要负责防止和发现舞弊事项的人员。

第六十一条 因法律法规要求或其他原因，组成部分注册会计师可能需要对组成部分财务报表发表审计意见。在这种情况下，集团项目组应当要求集团管理层告知组成部分管理层其尚未知悉的、集团项目组注意到的可能对组成部分财务报表产生重要影响的事项。

如果集团管理层拒绝向组成部分管理层通报该事项，集团项目组应当与集团治理层进行讨论。

如果该事项仍未得到解决，集团项目组在遵守法律法规和职业准则有关保密要求的前提下，应当考虑是否建议组成部分注册会计师在该事项得到解决之前，不对组成部分财务报表出具审计报告。

第六十二条 除《中国注册会计师审计准则第1151号——与治理层的沟通》和其他审计准则要求沟通的事项外，集团项目组还应当与集团治理层沟通下列事项：

（一）对组成部分财务信息拟执行工作的类型的概述；

（二）在组成部分注册会计师对重要组成部分财务信息拟执行的工作中，集团项目组计划参与其工作的性质的概述；

（三）对组成部分注册会计师的工作作出的评价，引起集团项目组对其工作质量产生疑虑的情形；

（四）集团审计受到的限制，如集团项目组接触某些信息受到的限制；

（五）涉及集团管理层、组成部分管理层、在集团层面控制中承担重要职责的员工以及其他人员（在舞弊行为导致集团财务报表出现重大错报的情况下）的舞弊或舞弊嫌疑。

第十三节　审计工作底稿

第六十三条 集团项目组应当就下列事项形成审计工作底稿：

（一）对组成部分的分析，指明重要组成部分以及对组成部分财务信息执行工作的类型；

（二）对于重要组成部分，集团项目组参与该组成部分注册会计师工作的性质、时间安排和范围，如果适用，还包括集团项目组对组成部分注册会计师审计工作底稿的相关部分进行的复核以及由此得出的结论；

（三）集团项目组与组成部分注册会计师就集团项目组提出的工作要求的书面沟通函件。

第五章　附　　则

第六十四条 本准则自2023年7月1日起施行。

中国注册会计师审计准则第1411号——利用内部审计人员的工作

（2022年12月22日修订）

第一章　总　　则

第一节　本准则的范围

第一条 为了规范注册会计师在审计中利用内部审计人员的工作，明确注册会计师利用内部审计人员工作的责任，制定本准则。

注册会计师在审计中利用内部审计人员的工作包括：

（一）在获取审计证据的过程中利用内部审计的工作；

（二）在注册会计师的指导、监督和复核下利用内部审计人员提供直接协助。

第二条 本准则不适用于被审计单位未设立内部审计的情形。

第三条 在被审计单位设有内部审计的情况下，如果存在下列情形之一，则本准则中与利用内部审计工作相关的条款不适用：

（一）内部审计的职责和活动与审计不相关；

（二）注册会计师按照《中国注册会计师审计准则第1211号——重大错报风险的识别和评估》的规定，通过实施程序获取对内部审计的初步了解后，预期在获取审计证据时不利用其工作。

本准则并不要求注册会计师利用内部审计工作以调整由注册会计师直接实施的审计程序的性质、时间安排或缩小其范围，是否利用内部审计工作仍然由注册会计师在制定总体审计策略时作出决策。

第四条 如果注册会计师计划不利用内部审计人员提供直接协助，本准则与直接协助相关的要求不适用。

第五条 某些国家或地区的法律法规可能禁止或在某种程度上限制注册会计师利用内部审计工作或利用内部审计人员提供直接协助。审计准则并不超越规范财务报表审计的法律法规。当法律法规存在禁止性或限制性规定时，注册会计师应当遵守相关规定。

第二节　本准则和《中国注册会计师审计准则第1211号——重大错报风险的识别和评估》的关系

第六条 许多被审计单位设立了内部审计作为内部控制和治理结构的组成部分。由于被审计单位的规模、组织结构以及管理层和治理层（如适用）的要求不同，内部审计的目标和范围、职责及其在被审计单位中的地位（包括权威性和问责机制）可能有较大差别。

第七条 《中国注册会计师审计准则第1211号——重大错报风险的识别和评估》及其应用指南阐述了内部审计所掌握的情况和经验如何为注册会计师了解被审计单位及其环境、适用的财务报告编制基础和被审计单位内部控制体系，识别和评估重大错报风险提供信息。该指南还解释了注册会计师与内部审计人员进行的有效沟通如何为注册会计师获知可能影响其工作的重大事项营造良好氛围。

第八条 注册会计师可能能够以建设性和互补的方式利用内部审计的工作。这取决于下列因素：

（一）内部审计在被审计单位中的地位以及相关政策和程序是否足以支持内部审计人员的客观性；

（二）内部审计人员的胜任能力；

（三）内部审计是否采用系统、规范化的方法。当注册会计师按照《中国注册会计师审计准则第1211号——重大错报风险的识别和评估》的规定，实施程序获取对被审计单位内部审计的初步了解后，拟利用内部审计工作作为获取审计证据的一部分时，本准则规范了注册会计师的相关责任。利用内部审计工作会影响由注册会计师直接实施的审计程序的性质、时间安排，或缩小其范围。

第九条 如果注册会计师考虑在其指导、监督和复核下利用内部审计人员提供直接协助，本准则规范了注册会计师的相关责任。

第十条 被审计单位的某些人员可能实施与内部审计相似的程序。然而，除非这些程序由客观、具有胜任能力并采用系统、规范化方法（包括质量控制）的部门、岗位或人员实施，否则这些程序可能被视为内部控制，针对这些控制的有效性获取审计证据将作为注册会计师按照《中国注册会计师审计准则第1231号——针对评估的重大错报风险采取的应对措施》的规定针对评估的风险采取的应对措施的一部分。

第三节　注册会计师对审计的责任

第十一条　注册会计师对发表的审计意见独立承担责任，这种责任并不因注册会计师利用内部审计工作或利用内部审计人员对该项审计业务提供直接协助而减轻。尽管内部审计或内部审计人员可能实施与注册会计师相似的审计程序，但是他们均不满足《中国注册会计师审计准则第1101号——注册会计师的总体目标和审计工作的基本要求》中关于注册会计师在财务报表审计中独立于被审计单位的要求。因此，本准则界定了注册会计师能够利用内部审计人员工作的必要条件。针对利用内部审计工作或利用内部审计人员提供直接协助是否足以实现审计目的，本准则界定了注册会计师获取充分、适当的审计证据所需的工作投入。这些要求旨在为注册会计师就利用内部审计人员的工作作出职业判断提供一个框架，以防止过度利用或不当利用内部审计人员的工作。

第二章　定　义

第十二条　内部审计，是指被审计单位负责执行鉴证和咨询活动，以评价和改进被审计单位的治理、风险管理和内部控制流程有效性的职能。

第十三条　直接协助，是指在注册会计师的指导、监督和复核下，利用内部审计人员实施审计程序。

第三章　目　标

第十四条　当被审计单位存在内部审计，并且注册会计师预期将利用其工作以调整注册会计师直接实施的审计程序的性质、时间安排，或缩小其范围时，或者注册会计师预期将利用内部审计人员提供直接协助时，注册会计师的目标是：

（一）确定是否能够利用内部审计的工作或利用内部审计人员提供直接协助，如果能够利用，在哪些领域利用以及在多大程度上利用；

（二）如果利用内部审计的工作，确定该工作是否足以实现审计目的；

（三）如果利用内部审计人员提供直接协助，适当地指导、监督和复核其工作。

第四章　要　求

第一节　确定是否利用、在哪些领域利用以及在多大程度上利用内部审计的工作

第十五条　注册会计师应当通过评价下列事项，确定是否能够利用内部审计的工作以实现审计目的：

（一）内部审计在被审计单位中的地位，以及相关政策和程序支持内部审计人员客观性的程度；

（二）内部审计人员的胜任能力；

（三）内部审计是否采用系统、规范化的方法（包括质量控制）。

第十六条　如果存在下列情形之一，注册会计师不得利用内部审计的工作：

（一）内部审计在被审计单位的地位以及相关政策和程序不足以支持内部审计人员的

客观性；

（二）内部审计人员缺乏足够的胜任能力；

（三）内部审计没有采用系统、规范化的方法（包括质量控制）。

第十七条 注册会计师应当考虑内部审计已执行和拟执行工作的性质和范围，以及这些工作与注册会计师总体审计策略和具体审计计划的相关性，以作为确定能够利用内部审计工作的领域和程度的基础。

第十八条 注册会计师应当作出审计业务中的所有重大判断，并防止不当利用内部审计工作。当存在下列情况之一时，注册会计师应当计划较少地利用内部审计工作，而更多地直接执行审计工作：

（一）当在下列方面涉及较多判断时：

1. 计划和实施相关的审计程序；

2. 评价收集的审计证据。

（二）当评估的认定层次重大错报风险较高，需要对识别出的特别风险予以特殊考虑时。

（三）当内部审计在被审计单位中的地位以及相关政策和程序对内部审计人员客观性的支持程度较弱时。

（四）当内部审计人员的胜任能力较低时。

第十九条 由于注册会计师对发表的审计意见独立承担责任，注册会计师应当评价从总体上而言，在计划的范围内利用内部审计工作是否仍然能够使注册会计师充分地参与审计工作。

第二十条 当注册会计师按照《中国注册会计师审计准则第1151号——与治理层的沟通》的规定与治理层沟通计划的审计范围和时间安排的总体情况时，应当包括其计划如何利用内部审计工作。

第二节 利用内部审计工作

第二十一条 如果计划利用内部审计工作，注册会计师应当与内部审计人员讨论利用其工作的计划，以作为协调各自工作的基础。

第二十二条 注册会计师应当阅读与拟利用的内部审计工作相关的内部审计报告，以了解其实施的审计程序的性质和范围以及相关发现。

第二十三条 注册会计师应当针对计划利用的全部内部审计工作实施充分的审计程序，以确定其对于实现审计目的是否适当，包括评价下列事项：

（一）内部审计工作是否经过恰当的计划、实施、监督、复核和记录；

（二）内部审计是否获取了充分、适当的证据，以使内部审计能够得出合理的结论；

（三）内部审计得出的结论在具体环境下是否适当，编制的报告与执行工作的结果是否一致。

在计划和实施上述审计程序时，注册会计师应当将计划利用的全部内部审计工作作为一个整体予以考虑。

第二十四条 注册会计师实施审计程序的性质和范围应当与其对以下事项的评价相适应，并应当包括重新执行内部审计的部分工作：

（一）涉及判断的程度；

（二）评估的重大错报风险；

（三）内部审计在被审计单位中的地位以及相关政策和程序支持内部审计人员客观性的程度；

（四）内部审计人员的胜任能力。

第二十五条 注册会计师应当评价其按照本准则第十五条的规定就内部审计得出的结论是否仍然适当，以及按照本准则第十八条至第十九条的规定确定的利用内部审计工作的性质和范围是否仍然适当。

第三节 确定是否利用、在哪些领域利用以及在多大程度上
利用内部审计人员提供直接协助

第二十六条 法律法规可能禁止注册会计师利用内部审计人员提供直接协助。在这种情况下，本准则第二十七条至第三十五条，以及第三十七条的规定不适用。

第二十七条 如果法律法规不禁止利用内部审计人员提供直接协助，并且注册会计师计划利用内部审计人员在审计中提供直接协助，注册会计师应当评价是否存在对内部审计人员客观性的不利影响及其严重程度，以及提供直接协助的内部审计人员的胜任能力。注册会计师在评价是否存在对内部审计人员客观性的不利影响及其严重程度时，应当包括询问内部审计人员可能对其客观性产生不利影响的利益和关系。

第二十八条 当存在下列情形之一时，注册会计师不得利用内部审计人员提供直接协助：

（一）存在对内部审计人员客观性的重大不利影响；

（二）内部审计人员对拟执行的工作缺乏足够的胜任能力。

第二十九条 在确定可能分配给内部审计人员的工作的性质和范围，以及根据具体情况对内部审计人员进行指导、监督和复核的性质、时间安排和范围时，注册会计师应当考虑下列方面：

（一）在计划和实施相关审计程序以及评价收集的审计证据时，涉及判断的程度；

（二）评估的重大错报风险；

（三）针对拟提供直接协助的内部审计人员，注册会计师关于是否存在对其客观性的不利影响及其严重程度的评价结果，以及关于其胜任能力的评价结果。

第三十条 注册会计师不得利用内部审计人员提供直接协助以实施具有下列特征的程序：

（一）在审计中涉及作出重大判断；

（二）涉及较高的重大错报风险，在实施相关审计程序或评价收集的审计证据时需要作出较多的判断；

（三）涉及内部审计人员已经参与并且已经或将要由内部审计向管理层或治理层报告的工作；

（四）涉及注册会计师按照本准则的规定就内部审计，以及利用内部审计工作或利用内部审计人员提供直接协助作出的决策。

第三十一条 在恰当评价是否利用以及在多大程度上利用内部审计人员在审计中提供直接协助后，注册会计师在按照《中国注册会计师审计准则第1151号——与治理层的沟通》的规定与治理层沟通计划的审计范围和时间安排的总体情况时，应当沟通拟利用内部审计人员提供直接协助的性质和范围，以使双方就在业务的具体情形下并未过度利用内部审计人员提供直接协助达成共识。

第三十二条 由于注册会计师对发表的审计意见独立承担责任，注册会计师应当评价在计划的范围内利用内部审计人员提供直接协助，连同对内部审计工作的利用，从总体上而言，是否仍然能够使注册会计师充分地参与审计工作。

第四节 利用内部审计人员提供直接协助

第三十三条 在利用内部审计人员为审计提供直接协助之前，注册会计师应当：

（一）从拥有相关权限的被审计单位代表人员处获取书面协议，允许内部审计人员遵循注册会计师的指令，并且被审计单位不干涉内部审计人员为注册会计师执行的工作；

（二）从内部审计人员处获取书面协议，表明其将按照注册会计师的指令对特定事项保密，并将对其客观性受到的任何不利影响告知注册会计师。

第三十四条 注册会计师应当按照《中国注册会计师审计准则第1121号——对财务报表审计实施的质量管理》的规定对内部审计人员执行的工作进行指导、监督和复核。在进行指导、监督和复核时：

（一）注册会计师在确定指导、监督和复核的性质、时间安排和范围时应当认识到内部审计人员并不独立于被审计单位，并且指导、监督和复核的性质、时间安排和范围应当恰当应对本准则第二十九条 对相关因素的评价结果；

（二）复核程序应当包括由注册会计师检查内部审计人员执行的部分工作所获取的审计证据。

注册会计师对内部审计人员执行的工作的指导、监督和复核应当足以使注册会计师确保内部审计人员就其执行的工作已获取充分、适当的审计证据以支持相关审计结论。

第三十五条 在对内部审计人员的工作进行指导、监督和复核时，注册会计师应当对其按照本准则第二十七条的规定作出的评价不再适当的迹象保持警觉。

第五节 审计工作底稿

第三十六条 如果利用内部审计工作，注册会计师应当在审计工作底稿中记录下列事项：

（一）对下列事项的评价：

1. 内部审计在被审计单位中的地位、相关政策和程序是否足以支持内部审计人员的客观性；
2. 内部审计人员的胜任能力；
3. 内部审计是否采用系统、规范化的方法（包括质量控制）。

（二）利用内部审计工作的性质和范围以及作出该决策的基础。

（三）注册会计师为评价利用内部审计工作的适当性而实施的审计程序。

第三十七条 如果利用内部审计人员为审计提供直接协助，注册会计师应当在审计工作底稿中记录下列事项：

（一）关于是否存在对内部审计人员客观性的不利影响及其严重程度的评价，以及关于提供直接协助的内部审计人员的胜任能力的评价；

（二）就内部审计人员执行工作的性质和范围作出决策的基础；

（三）根据《中国注册会计师审计准则第1131号——审计工作底稿》的规定，所执行工作的复核人员及复核的日期和范围；

（四）根据本准则第三十三条的规定从拥有相关权限的被审计单位代表人员和内部审计人员处获取的书面协议；

（五）在审计业务中提供直接协助的内部审计人员编制的审计工作底稿。

第五章 附 则

第三十八条 本准则自2023年7月1日起施行。

中国注册会计师审计准则第 1421 号——利用专家的工作

(2022 年 1 月 5 日修订)

第一章 总 则

第一条 为了规范注册会计师在获取充分、适当的审计证据时利用专家的工作,明确注册会计师利用专家工作的责任,制定本准则。

第二条 本准则不适用于下列情况:

(一)项目组拥有在会计或审计专业领域中具有专长的成员,或向在会计或审计专业领域中具有专长的个人或组织咨询。《中国注册会计师审计准则第 1121 号——对财务报表审计实施的质量管理》及其应用指南对这种情况进行了规范。

(二)注册会计师利用在会计、审计以外的某一领域具有专长的个人或组织的工作,并且其工作被管理层利用以协助编制财务报表(即利用管理层的专家的工作)。《中国注册会计师审计准则第 1301 号——审计证据》及其应用指南对这种情况进行了规范。

第三条 注册会计师对发表的审计意见独立承担责任,这种责任并不因利用专家的工作而减轻。

如果注册会计师按照本准则的规定利用了专家的工作,并得出结论认为专家的工作足以实现审计目的,注册会计师可以接受专家在其专业领域的工作结果或结论,并作为适当的审计证据。

第二章 定 义

第四条 专家,即注册会计师的专家,是指在会计或审计以外的某一领域具有专长的个人或组织,并且其工作被注册会计师利用,以协助注册会计师获取充分、适当的审计证据。专家既可能是会计师事务所内部专家(如会计师事务所或其网络事务所的合伙人或员工,包括临时员工),也可能是会计师事务所外部专家。

第五条 专长,是指在某一特定领域中拥有的专门技能、知识和经验。

第六条 管理层的专家,是指在会计、审计以外的某一领域具有专长的个人或组织,其工作被管理层利用以协助编制财务报表。

第三章 目 标

第七条 注册会计师的目标是:

(一)确定是否利用专家的工作;

(二)如果利用专家的工作,确定专家的工作是否足以实现审计目的。

第四章 要 求

第一节 确定是否利用专家的工作

第八条 如果在会计或审计以外的某一领域的专长对获取充分、适当的审计证据是必要的,注册会计师应当确定是否利用专家的工作。

第二节 审计程序的性质、时间安排和范围

第九条 本准则第十条至第十四条规定的审计程序的性质、时间安排和范围,将随着具体情况的变化而变化。

在确定本准则第十条至第十四条规定的审计程序的性质、时间安排和范围时,注册会计师应当考虑下列事项:

(一)与专家工作相关的事项的性质;
(二)与专家工作相关的事项中存在的重大错报风险;
(三)专家的工作在审计中的重要程度;
(四)注册会计师对专家以前所做工作的了解,以及与之接触的经验;
(五)专家是否需要遵守会计师事务所的质量管理体系。

第三节 专家的胜任能力、专业素质和客观性

第十条 注册会计师应当评价专家是否具有实现审计目的所必需的胜任能力、专业素质和客观性。在评价外部专家的客观性时,注册会计师应当询问可能对外部专家客观性产生不利影响的利益和关系。

第四节 了解专家的专长领域

第十一条 注册会计师应当充分了解专家的专长领域,以能够:

(一)为了实现审计目的,确定专家工作的性质、范围和目标;
(二)评价专家的工作是否足以实现审计目的。

第五节 与专家达成一致意见

第十二条 注册会计师应当与专家就下列事项达成一致意见,并根据需要形成书面协议:

(一)专家工作的性质、范围和目标;
(二)注册会计师和专家各自的角色和责任;
(三)注册会计师和专家之间沟通的性质、时间安排和范围,包括专家提供的报告的形式;
(四)对专家遵守保密规定的要求。

第六节 评价专家工作的恰当性

第十三条 注册会计师应当评价专家的工作是否足以实现审计目的,包括:

(一)专家的工作结果或结论的相关性和合理性,以及与其他审计证据的一致性;
(二)如果专家的工作涉及使用重要的假设和方法,这些假设和方法在具体情况下的相关性和合理性;
(三)如果专家的工作涉及使用重要的原始数据,这些原始数据的相关性、完整性和准确性。

第十四条 如果确定专家的工作不足以实现审计目的,注册会计师应当采取下列措施之一:

(一)就专家拟执行的进一步工作的性质和范围,与专家达成一致意见;
(二)根据具体情况,实施追加的审计程序。

第七节 在审计报告中提及专家

第十五条 注册会计师不应在无保留意见的审计报告中提及专家的工作,除非法律法规另有规定。

如果法律法规要求提及专家的工作,注册会计师应当在审计报告中指明,这种提及并不减轻注册会计师对审计意见承担的责任。

第十六条 如果注册会计师在审计报告中提及专家的工作,并且这种提及与理解审计报告中的非无保留意见相关,注册会计师应当在审计报告中指明,这种提及并不减轻注册会计师对审计意见承担的责任。

中国注册会计师审计准则第1501号——对财务报表形成审计意见和出具审计报告

(2022年12月22日修订)

第一章 总 则

第一条 为了规范注册会计师对财务报表形成审计意见,以及作为财务报表审计结果出具的审计报告的格式和内容,制定本准则。

第二条 《中国注册会计师审计准则第1504号——在审计报告中沟通关键审计事项》对注册会计师在审计报告中沟通关键审计事项的责任作出规范。《中国注册会计师审计准则第1502号——在审计报告中发表非无保留意见》和《中国注册会计师审计准则第1503号——在审计报告中增加强调事项段和其他事项段》规定了注册会计师在审计报告中发表非无保留意见、增加强调事项段或其他事项段时,审计报告的格式和内容如何进行相应调整。其他审计准则也包含出具审计报告时适用的报告要求。

第三条 本准则建立在注册会计师执行整套通用目的财务报表审计业务的基础上,适用于整套通用目的财务报表审计。

《中国注册会计师审计准则第1601号——审计特殊目的财务报表的特殊考虑》规定了注册会计师对按照特殊目的编制基础编制的财务报表审计的特殊考虑。《中国注册会计师审计准则第1603号——审计单一财务报表和财务报表特定要素的特殊考虑》规定了注册会计师对单一财务报表和财务报表的特定要素、特定账户或特定项目审计相关的特殊考虑。当某一审计业务适用《中国注册会计师审计准则第1601号——审计特殊目的财务报表的特殊考虑》或《中国注册会计师审计准则第1603号——审计单一财务报表和财务报表特定要素的特殊考虑》时,本准则同样适用于该审计业务。

第四条 本准则中的要求旨在于两个方面作出恰当平衡:一是要保持审计报告的一致性、可比性,二是要在审计报告中提供对使用者更相关的信息以增加审计报告的价值。在已按照中国注册会计师审计准则的规定执行审计工作的情况下,注册会计师保持审计报告的一致性,将有助于使用者更容易识别已按照中国注册会计师审计准则的规定执行的审计项目,从而增强审计报告的可信性,同时有助于使用者理解审计工作和识别发生的异常情况。

第二章 定　　义

第五条　本准则所称财务报表，是指整套通用目的财务报表。适用的财务报告编制基础的规定决定了财务报表的列报、结构和内容，以及整套财务报表的构成。

第六条　通用目的财务报表，是指按照通用目的编制基础编制的财务报表。

第七条　通用目的编制基础，是指旨在满足广大财务报表使用者共同财务信息需求的财务报告编制基础。

第八条　审计报告，是指注册会计师根据审计准则的规定，在执行审计工作的基础上，对财务报表发表审计意见的书面文件。

第九条　无保留意见，是指当注册会计师认为财务报表在所有重大方面按照适用的财务报告编制基础的规定编制并实现公允反映时发表的审计意见。

第三章 目　　标

第十条　注册会计师的目标是：

（一）在评价根据审计证据得出的结论的基础上，对财务报表形成审计意见；

（二）通过书面报告的形式清楚地表达审计意见。

第四章 要　　求

第一节　对财务报表形成审计意见

第十一条　注册会计师应当就财务报表是否在所有重大方面按照适用的财务报告编制基础的规定编制并实现公允反映形成审计意见。

第十二条　为了形成审计意见，针对财务报表整体是否不存在由于舞弊或错误导致的重大错报，注册会计师应当得出结论，确定是否已就此获取合理保证。

在得出结论时，注册会计师应当考虑下列方面：

（一）按照《中国注册会计师审计准则第1231号——针对评估的重大错报风险采取的应对措施》的规定，是否已获取充分、适当的审计证据；

（二）按照《中国注册会计师审计准则第1251号——评价审计过程中识别出的错报》的规定，未更正错报单独或汇总起来是否构成重大错报；

（三）本准则第十三条至第十六条要求作出的评价。

第十三条　注册会计师应当评价财务报表是否在所有重大方面按照适用的财务报告编制基础的规定编制。

在评价时，注册会计师应当考虑被审计单位会计实务的质量，包括表明管理层的判断可能出现偏向的迹象。

第十四条　注册会计师应当依据适用的财务报告编制基础特别评价下列内容：

（一）财务报表是否恰当披露了所选择和运用的重要会计政策。作出这一评价时，注册会计师应当考虑会计政策与被审计单位的相关性，以及会计政策是否以可理解的方式予以表述；

（二）所选择和运用的会计政策是否符合适用的财务报告编制基础，并适合被审计单位的具体情况；

（三）管理层作出的会计估计和相关披露是否合理；

（四）财务报表列报的信息是否具有相关性、可靠性、可比性和可理解性。作出这一评价时，注册会计师应当考虑：

1.应当包括的信息是否均已包括，这些信息的分类、汇总或分解以及描述是否适当；

2.财务报表的总体列报（包括披露）是否由于包括不相关的信息或有碍正确理解所披露事项的信息而受到不利影响。

（五）财务报表是否作出充分披露，使预期使用者能够理解重大交易和事项对财务报表所传递信息的影响；

（六）财务报表使用的术语（包括每一财务报表的标题）是否适当。

第十五条 按照本准则第十三条和第十四条的规定作出的评价还应当包括财务报表是否实现公允反映。

在评价财务报表是否实现公允反映时，注册会计师应当考虑下列方面：

（一）财务报表的总体列报（包括披露）、结构和内容是否合理；

（二）财务报表是否公允地反映了相关交易和事项。

第十六条 注册会计师应当评价财务报表是否恰当提及或说明适用的财务报告编制基础。

第二节 审计意见的类型

第十七条 如果认为财务报表在所有重大方面按照适用的财务报告编制基础的规定编制并实现公允反映，注册会计师应当发表无保留意见。

第十八条 当存在下列情形之一时，注册会计师应当按照《中国注册会计师审计准则第1502号——在审计报告中发表非无保留意见》的规定，在审计报告中发表非无保留意见：

（一）根据获取的审计证据，得出财务报表整体存在重大错报的结论；

（二）无法获取充分、适当的审计证据，不能得出财务报表整体不存在重大错报的结论。

第十九条 如果财务报表没有实现公允反映，注册会计师应当就该事项与管理层讨论，并根据适用的财务报告编制基础的规定和该事项得到解决的情况，决定是否有必要按照《中国注册会计师审计准则第1502号——在审计报告中发表非无保留意见》的规定在审计报告中发表非无保留意见。

第三节 审计报告

第二十条 审计报告应当采用书面形式。

第二十一条 审计报告应当包括下列要素：

（一）标题；

（二）收件人；

（三）审计意见；

（四）形成审计意见的基础；

（五）管理层对财务报表的责任；

（六）注册会计师对财务报表审计的责任；

（七）按照相关法律法规的要求报告的事项（如适用）；

（八）注册会计师的签名和盖章；

（九）会计师事务所的名称、地址和盖章；

（十）报告日期。

在适用的情况下，注册会计师还应当按照《中国注册会计师审计准则第1324号——持续经营》《中国注册会计师审计准则第1504号——在审计报告中沟通关键审计事项》《中国注册会计师审计准则第1521号——注册会计师对其他信息的责任》的相关规定，在审计报告中对与持续经营相关的重大不确定性、关键审计事项、被审计单位年度报告中包含的除财务报表和审计报告之外的其他信息进行报告。

第二十二条 审计报告应当具有标题，统一规范为"审计报告"。第二十三条 审计报告应当按照审计业务约定的要求载明收件人。

第二十四条 审计报告的第一部分应当包含审计意见，并以"审计意见"作为标题。

第二十五条 审计意见部分还应当包括下列方面：

（一）指出被审计单位的名称；

（二）说明财务报表已经审计；

（三）指出构成整套财务报表的每一财务报表的名称；

（四）提及财务报表附注，包括重要会计政策和会计估计；

（五）指明构成整套财务报表的每一财务报表的日期或涵盖的期间。

第二十六条 如果对财务报表发表无保留意见，除非法律法规另有规定，审计意见应当使用"我们认为，后附的财务报表在所有重大方面按照[适用的财务报告编制基础（如企业会计准则等）]的规定编制，公允反映了[……]"的措辞。

第二十七条 如果适用的财务报告编制基础是国际财务报告准则、国际公共部门会计准则或者其他国家或地区的财务报告准则，注册会计师应当在审计意见部分指明适用的财务报告编制基础是国际财务报告准则、国际公共部门会计准则，或者指明财务报告编制基础所属的国家或地区。

第二十八条 审计报告应当包含标题为"形成审计意见的基础"的部分。该部分应当紧接在审计意见部分之后，并包括下列方面：

（一）说明注册会计师按照审计准则的规定执行了审计工作；

（二）提及审计报告中用于描述审计准则规定的注册会计师责任的部分；

（三）声明注册会计师按照与审计相关的职业道德要求独立于被审计单位，并履行了职业道德方面的其他责任。声明中应当指明适用的职业道德要求，如中国注册会计师职业道德守则；

（四）说明注册会计师是否相信获取的审计证据是充分、适当的，为发表审计意见提供了基础。

第二十九条 审计报告应当包含标题为"管理层对财务报表的责任"的部分。审计报告中应当使用特定国家或地区法律框架下的恰当术语，而不必限定为"管理层"。在某些国家或地区，恰当的术语可能是"治理层"。

第三十条 管理层对财务报表的责任部分应当说明管理层负责下列方面：

（一）按照适用的财务报告编制基础的规定编制财务报表，使其实现公允反映，并设计、执行和维护必要的内部控制，以使财务报表不存在由于舞弊或错误导致的重大错报；

（二）评估被审计单位的持续经营能力和使用持续经营假设是否适当，并披露与持续经营相关的事项（如适用）。对管理层评估责任的说明应当包括描述在何种情况下使用持续经营假设是适当的。

第三十一条 当对财务报告过程负有监督责任的人员与履行上述第三十条所述责任的人员不同时，管理层对财务报表的责任部分还应当提及对财务报告过程负有监督责任的人员。在这种情况下，该部分的标题还应当提及"治理层"或者特定国家或地区法律框架中的恰当术语。

第三十二条 审计报告应当包含标题为"注册会计师对财务报表审计的责任"的部分。

第三十三条 注册会计师对财务报表审计的责任部分应当包括下列内容：

（一）说明注册会计师的目标是对财务报表整体是否不存在由于舞弊或错误导致的重大错报获取合理保证，并出具包含审计意见的审计报告；

（二）说明合理保证是高水平的保证，但并不能保证按照审计准则执行的审计在某一重大错报存在时总能发现；

（三）说明错报可能由于舞弊或错误导致。

在说明错报可能由于舞弊或错误导致时，注册会计师应当从下列两种做法中选取一种：

（一）描述如果合理预期错报单独或汇总起来可能影响财务报表使用者依据财务报表作出的经济决策，则通常认为错报是重大的；

（二）根据适用的财务报告编制基础，提供关于重要性的定义或描述。

第三十四条 注册会计师对财务报表审计的责任部分还应当包括下列内容：

（一）说明在按照审计准则执行审计工作的过程中，注册会计师运用职业判断，并保持职业怀疑；

（二）通过说明注册会计师的责任，对审计工作进行描述。这些责任包括：

1. 识别和评估由于舞弊或错误导致的财务报表重大错报风险，设计和实施审计程序以应对这些风险，并获取充分、适当的审计证据，作为发表审计意见的基础。由于舞弊可能涉及串通、伪造、故意遗漏、虚假陈述或凌驾于内部控制之上，未能发现由于舞弊导致的重大错报的风险高于未能发现由于错误导致的重大错报的风险。

2. 了解与审计相关的内部控制，以设计恰当的审计程序，但目的并非对内部控制的有效性发表意见。当注册会计师有责任在财务报表审计的同时对内部控制的有效性发表意见时，应当略去上述"目的并非对内部控制的有效性发表意见"的表述。

3. 评价管理层选用会计政策的恰当性和作出会计估计及相关披露的合理性。

4. 对管理层使用持续经营假设的恰当性得出结论。同时，根据获取的审计证据，就可能导致对被审计单位持续经营能力产生重大疑虑的事项或情况是否存在重大不确定性得出结论。如果注册会计师得出结论认为存在重大不确定性，审计准则要求注册会计师在审计报告中提请报表使用者关注财务报表中的相关披露；如果披露不充分，注册会计师应当发表非无保留意见。注册会计师的结论基于截至审计报告日可获得的信息。然而，未来的事项或情况可能导致被审计单位不能持续经营。

5. 评价财务报表的总体列报（包括披露）、结构和内容，并评价财务报表是否公允反映相关交易和事项。

（三）当《中国注册会计师审计准则第 1401 号——对集团财务报表审计的特殊考虑》适用时，通过说明下列事项，进一步描述注册会计师在集团审计业务中的责任：

1. 注册会计师的责任是就集团中实体或业务活动的财务信息获取充分、适当的审计证据，以对合并财务报表发表审计意见；

2. 注册会计师负责指导、监督和执行集团审计；

3. 注册会计师对审计意见承担全部责任。

第三十五条 注册会计师对财务报表审计的责任部分还应当包括下列内容：

（一）说明注册会计师与治理层就计划的审计范围、时间安排和重大审计发现等事项进行沟通，包括沟通注册会计师在审计中识别的值得关注的内部控制缺陷；

（二）对于上市实体财务报表审计，指出注册会计师就已遵守与独立性相关的职业道德要求向治理层提供声明，并与治理层沟通可能被合理认为影响注册会计师独立性的所有关系和其他事项，以及相关的防范措施（如适用）；

（三）对于上市实体财务报表审计，以及决定按照《中国注册会计师审计准则第 1504 号——在审计报告中沟通关键审计事项》的规定沟通关键审计事项的其他情况，说明注册会计师从与治理层沟通过的事项中确定哪些事项对本期财务报表审计最为重要，因而构成关键审计事项。注册会计师应当在审计报告中描述这些事项，除非法律法规禁止公开披露这些事项，或在极少数情形下，注册会计师合理预期在审计报告中沟通某事项造成的负面后果超过在公众利益方面产生的益处，因而确定不应在审计报告中沟通该事项。

第三十六条 除审计准则规定的注册会计师责任外，如果注册会计师在对财务报表出具的审计报告中履行其他报告责任，应当在审计报告中将其单独作为一部分，并以"按照相关法律法规的要求报告的事项"为标题，或使用适合于该部分内容的其他标题，除非其他报告责任涉及的事项与审计准则规定的报告责任涉及的事项相同。如果涉及相同的事项，其他报告责任可以在审计准则规定的同一报告要素部分列示。

第三十七条 如果将其他报告责任在审计准则要求的同一报告要素部分列示，审计报告应当清楚区分其他报告责任和审计准则要求的报告责任。

第三十八条 如果审计报告将其他报告责任单独作为一部分，本准则第二十四条至第三十五条的要求应当胳于"对财务报表出具的审计报告"标题下；"按照相关法律法规的要求报告的事项"部分胳于"对财务报表出具的审计报告"部分之后。

第三十九条 审计报告应当由项目合伙人和另一名负责该项目的注册会计师签名和盖章。

第四十条 注册会计师应当在对上市实体财务报表出具的审计报告中注明项目合伙人。

第四十一条 审计报告应当载明会计师事务所的名称和地址，并加盖会计师事务所公章。

第四十二条 审计报告应当注明报告日期。审计报告日不应早于注册会计师获取充分、适当的审计证据，并在此基础上对财务报表形成审计意见的日期。

在确定审计报告日时，注册会计师应当确信已获取下列两方面的审计证据：

（一）构成整套财务报表的所有报表（含披露）已编制完成；

（二）被审计单位的董事会、管理层或类似机构已经认可其对财务报表负责。

第四十三条 注册会计师在按照中国注册会计师审计准则执行审计工作时，还可能同时被要求按照其他国家或地区审计准则执行审计工作。在这种情况下，审计报告除了提及中国注册会计师审计准则外，还可能同时提及其他国家或地区审计准则。只有在同时符合下列条件时，注册会计师才应当同时提及：

（一）其他国家或地区审计准则与中国注册会计师审计准则不存在冲突，即不会导致注册会计师形成不同的审计意见，也不会导致在中国注册会计师审计准则要求增加强调事项段或其他事项段的情形下，其他国家或地区的审计准则不要求增加；

（二）如果使用其他国家或地区审计准则规定的结构或措辞，审计报告至少应当包括本准则第二十一条规定的所有要素。

第四十四条 如果审计报告同时提及中国注册会计师审计准则和其他国家或地区审计准则，审计报告应当指明审计准则所属的国家或地区。

第四节 与财务报表一同列报的补充信息

第四十五条 如果被审计单位将适用的财务报告编制基础未作要求的补充信息与已审计财务报表一同列报，注册会计师应当根据职业判断，评价补充信息是否由于其性质和列报方式而构成财务报表的必要组成部分。如果补充信息构成财务报表的必要组成部分，应当将其涵盖在审计意见中。

第四十六条 如果认为适用的财务报告编制基础未作要求的补充信息不构成已审计财务报表的必要组成部分，注册会计师应当评价这些补充信息的列报方式是否充分、清楚地使其与已审计财务报表相区分。如果未能充分、清楚地区分，注册会计师应当要求管理层改变未审计补充信息的列报方式。如果管理层拒绝改变，注册会计师应当指出未审计的补充信息，并在审计报告中说明这些补充信息未审计。

中国注册会计师审计准则第 1502 号——在审计报告中发表非无保留意见

（2019 年 2 月 20 日修订）

第一章 总 则

第一条 为了规范注册会计师在财务报表审计中出具非无保留意见的审计报告，制定本准则。

第二条 当按照《中国注册会计师审计准则第 1501 号——对财务报表形成审计意见和出具审计报告》的规定形成审计意见时，如果认为有必要发表非无保留意见，注册会计师应当遵守本准则。

本准则规定了当注册会计师在审计报告中发表非无保留意见时，审计报告的格式和内容如何进行相应调整。

在任何情形下，《中国注册会计师审计准则第 1501 号——对财务报表形成审计意见和出具审计报告》的报告要求均适用，本准则不再重述其规定，除非本准则明确涉及或修改这些报告要求。

第三条 本准则规定了三种类型的非无保留意见，即保留意见、否定意见和无法表示意见。

注册会计师确定恰当的非无保留意见类型，取决于下列事项：

（一）导致非无保留意见的事项的性质，是财务报表存在重大错报，还是在无法获取充分、适当的审计证据的情况下，财务报表可能存在重大错报；

（二）注册会计师就导致非无保留意见的事项对财务报表产生或可能产生影响的广泛性作出的判断。

第二章 定 义

第四条 非无保留意见，是指对财务报表发表的保留意见、否定意见或无法表示意见。

第五条 广泛性，是描述错报影响的术语，用以说明错报对财务报表的影响，或者由于无法获取充分、适当的审计证据而未发现的错报（如存在）对财务报表可能产生的影响。

根据注册会计师的判断，对财务报表的影响具有广泛性的情形包括下列方面：

（一）不限于对财务报表的特定要素、账户或项目产生影响；

（二）虽然仅对财务报表的特定要素、账户或项目产生影响，但这些要素、账户或项目是或可能是财务报表的主要组成部分；

（三）当与披露相关时，产生的影响对财务报表使用者理解财务报表至关重要。

第三章 目 标

第六条 注册会计师的目标是，当存在下列情形之一时，对财务报表清楚地发表恰当的非无保留意见：

（一）根据获取的审计证据，得出财务报表整体存在重大错报的结论；

（二）无法获取充分、适当的审计证据，不能得出财务报表整体不存在重大错报的结论。

第四章 要 求

第一节 应当发表非无保留意见的情形

第七条 当存在下列情形之一时，注册会计师应当在审计报告中发表非无保留意见：
（一）根据获取的审计证据，得出财务报表整体存在重大错报的结论；
（二）无法获取充分、适当的审计证据，不能得出财务报表整体不存在重大错报的结论。

第二节 确定非无保留意见的类型

第八条 当存在下列情形之一时，注册会计师应当发表保留意见：
（一）在获取充分、适当的审计证据后，注册会计师认为错报单独或汇总起来对财务报表影响重大，但不具有广泛性；
（二）注册会计师无法获取充分、适当的审计证据以作为形成审计意见的基础，但认为未发现的错报（如存在）对财务报表可能产生的影响重大，但不具有广泛性。

第九条 在获取充分、适当的审计证据后，如果认为错报单独或汇总起来对财务报表的影响重大且具有广泛性，注册会计师应当发表否定意见。

第十条 如果无法获取充分、适当的审计证据以作为形成审计意见的基础，但认为未发现的错报（如存在）对财务报表可能产生的影响重大且具有广泛性，注册会计师应当发表无法表示意见。

第十一条 在极少数情况下，可能存在多个不确定事项。尽管注册会计师对每个单独的不确定事项获取了充分、适当的审计证据，但由于不确定事项之间可能存在相互影响，以及可能对财务报表产生累积影响，注册会计师不可能对财务报表形成审计意见。在这种情况下，注册会计师应当发表无法表示意见。

第十二条 在承接审计业务后，如果注意到管理层对审计范围施加了限制，且认为这些限制可能导致对财务报表发表保留意见或无法表示意见，注册会计师应当要求管理层消除这些限制。

第十三条 如果管理层拒绝消除本准则第十二条提及的限制，除非治理层全部成员参与管理被审计单位，注册会计师应当就此事项与治理层沟通，并确定能否实施替代程序以获取充分、适当的审计证据。

第十四条 如果无法获取充分、适当的审计证据，注册会计师应当通过下列方式确定其影响：
（一）如果未发现的错报（如存在）可能对财务报表产生的影响重大，但不具有广泛性，注册会计师应当发表保留意见；
（二）如果未发现的错报（如存在）可能对财务报表产生的影响重大且具有广泛性，以至于发表保留意见不足以反映情况的严重性，注册会计师应当在可行时解除业务约定（除非法律法规禁止）；如果在出具审计报告之前解除业务约定被禁止或不可行，应当发表无法表示意见。

第十五条 如果根据本准则第十四条第（二）项的规定解除业务约定，注册会计师应当在解除业务约定前，与治理层沟通在审计过程中发现的、将会导致发表非无保留意见的所有错报事项。

第十六条 如果认为有必要对财务报表整体发表否定意见或无法表示意见，注册会计师不应在同一审计报告中对按照相同财务报告编制基础编制的单一财务报表或者财务报表特定要素、账户或项目发表无保留意见。在同一审计报告中包含无保留意见，将会与对财务报表整体发表的否定意见或无法表示意见相矛盾。

第三节 非无保留意见审计报告的格式和内容

第十七条 如果对财务报表发表非无保留意见,除在审计报告中包含《中国注册会计师审计准则第 1501 号——对财务报表形成审计意见和出具审计报告》规定的审计报告要素外,注册会计师还应当:

(一)将《中国注册会计师审计准则第 1501 号——对财务报表形成审计意见和出具审计报告》第二十八条中规定的"形成审计意见的基础"这一标题修改为恰当的标题,如"形成保留意见的基础""形成否定意见的基础"或"形成无法表示意见的基础";

(二)在该部分对导致发表非无保留意见的事项进行描述。

第十八条 如果财务报表中存在与具体金额(包括定量披露)相关的重大错报,注册会计师应当在形成审计意见的基础部分说明并量化该错报的财务影响。如果无法量化财务影响,注册会计师应当在该部分说明这一情况。

第十九条 如果财务报表中存在与定性披露相关的重大错报,注册会计师应当在形成审计意见的基础部分解释该错报错在何处。

第二十条 如果财务报表中存在与应披露而未披露信息相关的重大错报,注册会计师应当:

(一)与治理层讨论未披露信息的情况;

(二)在形成审计意见的基础部分描述未披露信息的性质;

(三)如果可行并且已针对未披露信息获取了充分、适当的审计证据,在形成审计意见的基础部分包含对未披露信息的披露,除非法律法规禁止。

第二十一条 如果因无法获取充分、适当的审计证据而导致发表非无保留意见,注册会计师应当在形成审计意见的基础部分说明无法获取审计证据的原因。

第二十二条 即使发表了否定意见或无法表示意见,注册会计师也应当在形成审计意见的基础部分说明注意到的、将导致发表非无保留意见的所有其他事项及其影响。

第二十三条 在发表非无保留意见时,注册会计师应当对审计意见部分使用恰当的标题,如"保留意见""否定意见"或"无法表示意见"。

第二十四条 当由于财务报表存在重大错报而发表保留意见时,注册会计师应当在审计意见部分说明:注册会计师认为,除形成保留意见的基础部分所述事项产生的影响外,后附的财务报表在所有重大方面按照适用的财务报告编制基础的规定编制,公允反映了[……]。

当由于无法获取充分、适当的审计证据而导致发表保留意见时,注册会计师应当在审计意见部分使用"除……可能产生的影响外"等措辞。

第二十五条 当发表否定意见时,注册会计师应当在审计意见部分说明:注册会计师认为,由于形成否定意见的基础部分所述事项的重要性,后附的财务报表没有在所有重大方面按照适用的财务报告编制基础的规定编制,未能公允反映[……]。

第二十六条 当由于无法获取充分、适当的审计证据而发表无法表示意见时,注册会计师应当:

(一)说明注册会计师不对后附的财务报表发表审计意见;

(二)说明由于形成无法表示意见的基础部分所述事项的重要性,注册会计师无法获取充分、适当的审计证据以作为对财务报表发表审计意见的基础;

(三)修改《中国注册会计师审计准则第 1501 号——对财务报表形成审计意见和出具审计报告》第二十五条第(二)项中规定的财务报表已经审计的说明,改为注册会计师接受委托审计财务报表。

第二十七条 当发表保留意见或否定意见时,注册会计师应当修改《中国注册会计师审计准则第 1501 号——对财务报表形成审计意见和出具审计报告》第二十八条第（四）项规定的表述，在对注册会计师是否获取了充分、适当的审计证据以作为形成审计意见的基础的说明中，包含恰当的措辞如"保留"或"否定"。

第二十八条 当注册会计师对财务报表发表无法表示意见时，审计报告中不应当包含《中国注册会计师审计准则第 1501 号——对财务报表形成审计意见和出具审计报告》第二十八条第（二）项和第（四）项中规定的要素，即：

（一）提及审计报告中用于描述注册会计师责任的部分；

（二）说明注册会计师是否已获取充分、适当的审计证据以作为形成审计意见的基础。

第二十九条 当由于无法获取充分、适当的审计证据而发表无法表示意见时，注册会计师应当对按照《中国注册会计师审计准则第 1501 号——对财务报表形成审计意见和出具审计报告》第三十三条至第三十五条的规定在审计报告中对注册会计师责任作出的表述进行修改，仅包含下列内容：

（一）注册会计师的责任是按照中国注册会计师审计准则的规定，对被审计单位财务报表执行审计工作，以出具审计报告；

（二）但由于形成无法表示意见的基础部分所述的事项，注册会计师无法获取充分、适当的审计证据以作为发表审计意见的基础；

（三）按照《中国注册会计师审计准则第 1501 号——对财务报表形成审计意见和出具审计报告》第二十八条第（三）项的规定，关于注册会计师在独立性和职业道德方面的其他责任的声明。

第三十条 除非法律法规另有规定，当对财务报表发表无法表示意见时，注册会计师不得在审计报告中包含《中国注册会计师审计准则第 1504 号——在审计报告中沟通关键审计事项》规定的关键审计事项部分，也不得在审计报告中包含《中国注册会计师审计准则第 1521 号——注册会计师对其他信息的责任》规定的其他信息部分。

第四节 与治理层的沟通

第三十一条 当拟在审计报告中发表非无保留意见时，注册会计师应当与治理层沟通导致拟发表非无保留意见的情况，以及拟使用的非无保留意见措辞。

中国注册会计师审计准则第 1503 号——在审计报告中增加强调事项段和其他事项段

（2022 年 1 月 5 日修订）

第一章 总 则

第一条 为了规范注册会计师在审计报告中增加强调事项段和其他事项段，以提供必要的补充信息，制定本准则。

第二条 如果认为必要，注册会计师可以在审计报告中提供补充信息，以提醒使用者关注下列事项：

（一）尽管已在财务报表中列报，但对使用者理解财务报表至关重要的事项；

（二）未在财务报表中列报，但与使用者理解审计工作、注册会计师的责任或审计报告相关的事项。

第三条 《中国注册会计师审计准则第 1504 号——在审计报告中沟通关键审计事项》及其应用指南针对注册会计师如何确定关键审计事项以及如何在审计报告中沟通关键审计事项作出了规定并提供了指引。如果审计报告中包含关键审计事项部分，本准则规范了关键审计事项和按照本准则的规定在审计报告中提供的补充信息之间的关系。

第四条 《中国注册会计师审计准则第 1324 号——持续经营》及其应用指南针对审计报告中与持续经营相关的沟通作出了规定并提供了指引。《中国注册会计师审计准则第 1521 号——注册会计师对其他信息的责任》及其应用指南针对审计报告中与其他信息相关的沟通作出了规定并提供了指引。

第五条 本准则附录 1 和附录 2 列示的其他审计准则，对在审计报告中增加强调事项段和其他事项段提出具体要求。在这些情况下，本准则对强调事项段或其他事项段格式的要求同样适用。

第二章 定 义

第六条 强调事项段，是指审计报告中含有的一个段落，该段落提及已在财务报表中恰当列报的事项，且根据注册会计师的职业判断，该事项对财务报表使用者理解财务报表至关重要。

第七条 其他事项段，是指审计报告中含有的一个段落，该段落提及未在财务报表中列报的事项，且根据注册会计师的职业判断，该事项与财务报表使用者理解审计工作、注册会计师的责任或审计报告相关。

第三章 目 标

第八条 注册会计师的目标是，在对财务报表形成审计意见后，如果根据职业判断认为有必要在审计报告中增加强调事项段或其他事项段，通过明确提供补充信息的方式，提醒财务报表使用者关注下列事项：

（一）尽管已在财务报表中恰当列报，但对财务报表使用者理解财务报表至关重要的事项；

（二）未在财务报表中列报，但与财务报表使用者理解审计工作、注册会计师的责任或审计报告相关的其他事项。

第四章 要 求

第一节 审计报告中的强调事项段

第九条 如果认为有必要提醒财务报表使用者关注已在财务报表中列报，且根据职业判断认为对财务报表使用者理解财务报表至关重要的事项，在同时满足下列条件时，注册会计师应当在审计报告中增加强调事项段：

（一）按照《中国注册会计师审计准则第 1502 号——在审计报告中发表非无保留意见》的规定，该事项不会导致注册会计师发表非无保留意见；

（二）当《中国注册会计师审计准则第 1504 号——在审计报告中沟通关键审计事项》适用时，该事项未被确定为在审计报告中沟通的关键审计事项。

第十条 如果在审计报告中包含强调事项段，注册会计师应当采取下列措施：

（一）将强调事项段作为单独的一部分置于审计报告中，并使用包含"强调事项"这一术语的适当标题；

（二）明确提及被强调事项以及相关披露的位置，以便能够在财务报表中找到对该事项的详细描述。强调事项段应当仅提及已在财务报表中列报的信息；

（三）指出审计意见没有因该强调事项而改变。

第二节　审计报告中的其他事项段

第十一条　如果认为有必要沟通虽然未在财务报表中列报，但根据职业判断认为与财务报表使用者理解审计工作、注册会计师的责任或审计报告相关的事项，在同时满足下列条件时，注册会计师应当在审计报告中增加其他事项段：

（一）未被法律法规禁止；

（二）当《中国注册会计师审计准则第1504号——在审计报告中沟通关键审计事项》适用时，该事项未被确定为在审计报告中沟通的关键审计事项。

第十二条　如果在审计报告中包含其他事项段，注册会计师应当将该段落作为单独的一部分，并使用"其他事项"或其他适当标题。

第三节　与治理层的沟通

第十三条　如果拟在审计报告中包含强调事项段或其他事项段，注册会计师应当就该事项和拟使用的措辞与治理层沟通。

附录1：

其他审计准则对强调事项段的具体要求

下列审计准则要求注册会计师在特定情况下在审计报告中包含强调事项段，但其规定并不影响本准则的普遍适用性。

1.《中国注册会计师审计准则第1111号——就审计业务约定条款达成一致意见》第十九条第（二）项；

2.《中国注册会计师审计准则第1332号——期后事项》第十五条第（二）项和第十九条；

3.《中国注册会计师审计准则第1601号——审计特殊目的财务报表的特殊考虑》第十五条。

附录2：

其他审计准则对其他事项段的具体要求

下列审计准则要求注册会计师在特定情况下在审计报告中包含其他事项段，但其规定并不影响本准则的普遍适用性。

1.《中国注册会计师审计准则第1332号——期后事项》第十五条第（二）项和第十九条；

2.《中国注册会计师审计准则第1511号——比较信息：对应数据和比较财务报表》第十六条、第十七条、第十九条、第二十条和第二十二条。

中国注册会计师审计准则第 1504 号——在审计报告中沟通关键审计事项

（2022 年 12 月 22 日修订）

第一章 总 则

第一条 为了明确注册会计师在审计报告中沟通关键审计事项的责任，制定本准则。

第二条 本准则规范注册会计师如何确定关键审计事项以及如何在审计报告中沟通关键审计事项，包括沟通的形式和内容。

第三条 沟通关键审计事项，旨在通过提高已执行审计工作的透明度增加审计报告的沟通价值。沟通关键审计事项能够为财务报表预期使用者提供额外的信息，以帮助其了解注册会计师根据职业判断认为对本期财务报表审计最为重要的事项。沟通关键审计事项还能够帮助财务报表预期使用者了解被审计单位，以及已审计财务报表中涉及重大管理层判断的领域。

第四条 在审计报告中沟通关键审计事项，还能够为财务报表预期使用者就与被审计单位、已审计财务报表或已执行审计工作相关的事项进一步与管理层和治理层沟通提供基础。

第五条 在审计报告中沟通关键审计事项以注册会计师已就财务报表整体形成审计意见为背景。在审计报告中沟通关键审计事项不能代替下列事项：

（一）管理层按照适用的财务报告编制基础在财务报表中作出的披露，或为使财务报表实现公允反映而作出的披露（如适用）；

（二）注册会计师按照《中国注册会计师审计准则第 1502 号——在审计报告中发表非无保留意见》的规定，根据审计业务的具体情况发表非无保留意见；

（三）当可能导致对被审计单位持续经营能力产生重大疑虑的事项或情况存在重大不确定性时，注册会计师按照《中国注册会计师审计准则第 1324 号——持续经营》的规定进行报告。

在审计报告中沟通关键审计事项也不是注册会计师就单一事项单独发表意见。

第六条 本准则适用于对上市实体整套通用目的财务报表进行审计，以及注册会计师决定或委托方要求在审计报告中沟通关键审计事项的其他情形。如果法律法规要求注册会计师在审计报告中沟通关键审计事项，本准则同样适用。根据《中国注册会计师审计准则第 1502 号——在审计报告中发表非无保留意见》的规定，注册会计师在对财务报表发表无法表示意见时，不得在审计报告中沟通关键审计事项，除非法律法规要求沟通。

第二章 定 义

第七条 关键审计事项，是指注册会计师根据职业判断认为对本期财务报表审计最为重要的事项。关键审计事项从注册会计师与治理层沟通过的事项中选取。

第三章 目 标

第八条 注册会计师的目标是，确定关键审计事项，并在对财务报表形成审计意见后，以在审计报告中描述关键审计事项的方式沟通这些事项。

第四章 要 求

第一节 确定关键审计事项

第九条 注册会计师应当从与治理层沟通过的事项中确定在执行审计工作时重点关注过的事项。在确定时，注册会计师应当考虑下列方面：

（一）按照《中国注册会计师审计准则第1211号——重大错报风险的识别和评估》的规定，评估的重大错报风险较高的领域或识别出的特别风险；

（二）与财务报表中涉及重大管理层判断（包括涉及高度估计不确定性的会计估计）的领域相关的重大审计判断；

（三）本期重大交易或事项对审计的影响。

第十条 注册会计师应当从根据本准则第九条的规定确定的事项中，确定哪些事项对本期财务报表审计最为重要，从而构成关键审计事项。

第二节 沟通关键审计事项

第十一条 除本准则第十四条和第十五条规定的情形外，注册会计师应当在审计报告中单设一部分，以"关键审计事项"为标题，并在该部分使用恰当的子标题逐项描述关键审计事项。关键审计事项部分的引言应当同时说明下列事项：

（一）关键审计事项是注册会计师根据职业判断，认为对本期财务报表审计最为重要的事项；

（二）关键审计事项的应对以对财务报表整体进行审计并形成审计意见为背景，注册会计师不对关键审计事项单独发表意见。

第十二条 如果按照《中国注册会计师审计准则第1502号——在审计报告中发表非无保留意见》的规定，某些事项导致注册会计师应当发表非无保留意见，注册会计师不得在审计报告的关键审计事项部分沟通这些事项。

第十三条 在审计报告的关键审计事项部分逐项描述关键审计事项时，注册会计师应当分别索引至财务报表的相关披露（如有），并同时说明下列内容：

（一）该事项被认定为审计中最为重要的事项之一，因而被确定为关键审计事项的原因；

（二）该事项在审计中是如何应对的。

第十四条 除非存在下列情形之一，注册会计师应当在审计报告中描述每项关键审计事项：

（一）法律法规禁止公开披露某事项；

（二）在极少数情形下，如果合理预期在审计报告中沟通某事项造成的负面后果超过在公众利益方面产生的益处，注册会计师确定不应在审计报告中沟通该事项。如果被审计单位已公开披露与该事项有关的信息，则本项规定不适用。

第十五条 根据《中国注册会计师审计准则第1502号——在审计报告中发表非无保留意见》的规定导致非无保留意见的事项，或者根据《中国注册会计师审计准则第1324号——持续经营》的规定可能导致对被审计单位持续经营能力产生重大疑虑的事项或情况存在重大不确定性，就其性质而言都属于关键审计事项。然而，这些事项不得在审计报告的关键审计事项部分进行描述，并且本准则第十三条至第十四条的要求不适用于这些情况。注册会计师应当按照适用的审计准则的规定报告这些事项，并在关键审计事项部分提及形成保留（否定）意见的基础部分或与持续经营相关的重大不确定性部分。

第十六条 如果注册会计师根据被审计单位和审计业务的具体事实和情况，确定不存在需要沟通的关键审计事项，或者仅有的需要沟通的关键审计事项是本准则第十五条所述的事项，注册会计师应当在审计报告中单设的关键审计事项部分对此进行说明。

第三节 与治理层的沟通

第十七条 注册会计师应当就下列事项与治理层沟通：
（一）注册会计师确定的关键审计事项；
（二）根据被审计单位和审计业务的具体事实和情况，注册会计师确定不存在需要在审计报告中沟通的关键审计事项（如适用）。

第四节 审计工作底稿

第十八条 注册会计师应当在审计工作底稿中记录下列事项：
（一）注册会计师根据本准则第九条的规定确定的在执行审计工作时重点关注过的事项，以及针对每一事项，根据本准则第十条的规定是否将其确定为关键审计事项及理由；
（二）注册会计师确定不存在需要在审计报告中沟通的关键审计事项的理由，或者仅有的需要沟通的关键审计事项是本准则第十五条 所述的事项（如适用）；
（三）注册会计师确定不在审计报告中沟通某项关键审计事项的理由（如适用）。

中国注册会计师审计准则第 1511 号——比较信息：对应数据和比较财务报表

（2019 年 2 月 20 日修订）

第一章 总 则

第一条 为了规范注册会计师在财务报表审计中与比较信息相关的责任，制定本准则。

第二条 当上期财务报表已由前任注册会计师审计或未经审计时，《中国注册会计师审计准则第 1331 号——首次审计业务涉及的期初余额》对期初余额的相关规定同样适用。

第三条 财务报表中列报的比较信息的性质取决于适用的财务报告编制基础的要求。比较信息包括对应数据和比较财务报表，相应地，注册会计师履行比较信息的报告责任有两种不同的方法。采用的方法通常由法律法规规定，但也可能在业务约定条款中作出约定。

第四条 本准则第三条提及的两种方法导致审计报告存在下列主要差异：
（一）对于对应数据，审计意见仅提及本期；
（二）对于比较财务报表，审计意见提及列报的财务报表所属的各期。
本准则对每种方法分别提出不同的审计报告要求。

第二章 定 义

第五条 比较信息，是指包含于财务报表中的、符合适用的财务报告编制基础的、与一个或多个以前期间相关的金额和披露。

第六条 对应数据，属于比较信息，是指作为本期财务报表组成部分的上期金额和相关披露，这些金额和披露只能和与本期相关的金额和披露（称为"本期数据"）联系起来阅读。对应数据列报的详细程度主要取决于其与本期数据的相关程度。

第七条 比较财务报表，属于比较信息，是指为了与本期财务报表相比较而包含的上期金额和相关披露。比较财务报表包含信息的详细程度与本期财务报表包含信息的详细程度相似。如果上期金额和相关披露已经审计，则将在审计意见中提及。

第八条 当比较信息包括一期以上的金额和相关披露时，本准则所称"上期"应理解为"以前数期"。

第三章 目 标

第九条 注册会计师的目标是：

（一）获取充分、适当的审计证据，确定在财务报表中包含的比较信息是否在所有重大方面按照适用的财务报告编制基础有关比较信息的要求进行列报；

（二）按照注册会计师的报告责任出具审计报告。

第四章 要 求

第一节 审 计 程 序

第十条 注册会计师应当确定财务报表中是否包括适用的财务报告编制基础要求的比较信息，以及比较信息是否得到恰当分类。

基于上述目的，注册会计师应当评价：

（一）比较信息是否与上期财务报表列报的金额和相关披露一致，如果必要，比较信息是否已经重述；

（二）在比较信息中反映的会计政策是否与本期采用的会计政策一致，如果会计政策已发生变更，这些变更是否得到恰当处理并得到充分列报。

第十一条 在实施本期审计时，如果注意到比较信息可能存在重大错报，注册会计师应当根据实际情况追加必要的审计程序，获取充分、适当的审计证据，以确定是否存在重大错报。

如果上期财务报表已经审计，注册会计师还应当遵守《中国注册会计师审计准则第1332号——期后事项》的相关规定。如果上期财务报表已经得到更正，注册会计师应当确定比较信息与更正后的财务报表是否一致。

第十二条 注册会计师应当按照《中国注册会计师审计准则第1341号——书面声明》的规定，获取与审计意见中提及的所有期间相关的书面声明。对于管理层作出的、更正上期财务报表中影响比较信息的重大错报的任何重述，注册会计师还应当获取特定书面声明。

第二节 审计报告：对应数据

第十三条 当财务报表中列报对应数据时，除本准则第十四条、第十五条和第十七条描述的情形外，审计意见不应提及对应数据。

第十四条 如果以前针对上期财务报表发表了保留意见、无法表示意见或否定意见，且导致非无保留意见的事项仍未解决，注册会计师应当对本期财务报表发表非无保留意见。

在审计报告的导致非无保留意见的事项段中，注册会计师应当分下列两种情况予以处理：

（一）如果未解决事项对本期数据的影响或可能的影响是重大的，注册会计师应当在导致非无保留意见事项段中同时提及本期数据和对应数据；

（二）如果未解决事项对本期数据的影响或可能的影响不重大，注册会计师应当说明，由于未解决事项对本期数据和对应数据之间可比性的影响或可能的影响，因此发表了非无保留意见。

第十五条 如果注册会计师已经获取上期财务报表存在重大错报的审计证据,而以前对该财务报表发表了无保留意见,且对应数据未经适当重述或恰当披露,注册会计师应当就包括在财务报表中的对应数据,在审计报告中对本期财务报表发表保留意见或否定意见。

第十六条 如果上期财务报表已由前任注册会计师审计,注册会计师在审计报告中可以提及前任注册会计师对对应数据出具的审计报告。

当注册会计师决定提及时,应当在审计报告的其他事项段中说明:

(一)上期财务报表已由前任注册会计师审计;

(二)前任注册会计师发表的意见的类型(如果是非无保留意见,还应当说明发表非无保留意见的理由);

(三)前任注册会计师出具的审计报告的日期。

第十七条 如果上期财务报表未经审计,注册会计师应当在审计报告的其他事项段中说明对应数据未经审计。但这种说明并不减轻注册会计师获取充分、适当的审计证据,以确定期初余额不含有对本期财务报表产生重大影响的错报的责任。

第三节 审计报告:比较财务报表

第十八条 当列报比较财务报表时,审计意见应当提及列报财务报表所属的各期,以及发表的审计意见涵盖的各期。

第十九条 当因本期审计而对上期财务报表发表审计意见时,如果对上期财务报表发表的意见与以前发表的意见不同,注册会计师应当按照《中国注册会计师审计准则第1503号——在审计报告中增加强调事项段和其他事项段》的规定,在其他事项段中披露导致不同意见的实质性原因。

第二十条 如果上期财务报表已由前任注册会计师审计,除非前任注册会计师对上期财务报表出具的审计报告与财务报表一同对外提供,注册会计师除对本期财务报表发表意见外,还应当在其他事项段中说明:

(一)上期财务报表已由前任注册会计师审计;

(二)前任注册会计师发表的意见的类型(如果是非无保留意见,还应当说明发表非无保留意见的理由);

(三)前任注册会计师出具的审计报告的日期。

第二十一条 如果认为存在影响上期财务报表的重大错报,而前任注册会计师以前出具了无保留意见的审计报告,注册会计师应当就此与适当层级的管理层沟通,并要求其告知前任注册会计师。注册会计师还应当与治理层进行沟通,除非治理层全部成员参与管理被审计单位。如果上期财务报表已经更正,且前任注册会计师同意对更正后的上期财务报表出具新的审计报告,注册会计师应当仅对本期财务报表出具审计报告。

第二十二条 如果上期财务报表未经审计,注册会计师应当在其他事项段中说明比较财务报表未经审计。但这种说明并不减轻注册会计师获取充分、适当的审计证据,以确定期初余额不含有对本期财务报表产生重大影响的错报的责任。

第五章 附 则

第二十三条 本准则自2019年7月1日起施行。

中国注册会计师审计准则第 1521 号——含有注册会计师对含有已审计财务报表的文件中的其他信息的责任

（2016 年 12 月 23 日修订）

第一章 总 则

第一条 本准则规范了注册会计师对被审计单位年度报告中包含的除财务报表和审计报告之外的其他信息的责任，无论其他信息是财务信息还是非财务信息。被审计单位的年度报告可能是一份单独的文件，也可能是服务于相同目的的系列文件组合。

第二条 本准则以注册会计师执行财务报表审计为背景。因此，本准则规定的注册会计师的目标应以《中国注册会计师审计准则第 1101 号——注册会计师的总体目标和审计工作的基本要求》第二十五条中描述的注册会计师的总体目标为背景来理解。注册会计师对财务报表发表的审计意见不涵盖其他信息，本准则也不要求注册会计师获取超过形成财务报表审计意见所需要的审计证据。

第三条 本准则要求注册会计师阅读和考虑其他信息，是由于如果其他信息与财务报表或者与注册会计师在审计中了解到的情况存在重大不一致，可能表明财务报表或其他信息存在重大错报，两者均会损害财务报表和审计报告的可信性。此类重大错报也可能不恰当地影响审计报告使用者的经济决策。

第四条 本准则也可能有助于注册会计师遵循相关的职业道德要求，即要求注册会计师不应当在明知的情况下与以下信息发生关联：含有严重虚假或误导性的陈述；含有缺少充分依据的陈述或信息；存在遗漏或含糊其词的信息，且这种遗漏或含糊其词会产生误导。

第五条 其他信息中，某些金额或其他项目旨在与财务报表中的金额或其他项目相一致，或者对其进行概括，或者为其提供更详细的信息；针对某些金额或其他项目，注册会计师在审计中已经了解到一些情况。

第六条 无论在审计报告日之前还是之后获取其他信息，注册会计师对其他信息的责任（除适用的报告责任外）均适用。

第七条 本准则不适用于：
（一）财务信息初步公告；
（二）证券发行文件，包括招股说明书。

第八条 本准则对注册会计师设定的责任，不构成对其他信息的鉴证。本准则也不要求注册会计师对其他信息提供一定程度的保证。

第九条 法律法规可能就其他信息对注册会计师提出超出本准则范围的要求。在此情况下，注册会计师应当遵守法律法规的要求。

第二章 定 义

第十条 年度报告，是指管理层或治理层根据法律法规的规定或惯例，一般以年度为基础编制的、旨在向所有者（或类似的利益相关方）提供实体经营情况和财务业绩及财务状况（财务业绩及财务状况反映于财务报表）信息的一个文件或系列文件组合。一份年度报告包含或随附财务报表和审计报告，通常包括实体的发展、未来前景、风险和不确定事项、治理层声明，以及包含治理事项的报告等信息。

第十一条 其他信息,是指在被审计单位年度报告中包含的除财务报表和审计报告以外的财务信息和非财务信息。

第十二条 其他信息的错报,是指对其他信息作出不正确陈述或其他信息具有误导性,包括遗漏或掩饰对恰当理解其他信息披露的事项必要的信息。

第三章 目 标

第十三条 注册会计师的目标是,在已经阅读其他信息的情况下:

(一)考虑其他信息与财务报表之间是否存在重大不一致;

(二)考虑其他信息与注册会计师在审计中了解到的情况之间是否存在重大不一致;

(三)当注册会计师识别出此类重大不一致似乎存在时,或者注册会计师知悉其他信息似乎存在重大错报时,予以恰当应对;

(四)根据本准则的规定进行报告。

第四章 要 求

第一节 获取其他信息

第十四条 注册会计师应当:

(一)通过与管理层讨论,确定哪些文件组成年度报告,以及被审计单位计划公布这些文件的方式和时间安排;

(二)就及时获取组成年度报告的文件的最终版本与管理层作出适当安排。如果可能,在审计报告日之前获取;

(三)如果本条第(一)项中确定的部分或全部文件在审计报告日后才能取得,要求管理层提供书面声明,声明上述文件的最终版本将在可获取时并且在被审计单位公布前提供给注册会计师,以使注册会计师可以完成本准则要求的程序。

第二节 阅读并考虑其他信息

第十五条 注册会计师应当阅读其他信息。在阅读时,注册会计师应当:

(一)考虑其他信息和财务报表之间是否存在重大不一致。作为考虑的基础,注册会计师应当将其他信息中选取的金额或其他项目(这些金额或其他项目旨在与财务报表中的金额或其他项目相一致,或对其进行概括,或为其提供更详细的信息)与财务报表中的相应金额或其他项目进行比较,以评价其一致性;

(二)在已获取审计证据并已得出审计结论的背景下,考虑其他信息与注册会计师在审计中了解到的情况是否存在重大不一致。

第十六条 当根据本准则第十五条阅读其他信息时,注册会计师应当对与财务报表或注册会计师在审计中了解到的情况不相关的其他信息中似乎存在重大错报的迹象保持警觉。

第三节 当似乎存在重大不一致或其他信息似乎存在重大错报时的应对

第十七条 如果注册会计师识别出似乎存在重大不一致,或者知悉其他信息似乎存在重大错报,注册会计师应当与管理层讨论该事项,必要时,实施其他程序以确定:

(一)其他信息是否存在重大错报;

(二)财务报表是否存在重大错报;

(三)注册会计师对被审计单位及其环境的了解是否需要更新。

第四节 当注册会计师认为其他信息存在重大错报时的应对

第十八条 如果注册会计师认为其他信息存在重大错报，应当要求管理层更正其他信息：

（一）如果管理层同意作出更正，注册会计师应当确定更正已经完成；

（二）如果管理层拒绝作出更正，注册会计师应当就该事项与治理层进行沟通，并要求作出更正。

第十九条 如果注册会计师认为审计报告日前获取的其他信息存在重大错报，且在与治理层沟通后其他信息仍未得到更正，注册会计师应当采取恰当措施，包括：

（一）考虑对审计报告的影响，并就注册会计师计划如何在审计报告中处理重大错报与治理层进行沟通；

（二）在相关法律法规允许的情况下，解除业务约定。

第二十条 如果注册会计师认为审计报告日后获取的其他信息存在重大错报：

（一）如果其他信息得以更正，注册会计师应当根据具体情形实施必要的程序；

（二）如果与治理层沟通后其他信息未得到更正，注册会计师应当考虑其法律权利和义务，并采取恰当的措施，以提醒审计报告使用者恰当关注未更正的重大错报。

第五节 当财务报表存在重大错报或注册会计师对被审计单位及其环境的了解需要更新时的应对

第二十一条 如果注册会计师通过实施本准则第十五条至第十六条所述的程序，认为财务报表存在重大错报，或者注册会计师对被审计单位及其环境的了解需要更新，注册会计师应当根据其他审计准则作出恰当应对。

第六节 报 告

第二十二条 如果在审计报告日存在下列两种情况之一，审计报告应当包括一个单独部分，以"其他信息"为标题：

（一）对于上市实体财务报表审计，注册会计师已获取或预期将获取其他信息；

（二）对于上市实体以外其他被审计单位的财务报表审计，注册会计师已获取部分或全部其他信息。

第二十三条 如果根据本准则第二十二条的要求，审计报告应当包含其他信息部分，该部分应当包括：

（一）管理层对其他信息负责的说明。

（二）指明：

1.注册会计师于审计报告日前已获取的其他信息（如有）；

2.对于上市实体财务报表审计，预期将于审计报告日后获取的其他信息（如有）。

（三）说明注册会计师的审计意见未涵盖其他信息，因此，注册会计师对其他信息不发表（或不会发表）审计意见或任何形式的鉴证结论。

（四）描述注册会计师根据本准则的要求，对其他信息进行阅读、考虑和报告的责任。

（五）如果审计报告日前已经获取其他信息，则选择下列二者之一进行说明：

1.说明注册会计师无任何需要报告的事项；

2.如果注册会计师认为其他信息存在未更正的重大错报，说明其他信息中的未更正重大错报。

第二十四条 如果注册会计师根据《中国注册会计师审计准则第1502号——在审计报告中发表非无保留意见》的规定发表保留或者否定意见，注册会计师应当考虑导致非无保留意见的事项对本准则第二十三条第（五）项要求的说明的影响。

第七节 审计工作底稿

第二十五条 根据《中国注册会计师审计准则第 1131 号——审计工作底稿》中与本准则相关的要求，注册会计师应当就下列事项形成审计工作底稿：
（一）按照本准则的规定实施的程序；
（二）注册会计师按照本准则的规定执行工作所针对的其他信息的最终版本。

中国注册会计师审计准则第 1601 号——审计特殊目的财务报表的特殊考虑

（2022 年 12 月 22 日修订）

第一章 总 则

第一条 为了规范注册会计师在执行特殊目的财务报表审计中的特殊考虑，制定本准则。

第二条 中国注册会计师审计准则第 1101 号至第 1521 号适用于财务报表审计。本准则规范的是注册会计师运用这些审计准则对特殊目的财务报表进行审计时的特殊考虑。

第三条 本准则是针对整套特殊目的财务报表审计制定的。《中国注册会计师审计准则第 1603 号——审计单一财务报表和财务报表特定要素的特殊考虑》规范注册会计师对单一财务报表和财务报表的特定要素、特定账户或特定项目审计相关的特殊考虑。

第四条 本准则并不取代其他审计准则的规定，也未涵盖注册会计师在执行特殊目的财务报表审计时，需要根据具体情况作出的所有特殊考虑。

第二章 定 义

第五条 特殊目的财务报表，是指按照特殊目的编制基础编制的财务报表。

第六条 特殊目的的编制基础，是指旨在满足财务报表特定使用者财务信息需求的财务报告编制基础，包括计税核算基础、监管机构的要求和合同约定等。

第七条 本准则所称财务报表，是指整套特殊目的财务报表，包括相关披露。财务报告编制基础决定了财务报表的内容和结构，以及整套财务报表的构成。

第三章 目 标

第八条 注册会计师的目标是，在依据审计准则执行特殊目的财务报表审计时，在以下环节作出恰当的特殊考虑：
（一）业务的承接；
（二）业务的计划和执行；
（三）对财务报表形成审计意见、出具审计报告。

第四章 要 求

第一节 业务承接时的考虑

第九条 《中国注册会计师审计准则第 1111 号——就审计业务约定条款达成一致意见》

规定，注册会计师应当确定管理层在编制财务报表时采用的财务报告编制基础是否可接受。

注册会计师在执行特殊目的财务报表审计时应当了解下列情况：

（一）财务报表的编制目的；

（二）财务报表预期使用者；

（三）管理层为确定财务报告编制基础在具体情况下的可接受性所作的考虑。

第二节 计划和执行审计工作时的考虑

第十条 注册会计师应当按照《中国注册会计师审计准则第 1101 号——注册会计师的总体目标和审计工作的基本要求》的规定，遵守与本审计业务相关的所有审计准则。

在计划和执行特殊目的财务报表审计工作时，注册会计师应当确定在运用这些审计准则时是否需要根据具体情况作出特殊考虑。

第十一条 注册会计师应当按照《中国注册会计师审计准则第 1211 号——重大错报风险的识别和评估》的规定，了解被审计单位选择和运用会计政策的情况。

在财务报表按照合同条款编制的情况下，注册会计师应当了解被审计单位管理层对相关合同条款作出的所有重要解释。如果采用其他合理解释将导致财务报表中列报的信息产生重大差异，则管理层对合同条款作出的解释就是重要的。

第三节 形成审计意见和出具审计报告时的考虑

第十二条 当对特殊目的财务报表形成审计意见、出具审计报告时，注册会计师应当遵守《中国注册会计师审计准则第 1501 号——对财务报表形成审计意见和出具审计报告》的规定。

第十三条 注册会计师应当按照《中国注册会计师审计准则第 1501 号——对财务报表形成审计意见和出具审计报告》的规定，评价财务报表是否恰当说明其编制基础。

在财务报表按照合同条款编制的情况下，注册会计师应当评价财务报表是否恰当说明了对该合同条款作出的所有重要解释。

第十四条 《中国注册会计师审计准则第 1501 号——对财务报表形成审计意见和出具审计报告》规定了审计报告的格式和内容，包括审计报告特定要素的排列顺序。

对于特殊目的财务报表审计，审计报告还应当包括以下内容：

（一）对财务报表编制目的的陈述，必要时，还应当说明财务报表预期使用者，或者指明载有以上信息的财务报表附注；

（二）在编制特殊目的财务报表时，如果管理层可以选择财务报告编制基础，在说明管理层对财务报表的责任时，应当提及管理层负责确定采用的财务报告编制基础是可以接受的。

第十五条 注册会计师针对特殊目的财务报表出具的审计报告应当增加强调事项段，用以提醒审计报告使用者，财务报表是按照特殊目的编制基础编制的，不适用于其他目的。

第五章 附 则

第十六条 本准则自 2023 年 7 月 1 日起施行。

中国注册会计师审计准则第 1602 号——验资

（2006 年 2 月 15 日修订）

第一章 总 则

第一条 为了规范注册会计师执行验资业务，明确工作要求，制定本准则。

第二条 注册会计师在执行验资业务时，应当将本准则与相关审计准则结合使用。

第三条 本准则所称验资，是指注册会计师依法接受委托，对被审验单位注册资本的实收情况或注册资本及实收资本的变更情况进行审验，并出具验资报告。

验资分为设立验资和变更验资。设立验资是指注册会计师对被审验单位申请设立登记时的注册资本实收情况进行的审验。变更验资是指注册会计师对被审验单位申请变更登记时的注册资本及实收资本的变更情况进行的审验。

本准则所称被审验单位，是指在中华人民共和国境内拟设立或已设立的，依法应当接受验资的有限责任公司和股份有限公司。

第四条 按照法律法规以及协议、合同、章程的要求出资，提供真实、合法、完整的验资资料，保护资产的安全、完整，是出资者和被审验单位的责任。

第五条 按照本准则的规定，对被审验单位注册资本的实收情况或注册资本及实收资本的变更情况进行审验，出具验资报告，是注册会计师的责任。

注册会计师的责任不能减轻出资者和被审验单位的责任。

第六条 注册会计师执行验资业务，应当遵守相关的职业道德规范，恪守独立、客观、公正的原则，保持专业胜任能力和应有的关注，并对执业过程中获知的信息保密。

第二章 业务约定书

第七条 注册会计师应当了解被审验单位基本情况，考虑自身独立性和专业胜任能力，初步评估验资风险，以确定是否接受委托。

第八条 注册会计师应当就下列主要事项与委托人沟通，并达成一致意见：

（一）委托目的；
（二）出资者和被审验单位的责任以及注册会计师的责任；
（三）审验范围；
（四）时间要求；
（五）验资收费；
（六）报告分发和使用的限制。

第九条 如果接受委托，注册会计师应当与委托人就双方达成一致的事项签订业务约定书。

第三章 计划、程序与记录

第十条 注册会计师执行验资业务，应当编制验资计划，对验资工作作出合理安排。

第十一条 注册会计师应当向被审验单位获取注册资本实收情况明细表或注册资本、实收资本变更情况明细表。

第十二条 设立验资的审验范围一般限于与被审验单位注册资本实收情况有关的事项，包括出资者、出资币种、出资金额、出资时间、出资方式和出资比例等。

第十三条 变更验资的审验范围一般限于与被审验单位注册资本及实收资本增减变动情况有关的事项。

增加注册资本及实收资本时，审验范围包括与增资相关的出资者、出资币种、出资金额、出资时间、出资方式、出资比例和相关会计处理，以及增资后的出资者、出资金额和出资比例等。

减少注册资本及实收资本时，审验范围包括与减资相关的减资者、减资币种、减资金额、减资时间、减资方式、债务清偿或债务担保情况、相关会计处理，以及减资后的出资者、出资金额和出资比例等。

第十四条 对于出资者投入的资本及其相关的资产、负债，注册会计师应当分别采用下列方法进行审验：

（一）以货币出资的，应当在检查被审验单位开户银行出具的收款凭证、对账单及银行询证函回函等的基础上，审验出资者的实际出资金额和货币出资比例是否符合规定。对于股份有限公司向社会公开募集的股本，还应当检查证券公司承销协议、募股清单和股票发行费用清单等。

（二）以实物出资的，应当观察、检查实物，审验其权属转移情况，并按照国家有关规定在资产评估的基础上审验其价值。如果被审验单位是外商投资企业，注册会计师应当按照国家有关外商投资企业的规定，审验实物出资的价值。

（三）以知识产权、土地使用权等无形资产出资的，应当审验其权属转移情况，并按照国家有关规定在资产评估的基础上审验其价值。如果被审验单位是外商投资企业，注册会计师应当按照国家有关外商投资企业的规定，审验无形资产出资的价值。

（四）以净资产折合实收资本的，或以资本公积、盈余公积、未分配利润转增注册资本及实收资本的，应当在审计的基础上按照国家有关规定审验其价值。

（五）以货币、实物、知识产权、土地使用权以外的其他财产出资的，注册会计师应当审验出资是否符合国家有关规定。

（六）外商投资企业的外方出资者以本条第（一）项至第（五）项所述方式出资的，注册会计师还应当关注其是否符合国家外汇管理有关规定，向企业注册地的外汇管理部门发出外方出资情况询证函，并根据外方出资者的出资方式附送银行询证函回函、资本项目外汇业务核准件及进口货物报关单等文件的复印件，以询证上述文件内容的真实性、合规性。

第十五条 对于出资者以实物、知识产权和土地使用权等非货币财产作价出资的，注册会计师应当在出资者依法办理财产权转移手续后予以审验。

第十六条 对于设立验资，如果出资者分次缴纳注册资本，注册会计师应当关注全体出资者的首次出资额和出资比例是否符合国家有关规定。

第十七条 对于变更验资，注册会计师应当关注被审验单位以前的注册资本实收情况，并关注出资者是否按照规定的期限缴纳注册资本。

第十八条 注册会计师在审验过程中利用专家协助工作时，应当考虑其专业胜任能力和客观性，并对利用专家工作结果所形成的审验结论负责。

第十九条 注册会计师应当向出资者和被审验单位获取与验资业务有关的重大事项的书面声明。

第二十条 注册会计师应当对验资过程及结果进行记录，形成验资工作底稿。

第四章 验资报告

第二十一条 注册会计师应当评价根据审验证据得出的结论，以作为形成审验意见和出具验资报告的基础。

第二十二条 验资报告应当包括下列要素：

（一）标题；

（二）收件人；

（三）范围段；

（四）意见段；

（五）说明段；

（六）附件；

（七）注册会计师的签名和盖章；

（八）会计师事务所的名称、地址及盖章；

（九）报告日期。

第二十三条 验资报告的标题应当统一规范为"验资报告"。

第二十四条 验资报告的收件人是指注册会计师按照业务约定书的要求致送验资报告的对象，一般是指验资业务的委托人。验资报告应当载明收件人的全称。

第二十五条 验资报告的范围段应当说明审验范围、出资者和被审验单位的责任、注册会计师的责任、审验依据和已实施的主要审验程序等。

第二十六条 验资报告的意见段应当说明已审验的被审验单位注册资本的实收情况或注册资本及实收资本的变更情况。

对于变更验资，注册会计师仅对本次注册资本及实收资本的变更情况发表审验意见。

第二十七条 验资报告的说明段应当说明验资报告的用途、使用责任及注册会计师认为应当说明的其他重要事项。

对于变更验资，注册会计师还应当在验资报告说明段中说明对以前注册资本实收情况审验的会计师事务所名称及其审验情况，并说明变更后的累计注册资本实收金额。

第二十八条 如果在注册资本及实收资本的确认方面与被审验单位存在异议，且无法协商一致，注册会计师应当在验资报告说明段中清晰地反映有关事项及其差异和理由。

第二十九条 验资报告的附件应当包括已审验的注册资本实收情况明细表或注册资本、实收资本变更情况明细表和验资事项说明等。

第三十条 验资报告应当由注册会计师签名并盖章。

第三十一条 验资报告应当载明会计师事务所的名称和地址，并加盖会计师事务所公章。

第三十二条 验资报告日期是指注册会计师完成审验工作的日期。

第三十三条 注册会计师在审验过程中，遇有下列情形之一时，应当拒绝出具验资报告并解除业务约定：

（一）被审验单位或出资者不提供真实、合法、完整的验资资料的；

（二）被审验单位或出资者对注册会计师应当实施的审验程序不予合作，甚至阻挠审验的；

（三）被审验单位或出资者坚持要求注册会计师作不实证明的。

第三十四条 验资报告具有法定证明效力，供被审验单位申请设立登记或变更登记及据以向出资者签发出资证明时使用。

验资报告不应被视为对被审验单位验资报告日后资本保全、偿债能力和持续经营能力等的保证。委托人、被审验单位及其他第三方因使用验资报告不当所造成的后果，与注册会计师及其所在的会计师事务所无关。

第五章 附 则

第三十五条 注册会计师执行有限责任公司和股份有限公司以外的其他单位的验资业

务，除有特定要求者外，应当参照本准则办理。

第三十六条 本准则自 2007 年 1 月 1 日起施行。

中国注册会计师审计准则第 1603 号——审计单一财务报表和财务报表特定要素的特殊考虑

（2021 年 12 月 9 日修订）

第一章 总 则

第一条 为了规范注册会计师在执行单一财务报表和财务报表特定要素审计中的特殊考虑，制定本准则。

第二条 中国注册会计师审计准则第 1101 号至第 1521 号适用于财务报表审计。当执行其他历史财务信息（包括单一财务报表和财务报表特定要素）审计业务时，注册会计师根据具体情况遵守适用的审计准则。本准则规范的是注册会计师运用审计准则对单一财务报表和财务报表特定要素进行审计时的特殊考虑。

第三条 单一财务报表和财务报表特定要素可能采用通用目的的编制基础，也可能采用特殊目的的编制基础。如果采用特殊目的的编制基础，《中国注册会计师审计准则第 1601 号——审计特殊目的财务报表的特殊考虑》也适用于对单一财务报表和财务报表特定要素的审计。

第四条 本准则不适用于组成部分注册会计师应集团项目组的要求，基于集团财务报表审计目的，对组成部分财务信息执行工作并出具报告的情况。这种情况适用《中国注册会计师审计准则第 1401 号——对集团财务报表审计的特殊考虑》。

第五条 本准则并不取代其他审计准则的规定，也未涵盖注册会计师在执行单一财务报表和财务报表特定要素审计时，需要根据具体情况作出的所有特殊考虑。

第二章 定 义

第六条 财务报表特定要素（简称特定要素），就本准则而言，除财务报表的特定要素外，还包括特定账户和特定项目。

第七条 单一财务报表或财务报表特定要素包括相关披露。相关披露通常包含与单一财务报表或财务报表特定要素相关的解释性或其他描述性信息。

第三章 目 标

第八条 注册会计师的目标是，在依据审计准则执行单一财务报表和财务报表特定要素审计时，在以下环节作出恰当的特殊考虑：

（一）业务的承接；

（二）业务的计划和执行；

（三）对单一财务报表和财务报表特定要素形成审计意见、出具审计报告。

第四章 要 求

第一节 业务承接时的考虑

第九条 注册会计师应当按照《中国注册会计师审计准则第 1101 号——注册会计师的

总体目标和审计工作的基本要求》的规定，遵守与本审计业务相关的所有审计准则。对单一财务报表或财务报表特定要素进行审计时，无论注册会计师是否同时接受委托对整套财务报表进行审计，该规定都适用。如果没有同时接受委托对整套财务报表进行审计，注册会计师应当确定按照审计准则对单一财务报表或财务报表特定要素进行审计是否可行。

第十条 《中国注册会计师审计准则第1111号——就审计业务约定条款达成一致意见》规定，注册会计师应当确定管理层在编制财务报表时采用的财务报告编制基础是否可接受。在单一财务报表或财务报表特定要素审计中，注册会计师在确定财务报告编制基础是否可接受时，应当确定采用该财务报告编制基础是否能够提供充分的披露，从而使财务报表预期使用者能够理解单一财务报表或财务报表特定要素提供的信息，以及重大交易和重大事项对这些信息的影响。

第十一条 《中国注册会计师审计准则第1111号——就审计业务约定条款达成一致意见》规定，审计业务约定条款应当包括注册会计师拟出具审计报告的具体表述方式。

针对单一财务报表或财务报表特定要素的审计，注册会计师应当考虑拟出具的审计报告的具体表述方式是否适合具体情况。

第二节 计划和执行审计工作时的考虑

第十二条 《中国注册会计师审计准则第1101号——注册会计师的总体目标和审计工作的基本要求》规定，审计准则适用于注册会计师执行财务报表审计业务。执行其他历史财务信息审计时，注册会计师根据具体情况遵守适用的审计准则。

在计划和执行单一财务报表或财务报表特定要素审计时，注册会计师应当根据具体情况遵守所有适用的审计准则条款。

第三节 形成审计意见和出具审计报告时的考虑

第十三条 在就单一财务报表或财务报表特定要素形成审计意见、出具审计报告时，注册会计师应当根据业务的具体情况，遵守《中国注册会计师审计准则第1501号——对财务报表形成审计意见和出具审计报告》和《中国注册会计师审计准则第1601号——审计特殊目的财务报表的特殊考虑》的相关规定。

第十四条 在接受业务委托时，如果既有对单一财务报表或财务报表特定要素的审计，也有对整套财务报表的审计，注册会计师应当针对每项业务分别发表审计意见。

第十五条 已审计的单一财务报表或财务报表特定要素可能连同已审计的整套财务报表一同发布，如果管理层没有明确区分整套财务报表与单一财务报表或财务报表特定要素，注册会计师应当要求管理层予以纠正。

注册会计师应当将对单一财务报表或财务报表特定要素的审计意见与对整套财务报表的审计意见予以明确区分。

只有在明确作出上述区分的情况下，注册会计师才可以针对单一财务报表或财务报表特定要素发表审计意见、出具审计报告。

第十六条 如果整套财务报表的审计报告包括下列事项，注册会计师应当考虑这些事项对单一财务报表或财务报表特定要素审计以及审计报告可能产生的影响：

（一）按照《中国注册会计师审计准则第1502号——在审计报告中发表非无保留意见》的规定，发表非无保留意见；

（二）按照《中国注册会计师审计准则第1503号——在审计报告中增加强调事项段和其他事项段》的规定，增加强调事项段或其他事项段；

（三）按照《中国注册会计师审计准则第1324号——持续经营》的规定，增加"与持续经营相关的重大不确定性"部分；

（四）按照《中国注册会计师审计准则第1504号——在审计报告中沟通关键审计事项》的规定，沟通关键审计事项；

（五）按照《中国注册会计师审计准则第1521号——注册会计师对其他信息的责任》的规定，说明未更正的其他信息重大错报。

第十七条 如果认为有必要对整套财务报表整体发表否定意见或无法表示意见，根据《中国注册会计师审计准则第1502号——在审计报告中发表非无保留意见》的规定，注册会计师不应在同一审计报告中，对构成整套财务报表组成部分的单一财务报表或财务报表特定要素发表无保留意见。这是因为，在同一审计报告中包含的无保留意见，将与对整套财务报表整体发表的否定意见或无法表示意见相矛盾。

第十八条 如果注册会计师认为有必要对整套财务报表整体发表否定意见或无法表示意见，同时又对该整套财务报表中的特定要素另行进行审计，只有在同时满足下列条件时，注册会计师才可以认为对特定要素发表无保留意见是适当的：

（一）法律法规并未禁止注册会计师对该特定要素发表无保留意见；

（二）注册会计师对该特定要素出具的无保留意见审计报告，与包含否定意见或无法表示意见的审计报告，并不一同发布；

（三）该特定要素并不构成整套财务报表的主要部分。

第十九条 如果对整套财务报表整体发表了否定意见或无法表示意见，注册会计师不应当对整套财务报表中的单一财务报表发表无保留意见。

即使单一财务报表的审计报告并不与对整套财务报表整体发表否定意见或无法表示意见的审计报告一同发布，注册会计师也不应对整套财务报表中的单一财务报表发表无保留意见。这是因为，单一财务报表是整套财务报表的主要部分。

第五章 附　　则

第二十条 本准则自2022年1月1日起施行。

中国注册会计师审计准则第1604号——对简要财务报表出具报告的业务

（2021年12月9日修订）

第一章 总　　则

第一条 为了规范注册会计师对简要财务报表出具报告的责任，制定本准则。

第二条 简要财务报表来源于由同一注册会计师按照审计准则的规定审计的财务报表。

第二章 定　　义

第三条 简要财务报表，是指源于财务报表但详细程度低于财务报表的历史财务信息。简要财务报表对被审计单位某一特定日期的经济资源或义务，或者某一会计期间经济资源或义务的变化，作出与财务报表一致但详细程度较低的结构性表述。例如，被审计单位可能为了某些商业目标（比如投标）而编制简要财务报表。

第四条 已审计财务报表，是指注册会计师按照审计准则审计过的财务报表，该财务报表是编制简要财务报表的依据。

第五条 采用的标准,是指管理层在编制简要财务报表时采用的标准。

第三章 目 标

第六条 注册会计师的目标是:
(一)确定承接对简要财务报表出具报告的业务是否适当;
(二)如果承接该业务,对根据获取的证据所得出的结论作出评价,在此基础上对简要财务报表形成意见,并通过书面报告的形式清楚地表达意见,说明形成意见的基础。

第四章 要 求

第一节 业务的承接

第七条 只有在已经接受委托,按照审计准则的规定执行财务报表审计,并且简要财务报表的内容来源于财务报表时,注册会计师才可以按照本准则的规定承接对简要财务报表出具报告的业务。

第八条 在承接对简要财务报表出具报告的业务之前,注册会计师应当:
(一)确定所采用的标准是否可接受;
(二)就管理层认可并理解其责任与管理层达成一致意见;
(三)与管理层就拟对简要财务报表发表意见的具体表述方式达成一致意见。
本条前款第(二)项提及的管理层的责任是:
(一)按照采用的标准编制简要财务报表;
(二)使简要财务报表的预期使用者能够比较方便地获取已审计财务报表(如果法律法规规定已审计财务报表无需提供给简要财务报表的预期使用者,并且为编制简要财务报表制定了标准,则应当在简要财务报表中说明法律法规的相关规定);
(三)在载有简要财务报表、并声明注册会计师已经对其出具报告的所有文件中,包含注册会计师对简要财务报表出具的报告(在本准则中有时简称为简要财务报表的报告)。

第九条 如果认为管理层采用的标准不可接受,或未能按照本准则第八条第一款第(二)项的规定就管理层认可并理解其责任与管理层达成一致意见,注册会计师不应承接对简要财务报表出具报告的业务,除非法律法规另有规定。如果法律法规要求注册会计师承接该业务,由于该业务的执行不符合本准则的规定,注册会计师对简要财务报表出具的报告不应提及已经按照本准则的规定执行了该业务。注册会计师应当在业务约定条款中适当提及这一情况。注册会计师还应当确定这一情况对财务报表(编制简要财务报表的依据)审计业务可能产生的影响。

第二节 程 序

第十条 注册会计师应当实施下列程序,以及可能有必要的其他程序,作为对简要财务报表形成意见的基础:
(一)评价简要财务报表是否充分披露其简化的性质,并指明作为其编制依据的已审计财务报表;
(二)如果简要财务报表不与已审计财务报表一起提供,则应当评价简要财务报表是否清楚地说明已审计财务报表的获取渠道;如果法律法规规定已审计财务报表无需提供给简要财务报表的预期使用者,并且为编制简要财务报表制定了标准,则应当评价简要财务报表是否清楚地说明了这些法律法规的规定;
(三)评价简要财务报表是否充分披露了采用的标准;
(四)将简要财务报表与已审计财务报表中的相关信息进行比较,以确定两者是否一致，或能否依据已审计财务报表中的相关信息重新计算得出简要财务报表中的信息；

（五）评价简要财务报表是否按照采用的标准编制；

（六）根据简要财务报表的目的，评价简要财务报表是否包含必要的信息，并在适当的层次进行了汇总，以使其不产生误导；

（七）评价简要财务报表的预期使用者能否比较方便地获取已审计财务报表，除非法律法规规定已审计财务报表无需提供给简要财务报表的预期使用者，并且为编制简要财务报表制定了标准。

第三节 意见的具体表述方式

第十一条 如果对简要财务报表发表无保留意见是恰当的，除非法律法规另有规定，注册会计师应当使用下列措辞之一：

（一）按照［采用的标准］，后附的简要财务报表在所有重大方面与已审计财务报表保持了一致；

（二）按照［采用的标准］，后附的简要财务报表公允概括了已审计财务报表。

第十二条 如果法律法规规定了对简要财务报表发表意见的措辞，并且与本准则第十一条规定的措辞存在差异，注册会计师应当实施下列程序：

（一）本准则第十条规定的程序以及其他必要的进一步程序，以使注册会计师能够发表符合规定的意见；

（二）评价简要财务报表的使用者是否可能误解注册会计师对简要财务报表发表的意见；如果可能误解，则应当评价在简要财务报表的报告中增加补充解释能否消除或减少误解。

第十三条 在本准则第十二条第（二）项所述的情况下，如果认为增加补充解释不能消除或减少可能的误解，注册会计师不应承接该业务，除非法律法规另有规定。如果法律法规要求注册会计师承接该业务，由于业务的执行不符合本准则的规定，注册会计师在对简要财务报表出具的报告中不应提及该业务是按照本准则的规定执行的。

第四节 工作的时间安排和期后事项

第十四条 对简要财务报表出具报告的日期可能迟于已审计财务报表的审计报告日。在这种情况下，简要财务报表的报告应当说明，简要财务报表和已审计财务报表均未反映已审计财务报表的审计报告日以后发生的事项的影响。

第十五条 注册会计师可能知悉了在已审计财务报表的审计报告日已经存在但之前并未知悉的事实。在这种情况下，注册会计师只有在按照《中国注册会计师审计准则第1332号——期后事项》的规定履行了其与期后事项相关的责任后，才可以对简要财务报表出具报告。

第五节 载有简要财务报表及其报告的文件中的信息

第十六条 注册会计师应当阅读载有简要财务报表及其报告的文件中包含的信息，识别其是否与简要财务报表存在重大不一致。

第十七条 如果识别出重大不一致，注册会计师应当与管理层讨论，并确定简要财务报表或者载有简要财务报表及其报告的文件中包含的信息是否需要作出修改。如果确定该信息需要修改，而管理层拒绝作出必要的修改，注册会计师应当采取适当的措施，包括考虑对简要财务报表的报告的影响。

第六节 对简要财务报表出具的报告

第十八条 对简要财务报表出具的报告应当包括下列要素：

（一）标题；
（二）收件人；
（三）意见；
（四）简要财务报表；
（五）已审计财务报表及其审计报告；
（六）管理层对简要财务报表的责任；
（七）注册会计师的责任；
（八）注册会计师的签名和盖章；
（九）会计师事务所的名称、地址和盖章；
（十）报告日期。

第十九条 报告的标题应当统一规范为"注册会计师对简要财务报表出具的报告"。

第二十条 报告应当按照业务约定条款的要求载明收件人。如果对简要财务报表出具的报告的收件人不同于已审计财务报表的审计报告的收件人，注册会计师应当评价使用不同收件人名称的适当性。

第二十一条 "意见"部分应当包括下列方面：
（一）注册会计师出具报告所针对的简要财务报表，包括每一简要财务报表的名称；
（二）已审计财务报表。

第二十二条 如果对已审计财务报表发表的不是否定意见或无法表示意见，"意见"部分应当清楚地表达对简要财务报表的意见，而不能拒绝发表意见。

第二十三条 "简要财务报表"部分应当指出，简要财务报表未包含已审计财务报表采用的编制基础所要求披露的全部事项，因此，简要财务报表及其报告不能代替已审计财务报表及其审计报告。

第二十四条 对简要财务报表出具报告的日期如果迟于已审计财务报表的审计报告日，"简要财务报表"部分应当说明，简要财务报表和已审计财务报表均未反映已审计财务报表的审计报告日以后发生的事项的影响。

第二十五条 "已审计财务报表及其审计报告"部分应当提及对已审计财务报表出具的审计报告和报告日期，以及除本准则第二十九条和第三十条规定的情形外，对已审计财务报表发表无保留意见这一事实。

第二十六条 "管理层对简要财务报表的责任"部分应当说明，按照采用的标准编制简要财务报表是管理层的责任。

第二十七条 "注册会计师的责任"部分应当说明，注册会计师的责任是在实施本准则规定的程序的基础上，对简要财务报表是否在所有重大方面与已审计财务报表保持了一致或公允概括了已审计财务报表发表意见。

第二十八条 对简要财务报表出具报告的日期不应早于下列日期：
（一）注册会计师已获取充分、适当的证据并在此基础上形成意见的日期，这些证据可以证明简要财务报表已经编制完成，并且被审计单位有相关权限的机构或人员已经认可其对简要财务报表负责；
（二）已审计财务报表的审计报告日。

第二十九条 如果已审计财务报表的审计报告中包含保留意见、强调事项、其他事项、与持续经营相关的重大不确定性、关键审计事项，或者对其他信息中未更正重大错报的说明，并且注册会计师确信，简要财务报表按照采用的标准在所有重大方面与已审计财务报表保持一致或公允概括了已审计财务报表，则简要财务报表的报告除包括本准则第十八条规定的要素外，还应当在"已审计财务报表及其审计报告"部分，作出如下说明：
（一）已审计财务报表的审计报告中包含保留意见、强调事项、其他事项、与持续经营相关的重大不确定性、关键审计事项或其他信息中的未更正重大错报；

（二）对已审计财务报表形成保留意见的基础，及其对简要财务报表的影响；已审计财务报表审计报告中的强调事项、其他事项或与持续经营相关的重大不确定性所涉及的事项，及其对简要财务报表的影响；其他信息中的未更正重大错报，及其对载有简要财务报表及其报告的文件中包含的信息的影响。

第三十条 如果对已审计财务报表发表了否定意见或无法表示意见，简要财务报表的报告除包括本准则第十八条规定的要素外，还应当：

（一）在"已审计财务报表及其审计报告"部分说明对已审计财务报表发表了否定意见或无法表示意见；

（二）在"已审计财务报表及其审计报告"部分说明形成否定意见或无法表示意见的基础；

（三）在"拒绝发表意见"部分说明，由于对已审计财务报表发表的是否定意见或无法表示意见，对简要财务报表发表意见是不适当的。

第三十一条 如果简要财务报表没有按照采用的标准在所有重大方面与已审计财务报表保持一致或公允概括已审计财务报表，而管理层又不同意作出必要修改，注册会计师应当对简要财务报表发表否定意见。

第七节 限制报告的发送对象或使用或者提醒使用者关注编制基础

第三十二条 如果已审计财务报表的审计报告存在发送对象或使用上的限制，或者已审计财务报表的审计报告提醒财务报表使用者关注已审计财务报表按照特殊目的编制基础编制，注册会计师应当在简要财务报表的报告中包含相同的限制或提醒。

第八节 比较信息

第三十三条 如果已审计财务报表包含比较信息而简要财务报表未包含，注册会计师应当根据业务的具体情况确定这样做是否合理。注册会计师应当确定不合理地省略比较信息对简要财务报表的报告的影响。

第三十四条 如果简要财务报表包含已由其他注册会计师审计的比较信息，简要财务报表的报告还应当载明，根据《中国注册会计师审计准则第1511号——比较信息：对应数据和比较财务报表》的规定，在已审计财务报表的审计报告中包含的事项。

第九节 与简要财务报表一同列报的未审计的补充信息

第三十五条 注册会计师应当评价，与简要财务报表一同列报的未审计的补充信息是否清楚地与简要财务报表区分。如果认为被审计单位未能清楚地将未审计的补充信息与简要财务报表加以区分，注册会计师应当要求管理层改变未审计补充信息的列报方式。如果管理层拒绝改变，注册会计师应当在简要财务报表的报告中说明本报告未涵盖该补充信息。

第十节 避免简要财务报表与注册会计师不当关联

第三十六条 如果注意到被审计单位计划在载有简要财务报表的文件中说明注册会计师已对简要财务报表出具报告，但被审计单位并未计划在文件中包含该报告，注册会计师应当要求管理层将该报告包含在该文件中。

如果管理层拒绝这样做，注册会计师应当采取适当的措施，以防止管理层在文件中将注册会计师与简要财务报表不适当地关联起来。

第三十七条 注册会计师可能接受委托对被审计单位的财务报表出具报告，但未接受委托对简要财务报表出具报告。在这种情况下，如果注意到被审计单位计划在载有简要财务报表的文件中作出说明，且该说明提及注册会计师和简要财务报表依据已审计财务报表编制这一事实，注册会计师应当确认：

（一）仅在涉及对已审计财务报表出具的审计报告时，提及注册会计师；

（二）所作的说明不会导致简要财务报表的使用者产生误解，认为注册会计师已经对简要财务报表出具了报告。

注册会计师如果不能确认前款第（一）项或第（二）项所述事项，可以选择的方法包括：

（一）注册会计师要求管理层修改其所作的说明，以符合前款的规定，或在文件中不提及注册会计师；

（二）被审计单位可以委托注册会计师对简要财务报表出具报告，并将相关报告包含在文件中。

当采取前款第（一）项方法时，如果管理层不修改作出的说明，或拒绝删除提及注册会计师的表述，或者当采取前款第（二）项方法时，管理层拒绝在载有简要财务报表的文件中包含注册会计师对简要财务报表出具的报告，注册会计师应当向管理层告知其不同意提及注册会计师，并采取其他适当措施，以防止管理层不恰当地提及注册会计师。

第五章 附 则

第三十八条 本准则自2022年1月1日起施行。

中国注册会计师审计准则第1611号——商业银行财务报表审计

（2006年2月15日发布）

第一章 总 则

第一条 为了规范注册会计师执行商业银行财务报表审计业务，制定本准则。

第二条 注册会计师在执行商业银行财务报表审计业务时，应当将本准则与相关审计准则结合使用。

第三条 本准则所称商业银行，是指依照《中华人民共和国公司法》和《中华人民共和国商业银行法》设立的从事吸收公众存款、发放贷款、办理结算等业务的企业法人。

第四条 商业银行通常具有下列主要特征：

（一）经营大量货币性项目，要求建立健全严格的内部控制；

（二）从事的交易种类繁多、次数频繁、金额巨大，要求建立严密的会计信息系统，并广泛使用计算机信息系统及电子资金转账系统；

（三）分支机构众多、分布区域广、会计处理和控制职能分散，要求保持统一的操作规程和会计信息系统；

（四）存在大量不涉及资金流动的资产负债表表外业务，要求采取控制程序进行记录和监控；

（五）高负债经营，债权人众多，与社会公众利益密切相关，受到银行监管法规的严格约束和政府有关部门的严格监管。

第五条 商业银行具有下列主要风险：

（一）信用风险；

（二）国家风险和转移风险；
（三）市场风险；
（四）利率风险；
（五）流动性风险；
（六）操作风险；
（七）法律风险；
（八）声誉风险。

第六条 由于商业银行具有的特征和风险，注册会计师应当保持应有的职业谨慎，以将审计风险降至可接受的低水平。

第二章 接受业务委托

第七条 注册会计师应当初步了解商业银行的基本情况，评价自身独立性和专业胜任能力，初步评估审计风险，以确定是否接受业务委托。

第八条 在评价自身专业胜任能力时，注册会计师应当考虑：
（一）是否具备商业银行审计所需要的专门知识和技能；
（二）是否熟悉商业银行计算机信息系统及电子资金转账系统；
（三）是否具有对商业银行国内外分支机构实施审计的充足人力资源。

第九条 注册会计师在接受业务委托时，应当就审计目标和范围、双方的责任、审计报告的用途等事项与商业银行达成一致意见。

第三章 计划审计工作

第十条 在计划审计工作前，注册会计师应当了解商业银行下列主要情况：
（一）宏观经济形势对商业银行的影响；
（二）适用的银行监管法规及银行监管机构的监管程度；
（三）特殊会计惯例及问题；
（四）组织结构及资本结构；
（五）金融产品、服务及市场状况；
（六）风险及管理策略；
（七）相关内部控制；
（八）计算机信息系统及电子资金转账系统；
（九）资产、负债结构及信贷资产质量；
（十）主要贷款对象所处行业状况；
（十一）重大诉讼。

第十一条 在了解上述情况时，注册会计师应当重点查阅商业银行下列资料：
（一）章程、营业执照、经营许可证等法律文件；
（二）组织结构图；
（三）股东会、董事会、监事会及管理委员会的会议纪要；
（四）年度财务报表和中期财务报表；
（五）分部报告；
（六）风险管理策略和相关报告；
（七）有关控制程序和会计信息系统的文件；
（八）计算机信息系统和电子资金转账系统硬件、软件清单及流程图；
（九）信贷、投资等经营政策；
（十）银行监管机构的检查报告和有关文件；

（十一）内部审计报告；
（十二）经营计划、资本补足计划；
（十三）重大诉讼法律文书；
（十四）金融产品和服务营销手册；
（十五）新近颁布的影响商业银行经营的法规。

第十二条 在制定总体审计策略时，注册会计师应当考虑下列主要事项：
（一）重要性水平；
（二）预期的重大错报风险；
（三）商业银行使用计算机信息系统和电子资金转账系统的程度；
（四）商业银行内部控制的预期可信赖程度；
（五）重点审计领域；
（六）商业银行持续经营假设的合理性；
（七）利用内部审计的工作；
（八）利用专家的工作；
（九）利用其他注册会计师的工作；
（十）利用银行监管机构的检查报告及有关文件；
（十一）审计工作的组织与安排。

第十三条 在确定重要性水平时，注册会计师应当考虑：
（一）相对小的错报对资产负债表的影响可能不重要，但对利润表和资本充足率可能产生重大影响；
（二）既影响资产负债表又影响利润表的错报，比只影响资产、负债和资产负债表表外承诺的错报更重要；
（三）重要性水平有助于识别导致商业银行严重违反监管法规的错报。

第十四条 商业银行的重大错报风险较高，内部控制对防止或发现并纠正舞弊与错误至关重要；注册会计师应当评估重大错报风险，以确定检查风险的可接受水平。

第十五条 商业银行的计算机信息系统和电子资金转账系统具有下列重要作用，注册会计师应当关注其使用的方式和程度：
（一）计算和记录利息收入和支出；
（二）计算外汇和证券交易头寸，并记录相关的损益；
（三）提供资产、负债余额的最新记录；
（四）每日处理大量巨额交易。

第十六条 由于商业银行具有的特征和风险，注册会计师通常需要依赖控制测试而不能完全依赖实质性程序。

第十七条 注册会计师应当关注下列可能导致财务报表发生重大错报风险的重点审计领域：
（一）贷款损失准备；
（二）资产负债表表外业务；
（三）不符合银行监管法规的交易和事项；
（四）发生重大变动的财务报表项目；
（五）资产负债表日前后发生的重大一次性交易；
（六）高度复杂或投机性强的交易；
（七）非常规贷款；
（八）关联方交易；
（九）新金融产品或服务；
（十）受新近颁布的监管法规影响的业务领域。

第十八条 注册会计师应当考虑商业银行编制财务报表所依据的持续经营假设的合理性。

第十九条 内部审计是商业银行内部控制的重要组成部分，注册会计师应当考虑是否利用内部审计的工作。

第二十条 在评价计算机信息系统和电子资金转账系统等特殊领域时，注册会计师应当考虑是否利用专家的工作。

第二十一条 商业银行拥有的分支机构众多且分布区域广，注册会计师应当考虑是否利用其他注册会计师的工作。

第二十二条 注册会计师应当查阅商业银行持有的银行监管机构的检查报告和有关文件，以获取对确定重点审计领域有用的信息，提高审计效率。

第二十三条 在组织和安排审计工作时，注册会计师应当考虑：
（一）项目组组成及分工；
（二）其他注册会计师参与的程度；
（三）计划利用内部审计工作的程度；
（四）计划利用专家工作的程度；
（五）出具审计报告的时间要求；
（六）需要商业银行管理层提供的专项分析资料。

第二十四条 注册会计师应当根据总体审计策略制定具体审计计划，以合理确定进一步审计程序的性质、时间和范围。

第四章 了解和测试内部控制

第二十五条 注册会计师应当充分了解商业银行的相关内部控制，以确定有效的审计方案。

第二十六条 商业银行的相关内部控制应当实现下列目标：
（一）所有交易经管理层一般授权或特别授权方可执行；
（二）所有交易和事项以正确的金额，在恰当的会计期间及时记录于适当的账户，使编制的财务报表符合适用的会计准则和相关会计制度的规定；
（三）只有经过管理层授权才能接触资产和记录；
（四）将记录的资产与实有资产定期核对，并在出现差异时采取适当的措施；
（五）恰当履行受托保管协议规定的职责。

第二十七条 注册会计师应当了解商业银行分级授权体系的下列要素：
（一）有权批准特定交易的人员；
（二）授权遵守的程序；
（三）授权限额及条件；
（四）风险报告及监控。

第二十八条 注册会计师应当检查授权控制，以确定为各类交易设定的风险限额是否得到遵守，超出风险限额是否及时向适当层次管理人员报告。

第二十九条 由于临近资产负债表日发生的交易往往尚未完成，或在确定取得资产、承担债务的价值时缺乏依据，注册会计师应当重点检查这些交易的授权控制。

第三十条 在评价与交易和事项记录有关的内部控制的有效性时，注册会计师应当考虑：
（一）商业银行处理大量交易，其中单笔或数笔交易可能涉及巨额资金，需要定期执行试算平衡和调节程序，以及时发现差错并进行调查和纠正，将造成损失的风险降至最低；
（二）许多交易的会计核算有特殊规定，商业银行需要采取控制程序以保证这些规定得以遵守；
（三）有些交易不在资产负债表中列示，甚至不在财务报表附注中披露，商业银行需要采取控制程序保证这些交易以适当的方式被记录和监控，并能及时确认因交易状况变化而产生的损益；

（四）商业银行不断推出新的金融产品和服务，需要及时更新会计信息系统和相关内部控制；

（五）每日余额可能并不反映当日系统处理的全部交易量或最大损失风险，商业银行需要对最大交易量或最大损失风险保持控制；

（六）对大多数交易的记录应便于商业银行内部、商业银行客户及交易对方核对。

第三十一条 计算机信息系统和电子资金转账系统的广泛使用，对注册会计师评价商业银行的内部控制有重要影响。

注册会计师应当对影响系统开发、修改、接触、数据登录、网络安全和应急计划的相关内部控制进行评价。

注册会计师应当考虑商业银行使用电子资金转账系统的程度，评价交易前监督控制和交易后确认及调节程序的完整性。

第三十二条 商业银行的资产易于转移，金额巨大，仅通过实物控制难以奏效，管理层通常实施下列控制程序：

（一）凭借密码和接触控制，只有获得授权的人员才能操作计算机信息系统和电子资金转账系统；

（二）将资产接触与记录职责分离；

（三）由独立人员向第三方函证和调节资产余额。

注册会计师应当合理确信上述所有控制是否有效运行，必要时，复核或参与年末函证和调节程序。

第三十三条 将记录的资产与实有资产定期进行核对是一项重要的调节控制，该项控制具有下列重要作用：

（一）验证现金、有价证券等资产的存在性，及时发现舞弊与错误；

（二）检查易发生价值波动的资产计价的正确性；

（三）验证资产接触和授权控制运行的有效性。

注册会计师应当运用检查和询问等程序，测试该项控制的有效性。

第三十四条 在评价调节控制的有效性时，注册会计师应当考虑：

（一）需要调节的账户较多且调节频率较高；

（二）调节结果具有累积性；

（三）调节项目可能被不适当地结转到同一时期内未被调节和调查的账户。

第三十五条 在评价受托保管业务的内部控制有效性时，注册会计师应当考虑：

（一）是否由专门部门履行受托保管职责；

（二）是否将自有资产与受托保管资产适当分离；

（三）是否已对受托保管资产作出适当记录。

第三十六条 在评价特定控制程序有效性时，注册会计师应当考虑下列控制环境因素的影响：

（一）组织结构和权力、责任的划分；

（二）管理层监控工作的质量；

（三）内部审计工作的范围和效果；

（四）关键管理人员的素质；

（五）银行监管机构的监管程度。

第三十七条 对审计过程中注意到的商业银行内部控制的重大缺陷，注册会计师应当及时与治理层和管理层沟通。

第五章 实质性程序

第三十八条 注册会计师应当在评估商业银行财务报表重大错报风险的基础上,确定可接受的检查风险水平和实质性程序的性质、时间和范围。

第三十九条 注册会计师对重大错报风险的评估是一种判断,可能无法充分识别所有的重大错报风险,并且由于内部控制存在固有局限性,无论评估的重大错报风险结果如何,注册会计师都应当针对所有重大的各类交易、账户余额、列报(包括披露)实施实质性程序。

第四十条 在实施实质性程序时,注册会计师应当特别考虑运用下列重要审计程序:

(一)分析程序;
(二)监盘;
(三)检查;
(四)询问和函证。

第四十一条 注册会计师应当考虑对下列项目实施分析程序,以测试其总体合理性:

(一)利息收入、支出;
(二)手续费收入;
(三)贷款损失准备。

第四十二条 注册会计师应当考虑对下列项目实施监盘程序,以测试其存在性:

(一)现金;
(二)贵金属;
(三)有价证券;
(四)其他易转移资产。

第四十三条 在实施监盘程序时,注册会计师应当关注受托保管资产是否存在,是否与自有资产相混淆。

第四十四条 注册会计师应当考虑实施检查程序,以了解贷款协议、承诺协议等重要协议的条款,评价其约束力及相关会计处理的适当性。

第四十五条 注册会计师应当考虑实施询问和函证程序,以实现下列目的:

(一)确认货币性资产、负债和资产负债表表外承诺的存在性和完整性;
(二)获取经商业银行客户或交易对方确认的某项交易金额、条款和状况的审计证据;
(三)获取不能直接从商业银行会计记录中得到的其他信息。

第四十六条 注册会计师应当考虑对下列事项实施函证程序:

(一)存款、贷款和同业往来等账户的余额;
(二)特定贷款抵押品的状况;
(三)因担保、承诺和承兑等资产负债表表外业务产生的或有负债;
(四)资产回购和返售协议以及未履约期权;
(五)与远期外汇合约和其他未履行合约有关的信息;
(六)委托保管的有价证券等项目。

第四十七条 为了提高审计效率,注册会计师应当考虑:

(一)在资产负债表日前实施某些测试;
(二)使用计算机辅助审计技术;
(三)当存在大量同质账户或交易时,使用统计抽样技术。

第四十八条 在审计资产负债表表外业务时,注册会计师应当检查相应收入的来源,并实施其他审计程序,以证实:

(一)相关会计记录是否完整;
(二)计提的损失准备是否充足;

（三）披露是否充分。

第四十九条　在审计关联方和关联方交易时，注册会计师应当实施必要的审计程序，以确定：

（一）所有重要的关联方和关联方交易是否都已被识别；

（二）所有重要的关联方交易是否都经适当授权；

（三）关联方和关联方交易是否已按照适用的会计准则和相关会计制度的规定予以充分披露。

第五十条　在实施下列审计程序时，注册会计师可能注意到商业银行持续经营假设不再合理的迹象：

（一）分析程序；

（二）检查资产负债表日后事项；

（三）检查债务协议条款的遵守情况；

（四）查阅股东会、董事会、监事会及管理委员会的会议纪要；

（五）向商业银行的法律顾问询问有关诉讼、索赔等情况；

（六）函证关联方或第三方向商业银行提供财务支持的详细情况；

（七）查阅商业银行持有的银行监管机构的检查报告和有关文件；

（八）检查法定资本要求的遵守情况。

第五十一条　注册会计师应当关注商业银行持续经营假设不再合理的下列主要迹象：

（一）贷款业务量显著下降；

（二）不良贷款剧增；

（三）大量贷款集中于陷入困境的行业；

（四）过度依赖少数存款人的大额存款；

（五）存款大量流失；

（六）信用等级下降；

（七）未能达到银行监管机构规定的流动性监管指标；

（八）未能达到最低法定资本要求或未能遵守银行监管机构批准的资本补足计划；

（九）银行监管法规的变化已对商业银行经营产生重大不利影响；

（十）严重违反银行监管法规；

（十一）银行监管机构已对商业银行的不审慎经营表示关注或采取措施。

第五十二条　注册会计师应当就下列主要事项获取商业银行管理层声明：

（一）持有的银行监管机构的检查报告和有关文件已提供给注册会计师；

（二）长期投资和短期投资的分类准确地反映了管理层的计划和意图；

（三）确定公允价值所依据的假设是合理的；

（四）资本补足计划及其实施符合银行监管机构的要求，并已作充分的披露；

（五）或有负债已在财务报表中充分披露；

（六）关联方交易符合银行监管法规的规定，并已作充分的披露；

（七）对资产负债表日持有的有价证券、贷款等资产可能发生的损失计提充足的准备；

（八）具有重大风险的资产负债表表外业务已作充分的披露。

第六章　审计报告

第五十三条　注册会计师应当在实施必要的审计程序后，对财务报表进行总体复核，根据经过核实的审计证据形成审计意见，出具审计报告。

第五十四条　在评价审计证据、形成审计意见时，注册会计师应当考虑商业银行会计处理和报告的特殊规定。

第五十五条　在出具审计报告之前，注册会计师应当根据银行监管法规的有关要求，确定是否需要将重大事项告知银行监管机构。

第七章 附 则

第五十六条 本准则自 2007 年 1 月 1 日起施行。

中国注册会计师审计准则第 1612 号——银行间函证程序

（2006 年 2 月 15 日发布）

第一章 总 则

第一条 为了规范注册会计师在商业银行财务报表审计中实施银行间函证程序，制定本准则。

第二条 本准则所称银行间函证程序，是指注册会计师为了获取影响商业银行财务报表或相关披露认定的项目的信息，以商业银行的名义向确认银行寄发询证函，获取和评价审计证据的过程。

本准则所称确认银行，是指接收商业银行的询证函并被请求回函的银行。

第三条 在实施银行间函证程序时，注册会计师应当保持应有的关注，对函证全过程进行控制。

第二章 询证函的编制与寄发

第四条 注册会计师在选择确认银行时，应当考虑与商业银行的账户余额或其他信息有关的下列主要因素：

（一）账户余额的大小；

（二）交易的性质、数量和金额；

（三）相关内部控制的可信赖程度；

（四）重要性与审计风险。

第五条 注册会计师应当采用积极的函证方式，要求确认银行对所函证的账户余额或其他信息予以回函。

第六条 注册会计师在编制询证函时，可选用下列方法：

（一）在询证函中列示账户余额或其他信息，要求确认银行确认其准确性和完整性；

（二）要求确认银行在询证函中列示账户余额或其他信息的详细情况，据以与商业银行的记录相比较。

在选用上述方法时，注册会计师应当考虑函证的目的、对审计证据质量的要求及回函的可能性。

第七条 注册会计师应当经商业银行同意，以商业银行的名义向确认银行寄发询证函，并要求确认银行直接向注册会计师所在的会计师事务所回函。

第八条 注册会计师应当根据函证事项的性质等因素确定寄发询证函的时间。

第三章 函证的内容

第九条 注册会计师应当根据函证目的及商业银行会计信息系统等情况确定函证的内容。

第十条 注册会计师函证的内容主要包括：

（一）商业银行与确认银行之间的存款、贷款和同业往来等账户（包括零余额的往来账户和在函证日之前十二个月内注销的往来账户）的余额及到期日、利息条款、未使用的授信额度、抵销权、抵押权和质押权等详细情况。询证函应当载明账户摘要、账号和币种等有关信息。

（二）商业银行与确认银行之间因担保、承诺和承兑等资产负债表表外业务产生的或有负债。询证函应当载明或有负债的性质、币种和金额等有关信息。

（三）资产回购和返售协议以及未履约期权。询证函应当载明协议标的、签订日、到期日和达成交易的条件等有关信息。

（四）与远期外汇合约和其他未履行合约有关的信息。询证函应当载明每项合约的编号、交易日、到期日、成交价格、币种和金额等有关信息。

（五）确认银行代为保管的有价证券等项目。询证函应当载明项目摘要和权属等有关信息。

第四章 回函的评价

第十一条 在评价通过函证程序获取的审计证据是否充分时，注册会计师应当考虑：
（一）函证程序的可靠性；
（二）不符事项的性质和金额；
（三）实施其他审计程序获取的审计证据。

第十二条 当未收到确认银行的回函时，注册会计师应当实施替代审计程序。

第十三条 如果通过函证、替代审计程序和其他审计程序所获取的审计证据不充分，注册会计师应当扩大函证范围或追加审计程序。

第五章 附 则

第十四条 本准则自2007年1月1日起施行。

中国注册会计师审计准则第1613号——与银行监管机构的关系

（2006年2月15日发布）

第一章 总 则

第一条 为了明确在商业银行财务报表审计中商业银行治理层、管理层的责任和注册会计师的责任，促进注册会计师与银行监管机构之间的理解与合作，提高审计的有效性，制定本准则。

第二条 本准则适用于注册会计师执行商业银行财务报表审计业务，并适用于接受银行监管机构委托执行专项业务。

第二章 商业银行治理层和管理层的责任

第三条 商业银行的治理层和管理层应当按照《中华人民共和国公司法》《中华人民共和国商业银行法》及其他法律法规的规定履行治理责任和管理责任。

第四条 商业银行的经营管理主要由治理层及其任命的管理层负责。这种责任旨在确保实现下列主要目的：

（一）商业银行工作人员具备充分的专业技能和诚信，关键岗位工作人员具有丰富的工作经验；

（二）针对商业银行各项业务建立并实施恰当的政策、制度和程序；

（三）建立适当的管理信息系统；

（四）具有适当的风险管理政策和程序；

（五）遵守包括有关偿付能力和流动性要求在内的法律法规及监管规定；

（六）充分保障股东、存款人及其他债权人的利益。

第五条 管理层负责建立会计信息系统，保持足以支持财务报表的会计记录，并按照适用的会计准则和相关会计制度的规定编制财务报表。管理层的责任还包括确保注册会计师完整地、不受限制地获得对财务报表和审计意见产生重大影响的所有必需信息。

第六条 治理层有责任确保建立并维护有效的内部控制，并根据法律法规的规定成立审计委员会履行有关职责。为提高工作有效性，审计委员会应当允许和鼓励内部审计人员、注册会计师参加审计委员会会议。

第七条 管理层有责任按照相关法律法规的规定和治理层的要求，设立与商业银行规模及业务性质相适应的内部审计部门并保证其有效运行。

第八条 为保证审计工作充分有效，内部审计部门应当独立于所审计或核查的业务活动，并独立于日常内部控制过程。

商业银行的所有业务活动以及分支机构、子公司和其他组成部分都应纳入内部审计部门的核查范围。

内部审计部门应当定期向治理层和管理层报告内部控制及风险管理系统的运行情况，以及内部审计目标完成情况。管理层应当建立能够确保内部审计建议得到考虑、并在适当时得以实施的程序。

第九条 注册会计师对商业银行财务报表的审计不能减轻商业银行治理层和管理层的责任。

第三章 注册会计师的责任

第十条 注册会计师的责任是按照中国注册会计师审计准则（以下简称审计准则）的规定，对商业银行财务报表是否按照适用的会计准则和相关会计制度的规定编制，是否在所有重大方面公允反映商业银行的财务状况、经营成果和现金流量发表审计意见。

第十一条 注册会计师应当根据业务约定恰当致送审计报告，致送对象通常为股东或董事会，但审计报告也可能被存款人、债权人及银行监管机构等方面获取。

注册会计师的审计意见可以提高商业银行财务报表的可信赖程度，但不是对商业银行未来生存能力或管理层经营效率、效果提供的保证。

第十二条 注册会计师应当了解商业银行及其环境，以足够识别和评估财务报表重大错报风险、设计和实施进一步审计程序。

第十三条 在评估商业银行财务报表重大错报风险时，注册会计师应当考虑商业银行的特征，主要包括：

（一）经营大量货币性项目，要求建立健全严格的内部控制；

（二）从事的交易种类繁多、次数频繁、金额巨大，要求建立严密的会计信息系统，并广泛使用信息技术及电子资金转账系统；

（三）分支机构众多，分布区域广，会计处理和控制职能分散，要求保持统一的操作规程和会计信息系统；

（四）存在大量不涉及资金流动的资产负债表表外业务，要求采取控制程序进行记录和监控；

（五）高负债经营，债权人众多，与社会公众利益密切相关，受到商业银行监管法规的严格约束和政府有关部门的严格监管。

第十四条 注册会计师应当针对评估的财务报表层次重大错报风险确定总体应对措施，并针对认定层次重大错报风险设计和实施进一步审计程序。

第十五条 商业银行的内部审计工作有助于注册会计师执行审计业务，注册会计师应当评价和考虑利用内部审计工作。

注册会计师在评价内部审计工作时，应当考虑内部审计部门在组织结构中的地位、工作范围、内部审计人员的专业胜任能力以及能否保持职业谨慎。

第十六条 职业判断贯穿于注册会计师审计工作的全过程。注册会计师主要在下列方面运用职业判断：

（一）评估重大错报风险；

（二）确定审计程序的性质、时间和范围；

（三）评价审计程序的实施结果；

（四）评估管理层在编制财务报表时所作出的判断和估计的合理性。

第十七条 注册会计师应当从财务报表层次和各类交易、账户余额、列报（包括披露）认定层次考虑重要性。

注册会计师审计商业银行财务报表时使用的重要性水平可能与其向银行监管机构提交专项报告时使用的重要性水平不同。

第十八条 注册会计师应当获取商业银行财务报表整体不存在重大错报的合理保证。但由于存在下列固有限制，注册会计师即使按照审计准则的规定恰当地计划和实施审计工作，也不可能绝对保证发现商业银行财务报表中的所有重大错报：

（一）选择性测试方法的运用；

（二）内部控制的固有局限性；

（三）大多数审计证据是说服性而非结论性的；

（四）为形成审计意见而实施的审计工作涉及大量判断；

（五）某些特殊性质的交易和事项可能影响审计证据的说服力。

第十九条 注册会计师应当考虑商业银行财务报表是否存在舞弊或错误导致的重大错报。

在考虑由舞弊导致的重大错报时，注册会计师应当关注：

（一）由于舞弊者可能通过精心策划以掩盖其舞弊行为，舞弊导致的重大错报未被发现的风险，通常大于错误导致的重大错报未被发现的风险。尤其是在串谋的情况下，舞弊导致的重大错报更难发现；

（二）由于管理层往往能够凌驾于内部控制之上，直接或间接地操纵会计记录并编报虚假财务信息，管理层舞弊导致的重大错报未被发现的风险，通常大于员工舞弊导致的重大错报未被发现的风险。

第二十条 如果发现财务报表存在重大错报，注册会计师应当提请商业银行予以更正。如果商业银行拒绝更正，注册会计师应当对财务报表出具保留意见或否定意见的审计报告。

如果商业银行未能提供审计工作所要求的所有必需信息，注册会计师应当就这些事项与商业银行管理层和治理层沟通。如果仍未获得所有必需信息，注册会计师应当对财务报表出具保留意见或无法表示意见的审计报告。

第二十一条 注册会计师应当按照《中国注册会计师审计准则第1151号——与治理层的沟通》的规定，及时和管理层、治理层沟通与财务报表审计相关的事项。

在某些情况下，注册会计师可以向管理层或银行监管机构提交一份长式报告，详细说明某些重大事项，如账户余额或贷款组合的明细项目、某些财务比率、内部控制的有效性、商业银行风险分析及合规情况。

第二十二条　如果存在下列事项，注册会计师应当根据相关法律法规的规定，考虑是否需要及时将这些事项告知银行监管机构：

（一）构成重大违反法律法规的事项；

（二）影响商业银行持续经营的事项或情况；

（三）出具非标准审计报告。

第四章　注册会计师与银行监管机构的关系

第二十三条　注册会计师与银行监管机构对下列事项关注的角度可能存在差异，但可以相互补充：

（一）注册会计师主要关心的是对商业银行财务报表出具审计报告，为此，应当评价管理层在编制财务报表时采用持续经营假设的合理性。银行监管机构主要关心的是保持商业银行系统的稳定性，促进各商业银行安全、稳健运行，以保证存款人的利益，因而银行监管机构需要依据财务报表评价商业银行经营状况和业绩，监控其现在和未来的生存能力。

（二）注册会计师关心的是评价内部控制，以确定在计划和实施审计工作时对内部控制的信赖程度。银行监管机构关心的是商业银行是否存在健全的内部控制，以作为商业银行安全经营和审慎管理的基础。

（三）注册会计师关心的是商业银行是否具有充分和可靠的会计记录，以使其编制的财务报表不存在重大错报。银行监管机构关心的是商业银行是否依据一贯的会计政策，保持充分的会计记录，并按规定定期公布财务报表。

第二十四条　如果银行监管机构在监管活动中使用已审计财务报表，注册会计师应当考虑以适当的方式提请商业银行管理层说明下列事项：

（一）商业银行编制财务报表的首要目的并非满足监管的需要；

（二）注册会计师依据审计准则实施审计工作旨在对财务报表整体不存在重大错报获取合理保证；

（三）商业银行在编制财务报表时，按照会计准则和相关会计制度的规定，需要在判断的基础上选择并运用会计政策；

（四）财务报表中包含的信息建立在管理层判断和估计的基础上；

（五）商业银行的财务状况可能受财务报表期后事项的影响；

（六）银行监管机构与注册会计师评价和测试内部控制的目的可能不同，银行监管机构不应假定注册会计师为审计目标而作出的有关内部控制的评价能够充分满足监管目的；

（七）注册会计师考虑的内部控制和会计政策可能不同于商业银行为银行监管机构提供信息时依据的内部控制和会计政策。

第二十五条　如果银行监管机构对商业银行出具了监管报告，注册会计师应当考虑向商业银行获取该报告。

第二十六条　基于履行保密责任的需要，注册会计师与银行监管机构进行必要联系时，通常需要事先告知商业银行管理层或请其到场。

如果需要沟通的事项涉及商业银行违反法规行为、治理层或管理层重大舞弊等事项，注册会计师应当考虑征询法律意见，以及时采取适当措施。

第二十七条　某些涉及治理层责任的事项可能为银行监管机构所关注，特别是那些需要银行监管机构采取紧急措施的事项。如果法律法规要求直接与银行监管机构沟通，注册会计师应当及时就这些事项与银行监管机构沟通。

如果法律法规没有要求直接与银行监管机构沟通，注册会计师应当提请管理层或治理层与银行监管机构沟通。如果管理层或治理层没有及时与银行监管机构沟通，注册会计师应当征询法律意见，考虑是否有必要直接与银行监管机构沟通。

第二十八条 注册会计师应当予以关注并需要提请银行监管机构采取紧急措施的事项主要包括：

（一）显示商业银行未能满足某项银行许可要求的信息；

（二）商业银行决策机构内部发生严重冲突或关键职能部门经理突然离职；

（三）显示商业银行可能严重违反法律法规、银行章程、规章或行业规范的信息；

（四）注册会计师拟辞聘或被解聘；

（五）银行经营风险的重大不利变化及影响未来经营的潜在风险。

注册会计师应当考虑就这些事项与治理层沟通。

第二十九条 注册会计师可以根据银行监管机构的委托，就商业银行的下列事项出具专项报告，以协助银行监管机构履行监管职能：

（一）是否满足许可条件；

（二）保持会计记录和其他记录的信息系统是否适当，内部控制是否有效；

（三）为银行监管机构编制的报告所使用的方法是否适当，这些报告中包含的诸如资产负债率及其他审慎指标的信息是否准确；

（四）是否根据银行监管机构规定的标准建立恰当的组织机构；

（五）是否遵守相关法律法规；

（六）是否采用恰当的会计政策。

第五章 协助完成特定监管任务时的补充要求

第三十条 如果银行监管机构依据明确的法律法规或与商业银行签订的协议，委托注册会计师协助完成特定监管任务，注册会计师应当另行签订业务约定书。

第三十一条 向银行监管机构提供完整、准确的信息是商业银行管理层的责任，注册会计师的责任是就该信息或特定程序的实施出具报告。注册会计师不承担任何监管责任，而是通过提供报告使银行监管机构更有效地对商业银行的状况作出判断。

第三十二条 注册会计师与商业银行的正常关系应被保护。如果没有法定要求或制约注册会计师工作的合约安排，注册会计师应当提请银行监管机构在商业银行的安排下进行沟通。

第三十三条 在接受银行监管机构的任务前，注册会计师应当考虑是否产生利益冲突。如果产生利益冲突，注册会计师应在工作开始前予以解决，解决方法通常是获得商业银行管理层的批准。

第三十四条 注册会计师应当提请银行监管机构以书面形式对监管要求作出详细、清楚的说明，并尽量详细描述对银行经营状况的评价标准，以便对商业银行是否符合监管要求出具报告。

注册会计师应当与银行监管机构就重要性及其运用达成一致的理解。

第三十五条 注册会计师在接受银行监管机构的委托时，应当考虑是否具有必要的素质和专业胜任能力。

第三十六条 注册会计师应当对执业过程中知悉的信息保密，尤其不应将通过业务关系获得的其他客户信息披露给被审计商业银行或公众。

第六章 附 则

第三十七条 本准则自 2007 年 1 月 1 日起施行。

中国注册会计师审计准则第 1631 号——财务报表审计中对环境事项的考虑

（2022 年 12 月 22 日修订）

第一章 总 则

第一条 为了规范注册会计师在财务报表审计中对被审计单位环境事项的考虑，制定本准则。

第二条 本准则适用于注册会计师执行财务报表审计业务。

第三条 本准则所称环境事项是指：

（一）被审计单位按照有关环境保护的法律法规（以下简称环境法律法规）或合同要求，或自愿为预防、减轻或弥补对环境造成的破坏，或为保护可再生资源和不可再生资源而采取的措施；

（二）因违反环境法律法规可能导致的后果；

（三）环境的破坏对他人或自然资源造成的后果；

（四）法律法规规定的代偿责任，包括由原使用者（或所有者）造成的环境破坏引起的责任。

第四条 影响财务报表的环境事项主要包括：

（一）因环境法律法规的实施导致资产减值，需要计提资产减值准备；

（二）因没有遵守环境法律法规，需要计提补救、赔偿或诉讼费用，或支付罚款等；

（三）某些被审计单位，如石油、天然气开采企业，化工厂或废弃物管理公司，因其核心业务而随之带来的环境保护义务；

（四）被审计单位自愿承担的环境保护推定义务；

（五）被审计单位需要在财务报表附注中披露的与环境事项相关的或有负债；

（六）在特殊情况下，违反环境法律法规可能对被审计单位的持续经营产生影响，并由此影响财务报表的编制基础。

第五条 对环境事项的恰当确认、计量和列报（包括披露，下同）是被审计单位管理层的责任。

注册会计师在财务报表审计中应当考虑可能导致财务报表重大错报风险的环境事项。

第六条 注册会计师是否需要考虑环境事项以及考虑的范围，取决于其对环境事项是否会引起财务报表重大错报风险作出的职业判断。

第七条 注册会计师对财务报表的审计，并非专为发现被审计单位可能违反环境法律法规的行为，所实施的审计程序也不足以就被审计单位环境法律法规的遵守情况，或与环境事项相关的内部控制的有效性得出结论。

第二章 实施风险评估程序时对环境事项的考虑

第一节 了解环境保护要求和问题

第八条 注册会计师在实施风险评估程序时，应当从下列方面考虑对被审计单位所处行业及其业务产生重大影响的环境保护要求和问题：

（一）所处行业存在的重大环境风险，包括已有的和潜在的风险；
（二）所处行业通常面临的环境保护问题；
（三）适用于被审计单位的环境法律法规；
（四）被审计单位的产品或生产过程中使用的原材料、技术、工艺及设备等是否属于法律法规强制要求淘汰或行业自愿淘汰之列；
（五）监管机构采取的行动或发布的报告是否对被审计单位及其财务报表可能产生重大影响；
（六）被审计单位为预防、减轻或弥补对环境造成的破坏，或为保护可再生资源和不可再生资源拟采取的措施；
（七）被审计单位因环境事项遭受处罚和诉讼的记录及其原因；
（八）是否存在与遵守环境法律法规相关的未决诉讼；
（九）所投保险是否涵盖环境风险。

第九条 对具体审计业务而言，注册会计师拥有的环境事项知识程度通常不如管理层或环境专家。但注册会计师应当具备足够的环境事项知识，以识别和了解与环境事项相关的、可能对财务报表及其审计产生重大影响的交易、事项和惯例。

第十条 某些行业因性质特殊存在重大环境风险，如石油天然气、化工、制药、冶金、采矿、造纸、制革、印染和公用事业等行业，注册会计师应当特别关注被审计单位存在因环境事项导致负债和或有负债的可能性。

第十一条 某些被审计单位并不一定处于本准则第十条所述的存在重大环境风险的行业，但如果存在下列情况，可能面临潜在的重大环境风险：
（一）在很大程度上受到环境法律法规的约束；
（二）拥有被原使用者（或所有者）污染的场地，或为之担保而可能承担代偿责任；
（三）某些业务可能会造成土壤、地下水和地表水及空气的污染；使用有害物质；产生或处理有害废弃物；或可能对顾客、员工或附近居民造成不利影响。

第二节 了解内部控制

第十二条 设计和执行内部控制，以有序、有效地开展业务活动（包括环境方面的活动）是管理层的责任。不同被审计单位的管理层可能对环境事项采取下列不同的控制方式：
（一）处于环境风险较低行业的被审计单位或小型被审计单位，管理层可能把监控环境事项作为日常内部控制的一部分；
（二）处于环境风险较高行业的被审计单位，管理层可能针对环境事项设计和执行一套单独的内部控制子系统，以符合现有的环境管理系统标准；
（三）对某些被审计单位，管理层可能在一个整合的控制系统内设计和执行其所有的控制，包括与会计、环境和其他事项（如质量、健康和安全）相关的政策和程序。

第十三条 注册会计师的审计目标并不受管理层对环境事项实施控制方式的影响，但注册会计师应当考虑与环境事项相关的内部控制是否有效。

第十四条 根据职业判断，只有认为环境事项可能对财务报表产生重大影响，注册会计师才有必要了解与环境事项相关的内部控制。

第十五条 注册会计师应当主要从下列方面了解与环境事项相关的控制环境：
（一）治理层对与环境事项相关的内部控制承担的职责；
（二）管理层对于环境事项的诚信和道德价值观念、管理理念、经营风格及其处理方法；
（三）被审计单位管理环境事项的机构以及职权与责任的划分；
（四）控制系统，包括内部审计、环境审计、与环境事项相关的人力资源政策与实务以及恰当的职责分离。

第十六条 注册会计师应当主要从下列方面了解与环境事项相关的风险评估过程：

（一）被审计单位是否建立风险评估程序以识别环境风险，并评估该风险的重要性和发生的可能性，以及针对该风险采取的措施；

（二）管理层是否识别出环境风险，并考虑这些风险是否可能导致财务报表发生重大错报。

第十七条 注册会计师应当主要从下列方面了解有关环境事项的信息系统与沟通：

（一）按照环境法律法规的规定或自身对环境风险评估的需要，被审计单位是否建立适当的信息系统，以记录排放物和有害废弃物的数量、产品的环境特征、利益相关者的投诉、监管机构的监测结果、环保事故的发生及其影响等；

（二）该信息系统是否能够为与环境事项相关的财务数据和列报提供信息支持，如为计算废弃物的处置成本提供的废弃物数量等；

（三）被审计单位是否就环境事项进行有效沟通。

第十八条 注册会计师应当从授权、业绩评价、信息处理、实物控制和职责分离等方面，了解与环境事项相关的控制活动。

注册会计师在了解与环境事项相关的控制活动时，应当特别关注被审计单位的下列行为：

（一）是否执行环境管理系统标准并取得独立机构的认证；

（二）是否发布环境绩效报告，并经独立第三方验证；

（三）是否建立适当程序，处理员工或第三方对环境事项的投诉；

（四）是否按照环境法律法规的规定，建立适当的程序处理有害物和废弃物。

第十九条 注册会计师应当主要从下列方面了解被审计单位对与环境事项相关的控制的监督：

（一）被审计单位是否及时评价与环境事项相关的内部控制设计的合理性和运行的有效性，是否遵守环境法律法规和内部规定；

（二）被审计单位是否根据环境事项的变化，及时采取必要的纠正措施。

第三节 考虑与环境事项相关的法律法规

第二十条 保证经营活动符合环境法律法规要求，防止或发现并纠正违反环境法律法规行为，是管理层的责任。

第二十一条 注册会计师应当考虑通过下列途径了解相关环境法律法规及其遵守情况：

（一）利用在了解被审计单位所处行业和业务性质时获取的信息；

（二）向管理层和负责环境事项的关键管理人员询问为遵守相关环境法律法规而采用的政策和程序；

（三）向管理层询问对经营活动具有根本性影响的环境法律法规；

（四）与管理层讨论其采用的对诉讼和索赔进行识别、评价及会计处理的政策和程序。

第二十二条 注册会计师应当按照《中国注册会计师审计准则第1142号——财务报表审计中对法律法规的考虑》的规定，保持职业怀疑态度，充分考虑可能导致财务报表发生重大错报的违反环境法律法规行为。

第四节 评估重大错报风险

第二十三条 注册会计师应当利用风险评估程序收集的信息，识别和评估由于环境事项引起的财务报表层次以及各类交易、账户余额、列报认定层次的重大错报风险。

第二十四条 注册会计师应当重点关注下列与财务报表层次相关的环境风险：

（一）遵守环境法律法规或执行合同的成本；

（二）违反环境法律法规的风险；

（三）顾客对环境事项的具体要求以及对被审计单位环境保护行为作出的反应可能产生的影响。

第二十五条 注册会计师应当将环境风险的评估结果与重要的交易、账户余额、列报认定层次相联系，以设计和实施进一步审计程序。

注册会计师应当重点关注下列与各类交易、账户余额、列报认定层次相关的环境风险：

（一）账户余额依据与环境事项相关的会计估计的复杂程度；

（二）账户余额受与环境事项相关的异常或非常规交易的影响程度。

第三章 针对评估的重大错报风险实施审计程序时对环境事项的考虑

第二十六条 注册会计师应当针对评估的环境事项导致的财务报表层次重大错报风险确定总体应对措施，并针对评估的环境事项导致的认定层次重大错报风险设计和实施进一步审计程序。

第二十七条 针对环境事项，注册会计师实施的实质性程序主要包括：

（一）询问管理层和负责环境事项的关键管理人员，包括询问被审计单位商业保险是否涵盖环境事项；

（二）检查与环境事项相关的文件或记录；

（三）利用环境专家的工作；

（四）利用环境审计的工作；

（五）利用内部审计的工作；

（六）执行分析程序；

（七）检查与环境事项相关的财务报表项目；

（八）检查被审计单位因环境事项作出的会计估计；

（九）检查财务报表列报的适当性；

（十）获取管理层关于环境事项的书面声明。

第二十八条 由于确认和计量环境事项的结果存在下列困难，注册会计师运用职业判断显得尤为重要：

（一）环境问题从发生到被识别通常经历较长的时间；

（二）由于会计估计建立在假设的基础上，假设的数量和性质可能导致会计估计不存在既定的模式，或会计估计在很大的区间内似乎都是合理的；

（三）环境法律法规不断变化，对其解释可能面临困难或不明确；

（四）除法定义务或合同义务引起的负债外，还可能存在其他情况产生的负债。

第二十九条 注册会计师应当检查下列与环境事项相关的文件或记录：

（一）治理层及专职负责环境事项的委员会的会议纪要或工作记录；

（二）包含环境事项的公开行业信息；

（三）环境专家报告，如场地评估报告、环境影响研究报告；

（四）环境审计报告；

（五）内部审计报告；

（六）尽职调查报告；

（七）监管机构报告及被审计单位与监管机构的往来函件；

（八）可获取的生态环境恢复公开记录或规划；

（九）被审计单位的环境绩效报告；

（十）与监管机构和律师的往来函件。

第三十条 注册会计师在利用环境专家的工作时，应当按照《中国注册会计师审计准则第1421号——利用专家的工作》的规定，考虑环境专家的工作对于实现审计目标是否充分，并考虑专家的专业胜任能力、客观性、经验和声誉。

第三十一条 注册会计师应当考虑将环境审计的结果作为适当的审计证据。在这种情况下，注册会计师应当按照《中国注册会计师审计准则第1411号——利用内部审计人员的工作》和《中国注册会计师审计准则第1421号——利用专家的工作》的规定，考虑利用环境审计工作的适当性。

第三十二条 如果内部审计人员已将被审计单位经营活动的环境方面作为内部审计工作的一部分，注册会计师应当按照《中国注册会计师审计准则第1411号——利用内部审计人员的工作》的规定，考虑利用内部审计工作的适当性。

第三十三条 注册会计师可以实施分析程序，考虑相关财务信息与环境记录中的数量信息之间的关系。

第三十四条 在实施实质性程序时，注册会计师应当重点关注下列与环境事项相关的交易或事项：
（一）本期增加的土地、房屋建筑物和机器设备；
（二）受环境事项影响的长期投资项目；
（三）因环境事项需要计提的资产减值准备；
（四）因环境事项发生的支出和取得的索赔收入；
（五）因环境事项导致的负债和或有负债。

第三十五条 在检查与环境事项相关的会计估计时，注册会计师应当遵守《中国注册会计师审计准则第1321号——会计估计和相关披露的审计》的有关规定。

第三十六条 在整个审计过程中，如果注意到下列情形显示财务报表存在因环境事项导致的重大错报风险，注册会计师应当对此予以关注：
（一）环境专家或内部审计人员出具的报告中显示有重大环境问题；
（二）被审计单位与监管机构的往来函件或监管机构发布的报告中提及存在违反环境法律法规行为；
（三）在生态环境恢复的公开记录或规划中列有被审计单位的名称；
（四）媒体评论涉及被审计单位的重大环境问题；
（五）律师函中对环境事项的评价意见；
（六）有证据表明被审计单位购买与环境事项相关的商品或服务，相对于常规业务活动而言属于异常交易；
（七）因违反环境法律法规导致诉讼费用、环境咨询费用或罚金增加或异常。
如果出现上述情形，注册会计师应当考虑是否需要重新评估重大错报风险。

第三十七条 注册会计师应当就环境事项向管理层获取下列书面声明：
（一）没有发现由环境事项引起的重大负债和或有负债；
（二）没有发现对财务报表产生重大影响的其他环境事项；
（三）如果发现上述第（一）项或第（二）项所述的环境事项，已在财务报表中进行了恰当的列报。

第四章 出具审计报告时对环境事项的考虑

第三十八条 在形成审计意见时，注册会计师应当考虑被审计单位是否已按照适用的会计准则和相关会计制度的规定对环境事项的影响作出适当的处理，并进行恰当的列报。

注册会计师还应当阅读含有已审计财务报表的文件中的其他信息所涉及的环境事项，以识别其是否与已审计财务报表存在重大不一致。

第三十九条 注册会计师在判断不确定事项对审计报告的影响时，应当重点考虑管理层对不确定事项的评价及披露程度。

如果认为环境事项对财务报表的影响具有重大不确定性或相关披露不充分，或根据职业判断认为环境事项可能导致持续经营假设不再合理，注册会计师应当按照《中国注册会计师审计准则第 1502 号——在审计报告中发表非无保留意见》和《中国注册会计师审计准则第 1324 号——持续经营》的规定，出具恰当的审计报告。

第五章 附 则

第四十条 本准则自 2023 年 7 月 1 日起施行。

中国注册会计师审计准则第 1632 号——衍生金融工具的审计

（2006 年 2 月 15 日发布）

第一章 总 则

第一条 为了规范注册会计师针对与衍生金融工具相关的财务报表认定计划和实施审计程序，制定本准则。

第二条 本准则适用于注册会计师在财务报表审计中，对被审计单位作为最终使用者持有的衍生金融工具的审计。

第三条 本准则所称最终使用者，是指为了达到套期、资产负债管理或投机目的，通过交易所或经纪商进行金融交易的单位。

第二章 衍生金融工具及活动

第四条 衍生金融工具是指同时具备下列特征，并形成一个单位的金融资产及其他单位的金融负债或权益工具的合同：

（一）其价值随特定利率、金融工具价格、商品价格、汇率、价格指数、费率指数、信用等级、信用指数或其他类似变量的变动而变动；变量为非金融变量的，该变量与合同的任一方不存在特定关系；

（二）不要求初始净投资，或与对市场情况变化有类似反应的其他类型合同相比，要求很少的初始净投资；

（三）在未来某一日期结算。

衍生金融工具包括金融远期合同、金融期货合同、金融互换和期权，以及具有金融远期合同、金融期货合同、金融互换和期权中一种或一种以上特征的工具。

第五条 被审计单位从事衍生活动的主要目的包括：

（一）管理当前或预期的与经营和财务状况有关的风险；

（二）通过未平仓或投机性头寸从预期市场变化中获利。

第六条 所有金融工具都有一定的风险，而衍生金融工具通常具有风险杠杆效应的特征，包括：

（一）在交易到期前不要求现金流出或流入，或只要求很少的现金流出或流入；

（二）不要求支付或收取本金或其他固定的金额；

（三）潜在的风险和回报可能远远大于目前的支出；
（四）衍生金融资产或负债的价值可能超过其在财务报表中已确认的金额，特别是那些在财务报表中未采用公允价值计量的衍生金融工具。

第七条 衍生金融工具和衍生活动的固有特征可能导致某些被审计单位经营风险的增加，注册会计师应当关注由此增加的审计风险。

第三章 管理层和治理层的责任

第八条 按照适用的会计准则和相关会计制度的规定编制财务报表是被审计单位管理层的责任。在编制财务报表时，管理层需要作出下列与衍生金融工具相关的认定：
（一）在财务报表中记录的所有衍生金融工具是存在的；
（二）在资产负债表日不存在未记录的衍生金融工具；
（三）在财务报表中记录的衍生金融工具得到恰当的计价和列报；
（四）在财务报表中作出了所有与衍生金融工具相关的披露。

第九条 被审计单位治理层通过监督管理层对下列方面负责：
（一）设计和实施内部控制，以便对风险和财务控制进行监督，合理保证被审计单位在其风险管理政策允许的范围内使用衍生金融工具，以及确保被审计单位遵守适用的法律法规；
（二）确保财务报告信息系统的完备性，以保证衍生活动的财务报告的可靠性。

第十条 财务报表审计不能减轻被审计单位管理层和治理层的责任。

第四章 注册会计师的责任

第十一条 在财务报表审计中，注册会计师对审计衍生金融工具的责任是，考虑管理层作出的与衍生金融工具相关的认定是否使得已编制的财务报表符合适用的会计准则和相关会计制度的规定。

第十二条 财务报表审计的目标是对财务报表发表审计意见，而不是对被审计单位与衍生活动相关的风险管理或控制的充分性提供保证。注册会计师应当考虑和管理层讨论与衍生活动相关的审计工作的性质和范围，以免发生误解。

第十三条 注册会计师可能需要特殊的知识和技能，以计划和实施与衍生金融工具相关的特定认定的审计程序。

这些特殊的知识和技能包括：
（一）了解被审计单位所处行业的经营特征和风险状况；
（二）了解被审计单位使用的衍生金融工具及其特征；
（三）了解被审计单位关于衍生金融工具的信息系统，包括服务机构提供的服务；
（四）了解衍生金融工具的估值方法；
（五）熟悉适用的会计准则和相关会计制度有关衍生金融工具的规定。

第十四条 在下列情形下，注册会计师应当考虑利用专家的工作：
（一）衍生金融工具本身非常复杂；
（二）简单的衍生金融工具应用于复杂的情形；
（三）衍生金融工具交易活跃；
（四）衍生金融工具的估值基于复杂的定价模型。

第五章 了解可能影响衍生活动及其审计的因素

第十五条 注册会计师应当从下列方面了解可能对衍生活动及其审计产生影响的因素：
（一）经济环境；
（二）行业状况；

（三）被审计单位相关情况；
（四）主要财务风险；
（五）与衍生金融工具认定相关的错报风险；
（六）持续经营；
（七）会计处理方法；
（八）会计信息系统；
（九）内部控制。

注册会计师应当按照本章第十六条至第二十三条的规定了解本条前款第（一）项至第（八）项，按照第六章的规定了解本条前款第（九）项。

第十六条 注册会计师应当了解经济环境对衍生活动的影响。

经济环境因素主要包括：
（一）经济活动的总体水平；
（二）利率（包括利率的期限结构）和融资的可获得性；
（三）通货膨胀和币值调整；
（四）汇率和外汇管制；
（五）与被审计单位使用的衍生金融工具相关的市场特征，包括该市场的流动性和波动性。

第十七条 注册会计师应当了解被审计单位所处行业状况对衍生活动的影响。

被审计单位所处行业状况主要包括：
（一）价格风险；
（二）市场和竞争；
（三）生产经营的季节性和周期性；
（四）经营业务的扩张或衰退；
（五）外币交易、折算或经济风险。

第十八条 注册会计师应当了解被审计单位的相关情况对衍生活动的影响。

被审计单位相关情况主要包括：
（一）管理层、治理层的知识和经验；
（二）及时和可靠的管理信息的可获得性；
（三）利用衍生金融工具的目标。

第十九条 注册会计师应当了解与衍生活动相关的主要财务风险。

与衍生活动相关的主要财务风险包括：
（一）市场风险，是指因权益价格、利率、汇率、商品价格或其他市场因素的变动导致衍生金融工具公允价值的不利变动而引起损失的风险，包括价格风险、流动性风险、模型风险、基准风险等；
（二）信用风险，是指客户或交易对方在到期时或之后期间内没有全额履行义务的风险；
（三）结算风险，是指被审计单位已履行交易义务，但没有从客户或交易对方收到对价的风险；
（四）偿债风险，是指被审计单位在付款承诺到期时没有资金履行承诺的风险；
（五）法律风险，是指某项法律法规或监管措施阻止被审计单位或交易对方执行合同条款或相关总互抵协议，或使其执行无效，从而给被审计单位带来损失的风险。

第二十条 注册会计师应当考虑下列因素，以了解与衍生金融工具认定相关的错报风险：
（一）衍生活动的经济和业务目的；
（二）衍生金融工具的复杂性；

（三）交易是否产生了涉及现金交换的衍生金融工具；
（四）被审计单位在衍生金融工具方面的经验；
（五）衍生金融工具是否嵌入在一项协议中；
（六）外部因素是否影响认定；
（七）衍生金融工具是在国内交易所交易还是跨国交易。

第二十一条 衍生金融工具潜在的损失可能足以引起对被审计单位持续经营能力的重大疑虑，注册会计师应当按照《中国注册会计师审计准则第1324号——持续经营》的规定，考虑被审计单位持续经营假设的合理性。

第二十二条 注册会计师应当了解被审计单位对衍生金融工具的会计处理方法，包括是否将衍生金融工具指定为套期工具并采用套期会计，以及套期关系是否高度有效。

第二十三条 注册会计师应当了解被审计单位会计信息系统的设计、变更及其运行。

如果认为会计信息系统或其中的某些方面较为薄弱，注册会计师应当关注是否有必要修改审计方案。

第六章 了解内部控制

第一节 控 制 环 境

第二十四条 注册会计师在了解控制环境及其变化时，应当考虑治理层、管理层对衍生活动的总体态度和关注程度。

治理层负责确定被审计单位对风险的态度，管理层负责监控和管理被审计单位面临的风险。注册会计师应当了解衍生金融工具的控制环境如何对管理层的风险评估结果作出反应。

第二十五条 注册会计师应当特别关注控制环境的下列方面对衍生活动控制的潜在影响：
（一）管理层是否通过清晰表述的既定政策，指导衍生金融工具的买进、卖出和持有；
（二）衍生活动的交易、结算和记录的职责是否适当分离；
（三）总体控制环境是否已经影响负责衍生活动的人员。

第二十六条 如果被审计单位对涉及衍生活动的人员实施激励机制，注册会计师应当考虑被审计单位是否已经制定适当的规范、限额和控制，以确定执行的激励机制是否可能导致背离总体风险管理战略目标的交易。

第二十七条 如果被审计单位采用电子商务进行衍生金融工具交易，注册会计师应当按照《中国注册会计师审计准则第1633号——电子商务对财务报表审计的影响》的规定，考虑被审计单位如何处理与公共网络使用相关的安全和控制问题。

第二节 控 制 活 动

第二十八条 注册会计师应当了解与衍生金融工具相关的控制活动，包括充分的职责分离、风险管理监控、管理层的监督和其他为实现控制目标而设计的政策和程序。

第二十九条 与衍生金融工具的买入、卖出和持有相关的内部控制的复杂程度因下列事项而存在差异：
（一）衍生金融工具的复杂程度和错报风险；
（二）相对于使用的资本，衍生交易的风险敞口；
（三）交易量。

第三十条 如果被审计单位在未对内部控制进行相应调整的情况下扩展其衍生活动的类型，注册会计师应当对此予以关注。

第三十一条 注册会计师应当考虑计算机信息系统环境对审计工作的影响，了解计算机信息系统活动的复杂性和重要程度、数据的可获得性以及资金转账的方法。

第三十二条 注册会计师应当了解与衍生活动相关的调节程序。

调节程序主要包括下列类型：

（一）交易员的记录与用于持续监控过程的记录以及与在总分类账中反映的头寸或利得和损失的调节；

（二）明细分类账与总分类账的调节；

（三）为保证所有尚未结清的项目及时得到识别和结算，所有的结算账户、银行账户与经纪商对账单的调节；

（四）在适用的情况下，被审计单位会计记录与服务机构持有记录的调节。

第三十三条 注册会计师应当了解被审计单位的初始成交记录是否明确反映单笔交易的性质和目的，以及每个衍生合同产生的权利和义务。

除基本财务信息外，注册会计师还应当关注下列信息：

（一）交易员的身份；

（二）记录交易人员的身份；

（三）交易的日期和具体时间；

（四）交易的性质和目的，包括是否为了某项敞口进行套期；

（五）在采用套期会计时，符合套期会计要求的信息。

第三十四条 注册会计师应当了解被审计单位是否将衍生金融工具的交易记录保存在数据库、登记簿或明细分类账中，并就记录的准确性与从交易对方收到的独立的确认信息相核对。

第三十五条 注册会计师应当了解与保持衍生交易记录完整性相关的控制，包括被审计单位是否将自身记录与交易对方的确认函进行独立比较和核对。

第三节 内部审计

第三十六条 注册会计师应当按照《中国注册会计师审计准则第 1411 号——利用内部审计人员的工作》的规定，考虑内部审计人员是否具备与审计衍生活动相适应的知识和技能，以及内部审计工作范围涵盖衍生活动的程度。

第三十七条 内部审计工作可能有助于注册会计师评价内部控制，进而评价重大错报风险。

可能与注册会计师审计相关的内部审计工作包括：

（一）编制衍生金融工具使用范围的概况；

（二）复核政策和程序的适当性及管理层的遵守情况；

（三）复核控制程序的有效性；

（四）复核用以处理衍生交易的会计信息系统；

（五）复核与衍生活动相关的系统；

（六）确保被审计单位所有部门及人员，尤其是最有可能产生风险敞口的经营部门，完全了解衍生金融工具的管理目标；

（七）评价与衍生金融工具相关的新风险是否能够被即时识别、评估和管理；

（八）评价衍生金融工具的会计处理是否符合适用的会计准则和相关会计制度的规定，包括采用套期会计处理的衍生金融工具是否满足套期关系的条件；

（九）进行定期复核，以向管理层提供衍生活动得到恰当控制的保证，并确保新风险及为管理这些风险使用的衍生金融工具被即时识别、评估和管理。

第三十八条 当拟利用内部审计的特定工作时，注册会计师应当评价和测试其适当性，以确定能否满足审计目标。

第四节 服务机构

第三十九条 被审计单位可能使用服务机构进行衍生金融工具的买入、卖出或代为记录衍生交易。

注册会计师应当按照《中国注册会计师审计准则第1241号——对被审计单位使用服务机构的考虑》的规定，考虑使用服务机构对被审计单位内部控制的影响。

第四十条 如果服务机构担任被审计单位的投资顾问，注册会计师应当考虑与服务机构相关的风险。

在评价该风险时，注册会计师应当考虑的因素包括：

（一）被审计单位如何监督服务机构提供的服务；

（二）用以保护信息完备性及保密性的程序；

（三）应急安排；

（四）如果服务机构是被审计单位的关联方，又同时作为交易对方与被审计单位进行衍生交易，将产生关联方交易的问题。

第七章 控制测试

第四十一条 在了解相关内部控制后，如果预期控制运行是有效的，注册会计师应当实施控制测试，以获取支持重大错报风险评估结果的证据。

如果认为仅实施实质性程序获取的审计证据无法将认定层次的重大错报风险降至可接受的低水平，注册会计师应当实施相关的控制测试，以获取控制运行有效性的审计证据。

当被审计单位只进行少数几笔的衍生交易，或相对被审计单位整体规模而言，衍生金融工具具有特别的重要性，注册会计师应当考虑主要实施实质性方案，包括在某些情况下结合实施控制测试。

第四十二条 注册会计师在实施控制测试时，应当选取适当规模的交易样本，重点对下列方面进行评价：

（一）衍生金融工具是否根据既定的政策、操作规范并在授权范围内使用；

（二）适当的决策程序是否已得到运用，交易的原因是否可以清楚理解；

（三）执行的交易是否符合衍生交易政策，包括条款、限额、跨境交易或关联方交易；

（四）交易对方是否具有适当的信用风险等级；

（五）衍生金融工具是否由独立于交易员的其他人员适当、及时地计量，并报告风险敞口；

（六）是否已将确认函发给交易对方；

（七）是否已对交易对方的确认回函进行适当比较、核对和调节；

（八）衍生金融工具的提前终止或延期是否受到与新的衍生交易同样的控制；

（九）投机或套期的指定及其变更是否经过适当授权；

（十）是否适当地记录交易，并将其完整、准确地反映在会计信息系统中；

（十一）是否有足够措施保证电子资金转账密码的安全。

第四十三条 在实施控制测试时，注册会计师应当考虑实施下列程序：

（一）阅读治理层的会议纪要，以获取被审计单位定期复核衍生活动和套期有效性并遵守既定政策的证据；

（二）将衍生交易（包括已结算的衍生交易）与被审计单位政策相比较，以确定这些政策是否得到遵守。

第四十四条 在确定衍生交易的政策是否得到遵守时，注册会计师应当考虑：

（一）测试交易是否依据被审计单位政策中的特定授权执行；

（二）测试买入前是否进行相关投资政策要求的敏感性分析；

（三）测试交易，以确定被审计单位是否获得了从事相关交易的批准以及是否仅使用了经授权的经纪商或交易对方；

（四）向管理层询问衍生金融工具及相关交易是否得到及时监控和报告，并阅读相关支持文件；

（五）测试已记录的衍生金融工具的买入交易，包括测试衍生金融工具的分类、价格以及相关分录；

（六）测试是否及时调查和解决调节的差异，测试是否由监督人员复核和批准调节事项；

（七）测试与未记录交易相关的控制，包括检查被审计单位的第三方确认函，及其对确认函中例外事项的处理；

（八）测试与数据安全和备份相关的控制，并考虑被审计单位对电子化记录场所进行年度检查和维护的程序。

第八章　实质性程序

第一节　总体要求

第四十五条　由于衍生金融工具性质特殊，注册会计师在确定重要性时，除了考虑资产负债表金额外，还应当考虑衍生金融工具对财务报表中各类交易或账户余额的潜在影响。

第四十六条　注册会计师在设计衍生金融工具的实质性程序时，应当考虑下列因素：

（一）会计处理的适当性；

（二）服务机构的参与程度；

（三）期中实施的审计程序；

（四）衍生交易是常规还是非常规交易；

（五）在财务报表其他领域实施的程序。

第四十七条　在审计衍生活动时，注册会计师可能将分析程序作为实质性程序，以获取有关被审计单位经营业务的信息。

由于影响衍生金融工具价值的各种因素之间复杂的相互作用往往掩盖可能出现的异常趋势，分析程序本身通常不能提供衍生金融工具相关认定的充分证据。

第四十八条　如果获得了负责衍生活动人员对衍生活动结果分析的资料，注册会计师应当在评价其完整性和准确性以及分析人员的能力和经验的基础上，考虑利用这些资料，进一步了解被审计单位的衍生活动。

第四十九条　如果被审计单位在套期策略中使用衍生金融工具，而分析程序的结果表明已发生大额的利得或损失，注册会计师应当怀疑套期的有效性，以及运用套期会计的适当性。

第五十条　由于存在下列原因，注册会计师在评价衍生金融工具认定的审计证据时，需要运用较多的职业判断：

（一）衍生金融工具的性质特殊；

（二）适用的会计政策和会计处理方法复杂；

（三）相关认定尤其是计价认定依据高度主观的假设作出，或对基本假设的变化极其敏感。

第二节　存在和发生认定

第五十一条　对衍生金融工具存在和发生认定实施的实质性程序通常包括：

（一）向衍生金融工具持有者或交易对方进行函证；

（二）检查支持报告金额的协议或其他支持文件，包括被审计单位收到的有关报告金额的书面或电子形式的确认函；

（三）检查报告期后实现或结算的支持文件；

（四）询问和观察。

第三节　权利和义务认定

第五十二条　对衍生金融工具权利和义务认定实施的实质性程序通常包括：
（一）向衍生金融工具的持有者或交易对方函证重要的条款；
（二）检查书面或电子形式的协议和其他支持文件。

第四节　完整性认定

第五十三条　对衍生金融工具完整性认定实施的实质性程序通常包括：
（一）向衍生金融工具的持有者或交易对方进行函证，要求其提供所有与被审计单位相关的衍生金融工具和交易的详细信息；
（二）对余额为零的衍生金融工具账户，向可能的持有者或交易对方发出询证函；
（三）复核经纪商的对账单以测试是否存在被审计单位未记录的衍生交易和持有的头寸；
（四）复核收到的但与交易记录不匹配的交易对方的询证函回函；
（五）复核尚未解决的调节事项；
（六）检查贷款或权益协议、销售合同等，以了解这些协议或合同是否包含嵌入衍生金融工具；
（七）检查报告期后发生的活动的支持文件；
（八）询问和观察；
（九）阅读治理层的会议纪要，以及治理层收到的与衍生活动相关的文件和报告等其他信息。

第五节　计价认定

第五十四条　注册会计师应当根据计量或披露所采用的估值方法设计计价认定的实质性程序。

对衍生金融工具计价认定实施的实质性程序通常包括：
（一）检查买入价格的支持文件；
（二）向衍生金融工具的持有者或交易对方进行函证；
（三）复核交易对方的信用状况；
（四）对按照公允价值计量或披露的衍生金融工具，获取支持其公允价值的证据。

第五十五条　如果公允价值信息由衍生金融工具交易对方提供，注册会计师应当考虑这些信息的客观性。在某些情况下，注册会计师需要从独立的第三方获取对公允价值的估计结果。

第五十六条　从财经出版物或交易所获得的市场报价通常可为衍生金融工具的价值提供充分的证据，但注册会计师在使用市场报价测试计价认定时，可能需要特别了解报价形成的环境。

在某些情况下，注册会计师可能认为有必要从经纪商或其他第三方获取对公允价值的估计。如果某一价格来源与被审计单位可能存在损害客观性的关系，注册会计师应当考虑从多个价格来源获取估计结果。

第五十七条　如果被审计单位使用估值模型估计衍生金融工具的价值，注册会计师可以通过下列程序，测试运用模型确定的公允价值的相关认定：
（一）评价估值模型的合理性和适当性；
（二）使用自身或专家开发的估值模型进行重新计算，以印证公允价值的合理性；
（三）将被审计单位估计的公允价值与最近交易价格相比较；

（四）考虑估值对变量和假设变动的敏感性；

（五）检查报告期后发生的衍生交易实现和结算的支持文件，以获取有关资产负债表日估值的进一步证据。

第五十八条 当管理层确定衍生金融工具公允价值能够可靠计量的假定不成立时，注册会计师应当获取支持管理层作出这项决定的审计证据，并确定衍生金融工具是否按照适用的会计准则和相关会计制度的规定进行恰当的会计处理。如果管理层不能提出该假定不成立的合理理由，注册会计师应当出具保留意见或否定意见的审计报告。

如果无法获取充分的审计证据确定该假定是否成立，注册会计师应当将其视为审计工作范围受到限制，出具保留意见或无法表示意见的审计报告。

第六节 列报认定

第五十九条 注册会计师应当通过对下列事项的判断，评价衍生金融工具的列报（包括披露）是否符合适用的会计准则和相关会计制度的规定：

（一）选用的会计政策和会计处理方法是否符合适用的会计准则和相关会计制度的规定；

（二）会计政策和会计处理方法是否与具体情况相适应；

（三）财务报表（包括相关附注）是否提供了可能影响其使用和理解的事项的信息；

（四）披露是否充分，以确保被审计单位完全遵守适用的会计准则和相关会计制度对披露的规定；

（五）财务报表列报信息的分类和汇总是否合理；

（六）财务报表是否在能够合理和可行地获取信息的范围内列报财务状况、经营成果和现金流量，从而反映相关的交易和事项。

第九章 对套期活动的额外考虑

第六十条 注册会计师应当考虑被审计单位对套期交易进行会计处理时，管理层是否在交易之初指定衍生金融工具为套期，并记录下列事项：

（一）套期关系；

（二）套期风险管理目标和战略；

（三）被审计单位如何评估套期工具抵销被套期项目公允价值变动风险，或被套期交易现金流量变动风险的有效性。

第六十一条 注册会计师应当获取审计证据，以确定管理层是否遵守适用的会计准则和相关会计制度有关套期会计的规定，包括指定要求和记录要求。

第十章 管理层声明

第六十二条 尽管管理层声明书通常由被审计单位负责人及财务负责人签署，注册会计师仍应当考虑向被审计单位负责衍生活动的人员获取关于衍生活动的声明。

第六十三条 管理层关于衍生金融工具的声明通常包括：

（一）持有衍生金融工具的目的；

（二）关于衍生金融工具的财务报表认定，包括已记录所有的衍生交易、已识别所有的嵌入衍生金融工具、估值模型已采用合理的假设和方法；

（三）所有的交易是否按照正常公平交易条件和公允市价进行；

（四）衍生交易的条款；

（五）是否存在与衍生金融工具相关的附属协议；

（六）是否订立签出期权；

（七）是否符合适用的会计准则和相关会计制度有关套期的记录要求。

第十一章　与管理层和治理层的沟通

第六十四条　如果注意到与衍生金融工具相关的内部控制在设计或运行方面存在重大缺陷，注册会计师应当按照《中国注册会计师审计准则第1152号——向治理层和管理层通报内部控制缺陷》的规定，尽早与管理层和治理层沟通。

第六十五条　在审计衍生金融工具时，注册会计师应当考虑与治理层职责相关的下列事项，并及时与治理层沟通：

（一）内部控制在设计或运行方面存在的重大缺陷；

（二）管理层对衍生活动的性质、范围以及相关风险缺乏了解；

（三）缺乏关于使用衍生金融工具的目标和战略的全面政策，包括业务控制、对套期关系有效性的界定、风险敞口监控以及财务报告政策；

（四）不相容职务缺乏分离。

第十二章　附　　则

第六十六条　本准则自2007年1月1日起施行。

中国注册会计师审计准则第1633号——电子商务对财务报表审计的影响

（2022年12月22日修订）

第一章　总　　则

第一条　为了规范注册会计师在财务报表审计中对被审计单位电子商务的考虑，制定本准则。

第二条　本准则适用于注册会计师执行财务报表审计业务。

第三条　本准则所称电子商务，是指被审计单位利用互联网等公共网络从事的商品购买和销售、劳务接受和提供等交易活动。

第四条　广泛使用互联网从事电子商务，产生了新的风险因素，需要被审计单位有效应对。注册会计师应当考虑电子商务在被审计单位业务活动中的重要性，以及对重大错报风险评估的影响。

第五条　注册会计师按照本准则的规定对电子商务进行考虑，旨在对财务报表形成审计意见，而非对电子商务系统或活动本身提出鉴证结论或咨询意见。

第二章　知识和技能的要求

第六条　当电子商务对被审计单位的业务活动具有重大影响时，注册会计师应当具备适当水平的信息技术和互联网商务知识，以实现下列目的：

（一）了解开展电子商务对财务报表的影响；

（二）确定审计程序的性质、时间和范围，评价审计证据；

（三）考虑被审计单位依赖电子商务的程度对持续经营能力的影响。

第七条　由于电子商务的特殊性和复杂性，必要时，注册会计师应当考虑利用专家的工作。

第三章 对被审计单位电子商务的了解

第一节 总体要求

第八条 注册会计师应当考虑电子商务导致的被审计单位经营环境的变化,以及识别出的对财务报表产生影响的电子商务风险。

第九条 在了解被审计单位及其环境时,注册会计师应当考虑下列事项对财务报表的影响:

(一)业务活动和所处行业;
(二)电子商务战略;
(三)开展电子商务的程度;
(四)外包安排。

第二节 被审计单位的业务活动和所处行业

第十条 在了解被审计单位的业务活动和所处行业时,注册会计师应当关注与电子商务相关的下列特点:

(一)电子商务可能是对传统业务活动的补充,也可能是新的业务类型;
(二)电子商务不具备货物和服务等实体贸易所具有的清晰、固定的运送路线这一传统特征;
(三)某些行业运用电子商务的程度较高,可能增大对财务报表产生影响的经营风险。

第三节 被审计单位的电子商务战略

第十一条 被审计单位的电子商务战略,包括在电子商务中运用信息技术的方式以及对可接受风险水平的评估,可能对财务记录的安全性和相关财务信息的完整性与可靠性产生影响。

在考虑被审计单位的电子商务战略时,注册会计师应当结合对控制环境的了解,关注下列事项:

(一)在整合电子商务与总体经营战略的过程中,治理层的参与程度;
(二)被审计单位开展电子商务的目的,是为新业务提供支持,还是提高现有业务的效率,抑或为现有业务开辟新的市场;
(三)被审计单位的收入来源及其正在发生的变化;
(四)管理层对电子商务如何影响盈利状况和财务需求的评价;
(五)管理层对风险的态度及其对风险总体状况可能产生的影响;
(六)管理层在多大程度上识别出电子商务战略所描述的机遇和风险,或者管理层仅在机遇和风险出现时才临时制定应对措施;
(七)管理层对执行相关最佳实务规则或者网络签章程序的信守程度。

第四节 被审计单位开展电子商务的程度

第十二条 不同的被审计单位可能以不同的方式开展电子商务。电子商务可能用于下列方面:

(一)仅提供关于被审计单位及其活动的信息,供投资者、顾客、供应商、资金提供者和员工等访问;
(二)通过互联网处理交易,方便已有的顾客;
(三)通过在互联网上提供信息和处理交易,开拓新市场和发展新客户;
(四)访问应用服务提供商;

（五）创立一种全新的经营模式。

第十三条 随着被审计单位开展电子商务程度的加深，以及内部系统更加集成化和复杂化，新的交易方式与传统业务活动的差异可能更加明显，并可能导致新的风险。

注册会计师应当了解电子商务的开展程度如何影响被审计单位需要应对的风险的性质。

第五节 被审计单位的外包安排

第十四条 被审计单位可能在下列方面使用服务机构的工作：

（一）提供电子商务运作所需的全部或部分信息技术支持；

（二）与电子商务相关的其他工作，包括订单履行、商品交付、呼叫中心运转，以及某些会计工作等。

被审计单位使用的服务机构包括互联网服务提供商、应用服务提供商和数据服务公司等。

第十五条 在被审计单位使用服务机构的情况下，服务机构采用和保持的某些政策、程序和记录可能与被审计单位财务报表审计相关，注册会计师应当按照《中国注册会计师审计准则第1241号——对被审计单位使用服务机构的考虑》的规定，考虑被审计单位的外包安排及相关风险的应对措施，以确定其对审计的影响。

第四章 识别风险

第十六条 管理层可能面临下列各种与电子商务相关的经营风险：

（一）无法保证交易的完备性，尤其在缺少充分的审计轨迹（无论是纸质还是电子形式）时，该风险的影响将更大；

（二）电子商务安全风险，包括顾客、员工和其他人士通过未经授权的访问实施舞弊的可能性，以及病毒攻击；

（三）运用不恰当的会计政策，包括收入确认、网站开发成本等支出的处理、与产品质量保证相关的预计负债的确认、外币折算等问题；

（四）未能遵守税法和其他法律法规，尤其在通过互联网开展跨国或跨地区电子商务时更易出现此类情况；

（五）无法保证仅以电子形式存在的合同具有约束力；

（六）过度依赖电子商务；

（七）系统和基础架构失效或崩溃。

第十七条 注册会计师应当利用对被审计单位及其环境的了解，识别电子商务中可能导致经营风险的事项、交易和惯例。

第十八条 注册会计师应当关注被审计单位是否运用适当的安全基础架构和相关控制，应对电子商务中出现的某些经营风险。

第十九条 注册会计师应当考虑被审计单位是否已恰当处理与电子商务环境密切相关的下列法律法规问题：

（一）隐私权保护；

（二）对特定行业的管制；

（三）合同的强制执行效力；

（四）特殊交易或事项的合法性；

（五）反洗钱；

（六）知识产权保护。

第二十条 在跨国或跨地区的电子商务中，注册会计师应当考虑被审计单位是否对电子商务涉及的不同司法管辖区内的法律法规差异有足够的了解，并遵守所有适用的法律法规；注册会计师尤其要考虑被审计单位有无适当的程序确认其在不同司法管辖区内的纳税义务（特别是营业税、增值税等流转税）。

可能导致电子商务交易产生相应纳税义务的因素包括：

（一）被审计单位的法定注册地；

（二）被审计单位的实际经营所在地；

（三）被审计单位网络服务器所在地；

（四）商品和服务的来源地；

（五）顾客所在地，或商品交付地和劳务提供地。

第二十一条 注册会计师应当按照《中国注册会计师审计准则第1142号——财务报表审计中对法律法规的考虑》的规定，实施相关程序，充分考虑被审计单位可能存在的违反与电子商务有关的法律法规的行为及其可能对财务报表产生的重大影响。必要时，应当考虑征询法律意见。

第五章 对内部控制的考虑

第一节 总体要求

第二十二条 注册会计师应当按照《中国注册会计师审计准则第1211号——重大错报风险的识别和评估》和《中国注册会计师审计准则第1231号——针对评估的重大错报风险采取的应对措施》的规定，考虑被审计单位在电子商务中运用的与财务报表编制相关的内部控制体系。

在某些情况下，仅依靠实施实质性程序不足以将审计风险降至可接受的低水平，注册会计师应当实施控制测试，并考虑使用计算机辅助审计技术。这些情况主要包括：

（一）电子商务系统高度自动化；

（二）交易量过大；

（三）未保留包含审计轨迹的电子证据。

第二十三条 当被审计单位从事电子商务时，注册会计师应当考虑与电子商务相关的安全性控制、交易完备性控制和流程整合。

注册会计师还应当考虑内部控制中与审计特别相关的下列方面：

（一）在快速变化的电子商务环境中保持控制程序的完备性；

（二）确保能够访问相关记录，以满足被审计单位和注册会计师审计的需要。

第二节 安全性控制

第二十四条 注册会计师应当考虑被审计单位安全基础架构和相关控制是否足以应对与电子商务交易的记录和处理相关的安全性风险。

第二十五条 注册会计师应当考虑下列事项对财务报表认定的潜在影响：

（一）有效使用防火墙和病毒防护软件；

（二）有效使用加密技术；

（三）对用于支持电子商务活动的系统的开发和运行的控制；

（四）当出现的新技术可能危害互联网安全时，现有的安全控制是否仍然有效；

（五）控制环境能否对所采用的控制程序提供支持。

第三节 交易完备性控制

第二十六条 注册会计师应当考虑交易完备性控制，包括被审计单位会计处理所依据信息的完整性、准确性、及时性以及是否经过授权。

第二十七条 注册会计师针对会计系统中与电子商务交易相关的信息完备性所实施的

审计程序，主要涉及评估用于采集和处理此类信息的系统的可靠性。

在针对复杂电子商务实施审计程序时，注册会计师应当重点考虑在交易信息的采集和即时自动化处理中与交易完备性相关的自动化控制。

第二十八条 在电子商务环境中，与交易完备性相关的控制通常用于：

（一）验证输入；

（二）防止交易的重复记录或遗漏；

（三）确保在处理订单之前，交易双方已就交货条件和信用条件等交易条款达成一致；

（四）区分顾客的浏览和正式订单，确保交易的一方事后不能否认已达成一致的特定条款，必要时还应确保交易是与经核准的交易方进行的；

（五）确保所有步骤均已完成并得以记录，或拒绝未完成所有步骤的订单，以防止出现处理不完整的情况；

（六）确保交易的详细信息在同一网络内的多个系统之间适当分配；

（七）确保记录得到适当保管、备份和保护。

第四节 流程整合

第二十九条 流程整合是指将多个信息技术系统集成，使之实质上如同一个系统运转的过程。

第三十条 注册会计师应当关注被审计单位采集电子商务交易数据并将其传递至会计系统的方式可能对下列事项产生影响：

（一）交易处理和信息存储的完整性和准确性；

（二）销售收入、采购和其他交易的确认时点；

（三）有争议交易的识别和记录。

第三十一条 当下列控制与财务报表认定相关时，注册会计师应当予以考虑：

（一）针对电子商务交易与内部系统的集成实施的控制；

（二）针对系统改变和数据转换实施的控制。

第六章 电子记录对审计证据的影响

第三十二条 注册会计师应当考虑被审计单位实施的信息安全政策和安全控制措施，是否足以防止未经授权修改会计系统或会计记录，或修改向会计系统提供数据的系统。

第三十三条 在考虑电子证据的充分性和适当性时，注册会计师可能需要测试自动化控制（如记录完备性检查、电子日戳、数字签章和版本控制），并根据对这些控制的评价结论，考虑是否需要实施追加的审计程序，比如向第三方函证交易细节或账户余额。

第七章 附 则

第三十四条 本准则自2023年7月1日起施行。

中国注册会计师审阅准则第2101号——财务报表审阅

（2006年2月15日修订）

第一章 总 则

第一条 为了规范注册会计师执行财务报表审阅业务，明确执业责任，制定本准则。

第二条 财务报表审阅的目标，是注册会计师在实施审阅程序的基础上，说明是否注意到某些事项，使其相信财务报表没有按照适用的会计准则和相关会计制度的规定编制，未能在所有重大方面公允反映被审阅单位的财务状况、经营成果和现金流量。

第三条 注册会计师应当遵守相关的职业道德规范，恪守独立、客观、公正的原则，保持专业胜任能力和应有的关注，并对执业过程中获知的信息保密。

第四条 注册会计师应当按照本准则的规定执行财务报表审阅业务。

第五条 在计划和实施审阅工作时，注册会计师应当保持职业怀疑态度，充分考虑可能存在导致财务报表发生重大错报的情形。

第六条 注册会计师应当主要通过询问和分析程序获取充分、适当的证据，作为得出审阅结论的基础。

第二章 审阅范围和保证程度

第七条 审阅范围是指为实现财务报表审阅目标，注册会计师根据本准则和职业判断实施的恰当的审阅程序的总和。

注册会计师应当根据本准则确定执行财务报表审阅业务所要求的程序。必要时，还应当考虑业务约定条款的要求。

第八条 由于实施审阅程序不能提供在财务报表审计中要求的所有证据，审阅业务对所审阅的财务报表不存在重大错报提供有限保证，注册会计师应当以消极方式提出结论。

第三章 业务约定书

第九条 注册会计师应当与被审阅单位就业务约定条款达成一致意见，并签订业务约定书。

第十条 业务约定书应当包括下列主要内容：

（一）审阅业务的目标；
（二）管理层对财务报表的责任；
（三）审阅范围，其中应提及按照本准则的规定执行审阅工作；
（四）注册会计师不受限制地接触审阅业务所要求的记录、文件和其他信息；
（五）预期提交的报告样本；
（六）说明不能依赖财务报表审阅揭示错误、舞弊和违反法规行为；
（七）说明没有实施审计，因此注册会计师不发表审计意见，不能满足法律法规或第三方对审计的要求。

第四章 审阅计划

第十一条 注册会计师应当计划审阅工作，以有效执行审阅业务。

第十二条 在计划审阅工作时，注册会计师应当了解被审阅单位及其环境，或更新以前了解的内容，包括考虑被审阅单位的组织结构、会计信息系统、经营管理情况以及资产、负债、收入和费用的性质等。

第五章 审阅程序和审阅证据

第十三条 在确定审阅程序的性质、时间和范围时，注册会计师应当运用职业判断，并考虑下列因素：

（一）以前期间执行财务报表审计或审阅所了解的情况；
（二）对被审阅单位及其环境的了解，包括适用的会计准则和相关会计制度、行业惯例；
（三）会计信息系统；
（四）管理层的判断对特定项目的影响程度；
（五）各类交易和账户余额的重要性。

第十四条 在考虑重要性水平时，注册会计师应当采用与执行财务报表审计业务相同的标准。

第十五条 财务报表审阅程序通常包括：

（一）了解被审阅单位及其环境；

（二）询问被审阅单位采用的会计准则和相关会计制度、行业惯例；

（三）询问被审阅单位对交易和事项的确认、计量、记录和报告的程序；

（四）询问财务报表中所有重要的认定；

（五）实施分析程序，以识别异常关系和异常项目；

（六）询问股东会、董事会以及其他类似机构决定采取的可能对财务报表产生影响的措施；

（七）阅读财务报表，以考虑是否遵循指明的编制基础；

（八）获取其他注册会计师对被审阅单位组成部分财务报表出具的审计报告或审阅报告。

注册会计师应当向负责财务会计事项的人员询问下列事项：

（一）所有交易是否均已记录；

（二）财务报表是否按照指明的编制基础编制；

（三）被审阅单位业务活动、会计政策和行业惯例的变化；

（四）在实施本条　前款第（一）项至第（八）项程序时所发现的问题。

必要时，注册会计师应当获取管理层书面声明。

第十六条 注册会计师应当询问在资产负债表日后发生的、可能需要在财务报表中调整或披露的期后事项。注册会计师没有责任实施程序以识别审阅报告日后发生的事项。

第十七条 如果有理由相信所审阅的财务报表可能存在重大错报，注册会计师应当实施追加的或更为广泛的程序，以便能够以消极方式提出结论或确定是否出具非无保留结论的报告。

第十八条 在利用其他注册会计师或专家的工作时，注册会计师应当考虑其工作是否满足财务报表审阅的需要。

第十九条 注册会计师应当记录为审阅报告提供证据的重大事项，以及按照本准则的规定执行审阅业务的证据。

第六章　结论和报告

第二十条 审阅报告应当清楚地表达有限保证的结论。

注册会计师应当复核和评价根据审阅证据得出的结论，以此作为表达有限保证的基础。

第二十一条 根据已实施的工作，注册会计师应当评估在审阅过程中获知的信息是否表明财务报表没有按照适用的会计准则和相关会计制度的规定编制，未能在所有重大方面公允反映被审阅单位的财务状况、经营成果和现金流量。

第二十二条 审阅报告应当包括下列要素：

（一）标题；

（二）收件人；

（三）引言段；

（四）范围段；

（五）结论段；

（六）注册会计师的签名和盖章；

（七）会计师事务所的名称、地址及盖章；

（八）报告日期。

第二十三条 审阅报告的标题应当统一规范为"审阅报告"。

第二十四条 审阅报告的收件人应当为审阅业务的委托人。审阅报告应当载明收件人的全称。

第二十五条 审阅报告的引言段应当说明下列内容：

（一）所审阅财务报表的名称；

（二）管理层的责任和注册会计师的责任。

第二十六条 审阅报告的范围段应当说明审阅的性质，包括下列内容：

（一）审阅业务所依据的准则；

（二）审阅主要限于询问和实施分析程序，提供的保证程度低于审计；

（三）没有实施审计，因而不发表审计意见。

第二十七条 注册会计师应当根据实施审阅程序的情况，在审阅报告的结论段中提出下列之一的结论：

（一）根据注册会计师的审阅，如果没有注意到任何事项使其相信财务报表没有按照适用的会计准则和相关会计制度的规定编制，未能在所有重大方面公允反映被审阅单位的财务状况、经营成果和现金流量，注册会计师应当提出无保留的结论。

（二）如果注意到某些事项使其相信财务报表没有按照适用的会计准则和相关会计制度的规定编制，未能在所有重大方面公允反映被审阅单位的财务状况、经营成果和现金流量，注册会计师应当在审阅报告的结论段前增设说明段，说明这些事项对财务报表的影响，并提出保留结论。

如果这些事项对财务报表的影响非常重大和广泛，以至于认为仅提出保留结论不足以揭示财务报表的误导性或不完整性，注册会计师应当对财务报表提出否定结论，即财务报表没有按照适用的会计准则和相关会计制度的规定编制，未能在所有重大方面公允反映被审阅单位的财务状况、经营成果和现金流量。

（三）如果存在重大的范围限制，注册会计师应当在审阅报告中说明，假定范围不受限制，注册会计师可能发现需要调整财务报表的事项，因而提出保留结论。

如果范围限制的影响非常重大和广泛，以至于注册会计师认为不能提供任何程度的保证时，不应提供任何保证。

第二十八条 审阅报告应当由注册会计师签名并盖章。

第二十九条 审阅报告应当载明会计师事务所的名称和地址，并加盖会计师事务所公章。

第三十条 审阅报告应当注明报告日期。审阅报告的日期是指注册会计师完成审阅工作的日期，不应早于管理层批准财务报表的日期。

第七章 附 则

第三十一条 本准则自 2007 年 1 月 1 日起施行。

附录：

审阅报告参考格式

1. 无保留结论的审阅报告

审 阅 报 告

ABC 股份有限公司全体股东：

我们审阅了后附的 ABC 股份有限公司（以下简称 ABC 公司）财务报表，包括 20×1 年 12 月 31 日的资产负债表，20×1 年度的利润表、股东权益变动表和现金流量表以及财务报表附注。这些财务报表的编制是 ABC 公司管理层的责任，我们的责任是在实施审阅工作的基础上对这些财务报表出具审阅报告。

我们按照《中国注册会计师审阅准则第 2101 号——财务报表审阅》的规定执行了审阅业务。该准则要求我们计划和实施审阅工作，以对财务报表是否不存在重大错报获取有限保证。审阅主要限于询问公司有关人员和对财务数据实施分析程序，提供的保证程度低于审计。我们没有实施审计，因而不发表审计意见。

根据我们的审阅，我们没有注意到任何事项使我们相信财务报表没有按照企业会计准则和《××会计制度》的规定编制，未能在所有重大方面公允反映被审阅单位的财务状况、经营成果和现金流量。

××会计师事务所　　　　　　　　　　中国注册会计师：×××
　　（盖章）　　　　　　　　　　　　　　　（签名并盖章）

　　　　　　　　　　　　　　　　　　　中国注册会计师：×××
　　　　　　　　　　　　　　　　　　　　　（签名并盖章）

中国××市　　　　　　　　　　　　　　二○×二年×月×日

2. 保留结论的审阅报告

审 阅 报 告

ABC 股份有限公司全体股东：

我们审阅了后附的 ABC 股份有限公司（以下简称 ABC 公司）财务报表，包括 20×1 年 12 月 31 日的资产负债表，20×1 年度的利润表、股东权益变动表和现金流量表以及财务报表附注。这些财务报表的编制是 ABC 公司管理层的责任，我们的责任是在实施审阅工作的基础上对这些财务报表出具审阅报告。

我们按照《中国注册会计师审阅准则第 2101 号——财务报表审阅》的规定执行了审阅业务。该准则要求我们计划和实施审阅工作，以对财务报表是否不存在重大错报获取有限保证。审阅主要限于询问公司有关人员和对财务数据实施分析程序，提供的保证程度低于审计。我们没有实施审计，因而不发表审计意见。

ABC 公司管理层告知我们，存货以高于可变现净值的成本计价。由 ABC 公司管理层编制并经过我们审阅的计算表显示，如果根据企业会计准则规定的成本与可变现净值孰低法计价，存货的账面价值将减少×元，净利润和股东权益将减少×元。

根据我们的审阅，除了上述存货价值高估所造成的影响外，我们没有注意到任何事项使我们相信财务报表没有按照适用的会计准则和相关会计制度的规定编制，未能在所有重大方面公允反映被审阅单位的财务状况、经营成果和现金流量。

××会计师事务所　　　　　　　　　　中国注册会计师：×××
　　（盖章）　　　　　　　　　　　　　　　（签名并盖章）

　　　　　　　　　　　　　　　　　　　中国注册会计师：×××
　　　　　　　　　　　　　　　　　　　　　（签名并盖章）

中国××市　　　　　　　　　　　　　　二○×二年×月×日

3. 否定结论的审阅报告

审 阅 报 告

ABC 股份有限公司全体股东：

我们审阅了后附的 ABC 股份有限公司（以下简称 ABC 公司）财务报表，包括20×1年12月31日的资产负债表、20×1年度的利润表、股东权益变动表和现金流量表以及财务报表附注。这些财务报表的编制是 ABC 公司管理层的责任，我们的责任是在实施审阅工作的基础上对这些财务报表出具审阅报告。

我们按照《中国注册会计师审阅准则第 2101 号——财务报表审阅》的规定执行了审阅业务。该准则要求我们计划和实施审阅工作，以对财务报表是否不存在重大错报获取有限保证。审阅主要限于询问公司有关人员和对财务数据实施分析程序，提供的保证程度低于审计。我们没有实施审计，因而不发表审计意见。

如财务报表附注×所述，ABC 公司在编制财务报表时未将各子公司纳入合并范围，且对这些子公司的长期股权投资以成本法核算。根据企业会计准则的规定，ABC 公司应当对子公司的长期股权投资采用权益法核算，并将子公司纳入合并范围。

根据我们的审阅，由于受到前段所述事项的重大影响，财务报表未能按照企业会计准则和《××会计制度》的规定编制。

××会计师事务所	中国注册会计师：×××
（盖章）	（签名并盖章）
	中国注册会计师：×××
	（签名并盖章）
中国××市	二〇×二年×月×日

中国注册会计师其他鉴证业务准则第 3101 号——历史财务信息审计或审阅以外的鉴证业务

（2006 年 2 月 15 日修订）

第一章　总　　则

第一条　为了规范注册会计师执行历史财务信息审计或审阅以外的鉴证业务，制定本准则。

第二条　本准则适用于注册会计师执行历史财务信息审计或审阅以外的鉴证业务（以下简称其他鉴证业务）。

第三条　注册会计师执行其他鉴证业务，应当遵守《中国注册会计师鉴证业务基本准则》和其他鉴证业务准则，以及职业道德规范和会计师事务所质量控制准则。

第四条　其他鉴证业务的保证程度分为合理保证和有限保证。

合理保证的其他鉴证业务的目标是注册会计师将鉴证业务风险降至该业务环境下可接

受的低水平，以此作为以积极方式提出结论的基础。

有限保证的其他鉴证业务的目标是注册会计师将鉴证业务风险降至该业务环境下可接受的水平，以此作为以消极方式提出结论的基础。

有限保证的其他鉴证业务的风险水平高于合理保证的其他鉴证业务的风险水平。

第二章　承接与保持业务

第五条　只有符合下列所有条件，会计师事务所才能承接或保持其他鉴证业务：

（一）鉴证对象由预期使用者和注册会计师以外的第三方负责；

（二）在初步了解业务环境的基础上，未发现不符合职业道德规范和《中国注册会计师鉴证业务基本准则》要求的情况；

（三）确信执行其他鉴证业务的人员在整体上具备必要的专业胜任能力。

第六条　注册会计师应当向责任方获取书面声明，以明确责任方对鉴证对象的责任。如果无法获取责任方的书面声明，注册会计师应当考虑：

（一）承接业务是否适当，法律法规或合同是否明确了相关责任；

（二）如果承接业务，是否在鉴证报告中披露该情况。

第七条　注册会计师应当考虑职业道德规范中有关独立性的要求，以及拟承接的其他鉴证业务是否具备《中国注册会计师鉴证业务基本准则》第十条规定的所有特征。

第八条　在某些情况下，鉴证对象要求的专业知识和技能可能超出注册会计师通常具有的专业胜任能力。在这种情况下，注册会计师应当考虑利用专家工作或拒绝接受业务委托。

第九条　注册会计师应当在其他鉴证业务开始前，与委托人就其他鉴证业务约定条款达成一致意见，并签订业务约定书，以避免双方对其他鉴证业务的理解产生分歧。如果委托人与责任方不是同一方，业务约定书的性质和内容可以有所不同。

第十条　在完成其他鉴证业务前，如果委托人要求将其他鉴证业务变更为非鉴证业务，或将合理保证的其他鉴证业务变更为有限保证的其他鉴证业务，注册会计师应当考虑这一要求的合理性。如果没有合理的理由，注册会计师不应当同意这一变更。

当业务环境变化影响到预期使用者的需求，或预期使用者对该项业务的性质存在误解时，注册会计师可以应委托人的要求，考虑同意变更该项业务。如果发生变更，注册会计师不应忽视变更前获取的证据。

第三章　计划与执行业务

第一节　总体要求

第十一条　注册会计师应当计划其他鉴证业务工作，以有效执行其他鉴证业务。

计划工作包括制定总体策略和具体计划。总体策略包括确定其他鉴证业务的范围、重点、时间安排和实施。具体计划包括拟执行的证据收集程序的性质、时间和范围以及选择这些程序的理由。

计划工作的性质和范围因被鉴证单位的规模、复杂程度以及注册会计师的相关经验等情况的不同而存在差异。在计划其他鉴证业务工作时，注册会计师应当考虑下列主要因素：

（一）业务约定条款；

（二）鉴证对象特征和既定标准；

（三）其他鉴证业务的实施过程和可能的证据来源；

（四）对被鉴证单位及其环境的了解，包括对鉴证对象信息可能存在重大错报风险的了解；

（五）确定预期使用者及其需要，考虑重要性以及鉴证业务风险要素；

（六）对参与业务的人员及其技能的要求，包括专家参与的性质和范围。

第十二条 计划其他鉴证业务工作不是一个孤立阶段，而是整个其他鉴证业务中持续的、不断修正的过程。

由于未预期事项、业务情况变化或获取的证据等因素，注册会计师可能需要在业务实施过程中修订总体策略和具体计划，进而修改计划实施的进一步程序的性质、时间和范围。

第十三条 在计划和执行其他鉴证业务时，注册会计师应当保持职业怀疑态度，以识别可能导致鉴证对象信息发生重大错报的情况。

第十四条 注册会计师应当了解鉴证对象和其他的业务环境事项，以足够识别和评估鉴证对象信息发生重大错报的风险，并设计和实施进一步的证据收集程序。

第十五条 在计划和执行其他鉴证业务时，注册会计师应当了解鉴证对象和其他的业务环境事项，以便为在下列关键环节作出职业判断提供重要基础：

（一）考虑鉴证对象特征；

（二）评估标准的适当性；

（三）确定需要特殊考虑的领域，比如显示存在舞弊的迹象、需要特殊技能或利用专家工作的领域；

（四）确定重要性水平，评价其数量的持续适当性，并考虑其性质因素；

（五）实施分析程序时确定期望值；

（六）设计和实施进一步的证据收集程序，以将鉴证业务风险降至适当水平；

（七）评价证据，包括评价责任方口头声明和书面声明的合理性。

第十六条 注册会计师应当运用职业判断，确定需要了解鉴证对象及其他的业务环境事项的程度，并考虑这种了解是否足以评估鉴证对象信息发生重大错报的风险。

第二节 评估鉴证对象的适当性

第十七条 注册会计师应当评估鉴证对象的适当性。

适当的鉴证对象应当具备下列所有条件：

（一）鉴证对象可以识别；

（二）不同的组织或人员按照既定标准对鉴证对象进行评价或计量的结果合理一致；

（三）注册会计师能够收集与鉴证对象有关的信息，获取充分、适当的证据，以支持其提出适当的鉴证结论。

第十八条 只有当对业务环境的初步了解表明鉴证对象适当时，会计师事务所才能承接其他鉴证业务。

在承接其他鉴证业务后，如果认为鉴证对象不适当，注册会计师应当出具保留结论、否定结论或无法提出结论的报告。必要时，注册会计师应当考虑解除业务约定。

第三节 评估标准的适当性

第十九条 注册会计师应当评估用于评价或计量鉴证对象的标准的适当性。

适当的标准应当具备下列所有特征：

（一）相关性：相关的标准有助于得出结论，便于预期使用者作出决策；

（二）完整性：完整的标准不应忽略业务环境中可能影响得出结论的相关因素，当涉及列报时，还包括列报的基准；

（三）可靠性：可靠的标准能够使能力相近的注册会计师在相似的业务环境中，对鉴证对象作出合理一致的评价或计量；

（四）中立性：中立的标准有助于得出无偏向的结论；

（五）可理解性：可理解的标准有助于得出清晰、易于理解、不会产生重大歧义的结论。

第二十条 只有当对业务环境的初步了解表明使用的标准适当时，会计师事务所才能承接其他鉴证业务。

在承接其他鉴证业务后，如果认为使用的标准不适当，注册会计师应当出具保留结论、否定结论或无法提出结论的报告。必要时，注册会计师应当考虑解除业务约定。

第二十一条 标准可能是由法律法规规定的，或由政府主管部门或国家认可的专业团体依照公开、适当的程序发布的（以下简称公开发布标准），也可能是专门制定的。在通常情况下，只有当与预期使用者的需求相关时，公开发布标准才是适当的。

如果某鉴证对象存在公开发布标准，而特定的预期使用者出于特定目的使用其他标准，或专门建立一套标准满足其特殊需要，在这种情况下，注册会计师应当在鉴证报告中指明：

（一）使用的标准不是公开发布标准；

（二）使用的标准仅供特定的预期使用者使用，且仅适用于特殊目的。

第二十二条 对某些鉴证对象，可能不存在公开发布标准，而需要专门制定标准。注册会计师应当考虑专门制定的标准是否会导致鉴证报告对预期使用者产生误导。注册会计师应当尽可能使预期使用者或委托人确认专门制定的标准符合预期使用者的目的。

如果未获得对专门制定标准的确认，注册会计师应当考虑这种情况对评估既定标准适当性的影响，以及对鉴证报告中有关该标准的信息的影响。

第四节 重要性与鉴证业务风险

第二十三条 在计划和执行其他鉴证业务时，注册会计师应当考虑重要性和鉴证业务风险。

第二十四条 在确定证据收集程序的性质、时间和范围，评价鉴证对象信息是否不存在错报时，注册会计师应当考虑重要性。

在考虑重要性时，注册会计师应当了解并评价哪些因素可能会影响预期使用者的决策。

注册会计师应当综合数量和性质因素考虑重要性。在具体业务中，注册会计师需要运用职业判断，评估重要性以及数量和性质因素的相对重要程度。

第二十五条 注册会计师应当将鉴证业务风险降至该业务环境下可接受的水平。

在合理保证的其他鉴证业务中，注册会计师应当将鉴证业务风险降至该业务环境下可接受的低水平，以此作为以积极方式提出结论的基础。

由于证据收集程序的性质、时间和范围不同，有限保证的其他鉴证业务的风险水平高于合理保证的其他鉴证业务的风险水平。但在有限保证的其他鉴证业务中，证据收集程序的性质、时间和范围应当至少足以使注册会计师获得某种有意义的保证水平，以此作为注册会计师以消极方式提出结论的基础。

当注册会计师获取的保证水平很有可能在一定程度上增强预期使用者对鉴证对象信息的信任时，这种保证水平是有意义的保证水平。

第二十六条 鉴证业务风险通常体现为重大错报风险和检查风险。

重大错报风险是指鉴证对象信息在鉴证前存在重大错报的可能性。

检查风险是指注册会计师未能发现存在的重大错报的可能性。

注册会计师对重大错报风险和检查风险的考虑受具体业务环境的影响，特别受鉴证对象性质，以及所执行的是合理保证还是有限保证的其他鉴证业务的影响。

第四章 利用专家的工作

第二十七条 在收集和评价证据时,对于某些其他鉴证业务的鉴证对象和相关标准,可能需要运用特殊知识和技能。在这种情况下,注册会计师应当考虑利用专家的工作。

第二十八条 当利用专家的工作收集和评价证据时,注册会计师与专家作为一个整体,应当具备与鉴证对象和标准相关的足够的专业知识和技能。

第二十九条 参与其他鉴证业务的所有人员(包括专家),都应当保持应有的关注。

在执行其他鉴证业务时,尽管并不要求专家在所有方面与注册会计师具备同样的专业知识和技能,但注册会计师应当确定专家已充分了解其他鉴证业务准则,以使专家能够按照具体业务目标开展工作。

第三十条 注册会计师应当实施质量控制程序,明确执行其他鉴证业务人员的责任,包括专家的工作责任,以确保其遵守其他鉴证业务准则。

第三十一条 注册会计师应当充分参与其他鉴证业务和了解专家所承担的工作,以足以对鉴证对象信息形成的结论承担责任。

在形成鉴证结论时,注册会计师应当考虑利用专家工作的程度是否合理。

第三十二条 尽管并不期望注册会计师具备与专家相同的专业知识和技能,但注册会计师应当具备足够的知识和技能,以实现下列目的:

(一)界定专家工作的目标及其如何与鉴证业务目标相联系;

(二)考虑专家使用的假设、方法和原始数据的合理性;

(三)考虑专家发现的问题和得出结论的合理性。

第三十三条 注册会计师应当获取充分、适当的证据,确定专家的工作是否符合其他鉴证业务的目标。

在评估专家提供证据的充分性和适当性时,注册会计师应当评价:

(一)专家的专业胜任能力,包括专家的经验和客观性;

(二)专家使用的假设、方法和原始数据的合理性;

(三)专家发现的问题和得出结论的合理性及其重要性。

第五章 获取证据

第一节 总体要求

第三十四条 注册会计师应当获取充分、适当的证据,据此形成鉴证结论。

证据的充分性是对证据数量的衡量。证据的适当性是对证据质量的衡量,即证据的相关性和可靠性。

第三十五条 注册会计师可以考虑获取证据的成本与所获取信息有用性之间的关系,但不应仅以获取证据的困难和成本为由减少不可替代的程序。

第三十六条 在评价证据的充分性和适当性以支持鉴证结论时,注册会计师应当运用职业判断,并保持职业怀疑态度。

第三十七条 其他鉴证业务通常不涉及鉴定文件记录的真伪,注册会计师也不是鉴定文件记录真伪的专家,但应当考虑用作证据的信息的可靠性,包括考虑与信息生成和维护相关的控制的有效性。

如果在执行业务过程中识别出的情况使其认为文件记录可能是伪造的或文件记录中的某些条款已发生变动,注册会计师应当作进一步调查,包括直接向第三方询证,或考虑利用专家的工作,以评价文件记录的真伪。

第三十八条 在合理保证的其他鉴证业务中,注册会计师应当通过下列不断修正的、系统化的执业过程,获取充分、适当的证据:

(一)了解鉴证对象及其他的业务环境事项,必要时包括了解内部控制;

(二)在了解鉴证对象及其他的业务环境事项的基础上,评估鉴证对象信息可能存在的重大错报风险;

(三)应对评估的风险,包括制定总体应对措施以及确定进一步程序的性质、时间和范围;

(四)针对识别的风险实施进一步程序,包括实施实质性程序,以及在必要时测试控制运行的有效性;

(五)评价证据的充分性和适当性。

第三十九条 合理保证提供的保证水平低于绝对保证。由于存在下列因素,将鉴证业务风险降至零几乎不可能,也不符合成本效益原则:

(一)选择性测试方法的运用;

(二)内部控制的固有局限性;

(三)大多数证据是说服性而非结论性的;

(四)在获取和评价证据以及由此得出结论时涉及大量判断;

(五)在某些情况下鉴证对象具有特殊性。

第四十条 合理保证的其他鉴证业务和有限保证的其他鉴证业务都需要运用鉴证技术和方法,收集充分、适当的证据。与合理保证的其他鉴证业务相比,有限保证的其他鉴证业务在证据收集程序的性质、时间、范围等方面是有意识地加以限制的。

第四十一条 无论是合理保证还是有限保证的其他鉴证业务,如果注意到某事项可能导致对鉴证对象信息是否需要作出重大修改产生疑问,注册会计师应当执行其他足够的程序,追踪这一事项,以支持鉴证结论。

第二节 责任方声明

第四十二条 注册会计师在必要时应当向责任方获取声明。责任方声明包括书面声明和口头声明。责任方对口头声明的书面确认,可以减少注册会计师和责任方之间产生误解的可能性。

注册会计师应当要求责任方就其按照既定标准对鉴证对象进行评价或计量出具书面声明,无论该声明作为责任方的认定能否为预期使用者获取。如果无法获取该项书面声明,注册会计师应当根据工作范围受到限制的程度,考虑出具保留结论或无法提出结论的鉴证报告,并考虑是否需要对鉴证报告的使用作出限制。

第四十三条 在其他鉴证业务中,责任方可能主动提供声明或以回复注册会计师询问的方式提供声明。当责任方声明与某一事项相关,且该事项对鉴证对象的评价或计量有重大影响时,注册会计师应当实施下列程序:

(一)评价责任方声明的合理性及其与其他证据(包括其他声明)的一致性;

(二)考虑作出声明的人员是否充分知晓所声明的特定事项;

(三)在合理保证的其他鉴证业务中,获取佐证性的证据;在有限保证的其他鉴证业务中,考虑是否有必要寻求佐证性的证据。

第四十四条 责任方声明不能替代注册会计师合理预期能够获取的其他证据。如果某事项对评价或计量鉴证对象产生重大影响或可能产生重大影响,且对该事项无法获取在正常情况下能够获取的充分、适当的证据,即使已从责任方获取相关声明,注册会计师应将其视为工作范围受到限制。

第六章 考虑期后事项

第四十五条 注册会计师应当考虑截至鉴证报告日发生的事项对鉴证对象信息和鉴证报告的影响。

第四十六条 注册会计师对期后事项的考虑程度,取决于这些事项对鉴证对象信息和鉴证结论适当性的潜在影响。

在某些其他鉴证业务中,由于鉴证对象性质特殊,注册会计师可能无需考虑期后事项,如对某一时点统计报表的准确性提出鉴证结论。

第七章 形成工作记录

第四十七条 注册会计师应当记录重大事项,以提供证据支持鉴证报告,并证明其已按照其他鉴证业务准则的规定执行业务。

第四十八条 对需要运用职业判断的所有重大事项,注册会计师应当记录推理过程和相关结论。

如果对某些事项难以进行判断,注册会计师还应当记录得出结论时已知悉的有关事实。

第四十九条 注册会计师应当将鉴证过程中考虑的所有重大事项记录于工作底稿。

在运用职业判断确定工作底稿的编制和保存范围时,注册会计师应当考虑,使未曾接触该项其他鉴证业务的有经验的专业人士了解实施的鉴证程序,以及作出重大决策的依据。

第八章 编制鉴证报告

第一节 总体要求

第五十条 注册会计师应当判断是否已获取充分、适当的证据,以支持鉴证结论。

在形成鉴证结论时,注册会计师应当考虑所有相关的证据,包括能够印证鉴证对象信息的证据和与之相矛盾的证据。

第五十一条 注册会计师应当以书面报告形式提出鉴证结论,鉴证报告应当清晰表述注册会计师对鉴证对象信息提出的结论。

第五十二条 注册会计师应当根据具体业务环境选择短式报告或长式报告,将信息有效地传达给预期使用者。

短式报告通常包括本准则第五十三条所述的鉴证报告基本内容。长式报告除包括基本内容外,还包括:

(一)对业务约定条款的详细说明;

(二)在特定方面发现的问题以及提出的相关建议。

在长式报告中,注册会计师应当将发现的问题及相关建议与鉴证结论清楚分开,并以适当措辞指出这些问题和建议不会影响鉴证结论。

第二节 鉴证报告的内容

第五十三条 鉴证报告应当包含下列基本内容:

(一)标题;

(二)收件人;

(三)对鉴证对象信息(适当时也包括鉴证对象)的界定与描述;

(四)使用的标准;

(五)适当时,对按照标准评价或计量鉴证对象存在的所有重大固有限制的说明;

(六)必要时,对报告使用者和使用目的的限定;

(七)责任方的界定,以及对责任方和注册会计师各自责任的说明;

(八)按照其他鉴证业务准则的规定执行业务的说明;

（九）工作概述；

（十）鉴证结论；

（十一）注册会计师的签名及盖章；

（十二）会计师事务所的名称、地址及盖章；

（十三）报告日期。

第五十四条 鉴证报告的标题应当清晰表述其他鉴证业务的性质。

第五十五条 鉴证报告的收件人是指鉴证报告应当提交的对象，在可行的情况下，鉴证报告的收件人应当明确为所有的预期使用者。

第五十六条 鉴证报告中对鉴证对象信息（适当时也包括鉴证对象）的界定与描述主要包括：

（一）与评价或计量鉴证对象相关的时点或期间；

（二）鉴证对象涉及的被鉴证单位或其组成部分的名称；

（三）对鉴证对象或鉴证对象信息的特征及其影响的解释，包括解释这些特征如何影响对鉴证对象按照既定标准进行评价或计量的准确性，以及如何影响所获取证据的说服力。

如果在鉴证结论中提及责任方的认定，注册会计师应当将该认定附于鉴证报告后，或在鉴证报告中复述该认定，或指明预期使用者能够从何处获取该认定。

第五十七条 鉴证报告应当指出评价或计量鉴证对象所使用的标准，以使预期使用者能够了解注册会计师提出结论的依据。

注册会计师可以将该标准直接包括在鉴证报告中。如果预期使用者能够获取的责任方认定中已包括该标准，或容易从其他来源获取该标准，注册会计师也可以仅在鉴证报告中提及该标准。

第五十八条 注册会计师应当根据具体业务环境考虑是否披露：

（一）标准的来源，以及标准是否为公开发布标准；如果不是公开发布标准，应当说明采用该标准的理由；

（二）当标准允许选用多种计量方法时，采用的计量方法；

（三）使用标准时作出的重要解释；

（四）采用的计量方法是否发生变更。

第五十九条 如果根据标准评价或计量鉴证对象存在重大固有限制，且预期鉴证报告的使用者不能充分理解，注册会计师应当在鉴证报告中明确提及该限制。

第六十条 如果用于评价或计量鉴证对象的标准仅能为特定使用者所获取，或仅与特定目的相关，注册会计师应当在鉴证报告中指明该鉴证报告的使用仅限于特定使用者或特定目的。

第六十一条 注册会计师应当在鉴证报告中界定责任方以及责任方和注册会计师各自的责任。

对于直接报告业务，注册会计师应当指明责任方对鉴证对象负责；对于基于认定的业务，注册会计师应当指明责任方对鉴证对象信息负责。

注册会计师的责任是对鉴证对象信息独立地提出结论。

第六十二条 注册会计师应当在鉴证报告中说明，该项其他鉴证业务是按照其他鉴证业务准则的规定执行的。如果存在针对该项其他鉴证业务的具体准则，注册会计师应当根据该准则的规定决定是否在鉴证报告中特别提及该准则。

第六十三条 为使预期使用者了解鉴证报告所表达的保证性质，注册会计师应当参照相关的审计准则和审阅准则，在鉴证报告中概述已执行的鉴证工作。

如果没有相关鉴证业务准则对特定鉴证对象的证据收集程序作出规定，注册会计师应当在概述时更具体地说明已执行的工作。

第六十四条 在有限保证的其他鉴证业务中，为使预期使用者理解以消极方式表达的结论所传达的保证性质，注册会计师对已执行工作的概述通常比在合理保证的其他鉴证业务中更加详细。

在有限保证的其他鉴证业务中，对已执行工作的概述应当包括下列内容：

（一）指出证据收集程序的性质、时间和范围存在的限制，必要时，说明没有执行合理保证的其他鉴证业务中通常实施的程序；

（二）说明由于证据收集程序比合理保证的其他鉴证业务更为有限，因此，获得的保证程度低于合理保证的其他鉴证业务的保证程度。

第六十五条 注册会计师应当在鉴证报告中清楚地说明鉴证结论。如果鉴证对象信息由多个方面组成，注册会计师可就每个方面分别提出结论。

虽然提出这些结论并非都需要执行相同水平的证据收集程序，但注册会计师应当根据某一方面执行的工作是合理保证还是有限保证，决定该方面结论的适当表达方式。

第六十六条 在适当情况下，注册会计师应当在鉴证报告中告知预期使用者提出该结论的背景，比如注册会计师的结论中可能包括"本结论是在受到鉴证报告中指出的固有限制的条件下形成的"的措辞。

第六十七条 在合理保证的其他鉴证业务中，注册会计师应当以积极方式提出结论，如"我们认为，根据×标准，内部控制在所有重大方面是有效的"或"我们认为，责任方作出的'根据×标准，内部控制在所有重大方面是有效的'这一认定是公允的"。

第六十八条 在有限保证的其他鉴证业务中，注册会计师应当以消极方式提出结论，如"基于本报告所述的工作，我们没有注意到任何事项使我们相信，根据×标准，×系统在任何重大方面是无效的"或"基于本报告所述的工作，我们没有注意到任何事项使我们相信，责任方作出的'根据×标准，×系统在所有重大方面是有效的'这一认定是不公允的"。

第六十九条 如果提出无保留结论之外的其他结论，注册会计师应当在鉴证报告中清楚地说明提出该结论的理由。

第七十条 鉴证报告应当注明报告日期，以使预期使用者了解注册会计师已考虑截至报告日发生的事项对鉴证对象信息和鉴证报告的影响。

第七十一条 注册会计师可以在鉴证报告中增加不会影响鉴证结论的其他信息或解释。这些信息或解释主要包括：

（一）注册会计师和其他参加具体业务的人员的资格和经验；

（二）重要性水平；

（三）在该业务的特定方面发现的问题及相关建议。

鉴证报告中是否包含此类信息取决于该信息对预期使用者需求的重要程度。增加的信息应当与注册会计师的结论清楚分开，并在措辞上不影响鉴证结论。

第三节 保留结论、否定结论和无法提出结论

第七十二条 如果存在下列事项，且判断该事项的影响重大或可能重大，注册会计师不应当提出无保留结论：

（一）由于工作范围受到业务环境、责任方或委托人的限制，注册会计师不能获取必要的证据将鉴证业务风险降至适当水平，在这种情况下，应当出具保留结论或无法提出结论的报告；

（二）如果结论提及责任方认定，且该认定未在所有重大方面作出公允表达，注册会计师应当提出保留结论或否定结论；如果结论直接提及鉴证对象及标准，且鉴证对象信息存在重大错报，注册会计师应当提出保留结论或否定结论；

（三）在承接业务后，如果发现标准或鉴证对象不适当，可能误导预期使用者，注册会计师应当提出保留结论或否定结论；如果发现标准或鉴证对象不适当，造成工作范围受到限制，注册会计师应当出具保留结论或无法提出结论的报告。

第七十三条 如果某事项造成影响的重大与广泛程度不足以导致出具否定结论或无法提出结论的报告，注册会计师应当提出保留结论，并在报告中使用"除……的影响外"等措辞。

第七十四条 如果责任方认定已指出并适当说明鉴证对象信息存在重大错报，注册会计师应当选择下列一种方式提出鉴证结论：

（一）直接对鉴证对象和使用的标准提出保留结论或否定结论；

（二）如果业务约定条款特别要求针对责任方认定提出结论，注册会计师应当提出无保留结论，并在鉴证报告中增加强调事项段，说明鉴证对象信息存在重大错报且责任方认定已对此作出了适当说明。

第九章 其他报告责任

第七十五条 注册会计师应当考虑其他报告责任，包括考虑就执行业务过程中注意到的与治理层责任相关的事项与治理层沟通的适当性。

如果委托人并非责任方，注册会计师直接与责任方或责任方的治理层沟通可能是不适当的。

第七十六条 如果业务约定条款没有特殊要求，注册会计师不必设计专门的程序以识别与治理层责任相关的事项。

第十章 附 则

第七十七条 本准则自2007年1月1日起施行。

中国注册会计师其他鉴证业务准则第3111号——预测性财务信息的审核

（2006年2月15日修订）

第一章 总 则

第一条 为了规范注册会计师执行预测性财务信息审核业务，制定本准则。

第二条 本准则所称预测性财务信息，是指被审核单位依据对未来可能发生的事项或采取的行动的假设而编制的财务信息。

预测性财务信息可以表现为预测、规划或两者的结合，可能包括财务报表或财务报表的一项或多项要素。

本准则所称预测，是指管理层在最佳估计假设的基础上编制的预测性财务信息。最佳估计假设是指截至编制预测性财务信息日，管理层对预期未来发生的事项和采取的行动作出的假设。

本准则所称规划，是指管理层基于推测性假设，或同时基于推测性假设和最佳估计假设编制的预测性财务信息。推测性假设是指管理层对未来事项和采取的行动作出的假设，该事项或行动预期在未来未必发生。

第三条 在执行预测性财务信息审核业务时，注册会计师应当就下列事项获取充分、适当的证据：

（一）管理层编制预测性财务信息所依据的最佳估计假设并非不合理；在依据推测性

假设的情况下，推测性假设与信息的编制目的是相适应的；

（二）预测性财务信息是在假设的基础上恰当编制的；

（三）预测性财务信息已恰当列报，所有重大假设已充分披露，包括说明采用的是推测性假设还是最佳估计假设；

（四）预测性财务信息的编制基础与历史财务报表一致，并选用了恰当的会计政策。

第四条 管理层负责编制预测性财务信息，包括识别和披露预测性财务信息依据的假设。

注册会计师接受委托对预测性财务信息实施审核并出具报告，可增强该信息的可信赖程度。

第二章 保证程度

第五条 注册会计师不应对预测性财务信息的结果能否实现发表意见。

第六条 当对管理层采用的假设的合理性发表意见时，注册会计师仅提供有限保证。

第三章 接受业务委托

第七条 在承接预测性财务信息审核业务前，注册会计师应当考虑下列因素：

（一）信息的预定用途；

（二）信息是广为分发还是有限分发；

（三）假设的性质，即假设是最佳估计假设还是推测性假设；

（四）信息中包含的要素；

（五）信息涵盖的期间。

第八条 如果假设明显不切实际，或认为预测性财务信息并不适合预定用途，注册会计师应当拒绝接受委托，或解除业务约定。

第九条 注册会计师应当与委托人就业务约定条款达成一致意见，并签订业务约定书。

第四章 了解被审核单位情况

第十条 注册会计师应当充分了解被审核单位情况，以评价管理层是否识别出编制预测性财务信息所要求的全部重要假设。

注册会计师还应当通过考虑下列事项，熟悉被审核单位编制预测性财务信息的过程：

（一）与编制预测性财务信息相关的内部控制，以及负责编制预测性财务信息人员的专业技能和经验；

（二）支持管理层作出假设的文件的性质；

（三）运用统计、数学方法及计算机辅助技术的程度；

（四）形成和运用假设时使用的方法；

（五）以前期间编制预测性财务信息的准确性，及其与实际情况出现重大差异的原因。

第十一条 注册会计师应当考虑被审核单位编制预测性财务信息时依赖历史财务信息的程度是否合理。

注册会计师应当了解被审核单位的历史财务信息，以评价预测性财务信息与历史财务信息的编制基础是否一致，并为考虑管理层假设提供历史基准。

注册会计师应当确定相关历史财务信息是否已经审计或审阅，是否选用了恰当的会计政策。

第十二条 如果对上期历史财务信息出具了非标准审计报告或非标准审阅报告，或被审核单位尚处于营业初期，注册会计师应当考虑各项相关的事实及其对预测性财务信息审核的影响。

第五章 涵盖期间

第十三条 注册会计师应当考虑预测性财务信息涵盖的期间。

随着涵盖期间的延长，假设的主观性将会增加，管理层作出最佳估计假设的能力将会减弱。预测性财务信息涵盖的期间不应超过管理层可作出合理假设的期间。

第十四条 注册会计师可以从下列方面考虑预测性财务信息涵盖的期间是否合理：

（一）经营周期；
（二）假设的可靠程度；
（三）使用者的需求。

第六章 审核程序

第十五条 在确定审核程序的性质、时间和范围时，注册会计师应当考虑下列因素：

（一）重大错报的可能性；
（二）以前期间执行业务所了解的情况；
（三）管理层编制预测性财务信息的能力；
（四）预测性财务信息受管理层判断影响的程度；
（五）基础数据的恰当性和可靠性。

第十六条 注册会计师应当评估支持管理层作出最佳估计假设的证据的来源和可靠性。注册会计师可以从内部或外部来源获取支持这些假设的充分、适当的证据，包括根据历史财务信息考虑这些假设，以及评价这些假设是否依据被审核单位有能力实现的计划。

第十七条 当使用推测性假设时，注册会计师应当确定这些假设的所有重要影响是否已得到考虑。

对推测性假设，注册会计师不需要获取支持性的证据，但应当确定这些假设与编制预测性财务信息的目的相适应，并且没有理由相信这些假设明显不切合实际。

第十八条 注册会计师应当通过检查数据计算准确性和内在一致性等，确定预测性财务信息是否依据管理层确定的假设恰当编制。

内在一致性是指管理层拟采取的各项行动相互之间不存在矛盾，以及根据共同的变量确定的金额之间不存在不一致。

第十九条 注册会计师应当关注对变化特别敏感的领域，并考虑该领域影响预测性财务信息的程度。

第二十条 当接受委托审核预测性财务信息的一项或多项要素时，注册会计师应当考虑该要素与财务信息其他要素之间的关联关系。

第二十一条 当预测性财务信息包括本期部分历史信息时，注册会计师应当考虑对历史信息需要实施的程序的范围。

第二十二条 注册会计师应当就下列事项向管理层获取书面声明：

（一）预测性财务信息的预定用途；
（二）管理层作出的重大假设的完整性；
（三）管理层认可对预测性财务信息的责任。

第七章 列 报

第二十三条 在评价预测性财务信息的列报（包括披露）时，注册会计师除考虑相关法律法规的具体要求外，还应当考虑下列事项：

（一）预测性财务信息的列报是否提供有用信息且不会产生误导；
（二）预测性财务信息的附注中是否清楚地披露会计政策；

（三）预测性财务信息的附注中是否充分披露所依据的假设，是否明确区分最佳估计假设和推测性假设；对于涉及重大且具有高度不确定性的假设，是否已充分披露该不确定性以及由此导致的预测结果的敏感性；

（四）预测性财务信息的编制日期是否得以披露，管理层是否确认截至该日期止，编制该预测性财务信息所依据的各项假设仍然适当；

（五）当预测性财务信息的结果以区间表示时，是否已清楚说明在该区间内选取若干点的基础，该区间的选择是否不带偏见或不产生误导；

（六）从最近历史财务信息披露以来，会计政策是否发生变更、变更的原因及其对预测性财务信息的影响。

第八章 审核报告

第二十四条 注册会计师对预测性财务信息出具的审核报告应当包括下列内容：

（一）标题；

（二）收件人；

（三）指出所审核的预测性财务信息；

（四）提及审核预测性财务信息时依据的准则；

（五）说明管理层对预测性财务信息（包括编制该信息所依据的假设）负责；

（六）适当时，提及预测性财务信息的使用目的和分发限制；

（七）以消极方式说明假设是否为预测性财务信息提供合理基础；

（八）对预测性财务信息是否依据假设恰当编制，并按照适用的会计准则和相关会计制度的规定进行列报发表意见；

（九）对预测性财务信息的可实现程度作出适当警示；

（十）注册会计师的签名及盖章；

（十一）会计师事务所的名称、地址及盖章；

（十二）报告日期。报告日期应为完成审核工作的日期。

第二十五条 审核报告应当说明：

（一）根据对支持假设的证据的检查，注册会计师是否注意到任何事项，导致其认为这些假设不能为预测性财务信息提供合理基础；

（二）对预测性财务信息是否依据这些假设恰当编制，并按照适用的会计准则和相关会计制度的规定进行列报发表意见。

第二十六条 审核报告还应当说明：

（一）由于预期事项通常并非如预期那样发生，并且变动可能重大，实际结果可能与预测性财务信息存在差异；同样，当预测性财务信息以区间形式表述时，对实际结果是否处于该区间内不提供任何保证。

（二）在审核规划的情况下，编制预测性财务信息是为了特定目的（列明具体目的）。在编制过程中运用了一整套假设，包括有关未来事项和管理层行动的推测性假设，而这些事项和行动预期在未来未必发生。因此，提醒信息使用者注意，预测性财务信息不得用于该特定目的以外的其他目的。

第二十七条 如果认为预测性财务信息的列报不恰当，注册会计师应当对预测性财务信息出具保留或否定意见的审核报告，或解除业务约定。

第二十八条 如果认为一项或者多项重大假设不能为依据最佳估计假设编制的预测性财务信息提供合理基础，或在给定的推测性假设下，一项或者多项重大假设不能为依据推测性假设编制的预测性财务信息提供合理基础，注册会计师应当对预测性财务信息出具否定意见的审核报告，或解除业务约定。

第二十九条 如果审核范围受到限制，导致无法实施必要的审核程序，注册会计师应当解除业务约定，或出具无法表示意见的审核报告，并在报告中说明审核范围受到限制的情况。

第九章 附 则

第三十条 本准则自 2007 年 1 月 1 日起施行。

附录

审核报告参考格式

1. 对预测性财务报表出具无保留意见的报告（以预测为基础）

审 核 报 告

ABC 股份有限公司：

我们审核了后附的 ABC 股份有限公司（以下简称 ABC 公司）编制的预测（列明预测涵盖的期间和预测的名称）。我们的审核依据是《中国注册会计师其他鉴证业务准则第 3111 号——预测性财务信息的审核》。ABC 公司管理层对该预测及其所依据的各项假设负责。这些假设已在附注 × 中披露。

根据我们对支持这些假设的证据的审核，我们没有注意到任何事项使我们认为这些假设没有为预测提供合理基础。而且，我们认为，该预测是在这些假设的基础上恰当编制的，并按照 ×× 编制基础的规定进行了列报。

由于预期事项通常并非如预期那样发生，并且变动可能重大，实际结果可能与预测性财务信息存在差异。

×× 会计师事务所	中国注册会计师：×××
（盖章）	（签名并盖章）
	中国注册会计师：×××
	（签名并盖章）
中国×× 市	二〇×× 年 × 月 × 日

2. 对预测性财务报表出具无保留意见的报告（以规划为基础）

审 核 报 告

ABC 股份有限公司：

我们审核了后附的 ABC 股份有限公司（以下简称 ABC 公司）编制的规划（列明规划涵盖的期间和规划的名称）。我们的审核依据是《中国注册会计师其他鉴证业务准则第 3111 号——预测性财务信息的审核》。ABC 公司管理层对该规划及其所依据的各项假设负责。这些假设已在附注 × 中披露。

ABC 公司编制规划是××目的。由于 ABC 公司尚处于营业初期，在编制规划时运用了一整套假设，包括有关未来事项和管理层行动的推测性假设，而这些事项和行动预期在未来未必发生。因此，我们提醒信息使用者注意，该规划不得用于××目的以外的其他目的。

根据我们对支持这些假设的证据的审核，在推测性假设（列明推测性假设）成立的前提下，我们没有注意到任何事项使我们认为这些假设没有为规划提供合理基础。我们认为，该规划是在这些假设的基础上恰当编制的，并按照××编制基础的规定进行了列报。

即使在推测性假设中所涉及的事项发生，但由于预期事项通常并非如预期那样发生，并且变动可能重大，因此实际结果仍然可能与预测性财务信息存在差异。

××会计师事务所　　　　　　　　　　中国注册会计师：×××
　　（盖章）　　　　　　　　　　　　　　（签名并盖章）

　　　　　　　　　　　　　　　　　　中国注册会计师：×××
　　　　　　　　　　　　　　　　　　　　（签名并盖章）

中国××市　　　　　　　　　　　　　二○××年×月×日

中国注册会计师相关服务准则第 4101 号——对财务信息执行商定程序

（2006 年 2 月 15 日修订）

第一章　总　　则

第一条　为了规范注册会计师对财务信息执行商定程序业务，明确执业责任，制定本准则。

第二条　对财务信息执行商定程序的目标，是注册会计师对特定财务数据、单一财务报表或整套财务报表等财务信息执行与特定主体商定的具有审计性质的程序，并就执行的商定程序及其结果出具报告。

本准则所称特定主体，是指委托人和业务约定书中指明的报告致送对象。

第三条　注册会计师执行商定程序业务，仅报告执行的商定程序及其结果，并不提出鉴证结论。报告使用者自行对注册会计师执行的商定程序及其结果作出评价，并根据注册会计师的工作得出自己的结论。

第四条　商定程序业务报告仅限于参与协商确定程序的特定主体使用，以避免不了解商定程序的人对报告产生误解。

第五条　注册会计师执行商定程序业务，应当遵守相关职业道德规范，恪守客观、公正的原则，保持专业胜任能力和应有的关注，并对执业过程中获知的信息保密。

第六条　本准则不对商定程序业务提出独立性要求；但如果业务约定书或委托目的对注册会计师的独立性提出要求，注册会计师应当从其规定。

如果注册会计师不具有独立性，应当在商定程序业务报告中说明这一事实。

第七条　注册会计师应当按照本准则的规定和业务约定书的要求执行商定程序业务。

第二章 业 务 约 定 书

第八条 注册会计师应当与特定主体进行沟通，确保其已经清楚理解拟执行的商定程序和业务约定条款。

注册会计师应当就下列事项与特定主体沟通，并达成一致意见：
（一）业务性质，包括说明执行的商定程序并不构成审计或审阅，不提出鉴证结论；
（二）委托目的；
（三）拟执行商定程序的财务信息；
（四）拟执行的具体程序的性质、时间和范围；
（五）预期的报告样本；
（六）报告分发和使用的限制。

第九条 如果无法与所有的报告致送对象直接讨论拟执行的商定程序，注册会计师应当考虑采取下列措施：
（一）与报告致送对象的代表讨论拟执行的商定程序；
（二）查阅来自报告致送对象的相关信函和文件；
（三）向报告致送对象提交报告样本。

第十条 如果接受委托，注册会计师应当与委托人就双方达成一致的事项签订业务约定书，以避免双方对商定程序业务的理解产生分歧。

第三章 计划、程序与记录

第十一条 注册会计师应当合理制定工作计划，以有效执行商定程序业务。

第十二条 注册会计师应当执行商定的程序，并将获取的证据作为出具报告的基础。

第十三条 执行商定程序业务运用的程序通常包括：
（一）询问和分析；
（二）重新计算、比较和其他核对方法；
（三）观察；
（四）检查；
（五）函证。

第十四条 注册会计师应当记录支持商定程序业务报告的重大事项，并记录按照本准则的规定和业务约定书的要求执行商定程序的证据。

第四章 报 告

第十五条 商定程序业务报告应当详细说明业务的目的和商定的程序，以便使用者了解所执行工作的性质和范围。

第十六条 商定程序业务报告应当包括下列内容：
（一）标题；
（二）收件人；
（三）说明执行商定程序的财务信息；
（四）说明执行的商定程序是与特定主体协商确定的；
（五）说明已按照本准则的规定和业务约定书的要求执行了商定程序；
（六）当注册会计师不具有独立性时，说明这一事实；
（七）说明执行商定程序的目的；
（八）列出所执行的具体程序；
（九）说明执行商定程序的结果，包括详细说明发现的错误和例外事项；

（十）说明所执行的商定程序并不构成审计或审阅，注册会计师不提出鉴证结论；

（十一）说明如果执行商定程序以外的程序，或执行审计或审阅，注册会计师可能得出其他应报告的结果；

（十二）说明报告仅限于特定主体使用；

（十三）在适用的情况下，说明报告仅与执行商定程序的特定财务数据有关，不得扩展到财务报表整体；

（十四）注册会计师的签名和盖章；

（十五）会计师事务所的名称、地址及盖章；

（十六）报告日期。

第五章 附 则

第十七条 如果注册会计师具备专业胜任能力，且存在合理的判断标准，可参照本准则对非财务信息执行商定程序业务。

第十八条 本准则自 2007 年 1 月 1 日起施行。

中国注册会计师相关服务准则第 4111 号——代编财务信息

（2006 年 2 月 15 日修订）

第一章 总 则

第一条 为了规范注册会计师执行代编财务信息业务（以下简称代编业务），制定本准则。

第二条 代编业务的目标是注册会计师运用会计而非审计的专业知识和技能，代客户编制一套完整或非完整的财务报表，或代为收集、分类和汇总其他财务信息。

注册会计师执行代编业务使用的程序并不旨在、也不能对财务信息提出任何鉴证结论。

第三条 注册会计师执行代编业务，应当遵守相关职业道德规范，恪守客观、公正的原则，保持专业胜任能力和应有的关注，并对执业过程中获知的信息保密。

第四条 本准则不对代编业务提出独立性要求。但如果注册会计师不具有独立性，应当在代编业务报告中说明这一事实。

第五条 在任何情况下，如果注册会计师的姓名与代编的财务信息相联系，注册会计师应当出具代编业务报告。

第二章 业务约定书

第六条 注册会计师应当在代编业务开始前，与客户就代编业务约定条款达成一致意见，并签订业务约定书，以避免双方对代编业务的理解产生分歧。

第七条 业务约定书应当包括下列主要事项：

（一）业务的性质，包括说明拟执行的业务既非审计也非审阅，注册会计师不对代编的财务信息提出任何鉴证结论；

（二）说明不能依赖代编业务揭露可能存在的错误、舞弊以及违反法规行为；

（三）客户提供的信息的性质；

（四）说明客户管理层应当对提供给注册会计师的信息的真实性和完整性负责，以保证代编财务信息的真实性和完整性；

（五）说明代编财务信息的编制基础，并说明将在代编财务信息和出具的代编业务报告中对该编制基础以及任何重大背离予以披露；

（六）代编财务信息的预期用途和分发范围；

（七）如果注册会计师的姓名与代编的财务信息相联系，说明注册会计师出具的代编业务报告的格式；

（八）业务收费；

（九）违约责任；

（十）解决争议的方法；

（十一）签约双方法定代表人或其授权代表的签字盖章，以及签约双方加盖的公章。

第三章 计划、程序与记录

第八条 注册会计师应当制定代编业务计划，以有效执行代编业务。

第九条 注册会计师应当了解客户的业务和经营情况，熟悉其所处行业的会计政策和惯例，以及与具体情况相适应的财务信息的形式和内容。

第十条 注册会计师应当了解客户业务交易的性质、会计记录的形式和财务信息的编制基础。

注册会计师通常利用以前经验、查阅文件记录或询问客户的相关人员，获取对这些事项的了解。

第十一条 除本准则规定的程序外，注册会计师通常不需要执行下列程序：

（一）询问管理层，以评价所提供信息的可靠性和完整性；

（二）评价内部控制；

（三）验证任何事项；

（四）验证任何解释。

第十二条 如果注意到管理层提供的信息不正确、不完整或在其他方面不令人满意，注册会计师应当考虑执行本准则第十一条提及的程序，并要求管理层提供补充信息。

如果管理层拒绝提供补充信息，注册会计师应当解除该项业务约定，并告知客户解除业务约定的原因。

第十三条 注册会计师应当阅读代编的财务信息，并考虑形式是否恰当，是否不存在明显的重大错报。

本条前款所述的重大错报包括下列情形：

（一）错误运用编制基础；

（二）未披露所采用的编制基础和获知的重大背离；

（三）未披露注册会计师注意到的其他重大事项。

注册会计师应当在代编财务信息中披露采用的编制基础和获知的重大背离，但不必报告背离的定量影响。

第十四条 如果注意到存在重大错报，注册会计师应当尽可能与客户就如何恰当地更正错报达成一致意见。如果重大错报仍未得到更正，并且认为财务信息存在误导，注册会计师应当解除该项业务约定。

第十五条 注册会计师应当从管理层获取其承担恰当编制财务信息和批准财务信息的责任的书面声明。该声明还应当包括管理层对会计数据的真实性和完整性负责，以及已向注册会计师完整提供所有重要且相关的信息。

第十六条 注册会计师应当记录重大事项，以证明其已按照本准则的规定和业务约定书的要求执行代编业务。

第四章 代编业务报告

第十七条 代编业务报告应当包括下列内容：

（一）标题；
（二）收件人；
（三）说明注册会计师已按照本准则的规定执行代编业务；
（四）当注册会计师不具有独立性时，说明这一事实；
（五）指出财务信息是在管理层提供信息的基础上代编的，并说明代编财务信息的名称、日期或涵盖的期间；
（六）说明管理层对注册会计师代编的财务信息负责；
（七）说明执行的业务既非审计，也非审阅，因此不对代编的财务信息提出鉴证结论；
（八）必要时，应当增加一个段落，提醒注意代编财务信息对采用的编制基础的重大背离；
（九）注册会计师的签名及盖章；
（十）会计师事务所的名称、地址及盖章；
（十一）报告日期。

第十八条 注册会计师应当在代编财务信息的每页或一套完整的财务报表的首页明确标示"未经审计或审阅""与代编业务报告一并阅读"等字样。

第五章 附　　则

第十九条 注册会计师执行代编非财务信息业务，除有特定要求者外，应当参照本准则办理。

第二十条 本准则自 2007 年 1 月 1 日起施行。

附录：

代编业务报告参考格式

1. 代编财务报表业务报告

代编财务报表业务报告

（收件人名称）：

在 ABC 公司管理层提供信息的基础上，我们按照《中国注册会计师相关服务准则第 4111 号——代编财务信息》的规定，代编了 ABC 公司 20×1 年 12 月 31 日的资产负债表、20×1 年度的利润表、股东权益变动表和现金流量表以及财务报表附注。管理层对这些财务报表负责。我们未对这些财务报表进行审计或审阅，因此不对其提出鉴证结论。

　　　　××会计师事务所　　　　　　　　　　　中国注册会计师：×××
　　　　　（盖章）　　　　　　　　　　　　　　　（签名并盖章）
　　　　　　　　　　　　　　　　　　　　　　　中国注册会计师：×××
　　　　　　　　　　　　　　　　　　　　　　　　（签名并盖章）

　　　　中国××市　　　　　　　　　　　　　　二〇×二年×月×日

2.代编财务报表业务报告,增加段落以引起对背离编制基础的关注

代编财务报表业务报告

(收件人名称):

在 ABC 公司管理层提供信息的基础上,我们按照《中国注册会计师相关服务准则第 4111 号——代编财务信息》的规定,代编了 ABC 公司 20×1 年 12 月 31 日的资产负债表、20×1 年度的利润表、股东权益变动表和现金流量表以及财务报表附注。管理层对这些财务报表负责。我们未对这些财务报表进行审计或审阅,因此不对其提出鉴证结论。

我们提请注意,如财务报表附注 × 所述,管理层对融资租赁的机器设备未予资本化,该事项不符合企业会计准则和《×× 会计制度》的规定。

××会计师事务所　　　　　　　　　　　中国注册会计师:×××
　　（盖章）　　　　　　　　　　　　　　　（签名并盖章）

　　　　　　　　　　　　　　　　　　　中国注册会计师:×××
　　　　　　　　　　　　　　　　　　　　　（签名并盖章）

中国××市　　　　　　　　　　　　　　二○×二年×月×日

会计师事务所质量管理准则第 5101 号——业务质量管理

(2020 年 11 月 19 日修订)

第一章 总 则

第一条 为了规范会计师事务所设计、实施和运行有关财务报表审计业务、财务报表审阅业务、其他鉴证业务以及相关服务业务的质量管理体系,制定本准则。

第二条 项目质量复核是会计师事务所质量管理体系中的一项应对措施。本准则规范了会计师事务所就应当实施项目质量复核的范围,制定相关政策和程序的责任。《会计师事务所质量管理准则第 5102 号——项目质量复核》规范了有关项目质量复核人员的委派和资质要求,以及项目质量复核实施和记录的要求。

第三条 会计师事务所受本准则和《会计师事务所质量管理准则第 5102 号——项目质量复核》的约束,是中国注册会计师执业准则体系中所有其他准则的前提和基础。

其他一些执业准则规定了项目合伙人和项目组其他成员在项目层面实施质量管理的要求。例如,针对财务报表审计业务,《中国注册会计师审计准则第 1121 号——对财务报表审计实施的质量管理》规定了项目层面实施质量管理的具体责任以及项目合伙人的相关责任。

第四条 除本准则外,相关职业道德要求也可能针对会计师事务所在质量管理方面的责任作出规定。会计师事务所在使用本准则时,需要同时考虑相关职业道德要求。

第五条 本准则适用于会计师事务所执行财务报表审计业务、财务报表审阅业务、其他鉴证业务和相关服务业务。

第六条 本准则规定了会计师事务所的目标、为达到这些目标而需要遵守的要求，并提供了相关术语的定义。此外，本准则的附录和应用指南对正确理解和执行本准则中的相关条款提供了进一步解释、指引和示例。

第二章 定 义

第七条 质量管理体系，是指会计师事务所设计、实施和运行的系统，旨在为以下方面提供合理保证：

（一）会计师事务所及其人员按照法律法规和职业准则的规定履行职责，并根据这些规定执行业务；

（二）会计师事务所和项目合伙人出具适合具体情况的业务报告。

第八条 合理保证，是指高度、但非绝对的保证。

第九条 质量目标，是指会计师事务所在其质量管理体系的各组成要素方面期望达到的结果。

第十条 质量风险，是指一种具有合理可能性会发生的风险，这种风险一旦发生，将单独或连同其他风险对质量目标的实现产生不利影响。

第十一条 应对措施，就会计师事务所质量管理体系而言，是指会计师事务所为了应对质量风险而设计和实施的政策和程序。其中：

（一）政策，是指会计师事务所为应对质量风险而作出的应当或不应当采取某种措施的规定，这种规定可能以成文的方式存在，也可能通过讯息予以明示，或者暗含于行动或决策中；

（二）程序，是指为执行政策而采取的行动。

第十二条 会计师事务所质量管理体系的缺陷（在本准则中有时简称缺陷），是指会计师事务所质量管理体系的设计、实施或运行无法合理保证实现其目标的情况。当存在下列情况之一时，表明会计师事务所质量管理体系存在缺陷：

（一）未能设定某些质量目标，而这些质量目标对实现质量管理体系的目标是必要的；

（二）未能识别或恰当评估一项或多项质量风险；

（三）未能恰当设计和采取应对措施，或者应对措施未能有效发挥作用，导致一项应对措施或者多项应对措施的组合未能将相关质量风险发生的可能性降低至可接受的低水平；

（四）质量管理体系的某些方面缺失，或者某些方面未能得到恰当的设计、实施或有效运行，导致会计师事务所未能遵守本准则的某些要求。

第十三条 发现的情况，就会计师事务所质量管理体系而言，是指通过实施监控活动和外部检查获取的，与质量管理体系设计、实施和运行相关的信息，或者从其他相关来源积累的信息，这些信息表明质量管理体系可能存在一项或多项缺陷。

第十四条 外部检查，是指外部监管机构针对会计师事务所质量管理体系或者会计师事务所执行的业务开展的检查或调查。

第十五条 职业准则，是指执业准则和相关职业道德要求。其中，执业准则包括中国注册会计师鉴证业务基本准则、中国注册会计师审计准则、中国注册会计师审阅准则、中国注册会计师其他鉴证业务准则、中国注册会计师相关服务准则和会计师事务所质量管理准则。

第十六条 相关职业道德要求，是指注册会计师在执行财务报表审计业务、财务报表审阅业务、其他鉴证业务和相关服务业务时，应当遵守的职业道德原则和要求，包括独立性要求（如适用）。

第十七条 职业判断，就本准则而言，是指在职业准则框架下，运用相关知识、技能和经验，就会计师事务所质量管理体系设计、实施和运行作出的适当、知情的行动决策。

第十八条 业务工作底稿，有时也称业务工作记录，是指执业人员对已执行的工作、获取的结果以及得出的结论作出的记录。

第十九条 上市实体，是指其股份、股票或债券在法律法规认可的证券交易所报价或挂牌，或在法律法规认可的证券交易所或其他类似机构的监管下进行交易的实体。

第二十条 网络，是指由多个实体组成，旨在通过合作实现下列一个或多个目的的联合体：

（一）共享收益、分担成本；

（二）共享所有权、控制权或管理权；

（三）执行统一的质量管理政策和程序；

（四）执行同一经营战略；

（五）使用同一品牌；

（六）共享重要的专业资源。

第二十一条 网络事务所，对于某会计师事务所来说，是指该会计师事务所所在网络中的其他会计师事务所或实体。

第二十二条 服务提供商，就本准则而言，是指会计师事务所外部的个人或组织，该个人或组织提供资源供会计师事务所质量管理体系利用或在执行业务时利用。服务提供商不包括会计师事务所所在的网络、网络事务所，也不包括网络中的其他组织或架构。

第二十三条 人员，是指会计师事务所的合伙人和员工。其中，对于非合伙制会计师事务所，合伙人是指类似职位的人员。

第二十四条 员工，是指合伙人以外的专业人员，包括会计师事务所的内部专家。

第二十五条 项目组，是指执行某项业务的所有合伙人和员工，以及为该项业务实施程序的所有其他人员，但不包括外部专家，也不包括为项目组提供直接协助的内部审计人员。

第二十六条 项目合伙人，是指会计师事务所中负责某项业务及其执行，并代表会计师事务所在出具的报告上签字的合伙人。

第二十七条 项目质量复核，是指在报告日或报告日之前，项目质量复核人员对项目组作出的重大判断及据此得出的结论作出的客观评价。

第二十八条 项目质量复核人员，是指会计师事务所中实施项目质量复核的合伙人或其他类似职位的人员，或者由会计师事务所委派实施项目质量复核的外部人员。

第三章 目 标

第二十九条 会计师事务所的目标是，针对所执行的财务报表审计业务、财务报表审阅业务、其他鉴证业务和相关服务业务，设计、实施和运行质量管理体系，为会计师事务所在下列方面提供合理保证：

（一）会计师事务所及其人员按照适用的法律法规和职业准则的规定履行职责，并根据这些规定执行业务；

（二）会计师事务所和项目合伙人出具适合具体情况的报告。

第三十条 会计师事务所持续高质量地执行业务是服务公众利益的内在要求。设计、实施和运行质量管理体系可以使会计师事务所能够持续高质量地执行业务。实现业务的高质量，需要会计师事务所执业人员按照适用的法律法规和职业准则的规定计划和执行业务并出具报告。遵守适用的法律法规的规定并实现职业准则的目标需要运用职业判断,针对某些类型的业务,还需要保持职业怀疑。

第四章 要 求

第一节 运用和遵守相关要求

第三十一条 会计师事务所应当遵守本准则的所有要求,除非由于会计师事务所或其业务的性质和具体情况,某些要求与本会计师事务所不相关。

第三十二条 对会计师事务所质量管理体系承担最终责任的人员(即主要负责人),以及对会计师事务所质量管理体系承担运行责任的人员,应当了解本准则及应用指南的全部内容,以正确理解本准则的目标并恰当遵守其要求。

第二节 质量管理体系

第三十三条 会计师事务所应当设计、实施和运行在全所范围内(包括分所或分部,下同)统一的质量管理体系。在设计、实施和运行质量管理体系时,会计师事务所应当运用职业判断,并考虑会计师事务所及其业务的性质和具体情况。

会计师事务所应当建立并严格执行一体化管理机制,实现人事、财务、业务、技术标准和信息管理五方面的统一管理,对于合并的分所(或分部)也不应当例外。

第三十四条 在本准则的框架下,会计师事务所质量管理体系包括下列八个组成要素:

(一)会计师事务所的风险评估程序;

(二)治理和领导层;

(三)相关职业道德要求;

(四)客户关系和具体业务的接受与保持;

(五)业务执行;

(六)资源;

(七)信息与沟通;

(八)监控和整改程序。质量管理体系各组成要素应当有效衔接、互相支撑、协同运行,以保障会计师事务所能够积极有效地实施质量管理。

第三十五条 会计师事务所在设计、实施和运行质量管理体系时,应当采用风险导向的方法,包括采取以下步骤:

(一)设定质量目标。会计师事务所设定的质量目标是由质量管理体系各组成要素相关的目标构成的。

(二)识别和评估质量风险。会计师事务所应当识别和评估质量风险,为设计和采取应对措施奠定基础。

(三)设计和采取应对措施以应对质量风险。应对措施的性质、时间安排和范围取决于相关质量风险的评估结果及得出该评估结果的理由。

第三十六条 在采用风险导向的方法时,会计师事务所应当考虑下列因素:

(一)会计师事务所的性质和具体情况;

(二)会计师事务所执行的业务的性质和具体情况。由于会计师事务所之间、业务之间存在差异,质量管理体系在设计上会存在差异,特别是其复杂程度和规范程度也会存在差异。例如,为多种不同类型的实体执行不同类型业务的会计师事务所,包括为上市实体执行财务报表审计业务的会计师事务所,相对于只执行财务报表审阅或代编财务信息业务的会计师事务所来说,很可能需要更加复杂和规范的质量管理体系和支持性工作记录。

第三十七条　质量管理体系应当不断完善和优化，而不是一成不变。实务中，会计师事务所应当根据本所及其业务在性质和具体情况方面的变化，对质量管理体系的设计、实施和运行进行动态调整。

第三十八条　会计师事务所质量管理体系中的治理和领导层应当为质量管理体系的设计、实施和运行营造良好的环境，以为该体系提供支持。

第三十九条　会计师事务所主要负责人（如首席合伙人、主任会计师或者同等职位的人员，下同）应当对质量管理体系承担最终责任。

会计师事务所应当指定专门的合伙人（或类似职位的人员）对质量管理体系的运行承担责任。

会计师事务所应当指定专门的合伙人（或类似职位的人员）对质量管理体系特定方面的运行承担责任。这些特定方面包括遵守独立性要求、监控和整改程序等。

第四十条　会计师事务所在向相关人员分派本准则第三十九条所述各项责任时，应当确保这些人员同时符合下列条件：

（一）具备适当的知识、经验和资质；

（二）在会计师事务所内具有履行其责任所需要的权威性和影响力；

（三）具有充足的时间和资源履行其责任；

（四）充分理解其应负的责任并接受对这些责任履行情况的问责。

第四十一条　会计师事务所应当确保对质量管理体系的运行承担责任的人员、对遵守独立性要求承担责任的人员、对监控和整改程序承担责任的人员，能够直接与对质量管理体系承担最终责任的人员（即主要负责人）沟通。

第四十二条　如果会计师事务所属于某一网络，并且在其质量管理体系中或执行业务时，遵守了网络要求或利用了网络服务，会计师事务所仍然应当对其自身的质量管理体系负责。

第四十三条　如果会计师事务所在其质量管理体系中或执行业务时利用了服务提供商提供的资源，会计师事务所仍然应当对其自身的质量管理体系负责。

第三节　会计师事务所的风险评估程序

第四十四条　会计师事务所应当设计和实施风险评估程序，以设定质量目标，识别和评估质量风险，并设计和采取应对措施以应对质量风险。

第四十五条　会计师事务所应当设定本准则明确规定的质量目标，以及会计师事务所认为对实现其质量管理体系的目标而言必要的其他质量目标。

第四十六条　会计师事务所应当识别和评估质量风险，为设计和采取应对措施奠定基础。在识别和评估质量风险时，会计师事务所应当：

（一）了解可能对实现质量目标产生不利影响的事项或情况，包括相关人员的作为或不作为。这些事项或情况包括下列方面：

1.会计师事务所的性质和具体情况，具体包括：

（1）会计师事务所的复杂程度和经营特征；

（2）会计师事务所在战略和运营方面的决策与行动、业务流程及业务模式；

（3）领导层的特征和管理风格；

（4）会计师事务所的资源，包括由服务提供商提供的资源；

（5）法律法规、职业准则的规定以及会计师事务所运营所处的环境；

（6）网络要求和网络服务的性质和范围（如适用）。

2.会计师事务所业务的性质和具体情况，具体包括：

（1）会计师事务所执行的业务的类型和出具报告的类型；

（2）业务执行对象属于哪种类型的实体。

（二）考虑上述第（一）项中提及的事项或情况等，可能对实现质量目标产生哪些不利影响，以及不利影响的程度。

第四十七条 会计师事务所应当设计并采取应对措施，以应对质量风险。设计和采取应对措施的方式，应当根据并针对相关质量风险的评估结果及得出该评估结果的理由。会计师事务所采取的应对措施应当包括本准则明确规定的应对措施。

第四十八条 在某些情况下，由于会计师事务所或其业务的性质和具体情况发生变化，可能需要设定额外的质量目标、评估额外的质量风险，也可能需要调整之前评估的质量风险或采取的应对措施。会计师事务所应当制定政策和程序，以识别表明存在这些情况的信息。如果识别出这些信息，会计师事务所应当加以考虑，并在适当时采取下列措施：

（一）设定额外的质量目标或调整之前设定的额外质量目标；

（二）识别和评估额外的质量风险，调整已评估的质量风险或重新评估质量风险；

（三）设计和采取额外的应对措施，或调整已采取的应对措施。

第四节　治理和领导层

第四十九条 治理和领导层应当为质量管理体系的设计、实施和运行营造良好的环境，以为该体系提供支持。针对治理和领导层，会计师事务所应当设定下列质量目标：

（一）会计师事务所在全所范围内形成一种质量至上的文化，树立质量意识。这种文化认同和强调下列方面：

1. 会计师事务所有责任通过持续高质量地执行业务服务于公众利益；

2. 职业价值观、职业道德和职业态度的重要性；

3. 会计师事务所所有人员都对其执行业务的质量承担责任，或对质量管理体系中执行活动的质量承担责任，并且这些人员的行为应当得当；

4. 会计师事务所的战略决策和行动，包括会计师事务所在财务和运营方面对优先事项的安排，都不能以牺牲质量为代价。

（二）会计师事务所领导层对质量负责。

（三）会计师事务所领导层通过实际行动展示其对质量的重视。

（四）会计师事务所领导层向会计师事务所人员传递质量至上的执业理念，培育以质量为导向的文化。

（五）会计师事务所的组织结构以及对相关人员角色、职责、权限的分配是恰当的，能够满足质量管理体系设计、实施和运行的需要。

（六）会计师事务所的资源（包括财务资源）需求有计划，并且资源的取得和分配能够保障会计师事务所履行其对质量的承诺。

第五十条 会计师事务所应当建立健全质量管理领导框架。本准则附录提供了一个质量管理领导层示例。会计师事务所应当根据本所及业务的具体情况，设计适合本所的质量管理领导层框架，明确责任，并确保其切实有效地发挥作用。在设计时，会计师事务所可以参照示例设定相关角色和职能，也可以对示例中的角色和职能进行适当合并和调整，但应当涵盖对本所而言必要的所有角色和职能，并明确落实到具体的岗位或人员。

第五十一条 会计师事务所领导层成员应当以身作则、率先垂范，带头遵守质量管理体系中的各项政策和程序，不得干扰项目组按照职业准则的要求执行业务、作出职业判断。

第五十二条 会计师事务所应当加强对合伙人晋升、培训、考核、分配、转入、退出的管理，体现以质量为导向的文化，确保合伙人能够按照质量管理体系的要求，切实履行其在质量管理方面的责任，防范业务风险。

第五十三条 会计师事务所应当加强对其员工（包括外部转入人员）晋升合伙人的管理，综合考虑拟晋升人员的执业理念、职业价值观、职业道德、专业胜任能力和执业诚信记录，建立以质量为导向的晋升机制，不得以承接和执行业务的收入或利润作为晋升合伙人的首要指标。

会计师事务所应当针对合伙人晋升建立和实施质量一票否决制度。

第五十四条 会计师事务所应当在全所范围内统一进行合伙人考核和收益分配。会计师事务所对合伙人的考核和收益分配，应当综合考虑合伙人的执业质量、管理能力、经营业绩、社会声誉等指标，不得以承接和执行业务的收入或利润作为首要指标，不得直接或变相以分所、部门、合伙人所在团队作为利润中心进行收益分配。

第五节 相关职业道德要求

第五十五条 针对相关人员按照相关职业道德要求（包括独立性要求）履行职责，会计师事务所应当设定下列质量目标：

（一）会计师事务所及其人员充分了解规范会计师事务所及其业务的职业道德要求，并严格按照这些职业道德要求履行职责；

（二）受职业道德要求约束的其他组织或人员，包括网络、网络事务所、网络或网络事务所中的人员、服务提供商，充分了解与其相关的职业道德要求，并严格按照这些职业道德要求履行职责。

第五十六条 针对相关职业道德要求，会计师事务所应当制定下列政策和程序：

（一）识别、评价和应对对遵守相关职业道德要求的不利影响；

（二）识别、沟通、评价和报告任何违反相关职业道德要求的情况，并针对这些情况的原因和后果及时作出适当应对；

（三）至少每年一次向所有需要按照相关职业道德要求保持独立性的人员获取其已遵守独立性要求的书面确认。

第五十七条 会计师事务所应当按照相关职业道德要求，建立并完善与公众利益实体审计业务有关的关键审计合伙人轮换机制，明确轮换要求，确保做到实质性轮换，防止流于形式。

会计师事务所应当完善利益分配机制，保证全所的人力资源和客户资源实现一体化统筹管理，避免某合伙人或项目组的利益与特定客户长期直接挂钩，影响独立性。会计师事务所应当定期评价利益分配机制的设计和执行情况。

第五十八条 针对公众利益实体审计业务，会计师事务所应当对关键审计合伙人的轮换情况进行实时监控，通过建立关键审计合伙人服务年限清单等方式，管理关键审计合伙人相关信息，每年对轮换情况实施复核，并在全所范围内统一进行轮换。

第六节 客户关系和具体业务的接受与保持

第五十九条 针对客户关系和具体业务的接受与保持，会计师事务所应当设定下列质量目标：

（一）会计师事务所就是否接受或保持某项客户关系或具体业务所作出的判断是适当的，充分考虑了下列方面：

1.会计师事务所是否针对业务的性质和具体情况以及客户（包括客户的管理层和治理层）的诚信和道德价值观获取了足以支持上述判断的充分信息；

2.会计师事务所是否具备按照适用的法律法规和职业准则的规定执行业务的能力。

（二）会计师事务所在财务和运营方面对优先事项的安排，并不会导致对是否接受或保持客户关系或具体业务作出不恰当的判断。

第六十条 会计师事务所应当制定与下列情形相关的政策和程序：

（一）会计师事务所在接受或保持某一客户关系或具体业务后知悉了某些信息，而这些信息如果在接受或保持该客户关系或具体业务之前知悉，将会导致其拒绝接受该客户关系或业务；

（二）根据法律法规的规定，会计师事务所有义务接受某项客户关系或具体业务。

第六十一条 会计师事务所应当在客户关系和具体业务的接受与保持方面树立风险意识，确保项目风险评估真实、到位。对于在客户关系和具体业务的接受与保持方面具有较高风险的客户，会计师事务所应当设计和实施专门的质量管理程序，如加强与前任注册会计师的沟通、与相关监管机构沟通、访谈拟承接客户以了解有关情况、加强内部质量复核等。

第六十二条 对于从其他会计师事务所转入人员带来的客户，会计师事务所应当严格执行与客户关系和具体业务的接受与保持相关的程序，审慎承接新客户。

第六十三条 会计师事务所应当制定政策和程序，针对客户关系和具体业务的接受与保持（如适用），在全所范围内统一决策。对于会计师事务所认定存在高风险的业务，应当经质量管理主管合伙人（或类似职位的人员）或其授权的人员审批。

在决策时，会计师事务所应当充分考虑相关职业道德要求、管理层和治理层（如适用）的诚信状况、业务风险以及是否具备执行业务必要的时间和资源，审慎作出承接与保持的决策。

第七节 业务执行

第六十四条 针对业务执行，会计师事务所应当设定下列质量目标：

（一）项目组了解并履行其与所执行业务相关的责任，包括项目合伙人对项目管理和项目质量承担总体责任，并充分、适当地参与项目全过程；

（二）基于项目的性质和具体情况、向项目组分配的资源以及项目组可获得的资源，对项目组进行的指导和监督以及对项目组已执行的工作进行的复核是恰当的，并且由经验较为丰富的项目组成员对经验较为缺乏的项目组成员的工作进行指导、监督和复核；

（三）项目组恰当运用职业判断并保持职业怀疑（如适用）；

（四）对困难或有争议的事项进行了咨询，并已按照达成的一致意见执行；

（五）项目组内部、项目组与项目质量复核人员之间（如适用），以及项目组与会计师事务所内负责执行质量管理体系相关活动的人员之间存在的意见分歧，能够得到会计师事务所的关注并予以解决；

（六）业务工作底稿能够在业务报告日之后及时得到整理，并得到妥善的保存和维护，以遵守法律法规、相关职业道德要求和其他职业准则的规定，并满足会计师事务所自身的需要。

第六十五条 会计师事务所应当就项目质量复核制定政策和程序，并对下列业务实施项目质量复核：

（一）上市实体财务报表审计业务；

（二）法律法规要求实施项目质量复核的审计业务或其他业务；

（三）会计师事务所认为，为应对一项或多项质量风险，有必要实施项目质量复核的审计业务或其他业务。

第六十六条 会计师事务所应当制定政策和程序，在全所范围内统一委派具有足够专业胜任能力、时间，并且无不良执业诚信记录的项目合伙人执行业务。其中，对专业胜任能力的评价应当包括下列方面：

（一）该人员是否充分了解相关法律法规和监管要求；

（二）该人员是否能够熟练掌握和运用相关职业准则的规定；

（三）该人员是否充分了解客户所在行业的业务特点、发展趋势、重大风险，以及该行业对信息技术的运用情况等。

会计师事务所应当按照质量管理体系的要求对上述委派进行复核。

第六十七条　会计师事务所应当制定与内部复核相关的政策和程序，对内部复核的层级、各层级的复核范围、执行复核的具体要求以及对复核的记录要求等作出规定。

第六十八条　会计师事务所应当制定与解决意见分歧相关的政策和程序，包括下列方面：

（一）明确要求项目合伙人和项目质量复核人员（如有）复核并评价项目组是否已就疑难问题或涉及意见分歧的事项进行适当咨询，以及咨询得出的结论是否得到执行。

（二）明确要求在业务工作底稿中适当记录意见分歧的解决过程和结论。如果项目质量复核人员（如有）、项目组成员以外的其他人员参与形成业务报告中的专业意见，也应当在业务工作底稿中作出适当记录。

（三）确保所执行的项目在意见分歧解决后才能出具业务报告。

第六十九条　会计师事务所应当制定与出具业务报告相关的政策和程序，要求业务报告在出具前，应当经项目合伙人、项目质量复核人员（如有）复核确认，确保其内容、格式符合职业准则的规定，并由项目合伙人及其他适当的人员（如适用）签署。

第七十条　会计师事务所应当加强对业务报告签发过程的控制，委派专门人员负责对报告的签章进行严格管理。

第七十一条　会计师事务所应当制定政策和程序，以接收、调查、解决由于未能按照适用的法律法规、职业准则的要求执行业务，或由于未能遵守会计师事务所按照本准则要求制定的政策和程序，而引发的投诉和指控。

第八节　资　　源

第七十二条　会计师事务所应当设定下列质量目标，以及时且适当地获取、开发、利用、维护和分配资源，支持质量管理体系的设计、实施和运行：

（一）会计师事务所招聘、培养和留住在下列方面具备胜任能力的人员：

1. 具备与会计师事务所执行的业务相关的知识和经验，能够持续高质量地执行业务；
2. 执行与质量管理体系运行相关的活动或承担与质量管理体系相关的责任。

（二）会计师事务所人员通过其行为展示出对质量的重视不断培养和保持适当的胜任能力以履行其职责。会计师事务所通过及时的业绩评价、薪酬调整、晋升和其他奖惩措施对这些人员进行问责或认可。

（三）当会计师事务所在质量管理体系的运行方面缺乏充分、适当的人员时，能够从外部（如网络、网络事务所或服务提供商）获取必要的人力资源支持。

（四）会计师事务所为每项业务分派具有适当胜任能力的项目合伙人和其他项目组成员，并保证其有充足的时间持续高质量地执行业务。

（五）会计师事务所分派具有适当胜任能力的人员执行质量管理体系内的各项活动，并保证其有充足的时间执行这些活动。

（六）会计师事务所获取、开发、维护、利用适当的技术资源，以支持质量管理体系的运行和业务的执行。

（七）会计师事务所获取、开发、维护、利用适当的知识资源，以为质量管理体系的运行和高质量业务的持续执行提供支持，并且这些知识资源符合相关法律法规（如适用）和职业准则的规定。

（八）结合上述第（四）项至第（七）项所述的质量目标，从服务提供商获取的人力资源、技术资源或知识资源能够适用于质量管理体系的运行和业务的执行。

第七十三条 会计师事务所应当投入足够资源打造一支专业性强、经验丰富、运作规范的质量管理体系团队，以维持质量管理体系的日常运行。

第七十四条 会计师事务所应当建立与专业技术支持相关的政策和程序，配备具备相应专业胜任能力、时间和权威性的技术支持人员，确保相关业务能够获得必要的专业技术支持。

第七十五条 会计师事务所应当建立和运行完善的工时管理系统，确保相关人员投入足够的时间执行业务，并为业绩评价提供依据。

第七十六条 会计师事务所应当建立和完善与业务操作规程、业务软件等有关的指引，把职业准则的要求从实质上执行到位，避免执业人员仅简单勾画程序表格、未实质性执行程序、程序与目标不一致、程序执行不到位、业务工作底稿记录不完整等问题，确保执业人员恰当记录判断过程、程序执行情况及得出的结论。

第九节 信息与沟通

第七十七条 针对获取、生成和利用与质量管理体系有关的信息，并及时在会计师事务所内部或与外部各方沟通信息，会计师事务所应当设定下列质量目标，以支持质量管理体系的设计、实施和运行：

（一）会计师事务所的信息系统能够识别、获取、处理和维护来自内部或外部的相关、可靠的信息，为质量管理体系提供支持。

（二）会计师事务所的文化认同并强化会计师事务所人员与会计师事务所之间，以及这些人员彼此之间交换信息的责任。

（三）会计师事务所内部以及各项目组之间能够交换相关、可靠的信息，包括：

1.会计师事务所向相关人员和项目组传递信息，传递的性质、时间安排和范围足以使其理解和履行与执行业务或质量管理体系各项活动相关的责任；

2.会计师事务所人员和项目组在执行业务或质量管理体系各项活动的过程中向会计师事务所传递信息。

（四）会计师事务所向外部各方传递相关、可靠的信息，包括：

1.会计师事务所向网络、在网络中或向服务提供商（如有）传递信息，使该网络或服务提供商能够履行其与网络要求、网络服务或提供资源相关的责任；

2.会计师事务所根据相关法律法规或职业准则的规定向外部传递信息，或为了帮助外部各方了解质量管理体系而向外部传递信息。

第七十八条 会计师事务所应当制定与下列方面相关的政策和程序：

（一）会计师事务所在执行上市实体财务报表审计业务时，应当与治理层沟通质量管理体系是如何为持续高质量地执行业务提供支撑的；

（二）会计师事务所在何种情况下向外部各方沟通与质量管理体系相关的信息是适当的；

（三）会计师事务所按照上述第（一）项和第（二）项的规定进行外部沟通时应当沟通哪些信息，以及沟通的性质、时间安排、范围和适当形式。

第十节 监控和整改程序

第七十九条 会计师事务所应当建立在全所范围内统一的监控和整改程序，并开展实质性监控，以实现下列质量目标：

（一）就质量管理体系的设计、实施和运行情况提供相关、可靠、及时的信息；

（二）采取适当的行动以应对识别出的质量管理体系的缺陷，以使该缺陷能够及时得到整改。

第八十条 会计师事务所应当设计和实施监控活动，包括定期和持续的监控活动，以为识别质量管理体系的缺陷奠定基础。

第八十一条 在确定监控活动的性质、时间安排和范围时，会计师事务所应当考虑下列方面：

（一）相关质量风险的评估结果及得出该评估结果的理由；

（二）应对措施的设计；

（三）会计师事务所风险评估程序以及监控和整改程序的设计；

（四）质量管理体系发生的变化；

（五）以前实施监控活动的结果，包括以前实施的监控活动是否仍然与评价质量管理体系相关，以及为应对以前识别出的缺陷所采取的整改措施是否有效；

（六）其他相关信息，包括：由于未能按照适用的法律法规、职业准则执行业务，或者由于未能遵守会计师事务所的政策和程序而引发的投诉或指控；从外部检查和服务提供商获取的信息。

第八十二条 会计师事务所的监控活动应当包括对已完成项目的检查，并应当确定选择哪些项目和哪些项目合伙人进行检查。在确定时，会计师事务所应当考虑下列方面：

（一）本准则第八十一条第（一）项至第（六）项；

（二）会计师事务所实施的其他监控活动的性质、时间安排和范围，以及这些监控活动所针对的项目和项目合伙人；

（三）周期性地选取已完成的项目进行检查。在每个周期内，对每个项目合伙人，至少选择一项已完成的项目进行检查。对承接上市实体审计业务的每个项目合伙人，检查周期最长不得超过三年。

第八十三条 会计师事务所应当制定下列政策和程序：

（一）要求执行监控活动的人员具备有效执行监控活动所必需的胜任能力、时间和权威性；

（二）要求执行监控活动的人员具备客观性，这些政策和程序应当禁止项目组成员或项目质量复核人员参与对该项目的任何检查。

第八十四条 会计师事务所应当评价发现的情况，以确定是否存在缺陷，包括监控和整改程序中的缺陷。

第八十五条 会计师事务所应当通过下列方法评价识别出的缺陷的严重程度和广泛性：

（一）调查所识别出的缺陷的根本原因。在确定用于调查根本原因的程序的性质、时间安排和范围时，会计师事务所应当考虑这些识别出的缺陷的性质和可能的严重程度；

（二）评价这些识别出的缺陷单独或累积起来对质量管理体系的影响。

第八十六条 会计师事务所应当根据对根本原因的调查结果，设计和采取整改措施，以应对识别出的缺陷。

第八十七条 对监控和整改程序的运行承担责任的人员应当评价整改措施是否得到恰当的设计，以应对识别出的缺陷及其根本原因，并确定这些程序是否已得到实施。该人员还应当评价针对以前识别出的缺陷采取的整改措施是否有效。

第八十八条 如果上述评价表明整改措施并未得到恰当的设计和执行，或未达到预期效果，则对监控和整改程序的运行承担责任的人员应当采取适当措施以确保对这些整改措施已作出必要调整以使其能够达到预期效果。

第八十九条 如果发现的情况表明某项业务在执行过程中遗漏了应当实施的程序，或者出具的报告可能不适当，会计师事务所应当予以应对。会计师事务所采取的应对措施应当包括下列方面：

（一）采取适当行动，以遵守适用的法律法规和职业准则的规定；

（二）当认为出具的报告不适当时，考虑其影响并采取适当的行动，包括考虑是否需要征询法律意见。

第九十条 对监控和整改程序的运行承担责任的人员，应当及时与对质量管理体系承担最终责任的人员（即主要负责人），以及对质量管理体系的运行承担责任的人员沟通下列事项：

（一）对已执行的监控活动的描述；

（二）识别出的缺陷，包括这些缺陷的严重程度和广泛性；

（三）针对识别出的缺陷采取的整改措施。

第九十一条 会计师事务所应当就本准则第九十条第（一）项至第（三）项规定的事项与项目组以及在质量管理体系中承担相关责任的其他人员沟通，以使项目组和这些人员能够根据其职责迅速采取恰当行动。

第九十二条 会计师事务所应当制定政策和程序，针对监控中发现的缺陷的性质和影响，对相关人员进行问责。这种问责应当与相关责任人员的考核、晋升和薪酬挂钩。对执业中存在重大缺陷的项目合伙人，会计师事务所应当对其是否具备从事相关业务的职业道德水平和专业胜任能力作出评价。

第九十三条 会计师事务所应当就监控的实施情况、发现的缺陷、评价、补救和改进措施、问责等形成监控报告。存在缺陷的，应当及时修订完善质量管理体系。

第十一节 网络要求或网络服务

第九十四条 如果会计师事务所属于某一网络，会计师事务所应当了解下列事项（如适用）：

（一）网络对会计师事务所质量管理体系的要求，包括要求会计师事务所实施或利用由该网络设计、提供或推行的资源或服务（即网络要求）；

（二）由网络提供的，供会计师事务所在设计、实施或运行其质量管理体系时选择实施或利用的服务或资源（即网络服务）；

（三）针对会计师事务所为执行网络要求或利用网络服务所采取的必要行动，会计师事务所应当承担的责任。

会计师事务所仍然应当对其质量管理体系负责，包括对设计、实施和运行该质量管理体系过程中作出的职业判断负责。会计师事务所不得因遵守网络要求或利用网络服务而违反本准则的规定。

第九十五条 基于对本准则第九十四条第（一）项至第（三）项的了解，会计师事务所应当采取下列措施：

（一）确定网络要求或网络服务如何与会计师事务所质量管理体系相关，以及如何在该体系中加以考虑，包括这些要求或服务将如何实施；

（二）评价会计师事务所是否需要对这些网络要求或网络服务加以调整或补充，以满

足本所质量管理体系的需要;

（三）如果需要对这些网络要求或网络服务加以调整或补充，考虑如何调整或补充。

第九十六条 当由网络执行与会计师事务所质量管理体系有关的监控活动时，会计师事务所应当:

（一）确定由网络执行的监控活动对会计师事务所按照本准则第八十条至第八十二条的规定执行的监控活动的性质、时间安排和范围的影响;

（二）确定会计师事务所与该监控活动相关的责任，包括会计师事务所需要采取的相关行动;

（三）及时从网络获取其实施监控活动的结果，以作为会计师事务所按照本准则第八十四条的规定评价监控活动发现的情况并识别缺陷的一部分。

第九十七条 对于网络针对本网络中所有事务所实施的监控活动，会计师事务所应当:

（一）了解该类监控活动的总体范围，包括为确定网络要求已在网络事务所之间得到恰当执行而实施的监控活动，以及网络将如何向会计师事务所沟通实施监控活动的结果。

（二）至少每年一次从网络获取该类监控活动的总体结果的相关信息（如可行），并采取下列措施:

1. 将这些信息传递给各项目组以及在质量管理体系中承担各项责任的其他人员（如适用），以使项目组和这些人员能够根据其责任迅速采取恰当的行动;

2. 考虑这些信息对本所质量管理体系的影响。

第九十八条 如果会计师事务所识别出网络要求或网络服务中的缺陷，应当采取下列措施:

（一）就与已识别出的缺陷相关的信息与网络沟通;

（二）按照本准则第八十六条的规定，设计和采取整改措施，以应对网络要求或网络服务中识别出的缺陷的影响。

第十二节　评价质量管理体系

第九十九条 对质量管理体系承担最终责任的人员（即主要负责人）应当代表会计师事务所对质量管理体系进行评价。该评价应当以某一时点为基准，并且应当至少每年一次。

第一百条 基于上述评价，对质量管理体系承担最终责任的人员（即主要负责人）应当代表会计师事务所得出下列结论中的一项:

（一）质量管理体系能够向会计师事务所合理保证该体系的目标得以实现;

（二）质量管理体系的设计、实施和运行存在严重但不具有广泛影响的缺陷，除与这些缺陷相关的事项外，质量管理体系能够向会计师事务所合理保证该体系的目标得以实现;

（三）质量管理体系不能向会计师事务所合理保证该体系的目标得以实现。

第一百零一条 如果对质量管理体系承担最终责任的人员（即主要负责人）得出本准则第一百条第（二）项或第（三）项结论，会计师事务所应当采取下列措施:

（一）迅速采取适当行动;

（二）与各项目组以及在质量管理体系中承担相关责任的其他人员就与其责任相关的事项进行沟通;

（三）按照会计师事务所根据本准则第七十八条的规定制定的政策和程序，与外部各方沟通。

第一百零二条 会计师事务所应当定期对下列人员进行业绩评价:

（一）对质量管理体系承担最终责任的人员（即主要负责人）;

（二）对质量管理体系承担运行责任的人员;

（三）对质量管理体系特定方面承担运行责任的人员。在进行业绩评价时，会计师事务所应当考虑对质量管理体系的评价结果。

第十三节 对质量管理体系的记录

第一百零三条 会计师事务所应当对其质量管理体系进行记录，以满足下列要求：

（一）为会计师事务所人员对质量管理体系的一致理解提供支持，包括理解其在质量管理体系和业务执行中的角色和责任；

（二）为质量管理体系的持续实施和运行提供支持；

（三）为应对措施的设计、实施和运行提供证据，以支持对质量管理体系承担最终责任的人员（即主要负责人）对质量管理体系进行评价。

第一百零四条 会计师事务所应当就下列方面形成工作记录：

（一）对质量管理体系承担最终责任的人员（即主要负责人）和对质量管理体系承担运行责任的人员各自的身份。

（二）会计师事务所的质量目标和质量风险。

（三）对应对措施的描述以及这些措施是如何应对质量风险的。

（四）监控和整改程序，包括下列方面：

1. 已执行监控活动的证据；
2. 对发现的情况、识别出的缺陷、缺陷的根本原因作出的评价；
3. 为应对识别出的缺陷而采取的整改措施，以及对这些整改措施在设计和执行方面的评价；
4. 与监控和整改程序相关的沟通。

（五）根据本准则第一百条的规定得出结论的依据。

第一百零五条 会计师事务所应当记录本准则第一百零四条所规定的方面中与网络要求、网络服务相关的事项，以及按照本准则第九十五条第（二）项和第（三）项的规定，与对网络要求或网络服务进行评价相关的事项。

第一百零六条 会计师事务所应当规定质量管理体系工作记录的保存期限，该期限应当涵盖足够长的期间，以使会计师事务所能够监控质量管理体系的设计、实施和运行情况。如果法律法规要求更长的期限，应当遵守法律法规的要求。

附录（参见本准则第五十条）

质量管理领导层示例

本示例旨在为会计师事务所建立健全质量管理领导层框架提供参考，并不强制要求会计师事务所按照本示例设计其质量管理领导层框架。实务中，会计师事务所应当根据本所及其业务的具体情况设计适合本所的质量管理领导框架，以明确责任，并确保其切实有效地发挥作用。在本示例框架下，会计师事务所质量管理领导层包括主要负责人、质量管理主管合伙人、职业道德主管合伙人、独立性主管合伙人、各业务条线的主管合伙人、监控和整改主管合伙人等角色。如无特别说明，本示例中的各个角色包括在该角色授权下承担相关责任的人员。

一、主要负责人

会计师事务所主要负责人（如首席合伙人、主任会计师或者同等职位的人员，下同）对会计师事务所的质量管理体系承担最终责任，并履行下列职责：

1. 提名或委任会计师事务所质量管理领导层的其他成员，保障其具备充分的时间、资源、胜任能力和权限履行职责，并对其进行指导、监督、评价和问责；
2. 建立并有效运行以质量为导向的合伙人管理机制；
3. 合理保证质量管理体系健全并在会计师事务所全所范围内有效运行；
4. 通过审核与监控和整改程序相关的报告等方式，每年至少一次对质量管理体系作出评价，并定期评价相关人员的业绩，落实问责和整改措施；
5. 领导并决定对质量管理具有重大影响的其他事项。

二、质量管理主管合伙人

质量管理主管合伙人（或同等职位的人员）具体负责质量管理体系的设计、实施和运行，并履行下列职责：
1. 建立、完善并有效运行会计师事务所质量管理政策和程序，确保会计师事务所持续满足法律法规、职业准则和监管要求；
2. 全面参与业务质量管理决策，形成工作记录；
3. 对监控和整改程序的运行提供督导，就质量管理存在的问题提出整改措施，并向主要负责人报告；
4. 就与重大风险相关的事项提供咨询；
5. 会计师事务所其他质量管理职责。如果会计师事务所成立质量管理委员会或类似机构履行质量管理主管合伙人的职责，该委员会的主任委员或类似职位的成员可以参照质量管理主管合伙人承担领导责任。

三、职业道德主管合伙人

职业道德主管合伙人（或同等职位的人员）具体负责会计师事务所与职业道德有关的事务，并履行下列职责：
1. 制定与职业道德相关的工作计划以及与该计划相关的年度绩效目标，并对职业道德计划的所有方面承担明确的责任；
2. 根据相关职业道德要求，建立、完善并有效运行与职业道德相关的政策和程序，包括与违反职业道德后果相关的政策和程序，以确保会计师事务所持续满足相关职业道德要求；
3. 计划和组织针对全体合伙人、执业人员以及其他人员的职业道德培训，以增强这些人员对职业道德和职业价值观的认识和理解；
4. 建立专门的渠道，供会计师事务所所有人员就职业道德相关问题进行咨询和报告职业道德相关事项和情况，并对这些咨询和报告保密；
5. 建立与解决具体职业道德问题相关的流程，确保能够恰当应对所有已识别出的职业道德问题；
6. 向主要负责人报告所有与职业道德相关的重大事项；
7. 获取会计师事务所所有人员就其遵守职业道德情况的确认，包括已阅读并了解相关职业道德要求，以及是否存在违反相关职业道德要求的情况等；
8. 至少每年一次向主要负责人报告与职业道德相关的政策和程序、事件和结果，以及后续计划；
9. 会计师事务所其他职业道德管理职责。

四、独立性主管合伙人

独立性主管合伙人（或同等职位的人员）具体负责会计师事务所与审计、审阅和其他鉴证业务独立性有关的事务，并履行下列职责：

1. 统筹会计师事务所所有与独立性相关的重大事项，包括设计、实施、运行、监督与维护与独立性相关的监控程序；

2. 建立和完善与独立性相关的咨询机制，保证提供咨询的人员具备适当的时间、经验、专业胜任能力、客观性、权威性和判断能力；

3. 建立和维护相关信息系统，以提供会计师事务所人员禁止投资清单、受限制实体清单、关键审计合伙人执业年限清单等信息，并制定相关政策和程序，以确保这些信息真实、准确和完整；

4. 指导、监督和复核会计师事务所独立性相关政策和程序的运行情况；

5. 就独立性相关事务开展监控活动；

6. 至少每年一次向主要负责人报告与独立性相关的重大事项，如会计师事务所开展独立性监控活动的结果、违反独立性要求的情况、即将实施的独立性政策、法律法规和相关职业道德要求的变化情况、就违反独立性情况作出的处分等；

7. 及时识别法律法规、职业准则、监管机构对适用的独立性要求作出的修订，并考虑是否更新会计师事务所相关流程。

会计师事务所可以根据本所的实际需要，将职业道德主管合伙人和独立性主管合伙人的职责进行合并。

五、各业务条线的主管合伙人

会计师事务所可以根据本所业务的实际情况和质量管理的需要划分业务条线，例如，可以根据业务的性质，客户所处行业或地区等划分业务条线。各业务条线的主管合伙人负责所主管业务的总体质量，并履行以下职责：

1. 确定本业务条线相关计划，包括资源的需求、获取和分配计划，并合理地获取和分配资源；

2. 督导项目合伙人有效执行质量管理体系中的政策和程序，并遵守相关职业道德要求；

3. 委派或授权他人委派具有足够专业胜任能力、时间与良好诚信记录的项目合伙人执行业务；

4. 按照会计师事务所内部规定参与本业务条线中有关业务质量的重大事项的讨论以及意见分歧的解决，发表意见并形成工作记录；

5. 会计师事务所其他质量管理职责。如果会计师事务所建立业务条线管理委员会或类似机构履行业务条线主管合伙人职责，该委员会的主任委员或类似职位的成员需要参照业务条线主管合伙人承担领导责任。

六、监控和整改主管合伙人

监控和整改主管合伙人（或同等职位的人员）对质量管理体系"监控和整改"要素的运行承担责任，包括下列职责：

1. 领导与监控和整改相关的政策和程序的设计、实施和运行，并提供适当督导；

2. 领导业务检查和其他监控活动的设计、实施和运行工作，并提供适当督导；

3. 就业务检查和其他监控活动的结果与主要负责人和质量管理体系中的相关负责人进行及时沟通；

4. 会计师事务所其他监控和整改管理职责。

会计师事务所质量管理准则第 5102 号——项目质量复核

（2020 年 11 月 19 日发布）

第一章 总 则

第一条 为了规范项目质量复核人员的委派和资质要求，以及项目质量复核人员在实施和记录项目质量复核方面的责任，制定本准则。

第二条 本准则适用于按照《会计师事务所质量管理准则第 5101 号——业务质量管理》的规定需要实施项目质量复核的所有项目。会计师事务所受《会计师事务所质量管理准则第 5101 号——业务质量管理》的约束，是本准则的适用前提。会计师事务所在使用本准则时，需要同时考虑相关职业道德要求。

第三条 根据本准则的规定实施的项目质量复核，属于会计师事务所按照《会计师事务所质量管理准则第 5101 号——业务质量管理》的规定设计和实施的一项应对措施。项目质量复核由项目质量复核人员在项目层面代表会计师事务所实施。

第四条 项目质量复核人员按照本准则要求实施的程序的性质、时间安排和范围，因项目或客户的性质和具体情况而异。例如，如果某一项目需要项目组作出的重大职业判断较少，则项目质量复核人员需要执行的程序可能较为简单。

第五条 《会计师事务所质量管理准则第 5101 号——业务质量管理》规范了会计师事务所设计、实施和运行质量管理体系的责任，该准则要求会计师事务所设计和采取应对措施以应对质量风险，应对措施的性质、时间安排和范围取决于相关质量风险的评估结果及得出该评估结果的理由。该准则明确规定了一些应对措施，要求会计师事务所制定与项目质量复核相关的政策和程序，即为其中的一项。

第六条 会计师事务所负责设计、实施和运行质量管理体系。根据《会计师事务所质量管理准则第 5101 号——业务质量管理》的规定，会计师事务所的目标是，针对所执行的财务报表审计业务、财务报表审阅业务、其他鉴证业务和相关服务业务，设计、实施和运行质量管理体系，为会计师事务所在下列方面提供合理保证：

（一）会计师事务所及其人员按照适用的法律法规和职业准则的规定履行职责，并根据这些规定执行业务；

（二）会计师事务所和项目合伙人出具适合具体情况的报告。

第七条 根据《会计师事务所质量管理准则第 5101 号——业务质量管理》的规定，会计师事务所持续高质量地执行业务是服务公众利益的内在要求。设计、实施和运行质量管理体系可以使会计师事务所能够持续高质量地执行业务。实现业务的高质量，需要会计师事务所执业人员按照适用的法律法规和职业准则的规定计划和执行业务并出具报告。遵守适用的法律法规的规定并实现职业准则的目标需要运用职业判断，针对某些类型的业务，还需要运用职业怀疑。

第八条 项目质量复核是对项目组作出的重大判断和据此得出的结论作出的客观评价。项目质量复核人员对重大判断的评价是在适用的法律法规和职业准则框架下作出的。然而，项目质量复核并不旨在评价整个项目是否遵守了适用的法律法规和职业准则的规定，或者会计师事务所的政策和程序。

第九条 项目质量复核人员不是项目组成员。执行项目质量复核,并不改变项目合伙人对项目实施质量管理以高质量执行业务的责任,以及对项目组成员进行指导和监督并复核其工作的责任。项目质量复核人员并不需要获取证据以支持项目的意见或结论,但是,项目组在回应项目质量复核过程中提出的问题时可能获取进一步证据。

第十条 本准则规定了会计师事务所的目标,以及会计师事务所和项目质量复核人员为实现这些目标而需要满足的要求。本准则还提供了相关术语的定义。此外,本准则的应用指南对正确理解和执行本准则中的相关条款提供了进一步解释和指引。

第二章 定 义

第十一条 项目质量复核,是指在报告日或报告日之前,项目质量复核人员对项目组作出的重大判断及据此得出的结论作出的客观评价。

第十二条 项目质量复核人员,是指会计师事务所中实施项目质量复核的合伙人或其他类似职位的人员,或者由会计师事务所委派实施项目质量复核的外部人员。

第十三条 相关职业道德要求,是指注册会计师在执行项目质量复核时应当遵守的职业道德原则和要求,包括独立性要求(如适用)。

第三章 目 标

第十四条 会计师事务所的目标是,委派符合相关资质要求的项目质量复核人员,对项目组作出的重大判断和据此得出的结论作出客观评价。

第四章 要 求

第一节 运用和遵守相关要求

第十五条 会计师事务所和项目质量复核人员应当了解本准则及应用指南的全部内容,以正确理解本准则的目标并恰当遵守其要求。

第十六条 会计师事务所和项目质量复核人员(如适用)应当遵守本准则的每项要求,除非某项要求与项目的具体情况不相关。

第十七条 恰当遵守本准则的要求旨在为实现本准则的目标奠定充分基础。然而,如果认为遵守某些要求不能为实现本准则的目标奠定充分基础,会计师事务所或项目质量复核人员(如适用)应当采取进一步措施以实现本准则的目标。

第二节 项目质量复核人员的委派和资质要求

第十八条 会计师事务所应当制定政策和程序,要求将委派项目质量复核人员的职责分配给会计师事务所内具有履行该职责所需的胜任能力及适当权威性的人员。这些政策和程序应当要求该人员在全所范围内(包括分所或分部)统一委派项目质量复核人员。

第十九条 会计师事务所应当制定政策和程序,以明确项目质量复核人员的任职资质要求。这些政策和程序应当要求项目质量复核人员不得作为项目组成员,并且应当同时满足下列条件:

(一)具备适当的胜任能力,包括充足的时间和适当的权威性以实施项目质量复核。项目质量复核人员的胜任能力应当至少与项目合伙人相当。

(二)遵守相关职业道德要求,包括与项目质量复核人员如何应对对其客观性和独立性产生的不利影响相关的职业道德要求,并在实施项目质量复核时保持独立、客观、公正。

（三）遵守与项目质量复核人员任职资质要求相关的法律法规规定（如有）。

第二十条 会计师事务所内部的项目质量复核人员应当是合伙人或类似职位的人员，且在面对来自项目合伙人或会计师事务所内部其他人员的压力时能够坚持原则。项目质量复核人员也可能是会计师事务所委派的外部人员。

第二十一条 会计师事务所根据本准则第十九条第（二）项的规定制定的政策和程序，应当涵盖前任项目合伙人被委任为项目质量复核人员而对其客观性产生不利影响的情形。这些政策和程序应当规定一段冷却期，并要求在冷却期结束之前，前任项目合伙人不得担任该项目的项目质量复核人员。中国注册会计师职业道德守则针对公众利益实体审计和审阅业务的冷却期作出了明确规定，前任项目合伙人应当遵守该规定，对于公众利益实体审计和审阅业务以外的其他情形，冷却期应当至少为两年。

第二十二条 会计师事务所应当制定政策和程序，规定在为某一项目具体委派项目质量复核人员时，应当充分考虑拟委派人员的胜任能力和客观性。除非出现特殊情况，应当尽量避免在同一年度内需要实施项目质量复核的两个项目之间交叉实施项目质量复核，即由某一项目的项目合伙人对另一项目实施项目质量复核，同时由后者的项目合伙人对前者实施项目质量复核。

第二十三条 会计师事务所应当制定政策和程序，以明确为项目质量复核人员提供协助的人员的任职资质要求。这些政策和程序应当规定，为项目质量复核人员提供协助的人员不得作为项目组成员，并且应当同时满足下列条件：

（一）具备适当的胜任能力，包括充足的时间，以履行对其分配的职责；

（二）遵守相关法律法规的规定（如有）和相关职业道德要求，其中，相关职业道德要求包括与该人员如何应对对其客观性和独立性产生的不利影响相关的职业道德要求。

第二十四条 会计师事务所应当制定与下列方面相关的政策和程序：

（一）要求项目质量复核人员对实施项目质量复核承担总体责任；

（二）针对为项目质量复核提供协助的人员，要求项目质量复核人员负责确定对该等人员进行指导和监督，以及对该等人员的工作进行复核的性质、时间安排和范围。

第二十五条 会计师事务所应当制定政策和程序，以应对项目质量复核人员不再符合其任职资质要求的情况，并采取适当的措施，包括如何识别这种情况，以及如何委任一位替代者。

第二十六条 当项目质量复核人员意识到其不再符合任职资质要求时，应当通知会计师事务所适当人员，并采取下列措施：

（一）如果项目质量复核尚未开始，不再承担项目质量复核责任；

（二）如果项目质量复核已经开始实施，立即停止实施项目质量复核。

第三节 实施项目质量复核

第二十七条 针对项目质量复核的实施，会计师事务所应当制定与下列方面相关的政策和程序：

（一）项目质量复核人员有责任根据本准则第二十八条至第二十九条的规定，在项目的适当时点实施复核程序，以为客观评价项目组作出的重大判断和据此得出的结论奠定适当基础；

（二）项目合伙人与项目质量复核相关的责任，包括禁止项目合伙人在收到项目质量复核人员按照本准则第三十条的规定就已完成项目质量复核发出的通知前签署报告；

（三）项目组与项目质量复核人员就某项重大判断进行讨论的性质和范围对项目质量

复核人员的客观性产生不利影响的情形，以及在这些情形下需要采取的适当行动。

第二十八条 在实施项目质量复核时，项目质量复核人员应当实施下列程序：

（一）阅读并了解下列信息：

1. 与项目组就项目和客户的性质和具体情况进行沟通获取的信息；

2. 与会计师事务所就监控和整改程序进行沟通获取的信息，特别是针对可能与项目组的重大判断相关或影响该重大判断的领域识别出的缺陷进行的沟通。

（二）与项目合伙人及其他项目组成员（如适用）讨论重大事项，以及在项目计划、实施和报告时作出的重大判断。

（三）基于从上述第（一）项和第（二）项程序获取的信息，选取部分与项目组作出的重大判断相关的业务工作底稿进行复核，并评价下列方面：

1. 作出这些重大判断的依据，包括项目组对职业怀疑的运用（如适用）；

2. 业务工作底稿能否支持得出的结论；

3. 得出的结论是否恰当。

（四）对于财务报表审计业务，评价项目合伙人确定独立性要求已得到遵守的依据。

（五）评价是否已就疑难问题或争议事项、涉及意见分歧的事项进行适当咨询，并评价咨询得出的结论。

（六）对于财务报表审计，评价项目合伙人确定下列方面的依据：

1. 项目合伙人对整个审计过程的参与程度是充分、适当的；

2. 项目合伙人能够确定作出的重大判断和得出的结论适合项目的性质和具体情况。

（七）对下列方面实施复核：

1. 对于财务报表审计，复核被审计财务报表和审计报告，以及审计报告中对关键审计事项的描述（如适用）；

2. 对于财务报表审阅，复核被审阅财务报表或财务信息，以及拟出具的审阅报告；

3. 对于财务报表审计和审阅以外的其他鉴证业务或相关服务业务，复核业务报告和鉴证对象信息（如适用）。

第二十九条 如果项目质量复核人员怀疑项目组作出的重大判断或据此得出的结论并不恰当，应当告知项目合伙人。如果这一怀疑不能得到使项目质量复核人员满意的解决，项目质量复核人员应当通知会计师事务所内部的适当人员项目质量复核无法完成。

第三十条 项目质量复核人员应当确定是否遵守了本准则中与实施项目质量复核相关的要求，以及项目质量复核是否已完成。如果是，项目质量复核人员应当签字确认并通知项目合伙人项目质量复核已完成。

第四节 工作底稿

第三十一条 会计师事务所应当制定政策和程序，要求项目质量复核人员负责就项目质量复核形成工作底稿。

第三十二条 会计师事务所应当制定政策和程序，要求项目质量复核人员的工作底稿符合本准则第三十三条的规定，并将该工作底稿包括在业务工作底稿中。

第三十三条 项目质量复核人员应当确定对项目质量复核形成的工作底稿足以使未曾接触该项目的、有经验的执业人员了解项目质量复核人员以及对项目质量复核提供协助的人员（如适用）所执行程序的性质、时间安排和范围，以及在实施复核的过程中得出的结论。项目质量复核人员还应当确定项目质量复核工作底稿中包括下列方面：

（一）项目质量复核人员及协助人员的姓名；

（二）已复核的业务工作底稿的识别特征；

（三）项目质量复核人员根据本准则第三十条的规定作出确定的依据；

（四）按照本准则第二十九条至第三十条的规定进行的通知；

（五）完成项目质量复核的日期。

关于进一步规范财务审计秩序促进注册会计师行业健康发展的意见

（国办发〔2021〕30号）

各省、自治区、直辖市人民政府，国务院各部委、各直属机构：

改革开放以来，我国注册会计师行业规模不断扩大，服务范围不断拓展，行业发展总体向好，在维护资本市场秩序和社会公众利益、提升会计信息质量和经济效率等方面发挥了重要作用，但同时也存在会计师事务所"看门人"职责履行不到位、行业监管和执法力度不足等问题，企业财务会计信息失真、上市公司财务造假等现象时有发生。为深入贯彻党中央、国务院关于严肃财经纪律的决策部署，切实加强会计师事务所监管，遏制财务造假，有效发挥注册会计师审计鉴证作用，经国务院同意，现就进一步规范财务审计秩序、促进注册会计师行业健康发展提出以下意见。

一、总体要求

（一）指导思想。以习近平新时代中国特色社会主义思想为指导，全面贯彻党的十九大和十九届二中、三中、四中、五中全会精神，切实增强"四个意识"、坚定"四个自信"、做到"两个维护"，按照党中央、国务院决策部署，严肃财经纪律，以全面提升注册会计师行业服务国家建设能力为目标，统筹发展和安全，紧抓质量提升主线，守住诚信操守底线，筑牢法律法规红线。坚持监管与服务并重、治标与治本结合，树立系统观念，做好统筹谋划，努力构建部门协同、多方联动、社会参与的监管工作格局，有效解决突出问题，切实加强行政监管，逐步完善行业治理，显著优化执业环境，持续提升审计质量，为维护社会公平正义、规范市场经济秩序、保障国家经济安全提供有力支撑。

（二）工作原则。

——诚信为本，质量为先。将诚信建设作为行业发展的生命线，始终坚持质量至上的发展导向，持续提升注册会计师执业能力、独立性、道德水平和行业公信力。

——从严监管，从严执法。坚持问题导向，坚决纠正违反职业规范和道德规范的重大问题，严厉打击会计审计违法违规行为，发现一起、查处一起，做到"零容忍"，曝光典型案例，树行业正气。

——归位尽责，协同发力。加强监管部门之间、政府部门和行业协会之间的沟通协作，进一步厘清职责边界，落实监管责任，加强统筹协调，完善工作机制，强化信息共享，形成监管合力。

——综合施策，多措并举。加强注册会计师行业监管的系统性、协同性，综合运用行政监管、市场约束、行业自律、社会监督等多种方式手段，优化执业环境，净化行业风气，督促会计师事务所提升内部管理水平，提高行业监管效能。

——着眼长远,常抓不懈。立足当前,强化法律法规和职业道德要求,狠抓审计职业规范,集中解决突出问题;着眼长远,与时俱进完善相关基础制度规范,形成长效机制,全面提升行业监管能力和治理水平。

二、依法整治财务审计秩序

(三)依法加强从事证券业务的会计师事务所监管。行业主管部门严格履行职责,充实财会监督检查力量,推动形成专业化执法检查机制,对从事证券业务的会计师事务所开展有效日常监管。出台会计师事务所监督检查办法,突出检查重点,提高检查频次,严格处理处罚,建立自查自纠报告机制,强化会计师事务所责任。完善相关部门对从事证券业务的会计师事务所监管的协作机制,加强统筹协调,形成监管合力,对会计师事务所和上市公司从严监管,依法追究财务造假的审计责任、会计责任。加强财会监督大数据分析,对财务造假进行精准打击。

(四)严肃查处违法违规行为并曝光典型案例。上下联动、依法整治各类违法违规行为,特别是针对当前行业内较为突出的会计师事务所无证经营、注册会计师挂名执业、网络售卖审计报告、超出胜任能力执业、泄露传播涉密敏感信息等,坚决纠正会计师事务所串通舞弊、丧失独立性等违反职业规范和道德规范的重大问题。梳理一批财务会计领域违法违规典型案件,形成各部门共同行动清单,区分不同情况依法依规严肃处理,坚决做到"零容忍",对影响恶劣的重大案件从严从重处罚,对违法违规者形成有效震慑。加大典型案例曝光力度,对全社会、全行业形成警示。

(五)加快推进注册会计师行业法律和基础制度建设。制定注册会计师行业基础性制度清单,及时跟进健全相关制度规定,建立健全制度化、常态化的长效机制。推动加快修订注册会计师法,进一步完善行政强制措施、丰富监管工具、细化处罚标准、加大处罚力度。合理区分财务造假的企业会计责任和会计师事务所审计责任,明确其他单位向注册会计师出具不实证明的法律责任。完善会计师事务所组织形式相关规定,明确公众利益实体审计要求。按照过罚相当原则依法处理涉会计师事务所责任案件,研究完善会计师事务所和注册会计师法律责任相关司法解释,进一步明确特殊普通合伙会计师事务所的民事责任承担方式。完善维护信息安全要求,明确境外机构和人员入境执业等相关监管规定。科学合理确定会计师事务所从事上市公司等特定实体审计业务的具体要求,统一公开相关标准。结合实际优化会计师事务所和注册会计师审计轮换机制。

(六)建立健全监管合作机制。建立跨部门合作机制,实现财会监督与其他方面监督有机贯通、协同发力。建立注册会计师行业年度工作会议和日常联席会议机制,整合力量、凝聚共识,切实形成监管合力,及时研究解决制约行业发展的突出问题,不断提升行业监管水平。针对财务会计领域跨区域、跨行业的突出问题,加强中央与地方之间、部门之间监管协调。依法依规开展跨境会计审计监管合作,维护国家经济信息安全和企业合法权益,增强国际公信力和影响力。

三、强化行业日常管理

(七)强化国家统一的会计制度贯彻实施。完善企业会计准则体系,修订相关指南、案例等,加强培训和实务指导,及时解决贯彻实施中存在的突出问题。制定推广会计数据标准,开展企业会计报表电子报送试点,推动部门间会计数据共享。推动加快修订会计法,进一步明确会计核算、内部控制、信息化建设等要求,丰富监管手段,大幅提高处罚标准,加大财务造假法律责任追究力度,推进会计诚信体系建设,全面提升企业会计信息质量。

(八)加强行业日常监管和信用管理。加强信息化建设,构建注册会计师行业统一监管信息平台，通过业务报备、电子证照和签章等手段加强日常监测，提升监管效率和水平。探索建立审计报告数据单一来源制度，推动实现全国范围"一码通"，从源头治理虚假审计报告问题。出台注册会计师行业严重失信主体名单管理办法，依法依规共享和公开相关信息并实施联合惩戒。畅通投诉举报渠道，建立统一的行业举报受理平台，完善投诉举报办理机制，做到"接诉必应、限时核查，查实必处、处则从严"。

（九）完善审计准则体系和职业道德规范体系。立足我国注册会计师执业实践，结合准则国际趋同等需要，及时修订完善审计准则体系并推动落地实施。加强职业道德守则宣传、培训和实施指导，针对职业规范和道德规范执行的薄弱环节，指导会计师事务所改进审计程序，增强审计独立性，提高应对财务舞弊的执业能力。

四、优化执业环境和能力

（十）引导会计师事务所强化内部管理。加强会计师事务所一体化管理，出台一体化管理办法，建立可衡量、可比较的指标体系，引导会计师事务所在人员调配、财务安排、业务承接、技术标准和信息化建设方面实行统一管理，建立健全公开、透明、规范的一体化管理检查评估程序。进一步完善会计师事务所综合排名机制，将一体化管理检查评估结果作为排名的重要依据，引导会计师事务所对标对表加强内部管理。结合大、中、小型会计师事务所特点，每年从一体化管理、信息化管理、"专精特"发展等方面树立典型示范，推广先进经验。着力培育一批国内领先、国际上有影响力的会计师事务所，助力更多自主品牌会计师事务所走向世界。

（十一）推进以质量为导向的会计师事务所选聘机制建设。加强对企业内部审计工作的指导和监督，调动内部审计和社会审计力量，增强审计监管合力。完善国有企业、上市公司选聘会计师事务所有关规定，压实企业审计委员会责任，科学设置选聘会计师事务所指标权重，提高质量因素权重，降低价格因素权重，完善报价因素评价方式，引导形成以质量为导向的选聘机制，从源头有效遏制恶性竞争。加强对选聘相关规定执行情况的监督，对违反规定的企业和压价竞争的会计师事务所严肃追责并公告。

（十二）提升会计师事务所审计风险承担能力。完善职业责任保险制度，修订《会计师事务所职业责任保险暂行办法》，根据资本市场发展和证券业务现状，充分考虑会计师事务所客户群体、风险状况等客观差异，完善保险金额等相关要求。加强职业责任保险和职业风险基金计提情况监督，规范职业风险基金管理和使用，督促会计师事务所提升风险防范能力。探索实行行业集中投保。

（十三）加强注册会计师专业培训教育。创新继续教育方式，围绕专业胜任能力、职业技能、职业价值、职业道德等重点，丰富完善教育内容。充分利用信息技术手段，上线继续教育相关应用，切实增强培训效果，持续保持和强化注册会计师专业胜任能力和职业道德操守，提升审计质量。

（十四）进一步规范银行函证业务。加强银行函证数字化平台建设，加快推进函证集约化、规范化、数字化进程，利用信息技术解决函证不实、效率低下、收费过高等问题，支持提升审计效率和质量。开展银行函证第三方平台试点工作，总结试点经验，形成配套工作指引，完善业务、数据、安全等标准体系，推动银行函证数字化平台规范、有序、安全运行，并在上市公司年报审计中推广应用。规范银行函证业务及收费行为，对提供不实回函等违法违规行为依法依规严肃查处。

五、加强组织实施

（十五）加强党的全面领导。进一步落实行业党建工作责任，坚持会计师事务所党的组织和工作有形覆盖与有效覆盖相统一，推动会计师事务所将党建工作要求载入章程或协议，加强教育、管理、监督、服务，充分发挥行业基层党组织战斗堡垒作用和党员先锋模范作用，为注册会计师行业健康发展提供坚强政治保证。

（十六）加强组织领导。各地区、各有关部门要从经济社会发展和全面深化改革开放的大局出发，充分认识推动注册会计师行业健康发展的重要性，将相关工作摆到重要议事日程，并作为巡视督导的重要内容。财政部门作为主管部门要牵头建立信息报送、督查考评等制度，发挥统筹抓总作用。强化行业自律，支持注册会计师协会依法履职，充分发挥协会作用。密切关注注册会计师行业发展重大问题，加强前瞻性、预判性研究，坚持问题导向，注重体系建设，制定完善基础制度，及时出台配套政策，精准施策，扎实推进各项重点工作。

（十七）加强宣传引导。建立行业舆情日常监测、会商研判以及中央和地方、政府部门和行业协会的分级分类响应机制。加强对注册会计师行业法律法规和监管制度的宣传，积极引导社会舆论和市场预期。

国务院办公厅
2021 年 7 月 30 日

财政部　国务院国有资产监督管理委员会关于会计师事务所承担中央企业财务决算审计有关问题的通知

（财会〔2011〕24 号）

各省、自治区、直辖市、计划单列市财政厅（局）、国资委，新疆生产建设兵团国资委，各中央管理企业：

为了进一步规范会计师事务所承担中央企业财务决算审计行为，提高财务决算审计质量，促进会计师事务所做大做强和规范发展，现就会计师事务所承担中央企业财务决算审计有关事项通知如下：

一、承担中央企业财务决算审计的主审会计师事务所，应当进入全国会计师事务所综合评价排名前 50 位，承担中央企业财务决算审计的参审会计师事务所，原则上应进入全国会计师事务所综合评价排名前 100 位，具体名单以中国注册会计师协会每年公布的会计师事务所综合评价排名前百家信息为准（下同）。

经财政部、证监会审核推荐从事 H 股企业审计且已经完成特殊普通合伙转制的大型会计师事务所，在同等条件下可优先承担中央企业财务决算审计工作。

二、会计师事务所连续承担同一家中央企业财务决算审计业务应不少于 2 年，不超过 5 年；进入全国会计师事务所综合评价排名前 15 位且审计质量优良的会计师事务所，经相关企业申请、国资委核准，可适当延长审计年限，但连续审计年限应不超过 8 年。经财政部、证监会审核推荐从事 H 股企业审计且已经完成特殊普通合伙转制的大型会计师事务所，连续审计年限达到上述规定的，经相关企业申请、国资委核准，可自完成转制工商登记当年起延缓 2 年轮换，但连续审计年限最长不超过 10 年。超过上述审计年限规定的，企业应当予以轮换。中外合作会计师事务所完成特殊普通合伙转制的情况由财政部认定，认定结果抄送国资委。

会计师事务所连续审计年限按上述规定可以超过5年的，应当自第6年起更换审计项目合伙人和签字注册会计师。

三、财政部、国资委鼓励证券资格的会计师事务所尤其是大型会计师事务所在中央企业"走出去"的重点国家和地区设立分支机构或办事机构，为"走出去"的中央企业提供财务决算审计和相关咨询服务。具体办法由财政部、国资委商国务院有关部门另行制定。

四、会计师事务所承担中央企业财务决算审计，应当严格遵守国家保密法规制度的规定。会计师事务所的外籍员工（含合伙人、经理和其他从业人员），不得以任何方式接触中央企业的涉密资料和信息，不得进入军工等涉密中央企业财务决算审计现场。涉密资料、信息和涉密中央企业的认定，按照国家保密主管部门的规定执行。

承担中央企业财务决算审计的会计师事务所，其信息系统和数据库（含相应的软硬件设备）应当置于境内。该会计师事务所为国际会计公司的成员所、联系所、合作所或者与国际会计公司存在其他业务合作关系的，其信息系统和数据库应当与国际会计公司物理隔离。

会计师事务所承担中央企业所属境外上市公司财务决算审计和其他审计、咨询服务的，对于资料、信息保密和档案管理的要求，执行证监会、保密局、档案局联合制定的《关于加强在境外发行证券与上市相关保密和档案管理工作的规定》（证监会公告〔2009〕29号）。

不符合本条款规定的会计师事务所，不得承担中央企业财务决算审计工作和相关咨询服务工作。

五、在2013年6月30日之前完成合伙制或者特殊普通合伙制转制工作的证券资格会计师事务所承担中央企业财务决算审计，其轮换年限可比照本通知第二条大型会计师事务所的有关规定执行。

除本通知有明确规定外，会计师事务所承担中央企业财务决算审计继续执行国资委《关于加强中央企业财务决算审计工作的通知》（国资厅发评价〔2005〕43号）和《关于印发〈中央企业财务决算审计有关问题解答〉的通知》（国资厅发评价〔2006〕23号）的有关规定。

财政部　国务院国有资产监督管理委员会
二〇一一年十二月二十九日

财政部　民政部关于加强和完善基金会注册会计师审计制度的通知

（财会〔2011〕23号）

各省、自治区、直辖市财政厅（局）、民政厅（局），深圳市财政委员会，新疆生产建设兵团民政局：

为了规范基金会的行为，提高基金会的财务管理和会计工作水平，扩大基金会的公开、透明程度,加强政府部门对基金会的监管,充分发挥注册会计师审计监督作用,维护基金会、捐赠人和受益人的合法权益,根据《基金会管理条例》(国务院令第400号)、《国务院办公厅转发财政部关于加快发展我国注册会计师行业若干意见的通知》(国办发〔2009〕56号)和《民间非营利组织会计制度》(财会〔2004〕7号)等法规文件的相关要求,财政部和民政部决定加大基金会注册会计师审计制度的实施力度,现就有关事项通知如下:

一、审计的类别与形式

基金会应当聘用会计师事务所对本单位的财务会计报告及相关信息进行审计,并依法披露财务会计报告和审计报告,接受社会公众的监督。登记管理机关为履行监管职责,也可以直接委托会计师事务所对基金会进行审计。

(一)年度审计。

基金会应当于每年3月31日前向登记管理机关报送上一年度经注册会计师审计的年度财务会计报告和会计师事务所出具的审计报告,接受年度检查;同时将年度财务会计报告在登记管理机关指定的统一信息公开平台上公布,接受社会公众的查询和监督。

基金会年度财务会计报告可以单独予以披露,也可以包含在年度工作报告中一并披露。基金会在依照相关法律法规申请公益性捐赠税前扣除资格、非营利组织免税资格以及办理免税手续时,应当按照有关文件的规定,将年度财务会计报告和审计报告等相关资料分别报送登记管理机关和与其同级的财政、税务部门。

(二)离任和换届审计。

1. 基金会在法定代表人变更时,应当向登记管理机关报送注册会计师出具的对法定代表人任职期间经济责任的履行情况作出审计评价并提出审计建议的审计报告,并按照登记管理机关的要求向社会公布。

2. 基金会在理事会换届时,应当向登记管理机关报送注册会计师出具的对理事会任期内财务收支真实、合法和效益等情况作出审计评价并提出审计建议的审计报告,并按照登记管理机关的要求向社会公布。

(三)专项审计。

基金会开展以下活动的,应当实施专项审计,在活动结束后向登记管理机关报送经注册会计师审计的专项审计报告,并按照登记管理机关的要求向社会公布。

1. 符合以下条件之一的重大公益项目:

(1)当年该项目的捐赠收入占基金会当年捐赠总收入的1/5以上且金额超过人民币50万元的;

(2)当年该项目的支出占基金会当年总支出的1/5以上且金额超过人民币50万元的;

(3)持续时间超过3年的。

2. 因参与处理自然灾害等突发事件需要开展的募捐活动。

3. 登记管理机关要求进行专项审计的其他活动。

二、审计经费来源和支付方式

基金会审计经费由下列一项或多项来源构成:

(一)基金会自行承担。

基金会应当根据《基金会管理条例》及其他有关要求,自行承担审计费用。

(二)财政资金。

按照基金会管理权限,中央财政和地方财政安排一定的资金,由登记管理机关在以下三种情形下使用:

1. 基金会确因资金困难无法承担审计费用的，可以向登记管理机关提出资助申请，登记管理机关视困难程度给予全额或一定比例的资助。相关申请和管理办法由登记管理机关商同级财政部门另行制定。

2. 对于内部治理结构完善、财务管理透明、公益项目运作规范、评估等级较高且同时具备公益性捐赠税前扣除资格和非营利组织免税资格的基金会，登记管理机关可以奖励形式全额或部分承担审计费用。

3. 登记管理机关为履行监管职责直接委托会计师事务所对基金会进行的审计，审计费用由登记管理机关承担。

登记管理机关应当按照国库集中支付管理制度和合同约定，将审计费用支付给受托会计师事务所。

（三）会计师事务所公益审计。

财政部门和民政部门鼓励会计师事务所为部分确有困难的基金会提供公益审计服务。会计师事务所提供公益审计服务，是履行社会责任的一种重要形式，中国注册会计师协会和地方注册会计师协会在具体开展全国及各省（自治区、直辖市）会计师事务所年度综合评价排名时应当予以考虑。

三、会计师事务所选聘范围和方式

（一）选聘范围。

对在民政部登记的基金会实施审计的会计师事务所，应当进入中国注册会计师协会公布的上一年度全国会计师事务所综合评价前100名；或具备三年以上（含三年）从事基金会或其他非营利组织审计工作经验，且注册会计师人数在15人以上，上一年度审计业务收入在600万元以上。

对在省级及以下民政部门登记的基金会实施审计的会计师事务所，应当进入全国会计师事务所综合评价前100名；或具备三年以上（含三年）从事基金会或其他非营利组织审计工作经验，且注册会计师人数在10人以上，上一年度审计业务收入在300万元以上。

（二）选聘方式。

基金会及其登记管理机关可以从上述范围内自行选聘会计师事务所；其中，使用财政资金聘请会计师事务所的，应当按照政府采购制度有关规定选聘会计师事务所。

四、相关要求

加强审计工作，强化社会监督，既是提高基金会公信力的有效举措，也是登记管理机关和其他有关部门依法监管的重要手段。

（一）各级财政部门和民政部门要高度重视这项工作，为会计师事务所依法依规做好审计工作提供保障，加强对会计师事务所和基金会的业务培训，加大检查力度，确保本通知的有关规定落到实处。

（二）各基金会应当深刻领会加强和完善审计制度的重要意义，积极配合注册会计师的审计工作，及时提供审计所需资料，并对所提供资料的真实性、合法性负责。基金会应当以此为契机，加强项目管理、收支管理和成本核算，不断提高财务管理和会计工作水平。

（三）参与基金会审计的会计师事务所应当按照法律法规和委托方要求，组织具有胜任能力的审计人员开展工作，严格遵守审计准则和职业道德的规定，认真完成各项审计工作，对审计报告的真实性和合法性负责。

（四）本通知自2012年1月1日起施行。考虑到基金会审计工作的连续性，如确有必要，基金会在参加2011年年度检查工作时可以继续聘请原会计师事务所开展审计工作。但在2012年年检工作启动时，必须根据本通知的要求聘请符合规定的会计师事务所开展审计工作。

（五）本通知适用于在民政部门登记注册的基金会、境外基金会代表机构和其他具有公益性捐赠税前扣除资格的公益性社会团体。

财政部　民政部
二○一一年十二月二十六日

最高人民法院关于会计师事务所、审计事务所脱钩改制前民事责任承担问题的通知

（法〔2001〕100号）

各省、自治区、直辖市高级人民法院，解放军军事法院，新疆维吾尔自治区高级人民法院生产建设兵团分院：

根据《中华人民共和国民法通则》《中华人民共和国注册会计师法》等有关法律规定，现对审理涉及会计师事务所、审计事务所（以下统称事务所）的民事案件中，有关脱钩改制后的事务所对原事务所民事责任的承担问题，通知如下：

对原事务所的应承担的民事责任，应当由其开办单位在所接收的原事务所的剩余财产和风险基金范围内承担清算责任。但如开办单位将原事务所的剩余财产和风险基金留给脱钩改制后的新事务所，则应当由新事务所在所接收的资产范围内对原事务所的债务承担民事责任。

中华人民共和国最高人民法院
二○○一年七月十八日

水利部委托社会审计业务管理办法

（水监〔2003〕54号）

第一条 为了规范水利部门及所属单位（以下均简称为"单位"）委托社会审计业务，明确内部审计职责，加强单位内部管理和监督，根据《中华人民共和国审计法》《中华人民共和国会计法》《审计署关于内部审计工作的规定》和水利部《关于进一步加强财务管理监督的若干意见》（水经调〔2002〕394号），制定本办法。

第二条 本办法适用于水利部直属各单位及其所属工程建设项目法人单位。各单位所属国有控股企业、集体企业可参照本办法执行。

第三条 委托社会审计机构进行的审计业务，是单位扩大内部审计监督覆盖面的重要实现形式，是内部审计、财务监督部门的重要职责，单位所有委托社会审计业务应统一由内

部审计、财务监督部门负责办理。财务检查委托社会审计业务，以财务监督部门管理为主；其他审计业务，以审计部门管理为主。

单位应加强对委托社会审计业务的管理和监督，进一步完善单位内部控制制度，充分合理地利用现有的内部审计、财务监督人力资源。

第四条 内部审计、财务监督部门负责办理委托社会审计业务的范围为：验资、年度报表查证、资产评估、基建工程预决算、经济责任、财务收支、经济效益等审计业务。但领导专门批示交办、纪检监察部门交办的审计业务一般不直接对外委托。

第五条 单位需要进行委托社会审计的业务，应向上级内部审计部门提出申请；单位的职能部门需要进行委托社会审计业务，应向单位内部审计部门提出申请。内部审计部门接到申请后，应根据国家相关规定、单位全年审计工作计划和现有内审人力资源，确定是否对外委托。如需对外委托应由接受申请的内部审计部门商财务监督部门制定出委托审计工作方案，报经批准后实施。

第六条 内部审计、财务监督部门应当收集社会审计机构的资信、业务质量、收费标准等信息。内部审计、财务监督部门委托一般性的社会审计业务，应当初选两个以上的社会审计机构，在审查资格资质，比质量、比信誉、比服务的基础上，在单位监察部门的监督指导下，选定社会审计机构。对大型和有特殊要求的审计项目，采取招标的方式选定社会审计机构。

第七条 单位内部审计、财务监督部门委托社会审计业务，应当签订书面协议，并且要求社会审计机构出具承诺函。

在审计实施过程中，内部审计、财务监督部门应负责社会审计机构与被审计单位之间的协调，监督社会审计机构的审计业务质量。

第八条 社会审计机构审计结束后，应直接向内部审计、财务监督部门提交审计报告和相关资料，内部审计、财务监督部门要严格按照相关规定和委托审计工作方案，进行审核。对领导干部经济责任审计等业务，需将审计底稿原件交单位内部审计部门归档。社会审计机构应保守被审计对象的秘密，不得在单位内部审计、财务监督部门主持的场所之外使用委托审计业务资料。

第九条 内部审计、财务监督部门应依据社会审计机构出具的正式审计报告，提出审计和检查的意见和建议，经单位主管领导批准后监督落实，必要时可进行后续审计。

第十条 单位负责人应当支持内部审计、财务监督部门做好委托社会审计业务工作。

第十一条 单位应当建立健全委托社会审计业务的委托程序和方法、质量监督机制和后续审计和检查制度。根据委托社会审计业务的内容和性质，实行分级分权管理，明确各级内部审计、财务监督部门及审计、财务检查人员责任，制定考核办法并严格执行。

第十二条 各级水利审计、财务监督部门要加强对单位委托社会审计业务的监督指导，保证对委托社会审计业务严格管理，对成绩显著的单位应当给予表彰，对委托社会审计业务管理混乱、造成损失和严重后果的单位应当给予批评。对社会审计机构不能正确有效履行审计业务的，内部审计、财务监督部门应当给予纠正，并逐级上报，必要时向社会审计机构行业管理部门反映，对社会审计机构的违规行为进行通报；建立准入制度和措施，在一定时限内，单位不得对被通报社会审计机构委托办理审计业务。

第十三条 本办法执行情况接受纪检、监察部门的监督检查。

第十四条 本办法由水利部负责解释。

第十五条 本办法自发布之日起施行。

外汇收支情况表审核指导意见

(会协〔2005〕2号)

第一章 总 则

第一条 为了规范注册会计师执行外汇收支情况表审核业务,明确工作要求,保证执业质量,根据中国注册会计师独立审计准则,制定本指导意见。

第二条 本指导意见所称外汇收支情况表审核,是指注册会计师接受外商投资企业(以下简称被审核单位)委托,对其外汇收支情况表的编制是否符合国家外汇管理的有关规定进行审核,并发表意见。

第三条 按照国家外汇管理的有关规定,真实、完整地编制外汇收支情况表是被审核单位管理当局的责任。

按照本指导意见的要求,在实施审核工作的基础上对外汇收支情况表出具审核报告是注册会计师的责任。

第四条 注册会计师应当在年度会计报表审计的基础上对外汇收支情况表进行审核。

如果被审核单位年度会计报表审计由其他注册会计师实施,注册会计师应当考虑利用其他注册会计师的工作,或实施必要的审计程序以作为外汇收支情况表审核的基础。

第五条 注册会计师应当获取充分、适当的审核证据,以得出恰当的审核结论,作为形成审核意见的基础。

第六条 注册会计师的审核意见旨在合理保证外汇收支情况表的真实性和完整性,但不应被视为是对被审核单位外汇收支行为的合规性提供的保证。

如果在审核过程中注意到被审核单位存在严重违反国家外汇管理有关规定的情形,注册会计师应当在审核报告中予以恰当反映。

第二章 接受业务委托

第七条 在承接外汇收支情况表审核业务前,注册会计师应当了解下列基本情况,考虑自身专业胜任能力和业务风险,以确定是否接受委托:

(一)国家外汇管理的有关法规;
(二)被审核单位与外汇收支有关的经营内容;
(三)被审核单位外汇核算的原则和方法;
(四)被审核单位外汇登记情况;
(五)被审核单位与外汇收支有关的内部控制;
(六)被审核单位以前年度外汇收支情况表的审核情况;
(七)被审核单位年度会计报表是否由其他注册会计师审计。

第八条 如果接受委托,注册会计师应当就委托目的、审核范围、双方的责任、审核报告的用途、审核收费等事项与委托人沟通,并签订业务约定书。

第三章 审核程序

第九条 注册会计师应当根据被审核单位外汇业务的具体情况,合理运用重要性原则,计划和实施审核工作。

第十条 注册会计师应当在年度会计报表审计的基础上，对外汇收支情况表实施第十一条至第二十二条规定的程序。

如果发现外汇收支情况表存在重大不符合编制规定的迹象，注册会计师应当追加必要的审核程序。

注册会计师应当根据重要性水平、被审核单位与外汇收支有关的内部控制的有效性、外汇收支情况表项目的错报风险等因素确定审核程序的性质、时间和范围。

第十一条 注册会计师应当对外汇货币资金实施下列审核程序：

（一）获取外汇货币资金余额明细表，将明细余额相对应的人民币金额和非外汇账户明细余额的合计数与已审计会计报表有关项目金额进行核对；

（二）将外汇账户明细余额的分类汇总数与外汇收支情况表相关项目进行核对；

（三）获取外汇开户核准文件，检查填列项目的账户类型是否符合外汇收支情况表的编制规定；

（四）检查非美元外币的折算是否正确。

第十二条 注册会计师应当对外汇应收、应付类项目（含预付、预收类项目，不含应付外汇利息）实施下列审核程序：

（一）获取外汇应收、应付类项目余额明细表，将明细余额相对应的人民币金额和非外汇账户明细余额的合计数与已审计会计报表有关项目金额进行核对；

（二）将外汇账户明细余额的分类汇总数与外汇收支情况表相关项目进行核对；

（三）检查被审核单位是否按照外汇收支情况表的指标说明，对明细账户重新分类，外汇应付类项目账龄的划分是否正确；

（四）检查非美元外币的折算是否正确。

第十三条 注册会计师应当对境外投资和境内外汇投资实施下列审核程序：

（一）获取各被投资单位的验资报告或相关的出资证明，检查是否与外汇收支情况表相关项目金额一致；

（二）将验资报告或相关的出资证明载明的出资方式、金额与外汇收支情况表相关项目填列的金额相核对；

（三）检查本年实际取得的投资收益是否恰当反映在经常项目差额中；

（四）检查非美元外币的折算是否正确。

第十四条 注册会计师应当对非外汇形式资产实施下列审核程序：

（一）获取各类非外汇形式资产本年增减变动情况表，检查非外汇形式资产的本年变动情况；

（二）检查其他相关外汇项目余额的本年增减变动及相关文件资料，确定是否存在未包含在所获取的各类非外汇形式资产本年增减变动情况表中的非外汇形式资产；

（三）检查以外币计价而以人民币结算的债权、债务填列金额是否正确；

（四）检查以增加、减少资本方式而形成的非外汇形式资产填列金额是否正确；

（五）检查非美元外币的折算是否正确。

第十五条 注册会计师应当对结购汇差额实施下列审核程序：

（一）获取本年结汇与购汇的明细汇总表，重新计算本年结购汇差额，并与外汇收支情况表相应项目金额核对；

（二）通过分析资产负债表、利润表相关项目，检查未通过外汇账户核算、由银行直接办理的结购汇业务，是否已包含在本年结汇与购汇的明细汇总表中；

（三）检查非美元外币的折算是否正确。

第十六条 注册会计师应当对汇率折算差额实施下列审核程序：

（一）检查编制外汇收支情况表时使用的折算汇率是否符合规定；

（二）实施分析程序，评价汇率折算差额本年变动金额的合理性。

第十七条 注册会计师应当对其他资产实施下列审核程序：

（一）检查本年其他资产的形成和数据来源；

（二）如果其他资产金额较大（例如占期末资产合计数的比率超过0.5%），应当进一步检查外汇收支情况表其他项目的真实性和完整性；

（三）如经进一步检查仍无法将其他资产金额降至可接受的低水平，应当视错报的重要程度出具保留意见或否定意见的审核报告。

第十八条 注册会计师应当对借款类项目（含应付外汇利息）实施下列审核程序：

（一）获取外汇借款明细余额表，并将外汇借款明细余额相应的人民币金额和非外汇借款明细余额的合计数与已审计会计报表相应项目金额进行核对；

（二）检查被审核单位是否按照外汇收支情况表的指标说明，对外汇借款明细余额重新分类计算，填列金额是否正确；

（三）获取外债登记证和借款合同，检查借款类项目填列金额是否完整；

（四）对计提的借款利息实施分析程序，评价应付外汇利息本年发生额的合理性，并确定其对经常项目差额的影响；

（五）检查非美元外币的折算是否正确。

第十九条 注册会计师应当对实收外汇资本实施下列审核程序：

（一）获取本年外汇资本增减变动的验资报告及相关文件，检查外汇资本增减变动金额与验资报告及相关文件载明的金额是否相符；

（二）检查本年是否发生资本对价转移及单方面资本转移的情况；如果发生，则获取相关文件，检查资本对价转移及单方面资本转移后的填列金额是否正确，同时检查资产方相应项目填列信息的一致性；

（三）检查非美元外币的折算是否正确。

第二十条 注册会计师应当对经常项目差额实施下列审核程序：

（一）如果被审核单位不存在与经常项目差额相关的编报系统，注册会计师应当对经常项目差额的本年发生额实施重新计算程序，检查填列金额是否正确；

（二）如果被审核单位存在与经常项目差额相关的编报系统，注册会计师应当在对相关编报系统有效性实施测试的基础上，对经常项目差额的本年发生额实施实质性分析程序，检查填列金额是否正确；

（三）检查非美元外币的折算是否正确。

第二十一条 如果发现外汇收支情况表项目期初数存在错报，注册会计师应当提请被审核单位调整相关项目的本年期末数，并视错报的重要程度在审核报告中予以恰当反映。

第二十二条 注册会计师应当对外汇收支情况表附注内容实施下列审核程序：

（一）对于对外担保本年变动及余额，应当结合被审核单位年度会计报表审计中针对对外担保实施的审计程序，检查填列金额是否正确；

（二）对于按股权或约定比例计算外方所有的未分配利润年末余额，应当根据已审计会计报表，检查填列金额是否正确；

（三）对于其他资产占资产合计的比率，应当根据外汇收支情况表的审核结果，检查填列数是否正确。

第二十三条 注册会计师应当就被审核单位管理当局按照国家外汇管理的有关规定真实、完整地编制外汇收支情况表获取书面声明。

第二十四条 注册会计师应当对实施的审核程序及其结果形成工作记录。

第四章 审核报告

第二十五条 注册会计师应当复核与评价审核证据，考虑在实施年度会计报表审计时与外汇收支有关的审计工作及相应审计结论，形成审核意见，出具审核报告。

第二十六条 审核报告应当包括下列要素：

（一）标题；

（二）收件人；

（三）引言段；

（四）范围段；

（五）意见段；

（六）对审核报告分发使用的限制性说明；

（七）注册会计师的签名及盖章；

（八）会计师事务所的名称、地址及盖章；

（九）报告日期。

注册会计师可以根据需要，在审核报告的意见段之前增加说明段，或在意见段之后增加强调事项段。

第二十七条 审核报告的标题应当统一规范为"外汇收支情况表审核报告"。

第二十八条 审核报告的收件人应当为审核业务的委托人。审核报告应当载明收件人全称。

第二十九条 审核报告的引言段应当说明下列内容：

（一）已审核外汇收支情况表的名称和日期；

（二）被审核单位管理当局的责任和注册会计师的责任。

第三十条 审核报告的范围段应当说明下列内容：

（一）审核的依据是中国注册会计师协会制定的《外汇收支情况表审核指导意见》；

（二）审核工作主要包括检查记录和文件、询问以及实施分析程序；

（三）审核工作为注册会计师发表意见提供了合理的基础。

第三十一条 审核报告的意见段应当说明外汇收支情况表的编制在所有重大方面是否符合国家外汇管理的有关规定。

第三十二条 注册会计师应当根据实施审核工作得出的结果，参照《独立审计具体准则第7号——审计报告》，对外汇收支情况表出具无保留意见、保留意见、否定意见或无法表示意见的审核报告。

第三十三条 如果在审核过程中注意到被审核单位存在严重违反国家外汇管理有关规定的情形，或发现外汇收支情况表项目期初数存在重大错报且已在本年作出调整，注册会计师应当在意见段之后增加强调事项段予以说明。

注册会计师应当在强调事项段中指明，该段内容仅用于提醒外汇收支情况表使用人关注，并不影响已发表的意见。

第三十四条 注册会计师应当在审核报告中说明，审核报告仅供被审核单位向国家外汇管理部门报送外汇收支情况表时使用，不得用于其他用途。

第三十五条 审核报告应当由注册会计师签名并盖章，载明会计师事务所的名称和地址，并加盖会计师事务所公章。

第三十六条 审核报告日期是指注册会计师完成审核工作的日期。审核报告日期不应早于被审核单位管理当局签署外汇收支情况表的日期，且通常不早于被审核单位年度会计报表审计报告的日期。

第三十七条 注册会计师出具的审核报告应当后附已审核的外汇收支情况表。

第五章 附 则

第三十八条 本指导意见自 2005 年 1 月 15 日起施行。

委托会计师事务所审计招标规范

（财会〔2006〕2 号印发）

第一条 为了规范招标委托会计师事务所（以下简称事务所）从事审计业务的活动，促进注册会计师行业的公平竞争，保护招标单位和投标事务所的合法权益，根据《中华人民共和国招标投标法》《中华人民共和国注册会计师法》及相关法律，制定本规范。

第二条 招标单位采用招标方式委托事务所从事审计业务的，应当遵守《中华人民共和国招标投标法》，并符合本规范的规定。

第三条 招标投标活动应当遵循公开、公平、公正和诚实信用的原则。

任何单位和个人不得违反法律、行政法规规定，限制或者排斥事务所参加投标，不得以任何方式非法干涉招标投标活动。

事务所通过投标承接和执行审计业务的，应当遵守审计准则和职业道德规范，严格按照业务约定书履行义务、完成中标项目。

第四条 招标委托事务所从事审计业务，按照下列程序进行：

（一）招标，包括确定招标方式、发布招标公告（公开招标方式下）或发出投标邀请书（邀请招标方式下）、编制招标文件、向潜在投标事务所发出招标文件；

（二）开标；

（三）评标；

（四）确定中标事务所，发出中标通知书，与中标事务所签订业务约定书。

第五条 招标单位一般应当采用公开招标方式委托事务所。

对于符合下列情形之一的招标项目，可以采用邀请招标方式：

（一）具有特殊性，只能从有限范围的事务所中选择的；

（二）具有突发性，按公开招标程序无法在规定时间内完成委托事宜的。

第六条 采用公开招标方式的，应当发布招标公告。采用邀请招标方式的，应当向 3 家以上事务所发出投标邀请书。

招标公告和投标邀请书应当载明招标单位的名称和地址、招标项目的性质、数量、实施地点和时间以及获取招标文件的办法等事项。

第七条 招标单位可以根据招标项目本身的要求，在招标公告或者投标邀请书中，要求潜在投标事务所提供有关资质证明文件和业绩情况，并对潜在投标事务所进行资格审查。

在资格审查过程中，招标单位应当充分利用财政部门和注册会计师协会公开的行业信息，并执行财政部有关审计的管理规定。

第八条 招标单位应当根据招标项目的特点和需要编制招标文件。招标文件应当包括下列内容：

（一）招标项目介绍；

（二）对投标事务所资格审查的标准；

（三）投标报价要求；

（四）评标标准；

（五）拟签订业务约定书的主要条款。

第九条 招标单位应当在招标文件中详细披露便于投标事务所确定工作量、制定工作方案、提出合理报价、编制投标文件的招标项目信息，包括被审计单位的组织架构、所处行业、业务类型、地域分布、财务信息（如资产规模及结构、负债水平、年业务收入水平、其他相关财务指标）等。

第十条 招标单位应当根据招标项目要求，综合考虑投标事务所的工作方案、人员配备、相关工作经验、职业道德记录和质量控制水平、商务响应程度、报价等方面，合理确定评审内容、设定评审标准、设计各项评审内容分值占总分值的权重。投标事务所报价分值的权重不应高于 20%。

评标标准的具体设计可以参考所附《评审内容及其权重设计参考表》。

第十一条 招标项目需要确定工期的，招标单位应当考虑注册会计师行业服务的特殊性，合理确定事务所完成相应工作的工期，并在招标文件中载明。

第十二条 招标单位可以根据招标项目的具体情况，组织潜在投标事务所座谈、答疑。潜在投标事务所需要查询招标项目详细资料的，招标单位应当在可能的情况下提供便利。

第十三条 招标单位在做出投标事务所编制投标文件的时限要求时，应当考虑注册会计师行业服务的特殊性，自招标文件开始发出之日起至投标事务所提交投标文件截止之日止，一般不得少于 20 日。

第十四条 招标单位应当公开进行开标，并邀请所有投标事务所参加。

第十五条 招标单位应当组建评标委员会，由评标委员会负责评标。

评标委员会由招标单位的代表和熟悉注册会计师行业的专家组成，与投标单位有利害关系的人不得进入相关项目的评标委员会。

评标委员会成员（以下简称评委）人数应当为 5 人以上单数，其中熟悉注册会计师行业的专家一般不应少于成员总数的 2/3。

评委名单在中标结果确定前应当保密。

第十六条 招标单位应当采取必要的措施，保证评标在严格保密的情况下进行。任何单位和个人不得非法干预、影响评标的过程和结果。

第十七条 评委应当依据评标标准对投标事务所进行评分。

评标委员会应当按照各投标事务所得分高低次序排出名次，并根据名次推荐中标候选事务所。

第十八条 评标委员会完成评标后，应当向招标单位提出书面评标报告。

招标单位应当根据评标委员会提出的书面评标报告和推荐的中标候选事务所确定中标事务所。招标单位也可以授权评标委员会直接确定中标事务所。

第十九条 中标事务所确定后，招标单位应当向中标事务所发出中标通知书，同时将中标结果通知所有未中标的投标事务所。

第二十条 招标单位应当自中标通知书发出之日起 30 日内，以招标文件和中标事务所投标文件的内容为依据，与中标事务所签订业务约定书。

招标单位不得向中标事务所提出改变招标项目实质性内容、提高招标项目的技术要求、降低支付委托费用等要求，不得以各种名目向中标事务所索要回扣。

招标单位不得与中标事务所再行订立背离业务约定书实质性内容的其他协议。

第二十一条 财政部和各省、自治区、直辖市财政部门应当对审计招标投标活动进行监督，对审计招标投标活动中的违法违规行为予以制止并依法进行处理。

第二十二条 招标单位招标委托事务所从事其他鉴证业务和相关服务业务的，参照执行本规范。

第二十三条 本规范由财政部负责解释。

第二十四条 本规范自 2006 年 3 月 1 日起施行。

附表：

评审内容及其权重设计参考表

评审内容	权重范围
工作方案	20% ~ 30%
人员配备	20% ~ 30
相关工作经验	15% ~ 25%
职业首先记录和质量控制水平	10% ~ 15%
商务响应程度	5%
报价	10% ~ 20%

注：对于报价的评审，应当以报价与平均报价差异的绝对值作为评审标准，差异绝对值越小，所得分值越高。

财政部关于取消外国会计师事务所在中国境内临时执行审计业务行政许可收费的通知

（财会〔2006〕7 号）

各省、自治区、直辖市财政厅（局），深圳市财政局：

根据《注册会计师法》，外国会计师事务所需要在中国境内临时办理有关业务，须经有关省、自治区、直辖市人民政府财政部门批准。根据《行政许可法》，本通知自发布之日起，取消外国会计师事务所在中国境内临时执行审计业务的行政许可收费。

中华人民共和国财政部
二〇〇六年三月二日

中国注册会计师协会关于印发《会计师事务所综合评价排名办法》的通知

（中注协2023年5月17日发布）

各省、自治区、直辖市注册会计师协会：

为进一步做好会计师事务所综合评价排名工作，在广泛征求意见的基础上，我会对《会计师事务所综合评价排名办法》（会协〔2021〕22号）进行修订，修订后的办法已经中国注册会计师协会第六届常务理事会第十一次会议审议通过，现予印发，自2023年5月16日起施行。

附件：《会计师事务所综合评价排名办法》

中国注册会计师协会
2023年5月16日

附件

会计师事务所综合评价排名办法

第一章 总 则

第一条 为综合反映与科学评价会计师事务所（以下简称事务所）发展水平，引导事务所坚持质量导向、树立风险意识、加强诚信建设，根据《中华人民共和国注册会计师法》《中国注册会计师协会章程》，制定本办法。

第二条 中国注册会计师协会（以下简称中注协）以注册会计师行业管理信息系统为依托，组织开展事务所综合评价工作，并发布事务所综合评价百家排名信息。

第三条 事务所综合评价百家排名每年开展一次。一般在每年6月底前公布百家排名信息。

第四条 事务所自行决定是否参加中注协组织的百家排名。决定参加排名的，应向中注协提供评价所需的数据及信息，并对数据及信息的真实性负责。排名结果及相关结论、信息基于事务所提供的数据和信息来源，并不代表中注协的观点和看法。

第二章 参评条件

第五条 经批准设立的事务所，具有下列情形之一者，不得参加百家排名：

（一）未持续达到规定的设立条件。

（二）未履行章程所规定会员义务。

第六条 涉及合并、分立事项的事务所，在上年度12月31日前办结以下所有手续的，应当以合并、分立后的事务所参加综合评价和百家排名：

（一）形成合并、分立相关会议决议及合伙人（股东）协议，签订合并、分立协议。

（二）完成市场监督管理部门变更登记手续。

（三）完成事务所财政变更备案；需要变更名称的，应取得新的事务所执业证书。

（四）领取变更后的中注协单位会员电子证书。

第三章 评价指标

第七条 事务所综合评价采取指标测评方式开展。评价指标由基础指标和附加指标构成。

第八条 基础指标为综合评价的主体指标，从收入、内部治理、资源、处理处罚等四个方面反映事务所状况，共包括10个具体指标：

（一）收入。指事务所经过审计，抵销内部协作收入后的上年度合并报表业务收入。涉及合并、分立事项的，相关团队收入以会计核算的实际发票开票收入为准，在相关事务所之间进行划分。

（二）合伙人（股东）团队的稳定性。指最近3个年度内，事务所合伙人（股东）团队的增减变动情况，内部晋升、退休的合伙人（股东）除外。

（三）合伙人（股东）员工比率。指上年末不包括合伙人（股东）的事务所全部从业人员数量与全部合伙人（股东）数量的比率。

（四）最近3年内部晋升合伙人（股东）比率。指最近3个年度内，事务所晋升的合伙人（股东）数量占3年前执业超过5年且年龄在60周岁以内的注册会计师数量的比率。内部晋升合伙人（股东），是指在事务所执业超过3年后晋升的合伙人（股东）。

（五）党组织参与事务所决策管理情况。具体从合伙人（股东）党员比率和"双向进入、交叉任职"的比率两方面评价。合伙人（股东）党员比率指事务所党员合伙人（股东）数量占事务所全部合伙人（股东）数量的比率；"双向进入、交叉任职"的比率包括事务所党组织班子成员进入管理层比率和事务所管理层进入党组织班子的比率。事务所党组织班子成员进入管理层比率是指事务所党组织班子成员在管理层任职的人数占事务所党组织班子成员总人数的比率。事务所管理层进入党组织班子的比率是指事务所管理层中的党员是党组织班子成员的人数占管理层中党员总人数的比率。

党组织班子成员是指事务所总所党组织书记、副书记、委员，以及分所党组织书记。事务所的管理层是指事务所建立的管委会或董事会。

（六）执业超过5年且年龄在60周岁以内的注册会计师人数。

（七）信息化支出水平。指事务所财务报表中的"信息化支出"占事务所年度业务收入的比率。信息化支出指审计软件开发费、管理信息系统开发费、软硬件采购费、软硬件运维费、网络服务费等支出。

（八）人才培养支出水平。指事务所财务报表中的"人才培养支出"占事务所年度业务收入的比率。人才培养支出指事务所境内外培训支出的合计数。

（九）品牌延续时间。指事务所现用名称的使用年限。

（十）处理处罚。指最近3个年度内，事务所及其注册会计师、员工因执业行为受到刑事处罚、行政处罚和行业惩戒的情况，按处理处罚的类型及处理处罚时点的远近扣除相应分值。

第九条 附加指标是指反映事务所最新发展要求或最新工作部署落实情况的指标，根据实际工作需要设计，具体在年度综合评价工作通知中予以明确。

第十条 事务所综合评价基础指标，分值共计1 000分，其中：
（一）收入指标，权重为40%，满分为400分。
（二）合伙人（股东）团队的稳定性指标，权重为3%，满分为30分。
（三）合伙人（股东）员工比率指标，权重为5%，满分为50分。
（四）最近3年内部晋升合伙人（股东）比率指标，权重为5%，满分为50分。
（五）党组织参与事务所决策管理情况，权重为5%，满分为50分。
（六）执业超过5年且年龄在60周岁以内的注册会计师人数指标，权重为5%，满分为50分。
（七）信息化支出水平指标，权重为2%，满分为20分。
（八）人才培养支出水平指标，权重为2%，满分为20分。
（九）品牌延续时间指标，权重为3%，满分为30分。
（十）处理处罚指标，权重为30%，满分为300分。

第十一条 附加指标分值根据各项具体指标的性质、重要程度等设定。

第十二条 为保证事务所综合评价工作的公平、公正，事务所信息的时期指标为上年度或3年内数据，时点指标以上年度12月31日为基准日。

第十三条 事务所综合评价百家排名依据基础指标得分和附加指标得分的总和计算评分。

第十四条 事务所综合评价百家排名信息发布中，如发现事务所填报信息不实，中注协将在综合评价百家排名信息中的处理处罚指标项中扣减相应分值，并责令相关事务所限期公告更正，对没有按期公告更正的相关事务所，将给予公开批评；对所填报信息严重失实的事务所，将给予公开批评，撤回所发布的事务所相关信息，不得参加下一年度百家排名。对相关事务所财务报表信息严重失实负有审计责任的事务所，按照《中国注册会计师协会会员执业违规行为惩戒办法》作出惩戒；该事务所为综合评价百家排名信息发布范围内的，则在综合评价百家排名信息中处理处罚指标项下扣减相应分值。

第四章 评价流程

第十五条 综合评价工作流程包括事务所填报、地方注协审核、中注协计算排名结果、百家排名信息公示、百家排名信息正式发布等环节。

第十六条 综合评价百家排名中的事务所相关信息来源于注册会计师行业管理信息系统和事务所自行填报数据。中注协和地方注协组织相关事务所登录综合评价信息采集程序，填报、核对百家排名相关数据。同时，事务所应当及时填列和更新本所在注册会计师行业管理信息系统中的相关信息，并对所填报信息的真实性负责。

第十七条 地方注协负责对综合评价信息采集程序中各相关事务所信息的真实性进行审核。审核无误后，上报中注协。

第十八条 中注协根据地方注协上报信息，对自愿参加百家排名的事务所，依据会计师事务所综合评价指标计算方法及得分标准进行计算，形成会计师事务所综合评价百家信息。

第十九条 中注协在履行报批程序后，对外发布《年度会计师事务所综合评价百家排名信息（公示稿）》，为期5个工作日。公示期内，中注协负责受理公示相关信息的投诉举报，并做出相应处理。

第二十条 公示期满后，结合公示期内各方反馈意见，形成《年度会计师事务所综合评价百家排名信息》，在履行报批程序后，对外正式发布。

第二十一条 中注协注册管理委员会负责研究处理在综合评价排名工作中出现的投诉举报及严重争议等重大问题。

第二十二条 注册会计师协会工作人员在开展综合评价排名工作中，存在违反本办法规定的行为，以及其他滥用职权、玩忽职守、徇私舞弊等违法违纪行为的，依照国家有关规定追究相应责任；涉嫌犯罪的，依法移送司法机关处理。

第五章 信息披露

第二十三条 中注协根据综合评价信息采集程序的数据，按照本办法规定，计算并确认事务所的评价得分，将自愿参加百家排名的事务所，按得分由高到低排序，发布会计师事务所综合评价百家排名信息，并同时披露以下信息：

（一）年度业务收入总额及分部信息。

（二）与事务所统一经营的其他专业机构业务收入。

（三）注册会计师数量。

（四）执业超过5年且年龄在60周岁以内的注册会计师数量。

（五）分所数量。

（六）信息技术人员数量。指事务所中具有信息系统审计师（CISA）、IT审计师（ITA）、中国信息安全专业认证（CISP）、信息系统安全专业认证（CISSP）、思科网络专家（CCIE）、软件工程造价师等执业资格的人员数量。

（七）事务所所在的同一国际会计网络或国际会计联盟的成员情况。

（八）为事务所提供年度报表审计服务的机构。

（九）事务所及注册会计师最近三年内受到的刑事处罚、行政处罚和行业惩戒的情况。

（十）专业贡献度〔在促进某领域业务标准建设、推动某领域发展等方面做出的突出贡献，比如：承担财政部、中注协相关课题、专业标准的研究起草工作和考试专项工作，担任财政部、中注协或省级注协专门（业）委员会的主任委员、副主任委员、委员等〕。

（十一）事务所获得省级以上党团组织表彰情况。

（十二）事务所省级以上"两代表一委员"情况。

上述信息以上年度12月31日为基准。

第六章 附 则

第二十四条 地方注协可参照本办法，制定本地区的会计师事务所综合评价排名办法。

第二十五条 本办法自2023年5月16日起施行。《会计师事务所综合评价排名办法》（会协〔2021〕22号）同时废止。

财政部关于印发《会计师事务所职业责任保险暂行办法》的通知

（财会〔2015〕13号）

各省、自治区、直辖市财政厅（局），深圳市财政委员会，各保监局，各财产保险公司：

财政部关于印发《会计师事务所职业责任保险暂行办法》的通知

为规范会计师事务所职业责任保险投保行为，提高会计师事务所职业责任赔偿能力，促进会计师事务所可持续发展，根据《中华人民共和国注册会计师法》《中华人民共和国保险法》和其他有关法律法规，财政部、保监会制定了《会计师事务所职业责任保险暂行办法》，现予印发，自2015年7月1日起施行。

财政部　保监会
2015年6月30日

附件

会计师事务所职业责任保险暂行办法

第一章　总　则

第一条　为了规范会计师事务所职业责任保险投保行为，提高会计师事务所职业责任赔偿能力，促进会计师事务所可持续发展，根据《中华人民共和国注册会计师法》《中华人民共和国保险法》和其他有关法律法规，制定本办法。

第二条　本办法所称会计师事务所职业责任保险（以下简称职业责任保险），是指会计师事务所及其合伙人、股东和其他执业人员因执业活动造成委托人或其他利害关系人经济损失，依法应当承担赔偿责任的保险。

会计师事务所及其合伙人、股东和其他执业人员的执业活动包括其依法开展的审计业务和其他非审计业务。

第三条　鼓励会计师事务所根据本所经营管理情况和发展需要投保职业责任保险。会计师事务所投保的职业责任保险累计赔偿限额达到本办法第九条或第十条规定的金额的，可以不再提取职业风险基金。已提取的职业风险基金的处理，按照有关法律法规的规定和会计师事务所合伙协议或公司章程的约定办理。

第二章　投　保

第四条　会计师事务所对本所投保职业责任保险实行统一管理。分所的职业责任保险，原则上由总所统一投保。

第五条　会计师事务所应当优先为本所的审计业务投保职业责任保险。

会计师事务所可以根据业务风险程度和自身发展需要为其他非审计业务投保职业责任保险。

第六条　职业责任保险包括主险和附加险。会计师事务所可以在投保主险的基础上，为本所投保账册文件丢失险、首次投保追溯期扩展险等附加险。

第七条　保险公司应当建立市场化的职业责任保险费率浮动机制，根据会计师事务所风险情况及历史赔付记录进行保险费率浮动调整，促进会计师事务所加强质量控制和风险管理。

第八条　会计师事务所应当结合本所的业务范围、经营规模和风险管控能力等因素，与保险公司协商确定职业责任保险的累计赔偿限额。累计赔偿限额应当达到本办法第九条或第十条规定的金额。

前款所称累计赔偿限额，是指保险合同中载明的保险公司对保险责任范围内所有损失的最高赔偿金额。

第九条 从事上市公司、金融企业等高风险审计业务的会计师事务所，其累计赔偿限额不低于按以下两种方法计算得出的较高额：

（1）100万元与合伙人人数的乘积（按投保时的人数计算）；

（2）5 000万元。

第十条 从事非上市公司、非金融企业审计业务的会计师事务所，其累计赔偿限额不低于按以下两种方法计算得出的较高额：

（1）会计师事务所最近一个年度的审计业务收入；

（2）50万元与合伙人（股东）人数的乘积（按投保时的人数计算）。

第十一条 职业责任保险合同条款应当符合《中华人民共和国保险法》的规定，并应当包含下列各事项：

（一）保险责任包含会计师事务所及其合伙人、股东和其他执业人员执业活动中因非故意行为造成委托人或其他利害关系人的经济损失，依法应当承担的赔偿责任；

（二）保险期间为1年及以上；

（三）约定合理的追溯期或报告期；

（四）会计师事务所被提起仲裁或者诉讼的，仲裁或者诉讼费用以及其他必要的、合理的法律费用，除合同另有约定外，由保险公司承担。

第十二条 会计师事务所在投保时应当向保险公司提供必要的信息资料，如实告知经营情况和风险状况。

在保险合同有效期内，如果保险合同载明的重要事项发生变更，会计师事务所应当及时通知保险公司。

第十三条 保险公司应当向会计师事务所说明保险合同的条款内容，特别是责任免除条款。未作说明的，责任免除条款不产生效力。

第十四条 保险公司及其工作人员对会计师事务所提供的信息资料负有保密义务。

第三章 赔　偿

第十五条 会计师事务所发生本办法第二条规定的因执业活动造成委托人或其他利害关系人的经济损失，依法应当承担赔偿责任的情形的，保险公司应当根据保险合同的约定予以赔偿。

第十六条 保险公司应当严格履行保险合同义务，不得出现恶意拖赔、惜赔、无理拒赔等损害会计师事务所合法权益的行为。

第十七条 会计师事务所和保险公司对合同条款或赔偿事项有争议的，可以按照双方的约定申请仲裁，或者依法向人民法院提起诉讼。

采用保险公司提供的格式条款订立的保险合同，会计师事务所与保险公司对合同条款或赔偿事项有争议的，应当按照通常理解予以解释。有两种以上解释的，人民法院或者仲裁机构应当作出有利于会计师事务所的解释。

第十八条 省级财政部门、注册会计师协会可以会同省级保险监督管理部门、保险行业协会组织成立职业责任保险专家委员会，对履行保险合同可能产生的争议提供专家鉴定意见，供司法机关或有关方面参考。

第四章 监督检查

第十九条 会计师事务所应当在每年5月31日之前将职业责任保险保单复印件或者保险公司出具的该会计师事务所已投保职业责任保险的相关证明报所在地省级财政部门和注册会计师协会备案。

保险合同发生变更或解除的，会计师事务所应当将变更后的相关证明或新签订保险合同的相关证明报所在地省级财政部门和注册会计师协会备案。

第二十条 省级以上财政部门和注册会计师协会需要保险公司协助提供会计师事务所的投保、出险和理赔等必要信息的，保险公司应当提供。

第二十一条 省级以上财政部门和保险监督管理部门分别对会计师事务所和保险公司办理职业责任保险的情况进行监督检查，必要时可开展联合检查。

第五章 罚 则

第二十二条 会计师事务所违反本办法规定的，由省级以上财政部门责令限期改正，逾期未改正的，列为重点监管对象并予以公告，提请审计业务委托方、其他利害关系人和社会公众关注该会计师事务所的职业责任赔偿能力。

第二十三条 保险公司办理会计师事务所职业责任保险，违反有关保险条款和保险费率管理规定的，由保险监督管理部门依照《中华人民共和国保险法》和有关规定予以处罚。

第六章 附 则

第二十四条 本办法自2015年7月1日起施行。本办法施行后，此前有关规定与本办法不一致的，以本办法为准。

第二十五条 在本办法施行前已设立的会计师事务所，鼓励其在5年内尽快完成由提取职业风险基金向投保职业责任保险的过渡。

在本办法施行后新设立的会计师事务所，鼓励其优先采用投保职业责任保险的方式提高职业责任赔偿能力。

财政部关于做好会计师事务所工商登记后置审批改革政策衔接工作的通知

（财会〔2014〕30号）

各省、自治区、直辖市财政厅（局），深圳市财政委员会：

2014年10月23日，国务院作出《关于取消和调整一批行政审批项目等事项的决定》（国发〔2014〕50号，以下简称《决定》），将会计师事务所及其分支机构设立审批由工商登记前置审批调整为后置审批，同时将会计师事务所从事证券、期货相关业务审批明确为工商登记后置审批事项。为了贯彻落实国务院《决定》，进一步激发市场活力，推动注册会计师行业持续健康发展，现就做好会计师事务所工商登记后置审批（以下简称后置审批）改革的政策衔接工作通知如下：

一、依据《注册会计师法》有关规定，设立会计师事务所及其分支机构由省级财政部门批准，并颁发执业证书。自《决定》发布之日起，申请设立会计师事务所应先到工商登记机关办理工商登记，再向登记地所属的省级财政部门申请会计师事务所执业证书。鼓励申请人依法登记合伙制会计师事务所。

未取得会计师事务所执业证书的，不得以会计师事务所的名义开展业务活动，不得从事《注册会计师法》第十四条规定的业务（以下简称注册会计师法定业务）。依法取得执业证书的会计师事务所的相关信息可在财政会计行业管理网（www.acc.gov.cn）上查询。

二、申请取得会计师事务所执业证书时，申请人应以工商登记证书复印件或具有同等法律效力的其他证明材料（以下简称工商登记证明材料）取代原由工商登记机关出具的企业名称预先核准通知书复印件。

三、各省级财政部门应当根据《会计师事务所审批和监督暂行办法》（财政部令第24号）及相关配套管理制度，对申请材料进行严格审核，特别要对合伙人（股东）的资格条件、会计师事务所的名称等进行严格审核。符合条件的，作出批准决定，颁发执业证书。

四、会计师事务所应当在经营场所的醒目位置放置会计师事务所执业证书原件。

五、会计师事务所发生《会计师事务所审批和监督暂行办法》第二十九条规定的变更事项，涉及工商登记证书变更的，备案时应提供变更后的工商登记证明材料。

六、会计师事务所发生《会计师事务所审批和监督暂行办法》第四十条规定的应当终止的情形时，应当向会计师事务所所在地的省级财政部门备案，同时交回会计师事务所执业证书。

交回会计师事务所执业证书后，企业主体继续存续的，应当变更工商登记名称，不得在企业名称中继续使用"会计师事务所"字样，也不得从事注册会计师法定业务。

七、会计师事务所分支机构的设立、变更和终止事项，参照上述程序和要求办理。

八、各省级财政部门应当加强与工商登记机关的沟通协调，本着依法、便民、高效的原则，抓紧调整完善本地区的具体审批流程，确保《决定》精神落到实处，确保后置审批改革平稳顺利推进。同时，要切实改进监管理念，完善监管方式，加大监管力度，全面加强事中、事后监管，严肃查处未取得执业证书违规从事注册会计师法定业务的行为，促进注册会计师行业持续健康发展。

财政部
2014 年 12 月 11 日

最高人民法院关于审理涉及会计师事务所在审计业务活动中民事侵权赔偿案件的若干规定

（法释〔2007〕12 号）

为正确审理涉及会计师事务所在审计业务活动中民事侵权赔偿案件，维护社会公共利益和相关当事人的合法权益，根据《中华人民共和国民法通则》《中华人民共和国注册会计师法》《中华人民共和国公司法》《中华人民共和国证券法》等法律，结合审判实践，制定本规定。

第一条 利害关系人以会计师事务所在从事注册会计师法第十四条规定的审计业务活动中出具不实报告并致其遭受损失为由，向人民法院提起民事侵权赔偿诉讼的，人民法院应当依法受理。

第二条 因合理信赖或者使用会计师事务所出具的不实报告，与被审计单位进行交易或者从事与被审计单位的股票、债券等有关的交易活动而遭受损失的自然人、法人或者其他组织，应认定为注册会计师法规定的利害关系人。

会计师事务所违反法律法规、中国注册会计师协会依法拟定并经国务院财政部门批准后施行的执业准则和规则以及诚信公允的原则，出具的具有虚假记载、误导性陈述或者重大遗漏的审计业务报告，应认定为不实报告。

第三条 利害关系人未对被审计单位提起诉讼而直接对会计师事务所提起诉讼的，人民法院应当告知其对会计师事务所和被审计单位一并提起诉讼；利害关系人拒不起诉被审计单位的，人民法院应当通知被审计单位作为共同被告参加诉讼。

利害关系人对会计师事务所的分支机构提起诉讼的，人民法院可以将该会计师事务所列为共同被告参加诉讼。

利害关系人提出被审计单位的出资人虚假出资或者出资不实、抽逃出资，且事后未补足的，人民法院可以将该出资人列为第三人参加诉讼。

第四条 会计师事务所因在审计业务活动中对外出具不实报告给利害关系人造成损失的，应当承担侵权赔偿责任，但其能够证明自己没有过错的除外。

会计师事务所在证明自己没有过错时，可以向人民法院提交与该案件相关的执业准则、规则以及审计工作底稿等。

第五条 注册会计师在审计业务活动中存在下列情形之一，出具不实报告并给利害关系人造成损失的，应当认定会计师事务所与被审计单位承担连带赔偿责任：

（一）与被审计单位恶意串通；

（二）明知被审计单位对重要事项的财务会计处理与国家有关规定相抵触，而不予指明；

（三）明知被审计单位的财务会计处理会直接损害利害关系人的利益，而予以隐瞒或者作不实报告；

（四）明知被审计单位的财务会计处理会导致利害关系人产生重大误解，而不予指明；

（五）明知被审计单位的会计报表的重要事项有不实的内容，而不予指明；

（六）被审计单位示意其作不实报告，而不予拒绝。

对被审计单位有前款第（二）至（五）项所列行为，注册会计师按照执业准则、规则应当知道的，人民法院应认定其明知。

第六条 会计师事务所在审计业务活动中因过失出具不实报告，并给利害关系人造成损失的，人民法院应当根据其过失大小确定其赔偿责任。

注册会计师在审计过程中未保持必要的职业谨慎，存在下列情形之一，并导致报告不实的，人民法院应当认定会计师事务所存在过失：

（一）违反注册会计师法第二十条第（二）、（三）项的规定；

（二）负责审计的注册会计师以低于行业一般成员应具备的专业水准执业；

（三）制定的审计计划存在明显疏漏；

（四）未依据执业准则、规则执行必要的审计程序；

（五）在发现可能存在错误和舞弊的迹象时，未能追加必要的审计程序予以证实或者排除；

（六）未能合理地运用执业准则和规则所要求的重要性原则；

（七）未根据审计的要求采用必要的调查方法获取充分的审计证据；

（八）明知对总体结论有重大影响的特定审计对象缺少判断能力，未能寻求专家意见而直接形成审计结论；

（九）错误判断和评价审计证据；

（十）其他违反执业准则、规则确定的工作程序的行为。

第七条　会计师事务所能够证明存在以下情形之一的，不承担民事赔偿责任：

（一）已经遵守执业准则、规则确定的工作程序并保持必要的职业谨慎，但仍未能发现被审计的会计资料错误；

（二）审计业务所必须依赖的金融机构等单位提供虚假或者不实的证明文件，会计师事务所在保持必要的职业谨慎下仍未能发现其虚假或者不实；

（三）已对被审计单位的舞弊迹象提出警告并在审计业务报告中予以指明；

（四）已经遵照验资程序进行审核并出具报告，但被验资单位在注册登记后抽逃资金；

（五）为登记时未出资或者未足额出资的出资人出具不实报告，但出资人在登记后已补足出资。

第八条　利害关系人明知会计师事务所出具的报告为不实报告而仍然使用的，人民法院应当酌情减轻会计师事务所的赔偿责任。

第九条　会计师事务所在报告中注明"本报告仅供年检使用""本报告仅供工商登记使用"等类似内容的，不能作为其免责的事由。

第十条　人民法院根据本规定第六条确定会计师事务所承担与其过失程度相应的赔偿责任时，应按照下列情形处理：

（一）应先由被审计单位赔偿利害关系人的损失。被审计单位的出资人虚假出资、不实出资或者抽逃出资，事后未补足，且依法强制执行被审计单位财产后仍不足以赔偿损失的，出资人应在虚假出资、不实出资或者抽逃出资数额范围内向利害关系人承担补充赔偿责任。

（二）对被审计单位、出资人的财产依法强制执行后仍不足以赔偿损失的，由会计师事务所在其不实审计金额范围内承担相应的赔偿责任。

（三）会计师事务所对一个或者多个利害关系人承担的赔偿责任应以不实审计金额为限。

第十一条　会计师事务所与其分支机构作为共同被告的，会计师事务所对其分支机构的责任部分承担连带赔偿责任。

第十二条　本规定所涉会计师事务所侵权赔偿纠纷未经审判，人民法院不得将会计师事务所追加为被执行人。

第十三条　本规定自公布之日起施行。本院过去发布的有关会计师事务所民事责任的相关规定，与本规定相抵触的，不再适用。

在本规定公布施行前已经终审，当事人申请再审或者按照审判监督程序决定再审的会计师事务所民事侵权赔偿案件，不适用本规定。

在本规定公布施行后尚在一审或者二审阶段的会计师事务所民事侵权赔偿案件，适用本规定。

注册会计师转所规定

（中注协2022年12月13日发布）

第一条　为规范注册会计师转所工作，保证注册会计师正常、合理流动，维护注册会计师与会计师事务所的合法权益，根据《中华人民共和国注册会计师法》《会计师事务所执业许可和监督管理办法》（财政部令第97号）及《注册会计师注册办法》（财政部令第99号）的相关规定，制定本规定。

第二条　各省、自治区、直辖市注册会计师协会及深圳市注册会计师协会（以下简称地方注协）负责办理注册会计师转所事宜。

第三条　注册会计师加入其他会计师事务所，应当办理转所手续。

注册会计师申请设立会计师事务所，应当按照本规定办理转所手续。

注册会计师在同一会计师事务所与分所之间、分所与分所之间调动时，应当按照本规定办理手续。

注册会计师担任会计师事务所分所负责人，应当将其注册会计师关系转入分所。有特殊情况不能将注册会计师关系转入分所的，应当报分所所在地注协备案。

注册会计师为党员的，转所时同步转接党组织关系。

第四条　具有下列情形之一的注册会计师，不得申请转所：

（一）会计师事务所清算期间，负责清算工作的该所股东（合伙人）代表。

（二）注册会计师因执业行为受到司法、行政机关和行业协会的检查、调查，检查和调查结论未下达之前。

（三）注册会计师为会计师事务所股东（合伙人），尚未办理完毕股权转让（退伙）手续的。

（四）注册会计师受到暂停执业的处罚，且处于暂停执业期间的。

（五）会计师事务所及其分所在接受财政部或者省级财政部门检查、整改及整改情况核查期间，为该所的首席合伙人（主任会计师）、审计业务主管合伙人（股东）、质量控制主管合伙人（股东）或相关签字注册会计师的。

第五条　注册会计师申请转所，应当按照与转出会计师事务所（以下简称转出所）签订的劳动合同或者其他协议、约定，办理财务、业务等方面的交接事宜，填写"注册会计师转所申请表"（附表1，以下简称《转所申请表》）。

注册会计师为转出所股东（合伙人）的，还应当先办理股权转让（退伙）手续。

第六条　注册会计师应当先将本人签字（盖章）的《转所申请表》送转出所，转出所同意的，应当由主任会计师（首席合伙人）或其授权的该所其他负责人（以下统称主任会计师）在《转所申请表》上签字，并加盖转出所公章。转出所不同意的，应当说明理由。

被授权的其他负责人须为注册会计师。主任会计师授权该所其他负责人签署转所意见的，应将授权文件报所在地注协备案。

会计师事务所无正当理由拒绝办理注册会计师转所手续的，注册会计师可以向所在地注协提出书面投诉。地方注协接到注册会计师投诉后，应当在10个工作日内进行调解。

自地方注协调解之日起满1个月，注册会计师与会计师事务所仍未达成一致的，除第四条规定的情形外，地方注协可以直接为注册会计师办理转出手续。注册会计师与会计师事务所的纠纷，由相关当事人通过劳动仲裁和诉讼等法律途径解决。

第七条　注册会计师应当将经转出所同意的《转所申请表》送转入会计师事务所（以下简称转入所）；具有第十二条规定情形的注册会计师，应当将《转所申请表》暂存在转出地注协，待新所设立或确定转入所后，再将《转所申请表》送转入所。

转入所同意的，应当由主任会计师在《转所申请表》上签字并加盖转入所公章。

在分所工作的注册会计师，其转出或者转入，经会计师事务所授权，可由分所负责人在《转所申请表》上签字并加盖分所公章。会计师事务所应将授权文件报分所所在地注协备案。

第八条 在转入所同意后的 15 个工作日内，注册会计师应当持经转出所和转入所签章同意的《转所申请表》、注册会计师证书，在所在地注协办理转所手续。

注册会计师跨省级行政区域转所时，应当在转入所同意后的 15 个工作日内，在转出地注协办理转出手续；并在转出地注协同意后的 15 个工作日内，在转入地注协办理转入手续。

新设会计师事务所（含合并、分立后新设）的注册会计师，成工商登记手续之日起 60 日内，办理完成转入该所的手续。被吸收合并的会计师事务所的应当自会计师事务所办理完注册会计师，应自合并协议正式生效之日起 30 个工作日内，办理完成注册会计师的转所手续。

超过上述规定期限的，转入所签署的意见失效，注册会计师应当经转入所重新确认。

第九条 地方注协应对转所申请人提交的《转所申请表》的相关内容进行审查，对未按规定填写《转所申请表》的，应当当场或者在 5 个工作日内一次告知申请人需要补正的全部内容。

对于《转所申请表》的相关内容齐全或者申请人按照要求补正相关内容的，地方注协应当当场或在 5 个工作日内（其他法律法规另有规定者除外），在《转所申请表》、注册会计师证书上盖章并签署意见。

第十条 因会计师事务所合并、分立需批量办理注册会计师转所的，可以简化相关手续。具体程序如下：

（一）会计师事务所向地方注协申请，跨省级行政区域转所的，应当先向转出地注协申请，再向转入地注协申请；

（二）会计师事务所提交"注册会计师批量转所、迁移汇总表"（附表 2，以下简称《注册会计师汇总表》）、会计师事务所合并（分立）相关协议或决议复印件、注册会计师证书；

（三）地方注协同意的，应当在《注册会计师汇总表》及注册会计师证书上签署相关意见。

第十一条 所在会计师事务所跨省迁移的，不随事务所迁移的注册会计师应当在事务所办理迁移手续前办理转所手续。会计师事务所应当自迁入地财政部门下达批准文件之日起 30 日内办理会计师事务所迁移手续。会计师事务所迁移后，注册会计师一并转入迁入地会计师事务所。具体程序如下：

（一）会计师事务所向迁出地注协申请，同时提交《注册会计师汇总表》、迁入地财政部门批准迁入文件复印件、注册会计师证书；

（二）迁出地注协同意后，会计师事务所应当将上述材料提交迁入地注协；

（三）地方注协应当在《注册会计师汇总表》及注册会计师证书上签署相关意见。

第十二条 注册会计师有下列情况之一时，应当将《转所申请表》暂存转出地注协，注册会计师关系转为该协会代管：

（一）拟成为新设会计师事务所股东（合伙人）的。

（二）已办理完转出手续，尚未确定转入所的。

（三）地方注协认为可以代管的其他情形。

所在会计师事务所已办理终止手续，注册会计师仍未办理转所手续的，其注册关系自动转为协会代管状态。

由地方注协代管的注册会计师,其注册会计师关系保留 1 年。超过 1 年仍未转入其他会计师事务所的,地方注协应撤销其注册,收回注册会计师证书。

注册会计师在协会代管期间不得执行注册会计师业务。

第十三条　会计师事务所应加强对注册会计师的管理。注册会计师离开会计师事务所,不再执行注册会计师业务时,会计师事务所在为注册会计师办理相关人事调动手续或解除和终止劳动合同、聘用合同时,应在 20 个工作日内向地方注协书面报告并上交该注册会计师证书。地方注协应当按相关规定注销注册,收回其注册会计师证书。

第十四条　注册会计师、会计师事务所应当对《转所申请表》内容的真实性负责。

地方注协认为必要时,可对《转所申请表》所填内容的真实性进行实地检查,对于弄虚作假的,地方注协应予通报批评;符合撤销、注销注册的,应根据《中华人民共和国注册会计师法》《注册会计师注册办法》的相关规定进行处理。

第十五条　注册会计师提出转所申请至转出地注协办理期间,尚未离开转出所的,经转出所同意可以执行业务并签署报告。

注册会计师转所手续未办理完毕时,不得在转入所执行业务并签署报告。

第十六条　注册会计师、会计师事务所、地方注协在办理注册会计师转所时,应当在注册会计师行业统一监管平台(acc.mof.gov.cn/)中完成转所操作。

第十七条　在转所过程中,地方注协在国务院财政部门统一制作的电子注册会计师证书上签署的意见或电子签章,与纸质注册会计师证书上的意见或签章同等有效。

第十八条　地方注协应将注册会计师转所信息在注册会计师行业统一监管平台和地方注协网站上进行公告。具有第六条第四款情形的,地方注协应将涉及会计师事务所、注册会计师的相关事由一并予以公布。

第十九条　地方注协不得自行设定不得转所的其他情形,不得要求提供超出《转所申请表》所列事项的转所材料。

《转所申请表》及其他附件应当至少保存两年。

注册会计师在一年内转所两次及以上的(不包括同一会计师事务所与分所、分所与分所之间的转所),地方注协应将其列为年度任职资格检查重点对象。

第二十条　此规定自 2023 年 1 月 1 日起施行。《注册会计师转所规定》(会协〔2008〕105 号)同时废止。

附表1：

注册会计师转所申请表

姓名		证书编号	
联系电话及电子邮箱			
通讯地址			
最近一次转所时间及转出所名称			
是否为原所股东(合伙人)		是否完成股权转让(退伙)手续	
本年度完成继续教育学时数		是否通过本年度任职资格检查	
是否交纳当年会费		何时与转出所解除或终止劳动合同	
人事档案存放单位			
是否与转入所订立劳动合同		社保缴纳单位	
是否离退休		何时从何单位离退休	
是否为中共党员及党组织关系所在单位			
我承诺，以上信息真实有效，本人愿意承担相应的法律责任。 注册会计师签字并盖章：　　　　　　　　年　月　日			
转出所意见（如不同意，请列明理由）： 主任会计师签字： （事务所盖章） 年　月　日		转入所意见（如不同意，请列明理由）： 主任会计师签字： （事务所盖章） 年　月　日	
转出地注协意见： （盖章） 年　月　日		转入地注协意见： （盖章） 年　月　日	

备注：此表由转出所、转入所、转出地注协及转入地注协各留存一份；拟成为新设事务所股东（合伙人）的，可向申报新设事务所的财政部门提供一份。

考生在通过第一阶段的全部考试科目后，才能参加第二阶段的考试。两个阶段的考试，每年各举行1次。

基于第二阶段的考试侧重于考查考生的胜任能力，建议考生在参加第二阶段考试前注意积累必要的实务经验。

（二）调整考试科目

在现行考试制度5个科目的基础上，进行分拆、补充和整合，对考试科目作以下调整：

第一阶段，设会计、审计、财务成本管理、公司战略与风险管理、经济法、税法等6科。

第二阶段，设综合1科。

第一阶段和第二阶段各科目均不设英文附加题。

（三）调整成绩有效期

第一阶段的单科合格成绩5年有效。对在连续5年内取得第一阶段6个科目合格成绩的考生，发放专业阶段合格证。

第二阶段考试科目应在取得专业阶段合格证后5年内完成。对取得第二阶段考试合格成绩的考生，发放全科合格证。

三、新的考试制度与现行考试制度的衔接

新的考试制度于2009年开始实施。现行考试制度在2009年仍继续实施一年。

2009年，具有现行考试制度下有效期内任一考试科目合格成绩的考生，可以选择按新的考试制度或现行考试制度报名参加考试。

按新的考试制度报名参加考试的，其至2009年尚在有效期内的单科合格成绩转换为新的考试制度下有关科目的合格成绩。

按现行考试制度报名参加考试，取得全部5个科目合格成绩的，发放全科合格证；未取得全部5个科目合格成绩的，其至2010年尚在有效期内的单科合格成绩转换为新的考试制度下有关科目的合格成绩。

单科合格成绩的转换方式是，现行考试制度下单科合格成绩自动转换为新的考试制度下同名科目的合格成绩。其中，现行考试制度下财务成本管理科目的合格成绩，转换为新的考试制度下的财务成本管理和公司战略与风险管理2个科目的合格成绩。新的考试制度下，以转换方式取得的单科合格成绩有效期限统一至2013年。

其他考生从2009年起均按新的考试制度报名参加考试。

关于《注册会计师考试制度改革方案》的说明

（会协〔2009〕5号）

经财政部注册会计师考试委员会（以下简称"全国考委会"）批准，中国注册会计师协会（以下简称"中注协"）发布了《注册会计师考试制度改革方案》（以下简称"改革方案"）。现就改革方案有关事项说明如下：

一、注册会计师考试制度改革的必要性和可行性

我国注册会计师考试制度于1991年创立，至今已经举办了17次考试，累计14万多人取得了全科合格证书。在这一过程中，建立健全了注册会计师考试基本制度、质量保证制度和组织管理制度，注册会计师考试已经成为国内声誉最高的执业资格考试之一。

随着我国经济社会的全面进步和改革开放的持续深化，特别是我国经济与国际市场的日益融合，对注册会计师的胜任能力提出了新的更高的要求。现行考试制度，对于加快培养和选拔适应社会主义市场经济新形势和企业国际化发展新需求的行业人才，尚存在一定差距，迫切需要我们认真总结我国注册会计师考试工作的基本经验，充分借鉴注册会计师考试的国际经验，在深入探索和认识注册会计师行业人才成长规律和考试规律的基础上，对我国注册会计师考试制度进行改革。

第一，改革注册会计师考试制度，是不断提高注册会计师胜任能力的需要。

我国市场经济不断深化和公司治理不断完善，为注册会计师专业服务提供了新的巨大需求。注册会计师的业务范围在传统审计鉴证、税务服务、管理咨询等业务的基础上，不断扩大到风险管理、战略规划、司法会计、破产管理、内部控制鉴证等新的领域。这就要求注册会计师加快更新知识，不断提高知识整合能力、职业判断能力和职业道德水准。这就需要对注册会计师考试制度进行改革，提升考试理念，充实考试内容，将新的执业环境对注册会计师专业知识、专业技能和职业道德要求充实到注册会计师考试中，为选拔和培养适应社会主义市场经济新形势需要的行业专业人才提供有力的引导。

第二，改革注册会计师考试制度，是加快培养国际化人才的需要。

随着"走出去"战略的实施，我国企业跨国投资、跨国并购和国际化经营日益增多。国际化企业需要能够提供信息引导、国际鉴证、战略咨询服务的国际化会计师事务所，国际化会计师事务所需要熟悉国际经济环境、通晓国际会计审计惯例、能够承担国际业务的会计专业人才。为此，我们通过"走出去、请进来"等措施加强注册会计师国际化人才的培养，取得了一定成效，但很不够。培养注册会计师国际化人才，最有效的途径，是按照国际标准建立自己的人才培养和选拔体系。借鉴国际经验，改革注册会计师考试制度，无疑是培养和选拔注册会计师国际化人才的重要环节。

第三，改革注册会计师考试制度，是深入实施会计审计准则体系的需要。

随着会计审计准则国际趋同战略的有效实施，我国会计审计准则体系实现了与国际会计审计准则的国际趋同，并平稳过渡。内地与香港会计审计准则实现了等效，与有关国家和地区会计审计准则的等效谈判正在进一步推进。为了保证会计审计准则体系切实发挥其规范市场经济秩序、促进市场经济公平公正的重要作用，要求我们坚持不懈地做好会计审计准则体系的培训和实施工作。按会计审计准则体系的要求充实注册会计师考试内容，将有效地引导注册会计师后备人才学习和掌握会计审计准则体系，把注册会计师队伍建设推上一个新台阶，把注册会计师专业水平推上一个新台阶。

改革注册会计师考试制度，是必要的，也是可行的。

第一，《中国注册会计师胜任能力指南》为改革注册会计师考试制度提供了理论指导。

中国注册会计师协会以国际会计师联合会发布的《职业会计师国际教育准则》为指导，以中国注册会计师执业实际为背景，制定发布了《中国注册会计师胜任能力指南》，对注册会计师所必需的专业知识、职业技能、职业道德、实务经历等胜任能力要素进行了全面描述，提供了注册会计师培养和选拔的衡量标准，为全面指导注册会计师考试制度的改革，提供了有力的理论指导。

第二，我国注册会计师考试组织实践为改革注册会计师考试制度提供了经验基础。

我国注册会计师考试制度经过10多年的发展，积累了丰富的经验。建立健全了包括基本制度、质量保证制度和组织管理制度在内的制度体系，以及以全国考委会为主体的领导决策体系，为改革注册会计师考试制度提供了重要的经验基础。

第三，其他国家和地区会计职业组织考试工作经验，为我国注册会计师考试制度改革提供了有益借鉴。

在建立和完善我国注册会计师考试制度的过程中，我们十分重视学习其他国家和地区会计职业组织考试工作的成功经验，及时掌握其他国家和地区注册会计师考试制度发展趋势和改革动向，深入研究注册会计师考试规律。其他国家和地区注册会计师考试工作成功经验，为我们改革注册会计师考试制度提供了有益的借鉴。

二、注册会计师考试制度改革方案的研究起草过程

在全国考委会的指导下，中注协对考试制度改革工作高度重视，制订了详细的工作规划，全力投入，围绕考试制度改革总体目标、基本思路、工作机制、改革内容、衔接办法等，进行了全面的研究论证。主要工作如下：

第一，建立健全工作机制。

在全国考委会领导下，中注协成立考试制度改革工作组、境内外专家咨询组，建立了包括全国考委会决策、工作组研究起草和境内外专家咨询三个层次的工作机制。

第二，开展课题研究，进行理论论证。

就注册会计师考试制度改革中的关键问题和重要领域，组织相关专家开展了"注册会计师考试基本制度改革研究""命题制度改革研究""注册会计师资格互惠研究"等课题的研究工作。

在这一过程中，搜集并编译了有关国家和地区会计职业组织考试制度文献，达60万字。在此基础上，对有关国家和地区会计职业组织考试制度进行了辨析、梳理和分析，对各个国家和地区注册会计师考试制度进行了比较研究，对我国注册会计师考试制度与其他国家和地区考试制度进行了比较研究，加深了我们对注册会计师考试制度和考试规律的理解。

第三，组织起草和征求意见。

在深入调研的基础上，于2008年3月底完成了《注册会计师考试制度改革工作方案（初稿）》。初稿完成后，组织内部征求意见，前后达10次。其中包括，征求全国考委会委员的意见，征求中注协理事的意见，征求地方注协意见，征求境内和境外两个专家咨询组的意见，征求会计师事务所意见，征求开设注册会计师专业方向院校的意见等。在内部征求意见的基础上，分别于2008年8—9月，以及11—12月，先后两次公开征求意见。

内部征求意见和公开征求意见过程中，各方面给予了高度重视。在充分肯定考试制度改革方向的同时，大家对改革方案中科目结构、考查内容、衔接办法等具体方面提出了许多宝贵的建议。这些建议为方案的形成和最终定稿给予了极大的指导和帮助。

三、注册会计师考试制度改革的主要内容

注册会计师考试制度包括基本制度、质量保证制度和组织管理制度。本次改革主要涉及基本制度中考试阶段划分、科目设置、考试内容等几个方面。改革方案提出的改革内容主要是，在现行考试制度规定的5个科目基础上，进行分拆、补充和整合，将一个阶段的考试划分为两个阶段的考试；将第一阶段考试设为会计、审计、财务成本管理、公司战略与风险管理、经济法、税法等6个科目，将第二阶段考试设为综合1个科目；第二阶段考试着重考查考生在注册会计师执业环境中有效解决实务问题的能力。

第一，关于考试阶段的划分。

考试阶段的划分与报名条件密切相关。根据对其他国家和地区注册会计师考试制度的考察，报名条件对学历的要求越高，对专业的限定越多，考试阶段和考试科目越少，反之，则越多。

考试阶段的划分与考试理念也有着密切的联系。注册会计师的成长是一个学习知识、掌握技能、不断提升的过程，是一个理解职业道德、在实践中建立职业价值观、形成良好职业态度的过程。《中国注册会计师胜任能力指南》指出"注册会计师应当在取得执业资格前

具备相关的实务经历"。

基于《注册会计师法》对"高等专科"等报名条件的规定，改革方案将注册会计师考试划为两个阶段，第一阶段主要考查考生是否具备注册会计师执业所需的专业知识，是否掌握基本技能和职业道德要求。第二阶段主要考查考生是否具备在注册会计师执业环境中运用专业知识和基本技能，保持职业价值观、职业态度与职业道德，有效解决实务问题的能力。

第二，关于考试科目的设置。

注册会计师考试科目的设置应当充分体现注册会计师胜任能力的要求，与考试阶段的划分相配合。改革方案在现行考试制度5个科目基础上进行分拆、补充、整合，使各阶段考试目的更加清晰，使各科目考查内容更加明确。

其中，公司战略与风险管理科目，是在现行考试制度财务成本管理科目相关内容的基础上分拆和补充形成的；第二阶段综合科目，主要是对现行考试制度各主要科目相关实务要求进行归并与整合而成。

第三，关于实务经历要求。

改革方案对考生参加第二阶段考试前的实务经历要求作出了提示。其中指出，"基于第二阶段的考试侧重于考查考生的胜任能力，建议考生在参加第二阶段考试前注意积累必要的实务经验。"也就是说，考生在参加第二阶段考试前的实务经历并非强制要求，而是提示和引导。第二阶段的考试侧重于考查考生解决实际问题的能力，而解决实际问题的能力更多的是在实践中积累。如果有了一定的经验积累，无疑会有助于考生更好地应对第二阶段考试。这里所讲的实务经历，既指独立审计实务经历，也指会计实务经历、理财实务经历等。

第四，关于英文附加题。

为培养和选拔能够在英语环境中从事注册会计师业务的国际化人才，进一步提高英语水平测试的国际认可度和实际效用，改革方案提出，两个阶段各科考试不再设英文附加题。拟将注册会计师考试英文附加题制度与英语测试制度进行整合，与有关国家和地区会计职业组织联合举办"英语水平测试"。

基本设想是，重点考查注册会计师在英语环境中工作的能力；考生在取得注册会计师全国统一考试全科合格证后自愿参加英语水平测试。英语水平测试的合格证独立于注册会计师全科合格证。

四、关于两种考试制度的衔接

为实现新的考试制度与现行考试制度的顺利过渡，改革方案提出了两种考试制度的衔接办法。主要包括以下两点：

第一，规定了单科合格成绩的转换方式。

现行考试制度下单科合格成绩自动转换为新的考试制度下同名科目的合格成绩。其中，现行考试制度下财务成本管理科目的合格成绩，转换为新的考试制度下的财务成本管理和公司战略与风险管理两个科目的合格成绩。

第二，规定了现行考试制度下有效期内合格成绩转换为新的考试制度下合格成绩的有效期限。

2009年，具有现行考试制度下有效期内任一考试科目合格成绩的考生，可以选择按新的考试制度报名参加考试，也可以按现行考试制度报名参加考试。按新的考试制度报名参加考试的，其至2009年尚在有效期内的单科合格成绩转换为新的考试制度下有关科目的合格成绩。

2009年按现行考试制度报名参加考试的考生，未取得全部5个科目合格成绩的，其至2010年尚在有效期内的单科合格成绩转换为新的考试制度下有关科目的合格成绩。

以转换方式取得的单科合格成绩有效期限统一至2013年。

关于印发《境外会计师事务所在中国内地临时执行审计业务暂行规定》的通知

（财会〔2011〕4号）

各省、自治区、直辖市财政厅（局），深圳市财政委员会：

为了进一步规范境外会计师事务所在中国内地临时执行审计业务行为，我部制定了《境外会计师事务所在中国内地临时执行审计业务暂行规定》，现予印发，请遵照执行。自本《暂行规定》发布之日起，一律使用新版《境外会计师事务所临时执行审计业务许可证》。各省级财政部门应当根据需要，及时向我部申领新版证书。

附件：境外会计师事务所在中国内地临时执行审计业务暂行规定

财政部
2011年3月21日

附件

境外会计师事务所在中国内地临时执行审计业务暂行规定

第一条 为了进一步规范境外会计师事务所在中国内地临时执行审计业务的行为，根据《中华人民共和国注册会计师法》和其他有关法律法规，制定本暂行规定。

第二条 本暂行规定所称的境外会计师事务所，是指在香港特别行政区、澳门特别行政区、台湾地区以及外国注册设立的会计师事务所。

本暂行规定所称的临时执行审计业务（以下简称临时执业），是指境外会计师事务所接受境外委托方的委托，对中国内地设立的公司或其他相关机构（以下简称境内相关机构）临时性执行审计业务。

临时执业的业务范围仅限于境外委托方委托的审计业务，临时执业报告在中国内地不具有法律效力。

中国法律法规规定应当由内地会计师事务所及其注册会计师执行的业务，境外会计师事务所及其注册会计师不得执行。

第三条 境外会计师事务所在中国内地临时执业应当向临时执业所在地的省级财政部门提出书面申请。境外会计师事务所需在中国内地两个或两个以上省、自治区、直辖市临时执业的，应当向财政部提出申请。经财政部门批准并颁发临时执业许可证后，境外会计师事务所方可在中国内地临时执业。

第四条 鼓励境外会计师事务所与内地会计师事务所加强在临时执业中的业务合作，并以签订业务合作协议等方式明确双方的权利和义务。

内地会计师事务所及相关单位和个人，不得与尚未取得临时执业许可证或临时执业许可证已废止的境外会计师事务所开展临时执业方面的合作，也不得向其提供审计工作底稿等相关业务资料。

第五条 申请办理临时执业许可证的境外会计师事务所，应当向财政部门提交下列书面材料：

（一）境外会计师事务所在中国内地临时执行审计业务申请表（附表1）；

（二）境外会计师事务所所在国家或地区的开业证书复印件和营业执照复印件；

（三）境外委托方与境内相关机构信息表（附表2）；

（四）拟派注册会计师和其他境外相关工作人员信息表（附表3）；

（五）拟派注册会计师的执业证书复印件和其他境外相关工作人员的合法身份有效证明复印件；

（六）境外委托方委托书复印件；

（七）境内相关机构接受境外会计师事务所临时执业的确认书复印件。

境外会计师事务所、境外委托方、境内相关机构对上述申请材料的真实性、完整性负责。

第六条 财政部门批准境外会计师事务所在中国内地临时执业，应当按照下列要求办理：

（一）自受理申请之日起20个工作日内作出批准或者不予批准的决定。情况复杂，不能在规定期限内作出决定的，经财政部门负责人批准，可以适当延长，并告知申请人，但是延长期限最多不超过10个工作日。作出批准决定的，应当同时颁发《境外会计师事务所临时执行审计业务许可证》；

（二）财政部门批准临时执业的决定应当予以公告；

（三）财政部门应当自作出批准决定之日起15个工作日内将审批情况录入注册会计师行业管理信息系统；

（四）省级财政部门应当自作出批准决定之日起15个工作日内将批准文件报送财政部。

第七条 香港、澳门特别行政区会计师事务所临时执业许可证有效期为5年。

台湾地区会计师事务所临时执业许可证有效期为1年。

外国会计师事务所临时执业许可证有效期为半年。

临时执业许可证逾期的，应当重新申请办理。

第八条 境外会计师事务所在临时执业许可证有效期内新增或变更临时执业项目的，以及《境外会计师事务所临时执行审计业务许可证》上载明信息发生变更的，应当及时向审批机关报告。因前述事项变更需换发临时执业许可证的，应当提交相应的证明材料。

第九条 在临时执业许可证有效期内，境外会计师事务所终止经营或被境外相关机构撤销执业资格的，其所取得的在中国内地的临时执业许可证相应废止。

第十条 在中国内地临时执业的境外会计师事务所应当在每年5月31日之前，向临时执业许可证颁发机关报备上年度临时执业业务报告表（附表4）。向省级财政部门报备的，应当同时抄报财政部。

第十一条 临时执业许可证到期前即结束临时执业业务且在临时执业许可证有效期内不再临时执业的，应当在临时执业结束后3个月内报备临时执业业务报告表，交回临时执业许可证，并由财政部门予以公告。

第十二条 财政部门应当加强对境外会计师事务所在中国内地临时执业的监督和管理，采取约谈境外会计师事务所和境内相关机构、现场走访、定期核查等多种形式监督检查临时执业情况。

对临时执业审批和管理中发现的不当行为，按下列规定处理：

（一）未按规定办理临时执业许可证，或者临时执业许可证已过期但仍在中国内地临时执业的，责令其停止执业活动，予以公告，5年以内不再受理其临时执业申请。

（二）在申请临时执业许可证过程中弄虚作假的，不予批准，5年以内不再受理其临时执业申请。

（三）境外会计师事务所终止经营或被境外相关机构撤销执业资格后，仍以原获得的临时执业许可证在中国内地临时执业的，责令其停止执业活动，予以公告。对其执业的注册会计师，予以公告，5年以内不再受理与其相关的临时执业申请。

（四）未按临时执业申请的时间、地点、人员和境内相关机构名单开展临时执业活动且未及时向审批机关报告的，责令其限期改正；情节较重的，予以公告，5年以内不再受理其临时执业申请。

（五）未按规定报备临时执业业务活动的，责令其限期改正；情节较重的，予以公告，5年以内不再受理其临时执业申请。

（六）境外会计师事务所和境内相关机构、个人存在违反中国保密法律法规的，责令其限期改正，不再受理其临时执业申请；涉嫌犯罪的，移交司法机关处理。

第十三条　本规定自发布之日起施行。

第十四条　自本规定施行之日起，财政部于1993年12月6日发布的《外国会计师事务所在中国境内临时执行审计业务的暂行规定》（财会协字〔1993〕119号）、1993年12月27日发布的《〈外国会计师事务所在中国境内临时执行审计业务的暂行规定〉的补充规定》（财会协字〔1993〕134号）、1994年5月26日发布的《港、澳、台地区会计师事务所来内地临时执行审计业务的暂行规定》（财会协字〔1994〕81号）、2003年3月10日发布的《关于使用新版临时执行审计业务许可证书的通知》（财办会〔2003〕10号）、2003年11月26日发布的《〈港、澳、台地区会计师事务所来内地临时执行审计业务的暂行规定〉的补充规定》（财会〔2003〕33号）、2005年11月28日发布的《关于延长临时执行审计业务许可证有效期的通知》（财会〔2005〕21号）和2008年9月16日发布的《关于延长港澳地区会计师事务所来内地临时执行审计业务许可证有效期的通知》（财会〔2008〕12号）同时废止。

附表1：境外会计师事务所在中国内地临时执行审计业务申请表（略）
附表2：境外委托方与境内相关机构信息表（略）
附表3：拟派注册会计师和其他境外相关工作人员信息表（略）
附表4：境外会计师事务所临时执业业务报告表（略）

关于印发《会计师事务所从事中国内地企业境外上市审计业务暂行规定》的通知

（财会〔2015〕9号）

各省、自治区、直辖市财政厅（局），深圳市财政委员会：

为规范会计师事务所从事中国内地企业境外上市审计行为，促进境内外会计师事务所依法开展业务合作，维护投资者利益和资本市场秩序，根据《中华人民共和国注册会计师法》和其他有关法律法规，财政部制定了《会计师事务所从事中国内地企业境外上市审计业务暂行规定》，现予印发，自2015年7月1日起施行。

财政部
2015年5月26日

会计师事务所从事中国内地企业境外上市审计业务暂行规定

第一条 为规范会计师事务所从事中国内地企业境外上市审计行为，促进境内外会计师事务所依法开展业务合作，维护投资者利益和资本市场秩序，根据《中华人民共和国注册会计师法》和其他有关法律法规，制定本暂行规定。

第二条 本暂行规定所称的境外上市审计业务，是指会计师事务所提供的与中国内地企业直接或间接在境外发行股票、债券或其他证券并上市（含拟上市，下同）相关的财务报告审计以及上市后年度财务报告审计等服务。

中国内地企业直接或间接在境外发行股票、债券或其他证券并上市的相关审计业务不属于临时执业范畴，境外会计师事务所不得通过临时执业方式入境执行相关业务。

在中国内地依法设立且由香港特别行政区、澳门特别行政区和台湾地区投资者直接或间接持有百分之五十以上股份、股权、财产份额、表决权或其他类似权益的企业，其境外上市审计不适用本暂行规定。

第三条 中国内地企业依法自主选择符合上市地法规制度和监管要求的中国内地会计师事务所或境外会计师事务所为其提供境外上市审计服务。

第四条 经境外监管机构认可，获准为中国内地企业境外上市提供审计服务的中国内地会计师事务所，应当按照法律法规和执业准则执行相关审计业务。

第五条 中国内地企业依法委托境外会计师事务所审计的，该受托境外会计师事务所应当与中国内地会计师事务所开展业务合作。双方应当签订业务合作书面协议，自主协商约定业务分工以及双方的权利和义务，其中在境内形成的审计工作底稿应由中国内地会计师事务所存放在境内。

第六条 外国会计师事务所受托开展中国内地企业境外上市审计业务的，应当优先与中国内地依法设立、具有首次公开发行财务报告审计或上市后年度财务报告审计经验、执业质量和职业道德良好且最近3年内未因执业行为受到暂停执业6个月以上行政处罚的合伙制（含特殊的普通合伙）会计师事务所开展业务合作。

受托的外国会计师事务所依法承担审计责任。

第七条 中国香港特别行政区、澳门特别行政区和台湾地区会计师事务所受托开展中国内地企业境外上市审计业务的，应当优先与中国内地依法设立、拥有25名以上中国注册会计师、执业质量和职业道德良好且最近3年内未因执业行为受到暂停执业6个月以上行政处罚的会计师事务所开展业务合作。

受托的香港特别行政区、澳门特别行政区和台湾地区会计师事务所依法承担审计责任，同时在业务合作中享有业务分派、利益分配等主导权利。

第八条 境外会计师事务所从事中国内地企业境外上市审计业务的，应当在入境执行审计业务前至少提前7日向中国内地企业所在地省级财政部门报备（具体格式见附1），并抄送财政部。同时，应提供与委托企业签订的审计业务约定书复印件以及与中国内地会计师事务所签订的业务合作书面协议复印件。

境外会计师事务所未及时报备或报备信息（含审计业务约定书和业务合作书面协议）不真实、不完整的，由省级以上财政部门予以通报，责令限期改正并转送其所在国家（地区）有关监管机构处理；情节严重的，予以公告，自公告日起5年内不得从事中国内地企业境外上市审计业务。

境外会计师事务所未按照规定与中国内地会计师事务所合作开展审计业务或保存审计

工作底稿的,由省级以上财政部门责令限期改正;限期未改正并违规执业的,由省级以上财政部门予以公告,自公告日起5年内不得从事中国内地企业境外上市审计业务。

第九条 境外会计师事务所从事中国内地企业境外上市审计业务的,应当在业务报告日后60日内向中国内地企业所在地省级财政部门书面报告与中国内地会计师事务所开展业务合作的情况(具体格式见附2),并抄送财政部。

境外会计师事务所逾期不报告或报告信息不真实、不完整的,由省级以上财政部门予以通报,责令限期改正并转送其所在国家(地区)有关监管机构处理;情节严重的,予以公告,自公告日起5年内不得从事中国内地企业境外上市审计业务。

第十条 中国内地会计师事务所从事中国内地企业境外上市审计业务的,每年应当按照《会计师事务所审批和监督暂行办法》(财政部令第24号)的规定报备上一年度执行中国内地企业境外上市审计业务情况,有关具体要求按照财政部对年度报备工作的规定执行。逾期不报备或报备信息不真实、不完整的,由所在地省级财政部门予以通报,责令限期改正并列为重点监管对象。

第十一条 中国内地企业委托境外会计师事务所提供境外上市审计服务的,应当提示境外会计师事务所优先选择符合本暂行规定第六条至第七条规定的中国内地会计师事务所开展业务合作。

第十二条 中国内地企业与为其提供境外上市审计服务的会计师事务所应当严格遵守《关于加强在境外发行证券与上市相关保密和档案管理工作的规定》(中国证券监督管理委员会国家保密局国家档案局公告〔2009〕29号)。

中国内地企业境外上市涉及法律诉讼等事项需由境外司法部门或监管机构调阅审计工作底稿的,或境外监管机构履行监管职能需调阅审计工作底稿的,按照境内外监管机构达成的监管协议执行。

第十三条 本暂行规定所称的境外会计师事务所,包括依法设立的外国会计师事务所、中国香港特别行政区会计师事务所、中国澳门特别行政区会计师事务所和台湾地区会计师事务所。

第十四条 本暂行规定自2015年7月1日起施行。

财政部关于适当简化港澳会计师事务所来内地临时执行审计业务申请材料的通知

(财会〔2012〕16号)

各省、自治区、直辖市财政厅(局)、深圳市财政委员会,财政部驻各省、自治区、直辖市、计划单列市财政监察专员办事处:

根据《〈内地与香港关于建立更紧密经贸关系的安排〉补充协议九》和《〈内地与澳门关于建立更紧密经贸关系的安排〉补充协议九》的规定,现对适当简化香港、澳门特别行政区会计师事务所(以下简称港澳事务所)来内地临时执业相关申请材料通知如下:

一、港澳事务所来内地临时执业的非注册会计师人员,无需再提供前述人员的身份证明复印件,改由港澳事务所统一提供人员清单,清单应列明人员姓名、性别、国籍、身份证号码等信息。申请临时执业的港澳事务所对该清单内容的真实性负责。

二、申请临时执业的港澳事务所无需再提供境内相关机构的确认书，改由该事务所统一提供境内相关机构清单，清单应以中文列明境内相关机构名称、地址和联系电话等信息，并注明境外委托方与境内相关机构的关系。申请临时执业的港澳事务所对该清单内容的真实性负责。

除上述修订外，《境外会计师事务所在中国内地临时执行审计业务暂行规定》（财会〔2011〕4号）的其他规定继续执行。

财政部
2012年9月4日

第六部分

其他审计制度与政策解读

水利部直属预算单位政府采购审计办法

(水审计〔2006〕311号)

第一章 总 则

第一条 为了加强部直属预算单位政府采购的审计监督，规范审计行为，保障政府采购活动公开、公平、公正，提高政府采购资金使用效益，加强廉政建设，根据《中华人民共和国政府采购法》《中央单位政府采购管理实施办法》《水利部直属预算单位政府采购管理实施办法》及有关规定，制定本办法。

第二条 本办法所称政府采购审计，是指部直属预算单位审计机构（以下简称"审计机构"）在本单位主要负责人领导下，依法对本级及其所属单位政府采购预算、计划的编制和执行情况进行的审计和审计调查。

第三条 本办法适用于与中央预算有直接经费领拨款关系的水利部本级、部直属行政事业单位和社会团体的政府采购审计工作。

第四条 政府采购审计包括：政府采购预算、计划的编制和审批，政府集中采购、部门集中采购、单位分散采购的范围和工作程序，政府采购事项的审批、备案与合同管理，政府采购资金的审计等。

第五条 上级审计机构对下级审计机构的政府采购审计工作进行指导和监督。

第六条 政府采购审计工作由审计机构负责组织实施，也可由审计机构委托具有专业资质的社会审计机构承担。

审计机构应当依照本办法及《水利部委托社会审计业务管理办法》的有关规定，对被委托的社会审计机构的政府采购审计工作进行指导和监督。

第七条 政府采购审计的主要内容：

（一）政府采购有关法规、制度和政策的执行情况；

（二）政府采购预算和实施计划的编制和执行情况；

（三）政府采购目录及标准的执行情况；

（四）政府采购备案或审批事项的落实情况；

（五）政府采购信息在财政部指定媒体上和水利部指定媒体上的发布情况；

（六）政府采购合同的订立、履行、验收和资金支付情况；

（七）政府采购内部控制制度建设情况；

（八）对供应商询问和质疑的处理情况；

（九）政府采购的招投标及其他采购方式情况；

（十）其他需要审计的内容。

第二章 政府采购预算和计划执行审计

第八条 政府采购预算及执行审计

（一）政府采购项目是否编制政府采购预算；

（二）政府采购项目及采购资金预算是否在政府采购预算表中单列，有无应列而未列的问题；

（三）政府采购预算编制是否进行调查研究、有无弄虚作假问题；

（四）年中因追加预算、政府采购目录及标准调整或不可预见的原因而需要补报的政府采购项目，是否在政府采购活动开始前补报政府采购预算；

（五）是否存在未列入政府采购预算、未办理预算调整或补报手续的政府采购、突破预算实施的采购项目；

（六）纳入政府采购预算的项目是否正确、完整。

第九条 政府采购计划执行审计

（一）政府采购计划是否按照本单位经批复的政府采购预算编制；

（二）政府采购计划是否按照规定进行报送；

（三）政府采购计划的变更是否依照程序进行，有无随意变更采购计划的情况和计划外私自采购的行为，有无任意追加突破限额的情况；

（四）因特殊情况，政府采购计划需要调整项目技术指标或需求数量的，是否在该项目实施前向有关部门提出变更要求；属于政府集中采购的项目是否报送水利部、集中采购机构调整后再组织采购。

第三章　政府采购审批与备案执行情况审计

第十条 下列事项是否报经财政部审批后实施：

（一）政府（部门）集中采购项目达到公开招标数额标准，因特殊情况需要采用其他采购方式；

（二）因特殊情况需要采购非本国货物、工程或服务；

（三）法律、行政法规规定其他需要审批的事项。

第十一条 分散采购项目达到公开招标数额标准的，因特殊情况需要采用公开招标以外的其他采购方式，是否经水利部主管部门审批。

第十二条 下列事项是否备案：

（一）部门预算追加应当补报的政府采购预算、已经批复政府采购预算的变更；

（二）政府集中采购计划和部门集中采购计划；

（三）达到公开招标数额标准、经批准采用公开招标以外采购方式进行采购项目的执行情况；

（四）限额标准以上，公开招标数额以下的政府采购项目，采用单一来源采购方式进行采购项目的情况；

（五）限额标准以上政府采购项目的合同副本；

（六）法律、法规规定的其他需要备案的事项。

第四章　政府采购形式和方式审计

第十三条 政府采购组织形式的审计

（一）列入政府集中采购和部门集中采购目录的项目，是否按规定办理集中采购，有无采用化整为零、分解整体项目、增加采购批次等手段规避集中采购控制的情况；

（二）集中采购和分散采购是否按规定程序和权限进行，有无随意采购，擅自扩大范围、提高标准，有无规避政府采购监管的问题。

第十四条 政府采购方式的审计

（一）政府采购方式的选择是否符合法律规定，是否贯彻了以公开招标作为政府采购的主要方式，采用非公开招标方式的理由是否真实、充分；

（二）是否将应以公开招标方式采购的货物、工程或服务化整为零，有无以其他方式规避公开招标采购或擅自采用其他采购方式；

（三）是否严格按照已确定的采购方式和要求进行采购，有无在执行过程中自行改变采购方式等。

第五章 政府采购程序审计

第十五条 公开招投标程序的审计

（一）招标审计

1. 自行招标是否符合有关条件，委托代理招标是否签订委托协议，明确委托代理的事项；

2. 是否在财政部指定的政府采购信息媒体上发布招标公告；

3. 自招标文件开始发出之日起至投标人提交投标文件截止之日止的时间是否符合规定的时间；

4. 招标文件的内容是否符合法律规定，是否完整，有无以不合理的要求限制或排斥潜在投标供应商，对潜在供应商实行差别待遇或歧视待遇，招标文件指定特定的供应商，是否含有倾向性或排斥潜在供应商的其他内容的；

5. 是否存在招标机构、采购单位和供应商相互恶意串通，虚假招标行为；

6. 已发出的招标文件进行必要澄清或者修改的，是否在招标文件要求提交投标文件截止日期规定的时间前，是否以书面形式通知所有投标人，招标过程中是否存在擅自修改招标文件和投标文件的违法行为等。

（二）投标审计

1. 投标人是否具备政府采购项目所需的资质（资格），是否具备招标文件中列举的要求；

2. 投标文件的编写、密封、撤回、更正、补充、替代方案等是否符合有关规定及招标文件的要求；

3. 两个或两个以上单位联合投标的，其资质是否符合法律规定和采购人规定的特定条件；

4. 投标人在递交投标文件的同时，是否递交了投标保证金；

5. 投标人是否向招标采购单位、评标委员会成员提供不正当利益手段谋取中标。

（三）开标、评标与定标审计

1. 参加开标会议的人员、开标时间、开标记录及开标程序是否符合规定，无效标的处理是否符合规定，开标是否在有关监督机关监督下进行，是否公正、公开；

2. 评标是否符合法定程序，评标委员会是否由招标人的代表和技术、经济等方面的专家组成，评标专家是否按规定抽取，与投标人有利害关系的人员是否按规定回避，评标标准和方法是否在招标文件中载明，在评标时是否另行制定或修改、补充任何评标标准和方法，评标标准和方法是否对所有投标人都相同，评标的指标、标准是否科学合理，标底的编制和确定是否合规、合理、科学，评标委员会是否按规定进行评标，是否执行了评标纪律或受单位非法干预、影响，评标过程是否在有关监督机关监督下进行；

3. 评标委员会完成评标后,是否向招标人提供书面评标报告,并推荐合格中标候选人,中标候选人的基本条件是否符合规定的条件,是否按规定进行了排序,采购人是否按照评标报告中推荐的中标候选供应商顺序确定中标供应商或事先授权评标委员会直接确定中标供应商;

4. 中标供应商确定后,中标结果是否在财政部指定的政府采购信息媒体上发布公告,并向中标供应商发出中标通知书;

5. 投标供应商对中标公告是否有异议,招标采购单位是否在规定时间内对质疑内容作出答复。

(四)中标审计

1. 采购人或采购代理机构是否在规定期限内与中标供应商签订书面合同,所签订的合同是否对招标文件和中标供应商投标文件作实质性修改,采购单位有无提出不合理的要求作为签订合同的条件,是否与中标供应商私下订立背离合同实质性内容的协议,是否存在中标书发出后无正当理由不与中标人签订采购合同的行为;

2. 对中标人放弃中标、拒签合同的,将中标项目转让给他人的,在投标文件中没有说明且未经采购招标机构同意,将中标项目分包给他人的,拒绝履行合同义务的,是否按规定处理。

第十六条 邀请招标及其他采购方式程序的审计

(一)邀请招标程序的审计

主要审查采购项目是否符合邀请招标方式的条件,供应商是否根据资信和业绩进行选择,供应商是否在三家以上。

(二)竞争性谈判程序的审计

主要审查采购单位是否按照规定成立谈判小组,谈判小组人数和组成是否符合规定,被邀请的供应商是否符合相应资格条件,是否不少于三家,谈判文件是否符合要求。

(三)询价采购程序的审计

主要审查采购单位是否按照规定成立询价小组,询价小组人数和组成是否符合规定,被询价的供应商是否符合相应资格条件,是否不少于三家,询价方案是否符合要求,报价方式是否符合规定,是否按照符合采购需求、质量和服务相等且报价最低的原则确定成交供应商等。

(四)单一来源采购程序的审计

主要审查其采购行为是否符合该采购方式条件,采购项目质量是否符合要求,采购价格是否合理等。

第十七条 政府采购文件完整性审计

主要审查政府采购文件,包括采购活动记录、采购预算、招标文件、投标文件、评标标准、评标报告、定标文件、合同文本、验收证明、质疑答复、投诉处理决定及其他有关文件、资料等是否齐全并得到妥善保存。

第六章 政府采购合同审计

第十八条 政府采购合同签订审计

(一)政府采购合同的合法性、合规性

1. 政府采购合同的主体、内容、形式、程序等是否符合国家法律、法规和政策的规定;

2. 政府采购合同的签订是否符合政府采购预算、采购计划的要求,合同的主要条款是否符合招标文件的要求等；

3. 有关经济合同是否按照《水利经济合同审计签证和备案暂行办法》进行了审计签证；

4. 采购代理机构以采购单位名义与供应商签订的政府采购合同，是否取得采购单位的授权委托；

5. 采购单位追加与合同标的相同的货物或服务，与供应商签订补充合同，原采购合同其他条款是否变更，所有补充合同的采购金额是否超过原采购合同金额的百分之十。

（二）政府采购合同条款和内容是否完整、明确、具体，意思表达是否清楚准确

1. 商品或服务的名称是否规范；

2. 数量、规格、质量、性能表述是否正确；

3. 价款和酬金是否明确合理；

4. 合同履行的期限、地点和方式是否明确合理；

5. 违反合同的责任是否明确。

第十九条 政府采购合同履行审计

（一）采购单位或其政府采购代理机构是否按照合同约定，对合同履约情况进行验收；

（二）政府采购合同的验收是否由专业人员来进行，验收记录、验收证明书是否齐全、完整等。重大采购项目是否委托国家认可的专业检测机构办理验收事项，验收方成员是否在验收书上签字；

（三）政府采购合同的双方当事人是否擅自变更、中止或终止合同，如合同双方当事人协商一致需要变更合同，或者合同继续履行将损害国家利益和社会公共利益必须变更、中止、终止的合同，审查合同变更、中止、终止是否经过政府采购管理部门审批，相关法律手续是否完备；

（四）合同纠纷、合同违约责任是否按法律规定或者合同约定的条款进行及时、合理、合法的处理；

（五）采购人或采购代理机构是否将应当备案的文件资料提交财政部门备案。

第七章 政府采购资金审计

第二十条 政府采购资金审计

政府采购资金的来源是否合法、合规并及时足额到位，有无挤占、挪用其他专项资金的情况。

第二十一条 采购资金支付审计

（一）采购资金的申请和划拨是否根据批准的年度采购预算，科学编制用款计划，按照规定的程序进行资金支付；

（二）预付款是否符合采购合同所约定的条件（工程采购还应审查是否符合招标文件的要求和工程进度）；

（三）支付资金是否符合采购预算、采购计划、采购合同的要求；

（四）预付和结算是否由财务部门直接向供应商、劳务提供者或施工企业支付，有无采购部门或采购机构违规支付的情况；

（五）结算时是否扣除了预付款，是否预留了质量保证金，有无提前支付的情况。

第八章 责任追究

第二十二条 预算单位有下列行为之一的，审计机构视情节轻重进行责任追究。责令

改正，给以通报批评；责令退还或者追回政府采购预算资金；根据违规金额建议预算主管部门核减下年度政府采购预算；建议有关部门、单位对其直接负责的主管人员和其他直接责任人员，给予行政处分或纪律处分；构成犯罪的，移交司法机关追究刑事责任。

（一）拒绝、拖延审计机构要求提供的与政府采购预算及其有关的财务情况和会计资料的；

（二）拒绝、阻碍审计机构执行政府采购审计的；

（三）编制虚假政府采购预算，骗取政府采购预算资金的；

（四）擅自变更政府采购预算，改变政府采购预算用款方向或性质，造成政府采购预算资金损失浪费的；

（五）政府采购预算执行中相互挤占、挪用、转移、虚列支出的；

（六）造成政府采购的国有资产流失的。

第二十三条　被审计单位（部门）有关责任人员干扰、阻挠、破坏政府采购审计，审计机构应当向有关部门提出处理、处罚的建议。对审计人员进行打击报复的有关责任人，由所在单位或者上级水行政主管部门追究责任。

第二十四条　审计机构和审计人员进行政府采购审计时，应当严格执行审计程序，做到客观公正、廉洁奉公、保守秘密。对滥用职权、徇私舞弊、玩忽职守的，由所在单位或上级主管部门依照有关规定追究责任。构成犯罪的，由司法机关依法追究刑事责任。

第九章　附　　则

第二十五条　水利部直属预算单位可依据本办法，结合本单位实际，制定实施细则。

第二十六条　本办法由水利部负责解释。

第二十七条　本办法自印发之日起施行。

涉外企业联合税务审计工作规程

（国税发〔2007〕35号）

第一章　总　　则

第一条　为规范和加强外商投资企业和外国企业（以下简称涉外企业）联合税务审计工作，根据《中华人民共和国税收征收管理法》及其实施细则、《涉外税务审计规程》（以下简称《规程》）和《涉外企业联合税务审计暂行办法》（以下简称《办法》），制定本规程。

第二条　涉外企业联合税务审计工作由各级税务机关国际（涉外）税务管理部门负责实施或组织实施。

第三条　对于跨区域联合税务审计，总机构或负责合并申报缴纳企业所得税的营业机构（以下简称汇缴机构）所在地主管税务机关负责前期的纳税评估初评和疑点的提供，与所属分支机构或营业机构（以下简称营业机构）所在地主管税务机关的联络和承办协调会以及资料和数据的汇总工作。营业机构所在地主管税务机关应按照汇缴机构所在地主管税务机关的统一步骤和时间安排开展工作。

第四条 对于国地税联合税务审计，国税局、地税局应成立联合税务审计领导小组，制定联席会议制度，组织、指导和监督联合税务审计工作的开展。国税局、地税局在开展联合税务审计时，应在履行好各自职责的基础上，加强配合，协调一致地开展工作。

第二章 审计对象的选择与确定

第五条 跨区域联合税务审计的对象，按照以下程序确定：

（一）跨省（含自治区、直辖市和计划单列市，下同）联合税务审计的对象，由国家税务总局国际税务司从各地上报的跨省经营的涉外企业中确定。

（二）跨市（含州、盟，下同）和县（含县级市、区和旗，下同）联合税务审计的对象，分别由省级和市级税务局根据所辖涉外企业的实际情况选择确定。

第六条 国地税联合税务审计的对象，按照以下程序确定：

（一）对涉外企业所得税和其主体业务适用的流转税均由同一税务局主管的涉外企业，由该主管税务局提出备选纳税人名单，与其他适用税种的主管税务机关共同研究确定审计对象。

（二）对涉外企业所得税和其主体业务适用的流转税由国税局、地税局分别主管的涉外企业，由主管国税局和地税局分别提出备选纳税人名单，双方共同研究确定审计对象。

（三）国地税联合税务审计对象的确定，应报经联合税务审计领导小组批准。

第三章 案头准备

第七条 跨省联合税务审计对象确定后，按照以下程序进行案头准备：

（一）汇缴机构所在地省级税务局应在一个月内组织完成以下工作：对汇缴机构的纳税评估初评；《规程》所规定的纳税人信息资料的收集整理、审计项目分析与评价、会计制度及内部控制的分析与评价；起草被审计纳税人基本情况的报告并上报总局，报告应包括纳税人投资和生产经营情况、纳税和享受税收优惠情况、案头准备情况、可能存在的问题以及联合税务审计要点提示等内容。

（二）总局在接到报告后10个工作日内，向汇缴机构和营业机构所在地省级税务局下文部署联合税务审计的具体工作和进度安排。

（三）各营业机构所在地省级税务局在收到总局文件后，应在规定时限内组织完成对营业机构的案头准备和相关报告工作。

在案头准备阶段，应注意结合联合税务审计要点提示，按照《规程》要求采用分析性复核、会计制度和内部控制评价等方法，提高案头分析的质量。

案头准备阶段结束后，应分别向总局和汇缴机构所在地省级税务局报送案头分析报告。报告内容应包括：纳税人基本情况（注册资本、核算方式、经营范围等）、财务管理及内控水平分析（包括收支内控、发票管理、资金运转和流向等）、税务登记和纳税情况、审计所属期经营状况、案头分析情况（主要为财务报表重要指标分析）、案头分析发现的可能存在问题的领域以及联系人姓名、联系电话等。

（四）汇缴机构所在地省级税务局应在收到各地案头分析报告后15个工作日内汇总完毕案头分析情况，拟定重点审计项目，并向总局报告。

（五）总局通过下文或召开工作协调会等形式，确定重点审计项目，部署现场实施阶段的工作。

（六）汇缴机构和营业机构所在地省级税务局接到总局现场实施阶段的部署后，应根据确定的重点审计项目，组织编制审计计划。

（七）汇缴机构所在地主管税务机关向汇缴机构发出《税务审计通知书》，并抄送各营业机构所在地主管税务机关。在《税务审计通知书》中，应注明委托营业机构所在地主管税务机关同期进行税务审计事项。各营业机构所在地主管税务机关按照授权分别向营业机构下发《税务审计通知书》。

第八条 国地税联合税务审计对象确定后，按照以下程序进行案头准备：

（一）国税局、地税局应根据需要收集资料，做到信息共享，并充分使用现有的税收征管信息资料。需要纳税人额外提供资料的，国税局、地税局应共同商定后以书面形式告知纳税人，不得重复收集资料。

（二）国税局、地税局应根据职责范围合理分工，按照《规程》要求采用分析性复核、会计制度和内部控制评价等方法，寻找可能存在问题的领域。

（三）国税局、地税局根据各自情况编制会计制度和内部控制调查问卷，经双方汇总整理后，共同向纳税人发放和回收。根据回收的调查问卷，由国、地税双方共同对纳税人会计制度及内部控制的有效性、完整性和准确性进行初步分析评价。

（四）国税局、地税局应共同研究确定重点审计项目，并按照《规程》的要求制定统一的审计计划，保证现场实施阶段的进度协调一致。

（五）国税局、地税局应分别填制《税务审计通知书》，同时送达纳税人。

第四章 现场实施

第九条 对于跨省联合税务审计，按照以下程序组织现场实施：

（一）汇缴机构和营业机构所在地主管税务机关应按照《规程》的要求，分别完成对所属汇缴机构和营业机构会计制度及内部控制的遵行性测试、确定性审计等程序。

（二）各营业机构所在地主管税务机关应根据审计中发现的问题形成《税务审计报告》，在规定时限内层报总局，并抄送汇缴机构所在地主管税务机关。

（三）汇缴机构所在地主管税务机关对各营业机构所在地主管税务机关的《税务审计报告》进行汇总，确定需进一步审计的问题，形成总的《税务审计报告》，并结合审计终结的需要编制《联合税务审计汇总表》（见附件），一并层报总局。

（四）总局根据现场审计结果，通过下文或召开工作协调会等形式，确定税务审计结论，部署审计终结阶段的工作。

第十条 对于国地税联合税务审计，按照以下程序组织现场实施：

（一）国、地税双方应共同派员调取或现场查阅纳税人账簿资料。

（二）在确定性审计中，国、地税双方应在规定的时间内优先完成共同需要的审计项目工作底稿。所形成的工作底稿应一式两份，一份留存，一份传递给另一方。

（三）现场实施阶段结束后，国、地税双方应及时汇总情况、交换意见、核实结果，确保相关数据口径一致，问题定性公正、准确。双方按分工对所辖税种进行汇总整理，按照《规程》要求编制《审计汇总表》，并形成《税务审计报告》。

第五章 审计终结

第十一条 对于跨省联合税务审计，按照以下程序进行审计终结：

（一）对于现场实施阶段遗漏或需进一步确认的问题，汇缴机构和营业机构所在地主管税务机关应向纳税人进一步核实。

（二）根据总局部署，各营业机构所在地主管税务机关应就发现的问题形成《初审意见通知书》，送交各营业机构确认。

（三）各营业机构所在地主管税务机关应及时将《税务审计报告》、纳税人确认的《初审意见通知书》和已填制好的《联合税务审计汇总表》及相关工作底稿报汇缴机构所在地主管税务机关汇总。

（四）汇缴机构所在地主管税务机关应在汇总各地《初审意见通知书》和整理相应工作底稿的基础上，编制总体的《初审意见通知书》，送交汇缴机构确认。

（五）汇缴机构所在地主管税务机关应根据总体的《初审意见通知书》和汇缴机构回复意见，研究下发《税务处理决定书》，同时抄送各营业机构所在地主管税务机关，并按入库级次办理税款退补、滞纳金和罚款入库事宜。

（六）审计终结阶段结束后，汇缴机构所在地省级税务局应在15个工作日内向总局上报联合税务审计工作情况报告。该报告应包括纳税人基本情况、汇缴机构和各营业机构案头准备情况、现场实施情况、审计结论和处理结果以及对此次联合税务审计的体会、存在的问题和改进建议等。

第十二条 对于国地税联合税务审计，按照以下程序进行审计终结：

（一）国税局、地税局应分别制作《初审意见通知书》，并共同派员送达纳税人确认。

（二）根据《初审意见通知书》和纳税人回复意见，国税局、地税局应共同研究，分别制作《税务处理决定书》，同时送达纳税人，并按入库级次办理税款退补、滞纳金和罚款入库事宜。

（三）审计终结阶段结束后，国税局、地税局应在年度终了后15个工作日内联合向总局上报联合税务审计工作情况报告。该报告应包括纳税人基本情况、案头准备情况、现场实施情况、审计结论和处理结果以及对此次联合税务审计的体会、存在的问题和改进建议等。

第六章 后续管理

第十三条 联合税务审计中发现纳税人有避税嫌疑的，应在联合税务审计结束后，将相关案头分析疑点、税务审计相关案卷副本移交国际税务管理部门实施反避税调查。必要时，联合税务审计和反避税调查可结合进行。

第十四条 联合税务审计中发现纳税人有重大偷、逃、骗税嫌疑的，应在联合税务审计结束后10个工作日内，将相关案头分析疑点、税务审计相关案卷副本移交税务稽查部门处理。

第十五条 联合税务审计结束后，汇缴机构和营业机构所在地主管税务机关或国、地税双方应按照《规程》要求按户归档，并加强跟踪管理。

第七章 附 则

第十六条 跨市、县的联合税务审计，由省级局或市级局主办，比照跨省联合税务审计的有关程序办理。

第十七条 根据需要，跨区域联合税务审计和国地税联合税务审计可合并进行。

第十八条 本规程由国家税务总局负责解释。各省、自治区、直辖市和计划单列市税务机关可根据本规程制定具体实施方案，并报总局备案。

第十九条 本规程自下发之日起执行。

附件：联合税务审计汇总表（略）

水利工程建设项目招标投标审计办法

（水审计〔2007〕560号）

第一章 总 则

第一条 为了加强对水利工程建设项目招标投标的审计监督，规范水利招标投标行为，提高投资效益，根据《中华人民共和国审计法》《中华人民共和国招标投标法》《中华人民共和国政府采购法》等法律、法规，结合水利工作实际，制定本办法。

第二条 各级水利审计部门（以下简称"审计部门"）在本单位负责人领导下，依法对本单位及其所属单位水利工程建设项目的招标投标进行审计监督。

上级水利审计部门对下级单位的招标投标审计工作进行指导和监督。

第三条 本办法适用于《水利工程建设项目招标投标管理规定》所规定的水利工程建设项目的勘察设计、施工、监理以及与水利工程建设项目有关的重要设备、材料采购等的招标投标的审计监督。

第四条 审计部门根据工作需要，对水利工程建设项目的招标投标进行事前、事中、事后的审计监督，对重点水利建设项目的招标投标进行全过程跟踪审计，对有关招标投标的重要事项进行专项审计或审计调查。

第二章 审计职责

第五条 在招标投标审计中，审计部门具有以下职责：

（一）对招标人、招标代理机构及有关人员执行招标投标有关法律、法规和行业制度的情况进行审计监督；

（二）对招标项目评标委员会成员执行招标投标有关法律、法规和行业制度的情况进行审计监督；

（三）对属于审计监督对象的投标人及有关人员遵守招标投标有关法律、法规和行业制度的情况进行审计监督；

（四）对与招标投标项目有关的投资管理和资金运行情况进行审计监督；

（五）协同行政监督部门、行政监察部门查处招标投标中的违法违纪行为。

第三章 审计权限

第六条 在招标投标审计中，审计部门具有以下权限：

（一）有权参加招标人或其代理机构组织的开标、评标、定标等活动，招标人或其代理机构应当通知同级审计部门参加。

（二）有权要求招标人或其代理机构提供与招标投标活动有关的文件、资料，招标人或其代理机构应当按照审计部门的要求提供相关文件、资料；

（三）对招标人或其代理机构正在进行的违反国家法律、法规规定的招标投标行为，有权予以纠正或制止；

（四）有权向招标人、投标人、招标代理机构等调查了解与招标投标有关的情况；

（五）监督检查招标投标结果执行情况。

第四章 审计内容

第七条 审计部门对水利工程建设项目招标投标中的下列事项进行审计监督：

（一）招标项目前期工作是否符合水利工程建设项目管理规定，是否履行规定的审批程序；

（二）招标项目资金计划是否落实，资金来源是否符合规定；

（三）招标文件确定的水利工程建设项目的标准、建设内容和投资是否符合批准的设计文件；

（四）与招标投标有关的取费是否符合规定；

（五）招标人与中标人是否签订书面合同，所签合同是否真实、合法；

（六）与水利工程建设项目招标投标有关的其他经济事项。

第八条 审计部门会同行政监督部门、行政监察部门对招标投标中的下列事项进行审计监督：

（一）招标项目的招标方式、招标范围是否符合规定；

（二）招标人是否符合规定的招标条件，招标代理机构是否具有相应资质，招标代理合同是否真实、合法；

（三）招标项目的招标、投标、开标、评标和中标程序是否合法；

（四）招标项目评标委员会、评标专家的产生及人员组成、评标标准和评标方法是否符合规定；

（五）对招投标过程中泄露保密资料、泄露标底、串通招标、串通投标、规避招标、歧视排斥投标等违法行为进行审计监督；

（六）对勘察、设计、施工单位转包、违法分包和监理单位违法转让监理业务，以及无证或借用资质承接工程业务等违法违规行为进行审计监督。

第九条 审计部门和审计人员对招标投标工作中涉及保密的事项负有保密责任。

第五章 审计程序

第十条 招标人编制的年度招标工作计划，以及重大水利工程建设项目的招投标文件，应当报送同级审计部门备案。

第十一条 审计部门根据年度审计工作计划、招标人年度招标计划和招标项目具体情况，确定招标投标项目审计计划，经单位主管审计工作负责人批准后实施审计。

第十二条 审计部门根据审计项目计划确定的审计事项组成审计组，并应在实施审计三日前，向被审计单位送达审计通知书。

被审计单位以及与招标投标活动有关的单位、部门，应当配合审计部门的工作，并提供必要的工作条件。

第十三条 审计人员通过审查招标投标文件、合同、会计资料，以及向有关单位和个人进行调查等方式实施审计，并取得证明材料。

第十四条 审计组对招标投标事项实施审计后，应当向派出的审计部门提出审计报告。审计报告应当征求被审计单位的意见。被审计单位应当自接到审计报告之日起十日内，将其书面意见送交审计组或者审计部门。

第十五条 审计部门审定审计报告，对审计事项作出评价，出具审计意见书；对违反国家规定的招标投标行为，需要依法给予处理、处罚的，在职权范围内作出审计决定或者向有关主管部门提出处理、处罚意见。

被审计单位应当执行审计决定并将结果反馈审计部门；有关主管部门对审计部门提出的处理、处罚意见应及时进行研究，并将结果反馈审计部门。

第六章 罚 则

第十六条 被审计单位违反本办法，拒绝或者拖延提供与审计事项有关的资料，或者拒绝、阻碍审计的，审计部门责令改正；拒不改正的，可以通报批评，对负有直接责任的主管人员和其他直接责任人员提出给予行政处分的建议，被审计单位或者其主管单位、监察部门应当及时作出处理，并将结果抄送审计部门。

第十七条 被审计单位拒不执行审计决定的，对负有直接责任的主管人员和其他直接责任人员提出给予行政处分的建议，被审计单位或者其主管单位、监察部门应当及时作出处理，并将结果抄送审计部门。

第十八条 招标人、招标代理机构及其有关人员违反国家招标投标的法律、法规的，依照《中华人民共和国招标投标法》予以处理。

第十九条 审计人员滥用职权、徇私舞弊、玩忽职守，涉嫌犯罪的，依法移送司法机关处理；不构成犯罪的，给予行政处分。

第七章 附 则

第二十条 各省、自治区、直辖市水行政主管部门、流域机构、新疆生产建设兵团，可以根据本办法制定实施细则并报部备案。

第二十一条 本办法由水利部负责解释。

第二十二条 本办法自2008年4月1日起执行。

农村集体经济组织审计规定

（农办经〔2008〕1号）

第一章 总 则

第一条 为了加强农村集体经济组织的审计监督，严肃财经法纪，提高经济效益，保护农村集体经济组织的合法权益，促进农村经济的发展，根据《中华人民共和国审计法》《农民承担费用和劳务管理条例》《审计署关于内部审计工作的规定》和有关法律、法规、政策，结合农村集体经济组织发展的具体情况，制定本规定。

第二条 农业部负责全国农村集体经济组织的审计工作。

审计业务接受国家审计机关和上级主管部门内审机构的指导。

第三条 县级以上地方人民政府农村经营管理部门负责指导农村集体经济组织的审计工作，乡级农村经营管理部门负责农村集体经济组织的审计工作。

第四条 凡建立农村集体经济组织审计机构的，都应配备相应的审计人员。

审计人员应当经过考核，发给审计证，凭证开展审计工作。

第五条 农村集体经济组织审计机构工作人员应当依法审计，忠于职守，坚持原则，客观公正，廉洁奉公，保守秘密。

第二章 审计范围和任务

第六条 农村集体经济组织审计机构的审计监督范围为村、组集体经济组织。

第七条 农村集体经济组织审计机构对前条所列单位的下列事项进行审计监督：

（一）资金、财产的验证和使用管理情况；

（二）财务收支和有关的经济活动及其经济效益；

（三）财务管理制度的制定和执行情况；

（四）承包合同的签订和履行情况；

（五）收益（利润）分配情况；

（六）承包费等集体专项资金的预算、提取和使用情况；

（七）村集体公益事业建设筹资筹劳情况；

（八）村集体经济组织负责人任期目标和离任经济责任；

（九）侵占集体财产等损害农村集体经济组织利益的行为；

（十）乡经营管理站代管的集体资金管理情况；

（十一）当地人民政府、国家审计机关和上级业务主管部门等委托的其他审计事项。

第三章 审计职权

第八条 农村集体经济组织审计机构在审计过程中有下列职权：

（一）要求被审计单位报送和提供财务计划、会计报表及有关资料；

（二）检查被审计单位的有关账目、资产，查阅有关文件资料，参加被审计单位的有关会议；

（三）向有关单位和人员进行调查，被调查的单位和人员应当如实提供有关资料及证明材料；

（四）对正在进行的损害农村集体经济组织利益、违反财经法纪的行为，有权制止；

（五）对阻挠、破坏审计工作的被审计单位，有权采取封存有关账册、资产等临时措施。

第九条 农村集体经济组织审计工作人员依法行使职权，受法律保护，任何人不得打击报复。

第四章 审计程序

第十条 农村集体经济组织审计机构根据同级人民政府和上级业务主管部门的要求，

结合本地实际，确定审计工作的重点，编制审计项目计划和工作方案。

农村集体经济组织审计机构确定审计事项后，应当通知被审计单位。

第十一条 农村集体经济组织审计人员根据审计项目，审查凭证、账表，查阅文件、资料，检查现金、实物，向有关单位和人员进行调查，并取得证明材料。

证明人提供的书面证明材料应当由提供者签名或盖章。

第十二条 农村集体经济组织审计人员，在审计过程中，应当主动听取农民群众和民主理财组织的意见。

第十三条 农村集体经济组织审计人员对审计事项进行审计后，向委派其进行审计的农村集体经济组织审计机构提出审计报告。重大审计事项的审计报告，应当分别报送同级人民政府、上级农村集体经济组织审计机构和有关主管部门。

审计报告在报送之前，应当征求被审计单位的意见。被审计单位应当在收到审计报告之日起十日内提出书面意见。

第十四条 农村集体经济组织审计机构审定审计报告，作出审计结论和决定，通知被审计单位和有关单位执行，并向农民群众公布。

第十五条 被审计单位对农村集体经济组织审计机构作出的审计结论和决定如有异议，可在收到审计结论和决定之日起十五日内，向上一级农村集体经济组织审计机构申请复审。上一级农村集体经济组织审计机构应当在收到复审申请之日起三十日内，作出复审结论和决定。特殊情况下，作出复审结论和决定的期限，可适当延长。

复审期间，不停止原审计结论和决定的执行。

第十六条 农村集体经济组织审计机构应当检查审计结论和决定的执行情况。

第十七条 农村集体经济组织审计机构对办理的审计事项必须建立审计档案，加强档案管理。

第十八条 农村集体经济组织审计机构应当对农村集体经济组织财务收支按月或按季进行经常、全面的审计监督。

第五章 奖 惩

第十九条 对遵守和维护财经法纪成绩显著的单位和个人，提出通报表扬和奖励。

第二十条 农村集体经济组织审计机构对被审计单位违反规定的收支、用工和非法所得的收入，应当在审计结论和决定中明确，分别按规定上缴国家，或退还农村集体经济组织和农户。

第二十一条 违反本规定，有下列行为之一的单位负责人、直接责任人员及其他有关人员，应当给予行政处分的，由农村集体经济组织审计机构建议当地人民政府或有关主管部门处理：

（一）拒绝提供账簿、凭证、会计报表、资料和证明材料的；

（二）阻挠审计工作人员依法行使审计职权，抗拒、破坏监督检查的；

（三）弄虚作假，隐瞒事实真相的；

（四）拒不执行审计结论和决定的；

（五）打击报复审计工作人员和检举人的。

第二十二条 违反本规定，有下列行为之一的农村集体经济组织审计人员，可由农村集体经济组织审计机构给予处分，或向同级人民政府和有关部门提出给予行政处分的建议：

（一）利用职权，谋取私利的；
（二）弄虚作假，徇私舞弊的；
（三）玩忽职守，给被审计单位和个人造成损失的；
（四）泄露秘密的。

第二十三条 对经济处理决定不服的单位和个人，可向作出处理决定机构的上一级机构提出申诉。

第二十四条 对有本规定第二十一条、第二十二条所列行为，情节严重，构成犯罪的，提请司法机关依法追究刑事责任。

第六章 附　则

第二十五条 农村集体经济组织审计机构可接受委托向农村集体经济组织以外的单位提供审计服务，其收费标准，由省、自治区、直辖市农业行政主管部门会同同级财政、物价主管部门制定。

第二十六条 各省、自治区、直辖市可根据本规定制定实施办法。

第二十七条 本规定由农业部负责解释。

第二十八条 本规定自发布之日起施行。

救捞系统建设项目委托审计管理办法（试行）

（交通运输部救捞局 2008 年 10 月 28 日发布）

第一条 为了规范救捞系统建设项目委托审计管理工作，提高委托审计质量，防范审计风险，根据《中华人民共和国审计法》《中华人民共和国招标投标法》《交通建设项目委托审计管理办法》（中华人民共和国交通部令 2007 年第 4 号），结合救捞系统建设项目实际情况，制定本办法。

第二条 部救捞局及各救助局、打捞局、飞行队列入救捞系统固定资产投资计划的建设项目和自筹资金投资的建设项目办理委托审计事项，适用本办法。

本办法所称建设项目委托审计，是指部救捞局及各救助局、打捞局、飞行队根据审计工作需要，将建设项目审计业务委托给包括会计师事务所、工程造价咨询企业等在内的社会审计组织实施的行为。

第三条 建设项目委托审计的业务范围包括建设项目前期审计、期间审计、竣工决算审计以及全过程跟踪审计。

第四条 建设项目委托审计管理工作由项目建设单位的审计部门或其他办理委托事项的部门归口管理（以下统称"委托审计管理部门"）。

部救捞局审计处负责监督管理部救捞局及所属各单位的建设项目委托审计工作，指导系统内的建设项目委托审计管理工作。

各所属单位的委托审计管理部门负责本单位的建设项目委托审计管理工作。

第五条 建设项目委托审计管理工作主要包括提出委托审计项目建议、审核受托人资质、审核审计费用、监督委托过程、检查审计质量、协调处理有关问题等。

第六条 部救捞局审计处将定期、不定期地检查各救助局、打捞局、飞行队的建设项目委托审计工作，并对检查发现的问题要求有关部门和单位进行整改。

第七条 委托审计归口管理部门及其工作人员办理委托审计管理工作，应严格遵守有关法律、法规和审计纪律，遵循公开、公平、公正的原则。

第八条 部救捞局根据《交通建设项目委托审计管理办法》（中华人民共和国交通部令2007年第4号）要求，建立《救捞系统建设项目社会审计组织备选库》（以下简称《备选库》），对委托审计的社会审计组织实行统一管理。

部救捞局对《备选库》中登记备案的社会审计组织的资质进行跟踪，对资质不符的社会审计组织取消其《备选库》资格，每5年对《备选库》更新一次。

第九条 救捞系统委托社会审计组织参与建设项目审计，实行分级负责、归口管理。

救捞系统建设项目委托审计，对全部自筹资金投资和列入固定资产投资计划、概算投资额在3 000万元以下（含3 000万元）的建设项目，项目法人单位在《备选库》登记备案的社会审计组织中综合考虑报价和审计质量后确定受托人。

对列入固定资产投资计划、概算投资额在3 000万元以上，5 000万元以下（不含5 000万元）的建设项目，项目法人单位提出委托审计申请，部救捞局在《备选库》登记备案的社会审计组织中综合考虑报价和审计质量后确定受托人。

对列入固定资产投资计划、概算投资额在5 000万元以上或根据国家收费标准估算审计基本费用在20万元以上以及其他依法需要实行招投标委托的建设项目，项目法人单位提出委托审计申请，部救捞局在《备选库》登记备案的社会审计组织中通过竞争性谈判方式确定受托人。

第十条 为明确职责，提高办事效率，规范建设项目委托审计工作，拟实施委托审计的建设项目，应按照以下程序办理：

（一）对全部自筹资金投资和列入固定资产投资计划概算、投资额在3 000万元以下（含3 000万元）的建设项目，实施委托审计的程序为：建设项目法人单位委托审计管理部门确定社会审计组织后，填写《救捞系统建设项目委托审计管理审批表》，报经本单位负责人批准后实施。建设项目法人单位应将审计（审核）报告报部救捞局审计处备案，并负责对审计（审核）报告中指出的问题进行落实整改。

（二）对列入固定资产投资计划概算、投资额在3 000万元以上5 000万元以下（不含5000万元）的建设项目，实施委托审计的程序为：建设项目法人单位向部救捞局提交书面申请和《救捞系统建设项目委托审计管理审批表》，部救捞局审计处在接到书面申请后15个工作日内确定社会审计组织，报主管局领导、局长审批后向建设项目法人单位下达委托审计通知书，协调跟踪审计全过程。项目法人单位负责对审计（审核）报告中指出的问题进行落实整改，并将整改情况报部救捞局。

（三）对列入固定资产投资计划、概算投资额在5 000万元以上（含5 000万元）或根据国家收费标准估算审计基本费用在20万元以上的建设项目，实施委托审计的程序为：建设项目法人单位向部救捞局提交书面申请、《救捞系统建设项目委托审计管理审批表》及项目从设立至竣工决算期间相关文件。部救捞局审计处在接到书面申请后15个工作日内提出建设项目委托审计竞争性谈判的申请，经主管局领导、局长审批后组织在《备选库》中登记备案的社会审计组织范围内实施竞争性谈判。确定受托人后，向建设项目法人单位下达委托审计通知书，协调跟踪审计全过程。项目法人单位负责按部局下达的审计决定进行整改，将整改情况报部救捞局。

对于部救捞局组织实施的委托审计项目，建设项目法人单位应积极配合部救捞局做好委托审计工作，部救捞局审计处应将审计（审核）报告报上级委托审计归口管理部门备案。

第十一条 委托人应当向受托人及时提供真实、完整的相关资料。

第十二条 委托审计费用在国家规定的收费标准范围内，由委托人与受托人协商确定。委托审计费用按照国家有关规定列支。

由建设项目法人单位与社会审计组织签订《审计业务约定书》的，建设项目法人单位直接支付审计费用；由部救捞局与社会审计组织签订《审计业务约定书》的，社会审计组织以书面形式向部救捞局提出支付审计费的申请，部救捞局审计处审核后报主管局领导、局长审批后，部救捞局向建设项目法人单位开具付款通知书，建设项目法人单位在收到付款通知书10个工作日内支付审计费用。

第十三条 委托人应在《审计业务约定书》中要求受托人在出具审计（审核）报告时，对审计（审核）的会计报表是否符合国家有关基本建设财务管理规定和会计制度做出明确表述。

第十四条 委托审计归口管理部门应及时审核并合理使用审计（审核）报告。必要时可组织力量对受托人的审计情况进行质量检查或复审。

第十五条 建设项目委托审计工作完成后，委托人应建立建设项目委托审计档案。档案主要包括《救捞系统建设项目委托审计管理审批表》、委托审计招投标资料、《社会审计组织资质备案表》《审计业务约定书》、审计（审核）报告及相关资料等。

第十六条 受托人未按《审计业务约定书》实施审计或提供审计（审核）报告时，委托人应要求其补充相关资料或者重新审计。

第十七条 受托人提供的审计（审核）报告严重失实、审计结论意见不准确，且拒绝进行重新审计或纠正的，委托人应终止委托审计业务，停止支付审计费用。

第十八条 对存在以下问题的社会审计组织，部救捞局及所属单位应按以下要求进行处理，并在系统内部予以通报：

（一）未按《审计业务约定书》的要求实施审计或提供审计（审核）报告、审计工作不规范、审计结论避重就轻，且拒绝纠正的，一年内不得委托其从事审计业务；

（二）提供的审计（审核）报告存在严重失实、结论意见不准确，且拒绝进行重新审计或纠正的，两年内不得委托其从事审计业务；

（三）存在未披露应当披露的重大财务事项等重大错漏的，三年内不得委托其从事审计业务；

（四）有关部门在事后检查中发现审计（审核）报告未真实、客观反映情况或揭露问题，给救捞系统或交通运输行业造成损失和不良影响的，五年内不得委托其从事审计业务；

（五）有弄虚作假、串通作弊、泄露秘密等重大违法行为，以及通过不正当手段取得委托审计业务的，不得再次委托其从事审计业务。

凡有以上情况的社会审计组织，在其不得从事救捞系统委托审计业务期间，取消其《备选库》资格。

第十九条 委托人不按本办法规定实施委托审计的，上级委托审计归口管理部门应责令其改正,并责成重新实施审计。

第二十条 参与救捞系统建设项目委托审计管理工作的人员滥用职权、徇私舞弊、玩忽职守或泄露国家秘密、商业秘密的,依法给予处分;构成犯罪的,依法追究刑事责任。

第二十一条 建设项目法人单位有内审部门的,应在其职责范围内适当安排对建设项目的内部审计。

第二十二条 国家审计机关、上级审计机构和各单位审计部门已纳入审计计划并进行审计的建设项目,原则上不再委托社会审计组织审计。

第二十三条 本办法由部救捞局负责解释。

第二十四条 本办法自2009年1月1日起施行。

扫描二维码下载电子附录